한국의
외교정책과
대외관계

김계동·김태균·김태환·김 현
김현욱·박영준·배종윤·신범식
신재혁·윤미경·전재성·조동준
조양현·최재철·최진우·한석희 지음

명인문화사

한국의 외교정책과 대외관계

제1쇄 펴낸 날 2023년 7월 24일

지은이 김계동, 김태균, 김태환, 김 현, 김현욱, 박영준, 배종윤, 신범식,
   신재혁, 윤미경, 전재성, 조동준, 조양현, 최재철, 최진우, 한석희
펴낸이 박선영
주 간 김계동
디자인 전수연
교 정 김유원

펴낸곳 명인문화사
등 록 제2005-77호(2005.11.10)
주 소 서울시 송파구 백제고분로 36가길 15 미주빌딩 202호
이메일 myunginbooks@hanmail.net
전 화 02)416-3059
팩 스 02)417-3095

ISBN 979-11-6193-069-5
가 격 32,000원

ⓒ 명인문화사

국내외 저작권법에 의거하여 복사제본과 PPT제작 등 **무단 전재**와 **무단 복제**를 금지합니다.

간략목차

제1부   토대와 분석틀

1장	한국외교정책의 유형과 변천 / 김계동	3
2장	한국의 국가이익과 외교정책 목표 / 전재성	39
3장	한국의 외교정책결정체계 / 김현	65
4장	한국의 국내정치와 외교정책 / 배종윤	98

제2부   분야별 한국외교정책

5장	군사안보외교 / 박영준	131
6장	통상외교 / 윤미경	162
7장	공공외교 / 김태환	193
8장	환경외교 / 최재철	222
9장	대외원조와 국제개발외교 / 김태균	254
10장	국제기구외교 / 조동준	284

제3부   한국의 대외관계

11장	대북한관계 / 김계동	315
12장	대미국관계 / 김현욱	350
13장	대중국관계 / 한석희	378
14장	대일본관계 / 조양현	408
15장	대러시아관계 / 신범식	437
16장	대EU관계 / 최진우	463
17장	대동남아시아관계 / 신재혁	492

세부목차

서문 _ xvii

제1부 | 토대와 분석틀

1장 한국외교정책의 유형과 변천 _ 3

1. 서론 _ 3
2. 분단외교: 적대적 대외관계의 기원 _ 4
    1) 한반도분단의 역사 _ 5
    2) 한국전쟁 시기의 전시외교 _ 7
    3) 분단시대의 편향적 적대외교 _ 9
3. 동맹외교: 냉전시대의 생존과 진영외교 _ 10
    1) 한국전쟁 이전 한국의 대미외교 _ 11
    2) 한미동맹 체결과정과 의미 _ 13
    3) 한미동맹의 안보적 기여 _ 15
4. 자주외교: 데탕트시대 주권외교의 실현 _ 17
    1) 국제환경의 변화: 데탕트 세계질서의 형성 _ 17
    2) 미국의 불개입정책 및 한국의 자주성 확립 모색 _ 19
5. 북방외교: 탈냉전 과정에서 국익확보외교 _ 23
    1) 탈냉전의 국제정세 _ 23
    2) 한국의 북방외교: 이념 탈피와 전방위 외교 모색 _ 25
6. 평화외교: 분단극복과 화해협력정책 _ 27
    1) 남북한의 유엔 동시가입 _ 27
    2) 대북한 화해협력 정책과 비핵화를 위한 외교 _ 30
    3) 미래과제: 다자외교와 다자안보협력체 추진 _ 32
7. 결론 _ 35
    토의주제 36 / 참고문헌 37

2장 한국의 국가이익과 외교정책 목표 _ 39

1. 서론 _ 39
2. 변화하는 국제정세와 한국외교정책 환경의 특징 _ 40
   1) 변화하는 세계, 지역 정세의 추세　41
   2) 지정학적 특징　43
   3) 지경학적 특징　48
3. 한국의 위상 변화와 국가이익 _ 50
   1) 한국의 위상 변화　50
   2) 사활적 이익　51
   3) 중요 이익　53
4. 한국외교정책의 목표와 내용 _ 55
   1) 분단과 강대국 지정학 경쟁 속 생존과 안보의 확보　56
   2) 통일기반 구축 및 통일정책　57
   3) 아시아 내 다자협력을 통한 국익 확보　59
   4) 지경학 경쟁과 한국의 번영　60
   5) 소프트파워 증진과 초국가적 위기 극복을 위한 가치외교, 공공외교　61
5. 결론 _ 62
   토의주제　63 / 참고문헌　64

3장 한국의 외교정책결정체계 _ 65

1. 서론 _ 65
2. 외교정책결정의 구조와 과정 _ 66
   1) 외교정책결정의 중요성　66
   2) 외교정책결정의 구조　67
   3) 외교정책결정의 과정　68
3. 대통령실 중심의 결정체계 _ 70
   1) 외교·안보정책결정의 구조와 운영의 변천　71
   2) 현행 외교·안보정책결정의 구조　78
   3) 외교·안보정책결정의 과정　80
4. 정부 유관 부처의 결정체계 _ 82
   1) 외교부　83
   2) 통일부, 국방부, 국가정보원　85
   3) 기획재정부 대외경제장관회의　86
   4) 산업통상자원부　87
5. 외교정책결정과 입법부의 영향 _ 89

6. 외교정책결정체계의 평가 _ 93
7. 결론 _ 94
   토의주제 97 / 참고문헌 97

4장 한국의 국내정치와 외교정책 _ 98
1. 서론 _ 98
2. 한국외교정책결정과 국내정치적 논쟁 유발요인 _ 100
   1) 분단체제의 특수 상황   100
   2) 다양해진 국내 정치이념   104
3. 한국외교정책에 대한 정치제도적 요인 _ 106
   1) 대통령제와 선거   107
   2) 국회와 정당의 역할   110
   3) 관료제의 확대와 외교정책에 대한 관료의 역할   113
4. 한국외교정책에 대한 정치사회적 영향 _ 115
   1) 시민사회와 비정부기구의 역할   117
   2) 미디어와 여론의 역할   120
5. 한국외교정책과 국내정치의 연계 및 한계 _ 123
6. 결론: 한국외교정책의 분석적 접근과 논리적 이해의 강화 방안 _ 124
   토의주제 126 / 참고문헌 127

제2부 | 분야별 한국외교정책

5장 군사안보외교 _ 131
1. 서론 _ 131
2. 군사안보외교의 대내외적 환경 _ 133
   1) 북한의 핵능력 강화와 공세적 대외정책   133
   2) 미중 간 신냉전 구도의 심화   135
   3) 우크라이나전쟁과 글로벌 안보질서의 불확실성 심화   137
   4) 외교안보정책에 대한 국내적 양극화   139
3. 군사안보외교의 목표와 추진 방향 _ 141
   1) 군사안보외교의 목표   141
   2) 군사안보외교의 추진 방향   143
4. 군사안보외교정책의 결정과 집행체계 _ 146

5. 군사안보외교의 현안과 쟁점 _ 148
    1) 북핵문제 대응　148
    2) 한미동맹 억제태세 강화 및 미래지향적 발전　150
    3) 다자안보협력 추진과 국제안보기구 외교　151
    4) 국제평화유지활동 참가　153
    5) 국제방산협력　155

6. 군사안보외교의 문제점과 전망 _ 156

7. 결론 _ 158
    토의주제　159 / 참고문헌　160

6장　통상외교 _ 162

1. 서론 _ 162

2. 통상외교의 국제적 환경과 한국의 전략 _ 163
    1) WTO 다자통상체계의 위기　163
    2) 미중 간 통상마찰　165
    3) 인도·태평양 경제프레임워크(IPEF) 출범　170
    4) 국제통상 환경에 대한 한국의 입장과 전략　171

3. 통상외교의 변천과 추진 방향 _ 173
    1) 통상외교의 시대적 변화와 전개　174
    2) 통상외교의 목표와 추진 방향　176

4. 통상외교정책의 결정과 집행체계 _ 179
    1) 행정부의 정책결정과 집행체계　180
    2) 입법부의 역할: 통상 관련 법 제정　181

5. 통상외교의 현안과 쟁점 _ 182
    1) WTO 다자체제의 복원과 한국의 정책　183
    2) IPEF 협상과 한국의 입장　184

6. 통상외교의 문제점과 전망 _ 186

7. 결론 _ 189
    토의주제　190 / 참고문헌　190

7장　공공외교 _ 193

1. 서론 _ 193

2. 공공외교의 국제적·구조적 환경 _ 194
    1) 국제정치 맥락: 강대국 경쟁의 귀환　194
    2) 글로벌 커뮤니케이션 동학　197

3. 공공외교의 목표와 추진 방향 _ 198
　　1) 한국 공공외교의 진화　198
　　2) 공공외교의 목표: 두 가지 시각과 유형 분석틀　200
　　3) 공공외교 추진 방향　203

4. 공공외교정책의 결정과 집행체계 _ 206

5. 공공외교의 현황과 특징 _ 209
　　1) 한국 공공외교의 네 가지 특징　209
　　2) 중앙행정기관 공공외교의 유형 분류　212

6. 공공외교의 문제점과 전망 _ 215
　　1) 쟁점과 도전과제　215
　　2) 한국 공공외교의 방향성　217

7. 결론 _ 219
　　토의주제　220 / 참고문헌　220

8장　환경외교 _ 222

1. 서론 _ 222

2. 환경외교의 대내외 환경 _ 225
　　1) 21세기 환경외교의 여건 변화　225
　　2) 환경외교 협상의 그룹화　227
　　3) 협상 방식의 다변화와 이해관계자 참여확대　230

3. 환경외교의 목표와 추진 방향 _ 232
　　1) 환경외교의 목표　232
　　2) 추진 방향　234

4. 환경외교의 결정과 집행체계 _ 236
　　1) 환경외교의 의사결정 과정　237
　　2) 환경외교의 집행체계　239

5. 환경외교의 현안과 쟁점 _ 241
　　1) 한국 환경외교의 문제해결을 통한 역량 비축　242
　　2) 한국 다자환경외교의 현안　244
　　3) 양자 및 지역 차원의 환경외교 현안과 쟁점　245

6. 환경외교의 문제점과 전망 _ 247

7. 결론 _ 249
　　토의주제　252 / 참고문헌　253

9장 대외원조와 국제개발외교 _ 254

1. 서론 _ 254
2. 한국 대외원조와 국제개발외교의 대내외적 환경 _ 256
   1) 국제개발협력의 대외적 환경 257
   2) 국제개발협력의 대내적 환경 260
3. 한국 대외원조와 국제개발외교의 목표와 추진 방향 _ 263
   1) 국제개발외교의 철학적 빈곤과 개발주의 중심의 경향성 264
   2) 국익 우선주의와 글로벌 공공재 사이에서의 국제개발외교 269
4. 한국 대외원조와 국제개발외교정책의 결정과 집행체계 _ 270
   1) 한국 ODA의 정책결정 과정과 추진체계 271
   2) 추진체계 개선을 위한 노력과 한계 273
5. 한국 대외원조와 국제개발외교의 현안과 전망 _ 276
   1) 외교정책과의 정합성 제고 276
   2) 중견국으로서 국제개발외교의 글로벌 규범력 활용 277
   3) 글로벌 규범과의 탈동조화 규제 278
   4) 분절적 시행을 개선할 수 있는 대규모 프로그램형 사업 도입 279
   5) 개발협력 재원의 다변화와 민간부문의 역할 강조 279
6. 결론 _ 280
   토의주제 281 / 참고문헌 282

10장 국제기구외교 _ 284

1. 서론 _ 284
2. 국제기구의 탄생 과정과 지형 _ 285
   1) 산업혁명 시기의 초국경 쟁점과 국제기구의 태동 285
   2) 현대 국제기구의 등장 경로와 국제기구의 제도화 287
   3) 국제기구의 분류 289
   4) 국제기구의 지리적 범위 291
3. 외교정책 대상으로서 국제기구 _ 293
   1) 국제기구정책의 양면성: 추상적 국익 대 구체적 의사결정자의 선호 293
   2) 설립국의 국제기구정책 294
   3) 후발 주자의 국제기구정책 296
4. 한국 국제기구정책의 변천 _ 298
   1) 냉전 전반기 한국의 국제기구정책 298
   2) 냉전 후반기 한국의 국제기구정책 300
   3) 냉전 종식 후 한국의 국제기구정책 303

5. 국제기구 관련 주요 현안과 전망 _ 306
    1) 미중경쟁과 국제기구의 분화 조짐　306
    2) 국제기구의 무력화　308

6. 결론 _ 309
    토의주제　311 / 참고문헌　312

제3부 | 한국의 대외관계

11장　대북한관계 _ 315

1. 서론 _ 315

2. 대북관계의 변천 _ 316

3. 대북관계의 국내외적 환경 _ 321
    1) 국제적 환경　321
    2) 국내적 환경　323

4. 대북정책의 목표와 추진 방향 _ 325
    1) 대북정책의 목표　325
    2) 대북정책의 추진 방향: 이론적 접근　331

5. 한반도 이슈의 쟁점과 과제 _ 334
    1) 북한의 핵무기 개발과 비핵화: 한반도 평화의 전제조건　335
    2) 북한의 개방 가능성과 한국의 입장: 남북한 관계개선 및
       교류협력과의 연계성　338

6. 남북한관계의 전망 _ 341
    1) 남북한관계 변화의 촉진요인과 장애요인　342
    2) 남북한관계 변화의 내적 변수와 외부 영향　344
    3) 대북정책의 새로운 패러다임　346

7. 결론 _ 347
    토의주제　349 / 참고문헌　349

12장　대미국관계 _ 350

1. 서론 _ 350

2. 대미관계의 역사적 조망 _ 351

3. 대미관계의 대내외적 환경 _ 353
　　1) 대외적 환경: 제로섬 미중경쟁　353
　　2) 대외적 환경: 아프가니스탄 철군과 미국의 패권쇠락　355
　　3) 대외적 환경: 우크라이나전쟁의 여파　358
　　4) 대내적 환경　360

4. 대미관계의 목표와 추진 방향 _ 361
　　1) 포괄적 전략동맹의 발전　361
　　2) 위협인식 및 전략 목적의 공통화　362
　　3) 기술동맹 발전　364

5. 대미관계의 현안과 쟁점 _ 365
　　1) 확장억제력 강화　366
　　2) 북미대화 및 협상　370

6. 대미관계의 전망 _ 372
　　1) 대미관계 변화의 촉진요인과 장애 요인　372
　　2) 대미관계의 미래　374

7. 결론 _ 375
　　토의주제　376 / 참고문헌　377

13장　대중국관계 _ 378

1. 서론 _ 378

2. 대중관계의 역사적 조망 혹은 변천 _ 379
　　1) 한중관계 형성 및 발전기(1992~2003년)　379
　　2) 한중관계 갈등 노정기(2003~2013년)　382
　　3) 한중관계 조정 및 모색기(2013년~현재)　383

3. 대중관계의 국내외적 환경 _ 385
　　1) 대중관계의 국외적 환경　385
　　2) 대중관계의 국내적 환경　387

4. 대중관계의 목표와 추진 방향 _ 389
　　1) 대중관계 목표와 현주소　389
　　2) 대중관계 재정립을 통한 새로운 길 모색: '협력 강화'에서
　　　 '갈등 완화'로　392

5. 대중관계의 현안과 쟁점 _ 394
　　1) 사드배치를 둘러싼 문제: 한중관계에 폭발력이 가장 큰 이슈　394
　　2) 미국 주도의 경제·기술·공급망 플랫폼에 가입　397
　　3) 북한(핵)문제를 둘러싼 '진영화' 추세 강화　398

6. 대중관계의 전망 _ 399
    1) 대중관계 변화의 촉진요인과 장애요인　400
    2) 대중관계 변화의 내적 변수와 외부 영향　401
    3) 대중관계의 미래　402

7. 결론 _ 404
    토의주제　406 / 참고문헌　407

14장　대일본관계 _ 408

1. 서론 _ 408

2. 한일관계의 전개 _ 409
    1) 냉전기의 '준동맹' 관계　409
    2) 탈냉전기 과거사 갈등의 악순환　411
    3) 2010년대 과거사 갈등의 상시화　413

3. 대일관계의 국내외적 환경 _ 415
    1) 민주화와 보수화　415
    2) 위협인식의 괴리　417

4. 대일관계의 목표와 추진 방향 _ 419
    1) 대일외교의 목표　420
    2) 대일외교의 추진 방향　421

5. 대일관계의 현안과 쟁점 _ 423
    1) 한일관계의 신뢰 복원 및 정상화　423
    2) 과거사 관련 현안　424
    3) 한미일 협력　425
    4) 기타 현안　426

6. 대일관계의 전망 _ 427
    1) 대일관계 변화의 촉진요인과 장애요인　428
    2) 한일협력의 중요성　429
    3) 과거사 갈등 상시화 시대의 발상 전환　432

7. 결론 _ 433
    토의주제　434 / 참고문헌　435

15장　대러시아관계 _ 437

1. 서론 _ 437

2. 한러관계의 역사적 전개 _ 439

3. 대러관계의 국내외적 환경 _ 441
    1) 국내적 환경   441
    2) 대외적 환경   442

4. 대러관계의 목표와 추진 방향 _ 444

5. 대러관계의 현안·쟁점·실천방안 _ 448
    1) 정치·외교·안보 협력   449
    2) 경제협력   451
    3) 사회·문화협력   453

6. 대러시아 정책의 전망 _ 455
    1) 대러관계 변화의 촉진요인과 장애요인   455
    2) 대러시아 정책 변화의 내적 변수와 외부 영향   457
    3) 대러관계의 미래   458

7. 결론 _ 460
    토의주제   461 / 참고문헌   462

16장 대EU관계 _ 463

1. 서론 _ 463

2. 대EU관계의 역사적 조망 _ 464

3. 대EU관계의 국내외적 환경 _ 467
    1) 한·EU관계의 대내적 요인   468
    2) EU의 변용: 러시아의 우크라이나 침공과 유럽안보환경의 변화   470
    3) 미중전략경쟁의 심화와 유럽의 선택   472

4. 대EU관계 목표와 추진 방향 _ 476
    1) 한·EU관계의 의의   477
    2) 한·EU 전략적 동반자관계의 현황과 의미   478

5. 대EU관계의 현안과 쟁점 _ 481
    1) 한·EU 양자 관계의 발전   481
    2) 글로벌 차원의 협력 강화   483
    3) 한반도 평화와 EU의 역할   484

6. 대EU관계의 전망 _ 485
    1) 대EU관계 변화의 촉진요인과 장애요인   486
    2) 대EU관계 변화의 내적 변수와 외부 영향   486
    3) 대EU관계의 미래   487

7. 결론 _ 488
    토의주제   490 / 참고문헌   490

17장 대동남아시아관계 _ 492

1. 서론 _ 492
2. 대동남아관계의 역사적 변천 _ 495
   1) 냉전 시기   495
   2) 관계 형성 단계(1989~1997년)   496
   3) 관계 심화 단계(1998년 이후)   497
3. 대동남아관계의 국내외적 환경 _ 502
   1) 국제적 환경: 미중경쟁과 남중국해 위기   502
   2) 한반도 환경: 북한 핵과 미사일 문제   504
4. 대동남아관계의 목표와 추진 방향 _ 505
   1) 목표 및 전략   505
   2) 추진 방향   507
5. 대동남아관계의 현안과 쟁점 _ 508
   1) 무역 불균형   508
   2) 미얀마 사태   509
   3) 동남아에 대한 낮은 인식과 전문가 부족   510
6. 대동남아관계의 전망 _ 511
   1) 대동남아관계 변화의 촉진요인과 장애요인   511
   2) 대동남아관계 변화의 내적 변수와 외부 영향   513
   3) 대동남아관계의 미래   513
7. 결론 _ 514
   토의주제   516 / 참고문헌   517

찾아보기 _ 519

저자소개 _ 525

도해목차

글상자

1.1	할슈타인 외교원칙	9
1.2	6·23 평화통일 외교정책선언	23
2.1	미중 전략경쟁	46
2.2	하드파워와 소프트파워	55
3.1	국가안전보장회의(NSC)의 기원과 외국 사례	72
4.1	국가 최고정책결정자 중심의 외교정책 분석 평가	109
4.2	입법부의 외교정책결정 개입에 대한 평가	113
5.1	쿼드(QUAD)	151
6.1	세계무역기구(WTO)와 WTO협정	166
6.2	자유무역협정과 경제통합의 단계	167
6.3	가치사슬 무역과 글로벌 가치사슬(GVC)	174
7.1	국제질서의 이해	196
7.2	공공외교법의 핵심 내용	201
8.1	한국의 몬트리올의정서 가입과 관련한 주요 조항과 당사국회의 결정	243
9.1	코백스	260
9.2	한국 국제개발협력의 목표 관련 〈국제개발협력기본법〉 조항: 제3조(기본정신 및 목표)	266
9.3	국제개발협력위원회의 역할과 기능	273
10.1	공공재 대 공유재	286
10.2	만국우편연합의 내적 제도분화	288
10.3	유엔(UN, 국제연합)의 유래	299
11.1	노태우와 김대중정부의 대북정책 비교	327
12.1	태평양억제구상	355
12.2	동맹의 연루와 방기	357
13.1	북방외교	380
13.2	남순강화(南巡講話)	380
13.3	구동존이(求同存異)	381
13.4	탈동조화	393
13.5	3불 1한	396
13.6	전랑외교(戰狼外交)	404
14.1	21세기 새로운 한일 파트너십 공동선언	412
14.2	한일군사정보보호협정(GSOMIA)	414
15.1	지정학적 중간국	438
15.2	북한 환원주의	441
15.3	러시아의 비우호국	443
15.4	남북러 3각 협력	445
15.5	유라시아경제연합(EAEU)	446
15.6	광역두만강개발계획	447
15.7	창지투 개발	452
15.8	신흥안보	458
16.1	한·EU 기본협력협정	466
17.1	한국과 동남아관계에서의 주요 역사적 사건(1950~2022년)	500

표

5.1	국제 군비통제 및 군축 관련 기구	153
5.2	국제평화유지활동 유형 및 개요	154
6.1	IPEF 분야별 세부 협상의제	172
6.2	인도·태평양전략 중점과제	179
7.1	공공외교 프로그램 수, 2018~2022년	208
7.2	공공외교 예산, 2018~2022년	208
7.3	한국 공공외교의 특징	210
7.4	공공외교의 네 가지 유형별 특징	213
8.1	분야별 주요 다자환경협약 현황	226

8.2	파리협정 협상 과정(2014~2015년)에서 활동한 주요 협상그룹	230			

8.2 파리협정 협상 과정(2014~2015년)에서 활동한 주요 협상그룹 230
8.3 동북아 국가들 간의 정부 간 양자 및 다자환경협력체제 235
9.1 주요 공여국의 개발협력모델 비교 264
9.2 정부별 국제개발협력 관련 국정과제 비교 267
9.3 국제개발협력기본계획의 비전 비교 270
9.4 국제개발협력기본계획의 추진체계 내용 비교 274
9.5 한국 ODA에 대한 국민의 인지도 및 지지도 변화 275
10.1 국제기구 현황 292
10.2 1970~1980년대 북한의 국제기구 가입 302
10.3 냉전 후 단·다극질서 303
12.1 바이든 행정부의 저위력 핵무기 동향 365
13.1 한중 외교관계 발전 경과 385
15.1 한러관계 전개 과정 440
15.2 미중관계와 미러관계 시나리오에 따른 동북아 지역정치 구도 456
16.1 한·EU관계 연혁 467
17.1 신남방정책의 비전, 목표, 과제 506

도표

3.1 외교정책결정과정의 단계 69
3.2 이명박정부 외교·안보정책결정구조 75
3.3 문재인정부 2기 외교·안보정책결정구조 77
3.4 윤석열정부의 외교·안보정책결정구조 79
7.1 공공외교에 대한 두 가지 시각과 접근의 유형 204
7.2 제1차 공공외교 기본계획의 공공외교 추진 비전, 목표, 전략 205
7.3 공공외교 정책결정 및 집행체계 207
8.1 시기별로 본 다자환경협약(MEA) 채택 현황 224
9.1 OECD DAC 회원국의 ODA 규모 연평균 증가율(2010~2019년) 261
9.2 대외원조 제공 지지도 262
9.3 한국 ODA 추진체계 272
13.1 한중 경제관계 발전과정 386
13.2 한중수교 30년 대중 교역규모 추이 391
13.3 한국 국민의 대중 호감도 추이 392
13.4 최근 중국의 동향 중 우려되는 점 395
13.5 중국에 대한 부정 평가 이유 396
17.1 동남아시아 국가 GDP 성장률 494
17.2 한·아세안 협력 구조 508

서문

어느 국가라도 외교정책이 국가의 다른 정책들보다 우선한다. 외교정책은 국가의 생존과 번영을 1차적으로 책임지는 정책이다. 그래서 대부분 국가에서 국가 지도자 유고 시 외교부서가 가장 선임부서의 입장에서 외교장관이 임시 국가대표직을 수행한다. 특히 한국과 같이 분단국의 경우에는 생존과 번영이 다급한 국가 목표이기 때문에 외교정책이 중요하게 되어 왔다.

최근 들어 영국에 입국할 경우 영국 이외 12개국의 여권을 소지한 국가들은 별도의 입국 심사 없이 여권을 인식기에 접촉만 하면 입국할 수 있다. 여기에 한국이 포함된다. 70여 년 전인 1950년 한국전쟁이 발발하였을 때, 대한민국이 공산 침략군에 패배할 절체절명의 순간에 구해준 참전국의 일원이었던 영국이 이제는 그 국가를 영국과 같은 수준의 국가로 인식하고 있는 것이다. 이는 생존 및 번영의 목표 달성을 넘어서 한국이 서방 선진국과 어깨를 나란히 하는 국가 위상의 제고가 이루어진 것을 보여주는 것이다. 생존과 번영의 단계를 넘어서 국제적으로 선진화된 국가의 위상을 보유하게 된 것이다.

외교는 눈에 보이지 않는 것이고 성과도 바로 나타나지 않기 때문에 외교정책의 정책적 평가가 쉽지 않으며, 국민도 외교의 중요성은 알지만, 외교에 대한 관심도 다른 분야보다 적은 편이다. 국민의 경우 자신의 일상생활과 직접적인 관련이 없기 때문에 오직 외교전문가와 학자들만이 외교정책에 대한 평가와 대안 제시를 하고 있다. 그래서 외교정책에 대한 연구결과 및 출판서적이 별로 많지 않다. 그러나 한국의 경우 분단이라는 환경적 특수성 때문에 외교정책을 소홀히 할 수가 없다. 이웃에는 주적이면서도 민족통일을 위해서 포용해야 하는 북한이 존재하고 있고, 분단으로 비롯되는 위기를 대비하기 위해서 의존적인 동맹외교를 추진해야 하는 외교적인 제약사항이 존재하고 있다.

이러한 이유로 한국의 외교정책은 분야에 있어서, 그리고 세계 각국과의 관계에 있어서 포괄적이고 균형적이며 전방위적인 외교를 추진하기가 쉽지 않은 상황이었다. 이러한 이유로 한국의 외교정책에 대한 포괄적인 서적을 출간하기가 어려웠다. 외교정책의 분야에 있어서 상대적으로 군사외교, 경제외교, 국제기구외교에 치중되어 있었고, 공공외교, 환경외교, 국제개발외교에 있어서는 극히 제한적이었다. 그리고 타국과의 외교관계에 있어서도 우호국과 대립경쟁국, 주변국과 지리적으로 멀리 존재하는 국가들을 같은 범주 또는 수준으로 분석하여 하나의 책으로 담기에는 어려움이 있었다.

수년 전부터 본 필자는 명인문화사와 더불어 한국외교의 분야와 대상에서의 불균형과 한계를 뛰어넘어 선진국들이 추진하는 외교정책에 대한 분석틀과 같은 수준으로 책을 출판하기 위한 기획을 해 왔다. 현재 국가의 수준과 위상이 제고된 만큼 한국의 정치외교학계도 질적이고 수준 면에서 획기적 발전을 하여 이 책을 완성할 수 있게 되었다. 이러한 서적의 출판이 처음이라 16명이 저술한 17개 챕터로 구성한 책을 묶어 내는 데 여러 가지 험난한 과정이 많았다. 1인 1챕터 집필을 원칙으로 추진했는데, 부득이한 사정으로 본 필자가 두 챕터를 쓰게 되었다. 이 책은 학자들의 논문 모음집이 아니라 어느 정도 흐름이 있는 하나의 서적이기 때문에 사전에 각 부별, 챕터별 집필 틀을 만들었는데, 필진들이 이러한 작업이 생소하여 여러 번 수정하는 작업을 거쳐서 예정보다 늦게 출판되었다.

이러한 생소하지만 보람있는 작업에 참여해 주신 전문학자 여러분들께 감사드린다. 챕터들의 틀과 균형을 맞추기 위해서 몇 번의 수정요청에도 끝까지 협력을 해주신 데 대해서도 감사드린다. 이러한 국내 거의 최초의 한국외교정책 종합서를 출판할 용기를 내고 많은 인내를 가지고 책을 완성한 명인문화사의 박선영 대표와 전수연 편집 디자이너의 노고에 대해 집필진을 대신해서 감사드린다. 집필진과 명인문화사 임직원들의 노고에 의해서 이제부터는 한국외교정책의 포괄적인 내용을 참고하기 위해 활용되던 『외교백서』를 뛰어넘어 외교정책의 결정 및 추진 환경과 과정, 한국외교의 촉진요인과 제한사항, 한국외교의 미래에 대해서까지 종합적으로 살펴볼 수 있는 역할을 이 책이 해줄 것을 믿어 의심치 않는다.

2023년 7월 7일
필진 대표 김계동

제1부

토대와 분석틀

1장 한국외교정책의 유형과 변천 _ 김계동 • 3

2장 한국의 국가이익과 외교정책 목표 _ 전재성 • 39

3장 한국의 외교정책결정체계 _ 김현 • 65

4장 한국의 국내정치와 외교정책 _ 배종윤 • 98

1장 한국외교정책의 유형과 변천

김계동 (건국대 안보·재난관리학과)

1. 서론   3
2. 분단외교: 적대적 대외관계의 기원   4
3. 동맹외교: 냉전시대의 생존과 진영외교   10
4. 자주외교: 데탕트시대 주권외교의 실현   17
5. 북방외교: 탈냉전 과정에서 국익확보외교   23
6. 평화외교: 분단극복과 화해협력정책   27
7. 결론   35

1. 서론

외교정책은 국가와 국민의 안전을 도모하고 경제적 번영을 추구하기 위한 국가이익의 극대화를 목표로 한다. 이를 위해서 외교는 타국의 행위를 자국에 유리하도록 유도함으로써 자국의 위상과 영향력을 제고시킨다. 외교정책의 수립에 기본이 되는 일반적 국가이익은 자국의 영토 및 국민과 더불어 외국에 거주하는 자국민을 보호하고, 자국의 정치이념을 수호하고, 경제적 번영을 증진시키는 것 등 다양하다. 이와 같은 일반적인 국가이익 이외에 각국이 처한 특수한 환경에 따라 특정 국가이익을 충족시키기 위한 목표로 외교정책이 추구되기도 한다. 그 대표적인 예로 한국은 한반도가 처한 분단의 상황에서 적대적인 분단외교를 추진하고 있으며, 다른 한편 대내외적 환경변화를 맞이하여 국가의 안정과 국민의 안녕을 위하여 평화외교를 추진하고 있다.

이처럼 한국의 외교환경은 특수하기 때문에 외교정책의 성격도 보편적인 국가들과 차이가 크다. 여타의 보편적 국가들과 달리 한국은 외교안보적으로 분단, 전쟁, 적대적 대치를 경험하고, 생존을 위해 의존적 동맹을 체결하고 있는 특수한 상황에 처하여 있다. 한국외교정책의 특수성에 심대한 영향을 미친 환경적 요인들을 세 가지의 큰 변수로 분류하면, 주변국들에게 있어서 전략적으로 중요한 지정학적 요인, 침략과 개입으로 점철된 역사적 요인, 분단에 따른 극한 대립의 이념적 요인으로 나누어진다. 위의 세 가지 요인들은 상호 연관되어 한국외교에 많은 영향을 미쳐왔으며, 특히 그중에서도 앞의 두 가지 요인, 즉 지정학적 요인과 역사적 요인은 하나의 틀을 구성하며 한국외교를 운명 지어 왔다고 할 수 있다.

외교사적 측면에서 살펴볼 때 한반도의 분단은 민족에게 있어서 불행 또는 재난으로 받아들여졌으며, 이 분단체제에 적응하고 국가의 생존과 번영을 유지하기 위하여 한국정부는 다양한 형태의 외교정책을 추진하였다. 이념과 체제적인 차원에서 극한적인 경쟁 및 대립해 온 북한으로부터의 공세를 극복하기 위하여 적대외교를 추진하였고, 한국전쟁을 경험한 후 전쟁의 재발을 방지하고 전쟁이 재발하더라도 이를 효과적으로 막아내기 위한 안보적 차원에서 미국과의 동맹외교도 추진해 오고 있다. 이러한 적대외교와 동맹외교는 1948년 정부수립부터 현재까지 변하지 않는 외교정책의 상수가 되어 오고 있다.

역사적으로 강대국의 틈바구니에서 피침, 강압적인 개방, 강대국의 지배, 동족상잔의 내전, 세계 냉전의 전초기지, 분단 대립을 겪으면서 한국외교의 제일 목표는 생존이었고, 이러한 목표를 수행할만한 능력이 부족한 상태에서 자립적이기보다는 강대국에 의존하는 외교정책을 추구해 왔다. 따라서 한국의 외교정책은 국가이익보다는 타국과의 관계에 의하여 좌우되는 성향을 보인 것이 사실이다. 냉전 기간 동안 미국을 중심으로 한 서방진영의 핵심적 반공국가였던 한국은 북한-중국-소련으로 이어지는 공산진영의 삼각관계의 틀에 대항하여 미국과의 동맹관계에 절대적으로 의지하면서 대미 의존적 외교를 탈피할 수가 없었다.

다른 한편, 세계적인 탈냉전과 국내 민주화 이후 대내외적 정세가 전방위 외교를 필요로 할 때 한국정부는 북방외교, 북한과의 화해협력과 다자안보체제를 형성하기 위한 외교 등 평화외교도 전개하고 있다. 분단 상태에서 적대외교와 동맹외교를 지속적으로 추구하는 동시에, 국제적인 화해와 협력의 분위기에 편승하고 남북한관계를 조정하여 한반도의 평화를 유지하기 위한 전향적인 외교정책도 모색하고 있는 것이다.

이 장에서는 정부수립 이전부터 시작된 좌우 갈등에 편승한 적대적 대외관계인 분단외교, 냉전의 세계질서 속에서 생존을 위한 미국에 안보적 의존을 하게 되는 동맹외교를 먼저 다룬다. 냉전질서가 완화되면서 1970년대부터 시작되는 데탕트의 물결을 타고 추진하게 된 자주외교가 전환점이 되고, 이후 탈냉전, 민주화, 경제선진화 등에 힘입어 자신 있게 추진한 북방외교, 그리고 이에 이어지는 평화외교에 대해서 순차적으로 살펴본다.

2. 분단외교: 적대적 대외관계의 기원

통상적으로 국가가 분단되는 원인은 내전을 치르거나, 국가 내 민족 간 분열이 생기는 등 국가 내부의 책임이 대부분이지만, 1945년 이후 한반도 분단의 원인은 내부분열보다는 외세의 경쟁과 대립의 결과였다. 36년에 걸친 일제 점령 때문에 제2차 세계대전이 종식된 이후 한국인들은 자체적인 통치능력이 부족한 상황이었다. 냉전대립에 의해 분단정부가 수립된 이후 남북한은 냉전질서하에서 미국과 소련의 대립에 영향을 받는 적대적 외교정책을 추진하지 않을 수 없었다. 더구나 한국전쟁까지 겪으면서 남북한의 적대감은 더 심화되었고, 이에 따른 외교정책도 동서진영의 틀 내에서 상대 진영에 대한 적대적 외교정책을 추진하지 않을 수 없었으며 지금까지 지속되고 있다.

1) 한반도분단의 역사

한국의 역사는 한반도의 지정학적 위치 때문에 역사적으로 팔레스타인, 폴란드와 벨기에가 처했던 운명과 유사하게 중국, 러시아, 일본에 의한 침략으로 점철되어 왔다. 대륙세력과 해양세력의 교차점에 위치하여 대외관계에 있어서 국가자율성이 떨어지고 외세의 영향권 내에서 의존적인 외교정책을 모색해 왔다. 일본인들은 한반도를 '아시아 본토로 진출하기 위한 디딤돌'로 활용하였으면서도, 다른 한편 한반도는 '일본의 심장부를 겨냥한 단도(短刀)'라는 표현을 하였다. 중국인들은 한반도를 '중국의 머리를 가격할 준비가 되어 있는 망치', 또는 '중국의 치아를 보호하기 위한 입술'로 인식하였다. 러시아는 상업적 이익, 1차 자원 확보, 영토 확장, 정치적 지배 등 '제국주의적 이익'과 더불어 부동항 획득 및 태평양으로의 진출을 위하여 러시아와 한반도가 연결되어 있어야 한다는 인식을 가지고 있었다.[1] 이러한 점을 보면, 한반도는 지정학적으로 극동에 있어서 중요한 교차점 또는 동북아 전략의 요충지에 위치하고 있음을 알 수가 있다. 이에 따라 한반도는 역사적으로 아시아 열강들의 주요 전략적 목표였고, 그들의 한반도에 대한 이해관계가 교착상태에 처할 경우 상호간 전쟁을 피하면서 어느 한 편도 손해 보지 않고 공평한 이익을 획득하기 위하여 한반도의 분단이 제기되곤 하였다.

지정학적 위치 때문에 제기되었던 한반도의 분단사는 고대부터 그 유래를 찾을 수 있다. 7세기에 당 태종이 "고구려와 백제를 멸망시키고 패수(浿水, 지금의 청천강) 이남은 신라가 다스리고 그 이북은 내가 다스리겠다"고 김춘추에게 제의한 적이 있다.[2] 그 후 한반도의 분단은 16세기 말 일본인들에 의하여 다시 제의되었다. 1592년 도요토미 히데요시를 선봉으로 한 일본군이 침략하자, 조선왕조는 중국의 명나라에 군사지원을 요청했다. 결국, 중국이 개입하여 일본군이 남부지역 일부만을 점령하고 더 이상 진격하지 못하도록 하는 데 성공했다. 이후 교착상태가 지속되자 히데요시는 일본이 충청, 강원, 전라, 경상도 등 남부 4개 도를 점령하고 나머지 4개 도, 즉 함경, 평안, 황해, 경기도는 조선의 왕이 지배하도록 하자는 제의를 하였다. 이 제의를 중국과 조선이 거부했고, 1598년 히데요시 사망 후 일본군은 조선에서 철수하였다. 이때 제의된 분단선은 북위 38도선에서 45마일 정도 남쪽에 이어진 선이었다.[3]

한반도의 분단은 1894년 다시 제의되었다. 1882년 서방세계에 개방을 한 이후 조선은 강대국의 각축장이 되었다. 개국 이래 외세의 내정개입을 정부가 적절히 대응하지 못하자 동학난이 발생하였고, 조선왕의 요청에 따라 중국은 동학난을 진압하기 위해 두 척의 전함과 2,500명의 군대를 파견했다. 중국이 개입하자, 일본은 자국의

---

1) Carl Berger, *The Korea Knot: A Military-Political History* (Philadelphia: University of Pennsylvania Press, 1964), p. 15; "Korea Past and Present," *The World Today* 2 (1964), p. 176; Gregory Henderson, *Korea: The Politics of Vortex* (Cambridge, Mass.: Harvard University Press, 1977), p. 15.

2) 신복룡, "삼국 전쟁 후의 사회 변동," 『한국정치사』 (서울: 박영사, 1991), pp. 65-98.

3) 진단학회, 『한국사』, 제3권 (서울: 을유문화사, 1960), pp. 642-644.

외교 사절들을 보호한다는 명목으로 4,000여 명의 병력을 파견하였다. 동학난 진압 후 조선왕의 중국군과 일본군의 철수 요구가 묵살되어 양 군대 간의 충돌이 예상되자, 1894년 7월 영국 외상인 킴벌리 경이 조선의 중립화 또는 청과 일본의 조선 분할점령을 내용으로 하는 중재안을 제시했다. 중국은 이 제의를 수용했으나, 일본은 한반도의 반쪽만 점령하는 데 만족하지 않았고, 일본군이 중국군을 충분히 이길 수 있다는 확신하에 전쟁을 일으켰다. 결국, 청일전쟁에서 일본이 승리하여 이 갈등이 종식되었는데, 당시 한반도 분할 협상 제의를 조선은 전혀 통보받지 못했다.[4)]

1896년과 1903년 러시아와 일본은 북위 38도 또는 39도선에서의 한반도 분할에 대한 논의를 하였다. 러시아의 주요 목적은 부동항의 획득이었다. 러시아의 조선에 대한 영향력이 점차 강화되어 조선왕은 러시아 공사관으로 거처를 옮기고 그곳에서 정사업무를 집행하였다 (이를 아관파천 [俄館播遷]이라고 함). 청일전쟁 이후 조선에 대한 독점적 영향력을 행사하던 일본인들은 이 상황을 심각하게 받아들이고 다시 한반도분단을 제의했다. 일본은 러시아가 38도 이북지역에 대한 영향력을 행사하고 그 이남은 일본의 영향권으로 하자는 제의를 하였다. 조선에 대한 자신감을 갖고 있던 러시아는 일본의 제의를 거절하였다. 일본은 러시아와의 전쟁 준비 차원에서 영일동맹 조약을 1902년에 체결했다. 궁지에 몰린 러시아는 1903년 10월 한반도의 39도선 이북은 완충지대로 하고, 그 이남지역은 일본의 영향권으로 인정하겠다는 제의를 하였다. 일본은 이에 대하여 한만국경지역에 남북으로 50마일씩 100마일의 비무장지대를 설치하자는 역제의를 하였다. 러시아가 이 제의를 거부하자 일본은 1904년 2월 10일 대러시아 전쟁을 선포하였다. 러일전쟁에서 러시아가 패배하여 결국 러시아는 조선에의 영향권을 잃게 되었다.[5)] 이와 같이 한반도 주변국들은 한반도의 분단을 통한 동북아의 세력균형을 모색하였고, 이 과정에서 조선의 주권은 전혀 고려대상이 되지 못하였다.

이러한 한반도분단 제의들이 19세기 말과 20세기 초에 여러 번 있었으나 실현이 되지 않았고, 제2차 세계대전이 종식된 1945년 이후에 실제로 분단이 이루어졌다. 이전의 분단 제의들은 곧 이은 청일전쟁과 러일전쟁으로 분단이 실현되지 않은 반면, 1945년 이후의 분단은 세계대전이 끝난 후 전후처리 과정에서 이루어진 것이다. 제2차 세계대전 막바지에 급작스럽게 아시아의 대일전에 참전한 소련의 남진을 봉쇄하기 위하여 미국은 38선에 의한 미국과 소련의 한반도 영향권 분할을 제의하였고, 소련이 이를 수락하여 분단이 되었다.[6)]

1945년의 분단은 이후 한국현대사의 운명을 좌우하는 결정적인 계기가 되었고, 따라서 한국 외교정책의 벗어버릴 수 없는 굴레가 되어 항상 정책변화의 주요요인이 되어 왔다. 특히 분단 직후 세계 냉전이 시작되면서 한국의 외교정책은

---

4) 진단학회, 『한국사』, 제6권 (서울: 을유문화사, 1960), pp. 3-223; Peter Farrar, "British Policy towards Korea during the Sino-Japanese War of 1894-5," *Association for Korean Studies in Europe (AKSE)* 주최 학술회의 발표문, 1985년 4월 10일~15일.

5) Cho Soon-Sung, *Korea in World Politics 1940-1950: An Evolution of American Responsibility* (Berkeley: University of California Press, 1981), p. xii.

6) 김계동, 『한반도분단, 누구의 책임인가』 (서울: 명인문화사, 2012).

자율성을 확보하지 못한 채, 미국 대소봉쇄정책의 '곁가지', 아니면 '외곽의 전초기지'의 임무를 해야 하는 운명에 처하게 되었다. 1946년 미국의 외교관이었던 케넌(George F. Kennan)이 제시한 봉쇄정책(containment policy)과 1947년 트루먼독트린으로 시작된 냉전의 주요거점 역할을 하게 됨에 따라, 한국의 주권, 국가성격, 외교정책은 냉전적 세계질서와 분단으로부터 결정적 영향을 받게 되었다.[7]

2) 한국전쟁 시기의 전시외교

1948년 분단정부 수립 이후 북한의 남침위협에 대하여 항상 우려는 하고 있었으나, 전쟁에 대한 준비를 별로 하지 않고 있던 한국과 미국의 지도자들은 1950년 6월 25일 새벽 북한의 남침으로 급작스럽게 전쟁을 치러야 했다. 전쟁 발발 후 한미 지도자들은 평시의 안보 및 외교정책을 수립하는 것과 같은 충분한 정책적 고려를 할 여유가 없었다. 일반적으로 돌발적인 전쟁이 발발하였을 경우 정책결정자는 심리적으로 위급한 상태에 놓이게 된다. 중요한 결정을 하는 데 필요한 시간이 부족한 반면, 신속한 결정을 내리지 않으면 심각한 결과가 초래될 것을 우려하게 된다. 위급한 상태이면서 적의 개전 동기와 전쟁행위의 방향을 정확히 파악하지 못한 채 정책결정자는 극소수의 대안만을 가지고 정책결정을 하게 된다.

1950년 북한의 남침에 의한 전쟁이 발발하자 침략군을 물리칠 능력이 없는 한국정부는 자국의 군사력으로 어떻게 방어를 할 것인가 궁리하는 것보다 긴급하게 국제지원을 획득하기 위한 외교를 전개하였다. 미국에 긴급무기지원을 요청하는 동시에 유엔 안전보장이사회에 침략군을 물리치기 위한 긴급조치를 취해 줄 것을 요청하였다. 미국정부는 지체 없이 육해공군을 파견하기로 결정하였고, 유엔도 회원국들에게 한국을 군사적으로 지원하도록 결의함으로써 공산진영의 무력적인 팽창정책에 대하여 무력으로 봉쇄하는 집단안보 활동을 시행하게 되었다. 1950년 7월 7일 유엔군사령부 설치 결의안(S/588)에 따라 트루먼(Harry S. Truman) 대통령은 맥아더(Douglas MacArthur) 원수를 유엔군 총사령관으로 임명하여 유엔군을 지휘하도록 하였고, 이후 16개국이 군대를 파견하여 명실상부한 집단안보체제를 구축하게 되었다.[8]

한국정부도 유엔군과의 효과적인 작전을 위하여 1950년 7월 15일 한국군 작전지휘권을 한반도에서의 전투행위(hostility)가 종식될 때까지 유엔군사령관에게 이양하는 조치를 취하였다. 한국이 작전지휘권을 유엔군사령관에게 이양한 이후 한국전 휴전까지의 전쟁 기간 동안 한국의 안보는 미국 또는 유엔군에 전적으로 의존하였고, 스스로의 안보외교를 전개하기가 어려운 상황이었다. 한국전에서의 모든 작전을 유엔군사령부에서 수립, 시행하였고, 휴전회담도 미군이 독점적인 위치에서 다른 국적군의 대표를 배제하였기 때문에 전쟁수행이나 휴전 과정에 당사국인 한국의 발언권은 거의 없었다.

전시외교는 평시와는 다른 특수한 성격을 가지게 되며, 특히 전략적 사고와 가치에 있어서 차별

---

7) Gye-Dong Kim, *Foreign Intervention in Korea* (Aldershot: Dartmouth Publishing Company, 1993), pp. 27-38.

8) 김계동, 『한국전쟁: 불가피한 선택이었나』 (서울: 명인문화사, 2014), pp. 56-76.

성을 가지게 된다. 평시에는 평화를 수호하고 협상 및 대화에 의한 갈등의 해결을 모색하다가도, 전쟁이 발발하여 전쟁 수행의 국가이익이 발생하면 국력을 총동원하여 최후의 승리를 위한 전쟁을 수행한다. 따라서 평화애호국도 전쟁이 시작되면 평화적 해결보다는 무력에 의한 해결을 선호하게 된다. 한국전 발발 이후 남한정부가 북한군의 빠른 진격 때문에 일방적으로 후퇴하여 패배 직전에 도달하였으면서도 한국과 미국정부는 공산측과의 타협이나 협상은 전혀 고려하지 않은 채 무슨 수를 쓰더라도 무력에 의하여 전세를 역전시키고 전쟁에서 승리하기 위한 전략을 추구하였다. 실제로 전쟁 초기 영국과 인도정부가 소련 및 중국정부와 접촉하면서 평화중재를 하려 하였으나 미국과 한국정부는 침략을 한 공산권과의 타협은 있을 수 없다며 이를 거부했다.[9]

한국전쟁 당시 미국과 한국은 국제기구를 활용하여 집단안보를 통한 승리를 추구했다. 전쟁 수행 과정에서의 명분 확보, 즉 국제여론이 전쟁 수행 당사자에게 유리하도록 분위기를 조성하여 전쟁을 수월하게 수행하면서 유리한 전쟁 결과를 획득하기 위한 중요한 요소로 이용한 것이다. 미국은 전쟁 개입, 한국은 전쟁 수행의 외교적 명분을 쌓는 도구로 유엔을 사용하였고, 되도록 많은 국가가 한국전에 참전하도록 노력을 기울였다. 1948년 한국정부를 수립하는 데 결정적 기여를 한 미국은 전쟁 발발 직후 대유엔 외교를 통하여 북한의 침략행위를 규탄하고 유엔회원국으로 하여금 침략군을 격퇴시키기 위하여 한국에 군대파견을 하도록 결의안을 통과시켰고, 한국에 파견되는 외국군이 유엔기를 사용하도록 허용하는 조치를 취하였다. 한국의 전시외교는 한국이 주도하는 외교정책을 펼치기보다는 미국의 외교를 지지하고 지원하는 방식을 선택하였다.

전쟁발발 후 참전국(들)의 전시외교는 승리를 목표로 하되, 되도록 전쟁을 확대시키지 말아야 한다는 인식을 하게 되고, 특히 전쟁이 장기화하여 승리가 불투명하고 국내적으로 지지도가 떨어지게 되면 전쟁 종료를 위한 협상을 모색하게 된다. 첫째, 전쟁을 계속 수행하여 드는 비용이 전쟁을 중단함으로써 치러야 할 대가보다 클 경우 협상에 의한 종전을 모색하게 된다. 둘째, 전쟁이 교착상태에 놓여 어느 측도 전쟁을 통하여 승리할 수 없다는 판단이 서게 되면 군사적인 방법보다는 정치적 협상에 의한 종전을 추진하게 된다. 그러나 전쟁 당사자는 협상 과정에서 우위를 점하기 위하여 전투행위를 지속적으로 수행하고, 심지어는 대대적인 군사작전을 감행하기도 한다. 한국전 휴전회담 시 미국은 포로교환 문제로 공산 측과의 갈등이 지속되자 미국의 제의를 공산 측이 받아들이도록 하기 위하여 북한 및 만주에 전력을 공급하던 수력발전소가 위치한 수풍댐과 평양지역에 대규모 폭격을 하여 평양에 전기가 일주일 이상 들어오지 않도록 하였다. 마찬가지로 중국군도 휴전회담이 진행되는 동안 전력을 더욱 강화하여 유엔군, 특히 한국군에 대한 대규모 공세를 자주 전개했다.

1953년 7월 27일 2년여 계속된 휴전협상이 종지부를 찍고 한반도를 재분단하는 정전을 하게 되었다. 1945년의 분단선인 38선과는 다른 분단선이 그어졌지만, 분단의 성격은 동일한 것이었다. 외교적인 측면에서 전쟁을 치렀기 때문에 앞

---

9) 한국전쟁 초기 영국과 인도의 평화중재에 대하여는 김계동 (2014), pp. 110-124 참조.

절에서 언급한 세 가지 한국외교환경의 특수성, 즉 지정학, 역사, 이념이 더욱 강하게 부각되었다. 지정학적으로 주변국가들 모두가 전쟁에 직간접적으로 연관되어 있었고, 분단의 역사에 더하여 전쟁의 경험이라는 극한적 대립의 역사가 기록되었고, 남북한의 이데올로기 충돌이 더 심화되었다. 한국전쟁은 전후 한국외교에 있어서 적대적이고 대결적인 성격을 심화시켜 융통성을 배제하였고, 패전에 의한 국가소멸과 공산화 통일의 위기로부터 한국을 구출해 준 서방 일변도의 편향된 외교를 수행하지 않을 수 없게 되었다.

3) 분단시대의 편향적 적대외교

분단시대를 맞이하여 한국외교정책을 결정지은 3대 요인 중 지정학적 요인과 역사적 요인은 한국외교정책에 있어서 이념적 요인이 자리 잡는 데 결정적 기여를 하게 되었다. 분단에 의하여 적대적인 두 정부가 수립되면서 양 체제 간에 극한적인 이념대결이 시작됨으로써 외교이념이 한국외교정책의 수립과 수행에 있어서 중요한 부분이 된 것이다. 외교이념은 외교정책결정과 집행에 직간접으로 관련되는 사고 및 가치체계이며, 국가의 외교정책이나 대외관계에 관련된 주의, 사상, 관념, 세계관 등 신념체계의 집합이다. 남북한의 대립적 외교이념은 한반도 내에서 자생적으로 생긴 측면도 있지만, 한반도분단의 주된 역할을 한 미국과 소련의 이념대결 구도를 그대로 옮겨 왔기 때문에 한반도에 설립된 두 개 정부의 외교정책도 같은 틀 속에서 변화되어 왔다. 한국전쟁 이후 이념대립은 더욱 심화되었다.

한반도에 설립된 두 정부의 이념적인 차이, 또는 이념대결이 외교정책에 미쳐 온 영향은 다음과 같이 설명될 수 있다. 첫째, 자주 및 자율성을 잃고 의존적인 외교를 추진해야만 했다. 철저한 반공주의를 채택함에 따라 한국외교는 명확한 흑백논리에 의하여 운영되었으며 그만큼 외교적 운신의 폭이 축소되었다. 좁혀진 운신의 폭 때문에 부족한 외교역량을 보충하기 위하여 미국이라는 '후견국'에 의존하지 않을 수 없었다. 둘째, 국력을 낭비하는 소모성 외교를 추진해야 했다. 철저한 반공주의에 의한 체제대립과 자유민주주의체제수호를 목표로 한 외교정책은 모든 사회주의 국가들을 적대시하고 친사회주의 중립국도 비우호국으로 규정하였다. 할슈타인 외교원칙을 적용하여 북한과 접촉 및 수교하는 국가들에 대하여 외교관계 수립을 배제하였으며 국교를 단절하였

글상자 1.1

할슈타인 외교원칙

서독의 외무차관이었던 발터 할슈타인(Walter Hallstein)이 1955년 9월 22일 발표한 외교원칙으로, 독일의 유일한 합법 정부는 서독(독일연방공화국)이며, 동독(독일민주공화국)을 승인하거나 외교관계를 맺으려는 국가(소련 제외)와 외교관계를 단절하는 내용이며, 요컨대 하나의 독일 정책이다. 이 정책은 1969년 브란트(Willy Brandt)가 집권해 동방정책(Ostpolitik)을 추진하면서 사실상 유명무실해졌고, 1972년 동서독기본조약 체결과 함께 공식적으로 폐기되었다. 냉전시대에 한국도 이러한 원칙을 고수했으며, 1980년대 후반 노태우 대통령이 북방정책을 추진하면서 이 정책이 폐기되었다.

다. 이러한 원칙하에 외교무대에서 남북한은 서로의 정통성을 무시하려는 목표하에 '상대방 죽이기'라는 소모적 외교정책을 수립하고 추진하지 않을 수 없었다.

일반적으로 분명한 주적(主敵)이 있는 국가의 외교정책 목표는 적으로부터의 공격이나 정치적 압력을 벗어나 영토보존과 정치적 독립을 유지하는 것이다. 이러한 목표는 외교환경이 불안, 불신, 의혹, 우려를 바탕으로 형성되어 있다는 전세로부터 출발된다. 상대와의 우호관계가 이루어질 때까지 적의를 기저로 한 적대적인 외교정책을 추진하며, 적대 상태에서 타협적 태도를 보이면 자신의 나약함을 보여주는 것이고, 상대가 이를 악용할 소지가 크다는 점에서 극한 대립상태를 유지한다. 국제사회에서 자국의 사활적 이익이 상대와 충돌할 경우 상대의 행위를 '팽창'으로 간주하고, 이를 봉쇄하는 정책에 전력을 기울인다. 1940년대 후반부터 시작되어 1990년까지 지속된 냉전 기간에 제3세계를 제외한 세계의 거의 모든 국가의 외교정책에는 적대외교가 내포되어 있었고, 특히 독일, 한국 등 분단국 외교의 적대적인 성격이 강하였다.

적대적 외교정책을 추진하여 국가이익을 추구하는 방법에는 두 가지가 있다. 첫째는 무력에 의한 팽창이나 봉쇄정책 또는 이와 유사한 방법으로 상대방을 무조건 굴복시키는 것이고, 둘째 방안은 모든 압력 수단을 동원하여 적대국 스스로가 변하도록 하는 것이다. 한국의 대북정책은 북한으로 하여금 무력을 사용하지 않도록 하는 수비적인 억지에 기반을 둔 외교형태를 보여 왔다. 한국이 무력증강을 하거나 북한을 봉쇄하는 정책을 취한 이유는 북한을 붕괴시키기보다는 북한이 강경정책을 포기하고 온건정책을 취하도록 유도하기 위한 면이 더 컸다고 할 수 있다. 따라서 적대적 외교정책에서 가장 유용하게 사용되는 도구는 군사력이다. 평시에 군사력은 억지, 강압, 확신의 세 가지 기능을 가지고 있는데, 이 세 가지 기능 모두가 적대적 외교정책을 추진하는 데 있어서 주요역할을 하는 것이다.

적대외교가 추진될 경우 상대와의 충돌 가능성이 항시 존재하는데, 남북한의 경우와 같이 상호간의 의사교환 두절로 상대방의 의도를 잘못 파악하기 때문에 이러한 충돌이 발생하는 경우가 많다. 특히 선과 악의 흑백논리로 상대방과 자신을 평가할 때 상대방을 오해하는 경우가 많다. 다음과 같은 흑백논리가 그 예이다. 그들은 전쟁을 하려고 무장하지만, 우리는 평화를 지키려 무장한다. 그들은 세력권을 확대하기 위하여 동맹을 체결하지만, 우리는 방어를 위하여 동맹을 맺는다. 그들의 국민들은 선하고 평화를 선호하지만 그들의 정부는 그러한 국민들을 악용하고 무력 동원에 활용한다. 이러한 흑백논리에 기초한 상대방에 대한 '잘못된 인식(misperception)'이 상호간의 적대감을 조장하는 것이고 오해에 의한 긴장이 고조되는 경우가 많다. 남북한은 서로를 이해하려는 노력보다는 서로의 행위를 의심에 찬 눈길로 주시하기 때문에 긴장이 완화되기 어렵다.

3. 동맹외교: 냉전시대의 생존과 진영외교

국제정치의 현실주의 이론에 따르면 국가들은 두 가지 형태의 수단으로 세력균형을 이룬다. 첫째,

자체세력의 강화를 도모하는 것으로서, 이를 위하여 경제력을 향상시키고 군사력을 강화하고 고차원적 전략을 개발한다. 둘째, 외부적인 노력으로 우호국 또는 우호국들과 동맹을 결성하여 힘을 결집시키거나 상대방을 약화시키고 위축시킨다. 따라서 동맹은 국제정치에 있어서 전통적으로 힘의 균형체제를 유지케 하는 기본적 요소이며, 동맹의 주된 목적은 '힘의 집합(aggregation of power)'을 위한 것이다. 다시 말해서 자국의 안보를 유지케 하는 세력균형을 독자적인 능력으로 달성할 수 없을 경우 다른 국가와 동맹을 맺음으로써 적대진영과의 균형적 세력을 확보한다.

이러한 관점에서 약소국이 자국의 안보를 위하여 추구하는 안보외교를 세 가지로 분류해 보면 강대국과의 공식적인 동맹외교, 공동이익을 추구하기 위한 비공식적인 군사협력외교, 비동맹 독자외교로 분류할 수 있다. 이 중에서 제2차 세계대전 이후 가장 효율적인 안보외교로 통용되어 온 방안은 동맹이다. 동맹의 특징은 전쟁, 안보, 군사문제에 대한 공동행위를 합의하는 명시적인 조약에 의하여 공식화된다는 점이다. 동맹이 다른 국제안보협력과 다른 점은 전쟁의 위험을 조장하는 실질적이거나 잠재적인 공동의 적이 존재한다는 점이다. 따라서 동맹의 개념은 공동된 적에 대항한 공동안보를 위하여 국가들이 공식적으로 협력하는 것이다.[10]

특히 제2차 세계대전 이후 국가들이 동맹을 체결하는 주된 이유는 외부위협에 대한 공포, 냉전적 이념대결에 의한 안보불안에 대한 우려 등이다. 한국은 36년간의 일본에 의한 점령, 해방에 이은 분단, 동족 간의 전쟁, 그리고 남북한 간의 극한적인 대결 과정에서 한국 고유의 안보외교 목표를 가지게 되었다. 세계가 둘로 나누어져서 미국과 소련을 축으로 한 동서대립이 지속되던 냉전 시기에 분단국인 한국은 강대국 편향의 적극적 동맹외교를 펼치지 않을 수 없었던 것이다.

1) 한국전쟁 이전 한국의 대미외교

1948년 8월 15일 수립된 대한민국정부는 38도선 이북에 또 다른 공산정권의 탄생과 함께 내외적으로 기반이 약한 정부였다. 국내적으로 해방 이후 정부수립일까지 공공연히 또는 지하에서 활동하던 공산주의 세력들이 반정부 무장활동과 테러를 일삼는 혼란의 정국이었고, 대외적으로는 중국대륙에 공산정권이 수립되었고 북한에 창설된 인민군의 군사력도 소련의 지원을 받아 팽창되어 가고 있었다. 한국정부는 그동안의 점령상태에서 벗어나 미국과의 수평적 외교관계를 수립하게 되었으나, 내용적으로는 미국에 안보문제와 대외관계를 의지하지 않을 수 없었다. 1948년 8월 16일 행정기구 인수를 위한 미국과의 회담을 전개한 한국정부는 8월 24일에는 '대한민국 대통령과 주한 미군사령관 간에 체결된 과도기에 시행될 잠정적 군사안전에 관한 행정협정'을 체결하였다. 이어 9월 11일에는 한국과 미국정부 사이의 '재정 및 재산에 관한 원조협정'에 서명함으로써 미국과의 특수한 관계를 가지게 되었다.[11]

---

10) Bruce Russett & Harvey Starr, *World Politics: The Menu for Choice* (San Francisco: W. H. Freeman and Company, 1981), pp. 91-92.

11) 홍규덕, "한국의 대미외교정책," 이범준·김의곤 편, 『한국외교정책론: 이론과 실제』 (서울: 법문사, 1993), p. 317.

해방 이후 남한을 점령했던 미군은 한국정부가 수립되자 철수를 서두르고 있었다. 그러나 한반도에는 남북한 정부수립 이후 북한의 군사도발 가능성이 고조되어 가고 있었고, 남한의 여수와 순천에서 공산주의 사주에 의한 군 반란사건이 일어나자 이승만 정권은 주한미군 철수를 연기 요청하였다. 한국정부의 철수 연기 요청은 미국이 단지 몇 개월 더 주둔하게 하는 효과를 거두었을 뿐 1949년 6월 30일 미군은 500명의 군사고문단만 남겨 놓고 철수했고, 한반도에는 외국군이 없는 상태가 수십 년 만에 돌아오게 되었다.[12] 미군철수가 시작되자 이승만은 미국과의 양자관계에서 한 걸음 더 나아가 다자적 접근방법도 시도했다. 1949년 3월 유럽에서 북대서양조약기구(NATO)가 결성되자 필리핀의 퀴리노(Elpidio Quirino) 대통령이 제의한 집단안보구상을 적극 지지하면서 미국 주도하의 '반공태평양동맹체' 결성을 주장하였다.[13]

한국정부는 미국에 대하여 한국의 안보를 위하여 보다 더 적극적인 정책을 취해 주도록 요청하였으나, 소련을 봉쇄하는 데 있어서 아시아보다는 유럽을 중시하였던 미국의 입장에서는 한반도에 많은 신경을 기울일 수가 없었다. 미국 하원은 대한경제원조안을 1950년 1월에 부결하였으며, 같은 해 1월 12일에 애치슨(Dean Acheson) 국무장관은 한국과 대만이 미국의 극동방위선에 포함되지 않는다는 취지의 연설을 하여 북한에 대한 전쟁억지에 실패하는 결정적인 계기가 되었다. 1948년의 한국정부 수립, 이듬해의 미군철수를 거치는 동안 미국 군부는 미국의 세계전략에 있어서 한국이 별로 중요하지 않다는 인식을 가지고 있었고, 미국 정책결정자들도 이러한 의견을 기조로 대한정책을 추진하고 있었다.[14]

한국정부는 미국의 경제 및 군사원조를 최대한 획득하기 위한 노력을 기울였다. 경제력과 군사력을 발전시켜 북한과의 대립에서 우월한 위치를 점하기 위한 목적이었다. 한국이 당면한 과제는 한편 북한과의 대립에서 승리를 추구하면서, 다른 한편 남한체제 자체를 안정시켜야만 하는 것이었다. 여수 순천 반란사건, 제주도 등지에서의 공산 게릴라 활동 등 남한 내 좌익세력에 의한 체제불안정과 더불어 북한군과의 38선에서의 잦은 무력분쟁으로 국가안보가 위기상태에 이르고 있었다. 북한이 군사력을 증강하여 남침을 우려한 한국정부는 1949년 8월 30일 장면 주미대사를 통하여 트루먼 미국 대통령에게 긴급무기원조를 요청하는 한편 안보협력의 법적 제도적 장치를 마련하기 위하여 1950년 1월 26일 한국정부와 미국정부 간의 '상호방위원조협정'을 체결하였다.[15] 한국의 미국에 대한 군사원조 요청에도 불구하고 미국의 결정은 당시 대만에 대한 지원중단 문제와 맞물려 신속히 이루어지지 않았고, 이러한 상황에서 소련의 지원을 받은 북한이 1950년 6월 25일 전면전을 감행하였다.

---

12) 김계동, "1949년도 주한미군 철수의 진상," 『현대공론』 4월호 (1989), pp. 350-363.

13) 전웅, "한국외교정책의 전통과 연구현황," 이범준·김의곤 편, 『한국외교정책론: 이론과 실제』 (서울: 법문사, 1993), p. 24.

14) 김계동, "미국의 대한반도 군사정책 변화: 철수 불개입정책에서 한국전 참전으로의 결정과정," 『군사』 제20호 (1990), pp. 141-187.

15) 외무부, 『한국외교 40년 1948-1988』 (서울: 외무부, 1990), p. 115.

2) 한미동맹 체결과정과 의미

1951년 7월 10일 한국전쟁 휴전협상이 시작되었으나 미국은 한편 공산 측과 협상을 하면서, 다른 한편 휴전을 반대하며 단독북진을 불사하겠다는 태도를 보인 이승만 대통령을 설득해야 하는 이중부담을 가지게 되었다. 이승만은 반공포로를 일방적으로 석방하는 등 휴전협상에 대하여 극렬한 반대 입장을 보였다. 이승만은 북한지역에 공산군을 남긴 상태로 휴전을 하면 공산군이 다시 남침할지 모르기 때문에 북한지역에서 모든 공산주의자들이 궤멸될 때까지 전투를 지속하기를 원했고, 유엔이 휴전을 선택하면 한국군이 단독으로라도 북진을 하겠다는 위협을 했다. 그렇지 않으면 한반도에 전쟁이 다시 발생할 경우 미국이 개입하여 막아주겠다는 보장을 하라는 요구, 즉 동맹을 체결해 주기를 원했다.

이승만은 교전 양측의 휴전협상이 무르익어 가자 결국 휴전 반대를 포기하며, 그 대신 휴전 후 미국으로부터의 안보공약과 한국군의 증강을 위한 외교에 총력을 기울였다. 한국에서 더 이상 전쟁을 수행하는 것은 국익에 합치되지 않기 때문에 휴전을 모색하는 미국의 결정이 단호함을 알고 이승만은 휴전반대를 하는 것은 무모하다는 판단하에 휴전을 받아들이는 대가로 실익을 얻기로 하고 한미상호방위조약을 제의하였다. 즉 전쟁이 종료되더라도 공산군의 재침이 있을 경우 미국의 한국에 대한 방위공약을 받아 놓겠다는 의도를 분명히 한 것이다.

전쟁 기간 남북한은 모두가 패배 일보 직전에 처하였으나 미국과 중국이 구해주었다. 중국과 북한은 유사한 문화를 가진 동양국가들이고 이념적으로나 지리적으로 근접한 반면, 미국은 한국과 문화가 다르고 지리적으로 멀기 때문에 남북한의 세력관계는 미국과 중국의 지원이라는 측면에서 보면 남한이 열세에 놓이는 것이 당연하였다. 이러한 열세를 만회하기 위하여 이승만은 한미군사관계를 더욱 결속시킬 필요가 있었다.

이승만이 미국의 휴전 방침에 도전하여 단독북진을 공언하자 미국정부는 이승만을 제거하고 유엔군이 군사정부를 세우는 에버레디작전(Operation Everready)을 준비하기도 했으나, 결국 미국정부는 이승만을 설득하기로 결정하고 1953년 6월 25일 로버트슨(Walter S. Robertson) 국무부차관보를 한국에 파견하여 이승만과 협상을 벌이게 하였고, 결국 한미상호방위조약 체결을 결정하였다.[16] 미국은 한미상호방위조약을 체결하는 것이 미국에게 안보적 부담을 안겨주지만 반대로 동북아지역에 군사적 영향력을 유지하는 방편이 될 수 있었으므로 동맹조약 체결을 결정한 것이다.

1953년 10월 1일에 조인된 한미상호방위조약은 태평양지역에 있어서 조약 당사국의 일방에 대한 무력공격은 '평화와 안전'을 위태롭게 하는 것이라 인정하고, 이 공통위험에 대처하기 위해서 '집단적 방위'를 취한다고 규정함으로써, 한국전쟁 종료 이후 전쟁의 재발을 억제하기 위한 장치를 한국과 미국의 동맹이라는 차원에서 강구하였다는 의미를 가지고 있다. 조약 제2조는 한미 양국이 안보문제에 관하여 긴밀히 협의할 것임을 명시하고, 제3조에서 일방 당사국이 침략을 당한 경우에는 공동대처하며, 제4조에서 미군의 한국주둔

---

16) 김계동, "강대국 군사개입의 국내정치적 영향: 한국전쟁시 미국의 이대통령 제거 계획, 『국제정치논총』 제32집 1호 (1992).

을 인정하고, 제6조에서 동 조약이 1년 전 통고가 없는 한 무기한 유효함을 선언하여, 한미 양국은 특별한 사유가 없는 한 양국 사이의 군사동맹관계가 계속될 것임을 분명히 하였다.[17] 한국의 입장에서 한미상호방위조약은 북한과 중국 등 한반도를 둘러싼 공산국가들로부터의 적대행위에 대비한 방위조직을 강화하고 전쟁억지력을 조성하는 것이 1차적인 목적이었고, 냉전에 대비한 미국의 세계방위전략 전개에 의해 형성된 집단방위조직에 한국이 적극 참여하는 의미도 가지고 있었다.

한미상호방위조약을 체결할 당시 포함될 일부 내용에 대하여 한미 간에 이견이 있었는데, 그 내용은 전쟁발생 시 자동개입 조항에 대한 문구였다. 동맹국들의 공동행위가 필요할 경우의 대응방법과 책임의 측면에서 살펴볼 때 동맹의 종류는 두 가지로 구분된다. 첫째는 동맹조약 서명국들이 자동적으로 군사개입을 하는 동맹이다. 유럽의 나토와 바르샤바조약기구 동맹이 이에 속하는데, 대체로 동맹조약 자체에 자동개입 조항이 포함되어 있다. 북한이 중국 및 소련과 1961년에 체결한 동맹조약에도 자동개입 조항이 있다. 이에 반하여 한미상호방위조약, 호주-뉴질랜드-미국이 체결한 ANZUS조약, 미일안보조약 등은 이 조항이 애매하게 되어 있다. 이 조약들에는 서명국 일방이 위험에 처할 경우 각국의 '헌법적 절차(constitutional process)'에 의하여 조치를 취하도록 되어 있다.

한국이 '헌법적 절차'에 따라서가 아니라 자동적으로 개입하여야 한다는 조항이 포함되어야 한다고 주장한 이유는 미국의 방위공약을 더욱 확실히 하기 위한 목적에서였다. 동맹이 결성되고 난 후 동맹 내의 약소국은 자신이 제3국으로부터 공격을 받을 경우 과연 강대국이 약소국을 방어하기 위하여 개입을 할 것인가에 대한 의구심을 가지게 된다. 미국이 서유럽, 한국 및 일본과 동맹을 결성하였지만, 미국은 충분한 자체 방어력을 보유하고 있는 반면, 유럽, 한국과 일본은 자체안보를 미국에 의존해야 했기 때문에 이러한 의구심을 항상 가지고 있었다. 미국은 동맹국들에게 미국이 안보공약을 지킬 것이라는 신뢰감을 조성하기 위하여 상대국에 군대를 주둔시키는 방법을 사용하였다.

한미상호방위조약 제4조는 미군이 남한에 군대를 주둔시킬 수 있는 내용을 포함하고 있다. 미국이 동맹국에 군대를 파견하는 이유는 안보공약에 대한 신뢰감을 보이기 위한 것 이외에도 여러 가지가 더 있다. 전진기지를 확보하여 적의 공격에 대하여 신속히 대응할 수 있는 전략적 이유도 있고, 군대를 파견함으로써 동맹국 정부를 보다 더 효율적으로 관리할 수 있는 이유도 있다. 냉전이 종식되기 직전인 1980년대 중후반 미국은 50여국과 동맹관계를 가지고 있었으며, 전 세계에 21개 사단을 파견하고 있었으며, 50만 명 이상의 해외파견 병력이 유지되었다. 당시 미국은 나토 및 유럽지역에 11⅔사단, 동아시아에 3⅔사단, 기타 지역에 전략예비군 5⅔사단을 파견하고 있었다. 이를 유지하기 위하여 드는 비용은 2,310억 달러였는데, 지역별로 분류하면 유럽 1,340억 달러, 아시아 420억 달러, 기타 650억 달러의 분포로 소요되었다.[18]

---

17) 김계동, "한미방위조약 체결과정과 개선방안." 『사상과 정책』 6-2 (1989 여름호) 참조.

18) Earl C. Ravenal, "Extended Deterrence and Alliance Cohesion," in Alan Ned Sabrosky, ed. *Alliances in*

3) 한미동맹의 안보적 기여

미국이 냉전기간 체결한 동맹조약들은 거의가 동등하지 않은 국가들 간의 비대칭동맹이다. 냉전시대와 같은 양극체제에서 강대국 간의 동맹은 거의 불가능하고, 동등하지 않은 국가들 사이의 동맹, 즉 강대국과 중진국 아니면 약소국 사이의 동맹이 활발히 이루어진다. 반면 다극체제에서는 강대국 간의 동맹, 즉 동등하거나 거의 동등한 국가들끼리의 동맹이 추진된다. 양극체제보다 다극체제에서 동맹을 관리하기가 더 어려운 것으로 평가되고 있다. 왜냐하면 다극체제에서는 누가 누구를 위협하는지, 누가 누구의 반대편인지, 타국의 행위에 의하여 누가 이익을 보고 누가 손해를 볼 것인지가 불확실하기 때문이다. 또한, 동등한 국가들 간의 동맹의 관리가 어려운 이유는 한 동맹국이 그 동맹을 탈퇴할 경우 나머지 국가나 국가들이 안전에 영향을 받게 된다는 강한 협상의 지렛대를 각국이 보유하고 있기 때문이다. 반면에 동등하지 않은 국가 간 비대칭동맹의 경우 약소국의 행위가 그 동맹 자체에 큰 영향을 미치지 않는다. 한미동맹은 완전한 비대칭동맹이기 때문에 동맹의 결속력도 높고 결정적 변수가 발생하지 않는다면 영구히 지속된다.

비대칭동맹의 경우 동맹의 주축국이 다른 동맹국의 견해를 무시해도 위기가 발생하지 않는다. 예를 들어, 나토의 경우 미국은 서유럽을 방어할 수 있지만, 서유럽이 미국의 방어를 책임질 수 없다는 측면이 동등하지 않은 측면을 심화시킨다. 미국이 나토를 설립한 이유는 미국 자체의 안보를 증대시키기 위한 것이기보다는 서유럽이 소련의 팽창을 적절히 봉쇄하여 소련의 위성국이 되는 것을 피할 수 있는 능력을 향상시켜 주기 위한 것이었다. 미국이 한국이나 일본과 상호방위 또는 안보조약을 체결하여 군사동맹을 맺은 것도 같은 목적에서 추진된 것이었다. 상호방위조약은 개념적으로 체결국 상호간의 안전을 보장하기 위한 조약이지만, 한미상호방위조약은 미국이 일방적으로 한국의 안전을 보장하는 조약이므로 엄밀한 의미에서 '보장조약(guarantee treaty)'이라고 할 수 있다.[19] 상호조약 또는 보장조약 어느 경우에도 일단 동맹이 형성되면 공동으로 추진해야 할 사항은 ① 외교정책의 조화(특히 적대세력에 대항한), ② 군사계획의 조정, ③ 군비(軍備) 부담의 분배, ④ 위기시의 협력 등이다. 요컨대 한미동맹은 미국에 편향된 것이었지만 위의 네 가지 사항을 양국이 공동으로 추진하여 한반도의 안정과 평화를 유지하는 것을 목표로 한다.

한국전쟁 휴전 후 한국정부는 반공국가 건설과 자유우방, 특히 미국과의 결속을 최우선의 외교정책 목표로 삼으면서 우호국들로부터 한국의 안보에 대한 지지, 그리고 가능한 많은 군원(軍援)확보를 위한 안보외교를 전개하였다. 휴전 후 모든 작전개념이 전시에서 평시로 전환됨에 따라 주한미군도 1954년 1월 23일 2개 사단의 철수를 발표하였고, 이를 보충하기 위한 한국군을 증설하기 위한 원조가 필요했던 것이다. 한국군은 2개 사단을 증설하고 1954년 3월 21일 한국군 제

U.S. Foreign Policy (Boulder: Westview Press, 1988), p. 32; Robert J. Art, 1985, "America's foreign policy," in Roy C. Macridis, ed., Foreign Policy in World Politics, 6th ed. (Englewood Cliffs, N.J.: Prentice-Hall, 1985), p. 114.

19) 김계동, "한미동맹관계의 재조명: 동맹이론을 분석틀로," 『국제정치논총』 제41집 2호 (2001).

1군을 발족했다. 이러한 안보능력 강화는 미국의 지원이 없이는 불가능한 상황이었으므로 한국정부는 1954년 9월 27일 유엔군 사령관 헐(John E. Hull) 대장과 군사지원에 대한 예비회담을 시작하였고, 11월 17일 경제 및 군사원조에 관한 한미합의의사록에 서명하였다.

이 합의의사록에 의하여 미국은 한국에게 1955년 회계연도에 4억 2,000만 달러의 군사원조와 2억 8,000만 달러의 경제원조를 제공하고, 10개 예비사단의 추가 신설과 79척의 군함과 약 100대의 제트전투기를 제공한다는 합의를 했다. 그 대신 한국은 "유엔사령부가 대한민국의 방위를 위한 책임을 부담하는 동안 대한민국 군대를 유엔사령부의 작전지휘권하에 둔다"는 내용을 포함했다. 조인 직후 그동안 지연되어 왔던 한미상호방위조약의 비준서도 상호교환됨으로써 비로소 동맹조약의 법적 효력이 발생하게 되었다. 합의의사록에 의해서 한국은 육군 66만 1,000명, 해군 1만 5,000명, 해병대 2만 7,500명, 공군 1만 6,500명으로 구성되는 총 72만 명의 군대를 유지할 수 있게 되었다. 이와 같은 미국으로부터의 지원에 대한 대가로 이승만은 '북진 무력통일'의 꿈을 현실적으로 단념해야만 했다.[20]

이러한 점에서 한국전쟁이 사실상 종료되었음에도 불구하고 미국이 작전권을 한국에 이양하지 않은 이유에는 한국이 북진을 할지 모른다는 우려 때문에 이를 억지하기 위한 목적도 포함되어 있다. 한미합의의사록 체결의 목적이기도 했다. 한국군의 작전지휘권 문제는 동맹체결 당시에는 유엔사령부로 귀속되었으나, 이후 작전통제권으로 변경 및 축소되었으며, 이후 유엔사령부가 한국군의 작전통제권을 한미연합사에 위임했고, 이후 평시작전통제권은 한국이 인수했고 전시작전통제권은 한미연합사에 아직 귀속되어 있다.

한국과 미국의 군사동맹이 가장 결속된 시기는 1960년대였다. 이 기간에는 국제사회에서 제3세계 비동맹운동이 강하게 전개되는 데 대한 반작용으로 한미동맹이 강화되었고, 한국군의 베트남전 파병을 계기로 미국의 한국에 대한 안보공약 및 군사원조가 확대되었다. 베트남전쟁에의 한국군 파병은 지역 집단안보협력의 일환으로 추진된 정책이었다. 국내 반대세력도 만만치 않았으나, 한국정부는 베트남이 공산화될 경우 분단국인 한국에도 심각한 안보문제가 제기되고 한국도 한국전쟁 당시 미국을 주축으로 한 서방진영의 도움을 받았기 때문에 공산진영에 집단안보의 차원에서 군대를 파견할 수밖에 없다는 명분을 내세웠다.[21] 요컨대 한국정부가 베트남에 군대를 파견한 주요 동기는 다음과 같은 다섯 가지로 요약이 되고 있다. 한국전 동안 한국이 받은 외부 지원에 대한 보답, 미국과의 동맹 강화, 경제적 이익 추구, 국제적 위상 제고, 베트남의 한국안보에의 연관성 등이다.[22]

한국군의 베트남파병은 1964년 9월의 육군 제1이동외과 병원단과 태권도 교관단의 파견으로부터 시작되었고, 전투부대는 1965년 10월에 첫 파견된 이후 1973년 3월까지 주둔하였다. 최

---

20) 김계동, 『정전협정 전후 한미상호방위조약 체결협상』 (파주: 경인문화사, 2022), pp. 68-69.

21) 김계동, "한국의 군사안보외교," 이범준·김의곤 공편, 『한국외교정책론: 이론과 실제』 (서울: 법문사, 1993), p. 222.

22) Princeton N. Lyman, "Korea's Involvement in Vietnam," *ORBIS* (Summer 1968), pp. 563-565.

대 규모의 파병이 이루어진 기간은 1967년부터 1973년까지로 총 32만 명을 파견하였으며, 베트남 주둔 한국군 상시병력은 약 5만 명에 달하였다. 한국정부의 발표에 의하면 주베트남 한국군대는 1,170개의 대규모 전투를 비롯한 주요작전을 전개했는데, 이 과정에서 4만 1,000명의 적을 사살하였고, 캄란 해안으로부터 퀴난지역까지의 7,438km^{2}의 영토를 평정하였다. 한국군의 사망자는 5,000여 명이었고 부상자는 1만 6,000명에 달했다.

한국이 베트남에 군대를 파병함으로써 이득을 본 분야는 경제적 이익 획득, 미국으로부터의 군사원조 증가, 한국의 국제적 위상 제고 등이다. 경제적인 면에서 한국은 1965년부터 1969년의 기간 동안 베트남에서 5억 4,600만 달러의 수입을 올렸는데, 이는 총 외화획득의 16%, GNP의 2%에 달하였다. 1965년부터 1973년까지 베트남으로부터 올린 총수입 10억 달러는 한국경제발전의 중요한 시기에 있어서 매우 유용한 것이었다.[23] 한국은 베트남전에 파병함으로써 경제적 이익뿐만 아니라 미국의 군사원조도 상당량 받을 수 있었다. 전쟁 동안 미국의 대한군사원조는 1964, 1965년의 군사원조가 각각 1억 2,400, 1억 7,300달러였다가 1966, 1967년에는 2억 1,000, 2억 7,200달러로 증액되었으며 1971년에는 5억 5,600달러로 급격하게 늘어났다. 한국의 베트남전 파병은 한국 젊은이들의 희생을 대가로 하여 외교안보와 경제적으로 이득을 본 정책이었다. 그러나 베트남전의 공산 측 승리로 1970년대에는 세계질서와 한국의 안보환경이 급변하게 되었다.

4. 자주외교: 데탕트시대 주권외교의 실현

분단과 전쟁을 거치면서 한국의 안보는 거의 전적으로 미국에 의존하게 되었고, 마찬가지로 외교도 미국의 외교 방향과 궤를 같이하였으며, 분단이 아직 유지되고 있는 현재까지 한국의 대미 동맹외교는 흔들림 없이 굳건하게 유지되고 있다. 그러나 세계질서의 변화에 따라 약간의 부침은 있었다. 그 첫 번째 변화는 1970년대 초반에 이루어졌다. 세계 냉전이 완화되어 데탕트시대로 접어들었고, 베트남전쟁의 결과가 세계질서 변화에 지대한 영향을 미쳤다. 이러한 국제질서 속에서 한국은 자주국방 및 자주외교를 추진하지 않을 수 없는 상황에 처하게 되었다.

1) 국제환경의 변화: 데탕트 세계질서의 형성

1960년대 말까지 미국이 누리던 힘의 우위 시대가 지나가고, 1970년대 들어 미국의 힘은 상대적으로 약화되기 시작하였다. 이는 미국 자체의 힘이 약해졌다기보다는 다른 강대국들의 국력이 상승하여 미국이 상대적으로 약화된 것이다. 1972년까지 소련은 전략핵무기에 있어서 미국과의 격차를 거의 줄일 수 있었고, 미국은 소련과의 핵능력이 동등하게 되었다는 사실을 공식적으로 인정하였다. 군사력에 있어서 더 이상 우위를 누릴 수 없게 된 미국은 데탕트를 외교정책의 새로운 목

---

23) 구영록, "국가이익과 한국의 대외정책," 『국제정치논총』 제31집 (1991), p. 19.

표로 삼게 되었다. 닉슨(Richard Nixon) 대통령과 키신저(Henry A. Kissinger) 국무장관의 주도로 추진된 미국의 데탕트 정책은 강대국의 전략적 균형, 중소분쟁, 미국의 신고립주의를 배경으로 하고 있었다. 소련도 극한적인 군사대결에 의한 강요와 압력보다는 유화적인 태도를 지향함으로써 데탕트를 향한 양 강대국의 이익이 합치되었다.

미국이 세계 초강대국의 지위를 유지하는 데 어려움을 느끼게 된 가장 극적인 계기는 실패로 끝난 베트남전에의 개입이었다. 세계전략에 있어서 미국의 명예와 안전을 위하여 1960년대 중반 이후 미국은 베트남에의 군사개입을 승리에 필요한 만큼 확대시켰다. 1966년 베트남에 개입한 미군병력을 20만 명으로 확대하였고, 이듬해에는 50만 명의 미군이 베트남에서 공산주의 궤멸을 위한 작전을 수행하였다. 1968년 베트남 공산주의 점거지역에 투하한 폭탄의 총 중량은 제2차 세계대전 기간 동안 일본과 독일에 투하한 폭탄 총 중량의 50%를 상회하였다. 그해 3만 명의 사망을 포함하여 20만 명 이상의 미국인 사상자가 발생하였고, 300억 달러의 전비가 소요되었다.[24]

이러한 과정에서 모색된 미국의 데탕트 정책은 중국과의 화해로부터 시작되었다. 당시 한참 고조되어 가던 중소분쟁이 미국으로 하여금 중국과 접근하는 데 유리한 여건을 조성해 주었다. 미국은 중소분쟁을 팽창되어 가는 소련의 힘을 봉쇄하는 데 사용한 것이다. 즉, "적대국의 적대국은 나의 우호국이 될 수 있다"는 3단 논법에 입각하여 미국은 중국이 대소봉쇄를 할 수 있는 우호국이 될 수 있다는 전제하에 외교적인 접촉을 시도하였다. 1969년 1월 미국 대통령으로 취임한 닉슨은 임기 시작과 함께 중국과의 관계개선을 모색했다. 미국이 중국과 좋은 관계를 가지게 되면 아시아에서의 긴장이 많이 완화되어 미국의 베트남전쟁 개입을 줄이거나 끝낼 수 있을 것으로 기대했다. 또한, 미중 관계개선은 소련에 압력을 가하여 데탕트 정책을 추진하는 데 도움이 될 것으로 생각했다.

소련과의 대립에서 군사적 열세의 상태에 놓여 있던 중국도 이 열세를 외교적인 방법으로 만회하려고 미국, 일본 등 서방국가에 접근하기 시작하였다. 또한, 중국은 미국과의 관계개선이 유엔의 중국의석이 대만정부로부터 중화인민공화국정부 대표로 교체되는 데 기여를 하고, 대만 문제를 푸는 데 열쇠가 것이라는 기대를 가지게 되었다. 중국과의 관계개선은 대체로 닉슨과 키신저의 비밀외교에 의해 이루어졌고, 긍정적인 외교적 해빙의 신호는 1971년 4월 미국이 중국과의 무역자유화를 시행하면서 나타났으며, 중국의 미국 탁구팀 초대에 의한 '핑퐁외교'로 이어졌다. 1971년 7월 키신저는 비밀리에 베이징을 방문하여 저우언라이(周恩來) 수상과 만나 베트남과 대만의 위상 등 국제문제에 대해 대화하는 기회를 가졌다.

미국의 닉슨 대통령이 1972년 2월 중국을 방문하여 양국 간의 화해가 본격적으로 시작되었다. 닉슨의 중국방문 결과 발표된 '상하이 공동선언'에서 미국과 중국은 아시아에서 어느 강대국도 패권을 장악하는 데 반대한다는 합의를 하였다. 여기서 지칭하는 강대국은 소련이 분명하였

---

24) Norman A. Graebner, *Cold War Diplomacy: American Foreign Policy 1945-1975* (New York: D. Van Nostrand Company, Inc., 1977), p. 133.

다. 소련을 견제하기 위하여 미국은 기존의 동맹국인 대만을 희생시켰다. 상하이 공동선언을 서명하면서 미국은 대만으로부터 군대와 시설을 점차로 철수하고, '중국의 일부'인 대만의 장래에 대하여 본토인들과 대만 거주인들과의 견해 차이를 '평화적으로 해결'하는 데 대하여 미국이 간섭하지 않을 것임을 약속하였다. 미국은 중국은 하나 밖에 없으며, 대만이 중국에 속한다는 데 동의했다.[25] 미국과 중국의 관계개선은 연락사무소를 개설하는 수준으로 이루어졌지 수교단계까지는 나아가지 않았다.

반면, 일본은 미국이 닦아 놓은 평화의 길을 따라가서 중국과 수교를 했다. 1972년 9월 일본의 다나카(田中角榮) 수상은 중국을 방문하여 과거 중국과 일본 사이의 '불행한 경험'에 대해서 유감의 뜻을 표명하고 양국 사이의 수교를 진행했다. 다나카는 "과거 전쟁을 통하여 중국국민들에게 심각한 피해를 입힌 데 대해서 통렬한 책임감을 느낀다"는 표현을 했다. 일본은 미국과 달리 중국과의 무역 확대를 염두에 두고 대만과의 관계를 단절하고 중국정부를 승인했다. 중국이 미국과 관계개선을 하고 일본과 수교를 한 데 대해서, 서방국가들에 의해서 포위된다는 위기감을 느낀 소련도 적극적인 대미외교를 펼쳐서 전략무기제한협정(SALT: Strategic Arms Limitation Treaty)을 체결했다. 냉전 대립의 핵심인 핵무기 대결을 완화시킨 것이다. 이렇게 데탕트가 시작되었고, 1979년 소련이 아프가니스탄을 침공하여 신냉전이 시작될 때까지 지속되었다.

---

25) John Spanier, *American Foreign Policy Since World War II*, 11th ed. (Washington D. C: CQ Press, 1988), pp. 199-200.

2) 미국의 불개입정책 및 한국의 자주성 확립 모색

1970년대 들어서 세계질서 변화에 따른 한국외교의 자주적 성격으로의 변화에 대해서 논하기 전에 언급할 내용이 있다. 1965년에 체결된 한일협정의 경우 한미동맹 체결 이후 한국이 독자적으로 체결한 가장 무게 있는 협정인데, 이 협정도 한국외교의 자주성 범주에 포함시켜야 하는지에 대해서는 의문이 생긴다. 한일협정은 일본이 한반도를 36년 동안 식민통치하다가 패전하여 물러간 지 20년밖에 안 되는 시기에 이루어졌기 때문에 국민들의 지지를 별로 받지 못했다.

해방 후 한 세대도 지나지 않았지만, 국민들의 반일정서를 외면하고 한일협정을 체결한 데 대해서는 명확한 이유를 제시하기 어렵지만 몇 가지 이유를 상상할 수는 있다. 첫째, 당시 정권 지도자들이 주장한 대로 한국경제 발전을 위해서 일본과의 경제협력이 절실하게 필요했던 이유다. 둘째, 외교적인 이유로 미국이 동북아에서 세력권을 형성 및 유지하기 위한 필수조건은 미국이 별도로 동맹조약을 체결한 한국과 일본이 적대감을 완화하고 안보협력을 하는 것이었기 때문에, 미국이 박정희정부에 종용 또는 압력을 가했을 가능성이 있다. 셋째, 한일협정에 대한 비판론자들의 말대로 일본 군대 경력을 보유한 박정희의 친일 성향 때문에 한일협정을 체결했고, 이를 활용하여 정치자금을 유입시키기 위한 것이었다는 주장이다. 어쨌든 한일협정은 한국이 외국과 단독으로 맺은 첫 번째 주요 국제협정이라는 점은 부인하기 어렵지만 완전한 자주적인 선택으로 보기도 어렵다.

한일협정 체결과 거의 같은 시기인 1965년에 베트남파병도 이루어졌는데, 이것도 과연 한국의 독자적 외교안보정책이었는지에 대해서 논쟁이 있을 수 있다. 한미상호방위조약을 체결한 이후 양국의 동맹은 1960년대 말까지 긴밀한 협력적 관계를 유지할 수 있었다. 1965년까지 한국은 국제활동에 있어서 거의 배타적으로 미국에게 의존하여 왔으나, 베트남파병에 의하여 독자외교를 추진할 수 있게 됨은 물론 아시아에서의 국제적인 위상도 제고되었다. 그러나 한국정부가 미국의 요청이나 압력 없이 독자적 판단으로 베트남에 파병을 했는지에 대해서는 의문이 남는다. 베트남전 참전으로 형식적으로나마 한국의 대미관계가 종속적인 관계에서 어느 정도 동반자적 입장을 가질 수 있는 긍정적 효과가 있었으나, 중립국외교, 제3세계 외교, 비동맹외교의 측면에서는 부정적인 결과도 가져왔다. 특히 1960년대 중반부터 세계적으로 뿌리를 내리기 시작한 반전 운동가들로부터 많은 비판을 받았으며, 비동맹회의에 참석도 못 하는 수모를 겪어야 했고, 유엔에서도 신생국들의 비협조를 감수해야만 했다. 특히 북한은 비동맹에 가입하였으나, 남한은 군사작전 통제권을 보유하지 못했고, 동맹에 의하여 미국 군대가 주둔하고 있다는 이유로 비동맹에 가입할 수 없었다.[26]

1960년대에 결속 강화되었던 한미 군사동맹은 1970년대에 접어들어 전환기를 맞이하였다. 국가 간의 동맹이 이루어지기 위해서는 국가 간의 공동이익이 있어야 하는데, 1950년대와 1960년대에는 한국과 미국이 공동목표와 공동이익을 추구한다는 측면에서 동맹이 결속되었지만, 1970년대에는 한국과 미국의 외교정책 수행에 있어서 견해 차이가 나타나기 시작하였다. 어느 동맹이든지 동맹 내부에는 각 국가의 차별이익(diverging interest)이 존재하고 있다. 통상적으로 동맹 내부에는 공동이익과 차별이익이 혼재되어 있으므로 동맹을 유지하고 관리하는 데에는 많은 노력을 필요로 하고 있다. 따라서 서로 다른 이익을 어떻게 조화시키느냐의 타협점을 찾는 것이 동맹을 유지시키는 정책의 중요한 관건이라고 할 수 있다.

한미동맹관계는 1969년의 닉슨독트린, 1970년대 초반 미국의 대공산권 데탕트 정책에 의하여 약간의 틈이 벌어졌다. 미국은 한미동맹의 직접 대상인 중국과 관계개선을 시작했고, 직접적인 대상은 아니지만, 적대세력인 공산권의 종주국이라 할 수 있는 소련과의 갈등관계를 협력적 관계로 전환하는 정책을 추진하기 시작했다. 특히 소련과의 핵무기를 포함한 군비경쟁 체제를 군비통제 또는 군축협상으로 전환하기 시작하였다.[27] 한미 사이 견해 차이의 시발점은 1969년에 발표된 닉슨독트린이었고, 한국은 이 시기부터 자주국방을 정책목표로 설정하게 되었다. '괌독트린'이라고도 불리는 닉슨독트린은 "아시아 방위는 제1차적으로 아시아 국가 자신의 책임하에서 이루어져야 한다"는 내용을 포함하고 있어, 한국정부는 주체적이고 자립적인 안보정책을 수립하지 않을 수 없는 상황에 직면하게 되었다. 이

---

26) 김계동, "외교사적 측면에서 본 한국외교정책," 김달중 편저, 『한국의 외교정책』 (서울: 오름, 1998), pp. 122-123.

27) 김계동, "세계질서의 변화와 외교정책의 유형," 구본학 외, 『세계외교정책론』 (서울: 을유문화사, 1995), pp. 36-42.

러한 닉슨독트린에 근거하여 미국정부는 1970년 10월 5일까지 1만 2,000명의 주한미군을 감축했고, 1971년 3월 27일에 제7사단 2만 명을 일방적으로 철수하였다. 이에 충격을 받은 박정희는 이때부터 자주국방을 시작했다.

1970년대에 들어선 이후 한국의 정치, 경제, 외교, 군사적인 면에서 자주적 능력이 증대됨에 따라 미국의 한국에 대한 일방적인 안보적 후견국 역할에서 어느 정도 대등한 관계로 발전되기 시작하였다. 미국의 한국에 대한 군사 및 경제원조가 삭감되기 시작하자 한국은 자주국방을 위한 국방비 확충을 시작하였다. 한국은 1971년 미국으로부터 3억 4,600만 달러의 무상군원과 1억 5,000만 달러의 군사판매 차관(FMS차관)을 제공받아 국군현대화 계획(1971~1975년)을 수립하였고, 1974년 2월에는 국방 8개년계획(1974~1981년)을 수립하여 처음으로 자주적 전력계획을 추진하였다.[28] 또한, 미국의 한국정치 민주화와 인권문제에 대한 간섭에 대하여 한국정부가 반감을 보이기 시작하였다. 한미관계에 안보전략적 고려와 동맹의 규범적 가치 사이에서 딜레마가 나타나기 시작한 것이다.

사실 이전까지 한국은 미국의 한국에 대한 안보우산 제공과 경제지원 때문에 미국에게 강하게 의존하였으며, 미국의 대한정책 및 간섭에 대하여 불만이 있더라도 비판적인 태도를 보이기 어려웠다. 미국은 한국에 대한 군사 및 경제지원의 대가로 한국이 미국에 대하여 배타적으로 의존하기를 원하였고, 미국이 한국문제에 일정 부분 개입하여 한국의 친미국화를 도모해왔다. 미국은 한국을 대아시아 정책의 '발판' 또는 '거점'으로 활용하기를 원하였다. 한국이 1970년대 들어 약소국의 위상에서 탈피하기 시작하게 됨에 따라 이러한 공식이 조금씩 와해되기 시작한 것이다.

1970년대 이후 자주외교는 대북정책에도 변화를 가져 왔다. 새로운 대북정책의 모색은 1970년 박정희의 8·15선언으로 구체화되었는데, 그 요지는 북한이 적화통일정책을 포기하면 남북한 간에 가로 놓인 '인위적 장벽을 단계적으로 제거해 나갈 수 있는 현실적인 방안'을 제시할 용의가 있다는 것과 북한이 한반도의 민주, 통일, 독립, 평화를 위한 유엔의 노력을 인정한다면 유엔에서의 한국문제 토의에 북한이 참석하는 것을 반대하지 않을 것이라는 내용이었다. 이 선언의 후속조치로 남북 이산가족의 재결합을 위한 남북적십자회담이 1971년에 개최되었고, 이듬해 7월 4일에는 남북공동성명이 발표되어 남북조절위원회를 설치하는 등 남북한 간의 긴장완화를 위한 한국주도의 노력이 추진되었다. 남북한관계가 대화 없는 대결에서 대화 있는 대결로 전환되었다.

자주국방 및 자주외교와 더불어 1970년대부터 적극 추진된 정책은 1980년대 후반의 북방정책의 기초가 되었다고 할 수 있는 비적성 사회주의 국가에 대하여 문호를 개방하고 비정치적인 면에서 이념을 초월하여 이 국가들과 교류를 추진한 것이다. 1971년 9월 한국의 민간경제인단이 시장조사를 위하여 유고슬라비아를 방문하였으며, 1973년 7월 민간통상사절단이 유고슬라비아를 방문하여 직접교역을 모색하였으며, 이어서 체코슬로바키아, 헝가리, 루마니아 등 동구권과의 교역도 적극 추진하였다. 이후 유고슬라비아, 불가리아, 소련 등과의 스포츠 교류에 의한 접촉

---

28) 김계동, "한국의 안보전략 구상," 『국가전략』 제3권 1호 (1997년 봄·여름), pp. 25-27.

이 확충되었다.

이러한 과정의 사회주의권에 대한 정책기조는 1973년의 6·23선언에 의하여 제시되었다 (글상자 1.2 참조). 평화통일 외교정책으로 평가되는 이 선언은 평화통일이 한민족의 지상과제임을 내외에 천명하고, 남북한 상호 내정 불간섭, 유엔 등 국제기구에 북한과의 동시참여 등을 밝혔다.[29] 6·23선언에서 한국정부는 처음으로 북한의 국제기구 참여와 남북한 유엔 동시가입을 반대하지 않겠다는 뜻을 밝혔으며, 또한 이념과 체제가 다른 나라에도 문호를 개방하겠다는 공존정책을 밝혔다. 대북한관계에 있어서 북한을 국가로 인정하지는 않았으나 하나의 정치실체로 인정하여 통일까지 평화적 관계를 정립해 나가겠다는 의사를 밝혔다.

한국정부는 6·23선언 이후 남북한 간의 외교적 대립을 지양하고 선의의 경쟁을 한다는 목표 아래, 친사회주의권 외교를 추구하고 있던 핀란드 및 인도네시아 등과 수교를 함으로써 할슈타인 원칙을 벗어나는 정책을 취하게 되었다. 또한, 대북한 유화정책으로 한국정부는 1974년 1월 18일 남북한 불가침협정 체결 제의, 1974년 8월 15일 평화통일 3대 원칙 천명, 1979년 1월 19일 남북한당국 간 무조건 대화제의 등을 통해 한반도의 긴장완화와 남북한관계의 정상화를 위한 방안 등을 제시하였다. 그러나 1970년대 중반 들어 판문점에서 도끼만행 사건이 발생하는 등 북한의 대남강경정책 추진으로 남북한관계는 경색되고 다시 긴장이 조성되기도 하였다.

한미 간 정부 차원의 갈등은 카터(Jimmy Carter) 대통령 시대에 발생했다. 카터는 미국의 대한정책을 한국의 민주화 및 인권문제와 연계했고, 이에 대한 압력으로 주한미군 철수계획을 수립했다. 인권문제에 관심이 컸던 카터는 한국 내 민주화 인사에 대한 인권탄압을 지적하며, 이의 시정이 이루어지지 않으면 주한미군을 철수하겠다는 압박을 가했다. 박정희 정권이 이를 받아들이지 않자 카터는 철수계획을 수립하고 실행을 시작했다. 이에 대해 한국정부는 미군이 철수하게 되면 대북한 억지력이 약화되어 북한의 대남도발 우려가 있으므로 미군철수 정책의 수정을 요구하면서, 만약 철수가 불가피할 경우에는 충분한 보완조치가 사전에 이루어져야 한다는 요구를 하였다.

철수에 대비한 양국의 교섭은 1977년 7월 서울에서 개최된 제10차 한미 연례안보협의회에서 진행되어 미국은 철군에 선행 또는 병행하여 11억 달러의 해외군사판매차관(FMS) 제공, 8억 달러 규모의 군 장비 무상 이양, 한미연합사 창설, 주한미공군 증강, 한국방위산업 지원, 한미 합동군사훈련 확대실시 등을 약속했다. 미국의 철수정책은 한국이 우려하는 대로 북한의 군사력 증강을 가져왔고, 마침내 미국은 북한 군사력 증강에 대한 정보에 접하여 철수계획을 대폭 수정하였다. 1978년 4월 카터 대통령은 1978년 말까지 예정이던 주한미군 지상군 철수병력을 6,000명에서 3,400명으로 축소하고 한반도의 군사균형을 유지하기 위한 철수중지를 결정하였다.[30] 더구나 1979년 소련이 아프가니스탄을 침공하여 데탕트가 종식되고 신냉전이 시작되면서 미군 철수계획은 완전히 폐기되었다.

---

29) Charles K. Armstrong, "South Korea's 'Northern Policy'," *The Pacific Review* 3-1, 1990, pp. 36-37.

30) 강성철, 『주한미군』 (서울: 일송정, 1988), pp. 207-219.

6·23 평화통일 외교정책선언

1973년 6월 23일 박정희 대통령이 발표한 이 선언은 1970년대 초반부터 시작된 데탕트 세계질서에 발맞추어 한국외교정책 방향의 전환을 아래와 같은 내용으로 내외에 천명한 것이다.

1. 조국의 평화적 통일을 성취하기 위해 모든 노력을 계속 경주한다.
2. 한반도의 평화는 반드시 유지되어야 하며, 남북한은 서로 간섭하지 않으며, 침략을 하지 않아야 한다.
3. 남북공동성명의 정신에 입각한 남북대화의 구체적 성과를 위하여 성실과 인내로써 계속 노력한다.
4. 긴장완화와 국제협조에 도움이 된다면 북한이 남한과 같이 국제기구에 참여하는 것을 반대하지 않는다.
5. 통일에 방해가 되지 않으면 남북한 유엔 동시가입을 반대하지 않는다.
6. 대한민국은 호혜평등의 원칙 아래 모든 국가와 서로 문호를 개방한다.
7. 대한민국은 평화선린을 기본으로 한 대외정책으로 우방국들과의 기존유대를 공고히 한다.

당시 화해의 분위기에서 남한정부가 이러한 선언을 한다는 내용을 북한에 사전에 알리고 이에 대한 호응을 하도록 기회를 제공했으나, 북한은 이에 대한 호응은 하지 않고 같은 날인 1973년 6월 23일 고려연방제 통일방안을 발표했다. 이 통일방안은 화해적인 내용보다는 남한정부를 인정하지 않고 남한의 정당과 사회단체들이 북한당국과 주도하여 남북한이 연방제 통일을 하자는 내용을 담고 있었다.

5. 북방외교: 탈냉전 과정에서 국익확보외교

1980년 신냉전이 시작되면서 한미동맹은 더욱 강화되었고, 비정상적인 방식으로 집권을 한 전두환 대통령은 미국의 지지를 통한 정권의 정당성을 찾기 위하여 대미관계를 더욱 강화하는 정책을 추구했다. 미국 레이건(Ronald Reagan) 대통령의 대소 압박이 성공하고, 공산주의 자체의 모순점이 나타나면서 공산권의 체제 내부의 문제도 발생하기 시작했다. 결국 세계는 탈냉전 과정에 들어가서 동유럽을 포함한 세계 대부분의 공산주의 국가들이 민주화되는 상황이 벌어졌다. 이 기회를 발판으로 하여 한국정부는 공산권에 접근하는 북방외교를 실시하였고, 궁극적으로 중국 및 소련과 수교를 하는 성과를 거두었다.

1) 탈냉전의 국제정세

1980년 신냉전이 시작된 이후 소련은 레이건 대통령의 강한 압박을 견뎌내기에 어려움을 겪고 있었다. 1982년 브레즈네프(Leonid Brezhnev)의 사망 이후 집권한 고령의 안드로포프와 체르넨코가 연속 사망하고 1985년 젊은 고르바초프(Makhail Gorbachev)가 집권하여 소련과 공산권에 새로운 바람을 불어 넣기 시작했다. 페레스트로이카와 글라스노스트 등 고르바초프의 개혁 정책은 1987년 1월 공산당 중앙위원회에서 공식적인 지도이념으로 채택되었고, 이어 당 협의회에서 당 기관의 임기제와 복수후보제에 의한 보통선거 실시 등이 결정되었다.

고르바초프는 소련공산당 총서기로 취임한 지 약 한달 후인 1985년 4월 7일 나토의 중거리핵미사일 배치에 대한 대응전략을 세우지 않을 것이고, SS-20미사일 배치의 일시적 중지를 선언하였다. 같은 해 8월 고르바초프는 핵실험의 일시적 중단도 일방적으로 선언하였다. 또한, 유엔평화유지활동을 적극적으로 지원하겠다는 의사를 표명하고, 국제원자력기구(IAEA: International Atomic Energy Agency)에 협조하기 시작하였으며, 1985년 10월 전략무기감축협상(START: Strategic Arms Reduction Talks)을 재개하였다. 1986년 1월 고르바초프는 2000년까지 3단계에 걸친 핵무기 전폐 프로그램을 제안하였다.[31] 고르바초프는 소련이 약화된 것은 서방과 경쟁을 한 것도 큰 이유가 된다고 생각하였다. 서방과의 긴장상태를 해소하고 소련이 부유하고 기술적으로 앞선 서방과 보다 활발한 상호관계를 가지면, 소련의 경제는 부흥할 수 있고, 그 결과 소련정치와 자신의 통치는 정통성을 가질 수 있으리라 기대하였다.[32]

외교적인 측면에서 고르바초프는 신사고 외교를 모색했다. 고르바초프의 신사고 외교는 다음과 같은 네 가지 면을 강조했다. 첫째, 해외에 공산주의 혁명을 더 이상 수출하거나 고무하지 않는다. 둘째, 무력사용의 위협을 하면서 협상하지 않으며, 국가안보를 위한 전쟁불사의 원칙을 포기한다. 셋째, 핵무기에 의존하는 마르크스적 계급투쟁을 포기하고 자본주의와의 협력하에 평화적 경쟁을 도모한다. 넷째, 군비를 감축하여 과도한 군사예산을 줄인다.

이후 미소 간의 냉전해체를 위한 작업은 급속도로 진전되었다. 미국과 소련의 지도자들은 1987년 12월 중거리핵무기폐기조약(INF)을 워싱턴에서 조인하였다. 1988년에 발효된 이 조약은 무기통제협정 가운데 가장 광범위한 것이었다. 1989년 4월에 체결된 제네바협정에 의거하여 소련군은 1989년 2월 아프가니스탄에서 철수하였다. 1979년 아프가니스탄을 침공하여 데탕트를 와해시킨 소련은 10년 만에 미국의 압력에 굴복하여 결국은 아프가니스탄에서 철수하게 된 것이다. 이와 더불어 소련은 쿠바, 베트남, 니카라과 같은 제3세계 동맹국들에 대한 지원도 중단하였다. 또한, 중남미, 아프리카, 인도차이나와 중동에서 장기간 지속되어 온 지역분쟁을 정치적으로 해결하도록 유도하였다.[33]

1988년 12월 고르바초프는 유엔 연설을 통해 소련의 군사 독트린은 '합리적 충분성(reasonable sufficiency)'과 '방어적 방어(defensive defence)'로 변화할 것이라고 선언하였다. 이러한 군사 독트린의 변화는 유럽과 아시아의 소련군 50만 명을 일방적으로 감축하는 공약으로 확인되었다.

---

31) Janice Gross Stein, "Political learning by doing: Gorbachev as uncommitted thinker and motivated learner," *International Organization* 48-2 (Spring 1994), pp. 155-184.

32) Leslie Holmes, *Post-Communism: An Introduction* (Durham: Duke University Press, 1997), p. 107.

33) Mike Bowker, "Explaining Soviet Foreign Policy Behavior in the 1980s," in Mike Bowker & Robin Brown, eds., *From Cold War to Collapse: Theory and World Politics in the 1980s* (Cambridge: Cambridge University Press, 1993), p. 104.

1989년 이후 동유럽국가들에 의한 바르샤바조약기구의 해체를 소련은 무력으로 막을 의사와 능력이 없었고, 심지어 소련은 동유럽의 개혁을 고무하는 태도를 보이기까지 하였다. 고르바초프는 동유럽에 대한 개입정책인 브레즈네프독트린을 파기하면서 동유럽국가들도 생존하려면 소련과 같이 개혁정책을 추진하라는 발언도 했다.

마침내 1989년 12월 2일 미국의 부시(George H. W. Bush) 대통령과 소련의 고르바초프가 몰타에서 정상회담을 개최하고 냉전 종식을 공식적으로 선언했다. 그보다 약 1개월 전인 1989년 11월 9일의 베를린 장벽 붕괴는 냉전의 실질적인 종식을 의미하였다. 1990년 10월 3일 독일이 통일되었고, 1991년 4월 1일 바르샤바조약기구가 공식적으로 해체되었다. 체코슬로바키아가 체코와 슬로바키아로 분리되었고 유고슬라비아가 슬로베니아, 크로아티아, 세르비아, 보스니아, 마케도니아로 분열되었으며 처절한 인종분쟁이 시작되었다.

2) 한국의 북방외교: 이념 탈피와 전방위 외교 모색

분단 이후 동족상잔의 한국전쟁까지 치른 한국정부는 북한의 군사위협으로부터 자유민주주의체제를 수호하기 위하여 반공주의 일변도의 외교정책을 추진해 왔다. 이러한 이념 지향적 외교정책은 국제사회에서 대북 우위를 확보하기 위해 '소모성 외교'를 장기간 수행하게 하였다. 이에 따라 한국의 외교는 미국에 지나치게 의존적일 수밖에 없었는데, 이는 그만큼 한국의 대외관계를 협소하게 만들었고, 때로는 주요 외교 현안에 대해 합리적 선택을 불가능하게 만들었다. 그러나 국력의 향상, 정치적 민주화에 따른 다양한 의견의 분출, 서방에 편향된 경제교류의 한계성 등은 한국정부로 하여금 대사회주의권 외교를 고려하게 하였다.

앞에서 설명했다시피, 한국은 1973년 6·23선언을 하여 이념과 체제를 달리하는 모든 국가에 대한 문호를 개방하였으나, 당시는 공산주의 국가에 대한 외교를 적극 추진할 만한 대내외적 여건이 무르익지 않아 별다른 성과를 거두기가 힘들었다. 더구나 소련 등 일부 사회주의 국가들과의 극히 제한적인 접촉마저도 소련의 아프가니스탄 침공 등 1980년대부터 시작된 세계적 신냉전과 신군부 집권에 따른 국내정치변동 등으로 제약을 받게 되었다. 이후 1983년 6월 29일 이범석 외무장관이 국방대학원에서 행한 연설 '선진조국의 창조를 위한 외교과제'에서 '북방정책'이라는 용어가 처음으로 사용되었다. 그는 이 연설에서 한국외교가 풀어나가야 할 최고 과제는 소련 및 중국과의 관계를 정상화하는 북방정책의 실현에 있다고 말하였다.[34]

1980년대 후반 들어 국제적 차원에서 냉전이 종식되어 가는 과정의 세계적 화해무드에 편승하여 한국의 사회주의권을 향한 북방정책이 본격적으로 진행되었다. 한국외교가 풀어나가야 할 최고의 과제를 소련, 중국 및 동구권과의 관계를 정상화로 설정했다. 한국정치의 민주화 요구 분출, 한국외교의 편협성 지양, 한국경제 대상의 다원화 등의 필요성에 의하여 제시된 북방정책은 한반도의 평화와 안정의 유지, 공산국가와의 경제

---

34) 한국의 북방정책 추진 배경 및 과정에 관하여는 김계동, "북방정책과 남북한관계 변화," 『통일문제연구』 제3권 4호 (1991) 참조.

협력을 통한 경제이익의 증진, 국제적 지위 상승, 남북한 교류 협력관계의 발전 추구를 통하여 궁극적으로 공산국가와의 외교정상화와 한반도의 평화와 통일에 궁극적 목표를 두었다.

북방외교를 추진한 결과 1989년 2월 헝가리와의 수교를 시작으로 하여 모든 동유럽국가들과 수교를 하였고, 1990년 6월 한국과 소련이 샌프란시스코회담을 개최한 후 9월에는 소련과 수교를 하였다. 정치 분야에서의 관계는 지양하고 비정치 분야에서의 교류만 확대해 오던 중국과도 1992년 8월 관계정상화를 함으로써 한국은 주변 4강 모두와 외교관계를 맺게 되었다. 중국과 수교한 직후인 1992년 12월에는 베트남과도 수교를 함으로써 이념을 초월하여 사회주의권 국가들과도 선린관계를 유지하겠다는 의지를 내외에 천명하게 되었다. 북방정책의 또 다른 결실은 1991년 9월 17일 북한과 함께 유엔에 가입한 것이다.

북방외교의 가장 큰 성과는 소련 및 중국과 수교를 한 것이었다. 소련은 분단 당시 북한지역을 점령하여 북한체제를 수립한 공산권의 종주국이었으며, 김일성의 한국전쟁을 승인하고 지원한 국가였다. 중국은 유엔군의 북진으로 패배에 몰린 북한을 구해 준 나라이며, 한국전쟁 당시 특히 한국군과 교전을 많이 벌인 국가였다. 이러한 구원(舊怨)이 많은 국가들과 수교를 하게 된 것이다. 무엇보다도 이 중소와의 수교는 북한에 큰 충격을 안겨주었고, 배신당했다는 공개적 비난까지 하는 상황이 되었다. 북한도 미국 및 일본과 수교를 해야 한다는 교차승인의 언급이 많았으나 이는 실현되지 않았다.

한국의 북방외교는 수십 년 동안 적대적인 국가로 분류되던 국가들에 대한 접근이었기 때문에 그 성격에 대한 다양한 시각이 전개되었다. 단순하게 말해서 북방외교는 일반적인 외교정책의 유형 중에서 '협력외교'를 모델로 하여 추진된 것인데, 우호국에 대한 협력외교가 아니라 적대국에 대한 협력외교라는 특수성을 지닌다. 통상적인 국제환경이라면 이러한 협력외교의 가능성은 없었겠지만, 냉전이 끝나가는 과정이었기 때문에 급변하는 국제정세에 편승한 협력외교를 한국정부가 진향적으로 추진한 것이다. 물론 북방외교가 협력적이기보다는 공세적 성격을 가졌다는 주장도 있다. 북방외교정책은 "남북한 간의 평화정책과 평화적 통일을 위한 원교근공(遠交近攻)의 전략이고 간접접근 전략으로서 북한을 협상테이블로 끌어내려는 포위·압력전략"이라는 주장이다.[35] 대체로 협력외교는 우호국 간에 이루어지지만, 적대세력 간에도 협력외교가 수행되는 경우가 적지 않다. 서로 다른 정치 및 경제체제가 견해 차이와 갈등을 전쟁으로 해결하기에는 너무 많은 대가를 필요로 하기 때문에, 갈등과 대립을 유지하는 비용보다 화해하는 비용이 적게 들 경우 협력과 화해적인 외교를 추진하게 된다.

또한 이념과 체제를 달리하는 적성적인 국가라 할지라도 그 국가와 관계를 개선하는 것이 자국의 중요한 국익에 위배되지 않을 경우, 자국의 이익을 위해서 그 국가와 선린 우호관계를 개척하기도 한다. 대립과 갈등보다는 '평화공존'의 길을 택하게 되는 것이다. 공존은 서로 다른 체제가 투쟁을 계속하지만, 전쟁이나 다른 체제내의 간섭을 배제하면서 존립하는 것이다. 전쟁이 없는 상황을 유지하기 위하여, 양측은 갈등을 억제하면

---

35) 전웅 (1993), p. 29.

서 평화를 모색한다. 평화공존이 이루어지기 위해서는 국가들이 다음과 같은 일곱 가지의 원칙을 준수해야 한다. ① 국제분쟁을 해결하는 수단으로 전쟁에 의존하지 말고, 협상에 의한 해결방법 모색, ② 국가 간의 평등, 상호이해와 신뢰조성, ③ 상대국의 이익 고려, ④ 타국에의 내정간섭 배제, ⑤ 각국의 국민들이 스스로 자국의 문제를 해결할 수 있는 권리 인정, ⑥ 모든 국가들의 주권과 영토적 결속 존중, ⑦ 완전평등과 상호이익을 기초로 한 경제 및 문화협력 증대 등이다.[36]

세계질서의 흐름이 동서 간의 화해와 협력의 방향으로 나아감에 따라, 한국의 북방외교는 단시일 안에 큰 결실을 거두게 되었다. 거의 모든 동구권 국가들과의 수교, 한소수교, 한중수교, 유엔 동시가입 등은 북방외교의 직접적인 결실이라 할 수 있겠다. 한국이 추진한 북방외교는 국제정세의 흐름이 한국에게 유리한 상황으로 전개된 면도 있지만, 한국의 국력 또는 경제력이 괄목할 만하게 발전되어 외교의 수단으로 '경제'라는 도구를 사용할 수 있었기 때문에 성공적으로 추진할 수 있었다. 이론적으로 외교정책의 수단으로서의 경제는 '경제적 보상전략'과 '경제적 제재조치'로 구분되는데, 한국은 북방외교를 추진하면서 '경제적 보상전략'을 사용하였다. 경제적 보상은 "상대국에게 경제적 혜택을 제공함으로써 자국의 의도와 이익을 추구하는 정책"으로 풀이되고 있다.[37] 보편적으로 경제적 보상은 동맹국이나 우호관계에 있는 국가들과의 공감대를 확보하려는 목적에서 사용되지만, 북방외교의 경우 과거의 적성국을 우호국으로 만들기 위한 일종의 '당근'의 개념으로 경제적 수단이 사용되었다.

6. 평화외교: 분단극복과 화해협력정책

탈냉전 이후 핵무기를 앞세운 초강대국과 그들이 만든 진영 간의 극한적인 대립이 사라졌고, 세계는 겉으로나마 평화의 길로 들어섰다. 그러나 그 평화의 길은 순탄치 않았다. 초강대국을 중심으로 한 냉전은 끝났지만, 냉전 기간 양 진영 내에서 잠재하던 갈등이 분출되어 소규모 분쟁들이 여러 곳에서 발생했다. 중국, 북한, 쿠바 등 아직 민주화되지 않은 몇 개의 공산국가에 의한 갈등도 해소되지 않았으며, 특히 북한의 공산체제가 존재하는 한반도의 냉전은 종식되지 않고 지속되었다. 탈냉전 과정에서 사회주의권을 향한 북방정책을 추진한 노태우정부는 북한에 대해서도 유화정책을 펼쳐서 남북교역을 시작했고, 고위급회담을 개최하여 남북기본합의서를 체결했다. 이후 남북한 사이의 적대감은 줄어들었고, 다양한 장애요인은 존재했지만 북한에 대한 화해협력 정책이 추진되었으며, 이는 평화외교로 이어졌다.

1) 남북한의 유엔 동시가입

한국은 유엔과 불가분의 관계를 갖고 있다. 1948년의 대한민국정부의 수립은 유엔의 결의안에 의

---

36) Victor P. Karpov, "The Soviet Concept of Peaceful Coexistence and Its Implications for International Law," in George S. Masannat and Gilbert Abcarian. eds. *International Politics: Introductory Readings* (New York: Charles Scribner's Sons, 1970), pp. 261-267.
37) 김기정, "국제체제하에서의 외교정책의 목표와 수단," 구본학·김계동 외, 『세계외교정책론』, pp. 114-115.

해서 이루어졌다. 유엔 결의안에 의해서 구성된 유엔 감시단의 감시하에 실시된 총선거에 의해서 정부가 수립되었으며, 유엔은 이렇게 수립된 정부를 합법정부로 승인했다. 약 2년 뒤 한반도에 전쟁이 발발하자, 유엔은 국제군을 형성하여 유엔의 이름으로 유엔 깃발을 들고 전쟁에 직접 참전하여 한국정부가 북한군에 의해서 붕괴되는 것을 구해주었다. 한국전쟁 정전 후 유엔사령부가 정전체제를 관리하고 있다. 북한이 핵무기와 장거리 미사일 개발을 시도하자 유엔은 수차례에 걸쳐서 북한에 대한 경제제재를 하고 있다. 이 정도로 유엔이 창설 당시부터 계속하여 개입하고 있는 국가는 한국 이외에 거의 없다.

한국전쟁 정전 이후 유엔 총회는 거의 매년 한반도 문제를 토의하였고, 한국대표를 단독 초청하여 유엔 감시하의 인구비례에 의한 남북 총선거를 골자로 하는 한반도 통일 결의안을 채택하였다. 1960년대 중반까지 북한은 북한의 참여 없는 유엔의 결의안 채택은 무효라 주장하며 유엔의 역할에 대해 무시하는 정책으로 일관했으나, 1960년대 중반 이후 아프리카 신생독립국을 비롯한 비동맹권이 유엔에 대거 등장하자, 비동맹에 가입한 북한은 유엔에 적극적으로 참여하기 시작하였다. 미국을 중심으로 한 서방국가들이 유엔에서 향유하던 '자동적 다수'가 더 이상 기능하지 않게 되었다. 이러한 정세변화에 따라 한국은 1968년부터 한국문제의 연례상정 방식을 지양하고 재량상정 방식을 채택하였다.[38]

1970년대 들어 미국과 소련관계는 냉전을 탈피하여 데탕트로 접어들게 됨으로써 국제정세는 급변하게 되었다. 한국은 1973년 6월 23일 발표한 평화통일외교정책 선언(6·23선언)을 통해 북한과 함께 유엔에 가입하는 것을 반대하지 않는다는 입장을 밝혔다 (글상자 1.2 참조). 1973년 제28차 유엔 총회에 북한이 처음으로 초청되어 한국문제 토의에 참가했고, 한국문제에 대한 두 개의 상반되는 결의안이 상정되었다. 한국의 입장을 지지하였던 서방국가들은 남북대화 환영, 남북한 유엔 동시가입, 유엔 한국통일부흥위원회(UNCURK)의 자진해체 등을 골자로 하는 결의안을 유엔에 제출하였다. 한편 북한을 지지하는 국가들은 UNCURK 해체, 유엔군 사령부 해체, 주한 외국군 전면 철수 등을 내용으로 하는 결의안을 제출하였다.[39]

한국은 1949년 처음으로 유엔가입을 신청하였다. 유엔 안보리에서 9대 2의 투표결과가 나왔으나 소련이 거부권을 행사하여 가입이 좌절되었다. 이후 미국과 소련의 '경쟁적 배제(competitive exclusion)' 정책으로 남북한의 가입은 불가능하게 되었다. 1955년 12월에는 18개 국가에 대한 '일괄처리(package deal)' 논의로 남북한 유엔가입 문제가 제기되었으나 소련의 거부권 행사로 무산되었다. 1957년과 58년 유엔 총회는 남한이 유엔의 회원국이 될 자격이 있다는 결정을 재확인하였으나, 소련은 두 개의 한국을 동시가입시키는 결의안을 제출하였고 이 안은 안보리에서 부결되었다. 한국은 1961년 가입 재시도가 좌절되자 유엔가입을 일단 포기하게 되었고, 1973년 북한과의 동시가입 수용을 선언하는 전향적 입장으로 선회하였다. 1950년대 후반 공산 측이 요구하

---

38) 최동희, 『탈냉전시대의 한국외교정책』 (서울: 사회문화연구소, 1998), p. 299.

39) *Yearbook of the United Nations* 27 (1973), p. 153.

였던 동시가입안을 한국이 받아들이자 이번에는 북한이 동시가입은 분단을 고착화시키려는 음모라 하며 반대의사를 밝혔다.[40]

냉전이 종식되는 과정에서 한국정부는 소련과 중국을 비롯한 사회주의권에 대한 북방외교를 추진하면서 유엔가입을 재추진하였다. 냉전 종식으로 국제정세가 한국에 유리한 방향으로 전환되었고, 이는 유엔에서도 나타나기 시작하였다. 1989년 유엔 총회 기조연설에서 48개국이 한국의 유엔가입을 지지하였고 단지 3개국만이 북한의 입장을 공개적으로 지지하였다. 1990년 제45차 유엔 총회는 보다 적극적으로 한국의 유엔가입을 지지하였다. 미국의 부시(George H. W. Bush) 대통령이 총회 연설에서 한국의 입장을 공개적으로 단호하게 지지하였고 71개국 대표가 한국의 유엔가입을 지지하였다. 반면 북한을 지지한 국가는 하나도 없었다.[41]

1990년 9월 개최된 남북총리 간 고위급회담에서 북한은 남한이 단독으로 유엔에 가입하는 것을 저지하려는 목적으로 유엔 가입문제를 의제화하도록 요구하였고 한국은 이를 받아들였다. 또한, 중국이 남한에게 유엔 가입문제를 기다려 달라는 요청을 하여 한국정부는 1990년 유엔 가입신청을 보류하였다. 1991년 봄이 되자 한국은 유엔 가입문제를 북한과 더 이상 협상할 필요가 없다는 결론을 내리고, 소련과 중국이 동시가입을 지지하게 되자 유엔가입을 다시 추진할 것이라는 입장을 밝혔다. 1991년 4월 제주도에서 개최된 한소정상회담에서 소련은 남한의 유엔가입을 지지하고 거부권을 행사하지 않을 것이라고 밝혔다. 중국도 남한의 유엔가입에 거부권을 사용하지 않을 것이라는 점을 암시하여 결국 북한은 유엔가입문제를 소련과 중국에 더 이상 의존할 수 없게 되었다.[42]

1991년 4월 8일 한국정부는 유엔가입에 대한 한국의 입장을 밝히는 각서를 유엔 안보리 공식문서로 유엔 전 회원국에게 회람시켰다. 한국은 유엔헌장에 규정된 모든 의무를 수행할 의사와 능력을 갖춘 평화애호국가로서 유엔의 보편성 원칙에 따라 유엔에 가입되어야 하며, 남북한이 가입할 경우 유엔 헌장의 의무와 원칙에 따라 상호 신뢰가 구축될 수 있을 것이라는 내용이었다. 한국은 북한과 함께 유엔에 가입되기를 원하고 있으나, 북한이 응하지 않을 경우 제46차 유엔총회가 개막되기 전에 유엔가입에 필요한 조치를 취할 것이라고 천명하였다.

'하나의 조선'을 내세우며 유엔 단일의석 가입을 주장하던 북한은 국제사회의 동시가입지지 분위기를 파악하고 결국 1991년 5월 27일자 외교부 성명을 통하여 유엔 가입신청을 발표하였고 7월 8일 유엔 가입신청서를 사무총장에게 제출하였다. 동유럽 공산권의 몰락, 한국의 북방정책 결실 등 주변정세의 변화에 따른 고립과 소외를 탈피하려는 북한은 한국이 유엔에 단독 가입할 경우 더욱 고립될 것을 우려하지 않을 수 없었던 것이다. 8월 5일 한국정부도 가입신청서를 제출하였고, 안보리는 8월 8일 총회에 대하여 남북한의 유엔회원국 승인을 권고하는 결의안 702호를 투

---

40) 강성학, 『이아고와 카산드라: 항공력 시대의 미국과 한국』 (서울: 오름, 1997), pp. 397-399.

41) 외무부, 『외교백서 1991』 (서울: 외무부, 1991), pp. 73-74.

42) 김계동, "한국의 대유엔 외교정책," 유재건 편저, 『21세기 한국의 외교정책』 (서울: 나남출판, 1999).

표 없이 만장일치로 통과시켰다. 제46차 유엔 총회 개막일인 1991년 9월 17일 남북한이 유엔에 동시가입하였다. 한국은 161번째로 유엔에 가입하였다.

유엔 가입 이후 한국은 적극적인 대유엔 외교를 전개하였다. 특히 한국은 1995년 11월 8일 제50차 유엔총회에서 1996년부터 시작되는 임기 2년의 안전보장이사회의 비상임이사국으로 선출되었다. 이는 유엔 회원국 185국 가운데 102번째, 아시아에서는 20번째로 선출된 것이다. 가입한 지 4년 만에 비상임이사국으로 선출되었다는 점은 유엔 자체가 탈이념화하였다는 점과 더불어 주요 국제분쟁 해결에 주도적 역할을 수행할 수 있을 만큼 한국의 국가역량이 상승하였고, 이에 따라 국제무대에서의 외교활동도 선진화되었다는 점을 나타내는 것이었다.

북한의 유엔가입도 북한에게 중요한 이득을 안겨 주었다. 가장 중요한 점은 북한이 유엔에 가입하여 국가로 인정을 받게 된 것이다. 1948년 12월 12일 유엔이 대한민국정부를 승인할 때 대한민국정부를 남한지역에서의 합법정부이며, 한반도에 이러한 합법정부는 하나밖에 없다고 승인을 했다. 다시 말해서 북한지역은 국가가 없는, 즉 주인이 없는 땅(無主地)이라는 의미였다. 일부 중국과 소련 같은 공산주의 국가들은 북한을 국가로 인정했지만, 국제적으로 북한은 공식적인 국가로 인정을 받지 못했었다. 그래서 70년대까지만 해도 남한에서는 거의 공식적으로 북한을 북한이라 하지 않고 북괴(北傀, 북에 있는 괴뢰정부)라 불렀다. 이러한 북한이 유엔에 가입함으로써 정식국가로 인정을 받은 것이다. 유엔헌장 제4조는 유엔가입 요건을 평화애호국으로 한정하고 있다. 유엔에 가입했다는 것은 유엔이 평화를 사랑하는 국가로 북한을 인정한 것이다.

2) 대북한 화해협력 정책과 비핵화를 위한 외교

북방외교를 성공적으로 추진한 노태우정부는 북한에 대해서도 화해협력정책을 추진했다. 1988년 7월 7일 '민족자존과 통일 번영을 위한 대통령 특별선언'을 발표하고, 북한과의 교류와 대화를 추진했다. 사회주의 국가들이 붕괴되어 가는 모습에 위기를 느낀 북한은 유연한 대외정책을 시작했고, 노태우정부의 접근을 받아들여 남북협력이 시작되었다. 1989년부터 남북한의 교역이 시작되었고, 1990년부터 남북한의 총리가 대표가 되어 서울과 평양을 오가며 고위급회담을 시작했고, 그 결실로 기본합의서(남북 간의 화해·불가침 및 교류협력에 관한 합의서)를 체결했다.

이후 김대중 대통령도 대북포용정책을 적극 추진하여 2000년 첫 정상회담을 개최하고, 금강산 관광 및 대북투자도 실시했다. 노무현정부는 2002년 10월 북한의 제2차 핵위기가 발생했음에도 불구하고, 김대중 대통령의 포용정책을 계승하여 개성공단을 완성하는 성과를 거두었다. 북한의 제2차 핵위기로 국제사회는 북한에 대해서 경직된 정책을 추구했으나, 노무현정부는 핵과 경협을 분리하여 북한과의 화해관계를 유지하는 데 성공했다. 이후 이명박, 박근혜정부에서 남북한의 화해 및 협력관계는 많은 제한을 받았지만, 이전에 추진되었던 포용정책의 분위기는 남북한관계의 저변에 잠재하고 있으며, 남북한관계개선의 필요성도 사라지지 않고 있다.

탈냉전 이후 남북한관계는 노태우와 김대중 정부의 대북 포용정책으로 많은 발전을 했으나, 북핵문제가 등장한 이후에는 북한 비핵화 관련 논의와 갈등이 남북한관계의 발목을 잡고 있다. 1993년 북한이 NPT 탈퇴선언을 하고 핵무기 개발 의혹을 보였을 때 당시 김영삼정부는 비핵화를 위한 어떠한 대북조치나 외교활동을 하지 않았다. 북한핵에 대한 미국과의 '공조'를 주장하면서, 사실은 미국에 전적으로 일임하고 의존하는 입장을 견지했다. 처음 시작부터 한국의 대북 핵 전략의 단추를 잘못 끼운 것이다. 한국 스스로 아무것도 하지 않는 태도를 보임에 따라 북한은 미국과 1대1, 대등한 입장에서 협상을 할 수 있었다. 1994년 10월 21일 제네바합의에서 북한은 현재와 미래의 핵동결을 하는 대신 경수로 원자로 건설, 매년 중유 50만 톤 지원, 향후 관계개선 등 많은 것을 얻어낼 수 있었다. 이 시점부터 한국정부는 한반도 문제에서 소외되었고, 북한은 남한을 봉쇄하고 미국과만 소통을 하는 정책(통미봉남[通美封南])을 구사했다.

이에 따라 처음부터 북한은 자신들이 개발하는 핵무기는 남한과 상관없다고 하면서 남북대화에서 북한의 핵무기에 대한 의제 포함을 적극 기피했다. 1994년 10월 21일의 제네바 기본합의에도 불구하고 2002년 10월부터 제2차 핵위기가 등장한 이후 노무현 대통령은 북한이 비핵화 협상에 남한이 참여하는 것을 기피하고 미국과의 대화만 고집하자, 한국도 포함되는 국제사회가 북한의 비핵화를 다루도록 하는 시도를 시작했다. 이때부터 북한의 핵문제는 국제화되었고 남한도 북한핵문제를 외교적 차원에서 다루기 시작했다. 개성공단 등 일반적인 남북한관계는 통일부에서 다루고 북한의 비핵화 문제는 외교부에서 다루도록 했다. 마침내 북한 핵문제 해결을 위한 6자회담이 베이징에서 개최되었다. 1차 핵위기 당시의 북미 양자협상이 2차 위기 시에는 남북한, 미중일러의 다자회담으로 변화한 것이다.[43]

6자회담은 2006년 9월 19일, 2008년 2월 13일, 2008년 10월 3일 순차적인 협상결과를 도출하며 북한핵의 폐기에 대한 합의를 이끌어 냈다. 이러한 합의에도 불구하고 실제로 북한핵의 실질적인 폐기까지는 진행되지 않았다. 핵 폐기에 대한 검증 절차에 대한 견해차이가 있었고, 미국이 조급하게 북한을 테러지원국에서 해제시켜주는 바람에 북한이 저자세를 유지할 이유가 없어졌고, 다른 국가들도 북한에 대해서 핵폐기의 대가로 제공하는 지원에 대해서 소극적 태도를 보였고, 남한에 새로 들어선 정부가 북한이 원하지 않는 데에도 대북정책에 북한핵문제를 포함하여 북한의 반감이 생기는 등 다양한 이유로 6자회담이 이룩한 성과는 물거품이 되었다.

이후 이명박과 박근혜정부는 북핵문제에 대해서 별다른 외교적 노력을 기울이지 않았다. 그동안 북한은 수차례에 걸친 핵무기와 장거리 미사일 발사실험을 했고, 이 때문에 유엔과 미국 등으로부터 다양한 국제제재를 받게 되었다. 이후 들어선 문재인정부는 김대중, 노무현 등 이전의 진보정부와 마찬가지로 기본적으로는 화해와 협력의 대북정책을 추진했지만, 핵과 미사일에 대해서는 단호한 입장을 견지했다. 북한이 핵과 미사일 문제에 대해서는 남한과 대화하는 것을 기피했기 때문에 북한의 비핵화를 위한 별다른 정책

---

43) 김계동, 『북한의 외교정책과 대외관계: 협상과 도전의 전략적 선택』 (서울: 명인문화사, 2012), pp. 153-158.

을 추진할 수 없었고 남북관계는 해빙의 가능성이 전혀 보이지 않았다. 그러나 문재인의 집권 2년차인 2018년에 남북한관계의 극적 반전이 이루어졌다. 북한이 남한에서 개최된 평창 동계올림픽에 참여하여 화해의 분위기가 조성되었다.

이러한 화해분위기는 2018년 4월 27일 남북한의 판문점 정상회담으로 이어졌다. 이 정상회담에서 남북은 완전한 비핵화를 통해 핵 없는 한반도를 실현한다는 공동의 목표를 합의했다. 처음으로 남북한 대화에서 북한의 비핵화가 언급된 것이다. 이후 같은 해 9월에 평양에서 남북한 정상회담이 다시 개최되었다. 정상회담 후 발표된 9·19공동성명(문재인-김정은 평양 정상회담)은 "한반도를 핵무기와 핵 위협이 없는 평화의 터전으로 만들어나가야 하며 이를 위해 필요한 실질적인 진전을 조속히 이루어 나가야 한다"고 밝혔다. 김정은은 기자회견에서 "조선반도를 핵무기도 핵 위협도 없는 평화의 땅으로 만들기 위해 적극적으로 노력해 가기로 확약했다"고 강조했다.[44]

북한과 비핵화를 추진하기로 합의를 한 문재인 대통령은 비핵화를 위한 북미협상의 중재를 시도했다. 그 결실로 북미는 2018년 6월 12일 싱가포르에서 정상회담을 개최하여 "트럼프 대통령은 북한에 대해 안전보장을 제공하기로 약속했고, 김정은 위원장은 한반도의 완전한 비핵화라는 확고한 약속을 재확인했다." 이러한 원칙적인 합의를 보다 구체화하기 위해서 2019년 2월 하노이에서 제2차 북미정상회담을 개최했다. 기대와 달리 이 정상회담은 양측의 합의를 이끌어내지 못하고 실패로 돌아갔다. 가장 큰 쟁점은 북한이 비핵화를 하는 대신 미국에게 요구한 제재완화 또는 해제에 대해서 미국이 수용하지 않은 것이었다. 북한은 비핵화를 시작하면 미국이 대북제재 완화를 추진할 것을 요구했으나, 미국은 비핵화가 완성된 후 제재를 해제하겠다는 견해를 보여 합의에 실패한 것이다. 미국은 북한의 비핵화 시작의 대가로 단지 안전보장만 하겠다는 의사를 가지고 있었다.

결국, 문재인정부는 북한과 미국 사이에서 중재외교를 시행했으나 실패로 돌아갔다. 김영삼정부의 북한핵에 대한 미국에의 무조건적인 의존, 노무현정부의 북핵 해결을 위한 6자회담이라는 국제적 협상에 의한 북한핵 해결 시도, 이후 문재인정부의 북한과 미국 사이에서의 중재외교는 모두 실패로 돌아갔다. 북한의 비핵화는 어떻게 이루어질 것인지 미래가 불투명하다. 한국이 핵무기를 개발하지 않는 한 외교적인 방법에 의한 해결은 어려워 보이지만 당근과 채찍을 수단으로 한 협상은 계속 모색될 것이다.

3) 미래과제: 다자외교와 다자안보협력체 추진

세계 차원의 냉전 시작도 종식도 모두 유럽에서 이루어졌다. 유럽에서의 냉전 종식은 다자안보협력체인 유럽안보협력회의(CSCE: Conference on Security and Cooperation in Europe)가 중심역할을 했다. 유럽의 냉전 종식이 다자안보협력체에 의해서 이루어지자, 유럽과는 성격이 다른 갈등과 대립에 놓였던 동북아 냉전을 조속히 종식시키기 위해서 동북아 다자안보협력체의 구상이 다양하게 제시되었다.

다자안보협력체제는 역내 국가 간 대립관계를

---

44) 김계동, 『남북한체제통합론: 이론·역사·정책·경험』 제2판 (서울: 명인문화사, 2020), p. 207.

다자의 손익분담으로 해소하고, 특정국가에 대한 군사적 위협이 여러 나라에 대한 동시적인 위협으로 인식되게 함으로써 공동으로 안보상의 위협을 해소하는 체제다. 참여국 간에 갈등의 조짐이 나타날 경우 군사충돌로 진전되지 않도록 사전에 긴장요인을 해소하고, 분쟁이 존재하더라도 더 이상 확대되는 것을 방지하는 것이 다자안보협력체제의 목적이다. 다자안보협력체제에 참여한 국가들은 공동관심사에 대한 논의를 통해 역내 국가 간의 대화관습을 축적하고, 공통규범을 추구하며, 국가행동양식의 예측가능성을 높인다.

위와 같은 목적을 가진 다자안보협력체제는 정치적 대화, 군사적 신뢰구축, 군비축소 등을 단계별로 추구한다. 참여국은 안보불안을 줄일 뿐 아니라 안보 이외의 분야에서도 이익을 획득한다. 따라서 다자안보협력체에 의하여 추진되는 다자간 안보협력 접근은 지역안보 증대를 목적으로 하고, 특정한 안보위협에 군사적으로 대응하기보다는 국가 간 분쟁의 발생소지 및 지역불안정 요인을 사전에 방지 및 제거하는 예방외교 역할의 수행을 강조한다.[45]

유럽의 유럽안보협력회의(CSCE)가 다자안보협력체제의 대표적인 예인데, CSCE의 경험을 보면 다자안보협력체는 대체로 다음과 같은 역할을 수행한다. 첫째, 회원국들은 안정과 평화를 위하여, 지역분쟁의 근본적 원인이 될 수 있는 정치·경제·사회·환경·테러·마약문제 등 역내 공통관심사에 대한 협의를 한다. 둘째, 정부간 또는 비정부간 군사안보문제에 관련한 토론의 장을 마련하여 의견을 교환하고 국가 간 활동의 투명성을 제고한다. 의견교환 및 투명성 제고를 통하여 '상호 안심의 정도'를 증대시킬 수 있다. 셋째, 역내 신뢰안보를 구축하기 위하여, 국방예산, 군사훈련계획 등 정기적 군사정보와 자료를 교환하고, 군 인사교류를 주선한다. 운용적 군비통제(신뢰구축)가 이루어지면 구조적 군비통제(군사력 축소)를 실현할 수 있다. 넷째, 분쟁방지를 위한 예방외교 수행을 위해 사실조사활동을 시행한다.

한국은 1990년대 초반부터 동북아지역 다자안보협력체제의 필요성에 대한 언급을 해 왔다. 특히 1993년 7월 싱가포르에서 개최된 아세안 확대 외무장관회담(ASEAN-PMC)에서 한승주 외무장관은 아태 차원의 안보대화와는 별도로 동북아지역만의 안보대화 추진 필요성을 역설하였다. 다음해 7월 25일 방콕에서 개최된 아세안지역안보포럼(ARF: ASEAN Regional Forum) 각료회의에서 그는 "동북아 안보환경은 냉전의 종료에 따라 대체로 개선되었으나 한반도의 긴장 등 불안정 요소가 상존하고 있다"고 전제하고 "ARF와 병존하여 협조관계를 유지할 '동북아 다자안보협력의 틀'을 창설할 것"을 제안하였다. 동북아지역의 다자안보협력은 특히 분쟁방지를 위한 예방외교에 중점을 두어야 한다는 입장을 보인 한국정부는 다자안보협력의 원칙을 주권존중 및 영토보존, 불가침과 무력사용 및 위협금지, 국내문제 불간섭, 분쟁의 평화적 해결, 평화공존, 민주주의 및 인간존엄성의 존중으로 삼았다. 또한, 동북아 역내 국가 간의 정치체제 및 경제력은 서로 상이하기 때문에 점진적인 접근방식에 따른 다자안보협력체 구성을 목표로 했다.

동북아에서 다자안보협력체가 형성된다면 다

---

[45] 김계동, "다자안보기구의 유형별 비교연구: 유럽통합과정에서의 논쟁을 중심으로," 『한국정치학회보』 제28집 1호 (1994), pp. 552-553.

양한 측면의 효과를 기대할 수 있을 것이다. 첫째, 동북아 갈등의 축인 한반도 내에서 남북한의 군비경쟁(북한의 핵무기 및 장거리 미사일 포함) 및 갈등요인을 제거할 수 있을 것이며, 한국전쟁의 법적인 종전을 추구할 수 있을 것이다. 둘째, 동북아 다자안보협력체에 미국과 중국이 참여하게 되면, 미중갈등을 관리 및 해소하는 데 역할을 하고 세계 평화에 이바지할 것이다. 셋째, 참여국들의 전반적인 교류와 협력을 추진하여 동북아 자유무역지대의 형성을 가능하게 하고, 특히 역내 경제협력을 통하여 공존공영에 기여할 수 있을 것이다. 넷째, 군비축소의 차원에서 역내 외국군이 철수/감축하게 되어 역내 안보적 불안감이 증대되어도 이를 관리할 수 있는 다자간 제도적 장치를 마련할 수 있을 것이다. 다섯째, 역내 갈등적 요인으로 다루지 못하는 미세먼지, 기후변화 등 환경문제를 포괄적이고 협력적으로 다룰 수 있을 것이다.

한반도만 분리하여 본다면, 동북아에서 다자안보협력체제가 구축될 경우 남북한 간에 이미 체결된 기본합의서 등 다양한 양자협정이 다자협력의 틀 안에서 보장 및 강화될 수 있으며, 북한 비핵화 등 남북한 당사자 간에 해결이 어려운 문제를 다자간 대화의 틀을 통해 합의를 유도해 낼 수 있을 것이다. 무엇보다 중요한 것은 이 다자안보협력체에 북한이 참여하도록 유도하여 신뢰구축 등 군비통제를 실시함으로써 한국전쟁의 법적 종전을 실현하여 평화체제를 구축할 수 있다는 점이다.

동북아지역에 다자안보협력체를 구축하는 것은 바람직하지만, 유럽과 달리 동북아의 다자안보협력체 구축은 용이하지 않을 것이라는 부정적 견해도 존재한다. 동북아지역은 유럽과는 근본적으로 다른 정치·역사적 배경을 가지고 있으며, 또한 동북아에는 공통된 위협이 아니라 다양한 성격의 위협이 존재하고 있으며, 따라서 기본적으로 다양한 양자동맹 또는 협력에 의하여 안보가 유지되고 있다는 점이 동북아지역의 다자안보체제의 구축이 어렵다는 논리로 인용되고 있다. 특히 미국과 중국이 유보적인 태도를 보이는데, 미국은 아시아지역의 방위를 위한 전통적인 양자 간 동맹체제 형태를 선호하고 있으며, 중국은 다자간 안보협력기구가 미국과 일본의 주도하에 중국을 견제할 목적으로 이용될 가능성에 대하여 우려하고 있다. 다음의 제한요인은 북한의 참여 여부다. 북한은 동북아지역에서 가장 가난하면서 가장 폐쇄적인 국가다. 다자안보협력체제에 참여하면 경제적으로는 도움을 받을지 모르지만, 체제를 개방해야 하는 부담을 안게 된다. 또한, 군축회담이 전개되면 북한이 개발 및 보유하고 있는 핵무기를 별 다른 보상 없이 포기해야 할 상황이 올지도 모르기 때문에 참여를 반대할 수도 있다.

이러한 점에서 유럽의 CSCE와 같은 포괄적인 다자안보협력체를 당장은 동북아에서 실현하기가 어려울 수 있다. 그 대안으로 비정치적인 분야의 다자협력체로 시작하여 점진적으로 안보 분야까지 확대해 나아가는 방식, 또는 환경, 경제, 문화 등 다양한 협력체를 만들다가 분위기가 무르익으면 안보적인 분야의 협력체를 만들어 통합하는 방식을 택할 수 있다. 한국은 한국전쟁을 법적으로 종식시켜야 하는 과제를 안고 있으며, 역내 가장 위험한 국가인 북한과 대치하고 있는 상황이라서 가장 다자안보협력체가 필요한 국가다. 이러한 점에서 한국은 동북아 모든 국가들에게

7. 결론

냉전 또는 탈냉전 등과 같이 세계질서가 급변하거나 국내적인 격변이 발생하지 않으면, 국가 외교의 성격과 방향은 별다른 변함없이 지속된다. 그러나 분단 등 다양한 환경적 요인 때문에 한국외교의 유형은 여러 가지로 변형되면서 유지되어 왔다. 이 장에서는 한국의 외교로 분단외교, 동맹외교, 자주외교, 북방외교, 평화외교로 분류하여 설명했다. 이 5가지의 외교 유형이 시기에 따라서 한 가지 유형이 끝나고 다른 유형으로 대체된 것이 아니라 대부분이 공존하면서 복합적으로 유지되고 있다. 다만 각 외교의 시작된 시점이 다를 뿐이다. 1948년 분단정부가 수립된 이후 분단외교가 지속되고 있으며, 1953년 10월 1일 한미상호방위조약이 체결된 이후 동맹외교가 유지되고 있다. 1970년 세계적 데탕트, 미국의 동맹국에 대한 자주적 군사능력 확보 요청 등으로 자주국방과 더불어 자주외교를 시작했으며, 1989년 세계적 데탕트와 함께 추진된 북방외교는 평화외교로 진화하여 지금까지 지속되고 있다.

서론에서도 언급했다시피 한국외교는 침입과 개입이라는 역사적 요인, 동북아 강대국 틈에 존재하는 지정학적 요인, 분단에 따른 이념적 요인 등을 기본으로 하여 정책결정과 시행을 하기 때문에 매우 역동적인 모습을 보이고 있다. 여기에 더하여 국내 진보와 보수의 정치적 대립도 외교의 통합성을 저해하고 있다. 대체로 사람들은 외교는 국익을 바탕으로 결정되고 집행되어야 한다면서, 그 국익을 자의적으로 해석하고 있다. 이 때문에 국익을 바탕으로 하는 외교 자체가 집권층과 지지자들의 성격에 따라서 차이를 보이고 있다. 이와 같은 요인으로 외교정책의 방향과 과정이 다양성을 보이게 되면서 외세의 개입이 이루어지기도 하는 등 한국외교는 매우 복합적인 성격을 가지고 있으며, 자주성도 약한 편이다.

특히 외교정책의 한 부분이라고 할 수 있는 대북정책을 보면, 북한은 고정된 입장과 정책을 추진하는데, 남한 스스로가 정권에 따라서 정책을 바꾸다가 스스로 좌절하고 북한에 끌려 다니는 상황을 연출하고 있다. 역사를 잊지 말고 역사를 통해서 미래를 내다보는 정책을 추구해야 하고, 복합적인 동북아 질서 내에서 국익을 수호할 수 있는 지정학적 과제와 도전을 감안한 정책을 추구해야 하며, 이념에 치우치지 않고 국론이 분열되지 않고 통합된 외교정책을 추진하는 데 한계를 지니고 있다. 따라서 한국이 국가의 주권과 정체성을 살리면서 국익을 최대한 수호할 수 있는 외교정책을 추진하고 있는지 면밀히 분석하여 그 결과를 바탕으로 한 외교정책을 추진해야 국제사회에서 가치를 인정받고 행동반경을 넓힐 수 있는 계기를 만들 수 있다.

마지막으로 한국외교의 변천을 살펴보면 외교와 정치의 관계를 논하지 않을 수 없다. 어느 국민도 외교가 중요하다는 점을 부인하지 않는다. 외교는 국가의 생존 및 번영과 직결되어 있으며, 어느 다른 부처보다는 외교부가 선임부처라는 점을 알고 있다. 그러나 국민들은 평상시에 외교에 대해서 다른 정치, 경제, 사회적 사안보다 관심을 덜 보이고 있다. 그 결과가 어떠하든 대통령이 외국에 가서 정상회담을 하고 오면 지지율이 조금이라도 오르고, 외교적 참사가 있어도 지지율이 내려가는 속도와 수준은 다른 국내적 사안보다 범위가 크지 않다. 심지어 외교가 국내정치 갈등을 해소하는 수단으로 사용되기도 한다. 국가주권은 대외적인 것이고 외교를 통하여 수호되는 것이다. 국가의 존재와 번영에 직접적 책임을 지고 있는 외교에 대하여 국민적 관심사가 더 집중되고 참여하는 것이 국가발전에 큰 도움이 된다는 사실을 잊지 말아야 한다.

토의주제

1. 제2차 세계대전 이후 패전국인 일본이 독일처럼 분할 점령되지 않고, 한반도가 분단된 이유는 무엇이라고 생각하는가?
2. 휴전 당시 미국은 한미동맹을 체결해 달라는 이승만의 요구를 처음에는 거절했는데, 그때 한미동맹을 체결하지 않았다면 어떻게 되었을까?
3. 1965년에 한일협정을 체결했는데, 아직 국내에 반일정서가 강한 상황에서 이 협정을 강행한 이유는 무엇인가? 이 협정체결을 자주외교로 볼 수 있는가?
4. 한국군의 베트남전 파병으로 한국정부가 얻은 것과 잃은 것은 무엇인가?
5. 1972년 미국이 주도한 데탕트, 특히 1969년 닉슨의 괌독트린은 한국외교에 어떠한 영향을 미쳤는가?
6. 1991년 유엔 동시가입으로 남북한이 각기 획득한 것은 무엇인가?
7. 2005~2006년 개최된 북핵 해결을 위한 6자회담은 9·19선언 등 북핵 폐기에 대한 합의를 이끌어 냈는데, 실현되지 않은 이유는 무엇인가?
8. 북한 비핵화는 협상에 의하여 이루어질 수 있을까? 불가능하다면 한국은 어떠한 대응책을 마련해야 하는가?
9. 한반도 통일에 대한 관심이 많이 줄어든 상황에서 남북한관계를 대등한 국가 대 국가의 관계, 즉 외교관계로 전환시키는 것에 대해서 어떻게 생각하는가?

참고문헌

1. 한글문헌

강성철. 『주한미군』. 서울: 일송정, 1988.
강성학. 『이아고와 카산드라: 항공력 시대의 미국과 한국』. 서울: 오름, 1997.
구영록. "국가이익과 한국의 대외정책." 『국제정치논총』 제31집 (1991).
김계동. "1949년도 주한미군 철수의 진상." 『현대공론』 4월호 (1989).
_____. "강대국 군사개입의 국내정치적 영향: 한국전쟁시 미국의 이대통령 제거 계획." 『국제정치논총』, 제32집 1호 (1992).
_____. 『남북한체제통합론: 이론·역사·정책·경험』 제2판. 서울: 명인문화사, 2020.
_____. "다자안보기구의 유형별 비교연구: 유럽통합과정에서의 논쟁을 중심으로." 『한국정치학회보』, 28집 1호, 1994년.
_____. "미국의 대한반도 군사정책 변화: 철수 불개입 정책에서 한국전 참전으로의 결정과정." 『군사』 제20호 (1990).
_____. "북방정책과 남북한관계 변화." 『통일문제연구』 제3권 4호 (1991).
_____. 『북한의 외교정책과 대외관계: 협상과 도전의 전략적 선택』. 서울: 명인문화사, 2012.
_____. "세계질서의 변화와 외교정책의 유형." 구본학 외. 『세계외교정책론』. 서울: 을유문화사, 1995.
_____. "외교사적 측면에서 본 한국외교정책." 김달중 편저. 『한국의 외교정책』. 서울: 오름, 1998.
_____. 『정전협정 전후 한미상호방위조약 체결협상』. 파주: 경인문화사, 2022.
_____. "한국의 군사안보외교." 이범준·김의곤 공편. 『한국외교정책론: 이론과 실제』. 서울: 법문사, 1993.
_____. "한국의 대유엔 외교정책." 유재건 편저. 『21세기 한국의 외교정책』. 서울: 나남출판, 1999.
_____. "한국의 안보전략 구상." 『국가전략』 제3권 1호 (1997년 봄·여름).
_____. "한국전쟁: 냉전, 열전, 휴전의 통사." 김계동 외. 『한반도 국제관계사』. 서울: 한울, 2019.
_____. 『한국전쟁: 불가피한 선택이었나』. 서울: 명인문화사, 2014.
_____. "한미동맹관계의 재조명: 동맹이론을 분석틀로." 『국제정치논총』 제41집 2호 (2001).
_____. "한미방위조약 체결과정과 개선방안." 『사상과 정책』 Vol.6, No.2 (1989 여름호).
_____. 『한반도분단, 누구의 책임인가』. 서울: 명인문화사, 2012.
_____. 『한반도의 분단과 전쟁: 민족분열과 국제개입·갈등』. 서울: 서울대출판부, 2000.
김기정. "국제체제하에서의 외교정책의 목표와 수단." 구본학 외. 『세계외교정책론』. 서울: 을유문화사, 1995.
신복룡. "삼국 전쟁 후의 사회 변동." 『한국정치사』. 서울: 박영사, 1991.
외무부. 『외교백서 1991』. 서울: 외무부, 1991.
외무부. 『한국외교 40년 1948-1988』. 서울: 외무부, 1990.
전웅. "한국외교정책의 전통과 연구현황." 이범준·김의곤 편. 『한국외교정책론: 이론과 실제』. 서울: 법문사, 1993.
진단학회. 『한국사』 제3권. 서울: 을유문화사, 1960.
최동희. 『탈냉전시대의 한국외교정책』. 서울: 사회문화연구소, 1998.
홍규덕. "한국의 대미외교정책." 이범준·김의곤 편. 『한국외교정책론: 이론과 실제』. 서울: 법문사, 1993.

2. 영어문헌

Armstrong, Charles K. "South Korea's 'Northern Policy'." *The Pacific Review*, Vol.3, No.1. 1990.
Art, Robert J. "America's foreign policy." in Roy C. Macridis, ed., *Foreign Policy in World Politics*, 6th ed., Englewood Cliffs, N.J.: Prentice-Hall, 1985.
Berger, Carl. *The Korea Knot: A Military-Political History*. Philadelphia: University of Pennsylvania Press, 1964.
Bowker, Mike. "Explaining Soviet Foreign Policy Behavior in the 1980s," in Mike Bowker & Robin Brown, eds., *From Cold War to Collapse: Theory and World Politics in the 1980s*. Cambridge: Cambridge University Press, 1993.
Cho Soon-Sung, *Korea in World Politics 1940-1950: An Evolution of American Responsibility*. Berkeley: University of California Press, 1981.
Farrar, Peter. "British Policy towards Korea during the Sino-Japanese War of 1894-5." Association for Korean Studies in Europe(AKSE) 주최 학술

회의 발표문, 1985년 4월 10일.
Graebner, Norman A. *Cold War Diplomacy: American Foreign Policy 1945–1975*. New York: D. Van Nostrand Company, York: D. Van Nostrand Company, Inc., 1977.
Henderson, Gregory. *Korea: The Politics of Vortex*. Cambridge, Mass.: Harvard University Press, 1977.
Holmes, Leslie. *Post-Communism: An Introduction*. Durham: Duke University Press, 1997.
Karpov, Victor P. "The Soviet Concept of Peaceful Coexistence and Its Implications for International Law." in George S. Masannat and Gilbert Abcarian. eds. *International Politics: Introductory Readings*. New York: Charles Scribner's Sons, 1970.
Kim, Gye-Dong. *Foreign Intervention in Korea*. Aldershot: Dartmouth Publishing Company, 1993.
"Korea Past and Present." *The World Today* 2 (1964).
Princeton N. Lyman, "Korea's Involvement in Vietnam." *ORBIS* (Summer 1968).
Ravenal, Earl C. "Extended Deterrence and Alliance Cohesion." in Alan Ned Sabrosky, ed. *Alliances in U.S. Foreign Policy*. Boulder: Westview Press, 1988.
Russett, Bruce & Harvey Starr. *World Politics: The Menu for Choice*. San Francisco: W. H. Freeman and Company, 1981.
Spanier, John. *American Foreign Policy Since World War II*, 11th ed. Washington D.C: CQ Press, 1988.
Stein, Janice Gross. "Political learning by doing: Gorbachev as uncommitted thinker and motivated learner," *International Organization* 48-2 (Spring 1994).
Yearbook of the United Nations 27 (1973).

2장 한국의 국가이익과 외교정책 목표

1. 서론 39
2. 변화하는 국제정세와 한국외교정책 환경의 특징 40
3. 한국의 위상 변화와 국가이익 50
4. 한국외교정책의 목표와 내용 55
5. 결론 62

전재성(서울대 정치외교학부)

1. 서론

현재의 국제정치는 주권국가들로 이루어진 국제정치체제로 주권국가 상위의 권위체가 없는 무한한 경쟁과 충돌의 국제정치이다. 각 국가들은 자국의 국가이익을 극대화하기 위해 노력하고 이 과정에서 전쟁과 같은 극단적인 방법도 사용하기도 한다. 국가의 행위를 제어하는 초국가적인 권위체가 없는 상황에서 현대 국제정치는 무정부상태라고 지칭되기도 한다. 국가들은 평소에 자국의 이익을 극대화할 수 있는 최대의 힘을 가지고자 노력하며 이러한 힘은 군사력, 경제력과 같은 하드파워를 비롯해서 문화, 외교, 이념과 같은 소프트파워에까지 이른다.

현대의 국제정치에 유엔과 같은 글로벌 차원의 협력체가 존재하는 것도 사실이지만 2022년 2월 24일 러시아의 우크라이나 침공에서 볼 수 있듯이 유엔 안전보장이사회의 상임이사국인 러시아가 국제법을 어기고 이웃나라를 군사적으로 침공할 경우 국제정치 차원의 제어를 할 수 없는 구조를 가지고 있다. 국가들은 다른 국가들과 협력하고 유엔과 같은 국제기구의 운용을 위해 노력하기도 하지만 결국 자신의 생존과 경제발전, 그리고 자국의 위상을 증진시키기 위한 치열한 경쟁 속에 노력해나가야 한다.

한국은 근대적인 국제정치체제에 편입되는 과정에서 식민지를 경험했고 이후 분단과 한국전쟁과 같은 국난을 겪었다. 한국전쟁이 끝난 1953년, 한국의 국제정치적 위상과 경제발전 수준은 세계 최빈국의 수준이었고 이후 70여 년간의 치열한 노력 끝에 세계 10위권의 선진국 위상을 가지게 되었다. 이는 역사상 유례가 없는 일로 한국이 국제체제의 변화 속에서도 국가이익을 극대화하는 외교정책을 성공적으로 수행했다는 것을 의미한다.

한국은 분단 상황 속에서 북한과 체제경쟁, 군사대립에 대처하여 안보를 보장하고 냉전과 같은 치열한 국제정치 구도 속에서 국가의 생존과 경제발전의 토대를 유지하는 사활적 외교정책의 이익을 가지고 있었다. 더불어 통일을 지향하고 선진국 수준의 경제발전을 추구하면서 외교와 문화 등 소프트파워 증진의 노력도 동시에 기울였다. 외교정책의 목표를 설정하는 데 국가의 사활적 이익과 중요한 이익, 그리고 중장기적인 이익을 동시에 고려해야 하는 것이다.

이제 한국은 선진국의 위상을 가진 국가로 새롭게 다가오는 국제정치 변화 속에서 국가이익과 목표를 재정비해야 할 상황에 놓여있다. 지난 탈냉전 미국 주도의 국제정치가 서서히 막을 내리고 미국과 중국 간의 치열한 전략경쟁이 발생하고 있으며, 다른 강대국들도 자신의 이익을 극대화하는 다극체제로 접어들고 있다. 4차 산업혁명과 같은 급속한 변화 속에서 혁신과 변화에 더욱 속도를 올려야 하고 새로운 경쟁에 적응해야 한다. 더불어 코로나19, 환경위기 등 모든 국가들이 함께 당면하고 있는 위협 속에서 다른 국가들과 협력하면서 대처해 나가는 것도 한국에게는 매우 중요한 국가이익이자 외교정책 목표라고 할 수 있다.

이 장에서는 변화하는 국제정세 속에서 한국 외교정책 환경이 어떻게 바뀌어 왔는지 살펴보고 한국의 국가이익이 어떻게 설정되고 추진되어 왔는지 살펴본다. 한국의 국가이익은 국제정치환경 속에서 외교정책을 통해 추진되어야 하고, 이 과정에서 한국외교의 사활적 이익과 중요 이익, 그 밖의 이익이 역동적으로 재조정되고 추진되었다. 이러한 논의를 통해 한국이 향후에 부딪히게 될 도전을 극복해나갈 방법을 찾아가야 할 것이다.

2. 변화하는 국제정세와 한국외교정책 환경의 특징

국가의 외교정책을 결정하는 요인은 다양하지만 대체로 국제체제, 정부의 구조 및 각급 정책결정자들의 역할, 사회의 여러 집단과 여론 등 다양한 차원에 걸쳐 있다. 한국은 동북아의 상대적 약소국의 위치를 점하고 있었기 때문에 국제체제 변수의 역할은 항상 컸다. 한국은 해방 이후 분단 상황 속에서도 변화하는 국제정세에 적응하고 한국의 국익을 극대화하는 외교정책을 추진하기 위해 최선의 노력을 기울여왔다. 1940년대 후반에 시작된 냉전이 1980년대 말 점차 해체되고 이후 1990년대부터 2020년대 초 현재까지 탈냉전, 미국의 단극체제가 유지되었다. 이제 미국과 중국 간 전략경쟁이 치열해지고 다른 강대국들도 다극체제를 이루어 국제정치는 예전과 달리 매우 복잡해져 가고 있다. 이러한 가운데 한국은 선진국의 위상을 가진 국가로 새로운 도전과 기회에 직면해 있다.

1) 변화하는 세계, 지역 정세의 추세

한국은 일본 강점기 식민지의 지위에 있다가 1945년 8월 15일에 해방되었지만, 남북한에 미국과 소련의 군대가 주둔하면서 군정이 행해졌다. 미소 양국은 제2차 세계대전의 승전국으로 연합국을 이루어 함께 싸웠지만, 전쟁이 종식되면서 자유진영과 공산진영을 이루면서 대립했다. 태평양전쟁에서 일본이 패퇴하면서 미소 양국이 함께 일본과 싸웠기 때문에 한반도는 분할 점령되었고 남북한의 외교는 냉전이라는 국제정치변수에 지대한 영향을 받았다.

1948년 8월 15일 한반도 남쪽에서는 대한민국 정부가 수립되었고 북쪽에서는 1948년 9월 9일 조선민주주의인민공화국 정부가 수립되었다. 이후 한국은 냉전의 국제정치구조 속에서 남북대결을 벌이고 양대 진영의 대립 속에 외교정책을 수행하였다. 한국은 1950년 한국전쟁 발발로 냉전이 열전으로 화한 최초의 지역이 되었고 이후에도 양대 진영이 군사적으로 충돌할 수 있는 최전선에 놓여있었다. 냉전은 미소 간 초강대국 경쟁의 양상이 시대별로 다르게 나타났고 이에 따라 한국은 냉전의 각 국면에 적응해야 하는 어려움을 안게 되었다. 미국은 대소 봉쇄라는 냉전기 대전략의 기초를 세웠지만 1969년대 후반부터 데탕트를 추구했다. 1953년 스탈린 사후 중국과 소련 간에 생겨난 분쟁의 흐름을 틈타 미국은 중국과 긴장완화 및 협력관계를 추구했고 1972년 2월 닉슨 대통령의 베이징 방문, 1979년 1월 미중 간 국교 수립 등으로 냉전은 강대국 간 관계 변화를 겪었다. 데탕트 시기에 남북한은 미중관계 수립과 발맞추어 1972년 7월 7·4 공동성명을 발표하고 긴장완화를 추구했지만 진정한 협력의 기초가 수립되지 않은 상황에서 1973년 후반부터 남북 간 긴장은 재개되었다.

1985년 등장한 소련의 고르바초프 서기장은 소련의 정치와 경제의 개혁을 추구했고 이는 미소 간 냉전의 종식으로 이어졌다. 소련은 미국과 군비통제를 추진하면서 동유럽 국가들에 대한 지배권을 서서히 약화시켰다. 1989년 11월 9일 베를린 장벽이 붕괴되고 1990년 10월 3일 독일이 통일된 사건은 냉전의 종식을 알리는 상징적 사건이었다. 이 과정에서 한국은 변화된 국제체제의 흐름에 맞추어 새로운 외교정책을 추진하였다.

1988년에 등장한 노태우정부는 북방정책을 추진하면서 소련, 중국과 수교를 추진하고 북한과 협력관계를 도모하였다. 1988년 7·7선언을 통해 남북 협력에 대한 의지를 표명하고 헝가리, 폴란드 등의 동유럽 국가들과 수교하였다. 1990년 소련과 국교를 수립하고 1992년 중국과도 수교하였다. 이 과정에서 남북한 총리 간 고위급회담이 진행되어 1991년 9월 UN에 동시가입하였고, 한반도비핵화선언과 남북 기본합의서를 체결하였다.[1] 이러한 한국외교정책의 변화와 성과는 국제체제의 변화가 한국외교정책에서 매우 중요한 변수임을 보여준다. 한국의 최고정책결정자인 대통령의 역할, 국내의 관료정치, 한국 내 시민사회와 기업, 언론 등 다양한 행위자들이 모두 중요한 역할을 하는 것에는 의심의 여지가 없지만, 동북아의 상대적 약소국인 한국에게 국제체제의 변수는 전반적으로 가장 중요한 변수였다.

1991년 12월 소련은 15개의 공화국으로 분열

---

1) 노태우, 『노태우 회고록』 (서울: 조선뉴스프레스, 2011)

되었고 미국이 주도하는 단극체제가 도래하였다. 미국은 압도적인 군사력과 경제력을 가지고 탈냉전 국제정치를 주도하였고 기존의 동맹국들과 군사협력관계를 유지하였다. 한국은 미국의 동맹국으로서 탈냉전기 외교정책을 추구하는 데 유리한 입장을 가질 수 있었다. 노태우정부의 북방정책도 미국 주도의 탈냉전기가 도래하는 환경과 맞물려 성과를 낼 수 있었고, 이에 대한 압박감을 느낀 북한은 핵프로그램을 개발함으로써 대응하였다. 1993년 3월 북한이 NPT 탈퇴를 선언하면서 소위 북핵문제가 시작되었다. 북한은 NPT체제 속에서 평화적인 원자력 프로그램을 위한 국제사회의 지원을 받았지만, 냉전 종식 이후 군사적 용도로 핵기술을 이용하기 시작한 것이다. 북한은 미국 주도의 국제정치 속에서 생존을 보장하고 향후 대남관계에서 정책 수단을 확보하기 위해 핵프로그램을 적극적으로 개발하기 시작한 것이다.

탈냉전기 동안 한국은 기존의 공산주의 강대국들이었던 러시아, 중국과 협력관계를 강화하였고 외교정책의 범위를 급속하게 확장시켜 나갔다. 특히 한중 경제관계는 급속히 심화되었고 구 공산권 국가들이었던 동유럽 국가들과 경제협력관계를 강화하였다. 탈냉전기는 급속한 세계화가 추진된 기간으로 세계의 시간과 공간은 압축되고 국가들 간의 자유무역이 증진되었다. 국가들의 규제가 줄어들면서 시장의 효율성 원칙에 기초한 국제관계가 발전하여 소위 신자유주의 세계화, 세계화라고 불리는 현상이 강화되었다.

미국이 주도한 탈냉전 단극기는 흔히 자유주의 국제질서의 시기라고 불린다. 국가들 간의 전쟁이 거의 발발하지 않았고, 국가들은 다자주의, 국제법, 분쟁의 평화적 해결 등의 원칙에 대부분 합의했다. 더 나아가 인권과 국가들의 주권 존중, 내정불간섭 등의 원칙을 준수하고 유엔 등 국제기구의 역할을 중시하였다.[2] 그럼에도 불구하고 탈냉전기는 예상치 못한 대사건들로 얼룩진 기간이었다. 2001년 9월 11일 알카에다(al-Qaeda)는 미국 뉴욕과 워싱턴의 건물들을 파괴하는 테러를 일으켰다. 미국은 9·11테러에 대해 아프가니스탄과 이라크에 대한 공격으로 맞섰다. 미국은 이 국가들이 테러세력을 비호하면서 테러집단을 지원한다고 보고 선제적인 공격을 가한 것이다. 이후 제2의 테러를 막기 위한 글로벌 반테러전이 활발하게 이루어졌고 핵테러를 막기 위한 핵비확산의 노력이 가중되었다.

2008년 미국의 주택투자를 둘러싼 금융문제가 불거져 금융위기가 발생하였고 미국의 금융위기는 세계화된 경제협력 구도를 타고 전 세계로 급속히 확산되었다. 미국도 경제발전에 큰 타격을 입었고 유럽 및 아시아 국가들 역시 일정 부분 경제위기를 겪었다.

2019년 12월 중국 우한에서 발생한 코로나19 사태는 빠른 속도로 전 세계로 확산되었다. 미국은 선진적인 백신 개발국이었지만 초동대처의 지연 및 백신 접종에 대한 국민들의 참여 부족 등 다양한 문제 때문에 세계에서 가장 많은 감염자가 사망하는 사례를 남겼다. 결국, 탈냉전기 동안 미국은 역사상 유례가 없는 강대국의 지위를 누렸지만 대략 10년을 주기로 발생하는 위기를 겪으면서 가장 큰 피해를 입은 국가가 되었다. 미국

---

2) John G. Ikenberry, *A World Safe for Democracy: Liberal Internationalism and the Crises of Global Order* (New Haven: Yale University Press, 2020).

은 강력한 국력을 가지고 있었지만, 세계의 문제는 이미 너무나 복잡해져 있었고 미국이 리더십을 행사하는 데 들어가는 비용은 이전과는 다르게 매우 높아져 있었던 것이다.

미국 리더십의 약화와는 별개로 중국의 빠른 경제발전은 점차 미중관계를 악화시켰다. 한국은 미국 주도의 국제체제하에서 한미동맹을 강화하고 세계화된 세계 속에서 경제발전에 치중하면서 북핵문제 해결 및 대북 억제력 강화에 힘을 쏟았지만, 점차 미중경쟁 구도 속에서 어려움을 겪게 된다. 중국은 2008년 경제위기 이전까지는 대체로 점진적인 위상 강화를 추구하는 외교전략을 추진했지만, 경제위기 이후 미국 자본주의의 문제점을 비판하면서 중국의 역할을 강화하는 데 힘을 쏟았다. 중국은 달러 기축통화체제를 비판하면서 미국 주도 질서가 중국에 공평하지 못함을 주장하고 중국의 영향력을 증대시키기 위해 노력했다.

2013년 미국의 오바마 대통령과 중국의 시진핑 주석은 소위 신형대국관계를 표방하면서 상호존중과 호혜협력을 주장했지만, 점차 미중관계는 협력보다는 갈등과 경쟁의 모습을 띠게 되었다. 2017년 출범한 트럼프정부는 중국과 본격적인 무역분쟁을 벌였고 이 과정에서 미중 무역합의가 체결되기도 하였다.

대략 2018년 전후로 미국은 중국에 대한 강력한 견제정책을 취하기 시작했고 중국 역시 미국의 일방주의적 패권정책에 전면적인 비판을 가했다. 미중 양국은 환경, 보건, 핵비확산, 신기술의 규제 등 인류의 생존과 관련된 중요한 문제에서 협력해야 함을 잘 인식하고 있지만, 점차 전략경쟁, 혹은 패권경쟁의 양상에 대비하는 모습을 보이고 있다. 지금의 국제질서는 한편으로는 초국가 위협에 공동으로 대처하는 강대국들, 특히 미중 간 협력의 시대이기도 하지만, 이 과정에서 향후의 지구 리더십을 누가 행사할 것인가를 둘러싼 지정학 경쟁, 세력전이의 모습도 동시에 보이고 있다.

한국은 1948년 정부 수립 이래 미국이 항상 패권의 리더십을 행사하는 국제환경 속에서 존재해왔다. 냉전기에는 자유진영에 한정되기는 했지만, 미국의 확고한 리더십을 전제로 외교정책을 추진했고, 탈냉전기에는 의심의 여지 없이 세계적 리더 국가인 미국과 동맹을 기초로 발전을 추구했다. 이제 미국의 리더십이 현저히 약화되고, 미중 간 강대국 전략경쟁이 본격화되고 있으며, 세계는 세계화 속에서 더욱 복잡해진 가운데 한국의 외교환경은 과거와 크게 달라져 가고 있다. 한국은 약화된 미국과 국제환경에 함께 대처해야 하며, 냉전기와는 달리 모두 밀접한 관계를 맺고 있는 미국과 중국이라는 두 강대국을 동시에 상대해야 한다. 또한, 세계화의 환경 속에서 세계가 밀접하게 상호의존하는 속에서 한국의 위상을 확보하고 국익을 추구해야 하는 새로운 외교환경에 진입하고 있다.

2) 지정학적 특징

한국이 위치한 동북아시아는 동아시아의 일부이지만, 동남아시아와는 지리적 지정학적으로 상당 부분 별개의 독립된 국제체제이다. 동북아시아에는 현재 미국, 중국, 일본, 러시아 등 강대국이 위치하고 있어 세계의 어느 지역보다 강대국 경쟁과 상호작용이 치열한 지역이다. 한국은 강대국 지정학의 중심에 놓여있고 동북아 국가들 속에서 상대적으로 약소한 국력을 가지고 있다. 한국은 세계적으로 선진국 반열에 올라 있지만, 지역적으로는 여전히 상대적 약소국 지위를 가지고 있다는 점에서 매우 특이하다.

동북아는 한국, 중국, 일본 등 역내 국가들의 상호작용이 중심이지만 미국, 러시아와 밀접한 관계를 가지고 있어 지역체제와 세계 차원의 지정학이 매우 빈번하게 교류하는 지역이기도 하다. 역사적으로 한국은 동북아지역의 강대국 세력 균형 변동, 혹은 전쟁이 있을 때마다 어려움에 처해 왔다. 멀리 돌아보면 고려 시대 몽골의 세력 확장, 임진왜란, 명청 교체기의 청의 세력 확장 전쟁 등 여러 전쟁의 와중에 가장 큰 희생을 겪은 국가였다. 몽골이 일본을 침략하는 과정에서 한국은 몽골의 직접 지배를 받았다. 일본이 명나라를 침략할 때 일본의 침략을 받았을 뿐 아니라 일본과 명나라의 대결 현장이었다. 후금이 발전하여 명나라를 정복할 때 조선은 우선적으로 후금의 공격 대상이 되었다.

근대 국제정치체제 이행기에서도 동북아에는 세력 균형의 격변이 일어났다. 일본은 제국의 지위를 추구하여 중국 본토로 확장에 나가면서 청일전쟁이 한반도에서 일어나게 되었다. 태평양전쟁이 끝나고 냉전 초기, 한반도는 미국과 소련의 지정학적 각축의 대상이 되었고 급기야 분단되었다. 한국전쟁은 김일성의 남침에 의해 이루어진 것이기도 하지만, 스탈린의 전쟁 계획과 동북아에서의 세력 확장 노력이 북한의 남침 계획과 결합하여 이루어진 전쟁이기도 하다. 이후 한반도는 동아시아 미소 냉전의 최전선이 되었고 한국과 북한은 치열한 군비 경쟁 속에서 냉전의 논리에 휘말렸다.

탈냉전 30년 동안 미국 주도의 지정학 질서 속에서 한국은 중국, 소련과 수교하고 강대국 지정학 경쟁에서 자유로울 수 있었다. 하지만 중국의 부상과 미중 간의 지정학 경쟁이 치열해지면서 다시 한반도는 대만, 남중국해, 동중국해와 함께 미중 지정학 경쟁의 4대 분쟁 지역의 하나로 부상했다. 한국의 지정학 지위는 한국의 외교정책에 의해 결정되는 것이기도 하지만 동북아 강대국들 간의 세력 배분 구조의 변화, 혹은 국제체제의 이행 과정이 한반도의 운명을 가르는 직접적인 영향을 미쳐 왔다. 한국은 이러한 국제체제의 변화에 민감할 수밖에 없으며 위기 속에서 기회를 찾아 발전하는 외교정책을 펴왔고 앞으로도 그래야 한다.

이러한 역사적 배경을 바탕으로 현재 한국의 외교정책에 영향을 미치는 지정학적 요인들을 살펴볼 필요가 있다. 소련이 붕괴된 1991년을 하나의 기점으로 탈냉전이 시작되었다고 본다면 이후 세계는 국가들 간 전쟁이 급속히 줄어든 특징을 보인다. 1991년 걸프전이 발발한 바 있고, 9·11테러 이후 미국의 이라크 공격이 있었지만, 국가들 간 국익이 충돌하여 본격적인 전쟁으로 변화된 경우는 극히 드물었다. 반면 비국가행위자들을 중심으로 한 폭력사태는 급속히 증가하였다. 중동과 아프리카 지역에서 내전이 발생했고, 9·11테러에서 보았듯이 미국 및 서방국가들에 대한 테러 공격도 빈번해졌다.

미국 리더십의 약화는 이러한 탈냉전기 지정학 특징을 급속히 변화시키고 있다. 미국은 반테러 전쟁과 경제위기, 코로나19 사태를 겪으면서 지구의 지정학 문제에 대한 개입과 간섭을 급속히 줄이고 미국의 국익에 중요한 지정학 문제에 집중하는 모습을 보이고 있다. 반테러 전쟁에 지출한 미국의 전비는 6조 달러에 달한다는 연구도 있을 만큼 미국의 경제적 지출 규모는 천문학적이었다. 경제위기로 미국의 재정은 더욱 악화되었고 미국은 글로벌 차원에서 후퇴(retrenchment) 전략을 구사하기 시작했다. 2009년에 등장한 오바마정부는 유럽, 중동 등지에 대한 개입을 줄이고 향후 미국의 이익에 핵심적인 아시아지역에 외교정책의 중점을 둔다는 소위 아시아 재균형(rebalancing) 전략을 추진했다.[3]

2010년 당시 힐러리 클린턴 국무장관은 아시아 동맹국들과 관계를 강화하면서 아시아를 중시하겠다는 정책을 표방했다. 이후 오바마정부는 2014년 러시아의 크림반도 병합, 이란 핵문제 등 유럽과 중동 문제에 계속 얽매여 있기는 했지만, 전반적인 아시아 중시 전략의 방향은 지속되었다. 유럽에 비해 아시아의 경제력이 향상되어 미국의 경제적 이익이 아시아로 치중되는 경향이 강화되었고 무엇보다 중국의 부상으로 미국의 국익이 아시아에 더 깊게 관여되는 상황이었다.

중국의 경제적 부상으로 아시아에서 중국의 영향력은 증대되었고 경제력에 기반한 중국의 군사력향상은 급속하게 이루어졌다. 2013년 등장한 시진핑(習近平)정부는 일대일로 정책으로 아시아 전체와 유럽, 중동, 아프리카에 이르는 전면적인 영향력 확대 정책을 추진하기 시작했다. 미국은 1970년대 이후 중국에 대한 관여(engagement)의 틀을 유지했지만 트럼프정부는 미국의 경제적 어려움이 중국의 불공정 무역관행에서 비롯된다고 정면으로 비판하기 시작했고 이러한 대중 견제전략의 틀은 점차 미국 내 공화당, 민주당 모두를 포괄하는 초당적 정책으로 자리 잡기 시작했다.

미국, 중국 양국과 긴밀한 협력관계를 유지해 온 한국에게 미중 전략경쟁은 커다란 지정학적 위험요소가 되고 있다. 한국은 미국과 동맹관계를 맺고 있고 한반도는 물론 아시아, 그리고 지구 전체의 군사, 안보문제를 둘러싸고 긴밀한 협력을 유지해왔다. 한국은 미국의 이라크 공격 이후 이라크에 군대를 파견하여 오늘에 이르고 있고 반테러 전쟁을 적극적으로 지원하였다. 미국의 대중 견제전략이 보다 명백해지면서 한국의 전략적 딜레마는 더 커지고 있다. 한국은 수출입이 경제에 미치는 비중이 높은 나라로 2021년 GDP 대비 한국의 수출입 비율은 84.8%로 다른 나라에 비해 매우 높은 편이다. 한국의 무역상대국으로 미국과 일본의 비중이 줄고 중국의 비중이 늘어나는 추세가 자리잡았다. 2021년 기준 한국의 대중국 수출액은 전체 수출총액의 25.3%에 이른다. 다른 주요 상대국으로 미국, EU, 일본을 보면 각각 14.9%, 9.9%, 4.7%로 중국의 비중은 매우 높은 편이다. 중국은 또한 북한과 동맹관계를 유지하고 있으며, 북한의 미래와 북핵문제 해결 방향을 둘러싸고 한국에게는 중요한 협력의 파트너이기도 하다. 이러한 상황에서 미중 전략경쟁이 심화되는 추세는 한국에게 커다란 지정학적 도전을 안겨주고 있다.

2021년 등장한 미국의 바이든정부는 트럼프정부보다 포괄적이고 체계적인 대중 견제전략을 추진하고 있다. 바이든정부는 2022년 10월 발간된 국가안보전략서(National Security Strategy)에

---

3) Kurt M. Campbell, *The Pivot: The Future of American Statecraft in Asia* (New York: Grand Central Publishing, 2016)

> ### 글상자 2.1
>
> **미중 전략경쟁**
>
> 1972년 냉전이 진행되는 와중에 미국과 중국은 데탕트관계를 만들어 긴장을 완화하고 경제적, 외교적 협력을 도모했다. 냉전이 종식되면서 미중 간 협력관계는 더욱 공고해지고 미국과 중국은 서로에 대한 협력, 관여 정책을 통해 미중관계를 더욱 발전시킬 것으로 기대되었다. 2008년 경제위기를 전후로 미국의 힘은 약해지고 중국은 더욱 영향력을 확대하게 되었고, 미중 양국은 협력과 경쟁의 양면관계를 가지게 되었다. 이후 양국은 남중국해, 대만, 기후변화, 코로나19 사태 등 여러 사안에서 이익이 충돌하면서 각자에게 핵심적이고 전략적인 이익을 둘러싸고 경쟁한다는 인식이 강화되었고 여러 정책에서 경쟁의 양상이 더욱 두드러졌다. 미중 양국이 핵심이익, 전략적 이익을 놓고 경쟁하는 양상이 강화되면서 현재의 미중관계를 전략경쟁의 관계로 규정하고 있다.

서 중국을 유일한 경쟁자라고 명시했다.[4] 향후 10년은 중국과의 경쟁에서 결정적 시기이며 중국은 국제 질서를 재편할 수 있는 능력과 의도를 가진 유일한 국가라고 명시했다. 바이든정부는 중국과 경쟁과 협력의 복합 관계를 제시해 왔는데, 이는 그간의 이슈 복합 전략에서 잘 나타나 있다. 바이든정부는 중국과 대결, 경쟁, 협력의 삼중관계를 설정하고, 보건, 환경, 핵비확산, 신기술 규제와 같은 이슈는 협력 이슈로 규정했다. 그 밖의 무역, 금융, 기술, 가치 등의 영역은 경쟁의 영역이고, 아시아의 열전 지역으로 불리는 지역에서의 군사적 경쟁은 대결로 진행될 수 있는 이슈들이다.

바이든정부는 중국에 비해서 압도적 군사력을 소유하고 있다. 핵군사력, 통상 전력, 그리고 회색지대의 세 분야에서 미국은 중국과 군사적으로 경쟁할 것을 예상하고 있다. 핵 부문에서는 중국에 대해 압도적 우위를 지키고 있는 반면, 통상 전력 부문에서는 중국이 미국을 빠른 속도로 추격하고 있는 양상이다. 회색지대란 명확한 규범이 없는 상태에서 군사적 갈등이 심화될 수 있는 지역으로 남중국해가 대표적인 회색지대이다. 중국은 소위 구단선으로 이어진 영역, 즉 남중국해 전체가 중국의 영해라고 주장해 왔고 이 지역의 도서들을 빠르게 군사화했다. 이 과정에서 중국은 남중국해의 분쟁 당사국과 미국과 갈등을 빚어왔고 이러한 상황은 군사적 충돌로 변화될 수 있는 위험성을 안고 있다. 미국은 중국과 지정학 경쟁을 벌이면서 우위를 유지하려 하고 있고 중국도 빠른 경제 성장을 바탕으로 군사력을 꾸준히 증강시켜 오고 있다.

미국은 바이든정부 들어 소위 통합 억제(integrated deterrence) 전략을 제시하고 있다. 중국이 군사적으로 현상 변경을 하지 못하도록 강하게 억제하는 전략으로 핵무기와 통상 무기의 통합, 미국의 군사력과 동맹국들의 군사력 통합, 군사적 수단과 비군사적 수단의 통합, 군사적 방법

---

4) The White House, *National Security Strategy* (Washington D.C.: The White House, 2022)

과 외교적 방법의 통합 등을 내용으로 하는 전략이다. 2018년경부터 이미 추진되어 온 다영역 작전(multi-domain operation) 역시 통합 억제 전략의 일환으로 미국은 육해공, 사이버, 우주, 전자기 영역의 군사력을 통합하여 중국을 강하게 압박하고 있다.

중국은 2017년 10월 제19차 당대회에서 중국몽 실현 로드맵으로 2020년부터 2035년까지 소강(小康) 사회 건설의 기조 아래 사회주의 현대화를 실현하고, 2050년까지 '세계 일류 강군 육성'을 통한 사회주의 강국의 전면적 건설을 목표로 제시하였으며, '인류운명공동체'를 기반으로 중국 주도의 새로운 국제질서를 구축하려는 대외정책을 추진할 것으로 예상된다.[5]

또한, 군사력을 급속히 증강시켜 미국에 대항할 수 있는 군사태세를 갖추고자 한다. 중국은 현재 핵, 공군력 부문에서는 미국에 뒤지지만, 양적으로는 세계 최대의 해군력을 소유하고 있고 세계 최대 규모의 지상군을 가지고 있다. 중국은 반접근/지역거부(A2AD: Anti-Access, Area Denial) 전략을 수립하여 미국이 아시아에서 군사력을 운용하는 데 대항하고 있다. 중국은 도련선(island chain)을 설정하여 미국의 군사력이 중국 또는 아시아지역으로 다가오는 것을 막는 군사 전략을 운용하고 있다

미국은 아시아의 다섯 개의 조약동맹국들과 군사협력을 강화하는 한편, 4개국 안보협의체인 쿼드(QUAD), 그리고 영국 호주와 맺은 군사 기술안보동맹인 오커스(AUKUS) 등을 설립하였다. 기존의 양자동맹에 더하여 소다자 안보 협력과 지역 전체에 걸친 안보협력, 그리고 유럽의 나북대서양조약기구(NATO)와 아시아 안보체제의 연결 등 중첩적이고 다층적인 안보체제를 만들어가고 있다.

중국 역시 일대일로 전략하에 많은 협력 국가들과 군사적 협력도 도모하고 있고 점차, 지부티 등 경제협력국과 군사협력을 더욱 강화하는 추세이다. 이러한 미중 간의 지정학 경쟁은 아시아 많은 국가들에게 특정 이슈에서 선택을 압박하고 있고, 한국 역시 미국의 동맹국으로서 미중경쟁 속에서 전략적 딜레마를 경험하고 있다. 특히 한반도는 남중국해, 동중국해, 대만과 더불어 아시아의 열전 지역이기 때문에 미중 간의 군사적 경쟁이 격화될 경우 한반도 역시 다른 지역의 분쟁과 연결되어 위험에 처할 가능성이 상존한다.

미중 간의 경쟁은 현재 경제와 금융, 기술 영역에서 주로 이루어지고 있지만 향후 군사안보 차원으로 확산될 가능성이 존재하기 때문에 한국으로서는 이러한 강대국 경쟁에 대비해야 하는 과제를 안고 있다. 특히 2022년 2월 24일에 시작된 러시아의 우크라이나 침공은 탈냉전기에 유지되어 온 안보 질서를 근본적으로 위협하는 계기가 되었다.

중국 역시 대만과의 통일을 중요한 국가 목표로 삼고 있기 때문에 군사력을 사용한 일방적인 통일 시도가 있을 것이라는 많은 국가들의 우려가 존재하는 것도 사실이다. 중국과 대만 모두 평화적이고 점진적인 통일을 주장하고 있는 만큼 한국으로서는 아시아의 강대국인 중국이 향후 양안관계를 어떻게 유지해 갈지 주목해야 한다.

---

5) 국방백서, p. 11.

3) 지경학적 특징

한국은 한국전쟁 이후 놀라운 경제발전을 이루어 현재 세계 10위권의 경제를 이룩했다. 한국은 자원이 부족하고 지정학적 위기에 노출된 나라로 놀라운 경제발전을 이루었다는 것은 세계 역사에서 보기 드문 일이다. 한국은 뛰어난 인력과 경제발전 모델, 그리고 국제 정세를 현명하게 활용하는 전략 속에서 경제발전을 이룬 것이다.

한국의 경제발전에 관해서는 다양한 이론이 있지만, 냉전기 뛰어난 인력과 경제 윤리가 경제성장을 이끌었다. 소위 국가 주도의 발전 국가 모델이 성공적으로 작동했다. 냉전기 미국 주도의 자유 진영 속에서 개방된 시장경제의 질서를 활용하여 수출 주도 경제발전이라는 경제발전 전략이 주효했고, 그 결과 수출의 증가와 기간 산업의 발전, 첨단 산업으로의 구조 변화 등이 한국의 경제발전을 이끌었다. 이러한 경제발전 전략 뒤에는 냉전이라고 하는 지정학적 조건이 자리 잡고 있었다.

냉전 종식 이후 세계는 자본의 논리에 따른 신자유주의 세계화의 경제환경 속에 처해졌다. 한국은 세계적으로 개방된 경제환경 속에서 더욱 발전했다. 중국의 개혁 개방 이후 한중 수교를 거쳐 중국 시장으로 진출한 것도 한국 경제에 커다란 발전 동력이 되었다. 결국, 한국은 개방되고 자유로운 국제정치경제 질서하에서 경제발전의 계기를 창출했다. 그리고 이러한 개방된 국제경제 질서를 뒷받침하는 정치 질서가 매우 중요한 배경이다.

2010년대에 들어서면서 미중 간의 지정학 경쟁이 심화되고 코로나19 위기, 세계화의 문제점에 대한 반발로 빚어진 역세계화의 바람 등 새로운 조건이 등장했다. 자유주의 국제경제 질서가 약화되고 공급망이 교란되며, 정치 논리에 따라 시장의 통합성이 조정되는 새로운 환경을 맞이한 것이다. 한국에게는 개방된 국제경제 질서가 정치 논리 및 위기 상황 속에서 약화되는 것이 커다란 도전 요인이 될 수밖에 없다. 한국은 국제경제 상황이 지정학적 요인에 따라 변화되는 환경 속에서 새로운 발전의 기회를 찾고 이를 뒷받침하는 외교정책을 현명하게 펴나가야 한다.

한국의 외교정책을 분석하고 미래의 방향을 모색할 때 한국의 안정적 경제발전은 사활적 국가이익이다. 경제의 지속적 발전은 언제나 중요했지만 21세기에 들어 벌어진 많은 현상들은 경제환경을 둘러싼 복합 위기를 보여주고 있다. 냉전이 종식된 이후 글로벌 차원에서 시장경제가 활성화되고 미국 등 선진국이 주도하는 신자유주의 세계화가 활성화되었다. 2008년 금융위기가 발발했고, 이는 신자유주의 세계화의 누적된 문제를 보여준 사건이었다. 이미 이전부터 세계화의 다양한 문제들, 즉 부국과 빈국 간의 격차, 국가 내부의 빈부 계층의 격차 등의 문제는 많이 지적되어 왔다. 경제위기에 더하여 세계의 자유주의 경제질서를 위협하는 많은 사건이 발생했다.

미중 간 전략경쟁이 심화되면서 양국 간 밀접한 상호의존이 제약을 받는 시대에 접어들었고, 2019년 말에 시작된 코로나19 사태는 세계적으로 통합된 공급망을 상당 부분 와해시켰다. 한국 국방백서는 "코로나19는 각국의 보건의료체계를 비롯한 사회시스템의 마비를 초래하고, 글로벌 공급망의 단절, 경제활동 위축, 대규모 실업 등 국제경제 위기를 가져왔으며, 세계 곳곳에서 인종 혐오범죄, 정부의 격리조치에 대한 경제적 취약계층의 반대 시위 등 사회적 갈등을 불러일으켰다"고 평가한다.[6]

더불어 점차 심각해지고 있는 환경위기로 인한 자원, 노동 등 많은 문제가 발생했다. 2022년에 시작된 우크라이나전쟁 사태는 미중 전략경쟁에 더하여 정치, 안보적 위험을 증가시켜 세계 경제가 큰 위협을 받게 되었고 기존의 무역관계는 물론 원유, 식량위기에 이르기까지 모두 새로운 위기가 발생했다.

기존의 경제안보 문제는 자원, 특히 원유를 중심으로 한 위기들, 여기에서 비롯되는 안정적 에너지 공급, 해상 수송로 보호, 자원과 시장에 대한 자유로운 접근, 자유로운 경제활동을 보장하는 금융 제도의 설립 등에 집중되었다. 이제는 무역과 금융, 기술 패권경쟁에서 우위를 유지하는 경쟁, 그리고 경제발전에 필수적인 원자재 및 희토류 등의 전략물자 수급을 확보하는 문제, 미래지향적인 산업과 관련된 반도체, 배터리, 의약품 등 공급망을 확보하는 문제, 디지털 통상 및 기술 표준화 경쟁에서 우위를 점하는 문제, 팬데믹 이후 백신 개발, 기후변화와 탄소 중립을 위한 새로운 에너지 개발 등이 새로운 지경학의 이슈로 등장했다.

지난 30년 동안 미국 주도의 단극 패권체제하에서 세계 경제의 통합, 세계화 등을 안정적으로 추구할 수 있었던 반면, 미중, 미러 간 전략경쟁이 본격화되면서 시장 논리가 아닌 정치, 안보 논리가 경제에 깊숙이 자리 잡게 되었다. 경제의 안보화가 이루어지는 현상이다. 기존의 상호의존이 민감성과 취약성 정도를 의미했다면 이제 촘촘한 네트워크를 중심으로 이루어지는 상호의존의 구조 자체가 무기화될 수 있는 상황을 맞이한 것이다. 상호의존의 네트워크를 전반적으로 관리하고 통제하는 국가가 구조적 힘을 가지게 되었고 중요한 네트워크의 길목을 통제하는 힘이 경제를 넘어 정치와 안보 부문의 우위를 가져다주게 된 것이다.

지금의 경제 문제는 환경위기, 보건위기에서 비롯된 시장 교란의 문제가 한 편에 있는가 하면 다른 한편으로는 국가들 간의 경제관계가 시장 논리가 아닌 국제정치, 안보의 논리에 좌우되어 발생하는 경제의 안보화 문제가 다른 한편에 있다. 양자 모두 심각한 경제의 위기로 개별 국가의 경제를 보존하는 문제이자, 경제를 국제정치의 정책 수단으로 삼아 상호 간에 손실을 불러오는 문제이기도 하다.

국가들 간의 촘촘한 상호의존과 공급망의 구조 속에서 시장 교란 해결 및 정치적 목적을 달성하기 위한 무역정책, 산업정책, 금융정책, 기술정책 등은 향후 국제질서 전반과 개별 국가들의 경제적 성장과 안정에 절대적인 영향을 미칠 수밖에 없다. 정치 논리에 따라 움직이게 되는 경제 상황에 대처하기 위해 기존의 국제정치관계, 안보문제, 그리고 동맹관계는 이제 비단 외교, 안보의 의미를 넘어 경제적 의미를 띠게 되었고 한미동맹과 같은 군사안보동맹도 경제동맹, 기술동맹이라고 불리게 되는 상황이 발생하게 되었다.

---

6) 대한민국 국방부, 『2020 국방백서』 (서울: 국방부), p. 8.

3. 한국의 위상 변화와 국가이익

한국은 해방 이후 한국전쟁을 거치면서 황폐화된 국토와 파괴된 경제환경 속에서 빈국과 개도국의 위상을 가졌었다. 그러나 이후 빠른 경제발전과 민주화, 그리고 문화발전에 이르기까지 다른 개도국들이 이룩하기 어려운 성과를 이루었다. 한국은 이제 세계 10위권의 선진국 대열에 오르게 되었고 이 과정에서 한국의 국가이익도 계속 변화하면서 규정되었다.

한국의 국가이익을 극대화하기 위한 외교적 노력 역시 변화하여 냉전기, 탈냉전기, 그리고 미중 전략경쟁의 시기에 외교정책의 목표는 계속 변화했다. 한국은 국가의 생존과 번영, 그리고 지속적인 발전과 통일이라는 여러 국가이익을 추구하는 외교정책을 지속적으로 추구해 나가야 할 상황에 처해 있다.

1) 한국의 위상 변화

한국은 일본의 식민지 지배를 35년간 겪었고 해방 이후에는 미소의 냉전이 시작되면서 분단되었으며 한국전쟁을 거치고 국토가 황폐화되었지만, 그 후 70여 년의 발전 끝에 세계 10위권의 선진국 대열에 서게 되었다. 세계 역사상 유례가 없는 경우로 경제발전과 민주주의 공고화, 세계적 수준의 문화를 이룬 국가로 다른 선진국들도 부러워하는 고도의 발전을 이룬 것이다.

한국은 이제 세계 10위의 경제대국이 되었고 수출 면에서 세계 6위의 무역 강대국으로 성장했다. 1인당 국민소득에서도 2021년 3만 1,497달러를 기록하여 G7 국가인 이탈리아(3만 1,288달러)를 처음으로 추월하였고 경제순위도 러시아와 브라질을 제치고 세계 10위권에 진입하였다. 한국은 1996년 선진국 모임인 경제협력개발기구(OECD)의 29번째 회원국이 된 바 있다. 최근에는 미중 간 전략경쟁이 심화되면서 G20의 국가로 미중 양 강대국과 더불어 아시아와 지구의 문제에 발언권을 가지는 중요한 국가로 발돋움했다. 현재의 G7이 충분한 지도력을 발휘하지 못한다는 비판 속에서 향후 한국 등 다른 선진국을 포함한 보다 확대된 그룹으로 재편해야 한다는 논의도 나오고 있으며 이러한 경우 한국은 선진국 그룹에 포함될 가능성이 크다.

한국은 2021년 국내총생산 1조 5,868억 달러를 기록했고, 세계 수출 6위, 수입 9위의 무역 강대국이 되었다. 유럽연합이 평가하는 혁신지수에서도 한국이 1위를 기록하고 있고, 정보통신과 같은 첨단 분야에서 한국은 국제협력개발기구 기준 디지털 정부평가에서 종합 1위를 차지하고 있다. 또한, 블룸버그가 지정하는 혁신지수에서는 세계 1위로 평가되는 등 선진국의 면모를 보이고 있다. 2021년 현재 세계 경제에서 핵심적인 물품으로 평가되는 반도체 부문에서 수출은 992억 달러로, 2019년의 939억 달러보다 5.6% 증가하여 세계 2위의 지위에 올랐다. 선박 발주 부문에서도 총 1924만CGT 중 한국은 819만CGT(42.6%)를 수주해 세계 1위를 기록했다. 외환보유고 면에도 세계 8위로 금융부문에서 안정성을 확보하고 대외 신인도 역시 높은 수준을 유지하고 있다. 유엔무역개발회의(UNCTAD)는 한국을 더 이상 중견국이 아닌 선진국으로 분류하고 있으며 1964년 이 기구의 설립 이후 67년 만에 처음 있는 일이다.

한국의 경제발전은 문화 강국의 지위로 이어

지고 있다. 한국은 자동차, 첨단기술을 비롯하여 문화와 패션 브랜드, 라이프 스타일, 대중문화 부문에서 선진국으로서 문화상품을 성공적으로 수출하고 있다. K-팝을 비롯하여 영화 부문, 드라마, 게임, 웹툰 등 세계의 문화 콘텐츠에서 세계적 수준으로 평가받고 있다. 이러한 문화부문의 성취는 비단 서구 문화를 성공적으로 수입해 재가공하는 데 그치지 않고 한국 고유의 전통문화와 결합되어 더 나은 상품으로 만들어지고 있다. 한류의 영향 속에 한복과 한식 등 전통문화에 대한 관심이 높아졌고 관광 부문에서도 매력적인 대상으로 주목받고 있다. 코로나19 사태 이전 2019년에는 외래관광객 1,750만 명이 우리나라를 찾아 역대 최고치를 기록한 바 있고 향후에도 관광 강국의 면모를 보일 가능성이 크다.

한 국가의 국력을 평가하는 일은 복합적이고 어려운 일이지만, 한국의 경제력, 문화 수준, 정치적 민주주의의 공고화 정도를 평가할 때 한국이 중견국들 중에서는 선진국의 수준을 가진 국가, 혹은 선진국의 대열에 합류할 수 있는 위상을 확보한 것으로 평가할 수 있다. 더욱이 기존의 선진국들이 변화하는 경제, 정치 환경 속에서 혁신적인 변화를 하는 데 더욱 경쟁이 치열해지고 있고 한국은 그간의 발전 경험을 바탕으로 다른 선진국과 새로운 경쟁을 할 수 있는 위상에 올라 있다고 할 수 있다.

2) 사활적 이익

세계의 강대국들이 몰려 있는 동북아시아에서 남북으로 분단된 한국의 사활적 이익은 무엇보다 생존과 안보일 수밖에 없다. 분단 이후 남북한이 전면전을 치렀을 뿐 아니라 군사적으로 대립하고 있으며 양측 모두 자신의 체제와 가치에 기반하여 상대방을 통일하려는 의도를 유지해오고 있다. 자신이 한반도를 대표하는 유일한 정부라고 주장하고 통일을 최고의 가치로 여기고 있기 때문에 평화적이고 협상에 의한 통일의 가능성은 여전히 크다고 보기 어렵다.

이러한 상황 속에서 군사적으로 안보를 보장하는 것은 매우 중요한 사활적 이익이다. 한국전쟁이 1953년 7월에 일단락되기는 했지만, 이는 종전이 아닌 정전이며 남북한은 여전히 전쟁 중의 상태에 있는 것이 사실이다. 한국전쟁에서는 미국과 중국이 당사자이므로 한국전쟁은 여전히 남과 북, 그리고 미국과 중국이 전쟁 상태에서 단지 휴전하고 있는 상황이라고 정의되는 것이다. 이러한 상황에서 변화하는 국제정치의 흐름 속에 남과 북이 어떻게 안정적으로 분단을 관리하고 한반도의 민족이 생존과 안전을 보장받으며 궁극적으로 지속가능한 평화를 이룩할 것인가는 진정으로 사활적 이익이 아닐 수 없다.

한국의 군사적 생존이 사활적 이익이고 남북 분단이 중요한 원인이라면 한반도를 둘러싼 국제정세의 변화 역시 한국의 안보와 직결된 문제이다. 한국전쟁을 일으킨 북한은 소련과 중국의 지원을 받았고 소련의 스탈린과 중국의 마오쩌둥(毛澤東)은 각각 자국의 이익을 위해 북한을 지원하여 한국전쟁의 발발에 기여했다. 남북 간 평화와 전쟁은 국제정세의 변화와 직결되는 것이다. 미국은 한국전쟁 발발 직후 유엔 안전보장이사회를 통해 다른 국가들과 함께 개입하였고 이 과정에서 북한의 침공을 막아낼 수 있었다. 이후 한국은 1953년 10월 미국과 군사동맹을 체결하여 오늘에 이르고 있다.

　태평양전쟁이 종식되면서 미소 양국은 기존의 협력을 유지하지 못하고 냉전으로 치달았고 한반도의 분단과 이후의 대치 상황이 조성되었다. 냉전기를 거치면서 한국은 미소 초강대국 대결 속에서 변화하는 상황에 적응해 나가야 했다. 미국은 베트남전 참전 이후 패전의 흐름 속에서 아시아로부터 역할을 감축하기 시작했고 1969년 소위 괌독트린을 발표해 기존의 아시아 동맹에 대한 지원을 약화시키기도 하였다. 1971년에는 미국의 키신저가 베이징을 방문해 소위 데탕트라는 변화를 일으키기도 하였다. 이러한 급변하는 국제정세의 와중에 한국은 안보와 생존의 전략을 새롭게 구축해야 했고, 1972년 7·4 남북공동성명에서 나타났듯이 한반도의 긴장완화에 대처하는 외교정책을 추진했다.

　냉전이 자유진영의 승리로 마감되면서 한국은 소련, 중국과 수교하여 국제적 위상을 높였고, 이러한 변화에 생존의 위협을 느낀 북한은 핵프로그램을 가동하여 탈냉전에 대응하였다. 1993년 핵비확산조약에서 탈퇴를 선언한 이후 북한은 현재까지 핵무기와 미사일 등 대량살상무기를 빠른 속도로 발전시켜왔다. 국제사회는 이러한 북한의 핵미사일 개발을 불법으로 규정하고 다양한 경제제재 조치를 추구했지만, 북한은 한국에 대한 직접적인 핵무기 위협을 가하기에 이르고 있다. 이러한 상황 속에서 한국은 한미동맹을 통해 북한의 핵위협에 대응하고, 확장억제를 강화하는 노력을 기울이고 있지만, 북한의 핵위협은 점증하고 있다. 핵전쟁의 파괴적 효과를 생각해 볼 때 한국의 생존과 안보는 더욱 위험해지고 있으며 이러한 상황을 슬기롭게 극복하는 것이 한국의 사활적 이익이라고 할 수 있다.

　지속적인 경제발전 역시 한국에게는 사활적 이익이다. 냉전 종식 이후 빠르게 진행된 경제적 세계화, 세계화의 흐름은 급격히 약화되고 있다. 코로나19 사태와 미중경쟁, 기후변화위기, 최근의 우크라이나 사태 등은 한국의 경제발전에 큰 변화요인이 되고 있다. 한국의 지속적인 경제발전에 사활적인 원유의 수입과 이를 위한 수송로 확보, 수출시장 확보 및 다면화, 공급망의 효과적 재편 등은 한국에게 사활적 이익이다.

　경제발전은 비단 그 자체로 중요할 뿐 아니라 안보에 미치는 함의도 엄청나다. 한국은 현재 50조 원에 달하는 국방비를 지출하고 있고, 이를 위해서는 지속적인 경제발전이 확보되어야 한다. 미국이 주도해온 탈냉전기의 국제정치가 서서히 막을 내리면서 미중 간의 군사력 경쟁은 급속히 진행되고 있다. 중국은 미국의 영향력을 줄이고 아시아지역에서 자국의 이익을 확보하기 위한 노력을 기울이는 과정에서 군사력을 빠른 속도로 증강시키고 있다. 미국 역시 아시아에서 영향력을 유지하고 중국을 견제하기 위해 군사력을 증강하고 있다. 이러한 강대국들의 군사경쟁은 일본, 인도, 호주 등 다른 아시아의 중견국들에게도 영향을 미치고 있고, 지역 차원의 군비경쟁이 가속화되는 양상이다.

　한국 역시 북한의 핵미사일 능력은 물론 변화하는 국제정세에 대비하기 위해 지속적으로 군사력을 증강해야 하는 과제를 안고 있다. 이를 위해서는 경제발전과 기술혁신, 강한 군사력을 유지하기 위한 국내체제 정비 등 다양한 노력이 필요하다. 경제발전은 번영과 국민의 복지 향상을 위해 그 자체로 중요한 이익이지만 동시에 강한 안보적 함의를 가지기 때문에 사활적 이익이라고 할 수 있다.

더욱이 4차 산업혁명 시대에 국가들 간의 기술 경쟁은 한국의 사활적 이익과 직결된다. 코로나19 사태를 거치면서 핵심적인 물품들에 대한 중요성이 환기된 바 있고, 신기술이 경제발전은 물론 국가의 안보에도 사활적 이익이라는 점이 확인되었다. 향후 인공지능, 양자컴퓨팅, 바이오기술, 정보통신기술 등 다양한 기술을 둘러싼 경쟁이 치열해질 것이고 이러한 기술은 군사기술과 경제 부문에 엄청난 영향을 미칠 것이다. 따라서 한국이 이러한 경쟁에서 앞서나가고 기술 강국의 위상을 차지하는 것은 한국의 미래에 사활적 이익이 될 것이다.

3) 중요 이익

사활적 이익을 확보하고 향후 한국의 제고된 위상과 지속적인 발전을 위해서는 여타의 중요 이익을 규정하고 추진하는 것이 매우 중요하다. 중요 이익의 첫째는 한반도에서 평화와 안정을 확보하기 위한 다양한 기제를 정착시키는 것이다. 북한의 군사적 위협에 대응하고 한국이 생존과 안보를 확보하는 사활적 이익이 충족됨과 동시에 남북 화해와 안정을 추구하는 것도 매우 중요하다. 냉전이 종식되면서 북한은 핵무기 개발로 대응했지만 이러한 과정에서도 남북 간, 그리고 한반도를 둘러싼 국제사회의 외교와 협상은 꾸준히 지속되었다. 한국 역시 북한의 완전한 비핵화를 위한 협상을 진행했고 이 과정에서 남북 간의 양자협상, 과거 6자회담을 통한 다자협상, 그리고 유엔을 무대로 한 국제적인 협상이 다양한 형태로 이루어졌다.

남과 북이 한 민족으로 서로의 생존과 안보의 중요성에 합의하고 서로의 체제를 존중하면서 안정과 평화를 이루어야 한다는 목표가 인식되면 협력과 협상이 여지가 생길 수 있다. 또한, 급변하는 국제정세의 변화 속에서 남북이 함께 생존하고 번영하며 궁극적으로는 평화적 방법으로 통일을 이룩한다는 목표에 합의하는 것이 매우 중요한 국가이익이라고 할 수 있다.

둘째, 한반도의 통일이 한국에게는 매우 중요한 이익이다. 현재의 분단관리를 통해 생존과 안보 확보가 사활적 이익이지만 여기에 그칠 수는 없는 일이다. 한국은 역사상 하나의 민족으로 존재해왔고 통일이 가져올 수 있는 이익은 막대하다. 현재의 남북 간 경제 격차를 생각해 볼 때 북한이 통일 이후 발전을 하기 위한 비용이 소요되는 것도 사실이다. 그러나 현재 치르고 있는 분단비용은 비교하기 어려울 만큼 막대하다. 남과 북이 엄청난 경제적, 인적 자원을 상호 대치와 경쟁에 쏟아붓고 있고, 주변국 역시 이러한 분단을 자국의 이익에 맞게 활용하기도 하기 때문이다. 이러한 상황을 벗어나기 위해서는 통일에 대한 관심을 환기하고 장기적인 안목에서 남북이 평화적이고, 합의에 의한 통일을 이룰 수 있도록 노력해야 한다.

셋째, 한국이 지정학적으로 처해있는 동북아에서 강대국들 간 전쟁이 발발하고 이러한 전쟁이 한반도에 파괴적 영향을 미치지 않도록 하는 것이 우리의 사활적 이익이라면, 이를 위한 안정적인 국제정치 상황의 조성을 위한 한국의 노력은 매우 중요한 목표가 될 수밖에 없다. 동북아의 전쟁 방지와 연결되는 동북아 국가들 간의 협력과 안정, 이를 위한 협력의 제도화 및 외교환경의 정착이 한국에게는 중요한 이익이다.

아시아의 여러 위험 지역 중 남중국해, 동중국해, 대만을 위시한 양안관계, 그리고 한반도, 중국과 인도의 히말라야 국경 등이 꼽힌다. 이 중에서 대만, 동중국해, 한반도는 지리적으로 매우 인접해 있고 위기 시 하나로 연결될 수밖에 없는 위험 지역이다. 중국과 대만 간의 갈등 역시 점차 치열해지고 있고 이를 둘러싼 주변국들의 대응도 점차 격화되고 있다. 대만해협의 문제는 동중국해와 직결되고 이는 중국과 일본 간의 해양영토 분쟁과 연결된다. 중국은 북한을 유일한 조약동맹국으로 삼고 있고, 중국이 대만문제를 통해 군사적 충돌에 처할 경우 북한 역시 이에 연결될 확률이 존재한다. 한반도의 안정을 위해서는 이러한 지역 차원의 문제가 한반도로 확산되지 않도록 하는 것이 매우 중요하다. 이를 위해서는 한국이 활발한 외교를 통해 동북아의 안정을 유지하는 것이 매우 중요하다. 한국은 미중 전략경쟁 속에서 전략적 딜레마를 겪을 수밖에 없지만, 또한 이러한 딜레마 속에서 지혜를 발휘하여 외교력을 증진시키는 노력을 해나갈 수 있다.

넷째, 한국의 안보와 지속적인 발전을 위한 경제력의 향상이 사활적 이익이라는 전제하에, 이를 위한 발전의 토대를 다지는 것이 중요한 이익이라고 할 수 있다. 경제발전을 위해서는 지속적인 국내의 혁신, 주변국의 외교안보적 안정, 북한과의 안정적 관계 등이 매우 중요하다. 미중경쟁, 코로나19 사태, 우크라이나전쟁, 기후변화위기 등 다양한 요소들로 기존의 경제협력 네트워크, 특히 공급망의 안정성이 크게 훼손되고 있고, 우크라이나전쟁 등으로 유가가 치솟고, 식량안보도 위협받고 있다. 이러한 경제환경의 급변 속에서 한국은 안정적인 원유수입, 식량안보의 확보, 한국에 유리한 공급망 재조직 및 유지 등의 노력을 기울여 나가야 한다.

기술의 발전 또한 매우 중요하다. 미래의 경제발전은 과거와는 비교가 안 될 정도로 기술의존의 상황이 가속화될 것이다. 인류 역사에서 가장 빠른 기술발전을 보이고 있는 4차 산업혁명의 상황에서 자체적인 기술발전은 물론 주요 선진국들과의 기술협력 또한 매우 중요하다. 인공지능, 양자컴퓨팅, 나노 기술, 바이오기술, 5G 등 핵심기술을 둘러싼 경쟁이 치열하게 진행되고 있으며 한국 역시 반도체, 배터리 등 여러 분야에서 세계를 이끄는 기술을 계속 발전시키고 있다. 기술을 둘러싼 국가들 간의 경쟁도 치열하여 이러한 경쟁 구도 속에서 여타 선진국들과 기술협력을 유지하는 것이 매우 중요하다. 한국은 한미동맹을 통해 군사적, 경제적 이익을 극대화해왔지만 향후 기술협력을 통한 이익 극대화 역시 매우 중요한 과제로 등장하고 있다.

다섯째, 군사, 경제 분야와 같은 하드파워뿐 아니라 한국의 문화, 가치 등을 증진하는 소프트파워의 극대화 역시 매우 중요한 이익이다. 지금의 국제정치는 비단 하드파워로만 국익이 확보되지 않고 글로벌 시민사회, 국제기구 등의 무대에서 정당성이 인정받아야 국익이 극대화될 수 있다. 최근의 우크라이나 사태에서 보듯이, 러시아의 군사적 침공이 국제사회로부터 비난을 받으면서 러시아에 대한 경제제재, 외교적 제재 등이 더욱 가속화되었다. 국가들의 주권이 중요한 가치이지만 인권과 같은 보다 근원적인 가치에 대한 논의도 활성화되는 시기이다. 다른 국가의 일이라고 해도 인권에 어긋나는 사안들이 발생할 경우 다양한 압박과 제재가 가해지고 있다.

국제정치에서 단기적이고 직접적인 이익뿐 아니라 포괄적인 정당성과 가치가 중요해진다고 할 때, 소프트파워를 증진시키는 외교는 매우 중한 국가이익이 될 수 있다. 한국은 그간 한국의 경험과 가치를 증진하고 해외에 알리고 설득하는 다양한 노력을 기울였다. 한국이 생산하는 문화콘텐츠를 지속적으로 유지하고 더욱 발전시키는 것은 한국에게 매우 중요한 이익이다. 이를 위한 공공외교, 국가브랜딩 등의 활동이 유지되어야 하고, 한국이 제시할 수 있는 가치에 기반한 외교활동 역시 한국의 국가이익에 크게 기여할 수 있는 것이다.

여섯째, 인류가 공통으로 당면하고 있는 문제에 한국이 적극적으로 나서는 것 또한 한국의 중요한 국가이익이라고 할 수 있다. 현재 인류는 코로나19 사태와 같은 글로벌 차원의 보건위기, 급속한 기후변화로 당면한 환경위기, 그리고 핵, 생화학 무기와 같은 대량살상무기의 확산 위기, 테러리즘의 위기, 신기술이 파괴적으로 사용될 수 없도록 이를 규율하는 문제 등 인류 공통의 문제에 직면해 있다. 그간에 논의되어 오던 마약, 인권, 해적, 여성 등 여러 분야의 인간안보의 문제들과 함께 모든 국가들이 함께 고민하고 대처해야 하는 문제들이다.

인류 공통의 초국가적 위기에 당면하여 국가들은 종종 자국 이익우선주의의 모습을 보이곤 한다. 최근의 코로나19 사태에서도 국가들은 자국 이익을 우선시하여 코로나19의 공통 대처의 과제를 도외시하기도 하였다. 그러나 이러한 과정 속에서도 학습의 노력이 이루어지고 이를 주도하는 국가들의 리더십이 더욱 존중받을 수밖에 없다. 각 국가들은 능력에 맞는 협력의 노력을 기울여야 하고 이는 비단 국가이익 차원이 아니라 인류의 생존을 위한 이익이라는 점을 인식해야 한다. 한국 역시 인류의 생존을 위한 노력에 동참하고 이를 위한 노력의 중요성을 알리는 데 앞장서는 국가가 되어야 한다.

4. 한국외교정책의 목표와 내용

한국의 국가이익은 국내의 여러 분야 공공정책과 국제사회를 대상으로 한 외교정책을 통해 증진된다. 한국은 경제발전과 사회 안정, 한국의 정체성과 가치 확보 등 다양한 노력을 국내적으로 기

글상자 2.2

하드파워와 소프트파워

미국의 국제정치학자인 나이(Joseph Nye)가 1990년 전후에 제시한 개념으로 국가의 힘을 평가하는 개념으로 널리 쓰이고 있다. 하드파워는 군사력, 경제력을 지칭하고, 소프트파워는 문화, 이념, 제도, 외교, 지식 등을 지칭하는 개념으로 사용되고 있다. 과거에 국가의 힘을 주로 하드파워 기준으로 평가한 반면, 냉전 종식 이후 소프트파워의 중요성을 지칭하는 데 유용한 개념이다. 한국의 국력 역시 하드파워뿐 아니라 소프트파워로 측정하는 것이 중요하며, 특히 한국의 한류 등 문화의 힘이 주목받으면서 한국의 외교정책 분석에 중요한 개념이라고 할 수 있다.

울임과 동시에 한국의 생존과 안보 확보, 지속적인 경제발전을 위한 대외경제정책, 그리고 한국의 위상과 영향력을 높이기 위한 소프트파워 분야 외교를 함께 추진해나가야 한다. 한국의 국익을 위한 외교정책의 목표와 내용을 각 분야별로 살펴보기로 한다.

1) 분단과 강대국 지정학 경쟁 속 생존과 안보의 확보

한국의 안보라는 사활적인 이익은 남북관계에서 북한의 완전한 비핵화, 한국의 억지력과 방어력 확보, 그리고 지속가능한 평화체제 수립이라는 정책으로 확보될 수 있다. 북한은 2011년 김정은 국무위원장 집권 이후 '핵·경제 병진노선'을 표방하며, 핵·미사일 능력 고도화에 역량을 집중하여 2017년에는 '국가핵무력' 완성을 선언하였다. 2018년 들어 새로운 전략노선으로 '경제건설 총력 집중노선'을 제시하고, 한반도 비핵화 목표를 표방하며 활발한 정상외교를 추진하였으나, 2019년 북미 정상의 하노이회담 결렬 이후 비핵화 협상 교착국면이 장기화되었다. 북한은 2019년 북미 비핵화 협상 결렬 이후 교착국면이 장기화되자 12월 말 당 중앙위원회 제7기 5차 전원회의를 통해 새로운 전략노선으로 '핵 억제력 동원 태세'를 유지한 가운데 '경제건설'에 집중하는 '정면돌파전'을 제시하였다.[7]

2020년 초 발표한 당 중앙위원회 제7기 5차 전원회의 결과에서 북한은 미국의 적대시 정책이 철회되고 한반도 평화체제가 구축될 때까지 전략무기 개발을 계속 진행해 나갈 것이라고 선언하였다. 또한, 싱가포르 정상회담 2주년을 맞아 '핵전쟁억제력'을 재차 강조하고, 미국의 상응하는 보상이 이루어지기 전에는 협상을 재개하지 않을 것이라는 입장을 표명하면서 북미대화 교착국면은 장기화되고 있다.[8] 2020년 들어 대북 제재 및 코로나19로 경제난이 심화되는 상황에서도 자위적 국방력 강화를 명분으로 핵·미사일 능력 강화 및 선별적 재래식 전력증강을 통한 작전태세 향상을 도모하고 있다.

2022년에는 유례가 없는 대규모의 잦은 미사일 발사시험과 통상 전력을 활용한 도발을 증대해 왔다. 7차 핵실험 역시 언제든 실시할 수 있는 준비가 되어 있다고 공언하고 있으며 핵무력 사용에 관한 법제화도 추진하여 한국에 대한 핵위협을 가속화하고 있다. 북한의 핵무력 법에 따르면 북한이 스스로 국가이익에 중대한 침해가 있다고 생각할 경우 자의적이고 선제적인 핵공격이 가능하다는 것이다.

북한의 위협은 비단 핵미사일 위협뿐 아니라 전반적인 대남 전쟁 위협에서도 지속되고 있다. 북한은 기습전, 배합전, 속전속결전을 중심으로 하는 군사전략을 유지한 가운데 다양한 전략·전술을 모색하며 선별적인 재래식 무기 성능 개량과 함께 핵·미사일, 장사정포, 잠수함, 특수전 부대, 사이버 부대 등 비대칭 전력증강에 집중하고 있다. 2019년 5월부터는 고체연료 기반의 신형 단거리 탄도미사일을 연이어 시험 발사하고 있으며, 특히 6,800여 명의 사이버전 인력을 운영하여 최신 기술에 대한 연구개발을 지속하는 등 사이버전력 증강을 위해 노력하고 있다.[9]

---

7) 대한민국 국방부 (2020), p. 19.
8) 대한민국 국방부 (2020), p. 22.
9) 대한민국 국방부 (2020), p. 22.

이러한 상황에서 국제사회 공조하에 한반도의 완전한 비핵화와 평화체제 구축, 남북 간 신뢰구축 및 군비통제의 포괄적인 추진으로 북한 핵문제를 평화적으로 해결하고, 한미동맹을 바탕으로 우리의 국방역량을 강화함으로써 한반도의 항구적인 평화정착을 뒷받침하는 것이 한국의 안보를 위한 핵심적인 정책 목표이다.[10] 우선 대화와 협상을 통해 한반도의 완전한 비핵화와 항구적 평화정착의 실질적 진전을 이루어나간다는 일관된 기본 입장 아래 한반도 상황을 안정적으로 관리하고, 대화 동력을 유지하기 위한 외교적 노력을 지속적으로 전개하는 것이 중요하다. 또한, 한미 간 굳건한 동맹과 긴밀한 공조를 바탕으로 북한의 단거리 미사일 발사, 남북공동연락사무소 폭파, 북한군에 의한 서해 우리 국민 사망사건 등 한반도의 긴장을 고조시키는 행위에 대해서는 단호하게 대응하며 추가적인 상황 악화를 방지하는 것도 긴요한 일이다.

국방력 강화도 사활적 이익을 실현하는 중요한 정책이다. 한국정부는 국방비전을 구현하기 위한 일관된 정책방향으로 ① 전방위 안보위협 대비 튼튼한 국방태세 확립, ② 상호보완적 굳건한 한미동맹 발전과 국방교류협력 증진, ③ 국방개혁의 강력한 추진을 통해 한반도 평화를 뒷받침하는 강군 건설, ④ 투명하고 효율적인 국방운영체계 확립, ⑤ 국민과 함께하고, 국민으로부터 신뢰받는 사기충천한 군 문화 정착, ⑥ 남북 간 군사적 신뢰구축 및 군비통제 추진으로 평화정착 토대 구축 등을 중요 기조로 선정하여 추진해 오고 있다.[11]

한국의 대북 정책은 보다 넓은 차원에서 신뢰구축과 협력 증진과도 연결된다. 한국은 보건·방역협력, 인도적 지원 등 대화 재개에 우호적인 여건을 조성하기 위한 대북 관여 노력도 중요한 정책 목표로 제시해 왔다. 중국, 일본, 러시아 등 주요 국가들과도 한반도 평화프로세스를 진전시키기 위한 협력과 소통을 지속하고, 유엔, EU, 아세안 등 주요 지역 및 국제기구와의 협력을 통해 한반도 문제에 대한 관심과 이해를 제고하고, 한국 정부의 한반도 평화프로세스에 대한 굳건한 지지를 확보하는 것도 대북 정책의 중요한 목표이다.[12]

2) 통일기반 구축 및 통일정책

한국은 분단국가로 통일을 지향하는 것이 국가의 기본 목표이다. 한국의 헌법 4조는 "대한민국은 통일을 지향하며, 자유민주적 기본질서에 입각한 평화적 통일정책을 수립하고 이를 추진한다"고 규정하고 있다. 또한, 헌법 제66조 3항은 "대통령은 조국의 평화적 통일을 위한 성실한 의무를 진다"고 규정하여 통일은 선택이 아닌 필수의 의무임을 강조하고 있다. 또한 헌법 제69조에 따르면 대통령은 취임에 즈음하여 "나는 헌법을 준수하고 국가를 보위하며 조국의 평화적 통일과 국민의 자유와 복리의 증진 및 민족문화의 창달에 노력하여 대통령으로서의 직책을 성실히 수행할 것을 국민 앞에 엄숙히 선서합니다"라는 선서를 하게 되어 있다. 여기서 국민은 북한 주민까지를 포함하는 개념이다. 헌법은 3조는 "대한민국의 영토를 한반도와 그 부속도서로 확정"하고 있

---

10) 대한민국 국방부 (2020), p. 35.
11) 대한민국 국방부 (2020), p. 38.
12) 대한민국 외교부, 『2021 외교백서』 (서울: 외교부, 2021), p. 22.

기 때문이다. 현재 북한 정권은 대한민국의 영토에 수립된 불법적인 정치체라는 것이 헌법적 규정이다.

북한 역시 헌법에서 '통일을 민족지상의 과업'으로 규정하고 노동당 규약에서도 사회주의의 발전을 강조하여 북한체제를 기초로 한 통일을 중요한 목표로 상정하고 있다. 남북한이 분단되어 있는 한 군사적 대결과 안보딜레마가 남북관계를 규정하므로 통일은 한국 국가전략의 중요한 부분이다. 한국의 통일이 비단 대북 정책이 아니라 외교정책의 중요한 까닭은 한국의 분단이 주변국에게 두 개의 한국 정책을 운용할 수 있는 수단이 되기 때문이다. 주변 국가들은 자국의 이익에 따라 한국 혹은 북한을 지지하며 이를 통해 자국의 이익을 실현할 수 있다.

한국정부는 민족 통일의 당위성을 들어 통일을 국가전략의 목표로 상정해왔지만, 분단의 시기가 길어지고 북한과 사실상의 교류가 없었던 세대들은 점차 북한과의 민족적 일체감을 상실해 가고 있는 것이 사실이다. 통일이 되면 통일한국이 경제적으로 강한 위상을 가지는 것은 틀림없다. 8,000만에 달하는 대국이 탄생하고 한국의 경제력을 생각해 볼 때 북한과 힘을 합치면 선진 강대국이 될 수 있다는 편익론도 통일을 추구하는 중요한 이유가 될 수 있다.

그러나 통일 이후 남북 간의 막대한 경제력의 격차, 그리고 심화된 이질화의 정도를 생각해 볼 때, 통일비용은 상당한 액수에 이를 것으로 전망하고 있다. 통일 이후 북한지역이 한국의 경제 수준에 어느 정도 맞는 지위와 능력을 가지게 되려면 한국 국민들은 상당한 경제적 부담을 지지 않을 수 없다. 세계 경제의 미래를 낙관적으로만 볼 수 없는 상황에서 경제적 편익론 역시 통일의 기초로 삼기에는 충분하지 못한 점이 존재한다. 현재 치르고 있는 분단비용이 막대하다는 점 역시 통일을 이루어야 하는 중대한 근거이다. 남북한은 군사적 대결 구도 속에서 막대한 군사비를 지출하고 있고 대규모의 군대를 유지하기 위해 중요한 인력을 군사력에 투입하고 있다. 주변국가들과의 외교관계 역시 남북관계를 유지하는 과정에서 최적의 선택을 하지 못하는 경우도 빈번하다. 통일 한국이 일관된 외교전략을 추진할 수 있다면 현재의 대북 정책에 소모되는 정책 수단과 자원을 절감할 수 있을 것이다.

한국정부는 1989년 한민족공동체통일방안을 수립한 이후 민족공동체통일방안으로 개정하여 현재에 이르고 있다. 민족공동체통일방안은 화해협력 단계, 남북연합단계, 그리고 완전한 정치적 통일 단계의 3단계안을 구성요소로 한다. 남북한이 경제적, 사회문화적 교류를 통해 상호발전의 계기를 마련하고 군사적 충돌을 막는 기제를 마련하는 것이 첫 단계의 중요한 과제이다. 이후 남북 연합단계에서 상호 간에 주권은 유지하지만, 행정부, 입법부, 사법부 등에 해당하는 국가 기구에서 남북이 연합적인 제도를 만들어 공통의 정책 사항을 함께 운용하는 것이 중요한 과제이다. 하나의 주권으로 통합하여 연방을 수립하는 방안보다 점진적이며 이는 북한이 주장해온 연방제 통일방안과 차이가 나는 대목이다. 남북 연합이 성공적으로 운용될 경우 완전한 정치적 통일의 기초에 합의하고 궁극적으로 하나의 국가를 수립하는 것이 3단계의 최종적 목표이다. 통일방안은 점진적이며, 평화적이고, 합의에 의한 통일이라는 점에서 의미가 있고, 2000년 6·15 남북합의에서도 남북이 통일의 원칙과 방안에서 초보적인 합의를 이룩한 것으로 이해되고 있다.

그러나 1993년부터 북핵문제가 발발하고 남북 간 대립이 심화되면서 1단계에서 설정한 화해협력, 남북교류가 제대로 이루어지지 못하고 있는 것이 사실이다. 통일의 3단계를 밟아 나가려면 기초적인 교류가 진행되어야 하는데 북한은 한국이 대북 적대시 정책을 추구하고 한미동맹을 강화하여 북한의 안보를 위협한다는 주장하에 핵과 미사일 능력을 지속적으로 강화해왔다. 이러한 상황 속에서 남북 간 상호불신이 축적되고 통일을 향한 1단계의 과제가 충분히 이루어지지 못하는 실정이다.

한국의 통일정책은 북한 비핵화의 정책과 보조를 맞추어 이루어져야 하고 또한 통일 한국이 동아시아, 더 나아가 세계의 평화와 발전에 공헌할 수 있다는 점을 지속적으로 강조해나가야 한다. 한국의 통일 모델이 적대국, 경쟁국 간 협력과 평화 수립에 하나의 모델이 되고 동북아에서 평화와 번영을 지향하는 강대국 탄생의 기초가 될 때 한국의 통일에 대한 민족은 물론 국제사회의 지지와 도움이 가능할 것이다.

3) 아시아 내 다자협력을 통한 국익 확보

한국의 국가이익은 비단 한반도에 제한되지 않는다. 한국이 신흥 선진국 또는 선진 중견 국의 위상을 확보함에 따라 동북아시아 더 나아가 인도·태평양지역에서 지역의 안정과 평화 번영을 공언하면서 한국의 국익을 극대화할 수 있기 때문이다. 이 과정에서 한미동맹은 물론 중요한 정책 자산이다. 한미동맹의 협력 지평을 확장하여 안보협력을 넘어서 새로운 도전과 기회에 함께 대응하는 글로벌 포괄적 전략동맹으로 한미관계를 진화시키는 것이다. 한미 협력은 굳건한 한미 연합방위태세를 지속 강화하는 가운데 한국의 안보 핵심이익을 보장하는 데 중요하고, 더 나아가 경제안보·기술 분야 협력을 확대하고, 인도·태평양지역 협력 강화 및 글로벌 파트너십을 심화할 수 있다.

미중 전략경쟁이 심화되는 과정에서 한미 협력이 대중 협력에 저해요인으로 작용할 가능성이 없지 않다. 따라서 한국은 미중 간 협력을 도모할 수 있는 다양한 사안들에서 활발히 활동하면서 동시에 한중관계 강화를 위해 노력할 필요가 있다. 한국은 한중 정상 교환방문 및 고위급 간 교류·소통 강화, 실질협력 증진을 통한 상호존중과 협력에 기반한 한중관계 구현 등으로 위해 지속적으로 노력해왔다.

한일관계는 역사문제, 양자 간 경제문제 등 한일 간 문제뿐 아니라 다양한 지역, 지구 이슈에서도 협력을 도모할 수 있는 가능성이 있는 분야이다. 한국정부는 다면적인 한일관계 강화를 위해 노력해왔는데, 과거를 직시하면서 한일관계 미래상을 포괄적으로 제시한 김대중-오부치 선언 정신을 발전적으로 계승하는 것을 양자 문제 해결의 출발점으로 삼고 있다. 또한, 양국 미래세대 간 열린 교류 확대를 추구하면서 미래 지향적인 관계발전을 추구하고 있다. 보다 실제적으로 셔틀외교 복원을 통한 신뢰 회복 및 현안 해결 등을 토대로 공동의 이익과 가치에 부합하는 한일 미래협력관계 구축을 목표로 하고 있다.

우크라이나전쟁은 한러관계에도 많은 문제점

을 제기한 바 있다. 한국은 국제규범에 기반한 한러관계의 안정적 발전을 모색한다는 정책 목표를 추진할 필요가 있다. 우크라이나전쟁을 둘러싼 국제사회의 노력에 동참하는 가운데 한러 양자관계는 안정적으로 관리하여 협력의 가능성을 높일 필요가 있다.[13]

한국의 국가이익은 동북아 주변국을 넘어 확장하고 있다. 동북아와 세계의 평화·번영을 증진하는 환경 조성을 통해 국익을 도모하는 가운데 평화협력을 주도하는 국가로 발돋움할 필요가 있는 것이다. 인도, 아세안, 유라시아 국가들과의 정치·경제적 협력 강화, 지역 협력의 제도화를 통해 이 지역의 평화와 안정, 공동번영에 기여하고 기후변화, 국제 테러, 감염병, 난민 문제 등 국제사회가 직면하고 있는 글로벌 안보 현안 해결에 대해 적극적으로 참여하는 것이 한국의 국가이익에 긴요하다고 볼 수 있다.[14]

4) 지경학 경쟁과 한국의 번영

냉전이 종식된 이후 1990년대부터 30년 동안 미국의 단극체제하에서 세계적으로 하나의 시장, 하나의 국제경제원리가 확대되었다. 모든 국가들은 소위 신자유주의 세계화의 물결 속에서 경제적 이윤 극대화라는 논리하에서 최소의 비용으로 최대의 효용을 얻는 경제 논리에 충실한 대외전략을 추구했다.

그러나 미국의 리더십이 약화되고 강대국들 간의 지정학 경쟁이 심화되면서 시장 논리보다 국제정치 논리가 더 강하게 작동하기 시작했다.

특히 미국은 중국의 빠른 경제성장이 미국의 리더십을 위협한다는 인식하에 중국의 대미 무역흑자를 줄이게 하고 중국의 공정한 무역관행을 요구하는 대중 압박 정책을 추구했다. 트럼프정부 때 본격화된 지경학 경쟁의 강화, 경제의 안보화, 혹은 상호의존의 무기화 같은 현상은 기존의 세계화 경제논리를 압도하기 시작했다. 여기에 더해 코로나19 사태, 우크라이나전쟁으로 비롯된 에너지, 식량, 원유위기 등은 글로벌 시장의 작동을 더 어렵게 만들었다.

이렇게 경제가 안보화되는 과정에서 한국 역시 지속적인 발전을 위해 한편으로는 경제, 시장 논리가 여전히 지속될 수 있도록 국가들 간의 합의, 다자주의 경제체제를 강조하고, 다른 한편으로는 점증하는 경쟁 속에서 한국 경제를 강화하고 번영을 추구하는 것이 중요한 국가의 목적이 된다.

한국은 중견국이자 통상국가로서 강대국 중심의 보호주의적이고 자국 중심주의적인 경제구조를 극복하고 다자주의적인 자유경제질서를 추구해야 하는 것이다. 한국은 미중경쟁 구도 속에서 기존의 자유주의 경제질서가 약화되는 상황에서 한편으로, 미국 주도의 자유주의 국제 경제질서가 미국의 이익만을 위한 일방주의, 보호주의 질서가 되지 않도록 하고 한미 간 자유무역의 발전을 추구해야 한다. 다른 한편으로는 중국의 공정하지 않은 무역 관행, 중국 경제 내부 구조의 불공정성을 극복할 수 있는 방안을 미국 및 국제사회와 함께 만들어 가는 한편, 중국의 강압적 경제제재 조치에 대한 명확한 정책적 대응을 강구하는 것이 중요한 국가이익이 된다.

한국은 다자주의 노력과 더불어 한미 경제협

---

13) 대한민국 외교부 (2021), pp. 23-25.
14) 대한민국 국방부 (2020), p. 35.

력도 강화하고 있다. 한국은 양국의 경제적 상호 의존을 강화하는 동시에 글로벌 차원의 다자주의 경제질서를 추구해야 한다. 중국의 강압적 경제 정책에 공동으로 대응하면서 중국의 자유주의적 경제질서에 대한 순응적 대응을 유도해야 한다. 한미 양국은 경제안보, 기술 분야에서의 전략적 소통 및 조율 필요성을 강조하고, 국민의 일상생활과 직결되는 공급망 안정화 관련 협력을 구체화하는 노력을 기울이고 있다. 또한, 한국이 미국의 강력한 기술전략 및 산업전략과 어떻게 동조화하고 기술융합적 체계를 만들어내는가는 미래 한국의 발전을 위해 핵심적인 사항이다. 여전히 세계 기술혁신의 우위를 이끌고 있는 미국과 긴밀한 관계를 유지하는 동시에 한국의 상대적 이점을 활용하여 한미가 공통으로 추진하는 외교안보 목적을 달성하는 것이 중요하기 때문이다.

한국은 4차 산업혁명의 시기에 기술발전을 위해 더 많은 노력을 기울여야 한다. 이를 위해 국제협력은 물론 한미 경제협력도 중요한 정책 목표가 된다. 한국은 향후 핵심·첨단기술 분야에서 미래 성장을 도모하고 혁신 동력을 확보하는 노력을 기울여야 한다. 앞으로 경제성장의 동력이 되는 혁신 기술들, 특히 첨단반도체, 친환경 전기차 배터리, 인공지능, 양자기술, 바이오 제조기술, 자율 로봇 등의 분야에서 투자, 연구개발, 그리고 미국을 비롯한 주요 국가들과 협력을 확대하는 것이 중요하다.

환경 분야 기술발전도 한국의 미래 경제, 환경 문제에 대한 국제적 기여 부분에서도 중요한 정책 분야가 된다. 한국은 향후 탄소중립의 시대에 환경 기술을 발전시키면서 기후변화에 대처해야 한다. 이러한 가운데 환경 기술, 혹은 그린기술을 발전시키면서 경제적 이익을 추구할 수 있다. 또한, 코로나19 등 팬데믹에 따른 위협에 대처하면서 의약 부문을 발전시키는 목표를 추구할 필요도 있다. 그밖에도 민간의 해외 자원개발 지원을 위한 국제협력 강화, 글로벌 식량 안보위기 논의 대응, 주요국 수출제한 조치 등 정보수집 강화 등 여러 중요한 대외경제 정책을 목표들을 추진할 필요가 있다.

5) 소프트파워 증진과 초국가적 위기 극복을 위한 가치외교, 공공외교

한국의 국가이익은 손에 잡히는 하드파워 부분뿐 아니라 문화, 인식, 제도, 이미지 등과 관련된 소프트파워 부분에서도 도모되어야 한다. 한국은 강화되는 국격에 맞게 자유민주주의, 시장경제, 법치, 인권 등 보편적 가치에 기초한 가치외교를 추구하며 국제사회와 파트너십을 구축하는 정책을 추구해왔다. 중요한 정책 분야로는 다자외교 리더십 확대 및 국제사회 평화안보, 민주주의, 인권, 법치, 대량살상무기 비확산, 기후변화, 개발 분야 협력에 선도적 역할을 수행하는 외교를 적극 추진하는 것이다. 유엔을 비롯한 국제기구에 적극 참여하여 규범 기반 국제질서 강화를 주도하는 정책을 펴는 것이 한국의 국익에 부합하는 일이다.

현재 강대국들 간 지정학 경쟁, 불확실한 변수들의 출현 등 기존의 국제규범이 약화되는 한편, 신기술 개발, 디지털 무역 등 새로운 분야에서 규범이 아직 설정되지 않아 생기는 혼란 역시 강화되고 있다. 이러한 상황에서 기존의 국제규범을 충실히 이행하고, 새로운 규범의 형성과정에 적극 참여하는 노력이 필요하다. 그럼으로써 개방적이고 포용적인 국제질서 구축에 선도적인 역할을 해나갈 수 있을 것이다.

한국외교의 관심사 역시 지구적으로 확장하고 단기적으로 국익에 직접 도움이 되지 않아도 한국의 지위와 평판을 증진시키는 노력 역시 궁극적으로는 한국의 국익 증진에 큰 도움이 될 수 있다. 범세계적으로 중요한 문제에 해법을 제시하는 창의적인 외교적 노력이 중요할 것이다. 중요 분야로는 분쟁예방 및 평화구축 등 선도적 예방외교, 국제적 위기 상황에서 취약계층 보호·지원 확대, 규범 기반 국제질서 강화 노력 동참 등의 정책 목표를 추구할 필요가 있다. 특히 국제개발협력을 통한 국제사회 기여는 한국의 가치와 이미지 제고에 큰 역할을 할 수 있다. 이제는 선진국형 국제개발협력을 추진하여 지속가능발전목표(SDGs) 및 글로벌 가치 실현에 기여하는 것을 중요한 정책 목표로 설정해야 한다.

이러한 정책 자원은 결국 국가 브랜드를 제고하고 공공외교를 확대하는 중요한 계기가 될 수 있다. 한국 정책에 대한 올바른 이해를 제고하고, 글로벌 과제 해결에 대한 기여로 실익을 확보하는 선진 공공외교를 강화하면 한국의 소프트파워가 증진될 것이다.

5. 결론

한국은 이제 중견국의 위상을 넘어 선진국의 지위를 갖게 되었다. 국제사회 속에서 한국의 위상을 생각해 볼 때 한국은 선진중견국, 혹은 신흥선진국 정도로 정의될 수 있다. 중견국의 지위와 선진국의 위상을 함께 갖고 있는바, 얼핏 생각하면 선진 강대국이 되지 못한 것이 아쉬울 수 있지만, 중견국의 위상을 함께 가지고 있는 것은 시사하는 바도 크다. 한국은 약소국으로부터 출발하여 중견국을 거쳐 선진국에 진입한 국가로서 역사상 유례를 찾기 어렵다. 발전의 속도도 그러하고 경쟁적인 국제환경 속에서 성공적으로 적응하여 발전해왔기 때문이다. 더구나 분단과 남북경쟁이라는, 다른 국가들은 당면하지 않은 상황 속에서 이룬 성과이기에 더욱 의미가 있다고 할 수 있다.

하드파워의 성장뿐 아니라 문화발전, 가치의 증진과 같은 소프트파워의 부문에서도 한국의 성취는 큰 의미를 가진다. 선진 강대국들처럼 국제정치를 자신의 가치와 목표에 맞게 발전시켜야 하지만 강대국들이 때때로 보이는 강압적인 정책을 추진하지 않고 한국의 발전 경험에 맞추어 노력해야 한다. 한국은 다른 약소국들과 중견국들의 처지에 공감할 수 있는 능력을 가지고 있으며, 또한 과거 제국을 추구하거나 침략적인 외교정책을 추진한 경험도 없기 때문에 한국이 가질 수 있는 국제사회의 리더십도 있다고 본다. 그러한 점에서 한국은 국익을 꾸준히 추진하는 현실주의 외교를 추진하면서도 새로운 모델의 선진국으로 향후의 국제사회에서 리더십을 행사해야 한다.

이를 위해서는 한국의 국익이 어디에 있으며 어떠한 외교정책을 추진해야 하는지 정확한 방향을 설정해야 한다. 한국은 여전히 분단국가로 생존과 안보의 어려움을 안고 있고, 강대국들이 몰려 있는 동북아의 상대적 약소국의 지위에 있는 것이 사실이다. 끊임없이 생존과 안보, 그리고 경제발전을 위한 토대가 위협받고 있는 상황에서 안보와 발전이라는 사활적 이익을 확보하기 위해 끊임없는 노력을 기울일 수밖에 없다. 그러나 동시에 향후의 발전을 위해 남북한 간 안정과 평화, 그리고 통일을 추구해야 하고 새로운 환경 속에서 혁신을 통해 더 빠른 경제발전을 추구해야 한다. 한국의 가치와 정체성에 기반한 소프트파워 증진도 중요하다. 이를 위해 한국의 외교정책은 대북 정책, 지역외교, 글로벌 차원의 외교에서 명확한 목표를 추진하며 나아가야 한다. 변화된 위상과 국제환경에 맞추어 외교정책의 목표를 달성해 나갈 때 한국은 물론 지구 전체의 이익에 기여할 수 있을 것이다.

토의주제

1. 한국은 분단국가로 남북한 경쟁과 대결을 거치면서 발전해왔다. 분단이라는 상황은 한국의 국익과 외교에 어떠한 영향을 주었는가?
2. 한국은 현재 중견국에서 선진국으로 위상이 발전하고 있다. 이러한 위상 변화는 한국의 국익과 외교정책 추진에 어떠한 변화를 가져올 것인가?
3. 한국의 외교정책은 변화하는 국제정치의 영향을 압도적으로 받아왔다. 현재 국제정세는 어떻게 변화되고 있으며 한국의 외교정책에 가장 많은 영향을 주는 변화는 무엇인가?
4. 한국을 둘러싼 국제정세의 변화 속에서 군비경쟁은 큰 중요성을 가진다. 한국은 어떠한 방법으로 생존과 안보라는 사활적 이익을 추구해야 하는가?
5. 세계화의 약화와 4차 산업혁명 등은 한국의 경제발전에 큰 도전을 안겨주고 있다. 새로운 경제환경 속에서 한국은 경제발전을 위한 어떠한 외교정책을 추진해야 하는가?
6. 한국은 한류의 발전 속에서 국제적 위상이 빠르게 증진되어왔다. 현재 한국의 문화적 영향력의 상황은 어떠하며 지속적인 발전을 위한 방향은 무엇인가?
7. 미래 국제정치환경은 미국과 중국 간 전략경쟁으로 규정될 경향이 강하다. 한국에 인접한 두 강대국 간 경쟁에서 한국은 어떠한 외교정책으로 전략적 딜레마를 극복해 나갈 수 있는가?
8. 가치와 이념이 중요해지는 글로벌 차원의 시민사회 속에서 한국이 내세울 수 있는 한국만의 가치와 이념은 무엇이며 이를 어떻게 외교정책에 반영해 나가야 하는가?

참고문헌

1. 한글문헌

노태우. 『노태우 회고록』. 서울: 조선뉴스프레스, 2011.
대한민국 국방부. 『2020 국방백서』. 서울: 국방부, 2020.
대한민국 외교부. 『2021 외교백서』. 서울: 외교부, 2021.

2. 영어문헌

Campbell, Kurt M. *The Pivot: The Future of American Statecraft in Asia*. New York: Grand Central Publishing, 2016.
Ikenberry, G. John. *A World Safe for Democracy: Liberal Internationalism and the Crises of Global Order*. New Haven: Yale University Press, 2020.
The White House. *National Security Strategy*. Washington D.C., The White House, 2022.

3장 한국의 외교정책결정체계

1. 서론   65
2. 외교정책결정의 구조와 과정   66
3. 대통령실 중심의 결정체계   70
4. 정부 유관 부처의 결정체계   82
5. 외교정책결정과 입법부의 영향   89
6. 외교정책결정체계의 평가   93
7. 결론   94

김 현(경희대 정치외교학과)

1. 서론

한 국가의 외교정책은 정부 내의 권한을 가진 정책결정자들이 타국의 행동이나 국외의 사태에 대응하여 자국의 국가이익과 목표를 달성하기 위해 일련의 논의와 선택과정을 통해 내려진 결정(들)과 그에 따른 대외적 행위(들)로 정의할 수 있다.

이러한 외교정책은 해당 정부의 기관들로 구성된 일정한 제도적 틀 속에서 결정되고 이행된다. 이러한 제도적 틀이 외교정책결정의 구조이다. 외교정책결정의 구조를 구체적으로 정의하면 "정부가 정책결정 과정을 조직하는 방식을 의미하는데 제도적인 틀, 결정 절차, 내부적인 논의과정의 역동성을 포함한다."[1] 외교정책결정의 구조는 결정의 과정에 실질적 영향을 미치고 결정의 결과인 외교정책의 행태와 내용에도 영향을 준다. 외교정책결정의 과정은 주로 대외적 환경에서 발생한 외교정책 문제에 대해서 선제적인 정책이나 대응 정책을 추진하는 정부 내부의 과정을 의미한다. 일반적으로 결정의 과정은 특정 외교정책을 결정하는 단계와 결정을 이행하는 단계까지 포함하는 것으로 간주한다. 한 국가의 외교정책결정체계는 이러한 외교정책결정의 구조와 과정으로 구성된다.

이 장에서는 한국외교정책결정체계를 대통령실 중심의 결정구조와 과정, 정부 행

---

[1] Jonathan Renshon and Stanley Renshon, "The Theory and Practice of Foreign Policy Decision Making," *Political Psychology* 29-4 (July 2008), p. 518.

정부처의 결정구조와 과정으로 구분하여 각각의 특징과 내용을 파악하여 이해한다. 제2절에서는 우선 외교정책을 이해하는 데 외교정책결정을 분석하는 것이 왜 중요하고 필요한지를 논의한다. 다음으로 외교정책결정의 구조가 어떠한 요인들에 의해 형성이 되는지를 개괄적으로 파악한다. 더불어 외교정책결정의 과정이 어떠한 단계들로 구성이 되고 단계별로 어떠한 활동이 이루어지는지 설명한다. 제3절에서는 한국외교정책결정체계의 핵심으로서 대통령실 중심의 결정체계를 구조와 과정을 구분하여 파악한다. 우선 김대중정부 이래로 대통령실 중심의 결정구조와 운영이 어떻게 변천했는지 파악하고 주요 특징을 설명한다. 다음으로 윤석열정부의 현행 대통령실 중심의 결정구조를 국가안전보장회의(NSC: National Security Council)와 국가안보실의 조직과 기능을 중심으로 이해한다. 뒤이어 대통령실 중심의 외교정책결정의 과정을 주요 조직과 결정 절차를 실제 사례를 들어가며 파악한다.

제4절에서는 외교정책결정과 이행에 참여하는 정부 행정부처의 정책결정 구조와 과정을 파악하는데, 첫째, 외교정책 추진의 주관부처인 외교부의 결정 부서와 과정을 외교부의 주요 업무와 연관해서 이해한다. 둘째, 통일부, 국방부, 국가정보원의 외교정책 관련 역할을 파악한다. 셋째, 대외경제정책 추진의 주관부처인 기획재정부의 대외경제장관회의와 통상산업자원부의 역할과 결정과정을 설명한다. 제5절에서는 입법부인 국회가 외교정책 추진과정에서 어떠한 역할을 하고 어떠한 영향력을 행사하는지 파악하고 가능성과 한계를 서술한다. 제6절에서는 한국의 외교정책결정체계를 특징과 문제점을 중심으로 평가하고 제7절 결론에서는 외교정책결정체계에 있어 개선이 필요한 것들을 제시한다.

2. 외교정책결정의 구조와 과정

한 국가의 외교정책은 일련의 정책결정(들)을 통해 수립된다. 따라서 외교정책을 파악하는 데 정책결정은 분석의 초점이 된다. 또한, 외교정책결정은 결정의 구조와 과정에 의해 영향을 받는다. 이 절에서는 외교정책을 파악하는 데 정책결정을 분석하는 것이 왜 중요하고 필요한지 논의한다. 다음으로 외교정책결정의 구조 및 과정이 어떻게 구성되는지를 살펴보고 정책결정에 어떠한 영향을 주는지를 개괄적으로 설명한다.

1) 외교정책결정의 중요성

한 국가의 외교정책을 적절히 파악하고 이해하기 위해서는 그 외교정책이 어떻게, 그리고 왜 결정되고 어떻게 이행되는지를 분석하는 것이 필요하다. 그러므로 외교정책을 설명하기 위한 분석은 외교정책결정에 초점이 맞추어진다. 외교정책결정은 국가가 대외적 환경에서 발생한 문제(들)를 해결할 목적으로 다수의 정책옵션 중에서 선택하는 문제해결의 과정을 포함한다. 이는 단순히 여러 정책옵션 중에서 선택하는 행위라기보다는 발생한 문제를 해석하고 정책목표(들)를 수립하며 이를 달성하기 위한 정책옵션(들) 중에서 최종정책을 선택하는 행위가 서로 연계된 일련의 과정이다.[2] 따라서 외교정책결정을 제대로 파악하기

---

2) Zeev Maoz, *National Choices and International Pro-*

위해서는 단지 결정결과보다는 결정과정을 분석하고 이해하는 것이 필요하다.

외교정책결정을 분석하는 것은 여러 측면에서 중요하다. 첫째, 한 국가의 외교정책에 잠재적으로 영향을 주는 대내외적 요인들은 외교정책의 결정과정에서 정책결정자들에 의해 인식되고 해석되는 경우에만 실질적으로 영향을 미친다. 즉, 국가의 외교정책은 대내외적 환경에 존재하는 객관적인 요인들에 의해 직접적으로 결정되는 것이 아니라 정책결정자들이 결정과정에서 이러한 요인들을 어떻게 인식하고 해석하는가에 기초해서 결정된다. 따라서 정책결정에서는 정책결정자의 인식을 제대로 파악하는 것이 필요하다. 둘째, 정책결정자들이 결정과정을 통해서 문제를 해석하고 이를 해결하기 위한 정책옵션들을 검토하며 최종 선택하는 일련의 행동은 서로 관련이 없었던 대내외적 요인들을 상호 연계시켜주는 역할을 한다. 따라서 정책결정을 분석하는 것은 어느 요인들이 어떻게 연계되어 외교정책에 영향을 주는지를 파악하는 것을 가능하게 한다. 셋째, 외교정책결정을 분석하는 것은 정책결정자들의 신념, 개성, 자국 및 상대국에 대한 이미지 등 심리적 요인들과 최종 결정단위 내에서 합의에 도달하기 위한 정책결정자나 집단 간의 역동성(dynamics)을 파악하는 것을 가능케 하여 어떻게, 왜 이러한 요인들이 최종정책을 산출하는지를 설명할 수 있게 한다.

2) 외교정책결정의 구조

외교정책결정에 영향을 미치는 주요 요인 중 하나는 결정의 구조이다. 외교정책결정의 구조는 정부가 외교정책을 결정하고 이행하기 위해 정부의 조직들을 구성한 제도적 틀을 의미한다.[3] 이러한 구조는 어느 기관이나 개인이 어떠한 방식으로 결정과정에 참여하는지와 어떠한 규칙과 절차를 통해 최종 결정이 이루어지는지가 정해진다. 외교정책결정의 구조는 통상적으로 헌법이나 관련 법령을 통해 정해지고 정부 행정부처의 조직(들)과 절차로 구성된다. 그러나 다른 요인들도 외교정책결정 구조를 형성하는 데 작용한다. 첫째, 정치체제의 유형에 따라 구조가 결정된다. 예컨대 대통령제 국가와 의회제 국가가 다를 수 있고, 민주주의 국가와 독재주의 국가 혹은 공산주의 국가에 따라서 상이할 수 있다. 예컨대 대통령제 국가인 한국에서는 주요 외교·안보정책결정이 대통령 직속의 국가안전보장회의(NSC)를 중심으로 이루어지고 결정된 정책은 외교부, 통일부, 국방부 등 정책 사안에 따라 주관부처에서 이행되며 NSC 사무처와 대통령실 내의 국가안보실에서 이행상황을 점검한다. 영국, 일본과 같은 의회제 국가에서는 수상이 주재하는 내각회의에서 결정되고 주로 내각의 외무성에서 이행이 된다. 반면에 공산주의 국가인 북한은 외교정책이 노동당에서 결정되는데 노동당 중앙위원회, 정치국을 중심으로 논의하여 최고지도자가 결정한다. 정책의 이행은 국무위원회 산하 내각의 외무성에서 주로 담당한다. 중국의 경우는 공산당에서 외교정책이 결정되고 공산당 중앙정치국과 산하의

---

cesses (New York: Cambridge University Press, 1990), pp. 38-39.

3) 이하 외교정책결정의 구조와 과정에 관한 일반적 논의는 김현, "외교정책결정의 구조와 과정," 김계동 외 공저, 『현대외교정책론』 제4판 (서울: 명인문화사, 2022), pp. 27-28, 31-33의 내용을 일부 수정·보완한 것임.

상무위원회가 핵심적 조직이다.

둘째, 결정구조는 정책문제의 유형에 따라 다른 형태로 나타날 수 있다. 예컨대 외교·안보정책을 결정하는 구조와 대외경제정책을 결정하는 구조가 다를 수 있다. 한국의 경우에 주요 외교·안보정책은 대통령 직속의 NSC를 중심으로 결정되지만, 주요 대외경제정책은 경제부총리가 주재하는 대외경제장관회의에서 결정된다. 이 회의는 기획재정부장관, 산업통상자원부장관, 외교부장관, 농림축산식품부장관, 중소벤처기업부장관, 환경부장관 등 경제관련 장관들이 참여한다. 미국의 경우에도 주요 외교·안보정책이 대통령실 산하의 NSC를 중심으로 국무부, 국방부, 국토안보부, 국가정보국 등이 관여하여 결정되지만, 주요 대외경제정책은 대통령실 산하의 국가경제회의(National Economic Council)를 중심으로 무역대표부, 재무부, 상무부 등이 관여하여 수립된다.[4]

셋째, 상황에 따라 결정구조가 상이할 수 있다. 예컨대 통상적인 외교정책과 위기 시의 외교정책을 결정하는 구조가 서로 다른 경향이 있다. 국제위기의 상황은 예상치 못한 급작스런 사건, 국가의 최우선 목표에 대한 위협, 대응에 필요한 시간의 제한 이렇게 세 가지 요소를 포함한다.[5] 신속한 판단과 결정이 요구되는 위기 시의 정책결정에서는 결정 집단의 규모와 인원이 축소되는 경향이 있다. 또한, 국가의 최우선 목표에 위협을 주는 중대한 상황이어서 최고지도자(대통령, 수상)의 주도하에 소수의 고위 보좌관들 중심으로 한 정책결정구조가 형성된다. 반면에 위기 시가 아닌 일상적인 정책문제의 경우에는 최고지도자의 관여가 줄어들고 주로 문제영역 관련 정부 부처가 주도하는 구조에서 결정이 이루어진다.[6] 한국의 경우에는 국내외적으로 위기 상황이 발생하는 경우 대통령실의 국가안보실과 NSC 중심으로 결정이 이루어지지만, 통상적인 외교정책은 외교부가 주관하여 관련 부처와 협의·조정하여 결정된다.

3) 외교정책결정의 과정

일반적으로 외교정책결정과정은 다음과 같은 단계들로 구성이 된다. 즉, (1) 문제의 인식과 해석, (2) 정책목표의 설정, (3) 정책옵션의 창출과 평가, (4) 최종옵션의 선택, (5) 결정의 이행, (5) 정책평가이다.[7] 도표 3.1은 정책결정과정 단계의 순환을 나타낸 것이다. 첫째, 정책문제의 인식과 해석 단계에서는 정책결정자들이 국제적 환경에서 발생하는 다른 국가나 국제적 행위자의 행동이나 사건이 유발하는 상황을 인식하고 자국의 국가이익이나 목표에 비추어 위협이나 기회의 시각에서 상황이 제기하는 문제를 파악하고 해석한다. 또한, 해석한 문제에 대해 대응할지의 여부를 결정한다. 이 단계에서는 이러한 상황의 정의가

---

4) Steven Hook 지음, 이상현 옮김, 『미국 외교정책: 강대국의 패러독스』 (서울: 명인문화사, 2014), pp. 147-179 참조.

5) Charles Hermann, *Crises in Foreign Policy: A Simulation Analysis* (Indianapolis: Bobs Merrill, 1969), p. 29.

6) Jerel Rosati, "Developing a Systemic Decision-Making Framework: Bureaucratic Politics in Perspective," *World Politics* 33-2 (Jan. 1981), pp. 245-251.

7) Jean-Frédéric Morin and Jonathan Paquin, *Foreign Policy Analysis: A Toolbox* (London: Palgrave Macmillan, 2018), pp. 40-45; Thomas Knecht and M. Weatherford, "Public Opinion and Foreign Policy: The Stages of Presidential Decision Making," *International Studies Quarterly* 50-3 (Sept. 2006), pp. 711-712; Maoz (1990), pp. 39-41 참조.

중요한데 누가 혹은 어느 조직이 정책결정에 참여할 것인지, 정책결정자들의 관점은 무엇이고, 어떠한 과정을 통해 최종 결정을 할 것인지 등에 영향을 주기 때문이다. 둘째, 정책목표의 설정 단계에서는 정책문제에 대처하거나 해결하기 위한 정책옵션을 모색하는데 어떠한 정책목표(들)를 달성할 것인지를 파악한다. 여기서 설정되는 정책목표들은 국가이익에서 비롯되는데 여타 관련 국가나 행위자와의 관계를 고려해서 구체적으로 파악하여 수립된다.

셋째, 정책옵션의 창출과 평가단계에서는 정책문제를 해결하기 위해 가용한 정책옵션들을 구상하고 각 옵션을 정책목표(들)에 비추어 평가한다. 여기서는 각 옵션을 선택했을 때 어떠한 결과들을 가져올지 예상하고 이러한 결과들이 정책목표(들)를 달성하는 데 어떠한 이득과 손실이 있을지를 평가한다. 또한, 각 옵션을 이행하는 데 얼마나 비용이 들지를 기준으로 옵션의 실현 가능성을 판단한다. 넷째, 최종옵션의 선택 단계에서는 옵션들에 대한 평가 결과를 토대로 정책문제를 해결할 정책옵션을 최종정책으로 선택한다. 이 단계에서는 정책결정자 혹은 유관 부처 간에 상이한 입장과 선호 옵션을 둘러싸고 장관급 혹은 차관급 협의체를 통해서 상호 논의하고 조정하는 과정을 통해 최종 결정에 도달하는 것이 일반적이다.

다섯째, 결정의 이행 단계에서는 최종 선택된 옵션을 적절한 인적, 물적 자원을 동원하여 담당 관료조직을 통해 대외적인 성명, 외교적, 경제적, 군사적 행위 등의 형태로 집행한다. 여섯째, 정책의 평가단계에서는 이행된 정책의 결과를 평가해서 기존 외교정책을 계속 추진할지, 일부 변경할지 혹은 포기할지를 선택한다. 정책을 변경

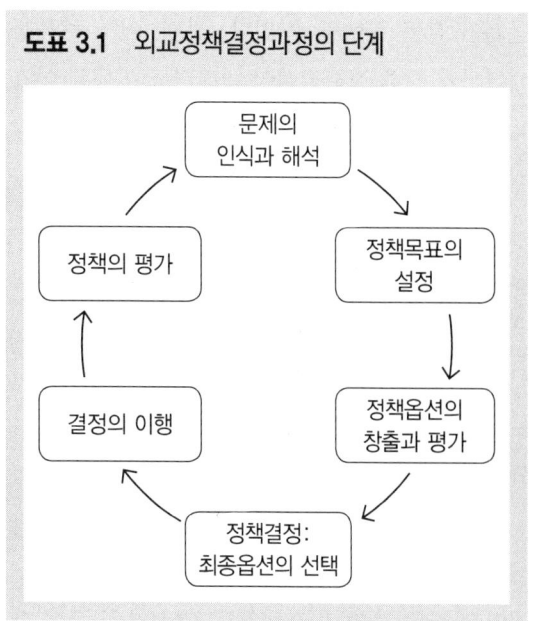

도표 3.1 외교정책결정과정의 단계

하거나 재수립하는 것으로 결정하는 경우 정책결정자들은 또 하나의 정책결정과정을 통해 문제를 재해석하거나 정책옵션들을 재평가해서 새로운 결정을 내리는 작업을 다시 진행하게 된다.

이러한 결정과정은 몇 가지 특징을 갖는다. 첫째, 결정과정에서 정책결정자들이 수행하는 과제를 중심으로 단계가 구분되나 단계들이 상호 연계되어 정책결정이 진행된다. 둘째, 단계들이 반드시 순차적으로 진행이 되지 않을 수 있는데 국내외 상황이 변하거나 새로운 정보가 유입되는 경우 전 단계로 되돌아가서 과제의 내용이 수정될 수도 있다. 예컨대 새로운 정보가 수집되면 정책결정자들은 정책옵션들을 수정하고 옵션에 대한 재평가를 수행한다. 셋째, 상이한 단계들이 중첩되어 진행될 수도 있다. 실제로는 정책옵션을 검토하는 단계가 정책문제를 해석하는 단계에서 동시에 진행되는 경우가 종종 발생한다. 혹은 문제를 해석하는 단계에서 정책목표들을 수정하는

단계가 같이 진행될 수 있다. 넷째, 어느 문제를 해결하기 위해 정책결정이 내려지고 이행된 이후에도 문제가 해결되지 못하거나 부분적으로 해결될 때 같은 문제가 다시 발생하는 경우가 다반사다. 정책문제가 재발하는 경우 이러한 결정과정 단계를 통해 새로운 대응정책이 마련된다. 즉, 정책결정과정 단계의 재순환이 진행되는 것이다.[8] 한국의 경우에 북한 핵문제, 남북한 교류·협력 문제, 한일관계 관련 문제 등이 이러한 경우의 사안들이라 할 수 있다.

외교정책결정과정을 보다 단순화해서 파악한다면 세 가지 단계로 나누어진다. 하나는 정책문제와 관련된 정부 내 정책결정 집단(부처)들이 각자 선호하는 정책옵션을 정하는 개별적 선호안 선택 단계이고, 다른 하나는 개별적 선호 옵션들이 관련 부처 간 협의와 조정을 통해서 변경되거나 수렴되어 합의된 정책으로 최종 선택되는 집단적 결정단계이다. 마지막 단계는 결정된 정책을 정부의 관련 부처에서 시행계획을 통해 이행하는 단계이다. 예컨대 한국정부가 북한의 핵실험에 대한 대응 정책을 결정할 때 관계하는 부처는 대통령실 산하 국가안보실, 외교부, 국방부, 통일부, 국가정보원 등이다. 이러한 부처들은 북한 핵실험에 대해서 어떻게 대응할지에 관해 부처별로 논의해 대응방안을 마련한다. 이는 개별적 선호안 선택과정에 해당한다. 이후 집단적 결정단계로서 각 부처에서 마련한 대응방안들을 협의하고 조정하기 위해 차관급의 NSC 실무조정회의가 열린다. 여기에서 논의한 내용을 기초로 해서 NSC 상임위원회나 NSC 전체회의가 소집되어 복수의 대응방안을 논의하고 조정하여 최종 대응 정책을 결정하고 대통령의 승인을 받으면 공식 정책으로 수립된다. 이후 외교부, 통일부, 국방부 등에서 시행계획에 따라 이행된다.

3. 대통령실 중심의 결정체계

한국의 외교정책결정 구조에 있어 대통령은 모든 외교정책의 최종결정권자로서 정점에 있다. 외교정책과 관련된 대통령의 지위와 권한 및 직무는 헌법에 규정되어 있다. 우선 한국의 대통령은 국가원수로서 대외적으로 국가를 대표하는 지위(제66조 1항)와 이에 상응하는 권한으로서 외국과의 조약을 체결·비준하고, 외교사절을 신임·접수 또는 파견하며, 선전포고와 강화를 할 권한을 갖는다(제73조). 둘째, 대통령은 군대의 해외파견과 외국 군대의 주둔을 허락할 권한을 갖는다(제60조 2항). 셋째, 정부의 중요 대내외 정책을 심의하고 결정하는 국무회의의 의장이다(제88조 3항). 넷째, 대통령은 국가의 독립, 영토보존, 국가의 계속성과 헌법을 수호할 책무와 조국의 평화적 통일을 위한 성실한 의무를 진다(제66조 2항, 3항). 결국, 이러한 지위와 권한 및 직무에 근거해서 대통령은 실제 외교·안보정책의 수립에 관한 최종결정 권한을 갖는다. 다섯째, 대통령은 외교·안보정책의 수립에 관해서 국가안전보장회의(NSC)의 자문을 받도록 규정되어 있다.

대통령실 중심의 외교정책결정체계는 대통령의 선호와 관리 스타일에 따라 다르게 운영되어왔다. 이러한 체계는 대통령비서실 중심체계, NSC 중심체계, 대통령비서실과 NSC 병렬 운영

---

8) Morin and Paquin (2018), pp. 43-44.

체계의 세 가지 유형으로 구분이 된다. 역대 정부 중에서 NSC 조직이 처음으로 상설화되었던 김대중정부는 비서실과 NSC 병렬 운영체계였다. 노무현정부는 2015년 말까지 NSC 중심체계였으나 이후 임기 말까지는 비서실 중심체계로 운영되었다. 이명박정부는 임기 내내 비서실 중심체계를 유지하였다. 박근혜정부는 NSC 중심체계를 지향했으나 실제는 비서실장 산하에 외교안보수석실을 둠으로써 병렬 운영체계의 성격을 띠었다. 반면에 문재인정부는 NSC 중심체계였고 현행 윤석열정부도 NSC 중심체계를 운영하고 있다.

이 절에서는 첫째, 김대중정부부터 문재인정부까지 역대 정부의 정책결정 구조와 실제 운영이 어떻게 변천해왔는지 서술하고 특징을 파악한다. 둘째, 윤석열정부의 현행 정책결정의 구조를 NSC 및 국가안보실의 조직과 기능을 중심으로 살펴보고, 셋째, 대통령실 중심의 정책결정과정을 결정구조와 관련해 파악하고 실제 정책결정 사례에 비추어 설명한다.

1) 외교·안보정책결정의 구조와 운영의 변천

NSC는 1963년에 헌법에 규정된 자문기관으로 처음 설치되었지만, 김영삼정부 때까지 제대로 활용되지 않았다. NSC가 외교·안보정책결정과정에서 중요한 역할을 담당하기 시작한 것은 김대중정부부터이다. 김대중정부(1998~2003년)는 출범 직후인 1998년 6월에 NSC를 확대·개편하여 외교·안보정책을 통합적으로 협의하고 조정하는 조직으로서 상설화하였다. 이를 위해 NSC 내에 상임위원회를 신설하고, 상임위원회

의 운영을 지원하기 위하여 산하에 실무조정회의와 정세평가회의를 설치하였다. NSC 상임위원회는 통일부장관, 외교통상부장관, 국방부장관, 국가안전기획부장, NSC 사무처장으로 구성이 되었고 통일부장관이 위원장을 맡도록 규정되어 있었다.[9] 상임위원회는 매주 1회 개최하는 것을 원칙으로 하였고 긴급사태가 발생할 시에 소집하도록 운영되었다. 실제로는 외교안보수석이 주재하면서 주요 외교·안보정책 사안을 협의·조정하여 대통령에게 보고하여 승인을 얻으면 정책화되었다. 반면에 대통령이 주재하는 NSC 전체회의는 긴급하고 중대한 안보상황이 발생하는 경우에만 드물게 개최되었다. 예컨대 1998년 동해안 간첩선 침투사태, 2001년 9·11테러 사태, 2002년 서해교전 등 심각한 안보 사안이 발생했을 때에만 개최되었다. 또한, 매년 초에 외교·안보정책 추진의 기본방향을 수립하기 위해 개최되었다.[10]

또한, NSC 사무처가 신설되어 대통령비서실의 외교안보수석이 사무처장을 겸직하였다. 사무처는 법령상 국가안보전략의 기획 및 조정, 국가위기예방 및 관리대책의 기획, NSC 및 상임위원회의 심의사항에 대한 이행상황의 점검, NSC, 상임위원회, 실무조정회의, 정세평가회의 운영을 지원하는 업무를 수행하는 것으로 규정되었으나 근무 인력이 소수여서 기획 및 조정 업무는 담당하지 못하고, 상임위원회 준비, 회의록 작성과

---

9) '국가안전보장회의 운영 등에 관한 규정' [시행 1998. 6. 8.] [대통령령 제15808호, 1998. 6. 8. 전부개정], 법제처 국가법령센터 참조.
10) 동아시아연구원 (2013), p. 8; 전봉근, "국가안보 총괄조정체제 변천과 국가안보실 구상," 『주요 국제문제분석』 (서울: 국립외교원 외교안보연구소, 2013. 2. 7), p. 4.

글상자 3.1

국가안전보장회의(NSC)의 기원과 외국 사례

한국의 경우와 마찬가지로 미국, 영국, 일본, 중국, 러시아, 프랑스, 인도 등 주요 국가들은 국가안보와 관련된 외교·안보 정책을 조정하고 총괄하는 조직으로서 최고지도자와 외교·안보 관련 장관으로 구성된 '국가안전보장회의' 또는 유사한 명칭의 기구를 운영하고 있다. 미국, 한국, 영국, 일본, 인도는 국가안전보장회의(National Security Council)이고, 프랑스는 국방·국가안전보장회의(Defense and National Security Council), 중국은 중앙국가안전위원회(Central National Security Committee), 러시아는 연방안보회의(Security Council of the Russian Federation)이다. 이러한 기구의 기원은 미국의 NSC로서 1947년 '국가안전보장법'에 의해 설립되었다. 이 법령에 따르면 NSC의 기능은 국가안보와 관련된 대내외 정책의 통합에 관해서 대통령에게 자문함으로써 정부의 관련 부처들이 국가안보 문제를 다루는 데 효율적으로 협력할 수 있도록 하는 것이다. 즉, 국가안보 관련 외교정책 및 국방정책을 조정하고 총괄하는 사령탑으로서 대통령 자문기구이자 정책결정기구이다. 대통령이 의장이며 대통령실 산하의 조직이다.

영국의 경우에는 NSC가 2010년 카메론(David Cameron) 연립정부에 의해 설립되었다. 당시 영국이 직면한 중대하는 국내외 안보 위협, 특히 테러리즘 위협에 효과적으로 대응하고 총리의 결정 권한을 강화하기 위해 내각에 총리를 의장으로 하는 국가안보정책의 조정 및 결정 기구로서 창설되었다. 일본의 NSC는 2013년 12월에 아베(安倍晋三)정부에 의해 미국의 NSC를 모델로 하여 국가안보에 관한 외교·안보정책을 조정하고 총괄하는 기구로서 내각에 창설되었다. 안보 위협사태에 신속히 대응하고 유관 부처 간 효율적인 정책조정을 위해 기존의 안전보장회의를 확대·강화한 조직이고, 총리가 의장이며 외교·안보 관련 장관으로 구성된다. 중국의 경우는 2013년 11월에 시진핑(習近平)정부가 국내외 다양한 안보 위협에 효율적으로 대응하기 위해 국가안보정책의 총괄 기구로서 중앙국가안전위원회를 정부 부처가 아닌 공산당 직속 기구로 창설하였다. 시진핑 국가주석이 의장이고 조직과 활동은 거의 공개되지 않은 채 운영되고 있다. 러시아는 1991년 4월에 헌법상 기구로서 연방안보회의를 창설하여 운영하고 있는데 대통령이 의장이고 외교·안보 관련 장관들로 구성된다. 국가안보정책을 조정하고 총괄하는 기능을 수행하며 국가안보에 관한 주요 외교·안보정책을 결정하는 조직이다.

배포 등 주로 NSC 회의 운영을 지원하는 업무만 담당하였다.[11]

노무현정부(2003~2008년)가 출범하면서 NSC는 사무처를 중심으로 기능이 더욱 확대되고 강화되었다. 그 배경에는 대외적으로 제2차 북핵위기와 북미 간 갈등, 미국의 이라크전쟁, 이에 따르는 주한미군의 전략적 유연성 문제, 전시작전권 전환 문제 등 한미동맹의 주요 현안, 중국의

---
11) 동아시아연구원 (2013), pp. 5-6.

부상, 일본의 독도 영유권 문제 제기 등 중대한 안보 현안들에 대응하는 외교·안보정책을 효과적으로 추진해야 할 필요성이 있었기 때문이다. 또한, 외교·안보 문제에 경험이 부족했던 노무현 대통령을 보좌할 효과적인 정책결정체계가 필요했기 때문이다.[12]

NSC 조직 강화의 핵심은 NSC 사무처의 기능과 인력을 확대하여 외교·안보정책의 실질적인 컨트롤타워 역할을 맡도록 한 것이다. 이를 위해 사무처가 대통령 직속 기관이 되었고 이전 정부의 대통령비서실 산하 외교안보수석실이 담당하던 업무들이 NSC 사무처로 이관되었다. NSC 사무처의 기능도 확대하여 국가안보전략의 기획 및 수립, 국가안보 관련 중장기 정책의 수립 및 조정, 국가안보 관련 현안 정책 및 업무의 조정, 국가안보 관련 정보의 종합 및 처리체계 관리, 국가위기 예방 및 관리대책의 기획 및 조정, NSC 회의 및 상임위원회 심의사항에 대한 이행상황의 점검 등을 담당하도록 하였다. 이를 위해 사무처 산하에 전략기획실, 정책조정실, 정보관리실, 위기관리센터가 신설되었다.[13]

또한, NSC 사무처는 청와대 내에 국가안보 종합상황실을 신설하여 국가위기상황정보를 종합하고 보고하며 유관 부처에 전파하여 신속히 대응하도록 하는 체계를 구축하였다. 이로써 NSC 사무처가 외교·안보정책의 총괄 및 조정 역할을 맡게 되었다. 반면에 대통령비서실에는 국가안보보좌관(NSC 사무처장 겸직), 국방보좌관, 외교보좌관을 두었으나 별도의 조직이 없이 대통령을 개인적으로 조언 및 자문하는 역할만 담당하였다.

NSC 상임위원회는 NSC 사무처장을 겸직하는 국가안보보좌관이 위원장이고, 위원은 통일부장관, 외교통상부장관, 국방부장관, 국가정보원장이고 회의에는 국방보좌관, 외교보좌관, NSC 사무차장이 배석하였다. 상임위원회와 산하의 실무조정회의는 주 1회 정례적으로 개최되었는데, 실무조정회의에서 협의하여 상정된 주요 외교·안보 현안은 상임위원회에서 논의되어 대응정책이 결정되었다. 이후 대통령의 승인을 얻으면 최종정책이 되어 유관 부처에 의해 이행되었다. NSC 사무처는 이러한 정책의 이행상황을 점검하는 업무를 수행하였다. 대통령이 주재하는 NSC 전체회의는 김대중정부와 유사하게 긴급하고 중대한 안보 사안이 발생하는 경우나 매년 초에 외교·안보정책 추진의 기본방향을 수립하기 위해 평균 1년에 2~3차례 개최되었다.[14]

한편, 당시 야당인 한나라당에서 NSC 사무처가 헌법에서 규정한 대통령에 대한 자문역할을 넘어서 외교·안보 관련 부처의 권한과 업무를 침해해서 위헌이고 월권이라는 비판을 여러 차례 제기하였다. 그 결과 2006년 1월에 대통령실의 외교·안보정책 관련 조직 개편이 이루어졌다. 우선 NSC 사무처 수행하던 외교·안보정책 관련 업무의 주요 부분이 대통령비서실로 이관되었고, NSC 사무처는 인원과 업무가 축소되어 NSC 회의를 지원하는 업무, 국가위기 예방 및 관리 업무

---

12) 김영인, 배종윤, "한국 외교안보정책에 있어 대통령의 정책 조율과 현실적 한계에 관한 연구: 노무현 정부의 NSC 운영사례를 중심으로," 『국제정치논총』 제56집 3호 (2016), pp. 93-94.

13) '국가안전보장회의 운영 등에 관한 규정,' [시행 2003. 3. 22.] [대통령령 제17944호, 2003. 3. 22., 일부개정], 법제처 국가법령센터 참조.

14) 동아시아연구원 (2013), pp. 12-13.

만 담당하게 되었다. 대신에 비서실에 신설된 장관급인 통일외교안보정책실장이 NSC 사무처장을 겸직하며 외교·안보정책을 총괄하고 조정하는 역할을 하게 되었다. 안보정책실장 밑에는 통일외교안보정책수석을 두고 그 밑에 안보전략, 안보정책조정, 안보정보관리, 위기관리 등 4개 비서관실이 운영되었다. 이로써 NSC 중심체계에서 대통령비서실 중심체계로 변화된 것이다. 또한, 2006년부터 임기 말까지 주요 외교·안보정책은 NSC 상임위원회 대신에 안보정책실장이 주관하는 안보정책조정회의에서 논의·의결하면 대통령이 승인하여 정책으로 확정되었다. 이후 외교부, 통일부, 국방부 등 유관 부처에 의해 이행되었다.[15]

이명박정부(2008~2013년)는 작은 정부를 표방하면서 대통령실 조직을 축소하여 노무현정부 2기의 직제였던 비서실장, 정책실장, 통일외교안보정책실장을 대통령실장으로 통합하고 통일외교안보정책실장과 통일외교안보정책수석을 외교안보수석으로 통합하였다. 또한, NSC를 대폭 축소하여 외교·안보정책결정구조를 대통령비서실 중심체제로 완전히 전환하였다. 즉, NSC 상임위원회와 NSC 사무처를 폐지하였고, 사무처의 업무를 대통령실장 산하의 안보수석비서관실로 이관하였다. 또한, 위기관리센터도 폐지하여 비서실 산하의 위기정보상황팀으로 축소하여 대통령실의 위기관리 컨트롤타워 역할도 대폭 축소하였다.[16]

한편, 외교·안보정책을 총괄하는 조직으로서 유관 부처 장관급으로 구성되는 외교안보정책조정회의를 설치하였다. 외교안보정책조정회의는 외교통상부장관과 통일부장관, 국방부장관, 국가정보원장, 국무총리실장, 대통령실 외교안보수석비서관으로 구성되었고 외교통상부장관이 의장을 맡았다. 외교안보정책조정회의 산하에는 외교안보수석이 주재하는 관계부처 차관급의 외교안보정책 실무조정회의가 있어서 외교안보정책조정 회의에서 논의할 사안들에 관해서 사전에 관련 부처 간 협의·조정하는 역할을 부여하였다.[17] 따라서 외교안보정책조정회의는 노무현정부 전반기의 NSC 사무처와 후반기의 통일외교안보정책실의 경우처럼 외교·안보정책 컨트롤타워 역할을 수행하도록 하였다. 그러나 이 회의는 장관 중심의 체제여서 주로 정책을 총괄·협의하는 회의체이지만 정책을 조정하는 역할에는 한계가 있었다.

게다가 이명박정부는 실제로 긴급한 외교·안보 현안이 발생할 시 공식적인 외교안보정책조정회의를 통해 결정하는 대신에 대통령이 소집하는 임시회의체인 외교안보관계장관회의를 개최하여 대응책을 결정하곤 했다. 대표적인 사례가 2010년 3월에 발생했던 천안함 피격사건에 대응하여 이명박 대통령이 외교안보관계장관회의를 네 차례 소집하여 대응책을 논의하고 결정한 것이었다. 당시 이러한 임의적인 정책결정과정으로 인해 관련 부처 간 협의와 정책 조정이 제대로 이루어지지 않아 신속한 상황 파악과 적절한 대응책 마련이 어려웠다는 비판을 받았다.[18] 반면 NSC

---

15) 전봉근 (2013), p. 7.
16) 동아시아연구원 (2013), p. 15.
17) '외교안보정책 조정회의 운영 규정' [시행 2009. 4. 3.] [대통령훈령 제245호, 2009.4.3., 제정], 법제처 국가법령센터 참조.
18) 허만섭, "MB의 '관계장관회의' 선호가 천안함 초기대

도표 3.2 이명박정부 외교·안보정책결정구조

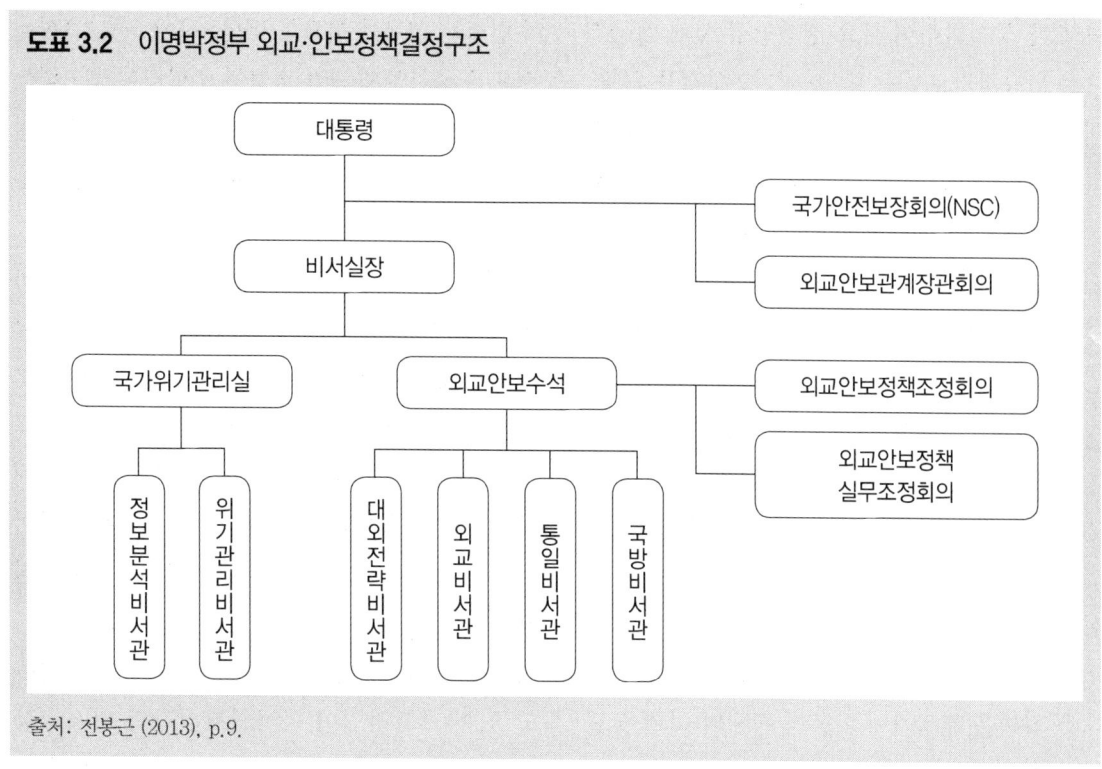

출처: 전봉근 (2013), p.9.

는 대폭 축소되어 임기 중에 단지 8차례의 회의만 개최되었는데 모두 북한 관련 사안인 북핵 6자회담, 북한 핵실험, 천안함 피격사건, 연평도 포격도발, 김정일 사망 등에 대한 대응책을 논의하는 회의였다.[19]

또한, 이명박정부 시기에는 2008년 7월의 금강산 관광객 피살사건, 2010년 3월 천안함 폭침사건, 2010년 11월의 연평도 포격 사건 등 국가위기가 발생할 때마다 부실하고 비효율적인 국가위기관리체계에 대한 비판이 제기되어 위기정보상황팀을 국가위기상황센터, 국가위기관리센터로 확대·개편하였다. 결국, 연평도 포격사건에 대한 부실한 대응체계를 개선하기 위해 수석비서관급이 실장을 맡는 국가위기관리실로 격상하였다.[20]

박근혜정부(2013~2017년)가 출범하면서 청와대 내 외교·안보정책을 총괄하고 조정하는 컨트롤타워 역할을 할 기관으로서 국가안보실이 신설되었으나 대통령이 주관하는 외교안보장관회의를 통해 주요 외교·안보정책 사안에 대한 논의와 결정이 이루어졌다. 그러나 2013년 말에 북한정부의 최고위 실세였던 장성택의 처형, 중국의 방공식별구역 일방 선포, 일본의 집단자위권 추진 등 한반도 주변의 안보 정세가 급변하자 이에 효과적으로 대처하기 위해 2014년 1월에 외교·안보정책결정구조를 개편하였다. 개편의 핵심은

응 실패 원인," 『신동아』 2010.6.1.
19) 대한민국 정부, 『이명박정부 국정백서: 원칙 있는 대북·통일정책과 선진안보』 5권, pp. 535–537.

20) 윤태영, 『위기관리 리더십: 국가안전보장회의(NSC) 운영국가 사례연구』 (진영사, 2019), pp. 100–101.

NSC를 상설화하여 주요 정책결정 시에 적극적으로 활용하기로 하는 한편, 국가안보실을 외교·안보정책의 실질적 컨트롤타워 역할을 담당하도록 하는 것이었다. 또한, NSC를 활성화하기 위해 이명박정부 때 폐지되었던 NSC 상임위원회, 실무조정회의, NSC 사무처를 복원하였다.

NSC 상임위원회는 국가안보실장이 위원장을 맡고 위원으로 외교부 장관, 통일부 장관, 국방부 장관, 국가정보원장, NSC 사무처장인 국가안보실 1차장, 국가안보실 2차장, 새로이 추가된 위원으로서 대통령 비서실장으로 구성되었다. 상임위원회는 주 1회 정례적으로 개최되고 긴급한 사안이 있을 시에도 소집되었다. 상임위원회 회의를 통해 주요 외교·안보 사안에 대해 심의하여 대응 정책을 결정하여 아울러 정책의 이행을 관리하였다. NSC 실무조정회의는 NSC 사무처장과 사안과 관련되는 행정부처의 차관급 공무원으로 구성되었고 상임위원회에서 논의할 안건을 사전에 협의·조정하는 기능을 수행하도록 하였다. NSC 사무처는 NSC의 모든 회의의 준비와 운영을 지원하고 결정된 사항의 이행상황을 점검하는 기능을 수행하도록 했다.[21]

국가안보실에는 제1차장과 2차장을 두고 1차장이 NSC 사무처장을, 대통령비서실의 외교안보수석이 2차장을 겸직하도록 했다. 국가안보실 산하에는 정책조정비서관실을 두고 실장이 NSC 사무차장을 겸직하며 정책 조정을 담당하고, 안보전략비서관실을 신설하여 중장기 안보전략을 수립하고 주변국 안보전략을 분석하여 대응책을 수립하는 업무를 하도록 했다. 또한, 정보융합비서관은 국가안보 관련 정보를 종합하여 보고하는 업무를 담당하고, 위기관리센터장은 국가위기 관련 상황을 관리하고 초기 대응하는 업무를 수행하였다.[22]

결국, 신설되는 조직 모두를 국가안보실 산하에 둠으로써 국가안보실이 NSC의 기능과 역할 수행을 관장하도록 하여 실질적으로 외교·안보정책의 컨트롤타워 역할을 담당하도록 했다. 그러나 외교안보수석실은 대통령 비서실장 산하에 배치하고 외교안보수석 밑에 외교, 통일, 국방비서관을 둠으로써 NSC 중심체제와 비서실 중심체제가 혼재하는 이원적인 정책결정구조였다. 즉, 외교안보수석은 국가안보실 2차장을 겸직하고 있어 보고라인이 국가안보실장과 비서실장으로 이원화되어 있었다. 이로 인해서 복잡한 외교·안보사안이 발생하면 정책결정과정에서 혼란과 비효율이 발생하곤 했다.[23]

문재인정부(2017~2022년)의 1기에서는 박근혜정부 당시에 비서실장 산하에 있던 외교안보수석실이 폐지되고 그 기능이 국가안보실로 통합됐다. 이원적인 결정구조의 문제를 해소하기 위한 조치였다. 이러한 개편을 통해 외교·안보정책의 컨트롤타워를 국가안보실로 일원화하였다. 국가안보실의 조직은 국가안보실장과 제1차장과 제2차장이 있고, 제1차장 밑에 안보전략, 국방개혁,

---

21) '국가안전보장회의 운영 등에 관한 규정,' [시행 2014. 1. 10.] [대통령령 제25075호, 2014. 1. 10., 일부개정], 법제처 국가법령센터 참조.

22) 국가안보실, "주요 업무 현황," 제332회 국회(임시회) 국회운영위원회, 국회사무처, 2015. 5, https://steering.na.go.kr:444/flexer/index2.jsp?ftype=hwp&attachNo=394183

23) 천영우, "외교안보 컨트롤타워 이대론 안된다,"『동아일보』, 2017년 4월 6일 https://www.donga.com/news/View?gid=83715271&date=20170406

도표 3.3 문재인정부 2기 외교·안보정책결정구조

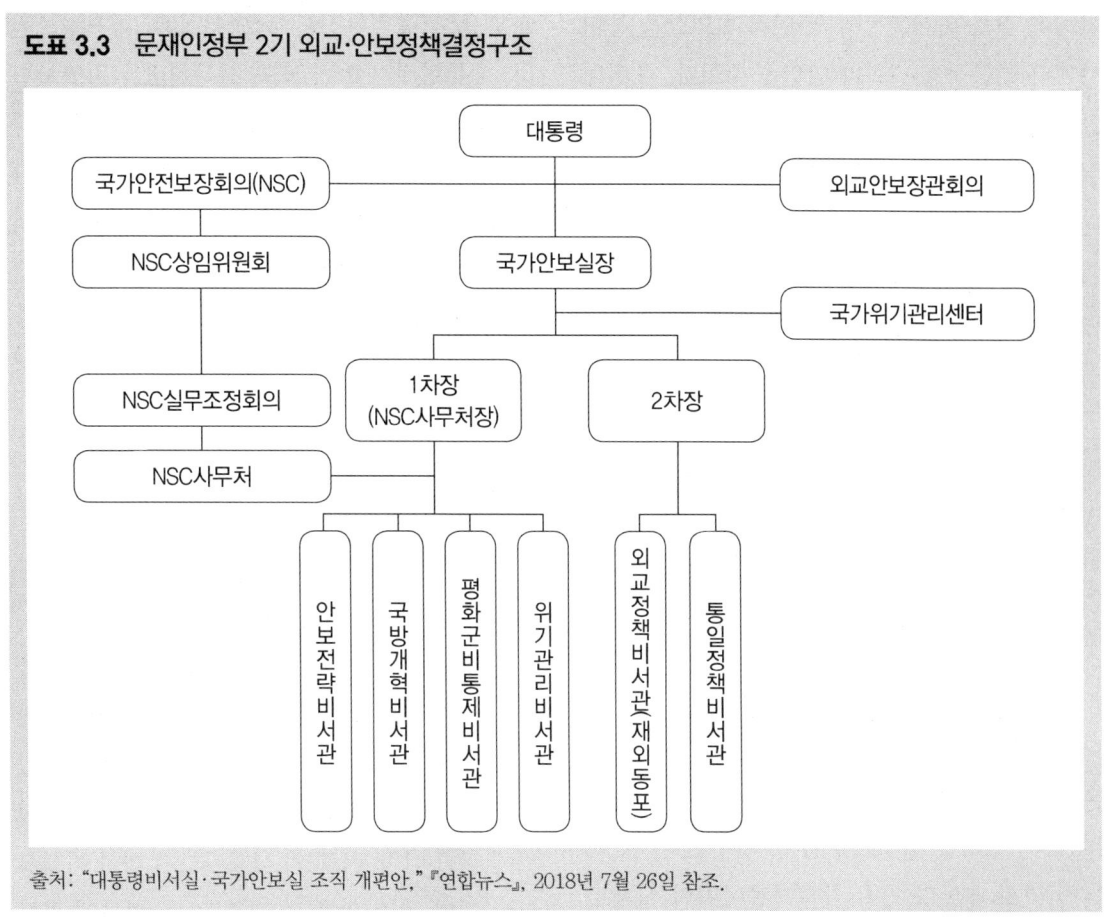

출처: "대통령비서실·국가안보실 조직 개편안," 『연합뉴스』, 2018년 7월 26일 참조.

평화군비통제비서관, 제2차장 밑에는 외교정책, 통일정책, 정보융합, 사이버안보비서관을 각각 두었다. 또한, 안보실장 직속으로 국가위기관리센터를 설치하고 국정상황실의 사회안전 분야를 가져와서 대통령실이 국가위기와 재난재해에 대비하는 컨트롤타워 역할을 담당하도록 했다.[24]

주요 외교·안보정책 사안이 있는 경우에 국가안보실장이 주재하는 NSC 상임위원회나 대통령이 주재하는 NSC 전체회의를 통해 대응정책을 논의하고 결정하는 NSC 중심체제를 운영하였다. NSC 상임위원회는 국가안보실장이 위원장이고 위원 구성은 박근혜정부와 동일하였다. 매주 1회 개최되었고 긴급 사안이 발생 시에도 소집되었다. NSC 사무처도 NSC 회의 운영을 지원하고 결정사항의 이행을 점검하는 업무를 담당하였다.

이후 임기 말까지 정책결정의 구조는 주요 변화 없이 유지되었다. 단지 2018년 7월에 국가안보실 제2차장 산하의 정보융합비서관, 사이버안보비서관을 하나로 합친 사이버정보비서관을 제1차장 산하에 두는 개편이 이루어졌다. 이후 두

---

24) '국가안보실 직제.' [시행 2017. 5. 11.] [대통령령 제28047호, 2017. 5. 11., 일부개정], 법제처 국가법령센터 참조.

차례에 걸쳐 비서관 일부의 명칭과 역할을 통합하거나 분할하는 변화가 있었을 뿐이다. 예컨대 2019년 12월에 사이버정보비서관이 신기술사이버안보비서관과 정보융합비서관으로 재편되었다. 문재인정부는 주요 외교·안보정책을 결정할 때 전반적으로 NSC 회의체를 활용하였다. 그러나 중대하고 시급한 사안이 아닌 경우 NSC 회의체 대신에 대통령 주재하에 임의적 회의체인 외교안보장관회의를 개최하여 대응책을 논의해 결정하곤 하였다. 이 회의에는 대통령, 비서실장, 정책실장, 국가안보실장, 외교부장관, 국방부장관, 통일부장관, 국가정보원장, 국가안보실 1, 2차장, 국정기획상황실장 등이 참석했다.

2) 현행 외교·안보정책결정의 구조

윤석열정부의 현행 외교·안보정책결정의 구조는 NSC 조직을 중심으로 구성되어 있다. NSC는 헌법상 대통령 직속 자문기관이지만 실제로 주요 외교, 안보, 통일정책에 관해 협의하고 결정하는 최고위 기관이다. NSC는 "국가안전보장에 관련된 대외정책, 군사정책 및 국내 정책의 수립에 대해 국무회의의 심의에 앞서 대통령의 자문에" 응하는 임무를 수행한다(헌법 제91조). 대통령은 NSC의 의장이고 NSC 위원은 국무총리, 외교부장관, 통일부장관, 국방부장관, 국가정보원장, 행정안전부장관, 대통령비서실장, 국가안보실장, NSC 사무처장, 국가안보실 제2차장으로 구성된다. NSC 전체회의는 필요에 따라 대통령이 소집한다. NSC에서 위임한 사항을 처리하기 위해 상임위원회를 두고 있다. 상임위원회의 위원장은 국가안보실장이 맡고 있고, 위원은 외교부장관, 통일부장관, 국방부장관, 국가정보원장, 대통령비서실장, NSC 사무처장(국가안보실 제1차장 겸직), 국가안보실 제2차장으로 구성된다. 상임위원회는 주 1회 정기 회의와 필요에 따라 임시회의를 개최한다. NSC 상임위원회는 외교·통일·국방 분야의 주요 외교·안보정책 사안에 대해 논의하고 선제적 정책이나 대응 정책을 결정하고 수립된 정책의 이행을 지속적으로 점검하는 역할을 한다.

NSC 상임위원회의 운영을 지원하기 위해 산하에 실무조정회의가 있다. 실무조정회의 의장은 NSC 사무처장이 맡으며 위원은 협의 안건과 관련되는 부처의 차관급 공무원으로 구성된다. 실무조정회의는 상임위원회에서 논의하는 안건을 사전에 관련 부처 간에 협의·조정하는 역할을 한다. 또 하나의 산하 조직으로 NSC 사무처가 있는데 NSC의 운영과 관련해서 안건의 상정 및 심의에 관한 사항, NSC의 심의사항에 대한 이행상황의 점검, 의안의 심의 관련 조사·연구에 관한 사항의 직무를 수행한다. NSC 사무처장은 국가안보실 제1차장이 겸직한다.[25]

한편, 대통령이 외교·안보정책을 최종결정하는 업무를 보좌하는 기관으로서 국가안보실이 있다. 국가안보실의 업무는 첫째, 국가안보와 관련하여 대통령의 직무를 보좌하고, 둘째, 외교·통일·국방 분야 정책 조정하여 대응 정책을 수립하며, 셋째, 한반도, 주변 지역 및 국제사회의 변화 동향 등을 감안하여 중·장기 안보전략의 추진 방

---

25) '국가안전보장회의법,' [법률 제12224호, 2014.1.10. 일부개정]; '국가안전보장회의 운영 등에 관한 규정' [대통령령 제32648호, 2022. 5. 12], 법제처 국가법령센터 참조.

도표 3.4 윤석열정부의 외교·안보정책결정구조

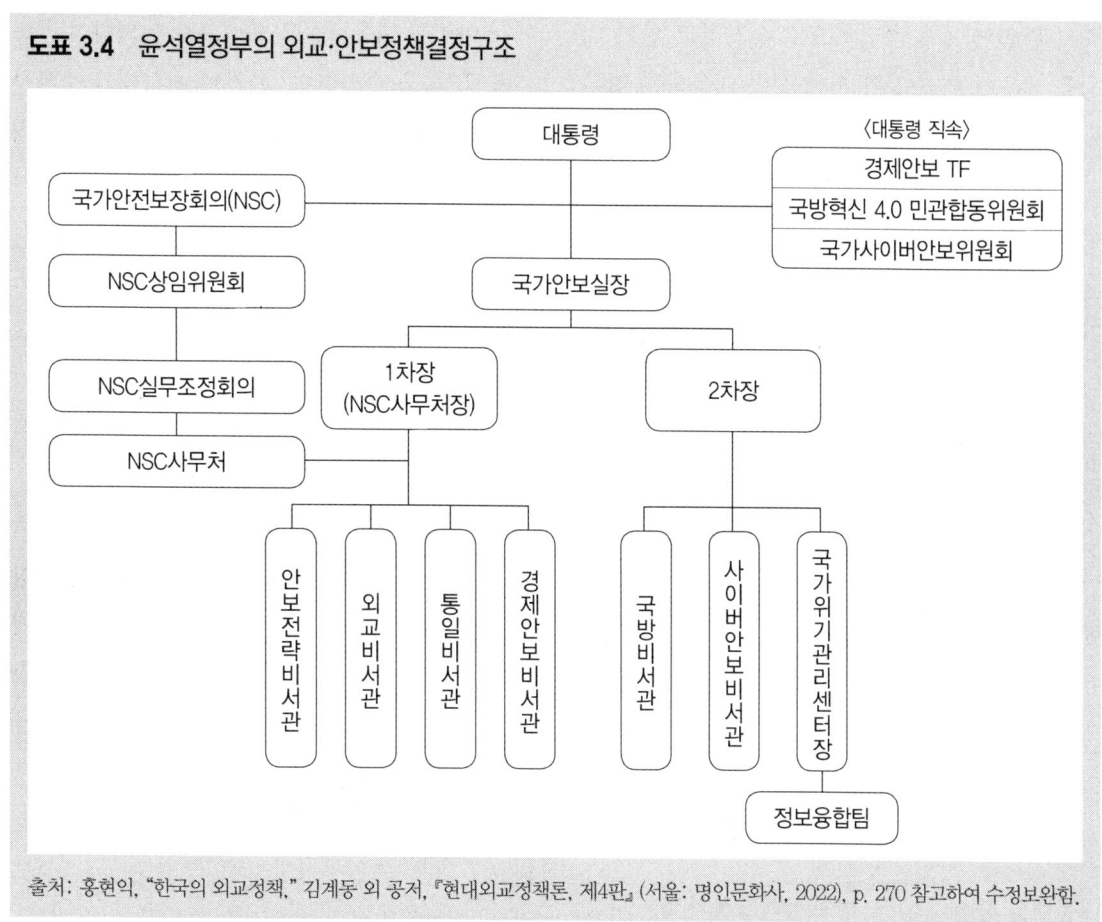

출처: 홍현익, "한국의 외교정책," 김계동 외 공저, 『현대외교정책론, 제4판』 (서울: 명인문화사, 2022), p. 270 참고하여 수정보완함.

안을 기획한다. 넷째, 국가안보 관련 제반 정보를 종합해서 대응 태세를 유지하고, 다섯째, 사이버 안보 분야의 정책을 수립하여 위기에 대응하며, 여섯째, 국가위기 관련 상황을 관리하고 초기대응 업무를 수행하는 것이다.[26] 이러한 업무들을 수행함으로써 국가안보실은 외교·안보정책의 컨트롤타워 역할을 한다.

국가안보실장은 NSC 상임위원장으로서 주 1회 정례적으로 상임위원회를 개최한다. 또한, 대외적으로 중대한 외교·안보사안이 발생하면 임시회의를 개최한다. 윤석열정부에서는 NSC 전체 회의와 상임위원회 회의 이외에도 주요 사안이 발생 시 즉각 논의하기 위해 임의적 회의체로서 안보상황점검회의를 국가안보실 차원에서 개최하기도 한다. 국가안보실장 휘하에 제1, 2차장이 있다. 제1차장은 NSC 사무처장을 겸직하는데 안보전략, 외교, 통일, 경제안보를 각각 담당하는 비서관의 소관 업무에 관해서 실장을 보좌하는 것이다. 제2차장의 담당 분야는 국방, 사이버 안보인데 비서관을 두고 실장을 보좌한다. 또한, 제2차장 산하에 국가위기관리센터를 두고 국가

---

26) 국가안보실, "주요 업무 현황," 제332회 국회(임시회) 국회운영위원회, 국회사무처, 2015. 5, https://steering.na.go.kr:444/flexer/index2.jsp?ftype=hwp&attachNo=394183

위기 관련 정보를 종합적으로 수집하고 위기 대책을 세우며 위기 상황 시에 신속 대응하는 업무를 담당한다.

이같이 주요 외교·안보정책은 국가안보실을 중심으로 NSC 회의체인 NSC 상임위원회나 대통령이 주재하는 NSC 전체회의에서 논의하여 결정된다. 외교·안보정책 사안 중에서 어떠한 사안을 NSC 회의체를 통해 논의하여 선제적 정책이나 대응책을 수립할지를 정하는 것은 대체로 두 가지 방식을 통해 이루어진다. 하나는 대통령이나 국가안보실에서 NSC 상임위원회에서 심의하기로 결정하는 경우이다. 다른 하나는 외교부, 통일부, 국방부, 기획재정부, 통상산업자원부 등 유관 부처에서 NSC 회의체를 통해 논의하여 결정하도록 요청하는 경우이다.

3) 외교·안보정책결정의 과정

대통령실 중심의 외교·안보정책결정과정은 다음과 같이 이루어진다. 우선 중요한 외교·안보 관련 사안이나 사태가 국외에서 발생하면 외교부, 국방부, 통일부, 국가정보원 등 유관 부처의 정세분석실에서 관련정보를 수집하여 국가안보실에 보고한다. 국가안보실의 안보전략비서관실과 정보융합팀에서는 보고된 정보를 종합하여 NSC 실무조정회의와 상임위원회에 제출한다. 상임위원회 회의에 앞서 국가안보실 제1차장이 주관하는 실무조정회의가 개최되어 상임위원회에서 논의할 주요 사안을 유관 부처의 차관급 위원들이 협의하여 상임위원회에 상정한다. 이후 국가안보실장 주재로 NSC 상임위원회가 개최되어 종합된 정보를 바탕으로 정세를 분석하고 유관 부처에서 마련한 대응책들을 중심으로 논의하여 최종 대응책(들)을 수립한다. 사안이나 사태가 중대한 경우에는 대통령이 주재하는 NSC 회의를 개최하여 논의 후 대응책(들)을 최종결정한다. 결정된 대응책(들)은 유관 부처를 통해 이행되고 NSC 사무처는 이행사항을 점검하는 역할을 한다. 또한, 이행과정에서 유관 부처 간 협력과 조정이 필요한 경우 실무협의회의가 개최되는 경우가 있다. 외교부가 주관하는 '유엔 평화유지활동 정책협의회'가 그러한 경우이다.[27]

이와 같은 외교·안보정책결정과정의 사례로서 북한의 추가 핵실험에 대한 대응정책결정과정을 예상해보면 다음과 같다. 만일 북한이 추가 핵실험을 한다면 핵실험 여부를 국내의 지진 관측망을 통해 판단한다. 핵실험으로 확인되면 긴급 NSC 상임위원회가 소집되거나 대통령 주재로 NSC 전체회의가 소집된다. 회의에는 국무총리, 외교부장관, 통일부장관, 국방부장관, 국가정보원장, 대통령비서실장, 국가안보실장, NSC 사무처장, 국가안보실 제2차장 등이 참석한다. 회의에서는 유관 부처의 정보에 기초해서 국가안보실에서 종합한 핵실험 현황에 대한 보고와 북한의 의도에 대한 분석이 이루어진 후에 외교적, 군사적 대응책에 대해 논의하고 최종 대응정책이 결정된다. 대응 정책으로는 정부의 규탄 성명 발표, 한미 외교·국방장관 통한 대응책 논의, 한미일 북핵 수석대표 간 대응책 논의, 미국 통한 유엔 안전보장이사회 소집, 추가 도발 가능성에 대비한 군사태세의 실행 등이 있다. 최종 대응책(들)

---

27) 외교부, "유엔 평화유지활동 정책협의회 개최," 보도자료, 2019. 7. 4. https://www.mofa.go.kr/www/brd/m_4080/view.do?seq=369352 참조.

이 결정되면 외교부, 국방부, 통일부 등 유관 부처를 통해 이행하게 된다.[28]

중요한 사안이나 사태가 외교·안보와 관련되어 있을 뿐 아니라 대내외 경제와도 관련이 있는 경우에 NSC 전체회의에 경제 관련 장관들도 같이 참여하는 NSC 확대관계장관회의를 통해 대응책을 논의하고 결정하기도 한다. 이러한 사례로서 문재인정부 시기인 2022년 2월에 러시아가 우크라이나를 침공한 사태가 발생하자 대통령 주재로 NSC 전체회의와 대외경제안보전략회의 연석회의가 개최되었다. 이 회의에서는 외교부, 기획재정부, 국가정보원으로부터 사태 관련 동향을 보고 받아 검토한 후에 외교·안보 부처와 경제부처 차원에서의 대응책들을 논의하여 결정하여 이행하였다.[29]

중요한 외교·안보정책 사안 중 일부는 NSC에서 논의하여 그에 대한 선제적 정책이나 대응책이 마련되면 대통령이 주재하는 국무회의에서 심의하여 최종정책으로 결정된다. 이와 관련해서 헌법 89조의 규정에서는 국무회의의 심의를 거쳐야 하는 사항으로서 선전포고, 강화조약, 기타 중요한 외교정책, 조약안, 군사에 관한 중요 사항 등과 같이 외교·안보정책 관련 사항들을 포함하고 있다. 예컨대 평화유지군 파병, 이라크파병 등과 같은 해외 파병 결정, 남북정상회담 추진 결정, 군사협정의 체결 결정, 자유무역협정, 투자협정 등 외국과의 통상협정의 체결 결정 등이 국무회의의 심의와 의결을 거쳐 최종 결정이 이루어진다. 그러나 중요한 외교·안보 정책 사안임에도 불구하고 국무회의 논의와 의결 없이 NSC 전체회의나 NSC 상임위원회에서 논의하고 대통령의 승인을 거쳐 최종 결정이 내려지는 경우가 있다. 이러한 경우는 정부의 사안에 대한 해석과 상황의 급박성 때문에 발생하지만, 정책결정과정의 적법성에 관해 국회와 시민단체에 의해 논란과 비판의 대상이 되곤 한다.

이러한 결정과정의 최근 사례로서 박근혜정부가 2016년 2월에 개성공단을 폐쇄하기로 한 결정이 있다. 당시 정부는 북한의 제4차 핵실험과 장거리 미사일 시험발사에 대응하여 대통령의 지시 하에 NSC 상임위원회의 논의를 거쳐 폐쇄를 결정하고 공단 운영을 전면 중단하는 조치들을 즉각 시행하였다. 그러자 그해 5월에 개성공단 투자기업들은 정부의 개성공단 전면 중단 결정과 집행이 국무회의 심의 등 적법한 절차 없이 이루어졌고 국민 재산권을 침해했다며 헌법소원을 냈다. 그러나 헌법재판소는 2022년 1월에 개성공단 전면 중단 조치가 적법절차 위반이나 재산권 침해에 해당하지 않는 합헌이라고 최종 판결한 바 있다.[30] 한편 문재인정부하에서 조직된 통일부 정책혁신위원회 보고서에서는 개성공단 중단 결정이 대통령의 구두 지시로 이루어졌으며 NSC 상임위원회는 사후적으로 절차적 정당성을 부여하는 행위에 불과했고 국무회의의 심의도 거치지 않았다고 결

---

28) "北 핵실험 땐 美 전략자산 전개 등 '비상대응 시나리오' 가동," 『국민일보』, 2022년 6월 10일, http://news.kmib.co.kr/article/view.asp?arcid=0924249710&code=11122100&sid1=al 참조.

29) 청와대, "2022년도 국가안전보장회의(NSC) 및 대외경제안보전략회의 연석회의 관련 박경미 대변인 서명 브리핑," 대한민국 정책브리핑, 2022. 2. 22. https://www.korea.kr/archive/speechView.do?newsId=132034165

30) "헌재 '박근혜 정부 개성공단 폐쇄조치는 합헌'," 『시사저널』 2022년 1월 27일, https://www.sisajournal.com/news/articleView.html?idxno=232423

정과정의 위법성을 지적한 바 있다.[31]

또 하나의 사례는 박근혜정부가 미국정부와 합의하여 2016년 7월에 사드(THAAD, 고고도미사일 방어시스템)를 주한미군 기지에 배치하기로 한 결정이다. 당시 정부는 증대하는 북한의 핵위협에 대응하기 위해 사드배치 문제를 미국정부와 협의하여 검토한 후 NSC에서 논의해 대통령의 승인으로 결정하였다. 이후 국회와 시민단체들에서 사드배치 결정이 헌법에서 규정한 국무회의의 심의를 거쳐야 하는 '군사에 관한 중요한 사항'에 해당하는데 국무회의의 심의 없이 최종 결정되었기 때문에 위헌이라는 비판과 논쟁이 제기되었다.[32] 또 다른 사례는 일본과 체결된 유일한 군사협정인 한일군사정보보호협정(GSOMIA: 지소미아)에 관한 결정 사례이다. 문재인정부는 한국에 대한 일본의 수출규제를 통한 경제보복조치에 대응하여 2019년 8월 22일에 대통령이 주재하는 NSC 전체회의에서 지소미아를 연장하지 않고 종료한다는 결정을 내렸다. 이 결정은 국무회의의 심의와 의결을 거치지 않고 확정되었고 일본정부에 통보되었다. 이러한 결정과정에 대해 보수 변호사단체와 예비역 장성단이 정부의 지소미아 종료 결정이 위헌이라며 헌법소원을 제기하였으나 헌법재판소는 각하 결정을 내린 바 있다. 이후 종료 결정은 유예되었다.[33]

요컨대, 대통령실 중심의 외교·안보정책결정과정은 정해진 절차와 조직을 통해 비교적 효율적으로 진행된다. 그러나 정책 사안의 중요도와 시급성에 따라서 대통령이 주재하는 NSC 전체회의에서 결정되거나 NSC 상임위원회에서 결정되기도 한다. 또한, 헌법의 규정에 따라 최종적으로 국무회의의 심의와 의결을 거쳐야 하는 사안도 있다. 그러나 살펴본 사례들과 같이 헌법의 규정이 구체적이지 않아서 정책결정 후에 위헌 논란의 소지가 있다. 따라서 헌법 규정을 시행하기 위한 구체적 내용의 법령을 마련해서 명확히 규정할 필요가 있다.

4. 정부 유관 부처의 결정체계

국가안보와 관련한 주요 외교·안보정책은 대통령실 중심의 정책결정 구조와 과정을 통해 수립되나 통상적인 외교정책은 정부 유관 부처에서 결정되고 이행된다. 이 절에서는 우선 외교정책의 주관부처로서 외교부의 결정 및 이행과정을 주요 업무를 중심으로 파악한다. 둘째, 통일부, 국방부, 국가정보원이 외교정책결정과정에 어떠한 역할을 하는지 살펴본다. 셋째, 대외경제정책을 수립하는 기관으로서 대외경제장관회의의 구성과 결정과정을 서술한다. 넷째, 외국과의 통상교섭을 주관하는 산업통상자원부의 역할을 살펴보고 주요 업무인 통상조약을 체결하는 과정을 설명한다.

---

31) 김종수, "통일부 정책혁신위원회 '정책혁신 의견서' 발표," 대한민국 정책브리핑, 2017년 12월 28일, https://www.korea.kr/news/policyBriefingView.do?newsId=156246124

32) "사드 배치, 국무회의 심의 거쳐야 할 사안이라고 입법조사처 해석," 『KBS 뉴스』, 2016년 7월 27일, https://news.kbs.co.kr/news/view.do?ncd=3319126

33) "'지소미아' 협정 종료 헌법소원: 헌재 '각하' 결정," 『노컷뉴스』 2019년 11월 3일, https://www.nocutnews.co.kr/news/5237331

1) 외교부

외교부는 대통령실에서 관장하는 주요 외교·안보정책 이외에 통상적인 외교정책을 결정하고 집행하는 주관부처이다. 외교부의 조직은 수장으로서 외교부장관이 있고 장관을 보조하는 제1차관과 제2차관이 있다. 장·차관 밑에 7개 지역국과 7개 기능국이 있다. 제1차관은 아시아태평양국, 동북아시아국, 아세안국, 북미국, 중남미국, 유럽국, 아프리카중동국 등 지역국의 소관업무를 총괄한다. 제2차관은 재외동포영사실, 국제기구, 개발협력국, 국제법률국, 공공문화외교국, 국제경제국, 양자경제외교국, 기후환경과학외교국 등 기능국의 업무를 총괄한다.

외교부의 주요 업무는 첫째, 통상적인 외교정책을 수립하고 이행하는 업무를 담당한다. 통상적인 외교정책은 외교부가 주관부처로서 담당하는데 정책 사안에 따라 정부 다른 부처의 업무와 관련이 있는 경우에 타 부처(들)와 협의·조정하는 과정이 이루어진다. 이러한 과정은 외교부가 주관하는 실무조정회의에서 이루어진다. 둘째, 통상적인 대외경제정책을 수립하고 이행하며 이 과정에서 관련 부처 간 정책을 조정하고 총괄하는 업무를 수행한다. 셋째, 외국과의 조약이나 국제협정을 협상하고 체결하는 업무를 담당한다. 넷째, 외국이나 국가 협의체, 국제기구 등을 대상으로 양자 및 다자외교와 협상을 수행한다. 다섯째, 대외적으로 공공외교에 관한 정책을 수립하고 이행하는 업무를 총괄하고 조정한다. 여섯째, 외교부는 재외공관을 통해 외교·안보정책을 수립하는 데 필요한 외국의 정치정세, 경제상황 등에 관한 정보를 수집하는 역할을 한다. 재외공관이 수집하는 정보는 사안의 성격에 따라 대통령실을 비롯한 유관 부처 간에 공유되고, 중요한 사항은 대통령에게 보고된다.[34]

외교부는 매년 연말에 차기 연도에 추진할 외교정책의 주요 과제와 시행계획을 마련하여 1월에 대통령에게 보고하고 승인을 얻어 이행한다. 이 계획에는 정책 비전과 목표가 설정되고 주요 추진과제가 제시된다. 그리고 추진과제별로 세부 정책들과 정책별 이행계획이 마련되어 있다. 이러한 정책추진 계획은 외교부의 각 지역국과 기능국에서 작성하여 부서 간 협의를 거쳐 확정되면 외교부 장관이 대통령의 승인을 받아 각 주관 부서에서 이행하게 된다.[35] 이같이 외교부는 각 지역국에서 역내 국가나 국가협력체에 관한 통상적인 외교정책을 수립하여 재외공관을 통한 외교활동을 통해 이행한다. 통상적인 대외경제정책은 국제경제국, 양자경제외교국, 기후환경과학외교국에서 담당한다. 국제경제국은 국제경제기구, 국가 간 경제협력체 등에 대한 정책을 수립하여 다자외교를 시행하고, 양자경제외교국은 한미, 한중, 한일, 한러 등 양자 간 경제에 관한 정책과 경제이익을 위한 양자외교를 담당한다. 기후환경과학외교국은 지속가능발전, 녹색경제, 기후변화, 환경, 에너지, 자원, 환경협력 등에 관한 정책을 수립하여 이행하고 관련 부처와 조정하고 총괄하는 역할도 한다.

---

34) 외교부와 산하 조직의 업무에 관해서는 '외교부와 그 소속기관 직제' [시행 2022. 9. 13.] [대통령령 제32905호]. 법제처 국가법령센터 참조.

35) 외교부, "2023년 주요 업무 추진계획: 다시 뛰는 국익 외교," 2023. 1. 11. 대한민국 정책브리핑, https://www.korea.kr/archive/expDocView.do?docId=40288#expDoc 참조.

외교부는 대북정책과 관련된 업무를 수행하는데 이를 담당하는 부서가 한반도평화교섭본부이다. 이 본부는 주로 북한 핵문제 관련 정책의 수립과 이행을 담당하며 북한 핵문제 관련 미국, 일본, 중국, 북한 등 관련국 간 협상에 관한 대책을 수립하고 외교협상을 수행한다. 또한, 한반도 평화체제에 관한 외교정책을 수립하고 관련된 외교협상을 하는 업무도 수행한다. 본부 업무를 총괄하는 한반도평화교섭본부장은 특히 북핵 협상과 평화체제에 관한 협상에서 정부 수석대표의 직을 수행한다.

외교부의 주관 업무 중 다자외교정책을 수립하고 이행하는 것이 있다. 다자외교정책은 제2차관이 총괄하며 산하에 다자외교조정관(실장)이 차관보급으로서 실질적인 임무를 수행한다. 다자외교정책과 관련된 부서는 국제기구국, 국제법률국, 공공문화외교국, 개발협력국이 있다. 우선 유엔(UN) 및 UN 전문기구 등과 같은 국제기구 전반에 관한 정책은 국제기구국에서 수립하고 이행한다. 국제기구국에서 주유엔 대표부, 주제네바 대표부 등 주요 국제기구 소재지의 대사관에서 수집한 정보를 바탕으로 특정 국제기구에 대한 정책안을 마련하면 다자외교조정관, 제2차관을 거쳐 최종적으로 외교부장관이 승인하면 정책으로 결정되어 이행된다.[36]

외교부의 또 다른 주요 업무는 국제조약을 체결하는 것이다. 외교부 산하의 국제법률국이 경제·사회·문화·군사 등 다양한 분야에 걸쳐 양자 및 다자조약을 검토하고 체결하는 업무를 수행한다. 국제조약을 체결하는 과정을 서술하면 우선 외교부가 관련 부처와 협의해서 국제조약의 체결 필요성을 검토한 이후에 체결을 추진하기로 최종 결정이 내려지면 양자조약의 경우에는 상대국과 외교교섭을 진행한다. 외교교섭을 통해 조약안에 합의가 이루어지면 조약문에 가서명한다. 다음으로 조약문을 법제처에서 심사한 후에 관계 차관회의와 국무회의에서 심의하여 통과되면 한국정부 대표가 상대국 대표와 정식 서명한다. 이후에 당사국 간 비준서를 교환하고 공표하면 발효가 된다. 다자조약인 경우에는 3개국 이상 다수의 국가가 조약에 해당하는 국제기구의 회의나 별도의 협상회의를 개최하여 조약안을 협상한다. 협상이 타결되면 해당 국제기구의 전체회의나 별도의 외교회의를 통해 조약안을 채택한다. 채택된 다자조약안은 양자조약의 경우와 같이 체결을 위한 국내절차가 진행되고 서명 후에 비준서를 지정된 사무국에 제출하고 공표하면 발효가 된다.[37]

일부 국제조약은 헌법 규정상 국회의 비준 동의가 필요한데 이 경우 조약에 정식 서명 후 국회의 비준 동의를 얻어야만 발효가 된다. 헌법 제60조 1항에 따르면 국회의 비준 동의가 필요한 조약은 "상호원조 또는 안전보장조약, 중요 국제조직에 관한 조약, 우호통상항해조약, 주권 제약에 관한 조약, 강화조약, 국가나 국민에게 중대한 재정적 부담을 지우는 조약 또는 입법사항에 관한 조약"이다.

공공외교에 관한 정책을 수립하고 이행하는 업무도 외교부가 주관한다. 외교부는 2010년을 '공공외교의 원년'으로 선포하고 기존의 정무외

---

36) 박흥순, "한국과 국제기구외교: 다자외교 정책결정의 이해 – 체제, 요인, 전개 및 특징," 박흥순, 정우탁, 이신화 공저, 『국제기구와 한국외교: 이론과 실제』 (서울: 오름, 2015), p. 61.

37) 외교부, 『알기 쉬운 조약업무』 (2006.3), https://www.mofa.go.kr/upload/cntnts/www/ treaty.pdf 참조.

교 및 경제외교와 더불어 한국외교의 3대 축으로 설정하고 공공외교를 확대하고 강화하기 위한 정책들을 추진해 왔다. 공공외교에 대한 정책을 수립하고 이행하는 업무는 공공문화외교국에서 담당한다. 공공외교를 효율적으로 추진하기 위해 2016년에 공공외교법이 제정되었는데 이 법령에 따르면 외교부장관이 정부 부처의 장 및 지방자치단체장과 협의하여 공공외교 기본계획을 5년마다 수립하도록 규정하였다. 공공외교 기본계획에는 공공외교 활동의 정책 방향 및 추진 목표, 공공외교를 위한 주요 정책의 수립과 조정 방안 등이 포함된다.

또한, 외교부장관 산하에 공공외교위원회를 구성하도록 규정하고 있는데 이 위원회는 외교부장관을 위원장으로 하고 기획재정부차관, 교육부차관, 과학기술정보통신부차관, 외교부차관, 통일부차관, 행정안전부차관, 문화체육관광부차관, 농림축산식품부차관, 국무조정실차장, 민간전문가들로 구성된다. 공공외교위원회는 외교부장관의 책임하에 수립된 공공외교 기본계획을 심의하여 확정하는 역할을 한다. 또한, 공공외교 업무를 담당하는 중앙정부 부처와 및 지방자치단체와의 협조 및 조정에 관해 심의하고 결정하는 직무를 수행한다. 즉, 공공외교위원회는 범정부 공공외교를 통합하고 조정하는 역할을 하는 조직이다.

공공외교위원회에서 기본계획이 수립되면 이에 근거해서 관련된 중앙정부 부처와 지방자치단체는 매년 공공외교 활동의 시행계획을 수립하여 외교부장관에게 제출한다. 외교부장관은 이러한 시행계획과 외교부 자체의 시행계획을 통합하여 종합 시행계획을 수립한다. 종합 시행계획은 추진기관으로 지정된 한국국제교류재단, 재외공관, 관련 정부 부처, 지방자치단체, 국내 민간단체에 의해 지식, 정책, 문화 공공외교 등의 영역에서 다양한 사업과 프로그램을 통해 시행된다 (공공외교에 대한 보다 구체적인 내용은 이 책의 제7장 공공외교를 참조할 것).[38]

대외 공적개발원조(ODA)에 관한 정책의 주요 부분은 외교부의 개발협력국에서 수립한다. 과거 공적개발원조정책은 30여 개 정부 부처(기관)에 분산되어 추진되어 오다가 2010년 12월에 제정된 '국제개발협력기본법'에 따라 설립된 국제개발협력위원회가 통합하고 총괄한다. 국제개발협력위원회는 ODA에 관한 종합기본계획을 5년마다 수립하고, 이에 근거해서 연간 종합 시행계획을 결정한다. 이 법령에 따라 외교부는 양자간 무상원조의 주관기관이고, 다자간 ODA 업무 중에서 기획재정부가 주관기관인 국제금융기구와 녹색기후기금(GCF) 이외의 국제기구와의 협력을 주관하는 부처다. 외교부는 두 소관 분야의 ODA에 관한 정책과 연간 시행계획을 수립하고 개별 시행기관에 의해 집행되는 것을 점검하는 업무를 담당한다 (공적개발원조에 대한 보다 구체적인 내용은 이 책의 제10장 대외원조와 국제개발외교를 참조할 것).[39]

2) 통일부, 국방부, 국가정보원

남북한 교류 및 협력에 관한 정책을 수립하고 실행하는 업무의 주관부처는 통일부이다. 법령에

---

[38] '공공외교법' [시행 2016.8.4.] [2016.2.3., 제정]; '공공외교법 시행령' [시행 2017. 7. 26.] [대통령령 제28211호], 법제처 국가법령센터 참조.
[39] '국제개발협력기본법,' [시행 2020. 11. 27.] [법률 제17302호], 법제처 국가법령센터 참조.

따르면 "통일부는 통일 및 남북대화·교류·협력·인도 지원에 관한 정책의 수립, 북한정세 분석, 통일교육·홍보, 그 밖에 통일에 관한 사무"를 담당한다.[40] 정부조직법 31조는 "통일부장관은 통일 및 남북대화·교류·협력에 관한 정책의 수립, 통일교육, 그 밖에 통일에 관한 사무를 관장한다"고 규정하고 있다. 통일정책실은 통일정책과 당면한 대북정책을 수립하고 이행하는 부서인데 주로 남북한 교류와 협력에 관한 통상적인 대북정책을 담당한다. 주요 대북정책은 대통령실의 국가안보실에서 총괄하며 NSC 상임위원회와 대통령이 주재하는 NSC 전체회의를 통해 결정된다.

또한, 남북교류와 협력에 관한 정책을 이행하는 데 유관 부처의 활동을 조정하는 조직으로 남북교류협력위원회가 있다. 이 위원회는 통일부장관이 위원장을 맡고 관련 부처의 차관이나 차관급 공무원과 민간전문가로 구성된 25명 이내의 위원으로 구성된다. 이 위원회의 역할은 남북교류·협력에 관한 정책의 협의 조정 및 기본원칙의 수립, 남북교류·협력에 관한 승인이나 그 취소 등에 관한 중요 사항의 협의·조정, 관계 부처 간의 협조가 필요한 남북교류·협력과 관련된 중요 사항 등에 관해 심의하여 결정하는 것이다.[41]

국방부는 대북정책 중에서 북한의 군사적 위협에 대응하는 정책, 국방 분야 대북 기본정책, 범정부의 대북 및 통일정책 관련된 군사정책, 한반도 평화체제 전환 관련 군사 분야 대책, 남북군사회담의 협상전략 및 대책, 남북한 군비통제에 관한 기본정책 등을 수립하고 이행하는 주무 부처이다. 또한, 대외적 군사 위협에 대응하기 위한 한미동맹 협력, 다자간 군사안보협력 등에 관한 정책도 주관하는 부처이다.[42]

국가정보원은 법령상으로 북한 관련 정보를 수집·작성하여 대북정책을 담당하는 부처에 제공하는 업무를 담당한다. 그러나 실제로는 대북정책결정에 직접 관여하는데 과거 정부에서는 사안에 따라 국가정보원장이 주도하는 역할을 해오기도 했다. 이러한 사례가 김대중정부 당시 임동원 국정원장이 대북 포용정책을 총괄한 것과 문재인정부에서 두 차례 남북정상회담을 추진하는 데 서훈 국정원장이 주도적인 역할을 한 것이다.[43] 이같이 대북정책에 관련된 부처는 통일부, 외교부, 국방부, 국가정보원 등이다. 따라서 관련 부처 간에 정책 협의와 조정이 제대로 이루어지지 않으면 대북정책을 둘러싸고 부처 간 경쟁과 갈등을 특징으로 하는 관료정치의 현상이 나타날 가능성이 있다.

3) 기획재정부 대외경제장관회의

통상적인 대외경제정책은 외교부가 주관하여 기획재정부, 통상산업자원부 등 대외경제 관련 유관 부처와 협의하여 결정되고 이행된다. 한편, 주요 대외경제정책은 정부 부처 간 긴밀한 협의와 조정을 통해 일관성 있게 추진하기 위해 기획재

---

40) '통일부와 그 소속기관 직제' [시행 2022. 10. 1.] [대통령령 제32923호], 법제처 국가법령센터 참조.
41) '남북교류협력에 관한 법률.' [시행 2021. 3. 9.] [법률 제17564호], 법제처 국가법령센터 참조.
42) '국방부와 그 소속기관 직제,' [시행 2022. 5. 9.] [대통령령 제32629호], 법제처 국가법령센터 참조.
43) 김영준, "2018년 대한민국 핫 피플 6人(3): 남북 정상회담 성사 주역 서훈 국정원장,"『월간중앙』, 201812호 (2018.11.17), https://jmagazine.joins.com/monthly/view/323753

정부에 설치된 대외경제장관회의에서 심의·조정하여 결정된다. 따라서 이 회의가 대외경제정책을 총괄하고 수립하는 역할을 담당한다.[44] 이 회의의 의장은 경제부총리 겸 기획재정부장관이고 과학기술정보통신부장관, 외교부장관, 농림축산식품부장관, 산업통상자원부장관, 환경부장관, 국토교통부장관, 해양수산부장관, 중소벤처기업부장관, 국무조정실장, 대통령비서실의 경제정책을 보좌하는 수석비서관과 회의에 상정되는 안건을 제안한 부처의 장과 그 안건과 관련되는 부처의 장으로 구성된다. 이 회의는 매월 2회의 정례회의와 필요시 수시회의를 개최한다. 또한, 이 회의에서 심의하고 조정하는 사안에 관해 사전 실무협의를 위해서 또는 회의에서 위임한 사항을 논의하기 위해 산하에 실무조정회의를 둔다.

법령에 규정된 대외경제장관회의의 역할은 대외경제동향의 종합점검과 주요 대외경제정책의 방향설정 등 대외경제정책 운영 전반에 관한 사항, 양자·다자·지역 간 또는 국제경제기구와의 대외경제협력·대외개방 및 통상교섭과 관련된 주요 경제정책에 관한 사항 등을 심의·조정하는 것이다.[45] 그러나 실제로 주요 대외경제정책이 경제부총리가 주재하는 대외경제장관회의에서 결정된다. 이후 대통령의 승인을 얻어서 유관 부처들에 의해 결정된 정책이 이행된다.

문재인정부에서는 대외경제 이슈들이 통상·투자 등 전통적 영역을 넘어 기술패권 경쟁, 글로벌 공급망 재편, 기후변화 대응 등 환경 이슈, 인권 이슈까지 연계되는 추세에 대처하기 위해 경제안보적인 관점에서 대응 전략 및 방안을 마련하기 위해 2021년 9월에 대외경제장관회의 산하에 별도의 장관급 협의체로서 대외경제안보전략회의를 신설하여 운영하였다. 이 회의는 경제부총리를 위원장으로 하고 경제부처 장관 5명과 국정원, NSC, 청와대(수석) 관계자 5명 등 총 11명으로 구성되고 안건에 따라 필요 시 관련부처 장관이 참석할 수 있도록 하였다.[46] 이 회의는 문재인정부 임기 말까지 6차례 개최되어 주요 대외경제 사안들을 논의하고 대응책을 결정하는 역할을 담당하였다.

이밖에 기획재정부는 대외경제국에서 장·단기 대외경제정책을 수립하고 조정하는 기능을 수행한다. 대외경제 관련 외교정책에 관한 사항은 담당하지 않고 외교부가 주관부처이다. 또한, 남북 경제 교류·협력에 관한 장·단기 정책을 개발하고 조정하는 역할도 담당하고 있다. 대외 ODA에 관한 정책 중에서 국제금융기구와의 협력, 녹색기후기금과의 협력 정책을 조정하고 수립하는 업무를 수행하는데 이는 개발금융국이 담당한다.[47]

4) 산업통상자원부

산업통상자원부는 외국과의 통상교섭을 추진하고 유관 부처의 통상관련 업무를 총괄하고 조정하는 역할을 담당한다. 우선 외국과의 통상조약

---

44) 이광희 외, 『효과적인 정책조정을 위한 국정운영시스템 혁신 방안』 (서울: 경제·인문사회연구회, 2022), pp. 123-124.
45) '대외경제장관회의규정,' [시행 2017. 7. 26.] [대통령령 제28211호], 법제처 국가법령센터 참조.
46) 기획재정부, "제1차 대외경제안보 전략회의 회의 개최," 보도자료, 2021. 10. 18. https://www.server.kif.re.kr/flexer/viewer.jsp?dir=km&cno=294992&fk=2021012844AV&ftype=hwp
47) '기획재정부와 그 소속기관 직제,' [시행 2022. 11. 1.] [대통령령 제32907호, 2022. 9. 14., 타법개정], 법제처 국가법령센터 참조.

을 추진하기 위한 범정부 기관으로서 통상추진위원회가 있다. 이 위원회는 2013년 박근혜정부 출범과 더불어 정부조직 개편에 따라 통상교섭 업무가 외교통상부에서 산업자원부로 이관되면서 기존의 자유무역협정(FTA)추진위원회가 확대·개편된 조직이다. 현재 통상추진위원회의의 구성은 산업통상자원부 장관이 위원장이고 위원은 국무조정실, 기획재정부, 과학기술정보통신부, 교육부, 법무부, 문화체육관광부, 농림축산식품부, 보건복지부 차관, 환경부, 고용노동부, 국토교통부, 해양수산부 차관, 식품의약품안전처, 관세청, 특허청장, 중소벤처기업부, 산림청, 조달청, 금융위원회, 방송통신위원회, 공정거래위원회의 차관급 공무원으로 구성되어 있다.[48]

통상추진위원회의 역할은 첫째, 통상교섭의 기본방향과 추진전략을 심의하고, 둘째, 통상조약 체결의 타당성을 검토하며, 셋째, 특정 국가나 지역과의 통상조약의 추진을 심의하여 대외경제장관회의에서 심의·결정하도록 요청하는 것이다. 넷째, 통상대표단을 구성하여 중요 통상조약 협상안을 심의하고 협상을 수행하며 협상이 타결되면 최종 협상안에 대한 심의·의결을 대외경제장관회의에 요청한다. 다섯째, 체결된 통상조약의 이행을 총괄하고 관리한다.[49] 이러한 업무는 위원장인 산업통상자원부 장관이 주재하는 회의를 통해 수행되는 것이 원칙이나 실제 통상조약의 협상과 이행에 관한 업무는 장관 소속의 통상교섭본부장의 주재하에 위원회를 개최하여 진행되는 경향이 있다.

산업통상자원부의 통상교섭본부는 외국과의 통상, 통상협상, 통상협상에 관한 유관 부처 활동의 총괄과 조정, 무역, 외국인 투자에 관한 업무 등을 수행한다. 1998년 3월에 김대중정부하에서 신설되어 외교통상부 산하기관이었으나 2013년에 통상교섭 업무가 산업자원부로 이관되면서 폐지되었고 통상 관련 업무를 산업통상부의 통상차관보가 총괄하였다. 그러나 문재인정부 들어서 통상교섭 역량을 강화하기 위해 산업통상자원부 산하기관으로 부활하였다. 통상교섭본부장은 차관급이지만 대외적으론 장관지위가 부여된다. 본부장은 정부 통상협상단의 대표로서 통상협상을 총괄하며 진행하고 외국 통상장관(들)과 통상현안을 논의하고 협상하는 역할을 한다. 또한, 장관 부재 시에 통상추진위원회를 주재하여 통상현안을 심의하는 업무도 수행한다.

산업통상자원부가 주관하는 업무인 통상조약의 대표적 유형인 FTA의 추진 결정과정을 간단히 서술하면 다음과 같다. 우선, 산업통상자원부 장관은 통상추진위원회를 통해 통상교섭의 기본방향 및 추진전략을 수립하여 대외경제장관회의에서 의결이 되면 특정 국가(들)와의 FTA 체결에 관한 계획을 수립한다. 다음으로 통상추진위원회 실무회의가 FTA 체결의 타당성을 검토하는데 정부출연 연구기관을 포함한 전문연구기관에 의뢰한 연구 결과도 참고한다. FTA를 추진하는 것이 타당하다고 판단되면 동시에 공청회 개최를 통해 각계의 의견을 수렴한다. 그리고 통상추진위원회 회의에서 추진의 타당성 및 필요성과 구체적인 추진 방향 등 관련 문제를 심의하여 협상 개시를 의결

---

48) 산업통상자원부, "FTA 강국, KOREA: 통상추진위원회 소개," https://www.fta.go.kr/main/center/propel/2/ 참조.

49) '통상추진위원회의 설치 및 운영 등에 관한 규정.' [시행 2013. 9. 24.] [대통령훈령 제319호], 법제처 국가법령센터 참조.

하면 대외경제장관회의에서 대상국(들)과의 협상 개시를 결정한다. 이후 정부 협상대표단이 구성되고 협상안이 준비되면 대상국(들) 대표단과의 협상이 진행된다. FTA 협상은 대체로 1~2년 내외가 걸리지만 대상국(들)과 쟁점 여부에 따라 그 이상 소요되기도 한다. 협상이 타결되면 합의된 협정문에 가서명한다. 이후 산업통상자원부 장관이 협상과정과 결과를 국회와 국민에게 보고한 이후에 국무회의에서 의결하면 대통령의 재가 후에 당사국(들) 간 정식 서명을 한다. 마지막 단계로서 정부는 정식 서명된 FTA 협정문을 국회에 비준을 요청하고 국회의 동의가 있으면 국내 절차가 완료되고 협정에서 정한 기간이 지나면 발효된다.[50]

5. 외교정책결정과 입법부의 영향

외교정책의 수립과 이행에 대한 책임과 역할은 행정부가 담당한다. 대통령제인 한국에서는 외교정책결정에 관해 대통령이 최종 결정권한을 행사하고 결정된 외교정책을 이행하는 역할도 외교부, 통일부, 산업통상자원부, 환경부 등 행정부의 부처들이 담당한다. 반면에 입법부인 국회는 외교정책의 수립과 이행과정에서 일정한 권한과 역할을 함으로써 제한적이지만 영향력을 행사한다. 국회의 영향력은 행정부의 국내외 정책수행(국정)에 대한 감시와 견제의 기능을 수행하는 기본 역할에 근거해서 발휘된다. 외교정책과 관련된 국회의 역할은 첫째, 외교정책에 관한 법률의 제정 및 개정, 둘째, 주요 국제조약에 관한 비준 동의, 셋째, 국군의 해외 파견에 대한 동의, 넷째, 정부의 외교정책 수행에 대한 감사와 조사, 다섯째, 외교정책 수행에 관해 관련 정부 부처의 보고를 받고 협의하는 것 등이다.

첫째, 국회는 외교·안보정책 관련 법률의 제정 및 개정, 폐지 권한을 행사함으로써 외교정책의 수립과 이행에 영향을 미친다. 이러한 법률에는 남북관계 발전에 관한 법률, 국제연합 평화유지활동 참여에 관한 법률, 국제개발협력기본법, 공공외교법 등이 있다. 우선 남북관계 발전에 관한 법률은 노무현정부 출범 후에 개성공단의 착공, 금강산 육로관광의 시작, 북한핵문제 해결을 위한 6자회담의 추진 등 남북관계가 급속히 발전함에 따라 남북 간 합의서에 법적 실효성을 부여함으로써 남북관계의 일관성과 안전성을 확보하기 위해서 2005년 12월에 제정되어 시행되었다. 이 법률은 남북관계 발전을 위한 정부의 책무, 남북관계발전 기본계획의 수립, 남북합의서 체결 및 비준에 관한 규정 등의 주요 내용을 담고 있다. 특히 이 법률은 중대한 재정적 부담을 수반하거나 입법사항에 관한 남북합의서의 체결·비준에 대해 국회가 동의권을 갖도록 하고 있다. 또한, 대통령이 국회 동의를 얻은 남북합의서의 효력을 정지시키려 할 경우에도 국회 동의를 얻어야 한다.[51] 이러한 규정들을 통해 남북합의를 추진하는 정책에서 국회가 승인 및 감시 역할을 하도록 한 것이다.

2010년 1월에 제정된 유엔 평화유지활동 참여에 관한 법률은 한국이 전세계의 분쟁지역에 군

---

50) '통상조약의 체결절차 및 이행에 관한 법률,' [시행 2017. 7. 26.] [법률 제14840호], 법제처 국가법령센터 참조.

51) '남북관계 발전에 관한 법률' [시행 2006. 6. 30.] [법률 제7763호, 2005. 12. 29. 제정], 법제처 국가법령센터 참조.

대를 파견하여 평화유지활동에 참여하는 사례가 증가함에 따라 평화유지군 파견 시에 명확한 국회 동의절차 규정을 마련하기 위한 것이다. 그리하여 이 법률의 시행을 통해 파병의 투명성과 예측 가능성을 높여서 국민적 합의를 얻고자 하는 목적이 있었다. 주요 내용은 정부가 평화유지군을 파견할 때뿐만 아니라 파병을 연장하려면 사전에 국회의 동의를 얻어야 하고 연장 기간도 1년을 원칙으로 한다고 규정한다. 또한, 정부는 매년 정기 국회에 파견부대의 구체적인 활동성과, 활동상황, 임무 종료 및 철수 등 변동사항을 보고해야 한다.[52] 이로써 평화유지군의 파병에 대한 국회의 승인과 감시 역할을 명확히 한 것이다.

이밖에 국제개발협력기본법은 기존의 ODA 업무가 부처별로 분산·추진되어 추진기관 간 사업이 중복되고 유·무상 원조 간의 연계가 부족하여 비효율적이었기 때문에 정부의 ODA 정책과 사업에 대한 책임성과 효과성을 강화하기 위해 2010년 1월에 제정되었다. 공공외교법은 세계화, 정보화의 확산으로 공공외교의 중요성이 증대하고 있는 가운데 범정부적이고 장기적인 계획과 목표가 불분명하다는 판단에 따라 이를 개선하고 범정부 차원의 협업체제를 구축하여 효율적인 공공외교 활동을 시행하기 위해 2016년 2월에 제정되었다. 이러한 법률의 제정을 통해 국회는 정부가 정책을 추진하는 데 책임성과 효율성을 높이도록 영향력을 행사한다.

둘째, 국회는 헌법 제60조 제1항에서 규정한 주요 국제조약에 대한 비준 동의권을 행사함으로써 국제조약안의 내용이 민의를 대변하는 국회의 의견을 반영하는 방향으로 마련되고 협상하도록 요구하는 압력으로 작용한다. 즉, 정부의 국제조약 추진과정에 영향을 주는 것이다. 따라서 만일 정부가 추진하는 국제조약이 국회의 반대에 직면하게 되는 경우 국회의 의견을 반영하여 조약안의 내용을 수정하여 협상에 임한다. 또한, 국제조약이 체결된 이후에도 국회의 반대가 있는 경우 비준 동의안 처리가 지연되기도 한다.

이러한 경우로서 이명박정부 시기에 한미 FTA에 관한 국회의 비준동의가 수년(4년 7개월)간 지연된 사례가 있다. 2007년 6월에 타결된 한미 FTA가 이명박정부 출범 직후인 2008년부터 국회에서 비준 동의안 처리가 지연된 요인 중 하나가 당시 민주당 등 야당들과 시민단체들이 한미 FTA의 일부 조항들의 문제점을 이유로 재협상을 요구하며 반대한 것이었다. 그러나 이러한 반대에도 불구하고 여당이었던 한나라당은 2011년 11월 22일에 국회 본회의에서 비준안을 기습적으로 강행 처리하였다. 국회의 비준동의가 필요하지 않은 국제조약인데도 국회와 여론의 반대로 추진이 중단된 사례도 있다. 이명박정부가 추진하려던 한일군사정보보호협정은 당시 제1야당인 민주통합당의 반대에도 불구하고 2012년 6월 26일에 국무회의에서 비공개 안건으로 이 협정안을 상정해 비밀리에 통과시켰다. 이 사실이 언론에 공개되자 밀실추진 논란으로 야당이 반발했고 시민단체와 국민 사이에 반대 여론이 확산되었다. 반대가 거세지자 여당인 새누리당은 외교부에 체결 연기를 요청했고 결국 한일 간 서명식이 취소된 사례이다. 이러한 사례들은 국회가 정부의 국제조약 체결 추진에 어떻게 영향을 주는

---

52) '국제연합 평화유지활동 참여에 관한 법률,' [시행 2010. 4. 26.] [법률 제9939호, 2010.1.25., 제정], 법제처 국가법령센터 참조.

지를 보여준다.

셋째, 국회는 헌법 제60조 제2항에 따라 국군의 해외 파병에 대한 비준 동의권을 갖고 있다. 이 권한을 통해서 국회는 정부의 해외 파병 정책에 영향력을 행사한다. 해외 파병을 추진할지에 관해서는 대통령이 국무총리, 국가안보실장, 외교부장관, 국방부장관, 국가정보원장 등 관련 부처 장관들과 협의하여 NSC 전체회의를 통해 최종 결정을 한다. 한편, 국회는 비준 동의권이 있어서 대통령과 정책 참모들이 해외 파병 결정의 구체적 내용인 파병의 성격, 규모, 시기 등을 논의하고 결정하는 과정에 영향을 미친다.

노무현정부 시기의 이라크 추가 파병정책의 사례를 통해 당시 국회의 역할을 파악해보자. 2003년 10월 18일에 노무현정부는 NSC 회의를 통해 이라크에 추가파병을 한다는 기본 정책을 결정하였다. 이후 12월 17일에 노무현 대통령은 안보장관회의를 통해 추가파병의 구체적 내용으로서 3,000명 규모의 전투병과 비전투병의 혼성부대를 이라크 재건과 평화 정착(치안 유지)의 임무를 위해 키르쿠크지역에 파병하기로 결정하고 국무회의의 의결을 거쳐 확정하였다. 추가파병을 한다는 기본정책은 대통령이 주도하여 파병정책의 목표, 이라크 현지 치안상황, 국내 여론, 추가파병의 안보 및 경제적 효과 등에 관해 안보관계장관회의, NSC 상임위원회 등을 통해 지속적인 논의를 거쳐 NSC 전체회의를 개최하여 결정하였다.53) 그런데 추가파병의 성격과 형태, 규모 등을 구체적 내용을 포함한 12월의 결정에는 국회가 일정 부분 영향을 주었다. 당시 국회는 11월말에 추가파병 문제를 심의하기 위해 이라크 현지에 조사단을 파견하였고 조사결과 보고서를 통해 독자적인 지휘권을 갖고 특정지역을 맡아 치안유지와 재건지원을 동시에 수행하는 전투병과 비전투병의 혼성군 파병을 정부에 제안하였다. 또한, 파병지역으로 북부 키르쿠크와 니나와를 제안하였다.54) 이러한 제안은 정부의 결정에 영향을 준 것으로 판단된다. 이후 대통령의 국회 4당 대표와의 회동, 국무총리의 정책협의회를 통해 국회의 지지를 확보하기 위해 노력하였다. 결국 2004년 2월13일에 추가파병 동의안이 국회 본회의를 통과하였다.

넷째, 국회는 정부의 외교정책 수립과 이행에 대해 감사 및 조사 권한을 통해 감시와 견제의 역할을 한다. 우선 국회는 매년 국정 전반에 대하여 소관 상임위원회별로 30일 이내 기간에 국정감사를 실시한다. 외교부와 통일부가 추진한 외교·안보정책의 내용에 대해서는 국회 외교통일위원회의 국정감사에서 다루고, 한미연합훈련, 전시작전통제권 전환 등 한미동맹의 군사협력 이슈는 국방위원회 국정감사에서 다룬다. 국회 운영위원회는 국가안보실에 대해, 정보위원회는 국가정보원에 대해 각각 국정감사를 실시한다. 또한, 국회는 재적의원 4분의 1 이상의 요구가 있는 때에는 특별위원회 또는 상임위원회가 국정의 특정사안에 관하여 국정조사를 한다. 여기에는 물론 외교·안보·국방에 관한 사안들이 포함된다. 국회 상임위원회나 특별위원회가 감사 또는 조사를 마

---

53) 대통령자문 정책기획위원회, 『이라크파병의 성과와 교훈: 국익과 세계평화를 위한 이라크 파병의 전말』 참여정부 정책보고서 2-47 (2008), pp. 14-15.

54) "국회 이라크조사단 '지역담당 독립부대' 제안," 『연합뉴스』 2003. 12. 2. http://www.ohmynews.com/NWS_Web/View/at_pg.aspx?CNTN_CD=A0000156870

치면 보고서를 의장에게 제출하고 본회의 의결로 감사 또는 조사 결과를 처리한다. 이후 국회는 감사 또는 조사 결과 위법하거나 부당한 사항이 있을 때는 정부 또는 해당 기관에 변상, 징계조치, 제도개선, 예산조정 등 시정을 요구하고 처리해야 할 사항을 송부한다. 이에 대해 정부 또는 해당기관은 시정 및 처리한 결과를 국회에 보고해야 한다.[55] 또한, 헌법 제63조에는 국회가 국무총리와 국무위원에 대한 해임 건의의 권한을 규정하고 있다. 따라서 국회는 이러한 국정감사와 국정조사를 통해 국무총리와 국무위원을 대상으로 직무집행상의 위법행위나 정치적 무능, 정책결정 상의 과오가 있는 경우 해임을 건의할 수 있다. 해임건의는 재적의원 3분의 1이상의 찬성으로 발의되며 재적의원 과반수의 찬성으로 의결된다. 그러나 법적 구속력이 없어서 대통령이 해임을 거부하면 무효화된다.

다섯째, 정부는 주요 외교·안보정책을 추진할 때 또는 중대한 국제 현안이 발생했을 때 소관 상임위원회에서 요구가 있으면 보고해야할 의무가 있다. 예컨대 정부는 통상조약을 추진할 때 외교통일위원회나 산업통상자원중소벤처기업위원회 등의 요구가 있을 시에는 진행 중인 통상협상 또는 서명이 완료된 통상조약에 관한 사항을 보고해야 한다. 그리고 통상조약이 체결되었을 때는 그 경과 및 주요 내용 등을 바로 산업통상자원중소벤처기업위원회에 보고해야 한다.[56] 또한, 외교부나 통일부는 우크라이나 전쟁, 북한의 핵실험 등 중대한 국제현안이 발생했을 때에는 외교통일위원회에 보고하고 대응방안을 협의한다. 국가정보원도 북한 관련 주요 정세를 정보위원회에 보고한다. 이러한 보고를 통해 국회는 정부의 관련 정책추진에 대해 점검하고 감시할 수 있다.

마지막으로, 국회는 의회외교를 통해 정부의 외교정책 추진에 영향을 끼치려 한다. 의회외교는 국회의원, 의회의 외교단체 등이 외국의 의회, 정부, 단체 등을 상대로 국내외 정책 현안에 관해 지지의 확보, 협력 및 교류의 증진을 위해 수행하는 외교활동을 의미한다. 의회외교 활동의 주체로는 의장단(국회의장, 부의장), 의회외교단체, 상임위원회 대표단, 특정 현안 대표단, 국제회의 대표단 등이다. 의회외교의 유형은 외국의회의 주요 인사를 공식 초청하여 교류·협력하는 초청외교, 외국을 방문하여 외국의회, 정부의 주요 인사를 예방하고 면담하는 방문외교, 국제의회연맹(IPU) 등 국제회의에 국회 대표단을 파견하거나 국제회의를 한국에서 개최함으로써 다자간 교류협력을 하는 국제회의 외교 등이 있다. 이러한 의회외교는 외국의회와 교류 및 협력을 통해 주요 국제현안이나 한국 관련 현안에 대해 한국의 입장이나 정책을 홍보하고 외교적 지지를 얻어내는 것이 주요 목적이다.[57]

이러한 의회외교의 최근 사례로서 한일 의원 간 외교활동이 있다. 우선 1972년에 설립된 한일 의원연맹은 매년 1회 합동총회를 개최하여 양국 공동현안에 대한 논의와 양국 관계 발전을 모색해 왔는데 2018년 10월 강제징용피해자 문제에 대

---

55) '국정감사 및 조사에 관한 법률' [시행 2022. 5. 30.] [법률 제18192호, 2021. 5. 18., 타법개정], 법제처 국가법령센터 참조.

56) '통상조약의 체결절차 및 이행에 관한 법률,' [시행 2017. 7. 26.] [법률 제14840호, 2017. 7. 26. 타법개정], 법제처 국가법령센터 참조.

57) 국회, "의회외교 개요," https://www.assembly.go.kr/portal/main/contents.do?menuNo=600081 참조.

한 대법원판결 이후 급속히 악화된 한일관계 속에서 2020년과 2021년 2년간 중단되었다. 그러다 2022년 11월에 합동총회가 재개되어 현안들을 논의하고 공동성명을 발표하였다. 공동성명에서는 양국 관계를 정상화해야 한다는 데 동의했고 이를 위해 한일정상 간 '셔틀 외교'를 부활시킬 수 있도록 양국 의원들이 노력하기로 합의했다. 또한, 북한 핵과 탄도미사일 위협에 대처하기 위해 한일의회 간 안보 대화를 추진하기로 했다.[58] 한편, 2019년 5월과 7월에는 국회 대표단이 방일하여 강제징용 피해자 문제, 한국에 대한 일본의 수출규제 조치 등 현안들을 논의하고 해법을 모색했으나 양국 간의 인식 차이를 확인하는 데 그쳤다. 이밖에 2016년 5월에 출범한 '한일의회 미래대화'는 경제협력, 환경, 문화, 저출산, 고령화 등 양국이 공통으로 직면하고 있는 현안들을 미래지향적으로 논의하기 위한 의회외교 활동이다. 2018년 2월에 제2차 회의가 개최되었으나 이후에는 중단된 상태이다. 이러한 최근의 대일 의회외교 활동은 실제로 정부의 대일정책 추진이나 변화에 실질적인 영향을 주지 못해온 것이 현실이다.

6. 외교정책결정체계의 평가

이러한 논의를 통해 한국의 외교정책결정체계의 특징을 평가하면 첫째, 정책결정이 대통령실 중심으로 이루어지는 경우와 외교부, 통일부, 기획재정부 등 유관 부처 중심으로 이루어지는 경우로 이원화되어 있다고 할 수 있다. 국가안보와 관련된 주요 외교·안보정책은 대통령실 중심으로 결정되고 통상적인 외교정책은 외교부를 중심으로 유관 부처 간 협의하여 결정된다. 그리고 결정된 정책을 이행하는 것은 외교부, 통일부, 국방부, 산업통상자원부 등 유관 부처에서 담당하고 대통령실에서 이행을 점검한다. 어느 외교·안보 정책 의제를 대통령실에서 다룰지를 정하는 것은 대통령이나 국가안보실이 결정하거나 혹은 외교부, 통일부, 국방부 등 유관 부처의 요청으로 이루어진다. 그러나 유관 부처에서 요청하는 경우 부처 이기주의와 편협한 시각이 작용할 여지가 있어서 대통령이나 국가안보실에서 결정하는 것이 바람직하다. 또한, 국가안보와 관련된 정책영역이 전통적인 군사안보에 더하여 경제안보, 에너지안보, 환경안보, 사이버안보, 보건안보 등으로 확대되고 복잡화되고 있다. 이러한 상황에서는 대통령실 중심의 결정체계에서 다루어야 하는 정책 의제의 범위와 내용을 구체적으로 정하는 지침이나 규정을 마련하는 것이 필요하다.

둘째, 검토한 역대 정부의 대통령실 중심의 외교정책결정체계는 대통령비서실 중심체계, NSC 중심체계, 대통령비서실과 NSC 병렬 운영체계의 세 가지 유형으로 구분이 된다. NSC 중심체계와 대통령비서실 중심체계는 장단점이 상반되는 것으로 평가된다. 즉, NSC 중심체계의 장점은 정책의 일관성 및 연속성 유지, 중장기 정책 및 전략의 개발 가능, 정부 부처 간 조정과 통합의 원활 등이다. 단점으로는 권력 집중과 견제 장치의 취약, 정부 부처의 역할 및 의견 축소, 정책 편향성 등이다. 한편, 비서실 중심체계의 장점은 정부 부처의 자율성 증대와 역할의 활성화, 업무추진의

---

[58] "한일 의원들 양국 정상 셔틀외교 부활시켜야," 『조선일보』, 2022년 11월 4일. https://www.chosun.com/politics/2022/11/04/OAKKH7GLLVFP7IZCHDZ6S2EC64/

신속성, 권력분산에 따른 균형과 견제 등이다. 단점은 정부 부처 간 조정 및 통합의 미흡, 정책 일관성 부족, 매너리즘 및 관성적 업무 수행 등으로 평가된다.[59] 그런데 국가안보와 관련된 정책 사안이 확대되고 복잡화되는 상황에서는 정책결정과정에 다수의 정부 유관 부처가 관여하는 것이 불가피하다. 따라서 정부 부처 간 정책 조정과 통합을 원활하게 하고 다양한 안보 위협에 신속하고 효율적으로 대응하기 위해서는 현행 NSC 중심체계를 유지하고 내실화하는 것이 바람직하다.

셋째, 외교정책결정체계에서 통상적인 외교정책의 주관부처는 외교부인데 정책 사안에 따라 정책결정과정에서 다른 유관 부처와의 긴밀한 협의를 진행해왔다. 이를 위해 유관 부처 간 협의를 위한 조직과 절차가 운영되고 있다. 예컨대 유엔평화유지활동 정책협의회, 공공외교위원회, 무상개발협력전략회의 등이 그러한 조직이다. 통상정책의 경우에는 산업통상자원부가 주관하는 통상추진위원회가 부처 간 정책협의회의 기능을 하고 있다. 그러나 중요한 외교정책 영역으로 부상한 환경외교, 에너지외교, 보건외교, 인간안보외교 등도 유관 부처 간 긴밀한 협의와 조율이 필요한데 아직 제도화된 정책 협의체가 존재하지 않고 있다. 한편, 정책을 결정하는 데 유관 부처 간 조정과 통합이 이러한 협의체를 통해서 비교적 활발히 이루어지고 있으나 정책의 이행과정에서는 조율을 위한 협의체나 절차가 제도화되어 있지 않다. 따라서 기존의 정책 협의체의 역할을 확대하거나 정책 이행을 조정하는 실무 협의체를 신설해 운영하는 것이 필요하다.

넷째, 입법부인 국회는 정부의 외교정책결정과 이행에 제한적으로 영향을 준다. 우선 국회는 정부가 구체적인 외교정책을 결정하는 데 실질적인 영향력을 발휘하지 못한다. 이는 국회가 외교정책결정에 직접 참여하는 권한이 없을 뿐만 아니라 외교정책에 대한 정보나 전문성에서 정부에 뒤지기 때문이다. 또한, 국회는 주로 지역구의 이익을 대변하기 때문에 지역구의 이익과 직접 연관이 없는 국가이익 차원의 외교정책에 관해서는 관심과 민감성이 상대적으로 떨어지는 것도 또 다른 이유이다.[60] 그러나 국회는 정부 부처가 외교정책을 이행하는 과정에는 실질적 영향을 미친다. 우선 주요 국제조약이나 해외파병에 대한 비준 동의권을 행사하여 결정된 정책이 실행되도록 한다. 또한, 실행되는 과정에서 정부와 협의하고 정부로부터 보고 받음으로써 정책이 제대로 이행되는지 감시한다. 게다가 정책 이행의 결과를 조사하여 행정부가 잘못되거나 성과가 미비한 점을 향후 외교정책 추진과정에서 개선하도록 압력을 행사하기도 한다.

7. 결론

이 장에서는 한국의 외교정책결정체계를 대통령실 중심의 결정구조와 과정, 그리고 정부 유관 부처의 결정구조와 과정으로 나누어 구체적으로 파악하였다. 다음으로 외교정책의 결정과 이행과정

---

59) 동아시아연구원 외교안보정책체계 연구팀, 『바람직한 한국형 외교안보정책 컨트롤타워』 특별보고서, 동아시아연구원 (2013.1), pp. 2-3 참조.

60) 장훈, "이라크 추가파병(2003~2004년) 결정과정의 분석: 대통령과 국회, 시민사회의 역할 변화를 중심으로," 『분쟁해결연구』 제13집 2호 (2015), p. 129.

에서 입법부가 어떠한 역할과 영향력을 행사하는지 설명하였다. 이러한 논의를 요약하면 다음과 같다. 현재 국가안보와 관련된 주요 외교·안보정책은 대통령실 산하의 국가안보실을 중심으로 NSC 회의체인 NSC 상임위원회나 대통령이 주재하는 NSC 전체회의에서 논의하여 결정된다. 이러한 정책 중에서 선전포고, 강화조약, 기타 중요한 외교정책, 조약안, 군사에 관한 중요 사항 등은 국무회의의 의결을 거쳐 결정된다. 결정된 정책은 정부 유관 부처를 통해 이행된다.

한편, 통상적인 외교정책은 주관부처인 외교부에서 주로 수립하여 외교부와 유관 부처를 통해 이행된다. 대북정책 중 남북교류 및 협력에 관한 정책은 통일부에서 수립하여 이행한다. 국방부는 대북정책 중에서 군사 분야에 관한 정책을 수립하고 이행하는 업무의 주관기관이다. 또한, 한미동맹 협력, 다자간 군사안보협력 등에 관한 정책도 주관하는 부처이다. 국가정보원은 북한 관련 정보를 수집·작성하여 대북정책을 담당하는 부처에 제공하는 업무를 담당한다. 또한, NSC 상임위원인 국가정보원장을 중심으로 대북정책결정에 관여한다. 주요 대외경제정책은 기획재정부에 있는 대외경제장관회의에서 심의·조정하여 결정되고 대통령의 승인을 얻으면 대외경제 관련 부처들에 의해 이행된다. 산업통상자원부의 통상교섭본부는 외국과의 통상협상을 추진하고 유관 부처의 통상 관련 업무를 총괄하고 조정하는 역할을 담당한다.

입법부는 외교정책에 관한 법률의 제정 및 개정, 주요 국제조약에 관한 비준 동의, 국군의 해외파견에 대한 동의, 정부의 외교정책 수행에 대한 감사와 조사, 외교정책 수행에 관해 관련 정부부처의 보고를 받고 협의하는 것 등의 역할을 통해 행정부의 외교정책 추진에 영향력을 행사한다. 그런데 국회는 외교정책을 결정하는 과정에는 매우 제한적으로만 영향을 주고 정책을 이행하는 과정에는 실질적인 영향을 미친다.

이상의 논의를 바탕으로 한국의 외교정책결정체계에 있어 몇 가지 개선해야 할 점을 제시하면 다음과 같다. 첫째, 대통령이 주재하는 NSC 전체회의를 정례화하고 활성화하는 것이 필요하다. 이 장에서 논의한 역대 정부의 사례에서 파악하였듯이 대통령이 주재하는 NSC 전체회의는 중대하고 긴급한 외교·안보정책 사안이 있는 경우에 선택적으로 소집되었다. 그 결과 NSC 전체회의는 정례화되지 않았고 개최 횟수도 적었다. 문재인정부가 예외적으로 NSC 전체회의 개최 빈도가 상대적으로 높은 편이었다. 한편, 역대 대통령들은 공식적인 NSC 전체회의 대신에 법령에 규정되어 있지 않은 임의적 회의체를 소집해서 정책결정을 하는 경향이 있었다. 이명박정부에서의 대외안보장관회의, 박근혜정부와 문재인정부에서의 외교안보장관회의 등을 통한 결정의 사례가 이에 해당한다. 그러나 법령에 없는 임의적 회의체를 통해 정책결정이 이루어지는 경우 유관 부처 간 협의와 조정이 미흡하여 신속한 상황 파악과 적절한 대응책 마련이 이루어지지 않을 가능성이 있다. 따라서 대통령이 주재하는 NSC 회의를 정례화하고 활성화하여 주요 외교·안보 사안을 시의적절하고 효과적으로 논의해 결정하는 것이 바람직하다.

둘째, 급변하는 한반도 및 국제정세를 신속하고 정확하게 파악하여 대응책을 마련하기 위해 과거 김대중정부와 노무현정부 시기에 설치했던

NSC 정세평가회의를 부활하여 정례화하는 것이 필요하다. 이 회의에서는 외교부, 통일부, 국방부, 국가정보원으로부터의 정보를 종합하고 평가하여 NSC 상임위원회와 전체회의에서 정책을 결정할 때 수시로 활용될 수 있도록 하는 것이다. 현재는 정보를 종합하여 평가하는 부서가 국가안보실 1차장 산하의 안보전략비서관실과 2차장 산하의 정보융합팀으로 분리되어 있는데 국가안보실이 운영하는 NSC 정세평가회의를 복원하고 정례화하여 총괄하는 기능을 부여하는 것이 바람직하다.

셋째, 국가안보실 국가위기관리센터의 역할을 강화하는 것이 필요하다. 문재인정부 시기에는 국가위기관리센터가 국가안보실장 직속 조직이어서 대통령실이 대외적 안보 위기 및 중대 재난에 대응하는 데 컨트롤타워의 역할을 하였다. 그러나 윤석열정부 들어서 국가위기관리센터가 국가안보실 2차장 산하 조직이 되고 역할도 대외적 안보 위기관리와 대응에 초점이 맞추어짐으로써 국내적으로 중대 재난이 발생했을 경우 국가위기관리센터와 행정안전부의 중앙재난안전대책본부 중 어느 조직이 컨트롤타워의 역할을 하는지에 관해 논란의 여지가 있다. 따라서 국가위기관리센터에서 총괄하는 국가위기의 유형과 범위를 명확히 하고 중대 재난도 국가위기의 범위에 포함해서 대통령실이 콘트롤타워의 역할을 담당해야 한다.

넷째, 대외경제정책을 총괄하는 조직을 재정비할 필요가 있다. 현재 주요 대외경제정책은 기획재정부에 설치된 경제부총리가 주재하는 대외경제장관회의에서 심의하여 결정한다. 또한, 문재인정부 시기인 2021년 9월에 경제부총리가 역시 의장인 대외경제안보전략회의가 신설되었다. 이후 임기 말까지 6차례 회의를 개최하여 주요 대외경제정책 사안들을 논의하고 대응책을 수립하는 역할을 하였다. 그러나 이 회의는 상설화된 지원조직도 없고 아직 정례화되지 않았다. 게다가 대외경제장관회의와의 관계나 역할 분담도 불분명하다. 한편, 문재인정부 임기 말에는 경제안보와 신흥기술 안보 등과 관련된 안보전략을 논의하기 위해 NSC 확대관계장관회의를 개최하였다. 기존 NSC 위원 이외에 부총리 겸 기획재정부장관, 산업통상자원부 장관, 보건복지부장관, 대통령실 경제수석, 과학기술보좌관 등이 참석하였다. 이같이 대외경제정책과 관련해서 복수의 회의체가 존재하고 대외경제정책과 관련된 부처도 외교부, 기획재정부, 통상자원산업부 등이 있어 역할이 중복되고 있다. 따라서 대외경제정책을 총괄하고 조정하는 조직을 재정비해야 하는 과제가 있다.

토의주제

1. 외교정책을 이해하는 데 결정과정을 파악하는 것이 왜 중요한가? 결정과정을 파악하는 데 어떠한 어려움과 한계가 있는가?
2. 한국외교·안보정책결정의 구조에 영향을 주는 요인들을 파악하고 대통령의 관리 스타일이 어떠한 영향을 주는지 토의해보자.
3. 정책결정자의 개별적 선호 옵션들이 수렴되어 최종 결정을 산출하는 집단적 결정과정에서는 어떠한 요인들이 중요하게 작용하는지 토의해보자.
4. 대통령실 중심의 외교정책결정과정과 외교부 등 정부 부처 중심의 외교정책결정과정의 유사점과 차이점들에 대해 토의해보자.
5. 최근 역대 정부들의 외교·안보정책결정구조의 유사점과 차이점에 대해 토의해보자.
6. 한국의 외교정책결정과정에 있어 국회의 역할과 영향력에 대해 토의하고 국회의 영향력이 제한적인 이유(들)는 무엇인지 파악해보자.
7. 한국외교정책결정의 구조와 과정상에 문제점과 개선해야 할 것에 대해 토의해보자.

참고문헌

1. 한글문헌

김영인·배종윤. "한국 외교안보정책에 있어 대통령의 정책 조율과 현실적 한계에 관한 연구: 노무현 정부의 NSC 운영사례를 중심으로." 『국제정치논총』 제56집 3호 (2016).

김현. "외교정책결정의 구조와 과정." 김계동 외 공저. 『현대외교정책론』 제4판. 서울: 명인문화사, 2022.

대통령자문 정책기획위원회. 『이라크파병의 성과와 교훈: 국익과 세계평화를 위한 이라크 파병의 전말』 참여정부 정책보고서 2-47 (2008).

동아시아연구원 외교안보정책체계연구팀. 『바람직한 한국형 외교안보정책 컨트롤타워』 특별보고서 (서울: 동아시아연구원, 2013.1).

윤태영. 『위기관리 리더십: 국가안보장회의(NSC) 운영국가 사례연구』. 서울: 진영사, 2019.

이광희 외. 『효과적인 정책조정을 위한 국정운영시스템 혁신 방안』. 경제·인문사회연구회, 2022.

장훈. "이라크 추가파병(2003~2004년) 결정과정의 분석: 대통령과 국회, 시민사회의 역할 변화를 중심으로." 『분쟁해결연구』 제13집 2호 (2015).

전봉근. "국가안보 총괄조정체제 변천과 국가안보실 구상." 『주요 국제문제분석』 (서울: 국립외교원 외교안보연구소, 2013. 2. 7).

최아진. 『의원외교의 제도적 지속성을 위한 과제: 믹타 국회의장회의, 유라시아 의장회의, 한일의회 미래대화를 중심으로』. 국회입법조사처 정책용역보고서 (2016. 9).

2. 영어문헌

Steven Hook 지음. 이상현 옮김. 『미국 외교정책: 강대국의 패러독스』. 서울: 명인문화사, 2014.

Knecht, Thomas, and M. Weatherford. "Public Opinion and Foreign Policy: The Stages of Presidential Decision Making." *International Studies Quarterly* 50-3 (Sept. 2006).

Maoz, Zeev. *National Choices and International Processes*. New York: Cambridge University Press, 1990.

Morin, Jean-Frédéric, and Jonathan Paquin. *Foreign Policy Analysis: A Toolbox*. London: Palgrave Macmillan, 2018.

Renshon, Jonathan, and Stanley Renshon. "The Theory and Practice of Foreign Policy Decision Making." *Political Psychology* 29-4 (July 2008).

4장 한국의 국내정치와 외교정책

1. 서론　　　　　　　　　　98
2. 한국외교정책결정과 국내정치적 논쟁 유발 요인　　　　　100
3. 한국외교정책에 대한 정치제도적 요인　　106
4. 한국외교정책에 대한 정치사회적 영향　　115
5. 한국외교정책과 국내 정치의 연계 및 한계　123
6. 결론: 한국외교정책의 분석적 접근과 논리적 이해의 강화 방안　124

배종윤(연세대 정치외교학과)

1. 서론

한 국가의 외교정책을 공공정책과 구분하여 분석하는 배경에는 국경선 내의 국내적 수준에서 국내 행위자들의 이해관계에 따라 진행되는 공공정책과 달리, 외교정책은 국가의 생존이나 번영 등과 같이 국가적 수준의 이익을 국경선 밖에서 실현하기 위해 추진하는 정책이기 때문이다. 따라서 공공정책에는 다양한 국내의 정치적 이해관계가 복잡하게 연계될 수도 있고, 이와 관련한 정치적 논쟁이 발생할 수도 있다는 점을 전제로 한다. 반면, 외교정책은 원론적으로 국가적 수준의 이익을 다룬다는 점에서 정책에 대한 통일된 의견과 단합된 태도로 대응하는 것이 필요하다는 측면에서, 국내정치적 논쟁보다는 전 국가적 차원에서 합의된 의견이나 가치가 반영되어야 한다는 점을 전제로 한다. "외교정책에 대한 정치적 논쟁은 국경선 앞에서 멈춘다"는 언급도 이러한 측면을 표현한 것이라 할 수 있다. 그러나 이러한 당위적인 전제에도 불구하고, 현실적인 측면에서는 외교정책의 결정 및 추진에 있어 국내정치적 이해관계의 개입이나 정치적 요소의 영향력 행사가 발생하는 현상은 쉽게 발견될 수 있으며, 한국외교정책의 경우도 예외가 아니라 하겠다.

한국외교가 목표로 하는 정책 대상의 수와 내용, 영역, 지역, 행위자들이 확대되는 현상과 함께, 세계화 및 국제화 등으로 인해 국내의 다양한 행위자들과 국제적 행위자들이 서로 연계되는 경우가 많아지게 되었고, 다양한 이해관계들이 서로 공존하는 현상이 일상화되고 있다. 결국, 외교정책을 결정하고 집행하는 과정에서도 이러한 다양한 행위자들과 그들의 다양한 이해관계, 상충적인 가치들은 쉽게 합의를 이루기 힘든 상황에 직면하는 현상이 빈번해지게 되었고, 국경선 앞은 물론이고 국경선을 넘어서까지도 갈등하거나 대립하는 상황이 발생하게 된다. 이 과정에서 다양한 행위자들은 자신에게 유리한 또는 자신의 입장에서 적절하다고 판단되는 내용이나 가치를 외교정책에 반영하기 위해 정책결정과정에 참여하기를 희망하게 되거나, 또는 직간접적인 영향력을 행사하려는 모습을 보이게 되면서, 다양한 형태의 정치적 행위가 외교정책결정과정에서 발생하게 되는 것이다. 그리고 그 결과는 외교정책에 대한 기본적이고도 당위적인 전제와 달리, 한국외교정책을 연구하는 학술 연구자들이나 관찰자들, 일반 국민은 한국외교정책과 국내정치와의 연계성을 쉽게 유추할 수 있는 사건이나, 경우에 따라서는 직접적으로 강력하게 연계되어 노출되는 현상들을 확인할 수 있게 되었다.

한국의 외교정책이 국내정치적 현상과 연계되거나 국내정치로부터 상당한 영향을 받는 현상들을 공개적으로 확인하기가 쉬워진 시점은 대체로 국제사회에서는 냉전이 종식되고 세계화가 본격화되는 한편, 한국 국내적으로는 민주화가 공고화되기 시작한 1990년대부터라고 할 수 있다. 특히 이러한 현상들은 국내외적으로 외교정책과 관련한 이념 및 가치의 다양화는 물론이고, 다양한 행위자들의 참여나 개입을 가능하게 하는 긍정적인 환경 요인들이었다. 그러나 1990년대 이전에는 한국외교정책의 결정과 집행과정에 국내정치적 요인이 절대로 개입하지 않았거나 연계된 적이 없었다고 단정하는 것도 쉽지 않다. 한국의 외교안보정책이 갖고 있는 매우 차별적인 특징들과 구조적 차별성 등을 고려하면, 1990년대 이전에도 외교정책들이 국내정치적 요소 및 현상과 연계될 수밖에 없는 상당한 개연성을 쉽게 유추할 수 있기 때문이다. 따라서 이 문제를 좀 더 정확하게 정리하자면, 1990년대 이전까지는 한국의 권위주의적 정치체제와 구조적 특성 등으로 인하여 한국외교정책의 결정과정 자체가 외부의 관찰자들에게 쉽게 관찰되지 않았거나, 대중들이 쉽게 확인할 수 없었기 때문에 외교정책의 결정과정에서 외교정책과 국내정치의 연계적 현상이 실제로 발생하고 있었다 하더라도 이를 공개적으로 확인하고 논의할 개연성이 크지 않았다고 할 수 있다. 반면, 1990년대 이후에는 국내외의 복합적인 상황변화로 인하여 외교정책과 국내정치적 요소들이 연계되고 서로 영향을 주고받는 장면들이 상대적으로 더 용이하게 관찰되고 있으며, 다양한 형태로 언론을 통해 대중에게 공개되고 있는 상황이라고 규정하는 것이 좀 더 적실성 있는 평가라 하겠다.

이 장에서는 외교정책은 탈정치화되어야 하고, 외교정책의 결정은 국가 전체의 이익에 근거하여 국가적 수준에서 책임감을 가지고 객관적으로 진행되어야 한다는 당위적 내용에도 불구하고, 현실적인 한국외교정책의 결정과 집행과정은 다양한 국내정치적 요인들에 의해 영향을 받고 있고, 정치적 이해관계에 따라 정책이 선택되고 있는 양상에 대해 살펴보고자 한다. 그런데 비록 교과서적이고 원론적 측면에서는 쉽게 수용하기 힘든 내용이라 하더라도, 국내정치에 영향을 받는 한국외교정책의 모습이 도덕적으로 잘못된 것이거나 징벌적 처벌의 대상이 되어야 한다는 단정적 접근은 다소 극단적이며, 오히려 비현실적인 대처가 될 수 있다. 이러한 모습들은 현대 국가의 운영과정에서 외교정책과 관련하여 진행되는 다소 불가피한 측면이라 할 수 있기 때문이다. 따라서 한국외교정책을 보다 현실적으로 분석하고, 적실성 있게 이해하기 위해 적극적으로 인지하고 검토해야 할 내용 또는 현상으로서 해당 상황을 수용할 필요가 있다. 더욱이 한국외교정책의 이러한 모습은 한국만의 모습이라고 보기 어려우며, 비록 구체적인 내용이나 형태는 다소 차이가 있다 하더라도 현대 국제사회의 국가 대부분이 외교정책을 결정하고 집행하는 과정에서 유사하게 직면하게 되는 일반적이면서도 공통적 현상이라는 점에서,[1] 외교정책을 분석하기에 앞서 전제할 주요 내용이라 할 수 있다.

2. 한국외교정책결정과 국내정치적 논쟁 유발요인

정치학의 기본적 시각에서 접근할 때, 정치 영역에서 쉽게 확인할 수 있는 내용 중의 하나는 주된 행위자들이 서로 다른 의견을 가질 수밖에 없고, 복수의 행위자들이 각자 갖고 있는 상이한 의견들은 대립을 초래하기 쉽다는 점이다. 결국, 상이한 가치의 차이로 인한 논쟁이나 갈등이 발생하는 것은 불가피하다. 그리고 이러한 정치적 측면은 국가의 이익을 다루는 외교정책을 결정하거나 선택하는 과정에서도 예외 없이 발생할 수 있으며, 불가피한 측면이 있다는 점을 전제로 한다. 따라서 외교정책도 정치적 논쟁과 대립, 갈등의 대상이 될 수밖에 없고, 정치적 이해관계와 연계되거나 개입될 수밖에 없다는 것이다. 다양한 이해관계 속에서 과연 무엇이 진정한 국가이익인지, 또는 다양한 국가이익 중에서 어떤 국가이익을 최우선적으로 달성해야 하는지에 대한 논란이 지속적으로 일어날 수밖에 없다. 그리고 비록 국가이익의 내용과 우선순위에 대한 합의가 존재함에도 불구하고, 해당 국가이익의 확보를 위하여 어떻게, 어떠한 방식으로 접근하는 것이 더 많은 효과와 성과를 낼 수 있는지에 대한 논란은 늘 있을 수밖에 없다. 결국, 외교정책의 결정과 선택에 있어 국내정치적 요인들이 강하게 개입하거나 다양한 정치적 이해관계가 투영되는 현상이 발생하게 된다. 그리고 이러한 측면은 대부분 국가에서 확인할 수 있는 보편적 현상이며, 불가피한 현상이라 할 수 있다.

한국외교정책의 경우에는 다른 국가와 마찬가지로 외교정책결정과정에서 국내정치적 논쟁을 유발시키고, 갈등과 대립을 초래하는 일반적인 요인들 이외에 차별적인 유발요인을 추가로 가지고 있다. 이 절에서는 한국외교정책에 대한 정치적 관여와 개입을 초래하게 만드는 다양한 요인 중에서 특히 주목해야 하는 의미 있는 요인들 몇 가지를 살펴보고자 한다.

1) 분단체제의 특수 상황

한국외교정책의 직접적인 영역 내에서 또는 외교정책과 관련된 인접 영역에서 정책 내용을 둘

---

1) Laura Neack, Jeanne A. K. Hey, and Patrick J. Haney (eds.), *Foreign Policy Analysis: Continuity and Change in Its Second Generation* (Englewood Cliffs: Prentice-Hall, 1995).

러싼 정치적 논쟁이 빈번하고 강력하게 발생하는 배경에는 분단된 한반도와 성공적인 통일의 완성, 남북한 사이의 체제 경쟁적 관계 등이 작동하고 있기 때문이다. 이는 한 국가의 이익에 있어 체제 생존이 위협받고, 주권과 영토의 문제를 포함하여 국가의 안위가 불안한 문제는 다른 어떤 현안들보다 가장 긴박하고 절대적 가치를 가질 수밖에 없다는 점을 고려하면, 당연하고 자연스러운 현상이라 할 수 있다. 분단국으로서, 그리고 1950년 6월 이후 한반도 내에서 전쟁상태가 지속되면서 장기간의 휴전체제에 놓여 있는 한국만이 직면하고 있는 매우 차별적이고도 특이한 외교정책상의 안보적 환경이라 할 수 있다.[2] 이는 한국의 외교정책은 물론이고 인접 영역이라 할 수 있는 대북정책 및 통일정책, 국방안보정책 등에 대해서도 공통적으로 영향을 미치고 있는 요인이다. 결국, 매우 절박하고 긴박한 외교안보적 요인이라는 점을 고려하면, 이러한 유발요인으로 인해 초래되는 정치적 논쟁은 매우 심각하며, 국내정치와의 연계 강도도 높을 수밖에 없으며, 외교정책에 미치는 직간접적인 영향도 빈번하고 강력하다 하겠다.

한국외교정책에 있어 국내정치적 논쟁을 초래하게 만드는 요인으로서 한반도 분단상황과 연계하여 한국외교정책이 주목하고 있는 국가이익의 내용과 우선순위를 먼저 살펴볼 필요가 있다. 한 국가의 외교정책을 분석할 때, 우선적으로 고려하게 되는 국가이익을 중요도나 시급성을 기준으로 구분하거나, 정책의 우선순위를 정할 때 고려하는 국가이익은 대체로 핵심이익(core interest), 중기이익(middle-range interests), 장기이익(long-range interests) 등으로 구분한다. 이 중에서 가장 우선해야 하는 핵심이익의 범주에는 일반적으로 영토와 주권 보호, 국민의 안녕과 같은 국가 생존의 문제가 포함된다. 물론 국가 생존 등의 문제가 어느 정도 해결된 국가에서는 다른 내용의 국가이익이 핵심이익이 되겠지만, 그렇지 않은 국가들은 여전히 생존의 문제가 핵심이익에 위치하게 된다. 그리고 생존이라는 핵심이익은 경우에 따라 상대적으로 덜 중요한 다른 이익들을 포기하면서까지 확보하게 되는 대상이 된다. 70년 동안 휴전체제 아래 놓여 있고, 북한이라고 하는 분명한 군사안보적 적과 대치하고 있는 한국의 입장에서는 여전히 생존이라는 핵심이익을 성공적으로 확보하지 못한 경우에 해당하며, 외교정책을 결정하고 집행하는 데 있어 생존의 문제를 가장 우선적으로 고려하는 모습을 보여 오고 있다. 그리고 이는 북한의 위협에 대한 인식과 국제적인 대응과정에서 한국외교정책을 강력하게 압박해 왔다.

1980년대 말까지 남북한 체제경쟁의 심화와 북한의 군사적 도발 및 안보위협 때문에, 한국외교정책결정과정은 상대적으로 공개되지 않은 채 은밀하게 진행되는 경우가 많았고, 그 결과 정치적 개입이나 영향으로부터 상대적으로 자유로운 듯한 모습을 보였다. 1948년 대한민국 정부가 수립된 이후, 1980년대까지 진행된 한국외교정책의 대부분은 직간접적으로 한국정부의 체제 생존 문제 및 남북한 체제경쟁에서의 우위 선점 시도들과 관련되어 있었고, 국제사회에서 북한과 대비하여 한국의 정통성과 존재적 위상을 인정받는 작업과 연계되어 있었기 때문이다. 북한과 치열한 '외교전쟁'을 진행하는 과정에서 한국정부가 외

---

2) 하영선, "한국외교정책 분석틀의 모색," 『국제정치논총』 제28집 2호 (1988), pp. 3-15.

교정책의 결정과정을 공개하고, 선택한 외교정책 내용을 사전에 공지하는 것은 북한을 이롭게 하는 결과를 초래할 수밖에 없었다는 점을 고려하면 불가피한 측면이 있었다고 할 수 있다. 1960년부터 1980년대까지 '외교전쟁'이라고 불릴 만큼, UN과 제3세계 국가들을 대상으로 한 남북한 사이의 외교경쟁은 치열했고, 그 과정에서 한국외교가 쉽게 우위를 점하지 못했던 것이 현실이었다는 점은[3] 이러한 현상이 초래하게 된 배경을 쉽게 유추하게 해준다.

한편, 북한의 군사안보적 도발과 위협이 가시적인 형태로서 상존하는 상황이 지속되었던 점을 고려할 때, 국가안보와 관련한 외교정책을 대중에게 공개하면서 진행한다는 것이 현실적으로 쉽지 않았다는 점도 고려될 수 있을 것이다. 1950년 발발한 한국전쟁은 물론이고, 휴전 이전과 이후 휴전선 인근의 비무장지대에서는 무수하게 반복된 북한의 무력 도발과 남북한 간의 군사충돌이 있었다. 특히 1968년 1월 북한의 무장 공작원들에 의한 청와대 기습 사건, 며칠 후 동해에서 발생한 미국 정찰함 푸에블로호 납치사건, 1968년 10월 울진삼척지역에서의 무장공비 침투사건, 1969년 4월 미 해군 EC-121 정찰기 격추사건, 1974년 8월 박정희 대통령 암살 시도 및 육영수 여사 피살사건, 1976년 8월 판문점 도끼만행 사건, 1983년 10월 미얀마 아웅산 묘지 테러 사건, 1987년 11월 KAL 여객기 858편 폭파사건 등과 같은 사건의 연속을 고려할 때, 한국외교 정책은 국가 안위를 유지하기 위한 다양한 방안에 집중할 수밖에 없었을 것이다. 결국, 한국외교 정책의 이러한 측면들은 동맹국가 및 한국에 우호적인 국가들과의 정책협력이 필요한 상황에서 관련 외교정책의 결정과 집행 작업들이 소수에 의해 비밀스럽게 진행될 수밖에 없었던 요인으로 작용했다고 유추해 볼 수 있다.

그러나 1990년대에 접어들면서, 한국의 정치는 권위주의 정치체제의 모습들을 극복하고 민주주의 공고화의 과정에 접어들게 된 점, 그리고 완전히 급반전하게 된 남북한관계의 모습은 1980년대와 상당히 차별적인 모습이었다. 특히 남북한관계에 있어 한국이 정치적 민주화는 물론이고, 경제적 고도성장을 동시에 성공적으로 달성하였으며, 1988년 서울 하계올림픽을 성공적으로 개최하게 되면서 한국의 정치, 경제, 외교적 위상은 북한에 비해 전반적인 우위를 차지하게 되었다. 북한은 탈냉전 시점을 전후하여 구사회주의권의 체제 붕괴와 함께 장기간의 식량난, 에너지난 등에 직면하였고, 1990년대에는 고난의 행군 시기 동안 북한 주민들의 대량 탈북사태가 발생하는 심각한 총체적인 위기 상황에 직면하였다. 반면, 비록 북한 핵문제와 미사일 문제가 새로운 안보위협요인으로 부상하기는 했지만, 1990년대 이전에 비해 한국외교는 국제사회에서 북한을 상대할 때 상당한 자신감을 가지게 되었고, 군사적 성장과 방위력 증강을 통해 북한의 새로운 군사적 안보위기에도 불구하고 자신감 있는 적극적 대응을 진행할 수 있게 되었다. 이처럼 한국의 성장과 남북한관계의 위상 변화는 한국외교에도 다양한 영향을 미쳤고, 과거와 달리 국가의 생존과 국가이익에 대한 인식에 있어 다양한 입장과 이해관계의 공존을 가능하게 하였다. 결과

---

3) 배종윤, "한국대외정책의 정책기조 전환에 관한 연구: 6.23선언과 정책의 실효성 상실 여부를 중심으로," 『동서연구』 제28권 1호 (2016), pp. 143-173.

적으로 1990년대부터 한국외교정책에 국내정치적 개입과 영향력 행사가 빈번하게 발생하는 현상의 배경들 중 하나로 작용하게 된다.

한편, 한국외교정책이 분단상황과 관련하여 차별적인 모습을 보일 수밖에 없는 또 다른 특수상황으로서, 한국의 외교안보정책의 대상 및 영역적 측면에 주목할 필요가 있다. 한국의 외교정책과 대북정책은 외교부의 관할과 통일부의 관할처럼 기본적 성격이 분명하게 구별되는 영역이기는 하지만, 이 두 영역은 북한을 어떻게 인식하는지, 남북한관계가 어떤 상황에 처해있는지에 따라 상호 간에 상당한 영향을 주고받는다. 그리고 생존과 관련된 한국의 핵심이익과 관련하여, 대북정책과 외교정책은 북한 문제를 같이 주목해야만 하는 상황을 공유하기도 한다. 즉, 국제사회에서 국가 간 또는 국제기구 등과의 관계를 담당하는 외교부와 달리, 남북한의 양자관계에 주목하는 통일부의 업무는 분명히 차별적이라 할 수 있다. 그러나 북한 문제가 단순히 남북한 양자관계에 그치는 것이 아니라, UN 등과 같은 국제기구와 관련되거나 국제적 이슈와 연계되는 상황이 전개된다면, 두 영역은 상호 연계될 수밖에 없는 것이다. 대표적인 사례로서 북한의 핵문제와 미사일 문제 또는 북한주민들의 인권문제 등이 거론될 수 있다. 북한 핵문제는 국제원자력기구(IAEA)와 핵확산금지조약(NPT) 협약 위반 등과 관련해서는 분명한 국제적 이슈이고, 이는 대북통일정책의 대상이 아닌 외교정책의 대상이며, 나아가 국방부가 관할하는 안보정책과도 연계되는 문제가 되는 것이다. 결국, 북한 핵문제 해결을 논의하기 위한 6자회담 등의 경우에는 외교부가 부처 내에 설치한 한반도평화교섭본부 등의 조직을 통해 관련 업무를 진행하겠지만, 통일부도 남북대화 추진 등, 남북한의 관계 개선을 위해 노력하는 모습들이 병행하여 나타나게 되는 점이 이러한 측면을 설명해주고 있다.

또한, 한국외교의 핵심적 위상을 차지하고 있는 한미동맹과 대미외교의 경우에도 북한의 도발로 시작된 한국전쟁과 미국 주도의 유엔연합군 참전, 주한 미군의 주둔, 한반도 정전체제, 북한 핵과 미사일문제 등이 주요한 현안으로 위치하고 있다. 그리고 한중, 한러, 한일관계에서도 반드시 논의될 수밖에 없고, 양국 간의 협력을 도모해야만 하는 공통된 현안들 중의 하나가 북한 관련 문제들이라는 점을 고려하면, 한국외교에 있어 북한문제를 완전히 논외로 치부할 수는 없는 상황이다. 냉전이 종료된 이후에도 북한 핵문제와 미사일문제가 본질적인 해결책을 찾지 못한 채 장기간 지속되고 있는 것은 물론이고, 북한의 인권문제와 코로나19나 결핵, 말라리아 등의 보건문제, 식량 부족문제, 밀수나 마약, 다양한 해킹 공격, 가상 화폐 해킹 등의 현안이 국제사회에서 우려하고 있는 위협 요인으로 지속되고 있는 만큼, 북한에 대한 문제가 한국외교정책의 직간접적인 대상이 될 수밖에 없는 것이다. 결국, 남북한만의 양자 간 관계는 취급할 수 없지만, 북한과 관련한 다양한 국제적 현안들은 한국외교정책의 대상으로 자리 잡고 있는 것이다.

그런데 북한문제에 대한 한국외교정책의 대응이 단순하지 못하고, 매번 선택적 딜레마에 직면하게 되며, 경우에 따라서는 이중적인 대응을 진행하는 양상이 발생하기도 한다. 왜냐하면, 북한은 한국에게 여전히 현시적인 적이면서, 통일 동반자이고, 경제적으로 지원해야 할 동포이지만,

안보적 위협을 지속적으로 제공하는 귀찮으면서도 불편한 존재라는 다중적이고 복합적인 인식이 한국사회에 공존하며 동시에 작동되고 있기 때문이다. 결국, 이러한 다중적이면서도 상충적 개념들이 공존하는 대북 인식은 대북 강경책 또는 온건책의 채택 등과 같이, 북한 관련 문제에 대한 한국정부의 대응과 해결책 마련을 둘러싸고 한국외교정책의 결정에도 영향을 미치게 되었으며, 결과적으로 국내정치적 개입과 영향력 행사가 반복적으로 발생하는 요인으로 작용하게 되었다. 북한문제를 둘러싼 남남갈등, 대북 인식과 관련한 세대 간 갈등, 진보와 보수 간의 이념 대립 등이 복합적으로 연계되면서, 북한문제에 대한 한국외교정책의 결정은 더욱 어려워지고 있으며, 국내정치의 영향력 행사에 대한 취약성을 더욱 노출시킬 수밖에 없는 상황이 전개되고 있는 것이다.

2) 다양해진 국내 정치이념[4]

비록 정치학에서는 개인 간 또는 정치 집단 사이에 발생하는 갈등과 대립의 불가피성을 인정하는 측면이 있지만, 주요한 정책결정자들이나 국민의 대부분이 특정한 가치를 공유하고 있고, 외교정책 선택에 대한 반대가 없을 정도의 단일성이 유지된다면, 쉽게 합의가 발생할 수도 있고, 단합된 상태에서 선택된 외교정책을 효율적으로 추진해 나갈 수도 있다. 특히 외교정책은 국가이익을 다루는 정책이라는 점을 고려할 때, 반대 없는 단일한 통일된 의견, 신속하고도 일사불란한 정책결정과 집행, 효율적인 정책추진 등의 매력에 이끌릴 수 있다. 이러한 점에서 정치체제의 성격과 성공적인 외교정책 추진과의 상관성 여부에 대한 연구들이 진행된다. 즉, 권위주의적 정치체제는 권력이 한 명의 권력자 또는 소수에게 집중되어 있고, 다양성을 인정하지 않으며, 정해진 공식적 절차나 제도들이 다소 무시되는 반면, 소수 권력자들의 자의적 편의에 의해 결정이 좌우되고 권력자의 선택에 대한 반대 의견이나 문제제기를 힘으로서 억누르는 경향이 있다. 따라서 권위주의 정부가 추진하는 외교정책은 수직적인 조직 운영 속에서 소요되는 시간이 적고, 은밀하게 소수에 의해 결정되기 때문에 비밀 유지가 쉽고, 단일성을 유지하게 된다는 점에서 정책추진이 매우 신속하고 일관되게 진행될 개연성이 크다는 점에 주목한다. 그리고 결과적으로 효과적인 정책결정과 추진이 성공적 결과를 확보하게 만들 가능성을 높인다는 주장이다. 반면, 민주주의체제하에서는 외교정책을 결정할 권한이 '견제와 균형'의 원리에 의해 다수에게 분산되어 있고, 제도화되어 있는 복잡한 정책결정 절차를 거쳐야 하지만, 오히려 소수의 의견을 존중하고 의견의 다양성을 자연스럽게 인식하면서 다소 시간이 소요되더라도 토론을 통해 반대 의견과 비판을 수용하고, 다양한 대안들을 검토함으로서 정책의 객관성을 높이고, 공개된 정책결정 절차를 통해 국민적 관심과 지지를 확보하게 된다. 이러한 특성들로 인해 민주주의 정치체제하에서는 비록 외교정책의 결정이 오래 걸리기는 하지만, 다수가 합의한 외교정책을 추진하게 되고, 결국 전 국민적인 지지와 합의라는 강력한 추진력을 갖게 되고, 완성도가

---

4) Jong-Yun Bae, "Korean Foreign and National Security Policy: Actors, Structure, and Process," in Chung-in Moon and M. Jae Moon (eds.), *Handbook of Korean Politics and Public Administration* (London: Routledge, 2020), pp. 144–159.

높은 정책을 결정하게 되면서 선택된 외교정책의 성공 가능성은 더욱 높아지게 된다는 것이다.5)

비록 정치체제와 관련한 논란에서 어느 쪽의 입장을 지지할 것인가 하는 점에 대한 분명한 정답을 단정하기는 힘들지만, 어느 쪽의 체제이건 국내정치적 개입의 개연성은 상존할 수 있다는 공통된 특징에 주목할 수는 있다. 즉, 권위주의 정치체제하에서도 정책을 결정하는 소수만이 명백한 영향력을 행사할 수 있다면, 선택되는 외교정책에 특정 개인이나 집단의 이해관계가 확실하게 반영될 수 있을 것이기 때문이다. 오히려 민주주의체제보다 국내정치적 이해관계가 영향력을 행사하는 것은 더 쉽고 간단한 작업이 될 수도 있다. 단지, 해당 과정들이 소수에 의해 은밀하고도 비밀스럽게 진행되기 때문에 민주주의 정치체제보다 대중에게 공개되는 경우가 적고, 정책결정에 직접 참여하지 않는 외부의 관찰자들이 확인하기가 쉽지 않을 뿐이다. 반면, 민주주의 정치체제하에서 진행되는 정책결정과정에서 공통적으로 발견할 수 있는 특징인 복수의 행위자와 정책적 대안들, 이해관계의 다양성, 합법적 절차와 과정, 결정과정의 공개화 현상 등을 고려하면, 상이한 이해관계와 복수의 행위자들 간의 논의와 타협은 불가피하게 진행될 수밖에 없다. 그리고 이러한 과정들은 국민에게 공개될 수밖에 없기 때문에 외교정책에 국내정치적 이해관계가 연루되거나 영향을 미치는 사례들이 외부 관찰자들에 의해 쉽게, 그리고 빈번하게 확인된다.

한국은 1987년 민주화 시기를 지나, 민주주의 공고화 과정을 거치면서, 한국사회와 정치권에서는 다양한 이해관계가 급증하게 되었고, 상충되는 가치들이 공존하는 것이 일상화되고 있다. 특정한 가치나 이념이 일방적인 영향력을 행사하거나 독점적 위상을 가지는 경우가 힘든 상황이 전개되고 있다. 일반적인 민주주의 국가들의 경우처럼, 다양한 이해관계가 공존하면서, 토론과 논쟁이 활발히 진행되고 있고, 서로의 주장을 정책에 반영하기 위한 다양한 의사표현과 영향력 행사가 진행되고 있다. 외교정책의 영역도 예외가 아니다. 서로 대립의 강도가 심하거나 가치의 구분이 분명한 경우에는 외교정책의 결정과 집행에 대한 논쟁과 대립의 정도도 심하게 발생하며, 외교정책 자체에 대한 찬반논쟁이 다양한 인접 영역과 연계되어 매우 포괄적으로 전개되기도 한다. 특히 한국외교정책을 둘러싼 친미-반미 논쟁, 북한을 둘러싼 색깔 논쟁, 북한 핵과 미사일 문제 해결을 위한 강경 대응과 온건대응 논쟁, 친일-반일 논쟁, 친중-반중 논쟁 등은 외교정책은 물론이고, 안보-통일정책과 대북정책 등에까지 논쟁과 갈등의 영역을 확대시키고 있다. 바로 이러한 점은 다양한 선거들이 반복되는 선거기간에는 물론이고, 일상적 과정에서의 입법 행위 등과 관련하여, 국내정치적 이해관계가 외교정책에 영향을 미치게 만드는 상황을 발생시킬 개연성을 키우게 된다. 그리고 21세기 한국외교정책은 이러한 현상이 상당히 보편화되어 있고, 다양한 외교정책과 외교적 현안들은 서로 상충되는 다양한 이해관계로 인해 발생하는 정치적 논쟁과 대립의 대상이 되는 상황이다. 이러한 대립과 갈등은 대통령선거나 국회의원 총선거 등과 같이 한국 국

---

5) 정치체제와 외교정책 성공과의 관련성에 대한 논란은, 유진석·서정건, "국내정치과 외교정책," 김계동 외, 『현대외교정책론, 제4판』 (서울: 명인문화사, 2022), pp. 66-68 참조.

내의 정치적 일정과 연계될 경우에 강도를 높여 가는 모습을 보이게 되는데, 특히 대통령선거의 경우에는 선거 과정에서는 물론이고, 선거 이후에도 지속되기도 한다. 즉 정치적 상대방의 실수나 정책실패 등에 대한 비판과 정치적 공격이 이어지는 가운데, 외교정책의 영역도 비판의 대상이 되거나 정치적 비난과 공격의 빌미로 사용되는 경우가 빈번해지는 것이다.

국제사회의 대부분 국가들은 모든 외교정책을 예외없이 완벽하게 선택하고 성공적으로 추진하는 것이 현실적으로 불가능한 만큼, 정책실패와 실수를 초래할 가능성이 있고, 정치적으로 비판받거나 공격받는 상황에 직면하기도 한다. 그러나 외교정책을 둘러싼 국내적 논쟁이 정책적 대안의 산출이나 정책적 한계를 보완하기 위한 작업, 또는 외교정책의 성공적 결과를 확보하기 위한 논의에 집중되기보다는 정권이나 지도자에 대한 비난에만 활용되는 상황이 전개되는 경우가 있다. 외교정책이 지나치게 국내정치적 요인과 연결되어 정치 논쟁의 대상으로 전락해버리는 상황은 외교정책의 결정과 집행, 그리고 성공적인 결과의 확보 등을 심각하게 방해할 가능성을 우려하게 만든다.

한국외교정책과 관련하여, 2008년 2월에 이명박정부가 출범하고, 2008년 5월에 미국산 쇠고기에 대한 한국시장의 재개방과 관련한 논란과 촛불집회는 비록 국내 방송사의 '광우병' 보도에서부터 시작되었지만, 이명박정부에 대한 정치적 공격과 비판적 성격이 상당히 작용하였다는 점은 무시할 수 없는 현실이다. 이명박정부에 대한 비판과 정치적 공격의 소재로서 외교정책적 선택이 활용된 사례라고 할 수 있다. 그리고 2002년 말에 진행된 제16대 대통령선거 과정에서 불거진 친미-반미 논란과 관련하여, 대통령에 당선된 노무현 후보를 지지한 정치세력의 주장으로 인해 노무현정부는 출범 초기부터 '반미 정부'로 규정되었다. 결국, 노무현정부는 이라크전 파병이나 한미 FTA 협상 시작 등과 같이, 미국과 정책적으로 공조하는 다수의 외교적 대응에도 불구하고, 이념적으로 '반미 정부'라는 편향된 평가를 받게 되었다. 그 외에도 대통령선거를 전후하여, 외교정책을 둘러싼 정부에 대한 비판은 그 강도가 예외적으로 높아지는 사례들이 빈번해지고 있다. 보수와 진보의 관계처럼, 한국사회를 양분하고 있는 상충적 가치들이 공존하고 있고, 공개적으로 함께 작동되고 있는 모습들을 고려하면, 한국외교정책에 대한 국내정치의 영향력이 커지고 있다는 점에 대한 유추가 설득력을 가지게 된다.

3. 한국외교정책에 대한 정치제도적 요인

외교정책을 결정하는 주된 행위자에 대한 논의와 관련하여, 외교정책은 국가이익을 실현하는 것을 목적으로 한다는 점에서 국가를 대표하고, 국민들로부터 충분한 권한과 책무를 부여받은 대통령이나 총리와 같은 최고정책결정자가 책임감을 가지고 범국가적 차원에서 외교정책결정을 주도해야 한다는 것이 상식적으로 이해되는 현상이다. 그러나 현실적인 측면에서 외교정책결정을 보다 분석적이고 보다 적실성 있게 이해하기 위해서는 외교정책결정과정에 참여하는 주요 행위자들의 현실적 역량과 능력의 한계, 정치적 이해관계를 의식하는 정책결정과정에 대한 이해와 고려가 필요하다.[6] 한국외교정책의 경우에도 5년마다 새롭게 선출되는 대통령의 대부분은 외교와 외교정책에 대한 전문가가 아닐 뿐만 아니라, 외교와 관련한 경험과 역량이 충분하지 못할 개연성이 크기 때문에 대통령 1인에게만 집중하기보다는 다양한 행위자들의 참여와 역할에 주목할 필요가 있다. 즉, 외교정책을 결정하고 최종적으로 완성하기 위해서는 최고정책결정자 1인의 정책선택만으로는 충분하지 못하며, 선택된 외교정책을 정책으로 완성하기 위해서는 행정부 관료들의 정책집행이 반드시 필요하며, 입법부의 관련 예산 배정이나 법률화 작업들이 반드시 뒷받침되어야 하기 때문이다.[7] 이처럼 외교정책결정과정에서 실질적으로 영향을 미치는 다양한 행위자들이 있다는 점은 이들이 갖고 있는 이해관계도 다양할 수 있으며, 경우에 따라서는 그들의 정치적 이해관계가 서로 상충될 수도 있다는 점을 고려하게 만든다.

1) 대통령제와 선거

1987년 제정된 제6공화국 헌법은 5년 단임의 대통령제를 채택하고 있다. 5년마다 진행되는 선거 과정에서 여야의 대통령 후보들은 자신의 차별적인 모습과 우월한 능력을 과시하기 위해 노력하게 되며, 이 과정에서 외교정책의 영역도 주요한 정책공약들 중의 하나로 다루어진다. 선거 과정에서 유권자들의 표를 얻기 위해 후보자와 정당들은 유권자들에게 매력적으로 인식될 수 있는 정책공약을 내걸 수밖에 없고, 후보자들 사이에서는 자신의 공약이 더 매력적이라는 점을 과시하는 동시에 상대방의 공약은 오류가 있거나 한계가 있다는 점을 부각시키는 작업을 진행한다. 결국, 대통령선거에서의 승리와 집권을 위해 대통령 후보들과 여야 정치권은 치열한 공방과 논쟁을 전개하게 되며, 이 과정에서 외교정책은 정치적 이해관계에 심각하게 노출되거나, 상호 연계될 가능성에 직면하게 된다. 이는 선거를 통해 지도자를 선출하고, 정권을 교체하게 되는 자유민주주의 국가들의 경우에는 비록 정도의 차이가 있을 수는 있다 하더라도 예외 없이 전개되는 현상이라 할 수 있다.

한국의 대통령선거 과정에서도 여야의 후보들이 선거 승리를 위해 준비하는 선거 전략의 핵심은 상대방 후보의 취약한 영역이나 이슈를 부각시키는 한편, 자신의 강점을 극대화시키는 차별화 방안에 초점을 모으게 된다. 비록 자신의 강점이 아니라 하더라도 상대방의 약점을 집중 공략할 수 있는 방안이라면, 네거티브 전략이라 하더라도 해당 내용을 집중적으로 부각시켜 유권자들의 인식과 판단에 영향을 미치려 하게 될 것이다. 한국의 대통령선거에서 외교정책이나 대북정책을 둘러싼 정책적 논쟁이 심도 있게 전문적으로 다루어지는 경우가 많지는 않지만, 보수와 진보 진영 간의 이념논쟁과 대립이 분명하게 구분될 수 있는 경우라면, 선거기간 동안 집중적으로 다루어지는 경우들이 발생한다. 그리고 외교정책을 둘러싼 이념논쟁과 정치적 공세가 선거 결과나 대통령선거 이후의 국정운영에 상당한 영향을

---

6) Valerie M. Hudson, *Foreign Policy Analysis: Classic and Contemporary Theory: Classic and Contemporary Theory*, 2nd ed. (New York: Rowman & Littlefield Publishers, Inc., 2014), pp. 3-35.

7) 배종윤, 『한국외교정책의 새로운 이해』 (서울: 한국학술정보, 2006), pp. 39-115.

미치는 경우들이 수차례 발생하고 있다.

한국의 대통령선거 과정에서 다양한 정책토론회가 진행되며, '외교안보통일' 분야도 개별적인 토론 주제로 다루어진다. 역대 대부분의 대통령선거에서 그러하듯 후보자들은 외교안보통일정책에서 상대방 후보와 구별되는 분명하고 명백한 입장을 강조하면서, 자신의 입장에 동조하는 지지세력들을 결집시키게 된다. 그리고 이러한 과정은 대통령선거 후보자와 정당으로 하여금 최고 또는 최상의 외교정책에 대한 선택보다는 자신들의 정치적 지지기반에 근거한 정책선택을 추진하게 만든다. 결국, 이러한 모습은 한국이 직면한 다양한 외교적 사안에 대해 정치적 이해관계가 강력하게 반영될 수밖에 없는 상황을 초래하게 한다. 외교적 사안이 후보자들 간의 이념 차이나 정치적 이해관계를 분명하게 부각시킬 수 있는 내용일수록, 그리고 지지세력 또는 유권자들의 관심이나 지지를 얻을 수 있다고 판단되는 내용일수록 정치적 이해관계의 반영 양상은 더욱 강력해질 수밖에 없을 것이다. 문제는 선거 승리를 위해 선거운동 과정에서 정치적 이해관계를 강력하게 투영시킨 외교정책 기조가 선거에서 승리한 이후에는 국정운영과 외교정책 선택을 제한하는 정책적 굴레로 작용하는 경우들이 발생한다는 점이다. 경우에 따라서는 선거운동 과정에서 주장한 정치적 입장 또는 이해관계에 대해 선출된 대통령이 정책선택의 오류 또는 실수와 관련한 사과를 해야 하는 부작용이 발생하기도 한다.

예를 들어, 1992년 대선과정에서 민주자유당의 김영삼 후보, 민주당 김대중 후보, 통일국민당 정주영 후보 등 주요 후보 모두는 당시 진행되던 관세 및 무역에 관한 일반협정(GATT)체제하의 우루과이라운드(UR) 협상과 관련하여, '국내 쌀시장 개방 절대 불가'라는 입장을 반복적으로 강조하고 선거공약으로 제시함으로써, 선거에서의 지지를 확보하려고 노력하였다. 그러나 실제로 당선된 김영삼 후보는 1993년 2월 대통령에 취임한 직후부터 '쌀시장 개방은 불가피'하다는 점을 인정할 수밖에 없었고, 결국 1993년 12월에는 공약 철회와 함께 대국민 사과를 해야만 했다. 1992년 대통령선거가 진행되던 시기부터 쌀시장 개방은 불가피하다는 점을 인지하고 있었으나, 국내 정치적 일정 때문에 한국의 대외정책 기조와 정책을 비현실적인 정치적 판단에 따라 무리하게 진행했다는 점을 유추할 수 있는 사례이다.[8] 2007년 취임한 이명박정부는 선거기간 동안 이전 정부인 김대중, 노무현정부의 대북 포용정책에 대해 북핵문제 지속을 지적하며 실패한 대북정책으로 부각시켜 자신의 지지기반을 결집시켰다. 선거 과정에서 제기된 '대북 퍼주기' 논란은 이명박 후보 진영에 상당히 효과적인 정치적 성과를 가져다준 것으로 평가될 수 있으나, 이명박정부 임기 동안에는 의미 있는 남북관계 개선이나 교류협력이 진행되지 못하는 결과를 초래하게 만들었다. 비록, 2008년 7월 11일 금강산 관광객 피살사건이 남북한관계의 악화에 결정적인 사건이 되었으나, 이명박정부가 선거기간 동안 제기한 대북 강경 기조는 쉽게 철회되지 못했다. 한편, 2017년 5월에 출범한 문재인정부는 2015년 12월 박근혜정부와 일본 아베(安倍晋三)정부가 합의한 '한일위안부협약'에 대해 선거기간 동안 강경한 입장을 피력하며 비판하였고, 박근혜정부와의 정치적 차별성을

---

8) 배종윤 (2006), pp. 255-320.

강조하였다. 대선에서 승리한 문재인 대통령은 2017년 7월 '한일 일본군 위안부피해자문제 합의 검토 TF'를 출범시키면서 협상 과정 및 합의 내용에 대한 전반적인 재검토를 진행하였고, 피해 당사자들의 입장이 적절히 반영되지 못하는 등의 심각한 문제점이 있었다는 점을 지적하였다. 그러나 대통령선거 과정부터 부각되기 시작한 문재인 정부의 대일 강경정책은 5년의 임기가 마무리될 때까지 한일관계를 의미 있게 개선시키는 데에는 도움이 되지 못하였다.

이상의 내용과 같이, 선거기간 동안 후보자나 정당들이 선택하는 정책공약 상의 내용이나 입장에 정치적 이해관계가 강력하게 반영되는 것은 선거 승리를 위해 진행하는 다소 불가피한 측면이라 할 수도 있다. 따라서 선거공약들 중에서 비현실적이거나 극단적인 내용의 경우, 또는 지나치게 특정한 정치적 이해관계가 반영되어 보편적인 국가이익을 오히려 훼손시킬 우려가 있을 경우에는 새 정부가 출범한 이후 국민들에게 공식적으로 설명하고 해당 선거공약을 파기하거나, 실행을 보류하기도 한다. 결국, 외교정책은 국가이익을 다루는 만큼, 선거가 끝난 이후 선거공약의 전반적인 재검토와 함께 실행이 현실적으로 불가능하거나, 지나치게 무모하거나 극단적인 외교정책의 경우에 대해서는 공식, 비공식적으로 파기하는 작업을 진행하는 것은 반드시 필요한

글상자 4.1

국가 최고정책결정자 중심의 외교정책 분석 평가

최고정책결정자를 중심으로 외교정책을 분석해야한다는 주장은 한 국가의 외교정책을 최종 결정하는 행위자라는 점, 그리고 외교정책은 국가이익을 다루는 만큼, 외교정책의 집행 결과에 대한 책임을 지는 행위자이며, 대외적으로 국가 전체를 대표하고 전 국민으로부터 권한을 위임받은 유일한 행위자라는 점 등을 주요한 근거로 제시한다. 그리고 최고정책결정자는 국내에서 어느 행위자들보다도 더 많은 정보를 갖게 되며, 이들 정보를 활용해 종합적인 판단을 할 수 있는 행위자라는 점, 그리고 자신의 주장이나 의도를 정책에 반영할 수 있는 정책적 수단이나 정치적 권력이 국내에서 가장 강력하고 다양하며 풍부하다는 점 등도 이러한 입장을 지지하는 근거로 제시된다.

반면, 이에 반대하는 입장들은 최고정책결정자가 법률적으로 보장받는 권한이나 기능들과 달리 정책결정에 실질적으로 활용할 수 있는 권한은 매우 제한적이며, 외교정책과 관련한 최고정책결정자의 전문성이나 정책적 능력의 한계, 관련 경험의 부족, 시간적인 제약성, 주요 정보에 대한 판단능력과 인지의 한계, 관료와 조직에 대한 통제력의 현실적 한계 등을 주요하게 고려해야 한다고 주장한다. 즉, 외교정책결정에 있어 실제 작동하는 최고정책결정자의 권한이나 실질적인 역할 등은 매우 제한되기 때문에 한 국가의 외교정책을 분석할 때, 최고정책결정자에만 집중하는 것은 한계가 있고, 의미있는 설명이나 분석의 확보에 실패할 수도 있다는 점을 강조한다.

과정이라 할 수 있다. 한편, 일부의 경우에는 선거기간 동안 부각된 후보자와 소속 정당의 정치적 이해관계, 이로 인해 굳어진 정치적 이미지 때문에 정권이 출범한 이후 새롭게 전개되는 외교정책적 환경에 맞추어 기존 입장과 차별되는 외교정책을 결정하고 추진했음에도 불구하고, 기존 이미지를 쉽게 극복하지 못하는 경우도 있다. 이는 외교정책에 국내정치적 이해관계가 역으로 반영된 사례로서 이해되는 경우라 할 수 있다.

2) 국회와 정당의 역할

대통령을 포함하여 행정부가 외교정책을 결정하고 추진하는 과정에서 통상적으로 작동되는 구조적 논리에는 '은닉성'과 '기밀 유지'라는 측면이 있다. 국가이익을 취급하고, 국가이익의 확보와 실천에 집중하게 되는 외교정책의 특성상 적이나 외국에게 자국의 외교 전략이나 협상카드 등이 사전에 노출되거나 전략상 취약점이 공개되는 것은 성공적 외교정책을 심각하게 위협할 수밖에 없기 때문이다. 이는 군사안보적 차원에서의 적이나 정치적 경쟁관계에 놓여 있는 국가들과의 관계에서는 물론이고, 동맹국이나 튼튼한 친선관계를 유지하고 있는 우호 국가들과의 관계에 대해서도 공통적으로 적용될 수 있다. 적 또는 경쟁국가와의 관계에서 자국 외교정책의 핵심적 내용이 공개되거나 노출될 경우에는 국가의 생존이 위협받는 등, 심각한 안보적 위협 상황에 직면할 수 있다. 그리고 동맹국이나 우호관계를 유지하고 있는 국가들과의 관계에서도 다양한 성격의 협상을 진행하는 과정에서 자국의 정책 기조나 협상 내용이 상대방 국가에게 공개되는 것은 자국 이익을 극대화하는 데 결코 도움이 되지 못하기 때문이다. 따라서 외교정책결정에 대한 행정부의 태도는 확실한 성공적 결과를 확보하여 공개하기 전까지는 비밀스럽고 은밀하게 외교정책을 결정하고 추진하려는 경향을 가지게 된다.

반면, 입법부의 기본적 기능은 법을 제정하는 것이지만, 행정부를 대하는 입법부의 기본적 입장과 행보의 구조적 논리에는 민주주의 국가들이 통상적으로 적용하고 있는 '견제와 균형'의 원리와 함께 행정부의 독점적 정책추진과 권력 남용을 견제하고 예방하기 위한 기능과 역할이 부여되어 있다. 외교정책의 결정과 집행 등에 대한 한국 국회의 기본적 입장도 이러한 구조적 특성과 크게 다르지 않다. 한국 헌법에도 입법권과 예산권 등을 포함하여 '견제와 균형'의 원리에 의거하여 외교정책에 영향을 미칠 수 있는 다양한 권한과 기능들이 입법부의 권리와 의무로서 명기되어 있기 때문이다. 행정부의 정책 독점과 정치적 독재 양상을 견제하기 위한 입법부의 관련 기능과 역할은 다양한 현안들에 대한 사실을 국민에게 공개하고, 정부가 선택하고 추진하는 정책의 적실성 여부를 점검하는 것이다. 그리고 필요하다면 새로운 시각에 근거한 대안을 제시하여 정부정책의 완전성을 높이고, 성공적인 정책실행을 수행하기 위한 것이라 할 수 있다. 이러한 입법부의 '견제와 균형'의 역할을 수행하는 과정에서 형성되는 구조적 논리의 특성들 중의 하나가 '공개'와 '개입'이라는 현상이다. 입법부가 외교정책과 관련하여 추진하는 공개와 개입의 문제는 입법부의 입장에서는 본연의 기능에 매우 충실한 내용이기는 하지만, 외교정책에 임하는 행정부의 논리인 은닉성과 비밀의 유지라는 논리와는 서로 상충할 수밖에 없다.

외교정책결정 및 집행의 '공개' 여부를 둘러싼 논란과 관련하여, 한국 국회에게는 행정부를 감시하고 견제할 수 있는 수단으로서 '국정감사' 및 '국정조사'와 함께, 대정부 질문을 진행할 수 있는 권한과 기능을 법적으로 부여받고 있다. 국회의원들은 국민을 대신하여, 정부가 추진하는 다양한 정책들에 대해 잘못을 지적하는가 하면, 문제를 제기하고, 숨기는 것이 없는지를 매번 확인한다. 그러나 이러한 국회의 기능과 관련하여, 다른 분야들과 달리 국가의 이익을 다루게 되는 외교정책의 영역에 대해서는 과연 국회가 어느 정도까지 행정부에 대한 '공개' 요구를 진행하는 것이 적절한지에 대한 논란이 등장한다. 전술한 바와 같이, 행정부의 입장에서는 외교정책의 성공 또는 실패 여부에 대한 구분 없이 무조건 많은 내용을 공개하는 것은 국가이익에 도움이 되지 못한다는 점을 강조하고 있기 때문이다. 이러한 점에서 한국외교정책에 대한 국회와 행정부 간의 긴장 또는 논쟁이 발생할 수 있고, 이러한 논쟁과정에서 국내정치적 이해관계가 작동될 여지가 등장하게 된다.

한편, 한국외교정책의 경우에는 집권 여당과 야당 사이의 정치적 대결 구도가 한국외교정책을 둘러싼 또 다른 차원의 논쟁을 초래하게 되고, 외교정책이 국내정치적 이해관계와 연계되는 상황을 발생시키기도 한다. 한국의 정치권이 여소야대 또는 여대야소의 정치 구도로 전개되는 것과 무관하게 집권 여당을 견제하기 위한 야당의 적극적 공세가 진행될 개연성은 상존하기 때문이다. 즉, 행정부에 대한 입법부의 견제와 별개로, 여야 간의 정치적 대립과 견제의 관계가 또 다른 차원에서 진행되는 것이다. 중요한 선거 일정이 잡혀있거나, 여야 간에 정치적 주도권 장악을 위한 정치적 대립이 심해질 수밖에 없는 경우라면, 야당은 집권 세력의 행보를 비판적으로 접근할 수밖에 없고, 집권 여당의 실수나 무능력, 정책실패 등에 대한 정치적 공격을 집중시킴으로써 자신들의 존재감을 부각시킬 필요가 있다. 반대로 집권 여당의 입장에서는 야당의 공격이 부적절하며 지나친 정치적 공세에 불과하다는 점을 부각시키기 위해 행정부의 결정과 행보에 대한 긍정적 평가를 진행하거나 일방적으로 지지함으로써 집권 세력의 통치 및 국가관리 능력을 과시하고, 이를 통해 집권 연장의 정당성을 부각시키려 하게 된다. 정치적 이해관계와 연계될 수밖에 없는 여야 간의 논란은 외교정책 공개를 둘러싼 행정부와 입법부 간의 논쟁과 병행하게 되면서, 행정부와 여당의 연합적 행보와 야당의 비판 및 반발이라는 다소 복합적인 정치관계 속에서 외교정책을 둘러싼 논쟁이 진행되기도 한다.

또 다른 차원에서 전개되는 외교정책의 공개 여부를 둘러싼 논란은 입법부를 구성하는 국회의원 개개인의 정치적 이해관계와 관련된 측면이 있다. 임기가 4년인 한국 국회의원의 최대 관심사는 지역구 유권자들의 요구사항을 적극 정책화하고, 지역 공약을 최대한 실행에 옮김으로써 차기 선거에서 공천을 받고, 재선에 성공하는 것이라 할 수 있다. 이러한 점에서 지역구의 다양한 이익들이 외교정책 현안과 직간접적으로 연계되어 있거나, 외교위원회 또는 외교통일위원회와 같은 상임위원회에서 활발한 활동을 전개하여 지역구 주민들에게 업적을 홍보해야 할 필요가 있는 경우에는 국회의원들이 외교정책에 적극 개입하고,

관련 내용을 공개함으로써 국회의원 개인의 정치적 업적과 연계시키려는 모습이 곧잘 나타나게 되는 것이다. 국가적 이익으로 포장된 지역구 이익의 실행 여부가 국회의원 개인의 판단으로 정책적 우선순위상에서 상위에 위치하는 경우는 국내정치적 이해관계가 한국외교정책에 영향을 미치게 되는 또 다른 차원에서의 경우라 할 수 있다. 한편, 국회의원은 국내 언론에 보도되는 차별적인 평가나 정치적 관심을 확보하여 지역구 주민과 국민으로부터 정치적 지명도를 높이고, 이를 통해 개인적인 정치적 이익을 확보하려는 모습을 보이는 것이 통상적이다. 그런데 이러한 국회의원들의 정치적 이해관계와 관련 행보에 한국외교정책이 소재로 다루어지거나 개인적 이익을 확보하는 수단으로 사용될 가능성이 전혀 없는 것이 아니라는 점을 고려하면, 한국외교정책에 대한 국내정치적 이해관계의 연계가 심화될 개연성을 예상하는 것은 충분히 가능하다.

외교정책의 결정 및 집행의 공개 여부와 별개로 입법부의 외교정책에 대한 '개입'문제는 외교정책의 결정 및 집행을 둘러싼 '효율성'의 확보 여부에 대한 논란과 연계되어 전개된다. 외교정책에 대한 장기간의 다양한 경험과 전문성을 갖추고 있고, 일사불란한 움직임과 상명하복의 조직화된 특성을 갖고 있는 행정부처가 외교정책을 주도하며, 외부의 개입이나 간섭을 최소화하는 것이 정책결정의 효율성을 높일 수 있고, 정책집행의 성공적인 효과를 확보하게 되는 중요한 환경이라는 주장이 제기된다. 반면, 이에 대비되는 다른 쪽의 입장에서는 입법부의 참여 또는 개입을 배제하고 행정부 내 소수 인원에 의해 정책을 결정하는 것은 편협한 시각에 의한 오판을 초래할 가능성과 보편적 지지를 얻기 힘든 정책을 선택할 가능성을 함께 높여가기 때문에 정책이 실패할 가능성이 높아지고, 결과적으로는 오히려 비효율적인 외교정책결정과 집행이 유발된다고 반박한다. 따라서 행정부만의 독선과 편협한 단편적 시각 때문에 외교정책이 결정될 경우에 쉽게 초래될 수 있는 정책의 실패와 비효율을 예방하기 위해서는 다양한 시각을 갖고 있는 입법부가 참여해서 다양한 조언을 진행하고 서로 협의하는 것이 필요하다는 주장이다.

또한, 외교정책에 대한 입법부의 개입 필요성을 주장하는 입장에서는 외교정책에 입법부가 개입하고, 행정부와 서로 상의하고 협력해서 외교정책을 결정할 경우에는 해당 외교정책에 대한 입법부와 행정부 간의 공감대를 넓혀가는 결과를 초래할 것이라는 점을 지적한다. 그리고 정책집행을 통한 정책의 완성에 필요한 관련 예산의 배정이나 관련 합의 및 규정들의 입법화 조치와 관련하여, 외교정책에 대한 입법부의 개입은 외교정책에 대한 입법부의 정책적 지지를 유도하게 될 것이고, 결과적으로는 더욱 효과적인 정책결정과 추진을 가능하게 한다는 점이 강조된다. 비록 외교정책을 선택하고 추진하는 것은 행정부이지만, 행정부의 선택을 최종적으로 완성하기 위해서는 입법부의 예산지원과 입법 조치가 반드시 필요한 만큼, 외교정책에 대한 입법부의 개입은 불가피하며, 절대적으로 진행되어야만 한다는 지적이다. 이러한 점을 고려하면, 비록 효율성 측면에서는 문제점을 유발시킬 수도 있지만, 외교정책에 대한 입법부의 개입은 법률적으로도 필요할 뿐만 아니라, 기능적으로도 동행되어져야만 하는 과정으로 평가될 수 있다.

그러나 외교정책에 대한 입법부의 참여와 개입의 당위성에도 불구하고, 어느 수준까지 개입할 것인지, 어떤 형태로 개입할 것인지에 대한 문제는 여전히 논란의 대상이 된다. 바로 외교정책에 대한 정치적 이해관계의 개입 및 영향력 행사가 발생하는 문제와 연계되기 때문이다. 더욱이 반복적으로 지적하는 바와 같이, 중요한 선거 일정이 진행되는 시점이나 여야 정치권의 정치적 이해관계가 충돌하는 사안의 경우에 있어 입법부의 개입과 참여에는 국내정치적 이해관계가 강하게 반영될 수밖에 없을 것이기 때문이다. 결국, 입법부를 구성하는 정당과 정치인들의 기본적 목표가 집권 및 통치라고 하는 정치적 이해관계에 기반하고 있는 만큼, 외교정책에 대한 입법부의 개입은 그 자체가 국내정치적 요소와 연계될 수밖에 없는 현상이라 하겠다. 한국외교정책에 대한 국내정치적 영향력과 연계성을 결코 무시해서는 안 되는 배경이 된다.

3) 관료제의 확대와 외교정책에 대한 관료의 역할

통상적인 현대 국가들은 거의 예외 없이 국가운영에 있어 방대해진 업무량과 전문화된 다양한 업무들에 적극적으로 대응해야만 하는 상황에 직면하고 있다. 국내적으로는 복지국가로의 발전과 대국민 봉사 업무의 확대 등이 주된 이유이기도 하지만, 국제적으로는 세계화와 상호의존의 심화 등으로 인해 국가 간 또는 국제적 행위자들과의 관련 업무가 크게 증가하였다. 이는 한 국가의 외교정책이 다루어야 하는 외교 대상이나 영역이 크게 확대되었을 뿐만 아니라, 특정 외교정책이 상당한 수준의 전문성과 특수성을 요구하는 경우가 많아졌음을 의미한다. 이러한 업무들을 지속

글상자 4.2

입법부의 외교정책결정 개입에 대한 평가

'견제와 균형'의 원리에 근거하여 진행되는 입법부의 외교정책 개입은 절차상으로나 법률상으로 반드시 필요한 부분이다. 그러나 현실적으로 모든 외교정책에 대해 입법부가 철저하게 개입하는 것은 현실적으로 불가능하다. 외교정책을 수립하고 집행하는 것은 행정부의 주된 업무이며, 입법부의 주된 업무는 이를 감시하면서 견제하는 데 있기 때문이다. 한편, 외교정책에 대한 입법부의 관여나 참여 없이, 행정부만으로도 외교정책을 추진하고 완성할 수 있다는 지적도 현실성이 떨어진다. 입법부의 입법 행위와 예산안 배정 등이 결여된 상태에서는 행정부만의 외교정책결정과 추진은 매우 불완전한 것에 그칠 수밖에 없기 때문이다. 이러한 점을 고려하면, 외교정책에 대한 입법부의 개입 양태 및 수준 또는 관여의 정도는 해당 외교정책의 속성이나 영역의 특성, 긴박성, 위기의 정도, 안보적 긴밀성 등에 따라 상황적으로 개별적 수준에서 결정되어야 하며, 한두개의 절대적 기준에 따라 일반적으로 판단할 수 있는 문제는 아니라고 할 수 있다.

적으로 담당하고, 일관된 태도를 유지하며, 광범위한 정책들을 개별적인 전문성을 가지고 추진할 수 있는 관료조직들이 크게 확대되고 담당 관료들의 수도 지속적으로 증가할 수밖에 없게 되었다. 한국외교정책의 경우도 탈냉전 이후 본격적으로 진행된 북방정책 등의 결과로서 소련 및 중국을 비롯하여 구공산권 국가들과의 외교관계를 수립하게 되었고, 이는 세계화 등의 현상과 함께 외교 관련 업무를 담당해야 하는 외교부 내의 관료조직을 크게 확대시켰고, 관련 외교관들의 수도 증가시켰다.

관료조직의 측면에서 외교정책에 대한 국내정치적 영향력 행사 문제와 관련하여 우선 주목해야 할 것은 한국외교정책이 다루게 되는 업무영역의 확대와 병행하여 증가되고 확대된 관료조직들의 이해관계가 결코 동일하지 않다는 점이다. 한국외교의 대상과 영역이 확대되고 다양해지는 만큼, 다양한 업무를 수행하는 관료조직들은 각자의 차별적이고 다양한 이해관계를 갖게 되고, 그 수가 많아지는 만큼 이해관계의 내용과 수도 많아질 수밖에 없다. 이는 국가이익에 대한 관료조직 간의 합의가 쉽지 않은 상황이 일상화되고, 결국 관료조직 간의 정치적 행동이 발생할 수 있다는 점을 의미한다. 즉 미국, 중국, 일본을 각각 상대하는 외교조직 간의 관심과 정책목표, 전략은 각기 다를 수밖에 없는 것이다. 한편, 동일한 외교 대상과 관련해서도 정치, 군사안보, 경제, 문화적 측면에서 접근하는 정부 부처별 입장과 달성 목표, 이해관계가 동일하지 않을 것이라는 점도 쉽게 유추할 수 있다. 결국, 서로 다른 이해관계를 갖고 있는 정부 부처 또는 외교부 내 복수의 하부 조직들은 서로 자신들의 이해관계와 정책목표를 우선적으로 실행해야 한다는 점을 주장하게 될 것이고, 이 과정에서 관료조직 간의 정치적 판단과 행동이 발생할 가능성은 증가하는 것이 당연하다. 바로 관료정치적 현상이 발생하게 되는 배경이 되는 것이다.[9]

국제사회에서 국가 간 관계를 다루는 한국외교는 결코 한국의 입장만을 일방적으로 강요하거나 추구하는 것은 불가능하다. 현실에서는 외교적 상대방이 존재하고, 상대방과의 관계 속에서 한국의 국가이익을 실현해 가는 것이라는 점을 고려하면, 한국의 희망과 달리 상대 국가들과의 협의를 진행하는 과정에서 한국의 국가이익을 양보하거나 일부 포기해야 하는 상황도 발생한다. 문제는 이러한 작업이 간단하지가 않고 복잡하고 힘든 과정을 요구한다는 점이다. 외교적 협상이 진행되는 과정에서 한국정부가 확보하기를 희망하는 다양한 국가이익 중에서 어느 부분을 먼저 포기할 것인지, 어느 부분을 마지막까지 지킬 것인지를 결정해야 하는 문제는 해당 사안을 다루는 복수의 정부조직들에게 상당히 힘든 과제를 제공하게 된다. 다양하고 차별적인 이해관계를 갖고 있는 복수의 한국 정부조직들 중에서 어느 누구도 자신들이 주장하는 국가이익이 포기되는 것을 원하지 않을 것이기 때문이다. 결국, 한국정부 내 조직들은 자신들이 강조하는 국가이익이 핵심이익으로써 중요하고 의미가 있다는 점을 부각시키게 될 것이고, 필요하다면 정부조직 외부의 행위자들 중에서 자신들의 주장을 지지하거나 정당성을 강조해줄 수 있는 비공식적 행위자

---

9) Graham Allison and Philip Zelilow, *Essence of Decision: Explaining the Cuban Missile Crisis*, 2nd ed. (New York: Longman, 1999).

와 전략적으로 협력하는 경우가 발생할 수도 있다. 협력의 대상은 국내의 비공식적 행위자들이 될 수도 있지만, 경우에 따라서는 입장을 공유할 수 있는 외국의 정부기관 또는 국제조직들이 될 수도 있다. 비록 이러한 모습은 입법부가 외교정책에 개입하는 과정에서 발생하는 정치적 현상과는 차별적인 성격을 가지지만, 또 다른 차원의 정치적 현상을 유발시키는 배경이라 할 수 있다. 외교정책의 집행 업무를 전담하는 관료조직 간의 정치적 현상, 그리고 외부 행위자들과의 연계를 통한 관료조직 간의 정치적 행동은 외교정책에 관여하는 관료조직들의 수가 많아지고, 그들의 이해관계가 다양하고 차별적일수록 심해질 수밖에 없을 것이다.

한편, 최후까지 지켜야 하는 핵심적인 국가이익이 결정되었다 하더라도, 외교협상을 진행하는 과정에서 이를 끝까지 이루어 내기도 쉽지 않다. 협상 과정에서 한국의 이익을 달성하기 위해서는 복수의 상대국들을 모두 설득시키고 합의를 이끌도록 다양한 이익들을 중재해야 하는 상황도 발생한다. 그러나 세계적인 강국들을 이웃으로 갖고 있는 한국외교의 입장에서는 주변 국가들을 간단히 설득시키고, 합의를 유도할 만큼 충분한 외교적 역량을 갖고 있지 못하다는 점은 이러한 어려움을 더욱 배가시키고 있다. 예를 들어, 1993년부터 본격적으로 거론되기 시작한 북한 핵문제를 둘러싼 논란이 아직도 쉽게 해결되지 못하고 있는 원인들 중의 하나가 국제사회의 합의된 단일한 해결방안이 쉽게 도출되지 못하고 있기 때문이다. 비록 북핵문제의 평화적 해결이라는 큰 원칙에는 합의했지만, 평화적 해결에 누가 참여할 것인지, 누가 먼저 양보할 것인지, 어떤 수준까지 비핵화를 진행할 것인지 등에 대한 국제사회의 합의가 쉽지 않은 것이다. 2003년 8월부터 2007년 10월까지 진행된 북핵문제 해결을 위한 6자회담의 경우에도 마지막 합의에 해당하는 10·3합의를 끝으로 재개되지 못하고 있다. 비록 이후 남북한 정상회담이 수차례 개최되었고, 북한 비핵화에 대한 몇 차례의 합의도 진행되었지만, 한국의 외교력은 실질적인 해결책을 확보하는 데에는 여전히 실패하고 있다. 결국, 이러한 현실은 북한 비핵화라는 국가이익을 달성하기 위한 현실적이고 실질적인 실행 방안이 무엇인지에 대한 논의가 관료조직 간에 전개될 수밖에 없고, 이러한 과정에서 발생하는 국내정치적 영향력은 쉽게 피하거나 극복하기 힘든 것이 사실이다. 비록 다른 경우들에 비해 그 성격이 다소 차별적이기는 하지만, 외교정책에 대한 국내정치적 이해관계의 연계적 현상은 관료조직들 사이에서도 발생할 수밖에 없다는 점에 대한 인식이 필요한 부분이라 하겠다.

4. 한국외교정책에 대한 정치사회적 영향

외교정책이 갖고 있는 차별적 속성들 중의 하나가 국가적 수준에서 정부가 추진하는 정책이라는 점이다. 이는 외교정책의 영역이 민간 기업이나 시민사회들이 추진하는 국제적 수준의 사업이나 행사들과 구분되는 이유이기도 하다. 물론 21세기에는 외교정책의 대상에 상대방 국가의 시민이나 사적 기업, 시민단체들을 포함시키는 경우가 많다는 점을 고려하여 공공외교(public diplomacy)

라는 용어를 사용하기도 하지만, 외교정책은 정부가 수행하고 국가이익을 실현하기 위해 수립되는 정책이라는 기본적 속성은 변함없이 지속되고 있다.

그러나 세계화 및 국제화 등의 현상으로 인해, 외교정책과 국내 공공정책 사이의 경계가 흐려지고 있을 뿐만 아니라, 양자 간의 관계가 긴밀하게 연결되고 있다. 이로 인해 국제사회에서 전개되는 사건이나 외국의 정책결정 등에 대한 한국 내 다양한 행위자들의 전략적 관심이 증대되고 있다. 국가 간의 외교적 합의 결과나 국제적 사건들이 국내 경제나 정치는 물론이고, 한국 내 다양한 행위자들의 이해관계에도 직간접적으로 영향을 미치고 있기 때문이다. 미국의 인플레이션 수준이나 금리 인상 여부와 같이 외국의 국내적인 정책결정 영향이 한국의 경제와 기업, 시민들에게도 그대로 전달되는 경우가 일상화되고 있는 것이다. 이러한 점을 고려할 때, 국제사회에 대한 반응으로서 한국외교정책의 선택과 결정에 영향을 미치고자 하는 한국의 시민사회와 다양한 비정부적 행위자들의 활동은 크게 활성화되고 있다. 문제는 국가이익의 실현에 우선 주목하는 외교정책의 입장과 사적인 이익에 집중할 수밖에 없는 민간 수준의 입장들이 결코 동일하거나 항상 조화될 수만은 없다는 점이다. 결국, 한국외교정책을 대하는 이해관계의 출발점이 근본적으로 서로 다른 행위자들 간의 관계 속에서 정치적 행동이 발생할 수밖에 없다는 점에서 분석이 필요한 대상이 되고 있다.[10]

한국외교정책의 결정과 집행 과정에 대한 민간영역 행위자들의 개입과 영향력 행사는 대부분 비공식적이다. 비록 민간영역의 행위자가 갖고 있는 외교정책결정과정에 대한 영향력이 다른 어떤 공식적인 행위자들보다도 절대적이고 결정적이라 하더라도, 기본적으로는 비공식적인 행위자라는 점에서 해당 행위자의 역할이나 기능은 결코 제도화되거나 법률적으로 보장될 수 있는 것이 아니다. 따라서 이들 비공식적 행위자들의 영향력이 상당하다 하더라도, 외교정책결정과 관련한 이들의 기능은 영향력 행사라는 측면에 국한되며, 결코 정책을 직접 결정하는 실질적 행위자가 될 수는 없다는 점을 주목해야 한다. 정책결정과정에 대한 영향력 행사와 실질적으로 정책을 결정하는 역할은 결코 동일시할 수 없기 때문이다. 또한 외교정책결정과정에 대한 민간영역 비공식적 행위자들의 실질적 역할과 구체적 기능들을 설득력 있는 인과관계로 입증하기가 쉽지 않다는 점도 주목해야 한다. 정책결정에 영향력을 행사한다는 점에 대한 공감대가 있고 인과적 연관성을 주장할 수 있음에도 불구하고, 이를 논리적이고 인과관계에 의거한 실증적 입증으로 유도하는 작업은 현실적으로 쉽지 않다는 것은 관련된 이론화 작업들이 풍부하지 않은 학술적 분위기에서도 간접적으로 확인할 수 있다. 비공식 행위자들의 행동과 역할을 학술적으로 이론화하는 작업이 상대적으로 미진한 것은 물론이고, 과연 외교정책결정에 실질적인 영향력을 행사하는 것인가에 대한 강력한 인과관계를 입증하는 문제 자체가 논란의 대상이 되고 있기 때문이다.

---

10) Jong-Yun Bae, "South Korea's Foreign Policy in the 21st Century," in Takashi Inoguchi (ed.), *The SAGE Handbook of Asian Foreign Policy*, Vol. 2 (Los Angeles: Sage, 2020), pp. 621-624.

1) 시민사회와 비정부기구의 역할

한국외교정책의 결정 및 집행에 대한 시민사회와 비정부기구, 민간 기업 등의 개입 및 역할 수행 자체를 부정하거나 완전히 차단할 수는 없다. 현재 국제사회에서 진행되고 있는 다양한 사건이나 관계들이 한국 내 비공식 행위자들에게 직간접적으로 막대한 영향을 미치고 있는 것이 현실이기 때문이다. 대표적인 사례로서 2022년 2월에 발생한 우크라이나전쟁과 관련하여, 과연 한국이 우크라이나에 대해 살상용 무기와 같은 군수품을 지원할 것인지, 러시아와의 관계를 단절할 것인지 등의 문제가 양 국가에 투자하고 있는 민간 기업들은 물론이고, 다양한 이해관계를 갖고 있는 비정부기구들의 주요 관심 대상이 되고 있다. 또 다른 사례로서, 2016년 7월 북한의 연이은 핵실험에 대응하여, 한국정부는 미국과 상의하여 주한미군 부대를 보호하기 위한 사드(THAAD) 미사일방어시스템의 한국 내 배치를 결정하였다. 그러나 중국은 자국 내 군사시설에 대한 레이더 감시가 가능해졌다는 안보적 이유를 근거로 강력히 반발하였고, 이후 중국 내 혐한령과 함께 사드시스템 배치용 부지를 제공한 롯데그룹에 대한 다양한 방식의 제재를 강도 높게 가하였다. 결국, 민간 기업인 롯데는 상당히 곤혹스러운 상황에 직면하게 되었고, 막대한 투자를 진행했던 중국으로부터 완전 철수해야만 했다. 한편, 국내적으로는 사드시스템 배치에 반대하는 인근 지역 주민들과 반전을 주장하는 시민단체 및 비정부기구 관계자들은 정부의 결정에 강력하게 반대하였을 뿐만 아니라, 사드시스템이 배치되는 미군기지 주변에서 지속적으로 반대 시위를 전개하고 있다. 사드시스템 배치에 반대하는 시민단체들은 한국정부의 사드시스템 배치 결정의 철회와 완전 철수라는 결정을 내려줄 것을 요구하고 있고, 시위와 여론 조성 등을 통해 다양하게 한국정부를 압박하고 있다. 이러한 사례들은 외교정책의 결정 내용에 대해 한국사회 내의 민간영역들이 관심을 가질 수밖에 없는 상황을 적절히 설명해주고 있다.[11]

그런데 민간영역의 행위자들은 정부가 결정하는 외교정책으로 인해 자신들의 이해관계가 피해를 입거나 이익이 축소되기를 원하지 않는 만큼, 결정된 정책에 대한 관심을 가지는 단계를 넘어서서 외교정책의 결정과정에 영향력을 행사하려는 움직임을 보이게 된다. 민간 행위자들이 자신들의 이익을 보장받거나 더 확대시킬 수 있는 외교정책의 결정을 위해 다양한 방식의 압력을 행사하게 되는 것이다. 입법부인 국회에 대한 로비 방식은 물론이고, 행정부에 대한 시위나 반대 여론 조성 등의 다양한 방식을 통해 영향력을 행사하게 된다. 청와대 또는 대통령실 주변이나 광화문 일대에서 주말마다 다양한 입장의 단체들이 시위와 행진을 진행하고 있다. 비록 이러한 행보들이 매번 반드시, 절대적으로 긍정적 결과를 확보하게 되는 것은 아니지만, 이러한 행보가 효과를 볼 수 있는 사례의 배경에는 정치적 일정 또는 정치적 논쟁을 초래하는 사안의 예외성 등과 연계되는 경우라 할 수 있다. 즉, 선거에서의 지지 여부 및 지지 여론 조성 등과 관련하여, 유권자들의 관심과 후원이 절실한 정치권의 입장에서는 민간영역의 요구와 영향력에 민감해지는 취약점을 노출하게 된다. 바로 외교정책에 대한 국내정치적 영향력

---

11) 배종윤, "한국외교정책," 김계동 외, 『한국정치와 정부』(서울: 명인문화사, 2020), pp. 388-389.

이 작동될 수 있고, 이 과정에서 비공식적인 민간영역 행위자들이 적극적으로 개입할 수 있는 여지가 발생하는 부분이라 하겠다. 한국에서는 다양한 성격의 선거들이 연이어 진행되고 있는 만큼, 선거의 성격에 따라 차별적인 수준과 성격의 민간영역 행위자들이 외교정책에 영향력을 미치려는 움직임을 보이게 될 것이다. 다른 한편으로는 외교정책을 둘러싼 정부 부처 간의 이해관계가 충돌하는 상황과 관련하여, 해당 정부 부처들이 자신들의 이해관계에 대한 우호세력을 확보하기 위하여 민간영역의 정치적, 정책적 지원을 모색하는 상황이 전개될 경우에는 민간영역의 행위자들도 상대적으로 용이하게 정책결정에 개입할 수 있는 기회를 확보하게 될 수도 있을 것이다.

결국, 한국외교정책에 대한 민간영역 행위자들의 정치적 영향력 행사와 개입 양상은 현실적으로 수용해야 할 부분이라 할 수 있다. 그런데 외교정책에 대한 민간영역의 개입에 대한 논란을 분석하는 작업과 관련하여 진행되는 차별적인 양상을 구분할 필요가 있다. 우선, 국가이익에 기반한 정부의 외교정책결정에 대하여 사적 이익에 기반하고 있는 민간영역 행위자들의 개입 또는 영향력 행사가 적절한가 하는 문제에 대한 논란이다. 이는 외교정책의 기본적 속성과 관련한 본질적 문제에 대한 논란이지만, 전술한 바와 같이 현실적으로 전개되는 양상을 고려할 때, 불가피한 측면이 있다는 점을 고려할 필요가 있다. 단, 지나치게 사적 이익에 절대적으로 의존하여 외교정책이 결정될 경우에는 심각한 정치적 논쟁이 발생할 개연성도 예상된다. 그러나 비록 특정한 사적 이익을 보호하거나 지지하는 듯한 외교정책이 결정되었고, 해당 사적 이익의 영향력이 절대적이었다는 평가가 진행된다 하더라도, 그 인과관계를 입증하기가 쉽지 않기 때문에 이 문제와 관련한 논란은 쉽게 정리되기가 어려울 수 있다. 즉, 사적 이익이 실제로 절대적인 영향을 미쳐서 외교정책이 결정되었고 그 결과로서 국가이익이 왜곡된 것인지, 아니면 순수한 국가이익에 따라 외교정책을 결정하였지만, 결과적으로는 의도와 무관하게 특정한 사적 이익에 큰 도움을 줄 수 있는 상황이 초래된 것인지를 구분하고 객관적 인과관계를 입증하기가 쉽지 않기 때문이다. 결국, 외교정책에 대한 민간영역 행위자들의 영향력 행사에 대한 논란은 지속될 수 있겠지만, 분명한 입증은 쉽지 않다 하겠다.

다른 한편으로 외교정책에 대한 민간영역 행위자들의 개입을 현실적인 측면에서 수용한다 하더라도, 신중하게 접근해야 할 것은 민간영역 행위자들의 입장이 결코 통일되지 못하다는 점이다. 오히려 민간영역 행위자들의 이해관계는 지나치게 분산되어 있고, 쉽게 조율되기 힘들 정도로 다양한 양상을 띠고 있으며, 극단적으로는 심각한 대립과 갈등 양상을 초래하고 있는 것이 현실이다. 이러한 측면은 외교정책에 영향을 미치고자 하는 민간영역 행위자들 사이의 정치적 행위와 논쟁을 유발시키게 되고, 실질적인 영향력 행사 여부와 상관없이 외교정책에 대한 국내정치적 개입 문제가 논란의 대상이 될 수 있다. 실제로 광화문 일대에서 진행되는 민간단체들의 시위 현장에 보수와 진보 진영의 단체들이 동시에 이웃하여 자리 잡고 있는 모습들이 이상하지 않은 상황이 되고 있다. 그리고 이들은 외교정책 관련 주장들과 국내정치적 이해관계를 서로 연계시켜 서로 상충되는 입장들을 동시에 주장하고 있다. 민간 행위자들의 이해관계가 매우 다양하고 서로 상충된다는 점에서, 정부가 어떠한 내용의 외교정책을 결정하더라도 영향력을 행사하고자 하는 모든 민간 행위자들을 만족시킬 수 없으며, 결과적으로는 민간 행위자들의 심한 반발과 비판에 직면할 수밖에 없다는 점도 주목해야 한다. 정부의 정책결정에 민간 행위자들이 영향력을 행사하는 행위만큼, 결정된 외교정책에 대한 찬반 의사의 피력 역시 정치적 행위에 해당된다는 점을 고려할 때, 한국외교정책은 민간영역과 관련한 국내정치적 영향력으로부터 완전히 자유로울 수 있는 상황을 가지는 것은 현실적으로 불가능하다 하겠다.

추가적으로 시민단체와 비정부기구와 같은 민간영역 행위자들의 정치적 영향력 행사와 관련하여, 이념적으로 대립하는 민간 행위자들 간의 관계가 극단적인 갈등과 대립으로 치닫게 되면서, 정부의 외교정책결정 자체가 힘들어지고, 상당한 부담에 직면하게 되는 상황이 전개될 수도 있다. 대립과 갈등의 수준이 상당히 높은 수준을 유지하고 있는 한국사회의 현재 모습은 보수와 진보, 친미와 반미, 친중과 반중, 친일과 반일, 대북 강경정책과 온건정책 등의 구체적 입장으로 갈라져 있다. 이들은 서로 대립과 갈등을 전개하는 과정에서 외교정책 현안들이 소재로서 다루어지는 경우가 빈번해지고 있는 만큼, 한국정부의 외교정책결정은 상당한 부담을 안고 있는 상황이다. 반면, 이렇게 분열되어 있고 대립하고 있는 민간영역의 실태를 정부가 외교정책을 결정하는 과정에서 적절하게 활용하는 상황도 고려해 볼 수 있다. 즉, 정부가 선호하는 외교정책을 지지하는 정치적 추진력이나 국민적 지지가 필요할 경우에는 민간영역의 활동에 의존할 수도 있기 때문이다.

특히 여야의 갈등이 심하고, 정치적 대립이 장기간 지속되는 상황에서 외교정책을 결정하기 위한 돌파구를 찾게 되는 정부 입장에서는 결정의 근거 또는 적절한 불가피성을 강조하는 이유로서 민간영역의 주장이나 입장들을 활용할 수도 있기 때문이다. 이러한 점을 고려하면, 민간영역으로부터 발생되는 외교정책에 대한 국내정치적 개입 양상은 현실적인 측면에서 수용할 수밖에 없는 것이 사실이지만, 그 양상이나 특징을 단순하게 접근하기보다는 다양한 모습과 차별적 성격이 혼재되어 있다는 점에 대한 적절한 고려와 분석이 필요하다 하겠다.

결론적으로 한국사회의 시민단체와 비정부기구들은 그들이 갖고 있는 이해관계에 따라 한국외교정책의 결정에 개입하려 하게 되고 영향력을 행사하려는 움직임을 보이게 된다. 그리고 정치적 일정에서 긍정적 결과를 확보하려는 정치권은 이러한 시민사회의 로비와 압력의 대상이 될 수밖에 없다. 이러한 점에서 한국외교정책은 정치적 이해관계의 대상이 될 수밖에 없는 또 다른 수준의 상황을 확인하게 된다.[12] 비록 일부 세력의 이해관계에 특화되거나 편중된 정치적 이익들이 한국외교정책에 반영되는 현상은 한국의 국가이익 차원에서는 결코 바람직스러운 것이 아니지만, 이를 완전히 회피할 수도 없는 것이 현실이라는 점에 주목할 필요가 있다. 그러나 한국외교정책에 대한 시민사회와 비정부기구들의 정치적 압박 및 영향력 행사에 대한 개연성을 인정하는 것과 별개로, 이들은 한국외교정책을 결정하는 공식적인 과정에 참여할 수 있는 행위자들이 아니

---

12) Jong-Yun Bae (2020), pp. 154-155.

라는 점을 기억해야만 한다. 공식적인 절차의 외부에서 외교정책결정과정에 영향력을 행사할 수 있는 관계자가 될 수는 있지만, 결정자이거나 공식적인 참여자가 아닌 만큼, 실질적인 정책결정에 대한 직접적 연계성을 단정하는 것에 대해서는 다소 신중해야 할 필요가 있다.

2) 미디어와 여론의 역할

앞에서 언급된 바와 같이 외교정책은 국가 생존이나 영토보존, 주권 확보 등과 같은 국가이익을 다룬다는 점에서 국제사회의 적이나 경쟁관계에 있는 국가들이 사전에 자신들의 외교정책결정 내용이나 추진전략 등을 인지하여 효과적으로 대응하지 못하도록 비공개적 상태에서 정책을 선택하거나 결정하는 방안을 선호하는 경향이 있다. 즉, 성공적인 외교정책의 수행과 이를 통한 국가이익의 확보를 위하여 정책결정에 핵심적인 소수의 인사들만으로 참여를 제한하고, 정책결정과정이 공개되지 않도록 은밀하게 대안을 모색하고 정책을 결정하여 추진하려는 경향이다. 한편, 국내외에서 활동하는 다양한 형태의 미디어들은 그 존재적 속성과 기본적 임무가 각종 비밀스러운 일들을 파헤쳐서 공개하거나, 일부 소수만이 독점하고 있는 소식이나 정보들을 대중과 공유하거나 확산시키는 데 집중되어 있다. 이러한 특성을 고려하면, 일반적인 공공정책과 달리 외교정책의 영역에 대한 미디어의 활동이 외교정책의 기본적 목표와 얼마나 조화로울 수 있을 것인가 하는 점에 대해서는 다양한 논란들이 제기될 수밖에 없다.

언론 및 미디어들의 기본적 속성이라 할 수 있는 '공개'의 가치는 외교정책 영역에서 전략적으로 필요한 '은닉성'의 가치와 지극히 상극적인 특성을 갖고 있다. 따라서 외교정책에 대한 미디어의 지나친 개입 또는 관여가 외교정책을 다루는 입장에서는 상당히 불편하게 인식될 수도 있다. 물론 정부가 성공적인 외교정책 성과를 국내외에 홍보하거나 정부의 치적을 확산시키는 과정에서는 미디어의 적극적 개입이 반가울 수도 있지만, 아직 완성되지 않은 외교정책이 사전에 공개되면서 외교정책 추진 전체가 실패로 귀결되는 상황이 발생할 수도 있다는 점에서 미디어의 지나친 개입을 우려하게 된다. 더욱이 자국 외교정책의 사전 공개 결과가 전술한 바와 같이 적국이나 경쟁국가의 이익으로 연결된다면, 이는 최악의 외교정책 실패를 초래할 것이기 때문이다. 그러나 다른 한편에서는 입법부, 사법부, 행정부에 더하여 제4부라고 호칭될 만큼, 정치권력에 대한 견제 기능을 담당하고 있는 언론이 추구하는 주된 임무 중의 하나에는 '국민적 알 권리'의 충족이라는 부인하기 힘든 민주주의적 원칙이 존재하고 있다. '언론 자유'라는 가치에 기반한 이러한 민주적 원칙은 언론의 취재와 비밀 공개 시도가 상당한 정당성을 확보하게 해주고 있다. 이러한 점은 외교정책과 관련된 행정부처들이 미디어의 접근을 완전히 차단하고, 관계를 단절하는 것이 현실적으로 불가능하다는 점을 예측하게 한다. 따라서 외교정책에 언론 및 미디어의 영향력이 실제로 작동되고 있고, 상호 간에 상당한 연계성이 존재하고 있을 것이라고 예측하는 것이 자연스러울 수 있는 상황이라 하겠다.

정부가 국내 미디어들을 완전히 장악하고 보도를 자의적으로 조작하거나 통제하는 것은 권위주의 국가나 독재체제의 국가에서나 고려해볼 수 있는 만큼, 민주주의체제의 정부는 외교정책을 포함하여 국가이익과 긴밀하게 연계되어 있는 다양한 정책의 집행과정에서 언론 및 미디어와의 적절한 협력을 모색하게 된다. 즉, '언론 엠바고(embargo)'의 관행을 활용하는 것이다. 원래는 적대적 국가에 대한 경제적인 거래나 교류의 중지 및 금수 조치 등과 관련한 개념으로 사용되었으나, 언론 엠바고는 통상적으로 정부가 언론 및 미디어에 관련된 정보를 제공하거나 미디어의 취재에 응하는 대신, 언론 보도를 특정한 시간이나 시일까지 보류하도록 미디어에 요청하는 경우를 의미한다. 특히, 국제사회의 외교적 관례를 준수하고 결례를 범하지 않도록 하기 위한 경우이거나, 국가의 안보 또는 치명적인 국가이익과 연계된 사안의 경우에는 해당 정책이나 사건, 관계 등이 종료될 때까지 보도하지 않도록 제한할 때 사용된다. 물론 정부의 엠바고 요구가 의미 있게 작동하기 위해서는 미디어의 긍정적인 반응과 적극적 협력이 절대적으로 필요하다. 예를 들어 1962년 10월 중순 쿠바에 중거리 탄도미사일 기지를 건설하려는 소련의 흐루시초프 서기장과 이를 중지시키려는 미국의 케네디 대통령 사이에 발생한 군사적 긴장 상황은 1962년 10월 28일 상황이 종료될 때까지 핵전쟁의 위기감을 고조시킬 정도로 심각한 상황으로까지 전개되었다. 이 기간 동안 미국의 언론들은 쿠바 미사일 위기와 관련한 정보를 보도에 적합할 정도로 확보하고 있었음에도 불구하고, 국민들의 불안감을 초래하여 국가적 위기상황을 악화시킬 수도 있다는 점을 고려하여, 미국정부의 엠바고 요청을 수용하였고, 미사일 위기가 해소될 때까지 관련 보도를 자제하는 모습을 보이면서 미국정부에 협조하였다. 국가적인 안보상황에 대한 언론 엠바고가 적절히 작동한 사례라 할 수 있다.

한국외교정책도 언론 및 미디어를 통제하거나 장악하는 것이 불가능할 뿐만 아니라, 완전히 배제하거나 접근을 차단하는 것도 비현실적이라는 점에서 언론 및 미디어와의 협력관계에 주목하게 된다. 한국의 정부 부처들은 외교정책과 관련된 정보나 사실에 대한 언론 및 미디어의 접근을 차단하거나 지나치게 비밀로 규정하여 관련 정보 제공에 소극적일 경우에는 오히려 잘못된 정보나 왜곡된 내용들이 보도될 수도 있고, 이로 인해 관련 상황이 크게 악화될 수도 있다는 점을 의식하게 된다. 따라서 한국정부의 관련 부처들은 '보도자료' 등의 형식으로 외교적 현안들과 관련한 정보를 적절한 수준에서 언론 및 미디어에 공식적으로 제공하고 있거나, 언론 및 미디어들이 문의하는 내용에 대한 사실 여부를 정부 입장에서 확인해주고 있다. 외교정책의 주무 부처라 할 수 있는 외교부는 외교부 출입기자단의 형태로 다양한 언론 및 미디어 소속 기자들과의 접촉과 관련 정보 제공을 제도화하여 공식화하고 있으며, 정기적인 브리핑 등을 통해 필요한 정보를 사전에 제공하거나 사후에 설명하고 사실여부를 확인해 주고 있다. 과거 청와대에 해당하는 대통령실도 기자단을 구성하여 운영하고 있다. 언론 및 미디어들이 필요로 하는 정보를 적절히 제공하여, 정확한 언론 보도를 유도하는 것은 물론이고, 이를 통해 정부가 진행하는 외교정책을 직간접적으로 홍보하는 수단으로써 활용하는 것이라 하겠다. 따라서 이 과정에서 한국정부도 외교정책과 관련한 정보 제공에 있어 언론 엠바고를 다양하게 활용하고 있고, 한국의 언론 및 미디어도 적절하게 협력하고 있다.

그러나 현실적으로는 한국외교정책이 언론 및 미디어의 보도내용으로 인해 상당히 난감해지는 경우도 경험하고 있다. 한국의 언론 및 미디어들도 정치적 성향을 가지고 있으며, 개별적인 미디어들이 갖고 있는 차별적인 정치색이나 이념적 편향성이 보도의 내용이나 편집에 반영되고 있기 때문이다. 특히, 한국사회의 이념화된 대립 구도가 언론계에도 유사한 형태로 작동되고 있으며, 한국외교정책이나 외교적 현안에 대한 언론 보도에 정치적 이해관계가 반영되는 것이 일상화되고 있다. 언론 보도가 한국외교정책에 상당한 압박을 가한 대표적인 사례로서 2008년 4월에 방영된 MBC 방송 〈PD수첩〉 프로그램의 광우병 관련 보도가 거론될 수 있다. 비록 논란 끝에, 2011년 9월 대법원에서 관련 당사자들의 보도행위는 '언론의 자유'와 '국민의 알 권리' 차원에서 무죄를 선고받았지만, 보도내용은 일부 '허위 보도'라고 판정한 것과 관련하여, MBC 방송이 정정보도와 사과문을 발표하였던 사건이다. 그러나 2008년 4월 당시 해당 보도는 이명박정부가 추진한 한미 쇠고기 협상 타결에 대한 국민적 반발을 심화시켰고, '촛불시위'를 통한 반정부 시위로까지 확대하는 결과를 초래하였다. 비록 한미 양국 간에 합의된 내용이 파기되거나 근본적으로 수정된 것은 아니었지만, 광우병 보도와 관련된 파동은 외교정책이 한국의 언론 보도에 의해 큰 영향을 받았던 대표적 사례라 할 수 있다. 그리고 언론 및 미디어는 정부가 추진하는 외교정책의 집행과 지속 여부를 위협할 수도 있다는 사실을 확인시켜주는 사례라 하겠다. 특히 언론 및 미디어의 보도에 국내정치적 이해관계가 연계될 경우에는 외교정책이 언론 및 미디어의 영향력과 함께 국내정치적 이해관계로부터도 상당한 영향력을 받을 수밖에 없는 현실을 확인시켜주는 사례라 할 수 있다.

추가적으로 주목해야 할 사항으로서, 외교정책은 원칙적으로 국가적 이익을 실현하지만, 무엇이 국가이익인가 하는 점에 대한 논란과 관련해서는 국민들의 의견, 즉 여론에 민감하게 반응할 수밖에 없다는 점이다. 여론이 국가이익과 일치하지 않고, 외교정책의 성공을 보장할 수도 없으며, 여론을 모두 수용하여 최상의 합리적 결론을 내리는 것도 불가능하다는 점을 고려한다면, 여론에 따라 무조건적으로 외교정책을 결정하는 것이 오히려 무모한 행동이라고 평가받을 수도 있다. 그러나 민주주의 국가에서 선거에서의 승리와 정치적 지지도 확보 등에 우선적인 관심을 갖고 있는 정치인들과 정무직 인사들의 경우에는 여론과 상반되거나 충돌하는 외교정책을 추진하는 것은 정치적으로 큰 부담으로 작용하기 때문에 항상 여론의 추이에 주목하게 되고, 가능한 여론의 내용을 정책에 반영하려는 시도를 하게 된다. 비록 국내 여론이 외교정책의 결정과 집행에 얼마만큼 공식적으로 영향을 미치는지에 대한 인과관계를 분명하게 확인하기는 어렵지만, 여론에 영향을 받는 외교정책의 결정 양상에 대해서는 쉽게 예견할 수 있는 부분이다.

경우에 따라서는 정부가 외교정책과 관련한 여론을 주도하거나 특정한 여론 형성을 유도하여 외교정책의 결정과 집행을 용이하게 진행하는 사례가 발생할 수 있다. 그러나 역으로 여론 때문에 정부가 외교정책을 결정하기 힘든 매우 난감한 상황에 직면할 수도 있다. 예를 들어 일본식민지 시대 일본군 위안부문제와 강제 징용공 보상문제 등에 대한 한국정부의 정책결정이 쉽지 않고, 결정된 정책도 다시 재고되는 상황이 발생하는 것은 이러한 측면을 잘 설명해주고 있는 모습들이다. 더욱이 보수와 진보로 대립하고 있는 한국사회의 모습이 외교정책에 대한 국내 여론의 분열과 대립으로 표출된다면, 여론의 향방에 주목하게 되는 정치권과 집권세력들은 외교정책을 선택하기가 더욱 쉽지 않게 될 것이다. 결국, 갈라진 여론의 어느 쪽을 선택하여도 반대쪽 여론으로부터 상당한 수준의 비판에 직면할 수밖에 없는 상황이 한국외교정책이 직면한 현실이다. 특히, 앞에서 언급한 바와 같이, 중요한 선거 시점과 연동되는 경우, 정치세력에 대한 지지 여부에 따라 국내 여론의 분열 양상은 더욱 심해지거나 대립양상은 더욱 구체화될 수밖에 없을 것이고, 결국 정치 일정에 민감해진 국내 여론의 분포양상은 외교정책의 결정과 집행을 더욱 힘들게 만들 것이다. 더욱이 여론의 형성과 변동에 정치적 이해관계와 연계된 언론 및 미디어들의 보도 양상이 추가적으로 관여된다면, 한국외교정책에 대한 국내정치적 이해관계의 영향력은 결코 무시할 수 없는 수준으로 커질 가능성이 크고, 외교정책을 결정하는 공식적 행위자들을 더욱 강하게 압박하게 될 것이다.

5. 한국외교정책과 국내정치의 연계 및 한계

21세기의 한국외교정책은 외교정책을 선택하고 집행하는 과정에서 국내정치적 이해관계와 상당한 수준으로 연계되어 있고, 실제로 상당한 영향을 받고 있다는 점을 전제하고 접근하는 것이 더 이상 어색하거나 예외적인 돌발적 경우라고 평가할 수 없는 상황이 전개되고 있다. 한국외교정책을 결정할 수 있는 권한도 없고, 결정과정에 합법적으로 참여할 수도 없는 비공식적인 행위자들이지만 자신들의 사적 이해관계를 정책에 반영하거나, 자신들이 선호하는 정치적 가치에 기반한 외교정책이 결정되고 추진될 수 있도록 다양한 영향력 행사를 시도하고 있으며, 실제로 실행에 옮기기 위해 행동하고 있다는 점을 확인할 수 있었다. 그리고 공식화된 제도적 측면에서 외교정책을 실제로 결정하거나 정책결정에 참여해야만 하는 권한을 갖고 있는 다양한 공식적 행위자들도 외교정책을 선택하고 집행하는 행위에 대한 판단과정에서 다양한 국내정치적 가치와 그들의 영향력으로부터 완전히 자유로운 상태를 유지할 수가 없다는 점도 확인하였다. 따라서 한국외교정책은 사적인 이익이나 특정한 계급 또는 계층의 제한적 이익들을 배제한 가운데, 한국의 완벽한 순수 국가이익을 실현하기 위해 객관적이고 합리적으로 평가된 최상의 외교정책을 결정한다는 기대는 다소 낭만적인 희망에 그칠 수 있다는 점에 주목할 필요가 있다. 보다 현실적인 측면에서 한국외교정책에 대한 국내정치적 가치의 영향력이 실제로 행사되고 있고, 다양한 이해관계들이 반영되고 있다는 점을 수용하고, 사실로 전제하면서 한국외교정책을 분석하고 이해하는 것이 필요하다 하겠다.

한편, 외교정책과 국내정치가 연계되는 현상은 잘못된 것이며, 외교정책의 성공 결과를 방해할 것이라는 단정도 보편적 지지를 얻기가 힘들다는 점에 주목해야 한다. 단순하게 이야기해서,

만약 국내정치와 완전히 절연하고, 국내정치적 이해관계로부터 어떤 영향력도 받지 않는 탈정치적이고 탈정치이념적 상태에서 외교정책을 결정하는 것이 성공적인 정책 결과를 보장하는 확실한 방법이라면, 국제사회의 모든 국가들이 앞다투어 이 방식을 취해왔을 것이다. 국가이익의 실현이라는 절대적 가치를 추구하는 정책이 외교정책이라는 점을 고려하면, 21세기의 국제사회에는 국내정치적 이해관계와 무관하게 외교정책들이 결정되는 양상이 보편화되어 있어야만 한다. 그러나 한국은 물론이고 대다수 국가들이 외교정책을 결정하는 과정에서 국내정치와의 연계성을 거부하는 것은 현실적으로 불가능한 것이 사실이고, 오히려 서로 연계되는 것이 일상화되고 있는 모습이라는 점을 고려하면, 불가피한 측면에 대한 이해와 함께 적극적으로 고려하여 주요한 분석의 대상으로 인정하는 것이 필요하다 하겠다.

오히려 국내정치적 요소들로부터 영향을 받고, 다양한 국내정치적 행위자 또는 가치들과 연계되어 외교정책을 결정하는 것이 외교정책의 완성도를 높여줄 수도 있고, 정치적 지지를 확보함으로써 정책추진의 동력을 확보할 수도 있다는 긍정적 측면도 지적될 수 있다. 즉, 최고정책결정자와 소수의 관료들에 의해 국내정치와 연계되지 않은 '순수한 국가이익'만을 고려하여 외교정책을 결정하는 것이 오히려 '정치적' 행위일 수도 있고, 편협한 국내정치적 이해관계와 연계된 결정으로 전락할 수도 있기 때문이다. 다양한 정치적 이해관계가 연계되고, 복수의 행위자들이 서로 참여하여 성공 여부에 대한 논리적 논쟁을 전개함으로써, 외교정책의 단점과 한계에 대한 문제제기와 함께 정책적 보완이 가능해질 수도 있다. 이로 인해 다수의 행위자들이 만족하고 다양한 정치적 이해관계가 함께 반영된 완성도 높은 외교정책이 결정될 가능성이 커질 수도 있기 때문이다. 마찬가지로 외교정책에 대한 모든 정치적 논쟁과 국내정치적 이해관계가 논쟁에 참여하는 것이 반드시 성공적인 결과를 보장하는 것은 아니며, 오히려 심각한 대립과 갈등으로 인한 시간 낭비와 외교전략 노출 등의 후유증을 초래할 수도 있다. 그러나 탈정치화되고 탈정치이념화를 전제로 하는 외교정책결정이 성공적인 정책 결과를 반드시 보장할 수 없는 것과 마찬가지로, 외교정책이 정치화되고 국내정치와 연계되는 모든 사례들이 정책실패와 정책 오염을 반드시 초래하는 것만은 아니라는 점도 주목해야 한다.

6. 결론: 한국외교정책의 분석적 접근과 논리적 이해의 강화 방안

한국외교정책이 국내정치와 연계되어 진행되고, 다양한 국내정치적 이해관계들로부터 영향을 받아 결정되는 한국외교정책의 현실 등에 대한 판단 및 평가와 관련한 결론은 외교정책의 성공 또는 실패라는 단정적 내용으로 귀결시키기보다는 불가피성과 장단점의 병존이라는 점을 모두 고려하는 유연한 접근에 주목해야 할 필요성이 있다. 외교정책의 결정과 집행 등에 있어 국내정치의 영향력 행사와 서로 연계될 가능성의 문제는 21세기의 시점에서 철저히 거부하거나 완전 차단하여 외교정책의 탈정치화 또는 탈정치이념화를 강력하게 확보하는 것이 현실적으로 불가능하기 때문이다. 더욱이 현대 민주주의 국가의 경우에는 이러한 현상이 발생하는 것이 다소 불가피한 측면도 가지고 있기 때문이다. 그리고 국내정치적 행위자들 사이에서 외교정책을 둘러싸고 전개되는 정치적 논쟁의 초점이 성공적인 국가이익의 확보 여부와 효율적인 목표 달성이라는 점에 집중되는 경우라는 점을 고려하면, 외교정책이 국내정치적 영향으로부터 완전히 벗어나는 것은 현실적으로 불가능하다 하겠다.

더욱이, 원론적인 교과서적 개념 정리와 달리, 현실적으로는 세계화 현상 등으로 인해 국내적인 공공정책과 대외적인 외교정책 사이의 연계성이 강화되고, 분명한 구분을 위한 경계선이 흐려지고 있다는 점을 고려하면, 다양한 국내정치적 이해관계들이 외교정책과 서로 연계될 수밖에 없고, 외교정책이 국내정치의 논쟁적 대상화가 되는 것을 방지할 수도 없다. 한편, 역설적으로 국내정치적 이해관계와 연계되는 외교정책의 모습들이 국가이익의 확보에 용이할 수도 있고, 정책적 추진력과 응집력을 가질 수도 있다는 점을 고려하면, 좋음과 나쁨으로 구분하거나 성공과 실패라는 이분법적으로 접근하는 것이 오히려 한계성을 가질 수 있음을 고려해야 할 필요가 있다.

결국, 한국외교정책을 분석하기 위한 학술적 접근과 관련하여, 좀 더 풍부하고 적실성 있는 설명과 다양한 성격의 분석적 접근을 진행하기 위해서는, 국내정치적 요인의 존재 및 작동 여부, 그리고 정치적 논쟁의 대상으로서 외교정책의 위상 등을 돌발적이고 예외적인 변수가 아닌 상수와 같은 존재로서 수용하고 함께 검토하는 작업이 필요하다. 물론 외교정책의 본질과 특성에 대한 기본적 이해와 학습을 위해서는 교과서적인 원론적 측면에서 강조되는 가치를 유지할 필요가 있으며, 외교정책의 영역에서 발견되는 국내정치의 존재와 정치적 이해관계들의 영향력이 불편하고 바람직하지 않다는 점에 대한 검토와 논의를 진행하는 것도 필요하다. 그러나 현실적으로 추진되는 외교정책에 대한 전문적인 평가와 학술적인 분석을 위해서는 외교정책과 국내정치와의 연계성을 우선적으로 고려해야만 한다. 그렇지 않다면, 외교정책에 대한 학술적 분석과 논의는 쉽게 설명할 수 없는 모순적 현상들에 직면할 가능성이 크며, 피상적인 모습에만 주목하는 결과를 초래하게 될 것이기 때문이다. 따라서 비록 모든 외교정책이 정치적 이해관계에 따라 결정된다고 단정하는 것도 한계가 있지만, 모든 외교정책을 탈정치, 탈정치이념적으로 결정해야 한다는 점을 당위적으로 설정하여 강조하는 것도 외교정책을 의미있게 분석하는 작업에 도움이 되지 못한다. 한국외교정책에 대한 이해와 분석을 진행하는 경우에도 국내정치와의 연계성에 대한 문제를 배제하기보다는 함께 고려하면서 비중 있게 접근하는 것이 필요하다 하겠다.

토의주제

1. 한국정부가 외교안보정책을 결정할 때, 국내의 다양한 정치적 이해관계를 완전히 차단하거나 회피하면서, 순수한 국가이익에 근거하여 정책을 선택하는 것이 현실적으로 가능한가? 현실적인 모습은 어떠한가?

2. 집권 여당이 국내적인 정치적 지지를 확보하기 위한 수단으로 외교정책을 결정하고 집행하는 것에 대해 어떻게 판단하는가? 또는 야당이 정치적 지지 세력을 만족시키기 위해 정부의 외교정책을 무조건 비판하고, 정치적으로 공격하는 것에 대해 어떻게 판단하는가?

3. 한국외교정책을 결정하는 과정에서 국회가 할 수 있는 역할은 무엇이며, 얼마나 필요한 내용인가?

4. 전문성이 요구되는 외교정책을 준비하고, 결정하며, 집행하는 작업들을 외교전문 관료들이 독점하는 것이 필요한가? 아니면 관료와 관료조직들이 외교정책을 독점하지 못하도록 관련 역할과 기능을 제한하는 것이 필요한가?

5. 국가안보와 관련된 외교정책을 결정하고 집행하는 데 있어, 직간접적인 영향을 받게 되는 국내의 기업이나 사회단체, NGO들이 정부의 외교정책결정에 관여하면서 자신들의 요구사항을 반영하기 위해 행동하는 것이 적절한가? 관련 주장을 뒷받침할 수 있는 어떠한 사례들을 제시할 수 있는가?

6. 국가이익을 다루는 외교정책이 언론 및 미디어를 통해 사전에 모두 공개되는 것이 좋은가? 아니면 절대적으로 비밀스럽게 결정되고 추진되는 것이 좋은가?

7. 최고정책결정자 또는 외교부가 매번 국내 여론조사를 진행하고, 여론조사 결과에 따라 외교정책을 결정하고 추진하는 것이 성공적인 외교정책을 보장할 수 있을까?

8. 대통령선거와 같은 중요한 선거 일정이 한국외교정책의 결정과 집행에 얼마나 영향을 미치고 있으며, 어떤 방식으로 영향을 미치고 있는지 구체적 사례나 현상들을 제시하고 논의하시오.

9. 외교정책을 결정할 때, 소수의 핵심 인사들만 참여하면서 비밀스럽게 은닉성을 유지하는 것이 외교정책의 성공 가능성을 높일까? 아니면 관련된 다수의 행위자들이 참여할 수 있도록 가능한 공개적 형태로 외교정책을 결정하는 것이 성공 가능성을 높일까?

참고문헌

1. 한글문헌

김계동 외. 『현대외교정책론, 제4판』. 서울: 명인문화사, 2022.
김계동 외. 『한국정치와 정부』. 서울: 명인문화사, 2020.
김달중 편. 『외교정책의 이론과 이해』. 서울: 오름출판사, 1998.
배종윤. 『한국외교정책의 새로운 이해』. 서울: 한국학술정보, 2006.
배종윤. "노무현 정부의 외교정책과 한-미 동맹." 함택영·남궁곤(편). 『한국 외교정책: 역사와 쟁점』. 서울: 사회평론, 2010.
배종윤. "한국대외정책의 정책기조 전환에 관한 연구: 6.23선언과 정책의 실효성 상실 여부를 중심으로." 『동서연구』 제28권 1호 (2016).
윤영관 외. 『국제 기구와 한국 외교』. 서울: 민음사, 1996.
이범준·김의곤 편. 『한국외교정책론: 이론과 실제』. 서울: 법문사, 1995.
하영선. "한국외교정책 분석틀의 모색." 『국제정치논총』 제28집 2호 (1988).
함택영·남궁곤 편. 『한국 외교정책: 역사와 쟁점』. 서울: 사회평론, 2010.

2. 영어문헌

Allison, Graham, and Philip Zelilow. *Essence of Decision: Explaining the Cuban Missile Crisis*, 2nd ed. New York: Longman, 1999.
Bae, Jong-Yun. "Korean Foreign and National Security Policy: Actors, Structure, and Process." in Chung-in Moon and M. Jae Moon (eds.). *Routledge Handbook of Korean Politics and Public Administration*. London: Routledge, 2020.
Bae, Jong-Yun. "South Korea's Foreign Policy in the 21st Century." in Takashi Inoguchi (ed.). *The SAGE Handbook of Asian Foreign Policy*, vol. 2. Sage, 2020.
Hudson, Valerie M. *Foreign Policy Analysis: Classic and Contemporary Theory: Classic and Contemporary Theory*, 2nd ed. New York: Rowman & Littlefield Publishers, Inc., 2014.
Mintz, Alex and Karl DeRouen, Jr. *Understanding Foreign Policy Decision Making*. New York: Cambridge University Press, 2010.
Neack, Laura, Jeanne A. K. Hey, and Patrick J. Haney (eds.). *Foreign Policy Analysis: Continuity and Change in Its Second Generation*. Englewood Cliffs: Prentice-Hall, 1995.

제2부

분야별 한국외교정책

5장　군사안보외교 _ 박영준 • 131

6장　통상외교 _ 윤미경 • 162

7장　공공외교 _ 김태환 • 193

8장　환경외교 _ 최재철 • 222

9장　대외원조와 국제개발외교 _ 김태균 • 254

10장　국제기구외교 _ 조동준 • 284

5장 군사안보외교

1. 서론 131
2. 군사안보외교의 대내외적 환경 133
3. 군사안보외교의 목표와 추진 방향 141
4. 군사안보외교정책의 결정과 집행체계 146
5. 군사안보외교의 현안과 쟁점 148
6. 군사안보외교의 문제점과 전망 156
7. 결론 158

박영준(국방대 안보대학원)

1. 서론

국가안보란 국가의 주권과 영역, 국민의 생명과 권리를 침해하는 국가 내외의 위협 요소들을 식별하고, 정치외교, 경제, 군사, 과학기술 등의 국가적 역량을 결집하여 위협들을 배제하려는 국가정책을 가리킨다. 그런데 국가안보의 대상 및 주요 수단에 대해서는 안보환경의 변화에 따라 전통적 안보와 비전통적 안보, 혹은 군사안보와 비군사안보로 그 유형을 구별하는 것이 가능하다.[1] 냉전시대와 같이 미국과 소련 등 초강대국을 중심으로 군사적 대립이 격심했던 시기의 국가안보란, 적대국가의 군사적 위협으로부터 국가 주권 및 영토 등을 방어하려는 군사안보, 혹은 전통적 안보가 그 핵심적 영역을 구성하였다. 그런데 미소 간의 대립이 종료된 탈냉전시대에 접어들어서는 적대국가에 의한 군사적 위협 이외에 비국가 주체에 의한 경제적 불황, 에너지 고갈, 지구온난화와 같은 환경변화, 식량 부족, 그리고 코로나19와 같은 질병 만연 등이 새로운 안보위협요인으로 인식되었다. 이에 따라 종전의 군사안보를 대체하여 경제안보, 에너지안보, 환경안보, 보건안보와 같은 비전통적 안보, 혹

---

1) Barry Buzan, *People, States and Fear: An Agenda for International Security Studies in the Post-Cold War Era* (Boulder, Colorado: Lynne Rinner Publishers, 1991), pp. 19-20; 홍용표, "탈냉전기 안보개념의 확대와 한반도 안보환경의 재조명," 『한국정치학회보』 제36집 4호 (2002 겨울), pp. 124-125; 황병무, 『한국 안보의 영역, 쟁점, 정책』 (서울: 봉명, 2004), 제1장 등을 참조.

은 신흥안보의 중요성이 부각되게 되었다.

다만 한반도의 경우에는 북한의 핵능력 증가, 그리고 미중 간 전략적 경쟁 심화 속에서 중국의 군사적 공세성 증대 등에 의해 비전통안보, 혹은 비군사적 안보보다는 군사안보의 중요성이 여전하다는 인식이 지배적이다.[2] 또한, 2022년 2월, 우크라이나전쟁 발발에 의해 미국 및 서유럽에서도 탈냉전시대에 각광받았던 비전통안보에 대한 관심은 상대적으로 저하되고, 재차 군사안보의 중요성이 부각되고 있다.

외교란 타국과의 관계나 국제기구를 포함한 국제사회의 여건을 우리에게 우호적으로 조성하여 국가목표나 국가이익을 달성하기 위한 대외정책 전반을 가리킨다. 그렇다면 군사안보외교란 전통적 안보, 혹은 군사안보의 분야에서 타국 및 국제사회와의 효과적인 교류 및 협력관계 구축을 통해 국가의 안보역량을 강화하고, 대내외 안보환경을 유리하게 조성하여 국가이익 및 국가목표를 달성하기 위한 대외정책을 가리킨다고 말할 수 있다.

군사안보외교를 위와 같이 규정할 때, 외교부가 고유업무의 하나로서 추진하던 '안보외교', 혹은 국방부가 국방정책의 일환으로 추진하고 있는 '국방외교' 등이 군사안보외교의 핵심적인 외연을 구성한다고 볼 수 있다. 외교부는 전통적으로 안보외교, 경제외교, 공공외교 등을 고유업무 영역으로 규정해 왔다. 외교부가 매년 공표하는 외교백서에는 그 중요 업무 분야를 한반도 평화와 역내 협력의 증진, 글로벌 네트워크 등 외교지평 확대, 경제외교 강화, 국제사회 내 역할 확대 및 위상 제고 등으로 설명해 왔다.[3] 이 가운데 '안보외교'란 한반도 평화와 안정의 유지, 그리고 글로벌 네트워크 확대 등과 관련되는 외교이며, 구체적으로는 북핵 등 북한 군사적 위협에의 대처, 한미동맹의 유지 및 발전, 주변국과의 전략적 협력외교 등이 이에 포함된다.[4]

국방부는 국가안보의 목적을 달성하기 위해 군사력을 양성하고, 이를 운용하기 위한 제반 국방정책을 수립하고 이를 집행해 왔다.[5] 이 과정에서 국방부는 대외적으로 동맹관계의 체결 및 강화, 기타 우방국과의 군사협력을 통해 군사역량을 증진시키고, 유사시 제3국으로부터 군사적 지원을 획득하기 위한 대외적 활동을 추진해왔는데, 이것이 다름 아닌 '국방외교'인 것이다.[6] 구체적으로는 한미동맹의 강화와 협력 범위 확대, 주변 우방국들과의 군사협력 강화, 기타 유엔 등 국제안보기구 내에서의 교류와 협력 증진 등을 통해 안보이익을 확보하려는 정책적 노력이 국방외교의 범주에 속한다고 볼 수 있다.

이같은 외교부의 '안보외교'와 국방부의 '국방외교'는 공통적으로 핵능력 증강을 포함한 북한의 군사적 위협에 대한 대처, 한미동맹관계의 강화, 주변 우방국들과의 양자 및 다자적 군사협력, 그리고 국제안보기구에 대한 협력 등을 포함하게 되고, 이같은 사안들이 '군사안보외교'의 주요범

---

2) 전웅, "군사안보와 비군사안보의 상관관계," 『국제정치논총』 제37집 2호 (1997), pp. 257, 260; 김태효, "군사안보외교," 김계동 외, 『현대외교정책론』 (명인문화사, 2016), pp. 20-21.

3) 외교부, 『외교백서:2020』 (서울: 외교부, 2021) 등 매년 발간되는 외교백서 참고.

4) 윤덕민, "안보외교," 외교통상부, 『한국외교 50년, 1948-1998』 (서울: 외교통상부, 1999) 참조; 온창일, 『안보외교론』 (서울: 지문당, 2002)도 참조.

5) 한용섭, 『국방정책론』 (서울: 박영사, 2012), p. 51.

6) 왕종표, 『국방외교와 무관』 (서울: 좋은 땅, 2019), pp. 29-30.

주가 된다. 이외에 국가안보와 관련되는 여타 정부 부처의 국제업무들도 '군사안보외교'의 범주에 포함될 수 있다. 외교부나 국방부의 상위차원에서 정책 방향을 제시하는 국가안보실의 대외전략 관련 업무나, 방위사업청 업무의 일환인 국제방산협력 등도 '군사안보외교'의 범주에 포함된다고 할 수 있다.

2. 군사안보외교의 대내외적 환경

'군사안보외교'란 주로 국가안보실, 외교부, 국방부, 그리고 방위사업청 등의 정책부서가 주도하여 북한 군사적 위협에 대한 대처, 한미동맹관계의 강화, 우방국가들과의 양자 및 다자적 안보협력, 유엔 등을 포함한 국제안보기구 내에서의 국제평화 관련 활동, 그리고 국제방산협력 등을 통해 국가목표와 안보이익을 증진하려는 대외정책이다. 그런데 이러한 '군사안보외교' 관련 정책을 둘러싼 대내외 환경은 엄중함을 더해가고 있다. 북한의 핵능력 증대와 군사적 위협, 미국과 중국의 신냉전 구도 심화, 우크라이나전쟁의 발발에 따른 글로벌 안보질서의 불안정성 심화, 그리고 외교안보정책 전반을 둘러싼 국내 정치환경의 양극화 등이 노정되고 있는 것이다.

1) 북한의 핵능력 강화와 공세적 대외정책

1990년대 이후 북한은 대내외적으로 여러 위기 양상에 봉착했다. 김일성 주석이 사망하였고, 이어 경제위기가 엄습하였다. 대외적으로는 냉전시대 북한을 후원하였던 사회주의 종주국 소련이나 전통적 맹방인 중국정부가 한국과 수교하는 상황이 전개되었고, 게다가 1991년 12월, 소련이 붕괴되었다.

이같은 대내외 안보위기에 직면하여 북한은 체제의 안전보장 및 대남 군사적 우위를 확보하기 위해 절대무기인 핵전력 개발에 국가적 총력을 경주한 것으로 보인다. 이같은 핵무기 개발 전략은 김정일 시대를 이어 김정은 정권에게도 더욱 강한 기조로 계승되었다. 김정일 생존 기간에는 2006년 10월과 2009년 5월, 2차례의 핵실험을 시도했던 북한은 김정은 집권 이후에는 2013년 2월, 2016년 1월, 2016년 9월, 그리고 2017년 9월까지 도합 6차례의 핵실험을 실시하면서, 결국 플루토늄탄과 우라늄탄, 그리고 수소폭탄의 기술까지 확보한 것으로 보여진다.[7] 2017년 11월, 북한 정권이 국가핵무력 완성을 선언한 것은 그 징표로 간주된다. 북한의 핵탄두 보유 규모는 점진적으로 증대하여 2020년 말과 2021년 초기의 시점에서 적게는 26~60개 사이, 많게는 67~116개를 보유하고 있는 것으로 추정된다.

핵능력의 확보는 북한의 군사체제 및 군사전략 변화를 가져왔다. 핵능력을 확보하게 된 북한은 냉전기의 소련이나 중국이 그러했듯, 그 운반 수단으로 단거리 및 중장거리 미사일 개발을 병행하여 추진하였고, 2017년 11월의 테스트에 이르기까지 사정거리 1만 2,000㎞에 이르는 대륙간탄도탄 화성-15형 및 화성-16형까지 보유하게 되었다. 또한, 2016년 8월에 발사한 북극성 1호를 비롯하여 2021년 1월까지 디젤잠수함에서 발

---

7) 박휘락, "핵위협시대 국방개혁 기본방향," 박휘락, 조영기, 이주호, 『북핵에 대응한 국방개혁』 (서울: 한반도선진화재단 선진화정책시리즈, 2017.3).

사한 잠수함발사탄도미사일(SLBM) 북극성-3형, 북극성-4형, 그리고 군사퍼레이드에서 공개한 북극성-5형까지 개발한 것으로 추정된다.[8]

핵탄두 및 그 운반수단으로서의 미사일 능력 증대와 병행하여 북한군 내에서 그 운용을 담당하는 전략군사령부의 조직과 위상이 강화되고 있다. 원래 미사일교도대였던 이 조직은 2012년에 전략로케트사령부로 개칭되었고, 다시 2014년에 전략군사령부로 변화되었다. 전략군사령부로 개편되면서 북한은 기존 육군, 해군, 항공 및 반항공군에 더해 4군체제를 갖게 되었는데, 특히 전략군의 위상이나 전략적 역할이 두드러지게 나타나고 있는 것이다.

핵탄두와 미사일 능력이 증대되면서 북한의 군사전략은 그 운용을 기반에 둔 공세적 군사전략으로 변화되고 있다. 특히 북한은 2022년 9월 8일, 북한 최고인민회의 제14기 7차 회의에서 채택된 "조선민주주의인민공화국 핵무력정책에 관하여" 법령(약칭 핵무력법)을 통해 선제공격의 가능성을 대폭 확대한 공세적 핵전략을 표명하였다.[9] 북한 핵무력법은 제3조에서 국무위원장이 핵무기와 관련된 모든 결정권을 가지며, 국가핵무력지휘기구가 국무위원장의 결정에 대해 보좌한다고 하여 핵지휘통제체제를 명문화하고 있다. 또한, 제6조에서는 핵무기 사용 조건에 대해 다음과 같은 5가지 경우를 제시하고 있다.

① 북한에 대한 핵무기 또는 기타 대량살상무기 공격이 감행되었거나 임박한 경우

② 국가지도부나 국가핵무력지휘기구에 대한 적대세력의 핵 및 비핵공격이 감행되었거나, 임박했다고 판단되는 경우

③ 국가의 중요 전략적 대상들에 대한 치명적인 군사적 공격이 감행되었거나 임박했다고 판단되는 경우

④ 유사시 전쟁의 확대와 장기화를 막고 전쟁의 주도권을 장악하기 위한 작전상 필요가 불가피하게 제기되는 경우

⑤ 기타 국가의 존립과 인민의 생명안전에 파국적인 위기를 초래하는 사태가 발생해 핵무기로 대응할 수밖에 없는 불가피한 상황이 조성되는 경우

요컨대 북한의 핵무력법은 자신들의 국가지도부나 중요 전략적 대상들에 대한 핵 및 비핵공격이 감행되었을 경우뿐만 아니라, 공격이 임박했다고 판단되거나 국가 존립에 위기사태가 발생했을 경우에 핵무기를 사용할 수 있다고 하여, 핵선제타격의 범위를 대폭 확대해 놓고 있는 것이다. 이같은 북한의 핵선제타격전략은 선제불사용 원칙을 표방하고 있는 중국의 핵전략과는 확연하게 구별되는 공격적인 핵전략이고, 재래식 전쟁과 핵전쟁 경우에 각각 핵사용을 표방하고 있는 러시아에 비해서도 핵사용의 범위를 확대하고 있는 공격적 특성을 보이고 있다.[10]

국가핵무력 완성을 선언하고, 핵선제타격 전

---

8) Lami Kim, "A Race for Nuclear-Powered Submarines on the Korean Peninsula," *National Bureau of Asian Research* (2021.3.31) 참조.

9) 정성장, "북한의 핵지휘통제체제와 핵무기 사용 조건의 변화 평가: 9.8 핵무력정책 법령을 중심으로," 『세종논평』 2022-06 (2022.9.14); 이병철, "북한 핵무기 사용 법제화 분석 및 대응," 경남대 극동문제연구소 『IFES 브리프』 2022-19 (2022.9.14).

10) 박영준, "냉전기 주요 핵보유국의 핵개발 전개과정 비교: 미국, 소련, 중국의 핵전략 및 핵지휘체제 변화를 중심으로," 한국국방연구원, 『국방정책연구』 31권 3호 (2015년 가을); Olga Oliker, "Moscow's Nuclear Enigma: What is Russia's Arsenal Really For?," *Foreign Affairs* (November/December, 2018).

략을 표방하기 시작한 북한은 증대된 핵능력을 바탕으로 남북관계 및 북미관계와 관련한 대외정책에서도 자신들이 원하는 성과를 얻어내려 한 것으로 보여진다. 2018년 4월과 9월에 각각 판문점과 평양에서 성사된 남북정상회담, 그리고 같은 해 6월에 싱가포르에서 개최된 북미정상회담을 통해, 북한은 비핵화 합의를 수용하면서 남북 간 군사적 신뢰구축과 북미 간 관계 정상화의 성과를 얻어내려 한 것으로 보여진다. 그러나 2019년 2월, 하노이 북미정상회담이 사실상 실패로 돌아가면서 북한의 외교적 목표는 달성되지 못했다. 이후 북한은 애초의 전략노선, 즉 미국의 대북 적대시 정책을 여전히 자신들에 대한 최대 안보위협으로 간주하면서, 대내적으로 국방력 강화에 매진하는 정책으로 선회하고 있다.

이같은 군사능력 강화 및 공격적 핵전략을 바탕으로 북한은 한국에 대한 무시정책의 경향도 보이고 있다. 2019년 이후 김여정 당 부부장의 한국 지도층에 대한 일련의 담화는 북한이 한국의 존재를 철저히 과소평가하고 있다는 점을 보여주는 것에 다름없다. 이 과정에서 2018년 판문점 정상회담이나 평양정상회담에서 합의하였던 남북 간 군사적 긴장완화와 신뢰구축을 약속한 여러 합의사항들이 준수되지 않을 가능성도 남아있다.

2) 미중 간 신냉전 구도의 심화

미국과 중국 간에 전략적 경쟁, 혹은 신냉전 구도가 나타나기 시작한 것은 2010년대 전후 시기였다. 특히 중국이 2010년을 기점으로 일본을 제치고 세계 2위의 경제 대국으로 부상하면서 대외적으로 보다 공세적인 성향을 노정하기 시작했다.

남중국해의 스프라틀리 등의 도서들을 대상으로 군용비행장과 군사시설들을 건설하기 시작했으며, 일본과 영유권 분쟁이 있던 센카쿠(중국명 댜오위다오)에 대해 보다 공세적인 태도를 취했다.

중국의 공세적 대외전략은 2012년부터 국가주석에 취임한 시진핑(習近平)체제하에서 보다 두드러지게 나타났다. 시진핑 주석은 취임 직후부터 미국에 대해서는 신형대국관계 수립, 여타 아시아 국가들과 중동 및 유럽국가들에 대해서는 '일대일로' 및 '아시아운명공동체' 구상들을 제기하기 시작했다. 이같은 적극적 대외구상과 연계하여 중국 국무원 판공실은 2015년 5월, 새로운 군사전략문서인 『중국적 군사전략』을 공표하여, 미국의 리밸런싱 전략 수행, 일본의 안보정책 강화, 대만과 티베트의 분리독립 세력 동향 등이 중국에게 있어 잠재적 위협 요인이 되고 있다고 강조하였다.[11] 그러면서 중국 인민해방군은 '적극방어'의 전통적인 전략 개념하에 육군이 구역방어형에서 전역방어형으로, 해군이 근해방어형에서 원해보호형으로, 공군은 국토방어형에서 공방겸비형으로, 그리고 제2포병은 핵무기의 선제 불사용 원칙하에 핵능력과 재래식 능력의 결합을 추구하겠다는 방침을 밝혔다.[12]

이같이 시진핑 주석의 대외정책 및 군사정책 강화에 대해 미국 오바마 행정부는 2011년을 전후하여 리밸런싱, 혹은 피봇정책을 추구하기 시작했다.[13] 대중정책 기조 변화에 따라 미 국

---

11) The State Council Information Office, *China's Military Strategy* (May 2015).

12) 차정미, "시진핑 시대 중국의 군사혁신 연구: 육군의 군사혁신 전략을 중심으로," 『국제정치논총』 제61집 1호 (2021), p. 85.

13) 커트 캠벨, 이재현 옮김, 『피봇: 미국 아시아 전략의

방부와 각 군은 중국에 대한 군사적 대결을 전제로 군사력의 재배치 및 대중 작전계획을 재검토하기 시작했다. 파네타(Leon Panetta) 국방장관은 태평양과 대서양 배치 미군 해·공군 전력 규모를 2020년까지 6:4 비율로 재편한다는 방침을 밝혔다. 미 해군 참모총장 그리너트(Jonathan Greenert) 제독과 공군 참모총장 슈워츠(Norton A. Schwartz) 대장은 중국의 반접근 지역거부(A2AD) 전략을 분쇄하기 위한 목적으로 공해전(AirSea Battle) 전략개념을 공표하였다.[14]

미국의 대중 군사전략이 강경 기조로 전환되는 상황에 직면하여 시진핑 국가주석은 2017년에 개최된 제19차 당대회에서 행한 연설을 통해 2020년까지 소강사회를 전면적으로 실현하고, 2035년까지 사회주의 현대화를 구현하며, 중국정부수립 100주년이 되는 2049년까지 사회주의 현대화 강국을 건설하고 세계 최고 수준의 종합국력을 보유하겠다는 비전을 제시하였다. 이같은 국가전략적 목표에 더해 그는 군사적으로도 21세기 중엽까지는 세계 일류의 군대를 건설하겠다는 전략적 목표를 제시하였다.[15]

중국정부는 2019년 7월에 공표한 군사전략문서 『신시대 중국 국방』을 통해 미국이 국방지출을 늘리고, 핵전력, 우주전력, 사이버, 미사일 능력을 증강하면서, 글로벌 전략안정을 해칠 뿐 아니라 주요 국가 간의 경쟁을 도발하고 있다고 비판을 가하였다.[16] 또한, 미국이 아태지역 동맹체제를 강화하면서, 지역 안보질서에 복잡성과 불확실성을 더하고 있다고 지적하였다. 이러한 정세에 대응하여 동 문서는 인민해방군이 적극방어 원칙에 입각한 국방정책을 추구할 것이지만, 남중국해 도서들과 센카쿠(댜오위다오)에 대한 주권을 확보할 것이며, 대만의 분리독립 시도에 대해서도 단호하게 반대할 것이라는 입장을 재확인하였다.

중국의 공세적 대미정책에 대응하여 2017년부터 집권한 미국 트럼프 대통령은 이전 시기보다 강경한 대중정책을 추진하였다. 트럼프 대통령은 취임 첫해인 2017년 11월, 동남아 순방을 통해 인도·태평양전략을 공표하면서, 이에 공조하는 일본, 오스트레일리아, 호주 등과 쿼드(QUAD) 안보협의체를 결성한 바 있다. 또한, 트럼프정부는 2018년에 국가국방전략서를 공표하면서, 미국 국방정책이 이제는 테러리즘에 대응한 비정규전 수행이 아니라 중국 등의 강대국들과의 전쟁 대비를 최중점 순위로 함을 명확하게 밝혔다.

미국정부의 대중 위협인식은 2021년부터 집권한 민주당 바이든정부에도 공유되고 있는 것으로 보인다. 바이든정부는 2022년 10월에 공표한 국가안보전략서 및 국가국방전략서, 그리고 핵태세보고서 등을 통해, 지난 30여 년간의 탈냉전 시기가 종언을 고했으며, 우크라이나전쟁을 도발한 러시아뿐만 아니라 중국이 전략적 도전을 가해오고 있다고 경계하면서, 향후 10년간이 미국의 국가이익은 물론 국제안보질서에 있어 중대한 변곡점이 될 수 있다는 인식을 보였다. 그리고 이에 대응하여 자체의 군사 및 경제 분야 경쟁력 강화, 그리고 대외적으로 동맹 및 파트너 국가들과

미래』(서울: 아산정책연구원, 2020), pp. 36, 60.

14) General Norton A. Schwartz, USAF & Admiral Jonathan W. Greenert, USN, "Air-Sea Battle" *The American Interest* (February 20, 2012).

15) 『朝日新聞』. 2017년 10월 19일 자 기사 참조.

16) The State Council Information Office of the People's Republic of China, *China's National Defense in the New Era* (July 2019).

의 통합억제 태세 구축 등을 새로운 글로벌 안보전략 방향으로 제시하였다.[17]

미중 간 전략적 경쟁의 심화 속에서 미국은 인도·태평양지역에서 동맹국들과의 군사협력관계를 강화하려는 정책을 서두르고 있다. 기존의 동맹국 한국, 일본, 호주, 필리핀, 태국과의 양자관계를 강화하면서, 쿼드를 포함한 소다자 동맹관계를 통해 연합군사훈련을 포함한 군사협력관계는 보다 확대되고 있다. 유럽지역 북대서양조약기구 (NATO: North Atlantic Treaty Organization) 국가들도 인태지역 안보협력에 참가하고 있다. 영국, 프랑스, 독일은 2021년부터 항모나 잠수함을 이 해역에 파견하고 있다. 이 가운데 영국은 2021년 9월, 미국 및 오스트레일리아와 더불어 AUKUS를 결성하였고, 이를 통해 미국이 원자력 잠수함 관련 기술을 오스트레일리아에 제공한다는 파격적인 합의가 이루어지기도 하였다.

한편 미국의 동맹정책과 비교하여 전통적으로 비동맹정책을 중요 외교정책의 하나로 표방해온 중국은 공식적으로 동맹정책 확대를 표방하고 있지 않다. 대신 중국은 러시아 및 여타 동남아 국가들과의 안보협력을 확대하면서 미국 주도의 동맹 확대 추세에 대응하고 있다. 중국은 러시아로부터 Su-35 전투기나 핵추진 잠수함 등을 도입해 왔으며, 2011년 이후에는 연합해군훈련을 빈번하게 실시해 왔다.[18] 이외에도 중국은 태국 공군과 팔콘 스트라이크(Falcon Strike) 훈련을 실시하였고,[19] 인도네시아, 말레이시아, 미얀마 등 동남아 국가들 및 스리랑카, 파키스탄 등 서남아 및 중동 지역 국가들과 경제 및 안보협력관계를 확대하려는 노력을 지속적으로 기울이고 있다.

이같이 미중 양국 간의 전략적 경쟁 심화 속에 남중국해나 대만 방면에서 양국 간 군사적 충돌이 발생할 가능성이 증대되고 있다. 중국은 대만 방면에 대해 해군 및 공군 전력을 투사하면서, 군사적 수단에 의한 통일 가능성을 지속적으로 모색하고 있다. 이에 대응하여 미국은 '자유의 항행 작전'을 실시하면서 대만에 대한 군사적 지원태세를 구축하고 있다. 미국과 중국 간에 남중국해나 대만 방면에서 군사적 충돌이 발생할 경우에는 이 해역을 주요 해양수송로로 사용하고 있고, 미국의 주요 동맹국이기도 한 한국의 국가안보에 큰 영향을 미칠 것이 분명하다.

3) 우크라이나전쟁과 글로벌 안보질서의 불확실성 심화

2022년 2월 24일, 러시아가 '특수군사작전'의 명목하에 전격적으로 우크라이나를 침공하였다. 유엔안보리 상임이사국이며 핵무기 보유국가인 러시아에 비해, 우크라이나는 보유 전력 규모나 국제적 위상에서 상대가 되지 않는 국가였다. 2월 말부터 4월에 걸쳐 러시아가 우크라이나의 북부, 동부, 남부 방면에서 공중전력 엄호하에 기갑부대를 앞세운 공세를 지속했을 때, 전쟁 목적의 정당성 여하와 관계없이, 국제사회는 러시아의 승리를 대부분 예상했다. 그러나 의외로 우크라이

---

17) The White House, *National Security Strategy* (2022. 10.12); U.S. Department of Defense, *2022 Nuclear Posture Review* (2022.10.27) 등을 참조.

18) Andrey Gubin, "Asia-Pacific Spectre of Russian Defense Policy," KNDU Defense Policy Conference (2021.11.1).

19) Defense Intelligence Agency, *China Military Power: Modernizing a Force to Fight and Win* (Defense Intelligence Agency, 2019), p. 89.

나가 재래식 전력만으로 구성된 군사력을 보유하고 있었음에도 불구하고, 젤렌스키(Volodymyr Zelensky) 대통령의 결연한 리더십을 바탕으로 대러 방어전을 성공적으로 수행하였고, 5월 이후에는 모든 전선에서 러시아군을 격퇴하는 전황이 전개되고 있다. 급기야 러시아는 30만 명 규모의 동원령을 내리고, 푸틴 대통령은 핵무기 사용 가능성까지 시사하고 있다. 초기의 일반적 전망과 달리 전쟁의 장기화가 예상되는 가운데, 우크라이나전쟁은 글로벌 안보정세에 이전과 다른 변화를 초래하고 있다.

첫째, 이 전쟁으로 인해 러시아 등을 상대로 하여 미국의 글로벌 리더십 강화 및 미국 주도의 나토동맹이 군사적으로 더욱 강화되는 추세가 분명하게 나타나고 있다. 개전 직후 미국은 우크라이나에 대한 직간접적 군사지원과 경제지원을 아끼지 않았고, 나토를 통해 영국, 프랑스, 독일, 네덜란드, 스페인, 이탈리아 등이 우크라이나는 물론, 폴란드, 루마니아, 에스토니아, 라트비아, 리투아니아 등이 상호 군사적으로 지원하고 결속하는 태세를 공고히 하도록 주도적 역할을 수행하였다. 이 과정에서 전통적으로 중립을 표방해온 스웨덴과 핀란드가 입장을 전환하여 나토에 가입하는 변화가 나타났다. 이 두 국가는 유럽연합(EU)에는 1992년도에 가입했지만, 전통적인 중립주의에 따라 나토에의 가입은 회피하고 있었다. 그러나 5월 초의 시점에서 스웨덴과 핀란드가 내부 국회 의결을 거쳐 나토에의 정식 가입 의사를 표명하였다.[20]

둘째, 나토를 비롯한 서방 자유민주주의 국가들에서 국방예산을 대폭 증액하고, 첨단 군사력 보유를 추진하는 군비증강의 움직임이 공통적으로 나타나고 있다. 탈냉전기 이후 지속적으로 병력 규모와 국방예산을 감축해온 독일은 전쟁 발발 직후 숄츠(Olaf Scholz) 수상의 의회 연설을 통해 군비증강 방향으로의 정책 선회를 발표하였다.[21] 다른 나토 국가들도 독일의 경우처럼 국방예산 증액 및 전력증강에 적극적으로 임할 것으로 보인다. 아시아 국가들도 이러한 영향을 받을 것 같다. 개전 이후 우크라이나를 군사적으로 지원해온 일본도 현재 GDP 1% 이내 수준에 제약되어 있는 국방예산을 나토 기준인 2% 수준으로 증액하기로 결정하였고, 아베 전 수상은 일본도 나토와 같은 핵공유체제를 검토할 필요가 있다고 제언하였다. 즉 우크라이나전쟁의 여파로 인해, 미국 등 서방 자유민주주의 국가들 간에 전체적으로 국방비를 증액하고, 첨단 전력을 증강하는 등 새로운 군비경쟁의 양상이 나타나고 있는 것이다.

셋째, 유럽의 나토 국가들과 인도·태평양지역 자유민주주의 국가들 간의 안보연대가 강화되고 있다. 우크라이나전쟁 발발 이후 6월 29일부터 스페인 마드리드에서 나토 정상회의가 개최되었을 때, 나토 창설 이래 처음으로 한국, 일본, 호주, 뉴질랜드 정상들이 초대되어 공동의 안보협력을 논의하였다. 이 정상회의에서 발표된 나토의 새로운 전략문서는 러시아의 우크라이나 침략이 유럽·대서양지역에서 동맹의 안보와 평화에 대한 가장 중대하고 직접적 위협을 가하고 있다고 지적하면서, 동시에 중국도 나토의 이익과 안보,

---

20) Steven Erlanger, "Nudged nearer to NATO," *The New York Times* (14 May 2022).

21) Katrin Bennhold, "A pivot to combat readiness," *The New York Times* (25 March 2022).

가치에 대해 강압적인 정책으로 도전하고 있다고 부연하기도 하였다.[22] 이같은 인식하에 나토는 3가지 핵심과제인 억제와 방어, 위기예방과 관리, 협력안보에 노력을 경주할 것을 재확인하였다.

넷째, 우크라이나전쟁은 제2차 세계대전의 종전 이후 국제평화를 유지하기 위해 미국 등의 전승국들이 주도하여 구축한 국제기구 및 국제규범의 위기를 초래하고 있다. 이미 러시아는 선제공격을 통해 자신들이 참가해온 1994년 부다페스트의정서, 2015년 민스크합의 등 우크라이나의 영토보존과 주권을 약속한 다자간 규범을 침해했다. 그에 더해 러시아의 우크라이나 침공은 국가 간 분쟁의 평화적 해결을 규정한 유엔헌장이나 여러 국제규범을 정면에서 도전하고 있다. 러시아 자체가 대표적인 국제기구인 유엔안보리의 상임이사국이기 때문에, 전쟁의 침략성을 규정하고, 침략국가에 대해 국제제재를 수행하는 유엔안보리의 기능이 사실상 마비되고 있다. 2월 25일, 유엔안보리에서 논의된 대러시아 비난 결의안이 러시아의 거부권 행사로 채택되지 못한 것이 그 상징적인 징표이다.[23]

전쟁 범죄 및 대량학살 등에 관한 국제규범을 수호하기 위해 네덜란드 헤이그에서 창설된 국제형사재판소(ICC: International Criminal Court)의 권능도 러시아에 의해 도전받고 있다. 국제형사재판소는 러시아의 우크라이나 침공 직후 이 전쟁이 전쟁범죄를 구성하는지의 여부를 판단하기 위한 조사에 착수하였다. 4월 14일에는 재판소의 검찰관들이 우크라이나의 수도 키이우를 방문하여 러시아의 전쟁범죄 관련 혐의들에 대해 조사를 벌였다.[24] 다만 러시아가 만일 국제형사재판소의 판단이나 관할 여부에 대해 불응할 경우, 국가 간 전쟁범죄 및 제노사이드 관련하여 국제형사재판소가 수행해야 할 권능은 심각하게 타격받을 수 있게 된다.

이같이 우크라이나전쟁은 글로벌 안보질서에 불안과 동요를 안겨주고 있고, 그 여파로 한국의 안보환경에도 연쇄적으로 그 여파가 밀려오고 있다. 우선 유엔안보리 상임이사국이자 핵확산금지조약(NPT: Nuclear nonproliferation treaty)에서 핵보유가 인정된 러시아가 전술핵 사용 가능성까지 시사하면서, 주요 국제안보기구들의 권능과 역할이 도전받고 있는 점이 한국 안보환경에 부정적으로 작용할 가능성이 크다. 유엔안보리와 NPT 등은 한반도 평화유지 및 비핵화 목표 추진에 불가결한 관련을 맺고 있는 대표적인 국제기구들이다. 이러한 국제안보레짐이 러시아의 전쟁 도발로 인해 기능 부전에 빠지는 것은 한국의 국가안보이익에 불리한 결과가 될 것이다. 또한, 전쟁 과정에서 중국이나 북한이 러시아에 대해 군사적 지원을 하게 될 경우, 한국과 북한의 관계 경색은 더욱 악화될 가능성이 크다. 따라서 우크라이나전쟁이 국가안보와 결코 무관한 문제가 아니라는 인식을 가져야 하며, 한국으로서는 국제안보기구의 역할이 정상적으로 유지될 수 있도록 군사안보외교를 전개할 필요가 있을 것이다.

4) 외교안보정책에 대한 국내적 양극화

한편 한반도를 둘러싼 안보정세가 급변하는 가운데 국내적으로는 보수와 진보, 여당과 야당 간에

---

22) NATO, *NATO 2022 Strategic Concept* (2022.6.30).
23) 『朝日新聞』, 2022년 5월 6일.

24) 『朝日新聞』, 2022년 4월 5일 및 4월 15일 자 기사 참조.

파당적 대립이 격심해 지고 있다. 보수와 진보 정치세력 간에는 경제나 사회 분야 같은 국내정치 쟁점뿐만 아니라, 대북정책의 기조, 한미동맹 등 대외 안보정책, 한일관계 등 대외정책에 대해서도 첨예한 입장 대립이 노정되는 경우가 많다. 그 결과 대외적으로 추진해야 할 안보정책을 둘러싸고, 초당파적인 합의 도출이 곤란해 지고 있다.

예컨대 북한의 핵능력 증대에 대한 대응과 관련해서 보수적 정치세력은 북한 핵을 국가안보에 대한 중대한 도전으로 간주하고, 국내적으로는 3축체계를 축으로 한 강력한 억제태세 강화와 더불어 대외적으로는 한미동맹의 확장억제태세 강화, 한미일 안보협력의 회복을 대응책으로 주장한다. 반면 진보진영은 화해협력정책 추진에 의해 북한과 대화를 지속할 경우 한반도 비핵화 및 평화체제 달성이 가능하다고 인식하고, 기존에 남북 간 체결된 각종 군사합의의 견지, 지속적인 남북 간 평화협정의 체결 등을 통한 대북 교류협력의 지속을 주장한다. 이같은 국내 정치세력 간의 대북정책 추진 방향에 대한 입장 차이로 인해 대북정책에 관한 초당적 합의 형성은 지극히 곤란한 상황에 처하는 경우가 많다.

미중 간 대립 국면에 대한 대응정책에서도 국내적 합의 형성이 쉽지 않다. 보수진영의 논객들은 중국이 규범에 기반한 국제질서를 위배하고 있다고 지적하면서, 전통적인 한미동맹의 강화와 미국이 주도해온 인도·태평양전략에의 참가를 제안한다. 이 과정에서 한미일 협력의 틀 속에서 일본과의 안보협력 회복도 주장한다. 반면 진보진영의 정치인들은 한미동맹만을 강화한다면, 중국과의 경제적 이익은 포기되어야 할 뿐 아니라, 미중 간 대립의 와중에서 한국이 전쟁터로 화할 수 있다는 불안을 제기한다. 그리고 일본과의 안보협력은 일본의 군사대국화로 가는 길을 열어줄 뿐이라고 반대 입장을 밝힌다. 이같은 외교안보정책의 양극화 속에서 한미동맹과 한중협력을 동시적으로 추진해야 한다는 안미경중(安美經中)의 중간 노선은 입지가 좁아지고 있는 듯이 보인다.[25]

우크라이나전쟁 국면에서도 외교안보정책의 양극화가 나타나고 있다. 보수진영에서는 미국과 나토의 전쟁 수행 노력에 한국도 자유민주주의 국가로서의 정체성을 살려 가능한 한 협력 범위를 확대해야 한다고 주장한다. 한편 다른 진영에서는 에너지 안보나 경제적 이익의 관점에서 러시아와의 관계 악화를 회피해야 한다고 주장한다.

외교안보정책에 대한 양극화 현상은 한국의 5년 단임제 대통령제도에 의해 증폭되는 것이 아닌가 생각된다. 5년마다 국민 선거에 의해 대통령이 바뀌는 상황에서 대통령의 소속 정당도 교체될 경우, 전임자의 외교안보정책은 후임자에 의해 크게 변화되는 경우가 많다. 예컨대 노무현정부에서 이명박정부로 교체되었을 때, 전임자의 대북정책이나 한미동맹정책 기조가 크게 변화된 바 있다. 또한, 박근혜정부에서 문재인정부로 교체되었을 때에도 대북정책을 포함한 외교안보정책의 추진 세력이 바뀌면서 정책의 일대 전환이 나타났었다. 그리고 문재인정부에서 윤석열정부로 교체되면서도 유사한 현상이 나타나고 있다. 따라서 국제사회에서는 한국의 외교안보정책이 일관된 기조를 갖고 있는 것인가 하는 의문을 제기하는 경우도 있다.

물론 대통령제를 채택하는 여타 국가들도 정

---

25) 윤영관, 『외교의 시대: 한반도의 길을 묻다』 (서울: 미지북스, 2015) 참조.

권 교대에 따라 중요한 안보정책이 변경되는 경우가 적지 않다. 1990년대 초반 뉴질랜드가 종전 미국 및 호주와 체결했던 ANZUS협정을 탈퇴한 경우도 있고, 필리핀도 대통령 선거 결과에 따라 주둔 미군 기지정책을 포함하여 대미 안보정책이 급속하게 변화되는 양상을 보이고 있는 것도 사실이다. 다만 한국의 경우에는 북한과 여전히 군사적으로 대치하고 있고, 안보나 경제 측면에서 미국 및 일본 등과 지속적으로 관계를 유지해야 한다는 지정학적 전제가 변경되지 않고 있기 때문에, 정치세력의 교대로 인한 안보정책의 변화는 최소한으로 억제될 필요가 있을 것이다.

그런 점에서 같은 대통령제를 채택하는 미국이나, 내각제하의 일본이 정권 교대에도 불구하고, 대외 안보정책의 연속성을 유지하려는 정책적 노력을 기울이는 것을 참조할 필요가 있다. 미국은 공화당 트럼프 대통령 집권 시기에 결정된 인도·태평양전략과 관련 정책을 민주당 바이든 행정부가 정권을 장악한 이후에 변경하지 않고 기본적인 기조를 계승하고 있다. 일본도 2010년 전후 민주당 집권 시기에 책정된 방위계획대강의 기조가, 2012년 이후 자민당 아베 내각이나 기시다(岸田文雄) 내각 시기에도 큰 틀은 변화되지 않은 바 있다. 이러한 점을 반면교사로 삼아 한국의 경우에 보수와 진보 간 대북정책을 포함한 주요 외교안보정책의 기본방향에 대해 정파를 초월한 공감대 형성에 노력할 필요가 있다. 그렇지 않고 국내적 양극화 추세가 군사안보외교 분야에서도 나타날 경우, 대외적인 국가안보이익이 크게 훼손되는 결과가 초래될 수 있다.

3. 군사안보외교의 목표와 추진 방향

한국을 둘러싼 안보정세는 앞서 언급한 여러 요인들에 의해 불확실성이 가중되고 있다. 그렇다면 국가안보정책의 일환으로 '군사안보외교' 관련 정책을 추진함에 있어, 그 목표와 추진 방향은 어떻게 설정해야 할 것인가. 이번 절에서는 이러한 내용들에 대해 살펴보고자 한다.

1) 군사안보외교의 목표

군사안보외교는 국가 차원에서 추진하는 국가안보정책의 하위 개념이다. 즉 전반적인 국가안보를 위한 외교, 국방, 경제, 과학기술, 사회문화 등의 제반 정책이 추구되는 가운데, 외교정책의 한 분야로서 군사안보외교가 위치하는 것이다. 따라서 군사안보외교의 목표란 그 상위개념인 국가안보정책의 전반적인 목표하에서 설정되어야 한다.

국가안보정책의 목표는 개별국가의 헌법에 내포되거나, 행정부가 출범할 때마다 공표하는 국가안보전략 문서 등에 명시적으로 표명되기도 한다. 한국의 경우에도 예외는 아니다. 국제정치학자 황병무는 대한민국 헌법에는 국가의 안전, 자유민주주의 기본질서의 공고화, 국가번영이라는 국가적 목표들이 담겨 있다고 관찰한 바 있다.[26] 헌법학자 권영성과 성낙인은 한국헌법에는 국민주권의 원리, 자유민주주의의 원리, 문화국가의 원리, 평화국가의 원리 등이 내재되어 있다고 평가한 바 있다.[27] 이같은 헌법상의 국가원리 혹은

---

26) 황병무, 『한국 안보의 영역, 쟁점, 정책』 (서울: 봉명, 2004), p. 130.

27) 권영성, 『헌법학원론』 (서울: 법문사, 1994), pp.

국가목표가 국가가 추구해야 할 상위차원의 안보정책 목표를 구성한다.

개별국가들은 정부의 결정, 혹은 국가전략문서 공표 등을 통해 국가의 목표를 제시하거나 재확인하기도 한다. 예컨대 1973년 박정희정부는 국무회의 의결을 통해 대한민국의 국가목표를 다음과 같은 세 가지로 밝힌 바 있다.

① 자유민주주의 이념하에 국가를 보위하고, 조국을 평화적으로 통일하며, 영구적인 독립을 보존한다.
② 국민의 자유와 권리를 보장하고, 국민생활의 균등한 향상을 기하여 사회복지를 실현한다.
③ 국제적 지위를 향상시켜 국위를 선양하고, 항구적인 세계평화에 이바지한다.[28]

노무현정부 시기에 최초로 발간된 국가안보전략서에서는 한국이 추구해야 할 국가이익으로서, ① 한반도의 평화와 안정, ② 남북한과 동북아의 공동번영, ③ 국민생활의 안전확보 등이 규정된 바 있다.[29] 박근혜정부 시기에 발간된 국가안보전략서에는 국가안보의 목표로서 ① 영토주권 수호와 국민안전 확보, ② 한반도 평화정착과 통일시대 준비, ③ 동북아 협력 증진과 세계 평화발전 기여로 규정된 바 있다.[30] 문재인정부 시기의 국가안보전략서는 국가안보의 목표로서 ① 북핵문제의 평화적 해결 및 항구적 평화정착, ② 동북아 및 세계평화번영에 기여, ③ 국민안전과 생명을 보호하는 안심사회 구현 등이 제시된 바 있다.[31]

2022년에 출범한 윤석열정부는 '자유, 평화, 번영에 기여하는 글로벌 중추국가'를 국가비전으로 설정하고, 이러한 국가의 안보목표로서 세 가지 사항, 즉 ① 국가주권과 영토를 수호하고 국민안전을 증진, ② 한반도에 평화를 정착하고 통일 미래를 준비, ③ 동아시아 번영의 기틀을 마련하고 글로벌 역할을 확장하는 것을 제시하였다. 그리고 이러한 국가안보목표를 달성하기 위한 정책기조로서 외교, 국방, 통일, 경제, 신안보의 측면에서 다음과 같은 5가지, 즉 ① 국익 우선의 실용외교와 가치외교 구현, ② 강한 국방력으로 튼튼한 안보 구축, ③ 원칙과 상호주의에 입각하여 남북관계 정립, ④ 경제안보이익을 능동적으로 확보, ⑤ 신안보위협에 선제적으로 대처할 것 등을 제시하였다.[32]

이같이 강조점이나 표현들에서 조금씩 편차가 있긴 하지만, 헌법이나 역대 정부의 국가안보전략서는 공통적으로 국가주권 보호, 영토·영해·영공 등의 방어, 국민의 생명과 권리 보호, 경제적 번영과 발전, 동북아 및 국제사회의 평화유지 등을 국가안보정책의 목표로 설정해 왔다. 그리고 이러한 국가안보정책의 목표를 달성하기 위해, 후술하듯이 역대 정부들은 외교전략 및 국방전략 등을 공표해 왔다. 군사안보외교의 목표는 이같은 국가안보전략서, 그리고 외교전략 및 국방전략서가 설정하는 전략목표의 범주하에서 설

143, 171; 성낙인, 『헌법개론: 제11판』(서울: 법문사, 2021), pp. 6-150 등 참조.
28) 한용섭, 『국방정책론』(서울: 박영사, 2012), p. 5.
29) 국가안전보장회의, 『평화번영과 국가안보: 참여정부의 안보정책 구상』(2004.3).
30) 청와대 국가안보실, 『희망의 새 시대, 국가안보전략』(2014.7).

31) 청와대 국가안보실, 『문재인 정부의 국가안보전략』(2018.11).
32) 국방부, 『국방백서: 2022』(2023.2), pp. 36-37. 여기에서 '신안보' 개념은 군사안보 범위 이외의 '비군사적 안보' 혹은 '비전통적 안보' 영역을 가리킨다.

정될 수 있다. 예컨대 헌법에서 기본방향이 제시되고, 역대 정부의 국가안보전략서 등에서 공통으로 강조되고 있는 국가의 주권이나 영역 보호, 국민의 생명과 권리 보호, 나아가 한반도 및 동북아의 평화와 안정 등을 대외정책의 측면에서 구현하고, 이를 위협하는 대내외 군사 분야의 위협요인들에 대해 억제능력 및 태세를 구축하는 것이 군사안보외교의 목표가 될 수 있다. 특히 한국의 국력이나 국제적 위상이 세계 10위권 이내의 수준에 도달하고 있는 현재 시점에서는, 증진된 국력과 국제적 위상에 바탕하여 동맹 차원은 물론 글로벌 안보협력을 통해 한반도뿐 아니라 인도·태평양지역과 글로벌 차원의 군사적 및 비군사적 안보위협요인을 배제하고, 평화와 안정을 도모하려는 군사안보외교의 중요성이 더욱 커지고 있다고 볼 수 있다.

앞 절에서 살펴본 바와 같이 한반도를 둘러싼 군사안보환경은 불확실성이 가중되고 있다. 한반도 차원에서는 북한이 핵능력을 증대하고 공세적인 군사정책을 펼치고 있고, 글로벌 차원에서는 미중 간의 전략적 경쟁이 격화되는 가운데 중국이 공세적 대외정책을 전개하고 있고, 그 와중에 인도·태평양지역의 동맹체제가 재편되고 있다. 또한, 우크라이나전쟁이 진행되면서 유엔 등의 국제기구 권능이 약화되는 징후를 보이기도 한다. 이러한 안보 상황하에서 국가의 주권과 국민의 생명, 국토의 안보를 보위하기 위한 외교적 역할을 수행하고, 이를 통해 북한의 군사적 위협이나 국제적 안보불안정에 대응할 수 있는 동맹체제 및 글로벌 안보체제를 강화하는 것이 보다 구체적인 군사안보외교의 목표가 될 것이다.

이같은 국가 차원의 군사안보외교 목표들을 수행하기 위해 후술되듯이, 대통령실을 정점으로 추진 부서 간 역할이 조정되고 분담될 필요가 있다. 외교부 차원에서는 '안보외교'의 범주하에서 북핵 등 북한 군사위협을 억제하고, 국제안보환경을 국가안보에 유리한 방향으로 조성하기 위해, 한미동맹을 더욱 강화하는 대미외교를 전개해야 하고, 주변국과의 협력외교 및 국제안보기구에 대한 적극적 관여를 통해, 군사안보외교의 목표 이행을 지원해야 할 것이다. 국방부 차원에서는 '국방외교'의 영역에 속하는 활동을 통해, 한미동맹 차원에서의 억제태세를 강화하고, 국제안보기구에 대한 적극적 협력을 통해, 북한발 군사위협을 억제하고, 여타 주변국들로부터의 잠재적 군사위협에도 대응하는 안보태세를 구축하도록 해야 할 것이다. 대통령 직속의 국가안보실은 이러한 외교부의 '안보외교'와 국방부 차원의 '국방외교'가 국가 전체적인 국가안보전략 및 군사안보전략의 맥락 속에서 유기적으로 조율되어 전체적인 국가안보이익 증진에 기여하도록 정책 방향을 제시하고, 관리해야 할 것이다.

2) 군사안보외교의 추진 방향

개별국가들은 행정부가 교체될 때마다 국가안보정책의 목표와 그 추진 방향을 국가안보전략서 및 그 하위 차원의 국방전략서나 외교전략서를 통해 제시해 왔다. 한국 경우에도 최상위 차원의 국가안보전략서에서 전반적인 국가안보정책의 추진 방향이 제시되고, 하위 차원의 외교전략서 및 국방전략서에서 구체적인 방책이 제시되어 왔다.

예컨대 박근혜정부 시기에 공표된 국가안보전략서는 '영토주권 수호와 국민안전 확보', '한반도 평화정착과 통일시대 준비', '동북아 협력 증진과 세계 평화발전 기여'라는 국가안보목표를 구현하기 위해, 세부적으로 ① 확고한 국방태세 확립과 미래지향적 방위역량 강화, ② 한반도 신뢰프로세스를 통한 남북관계 발전, ③ 한미전략동맹 발전과 국제안보협력 증진 등의 과제를 설정하였다. 이러한 과제 설정에 따라 '확고한 국방태세 확립과 미래지향적 방위역량 강화'를 위해서는 국내 차원에서의 '능동적 억제전략' 발전에 더해 한미동맹 차원에서의 확장억제 강화를 세부 과제로 제시하였다. '한반도 신뢰프로세스를 통한 남북관계 발전'을 위한 세부적 과제의 하나로서, 한미중일러 5개국 간의 공조 강화를 제시하였다. '한미전략동맹과 국제적 안보협력 증진'의 과제 수행을 위해서는 세부적으로 한미동맹의 대북 억제태세 강화에 더해 한미중, 한미일호 등 '소다자(小多者) 전략대화'의 추진 등을 제시하였다. 그런데 이같이 박근혜정부 시기의 국가안보목표를 달성하기 위한 세부 과제들 가운데에는 '군사안보외교'와 관련되는 정책과제들이 다수를 점하고 있음을 알 수 있다.

이같은 군사안보외교의 중요성은 문재인정부의 국가안보전략서에서도 확인된다. 문재인정부는 앞서 설명한 바와 같이 '북핵문제의 평화적 해결 및 항구적 평화정착', '동북아 및 세계평화번영에 기여', '국민안전과 생명을 보호하는 안심사회 구현' 등을 국가안보정책의 과제로 제기하였다. 그리고 이를 구현하기 위한 세부적 정책과제로서는 '한반도 평화통일에 대한 국제적 공감대 확산', '우리 군 주도의 한미연합방위체제 구축', '주변 4국과의 당당한 협력외교 및 외교다변화', 그리고 '중견국으로서의 국제역할 확대' 등을 국가안보전략서에서 제시하고 있다.[33] 그런데 이같은 세부과제들의 상당수가 군사안보외교 영역에 해당한다고 볼 수 있다. 그 실행 여부와 관계없이, 이같은 과제들의 목록이 당시 군사안보외교의 추진 방향이었다고 볼 수 있을 것이다.

윤석열정부도 국가안보전략의 기조하에 외교 및 국방 분야에서의 세부 전략서를 공표하였다. 외교부가 주도하여 2022년 12월에 공표한 '인도·태평양전략서'는 국가안보전략을 대외적으로 추진하기 위한 외교전략문서로서의 위상을 갖는다고 볼 수 있다.[34] '인도·태평양전략서'는 "자유, 평화, 번영의 3가지 비전으로 인태지역에 대한 관여와 협력을 증진"시킬 것을 표명하면서, '포용, 신뢰, 호혜'의 협력원칙을 기반으로 북태평양, 동남아, 남아시아, 오세아니아, 인도양 연안, 유럽 및 중남미지역 국가들과 협력외교를 전개한다는 방침이 강조되고 있다. 대상국가들로는 동맹국인 미국뿐만 아니라, 일본, 캐나다, 동남아 국가들, 호주, 태평양 도서국가들이 포함되어 있고, 중국에 대해서도 국제규범과 규칙에 입각하여 상호 존중과 호혜를 기반으로 공동이익을 추구한다는 방침이 강조되고 있다. 인도·태평양전략서는 이들 국가를 대상으로 자유로운 지역질서 구축을 지향하면서, 힘에 의한 일방적 현상 변경에는 반대한다는 점, 그리고 보편적으로 수용되는 국제법과 국제규범을 준수하면서 대화를 통한 평화적 해결 원칙이 지켜져야 한다는 점을 강조하고 있다.

이같은 원칙을 기초로 '인도·태평양전략서'는

---

33) 청와대 국가안보실, 『문재인 정부의 국가안보전략』 (2018.11).
34) 대한민국 정부, 『자유, 평화, 번영의 인도·태평양 전략』 (2022.12.28).

9가지의 중점 추진과제들을 제시하고 있는데, 특히 다음과 같은 사항들이 '군사안보외교'와 관련된 성격을 갖고 있다고 보여진다. 첫째, 규범과 규칙에 입각한 인태지역 질서 구축과 관련하여 제기되고 있는 사항으로서 한미일 3자 협력 등 역내 소다자 협의체를 활용하여 북한의 핵 및 미사일 위협에 대응하고, 공급망 불안정이나 사이버안보, 국제보건위기 등에 대응하려 하는 인태지역 협력네트워크 활성화, 둘째, 비확산 및 대테러 협력 강화의 일환으로 인태지역 국가들과 북한 비핵화를 위해 비확산 및 대테러 협력을 강화하기로 한 점, 셋째, 포괄안보 협력 확대의 일환으로 남중국해 및 대만해협의 평화와 안정을 위해 역내 해양안보협력을 심화하기로 한 점, 넷째, 쿼드 국가들과 감염병이나 기후변화, 신흥기술 분야에서 협력을 확대하기로 한 점, 다섯째, 나토 국가들과 사이버 및 대테러, 비확산 분야에서 협력을 확대하기로 한 점 등이 그것이다. 이 인태전략서에서 제시된 군사안보외교의 과제들은, 이전 정부의 그것과 비교하여, 지리적으로 쿼드 및 나토 국가들을 포괄하는 등 글로벌 차원으로 확대되고 있다는 점, 그리고 영역 면에서 북핵 대응뿐만 아니라 해양안보나 국제보건위기, 그리고 비확산과 신흥기술 분야에서의 협력 등 비전통적 안보 이슈들도 포괄하고 있다는 점에서 변화된 양상을 보이고 있다.[35]

윤석열정부가 기존의 국방기본정책서 명칭을 변경하여 '국방전략서'로 준비하고 있는 문서는 국가안보전략을 국방 차원에서 수행하려는 전략문서로서의 위상을 갖는다. 그 전문이 공개되지는 않았지만, 『국방백서 2022』에 소개된 개요에 의하면, 새로운 국방전략서는 국방목표로서 ① 외부의 군사적 위협과 침략으로부터 국가를 보위하고, ② 평화통일을 뒷받침하며, ③ 지역 안정과 세계평화에 기여하는 것이라고 설정하고 있다.[36] 그리고 이러한 국방목표를 달성하기 위한 국방전략 기조로서 '통합능동방위'의 개념이 제시되면서, 구체적으로는 ① 첨단과학기술 기반의 정예강군 육성을 위한 혁신과 자강, ② 한미동맹을 글로벌 포괄적 전략동맹으로 발전시키고, 동시에 글로벌 차원에서의 국방협력을 도모하는 동맹과 연대, ③ 국민안전과 민군상생을 내용으로 하는 안전과 상생 등의 방침이 표명되고 있다.

『국방백서 2022』는 제5장에서 한미동맹과 국방협력 확대 방향을 설명하면서, 일본, 중국, 러시아 등 주변국가들과 동남아, 오세아니아, 서남아시아, 중앙아시아, 중동, 유럽, 중남미, 아프리카 국가들과의 양자 간 국방교류협력 방침을 제시하고, 이어 2012년부터 한국정부가 개최하고 있는 서울안보대화를 포함하여, 아세안(ASEAN, 동남아시아국가연합)과의 국방차관회의, 아세안 확대 국방장관회의, 그리고 아시아안보회의나 동경방위포럼, 향산포럼 등 다자간 안보협의에도 적극적으로 임한다는 정책방침을 설명하고 있다. 윤석열정부 국방부의 전략문서들에서 제시되는 '국방외교'의 범위도 양자 및 다자안보협력관계를 포괄하고 있다는 점, 그리고 중국 및 러시아와도 안보협력의 가능성을 찾고 있다는 점이 특징적이라고 할 수 있다. 이같이 국가안보전략 하위의 문서로서 '인도·태평양전략서'에서 제시되고

---

35) 대한민국 정부 (2022.12.28), 제3장 중점추진과제.

36) 국방부, 『국방백서: 2022』 (2023.2), 제2장 참조.

있는 안보외교의 범위와 과제, 그리고 『국방백서 2022』 등의 문서에서 제시되고 있는 '국방외교', 즉 국제안보협력의 내용들이 현 정부가 수행해야 할 군사안보외교의 구체적인 방향성과 추진과제들을 제시하고 있다고 볼 수 있다.

한반도나 글로벌 차원에서 안보적 불확실성이 커지는 현 상황에서 국가의 안보 및 국민의 생명보호, 그리고 국제질서의 평화를 위한 군사안보외교의 중요성은 더욱 부각되고 있다고 볼 수 있고, 그 추진과제에 대해서도 기존 전략문서들에서 표명된 정책 방향들이 일관성을 갖고 지속적으로 추진될 필요가 있다고 할 수 있다. 후술하겠지만, 북한 핵능력 증강에 대해서는 남북 간 대화의 지속을 통해 상황을 관리하면서도 동시에 한미동맹의 확장억제 태세를 강화하는 정책방안, 미중 간 전략적 대세에서는 동맹국 미국과 글로벌 안보전략을 공유하면서도, 중국과는 양자 및 다자간 채널을 통해 신뢰구축을 지속하는 정책, 그리고 우크라이나전쟁과 같은 글로벌 안보질서의 동요에 대해서는 증진된 국제위상을 활용하여 유엔이나 NPT 등 국제안보기구들에서의 평화제안 등을 통해 국제사회 안정에 기여하는 군사안보외교를 추진할 필요가 있다. 특히 한국의 국력이나 국제적 위상이 전례 없이 신장되고 있는 점을 기반으로, 인태전략서나 국방백서 등에서 제시되고 있는 군사안보외교 분야의 과제들을 적극적으로 수행하는 것이, 한국의 안보태세를 강화하는 데 크게 기여할 것이라는 인식을 가질 필요가 있다.

4. 군사안보외교정책의 결정과 집행체계

민주주의 국가에서 개별 국가정책이 어떤 과정을 통해 결정되는가에 관해서는 행정학이나 정책학 분야에서 세 가지 모델이 제시된 바 있다.[37] 합리적 행위자 모델은 국가가 합리적 행위자(rational actor)라는 전제하에서, 특정 안보 상황에 처해 국가들은 국가이익을 극대화하는 대안을 합리적으로 선택한다고 설명한다. 조직과정 모델은 국가 내의 가장 영향력 있는 조직이나 집단이 선호하는 정책 대안을 선택하게 된다고 설명한다. 관료정치 모델은 정부 내의 개인과 집단 간에 타협과 조정을 통해 국가정책이 결정된다고 설명한다. 이같은 정책결정 모델 가운데 한국의 경우에는 관료정치모델, 즉 대통령이나 관련 부처 장관 등이 정책의제를 설정하고 정책 대안을 선택하는 과정에서 중심적 역할을 하는 특성을 보인다고 지적되고 있다.

사실 대통령 중심제의 정치제도를 채택하는 한국에서 행정부의 수반인 대통령이 주요 안보정책결정과정에서도 핵심적 역할을 담당하도록 제도가 짜여 있는 것은 당연하다고 할 수 있다. 한국의 현행 헌법은 제66조에서 대통령이 국가원수이며 외국에 대하여 국가를 대표한다고 규정하면서, 대통령에게 "국가의 독립, 영토의 보존, 국가의 계속성과 헌법을 수호할 책무", 그리고 "조국의 평화적 통일을 위한 성실한 의무"를 광범위하게 위임하고 있다.[38] 이를 바탕으로 현행 헌법

---

37) 한용섭 (2012), pp. 101-108.
38) 「대한민국 헌법」 (1988년 2월 25일 시행) 참조.

은 국가안보정책에 관한 대통령의 권한과 정책 결정과정도 포괄적으로 규정하고 있다. 대통령은 헌법 제73조에 따라 조약을 체결하거나, 외교사절의 접수와 파견, 선전포고와 강화를 할 수 있고, 헌법 제74조에 따라 국군을 통수할 수 있다. 대통령은 국가안보정책 수행에 있어 군사에 관한 사항이나 선전, 강화 등 중요한 대외정책에 관해서는 국무회의의 심의를 거쳐 정책을 결정하며, 특히 외교, 국방, 통일 등 국가안위에 관한 정책 결정에 있어 필요하다고 인정할 때에는 헌법 제72조에 따라 국민투표를 실시할 수 있기도 하다. 그리고 대통령은 헌법 제91조에 따라 국가안보회의를 설치하여 국가안보와 관련되는 대외정책, 군사정책, 대내정책의 수립과 관련하여 자문을 받을 수 있다. 요컨대 대통령은 주요 국가안보정책 입안 및 시행 과정에서 헌법상 국가안보회의의 자문과 국무회의의 심의를 거쳐 핵심적인 역할을 수행하도록 제도화되어 있는 것이다.

대통령의 국가안보정책결정 및 시행에 대해 입법부인 국회는 동의권 행사의 여부로 개입할 수 있다. 대한민국 헌법 제60조는 제1항과 제2항에 걸쳐, 안전보장에 관한 조약, 중요한 국제조직에 관한 조약, 강화조약 등의 체결과 비준에 대해 국회가 동의권을 가지며, 또한 선전포고나 국군의 외국 파견, 혹은 외국 군대의 대한민국 영역 내 주류 등에 대해서도 동의권을 가진다고 하였다. 즉 이러한 국가안보 관련 사항들에 대해서는 국회가 동의 혹은 부동의의 결정을 통해, 대통령의 국가안보정책결정 및 집행에 대해 추인을 하거나, 제약을 가할 수 있다. 대통령이 행정부의 수반으로서 국가안보회의의 자문과 국무회의의 심의를 거쳐, 결정하고, 사안에 따라 국회가 동의권을 행사하여 시행되는 국가안보정책의 전반적인 과정은 그 하위 영역인 군사외교안보정책에서도 동일하게 적용되고 있다고 보아야 한다.

행정부에서 안보외교를 담당하는 외교부, 그리고 국방정책의 일환으로 국방외교를 담당하는 국방부 등은 국가안전보장회의의 자문을 거친 대통령의 결정, 그리고 사안에 따라 동의권을 행사하는 국회의 결의에 따라 채택된 군사안보외교정책을 실행하는 책무를 갖게 된다. 예컨대 한미동맹의 유지와 강화, 주변국과의 군사적 신뢰구축 및 안보협력, 다자간 안보협력, 국제평화활동 및 대외방산협력 등에 관한 군사안보외교정책은 대통령실과 국가안보실에서 정한 지침 및 정책 기조에 따라 외교부의 북미국 및 관련 지역국, 국방부의 정책실 및 관련 부서, 합동참모본부, 방위사업청의 관련 부서가 실무적인 작업을 이행하게 된다. 관련 정보획득 및 분석은 국가정보원이 역할을 수행할 수 있으며, 북한 관련된 문제의 경우에는 통일부가 정책결정 및 실행과정에 관여할 수 있다. 외교부가 해외 각국에 설치한 재외공관에서 근무하는 외교관 및 국방부가 해외공관에 파견된 무관단들이 정보획득이나 국제협력 등의 업무를 보좌하여 군사안보외교를 수행하기도 한다.

국가안보정책의 일환인 군사안보외교가 개별 현안들에 대해 정확한 관련 정보를 획득하고, 이를 바탕으로 정책 방향을 설정하고, 국가안보이익을 달성하기 위한 효율적인 정책실행이 이루어지기 위해서는 위에서 언급한 관련 행위자들, 관련 부서들 간에 밀접한 협력이 이루어져야 한다. 해외 대사관과 무관부, 그리고 국가정보원 등에서는 사안 관련 정보를 폭넓게 수집하고 정밀한 정보분석을 제공해야 한다. 이를 바탕으로 국가안보실은 대통령의 지침 및 국가안보전략서에 표명된 대통령의 전략지침을 토대로 국가이익을 위한 최적의 정책 대안을 유관 부서와의 정책협의를 통해 도출해야 한다. 정책 방향이 결정되었을 경우에는 외교부와 국방부, 그리고 통일부 등이 역할을 분담하고, 상호 정책이행 상황을 수평적으로 점검하면서 정책을 실행해 가야 한다.[39] 이 과정에서 국회에 대한 설명을 통해 여야당을 막론한 초당파적 이해와 지지를 획득해 가는 노력을 병행해야 하며, 언론에 대해서도 충분한 정책 설명이 제공되어, 정책 방향에 대한 공감대를 형성할 필요가 있다. 특히 한국사회에서 민주주의의 발전에 따라 국회 및 언론, NGO 등의 위상이 전례 없이 높아져 있기 때문에, 군사안보외교정책을 결정하고 집행해 가는 과정에서 국내 다양한 행위자들과의 전략적 커뮤니케이션 중요성이 커지고 있다.

군사안보외교정책은 상대국가 혹은 관련 국제기구와의 협의도 필요한 사안들이 적지 않다. 따라서 관련 국가나 관련 국제기구의 동향을 파악하고, 해당 국가의 관련 부서와도 밀접한 정책협의들이 이루어져야 한다. 이를 위해서 장관 혹은 실무레벨의 양자 간 혹은 다자간 회의도 수시로 개최되어야 하지만, 해외 각국에 설치된 대사관이나 무관부를 평시에 잘 활용하는 정책도 필수적이다.

이같이 군사안보외교의 정책결정 및 집행체계에 관해서는 대통령실과 국가안보실, 외교부와 국방부, 통일부와 국정원, 사안에 따라 방위사업청과 합참 등 다양한 부서들이 관련되고 있다. 따라서 부처 간의 경계를 넘어 상호 긴밀하게 정보를 공유하고, 정책목표를 조정하고, 역할을 분담해야 할 필요성이 크다. 이를 위해 부처 간 인사교류를 실시하여 긴밀한 접촉을 촉진하거나, 국가안보회의의 대통령 주재 회의뿐 아니라 실무회의 등을 활발하게 가동하여 정책조정을 평소부터 축적할 필요가 있다.

5. 군사안보외교의 현안과 쟁점

매년 외교부는 『외교백서』를 발간하고, 국방부는 격년제로 『국방백서』를 발간하여 각각 외교정책과 국방정책 분야에서 수행해온 정책과제들을 소개하고, 향후 정책 방향을 밝히고 있다. 그리고 새로운 정부가 출범할 때마다 국가안보실은 『국가안보전략서』를 공표하여 신정부가 추진해야 할 국가안보정책의 범위와 방향을 제시한다. 이같은 전략문서들을 종합적으로 검토할 때, '군사안보외교'의 영역에서 한국이 직면해 왔고, 향후에도 대응해야 할 과제들로서는 북한 핵능력 증강에 대한 대처, 한미동맹의 억제태세 강화 및 미래지향적 발전, 우방국들과의 안보협력증진, 국제평화활동 참가 등을 통한 글로벌 평화 기여, 그리고 방위산업 발전을 통한 국제방산협력 증진 등을 들 수 있을 것이다. 이하에서는 이같은 현안별 현황과 향후 정책과제들을 검토하기로 하겠다.

1) 북핵문제 대응

한국의 국가안보에 대한 가장 큰 위협 요인이 북한의 대남 공세전략과 그를 달성하기 위한 수단으로서의 군사력 증강, 특히 핵능력 증강이라는 점은 누구도 부인하기 힘들 것이다. 한국은 북한

---

39) 송민순, 『빙하는 움직인다: 비핵화와 통일외교의 현장』 (서울: 창비, 2016), pp. 365, 407 등 참조.

의 대남 공세전략을 억제하고 핵능력을 포함한 군사력 증강을 저지하기 위해 국내 차원의 전력 증강 및 남북대화 등을 포함해 다양한 안보정책을 추구해 왔고, '군사안보외교'도 중요한 정책 수단 가운데 하나였다.

미국과 소련의 냉전체제가 종언을 고하던 시기인 1991년, 한국과 북한은 유엔에 동시가입하였고, 다음 해에는 남북한 비핵화공동선언을 발표하여, 쌍방이 핵무기의 개발과 보유, 그리고 사용을 하지 않을 것을 선언하였다.[40] 그러나 북한은 소련이 와해되는 등 국제공산주의 조류가 퇴조를 보이는 정세 속에서 안보불안감을 가지면서, 결국 자신들의 생존을 지키고 대남전략을 달성하기 위한 수단으로 핵개발을 추진하였다. 이로 인해 촉발된 1990년대 초반의 제1차 북핵위기 시에 한국은 독자적인 '군사안보외교'를 전개하지 못했다. 대신 북핵문제를 심각하게 받아들인 미국이 군사적 압박과 병행하여 대북 협상을 벌였고, 그 결과 1994년 10월, 북미 간에 제네바합의가 발표되어, 북한이 영변 핵시설을 동결하고, 대신 미국은 북한에 경수로 2기를 건설해 주고, 중유 50만 톤을 제공한다는 상호 약속이 교환되었다.

그러나 2002년 10월, 미국 켈리(James A. Kelly) 국무 차관보의 북한 방문 시에 북한이 고농축 우라늄 프로그램을 가동하고 있다는 사실이 확인되었고, 이로 인해 미국이 중유 공급을 중단하고 북한은 핵시설 가동을 재개하면서 제네바합의가 붕괴되었다. 이로 인해 촉발된 제2차 북핵위기 과정에서 그 전과 달리 한국은 북한 핵개발 저지를 위한 '군사안보외교'를 적극 가동하였다. 즉 제1차 핵위기 시의 제네바합의처럼 북한과 미국만이 아닌 한국, 중국, 러시아, 일본 등이 참가하는 6자회담의 협의틀을 만들고, 이들 6개국 대표가 2003년 8월 이후 6자회담을 연속적으로 개최하면서, 북한 핵개발을 단계적으로 저지하기 위한 일련의 방안들을 외교의 차원에서 도출하려 한 것이다. 이 결과 2006년의 9·19공동성명, 2007년의 2·13합의와 10·3선언 등이 도출되어, 북한이 제1단계 핵시설 불능화, 제2단계 핵물질과 핵시설 신고, 제3단계 핵시설 완전해체 등의 수순을 밟아나가면, 한국을 포함한 여타 5개국이 상응하는 경제지원과 외교관계 정상화 등을 밟아간다는 합의가 도출되었다.[41]

그러나 6자회담에서의 합의에도 불구하고, 북한은 2006년 이후 6차례의 핵실험을 실시하면서 핵능력을 고도화하였다. 이에 대한 대응으로 문재인정부 시기였던 2018년과 2019년, 재차 한국 정부는 남북 간 정상회담을 개최하고, 미국 트럼프 대통령과 북한 김정은 위원장 간의 북미 간 정상회담을 2차례 개최하여, 북한의 비핵화를 유도하기 위한 정책을 추진하였다. 그러나 2019년 2월, 북미 간 하노이 정상회담이 결렬되면서 북한은 핵 및 미사일 전력 증강정책을 재개하였고, 앞서 살펴본 것처럼 2022년 9월에는 선제타격전략을 공공연하게 표명한 공격적 핵무력법을 채택하기에 이르렀다.

결국, 북핵위기가 촉발된 1990년대 이래 남북 간의 양자대화, 북미 간의 대화, 그리고 6자회담 같은 다자간 협상 등을 경유한 한국의 '군사안보외교'는 결과적으로 북한의 핵개발 및 핵능력 증

---

40) 임동원, 『피스 메이커: 남북관계와 북핵문제 20년』 (서울: 중앙books, 2008), pp. 236-237.

41) 송민순 (2016), pp. 353-360; 윤영관 (2015), 제8장도 참조.

강을 저지하는 데 성공하지 못했다. 이 과정에서 결과된 북한의 핵능력 증강 및 공세적 전략 전환이 한국의 국가안보에 중대한 위협을 가하고 있는 상황에서, 북한 비핵화를 위한 '군사안보외교'의 새로운 정책이 요구되는 시점이다.

2) 한미동맹 억제태세 강화 및 미래지향적 발전

북한 핵위협 등에 대처하기 위한 한국의 안보태세와 능력을 보완할 수 있는 가장 강력한 메커니즘이 한미동맹이라는 점에 대해서는, 보수와 진보를 막론하고, 한국사회에 광범위한 합의가 존재하고 있다. 한미동맹은 한국에 주둔하는 2만 8,000명 규모의 주한미군, 이를 지휘하는 지휘통제기구로서의 한미연합사, 그 목표를 규정해주는 한미상호방위조약과 공동의 연합작전계획에 바탕하여, 미국이 40여 개국과 체결하고 있는 동맹 가운데에서도 가장 강력한 동맹의 하나로 평가되어 왔다. 한국과 미국은 이같은 동맹체제를 효율적으로 운용하기 위해 매년 양국의 국방장관과 합참의장이 연례적으로 안보협의회의(SCM)와 군사위원회회의(MCM)를 개최하면서 정세인식을 공유하고, 전략방향을 협의해 오고 있다. 그리고 북한 핵능력에 대한 대응을 위해 미국이 제공하기로 약속한 확장억제에 관한 정책협의를 수시로 개최해 왔고, 육해공군 및 해병대 간에 활발한 연합훈련을 실시해 왔다.

다만 2018년 이후 4~5년간 남북 간 대화와 협력 기조에 따라, 양국 간 연합훈련이 대폭 축소되어 왔고, 확장억제 관련한 양국 간 협의도 개최되지 못하는 양상이 노정되었다. 이로 인해 북한의 핵위협은 고조되는 데 반해, 한미동맹은 상대적으로 약화되고 있고, 한국의 안보태세에도 균열이 초래되는 것이 아닌가 하는 우려가 제기된 것이 사실이다. 이같은 우려를 바탕으로 2022년 5월, 새로운 정부 출범 이후에는 중단되거나 축소되었던 한미 간 연합훈련이 UFS 등으로 명칭이 변경되면서 재개되었고, 확장억제전략협의체 (EDSCG: Extended Deterrence Strategy and Consultation Group)와 같은 양국 간 확장억제 관련 정책협의도 재개되기에 이르렀다.

그럼에도 불구하고 한미동맹의 미래지향적 발전과 관련하여 여러 가지 과제가 놓여져 있는 것이 사실이다. 우선 과연 증대되는 북한의 핵능력 및 위협에 대응하여 동맹국 미국이 신뢰할 만한 확장억제 능력과 태세를 보여줄 것인가 하는 우려가 한국 내에 여전히 강하다. 냉전기의 프랑스의 드 골(Charles de Gaulle) 대통령이 그러했듯이, 스스로가 북한에 의한 핵공격에 처할 위험성이 있음에도, 미국이 한국에 대해 확장억제를 제공할 수 있겠는가 하는 의문들이 그것이다. 이같은 확장억제 공약의 신뢰성에 대한 의문에서 한국사회 일각에서는 NATO식 핵공유체제의 구축 필요성을 주장하거나, 혹은 한국의 단독 핵무장을 주장하는 여론도 제기되고 있다.

한미 간 전시작전통제권 전환 문제도 양국 간 동맹이 대응해야 할 향후 과제 가운데 하나이다. 한국군의 작전통제권은 한국전쟁 기간 중 이승만 대통령의 결정에 의해 한국 지원을 위해 결성된 유엔군사령부에 이관된 바 있다. 그리고 1978년 한미연합사령부가 창설되면서 다시 작전통제권이 유엔사에서 한미연합사로 이양되었다. 이 가운데 평시작전통제권은 1990년대에 한국군에 반환되었으나 전시작전통제권은 여전히 한미연합사령관이 관할해 왔다. 노무현정부 시기에 한미 간에 전시작전통제권을 2012년 4월을 기해 한국군에 전환하기로 합의가 되었으나, 이후 전환 시점이 여러 사정에 의해 거듭 연기된 바 있다. 결국, 2014년 10월, 한미 간의 SCM에서 조건이 충족되었을 때 전시작전통제권이 반환된다는 점이 합의되면서, 매년 한미간의 연습을 통해 조건 충족 여부를 점검하고 있는 상황이다.[42] 다만 전시작전통제권 전환에 대해 국내에서는 찬반양론이 대립하고 있는 실정이다. 합참의장을 지낸 예비역 해군 대장 최윤희 제독이 주장한 바처럼, 현재 한국군의 정보능력이나 연합지휘통제체계가 불완전한 상황에서 전작권 전환은 시기상조라는 견해가 한편에는 존재한다.[43] 반면 윤영관 전 외교장관이 지적하듯이, 한국의 외교역량이나 국제적 위상이 증진되었고, 더욱이 향후 한반도 전쟁 수행의 주도적 역할을 한국군이 맡을 수밖에 없는 실정에 비추어 전시작전권 전환이 재차 연기되어서는 안된다는 주장도 제기되고 있다.[44]

또한, 미국이 2017년 이후 주창하고 구축해온 인도·태평양전략과 쿼드(QUAD)체제에 한국이 어떤 방식으로 참가해야 하는가도 향후 과제 가운데 하나이다. 국내에서는 미국 주도의 쿼드 및 인도·태평양전략에의 참가가 중국과의 관계를 악화시켜 오히려 국가안보이익에 손실이 될 수 있다는 주장도 존재한다. 다른 한편 미국과의 동맹국으로서 한국이 쿼드나 인도·태평양전략에 참가하지 않는 것은 한국의 외교적, 안보적 이익에 손상을 줄 것이라는 주장도 제기되고 있다.

3) 다자안보협력 추진과 국제안보기구 외교

한미동맹에 더해 우방국들과의 양자 간 혹은 다자간 안보협력도 군사안보외교의 중요한 무대가 되어 왔다. 특히 미국과 중국 간에 전략적 경쟁이 치열하게 전개되는 인도·태평양지역의 정세 불안정, 그리고 우크라이나전쟁의 발발과 장기화로 인해 글로벌 안보정세가 불확실성을 더해가는 정세하에서, 한반도 안보환경의 안정을 기하기 위해서는 지역 내, 나아가 글로벌 차원에서의 양자 간 및 다자간 안보협력이 중요한 군사안보외교의 과제가 되고 있다.

글상자 5.1

쿼드(QUAD)

2017년 11월, 미국 트럼프 행정부가 인도·태평양전략을 공표하면서, 이에 동조하는 일본, 호주, 인도 등을 규합하여 4개국이 결성한 외교안보협력체. 이후 쿼드 참가 국가들 간에 정상회담 및 외무장관 회담을 수시 개최하면서, 안보정세에 대한 공감대를 형성하고, 기존에 미국과 호주 간에 실시되어온 테리스먼 세이버 훈련, 미국과 일본 간에 실시되어온 오리엔트 쉴드 훈련, 미국과 인도 간에 실시되어온 말라바르 해상훈련 등 양자 차원의 군사훈련들이 4개국을 중심으로 한 다자간 차원에서 실시되고 있다.

---

42) 허욱, 테렌스 로릭 지음, 이대희 옮김, 『한미동맹의 진화』 (서울: 에코리브르, 2019), pp. 180–181.
43) 최윤희, "전작권 전환, 연합 작전능력 확보 때까지 유보해야," 『중앙일보』. 2022년 6월 21일.
44) 윤영관 (2015), pp. 219–220.

그간 국방부와 외교부 등 한국 안보부처들은 동맹국 미국 이외에 일본, 중국, 러시아 등 주변 국가들과 밀접한 군사안보외교를 전개하면서, 양자 간 신뢰관계를 구축하고, 북핵문제 대응에 대한 협력을 확보하려고 노력해 왔다. 예컨대 일본과는 1965년 국교수립 이후 외교부와 국방부를 포함한 관련 부처들이 일본의 협상 대상자들과 수시로 각료급 혹은 실무자급 회담을 가지면서, 양국 간 신뢰관계를 구축하고 안보적 협력도 도모해 왔다. 그 결과 일본은 6자회담의 당사국으로 참가하여 북핵문제 해결을 위한 공동대응에 참가하였고, 2009년에 개최된 양국 간 제14차 국방장관 회담에서는 한일 국방교류에 관한 의향서가 체결되기도 하였다. 그리고 2016년에는 양국 간 군사정보보호협정(GSOMIA)이 체결된 바도 있다. 중국과도 1992년 국교정상화 이후 양국 간 경제교류 확대를 바탕으로 군사안보외교 분야에서 다양한 협력들이 실시되어 왔다. 양국 관함식에 함정들을 상호 파견하기도 하였고, 2008년에는 양국 관계를 '전략적 협력동반자관계'로 격상하였다. 중국 역시 2003년부터 가동된 6자회담에 당사국으로 참가하여 북핵문제 대응을 위한 다자간 협력에 힘을 보태기도 하였다. 러시아와도 1990년 국교 수립 이래, 경제교류 이외에 군사안보 분야에서도 협력이 추진되었다. 특히 후술할 방위산업 분야에서 양국 간 협력이 추진되었고, 6자회담 당사국으로 참가하기도 하였다.

다만 양자 간 안보협력 가운데 한일 간 안보협력은 2018년 이후 국내적 쟁점이 되어 왔다. 이 시기 한일 간 위안부 합의에 대해 재검토가 행해지고, 더욱이 식민지 시대 강제징용공에 대한 대법원판결이 내려지면서 한일관계가 경색되었다. 그 후 일본이 전략물자의 대한수출규제를 단행하고, 한국도 일본과 체결한 GSOMIA 협정의 폐기 가능성을 시사하면서, 한일 간 진행되던 다양한 안보협력이 축소되거나 중단되기도 하였다. 따라서 양자 간 안보협력이 국내 정치사정이나 양국 간 정치외교적 관계변화에 의해 영향받는 사례도 적지 않다.

한국은 아태지역을 중심으로 관련 국가들이 참가하는 다자간 안보협력체에 적극 참가하여, 한국의 안보정책을 설명하기도 하고, 관련 국가들과 다자간 협력을 도모해 왔다. 한국은 국방부 차원에서는 아세안 확대국방장관회의(ADMM-PLUS), 아시아 안보회의(샹그릴라 대화), 대북정책 조정회의(TCOG), 아세안지역안보포럼(ARF) 등 정부관계자들이 참가하는 트랙 1차원의 다자간 안보회의뿐 아니라, 민간전문가들도 같이 참가하는 동북아협력대화(NEACD), 헬리팩스 국제안보포럼 등 트랙 1.5 레벨의 다자간 안보회의에도 적극 참가하여 한국의 안보정책을 설명하거나, 여타 국가들과의 신뢰구축에 노력을 기울여 왔다. 한국은 2012년도부터는 국방부가 주도하는 서울안보대화를 창설하여 참가국들과 안보협력의 무대를 마련하기도 하였다. 외교부가 주관하는 다자간 안보협의도 다양하다. 2019년 시점에서 아세안 정상회의, 동아시아 정상회의(EAS), 한일중 정상회의, 한국·메콩 정상회의, 한국·아세안 외교장관회의, ASEM 외교장관회의 등이 개최되어 참가하였고, 동북아시아협력포럼, 믹타(MIKTA) 회의, 제주포럼 등이 한국 주도로 개최되기도 하였다.[45] 또한, 2022년 6월 29일, 마드

---

45) 『외교백서 2020』, pp. 57, 63, 64.

리드에서 개최된 나토 정상회의에 한국의 국가원수가 최초로 참가한 것을 계기로, 아태지역을 넘어 유럽 내 나토 국가들과의 다자적 안보협력도 향후 본격화될 것으로 전망된다.

한국은 국제안보 관련 국제기구 및 다자간 안보협력체를 통해서도 '군사안보외교'를 전개해 왔다. 안보 관련 국제기구 가운데 가장 중요한 기관은 역시 유엔일 것이다. 한국은 1991년 유엔 가입 이후 유엔 회원국으로서, 혹은 경우에 따라 유엔안보리의 비상임이사국으로서 유엔총회나 안보리 등을 통해 국제안보 관련 협의와 정책결정에 참여해 왔다. 또한, 표 5.1에서와 같이 유엔 내외의 군비통제 관련 기구들에 적극 가입하여 핵무기 및 생화학무기 관련 국제적 군비통제 노력에 적극 참가하고 있다.

4) 국제평화유지활동 참가

유엔을 비롯한 국제사회는 분쟁지역에 평화유지군을 파견하여 국제분쟁을 예방하거나, 분쟁 발생 이후 정세의 안정화를 도모하는 국제평화유지활동을 지속적으로 실시해 왔다. 한국으로선 국력 및 국제적 위상의 상승을 바탕으로 1990년대 이후 이같은 국제평화유지활동에 참가하여, 해당지역 분쟁을 예방하고, 다양한 지원활동을 행하는 것이 군사안보외교의 중요한 영역 가운데 하나가 되어 왔다.

국제평화유지활동은 그 주체에 따라 유엔 주도의 PKO 활동, 그리고 비유엔 주도 혹은 개별국가 주도의 다국적군 평화유지활동으로 크게 나눌 수 있다. 유엔 주도의 평화유지활동은 유엔안보리의 승인에 따라 유엔 사무총장이 사령관을 임명하고, 유엔 회원국들의 참가 여부에 따라 파견 병력이 구성되며, 파병비용을 유엔이 부담하게 된다. 비유엔 혹은 개별국가 주도의 다국적군

표 5.1 국제 군비통제 및 군축 관련 기구

구분	대량파괴무기(WMD)				재래식무기
	핵무기	화학무기	생물무기	운반수단 (미사일)	
군비관리 군축 비확산 관련 조약	NPT(핵확산금지조약) CTBT(포괄적 핵실험금지조약)	CWC (화학무기 금지조약)	BWC (생물무기 금지조약)	HCOC (탄도미사일 확산방지를 위한 허그지침)	• 특정재래식무기사용금지 제한조약 • 대인지뢰금지조약 • 소형무기의 비합법적 거래규제 • 유엔 군비등록제도
비확산을 위한 수출관리체제	핵공급국 그룹	호주그룹		MTCR(미사일 기술통제체제)	바세나르협약
WMD 비확산을 위한 국제적 대처	PSI(대량살상무기 확산방지구상)				

출처: 防衛大學校 安全保障研究會, 『安全保障のポイントがよくわかる本』(東京: 亞紀書房, 2007), 제4장.

표 5.2 국제평화유지활동 유형 및 개요

	유엔평화유지활동	다국적군 활동
주체	유엔 주도	지역안보기구 또는 특정국가 주도
임무	평화협정 이행 감시, 정전 감시 및 전후복구	분쟁지역 평화회복
지휘통제	사무총장이 임명한 평화유지군 사령관	다국적군 사령관
소요 경비	유엔 부담	파견국 부담
한국 참가	레바논 동명부대 남수단 한빛부대	소말리아 해역 청해부대

출처: 왕종표, 『국방외교와 무관』 (서울: 좋은 땅, 2019), pp. 49-50 등 종합.

평화유지활동은 핵심적 이해당사국이 주도하여 관련 국가들에 의해 결성되며, 사령관의 임명이나 파견 비용도 이해당사국들의 주도에 의해 결정되거나 부담되게 된다.[46]

유엔 주도의 PKO는 1948년 유엔 예루살렘 정전감시단이 파견된 이래 2019년까지 71건이 성사된 바 있다.[47] 이 가운데 한국은 1993년 소말리아에 상록수 부대를 파견한 것을 필두로, 1994년 서부 사하라에 국군의료지원단, 1995년 앙골라에 공병부대, 2000년 동티모르에 상록수 부대, 2007년 레바논에 동명부대, 2010년 아이티에 단비부대, 2013년 남수단에 한빛부대 등을 파견하는 등 유엔 주도 PKO 활동에 참가해 왔다. 다국적 평화유지활동군으로서는 1990년 11월, 유엔안보리 결의에 따라 사우디아라비아와 아랍에미리트에 국군의료지원단 및 공군수송부대를 파견할 것을 시발점으로, 2001년에 미국 주도 항구적 평화작전에 다산부대, 해성부대, 청마부대 등 육해공군 부대를, 2009년 이후에는 소말리아 해적 대응을 위한 해군 청해부대를, 2010년 이후에는 아프가니스탄 전후 재건을 위해 오쉬노 부대를 파견하였다.[48] 병력 파견뿐만 아니라, 한국은 세계 12위 수준의 유엔 분담금 납부 등을 통해 유엔 PKO 활동에 대한 재정기여도 적지 않게 수행하고 있다.

이같은 유엔 PKO 활동, 그리고 다국적 평화유지활동에의 병력 파견을 통해 한국은 국제사회의 분쟁예방 및 전후재건 등에 기여해 왔고, 이 결과 한국의 국제적 신뢰도가 높아지는 부수적 효과도 거두고 있다. 다만 향후에는 강대국들이 주도하는 유엔 PKO 활동이나 다국적 국제평화유지활동에 단순히 병력을 파견하는 데에 그치지 않고, 국제안보질서 유지에 관심을 갖고 PKO 활동 관련 정책을 결정하는 전략기획프로세스에 적극적으로 참가하는 역할의 확대가 요구된다. 또한, 국내적으로도 2009년도에 채택된 유엔평화유지활동 참여에 관한 법을 보완하여, 다국적군 파병 사항도 법제화되도록 하는 정책적 노력도

---

46) 이신화, "평화외교와 안보공공외교로서의 국제평화유지활동(PKO)에 관한 고찰," 『OUGHTOPIA』 34-1 (2019년 봄); 임윤갑, 『국제분쟁과 평화유지』 (서울: 북코리아, 2021), 제6장.

47) 이신화 (2019), p. 15.

48) 임윤갑 (2021), pp. 399-401.

경주될 필요가 있다.[49]

5) 국제방산협력

국가안보정책, 특히 국방정책의 수행에 있어 주요 무기체계들을 개발 및 생산하고 이를 자국 군대에 공급할 수 있는 능력, 즉 방위산업의 보유 여하는 대단히 중요하다. 이같은 방위산업의 기반이 없다면 자국 군대에게 전, 평시를 통해 지속적인 전력 제공이 불가할 것이며, 부득불 외국으로부터의 무기 공급에 의존하게 될 터인데, 이 경우 안보적 취약성이 커지게 된다. 또한, 방위산업체들이 생산된 무기들을 자국 군대의 공급에만 그치고, 국제무기시장에서 여타 국가들과의 무기거래에 활발하게 참가하지 않는다면, 방위산업 자체의 생태계가 구축될 수 없게 된다. 따라서 자국 군대에 적합한 무기체계를 공급하고, 이를 국제교역을 통해 무기거래를 함으로써 경제적 이윤을 창출하는 방위산업의 육성은 국가안보정책에서 간과할 수 없는 중요 과제가 되어 왔다.[50]

한국은 1970년대 자주국방정책을 추진하면서 소총과 야포 등 육상무기와 함정 및 잠수함 등 해상 무기, 그리고 전투기와 미사일 등 공중 무기들을 개발하고 생산할 수 있는 체제를 갖출 수 있게 되었다. 이러한 방위산업의 기반을 바탕으로 1980년대부터는 말레이시아, 이탈리아 등과 국내생산 무기의 거래 및 군사기술의 공동개발 등 국제방산협력을 추진하기 시작했다. 2006년 1월에는 방위사업청을 개청하여, 그 이전까지 각 군과 국방부 등에 분산되었던 무기체계 획득 및 방산협력을 종합적으로 담당하는 제도적 체제를 갖추게 되었다.

이 결과 2016년 11월 기준으로 34개국과 국제방산협력 협정을 체결하였고, 이를 바탕으로 국산무기의 대외수출이 대폭적으로 증대되었다.[51] 한화디펜스에서 생산하는 K-9 자주포는 2001년 터키에 수출된 것을 계기로 지금까지 이집트 등 8개국에 판매되었고, 2021년에는 호주와의 판매계약도 성사되었다. 한화가 개발한 전투장갑차 레드백도 호주에의 수출이 추진되고 있다. 현대로템이 생산한 K-2 전차는 한국 육군에의 공급에 더해 노르웨이 및 핀란드에 수출이 추진되고 있으며, 2022년 7월, 폴란드가 그 수입을 결정하였다.[52]

대우중공업과 현대중공업이 개발한 1400톤급 잠수함 및 구축함은 영국, 노르웨이 등에 판매되었고, 동남아 국가들에도 수출이 추진되고 있다.[53] 한국항공우주산업(KAI:Korea Aerospace Industries)이 개발, 생산한 T-50 훈련기 및 FA-50 전투기는 동남아, 중남미, 아프리카 국가들에 수출이 추진되고 있고, 2022년 7월, 폴란드가 48대의 도입을 결정하였다. 2012년부터 국방과학연구소(ADD:Agency for Defense Development) 주관으로 개발이 시작되었고, LIG 넥스원이 생산을 담당한 지대공 미사일 천궁-2는 중남미 국가들에 수출되었고, 2022년 1월에는 아랍에미리트와 수

---

49) 이신화 (2019), p.33.
50) 정연봉, "방산수출 활성화를 위한 국방외교 추진 방안," 『국방정책연구』 제26권 2호 (2010년 여름).
51) 손대선, "중견국 대한민국의 스마트 국방외교에 관한 연구: 중견국 지역안보협의체 구성을 중심으로." 『한국군사학논집』 제74집 2호 (2018년 6월), p. 59.
52) Korea JoongAng Daily, July 25, 2022.
53) 박동혁, "한국과 아세안 국가 간의 조선산업 협력 제고," 해군 OCS 장교중앙회+국제안보교류협회 주최 공동세미나 발표 자료집, 『신냉전시대 한국의 국제안보와 해양안보전략』 (2022.11.4).

출계약이 체결된 바 있다.[54]

이같은 적극적인 무기체계 개발 및 생산, 그리고 국제무기시장에서의 교역 참가 등을 통해 한국은 2022년 현재, 세계 무기거래의 2.7%에 해당하는 70억 달러의 계약 실적을 거두면서, 세계 9위의 방산수출 대국으로 부상하게 되었다.[55] 이같은 국제방산협력은 경제적 이익을 안겨다 줄 뿐 아니라, 한국의 무기체계를 사용하는 국가들과 지속적으로 군사교육훈련 등 안보협력도 연계되면서, 한국의 국제적 영향력을 높이는 효과를 가져다 주게 된다.[56] 따라서 향후에도 국제방산협력과 관련된 정책적 노력이 국내 산업정책뿐 아니라 군사안보외교 차원에서도 적극적으로 경주될 필요가 있다.

6. 군사안보외교의 문제점과 전망

이상에서 살펴본 군사안보외교의 현안을 볼 때, 한국이 대응해야 할 과제가 결코 쉽지 않음을 확인할 수 있다. 정책적 목표들은 높으나 한국의 국력수준이나 지정학적 제약에 구속되기도 한다. 현안들에 대응하기 위해 새로운 전략방향이 모색될 필요가 있으나, 기존에 형성된 외교정책 혹은 국방정책의 관행이나 국제규범이 그를 제약하기도 한다.

예컨대 북한이 핵능력을 증대시키고 공세적 핵전략을 표명하는 현실에 대응하기 위해, 군사적 논리로는 한국의 대응 군사능력을 강화하고, 한미동맹 차원의 확장억제 태세를 강화해야 한다. 일각에서는 한국의 자체 핵무장을 주장하기도 하고, 미국의 전술핵 재배치와 나토식 핵공유체제의 구축이 제기되기도 한다. 다만 이 경우 남북한 간에 1991년에 공표한 한반도 비핵화 공동선언, 그리고 2018년의 9·19군사합의 등 이미 국제사회에 표명해온 정책 기조를 모두 변경해야 하는 부담이 따른다. 또한, 한국이 가입한 NPT나 IAEA, 그리고 한미원자력협정 등에서 요구되는 비핵화의 규범에 도전하는 부담을 감수해야 한다. 과연 어떠한 정책적 선택이 핵위협 배제와 국제규범의 준수라는 상호 배타적인 국가목표를 조화시킬 수 있을 것인가.

한미동맹의 강화와 다자간 안보협력과 같은 '군사안보외교'의 중요 과제들에서도 상호 모순되는 정책적 요청들이 충돌한다. 북한 핵위협 증대와 중국의 공세적 대외정책 속에서 한국은 동맹의 규범에 따라 한미동맹의 핵억제 태세를 강화하고, 미국 주도의 인도·태평양 전략이나 쿼드 체제에 지체없이 가입해야 한다는 주장이 있다. 그러나 이러한 정책적 선택이 경제적으로 제1의 교역상대국이 되어 있는 중국의 반발을 불러일으켜, 경제적 이익이 손상되는 결과를 초래할 수 있다는 우려도 있다. 더욱이 북한 핵문제의 해결을 위해 유엔안보리 상임이사국이자 지리적으로 인접한 중국의 협력 없이는 어려움이 가중될 것이라는 점이 자명하다. 따라서 상충되는 안보이익과 경제이익 가운데 어떠한 정책을 선택하는 것이, 한국에게 최적의 선택이 될 것인가 하는 문제가 제기된다.

한미동맹 차원에서 전시작전통제권을 언제 반

---

54) 『국방일보』, 2022년 1월 18일.
55) Kyung-jin Kim and So-yeon Yoon, "Korea defense exports: More bang for the buck," *Korea JoongAng Daily*, 23 May 2022.
56) 정연봉 (2010), pp. 50, 58.

환받아야 하는가에 관해서도 상충되는 이익들이 대립하고 있다. 주권국가로서의 자존심을 생각한다면 동맹국이라 하더라도 전시작전통제권이 한미연합사령관에게 위임된 현존의 동맹체제가 하루빨리 변화되어야 할 것이다. 그러나 북한의 핵능력에 기반한 군사위협이 더욱 증대되고, 한국의 독자적 억제능력이 부족한 상태에서 미국이 전시작전통제권을 계속 유지하는 것이 안보태세 강화에는 유용한 측면이 있다. 이같은 상충되는 국가이익에 대해 어떠한 정책적 결단을 내려야 하는가.

이같은 문제들에 대해 국가적으로 최적의 정책선택을 내리기 위해서는 대통령과 국가안보실이 초당파적 입장에서 국가전략을 책정하고, 현안별 대응 방향에 대한 일관된 정책을 선택할 필요가 있을 것이다. 이를 위해서는 국가안보전략의 책정과정이나 정책선택 과정에서 보수와 진보, 여야를 막론하고 폭넓은 중지를 수렴하는 절차를 거칠 필요가 있다. 다만 기존의 국가안보전략서나 국방전략서, 외교전략서 책정과정을 검토하면, 미국이나 일본 등과 달리, 한국의 경우에는 초당파적 차원에서 국가안보전략을 논의하는 절차가 결여된 경우가 대부분이었다. 그 결과 책정된 국가안보전략서가 국내 정치세력들이나 안보전문가들 사이에 폭넓게 공감되지 못하였고, 특정 국면에서 개별 정책 방향을 일관되게 제시하는 역할도 제대로 수행하지 못하였다.[57]

초당파적 입장의 국가안보전략 책정, 그리고 군사안보외교의 현안에 대한 일관되고 체계적인 대응을 위해서는 국가안보정책결정과정에 직접 관여하고 이행할 책무를 가진 국가안보실과 외교부 및 국방부 등 유관 부서들뿐만 아니라, 헌법상 안보정책의 최고 결정자인 대통령과 심의기관인 국회의원들이 이 분야에 대한 전문성을 함양할 필요가 있다. 이를 위해 각 정당의 정책연구기관들이나 관련 상임위를 지원하는 부서들이 전문성을 갖고, 수시로 협의하는 체제가 필요하다.

또한, 외교부와 국방부, 국가정보원과 방위사업청 등 국가안보 및 군사안보외교를 수행하는 유관 부서들 간에도 정책의 방향성에 대한 공감대를 공유한 상태에서 개별적 역할을 수행하는 체제가 필요하다. 이같은 기능을 국가안보실이 컨트롤타워로서 수행해야 한다. 아울러 행정부는 개별 정책의 수행방향에 대해 국민들에 대한 정책설명을 통해, 국민적 공감대를 형성하는 것이 필요하다. 언론이 그 매개역할을 잘하도록, 행정부의 전략적 커뮤니케이션(strategic communication) 기능이 강화될 필요가 있다.

국가안보 및 군사안보외교를 담당할 미래 인재들에 대한 전문성 강화 교육, 그리고 이와 연결된 국가안보 관련 연구 강화도 불가결한 과제이다. 한국의 경우 외교관 양성 및 외교정책 연구를 위해서는 국립외교원이, 군사외교관 및 국방정책 연구를 위해서는 각 군 사관학교 및 국방대학교 등이 그 역할을 수행해 왔다. 그런데 국방정책이나 외교정책의 체계 속에서 관련 인재양성을 위한 교육투자나 정책적 관심은 상대적으로 희박했다고 하지 않을 수 없다. 미국이나 일본, 그리고 심지어 중국마저도 국가안보전략서 등을 통해 관련 분야 인재양성의 필요성을 강조하고, 필요한 예산 및 정책지원을 아끼지 않을 것과 비교해 볼 때, 한국사회에서 국가안보 및 군사안보 분야 인

---

57) 윤영관 (2015), pp. 318, 349.

재양성을 위한 정책적 노력과 재원 배분은 소홀한 감도 있다. 더욱이 저출산 추세 속에서 외교나 국방 분야 인재 충원도 미래 시점에서 제약이 따를 것이라는 전망하에서 더욱 국가안보정책의 일환으로서 관련 분야 인재양성을 위한 정책적 관심이 기울여질 필요가 있다.

7. 결론

'군사안보외교'는 국가안보정책의 일환으로, 북핵 대응, 한미동맹 강화, 다자간 안보외교, 국제평화유지활동 및 국제방산협력 등과 관련된 분야에서 국가이익을 달성하기 추진되는 대외적 국방정책, 혹은 안보외교정책의 성격을 갖는다. 이러한 정책과제가 국가안보는 물론, 국민의 생명과 안전보호, 영토 및 영해, 영공의 보호, 그리고 국가의 국제적 위상 증진과 경제적 번영에 기여하는 바가 적지 않다.

다만 사안별 정책을 결정하고 수행함에 있어 관련 부서 간에 정책의 중점을 둘러싸고 입장 차이가 나타날 수 있고, 정치적으로는 보수와 진보 간의 이해대립이 벌어질 수 있고, 국가이익도 상충되는 문제가 발생할 수 있다. 따라서 군사안보외교에 있어 유관 부서들 간의 정책협의가 원만하게 진행될 필요가 있고, 보수와 진보를 망라한 초당파적 협의과정을 거칠 필요도 있다. 그리고 이러한 절차를 거친 선택된 정책 대안에 대해서는 국민들에게 충분히 설명하면서, 대외적으로 일관되게 수행할 필요가 있다.

이를 위해서는 국가안보정책의 최고 책임자인 대통령은 물론, 그 심의기관인 국회의 전문성과 정책 관심이 높아져야 한다. 정당들에 설치된 정책연구기관 및 국회 유관 상임위를 지원하는 인력과 연구기관들의 전문성이 강화되어야 한다. 또한, 행정부 내에서 군사안보외교를 수행하는 외교부와 국방부, 국가정보원과 방위사업청 같은 부서에서 수평적인 정책협의와 협력도 원활하게 수행되어야 한다. 이같은 국내적 합의 기반이 바탕이 되어야 여타 국가들이나 국제기구와의 협력이 순조롭게 진행될 수 있을 것이다.

또한, 외교관과 국방외교 담당자를 양성하는 국립외교원이나 각 군 사관학교 등에서 국가안보정책 및 군사안보외교에 대한 교육과 연구가 보다 강화될 필요가 있다. 미국이나 일본, 심지어 중국에서도 국가안보 관련 교육과 연구의 중요성이 강화되고 있는 시점에서, 국가안보이익을 극대화하기 위해서는 이를 담당할 전문적 인재의 양성이 시급한 정책과제라고 할 수 있을 것이다.

토의주제

1. 국가안보실이 공표하는 『국가안보전략서』, 외교부가 매년 발간하는 『외교백서』, 국방부가 격년으로 발간하는 『국방백서』 등에는 '군사안보외교'와 관련된 정부정책이 어떻게 설명되고 있는가?

2. 2022년 12월, 최초로 공표된 한국의 『자유, 평화, 번영의 인도·태평양 전략』에서 나타난 내용들을 확인하고, 군사안보외교 차원에서 수행해야 할 구체적인 과제들을 도출해 보자.

3. 한국의 전략문서들을 미국이나 일본, 중국의 전략문서들과 비교해보고, 각각 평가해 보자.

4. 북한의 핵능력 증강과 군사적 위협 증대 상황 속에서 자신이 '군사안보외교'를 책임진 정책결정자라면, 어떠한 정책 대안을 선택하겠는가? 그 이유는 무엇인가?

5. 미국과 중국 간에 전략적 경쟁, 혹은 신냉전 양상이 전개되고 있는 가운데, 국가안보와 '군사안보외교'의 입장에서 어떠한 정책선택을 해야 하는가?

6. 러시아와 우크라이나 간 전쟁이 한반도 안보에 미칠 수 있는 영향을 생각해보고, 한국정부 대표로 유엔 총회나 NPT 총회에 참석한다면, 어떤 입장을 밝힐 것인가?

7. 한미동맹 간 전시작전권 전환 문제에 대해 그 시기와 방법을 둘러싸고, 어떤 정책적 선택이 군사안보외교 혹은 안보정책 전반에 비추어 최적의 방안이 될 수 있는가?

8. 한일 간 안보협력을 둘러싸고 국내에서 논란이 뜨거운 가운데, 국가안보 및 군사안보외교의 입장에서 어떠한 정책적 선택을 하는 것이 가장 바람직하다고 생각하는가?

9. 러시아-우크라이나전쟁이 지속되는 가운데 유엔 등 국제기구가 한국에 대해 국제평화유지활동 부대를 해당 지역에 파견해 달라는 요청이 전달되었다. 야당은 한국과 무관한 지역에 한국 청년들을 파견시켜 무익한 희생을 강요할 수 없다며 부정적인 대응을 보이고 있다. 이 경우 정부관계자로서 어떤 입장을 취해야 한국의 국가안보이익이나 국제적 위상 증진에 기여할 수 있을 것인가?

10. 유럽 주요 국가들이 자국의 국방능력 증강을 위해 탱크나 전투기를 구입한다고 했을 때, 한국 방위사업청의 대표로서 국산 무기체계의 장점과 필요성을 현지 관계자들에게 어떻게 소개하여 방위산업 수출로 이어지도록 할 것인지 그 방안을 생각해보자.

참고문헌

1. 한글문헌

구영록. "국가이익과 한국의 대외정책."『국제정치논총』제31집 (1991)

국가안전보장회의.『평화번영과 국가안보: 참여정부의 안보정책 구상』(2004.3).

국방부.『국방백서: 2022』. 서울: 국방부, 2023.

권영성.『헌법학원론』. 서울: 법문사, 1994.

그레이엄 엘리슨.『예정된 전쟁』. 서울: 세종서적, 2018.

김계동 외.『현대외교정책론』. 서울: 명인문화사, 2016.

대한민국 국방부.『국방백서 2018』. 서울: 국방부, 2018.12.

박동혁. "한국과 아세안 국가 간의 조선산업 협력 제고." 해군 OCS 장교중앙회+국제안보교류협회 주최 공동세미나 발표 자료집.『신냉전시대 한국의 국제안보와 해양안보전략』(2022.11.4).

박영준. "냉전기 주요 핵보유국의 핵개발 전개과정 비교: 미국, 소련, 중국의 핵전략 및 핵지휘체제 변화를 중심으로." 한국국방연구원.『국방정책연구』31권 3호 (2015년 가을).

박형중. "남북관계의 전망과 한국의 안보: 북한 핵능력 증강의 의미와 한국의 정책선택."『새로운 국가안보 전략의 모색: 국방대학교+한국국제정치학회 공동학술회의 자료집』(국방대학교+한국국제정치학회, 2021.11.18).

박휘락. "핵위협시대 국방개혁 기본방향." 박휘락. 조영기. 이주호.『북핵에 대응한 국방개혁』(한반도선진화재단 선진화정책시리즈, 2017.3).

성낙인.『헌법개론: 제11판』. 서울: 법문사, 2021.

손대선. "중견국 대한민국의 스마트 국방외교에 관한 연구: 중견국 지역안보협의체 구성을 중심으로."『한국군사학논집』제74집 2호 (2018년 6월).

송민순.『빙하는 움직인다: 비핵화와 통일외교의 현장』. 서울: 창비, 2016.

신인호. "한국의 국방정책과 방위력건설." 최대석 외.『한반도, 평화를 말하다』. 서울: 21세기 북스, 2021.

신진. "한국의 국방정책과 안보." 한국국제정치학회,『국제정치논총』제40집 2호 (2000).

온창일.『안보외교론』. 서울: 지문당, 2002.

왕종표.『국방외교와 무관』. 서울: 좋은 땅, 2019.

외교통상부.『한국외교 50년, 1948-1998』(1999)

외교부.『외교백서 2016』. 서울: 외교부, 2016.

_____.『외교백서 2020』. 서울: 외교부, 2020.

윤덕민. "안보외교." 외교통상부,『한국외교 50년, 1948-1998』. 서울: 외교통상부, 1999.

윤영관.『외교의 시대: 한반도의 길을 묻다』. 서울: 미지북스, 2015.

이병철. "북한 핵무기 사용 법제화 분석 및 대응."『IFES 브리프』2022-19, 경남대 극동문제연구소 (2022.09.14).

이신화. "평화외교와 안보공공외교로서의 국제평화유지활동(PKO)에 관한 고찰."『OUGHTOPIA』34-1 (2019년 봄).

임동원.『피스 메이커: 남북관계와 북핵문제 20년』서울: 중앙books, 2008.

임윤갑.『국제분쟁과 평화유지』. 서울: 북코리아, 2021.

전웅. "군사안보와 비군사안보의 상관관계."『국제정치논총』제37집 2호 (1997).

정성장. "북한의 핵지휘통제체제와 핵무기 사용 조건의 변화 평가: 9.8 핵무력정책 법령을 중심으로."『세종논평』2022-06 (2022.9.14).

정연봉. "방산수출 활성화를 위한 국방외교 추진 방안."『국방정책연구』제26권 2호 (2010년 여름).

차정미. "시진핑 시대 중국의 군사혁신 연구: 육군의 군사혁신 전략을 중심으로."『국제정치논총』제61집 1호 (2021).

청와대 국가안보실.『희망의 새시대, 국가안보전략』(2014.7).

청와대 국가안보실.『문재인 정부의 국가안보전략』(2018.11).

커트 캠벨. 이재현 옮김.『피벗: 미국 아시아 전략의 미래』. 서울: 아산정책연구원, 2020.

한승주.『외교의 길: 평화를 향한 여정』, 서울: 올림, 2017.

한용섭.『국방정책론』. 서울: 박영사, 2012.

허욱. 테렌스 로릭 지음. 이대희 옮김.『한미동맹의 진화』. 서울: 에코리브르, 2019.

황병무.『한국 안보의 영역, 쟁점, 정책』. 서울: 봉명, 2004.

홍용표. "탈냉전기 안보개념의 확대와 한반도 안보환경의 재조명."『한국정치학회보』제36집 4호 (2002 겨울).

2. 영어문헌

Allison, Graham. "The Thucydides Trap: Are the U.S. and China Headed for War?." *The Atlantic* (September 24, 2015).

Allison, Graham. *Destined for War: Can America and China Escape Thucydides's Trap?*.

Anonymous, *The Longer Telegram: Toward a New American China Strategy* (Atlantic Council, 2021.1).

Armitage, Richard L., and Joseph S. Nye, *The U.S.-Japan Alliance in 2020: An Equal Alliance with a Global Agenda* (Center for Strategic and International Studies, 2020.12).

Buzan, Barry. *People, States and Fear: An Agenda for International Security Studies in the Post-Cold War Era*. Boulder, Colorado: Lynne Rinner Publishers, 1991.

Defense Intelligence Agency. *China Military Power: Modernizing a Force to Fight and Win*. Defense Intelligence Agency, 2019.

Friedberg, Aaron L. *A Contest for Supremacy: China, America, and the Struggle for Mastery in Asia*. New York: Norton, 2011.

Gubin, Andrey. "Asia-Pacific Spectre of Russian Defense Policy." KNDU Defense Policy Conference (2021.11.1).

Kim, Lami. "A Race for Nuclear-Powered Submarines on the Korean Peninsula." National Bureau of Asian Research (2021.3.31).

Mearsheimer, John J. "The Inevitable Rivalry: America, China, and the Tragedy of Great-Power Politics." *Foreign Affairs* (November/December 2021).

NATO. *NATO 2022 Strategic Concept* (2022.6.30).

Oliker, Olga. "Moscow's Nuclear Enigma: What is Russia's Arsenal Really For?." *Foreign Affairs* (November/December, 2018).

President Joseph R. Biden Jr., *Interim National Security Strategic Guidance* (The White House, 2021.3).

The State Council Information Office. *China's Military Strategy* (May 2015).

The State Council Information Office of the People's Republic of China. *China's National Defense in the New Era* (July 2019).

3. 외국어문헌

外務省. 『外交靑書 2020』. 外務省, 2020.
防衛省. 『防衛白書 2020』. 防衛省, 2020.
防衛大學校 安全保障硏究會. 『安全保障のポイントがよくわかる本』. 東京: 亜紀書房, 2007.

4. 언론사 자료

『국방일보』, *The New York Times*, *Korea JoongAng Daily*, *Global Times*, 『朝日新聞』 등

6장 통상외교

1. 서론　　　　　　　162
2. 통상외교의 국제적
　 환경과 한국의 전략　163
3. 통상외교의 변천과
　 추진 방향　　　　　173
4. 통상외교정책의
　 결정과 집행체계　　179
5. 통상외교의 현안과
　 쟁점　　　　　　　182
6. 통상외교의 문제점과
　 전망　　　　　　　186
7. 결론　　　　　　　189

윤미경(가톨릭대 국제학부)

1. 서론

'통상'의 사전적 의미는 "나라들 사이에 서로 물품을 사고파는 것 또는 그런 관계"다.[1] 즉, 국제교역 및 그와 관련한 국가 간 관계를 말한다. 일반적으로는 '통상'과 '무역'이란 용어들이 구분 없이 사용되기도 하지만 학술적 관점에서는 통상을 무역보다 광의의 개념으로 보는 시각이 있다.[2] 무역이 주로 상품무역의 거래에 국한된 것이라면 통상의 범위는 그보다 나아가 서비스, 지식재산권과 같은 무형재의 무역뿐 아니라 노동이나 국제투자와 같은 생산요소의 이동까지 대상으로 한다. 통상의 범위는 점점 넓어져 지금은 환경, 공중보건, 환율, 인권, 안보까지도 통상의 범주에서 논의되고 있다. 또한, 통상은 무역의 실제 주체인 기업과 같은 사인(私人) 간의 관계보다는 무역에 대한 국가의 행태를 규율하는 규범, 그리고 그러한 규범에 대한 국가 간 합의, 이행, 분쟁, 협상 등 무역과 관련하여 국가 간에 이루어지는 제반 관계에 초점을 둔다.

한편, '외교'란 "타국과의 관계 속에서 국익을 보호·증진하는 행위"다.[3] 그렇다

---

1) 네이버 사전, https://dict.naver.com (검색일 2022.10.19).
2) 여택동·전정기·장동식, 『WTO체제하의 국제통상론』(서울: 도서출판 두남, 2014), pp. 19-23.
3) 강선주, "신정부의 기여 외교: 공적개발원조(ODA)의 과제와 전망," 『주요국제문제분석』(서울: 외교안보연구원, 2008.4.18), p. 2.

면 통상외교는 통상영역에서 국익을 보호·증진하는 행위라 할 수 있다. 이상환의 표현을 빌자면 통상외교는 "한정된 국내자원의 효율적 배분과 운용을 토대로 외국경제자원의 효율적 배분과 운용에 대항하여 국제경쟁을 하는 일체의 행위"다.[4] 즉, 각국이 자국 경제정책에 따라 자국의 대외경제활동에 유리하게끔 상대국 정부의 경제정책 수립과 운용에 영향을 미치는 것을 주목적으로 한다는 것이다.[5] 통상외교가 국가 간 통상관계에서 자국의 이익을 극대화하는 대외적 '활동'이라고 본다면, 통상외교정책은 이러한 활동의 목표와 방향을 정하는 행동지침이다.

그런데 통상외교는 어디까지나 국가 간 합의한 국제통상 규범하에서 이루어지는 것이다. 국가들의 통상외교에 제한을 가하는 국제통상 규범은 현재 격변의 시기를 맞이하고 있다. 한국은 무역액 세계 8위 통상대국인 동시에 GDP 대비 수출입비율이 2021년 기준 84.8%로 무역의존도가 매우 높은 나라다.[6] 대외 통상환경 변화에 민감할 수밖에 없다. 본 장에서는 급변하는 대외 통상환경의 양상을 살펴보고 이에 대응하는 한국의 통상외교정책과 통상외교정책결정체계에 대해 차례로 점검해본다.

2. 통상외교의 국제적 환경과 한국의 전략

국제통상 규범은 현재 격변의 시기를 맞이하고 있다. 그간 국제통상 규범의 근간이 되어온 WTO 다자체제가 약화하고 경제·통상과 외교·안보 간 경계가 허물어지고 있으며 새로운 통상이슈들을 논의하기 위해 이전과는 다른 형태의 국제협력 수단이 부상하고 있다. 국제통상질서를 급격히 변화시키고 있는 주요인은 크게 세 가지다. 첫째, WTO 다자체제의 위기, 둘째, 미중 간 통상마찰 및 그로 인한 글로벌 공급망 재편, 셋째, 신통상이슈를 다루기 위해 협상이 시작된 인도·태평양경제프레임워크(IPEF)의 출현이다. 미중 간 통상마찰은 WTO체제의 위기를 초래한 중요한 요인 중 하나인 데다, IPEF의 출범은 중국을 견제하고 위축된 WTO체제의 기능 공백을 메우기 위한 미국 주도의 시도이기도 하니 위 세 요인 중 미중 간 갈등이 국제통상질서 변화의 가장 핵심적인 동력이라고 할 수 있겠다.

1) WTO 다자통상체계의 위기

제2차 세계대전 이후 자유주의 국제질서 속에서 성립된 국제통상 규범은 자유무역 사상에 기초한 GATT-WTO 다자체제다. GATT-WTO 다자체제는 경제·통상영역에서의 갈등을 경제 논리와 협력을 통해 해결함으로써 경제문제가 정치문제나 전쟁으로 비화하는 것을 막기 위해 고안되었다. 이러한 기조하에 그동안 통상영역은 정치·외교의 직접 개입으로부터 비교적 자유로웠고 회원국들은 국제무역에 대한 정부의 규제를 줄이고 시

---

4) 이상환, "제6장 통상외교," 김계동 외, 『현대외교정책론, 4판』 (서울: 명인문화사, 2022).

5) 이상환 (2022), pp. 157–158.

6) 무역액(수출액+수입액)은 2021년 기준 1조2596억 달러다(산업통상자원부 2022.1.4. 대한민국 정책브리핑 "2021년 수출입·무역액 '사상 최대.'"). 수출입비율 통계는 한국은행 『국민계정』 참조.

장을 자유화하는 데 주력했다. 하지만 2000년대 들어 WTO의 협상 기능이 현저히 약화하였다. WTO 출범 후 첫 대규모 다자무역협상인 도하개발아젠다(DDA: Doha Development Agenda)는 반세계화 물결 속에 2001년 개시되는 데도 어려움을 겪었지만 20여 년이 넘도록 극히 일부 분야를 제외하고 대부분 타결을 보지 못하면서 WTO 위기론을 자초했다.

WTO가 위기를 맞이하게 된 것은 역설적이게도 WTO체제하에서 무역자유화가 성공적으로 이루어지고 회원국 수가 증가하였기 때문이다. 세계화의 심화는 국가 간 그리고 각국 내에서 불균등한 소득분배를 초래하는 한 원인으로 작용하였고 2000년대 이후 세계 경제성장이 둔화하면서 미국을 비롯하여 많은 국가에서 보호무역주의가 부상하는 데 일조했다. 물론 무역 확대만이 불평등 심화의 유일한 이유는 아니지만, 경제학자들은 빠른 기술발전에 따른 숙련노동자 임금의 상대적 증가와 함께, 세계화와 자유시장 논리 확산으로 인한 경쟁 심화를 1990년 이후 소득 불평등이 심화한 주요인으로 꼽고 있다.[7] 보호무역주의의 부상은 무역자유화를 위한 협상 동력을 떨어뜨리는 배경이 되었다.

WTO 다자체제에 참여하는 회원국이 증가하면서 회원국 간 경제발전 수준과 경제체제의 이질성도 커졌다. 1947년 WTO의 전신인 GATT의 첫 협상 라운드에 참여했던 국가는 23개국에 불과했으며 모두 선진국이었다. 반면 WTO를 출범시킨 우루과이 협상 때는 참여국 수가 125개국으로 크게 늘었고, 현재 WTO 회원국 수는 164개국에 달한다. 그중 35개국이 최빈개도국이며 8개 최빈개도국이 추가로 가입 협상 중이다. 특히 1990년대에 구동구권의 체제전환국들이 대거 가입하기 시작했고 2000년대 들어 중국(2001년), 베트남(2007년), 러시아(2012년) 등이 가입했다.[8] WTO에서 오랫동안 고수해 오던 제도들, 이를테면 모든 회원국들이 동의해야만 합의가 이루어지는 총의제나 모든 협상 분야가 동시에 타결되어야 전체 협상 라운드가 종료되는 일괄타결 협상 방식은 회원국 간 이질성과 가입국 수가 증가하면서 회원국 사이 이견을 조율하는 데 한계를 드러내고 있다. 미국과 인도가 농업 분야 협상에서 타협점을 찾지 못하면서 DDA 협상 전체가 2006년 잠정 중단되었던 것이 좋은 예다. 협상 중단을 계기로 WTO 개혁논의가 시작되었으나 2008년 세계금융위기가 발발하면서 주요국들이 자국 내 문제에 전념하게 되었고 WTO 개혁논의는 최근까지도 별 진전을 보지 못했다. 협상이 재개되면서 그간 무역원활화나 수산보조금 등 일부 분야에서 개별적인 합의가 이루어지기는 했으나 DDA협상의 종결은 아직도 묘연하다.

협상 기능에 영향을 주는 WTO 체제의 구조적 문제뿐만 아니라 WTO체제의 가장 큰 장점이라고 여겨지는 분쟁해결제도도 불이행의 문제, 이행판정과 보복승인 순서의 부조화 및 상소기구 환송권 부재 등과 같은 절차적 문제로 몸살을 앓

---

[7] Era Dabla-Norris, Kalpan Kochhar, Nujin Suphaphiphat, Frantisek Ricka and Evridiki Tsounta, "Causes of Income Inequality: A Global Perspective," IMF Staff Discussion Note, June 2015.

[8] 세계무역기구(WTO) 홈페이지 www.wto.org. (검색일: 2022.10.19); 박성훈·한홍열·송유철·강문성·송백훈, 『최근 국제통상 환경의 변화에 따른 한국의 새로운 통상정책 방향』 중장기통상전략연구 17-04, (서울: 대외경제정책연구원, 2017), pp. 45-46.

고 있다. 여기에 분쟁해결기구의 권한 범위에 대한 논쟁이 더해져 회원국 간 이견으로 상소기구 위원을 충원하지 못하게 되면서 상소 절차 마비라는 초유의 사태에 직면하게 되었다.

WTO의 협상기능 약화는 급변하는 통상환경에 대응하는 것을 어렵게 만들어 국가들이 WTO 밖에서 WTO협정보다 더 광범위하고 더 높은 수준의 개방을 지향하는 자유무역협정을 체결하게 되었고, 이는 다시 WTO 위상 약화로 이어졌다. DDA협상이 표류하고 있는 사이 여러 자유무역협정이 산발적으로 체결되어 2022년 3월 1일 기준으로 WTO에 통보된 지역 무역협정만 해도 350개다.[9] 아시아지역에서는 포괄적·점진적 환태평양경제동반자협정(CPTPP: Comprehensive and Progressive Agreement for Trans-Pacific Partnership), 역내포괄적경제동반자협정(RCEP: Regional Comprehensive Economic Partnership) 등 대형 지역 무역협정이 등장했고 세계무역에서 비교적 소외되어 있던 아프리카지역에서도 50여 개 국가가 참여하는 아프리카자유무역지대(AfCFTA: African Continental Free Trade Area)가 2019년 발효했다. 세계무역이 더는 WTO 협정만으로 규율되고 있다고 보기 어렵게 된 것이다. 이렇듯 상충하는 무역 규범들이 복잡하게 얽히고설켜 국제무역의 안정성과 예측성을 위협하고 무역비용을 높이고 있다. 웬만한 중소기업들은 이제 해외 수출 시 어떤 협정에 의해 어느 수준의 관세를 적용받게 될지 전문적인 자문 없이 알기 어려운 상황이 되었다.

2) 미중 간 통상마찰

WTO체제의 위기, 특히 상소 기구의 마비를 초래한 직접 원인 중 하나는 미국과 중국 간 통상마찰이다. 미국은 WTO 분쟁해결절차에 대해 오랫동안 불만을 품고 개혁을 시도했으나 성공하지 못했다. 이에 미국은 2019년 12월 기존 상소 기구 위원 임기가 만료되어 심리를 위한 정족수가 미달하자 신규임용을 저지하는 방식으로 상소 기구 기능을 정지시키는 전략을 구사하였다.[10]

미국은 상소 기구가 일부 분야에서 잘못된 협정문 해석과 판결을 내리고 있다고 주장하였는데, 가장 중요하게는 그로 인해 불법적인 보조금이나 지식재산재권 침해와 같은 중국의 불공정 행위를 막을 수 없게 되었다는 것이다. 중국이 WTO에 가입한 2010년 이후 진행된 일련의 미중 간 WTO 분쟁(미국 제소 23건, 중국 제소 16건)에서 부각되었던 주요 쟁점 중 하나는 중국 국유기업이나 은행들이 공공기관에 해당하여 규제대상이 되는 보조금이 존재하는지 여부였다. WTO 보조금협정은 정부 또는 공공기관의 보조금을 받아 인위적으로 경쟁력을 확보한 수출품이 무역상대국에 피해를 줄 경우 수입국이 그러한 보조금의 영향을 상쇄할 목적으로 상계관세를 부과할 수 있도록 하고 있다. 상소기구는 최종적으로 중국정부가 소유하는 공기업과 은행 등이 민간기업을 지원하는 행위는 WTO 보조금협정에 위배되지 않는다는 판결을 내렸지만, 그 근거가 중국에서 보조금이 없었기 때문이 아니라 미국이 공공

---

9) 세계무역기구 홈페이지 (검색일: 2022.10.19).

10) WTO 상소 기구 기능 정지 배경에 대한 자세한 내용은 이천기·서진교·박지현, "WTO 상소 기구 기능 정지: 의미와 배경, 향후 전망," 『KIEP 오늘의 세계경제』 제19집 26호 (2019) 참조.

글상자 6.1

세계무역기구(WTO)와 WTO협정

세계무역기구(WTO: World Trade Organization)는 '세계무역기구 설립을 위한 마라케쉬 협정'에 의해 1995년 설립되었다. WTO의 기원은 제2차 세계대전 직후로 거슬러 올라간다. 당시 전후 경제협력체제 구축을 위해 세계은행, 국제통화기금(IMF)과 함께 UN의 전문기구로서 지금의 WTO와 유사한 국제무역기구(ITO: International Trade Organization)를 설립하고자 했으나 실패로 돌아갔고, 이후 관세인하에만 합의한 '관세 및 무역에 관한 일반협정(GATT: General Agreement on Tariffs and Trade)'이 임시적으로 운영되었다. GATT는 무려 50년 동안 이른바 '무역 라운드'라고 알려진 8번의 다자협상을 통해 상당한 수준으로 관세를 감축하는 성과를 이루었으나 경제환경 변화는 새로운 무역 규범을 요구하였다. 그러한 요구에 부응하여 GATT의 8번째 무역 라운드인 우루과이라운드(Uruguay Round, 1986~1994년) 협상 결과 WTO 다자통상체제가 탄생했다.

WTO는 무역협상의 장을 제공하고, 협상 결과 형성된 규범체계가 이행되도록 감독하며, 구속적인 분쟁해결제도를 통해 회원국 간 통상분쟁을 해결하는 기능을 한다. WTO협정 또는 WTO 통상규범은 총괄협정(WTO설립협정)하에 3개 부속협정인 '상품무역에 관한 다자협정(MAT: Multilateral Agreements on Trade in Goods)', '서비스 무역에 관한 일반협정(GATS: General Agreement on Trade in Services)', 무역 관련 지식재산권협정(TRIPS: Trade Related Intellectual Property Rights)으로 이루어진 방대한 협정이다. MAT은 개정된 GATT와 무역의 규칙을 규정하는 12개의 개별 협정들로 이루어져 있다. 자유무역을 구현하기 위한 WTO협정의 기본 원칙은 비차별과 공정한 무역이다. 내국민대우와 최혜국대우와 같은 비차별 원칙은 국적에 따른 차별을 금지하고 공정무역 원칙은 반덤핑이나 보조금 협정 등을 통해 시장을 왜곡하는 불공정한 경쟁행위를 방지하는 역할을 한다. 개발도상국을 배려한 특별대우도 중요한 원칙 중 하나다. 매 2년 장관급 각료회의를 개최하여 주요 사안들에 대해 결의한다.

출처: 세계무역기구 사무국, 『WTO 이해하기 (개정판)』 (서울: 외교통상부, 2007).

기관을 정의하는 방식이 옳지 않았기 때문이라는 것이어서 분쟁의 불씨를 남겼다. 미국은 중국정부가 '중국제조 2025'와 같은 산업정책을 달성하기 위해 국유기업과 국유은행을 통해 민간기업에 보조금을 지급하는 것이 명백한 가운데 위와 같은 상소기구 결정을 수용하기 어렵다는 견해지만, 어쨌든 상소기구의 판결로 인해 국유기업을 통해 민간을 지원하는 중국의 산업정책 형태를 WTO 협정상의 상계관세 제도로 견제하기는 어렵게 되었다.[11] 미국은 이러한 상소기구의 잘못

---

11) 안덕근·유지영·김민정, "대중국 상계조치상의 보조금 분석과 통상법 쟁점 연구," 『통상법률』 123 (2015. 6), pp. 9–46; Yun, Mikyung. "An Analysis of the New Trade Regime for State-Owned Enterprises under the Trans-Pacific Partnership Agreement," Journal of East Asian Economic Integration 20-1 (2016), pp. 3–35; 중국정부의 민간기업 통제에 대해서는 Wu, Mark. "The 'China, Inc.' Challenge to

글상자 6.2

자유무역협정과 경제통합의 단계

자유무역지대(Free Trade Area) 또는 자유무역협정(FTA: Free Trade Agreement)을 의미하는 FTA는 회원국 간 무역장벽을 제거하여 시장이 통합되는 가장 초보 형태의 경제통합이다. 상품무역 자유화를 기본으로 하지만, 회원국들 간 합의에 따라 서비스 무역이나 투자 자유화를 포함하거나, 역내 원활한 거래를 추진하기 위한 정책 조정이나 기관을 도입할 수 있어 협정마다 시장 자유화의 범위나 정도가 다를 수 있다. 또한, FTA는 그 형태나 참여 회원국 수에 따라 양자 FTA(예: 한미 FTA)가 될 수도 있고, WTO협정과 같은 다자무역협정이 될 수도 있으며, 동일 지역 여러 인접국 간 FTA인 지역무역협정(RTA: Regional Trade Agreement, 예: RCEP, CPTPP)이 될 수도 있다. 이들 모두 회원국에만 특별히 무역장벽을 제거한다는 점에서 특혜무역협정(PTA: Preferential Trade Agreement)으로 불리기도 한다.

중요한 것은 FTA의 경우 역내 자유화에 대한 의무 외에 다른 어떤 구속력이 가해지지 않으며 회원국은 역외국가에 대해 각각 독립적인 무역정책을 시행할 수 있다는 점이다. 이와는 달리 관세동맹은 한 단계 더 나아가 역내국 간 무역을 자유화하는 데 더해 역외국에 대해 하나의 공통된 관세를 채택하는 경제통합 형태다. 이는 각 회원국이 독자적인 대외무역정책을 실시할 수 없음을 의미한다.

지금의 유럽연합(EU)이 단계적으로 경제통합을 이뤄오면서 공동시장(Common Market)과 경제동맹(Economic Union)이라는 개념도 등장하게 되었다. 공동시장은 상품시장 자유화에 더해 역내 자본과 노동의 자유로운 이동을 허용하는 생산요소 시장이 통합되는 수준의 경제통합이다. 경제통합의 최종단계는 경제동맹으로, 공동시장에 추가하여 회원국들 사이에 거시경제정책, 농업정책, 보조금정책 등 경제정책의 부문별 조정이나 조화를 추구하는 형태를 말하며 아직까지는 EU가 유일한 예이다.

출처: 김세원, 『EU 경제학』 (서울: 박영사, 2004), pp. 42–47.

된 판결이 선례로 작용하면서 협정문에 실존하지 않는 의무가 생겨나거나 기존에 보장된 권리가 침식되는 효과가 있으며, 상소기구가 분쟁과는 상관없는 쟁점에 대해 견해를 표명하고 임기 만료된 상소기구 위원이 상소심에 관여하는 등 절차상 문제도 심각하다고 주장하고 있다.[12]

중국과의 통상문제를 WTO 분쟁해결 제도를 통해 해소하기는 어렵다고 본 미국은 주로 일방적 또는 양자적 해결 방식을 선호하게 되었다. 예를 들어, 외국인투자에 대한 심사를 강화하여 2015년 중국의 미국 반도체 회사 인수를 저지하고 2018년에는 미국 통상법 301조에 의거하여 '중국제조 2050' 관련 상품에 대해 고관세를 부과하며 기술패권 경쟁에 불을 지폈다. 2019년 중국과 양

Global Trade Governance," *Harvard International Law Journal* 57, (May 2016), pp. 1001–1063 참조.

12) 서진교·김종덕·박지현·김민성·안덕근, 『WTO 체제 개혁과 한국의 다자통상정책 방향』 연구보고서 18-20 (서울: 대외경제정책연구원, 2018).

자 무역협상 타결로 통상마찰이 일단락되는 듯했으나 보조금과 지재권 분야에서만큼은 합의를 보지 못했다. 미국은 2020년 5월 안보를 문제 삼아 화웨이에 대한 수출을 금지하고 같은 해 12월 중국에 대한 기술수출 규제와 미국 내 자본투자를 제한하는 한편 외국기업들에게도 동참을 압박하기 시작했다. 미국은 중국의 이른바 반도체 굴기를 봉쇄하기 위해 대만, 일본, 한국에 반도체 동맹인 칩4(Chip 4) 결성을 제안하기도 했다.[13]

트럼프 행정부에서 안보를 이유로 중국과 무역을 제한하는 '통상의 안보화' 전략을 펼쳤다면, 바이든 행정부에서는 기술첨단 분야 글로벌 공급망에서 중국을 배제하고 자국 중심의 글로벌 공급망 구축을 추진하고 있다. 바이든 행정부는 기반시설투자와 일자리법(2021.11), 반도체와 과학법(2022.8), 물가인상 감축법(2022.8) 등 보호무역주의적 법안들을 잇달아 통과시켰다. 최근에는 국가 생명공학 및 바이오제조 이니셔티브(2022.9.12)라는 행정명령에도 서명했다. 이러한 법들은 재정투입을 통해 생산 및 일자리를 늘려 미국의 제조업 기반을 다시 강화하고 기술패권 경쟁 대상인 중국을 글로벌 공급망으로부터 배제하기 위한 두 가지 목적을 주축으로 하고 있다. 그러나 이러한 법들은 중국 견제용만으로 작용하는 것이 아니라 전기자동차, 반도체 및 AI, 바이오산업 등 미래 먹거리 산업부문의 글로벌 공급망에 지각변동을 일으켜 한국에도 큰 영향을 미칠 것으로 예상된다.[14]

미국을 비롯하여 선진국들은 최근 중국의 산업보조금과 국유기업들의 불공정한 행위, 지식재산권 침해 등을 규제하기 위해 WTO체제 개혁 논의 또한 주도하고 있다. 여기서 주목할 것은 미국이 보조금 문제를 단순히 일반적인 통상이슈가 아니라 체제논생으로 발전시켰다는 점이다. 미국은 WTO체제는 시장경제 원칙에 기초한 것임을 강조하며 모든 회원국이 이를 재확인해야 한다고 주장하고 있다. 시장경제의 조건은 기업들이 시장 신호에 따라 사업·경영 관련 결정을 할 수 있을 것, 국제적으로 인정된 회계기준을 적용할 것, 법적 절차에 따라 권리를 행사할 수 있을 것, 기업의 사업 결정에 정부개입이 없을 것 등이다. 이러한 주장은 시장경제 요건을 갖추지 못한 국가로부터의 상품 수입을 규제할 명분을 갖추기 위한 것으로, 정부와 공산당이 전략산업과 금융기관을 대부분 장악하고 있는 중국을 겨냥하고 있다. EU도 역내 중국 투자가 급증하는 것을 우려해 중국 견제 연대에 동참하고 있다.[15] 예를 들

---

13) 트럼프 행정부의 대중 무역정책과 중국의 대응에 대한 자세한 내용은 강구상·김종혁·임지운·윤여준『신보호무역주의하에서 미국의 대외경제정책 평가와 방향』연구보고서 21-06. (서울: 대외경제정책연구원, 2022); 연원호·나수엽·박민숙·김영선.『미·중간 기술패권 경쟁과 시사점』연구보고서 20-24. (서울: 대외경제정책연구원, 2020), pp.110-174; 이유진, "미중 무역전쟁 4년 경과 및 전망 – 양국 무역비중 및 탈동조화 검토." 한국무역협회 국제통상연구원,『KITA 통상 리포트』제8호 (2022), pp. 7-21 참조.

14) 코트라,『미국 인프라 투자법 세부 분석에 따른 기회·위기 요인점검』, Global Market Report 21-047 (2021); 김종혁·임지운, "미국 인프라 투자 계획의 주요 내용과 전망,"『세계경제 포커스』제4집 17호 (2021.4.14); 산업연구원, "미국 '반도체와 과학법'의 정책적 시사점,"『i-KIET 산업경제이슈』제141호 [2022-15] (2022.8.4); 한국무역협회 워싱턴지부, "CHIPS 및 IRA의 법제화와 미국 입법절차."『워싱턴 통상정보』(2022.8.24); 김종란·김주원, "美,「국가 생명공학 및 바이오제조 이니셔티브 행정명령 주요 내용 및 시사점」," KISTEP,『KISTEP 브리프』33 (2022.9.21)

15) 윤미경, "복수국 간 산업보조금 논의 전망," 한국국제통상학회 4차 FTA 전략포럼 발표문, 2021.5.26

어, 투명성, 공정경쟁, 시장접근, 지속가능한 개발 관련 높은 수준의 합의를 도출한 것으로 평가되는 EU와 중국 간 포괄적투자협정(CAI: Comprehensive Agreemetn on Investment)도 신장 위구르족 인권 문제로 인해 유럽의회가 비준을 하지 않고 있다.[16]

중국은 미국의 일방주의와 반중국 연대에 맞서 미국의 고관세에 대해 보복관세를 부과하는 동시에 미국 통상법 301조의 일방적인 적용을 WTO에 제소하는 등 WTO 분쟁해결절차를 더욱 적극적으로 활용하게 되었다. 나아가 2018년 12월 화웨이 회장을 체포한 것에 대한 항의 차원에서 카놀라유에 대한 수입조치와 관련하여 캐나다를 WTO에 제소했고, 호주가 2020년 4월 코로나19 감염병 발원지에 대한 조사를 촉구하자 호주가 중국산 보리에 반덤핑 조치를 취한 것이 부당하다며 WTO에 제소하는 등 WTO 분쟁해결절차를 주로 정치적으로 활용하는 경향을 보이고 있다.[17] 미국의 일방주의도 WTO 다자체제 원칙에 어긋나지만, WTO의 이러한 정치적 활용 또한 통상분쟁을 비정치화하려는 WTO체제 본래의 목적에 심히 저촉되는 것이다.

중국의 맞대응에 따라 미중 간 통상마찰은 더욱 격화하였다. 중국은 2007년 이미 17차 당 대회 때 과학적 발전관을 새로운 발전이념으로 채택하고 시장경제 건설 중심이던 개혁개발 시대의 종결을 알렸다.[18] 2013년 일대일로 정책을 선포하면서 신형 대국관계를 요구하고 나섰고, 2010년 '7대 전략신흥산업', 그리고 2015년 미국과 통상마찰을 일으킨 '중국제조2025'를 발표했다. 중국제조2025는 차세대정보기술, 첨단장비, 신에너지 자동차, 신소재 및 바이오와 신에너지 등 제조, 장비, 소재 전 분야에서 중국이 2025년까지 국산화를 달성하고 2035년까지 10대 중점 분야에서 가시적 성과를 창출하며 2049년에는 글로벌 표준을 주도한다는 야심찬 계획이다.

중국은 2020년에 이르러서는 불확실한 대내외 환경 변화에 대응하여 산업고도화를 목표로 추진해오던 정책들에 경제안보 개념을 가미한 이른바 '쌍순환전략'을 제시하였다. 쌍순환전략의 핵심은 내수시장을 성장 동력의 구심점으로 활용하여 기술 및 산업의 자체 공급망을 강화함으로써 자주적인 선순환 구조를 구축한다는 것이다. 다만 중국 또한 국제 시장과 연계 없이 경제성장이 불가능하다는 점을 인식하고 대외개방 및 협력 확대를 위해 국제협력 네트워크 형성에 적극적이다. TPP에 대항하여 RCEP을 주도하고 한국 및 아세안과 자유무역협정을 체결하는 등 이미 경제적으로 긴밀한 관계들을 FTA 네트워크로 견고히 하기에 나섰다. 중국을 표적으로 삼고 있는 공기업 규제 조항이 포함되어 있는 CPTPP에 가입을 신청했을 뿐만 아니라 신기술 국제표준에서 배제되지 않기 위해 싱가포르가 주도하고 있는 디지털 경제 파트너십 협정(DEPA: Digital Economy Partnership Agreement)에도 정식

---

16) 오태현 외, "EU-중국 포괄적투자협정(CAI)합의 및 평가," 『KIEP 세계경제 포커스』 4-2 (2021.1.14); "주EU 중 대사, EU-중국 포괄적 투자협정 부활 거듭 촉구," 『연합뉴스』, 2023년 3월 31일.

17) Julia Y. Qin, "China in WTO Dispute Settlement System: Trends and Issues," Presentation at the Asia On-Line Forum on the WTO Dispute Settlement System.

18) 지만수, "중국의 꿈?: 과학적 발전관의 내용과 의미," 대외경제정책연구원, 『KIEP 오늘의 세계경제』 (2007.12.4).

으로 가입을 신청했다.[19]

3) 인도·태평양 경제프레임워크(IPEF) 출범

미중 간 갈등은 이와 같이 통상문제뿐 아니라 경제체제의 전반적인 충돌로 이어졌고 급기야는 군사·안보 분야에서의 긴장 관계와 연계되어 글로벌 공급망이 두 진영으로 양분되는 탈동조화(decoupling)가 급물살을 타고 있다. 이제는 통상이 외교와 분리되어 경제적 논리로만 작동하는 독립 영역으로 남기는 어려워 보인다. 미국은 디지털 및 탈탄소화 경제로 전환하는 국면에서 부상하는 신통상이슈 관련 규범을 확립하고 아시아지역에서 자국 및 우방국 중심으로 첨단기술 공급망을 재편하여 중국을 고립시키기 위한 새로운 국제협력 수단으로 2021년 제16차 동아시아정상회의(EAS: East Asian Summit)에서 인도·태평양 경제프레임워크(IPEF: Indo-Pacific Economic Framework for Prosperity) 추진을 발표했다. IPEF는 발표된 지 얼마 되지 않은 2022년 5월 발족했고, 이어 9월 미국 로스엔젤레스에서 개최된 장관회의에서 공식적으로 협상이 개시되었다. 이후 2023년 말까지 협상을 마무리한다는 바쁜 일정으로 진행되고 있다. IPEF에는 미국과 한국을 포함한 14개 인도·태평양 국가들이 참여한다. 전 세계 GDP의 약 40% 정도를 차지하는 상당 규모의 지역경제협력체다. IPEF는 미국이 중국을 견제하기 위한 전반적인 인도·태평양전략의 일부로, 쿼드(일본, 인도, 호주, 미국), AUKUS(호주, 영국, 미국 간 안보협의체) 등 군사안보 협의체에 상응하는 경제협력체다. IPEF는 적어도 표면적으로는 개방성을 강조하고 있어 중국과 군사적으로 대립각을 세우기 꺼리는 국가들에 우회적으로 협력할 수 있는 통로를 열어주고 있다고 볼 수 있다.

안보 측면과의 연계 외에도 IPEF는 이전의 자유무역협정과는 다른 특징을 가지고 있다. 기존의 자유무역협정과는 달리 관세인하를 통한 무역자유화보다는 세계 경제 환경 변화에 대응하기 위한 새로운 규칙을 설정하고 협력체제를 강화하는 데 초점을 두고 있다. 이러한 점에서 2021년부터 미국과 EU가 개최하고 있는 '미국·EU 무역기술위원회(TTC: US·EU Trade and Technology Council)'와 유사하다. TTC는 2010~2014년 기간 미국과 EU 간 규제 조화를 중심으로 하는 '환대서양 무역투자파트너십(Transatlantic Trade and Investment Partnership)' 협상의 변형으로 트럼프 행정부 당시 발생한 무역 갈등을 처리하려는 목적에서 시작되었으나 점차 대중국 견제 조율을 포함하기 시작하였다.[20]

IPEF는 공급망, 탈탄소, 반부패 등 기존 자유무역협정이 다루지 않았던 새로운 이슈에 대한 규범과 협력 방안을 논의하며, 기술과 자본을 갖춘 선진국과 자원, 인력 등 잠재력이 풍부한 개도국과 태평양 도서국 등이 참여하고 있어서 다양성이 높아 상호보완적이고 유연한 공급망을 형성하는 데 이상적인 조건을 갖추었다. 장관회의에서 발표된

---

19) 현상백·연원호·나수엽·김영선·오윤미, 『미중 갈등 시대 중국의 통상전략 변화와 시사점』 연구보고서 21-27 (서울: 대외경제정책연구원, 2021).

20) 강선주, "미국의 인도-태평양 경제프레임워크(IPEF): 국제정치경제적 함의와 전망," 『IFANS 주요국제문제분석』 2022-17. (서울: 국립외교원 외교안보연구소, 2022), p.22.

각료선언문에 따르면 IPEF는 무역, 공급망, 청정경제, 공정경제 등 4대 분야로 구성되어 있고 각 분야별로 협상이 진행될 예정이다 (표 6.1 참조).

무역 분야에서는 디지털 교역 활성화, 친환경·저탄소 교역 및 투자 촉진, 농업기술혁신 및 식량안보, 통관절차의 디지털화 등이 핵심 협상 의제다. 공급망 분야에서는 핵심산업·품목 중심으로 위기 대응 기제를 마련하고 공급망·물류 부문에 대한 투자를 늘리는 한편 인력개발을 위해 협력하는 것을 주요 과제로 삼고 있다. 공급망 협력 과정에서 나타날 수 있는 부작용을 막기 위해 기업기밀 보호, 시장교란 최소화, 시장원칙 준수를 3대 원칙으로 하고 있다. 청정경제 분야에서는 청정에너지 시장에 민간부문 참여를 장려하기 위해 인센티브를 제공하기로 한 것이 특징이다. 공정경제 분야에서는 교역과 투자와 같은 역내 경제활동을 촉진할 수 있도록 공정한 경제 환경 조성을 목표로 조세 투명성을 제고하고 반부패 협약 이행을 강화하는 동시에 이를 위해 개도국의 역량강화 및 기술지원을 확대해 나간다는 데 합의했다.[21]

4) 국제통상 환경에 대한 한국의 입장과 전략

한국의 무역구조는 특정 주요국에 집중되어 있다는 것, 수출입이 특정 산업에 편중되어 있다는 것, 중간재 무역이 전체 무역에서 차지하는 비중이 큰 가치사슬 무역형태를 띠고 있다는 것이 특징이다. 미중 간 전방위적 갈등 속에서 한국을 어렵게 하는 것은 이러한 한국의 무역구조다. 중국과 미국은 각각 한국의 1위와 2위 교역 상대국이다. 경제통상 측면에서 어느 한쪽도 무시하기 어렵다. 2021년 기준 대중국 수출이 한국의 총수출과 수입에서 차지하는 비중은 각각 25.3%와 22.5%이다. 미국으로의 수출과 수입은 각각 14.9%와 10.7%의 비중을 차지한다.[22] 한중 간 무역 규모는 중국과 수교한 이래 지난 30년간 꾸준히 증가해 왔으며 특히 중국의 WTO 가입 후인 2000년대 들어 급증하였고, 2004년 이후에는 중국이 미국을 제치고 한국의 최대 교역국으로 자리 잡았다. 중국, 미국 외에도 한국의 수출입은 대체로 아시아·태평양 국가들에 편중되어 있다. 수출의 경우 2015~2018년 기간 상위 10대 수출대상국이 중국, 미국, 베트남, 홍콩, 일본, 대만, 인도, 싱가포르, 호주, 멕시코였으며 이들에 대한 수출이 한국 전체 수출에서 차지하는 비중은 거의 70%에 가깝다. 수입의 경우 동 기간 미국, 중국, 일본, 대만, 베트남으로부터의 수입이 전체 수입액의 거의 절반에 이른다.[23]

한미중 3국은 가치사슬 무역으로 단단히 묶여 있기도 하다. 한국은 중국에 자본재를 수출하고 중국은 이를 활용하여 미국 및 전 세계에 단순 조립 가공품을 수출하는 구조다. 여기에 일본이 한국에 핵심부품과 장비를 제공하고, 동남아시아 국가들이 일부분 중국의 저부가가치 제조업을 대체하는 형태의, 미국을 최종 시장으로 하는 동아

---

21) 산업통상자원부 IPEF총괄팀, "인태경제프레임워크(IPEF), 공식협상 개시 선언" 보도참고자료 및 별첨 IPEF 각료 선언문 원문 (2022.9.10).

22) 코트라 수출입 통계, https://www.kotra.or.kr (방문일 2022.10.9).

23) 구경현·김혁황, 『무역구조의 변화가 국내 고용구조에 미친 영향과 정책 시사점』, 연구보고서 20-19, (서울: 대외경제정책연구원, 2020).

표 6.1 IPEF 분야별 세부 협상의제

분야	세부 의제	협상/협력 내용
무역	디지털경제	국경 간 데이터 이전, 신기술 활용. 디지털 표준, 중소기업 협력 등을 통해 디지털 교역 촉진 및 인프라 확충, 정부 공공정책 권한 인정
	농업	식품, 농산물 교역 투명성 및 절차 개선, 식량공급망 안정성 확보
	노동	노동자 권익 보장, 인력개발 추진, 디지털 경제하의 신노동이슈 논의
	환경	기존 환경 관련 협약 의무 이행, 녹색투자 및 금융 확대, 환경상품, 서비스 교역 및 순환경제 촉진
	무역원활화	통관절차 간소화, 투명성 개선, 관세행정의 디지털화 등 수출입 기업들의 통관 애로 해소
	기타	투명한 규제절차 확보, 시장경쟁 및 소비자 보호 강화, 기술지원, 경제협력 방안, 여성, 농어촌, 사회적 약자 혜택 강조
공급망	위기대응 기제	정부 간 공급망 관련 정보공유, 공급망위기 상황에 대한 조기 경보, 위기 극복 위한 대응조치 공조체계 구축
	공급망 복원력 강화를 위한 투자 확대	수급 다변화, 인프라 확충, 제조/생산 현대화, 기술협력 등 핵심 분야에 투자 확대
	공급망 물류 원활화	원활한 국경/운송의 연결 유지, 역내 물류 인프라 확충, 공급망 병목에 대한 해결방안 마련, 역내 공급망 물류원활화
	기타	역내 인력 육성을 위한 훈련과 역량 개발 투자, 공급망 내 노동권 증진 노력, 투명성 제고 노력 (중소기업 부담 고려), 기업기밀 보호, 시장교란 최소화, 시장원칙 준수
청정경제	에너지 안보 및 에너지 전환	에너지 안보와 에너지 전환 간 균형 잡힌 접근, 청정에너지 기술보급, 청정에너지 생산·교역 확대, 에너지 효율·절약 증진 협력
	우선 부문 온실가스 감축	주요 부문에서 온실가스 배출량 감축 목표로 저배출 상품·서비스를 확대하기 위한 다양한 지원 추진
	지속가능한 토지, 수자원, 해양 해법	지속가능한 토지 이용 및 산림관리방안 추진, 해양 재생에너지·해운 등 해양 기반 기후 해법 마련
	온실가스 제거 혁신기술	탄소 포집·활용·운송·저장에 대한 수요 및 공급 촉진, 관련된 측정·보고·검증체계 수립 위해 협업
	청정경제 전환 인센티브	청정경제 프로젝트 추진 위한 투자 및 지속가능 금융 필요성 강조, 친환경상품·서비스에 대한 수요 창출 목표로 역내 청정조달·탄소시장을 형성하기 위해 노력
공정경제	조세	조세 투명성 제고 및 정보교환 지지, 조세 행정 개선을 위한 협력, OECD 주도 디지털세 논의 지지
	반부패	UN 반부패협약, OECD 뇌물방지협약, 국제자금세탁방지기구(FATF[*]) 권고사항 등 반부패·뇌물방지 국제기준 이행강화에 합의
	개도국 지원	이행역량 취약 국가들의 공정경쟁 환경 조성 지원방안으로 기술지원, 우수사례 공유

출처: IPEF 각료선언문 (2022.9.10)을 참조하여 저자 작성.

주: * Financial Action Task Force.

시아지역 가치사슬이 형성되어 있다. 이러한 무역구조 속에서 한국은 중국으로부터 원자재를 저렴하게 확보하는 한편, 중국을 통한 우회 수출로 미국의 반덤핑과 같은 보호무역 조치를 회피하고, 성장하는 중국 시장으로 수출을 확대할 수 있었다. 이와 같은 긴밀한 통상관계 때문에 미국도 중국과의 탈동조화가 쉽지만은 않으며 미국 내에서도 중국과 무역 관계가 깊은 산업과 기업들은 탈동조화 정책에 대한 불만이 크다.[24] 지난 4년간 무역 갈등이 이어지는 동안에도 미중 간 무역액이 2018년 6,823억 달러에서 2021년 6,915억 달러로 되레 증가한 것이 이를 반증한다. 2017년 이후 상호 무역 비중은 소폭 줄어들었지만, 미국 무역에서 중국이 차지하는 비중은 2022년 상반기 기준으로 여전히 13.5% 수준이고, 중국 무역 중 미국이 차지하는 비중 역시 유사한 수준인 12.5%를 기록하고 있다.[25]

고급 중간재 수출 비중이 높은 한국은 다른 주요 선진국에 비해 가치사슬 무역에 대한 의존도가 높아 글로벌 공급망 재편에 민감하다. 2017년 가치사슬 무역이 총무역에서 차지하는 비중은 한국이 55%로 세계평균 53%, 일본 45%, 미국 44%, 중국 36%(2020년 기준)를 상회하는 것으로 나타난다. 한국의 13대 수출 품목 중 석유화학, 석유제품, 반도체, 철강, 자동차 부품 등은 100% 중간재에 해당한다.[26] 가치사슬 무역은 자유주의적 무역시대에는 효율적으로 운영될 수 있지만, 무역분쟁, 보호무역주의, 코로나19와 같은 위급상황 등으로 인해 가치사슬의 불안정성이 가중되는 경우에는 취약하다. 가치사슬의 어느 한 단계에서 병목현상이 생기면 전체 생산기반이 흔들릴 수 있기 때문이다. 한국에서 최근 큰 파장을 일으킨 반도체 소재 수출규제와 요소수 사태가 좋은 예다.

미중 간 탈동조화와 중국의 산업고도화 전략은 중간에 끼어 있는 한국에게는 도전이자 기회다. 미국 시장에서는 중국 중간재 사용 배제로 어려움도 있지만 중국과 경쟁하는 품목에서는 반사이익을 누릴 수도 있다. 중국 시장에서는 일부 첨단기술 부문에서 기술격차를 유지할 수 있다면 자본재 무역흑자를 계속 기대할 수도 있겠으나 그 규모는 점차 감소할 것이므로 소비재 시장 확대가 필요하며 중국에 의존하는 원자재와 중간재의 수입선, 첨단제품 수출선을 다변화하는 등 무역구조의 개선을 꾀하는 통상외교가 필요하다.

3. 통상외교의 변천과 추진 방향

한국의 통상외교는 한국의 경제발전 정도와 국제통상환경 변화에 따라 시기별로 변해 왔다. 크게 경제개발 시기 (1960년대~1980년대), 신통상정책 시기 (1990년대~2012년), 무역자유화 조정기(2013~2021년), 경제안보와 신산업통상정책 시기(2022년~현재) 등 네 시기로 구분하여 볼 수 있다. 경제개발 초기에는 통상외교의 주목적이 경제개발을 위한 외화조달이었으며, 1980년대 후반까지도 국내 산업정책과 긴밀히 조율되었

---

24) 로버트 앳킨슨(Robert D. Atkinson), "미국 무역 기술정책의 새로운 변화(A New Emerging US Trade and Technology Policy?)," 『월간 KIET 산업경제』 (2022.6).

25) 이유진 (2022), p. 3.

26) 국제무역통상연구원, 『글로벌 가치사슬의 패러다임 변화와 한국무역의 미래』 (서울: 한국무역협회, 2020), p. 12.

글상자 6.3

가치사슬 무역과 글로벌 가치사슬(GVC)

'가치사슬 무역'은 글로벌 가치사슬(GVC: Global Value Chain) 참여로 발생하는 무역을 의미한다. GVC는 제품의 설계, 부품과 원재료의 조달, 생산, 유통, 판매에 이르기까지 각 과정이 다수의 국가 및 지역에 걸쳐 형성된 글로벌 수직분업 체계를 일컫는다. 즉, 상품 및 서비스의 생산 단계가 각 단계에 비용 경쟁력을 가진 여러 국가로 분산되고, 각 단계별로 동시에 가치가 창출되는 과정이다. 이러한 측면에서 GVC는 일반적인 물류 공급에 초점을 둔 글로벌 공급망(Global Supply Chain)과는 구분되는 개념이다.

가치사슬 무역은 최종제품뿐 아니라 최종재 생산에 필요한 각종 원자재, 부품, 서비스의 교역을 요구하므로 최종재 무역보다 훨씬 더 빈번한 상품·서비스의 국경 간 이동이 필요하며 해외투자를 수반한다. 기업 간 경쟁심화, 운송비용 하락, 정보통신기술 발달, 각국의 규제 개혁과 투자 투명성 제고 등으로 GVC가 확대돼 오면서 세계화의 중요한 한 축으로 작용했다. GVC는 2000년대 들어 빠르게 확산해 오다가 2012년 이후 위축되기 시작했다. 그 원인으로 보호무역주의가 강화된 것, 각국이 국내 일자리 창출을 위해 해외진출기업들의 회귀를 촉진하는 정책을 도입한 것, 생산기지 역할을 했던 중국이 내수중심 구조로 돌아선 것, 선진국과 신흥국 간 생산비용 격차가 감소한 것 등을 들 수 있다.

출처: Feenstra and Taylor, *International Economics* (New York: Worth Publishers, 2012), pp. 201-230; 최낙균, 박순찬, 『글로벌 가치사슬에서 수출부가가치의 결정요인 분석과 정책』 (서울: 대외경제정책연구원, 2015); 한국은행, "글로벌 가치사슬의 현황 및 시사점," 『국제경제리뷰』 제2018-11호 (2018).

다. 1967년 GATT에 가입하면서 점진적 개방이 시작되었고 1998년 외환위기 이후 본격적인 무역자유화가 이루어졌다. 2010년대 들어 급격한 무역자유화에 제동이 걸려 일정한 조정기를 거치게 된다. 현재에는 경제안보를 중심에 두고 산업과 통상 간 강력한 연계로 뒷받침되는 독자적인 인도·태평양전략을 통상외교의 핵심으로 삼고 있다. 다음 두 소절에서 역대 정부의 시기별 통상외교정책과 경제안보와 신산업통상정책으로 대변되는 윤석열정부의 통상외교정책을 차례로 살펴본다.

1) 통상외교의 시대적 변화와 전개

(1) 경제개발 시기(1960년대~1980년대)

경제개발 초기(1961~1966년) 통상정책은 경제자립과 개발을 위한 5개년 계획을 뒷받침할 외화조달을 주목적으로 하였고, 이를 달성하기 위해 강력한 수출촉진 및 수입 억제를 위한 직접적인 통제와 지원수단을 동원했다.[27] 냉전 시기에는 국내 시장을 개방하지 않으면서도 미국 시장에 비교적 자유롭게 진출하는 것이 허용되었다. 미국과 일본을 중심으로 형성된 지역가치사슬에

---

27) 강인수·김태준·박태호·유재원·유진수·이호생·채욱·한홍렬, 『국제통상론』 (서울: 박영사, 2006), pp. 442-443.

서 저부가가치 부문에 특화된 '가공공장' 역할을 하면서 세계경제에 편입된 한국 경제는 1960년대 후반 수출을 기반으로 급속히 성장하기 시작했고 1967년 GATT에 가입하면서 점진적인 개방의 길로 들어서게 되었다.

1980년대 들어서는, 한편으로는 외국의 개방 압력에 대처하고 또 다른 한편으로는 개방과 경쟁을 통해 산업경쟁력을 제고하고 소비자 후생을 증대시키는 방향으로 경제정책 기조가 전환되면서 무역정책도 수입자유화에 중점을 두게 되었다. 그럼에도 불구하고 수입자유화정책은 국내산업의 수용 능력을 고려하여 산업별로 차별적으로 추진되었다. 수출 유망산업에 대해서는 충분한 보호 후에 개방을 추진하였으며 개방 후에도 수입감시제도, 일본에 집중되어 있던 수입선을 다변화하기 위한 수입선다변화 정책, 다양한 형태의 관세를 활용하는 방식 등으로 산업정책과 긴밀히 조율되었다. 1987년에는 종전의 무역거래법, 수출조합법 등 무역 관련 법규를 통폐합하여 대외무역법이 제정되는 등 대외무역 부문의 법적 정비가 이루어졌고 시장개방으로 인한 피해 구제를 위해 산업영향조사제도가 도입되었다.[28]

(2) 신통상정책(1990년대~2012년)

1990년대 말 추진된 신통상정책은 한국 통상외교사의 중대한 변곡점이다. 신통상정책의 가장 큰 특징은 '동시다발적 FTA전략'이다. 1998년 11월 김대중정부가 공식적으로 자유무역협정 추진을 선언하였고 2003년 노무현정부에서 이른바 'FTA 추진 로드맵'을 수립하면서 '동시다발적 FTA 추진 전략'을 선언했다. 1998년 WTO 다자협정하에서 새로운 무역자유화 협상 개시가 불발된 후 동아시아지역에서 유행처럼 번지기 시작한 특혜무역협정 체결에 한국도 뒤늦게 참여하게 된 것이다. 노무현정부는 FTA정책을 대외적으로는 '동북아 시대 비전'을 실현하는 외교적 수단으로, 대내적으로는 경제개혁의 원동력으로 삼았다. 신통상정책의 정점에 엄청난 정치적 소용돌이를 몰고 온 한미 FTA 타결이 있다. 당초 FTA 로드맵에서는 미국과 같은 거대경제와의 포괄적 FTA는 장기 목표로 설정되어 있었으나 FTA의 전략적 가치가 강조되면서 조기에 추진하는 방향으로 바뀌었다.[29] 이러한 통상정책은 적극적 세계화를 외교정책 목표로 내세운 이명박정부에서도 그대로 계승되었다.

(3) 무역자유화 조정기(2013~2021년)

신통상정책 시기 급격한 무역자유화로 피해를 보는 이해집단들이 생겨나면서 무역자유화에 대한 반발도 거세졌다. 2013년 출범한 박근혜정부는 새로운 통상협상을 추진하기보다는 무역자유화에 따른 이익이 상이한 국내산업 간 이해 조정과 기존 FTA 활용을 통해 경제이익을 실현하는 데 방점을 둔 것으로 평가되며, 전문가들은 세계화로 인한 소득 양극화를 역전시킬 수 있는 '포용적인 통상정책'을 요구하기도 하였다.[30] 국내산업을 중시하는 새로운 통상외교정책 기조하에 통상외교는 FTA 체결에 미온적이었고 TPP, RCEP, 한중일 FTA 등 아시아지역의 대형 지역무역협정에

---

28) 강인수 외 (2006).

29) 구민교 (2021), pp. 471-480.

30) 박성훈 외 (2017), pp. 136-139; 정대철, "새 정부의 산업통상 정책방향과 경남의 과제," 『경남정책 브리프』 (2013.08).

시의적절하게 대응하지 못했다는 비판이 있다.[31] 그러나 대부분의 국내시장 장벽이 허물어진 상황에서 주요 관심사는 관세보다 수입국의 국내 법규나 투자 등 비관세 장벽이며 기술표준, 경쟁정책, 지식재산권 등이 통상의 핵심 쟁점이라는 진단하에 국가 단위의 거시적 통상정책보다는 산업별로 특화된 통상전략에 대한 요구도 있었던 것으로 보인다.[32] 문재인정부 시기 통상정책의 특징 중 하나는 신북방정책과 신남방정책을 통해 기존 협상 대상국을 확대했다는 점이다. 정권 말기인 2021년 5월 한미정상회담에서는 안정적인 공급망 조성을 위한 경제 및 기술협력, 그리고 미국의 인도·태평양전략과 한국의 신남방정책 간 협력이 논의되었다.[33] 이러한 논의는 다음 행정부에서 미국이 주도하는 인도·태평양전략에 대응하는 데 밑거름이 되었을 것으로 추정된다.

2) 통상외교의 목표와 추진 방향

한국정부가 추진하는 통상외교정책의 핵심은 안정적 공급망 확보와 경제안보다. 정부가 설정한 120대 국정과제를 보면 경제통상 분야에서는 '민간이 끌고 정부가 미는 역동적 경제'라는 국정 목표하에 '산업경쟁력과 공급망을 강화하는 신산업통상전략'을 내세우고 있다. 외교부문에서는 '자유, 평화, 번영에 기여하는 글로벌 중추국가'라는 국정목표하에 '자유민주주의 가치와 공동이익에 기반한 동아시아 외교전개', '함께 번영하는 지역별 협력 네트워크 구축', '능동적 경제안보 외교 추진', '국격에 걸맞은 글로벌 중추국가 역할 강화' 등을 핵심 외교정책으로 내세우고 있다.[34]

한국정부의 신산업통상전략을 좀 더 세부적으로 살펴보면 과제 목표로 첫째, '산업-통상 간 연계 협력으로 글로벌 공급망위기 선제적 대응', 그리고 둘째로 '지역별 맞춤형 통상협력 강화, IPEF, CPTPP, RCEP 등 역내 통상규범 주도, 디지털-그린 통상 선도를 통해 인도·태평양 통상 중추국 도약'을 내세우고 있다. 첫 번째 목표의 세부 내용을 구성하는 요소는 산업공급망 강화로 상시화된 공급망위기에 대응하기 위해 '산업공급망위기경보시스템 및 종합지원체계'를 구축하는 것이다. 이를 위해 수출통제, 기술 유출방지, 외국인투자 안보심사 등 3대 기술안보정책을 재정비하고, 공급망 안정을 위해 떠났던 국내기업을 돌아오게 지원하는 한편 외국인투자유치도 확대해 나갈 계획이다. 또한, 핵심광물과 원자재 공급국, 반도체 등 첨단기술 보유국과 공급망을 연대하고 협력 파트너십을 구축할 계획이다.[35] 이와 같은 통상외교정책 방향은 위에서 살펴본 미중갈등으로 촉발되고 코로나 감염병위기 및 우크라이나 전쟁으로 악화된 세계 공급망위기와 재편 대응에 중점을 두고 있다고 볼 수 있다. '신산업통상전략'이라는 명칭에서도 간파할 수 있듯이 무역자유화에 중점을 둔 이전의 통상외교정책과는 사뭇 다른 모습이다.

통상교섭 측면에서도 자유무역지대 확대보다

---

31) 구민교 (2021), p. 483.
32) 안덕근, "박근혜정부 산업통상체제의 과제," 『나라경제』 시평 (2013.7).
33) 강문성, "문재인 정부 통상정책 성과와 과제," 『통상』 제110집 (2021.7), pp. 8–13.
34) 대한민국 정부, 『윤석열 정부 120대 국정과제』 (2022. 7), p. 47.
35) 산업통상자원부 홈페이지 분야별 주요 정책 (통상·FTA), http://www.motie.go.kr. (검색일 2022.10.21).

는 새로운 규범 형성에 대응하고 지역별로 특화된 통상협력을 '고도화'하는 데 초점이 맞춰져 있다. 새로운 통상이슈인 디지털 부문에서는 '한국 산업 이익과 주요국 여건을 종합 고려한 맞춤형 전략'을 구사한 '디지털 통상 로드맵'을 수립하고 이를 토대로 디지털 통상 네트워크를 확대할 계획이다. 한싱 DPA 체결과 DEPA에의 가입 등은 새롭게 형성되고 있는 국제통상 규범인 IPEF 또는 CPTPP 디지털 협상에서 한국의 이익을 반영하는 데 기여할 것으로 전망된다. 환경부문 관련해서는 미국과 EU 등 날로 강화하는 각국 환경조치에 대응하고 복수국 간 환경보호 협력 등을 위한 WTO, APEC, OECD, G20 등의 관련 논의에 적극적으로 참여하며 청정수소 교역기반을 확대하는 데 중점을 두고 있다.

한국정부는 중국과의 경제관계를 의식해 소극적이었던 입장에서 벗어나 IPEF에도 전격적으로 가입했다. 그럼에도 불구하고 중국과의 협력관계를 유지하기 위해 RCEP 활성화를 도모하는 한편, CPTPP 가입도 추진한다는 계획이다. 통상교섭본부장은 한 통상이슈 전문가 좌담회에서 IPEF가 중국을 특별히 배제하는 것은 아님을 강조하며 중국과는 별개로 사실상 IPEF 구조와 유사한 장관급 한중 경제통상 협의체를 만들 것이라고 발언한 바 있다.[36] 궁극적으로는 개도국과 선진국을 연결하는 '파이프(P.I.P.E: Pivot to Indo Pacific Economy)' 국가로서 인도·태평양지역의 신통상질서를 주도하는 것을 목표로 하고 있다. 이러한 목표의 기반을 더욱 다지기 위해 디지털 무역 확산을 돕고, 중소·중견기업들을 대상으로 물류, 금융, 수입 지원을 강화할 계획이다. 동남아 등 신시장 진출 확대와 탈탄소 제품, 프리미엄 소비재, 첨단 소부장 등 3대 수출 유망 분야 육성을 통해 무역구조를 고도화하는 것도 신산업통상전략의 중요한 구성요소다. 이러한 정책 추진으로 기대하는 효과는 인도·태평양지역 수출시장을 활성화하고, 공급망·디지털·환경 등 신통상 분야에서 기업 애로를 해소하여 '수출 5대 강국'으로 도약하는 것이다.[37] 이를 보면 신산업통상전략은 새롭게 형성되는 규범의 방향을 어떻게 끌고 갈 것인지 그 방침을 정하거나 추구하는 가치를 제시하는 상위 개념의 '정책'이라기보다는 신산업 분야 통상규범, 특히 아태지역 통상질서의 주도권을 확보하여 수출증대를 통한 산업이익을 추구한다는 실무적 차원의 '전략'이라고 볼 수 있다.

통상외교 방향 전환의 가이드라인을 제시하고 있는 것은 경제안보를 가장 중요한 업무로 강조하고 있는 외교정책이다. 98대 국정과제인 '능동적 경제안보 외교'는 '대외 경제안보 환경 조성을 통해 국익'을 극대화하는 것으로 산업부가 지역별 맞춤형 통상협력에 주력하는 데 반해 다자경제협력을 강조하고 있다. 또한, 관계부처, 전문가로 구성된 신흥안보위원회를 총리 직속으로 설치하여 국가안보체계를 강화하고 '융합적, 전문적 대응체계'를 구축하는 것을 목표로 하고 있다. 여기서는 '공급망 등 경제안보 강화'를 위해 미국, 일본, 유럽국가 등 원천기술 보유국들과 상호 보완적 협력체제를 구축하는 것을 '신산업통상전략'에서보다 더 분명히 하고 있다.[38] 그러면서도 국정과제에 포함된 외교정책은 주요 부분을 반

---

36) "미 IPEF 참여로 중국 배제? … 중국판 IPEF도 추진한다,"『머니투데이』, 20022년 9월 16일.

37) 대한민국 정부 (2022.7).
38) 대한민국 정부 (2022.7), p. 165.

도체, 배터리 등 핵심기업의 대외 투자 지원 확보 및 공동 R&D 확대, 민간의 해외 자원개발 지원을 위한 국제협력 강화, 주요국 수출제한 조치 등 정보수집 강화, 기업들의 해외 진출 지원 등 기업지원 또는 상업적 이익 확보 등에 할애하고 있어 한편으로 보면 신산업통상정책과 궤를 같이하고 있다고도 볼 수 있지만, 또 다른 한편으로는 실무적인 차원에서 산업통상자원부와 업무 분야가 중첩되어 있음을 시사한다.

2022년 5월 21일 개최된 한미정상회담 결과물인 '한미 정상 공동성명서'에서도 한국정부의 통상외교정책 방향을 엿볼 수 있다. 양국 정상은 "자유민주주의와 인권 등 보편적 가치에 대한 국정철학과 이를 수호하고 증진해야 한다는 소신을 공유"함을 확인하였다. 정상회담의 구체적 성과라고 일컬어지는 주제는 안보동맹, 경제기술동맹, 글로벌 전략동맹 비전 등 세 가지인데 이 중 통상외교와 가장 관련이 깊은 것은 경제기술동맹이다. 성명서에 따르면 양국 정상은 한미의 국가안보실에 '경제안보대화'를 출범시켜 경제안보 현안에 대해 양국 간 소통과 협력 채널을 강화하기로 했다. 금융안정화를 위해서도 협의하기로 하고 원전수출협력을 포함한 원자로 분야 협력 강화, 방산 분야 협력 그리고 AI, 사이버, 바이오 등 핵심 첨단기술 분야에서 협력을 강화하기로 했다.[39]

한미정상회담은 전통적인 안보 중심의 한미동맹을 자유, 민주주의, 시장경제, 인권, 법치주의 등 공동의 가치에 기반하여 첨단기술과 공급망 등에서 협력하는 전략적 경제·기술동맹인 '글로벌포괄전략동맹'으로 확대했다. 이러한 협력이 의미하는 바는 기후변화, 코로나 대유행 등 세계적인 문제, 러시아의 우크라이나 침공 등 기초적인 국제질서를 위협하는 상황에 양국이 공동으로 대응한다는 의미다.

그럼에도 불구하고 한국정부는 독자적인 인도·태평양전략을 추진하여 중국을 배제하지 않고 중국과도 계속 경제협력을 이어가겠다는 통상외교원칙을 수립하고 있다. 정부는 거듭 경제안보를 포괄하는 강화된 한미동맹이 중국을 배제하거나 소외시키려는 것이 아님을 역설하고 있다. 외교부 장관은 한 학술회의 축사에서 중국이 한국과 "상이한 정치체계를 가지고 있으며 양국의 국익이 반드시 일치하는 것은 아니지만 세계2위 경제대국이며 한국의 최대 교역국이자 다층적인 무역협정을 맺고 있는 중요한 경제 파트너라는 사실을 인식"하고 "서로 간 차이를 인정하는 바탕 위에서 조화와 협력을 모색하는 실용적인 전략적 소통을 할 것"을 강조했다. 이에 따라 양국 간 협력 방향을 구체적으로 담은 미래발전 공동행동계획을 추진하기로 합의했다고 한다.[40]

이상에서 논의한 신정부의 통상외교정책은 정부가 2022년 12월 공식적으로 발표한 『인도·태평양전략』에 체계적으로 요약, 정리되어 있다. 인태전략은 '자유, 평화, 번영'을 비전으로 하고 있으며 '포용, 신뢰, 호혜'라는 3대 협력 원칙에 기반하고 있다.[41] 이는 특정 국가를 겨냥하거나 배제하지 않지만, 국제규범을 지지하고 힘에 의한 일방적 현상 변경에 반대함을 의미한다. 인태전략은 다양한 정치체제를 지닌 국가들이 "평화

---

39) 한미정상회담 공동성명서, 2022.5.21.
40) 박진, 한국 국제정치학회 학술회의 축사, 2022.8.17.
41) 대한민국 정부, 『자유, 평화, 번영의 인도-태평양 전략』(2022.12).

롭게 규칙에 기반한 경쟁과 협력을 통해 함께 발전"해 나가는 것을 지향하지만 "자유, 민주주의, 법치주의, 인권 등 보편적 가치"를 공유하는 국가들과 연대하여 "압제와 강요가 아닌 규칙과 보편적 가치에 기반한 지역 질서를 능동적으로 촉진하고 강화"해 나갈 것임도 분명히 하고 있다. 이로써 개인, 기업, 국가들이 자유롭고 안정적으로 경제활동을 영위할 수 있도록 하여 인태지역의 공동 번영을 꾀한다는 것이다. 인태전략 비전 중 통상외교와 가장 관련성이 깊은 역내 '공동 번영'을 위해 정부는 '개방적이고 공정한 경제 질서'의 구축과 더불어 '인태지역 공급망의 안정성과 회복력 제고'에 이바지하는 한편, 경제문제가 과도하게 안보화되지 않도록 공조하는 데 힘쓸 것을 천명하고 있다.

인태전략은 표 6.2에서와 같이 9개 중점 추진 과제를 제시하고 있으며 향후 이들 과제의 실천을 위해 이행 로드맵을 구체화해 나갈 것으로 보인다. 통상외교와 관련해서는 앞서 본 바와 같이 경제안보 네트워크 확충, 과학기술 분야 협력 강화 및 역내 디지털 격차 해소 기여, 기후변화 및 에너지 안보 관련 협력 등을 포함하고 있다. 특히 눈에 띄는 과제는 "맞춤형 개발협력 파트너십 증진을 통한 적극적 기여 외교"다. 이제까지 개발도상국들과 통상협력의 한 수단으로 공적개발원조(ODA: Official Development Assistance)가 활용된 적은 있어도 개발도상국과의 개발협력 파트너십이 통상외교전략의 중점과제가 된 적은 없다. 정부는 ODA 규모를 세계 10위권 수준으로 확대한다는 목표하에 인태지역 내 개발협력을 확장해 나간다는 의지를 밝히고 있다.

표 6.2 인도·태평양전략 중점과제

① 규범과 규칙에 기반한 인태지역 질서 구축
② 법치주의와 인권 증진 협력
③ 비확산·대테러협력 강화
④ 포괄안보 협력 확대
⑤ 경제안보 네트워크 확충
⑥ 첨단과학기술 분야 협력강화 및 역내 디지털 격차 해소 기여
⑦ 기후변화·에너지안보 관련 역내 협력 주도
⑧ 맞춤형 개발협력 파트너십 증진을 통한 적극적 기여 외교
⑨ 상호 이해와 교류 증진

출처: 대한민국 정부 (2022.12). 『자유, 평화, 번영의 인도-태평양 전략』. p. 18.

4. 통상외교정책의 결정과 집행체계

통상외교정책은 기능적으로 외교적 전문성과 산업에 대한 이해가 종합적으로 필요하며, 대외 교섭과 더불어 국내 대책도 융합적으로 수립해야 하는 등 복합적이지만 고유의 영역을 가지는 독특한 분야다. 이 때문에 여러 정부 부처 및 기구에 정책결정과 집행체계가 분산되어 있다 보니 집행체계가 분절적이며 통상외교 관련 정부 업무가 중첩되는 부작용이 나타나기도 한다. 통상외교정책의 결정과 집행체계의 현재 골격은 2013년 정부조직법 개편 때 갖추어졌다. 무역협정 교섭을 제외한 경제·통상 부문의 대외적인 협상 기능은 외교부로, 대내적인 조정 기능은 기획재정부로, 통상진흥 및 통상교섭 기능은 산업통상자원부로 분리하여 운영하는 분절적 체계다. 동시

에, 자유무역협정의 협상 기능만 분명하게 통상교섭본부 소관으로 되어 있을 뿐, 대부분의 통상외교 관련 업무가 외교부와 산업통상자원부 두 부처에서 중첩적으로 이루어지고 있다. 통상외교정책 추진이 여러 부처에 분산되어 있고 다양한 이해관계집단의 의견 수렴을 거쳐야 하다 보니 최종적인 정책 조율은 필수적이다. 이러한 총괄 조정기능과 협상에 따른 국내 대책 총괄은 기획재정부 소관이다. 그리하여 통상외교정책 최고 심의·의결 기구는 외교부도 산업통상자원부도 아닌 기획재정부 장관을 의장으로 하는 대외경제장관회의다. 아래에서 각 행정부 간 업무 분담체계를 좀 더 구체적으로 알아본다.

1) 행정부의 정책결정과 집행체계

앞서 언급한 바와 같이 통상외교정책 최고 심의·의결 기구는 대외경제장관회의다. 대외경제장관회의의 목적은 주요 대외경제정책을 종합적 관점에서 일관성 있게 수립하고 추진할 수 있도록 정부 부처 간 협의가 필요한 현안 사항을 효율적으로 심의하는 것이다.[42] 대외경제장관회의는 대외경제 동향의 종합점검과 주요 대외경제정책의 방향 설정 등 대외경제정책 운영 전반에 관한 사항을 다룬다. 여기에는 양자, 다자, 지역 간 또는 국제경제기구와의 대외경제협력, 대외개발 및 통상교섭과 관련된 주요 경제정책에 관한 사항도 포함된다. 외국과의 정상회의시 경제 분야 의제의 선정 및 기본입장에 관한 사항, 재정지출을 수반하는 각 부처의 대외경제 분야 주요 정책 또는 관련 중장기계획, 국내 경제정책이 대외경제 관계에 미치는 영향과 효과에 대한 사전검토에 관한 사항, 대외경제홍보 활동에 관한 사항이 모두 대외경제장관회의의 심의·조정 대상이다. 그 외에도 대외경제정책과 관련하여 대통령 또는 국무총리가 지시하는 사항, 그 밖에 대외경제정책의 효율적 수립과 추진을 위해 필요한 사항을 심의·조정한다.

대외경제장관회의는 매월 2회 정례회의를 개최하는 것을 원칙으로 하되, 수시로 회의를 개최할 수 있다. 회의는 기획재정부장관을 의장으로 하여 과학기술정보통신부장관, 외교부장관, 농림축산식품부장관, 산업통상자원부장관, 환경부장관, 국토교통부장관, 해양수산부장관, 중소벤처기업부장관, 국무조정실장, 대통령비서실의 경제정책을 보좌하는 수석비서관과 회의에 상정되는 안건을 제안한 부처의 장 및 그 안건과 관련되는 부처의 장으로 구성한다. 회의는 구성원 과반수 출석으로 개의하고, 출석구성원 3분의 2 이상의 찬성으로 의결한다. 입법이 필요한 사항은 국무회의에 상정되고, 국무회의 심의를 통과한 후 대통령 재가를 받아 최종 확정된다.[43] 대통령은 통상외교정책의 최종 결정자지만 대외경제장관회의가 대통령 직속기구는 아니다. 상기한 바와 같이 대외경제장관회의에는 대통령 비서실 경제정책 수석비서관이 참여한다. 한편, 2022년 대통령실에 국가안보실 제1차장 휘하에 경제안보비서관을 신설한 것은 윤석열정부에서 경제안보 문제를 얼마나 중시하는지 실감하게 한다. 2022년 5월 한미정상회담에서 합의한 대로 미국과의

---

42) 국가법령정보센터. 대외경제장관회의규정. www.law.go.kr. (방문일 2022.10.21).

43) 강인수 외 (2006), p. 448.

경제안보 현안에 대한 협력도 경제안보비서관을 통해 이루어지고 있다.[44]

외교부는 대외경제에 관한 수립, 시행 및 총괄을 담당한다. 제2차관실에 경제외교조정관을 두고 국제경제국과 양자 경제외교국에서 통상외교 관련 업무를 수행하고 있다. 국제경제국은 다자경제기구과(G20, G7, OECD, UNESCAP, UNCTAD), 지역경제기구과(WTO, APEC, ASEM 등), 경제협정규범(투자협정, 항공협정, 이중과세 협정 등) 등 3개 과로 구성되어 있다. 양자경제외교국은 양자경제외교총괄과(호주와 뉴질랜드, 서남아시아), 동아시아경제외교과, 북미유럽경제외교과 등 지역별로 3개 과로 나뉘어 있다. 양자경제외교총괄과에서는 해외일자리, 고용허가제, 방산수출, 무역투자진흥회와 같은 업무까지도 수행한다. 나아가 기후환경과학외교국에서는 기후협상을 비롯하여 에너지, 환경 관련 통상외교도 담당하고 있다.[45]

산업통상자원부는 무역 및 무역진흥, 통상진흥, 외국인투자 관련 업무를 담당하고 산하조직인 통상교섭본부에서 대외통상 협상 중 WTO를 포함한 자유무역협정의 협상을 주관한다. 통상교섭본부는 차관급인 통상교섭본부장을 수장으로 하여 통상교섭실, 신통상질서전략실, 무역투자실로 구성되어 있다. 또한, 통상정책을 총괄하는 통상정책국과 통상협력을 총괄하는 통상협력국을 별도로 두고 있다. 산업통상자원부는 정부부처 간 정보공유와 협업을 위해 통상추진위원회를 운영하고 있는데, 과거 FTA 중심으로 논의되던 것을 개선하여 2013년 이후부터는 일반 통상정책, 산업자원 협력 등 통상 관련 분야 전반으로 심의 범위를 확대하였다. 추진위원회는 부처 간 통상협상 또는 통상절차법에 따른 국회 보고 이전에 협의하고 정보를 공유할 수 있는 장으로, 위원회에서 심의한 중요 사항은 대외경제장관회의에 심의, 의결을 요청한다.[46]

2) 입법부의 역할: 통상 관련 법 제정

한국에서 통상외교정책은 행정부가 주도하고 입법부의 역할은 미약한 편이다. 이를 보완하고 행정부의 독주를 견제하기 위한 최소한의 제도적 장치로 2011년 '통상조약의 체결 절차 및 이행에 관한 법률'(일명 통상절차법)이 제정되었다. 통상절차법에 따르면 정부는 통상조약 체결을 위한 계획을 수립하고 이를 국회에 바로 보고해야 하며, 누구든지 정부에 대해 통상협상 또는 통상조약에 관한 의견을 제출할 수 있고, 그 의견에 충분한 이유가 있다고 인정되면 정부는 이를 정책에 반영해야 한다. 통상절차법은 정부가 통상조약 체결 계획의 중요 사항을 변경할 때, 그리고 국내 산업 등 경제적 파급효과 면에서 중대한 변화가 예상되는 통상협정 등에 대해서는 국회에 보고하도록 하고 있으며, 그밖에 통상협상 개시 전 경제적 타당성 검토, 통상조약 서명 후 산업통상자원부 장관의 국회 보고, 공청회 개최 등을 의무화하고 있다. 또한, 통상 관련 공무원의 재직 중 및 퇴

---

44) 안석, "왕윤종 비서관 방미, 한미 경제안보채널 가동," 『서울신문』, 2022년 7월 4일. https://www.seoul.co.kr/news/newsView.php?id=20220704500102 (방문일: 2023.1.19).

45) 외교통상부 홈페이지. www.mofa.go.kr (방문일: 2022.10.22).

46) 산업통상자원부, "FTA강국, Korea," 웹 페이지. www.fta.go.kr (방문일 2022.10.22).

직 후 비밀엄수, 통상조약의 효력 발생 시기 등에 관한 규정을 포함하고 있다. 이에 더해 "국회는 서명된 조약이 통상조약에 해당한다고 판단할 때 정부에 비준동의안의 제출을 요구할 수 있다"라고 규정함으로써 통상협상 전반에 관한 국회의 견제와 감시 기능을 강화하고 있다.[47]

나아가 통상절차법은 제21조에 의거, 통상교섭 민간자문위원회를 설치하여 통상교섭 절차에 대한 투명성을 높이고 민간전문가들의 의견을 수렴하도록 하고 있다. 법정 자문기구인 통상교섭 민간자문위원회는 학계, 산업계, 연구기관들의 통상 전문가들로 구성되고 산업통상부장관에 자문을 제공한다.[48] 그 외에도 민간과의 소통을 원활히 하기 위해 통상산업포럼, 비관세장벽협의회 등이 2013년부터 운영되고 있다. 통상산업포럼은 정부와 업계 간 현장밀착형 소통을 강화하기 위한 목적으로 제조업, 농림수산식품, 중견·중소기업, 의약복지, 서비스 분야하에 22개 업종별 분과를 설치하여 운영하고 있다. 비관세장벽협의회는 산업통상자원부 통상차관보를 위원장으로 하고 무역협회가 사무국을 담당하는 형태로, 관계부처, 업종별 협회 및 단체, 경제단체 및 유관기관 등 40여개 기관이 모여 비관세장벽에 대한 범정부적 대응체계 구축을 목적으로 관련 동향 정보를 공유하고 대응방안을 논의한다.[49]

한편, 통상조약으로 발생할 수 있는 피해에 대해 보상하고 사회적 갈등을 조정하여 통상조약이 국민적 지지를 바탕으로 원활히 체결 또는 비준될 수 있도록 지원하기 위해 '자유무역협정 체결에 따른 무역조정 지원에 관한 법률'에 따라 '통상조약 국내대책위원회'가 운영되고 있다 (전신이 2007~2013년간 '자유무역협정 대책위원회'라는 명칭으로 운영되었음). 국내대책위원회에는 학계 전문가, 경제계, 언론계, 노동, 농어민, 시민단체 대표 등 21명의 민간위원들이 참여한다. 2022년 4월 개정으로 법 명칭이 '무역조정 지원 등에 관한 법률'로 바뀌고 자유무역협정 이행으로 인한 피해 보상에 한정되었던 것을 코로나19, 무역분쟁, 보호무역주의 확산 등 통상환경의 급격한 변화로 피해를 본 기업과 근로자도 폭넓게 지원할 수 있도록 하고 있다. 이에 따른 업무를 보강하기 위해 통상조약 국내대책위원회에 '통상피해지원단'이 신설되었다.[50]

행정부와 입법부 외에 정부출연연구소인 대외경제정책연구원과 학술단체인 한국국제통상학회와 무역구제학회, 한국무역협회 산하 국제무역통상연구원 등은 통상 분야에 특화된 전문가 집단으로 각종 통상외교정책 관련 기구에 전문적인 자문과 지원을 제공한다. 정권에 따라 차이는 있지만 이러한 전문가 집단은 다양한 경로로 통상외교정책 수립과 여론 조성에 상당한 영향을 미친다.

5. 통상외교의 현안과 쟁점

통상외교 현안에는 주요 무역상대국들과 크고 작은 여러 사안이 있지만, 다자 통상외교 부문에서

---

47) 구민교 (2021), pp. 482-483.
48) 법제처 국가법령제공센터. 통상조약의 체결절차 및 이행에 관한 법률 (방문일 2022.10.22).
49) 산업통상자원부, "FTA강국, Korea," 웹페이지. www.fta.go.kr (방문일 2022.10.22).
50) 산업통상자원부, "산업부, 통상조약 국내대책위원회 민간위원 간담회 개최," 보도자료, 2021.5.25.

가장 시급한 현안은 크게 두 가지, 첫째, WTO 다자체제 복원을 위한 WTO 개혁논의에 대해 한국의 입장을 정립하는 것과 둘째, 독자적인 인도·태평양전략을 완결하고 그 전략하에 구체적인 IPEF 협상 세부 전략을 세우는 일로 나누어 볼 수 있다.

1) WTO 다자체제의 복원과 한국의 정책

WTO 다자체제가 약화하기는 했지만, 아직도 구속력 있는 분쟁 해결절차를 겸비한 유일한 범세계적 통상규범임에는 틀림이 없다. 중견국이며 무역 의존적인 한국으로서는 큰 원칙하에 다수의 국가 간 무역이 이루어지는 다자통상체제가 유리하므로 WTO 다자체제 복원에 힘쓸 필요가 있다. 코로나19로 인해 지연되다 5년 만에 개최된 제12차 각료회의(2022.6.12.~17)에서 각료선언문 채택에 성공하면서 WTO 다자체제 지속가능성의 불씨가 살아난 것은 다행이다. 비록 무역협상의 핵심인 상품과 서비스 시장개방이나 투자 같은 전통적 무역 이슈는 논의되지 못했지만, 최소한 불법 어업과 남획된 어종 어획에 대한 수산보조금을 금지하고 전자적 전송물에 대한 무관세 관행을 지속하기로 합의하는 성과가 있었다. 또한, 코로나19 팬데믹, 식량위기 등 세계 경제가 직면한 현안에 대해서도 합의가 이루어졌는데, 이는 회원국들이 다자체제를 통해 정책 공조를 하겠다는 최소한의 의지가 있음을 보여준다. 구체적으로는 선진국 위주의 불평등한 코로나19 백신 공급 문제를 극복하기 위해 향후 5년간 기존의 WTO 무역관련 지식재산권(TRIPS: Trade Related Intellectual Property) 협정에 비해 완화된 요건으로 강제실시를 시행할 수 있도록 합의했다. 이 경우 백신 생산능력이 없는 개도국들이 보다 원활하고 저렴하게 백신을 수입하여 활용할 수 있다. 강제실시란 긴급상황에서 적절한 보상을 전제로 특허권자의 허가 없이 특허실시를 허용하는 제도를 말한다. 완화된 요건을 백신뿐 아니라 진단 및 치료제로까지 확대할지는 후속 협상을 통해 결정하기로 했다. 코로나19와 우크라이나 전쟁으로 인한 농식품 공급망 교란에 대응해서도 식량에 대한 불필요한 수출제한이나 금지조치를 자제하기로 합의하고 유엔세계식량계획(WFP: World Food Program)이 인도적 원조를 위해 구매하는 식량에 대해서는 수출제한 조치를 적용하지 않기로 했다.[51]

무엇보다 WTO의 3대 기능(협상, 분쟁해결, 정책검토) 복원을 위해 WTO 개혁논의를 개시하기로 공식적으로 합의한 것이 주목된다. 이로써 향후 WTO 개혁논의가 활성화될 것으로 전망되며 다음 각료회의는 DDA협상이 지속될 수 있을지를 결정짓는 분기점이 될 것으로 보인다. 개혁의제 중 '체제논쟁'은 위에서 살펴본 미국과 중국 간 직접적인 대립각이 퇴색하고 선진국과 개도국 간 대립이라는 일종의 대리전으로 변형된 것으로 보인다. 인도, 중국 등 일부 회원국들은 개도국과 최빈 개도국들이 경제발전을 위한 산업정책 등을 추진할 수 있는 '정책 공간'이 확보되어야 함을 주장하는 반면 미국 등 선진국들은 이는 개도국에 대한 특별 대우 및 차등 대우를 확대하는 조치라며 반

---

51) 제12차 각료회의 결과에 대한 자세한 내용은 "Twelfth WTO Ministerial Conference," WTO 홈페이지 참조. https://www.wto.org/english/thewto_e/minist_e/mc12_e/mc12_e.htm#outcomes (방문일: 2022. 10. 19); "MC12 Outcome Doucument (2022.6.17) WT/MIN(22)/24.

대하고 있다. 제12차 각료선언문에서는 개도국 우대가 WTO협정의 일부임을 재확인하면서도 동시에 개도국 우대는 '정확하고 효과적이며 운영가능(precise, effective and operational)'해야 한다고 적시함으로써 개도국 우대 조항 개정 가능성을 시사하고 있다. 이에 대해서는 다양한 의견들이 있지만, 개도국들이 참여하지 않고 있는 복수국 간 협상 결과가 다자화되는 것에 대하여 개도국들이 반대하고 있어 향후 협상의 난항이 예상된다.

그간 한국은 분쟁해결제도와 관련해서는 전반적인 개정보다는 부분적 절차 개선이나 명료화 등을 통해 분쟁해결제도를 강화하자는 입장을 견지해 왔다. 또한, 통관 절차를 간소화하여 무역을 수월하게 하기 위한 무역원활화 분야에 대한 협상, 서비스 분야 시장개방을 위한 협상, 환경 분야 협상을 중심으로 다자간 협상에 적극적으로 임해왔다.[52] 제12차 각료회의에서 한국은 구체적인 제안을 제시하기보다는 원칙적인 차원에서 접근한 것으로 보인다. 최근의 코로나19 팬데믹과 우크라이나 전쟁 등으로 인한 식량위기 등에 대한 회원국 공동 대응을 촉구하는 한편, 급변하는 통상환경에 대비하기 위해 기후변화, 공급망 교란 문제, 디지털 통상 등 신통상 이슈 논의가 중요함을 역설하였으며 동시에 무역으로 인한 불평등 해소 차원에서 WTO에서 최빈개도국, 중소기업, 여성 관련 주제를 포함하는 것에도 적극적 입장을 피력하였다. 나아가 WTO체제 개혁논의가 시급히 추진되어야 한다는 견해를 표명하였다.[53]

선진국·개도국 간 입장이 첨예하게 대립되고, 이러한 대립각이 미중 간 통상마찰의 대리전 성격까지 띠는 상황은 중견국인 한국이 뚜렷한 입장을 정립하기 어렵게 하고 있다. 한국은 선진국과 개도국 사이에 중견국 그룹을 형성하는 데 힘써 한국과 유사한 중견국들과의 연대 강화를 통해 미국이나 중국 등을 견제하는 한편, 선·개도국 간 합의를 끌어내는 역할을 자처함으로써 WTO 내 영향력을 높이는 전략을 모색하는 것이 유용할 것이다.

2) IPEF 협상과 한국의 입장

IPEF가 WTO에서 다루지 못하고 있는 신통상 분야에 대한 대안적인 협상의 장을 제공하고는 있으나 IPEF는 어디까지나 보완적인 지역협력체이므로 WTO 다자체제를 완전히 대체할 수 없다. 역내 존재하는 다른 지역무역협정 및 여러 양자 자유무역협정과의 관계가 정리된 후 결국에는 WTO 다자체제로 통합되는 징검다리 역할을 할 것으로 예상된다. IPEF는 아직 협상 초기 단계에 있어 국가별 협상전략이나 입장 차이에 따른 구체적인 쟁점의 윤곽이 드러나지 않은 상태다. 개괄적으로 살펴보면 미국은 첨단기술 분야에서 중국 견제를 위한 수출통제나 외국인투자심사 강화, 공급망위기 조기 경보 협력 등을 강조할 가능성이 크지만, 한국을 비롯한 여타 국가들은 새로운 경제적 기회 창출에 관심이 더 클 수 있다. 호주와 일본은 IPEF 규범 수준을 최대한 CPTPP 수준으로 구축하는 데 힘을 기울일 것으로 예상되며 아세안 국가들과 인도는 협력 이슈에 주목하면서 선진국들의 기술지원과 기반시설 투자에 더 많은 관심을 가질 것으로 예상된다.[54]

---

52) 산업통상자원부 (2020).
53) WTO (2022).
54) 연원호 (2022).

중요한 세부 협상의제로는 인도·태평양지역 공통의 디지털 규범과 기술표준 설정, 그리고 탈탄소 에너지 전환을 위한 보조금에 대한 기준이나 친환경상품 분류 기준 설정을 들 수 있다. 이러한 첨단산업 부분은 한국 기업들의 역내 디지털 시장이나 친환경상품 정부 조달시장 진출을 위해 한국에 유리한 표준이나 기준들이 채택될 수 있도록 공세적인 입장을 취할 수 있는 분야다. 아울러 통관애로 해소와 무역 비용 절감, 공정한 경쟁환경 조성이 실현된다면 중소 수출기업들의 역내 진출 또한 더 순조로워질 수 있을 것으로 기대된다. 무역 분야 세부의제 가운데 하나인 농업에서는 식량안보와 농업의 지속가능성을 위한 협력을 추진하기로 합의했다. 특히 식품, 농산물 교역의 투명성 및 절차 개선을 통해 식량공급망 안정성을 확보하기로 합의했는데 국내 업계에서는 IPEF 참여국 중 농산물 수출국이 대거 포함됨에 따라 동식물 위생검역 규제 완화 요구가 거세질 것을 경계하고 있어 국내 대책이 필요할 것으로 보인다. 일례로 과실파리 병충해 문제로 수입금지 상태인 사과, 배, 복숭아 등에 대해 30년 전부터 미국이 수입 위험분석을 요청하고 있는 사례가 벌써 수면 위로 떠 오르고 있다. 이에 농식품부는 농산물 수입국의 민감성을 반영하도록 대응책을 준비 중이며 생명, 또는 건강을 보호하기 위해 과학과 위험에 기반한 의사결정을 발전시킨다는 항목이 포함되어 있음을 강조하고 있다.[55] 공급망 재구축 대상으로 우선적으로는 주요 원자재, 반도체, 배터리 등 전략적 중요성이 높은 상품들이 거론되고 있으나 향후 강제노동 등 인권문제와 결부될 경우 의류, 농수산품, 전자부품 등으로 확대될 가능성도 있다.[56]

IPEF협상 의제가 다양한 분야를 포괄하므로 범부처 협력을 필요로 할 것으로 보인다. 한국은 산업통상자원부 IPEF 총괄팀에서 총괄을 맡고 있고 산업통상자원부 FTA정책 기획과, 기획재정부 통상정책과, 외교부 IPEF 대응팀이 담당부서로 역할하고 있으며 향후 20개 이상의 관계부처가 협력해 나갈 것으로 전망된다. 정부는 또한 2022년 6월 다양한 산업계, 전문가를 포함한 민관전략회의를 출범시켜 분야별로 작업반을 운영 중이다. 통상교섭본부장은 IPEF협상의 성패는 "산업 환경을 새로운 통상질서에 신속히 적응시키는 데 있다"며 민간전략회의는 "우리 산업계를 통상협상의 전면에 내세워 민관이 함께 협상전략을 만들고 협상 진전 결과를 신속하게 경영과 사업전략에 반영하도록 하기 위한 방안"임을 강조하고 있다.[57] 현 통상외교정책에서 산업과 통상의 연계를 얼마나 중시하는지를 다시 한번 확인할 수 있다.

미국정부는 미국이 TPP에서 탈퇴한 뒤 인도·태평양지역에서 경제적 관여의 공백을 메우고 커지는 중국의 영향력에 대응하기 위해 IPEF를 매우 시급히 추진하고 있다. 미국이 서두르는 것은 2021년 7월 만료된 무역촉진권한이 갱신되는 것을 기다리지 않고 행정부단독협정(SEA: Sole Executive Agreement) 형태로 협상을 진행하고

---

55) "IPEF 공식 협상개시 선언 … '농산물 교역 투명성 높여 식량안보 확보'," 『농민신문』 (2022.9.10); "IPEF 협상 개시 … 농산물 개방에 '부당한 조치' 없애라," 『농업인신문』 (2022.9.16).

56) 최정환, "인도-태평양 경제 프레임워크(IPEF)의 주요 내용과 우리의 역할," 『i-KIET 산업경제이슈』 제140호 (2022.6.17).

57) 안덕근, "IPEF 협상, '민관 원팀'이 최선의 전략," 『한국경제』 2022.9.16.

있는 것에서 알 수 있다. 무역촉진권한은 미국의 회가 정부에 관세협상 권한을 임시적으로 부여하는 제도로, 미국정부는 의회 허락 없이는 국내 이행법을 수반하는 관세 협상을 할 수 없다. 이것이 IPEF에 관세철폐 협상이 포함되지 않은 이유 중 하나이기도 하다. 미국 내에서도 정치적 제약이 많고 타협에 오랜 시간이 걸리는 관세 협상은 애초에 미국이 의도한 바가 아닌 것이다.[58]

하지만 이에 따라 IPEF의 지속성에 대한 의문이 제기되고 있다. SEA의 취약성은 2015년 오바마 행정부가 SEA로 파리기후변화협약에 가입한 것을 2017년 트럼프 행정부가 행정명령으로 탈퇴시킨 것에서 잘 드러난다. 미국이 국내 이행법 제정을 수반하지 않는 합의를 어떤 방식으로 이행할 것인지 불확실한 가운데 IPEF의 지속성과 구속성은 미국 내 정치와 경제 여건에 달려 있다. 다만 이후 공화당 정부가 들어서더라도 중국에 대한 견제는 초당적 관심사인 데다 트럼프 행정부 때도 IPEF와 유사한 경제번영네트워크(EPN: Economic Prosperity Network)를 추진했던 적이 있으므로 미국이 탈퇴할 가능성은 크지 않아 보인다.

또 다른 문제는 관세 협상이 없다는 것은 참여 개도국들이 역내 선진국들의 시장개방으로 인한 이득을 확보할 수 없다는 것이어서 개도국들이 높은 수준의 규제개선에 합의할 동기가 부족할 수 있다는 것이다.[59] IPEF가 선진국들의 클럽으로 전락하지 않고 이른바 '아세안 중심성(ASEAN Centrality)'을 존중하려면 개도국들에 대한 투자 확대와 개발협력이 중요한 역할을 해야 할 것으로 보인다. 아세안 중심성이란 아세안의 오래된 원칙으로, 약소국으로 구성된 아세안이 강대국에 휘둘리지 않고 동아시아 지역협력체제에서 중심역할을 하며 국제적 위상을 높이기 위해 발전한 개념이다.[60] 아세안의 지지를 얻기 위해 미중간 각축전이 벌어지고 있는 인도·태평양지역에서 아세안 중심성이 새삼 주목받고 있다. 한국정부도 아세안의 전략적 중요성을 충분히 인식하고 아세안에 특화된 맞춤형 지역정책인 '한·아세안 연대구상(KASI: Korea-ASEAN Solidarity Initiative)'를 새롭게 추진하겠다고 밝힌 바 있다.[61] 또한, 앞서 본 바와 같이 한국의 인태전략에서는 인태지역 개발도상국과의 개발협력을 중점과제 중 하나로 삼고 있다. 이러한 태도는 IPEF의 성공적 타결이라는 관점에서 긍정적으로 평가할 수 있다.

6. 통상외교의 문제점과 전망

한국정부는 경제적 갈등을 벌이는 미국과 중국 사이에서 그동안 전략적으로 모호한 입장을 취해 왔으나, 최근 들어서는 이러한 모호한 전략에서 벗어나 미국과는 경제안보동맹을 강화하면서 중국과는 실리적인 경제협력을 강구하는 방식을 택하고 있다. 이는 독자적인 행보로 보이지만, 다른 면에서는 분열적 정책으로 보이기도 한다. 한국이 미국에 군사·안보적으로 의존하는 동시에 IPEF 규범설정에서 핵심적인 자유주의 및 공정

---

58) 연원호 (2022).
59) 강선주 (2022).
60) 이재현, "아세안 중심성에 대한 이해와 한국의 전략," 『The ASAN Institute for Policy Studies』. (2022.10.5).
61) 최원기 (2023), p. 33.

무역 연대를 주장하면서도 경제부문에서 중국 문제와 관련하여 얼마나 독자적인 행보를 영위할 수 있을지는 전적으로 한국이 얼마나 경제기술 측면에서 경쟁력을 확보하느냐에 달려 있을 것이다. 미국과 경제안보동맹을 강화한다고 해서 세부적인 통상쟁점별로 이해관계가 엇갈리는 부분에서조차 미국이 한국을 배려하고 특혜를 줄 것으로 기대할 수 없다. 미국은 반덤핑 문제와 관련해서 한국과 통상분쟁이 있었던 사건에서도 상소기구 판단이 잘못되었다고 주장하고 있다. 한국은 한미 FTA체결에도 불구하고 철강, 가전, 태양광 제품 등 한국 수출에 대한 미국의 보호무역 조치에 지속적으로 시달리고 있다. 최근에 입법된 인플레이션 감축법에서 알 수 있듯이 미국 내 정치적 상황에 따라 북미지역 외 국가들에 대한 차별은 언제든지 도입될 수 있다. 마찬가지로, 중국과 정치·군사적 문제를 배제한 실리적인 통상외교를 펼친다고 기술 국산화를 추진하는 중국 시장이 우리에게 계속 열려있기를 기대할 수 없는 것이 통상외교의 현실이다.

정부의 효과적인 통상외교정책 수립과 집행 역량과 관련하여 지속적으로 제기되어 온 문제 중 하나는 통상외교정책 업무 분담체계에 대한 것이다. 통상외교정책 업무를 어느 부처가 전담하는 것이 바람직한지를 두고 많은 논쟁이 있었다. 통상외교정책은 광범위한 이슈에 걸쳐 대내적으로는 다양한 이해관계를 조율하고 대외적으로는 통상 상대국과 협력하는 동시에 협상을 벌여야 하므로 복합적인 행정 역량을 필요로 한다. 그 까닭에 1990년대 초반까지 상공부, 외무부, 재무부, 경제기획원 등에 통상 관련 업무가 분산되어 있었다. 그러나 우루과이라운드 협상을 거치면서 이러한 분절된 통상외교정책체제로는 대외 협상에 효과적으로 대응할 수 없다는 인식하에 1993년 12월 김영삼 대통령의 세계화 선언을 계기로 추진된 정부 조직 개편에서 당시의 상공자원부가 통상기능이 강화된 통상산업부로 거듭나게 되었다. 이것이 한국의 중앙정부 조직에서 '통상'이란 단어가 처음 사용된 것이라고 한다.[62]

이후 김대중정부가 출범한 1998년 3월 대외통상 업무가 외교부로 흡수되어 외교통상부로 확대되었고 그 하부조직으로 통상교섭본부가 설치되었다. 통상교섭본부는 정부조직법에 의거, 기획재정부, 농림수산식품부, 지식경제부 등 통상 관련 부처의 의견을 총괄, 조정하고, 이를 바탕으로 한국을 대표해 외국과 통상교섭을 수행하는 통상협상 전담조직이었다. 대외협상을 내부 대응 대책 업무로부터 분리함으로써 대외협상의 효율성과 효과성을 높이려는 것이 기본 취지였다.[63] 통상교섭본부는 동시다발적 FTA전략을 성공적으로 이끌면서 그 위상이 높아졌으나 동시에 무역자유화와 관련된 국내 불만과 비난의 대상이 되었고 결국 위에서 살펴본 바와 같이 2013년 통상교섭 기능이 산업통상자원부로 이관되면서 해체되었다가 2018년 한미 FTA 개정협상 때 부활하여 지금에 이르고 있다. 하지만 당시 이러한 결정이 상당히 급격히 이루어짐으로써 외교부 내 반발이 높았고, 이후 정권 교체 시마다 외교부와 산업통상부 간 통상전담 조직을 회수 또는 사수하기 위한 알력이 끊이지 않고 있다.

이와 관련된 논쟁은 전문가 집단으로 확산되어 외교부처 주도형 통상조직을 지지하는 주장과

---

62) 구민교 (2021), p. 481.
63) 구민교 (2021), pp. 482-483.

산업부처 주도형 통상조직을 지지하는 주장이 대립하고 있다. 외교부형 통상조직을 지지하는 학자들은 WTO와 같은 기존의 무역규범이 후퇴하고 경제·통상정책의 안보화가 심화되고 있는 현 상황에서는 통상과 외교를 구분할 수 없게 되었다는 점을 강조하며 주요 강대국들과 같이 한국도 통상과 외교 기능을 융합시켜 정무적 판단 아래 전략적 통상외교를 펼쳐나갈 것을 주장한다. 이들은 산업부 중심의 통상교섭은 경제부처가 외교정책까지 수행하게 되는 결과를 초래하며 국내 업계와 이해관계가 큰 산업통상자원부가 단기적 이해를 넘어 종합적 국익을 극대화하는 협상을 진행하기는 어려울 것이라고 우려한다. 나아가 외교부형 통상조직은 재외공관 활용 등 다양한 경로로 외국 정부와 협의 진행이 가능하고 정보 수집이나 입장 파악도 용이한 장점이 있음을 지적한다. 더구나 최근 중요성이 증가하고 있는 금융, 환경, 서비스, 농산물의 경우는 산업부 또한 전문성이 부족하며 글로벌 공급망 관련 핵심 품목 중에는 산업통상자원부와 무관한 것도 많다는 것이다.[64)]

산업부형 통상조직을 지지하는 학자들은 글로벌 공급망 재편이 통상정책의 핵심 이슈가 된 지금, 그리고 디지털 전환과 탄소중립 구현 등 새로운 무역규범과 국제조세가 한국산업에 유리하게 정립되도록 하기 위해서는 전통적인 통상교섭 능력에 더해 기술과 산업의 발전 방향과 전략산업의 가치사슬을 이해하고 글로벌 공급망을 관리할 수 있도록 통상에 산업과 자원 분야 역량을 융합한 전문성이 필요함을 강조한다. 통상정책을 외교와 안보의 수단으로만 간주하면 국부 창출 기반이라는 통상정책의 산업적 측면을 놓치게 된다는 것이다.[65)]

위의 이분법적 논쟁에 맞서 독립된 통상전담 부처가 필요하다는 목소리도 높아지고 있다. 박형준은 외교적 전문성과 산업에 대한 이해가 종합적으로 필요하며, 대외 교섭과 더불어 국내 대책도 융합적으로 수립해야 하는 통상외교의 특수성과 중요성으로 인해 통상조직은 외교부에 속하든 산업통상자원부에 속하든 언제나 하나의 본부 조직으로 해당 부처에서 독립적 영역으로 존재했다며, 현재의 분절된 통상외교체계는 부처 간 업무 중복과 지연 등으로 인해 새로운 통상현안에 대해 신속하게 대응하지 못하는 한계가 있다고 주장한다.[66)] 손열 등은 기존 체제의 문제점을 컨트롤 타워 역할의 미흡, 통상업무의 분절화, 통상업무의 위상 저하, 최고의사결정자 보좌기능 약화, 통상전문인력 손실 등으로 진단하고 급변하는 국제통상환경에 대비하기 위해서는 '올라운드 플레이어 역할'을 하는 새로운 통상조직의 설계가 절실하다고 본다. 이들은 국가전략의 핵심 과제로서 통상 개념을 정립할 것을 강조하며, 통상의 컨트롤 타워 기능이 강화된 장관급 전담부서를 제안하고 있다.[67)] 통상외교정책의 효과적 집

---

64) 윤영관, "외교가 곧 통상, 전략적 융합으로 국제위기 넘어야," [윤영관의 한반도 평화워치], 『중앙일보』, 2022년 3월 15일; "지상논쟁: 윤석열 정부 통상 조직 이관 논란," 『이코노미조선 438호』, 2022년 4월 6일.

65) 이코노미조선 (2022.4.6), 허윤, "신통상 추진체계와 신정부 통상정책 방향,"국제통상학회·국제경제법학회·무역구제학회 공동 학술대회 발표문 (2022.3.22).

66) 박형준 (2022), p. 5.

67) 손열·이재민·구민교, 『한국 차기 정부의 통상정책 수행체계 재설계: 장관급 전담부서 설치안』 (서울: 동아시아 연구원, 2017).

행을 위해서는 현 체제의 개혁은 불가피하며 적어도 중장기적으로는 독립된 장관급 통상전담 조직의 신설을 고려해 볼 필요가 있다.

7. 결론

지난 20여 년간 국제통상 규범의 근간이 되어 온 것은 WTO 다자체제다. 탈냉전시대 통상영역은 정치·외교의 개입으로부터 자유로웠고 WTO 다자체제는 무역자유화를 위한 협상의 구심점 역할을 성공적으로 해왔다. 그러나 WTO 분쟁해결제도는 2017년 이후 격화한 미중 간 통상마찰 앞에 무력했고 내부의 구조적인 문제로 약화한 협상역량으로는 기술발전, 기후변화 등으로 인해 새롭게 부상하는 통상이슈들에 발 빠르게 대처하지 못했다. 그 틈을 타고 다수의 양자 및 지역 차원의 자유무역협정들이 속속 체결되면서 국제통상 규범은 다극적 체제로 진화했고 이는 국제무역의 안정성과 예측성을 위협하고 무역비용을 높이는 요인이 되었다. 이에 더해 미중 간 갈등이 전방위적으로 확대, 격화하면서 경제·통상과 외교·안보 간 경계가 허물어지고 급기야는 글로벌 공급망이 두 진영으로 양분되는 탈동조화 현상이 빠르게 진행되고 있다. WTO 개혁논의가 진행되는 가운데, 그와는 별도로 경제안보 이슈를 반영하고 무역자유화보다는 가치와 규범을 중심으로 하는, 새로운 형태의 다자협력 수단인 IPEF가 출범했다.

급변하는 통상환경 속에 한국의 통상외교가 나아가야 할 방향은 무엇인가? 2022년 5월 출범한 새 정부는 경제안보를 중심에 두고 산업과 통상 간 강력한 연계로 뒷받침되는 독자적인 인도·태평양전략을 통상외교의 핵심으로 하고 있다. 미국과는 자유주의, 공정한 경쟁 등 가치연대에 기반한 경제안보동맹을 강화하는 동시에 중국과는 실리적인 경제협력을 모색하는 전략이다. 새 정부의 통상외교정책의 실천적 이행로드맵은 아직 구상 또는 계획 단계여서 이러한 전략이 실질적으로 어떻게 구현될지는 명확히 알기 어렵다. 미국과 강화된 경제안보동맹 속에서 미국과의 세부적인 통상마찰은 어떤 원칙에 따라 해소해 나갈 것인지, 중국과의 미래발전 공동행동계획에는 어떤 내용이 담길지 아직 분명하지 않다. 나아가 산업과의 연계를 중시하는 신산업통상정책에서 정작 특정 국내 산업정책과 통상외교와의 연관성은 아직 불투명해 보인다. 또한, 인태지역 개발도상국과의 개발협력을 어떻게 한국의 산업정책 및 통상외교와 구체적으로 연결시켜 공동의 이익을 실현할지도 아직 과제로 남아있다.

중견국으로서의 한국, 그리고 무역, 특히 동아시아지역 가치사슬 무역에 의존적인 한국의 무역구조를 생각할 때 정치적 힘으로 작동되는 국제통상 질서는 바람직하지 않다. 그러한 상황에서는 '줄서기' 또는 '줄타기'만이 가능하고 둘 다 위태로운 전략이다. 한국으로서는 강대국들의 행태에 제약을 가할 수 있는 다자적 통상규범의 존재가 안전망으로 작용할 수 있다. WTO 다자체제 복원과 막 진수를 마친 IPEF호의 순항이 우리에게 중요한 이유다. 한국은 단기적인 통상이익 획득에 지나치게 집착하지 말고 중장기적인 관점에서 이 두 상호보완적인 다자체제가 복원되고 순항할 수 있도록 기꺼이 비용을 부담하며 그 책임을 다해야 할 것이다.

토의주제

1. WTO 다자통상체제가 약화한 이유는 무엇이며, 이것이 국제통상질서에 미치는 영향은 무엇인가?
2. 미중 통상마찰의 근본적인 원인은 무엇인가? 미중 통상마찰은 국제통상질서에 어떤 변화를 가져왔으며 그러한 변화가 한국의 통상외교에 시사하는 바는 무엇인가?
3. WTO 국제통상 규범에서 중요한 하나의 대립 구도는 경제성장 단계가 다른 선진국과 개발도상국 간의 갈등이다. 이러한 대립 구도가 미중 간 갈등과 어떤 관련이 있으며 향후 진행될 것으로 전망되는 개발도상국 우대 조항 개정 논의에 주는 시사점은 무엇인가? 개발도상국이 요구하는 '정책 공간'은 무엇을 의미하는가?
4. 최근 출범한 IPEF의 성격을 WTO 협정 및 기존의 다른 자유무역협정들과 비교해 보고 그 차이에 대해 논의해 보자.
5. 한국과 미국의 안보동맹은 이제 경제기술동맹으로 한층 더 강화되었다. 그렇다고 한미 간 통상현안이 없는 것은 아니다. 급변하는 국제통상환경 속에서 한미 간 통상마찰은 어떤 방식으로 해소하는 것이 바람직한지 논의해 보자.
6. 한국 통상외교의 관점에서, 어떤 형태의 국제통상 규범이 바람직하며 그 이유는 무엇인가?
7. 한국 통상외교를 결정 짓는 주요 요소들은 무엇인지 생각해 보자. 각 요소는 어떻게 상호작용하는가? 어떤 요소가 가장 중요한가?
8. 국가마다 통상외교정책의 결정과 집행을 주관하는 정부조직에 차이가 있다. 한국에서도 시기별로 통상 관련 정부조직에 변화가 있었다. 통상외교정책의 효과적인 결정과 집행을 위해서는 어떤 정부조직이 필요한가?

참고문헌

1. 한글문헌

강구상·김종혁·임지운·윤여준, 『신보호무역주의하에서 미국의 대외경제정책 평가와 방향』. 연구보고서 21-06. 서울: 대외경제정책연구원, 2022.

강문성. "문재인 정부 통상정책 성과와 과제." 『통상』 제110집 (2021.7).

강선주. "미국의 인도-태평양 경제프레임워크(IPEF): 국제정치경제적 함의와 전망." 『IFANS 주요국제문제분석』 2022-17. 서울: 국립외교원 외교안보연구소, 2022.

강인수·김태준·박태호·유재원·유진수·이호생·채욱·한홍렬. 『국제통상론』. 서울: 박영사, 2006.

구경현·김혁황. 『무역구조의 변화가 국내 고용구조에 미친 영향과 정책 시사점』. 연구보고서 20-19. 서울: 대외경제정책연구원, 2020.

구민교. 『국제무역의 정치경제와 법: 자유무역 이상과 중상주의 편향 사이에서』. 서울: 박영사, 2021.

국가법령정보센터. 대외경제장관회의규정. www.law.go.kr (검색일: 2022.10.21).

국제무역통상연구원. 『글로벌 가치사슬의 패러다임 변화와 한국무역의 미래』. 서울: 한국 무역협회, 2020.

김세원. 『EU 경제학』. 서울: 박영사, 2004.
김종혁·임지운. "미국 인프라 투자 계획의 주요 내용과 전망." 『세계경제 포커스』 제4집 17호 (2021.4.14).
김종란·김주원. "美, 국가 생명공학 및 바이오제조 이니셔티브 행정명령 주요 내용 및 시사점." 『KISTEP 브리프』 33 (2022).
대한민국 정부. 『윤석열 정부 120대 국정과제』. 2022.7.
_____. 『자유, 평화, 번영의 인도-태평양 전략』. 2022.12.
로버트 앳킨슨(Robert D. Atkinson). "미국 무역 기술 정책의 새로운 변화 (A New Emerging US Trade and Technology Policy?)." 『월간 KIET 산업경제』 (2022.6).
박성훈·한홍열·송유철·강문성·송백훈. 『최근 국제통상환경의 변화에 따른 한국의 새로운 통상정책 방향』. 중장기통상전략연구 17-04. 서울: 대외경제정책연구원, 2017.
박진 외교부 장관. 한미정상회담 결과 브리핑. 2022.5.24. https://www.mofa.go.kr (검색일: 2022.10.21).
박진. 한국 국제정치학회 학술회의 축사. 2022.8.17.
산업통상자원부 IPEF총괄팀. "인태경제프레임워크(IPEF), 공식협상 개시 선언" 보도참고자료 및 별첨 IPEF 각료 선언문 원문 (2022.9.10)
산업통상자원부. "대한민국 정책브리핑, 2021년 수출액·무역액 '사상 최대'." (2022.1.4).
산업통상자원부. "산업부, 유럽연합 탄소국경조정제도 영향 긴급 점검." 보도참고자료 (2021.7.15).
산업통상자원부. 『2019-2020 산업통상자원 백서: 통상편』. 2021.
산업통상자원부 세계무역기구과. "도하개발어젠다(DDA) 협상 주요 동향." 산업통상자원부 홈페이지. http://www.motie.go.kr/motie/py/td/tradefta/bbs/bbsList.do (검색일: 2023.1.22).
산업통상자원부. "FTA강국, Korea." 웹페이지. www.fta.go.kr (검색일: 2022.10.22).
서진교·김종덕·박지현·김민성·안덕근. 『WTO 체제 개혁과 한국의 다자통상정책 방향』 연구보고서 18-20. 서울: 대외경제정책연구원, 2018.
서진교·이주관·김지현. "제12차 WTO 각료회의(MC12) 평가와 정책 시사점." 『오늘의 세계경제』 제22집 12호 (2022).
세계무역기구 사무국. 『WTO 이해하기 (개정판)』. 서울: 외교통상부, 2007.
손열·이재민·구민교. 『한국 차기 정부의 통상정책 수행 체계 재설계: 장관급 전담부서 설치안』. 서울: 동아시아 연구원, 2017.

안덕근. "박근혜정부 산업통상체제의 과제." 『나라경제』. 시평. 2013.7
여택동·전정기·장동식. 『WTO체제하의 국제통상론』. 서울: 도서출판 두남, 2014.
연원호. "인도-태평양 경제프레임워크(IPEF)와 우리의 대응 방향." 『The Asan Institute for Policy Studies: Issue Brief』 2022-18 (2022.7.8).
연원호·나수엽·박민숙·김영선. 『미·중 간 기술패권 경쟁과 시사점』. 연구보고서 20-24. 서울: 대외경제정책연구원, 2020.
윤미경. "복수국 간 산업보조금 논의 전망." 한국국제통상학회 4차 FTA 전략포럼 발표문. 2021.5.26.
오태현, 나수엽, 김영선. "EU-중국 포괄적투자협정(CAI)합의 및 평가." 『KIEP 세계경제 포커스』 4-2 (2021.1.14).
이경수. "디지털 통상의 이해." 디지털통상아카데미 (서울대학교) 강연자료. (2021.5.1)
이상환. "제6장 통상외교." 김계동 외. 『현대외교정책론(4판)』. 서울: 명인문화사, 2022.
이유진. "미중 무역전쟁 4년 경과 및 전망 – 양국 무역비중 및 탈동조화 검토." 국제통상연구원, 『KITA 통상 리포트』 제8호 (2022).
이재현. "아세안 중심성에 대한 이해와 한국의 전략." 『The ASAN Institute for Policy Studies』 (2022.10.5).
이천기·서진교·박지현. "WTO 상소기구 기능 정지: 의미와 배경, 향후 전망." 『KIEP 오늘의 세계경제』 제19집 26호 (2019).
이효영. 『통상과 환경의 연계 동향과 쟁점 연구』. 정책연구시리즈 2021-13. 서울: 국립외교원 외교안보연구소, 2021.
정대철. "새 정부의 산업통상 정책방향과 경남의 과제." 『경남정책 브리프』 (2013.8).
지만수. "중국의 꿈?: 과학적 발전관의 내용과 의미." 『KIEP 오늘의 세계경제』. 서울: 대외경제정책연구원, 2007.12.4.
최낙균, 박순찬. 『글로벌 가치사슬에서 수출부가가치의 결정요인 분석과 정책』. 서울: 대외경제정책연구원, 2015.
최원기. "윤석열 정부의 인도태평양 전략: 주요내용과 전략적 함의." IFANS FOCUS, IF 2022-29K. 2022.11.14.
최원기. "인도·태평양 전략:전략적 함의와 향후 추진 과제." 『외교』 제145호 (2023).
최정환. "인도-태평양 경제 프레임워크(IPEF)의 주요 내용과 우리의 역할." 『i-KIET 산업경제이슈』 제140호 (2022.6.17).
코트라. 『미국 인프라 투자법 세부 분석에 따른 기회·위기 요인점검』. Global Market Report 21-047. 서울: KOTRA, 2021.
한국무역협회 워싱턴지부. "CHIPS 및 IRA의 법제화와 미국 입법절차." 『워싱턴 통상정보』. (2022.8.24).
한국은행. 『국민계정』 (검색일: 2022.10.14)
_____. "글로벌 가치사슬의 현황 및 시사점." 『국제경제리뷰』 제2018-11호 (2018).
한미정상회담 공동성명서. 2022.5.21.
허윤. "신통상 추진체계와 신정부 통상정책 방향." 국제통상학회·국제경제법학회·무역구제학회 공동 학술대회 발표문. 2022.3.22.
현상백·연원호·나수엽·김영선·오윤미. 『미중 갈등시대 중국의 통상전략 변화와 시사점』. 연구보고서 21-27. 서울: 대외경제정책연구원, 2021.

2. 영어문헌

Dabla-Norris, Era, Kalpan Kochhar, Nujin Suphaphiphat, Frantisek Ricka, and Evridiki Tsounta. "Causes of Income Inequality: A Global Perspective." IMF Staff Discussion Note. June 2015.
Feenstra, Robert C., and Alan M. Taylor. *International Economics*, New York: Worth Publishers, 2012.
Ministerial Text for Trade Pillar of the Indo-Pacific Economic Framework for Prosperity (IPEF), and Ministerial Statements for Pillar II, III, IV of the IPEF. (2022.9.10)
Qin, Julia Y. "China in WTO Dispute Settlement System: Trends and Issues." Presentation at the Asia On-Line Forum on the WTO Dispute Settlement System.
WTO. "Statement by the H.H Mr. Dukgeun Ahn, Minister for Trade, Minsitry of Trade, Industry and Energy, Repubic of Korea." Ministerial Conference Twelfth Session, Geneva 12-15 June 2022. (WT/MIN(22)/ST/3).
Yun, Mikyung. "An Analysis of the New Trade Regime for State-Owned Enterprises under the Trans-Pacific Partnership Agreement." *Journal of East Asian Economic Integration* 20-1 (2016).

3. 언론사 자료

"IPEF 공식 협상개시 선언 … '농산물 교역 투명성 높여 식량안보 확보'." 『농민신문』. 2022년 9월 10일.
"IPEF 협상 개시 … 농산물 개방에 '부당한 조치' 없애라." 『농업인신문』. 2022년 9월 16일.
안덕근. "IPEF 협상, '민관 원팀'이 최선의 전략." 『한국경제』. 2022년 9월 16일.
윤영관. "외교가 곧 통상, 전략적 융합으로 국제위기 넘어야." [윤영관의 한반도 평화워치]. 『중앙일보』. 2022년 3월 15일.
"주EU 중 대사, EU-중국 포괄적 투자협정 부활 거듭 촉구." 『연합뉴스』. 2023년 3월 3일.
"지상논쟁: 윤석열 정부 통상 조직 이관 논란." 『이코노미조선』 438호. 2022년 4월 6일.

4. 온라인 자료

네이버 사전. https://dict.naver.com (검색일: 2022.10.19).
세계무역기구(WTO) 홈페이지. www.wto.org. (검색일: 2022.10.19).
외교통상부 홈페이지. www.mofa.go.kr. (검색일: 2022.10.22).
코트라 수출입 통계. https://www.kotra.or.kr (검색일: 2022.10.9).

7장 공공외교

김태환(국립외교원)

1. 서론 193
2. 공공외교의 국제적·구조적 환경 194
3. 공공외교의 목표와 추진 방향 198
4. 공공외교정책의 결정과 집행체계 206
5. 공공외교의 현황과 특징 209
6. 공공외교의 문제점과 전망 215
7. 결론 219

1. 서론

21세기에 들어 공공외교(public diplomacy)가 학문적 연구 분야로 또한 외교적 실천 분야로 급부상하고 있다. 강대국을 비롯한 여러 국가들은 공공외교의 중요성에 대한 새로운 인식하에 이 분야에 대한 투자와 노력을 가속화하고 있다. 한국은 1990년대 이래 본격적인 공공외교를 시행해왔으며, 한류의 전 세계적 인기와 더불어 비교적 짧은 기간에 국제사회에서 적지 않은 성공을 거두어 온 것이 사실이다. 그러나 공공외교가 시행되고 있는 오늘날의 국제정세는 지난 세기와는 판이하게 변화하고 있으며, 이에 따라 공공외교에 대한 이해와 인식, 그리고 그 역할 역시 빠른 속도로 변화하고 있다.

오늘날 미국과 중국 간 경쟁을 핵심으로 하는 강대국 경쟁은 군사, 경제, 무역, 기술 분야를 넘어서 가치 분야로까지 확대되면서 가속화되고 있다. 강대국들이 국제사회에서 정통성을 인정받기 위해서 자국의 정체성에 자리 잡은 가치를 전면에 내세움으로써 금세기 강대국 경쟁은 하드파워는 물론, 소프트파워 경쟁으로서의 성격이 강하며, 이로 인해서 오늘날의 공공외교는 지정학적 경쟁의 중요한 영역인 동시에, 국제질서 형성의 중요한 장이 되고 있다. 이와 더불어 정보통신 기술혁신에 따른 금세기 커뮤니케이션 환경의 급격한 변화 역시 공공외교 수행 양식 자체의 변화를 촉구하고 있다.

그렇다면 오늘날 강대국 경쟁의 맥락에서 공공외교는 지정학적 경쟁의 수단에 불과한 것인가? 공공외교의 역할은 강대국 경쟁에 따른 갈등과 대립을 증폭시키는 데에 머무르고 있는가? 비강대국 공공외교, 특히 한국 공공외교의 역할은 어떠해야 할 것인가? 분명 오늘날의 국제적 맥락에서의 공공외교는 지난 세기의 자기중심적, 자기증진적 공공외교와는 차별화되어야 할 필요가 있으며, 세계정치 변화의 시기에 궁극적으로 국제질서의 재편과 형성에서 공공외교가 수행해야 할 역할, 한국의 공공외교가 수행해야 할 역할에 대해 고심해야 할 필요가 있다.

이러한 문제의식하에 이 장은, 다음 절에서 오늘날 공공외교 실행의 중요한 구조적 변수로서 국제적 맥락을 국제정치 맥락과 커뮤니케이션 동학으로 나누어 가늠하고, 3절과 4절에서 한국 공공외교의 목표와 추진 방향 및 공공외교정책의 결정과 집행체계를 살펴본다. 특히 3절에서는 공공외교에 대한 두 가지 시각을 소개하고 이에 의거하여, 공공외교의 유형을 분류하는 분석 틀을 제시하고자 한다. 5절에서는 한국 공공외교의 특징과 현황을, 마지막으로 6절에서 한국 공공외교의 쟁점 및 도전과제와 향후 방향성을 논의하고자 한다.

2. 공공외교의 국제적·구조적 환경

특정 국가가 어떠한 공공외교 접근을 선택할 것인가를 결정하는 데에는 세 가지 요소가 중요하다. 첫째는 공공외교 수행 주체의 정체성 인식에 따른 주관적 필요이고, 둘째는 타자, 즉 국제사회가 공공외교 수행 주체에 대해 갖는 역할 기대이며, 셋째는 국제적 구조 또는 맥락이다. 20세기에 본격화된 공공외교는 당시의 국제적 구조, 그리고 커뮤니케이션 동학이라는 구조적 맥락과의 상호작용을 통해서 실행되었다. 그러나 오늘날의 구조적 환경은 지난 세기와는 큰 차이를 보이고 있다. 냉전의 종식과 미국을 중심으로 하는 단극질서를 넘어서, 오늘날 세계정치는 다시금 강대국 경쟁이 전면에 부상하고 있고, 특히 정보통신의 혁신으로 인한 디지털 커뮤니케이션의 등장은 공공외교 실천 양식은 물론, 그 역할의 변화에까지 상당한 영향력을 미치고 있다. 이 절에서는 국제정치와 커뮤니케이션 맥락이라는 두 가지 구조적 요소에 초점을 맞추고, 왜 새로운 구조가 공공외교에 대한 새로운 이해와 인식을 촉구하고 있는지를 논의하고자 한다.

1) 국제정치 맥락: 강대국 경쟁의 귀환

2017년 트럼프 행정부의 국가안보전략(National Security Strategy)에서 강대국 경쟁을 국제정치와 미국외교정책의 중요한 초점으로 지목한 이래, 이는 오늘날 국제정치의 성격을 규정짓는 중요한 요소이자 현상이 되고 있다. 미국과 중국, 러시아와 같은 강대국들은 군사, 경제, 무역, 첨단기술과 같은 기능적 분야와 글로벌 지리적 분야에 걸쳐서 자국의 영향력을 확보하기 위해서 경합하고 있다. 강대국 경쟁의 재부상은 오늘날 미국의 영향력이 과거 타국들에 대한 하드파워 측면에서 우위의 격차가 월등했던, 따라서 도전자가 부재했던 냉전 종식 시기에 비해서 현저하게 줄어들었다는 현실을 반영하는 것이며, 이는 국제질서의 한 축을 구성하는 물질적 힘의 배분상의 변화가 빠르게 진행되고 있다는 점을 웅변하고 있는 것이다.

이러한 물질적 힘의 배분 변화는 중국과 같은 비서구 나머지의 급격한 부상으로 국제사회에서 다양성이 증대되었다는 사실에 기인하는 바가 크다. 즉 오늘날의 국제정치는 다양성의 증대와 더불어 강대국 간 힘의 전이(power transition)뿐만 아니라, 강대국으로부터 약소국으로, 또한 국가 행위자로부터 비국가행위자로의 힘의 분산(power diffusion)이 동시에 진행되고 있다는 특징을 보이고 있다.

미중 간 경쟁은 또한 국제질서의 또 다른 축을 구성하고 있는 '집단적 믿음' 즉 비물질적 가치와 규범의 영역으로까지 확산되면서, 가치의 경합, 소프트파워 경쟁이 가속화되고 있다. 나이(Joseph Nye, Jr.)는 특정 국가의 문화가 매력적일 때, 외교정책이 국제사회에서 정통성 있는 것으로 인정받을 때, 그리고 국가의 행태가 주창하는 가치와 부합할 때, 그 국가의 소프트파워가 강화된다고 하면서 특정 국가의 소프트파워의 근원으로서 대표적으로 문화, 외교정책, 그리고 가치라는 세 가지 요소를 적시하고 있다.[1] 강대국들이 가치를 중심으로 하는 소프트파워 경쟁에 몰입함에 따라 미국과 서유럽을 중심으로 하는 자유주의 가치 대 중국과 러시아를 중심으로 하는 반자유주의 가치 간의 대립인 '가치의 진영화(bloc-ization of values)'[2]가 진행되고 있는 것이다.

특정 가치는 국제사회에서 이에 대한 집단적 믿음이라는 형태로 자국의 힘과 권위에 대한 자발적 인정을 도출해 낼 수 있다는 점에서 무정부 국제사회에서 정통성의 근원이 될 수 있다. 물질적 힘이 곧 국제사회에서의 지위나 권위로 직결되는 것은 아니기 때문에, 강대국으로 부상하는 국가들은 동시에 물질적 힘을 정통성 있는 권위로 전환시킴으로써 지위 상승을 모색하게 된다. 이에 따라서 물질적 힘의 여러 분야에서의 하드파워 경쟁은 물론, 강대국 지위 정체성을 구성하는 데 있어서 중요한 가치와 규범과 같은 비물질적 힘의 분야에서도 경쟁이 초래된다. 지위 정체성은 국내적으로도 정치 엘리트뿐만 아니라 소속 국민들이 자국이 정당하게 부여받아야 한다고 믿는 지위, 그리고 이에 수반되는 위신, 권리, 존경, 역할, 책임과 의무를 의미함으로써 특정 국가의 대외적 정체성의 일부를 구성한다. 이러한 의미에서 국제사회에서 특정 가치에 대한 집단적 믿음은 정통성 있는 권위와 지위 구축에 중요하며, 가치경쟁은 곧 이를 위한 소프트파워 경쟁에 다름 아니다. 이 분야에서 경쟁이 심화되고 있다는 것은 곧 오늘날 국제규범질서의 차원에서도 변화가 일어나고 있다는 사실을 웅변하고 있다.

물질적 힘의 배분 변화와 가치경쟁이 결합되어, 오늘날의 강대국 간 지정학적 경쟁의 성격은 전통 지정학에서처럼 단순히 정치적이거나 지리적이라기보다는, 사회문화적, 심지어는 문명적인 성격을 띠고 있다. 경합국들은 자국의 전통적 문화와 국가/민족 정체성에 깊게 자리 잡은 특정 가치를 내세워서 경쟁적으로 외국민의 마음을 얻

---

[1] Joseph S. Nye, Jr., *Soft Power: The Means to Success in World Politics* (New York: Public Affairs, 2004).

[2] '가치의 진영화'에 대해서는 김태환. "가치외교의 부상과 가치의 '진영화': 강대국 사례와 한국 공공외교의 방향성," 『문화와 정치』 제6권 1호 (2019), pp. 5-32 참조.

글상자 7.1

국제질서의 이해

특정 시기의 국제질서는 물리적 힘의 배분(물질적 차원의 국제질서)과 더불어 집단적 믿음의 배분(비물질적 차원의 국제규범질서), 그리고 '일련의 규칙과 제도들'로 구성되는 것으로 이해할 수 있으며, 특히 후자는 강대국(들)의 선호와 이익뿐만 아니라, 국제사회에서 집단적 믿음, 특히 가치와 규범의 배분을 반영하는 것으로 볼 수 있다. 국제질서를 구성하는 규칙과 규범은 다시 다음과 같은 두 가지 종류로 구분할 수 있다.[3] 모든 국제질서는 행태 규칙을 가지고 있으나 모든 질서가 멤버십 규칙을 가지고 있는 것은 아니다.

- 행태적 규칙(behavioral rules) – 국제사회 구성원들의 대외적 행태와 그들 간의 관계를 다스리는 규칙을 의미하며, 주권의 존중, 무력의 사용, 평화유지 미션과 같은 체제유지를 위한 정통성 있는 수단 등을 규정한다. 즉 행위자가 추구하는 정통성 있는 목표, 그리고 이를 달성하기 위해 취할 수 있는 행위의 제한과 기준을 제시하는 것이다.
- 멤버십 규칙(membership rules) – 구성원들의 대내적 행태와 내부 관계를 다스리는 규칙을 의미하며, 특정 체제에 적합한 구성원이 될 수 있는가를 규정한다. 즉 이는 정권의 유형, 국내 경제체제, 인권에 대한 정권의 태도 등과 같이 구성원들의 특정한 내부적 속성에 초점을 맞추는 규칙이다. 특정 국가에 대한 공식적인 외교적 인정과 승인은 멤버십 규칙의 한 요소이며, 멤버십 원칙에 기반한 질서는 멤버들의 비멤버들에 대한 배타적 클럽이 될 수 있다.

음으로써(집단적 믿음), 궁극적으로 무정부 국제사회에서 정통성 있는 권위를 추구하고 있는 것이다. 또한, 이들 강대국은 자국이 주창하는 가치를 중심으로 국제사회에서 자국에 동조하는 국가들을 규합하고 국가 간 관계를 구성하고자 한다는 점에서 사회적 성격을 띠고 있는 것이다.

공공외교를 '특정 국가의 문화, 외교정책, 그리고 가치와 아이디어를 중심으로 하는 외국민에 대한 소통 행위'라고 이해할 때, 바로 이러한 성격이 오늘날의 공공외교를 강대국 경쟁의 중요한 장으로 만들고 있다. 오늘날 미국과 중국 같은 강대국들은 상호 경쟁의 맥락에서 공공외교를 자국의 이익 실현과 외교정책 목표 달성을 위한 지정학적 수단의 일환으로 사용하는 측면이 두드러지고 있고, 이것이 국제협력의 공간을 대폭 축소시키면서 국제사회에서 갈등과 대립을 심화시키고 있다. 이는 다른 한편 공공외교가 국제질서, 특히 비물질적 집단적 믿음의 배분을 의미하는 국제규범질서의 형성에 중요한 역할을 할 수 있다는 것을 의미하기도 한다. 그렇다면 오늘날과 같은 강대국 경쟁의 시대, 국제질서 재편의 시대에 강대국과 구별되는 비강대국 공공외교의 구체적인 역할은 무엇이며 어떠해야 할 것인가?

---

3) Kyle M. Lascurettes, *Orders of Exclusion: Great Powers and the Strategic Sources of Foundational Rules in International Relations* (New York: Oxford University Press, 2020), pp. 22–26.

2) 글로벌 커뮤니케이션 동학

공공외교는 본질적으로 외국민과의 소통 활동이므로, 오늘날 커뮤니케이션 환경의 급격한 변화는 새로운 소통의 환경에 걸맞은 새로운 공공외교 방법을 촉구하고 있다. 20세기 커뮤니케이션의 특징은 매스 커뮤니케이션으로서 '일 대 다자'의 일방향적 독백형 정보 전달이 지배적이었다. 즉 라디오나 TV 방송국은 불특정 다수 청취자·시청자를 대상으로 일방적으로 정보를 송출하고 이를 수신하는 시청자나 청취자는 수동적 수신자로서 매스 미디어가 정보 습득의 중요한 원천이 되는 것이었다. 이러한 커뮤니케이션 방식에서는 메시지나 정보의 송수신자가 실시간으로 상호 소통하는 것은 기술적으로 불가능하였다. 이에 따라 공공외교 역시 예컨대 〈미국의 소리(Voice of America)〉와 같은 초단파 라디오 방송을 통해서 왕래와 접촉이 빈번할 수 없었던 공산권의 국민들에게 미국을 포함한 서방의 정보를 전달하는 데에 초점을 맞추었다.

그러나 금세기 커뮤니케이션은 정보통신기술의 혁신적 발달로 인해서 '일 대 다수'뿐만 아니라, '소수 대 소수', '다수 대 다수'가 실시간으로 소통하는 이른바 "매스 셀프-커뮤니케이션(mass self-communication),"[4] 네트워크 커뮤니케이션이 주류를 이루고 있다. 이는 소통의 주체가 콘텐츠를 생성할 뿐만 아니라, 콘텐츠 전달 역시 수신자를 지정하여 전달할 수 있고, 소통의 대상은 수신할 메시지나 콘텐츠를 스스로 선별하여 선택할 수 있다는 특징을 지닌다. 인터넷과 디지털 미디어의 발달로 정보의 근원 역시 대폭 증가하였으며, 범람하는 정보의 물결 속에서 소통자는 과거처럼 정보의 단순한 소비자가 아니라 보다 능동적인 정보의 생산자-전파자-선택자가 되는 것이다. 이 과정에서 가짜 뉴스와 거짓 정보도 범람하게 되고, 적지 않은 경우 정보 생산자-전파자-선택자의 의견이나 견해가 정보의 진실이나 사실 여부와 관계없이 소통자의 인식과 행동에 영향을 미치는 현상도 초래되고 있다. 즉 오늘날에는 정보통신기술의 혁신으로 전 세계적인 글로벌 디지털 네트워크가 형성되었고, 이를 기반으로 인터넷과 다양한 소셜 미디어를 사용하여 전 세계적인 글로벌 커뮤니케이션 네트워크, 글로벌 휴먼 네트워크가 형성되어 명실공히 네트워크 커뮤니케이션 시대가 도래 한 것이다.

이러한 커뮤니케이션 환경에서는 과거와 같은 일방향적 독백형 정보의 전달은 그 효과와 의미를 상실하게 된다. 국가 중심의 산업사회에서 글로벌 네트워크 사회로의 변화가 일어나고 있으며, 새로운 디지털 커뮤니케이션 사회에서의 핵심 요소는 이동성이 아니라, 항구적인 연결성(connectivity)인 것이다.[5] 디지털 커뮤니케이션의 글로벌-로컬 네트워크를 중심으로 형성된 사회화된 커뮤니케이션 네트워크에서는 담론이 생성되고, 확산되며, 논쟁을 거쳐서 수정되고, 내재화되고 궁극적으로 인간의 행동으로 구체화된다. 따라서 오늘날 네트워크 사회에서의 힘은 곧 커뮤니케이션 파워라고 할 수 있고,[6] 디지털 기술은 사람들

---

4) Manuel Castells, *Communication Power* (New York: Oxford University Press, 2013).

5) Manuel Castells, *The Rise of the Network Society, The Information Age: Economic, Society, and Culture*, Vol. 1, 2nd ed. (New Jersey: Wiley-Blackwell, 2010).

6) Castells (2013).

이 자신을 사회적·정치적 행위자로 재규정하는 데에 매우 중요한 역할을 수행할 수 있는 것이다. 오늘날 디지털 매체의 진정한 힘은 감성과 정체성의 상호주관적인 배양을 통해서 개인과 집단의 정체성과 이익을 대변할 뿐만 아니라, 공동의 정체성을 형성하는 데에 있다. 디지털 기술을 적극적으로 활용하는 디지털 공공외교는 곧 디지털 매체와 네트워크 커뮤니케이션에 내재하는 인간관계 구축과 공동체 형성을 위한 긍정적 잠재력을 최대한 실현한다는 방향성을 갖게 되는 것이다.

금세기 디지털 커뮤니케이션 환경은 지난 세기 사람들 간 소통 방식을 혁신적으로 변화시켰고, 소통을 핵심으로 하는 공공외교의 실행 양식 자체에도 변화를 초래하고 있다. 과거와 같은 자기중심적, 주관적, 일방향적 정보 전달에 초점을 맞추는 공공외교는 오늘날의 커뮤니케이션 맥락에서 더 이상 유효하지 않다. 정보의 수신자들은 정보 발신자의 메시지를 평가하고 가늠할 수 있는 수많은 정보 소스에 접근이 가능하기 때문이다. 이들은 발신자로부터의 일방적 정보를 무시하고 흘려버리거나, 수정하거나, 심지어는 반대되는 정보를 스스로 발신할 수 있기 때문이다. 이를 통해서 수신자들은 공공외교와 프로파간다를 식별할 수 있다.

또한, 글로벌 디지털 네트워크가 형성됨에 따라, 디지털 매체는 국적을 불문하고 사람들이 상호 소통할 수 있는 연결의 광장, 글로벌 공적 영역을 제공해주고 있다. 더 이상 민족이나 국가에 국한되는 '상상의 공동체'[7]가 아니라, 디지털 매체를 통해서 실재하는 글로벌 공동체가 현실이 되고 있다. 지난 세기 커뮤니케이션 환경에서 생각할 수 없었던 새로운 공공외교의 장이 열리고 있는 것이다.

3. 공공외교의 목표와 추진 방향

지난 30여 년간 한국의 공공외교는 괄목할만한 발전을 이룩해 왔다. 이 절에서는 세 가지 주제를 다루고자 한다. 첫째는 1990년대 이래 오늘에 이르기까지 한국 공공외교의 진화와 발전을 간략히 살펴봄으로써 한국 공공외교를 오늘날의 국제적 구조와 맥락에 위치시키고자 한다. 국제적 구조가 한국의 공공외교 진화에 중요한 역할을 했던 것처럼, 오늘날의 구조적 변화에 대한 이해는 한국 공공외교의 새로운 방향성을 설정하는 데에 반드시 필요하다. 이러한 관점에서 둘째, 공공외교에 대한 두 가지 시각을 소개함으로써 공공외교 목표의 지평을 넓히고, 아울러 두 시각을 통합하여 공공외교의 유형 분석틀을 제시하고자 한다. 마지막으로 최근 한국 공공외교의 추진 방향을 제1차 및 제2차 공공외교 중기계획을 통해서 밝히고자 한다.

1) 한국 공공외교의 진화

탈냉전시대에 한국은 물질적 능력 증대에 따라서 1990년대에 들어서는 본격적인 중견국 지위 정체성과 역할 정체성을 갖게 되었고, 이는 한국외교에 반영되어 왔다. 매년 지난 한 해 동안의 외교활동과 외교정책 기조를 정리하는 한국의 외교

---

[7] Benedict Anderson, *Imagined Communities: Reflections on the Origin and Spread of Nationalism* (New York: Verso, 1983).

백서에 나타나고 있는 한국의 중견국외교는 구조적 위치(중위권 세력)와 지정학적·지리적 위치(북방대륙과 태평양을 연결하는 한반도) 측면에서의 중견국 인식, 그리고 이에 따른 역할 인식, 즉 다자간 안보협력체제를 비롯한 동북아시아·동아시아지역에서의 역할과 더불어, 글로벌 차원에서는 선진국과 개도국 간 교량 역할을 비롯하여 다자주의를 통한 적극적 국제주의(international activism)로 표현되었다.[8]

이러한 외교적 변화와 더불어 공공외교도 그 내용적인 측면에서, 또한 법적·제도적 측면에서 진화해왔다. 김영삼, 김대중, 노무현정부에 이르기까지는 아직 공공외교 개념이 정책 차원에서 본격적으로 자리를 잡기 전이었고, 주로 문화외교에 초점을 맞춘 홍보적 접근이 두드러졌다. 노무현정부에 이르기까지 연례 외교백서에서 나타나듯 공공외교 대신에 '한류', '문화외교', '문화콘텐츠 산업', '문화강국', '국가이미지', '국가 브랜드', '홍보외교' 등과 같은 용어들이 사용되었다. '각종 문화·체육외교를 통해 우리 문화에 대한 국제적 인식 제고',[9] 'Dynamic Korea 전파를 위한 문화·홍보 활동 강화',[10] '문화외교를 통한 연성국력 증진', '추한 한국인상 불식'[11] 등을 강조하였으며, 이는 곧 공공외교를 문화 분야에 국한시키고, 주로 국가이미지, 국가 브랜드 홍보의 차원에서 실행하는 것이었다.

이명박정부에 들어서 정무·안보, 경제·통상에 이어 공공외교가 한국외교의 3대 축으로 공식화되면서, 지금까지의 문화외교-홍보적 접근을 넘어서 공공외교가 본격화되기 시작하였다. 외교부는 비공식 직제로서 2011년 공공외교 대사를 임명하였고, 2012년에는 문화외교국 산하에 공공외교정책과와 공공외교 협력센터를 설치하고 '국민과 함께하는 공공외교' 사업을 시행하기 시작하였다. 또한, 정부 출범과 더불어 2009년 대통령 직속 국가브랜드위원회를 신설하여 국가브랜드를 제고하기 위한 정부 부처 간 조정 기능을 수행하고자 하였다. 그러나 국가브랜드위원회의 존재에도 불구하고 이명박정부에서의 공공외교는 통합적인 제도적 틀과 수행체계 없이 시행되었으며, 이에 따라 정책의 중첩 및 중복, 그리고 부처별 단편화·봉토(封土)화 현상이 문제점으로 지적되기도 하였다.

박근혜정부에 들어서 역대 정부와는 달리 공공외교의 중요성에 대한 인식과 그 목표가 국정기조와 중점 정책과제의 형태로 뚜렷하게 표명되었으며, 공공외교 법제화와 제도화가 시작되었다. 2013년에는 처음으로 외교부의 공공외교 역량강화 사업에 67억 원의 예산이 배정되었고, 2014년 90억 원, 2015년 131억 원, 그리고 2016년 180억 원으로 증액되었다. 무엇보다도 의미 있는 것은 오랫동안 국회에서 계류되어 왔던 공공외교법이 마침내 2016년에 제정·발효되었다는 것이다.[12] 이와 더불어 외교부의 조직 개편도 이루어졌다. 2016년 1월 새해 첫 국무회의의 '외교부 직제 일부 개정령안'에 따라 비공식 직제였던 공공외교대사직이 공식직제로 되었고, 정책기획관실

---

8) 외교부, 『외교백서』 (서울: 외교부), 1990년 이래 각 연도.
9) 외교부, 『외교백서』 (서울: 외교부, 2003).
10) 외교부, 『외교백서』 (서울: 외교부, 2005).
11) 외교부, 『외교백서』 (서울: 외교부, 2006).
12) 『공공외교법』, 법률 제13951호 (2016. 2. 3. 제정, 2016. 8. 발효).

산하에 정책공공외교담당관, 지역공공외교담당관이 신설되었으며, 문화외교국의 기존 공공외교정책과는 공공외교총괄과로 개칭되었다.[13]

특히 통일공공외교에 대한 강조는 정책공공외교의 본격화를 의미하는 것이었다. 외교부는 통일공공외교의 목적을 "북한, 남북관계, 한반도 정세에 관한 외국 대중의 이해를 높이고, 이를 통해 한국의 국가이미지 제고 및 통일 지지 세력을 조성"하는 것으로 설정하였다. 2014년 2월 박근혜 대통령이 '통일대박론'을 제시한 이래 통일공공외교는 2015년까지는 개별 정책공공외교의 방향을 통일 지향성을 갖게 수렴시키고 한반도 신뢰 프로세스 확대를 위한 목적으로 시행되었으나, 북한의 4차 핵실험이 있었던 2016년 초 이후에는 대북제재 강화론에 입각한 사실상 흡수통일론의 맥락에서 시행되었다.

문재인정부에 들어서 공공외교법에 기반한 공공외교의 제도화·체계화가 두드러졌다. 문재인정부는 특히 정책공공외교의 중요성을 강조하였으며, 박근혜정부에서 체계화되기 시작한 정책공공외교의 수행 양식들, 즉 외국의 유수 씽크탱크들과 공동 개최하는 대화형 회의체, 독백형 정책설명회 및 강연회, 협력형 네트워크 구축 등을 지속하였다. 박근혜정부에서는 전기했듯 '통일'에 방점을 둔 정책공공외교에 치중하였던 데 반해서, 문재인정부에서는 '평화'에 초점을 맞추고 남북 대화와 남북관계 개선을 중심으로 하는 한반도 및 지역정책을 정책공공외교의 주 내용으로 구성하였다.

특히 한반도 평화 프로세스의 가동과 더불어 미국에 대한 정책공공외교의 필요성과 중요성이 가중됨에 따라, 워싱턴 주미대사관에 공공외교 전담 공사직을 신설하였고, 공공외교법에 근거하여 공공외교 수행기관으로 지정된 한국국제교류재단(Korea Foundation, 이하 KF로 지칭)은 2018년 대미 정책공공외교에 특화하는 '한미 미래비전 네트워크 사업'을 개시하였다. 동 사업은 미국 연방의회 코리아 스터디 그룹(CDGK: Congressional Study Group on Korea)의 연례 방한 프로그램을 주관하고 한반도 관련 간담회를 정기적으로 개최하였다. KF는 또한 2019년 대서양위원회(Atlantic Council)를 현지 주관기관으로 현지 언론인을 대상으로 하는 저널리스트 펠로우십(Atlantic Council Korea Journalist Fellowship)을 시작했는데, 이는 한반도 관련 주제를 설정하고 ABC 뉴스, CBS 뉴스, CNN, USA 투데이, 워싱턴포스트와 같은 미국의 주요 언론사에서 외교 및 국제안보 관련 뉴스를 주로 다루고 있는 유망 차세대 언론인을 한국으로 초청하고, 워싱턴 현지에서도 라운드테이블을 개최하는 프로그램이다.

2) 공공외교의 목표: 두 가지 시각과 유형 분석틀

공공외교법에 의하면 공공외교는 곧 한국에 대한 외국민들의 이해와 신뢰를 증진시킴으로써 국제사회에서 한국의 국가이미지 및 위상 제고에 이바지하는 것을 목적으로 한다. 공공외교가 특정 국가의 국가이익과 외교정책 목표 달성에 이바지하는 역할을 하는 데에는 이론의 여지가 없다.

그러나 그 강조점의 차이에 따라서 공공외교에

---

13) 대통령령 제26886호 (2016. 1. 12. 일부 개정), "외교부와 그 소속기관 직제."

공공외교법의 핵심 내용

[공공외교법 제1조] 제정 목적
  공공외교 강화 및 효율성 제고의 기반을 조성함으로써 국제사회에서 대한민국의 국가이미지 및 위상 제고에 이바지하기 위함.

[공공외교법 제2조] 정의
  공공외교란 국가가 직접 또는 지방자치단체 및 민간부문과 협력하여 문화, 지식, 정책 등을 통하여 대한민국에 대한 외국 국민들의 이해와 신뢰를 증진시키는 외교활동을 의미함.

[공공외교법 제6조] 공공외교 기본계획 수립
  기본계획에는 향후 5년간의 공공외교 활동의 정책방향 및 추진목표, 공공외교 주요정책의 수립·조정에 관한 사항, 공공외교 재원 조달 및 운용에 관한 사항, 공공외교 기반조성, 제도개선 및 평가에 관한 사항, 공공외교를 위한 지방자치단체 및 민간부문에 대한 지원방안 등이 포함되어야 함.

[공공외교법 제8조] 공공외교위원회 설치
  공공외교정책의 종합적·체계적 추진을 위한 주요사항을 심의·조정하기 위한 공공외교위원회(위원장: 외교부장관, 위원: 관계부처 차관 및 민간 전문가 등 총 20명)를 설치함

[공공외교법 제10조] 공공외교 실태조사
  외교부장관은 공공외교정책의 수립·시행을 위해 공공외교 현황에 관한 실태조사를 실시할 수 있음

* 시행령 제10조: 정기조사는 매 2년마다, 수시조사는 수시로 실시 가능

대한 시각을 크게 상호보완적인 두 가지 시각, 즉 '수단적 시각(instrumental perspective)'과 '정체성 시각(identity perspective)'으로 대별할 수 있다.[14] 수단적 시각은 자국의 외교정책이나 국가이익에 대한 수단적 역할과 기여에 초점을 맞추는 것으로서, 공공외교를 '외국민을 대상으로 매력 자산을 사용하여 자국을 알리며, 그들을 설득하고 그들에게 영향을 미치며 관여함으로써 궁극적으로 자국의 외교정책과 국가이익의 증진에 기여하는 비전통적 외교 행위'로 인식하고 있다. 공공외교의 주체는 상대방 비국가행위자에게 자국에 관한 올바른 정보를 전달하고 국제여론에 영향력을 행사함으로써 상대방 정부로부터 자국에 유리한 정책을 이끌어내도록 할 뿐만 아니라, 국제사회에서 자국의 평판을 높이는 데 기여함으로써 궁극적으로 자국의 외교정책 및 국익 증진에 이바지한다는 것이다. 수단적 시각은 메시지의 내용과 디자인(내러티브), 전달에 초점을 맞추고 있고, 의도하는 국가이미지 투사, 국가 브랜드 등을 강조하고 있다. 이러한 시각은 무정부 국제사회에서의 각자도생, 자국의 이익, 특히 안보이익의 극대화, 국가들에게 적용되는 국가이익 개념의 보편성과 고정성 등을 전제한다는 점에서 국제정치의 현실주의와 맞닿아 있다.

  이와는 달리 정체성 시각은 상대방과의 사회

---

14) 김태환, "정책공공외교로서의 평화공공외교: 개념과 방향성," IFANS 주요국제문제분석 2021-07 (2021. 4. 30).

적인 상호작용을 거쳐서 자국의 정체성은 물론, 특정 현상이나 대상 또는 이슈에 대해서 '상호주관적 의미', 즉 상대방과 '공유하는 이해와 의미를 확립해나가는 과정', 그리고 이러한 과정을 통해서 궁극적으로는 국가 간 관계나 국제관계를 '사회적으로 구성'하는 측면에 초점을 맞추고 있다.[15] 이러한 관점에서 볼 때, 공공외교는 '국제사회에서 소통을 통해서 자국의 국가/민족 정체성, 또는 정체성을 구성하는 요소들에 대한 인정(recognition)을 추구하는 활동'이라고 정의할 수 있다. 그러나 자국이 인식하고 규정하는 정체성은 국제사회에서 그대로 받아들여지는 것이 아니므로, 국가와 비국가행위자들은 주관적 정체성을 사회적으로 인정받기 위해서 물질적 및 담론적 방법을 통한 외교활동을 수행하며, 특히 소통을 통한 담론적 방법은 공공외교의 주 영역이다. 즉 행위 주체의 인정 추구 행위는 국제사회에서 타자들과의 상호작용을 통해서 이들로부터 공감을 얻고, 인정을 획득함으로써 주관적 정체성을 객관화하고 실현하고자 한다. 여기에서 특히 주목을 요하는 점은 자기의 주관적 정체성에 대한 인정은 상대방에 대한 이해 및 인정과 동시에 진행되는 것이며, 궁극적으로 인정된 정체성은 원래의 주관적 정체성의 수정 또는 재구성을 필요로 한다는 점이다. 상대방이 공감하고 인정하는 자기 정체성의 수정 또는 재구성은 결국 정체성의 외연 확장을 통해서 자기중심적, 자국중심적 정체성을 넘어선다는 것을 의미한다. 국제사회에서 상호작용을 거쳐서 인정된 특정 국가의 정체성은 이러한 의미에서 '사회적 구성물'이라고 할 수 있다.

정체성 접근은 국제정치에 대한 구성주의(constructivism) 입장을 취하는 것으로서, 자국 중심성을 넘어서 상대방과의 상호작용을 중시할 뿐만 아니라, 국가이익 자체가 모든 국가들에게 불변적으로 정해져 있다기보다는 상대방과 공유하는 이해와 의미를 확립하면서 '사회적 현실'을 만들어나가는 과정에서 정체성 자체도 가변적으로 (재)구성되고, 이에 따라 국익도 정해진다는 점을 강조한다.

공공외교에 대한 이와 같은 정의에 기반할 때, 국가/민족 정체성의 어떤 요소를 소통하느냐에 따라서 또다시 두 가지 유형의 구분이 가능하다. '투사형 공공외교(projection public diplomacy)'는 인종, 언어, 한 민족이 오랜 기간 공동 경험을 통해서 공유하는 역사, 문화 등 정체성의 본원적 요소, 즉 '우리는 누구인가'를 알리는 데에 초점을 맞추는 공공외교로써, 문화외교가 대표적이다. 이에 비해서 '주창형 공공외교(advocacy public diplomacy)'는 한 국가가 국제사회에서 추구하는 아이디어, 가치나 규범(what we stand for), 그리고 이를 반영하는 정책이나 제도, 이를 실현하기 위한 역할에 초점을 맞추는 공공외교로써, 이러한 요소들을 반영하는 외교정책은 지식 및 정책공공외교의 주요 내용을 구성한다. 또한, 특정 국가들이 국제사회에서 차지하는 지위(예컨대 강대국, 중견국 등의 지위) 또는 열망하는 지위 역시 대외적 정체성의 요소이며, 따라서 주창형 공공외교의 내용을 구성한다. 투사형 공공외교가 타자들과 구별되는 우리의 '특수성'에 초점을 맞추

---

15) 공공외교에 대한 정체성 시각은 저자의 견해이다. 이러한 관점에서 공공외교를 상이한 인정 추구 활동(recognition-seeking practices)으로 보는 시각과 사례 연구에 대해서는 김태환, "무정부 국제사회에서의 인정 추구: 공공외교에 대한 정체성 접근과 한국에 대한 함의," IFANS 정책연구시리즈 2020-03 (2021. 1) 참조.

는 것이라면, 주창형은 타자와 함께 공감할 수 있는 '상호주관적 보편성'에 중점을 두는 공공외교라는 점에서 양자는 상호보완적인 동시에 뚜렷한 차이가 있다.

공공외교에 대한 수단적 시각과 정체성 시각을 결합할 때 공공외교 접근의 상이한 유형들을 도표 7.1과 같이 도식화할 수 있다.

도표 7.1의 수평축은 좌단의 외국민에 대한 일방적 정보 전달로부터, 설득과 관여를 통해서 중장기적 관계를 구축하는 데 이르기까지 수단적 시각의 스펙트럼을 나타낸다.[16] 한편 수직축은 상단의 자국 중심적 이익 극대화와 홍보로부터 시작하여, 상대방과의 상호작용을 통해서 공유하는 의미의 추구 과정을 거쳐서 정체성의 외연을 확장하고 재구성해나가는 데 이르기까지 정체성 시각의 스펙트럼을 나타낸다. 자기중심성, 자국 중심성을 넘어서는 것은 초국가적 정체성을 의미하며, 나아가서는 인간중심적 정체성을 지향하게 된다.[17] 따라서 도표 7.1의 각 영역 중 I분면은 상대방에게 자국중심의 독백형 정보 전달에 중점을 두는 공공외교 접근(독백형)이고, II분면은 대칭적이건 비대칭적이건 상대방과의 상호 대화와 교류에 초점을 맞추는, 그러나 여전히 자국중심적인 상호 소통의 접근 유형(대화형)이며,[18] III분면

은 자국의 정보 전달을 넘어서서 기후변화나 팬데믹 등 글로벌 현안 문제 등에 대한 정보 전달과 행동 촉구와 같이 초국가적 주창을 중시하는 공공외교 유형(초국가적 공적 주창형)이고, IV분면은 상대방과 공유하는 이해와 의미 생성을 통해서 공동의 정체성과 공동의 이익을 만들어가는 유형(상호구성형)을 의미한다. 유형 IV 공공외교에서는 공동 이익과 정체성에 기반한 공동체의 형성이 핵심이 된다. 물론 이들 각 분면은 이상적 개념 유형을 나타내는 것으로서, 현실적으로는 각 유형들이 중첩적으로 혼재하는 것이 일반적이다.

두 시각에 따른 네 가지 유형의 공공외교가 한국에게 모두 의미가 있음은 재언의 여지가 없다. 그러나 공공외교의 방향성을 가늠할 때 중요한 점은, 오늘날 국제정치 및 커뮤니케이션 동학의 맥락하에, 한국의 주관적 관점에서, 또한 국제사회가 한국에 대해 갖는 역할 기대라는 관점에서, 한국이 새로운 의미와 중요성을 부여해야 할 공공외교의 시각 또는 유형은 어떠한 것인가의 문제이다.

3) 공공외교 추진 방향

한국 공공외교의 추진 방향을 명확하게 보여주는 것은 2016년 공공외교법에 근거한 공공외교 중기계획이다. 첫 번째 중기계획은 2017년부터 2022년까지, 두 번째 중기계획은 2023년부터 2027년까지의 기간을 다루고 있다.[19] 공공외교

---

16) 공공외교에 대한 정보 중심 접근과 관계구축 접근에 대해서는 R. S. Zaharna, *Battles to Bridges: U.S. Strategic Communication and Public Diplomacy after 9/11* (London: Palgrave Macmillan, 2010), Chapter 7 참조.

17) 인간중심적 공공외교에 대해서는 R. S. Zaharna, *Boundary Spanners of Humanity: Three Logics of Communication and Public Diplomacy for Global Collaboration* (New York: Oxford University Press, 2022) 참조.

18) I, II분면 유형의 명칭(독백형, 대화형)은 Geoffrey Cowan and Amelia Arsenault, "Moving from Monologue to Dialogue to Collaboration," *The ANNALS of the American Academy of Political Social Science* 616 (2008)로부터 차용한 것이다.

19) 외교부, 『제1차 대한민국 공공외교 기본계획 2017-

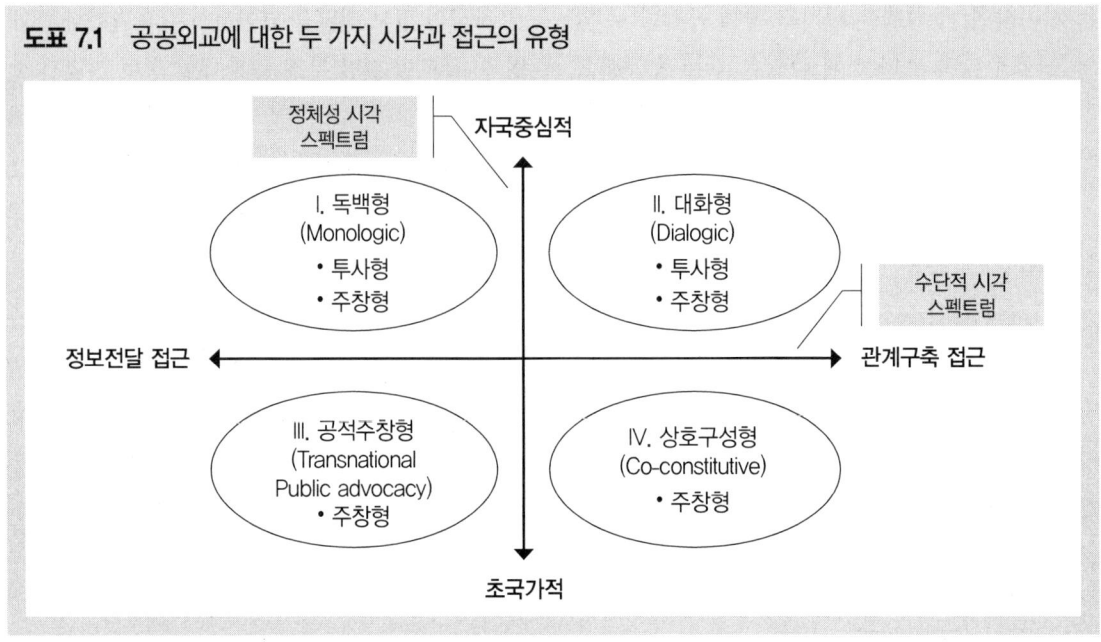

도표 7.1 공공외교에 대한 두 가지 시각과 접근의 유형

법과 시행령에 근거하여 중기 공공외교 기본계획(이하 '기본계획'으로 통칭)이 수립되었고, 매년 중앙부처들과 지방자치단체들의 공공외교 활동을 종합하는 종합시행계획(이하 '시행계획'으로 통칭)[20]을 수립하여 실천하게 되었다. 기본계획과 시행계획을 통해서 수행 주체들의 역량을 결집함으로써 효과성을 높이기 위한 통합적 공공외교 추진체계가 마련되었다. 연간 시행계획은 중앙정부 및 지방자치단체 차원의 전국적인 공공외교 사업들을 총망라함으로써 중요한 정보의 근원이 될 뿐만 아니라, 정부 차원에서 분야별 공공외교정책의 우선순위를 부여하고 실행하는 토대가 된다는 점에서 큰 의미가 있다.

기본계획은 향후 5년간 범정부적·범국민적 차원의 통합적·체계적인 공공외교 이행을 위한 범정부 차원의 비전과 정책방향 및 추진목표를 제시하는 것이며, 제1차 기본계획은 도표 7.2에서와 같이 "국민과 함께, 세계와 소통하는 매력 한국"이라는 비전과 4대 목표하에, 문화, 지식, 정책 등 3대 분야별 활동목표 및 6개 전략부문, 15개 추진전략, 50개 중점추진 과제로 구성되었다. 각 관계기관(중앙행정기관 및 광역지방자치단체)은 기본계획에 따라 매년 자체 시행계획을 수립하고, 외교부는 이를 토대로 연간 시행계획을 마련하고 있다.

제1차 기본계획에서 공공외교의 중점 하위 분야를 문화-지식-정책으로 범주화하고 중앙-지방 간 협업 및 조율체계, 정보공유와 소통을 위한 공공외교 종합정보시스템 등을 포함하는 인프라 구축을 강조한 것은 제도적인 차원에서 한국 공공외교 기반을 다진다는 점에서 의미가 있었다. 특히 제1차 기본계획에서는 정책공공외교(policy

---

2021』(서울: 외교부, 2017); 『제2차 대한민국 공공외교 기본계획 2023-2027』(2022).

20) 외교부, 『공공외교 종합시행계획』(서울: 외교부, 2018, 2019, 2020, 2021, 2022).

도표 7.2 제1차 공공외교 기본계획의 공공외교 추진 비전, 목표, 전략

비전	**"국민과 함께 세계와 소통하는 매력한국"**
목표	• 풍부한 문화자산을 활용한 국격제고 및 국가이미지 강화 • 한국에 대한 올바른 인식과 이해 확산 • 우리 정책에 대한 우호적 전략 환경 조성 • 공공외교 주체의 역량강화와 상호 협업체계 정착

문화외교	지식외교	정책공공외교
• 선진 문화국가로서의 매력 확산 • 풍부한 문화자산을 활용한 호감도 증진 • 쌍방향 문화교류를 통한 소통 강화	• 한국의 역사·전통·발전상 등에 대한 이해 제고 • 한국학 진흥 및 한국어 보급 확대	• 주요국 대상 우리 정책에 대한 이해도 제고 • 정책공공외교 외연 확대 • 국내 외국인 대상 정책공공외교 활동 강화

추진 전략

국민과 함께하는 공공외교
• 국민 참여형 공공외교체계화
• 민관 협업을 통한 국민 공공외교 강화

공공외교 인프라
• 중앙부처-지자체-민간 간 협업 및 조율체계 확립
• 공공외교 국제 네트워크 강화
• 선순환적 공공외교 성과평가체계 확립
• 정보공유와 소통을 위한 온라인 시스템 구축
• 공공외교 정책수립을 위한 기초조사 실시

---

advocacy)의 중요성에 대한 인식하에 이에 대한 노력이 두드러졌다. 정책공공외교는 주로 지식 및 미디어 자원을 사용해서 '특정 국가의 외교정책을 설파하고 설득함으로써, 자국 정책에 대한 이해를 높이고 지지를 구하는, 즉 국제사회에서 인정을 추구하는 공공외교의 한 유형'을 의미한다. 정책공공외교가 단순히 개별 정책 자체에 대한 홍보 차원의 이해와 지지를 구하는 데서 나아가, 정책에 담겨 있는 아이디어, 가치나 규범에 대한 국제사회에서의 '상호주관적 이해와 의미'를 확립하고 소통을 통해서 이의 담론적 확산을 추구할 때, 이는 상호구성형·주창형 공공외교의 전형이 될 수 있다. 이 경우, 수사와 실천 간의 괴리를 방지하고 신뢰성을 확보함으로써 궁극적으로 인정을 획득하기 위해서는, 주창의 담론이 구체적인 실천적 역할로 뒷받침되어야 한다는 점이 중요하다. 공공외교와 전통외교가 불가분의 관계로 통합된다는 것을 의미한다.

제1차 기본계획하에서 정책공공외교에 대한 강조는 공공외교 사업에서 차지하는 비중 증가에서 명백히 드러나고 있다. 중앙행정기관 및 지자체가 수행하는 전체 공공외교 사업 중 정책공공외교 사업 수 비중은 2018년 7.9%, 2019년 27%, 2020년 28%, 2021년 27%, 그리고 2022

년에는 27%(135개)로 세 배 이상 증가하였고, 사업 예산의 측면에서도 정책공공외교가 차지하는 예산 비중이 2017년 2.2%로부터 4.6%(2018년), 9%(2019년), 18%(2020년), 20%(2021년), 그리고 2022년에는 19%로 꾸준히 증가하였다.

또한 '국민과 함께하는 공공외교'는 주요 외교정책결정과정에서 국민과의 소통을 통해 민주적·절차적 정당성을 확보하고 국민적 합의를 근간으로 한 외교 수행을 목적으로 하는 참여·소통 확대 활동을 의미하는 것이다. 외교부는 이를 실천하기 위해서 광화문 외교부 본부와 양재동 외교센터, 그리고 부산에 '국민외교센터'를 개소하고 국민외교포럼, 공감팩토리, 정책제안 국민공모전, 열린캠퍼스, 국민 디자인단 등 다양한 국민참여 사업을 시행하고 있다. 국민외교는 국민들을 공공외교의 주체이자 파트너로서 협업의 인적 자산으로 인식하고 있는 것이며, 따라서 공공외교 분야에서 국내와 국외의 구분이 희석되어 가고 있는 국제적 추세를 반영하고 있는 것이기도 하다.[21]

2022년 8월에 확정 발표된 제2차 공공외교 기본계획은 "세계 자유, 평화, 번영에 기여하는 글로벌 중추국가 대한민국"이라는 비전하에 세 개의 목표와 12개의 중점 과제를 근간으로 하고 있다.[22] 제2차 기본계획은 제1차 기본계획이 다져온 체계적 범주 및 기반하에, 정책공공외교의 강화를 첫 번째 목적으로 설정하고 한반도 평화증진과 같은 기존의 중점 사항에 더하여, 글로벌 가치외교를 강조하고 있다. 두 번째 목표로서는 문화외교와 더불어 과학기술을 외교적으로 활용하는 과학기술외교의 강화, 그리고 세 번째 목표로서 디지털 공공외교의 강화에 방점을 두고 있다.

4. 공공외교정책의 결정과 집행체계

2016년에 제정·발효된 공공외교법은 공공외교정책의 결정과 집행체계를 포함하여, 한국 공공외교 제도화의 초석이 되었다. 이 절에서는 공공외교법을 비롯한 기본 문건에 기초해서 한국 공공외교정책의 결정 및 집행체계를 조망하고자 한다.

외교부는 공공외교법에 근거하여 중앙행정기관 및 지자체와 협의를 거쳐 공공외교 5개년 기본계획 및 연간 종합시행계획을 수립하는 과정을 총괄함으로써 한국 공공외교정책의 주무 부처 역할을 한다. 외교부 내 공공외교 주무 담당 부처는 공공문화외교국으로서, 이는 다섯 개의 과(공공외교총괄과, 유네스코과, 문화교류협력과, 정책공공외교과, 디지털공공외교과)로 이루어져 있고, 외교부 제2차관과 공공외교대사의 직접적인 지휘 감독을 받는다.[23] 외교부는 본부와 재외공관 간 소통을 강화하기 위해서 재외공관 공공외교 담당관 회의를 개최하고 있는데, 이는 공공외교 환경이 유사한 지역별·문화권별(예컨대 중동지역, 중남미지역 등) 재외공관 공공외교 담당관 회의를 통해서 현지 맞춤형 공공외교 전략 수립 및 공공

---

21) 공공외교 시행에 있어서 국내와 국외의 구분 희석에 관해서는 Ellen Huijgh, *Public Diplomacy at Home: Domestic Dimensions* (Leiden, Netherlands: Brill Nijhoff, 2019) 참조.

22) 제2차 공공외교 기본계획과 관련한 자세한 사항은 외교부, 『제2차 대한민국 공공외교 기본계획 2023-2027』 참조.

23) 외교부 공공외교 담당 부서의 조직 및 업무 분장에 대해서 상세 내용은 외교부 조직도 참조. https://www.mofa.go.kr/www/pgm/m_4276/uss/org/orgcht.do?type=list.

외교 활성화 방안을 논의하기 위한 것이다.

외교부는 공공외교정책의 종합적·체계적 추진을 위한 주요사항을 심의·조정하기 위하여 외교부장관 소속으로 공공외교위원회를 운영하며, 이를 통해 공공외교정책 전반을 심의하고, 부처 간 유사·중복 혹은 충돌되는 업무의 조정 및 부처별 공공외교 추진 현황을 파악한다. 외교부장관이 공공외교위원회의 위원장을 역임하며, 정부위원으로서 외교부, 기획재정부, 문화관광체육부 등 정부 부처 차관 위원 14명, 민간위원으로서 학계, 문화예술계, 언론계, 경제계 인사 5명 등 총 20인으로 구성되고 있다. 공공외교위원회는 산하에 외교부 공공외교대사를 위원장으로 하는 공공외교 실무위원회를 두고 있는데, 동 위원회는 문화, 지식 및 정책 공공외교 분야의 실무위원회를 운영하며 반기별 개최를 원칙으로 하고 있다. 실무위원회는 각 부처 공공외교 추진 현황 및 협업 사항을 점검하고, 수교기념 행사 관련 가이드라인을 제정하여 업무 프로세스 및 업무 분장을 명확히 하며, 공공외교 기본계획에 대한 수정 및 보완, 그리고 차년도 종합시행계획 수립을 준비하고 있다. 또한, 정책공공외교 민관협업회의, 대미 정책공공외교 범정부 위원회와 같은 회의체도 비정기적으로 운영되고 있다.

공공외교법 시행령에 의거하여 한국국제교류재단(KF)이 공공외교 추진기관으로 지정되었으며, KF는 2018년 이래 연간 공공외교 시행계획에 중앙행정기관과 더불어 참여하고 있고, 2020년부터는 중앙행정기관·광역지자체·재외공관 및 유관 공공기관 등이 상시적으로 접근 가능한 공공외교 디지털 플랫폼(공공외교 종합정보시스템)을 구축하고 운영함으로써 공공외교 관련 범

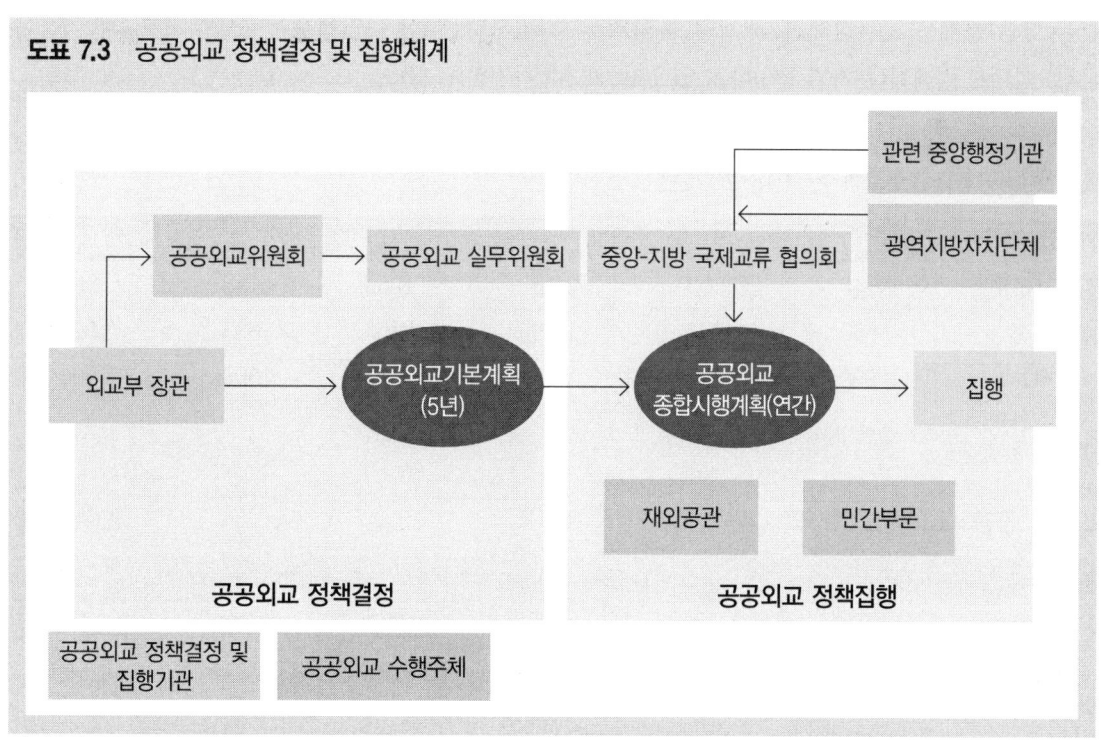

도표 7.3 공공외교 정책결정 및 집행체계

정부적 정보공유 및 상호 모니터링 기반을 강화하고 있다.

외교부는 중앙부처와 지자체 간 협업을 체계화하기 위해서 중앙-지방 국제교류 정책협의회 등 다양한 협의체를 운영하고 있으며, 대한민국시도지사협의회가 시행하는 공공외교 활동을 지원하고 있다. 중앙부처-지자체 협업은 구체적으로 지자체 국제업무담당관 회의 활성화 및 지자체 파견 국제관계대사 활용, 지자체 해외교류활동 지원, 지자체 국제행사의 개최 및 홍보 지원, 외교부 장관 주최 주한외교단 지방 문화시찰 행사 개최, 재외공관 공공외교사업 관련 지자체/민간 공연단과의 협업 강화, 대학교, 학회, 연구소 등 다양한 민간 전문기관과의 정책공공외교 관련 협의 및 협업 강화 노력을 포함한다.

또한, 국제문화교류 및 공공외교 관련 현안 협의 및 조정을 위해서 외교부와 문화체육관광부 간 국장급(문체부 문화정책관, 외교부 문화외교국장) 회의를 정례화(분기별 1회)하고 있으며, 재외공관의 문화교류 행사에 대한 지원 강화와 민간 및 지자체 지원 사업 정보공유를 위한 국제문화교류 유관기관 워크숍을 개최하기도 한다.

중앙행정기관과 광역지방자치단체는 5개년 기본계획 수립 시 외교부와 협의하고 기본계획에 따라 연간 시행계획을 외교부에 제출하며(11월 말까지), 각 기관의 고유한 업무 특성을 살린 공공외교 수행 및 실적을 제출한다. 관련 중앙행정기관은 공공외교위원회에 참석하여 공공외교 업무의 부처 간 협조 및 조정을 수행한다. 재외공관 역시 기본계획 및 종합시행계획에 따라 활동계획을 수립하고, 외교부 장관에게 제출하며(1월 말까지), 공공외교 활동 수행 및 실적을 제출한다.

제1차 기본계획의 시행 기간인 2018~2022년 기간 동안 중앙행정기관 및 광역지자체가 시행한 공공외교 프로그램의 수 및 예산은 표 7.1, 7.2와 같다. 프로그램 수에 있어서는 지자체가 앞서고 있으나, 예산 측면에서는 중앙부처가 4배 이상을 차지하고 있다.

표 7.1 공공외교 프로그램 수, 2018~2022년 (단위: 건)

	2018년	2019년	2020년	2021년	2022년	합계
중앙정부	143	203	213	195	183	937
지자체	550	354	363	336	325	1,928
총계	693	557	576	531	508	2,865

출처: 외교부, 『공공외교 종합시행계획』 (서울: 외교부, 2018, 2019, 2020, 2021, 2022).

표 7.2 공공외교 예산, 2018~2022년 (단위: 억 원)

	2018년	2019년	2020년	2021년	2022년	합계
중앙정부	3,375	5,112	3,012	2,782	2,823	17,104
지자체	1,063	895	909	835	844	4,546

출처: 외교부, 『공공외교 종합시행계획』 (서울: 외교부, 2018, 2019, 2020, 2021, 2022).

공공외교법과 이에 의거한 공공외교 기본계획 및 시행계획은 한국 공공외교의 제도화와 체계화의 중요한 기반이 되었다. 특히 연례 시행계획은 중앙정부 차원은 물론, 중앙정부와 지방자치단체 간 공공외교정책과 사업의 결정과 집행을 하나의 흐름과도 같이 연계해주는 제도적 구심점 역할을 하고 있다는 점에서 의미를 갖는다. 물론 여전히 중앙정부 차원의 행정기관들과 광역지방자치단체들 사이에 공공외교의 의미와 역할에 대한 이해도의 차이가 존재하는 것이 사실이며, 이러한 점은 현재 자리를 잡아가고 있는 제도의 틀 내에서 실행과 실천을 반복하면서 사회적 학습을 통한 체화와 내재화를 필요로 하는 것이다. 이 과정에서 공공외교정책 및 사업의 실천자들을 위한 내실 있는 세미나, 워크숍과 같은 학습의 장은 적지 않은 기여를 할 수 있을 것이다. 이러한 과정에 민간부문의 참여와 협업이 적극적으로 이루어진다면, 한국 공공외교정책과 사업의 실천은 보다 바람직한 체계를 갖출 수 있을 것이다.

5. 공공외교의 현황과 특징

공공외교가 본격화된 지 30여 년, 오늘날 공공외교의 급부상기에 과연 '한국형 공공외교' 모델이 존재하는가? 이 절에서는 앞서 살펴본 한국 공공외교의 진화, 그리고 최근 추진 방향 및 정책결정과 집행체계를 토대로 한국 공공외교의 특징을 적시하고, 지난 2018~2022년 동안 중앙행정기관이 시행한 공공외교 사업들을 3절의 도표 7.1에서 제시한 유형 분석 틀에 의거하여 분류하고자 한다.

1) 한국 공공외교의 네 가지 특징[24]

냉전 종식 이래 지난 30여 년간에 걸친 한국 공공외교의 특징을 설명하자면 경작형 모델, 경쟁우위형 모델, 지식 공공외교, 참여형·협력형 공공외교 이렇게 네 가지로 분류해 볼 수 있다 (표 7.3 참조).

무엇보다도 한국의 공공외교는 지난 30여 년간 한류가 선도하는 문화외교가 공공외교의 토양을 개척해 온 이른바 '경작형 모델'이라 칭할 수 있다. 물론 그 이전에도 공공외교정책이 없었던 것은 아니지만, 이들은 주로 일방향적 국정 홍보나 이미지 투사와 같은 데에 초점을 맞춤으로써 금세기 정보통신기술의 혁신과 더불어 대두되기 시작한 신공공외교, 즉 비국가행위자가 대거 공공외교의 주체로 부상하고, 일방향적 선전이나 홍보보다는 쌍방향적 소통과 관여를 통해서 상대방과의 관계구축에 초점을 맞추는 새로운 양식의 공공외교와는 구별이 되는 것이었다. 신공공외교의 관점에서 한국 공공외교의 개척자 역할은 1990년대 중반 이래 한류가 수행해왔고, 한류는 2000년대 중반까지는 드라마를 중심으로, 이후에는 K-팝을 중심으로, 그리고 게임과 콘텐츠 산업을 중심으로 하는 한류로 내적 혁신과정을 거치면서 그 지속성을 유지해왔다. 2020년 9월 현재 전 세계 98개국에 1,835개의 한류 동호회가 결성되어 있으며 1억 명 이상의 멤버가 참여하고 있다.[25]

---

24) 이 부분은 김태환, "제7장: 공공외교," 김태환 외, 『현대외교정책론, 제4판』 (서울: 명인문화사, 2022), pp. 206~211 참조.

25) 한국국제교류재단, 외교부, 『2020 지구촌 한류현황 I~IV』 (서울: 외교부, 2020).

표 7.3 한국 공공외교의 특징

특징	내용
경작형(耕作型) 모델	공공외교의 여러 하위 분야 중 문화외교, 특히 한류가 선도적 역할을 수행
경쟁우위형 모델	전통적인 소프트파워 자산보다는 가공을 통한 후천적 매력 자산을 중심으로 하는 공공외교
지식 공공외교	역사적 경험과 지식자산을 활용하는 공공외교
참여형·협력형 공공외교	국민들의 참여 및 상대국과의 협력을 중시하는 공공외교

오늘날 K-팝은 한국과 직결된 음악 장르로 간주되고 있으나, 사실상 K-팝은 글로벌 트렌드와 한국적 특성을 조합한 음악적·문화적 혼성물(hybrid)로서의 특징을 지니고 있으며, 이것이 K-팝의 인기와 성공의 중요한 요소로 평가되고 있다.[26] K-팝은 음악적으로 미국의 힙합, 유로 테크노, 아프리카의 댄스 음악 등 세계 각지의 음악 스타일을 받아들여서 융합하고 있다. 예컨대 방탄소년단(BTS)은 힙합 그룹으로서의 정체성을 지니고 있고, 여기에 한국의 전통적 민요의 추임새가 가사에 들어가기도 하고 뮤직비디오에서 한국의 전통적 이미지들이 묘사됨으로써 한국적 특성을 가미하고 있다. 특히 이른바 '토탈 매니지(total management)' 시스템으로 일컬어지는 기획사 시스템, 즉 기획사가 재능 있는 청년들을 발탁하여 춤과 노래를 포함한 모든 것을 교육하고, 동시에 데뷔 전은 물론 후에도 그들의 음악과 생활을 관리·감독하는 한국적 시스템에서 탄생한 그룹으로의 특성을 가지고 있기도 하다. 무엇보다도 BTS는 한국 10대의 학교생활, 청년 세대의 좌절과 희망, 세월호 사건 등 한국 현실을 담은 한국어 가사 노래를 꾸준히 발매해왔으나, 그들의 음악이 전하는 메시지가 한국이라는 특정 국가와 문화를 넘어서서 보편적인 공감을 얻을 수 있었기 때문에 국제무대에서 인정을 받게 된 것으로 평가되고 있다.[27]

K-팝은 이러한 요소들을 통합하여 하나의 '브랜드'가 되었지만, 한국에서 유래했기 때문에 유명한 것이 아니라 그 자체로서 매력적이고 공감을 자아내기 때문에 인정을 받고 있는 것이며, 문화외교의 차원에서 한국은 오히려 K-팝의 성공을 한국에 대한 감성적 애착과 인정으로 연계시키기 위해서 활용하고 있는 것이다. 한국 영화 〈기생충〉이 2020년 미국 아카데미 영화제에서 최우수 작품상을 포함한 4관왕의 영예를 얻고 칸 영화제를 비롯한 세계 유수 영화제에서 획기적인 기록과 평가를 받은 것은, 그것이 한국의 문화이기 때문이 아니라, 무엇보다도 영화가 전달하는 빈부격차에 따른 사회적 계층화에 관한 메시지, 그리

---

26) K-팝의 특징에 대해서는 다음을 참조. 이규탁, "방탄소년단: 케이팝 세계화의 새로운 방식," 『동아시아재단 정책논쟁』 제116호 (2019. 4. 16); Jimmyn Parc and Hwy-Chang Moon, "Accumulated and Accumulable Cultures: The Case of Public and Private Initiatives toward K-Pop," *Kritika Kultura* 32 (2019), pp. 429-452; Sooho Song, "The Evolution of the Korean Wave: How Is the Third Generation Different from Previous Ones?" *Korea Observer* 51-1 (Spring 2020), pp. 125-150.

27) 이러한 견해에 대해서는 예컨대, 홍석경, 『BTS 길 위에서』 (서울: 어크로스, 2020) 참조.

고 이것을 전달하는 영화예술적 표현 양식이 한국을 넘어서 초국가적인 공감을 자아낼 수 있었기 때문이다. 이러한 점은 넷플릭스(Netflix)를 통해 방영되어 전 세계적인 주목을 받았던 드라마 시리즈 〈오징어게임〉에도 적용될 수 있다. 이들 대중문화 작품들은 한국의 전통문화와 달리 한국에 고유한 것을 고집하는 것이 아니라, 외국의 문화적 요소들을 도입함으로써 한국의 정체성과의 연계성은 상대적으로 희석되지만, 역설적으로 정체성의 외연을 확장시킴으로써 보다 광범한 '상호주관적인 보편적 공감'을 통해서 감성적 인정을 얻을 수 있게 된 것이다.

둘째, 한국은 고유한 전통적 문화 자산과 같이 역사적으로 계승된 소프트파워 자산의 비교우위에 의존하기보다는, K-팝의 경우가 여실히 보여주듯 (K-팝의 경우에는 상업적으로) 가공된 소프트파워 자산을 사용하는 '경쟁우위'에 입각한 공공외교를 추진해왔다.

전통적 문화외교는 국가/민족 정체성의 본원적 요소를 구성하고 있는 '민족-문화-언어'를 국제사회에 알리고 증진하는 형태를 띠고 있으며, 이를 통해서 자국 문화의 우수성과 매력을 알리고 전파하는 데에 초점을 맞추고 있다. 전통적 문화외교의 관점에서 볼 때, K-팝이나 일본의 J-팝, 미국의 할리우드 영화와 같은 현대 대중문화에 기반을 둔 새로운 문화외교는 비교우위와 경쟁우위에 입각한 소프트파워 자산의 차이를 잘 보여주고 있다. 소프트파워의 생성은 하드파워와는 달리 물질적인 투자보다는 창의적인 아이디어가 중요하며, 따라서 소프트파워 자산을 주요 수단으로 사용하는 공공외교는 강대국에 비해서 상대적으로 물질적 자산이 풍요롭지 못한 중소국들에게 기회를 제공하는 영역이 아닐 수 없다. 한국이 비교우위를 가질 수 있는 전통적 소프트파워 자산과 더불어, 경쟁우위에 초점을 맞추는 새로운 후천적 매력 자산을 꾸준히 개발해야 할 필요가 대두되는 이유이다.

셋째, 이러한 관점에서 지식자산을 외교적 목적으로 활용하는 지식외교는 특히 주목해야 할 분야이다. 지난 20여 년간 한국은 경제개발 경험을 지식자산의 형태로 가공하여 특히 공적개발원조(ODA: Official Development Assistance)의 틀 내에서 개발도상 국가들과 공유하는 공공외교 프로그램(기획재정부의 지식공유프로그램[KSP: Knowledge Sharing Program], 외교부의 개발경험교환프로그램[DEEP: Development Experience Exchange Program])과 더불어 전자정부, 전자치안, 전자 투표 시스템 등과 같이 지식자산을 토대로 한 지식 공공외교 역시 활발하게 추진해왔다. KSP나 DEEP는 특히 개도국을 대상으로 괄목할만한 공공외교 성과를 산출해왔으나, 아이러니하게도 한류의 혁혁한 성공으로 인해서 오히려 제대로 조망을 받지 못한 측면이 없지 않다.

기획재정부와 한국개발연구원(KDI), 그리고 수출입은행이 주관하는 KSP는 양자 간 맞춤형 정책컨설팅을 제공하는 정책자문, 한국의 경제발전 경험을 체계적으로 정리하여 정책자문의 기초자료로 활용할 뿐만 아니라 국제기구 등을 통해서 공유하고 전파하는 모듈화 사업, 세계은행 등 국제기구와 연계하여 정책자문을 제공하는 국제기구 공동 컨설팅, 그리고 금융정보, 전자조달 시스템 등 글로벌 경쟁력을 보유한 한국 시스템에 대한 컨설팅 사업 등을 수행해왔다. 한편 DEEP

는 외교부와 산하 한국국제협력단(KOICA: Korea International Cooperation Agency)이 주관하는 개발 컨설팅 사업이며, KOICA는 이외에도 프로젝트 사업, 월드 프렌즈 코리아(World Friends Korea), 정부와 시민사회, 기업, 대학 등 다양한 관계자들이 파트너십을 구축해 개도국의 빈곤 완화와 복지증진을 도모하고 민간의 자본과 기술을 활용하는 참여형 민관협력 사업, 그리고 개도국의 정책입안자, 공무원, 분야별 전문가들을 국내에 초청하여 개발경험과 기술을 공유하는 글로벌 연수사업 씨앗(CIAT: Capacity Improvement and Advancement for Tomorrow) 등을 운영해오고 있다.

과학기술 자산을 외교적 목적으로 사용하는 과학기술외교, 국제회의를 조직하고 주관함으로써 국제사회에서 어젠다 세팅 및 지식 소통을 추구하는 회의체 외교, 정책공공외교 등을 포함하는 지식 공공외교 분야는 한국에게는 문화외교와 한류에 대한 의존도를 줄이면서 향후 공공외교의 다변화를 모색해야 할 필요성의 관점에서 주목해야 할 분야가 아닐 수 없다. 지식외교의 한 분야로서 정책공공외교가 최근 들어 그 중요성이 더욱 가중되어왔음은 이미 지적한 바와 같으며, 과학기술외교는 정책공공외교와 더불어 제2차 기본계획에서 강조하고 있는 분야 중의 하나이다.

넷째, 한국의 공공외교 수행 양식에 있어서는, 국민들의 참여와 더불어 상대방 국가와의 협업 프로그램을 개발하는 참여형 및 협력형 공공외교에도 노력을 기울여왔다는 점 역시 특기할 만하다. 참여형 공공외교는 내국민들이 공공외교의 주체나 협업 파트너로서 참여하는 프로그램을, 협력형 공공외교는 내국민뿐만 아니라, 상대국 정부 또는 비국가행위자와의 공동 프로그램을 의미한다.[28] 외교부는 전기했던 국민외교센터와 더불어 참여형 프로그램으로서 '국민 공공외교 프로젝트', '청년 공공외교단', '시니어 공공외교단'과 같은 프로그램을 운용해왔으며, KOICA는 정부와 시민사회, 기업, 대학 등 다양한 관계자들이 파트너십을 구축함으로써 민간의 자본과 기술을 활용하는 국민참여형 개발원조 사업을 운용해오고 있다. 또한, 외교부는 2013년 이래 협력형 공공외교의 차원에서 중국과 더불어 한중 공공외교 포럼을 운영해오고 있다.

2) 중앙행정기관 공공외교의 유형 분류[29]

앞서 도표 7.1에서는 공공외교 프로그램들을 독백형, 대화형, 초국가적 공적 주창형, 상호구성형 이렇게 네 가지 유형으로 구분했는데, 이들 유형의 보다 구체적인 특징은 표 7.4와 같다.

한국 중앙행정기관이 공공외교 종합시행계획에 의거하여 2018~2022년 5년 동안 시행한 총 937건의 프로그램들을 이들 유형별 특징에 따라 분류하면, 유형 I이 40%(374건), 유형 II가 42%(396건)로서 자기중심형 프로그램(I+II)이 770건으로 전체의 82%에 달하고 있는 반면에, 자기중심성을 넘어서는 프로그램(유형 III+IV)은 59건으로서 전체의 7%에 그치고 있고, 이 중에도 상

---

28) 협력형 공공외교에 대해서는 Cowan and Arsenault (2008) 참조.
29) 이 부분의 상세 내용은 김태환, "한국 공공외교의 유형 분석과 방향성 2018~2022: 자국 중심성을 넘어서," 국립외교원 외교안보연구소 정책연구시리즈 2022-07 (2023.1) 참조.

표 7.4 공공외교의 네 가지 유형별 특징

유형	특징
독백형(I)	• 주관적 정체성의 발신 • 독백형 자기 증진, 자기표현 • 자기중심적 메시지 및 미디어 전략 • 자국중심의 전략적 내러티브와 스토리텔링 • 정보전파에 초점 – 정보전쟁, 마음을 얻기 위한 전투, 아이디어 전쟁 • 상대방에 대한 정보 전달, 설득 및 영향력 행사에 초점
대화형(II)	• 자기중심적 관계구축 • 타자에 대한 학습과 이해 제고 • 상호 인정과 협력 강조 • 상대방과의 관계가 소통 및 정체성을 공히 지배 • 공동의 정체성에는 이르지 못한 개인집단들의 협력
초국가적 공적 주창형(III)	• 주관적 정체성의 외연을 확장하지만, 관계구축보다는 정보 발신에 초점 • 공동의 정체성 없이 초국가적 메시지 발신 • 특정 이슈를 중심으로 한 상이한 정체성들 유지 • 글로벌 이슈들에 대한 스토리텔링, 내러티브 • 국제개발협력 프레임하에서의 지식 공유 사업들 • 글로벌 이슈들에 대한 정보 전달과 주창을 위한 초국가적 캠페인
상호구성형(IV)	• 확장된, 공유하는 관계 정체성 • 상호성, 동료의식, 공유하는 인류의식 • 정체성의 상호 조정과 적응 • 정보 전달보다는 상대방과 관계의 유대감이 소통의 중요한 특징을 구성 • 공감을 통한 협력 • 공동의 정체성 및 이익에 기반한 공동체 구성 • 공동의 정체성, 사회, 공동체에 대한 스토리텔링, 내러티브 • 공동체 의식을 고양시키는 네트워크 구축과 활동 • 국제규범의 형성 및 강화를 위한 역할

호구성형은 6건 또는 전체의 1%에 불과하다.

유형 I 독백형은 해외 한국어·한국학 증진, 한국 소개, 한국 관련 외국의 교과서 등 오류 시정 및 기술 확대, 관광홍보를 포함하는 홍보, 정책 설명회, 국가이미지 제고 전시 사업 등과 같은 프로그램들로서 한국에 관한 일방향적 정보 전달에 초점을 맞추고 있다. 이 중 재외동포를 대상으로 하는 프로그램 역시 한국어와 한국 문화 등 한국 소개에 초점을 맞추고 있다. 세계의 주요 국가들은 공공외교의 부상과 더불어 재외동포를 자국 공공외교의 주요한 대상인 동시에 인적 자산으로 인식하고 있다. 예컨대, 이스라엘은 미국에서 이스라엘 로비의 영향력에서 보듯 해외 디아스포라를 공공외교의 중요한 인적 자원으로 활용하고 있고, 중국은 공산당 중앙위원회 산하 통일전선공작부(United Front Work Department)를 중심으로 재외동포를 대상으로 자국 공산당 통치의 정당성을 강화하고, 이와 더불어 해외에서 자국 영향력 증대의 수단으로 재외동포를 활용하고 있다. 러시아 역시 해외 러시아 민족을 자국의 영향력 확장을 위한 명분이자 수단으로 활용하고 있다. 재외동포는 공공외교 주체국가와 대상국 간의 중요한 문화적 교량으로서, 특정 이슈나 현안, 정체성에 대한 한국과 대상국 간 상호 공유하는 이해와 의미를 도출하는 데에 중요한 위치를 점하고 있는 것이 사실이며, 이에 따라 재외동포에 대하여 독백형을 넘어서는 다양한 공공외교 접근을 모색할 필요성이 제기된다.

유형 II 대화형은 청소년 교류, 청년 및 대학생 교류, 학자 및 전문가 교류, 공무원 교환교류, 스포츠를 매개로 한 교류 등 다양한 인적교류와 문화교류, 그리고 양자 및 다자 회의체를 중심으로 이루어지고 있다. 이에 따라 상대방에 대한 이해를 높이는 측면과 더불어, 이들 교류 프로그램의 다수가 일회성에 그치는 것이 아니라 지속성을 갖고 운용되고 있다는 점에서, 명백히 자기중심적 정보 전달에 초점을 맞추는 유형 I과 달리 상대방과의 관계구축에 초점을 맞추고 있다. 그러나 유형 II의 경우에도 자기중심성을 유지하고 있는 경우가 적지 않은 비중을 차지하고 있는 것이 사실이다. 양자 회의체 및 세미나를 통한 정책공공외교에서 상대방에 대해 한국의 입장을 설파하거나 해외 정책연구소 지원에서 한국 관련 연구를 권장하고 있는 것 등이 대표적인 경우이다.

유형 III 초국가적 공적 주창형의 경우, 개발협력 프레임하의 지식 공유, 교육 및 연수 프로그램들과 글로벌 이슈 중심의 다자포럼과 사업들이 포함된다. 특히 여성가족부가 시행해 온 양성평등정책 교육, 성평등 교육전문가 양성교육, 여성 직업능력 개발교육 초청연수, 일본군 위안부 피해자 문제 관련 국제공조 활동 등과 같은 일련의 사업들은 유형 III의 의미 있는 프로그램들이다. 또한, 종합시행계획에는 포함되지 않았지만, 예컨대 2020년 외교부가 코로나 팬데믹 초기에 시행한 TRUST 캠페인은 글로벌 이슈를 중심으로 한 초국가적 주창 캠페인의 좋은 사례이다. 동 캠페인은 코로나 팬데믹 발발 초기인 2020년 전반기에 한국의 상대적으로 성공적인 초기 방역 경험에 입각해서 초기 방역의 몇 가지 중요한 원칙들, 즉 Transparency(대규모 테스트와 병적 추적을 포함한 투명성), Responsibility(사회적 거리두기 등 책임 있는 방역 조치), United Action(정부, 연구기관, 사기업 및 국민들의 단합된 행동), Science & Speed(혁신적인 드라이브-쓰루 테스트 센터, 자가진단 키트 등 과학에 기반한 신속한 대처), Together in Solidarity(한국의 경험을 전 세계와 공유)를 강조하는 글로벌 캠페인이었다. 유형 III 공공외교 사업의 개발과 지속적인 발전을 위해서는 무엇보다도 한국의 공적 개발원조(ODA) 사업과 보다 직접적인 연계를 모색할 필요가 있을 것이다.

유형 IV 상호구성형의 경우, 중앙행정기관 사업으로서는 문화체육관광부가 시행하는 아시아예술커뮤니티 구축 및 운영, KF가 시행하는 글로벌 공공외교 네트워크(GPDNet: Global Public Diplomacy Network) 사업에 국한되어 매우 약세를 보이고 있는 현실이다. 중앙정부나 지자체 차원의 공공외교는 아니지만, 예컨대 동해연구회가 1990년대 초 이래 국제적으로 사용되는 동해 수역의 표기를 '일본해'가 아닌 '동해·일본해(East Sea·Sea of Japan)'로 병기하자는 운동을 주도해왔는데, 2000년엔 불과 2.8%에 불과했던 각종 세계지도와 교과서의 병기율이 2009년 28.1%까지 늘었고 최근 병기율은 40% 정도에 이르는 것으로 추정되고 있다. 동해연구회의 현 회장인 주성재 경희대 교수는 지난 30년은 동해 병기뿐만 아니라 지명에 대한 인류의 인식이 확장되는 시기이기도 했다고 하면서, 최근 지명과 관련한 "국제적 화두는 포용(inclusion)과 지명을 문화유산적 관점에서 보자는 움직임"이라는 의견을 피력하였다.[30] 이 사례는 한국의 물리적 정체성과 일본의 물리적 정체성에 대한 상호 공유할 수 있는 의미와 이해를 도출하고자 하는 시도로 볼 수 있으며, 이러한 점에서 상호구성형 공공외교에 근접하는 사례라 할 수 있을 것이다.

6. 공공외교의 문제점과 전망

그렇다면 오늘날 국제적 맥락에서, 그리고 변화하고 있는 한국의 능력과 지위의 관점에서, 한국의 공공외교는 어떠한 도전 요소에 직면하고 있는가? 이 절에서는 한국의 공공외교가 오늘날 당면하고 있는 쟁점과 도전과제를 짚어보고, 이에 기반하여 향후의 방향성을 논의하고자 한다.

1) 쟁점과 도전과제

여기에서는 한국의 공공외교의 네 가지 쟁점과 도전과제를 지적하고자 한다. 첫째, 투사형 공공외교에 대한 집중의 문제이다. 지난 30여 년간 한국의 공공외교가 괄목할만한 발전적 진화를 이룩해 온 것은 부인할 수 없는 사실이다. 그러나 다른 한편 한국 공공외교는 한류를 중심으로 하는 문화외교와 인적교류, 경험 공유를 중심으로 우리 민족/국가 정체성의 본원적 요소, 그리고 특징과 장점에 초점을 맞추어서 '우리가 누구인지'를 알리고자 하는 데에 주안점을 둔 자국 중심적 투사형 공공외교가 주류를 이루어온 것도 사실이다. 이는 지난 30여 년간 한국의 하드파워 증강과 이에 따른 국제사회에서 지위 상승에 상응하는 공공외교 역할 간에 여전히 적지 않은 괴리가 있다는 점에 직결된다. 즉 우리의 주관적 정체성과 국제사회가 한국을 바라보는 인식 간에 적지 않은 괴리가 존재한다는 것이다. 1990년대 이래 한국의 중견국 지위 정체성이 확고히 자리 잡게 되었고, 최근 G7 정상회담에 한국이 초청된 것이나 유엔 무역개발회의(UNCTAD)가 한국을 더 이상 개도국이 아닌 선진국으로 지정한 데에서 보듯, 한국의 지위는 이미 국제사회에서 선진국에 이른 것으로 인정받고 있다. 이에 따라 국제사회에서 한국에 대한 역할 기대 역시 변화하고 있음은 자명하다.

한국의 국력 및 지위 상승과 이에 따른 국제사회의 역할 기대치의 상승은 곧 우리 스스로가 공공외교의 역할 정체성을 새롭게 설정하고, 국제사회에서의 역할 기대와의 괴리를 줄여나가는 노력이 필요하다는 것을 의미한다. 이는 자국 중심적 정체성의 외연을 확장하는 것으로 비롯되어야 하며, 이를 위해서는 무엇보다도 공공외교에서 가급적 'K' 접두사를 배제함으로써 한국의 공공외교에 대한 사유재적 접근보다는 글로벌 공공재적 접근을 취하는 것이 보다 바람직할 것이다. 'K' 접두사는 '한국 브랜드화'를 통해서 한국을 알리는 투사형 공공외교 측면에서는 유용하겠지

---

30) 『한겨레』, 2022년 10월 3일 자.

만, 한국의 특수성과 '소유권'을 내포함으로써 정체성의 외연 확장을 통해서 보다 상호주관적 보편성에 기반을 둔 공감과 인정, 그리고 참여를 모색한다는 차원에서는 오히려 역효과를 초래할 수도 있기 때문이다.

하드파워 차원에서 한국의 국력, 한국의 위상과 지위, 그리고 국제사회의 한국에 대한 역할 기대를 감안할 때, 이제는 투사형 공공외교와 더불어 우리 정체성에 자리 잡은 가치와 아이디어에 초점을 맞추는, 즉 국제사회에서 '우리가 추구하는 것'과 이의 실현을 위한 구체적 역할에 초점을 맞추는 주창형 공공외교를 본격적으로 추진해야 할 시점이다.

두 번째는 자기중심성의 문제이다. 이미 살펴보았듯 오늘날에는 국제정치 맥락과 커뮤니케이션 동학이 공히 급격하게 변화하고 있다. 금세기의 새로운 맥락에서 지난 세기의 공공외교 접근법은 뚜렷한 한계를 갖는다. 상호연계성과 다양성으로 특징화되는 오늘날의 세계에서, 자국의 주관적 가치와 아이디어를 '보편적인' 가치와 아이디어로 설파하고 증진하는 자기중심적, 자국중심적 공공외교는 더 이상 그 설득력을 얻기 어려우며 오히려 상대방의 반감을 초래할 여지가 크다. 자기 자신에 대한 주관적 이미지보다도 타인이 나를 보는 이미지, 그리고 타인에 대한 나의 인식이 중요하다. 나에 대한 상대방의 인식이 부정적인 것은 단순히 나에 대한 정보의 부족이나 왜곡에 기인하는 것만은 아니며, 보다 근본적으로는 상대방의 시각에서 나를 바라보지 않기 때문이다. 오늘날과 같은 배타적 정체성의 정치 시대에는 타인의 시각을 이해하고자 하는 공감의 노력과 능력이 필요하다. '상대방의 마음을 얻는 공공외교'로부터, '상대방의 마음을 배려하는 공공외교'로의 전환이 요청되는 것이다.

오늘날의 정보 환경에서는 의도하는 정보를 일방적으로 전달하는 것은 더 이상 그 적실성이 없으며, 정보의 전달보다는 정보와 의견의 교환을 통한 관계 형성이 보다 바람직하다. 공공외교의 차원에서는 나의 주관적 시각과 입장을 상대방에게 전달하고 설득하기보다는, 상대방과의 관계 형성을 통해서 공유할 수 있는 이해와 의미를 만들어나가는 접근이 요청된다. 나와 타자의 인식과 관계는 상호적인 것이며 상호성을 통해서 구성되는 것이므로, 상대방은 물론 자신, 자기 인식의 변화를 상정하는 상호구성형 접근이 요청된다.

셋째, 정책공공외교의 지속성의 문제이다. 최근 들어서 특히 한국의 대북정책과 통일정책, 외교정책을 국제사회에 설파하는 정책공공외교에 주안점을 두고 있음은 이미 지적한 바와 같다. 이는 투사형 공공외교로부터 특정 주제에 기반한 주창형 공공외교로 향해 가는 초기 시도이긴 하지만, 아직은 특정 정부의 개별 정책에 초점을 맞추고 있다는 점에서 여전히 한계를 갖고 있다. 특히 보수-진보 정부 간 정부 교체가 있을 때에는 대북정책과 한미동맹에 대한 접근에서 상당한 변화가 수반되었고 이에 따라 정책공공외교를 통해서 발신하는 메시지 역시 변화하였으며, 경우에 따라서는 상충적인 정책 메시지를 발신하기도 하였다. 이러한 일관성과 지속성의 결여는 정책공공외교의 효과성 저하는 물론, 궁극적으로는 한국외교의 신뢰성에 부정적인 영향을 미칠 수 있는 것이다.

따라서 특정 정부의 개별 외교정책에 대한 홍보적 설명이나 설득보다는, 정부 교체에도 불구하고 지속될 수 있는 한국 '외교정책 정체성'의 기조를 구성하는 가치와 규범, 원칙에 기반을 둔 공공외교의 확립이 필요하다. 외교정책 정체성은 특정 국가 외교정책의 특수성, 그 국가가 국제사회에서 추구하는 가치와 아이디어, 그리고 수행하는 역할에 대한 자기이해를 의미한다.[31] 이러한 의미에서 외교정책 정체성은 구체적인 개별 외교정책들과는 구별되는 것이며, 흔히 공식 외교정책 담론으로 표현되는 주관적인 것이지만, 그것이 국제사회에서 의미를 갖기 위해서는 국제사회의 구성원들에 의해서 공유되어야 한다는 점에서 상호주관적인 것이다. 이를 위해서는 무엇보다 먼저 국내에서 원칙적인 가치와 규범에 토대를 둔 정책적 입장(예컨대 한미동맹과 대북정책)에 대한 최소한의 합의를 도출하는 작업이 선행되어야 할 필요가 있다. 국내적 합의 도출에 학자 및 전문가들과 언론은 물론, 특히 국회의 역할이 중요한 이유이다.

넷째, 단기적인 국가이익과 외교정책 실현에 기여하는 공공외교의 수단적 기능의 함정에서 벗어나야 할 필요가 있다. 흔히 공공외교는 이미 결정된 외교정책을 국제사회에서 소통하는 역할에 머물고 있다. 공공외교가 그릇된 외교정책을 바로 잡을 수는 없다. 공공외교는 이미 결정된 외교정책의 단순한 전파와 소통에만 국한될 것이 아니라, 외교정책의 입안과 결정과정의 중요한 일부가 되어야 할 것이다. 외교적 실천 분야에서 전통외교와 공공외교의 구분이 모호해지고 양자가 통합되어가고 있는 통합외교의 추세와 현실[32]을 감안할 때, 공공외교가 단순히 외교정책의 수단에 머무는 것이 아니라, 외교정책의 핵심 내용이자 본질의 일부를 구성해야 할 필요가 있는 것이다. 이러한 맥락에서, 공공외교의 비전과 정책에 사용하는 개념을 명확히 해야만 이에 수반되는 외교적 역할의 구체화와 실천이 비로소 가능할 것이다.

2) 한국 공공외교의 방향성

그렇다면 오늘날과 같은 국제정치 및 글로벌 커뮤니케이션 맥락에서 과연 한국의 공공외교는 어떠한 방향성을 취해야 할 것인가? 여기에서는 특히 세 가지 초점을 제시하고자 한다. 첫째, 미중 경쟁이 심화되고 있는 오늘날의 국제적 구조하에서는, 중견국을 포함한 여러 국가들이 상호 공감할 수 있는 가치나 주제, 이슈를 중심으로 포용적·협력적인 공동의 정체성을 구성하는 노력이 이루어져야 할 필요가 있다. 오늘날 지구촌은 국가나 민족을 넘어서 공동으로 대응해야 할 글로벌 현안 이슈들이 산적해 있다. 한국의 공공외교는 평화와 안보, 기후변화, 핵비확산(nuclear non-proliferation), 보건안보 등 특정 이슈에 대한 '공동의 이해와 의미'를 생성해내고 공동의 정체성을 구성하기 위한 담론과 이를 반영하는 프로그램을 운용하는 공공외교, 즉 '규범공공외교(normative public diplomacy)'[33]의 플랫폼 국

---

[31] Stefano Guzzini, "The Framework of Analysis: Geopolitics Meets Foreign Policy Identity Crisis," in Guzzini (ed.), *Return of Geopolitics in Europe? Social Mechanisms and Foreign Policy Identity Crisis* (New York: Cambridge University Press, 2012).

[32] 통합외교에 대해서는 김태환, "제7장 공공외교," 김계동 외, 『현대외교정책론, 제4판』 (서울: 명인문화사, 2022), pp. 202-203 참조.

[33] 규범공공외교에 대해서는 김태환, "문화적 보편성·다양성과 규범공공외교," 『공공외교: 이론과 실천』 1-2 (2021. 9), pp. 35-65 참조.

가로서의 도약을 준비해야 할 것이다. 이는 곧 도표 7.1 공공외교의 유형 중 정체성의 외연을 확장함으로써 유형 III과 유형 IV로 향한 방향성을 의미한다.

상호구성형 공공외교로서의 규범공공외교는 타자들이 받아들일 수 있는, 즉 상호 공유할 수 있는 이해와 의미를 도출해낼 수 있는 규범을 만들어내고(규범의 생성), 이렇게 생성된 규범을 확산, 학습, 내재화, 제도화, 구조화함으로써 행위자들 간 이질성과 차이를 넘어서 최소한의 공감과 합의를 도출하는 공공외교(규범의 순환과 확산), 그리고 이를 통해서 행위자 간의 관계를 사회적으로 구성해가는 공공외교를 의미한다. 이를 위해서는 자기중심성을 벗어나서, 자기 정체성의 재구성까지도 수반할 수 있는 주관적 정체성의 외연 확장이 필수적이다. 특히 전기한 글로벌 이슈 영역에서의 규범은 이들 특정 이슈 영역에서 상호주관적 의미와 이해를 제도화하고 비물질적 구조화함으로써 강대국을 포함한 국제사회 행위자들의 정체성을 구성하고, 규제하며, 평가함으로써 행위를 제어하는 것을 의미한다. 곧 규범화를 통해서 공동의 정체성과 이익을 형성할 수 있는 것이다.

둘째, 한국의 구체적 역할에는 대결적인 자유주의 대 반자유주의 간 가치의 대립의 심화되어 가고 있는 상황에서 소프트파워 차원의 균형을 모색하는 역할을 포함시킬 필요가 있다. 이를 위해서는 공유하는 가치에 기반한 국가 및 비국가 행위자들과 결속과 연대를 통해서 '집단적 소프트파워'를 창출하고, 이를 자유주의 대 반자유주의 간 대립하는 가치 사이의 완충, 또는 균형자로서 역할 하는 기제로 사용함으로써 소프트파워 균형을 모색할 필요성이 있는 것이다.

가치의 진영화라는 국제적 맥락에서 가치·규범 및 정치체제 유형으로서의 민주주의가 정치화되고 있는 현실에서는, 한국은 중도적인 가치와 규범으로서 '적극적 평화'에 기반하는 규범외교로서 '평화공공외교'에 초점을 맞출 필요가 있다.[34] 적극적 평화는 전쟁을 포함한 직접적 폭력, 경제적 착취와 억압과 같은 구조적 폭력, 그리고 폭력을 정당화시키는 문화적 폭력의 부재를 지칭할 뿐만 아니라, 이들 폭력을 감소시키고 보다 전향적으로 직접적·구조적·문화적 평화를 만들어 나가는 과정을 의미한다. 평화공공외교는 "적극적 평화라는 가치와 규범을 반영하는 프로그램을 포함, 내외국민에 대한 담론 소통 활동을 통해서, 평화와 안보에 대한 공유하는 의미를 확립하고 이를 확산, 내재화, 제도화함으로써 궁극적으로 '평화·안보 실천 공동체'를 구성하고자 하는 상호구성적 주창형 공공외교"라고 정의할 수 있다.

셋째, 디지털 기술과 매체를 적극적으로 활용하는 공공외교 프로그램들을 개발하고 발전시켜 나아가야 할 필요가 있다. 공공외교 분야에서 디지털 매체의 잠재력을 충분히 구현하기 위해서는 상당한 투자, 특히 인적 자원에 대한 투자와 준비가 절대적으로 요청된다. 코로나 팬데믹은 디지털 공공외교의 중요성과 잠재력을 다시금 일깨워 주고 있다. 그러나 아직도 공공외교의 일선에서는 소셜 미디어를 포함한 디지털 매체가 일방적인 정보 전달, 홍보의 수단으로 사용되는 경향이 지배적이다. 공공외교에서 디지털 도구를 단순히 메시지를 전파하는 데에 사용하는 것을 넘어서

---

34) 평화공공외교에 관한 상세 내용은 김태환 (2021. 4. 30) 참조.

서, 국가나 여타 정치적 집단의 정체성을 구성하는 아이디어, 가치, 이익, 글로벌 이슈와 현상들을 상대방과 소통하고, 이로부터 공유하는 이해와 의미를 생성해냄으로써 상대방과 관계를 구축하고, 궁극적으로는 공동의 이익과 정체성에 기반한 커뮤니티를 구축하는 매개체로 활용해야 할 것이다.

7. 결론

지난 30여 년간 한국의 공공외교는 국제적 현실과 구조적 변화는 물론, 한국의 국제사회에서의 지위 변화와 이에 따른 주관적 필요, 그리고 국제사회로부터 한국에 대한 역할 기대에 따라서 진화와 발전을 이루어 왔다. 그러나 오늘날의 국제적·구조적 맥락은 지난 세기와는 확연히 다르다. 미중경쟁을 핵심으로 하는 강대국 경쟁이 국제정치를 규정하는 주요 요소로 부각하면서 갈등과 대립이 심화되고 있다. 비서구 나머지의 부상으로 다양성의 시대, 힘의 전이 시대, 힘의 분산 시대, 국제질서 재편의 시대가 도래한 것이다. 이와 더불어 커뮤니케이션 동학 역시 디지털 정보통신 기술혁신으로 과거와는 판이한 양상을 보이고 있다. 바야흐로 국제질서가 전환기를 맞고 있는 오늘날에는 이에 걸맞은 공공외교에 대한 새로운 이해와 인식, 그리고 공공외교의 새로운 역할이 요청되고 있으며, 특히 한국과 같은 비강대국의 역할의 중요성이 가중되고 있는 것이다.

특정 시기의 국제질서는 물리적 힘의 배분과 더불어 집단적 믿음의 배분, 그리고 "일련의 규칙과 제도들"로 구성되는 것으로 이해할 수 있으며, 후자는 강대국(들)의 선호와 이익뿐만 아니라, 국제사회에서 집단적 믿음, 특히 가치와 규범의 배분을 반영하는 것이다. 공공외교는 국제질서의 한 축을 구성하는 집단적 믿음의 배분, 가치와 규범의 배분에 결정적인 역할을 할 수 있다. 한국의 정체성 인식에 따른 주관적 필요와 국제사회의 한국에 대한 역할 기대의 차원에서 한국의 역할은 명확하다. 이제 자국중심성을 벗어나서 정체성의 외연을 확장함으로써 국제사회의 공동의 정체성과 이익을 도출하고, 이의 실천을 위해서 역할을 수행해야 할 시점이 도래했다. 국제적 구조나 맥락은 흔히 인식하는 것처럼 전적으로 외부로부터 주어지는 것이 아니다. 공공외교는 상호 간의 소통을 통해서, 상대방과 자신의 정체성을 재구성해가면서 물리적 현실을 사회적으로 구성해나가는, 이에 따라 행위를 규제하고 제어하는 인지구조를 만들어나가는 역할을 할 수 있다. 바로 여기에서 공공외교와 국제질서, 특히 국제규범질서가 직접적으로 연계되는 것이며, 이러한 관점에서 오늘날 국제질서 형성과 재편의 시대에 한국 공공외교의 역할을 확인하고 다듬어 나아가야 할 것이다.

토의주제

1. 오늘날 미중경쟁을 핵심으로 하는 강대국 경쟁의 특징은 무엇인가? 강대국 경쟁의 시대에 공공외교는 어떠한 역할을 하고 있고, 할 수 있는가?
2. 금세기 커뮤니케이션 환경의 특징은 무엇인가? 20세기의 그것과 어떻게 비교할 수 있으며 공공외교에 어떠한 영향을 미치고 있는가?
3. 소셜 미디어를 포함한 디지털 기술을 어떻게 한국의 공공외교에 도입하여 사용할 수 있을 것인가에 대해서 논의해보자.
4. 공공외교의 상이한 유형들의 특징에 대해서 논의해보고, 한국 공공외교 사업 중 각 유형별 대표적 사례들을 생각해보자.
5. 한국 공공외교의 정책결정 및 집행과정에 대해서 논의해보자.
6. 지난 20여 년에 걸친 한국 공공외교의 특징으로서는 어떠한 것들이 있는가?
7. 국제질서와 공공외교의 관계는 무엇인가? 국제질서 형성 및 재편에 공공외교는 어떠한 역할을 할 수 있는가?
8. 규범공공외교(normative public diplomacy)의 의미와 국제사회에서의 역할에 대해서 논의해보자. 한국이 공공외교를 통해서 주창할 수 있는 구체적인 가치와 규범에는 어떠한 것들이 있는가? 또한, 이러한 가치와 규범의 실천을 위해서는 어떠한 외교적 역할이 필요한가?
9. 금세기 강대국 경쟁의 심화와 확산의 맥락에서 강대국과 구별되는 중견국 공공외교의 역할은 무엇이어야 하는가? 이러한 관점에서 한국 공공외교의 향후 방향성은 어떠해야 할 것인가?

참고문헌

1. 한글문헌

김태환. "가치외교의 부상과 가치의 '진영화': 강대국 사례와 한국 공공외교의 방향성." 『문화와 정치』 6권 1호 (2019).
_____. "무정부 국제사회에서의 인정 추구: 공공외교에 대한 정체성 접근과 한국에 대한 함의." IFANS 정책연구시리즈 2020-03 (2021.1).
_____. "문화적 보편성·다양성과 규범공공외교." 『공공외교: 이론과 실천』 1권 2호 (2021. 9).
_____. "제7장 공공외교." 김계동 외. 『현대외교정책론, 제4판』. 서울: 명인문화사, 2022.
_____. "한국 공공외교의 유형 분석과 방향성 2018~2022: 자국 중심성을 넘어서." 국립외교원 외교안보연구소 정책연구시리즈 2022-07 (2023.1).
외교부. 『공공외교 종합시행계획』. 서울: 외교부, 2018, 2019, 2020, 2021, 2022.
_____. 『제1차 대한민국 공공외교 기본계획 2017~2021』. 서울: 외교부, 2017.
_____. 『제2차 대한민국 공공외교 기본계획 2023~2027』. 서울: 외교부, 2022.
『공공외교법』. 법률 제13951호 (2016. 2. 3. 제정, 2016. 8. 발효).
『공공외교법 시행령』. 대통령령 제27438호 (2016. 8. 4. 제정 및 시행).

2. 영어문헌

Anderson, Benedict. *Imagined Communities: Reflections on the Origin and Spread of Nationalism*. New York: Verso, 1983.

Castells, Manuel. *Communication Power*. New York: Oxford University Press, 2013.

_____. *The Rise of the Network Society, The Information Age: Economic, Society, and Culture*, Vol. 1, 2nd ed. West Sussex, United Kingdom: Wiley-Blackwell, 2010.

Cowan, Geoffrey, and Amelia Arsenault. "Moving from Monologue to Dialogue to Collaboration." *The ANNALS of the American Academy of Political Social Science* 616 (2008).

Kim, Taehwan. "Paradigm Shift in Diplomacy: A Conceptual Model for Korea's "New Public Diplomacy." *Korea Observer* 43:1 (Winter 2012).

Lascurettes, Kyle M. *Orders of Exclusion: Great Powers and the Strategic Sources of Foundational Rules in International Relations*. New York: Oxford University Press, 2020.

Nye, Jr., Joseph S. *Soft Power: The Means to Success in World Politics*. New York: Public Affairs, 2004.

Snow, Nancy, and Nocholas J. Cull (eds.). *Routledge Handbook of Public Diplomacy*, 2nd ed. New York: Routledge, 2020.

Zaharna, R. S. *Battles to Bridges: U.S. Strategic Communication and Public Diplomacy after 9/11*. London: Palgrave Macmillan, 2010.

_____. *Boundary Spanners of Humanity: Three Logics of Communication and Public Diplomacy for Global Collaboration*. New York: Oxford University Press, 2022.

8장 환경외교

1. 서론   222
2. 환경외교의 대내외 환경   225
3. 환경외교의 목표와 추진 방향   232
4. 환경외교의 결정과 집행체계   236
5. 환경외교의 현안과 쟁점   241
6. 환경외교의 문제점과 전망   247
7. 결론   249

최재철(주 프랑스 대사, 전 기후변화대사)

1. 서론

국제 외교무대에서 환경외교란 용어가 통용되기 시작한 시기는 1970년대이다. 환경외교가 국제 외교무대에 부각된 배경은 동서 냉전체제가 해체되는 가운데 오존층 파괴, 기후변화, 생물다양성의 소실, 유해 폐기물의 불법교역 증대 등 여러 환경문제의 발생빈도가 급속히 증가하고 그 범위도 국가 간의 경계를 초월하였다는 점이다. 천연자원의 빠른 고갈은 인류를 지탱하고 있는 지구와 이를 둘러싸고 있는 생물권의 지탱 용량을 초과하고 있다는 경고로 연결되었다.[1] 비영리단체인 '글로벌 생태발자국 네트워크(Global Footprint Network)'는 '지구용량 초과의 날(Earth Overshoot Day)'을 매년 발표하고 있다. 1970년대에 인류의 연간 자원 소비가 지구의 연간 자원 재생 능력을 추월한 이래 지구용량 초과의 날은 매년 앞당겨지고 있다. 2020년 초과의 날은 코로나19 팬데믹으로 2019년보다 23일 늦추어진 8월 22일이었으나 2021년은 7월 29일, 2022년은 7월 28일로 앞당겨졌다.

1970년대 초 서유럽국가들은 국경을 초월하여 발생하는 대기 오염과 산성비 문제의 원인 파악과 해결방안을 당시 선진국 중심의 국제기구인 경제협력개발기구(OECD)에 의뢰하였다. OECD는 이해 당사국들의 과학자, 공무원 및 외교관이 참여

---

1) www.footprintnetwork.org (검색일: 2022.10.4).

하는 협의를 통해 오염자 부담원칙에 의거한 배출업체 규제와 국가 간 협력 협정 체결을 권고하였다.[2] 이와 비슷한 시기인 1972년 6월 다자환경외교의 출발점으로 평가되는 유엔 인간환경회의(UNCHE: UN Conference on Human Environment, 일명 스톡홀름회의)가 스웨덴 스톡홀름에서 개최되었다.[3] 스톡홀름회의의 결정에 따라 국가 간 환경협력을 촉진하기 위한 국제기구로 유엔환경계획(UNEP)이 케냐 나이로비에 설립되었고 유엔 총회는 스톡홀름회의 개막일인 6월 5일을 '세계 환경의 날'로 지정하였다. 유엔체제하에서 환경전담기구가 된 유엔환경계획은 다자환경협약 채택과 지역환경협력계획 작성을 위한 촉매제 역할을 성공적으로 수행하였다. 유엔환경계획의 기술적 자문과 정책 권고는 개발도상국들이 국내 환경문제를 다루고 다자환경외교에 참여하는 역량 강화에 크게 기여하였다.

1983년 독립기구로 설립된 '환경과 개발에 관한 세계위원회(WCED: World Commission on Environment and Development)'는 인류가 세계를 보는 시각의 변화를 촉구하였다. WCED는 노르웨이 브룬트란트(Gro Harlem Brundtland) 전 총리의 리더십하에 2년간의 작업을 걸쳐 지속가능한 개발의 필요성을 담은 "우리 공동의 미래(Our Common Future)" 제하의 보고서를 1987년에 발표하면서 후속 조치를 위한 국제회의 소집을 권고하였다. "우리 공동의 미래" 보고서는 지속가능한 개발을 "미래 세대가 그들의 필요성을 충족할 능력을 저해함이 없이 현재 세대의 필요성을 충족시키는 개발"로 정의하였다.

1992년 6월 브라질 리우데자네이루에서 개최된 유엔 환경개발회의(UNCED)에는 선진국과 개발도상국을 망라한 172개국 정부 대표와 수많은 NGO 대표들이 참가하여 환경외교의 전성기를 열었다. 지구정상회의(Earth Summit)로 알려진 UNCED에서 지구 2대 환경협약이라는 유엔 기후변화기본협약(UNFCCC)과 생물다양성협약(CBD)이 채택되었다. 유엔 환경개발회의에서 채택된 27개 원칙을 담은 '환경과 개발에 관한 리우선언'은 1972년의 스톡홀름선언을 한 단계 발전시킨 것으로 국제환경법의 기본 원칙으로 자리를 잡았다. 2002년 9월에는 남아공 요하네스버그에서 세계지속가능발전정상회의(WSSD)가 개최되었고 그로부터 10년 후인 2012년 6월에는 브라질 리우에서 UNCED 개최 20주년을 기념하는 유엔 지속가능발전회의(UNCSD, 일명 리우+20회의)가 소집되어 글로벌 지속가능발전목표 작성을 결의하였다. 2013년 유엔 새천년개발목표 후속 조치를 논의하는 작업반이 리우+20회의 후속 작업 결과를 이어받아 유엔 지속가능발전목표(UNSDGs) 작성 작업을 계속하였다. 2015년 9월 유엔 지속가능발전정상회의가 개최되어 빈곤퇴치, 기후변화, 에너지, 생태계 등 17개 목표를 담은 "세계의 전환: 2030 지속가능발전의제"가 글로벌 의제로 채택되었다.[4] 유엔 경제사회이사회 산하의 고위급정치포럼(HLPF)이 매년 개

---

2) Jean-Paul Hettelingh and Leen Hordijk, "Environmental Conflicts: The case of Acid Rain in Europe," *Annuals of Regional Science* volume 20 International Institute for Applied Systems Analysis (June 1987), pp. 38-52.

3) https://www.iisd.org/articles/deep-dive/stockholm-and-birth-environmental-diplomacy (검색일: 2022. 10.4).

4) https://sdgs.un.org/goals (검색일: 2022.10.4).

최되어 각국의 유엔 지속가능발전목표의 자발적 이행상황을 점검한다.

다자환경협약(MEA)은 글로벌 환경외교의 대상인 기후, 대기, 생태계, 유해 폐기물과 화학물질 등 여러 분야에서 채택되어 시대적 상황과 요구를 반영하면서 발전해 나갔다 (도표 8.1 참조). 예를 들어, 1992년에 채택된 기후변화협약은 1997년 선진국과 동유럽 국가들의 온실가스 배출을 규제하는 교토의정서를 부속서로 채택하였다. 그 이후 기후위기의 악화와 개발도상국들의 배출 증가라는 여건 변화를 감안하여 2021년부터 모든 국가에게 적용하는 파리협정체제로 발전되었다. 유엔환경계획 등의 자료에 따르면 2020년까지 750개가 넘는 다자환경협약이 체결되었으며 현재 250개가 넘는 환경협약에 유효하게 적용되고 있다. 이러한 다자환경협약의 주체는 국가이지만 체결 협상과 이행과정에 국제기구, 산업계, 시민사회 등 다양한 이해관계자의 참여가 확대되고 있다. 1972년 이후 본격적으로 전개되어온 국제환경협력의 다양한 형태와 목적을 감안할 때 환경외교는 국제사회의 구성원인 국가가 지구 생태계의 보전과 지속가능한 이용을 목적으로 다른 국가들과 교섭과 합의를 통해 협력을 이끌어내고 갈등과 분쟁을 해결해 나가는 행위와

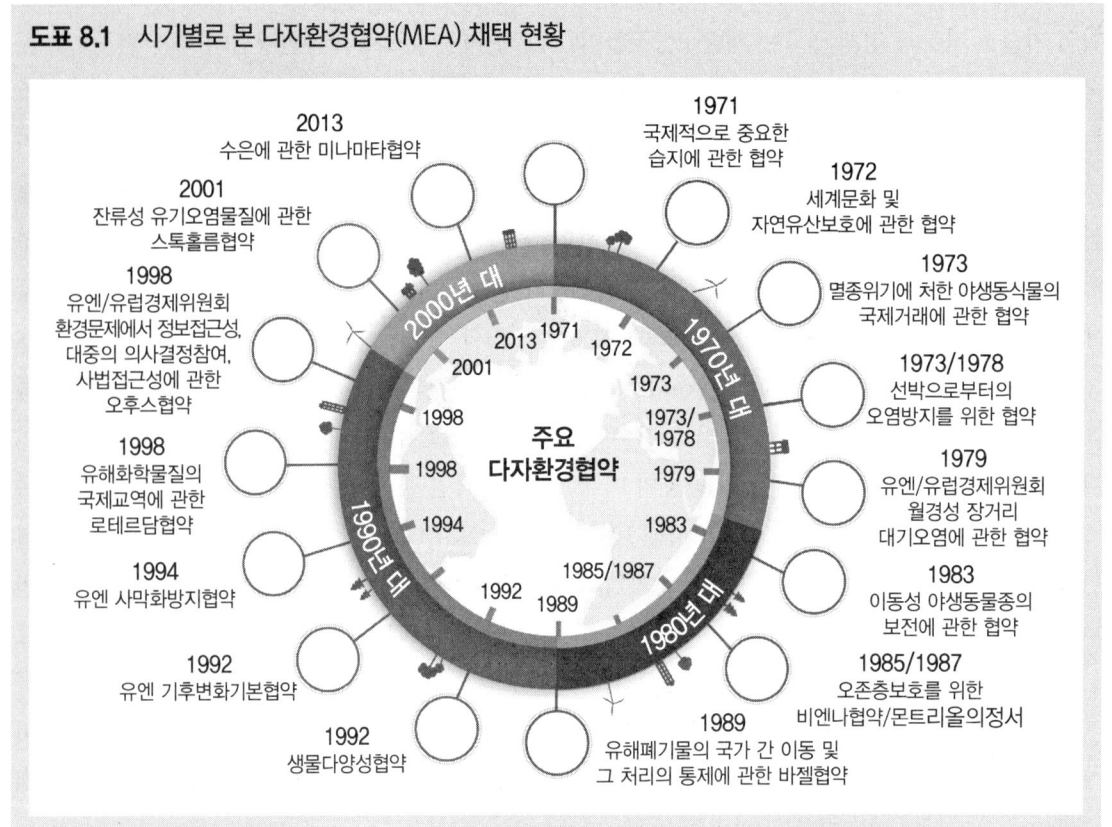

도표 8.1 시기별로 본 다자환경협약(MEA) 채택 현황

출처: https://towardstockholm50.org/wp-content/uploads/2022/05/Towards-Stockholm50-Webinar-4-Connecting-the-Dots-Making-a-Forceful-Canon-of-the-Rio-Conventions-and-MEAs-12-May-2022-web-ver.pdf (검색일: 2022.10.5).

과정을 의미한다고 정의할 수 있겠다.

한국의 환경외교는 1992년 유엔 환경개발회의와 기후변화 및 생물다양성협약 채택을 위한 준비과정에서 본궤도에 올랐다. 한국정부는 1972년 스톡홀름회의에 당시 보사부 장관을 수석대표로 하는 대표단을 파견하였다. 당시 한국은 유엔 비회원국으로 회의 준비과정에 역할이 제한적이었다. 그러나 1991년 유엔 가입 후 한국은 신흥공업국으로 다자환경외교에서 발언권을 확대해 나갔다. 유엔 가입 후 최초의 다자환경정상회의인 유엔 환경개발회의에는 당시 국무총리를 수석대표로 하는 범정부 대표단이 참석하였으며 한국 대표단은 기후변화협약과 생물다양성협약에 서명하여 한국 환경외교의 위상을 높이는 데 기여하였다.

2. 환경외교의 대내외 환경

지구환경 보호를 위하여 국가 간의 환경협력을 증진하고 분쟁예방을 목적으로 하는 환경외교는 대내외적 여건 변화에 많은 영향을 받는다. 국제정치 지형의 변화, 무역자유화와 글로벌 가치사슬의 확대, 정보통신기술과 교통의 획기적 발전, 시민사회의 역할 확대 등이 21세기 환경외교를 규정하는 주요 요인으로 부각하였다. 21세기 환경외교 여건 변화, 국가별 공동이해에 기반한 다양한 협상그룹의 출범, 기업 및 시민단체 등 이해관계자그룹의 역할 확대 등에 대해 살펴보자.

1) 21세기 환경외교의 여건 변화

동서 냉전체제의 붕괴는 1990년대에 다자환경외교가 꽃을 피우는 여건을 조성하였다. 선진국들의 대량 소비와 신흥 개발도상국들의 급속한 산업화, 무역자유화와 글로벌 가치사슬의 형성, 정보통신기술과 교통수단의 발달 등으로 촉진된 세계화는 기후변화, 오존층 파괴, 유해폐기물과 독성화학물질의 국가 간 이동 증가, 생물다양성의 멸종위기, 유전자 변형 식품의 범람 등 국경을 초월한 환경문제의 악화를 초래하였다. 유엔체제 내에서 환경 전문성을 확인한 유엔환경계획은 향상된 회의 소집 역량과 촉진적 중재 역할을 바탕으로 다자환경협약의 이행체제를 강화하였다. 글로벌 환경문제에 대응하기 위하여 1980~1990년대에 채택되어 본격적인 이행단계에 들어간 분야별 주요 다자환경협약을 표 8.1과 같이 정리할 수 있다.

2015년에 지구환경외교사에 이정표가 되는 2개의 합의문이 채택되었다. 첫 번째는 2015년 9월 유엔 지속가능발전정상회의에서 채택된 "세계의 전환, 지속가능발전을 위한 2030 어젠다" 제하의 보고서이다. 이 보고서에는 17개의 2030 지속가능발전목표와 169개의 세부목표가 담겨져 있다. 2015년 유엔 지속가능발전정상회의는 1972년 스톡홀름에서 시작된 다자환경외교 여정과 2000년 유엔 새천년정상회의에서 시작된 다자개발외교 여정을 통합하였다. 유엔의 경제사회이사회 산하에 설치된 고위급 정치포럼에서 각국의 자발적 검토보고서를 토대로 이행 상황을 점검한다. 두 번째는 2015년 파리에서 개최된 제21차 기후총회(COP21)에서 채택된 '파리협정'이다. 파리협정은 2030 유엔 지속가능발전목표의 13번째인 기후변화 문제를 다룬다. 파리협정은 금세기말까지 달성해야 할 기후 행동 장기 목표를 제시하고 각 당사국은 합의한 원칙에 따라 목표달성을 위한 국가결정기여(NDC)를 매 5년마

표 8.1 분야별 주요 다자환경협약 현황

분야	협약 명칭	주요 내용
오존층 보호	비엔나협약(1985)과 몬트리올의정서(1987)	오존층 보호를 위한 프레온, 할론 등 파괴물질 생산 및 소비규제, 비가입국과의 교역 규제)
월경대기오염	월경장거리대기오염에 관한 협약(1979) 및 산하 8개 의정서	유럽국가 중심의 미세먼지, 황산화물, 잔류성 유기오염물질 등의 국가 간 이동 규제 및 모니터링
기후변화	유엔기후변화기본협약(1992), 교토의정서(1997) 및 파리협정(2015)	2021년부터 모든 국가가 매 5년 단위 국가결정기여(NDC)를 통해 기후행동을 취하는 파리협정체제가 이행됨
생물다양성	생물다양성협약(1992), 바이오안전성에 관한 카르타헤나의정서(2000), 유전자원접근과 이익공유에 관한 나고야의정서(2010)	생물다양성의 보전과 지속가능한 이용, 유전자 변형생물체의 안전과 국가 간 이동절차, 유전자원 보유국과 이용국 간의 이익공유 절차 등을 규정
유해폐기물과 화학물질	유해폐기물의 국가 간 이동 및 처리통제에 관한 바젤협약(1989), 사전통보승인절차에 관한 로테르담협약(1998), 잔류성유기오염물질에 관한 스톡홀름협약(2001), 수은에 관한 미나마타협약(2013)	유해 폐기물, 특정유해화학물질, 농약, 잔류성 유기오염물질, 수은 등의 안전관리와 국가 간 이동 시 사전통보승인절차를 규정
육상 생태계	사막화방지협약(1994), 람사르협약(1975), 멸종위기에 처한 야생 동·식물의 국제거래에 관한 협약(1973), 열대목재림 협정(1994), 유엔 산림포럼	해당 분야의 지속가능한 이용 촉진 및 개발도상국에 대한 지원 규정 부속서 등재 동·식물의 국제적 거래 금지 또는 규제
해양오염방지	선박으로부터의 해양오염방지협약(1973), 폐기물 투기에 의한 해양오염방지협약(1972)과 의정서(1996), UNEP지역해양프로그램	국제해사기구(IMO)가 사무국 역할을 하며 선박 및 폐기물과 그 밖의 물질 해양투기에 의한 해양오염 방지를 위한 국가 간 협력
공해어족 자원보존과 남획방지	유엔공해어업협정(1995), 국제수산기구들에 의한 어족자원(참치, 명태 등)보존협약, 국제포경협약(1946)	고도회유성어족에 속하는 명태, 참치, 참다랑어 등 어족자원 보호와 불법 어업근절을 위한 국제적 협력 규정

주: 상기 표는 저자의 해석에 의한 분류임.

다 작성하고 이행하여야 한다.

2020년부터 전 세계로 확산된 코로나19 팬데믹은 글로벌 네트워크와 글로벌 공급사슬을 붕괴시키고 국경봉쇄와 무역자유화 후퇴를 초래하였다. 코로나19의 원인을 두고 악화되는 기후위기, 자연생태계의 무분별한 훼손과 생물다양성의 멸종위기 등이 지적되었다. OECD를 비롯한 글로벌 싱크탱크들은 코로나 팬데믹이 초래한 위기를 극복하는 과정에 과거와 같은 발전 방식이 아닌 새로운 발전 전략으로 '더 나은 재건(BBB: Build Back Better)' 구상을 제시하였다.[5] 2019년 12월

---

[5] https://www.oecd.org/coronavirus/policy-responses/building-back-better-a-sustainable-resilient-recovery-after-covid-19-52b869f5/ (검색일: 2022.10.5).

에 출범한 EU의 새로운 집행부는 2050 기후중립을 목표로 하는 유럽그린딜(European Green Deal)을 새로운 성장전략으로 채택하였다.[6] 2018년 10월 기후변화에 관한 정부간협의체(IPCC)가 "1.5℃ 온난화에 관한 특별보고서"를 발표한 이후 2100년까지 지구 온난화 상승을 1.5℃로 억제하기 위한 2050년까지 기후중립(또는 탄소중립) 목표 달성이 환경외교의 최우선순위로 부상하였다. 기후위기 대응과 함께 OECD의 더 나은 재건 및 EU의 그린딜에 포함된 생물다양성 보호와 순환경제로의 전환이 국제환경협력의 우선순위를 차지하고 있다. 유엔환경계획은 코로나19 팬데믹이 계속되는 가운데 2021년 2월 발간한 "자연과의 평화(Making Peace with Nature)" 제하의 보고서에서 지난 50년간 세계 경제가 5배 성장하는 과정에 천연자원의 추출이 3배가 증가하여 기후변화, 생물다양성 소실 및 오염이라는 3대 환경 긴급상황이 발생하였다고 진단하였다.[7] 코로나19 팬데믹하의 1회용품 사용급증과 플라스틱 쓰레기의 범람이 시급한 현안이 되었고 2022년 3월 개최된 유엔환경총회에서는 플라스틱 규제에 관한 국제협약을 2024년까지 채택하기로 합의하였고 협상이 진행 중에 있다.[8]

한국의 환경외교 인프라는 1990년대에 접어들면서 본격 구축되기 시작했다. 산업화와 수출을 통한 경제발전, 1988년 올림픽 개최와 1991년 유엔 가입 등으로 국제사회에서의 한국의 위상이 크게 높아졌다. 오존층 보호를 위한 염화불화탄소(CFC)의 교역규제, 유해 폐기물의 불법 교역 규제 등은 정부와 산업계에 위기의식을 불러왔다. 1991년부터 본격화된 유엔 환경개발회의 준비 협상, 기후변화협약과 생물다양성협약 채택을 위한 정부간협상위원회 회의는 범정부 차원의 대응을 요구하였다. 당시 외무부에서는 양자 및 다자 차원의 환경외교를 담당하기 위하여 과학환경과를 1991년에 신설하였다. 국내 환경문제를 다루기 위해 1980년에 출범한 환경청은 1990년에 환경처로, 1994년에는 환경부로 확대되었고 국제환경협력을 추진하기 위한 국제협력관실을 신설하여 환경외교에 본격 참여하기 시작하였다. 기후협상이 본격화되면서 산업과 에너지를 담당하는 유관 부처와 관련 연구기관들이 정부 대표단에 참여하였다. 서방 선진국에 비해서는 뒤늦은 출발이었지만 유엔을 중심으로 진행되는 다자환경협상에서 한국 입장과 이익을 대변하는 정부 차원의 환경외교 인프라가 구비된 것이다.

2) 환경외교 협상의 그룹화

1972년 유엔 인간환경회의는 냉전체제에 입각한 동서진영 간의 입장대립 형태를 환경 분야의 남북 대립, 즉 개발대상국과 선진국 간의 대립 형태로 변모시켰다. 유엔 인간환경회의 개최국인 스웨덴이 동독을 초청하지 않음에 따라 당시 소련을 비롯한 동유럽 진영이 항의의 일환으로 회의에 불참하였다. 환경보호 필요성을 내세우는 서방 선진국 그룹에 빈곤 탈출을 최대 과제로 여기던 인도와 유엔의 신생 가입국이 된 중국이 개도

---

6) https://ec.europa.eu/info/strategy/priorities-2019-2024/european-green-deal_en (검색일: 2022.10.5).
7) https://www.unep.org/resources/making-peace-nature (검색일: 2022.10.5).
8) https://www.unep.org/news-and-stories/press-release/historic-day-campaign-beat-plastic-pollution-nations-commit-develop (검색일: 2022.10.5).

국 그룹(77그룹)의 대표 주자로 부상하여 환경훼손에 대한 선진국의 책임과 함께 개도국의 개발권리를 강하게 주장하면서 대립하였다. 동서 냉전체제가 붕괴된 이후 개최된 1992년 유엔 환경개발회의, 2002년 세계지속가능발전정상회의 등 다자환경외교 무대에서는 선진국과 개도국, 즉 남북 간의 입장대립이 하나의 관행으로 굳어졌다. 한국은 1996년 OECD에 가입하기 이전까지는 개도국의 입장에서 환경외교에 참여하였다. 그러나 OECD 가입 후 개도국 모임인 77그룹에서 자진 탈퇴하였지만, 기후외교 분야에서는 개도국의 지위를 계속 유지한다는 입장을 최근까지 유지하였다.

다자환경외교에서 국가별 그룹은 주로 회의 의제별 입장에 따라 나누어진다. 다자환경기구와 환경협약의 의장단과 선출기구에 진출할 입후보국가 선정을 위하여는 통상 유엔의 지역그룹 기준을 이용한다. 유엔에는 아프리카, 아시아, 중남미, 동유럽, 서유럽 및 기타 등 5개 그룹이다. 유엔의 5개 지역그룹은 유엔 결의에 의한 것이 아니라 필요에 따라 자생적으로 발생한 것이다.[9] 그리고 환경외교 무대에서는 사안별로 필요성에 따라 국가들이 별도 그룹을 만들어 협상에서 공동입장을 취하는 관행이 형성되었다. 대표적 환경협약인 기후변화협약의 사례를 살펴보자. 기후변화협약은 2개의 부속서를 갖고 있다. 부속서 I 국가 그룹과 부속서 II 국가 그룹이다. 부속서 I 그룹은 선진국과 기타 당사자이다. 기타 당사자란 '시장경제로의 전환 과정을 겪고 있는 국가들'로 정의되고 있으며 러시아 및 동유럽 국가들을 의미한다. 부속서 I에 포함된 당사자는 온실가스 배출의 역사적 책임에 비추어 온실가스 감축을 위한 선도적 역할을 이행하여야 한다. 부속서 II 그룹은 1990년 당시 OECD 24개국으로 개발도상국들의 협약 이행을 지원할 의무를 지닌 국가 목록이다. 기후변화협약의 2개 부속서의 국가 목록은 선진국과 개도국 그룹 간의 정치적 타협의 산물이었다. 기후변화협약 당사자총회(이하 기후총회)에서 1998년 12월 31일 이전에 2개 부속서 목록을 개정하기 위한 결정 채택에 필요한 정보를 검토하기로 하였지만, 개도국 그룹들의 완강한 반대로 실현되지 못하였다.

1995년 제1차 기후총회(COP1)가 개최된 이후 후속 협상 무대에서 선진국과 개도국 그룹은 의제별 입장에 따라 세분화되기 시작했다.[10] 교토의정서 채택 협상 과정에 선진국 입장을 대변하는 OECD 그룹이 EU 그룹과 비EU 국가로 구성된 JUSCANZ 그룹(일본, 미국, 스위스, 캐나다, 호주, 뉴질랜드의 약자)으로 나누어졌다. 1997년 교토의정서가 채택된 이후 JUSCANZ 그룹에 러시아, 우크라이나가 참여하고 스위스가 탈퇴하면서 엄브렐라 그룹(The Umbrella Group)으로 재편되었다. 엄브렐라 그룹은 교토의정서 협상 과정(1995~1997년)에 EU그룹과 온실가스 감축방식, 유연성체제 도입 등을 두고 입장 차이를 나타내었다. 스위스는 2000년 9월 프랑스 리옹에서 열린 기후협약 부속기구회의에서 한국, 멕시코, 모나코, 리히텐슈타인과 함께 협상 과정에 환경건전성을 담보하고 선진국과 개도국 간의 교량자 역할을 이행한다는 명분하에 환경건전성그룹

---

9) https://www.mofa.go.kr/www/wpge/m_3873/contents.do (검색일: 2022.10.6).

10) https://unfccc.int/process-and-meetings/party-groupings (검색일: 2022.10.6).

(EIG: Environment Integrity Group)을 결성하였다. 2015년 파리협정 협상 과정에 터키와 이스라엘이 EIG 그룹 가입을 희망하였으나 5개 회원국 간의 입장 차이로 받아들이지 못하였다. 2016년에 조지아가 EIG 회원국으로 참여하였다.

기후협상 무대에서 134개국이 참여하는 최대 협상 그룹인 77그룹은 구성원들의 다양한 입장 때문에 느슨한 형태의 협상 그룹을 유지하면서 그룹 대표 연설 및 협상 의제별 공동 제안서 등을 제출하였다. 77그룹 회원국들은 협상 의제별, 지역별 공동 이해관계에 따라 소그룹을 결성하여 협상에 영향력을 미치려고 노력하였다. 아프리카 그룹은 유엔의 5개 지역그룹 중에 기후협상 무대에서 유일하게 활발하게 움직이는 협상 소그룹이다. 54개국이 참여하며 1995년 제1차 기후총회부터 아프리카협상그룹(African Group of Negotiator)를 결성하여 현재에 이른다.[11] 기후외교 무대에서 활발한 그룹 협상을 전개하는 군소도서국연합(AOSIS: Alliance of Small Island States)은 1990년 제2차 세계기후회의에서 결성되었다. 1992년 유엔 환경개발회의(UNCED)에서 결성된 군소도서국그룹(SIDS: Small Island Developing States)과 혼용되는 경우가 있으나 AOSIS 그룹에는 SIDS그룹의 독립국가들만이 회원으로 참여하고 있고 활동무대도 주로 기후변화협상에 한정되어 있다. AOSIS 그룹은 G-77에서 산유국들의 모임인 OPEC과 대척점에 서 있다. 이들은 교토의정서 협상 과정에 최초의 협상 문안을 제출하였고, 파리협정 협상 과정에는 1.5℃ 상승 억제 목표와 손실과 피해 조항의 신설에 결정

적인 역할을 하였다. 중국, 인도, 브라질, 남아공으로 구성된 베이식(BASIC) 그룹은 2009년 12월 덴마크 코펜하겐 개최 제15차 기후총회(COP15)를 앞두고 결성되었다. 베이식 그룹은 2015년 파리협정 협상 과정에 기후환경 각료회의를 정례적으로 가지면서 주요 협상의제에 대한 공동입장을 발표하였다. 파리협정 협상 과정에 선진국에 대해 강경한 입장을 취한 그룹은 24개 개도국으로 이루어진 유사입장개도국(LMDC: Like-Minded Developing Country)그룹이었다. 46개국으로 이루어진 저개발국(LDC: Least Developed Countries)그룹은 AOSIS 그룹과 함께 파리협정의 의욕성을 높이고 적응, 손실과 피해, 기후 재원 등 지원 분야에서 높은 협상력을 발휘하였다. 저개발국 그룹은 기후위기 원인제공에 대한 책임이 가장 작지만 기후위기에는 가장 취약한 국가들이다. 기후변화협약은 저개발국과 군소도서국 그룹에 대한 특별한 고려를 명시하고 있다. 석유 생산 및 수출국으로 이루어진 석유수출국(OPEC) 그룹과 아랍 그룹은 기후협상 진전을 저지하는 입장을 취했다. 그 외에도 개도국들의 지역별 특수한 여건을 고려한 협상 소그룹들이 파리협정 협상 과정에 설립되어 공식 및 비공식 협상 창구에서 공동입장을 개진하는 역할을 수행하였다. 표 8.2에는 포함되지 않았지만 2015년 7월 파리개최 비공식 각료회의기간 중에 마셜제도와 EU가 주축이 되어 파리협정문에 1.5℃ 상승억제 목표를 반영하려는 '높은 의욕연합(High Ambition Coalition)'이 구성되었다. 제21차 파리기후총회 마지막 시기에는 높은 의욕연합에 참여하는 국가 수가 미국, 스위스, 멕시코, 저개발국 그룹 등 120~130여 개국에 달하였다. 1.5℃ 목표 반영에 대해 거

---

11) https://africangroupofnegotiators.org/ (검색일: 2022.10.8).

표 8.2 파리협정 협상 과정(2014~2015년)에서 활동한 주요 협상그룹

협상 그룹 명칭	주요 회원국
EU(유럽연합)	EU 27개 회원국+EU 집행위(협상 리드)
엄브렐라 그룹	호주(대변인), 미국, 일본, 러시아 등 비EU 부속서 I국가
환경건전성그룹(EIG: Environment Integrity Group)	스위스, 한국, 멕시코, 모나코, 리히텐슈타인
G77과 중국	중국을 포함한 134개 개발도상국
아프리카 그룹	UN의 지역 그룹으로 54개 회원국
아랍 그룹	아랍국가연맹(League of Arab States) 소속 22개 회원국과 4개의 옵저버
베이식(BASIC)	브라질, 남아공, 인도, 중국
중남미와 카리브 독립연합(AILAC: Independent Association of Latin America and the Caribbean)	칠레, 콜롬비아, 코스타리카, 과테말라, 온두라스, 파나마, 파라과이, 페루 등 중남미 8개국
볼리바르 미주연합(ALBA: Alternativa Bolivariana para la America)	앤티가바부다, 쿠바, 도미니카, 에콰도르, 그라나다, 세인트키츠네비스, 세인트빈센트그레나딘, 세인트루시아, 니카라과, 볼리비아, 베네수엘라 등 11개국
군소도서국연합(AOSIS: Alliance of Small Island States)	44개 개발도상 군소 도서국가로 구성(www.aosis.org)
중앙아시아 코카서스 그룹(CACAM: Central Asia, Caucasus, Albania and Moldova)	카자흐스탄, 키르기스스탄, 타지키스탄, 투르크메니스탄, 우즈베키스탄, 알바니아, 몰도바 등 7개국
열대우림국가연합(CfRN: Coalition for Rainforest Nations)	52개 열대림 보유국가(www.rainforestcoalition.org)
저개발국(LDCs: Least Developed Countries)	46개 저개발국가 그룹 (unctad.org/topic/least-developed-countries/list)
내륙개발도상국(LLDCs: Land Locked Developing Countries)	32개 내륙 개발도상국가
유사입장 개도국(LMDCs: Like-Minded Developing Countries)	24개 개도국 그룹으로 기후협상에서 강경노선 견지

출처: UNFCCC 홈페이지, UN 및 UNCTAD 홈페이지 및 CarbonBrief 자료의 편집.

부감을 지닌 국내 일부 부처의 입장 때문에 한국은 높은 의욕연합에 참여하지 못하였다. 파리협정 채택 후에도 높은 의욕연합은 국가들의 참여가 자유로운 느슨한 형태로 운영되면서 높은 수준의 이행규칙 채택 및 손실과 피해 보상기금 설립 등을 위해 활동을 계속해 나가고 있다.[12]

3) 협상 방식의 다변화와 이해관계자 참여확대

2011년 더반 개최 기후총회(COP17)와 2015년 파리개최 기후총회(COP21)에서 최종 합의 도출을 위해 '인다바(Indaba)' 회의 방식이 적용되었

---

12) https://www.highambitioncoalition.org/ (검색일: 2022.12.8).

다.[13] 인다바회의는 남아공의 줄루족과 코사족이 중요한 결정을 할 때 부족 지도자들이 모여 철야 협상을 통해 의견을 수렴하는 방식이다. 기후협상 과정에 협상이 난관에 봉착하였을 때 의장은 협상 그룹별 대표들이 참석하는 인다바 회의 방식을 적용하여 컨센서스 도출을 추진하였다. 생물다양성 협약체제의 한 축을 이루고 있는 바이오안전성에 관한 의정서 채택을 위한 협상회의에서는 유엔 지역별 기준이 아닌 공동입장에 기반을 둔 협상 그룹들이 구성되었다. 대표적 협상 그룹은 EU그룹, 미국, 호주, 캐나다, 아르헨티나, 칠레, 우루과이 등 농산물 수출국으로 구성된 마이애미그룹, 대다수 개도국이 참여한 유사입장그룹, 러시아를 포함한 중·동유럽그룹, 스위스, 노르웨이, 한국, 일본 등이 참여한 중도그룹 등이었다. 중미·카리브 그룹은 비공식 협상이 시작되면서 유사입장 그룹에 합류하였고 멕시코는 중도그룹에 참여하였다. 몬트리올 협상 기간에 싱가포르, 태국이 유사입장그룹에서 중도그룹으로 옮겨왔다. 협상그룹 의장은 5일간의 협상 기간을 첫 이틀간은 협상그룹 내의 의견조율, 제3일은 협상그룹 간 비공식 대화, 마지막 이틀은 중개그룹에서의 협상으로 배정하였다. 마이어 의장은 협상의 공정성 확보 차원에서 각 협상 그룹별 참가국 규모 등을 고려하여 그룹 대변인과 자문관의 숫자를 달리 정하였다. 유사입장그룹은 4명의 대변인을, 마이애미그룹은 2명을, 그 외 그룹은 1명의 대변인을 둘 수 있고 각 대변인은 2명의 자문관을 둘 수 있도록 허용하였다. 협상 그룹 내에서의 소지역별 대표 필요성을 감안한 것이었다. 협상그룹별 발언 순서도 무작위 추첨을 통해 정하였고 대변인과 자문관에 포함되지 못한 대표들은 협상 그룹 후위에 배치된 좌석 내지 별도의 청취실에서 진행사항을 모니터링할 수 있게 하여 공정성과 투명성 확보에 주의를 기울였다. 이와 같은 혁신적 방식에 의한 비공식 협상은 2000년 1월 몬트리올에서 개최된 특별전권회의 속개 세션에도 적용되었고 마침내 카르타헤나의정서의 채택을 가져왔다. 유엔 지역그룹 기준을 탈피하여 공동의 이해관계를 중심으로 한 새로운 비공식 협상 방식은 그 이후 21세기 다자환경외교에 활발하게 이용되고 있다.[14] 이러한 비공식 협상 방식은 전문 지식, 협상 경험과 언어 구사력 등 제반 분야에서 숙련된 환경외교 전문가를 요구한다. 숙련된 전문 외교관과 전문가만이 상황 반전이 수시로 발생하는 치열한 협상에서 국익과 국격을 지켜낼 수 있기 때문이다.

다양한 분야의 글로벌 환경협약 채택과정에 전문성과 이해관계를 바탕으로 한 비정부 행위자들의 참여가 1970년대부터 확대되기 시작했다. 1971년 습지보호에 관한 람사르협약, 1973년 멸종위기에 처한 야생동식물종의 국제거래에 관한 협약, 폐기물의 투기로 해양오염 방지를 위한 1972년 런던협약과 선박으로부터의 오염방지를 위한 1973/1978년 MARPOL협약, 1979년 이동성야생동물종의 보존에 관한 협약 등이 채택되는 과정에 국제자연보전연맹(IUCN)을 비롯한 국제환경단체와 유엔환경계획, 국제해사기구 등 국제기구가 큰 역할을 담당하였다.

1980년대에는 산업화에 따른 환경 피해에 대

---

13) 최재철, 『기후협상일지』(서울: 박영사, 2020), p. 259.

14) ENB, January 2000 Summary of ExCop for Biosafety (검색일: 2022.10.10).

한 국제적 규제 필요성이 유엔환경계획과 미국 및 서유럽 등 선진국에서 제기되었고 1985년 오존층 보호를 위한 비엔나협약과 1987년 오존층 파괴물질에 관한 몬트리올의정서가 채택되었다. 채택과정에 파괴물질을 생산하는 산업계와 오존층 보호를 위한 비정부기구(NGO)가 선진국 정부에 영향력을 행사하였다. 기후변화협약체제의 형성과정에는 기후변화에 관한 정부간 협의체(IPCC), 세계기상기구, 유엔환경계획 등 정부간기구(IGO), 기후행동네트워크(CAN)와 같은 비정부기구(NGO), 국제상공회의소와 같은 산업계 단체들이 큰 영향을 미쳤다.[15] 한국에서는 몬트리올의정서 가입과정에 산업계의 입장이 많이 고려되었다. 1990년대에 이르기까지 환경 NGO가 다수 있었지만 주로 수질, 대기 오염 및 폐기물 처리와 같은 분야에서 활동하면서 국내 환경문제 해결에 집중하였다. 1992년 유엔 환경개발회의를 계기로 국내 비정부기구들의 활동 영역이 해외로 확대되어 그린피스 등 국제환경 단체들과 연대하기에 이르렀다. 최근에는 기후총회 기간 중에 해외 비정부기구들과 파트너십을 이루어 공식 및 비공식 부대행사를 개최하는 국내 환경 NGO도 있다. 예를 들어 2008년 설립된 기후변화센터(재단법인)는 매년 열리는 기후총회에 대표단을 파견하여 단독 또는 외국 비정부기구와 공동으로 부대행사를 개최하고 있다.[16]

3. 환경외교의 목표와 추진 방향

환경외교의 목표는 국제사회가 공동으로 논의하는 설정하는 목표와 각 국가별로 자국의 여건과 지정학적 상황 등을 고려하여 설정하는 목표로 구분된다. 그리고 목표별 추진 방향도 상향식, 하향식 또는 혼합 방식을 적용하느냐에 따라 달라진다. 이 장에서는 환경외교의 목표 설정과 추진 방향에 대해 다루어 보고자 한다.

1) 환경외교의 목표

글로벌 환경외교 목표는 유엔, 유엔환경계획과 같은 국제환경기구의 총회, 이사회 또는 다자환경협약 당사자총회에서 추진 방향이 결정된다. 추진 방향과 법적 구속성 여부는 통상적으로 목표 설정 논의과정에 함께 다루어지며 결의 또는 결정문에 반영되어 있다. 유엔은 2022년 '세계환경의 날' 주간을 맞아 6월 2일~3일간 스웨덴 스톡홀름에서 1972년 유엔 인간환경회의 개최 50주년을 기념하는 '스톡홀름+50(Stockholm+50)' 국제회의를 개최하였다. "모두의 번영을 위한 건강한 지구-우리의 책임, 우리의 기회"를 주제로 한 스톡홀름+50회의는 10개 항목의 '회복과 신뢰를 위한 권고와 행동'과 주요 의제별 핵심 메시지를 채택하였다.[17] 스톡홀름+50회의 결과물에 나타난 주요 환경외교 목표는 파리협정의 이행강화, 글로벌 생물다양성 프레임워크 채택과 이행, 국가 관할권 밖의 해양생물다양성보호협정 이행, 새로운 플라스틱협정 개발 및 2024년 9월 UN 본

---

15) https://unfccc.int/process-and-meetings/parties-non-party-stakeholders/ 참고(검색일: 2022.10.10).

16) http://www.climatechangecenter.kr/ (검색일: 2022.10.11).

17) https://sdg.iisd.org/news/stockholm50-urges-action-renewal-trust-for-our-common-future/ (검색일: 2022.10.11).

부에서 '미래를 위한 정상회의(A Summit for the Future)' 개최 등이다. 세계 각국이 현재의 경제체제를 건강한 지구를 만드는 데 기여하도록 변화시켜 나가야 한다는 것이다.[18] 지속 가능한 발전을 위해 포기할 수 없는 두 가지 목표, 즉 건강한 지구와 인류 번영이 서로 선순환하는 구조를 만드는 것이 글로벌 환경외교의 당면 목표로 설정되었다고 하겠다. 이렇게 설정된 글로벌 환경외교 목표는 각 지역별, 국가별 여건에 따라 진화되고 있다. 기후변화협상에서 아프리카 그룹의 개발 권리와 재원 확보, 군소도서국 그룹의 해수면 상승 위협으로 인한 기후안보와 보상 재원 확보 등이 대표적 사례이다.

한국 환경외교의 목표는 산업화의 진전과 국제사회에서의 위상 변화 등 여건 변화와 시간의 흐름에 따라 진화하여 왔다. 그렇지만 기본적으로 환경외교의 목표는 국익과 국격의 균형이라는 관점에서 유엔 등 국제사회가 공동목표를 설정하는 과정에 효과적으로 참여하고 설정한 목표를 이행하면서 우리의 국익을 담보하는 데 있다고 하겠다. 한국이 환경외교를 본격적으로 추진하게 된 배경은 다자환경협약이 국내산업에 미치는 부정적 영향을 최소화하기 위한 것이었다. 1987년 채택된 '오존층 파괴물질에 관한 몬트리올의정서'가 1989년 1월에 발효하였다. 당시 염화불화탄소(CFC)를 국내에서 대량 생산하여 급증하는 내수 및 수출 수요를 충당하였던 한국 입장에서는 몬트리올의정서 가입을 주저할 수밖에 없었다. 1991년에 비가입국과 교역을 규제하는 CFC 등 규제 물질 포함 제품목록이 채택되었고 한국의 주력 수출품인 냉장고, 에어컨, 원료 수지, 자동차 등이 포함되었다. 한국정부에 주어진 최대 과제는 국내산업에 미치는 영향을 최소화하면서 몬트리올의정서에 가입하여 개도국의 지위를 유지하는 것이었다. 당시 외무부와 상공부는 재외공관(주케냐 대사관)과 긴밀한 협의를 통해 한국이 몬트리올의정서에 가입한 후, 일시적 의무 불이행(non-compliance) 국가로 분류되었을 경우의 대책을 수립하였다. 그리고 1992년 가입서를 제출하였고 1994년 몬트리올의정서 제6차 총회에서 다시 개도국 지위(제5조 적용국)를 인정받았다. 신생 한국 환경외교가 주어진 과제를 무난히 해결한 사례였고 성과였다.

무역 규제 조항을 담은 몬트리올의정서가 한국 환경외교에 미친 영향은 지대하였다. 환경외교 당국은 앞으로 채택되는 다자환경협약이 수출 주도형 한국경제에 부정적 영향을 미치지 않도록 선제적으로 대응해야 한다는 조기 경보기능의 강화를 외교의 우선순위로 삼았다. 이를 계기로 이미 채택되어 이행에 들어간 다자환경협약과 협상 과정에 있던 기후변화협약과 생물다양성협약 등이 산업에 미칠 영향을 당시 외무부와 유관 부처에서 심층 분석하고 대응하였다. 이러한 과정을 거쳐 한국의 환경외교 역량은 급성장하였다. 국제환경기구와 다자환경협약 이행기구에 한국 전문가 진출 추진이 새로운 목표로 추가되었고 새로이 신설되는 국제환경기구의 국내 유치 노력이 전개되었다. 동북아 환경협력사업의 지역사무소와 해양환경 보호를 위한 지역조정센터를 인천과 부산에 각각 유치하고 국내 법인인 글로벌녹색성장기구(GGGI)를 국제기구화하였으며 2012년에 녹색기후기금(GCF)의 사무소를 인천 송도에 유

---

[18] https://www.stockholm50.global/resources/ (검색일: 2022.10.11).

치한 것이 대표적 사례이다. 환경외교를 포함한 다자외교 수행과정에 유의해야 할 목표 중의 하나는 지명 및 해역 표기의 중립성 확보이다. 국민 정서에 큰 영향을 미치는 독도 영유권 또는 동해 표기 문제가 발생할 경우 환경외교의 추진 동력이 크게 손상되기 때문이다.

2019년 10월 한국정부는 세계무역기구 협상에서 더 이상 개도국 특혜를 주장하지 않겠다고 발표한 데 이어 2021년 UNCTAD에서 A그룹(아시아, 아프리카)에서 B그룹(선진국)으로 이동하였다. 한국정부의 자발적인 선언이었고 조치였다.[19] 2019년 발표 시에는 개도국 지위를 포기한 것이 아니라는 추가 입장 설명이 있었으나 2021년에는 선진국 그룹 이동을 통해 더욱 적극적인 가교역할을 수행하겠다는 해석이 있었다.[20] 한국의 선진국 지위는 다자환경외교 무대에서의 새로운 목표 설정을 의미하고 있다. 기후변화에 관한 파리협정 이행과정에 한국은 2015년 협정 채택 시에 취했던 선진국과 개도국의 명시적 구분이 아닌 자체적 차별화를 추구하였다. 기후 재원 분야에서 기존 선진국과는 다른 지위를 파리협정문 제9조 제2항에 반영하였다. 하지만 앞으로 있을 후속 이행 협상에서 한국이 선진국 지위를 추구할 것인지 또는 자체적 차별화 논리에 입각한 제3의 지위를 추구할 것인지에 대한 과제가 남아있다. 2024년에 채택될 글로벌 플라스틱협약, 2024년 유엔의 '미래를 위한 정상회의', 기후위기 대응과 지속가능발전목표 달성을 위한 국제 재원체제 개편 논의 등이 한국 환경외교가 새로운 중장기 목표를 설정하는 주요한 계기가 될 것으로 보인다.

동북아지역의 환경협력과 환경안보 강화는 한국 환경외교의 주요 목표 중의 하나이다. 한국 환경외교는 1990년대부터 동북아지역의 환경협력을 위한 중간자 역할을 적극 수행하였다. 동북아 국가들의 서로 다른 정치체제 및 경제발전 수준 등의 측면에서 한국이 중간자 역할을 수행하기에 적절한 위치에 있었다. 1990년대 한국은 비록 북한과 공식적 외교관계는 없었으나 교류를 추진하고 있었고 중국, 몽골, 러시아와 외교관계를 갖고 있었다. 경제발전 수준에서도 일본 다음이어서 동북아 환경협력 추진에 따른 비용 분담 논의에도 비교적 유연한 입장을 취할 수 있었다. 이러한 배경하에서 한국 환경외교는 동북아 환경협력체 구성이라는 중장기적 목표하에 양자 및 다자 차원의 협력을 추구하였다. 일본, 중국, 러시아와의 양자환경협력협정 체결에 이어 동북아 6개국이 참여하는 동북아환경협력고위급회의(NEASPEC)와 북서태평양보전실천계획(NOWPAP) 정부 간 회의의 출범을 주도하였다. 그 과정에 환경외교의 목표를 정부 차원의 동북아 환경협력체의 구축으로 설정하고 국제환경 규범에 대한 공동 인식 제고, 환경 정보의 공유 및 공동 협력사업의 이행을 추진해 오고 있다.[21]

2) 추진 방향

다자협상을 통해 채택된 다자환경협약과 결정문의 추진과 이행 방향은 각 국가별 국정 목표와 여

---

19) https://www.korea.kr/news/actuallyView.do?newsId=148865972 (검색일: 2022.10.11).

20) https://www.korea.kr/news/policyNewsView.do?newsId=148889700 (검색일: 2022.10.11).

21) 외교부, 『기후환경외교편람』 (서울: 외교부, 2021), Part IV 동북아 환경협력 참조.

표 8.3 동북아 국가들 간의 정부 간 양자 및 다자환경협력체제

양자환경협력	다자환경협력
1991년 일본-러시아 환경협력협정 1993년 한국-일본 환경협력협정 　　　　한국-중국 환경협력협정 1994년 한국-러시아 환경협력협정 　　　　일본-중국 환경협력협정 2009년 한국 환경부-몽골 환경부 간의 　　　　환경협력 양해각서(MOU)체결	1993년: 동북아지역환경협력프로그램(NEASPEC: Northeast Asia Subregional Program for Environmental Cooperation) 　- 참가국: 한, 중, 일, 러, 몽골, 북한(ESCAP 지원) 1994년: 북서태평양보전실천계획(NOWPAP: Northwest Pacific Action Plan) 　- 참가국: 한, 중, 일, 러, 북한(UNEP 지원) 1999년: 한·중·일 3국환경장관회의(TEMM: Trilateral Environmental Ministers Meeting)

건에 따라 결정된다. 환경외교의 이정표가 되는 1972년 유엔 인간환경회의, 1992년 유엔 환경개발회의, 2002년 세계지속가능발전정상회의, 2012년 유엔 지속가능발전회의, 2015년 유엔 지속가능발전목표 정상회의 등에서 채택된 선언과 실천계획 등 결과물들은 정치적 합의문으로 일반적으로 국제법적 구속력을 갖고 있지 않다. 경성법이 아닌 연성법 성격의 합의문서이다. 합의 과정에 참여한 각 국가들은 국제사회에서의 자국의 위상과 이미지, 지도력 등을 고려하여 추진 방향을 결정한다. 지속가능발전의 목표와 원칙, 오염자 지불원칙 등은 각 국의 국내법체계에 반영되어 법적 구속성을 지니기도 한다. 다자환경협약은 대개 국제법적 구속성과 비구속성을 동시에 지니는 경우가 많다. 1972년에 채택된 폐기물 및 기타물질의 투기에 의한 해양오염방지에 관한 협약과 1973년에 채택된 멸종위기에 처한 야생 동·식물의 국제거래에 관한 협약 등은 가입국들이 부속서상의 규제 물질을 국내법체계에 반영하여 협약 이행의 구속성을 부여한다. 유해 화학물질과 폐기물을 규제하는 환경협약들이 이러한 유형에 속한다. 1985년에 채택된 오존층보호협약, 1992년에 채택된 유엔기후변화기본협약과 생물다양성 협약은 법적 구속성보다는 각 국가에 협약 조항의 이행을 권장하는 비구속성을 지닌 다자환경협약에 속한다. 반면 협약의 부속 의정서로 1987년에 채택된 오존층 파괴물질의 교역 규제에 관한 몬트리올의정서와 1997년에 채택된 교토의정서는 법적 구속성을 지닌 환경협약에 속한다. 2015년 채택된 파리협정은 국제법적 구속성과 비구속성이 협정 조항에 따라 혼재하는 이중 구조로 구성되었다.

한국의 추진 방향은 선언문, 실천계획 및 협약 등 협상 결과물들이 지닌 내용과 법적 성격에 따라 달라진다. 1992년 유엔 환경개발회의에서 국제환경법의 제반 원칙을 담은 리우선언과 지속가능발전을 위한 실천계획으로 의제 21이 채택되었다. 한국정부는 2000년 8월에 대통령령으로 지속가능발전위원회를 대통령 자문기구로 설치하고 중앙정부와 지방 정부의 의제 21 이행을 독려하였다. 2009년 저탄소 녹색성장을 국정 목표로 제시한 이명박정부가 녹색성장위원회를 대통령 직속기구로 설치함에 따라 지속가능발전위원회는 환경부 자문기관으로 위상이 변경되어 오늘에

이르고 있다. 1992년 채택된 유엔 기후변화기본협약의 경우에는 내용의 포괄성 때문에 여러 국내 법률에 위임하여 시행하기보다는 국회 동의를 얻어 협약 자체를 국내 법률과 동일한 효력을 지니도록 하는 방식을 채택하였다. 반면 같은 시기에 채택된 생물다양성 협약은 추진 방향이 1991년 12월에 제정된 자연환경보전법의 취지에 부합한다고 보고 국회의 동의 없이 협약을 비준하였다. 그 이후 2012년에 생물다양성 보전과 이용에 관한 법률을 제정하여 생물다양성 협약체제의 발전 내용을 국내법체제에 수용하였다. 1987년 채택된 몬트리올의정서와 1989년 바젤협약의 경우에는 별도의 국내 입법 추진을 통해 가입을 추진하였다. 현재 다자환경협약의 국내 이행과 관련하여 주목해야 할 사안은 2015년 파리협정의 국내적 추진 방향이다. 기후변화협약체제의 목표를 달성하기 위하여 파리협정 당사자들은 구체적 추진 방향과 이행과제를 결정하고 '국가결정기여'라는 약속 문서를 기후변화협약 사무국에 제출한다. 파리협정은 각국이 협정 목표 달성을 위해 추진해야 할 6개 분야를 완화, 적응, 재원, 기술, 역량배양 및 투명성으로 제시하고 있다. 선진국과 개도국들은 이 분야에서 각자의 추진 목표, 이행 성과 등을 매 2년 단위로 제출하고 전문가 평가를 받는다. 매 5년마다 실시되는 글로벌 성과점검은 각국의 이행 보고서와 IPCC의 최신 평가보고서를 토대로 이루어지며 당사자총회는 각국이 이행해야 할 새로운 방향과 과제를 제시한다. 각국은 파리협정의 이행 원칙을 존중하여 차기 국가결정기여를 제출한다. 이러한 5년 주기의 순환체제는 각국의 신뢰와 상호 존중을 전제로 하고 있다. 파리협정은 글로벌 목표와 추진 방향을 제시하고 각국은 이를 국내적으로 해석하여 이행 방향을 설정하는 방식으로 하향식과 상향식 접근을 겸비하고 있다. 한국은 2021년에 하향식 접근을 통해 2050 탄소중립목표와 2030년 국가결정기여 목표를 상향하였다. 문재인정부는 기후정책 목표를 상향하면서 지금까지 한국이 협상 과정에서 유지해 온 자발적 차별화에 기반을 둔 중간자 지위를 버리고 선진국 지위로의 변경을 선언하였다. 2021년 9월 기후위기 대응을 위한 탄소중립 녹색성장기본법이 제정되었고 2050 탄소중립 목표와 2030년 국가결정기여 목표가 법 조항에 반영되었다. 국제법적 비구속성을 지닌 국가결정기여 목표 달성이 국내 법률에 의해 법적 구속성을 지니게 되었다. 2022년 5월 출범한 윤석열정부는 지난 정부가 선언한 선진국 지위와 국내법에 명시된 온실가스 감축목표 등을 그대로 수용한 것으로 보인다. 기후환경 목표 이행을 위한 일부 이행방안의 수정이 있었지만, 정부의 환경외교 추진 방향에는 큰 변화가 없을 것으로 전망된다. 지난 2년간의 답보상태를 벗어나 앞으로 활발히 전개될 환경외교 무대에서 한국 환경외교 당국은 선진국 시각에서의 중간자적 역할을 수행해야 하는 과제를 안게 되었다고 하겠다.

4. 환경외교의 결정과 집행체계

환경외교의 의사결정 주체는 주권국가이다. 국제환경기구와 다자환경협약의 경우에는 주권국가들로 구성된 이사회 또는 당사자총회가 의사결정 주체이다. 결정된 사항을 이행하는 집행체계는 각자의 여건과 역량에 따라 다른 구조를 지니

1) 환경외교의 의사결정 과정

환경외교는 기본적으로 환경문제를 둘러싼 국가 간 상호작용이지만, 한 국가의 의사결정에 영향을 미치는 국내적 역학 관계를 함께 살펴보아야 국가 간 상호작용을 보다 현실적으로 이해할 수 있다. 퍼트남(Robert Putnam)의 양면게임이론(two-level game theory)에 따르면 국제협상은 국내정치와 불가분의 관계에 있으며, 한 정부가 국제협상에서 성공하기 위해서는 국내적인 지지를 확보하는 것이 중요하다고 강조한다. 즉 국가 간 협상이 진행될 때 각 국가의 대표자 간 상호작용(level 1)뿐만 아니라 국내 정책결정자, 이익집단, 시민단체들 간의 상호작용(level 2)이 동시에 이루어진다는 것이다.[22] 환경외교도 예외가 아니다. 국제환경기구와 다자환경협약의 의사결정과정은 비교적 단순하다. 대표적 환경기구인 유엔환경계획은 모든 회원국으로 구성되어 매 2년마다 열리는 유엔환경총회를 최고 의사결정기구로 갖고 있다. 결의 초안 심의 내지 결의 이행 등 위임된 사항은 유엔환경계획 본부가 있는 케냐 나이로비 주재 상주대표회의에서 담당한다. 다자환경협약의 경우에는 모든 가입국이 참여하는 당사자총회 또는 이에 상응하는 기구에서 최종의사를 결정한다. 당사자총회의 의사결정을 지원하기 위하여 과학·기술적 사안 또는 이행 관련 사안에 대해 자문을 제공하는 다양한 부속기구를 설치할 수 있다. 다자환경협약에 참여하는 국가들은 개별 또는 그룹을 결성하여 제안서를 제출할 수 있다. 유관 국제기구, 비정부기구 등 이해관계자 그룹들도 제안서를 제출하여 의사 결정 과정에 참여할 수 있다. 이러한 과정의 흐름은 당사자 또는 이해관계자의 제안서 제출 - 실무 소그룹 논의 - 부속기구 논의 및 결정 문안 채택 - 총회의 심의 및 결정문 채택 순으로 진행된다.

각국별 의사결정구조는 정부 형태 및 사안의 중요성 등에 따라 다양한 차이를 보여주고 있다. 한국의 환경외교 의사결정과정은 상향식과 하향식이 모두 존재한다. 정책적 파급력 강한 환경외교 사안에 대해서는 주로 하향식으로 기본 입장이 정해지며 그 외의 사안은 상향식으로 결정된다고 할 수 있다. 2015년 6월 파리협정 협상 과정에 한국은 온실가스 감축목표를 담은 '의도한 국가결정기여(INDC)'을 제출하였다. 당시 한국의 제출 시기와 INDC의 최종 목표는 미국, EU 등 선진국과 개도국의 관심사였다. 당시 유엔사무총장 배출국으로 기후협상 과정에 선진국과 개도국의 교량역할을 공공연히 밝힌 한국이 언제 어떤 목표를 제출하느냐가 많은 국가들에게 참고치로 활용될 수 있기 때문이었다. 이러한 국제 사회의 높은 관심 때문에 한국정부는 2015년 6월 30일 2030년까지 '배출전망치 대비 37% 감축' 목표을 담은 의도한 국가결정기여를 기후변화협약 사무국에 제출하였다. 당시 제출 시기와 감축목표는 하향식으로 결정되었다.[23] 의사결정 구조의 상단에 위치한 녹색성장위원회와 국무회의는 제출 시기와 감축목표에 대한 최고위층의 결정에 정당성을 부여하는

---

22) https://en.wikipedia.org/wiki/Two-level_game_theory (검색일: 2022.10.10).

23) 최재철 (2020), p. 109.

단계로 활용되었다. 2020년 10월 문재인 대통령이 국회 시정연설에서 발표한 2050 탄소중립 선언과 2021년 11월 영국 글래스고 개최 제26차 기후협약 총회에서 발표한 2030 NDC 목표 상향도 유사한 하향식 방법으로 정책 목표가 결정되었다고 하겠다.

기후협상의 다양한 의제를 두고 서로 다른 이해관계를 지닌 관계부처 간에 의견이 대립한다. 특히 에너지 집약적 산업구조 때문에 첨예한 이해관계가 존재하는 산업계와의 합의 또는 묵시적 수용을 이끌어내야 하기 때문에 국제협상보다 국내 부처 및 이해관계자들과의 조율이 사실상 더 어렵다. 기본적으로 국제협상 회의에 참여하는 정부 대표단은 회의 참석 이전에 관계부처 회의를 개최한다. 국제협상회의에 수석대표로 참여하게 되는 부처가 관계부처 회의를 주재하게 되며 관계부처 대표 및 전문가들과 협상 지침으로 사용하게 될 정부 훈령에 대해 논의한다. 매년 개최되는 기후총회 참석 전에 기본적으로 1회, 합의에 이르지 못하는 경우 관계부처 회의를 재차 소집한다. 협상 수석대표인 외교부 기후변화 대사가 관계부처 회의를 주재한다. 외교부를 비롯하여 환경부, 산업부, 기획재정부 외에도 국토교통부, 농림축산식품부, 해양수산부, 과학기술정보통신부, 기상청, 산림청 등 사실상 모든 경제 부처들이 참석하며 관계부처 회의에 참석하는 인원은 수십 명에 달한다.

파리협정 채택을 위한 기후협상이 최고조에 달했던 2015년에는 공식 협상회의만 5번 개최되어 이에 따라 관계부처 회의도 거의 2개월마다 한 번씩 개최되었다. 매 회의마다 협상회의 의장단이 회람하는 협상문 초안을 중심으로 한국정부가 수용할 수 있는 문구 수준과 수용할 수 없는 기준을 정하고, 전략적인 접근이 필요한 사안일 경우, 한국이 적극적으로 주장할 입장을 마련하였다. 관계부처 회의에서는 파리협정의 목표, 선·개도국 간의 의무 차별화(differentiation) 방안, 각국이 제출하게 될 온실가스 감축목표의 형태(Type)와 주기, 진전(progression)원칙 등이 핵심적으로 논의되었다. 산업부는 새로운 온실가스 감축 의무이행으로 받게 될 산업계의 여파를 줄이기 위해 한국의 부담을 최소화하자는 입장을, 환경부는 한국의 경제 규모 및 국제적 위상을 고려하여 비교적 전향적인 입장을 주장하였으며, 외교부는 이를 중재하는 형태로 국내 차원의 협상이 진행되었다.

국내 부처 간 의견조율 절차를 거쳐 국가의 입장이 정리되면 협상그룹 내의 의견조율 과정이 뒤따른다. 앞서 언급하였듯이 다자환경협약의 경우, 모든 사안에 대해 각각의 당사국이 목소리를 내기에는 숫자 및 시간 등 현실적 애로사항이 많아 실제 협상은 협상그룹을 중심으로 진행된다. 유사한 입장을 가진 국가들이 협상그룹을 구성하지만, 특정 사안에 대해서는 이견이 있을 수 있으므로 국가들은 정식으로 협상회의에 참여하기 전, 자국이 속한 협상그룹 회의에 참석하여 의제별로 협의하고 의견을 조율한다. 한국은 기후협상에서 환경건전성그룹(EIG)의 일원이다. 환경건전성그룹 대표들은 정식회의 개최 1~2일 전에 소수의 대표들이 참여하는 회의를 갖고 각자의 입장을 피력하고 조율한다. 환경건전성그룹은 한국, 멕시코, 스위스 등 개도국과 선진국이 함께 포함된 유일한 협상그룹으로서 개도국에 대한 재정 지원 등 일부 사안에 대해서는 의견 대립이 있었다. 사전회의를 통해 합의에 이른 입장은 환경건전성그룹 공동의 입장으로 만들어지고, 그렇지 못한 입장들은 각국이 개별발언을 통해 다자협상장에 제시된다.

다자환경협약이 수년간의 교섭을 거쳐 채택에 이르는 협상 과정에는 외교 교섭을 총괄하는 외교부의 역할이 중요하다. 특히 국내 부처 간의 이해가 상충되는 경우에는 국익과 국격을 동시에 고려해야 하는 외교부의 중재 역할이 중요시된다. 그러나 다자환경협약이 발효되어 이행되어 가는 과정에는 해당 분야를 담당하는 주무 부처의 역할과 비중이 커지게 된다. 다자환경협약의 이행과정에는 각 국가 이해관계자들의 입장이 매우 중요하다. 다수의 다자환경협약이 무역 관련 조항을 담고 있기 때문에 정부의 공식 입장 정립에는 산업계와의 입장 조율이 반드시 선행되어야 한다. 그리고 비정부기구 또는 시민사회단체로 대표되는 비정부 행위자들의 입장도 중요하다. 한국의 의사결정과정을 살펴보면 산업계와의 의견조율을 산업부처에 담당하고 환경NGO들과의 의견조율은 환경부에서 담당한다. 협상 수석대표 역할을 맡은 외교부 관계자가 의견조율 과정에 참여하여 협상 동향을 설명하는 경우도 있다. 이러한 의견조율 과정에도 불구하고 환경외교는 기본적으로 국가 간의 의사결정 행위로서 비정부 행위자들의 목소리는 직접적으로 반영되지 않는다. 협상장에서 컨센서스를 이루는 주체는 국가들이다. 물론 비정부 행위자들도 사무국과 당사국이 허용한 회의에 한해 참석이 가능하고, 의견을 개진할 수는 있다. 협상장 밖에서 정부 대표단들을 만나 자신들의 의견을 전달하고, 설득하여 간접적으로 영향력을 행사하기도 한다. 환경 비정부기구(ENGO)들은 청년(YOUNGOs), 연구독립기관(RINGOs)등 다양하게 구성되어 미래 세대를 적극적으로 대변하고 매우 높은 수준의 과학적 전문성을 갖추고 있어 큰 영향력을 갖고 있다. 다자 회의의 효율성과 주권국가가 동등하게 참여하는 국제법의 특성상 비정부기구를 컨센서스의 틀 안에 포함할 수가 없기 때문에 보다 건설적으로 비정부기구를 의사결정 과정에 참여시키는 방안에 대해 논의가 계속되고 있다.[24]

2) 환경외교의 집행체계

환경협상의 성공적 결과물로 다자환경협약이 도출된다. 그리고 이 협약들을 이행하기 위한 또 다른 합의 – 즉 이행규칙을 담은 후속 문서들이 채택되며, 이행을 점검하기 위한 회의가 정기적으로 개최된다. 다자환경협약과 후속 문서들을 성공적으로 채택하는 것도 중요하지만 국가들이 이를 충실하게 이행하는 것이 무엇보다 중요하다. 국가들의 실질적인 행동을 이끌어내는 집행체계가 중요한 이유이다. 하지만 1972년 스톡홀름선언, 1992년 리우선언, 1992년 기후변화협약 등 기념비적인 환경협약들은 선언적 수준의 의무사항을 담은 연성법인 경우가 많으며, 국가들이 협약을 이행하지 않는다고 하더라도 이행을 강제할 사법체제나 집행기관이 별도로 존재하지 않는 분권적 국제법의 특성상 이행을 강제하기 쉽지 않다.

다자환경협약 집행체계의 목적은 국가들의 비준수를 처벌하기 위한 징벌적 성격이 아닌, 국가들의 이행 행동을 강화하기 위한 촉진적 성격을

---

24) Lawrence E. Susskind, Saleem H. Ali, *Environmental diplomacy: negotiating more effective global agreements* (New York: Oxford University Press, 2015), pp. 52–56.

가진다. 1987년 몬트리올의정서 제8조는 당사국이 첫 번째 회의에서 동 의정서 조항에 대한 비준수(non-compliance)를 결정하고, 비준수에 대한 적절한 절차 및 제도적 메커니즘을 검토하고 승인하여야 한다고 규정하고 있다. 다자환경협약 준수와 이행을 강화하기 위한 새로운 메커니즘에 대한 설계가 최초로 이루어진 협약이다. 이후 몬트리올의정서 당사국들은 1992년 회의에서 비준수 유형에 대한 이행 촉진 절차를 채택하였다. 이 절차는 비준수 사례 발생 시에 일반국제법상의 전통적인 분쟁 해결절차에 맡기지 않고 더 유연한(softer) 체계를 제공하기 위해 설계되었다는 평가를 받았다.[25]

몬트리올의정서를 포함한 다자환경협약의 집행체계는 공통적인 몇 가지 요소를 가지고 있다. 우선, 준수위원회 혹은 이행위원회를 설치하고, 위원회는 국가들이 제출한 이행 보고서를 바탕으로 국가들의 이행 상황을 검토하고 그 결과를 당사국 회의 혹은 해당 환경협약의 최고기구에 보고하는 것이다. 이 요소를 기본으로 협약마다 조금씩 다른 집행체계를 가지고 있다. 기후변화협약을 이행하기 위해 만들어진 교토의정서는 대표적으로 강력한 이행체계를 구축하고 있다고 평가되는 문서이다. 교토의정서는 당사국회의에서 선출된 20명의 전문가로 구성된 의무준수위원회(compliance committee)를 두었으며, 위원회는 협조분과(facilitative branch)와 강제분과(enforcement branch)로 구성된다. 협조분과는 조언을 제공하고 권고함으로써 잠재적으로 비준수 우려가 있는 국가들의 사례에 선제적으로 대응하는 반면, 강제분과는 국가들의 비준수 행위에 대해 경과보고서 제출 등을 요구한다. 교토의정서 제1차 공약 기간 온실가스 감축 의무를 다하지 못한 국가는 제2차 공약 기간에 2차 감축목표를 달성해야 할 뿐 아니라 제1차 공약 기간에 초과 배출한 양의 1.3배를 추가로 감축해야 한다.[26] 하지만 이러한 강력한 체계로도 국가들의 충실한 의정서 이행을 유도하지 못하였다. 오히려 의정서의 존립 자체를 어렵게 함으로써 선진국들의 온실가스 감축 의지를 축소 시켰다는 평가를 받는다. 제1차 공약 기간에 약속한 감축 목표를 달성하지 못하고 있던 캐나다는 제1차 공약 기간 만료를 앞두고 교토의정서를 탈퇴하였다. 캐나다와 같은 비준수 사태를 우려한 일본, 러시아, 뉴질랜드 등 주요 온실가스 배출국들은 제2차 공약 기간에 참여하지 않기로 결정하였다. 전 세계 온실가스 배출량의 15%에 해당하는 EU 등 일부 국가들만이 교토의정서에 따라 온실가스 감축을 줄이는 상황으로 연결되었다.

교토의정서를 승계할 새로운 기후체제를 마련하는 차원에서 채택된 파리협정은 앞선 실패를 교훈 삼아 각국이 의무수준을 자율적으로 선택하게 하되, 2년마다 이행 상황을 보고하고 점검하는 투명성(transparency)체제를 보다 강화하였다. 이행과정에서 비준수가 발생한다 하더라도 교토의정서와 같이 징벌적 조치는 취해지지 않으며, 개도국에게는 의무준수를 촉진하는 데 필요한 재정적·기술적 지원을 제공한다. 파리협정의 촉진적, 비징벌적 이행 준수체계가 성공적으로 작동할지 여부에 따라 다른 다자환경협약의 집행

---

25) 박병도, "국제환경협약의 이행과 준수 메커니즘: 비준수절차를 중심으로." 『한국환경법학회』 제36집(2014).

26) Benoit Mayer 지음, 『기후변화와 국제법』(서울: 박영사, 2021), pp. 361-362.

체제에도 큰 영향을 미칠 것으로 보인다.

국제법적으로 효과적인 집행체계가 마련되었다 하더라도 결국 협약의 이행은 국가와 그 경제주체들의 몫이다. 당사국들은 다자환경협약을 국내적으로 이행하기 위해 기존 제도를 재정비할 수도 있으며, 국내법을 통해 경제주체들의 의무이행을 강제하기도 한다. 한국의 경우 파리협정 의무이행 차원에서 국제사회에 발표한 2030년 국가결정기여를 '저탄소 녹색성장 기본법' 시행령에 규정하였다. 2050 탄소중립선언과 함께 2021년 개정된 '기후변화 대응을 위한 탄소중립·녹색성장 기본법'과 시행령은 상향된 새로운 2030년 국가결정기여는 물론, 2050년까지 탄소중립을 달성한다는 목표도 명문화하였다. 다자환경조약의 주요 의무사항을 국내법으로 제정하는 것은 가장 높은 수준의 이행체계를 마련한 것이라 할 수 있다. 그렇지만 EU를 제외한 미국, 일본, 호주 등 선진국들은 2050 탄소중립목표 및 국가결정기여 목표를 법률이 아닌 정책 문서로 작성하여 집행체계의 유연성과 재량권을 확보하고 있다. 한국정부는 국가결정기여 목표를 상향 조정하여 2021년 11월 제26차 기후총회(COP26)에서 2018년 배출수준 대비 40% 감축이라는 강화된 목표를 발표하였다. 그 과정에 감축목표 달성을 위한 세부 계획에는 크고 작은 변화가 있었다. 대표적으로 2030년까지 발전 부문에서 신재생에너지 비중을 30% 이상 높이겠다는 당초 계획과는 달리 2022년 8월 발표된 전력수급기본계획에서는 신재생에너지 비중 목표가 21.5%로 하향 조정된 반면, 원자력 발전 비중은 23.9%에서 32.8%로 상향 조정되었다. 앞으로도 이러한 세부 이행계획 변경은 여러 차례 있을 것으로 예상되지만 국제사회에 발표한 감축목표를 낮추기는 어려울 것이다. 2030 국가결정기여 목표 이행 및 앞으로 있을 2035 국가결정기여 목표 작성 과정에 새로운 집행체계의 상위기구인 '탄소중립녹색성장위원회'의 역할이 중요하다. 이 위원회가 상향식과 하향식을 활용하여 정치과 과학의 균형점을 찾아내는 의사결정의 플랫폼 역할을 해야 하기 때문이다. 탄소중립녹색성장위원회가 한국의 기후환경외교를 이행하는 집행체계의 중심역할을 하는 반면 정부의 2030 유엔 지속가능발전목표의 이행을 총괄하는 집행체계는 환경부 산하의 지속가능발전위원회이다. 지속가능발전목표가 정부의 경제, 사회, 환경부문을 포용하고 있음을 감안할 때 지속가능발전위원회의 기능과 위상을 탄소중립녹색성장위원회와 조화를 이룰 수 있도록 재조정 내지 통합할 필요가 있다고 하겠다.

다자환경협약을 구성하는 조항들을 법적으로만 해석한다면 가입 국가에게 무거운 의무를 부과한다고 할 수 없다. 하지만 국가가 협약을 잘못 이행하는 경우 상대적으로 가벼운 법적 의무와 함께 무거운 국제사회의 압력에 직면하게 된다. 다자환경협약의 이행과정을 단순히 법적인 영역으로만 이해해서는 안 되는 이유다. 사실상 환경외교의 결과물로 다자환경협약이 완성되는 순간 이행과 준수를 중심으로 하는 또 다른 환경외교의 장이 열린다고 하겠다.

5. 환경외교의 현안과 쟁점

한국의 환경외교는 비교적 늦게 국제무대에 등장하였지만 당면한 현안문제를 해결하는 과정에 역량을 비축하였고 국제사회에서 중견 개도국으로서의 중간자 역할을 담당하였다. 한국 환경외교가 현안 해결을 통해 역량을 비축한 사례와 앞으로 직면할 주요 현안과 쟁점에 대해 살펴보도록 하겠다.

1) 한국 환경외교의 문제해결을 통한 역량 비축

다자환경외교는 1990년대의 냉전체제 와해, 혁신적 정보통신기술의 발전과 세계화의 흐름에 편승하여 전성기를 구가하였다. 한국의 환경외교 역량은 개발도상국의 입장에서 선진국 진입을 앞둔 중견국의 입장에 맞추어 진화하였다. 국제 환경외교 무대에서 한국의 위상이 높아짐에 따라 환경외교 당국에서 다루어야 할 과제들도 수동적 방식의 해결보다는 창의적이고 적극적인 협상을 통해 해법을 모색해야 하는 것으로 확대되었다. 대표적인 사례 몇 가지를 들어 보겠다. 1991년 6월 케냐 나이로비에서 열린 제3차 몬트리올의정서 당사국 회의에서 의정서 제4조 제1항의 적용을 받는 부속서 가에 속하는 규제 품목이 채택되었다. 한국은 1985년 비엔나협약 채택 이후 CFC 사용 규제를 협상하는 시기에 한국과학기술원(KAIST)의 CFC 생산공정개발에 한국종합화학, 울산화학 등이 1987년부터 CFC 제품의 대량 생산에 들어갔다. CFC의 국제적 규제 움직임을 알지 못한 것이다. 연간 25%의 성장세를 보인 CFC 시장 규모는 1990년 기준 4조 원에 달하였다.[27] 이에 따라 당시 상공부는 무역규제에 대한 위기의식하에 1991년 '오존층보호를 위한 특정물질의 제조규제 등에 관한 법률'을 제정하고 1992년부터 시행하였다. 몬트리올의정서가 허용하는 개도국 특례조항 적용을 받기 위해 국민 1인당 CFC 사용량을 0.3kg 이하로 설정하고 소비를 규제하였다. 한국의 몬트리올의정서 가입 당시에는 1인당 소비량이 0.3kg을 초과하여 개도국 특례조항을 적용받지 못하였으나 가입 이후 강력한 생산 소비 통제 정책을 통해 0.3kg 미만의 소비량을 유지하였다. 1994년 개최된 몬트리올의정서 이행위원회, 실무작업반 회의 및 당사자총회에서 몬트리올 다자기금의 수혜 자격을 추구하지 않은 조건으로 개도국 지위를 회복하였다.

1999년 6월 러시아는 CITES 협약 식물위원회에 러시아산 야생삼(학명: Panax Ginseng)을 멸종위기로부터 보호하기 위하여 CITES 부속서상의 교역 규제 품목에 포함시켜야 한다는 제안서를 제출했다. 야생삼의 학명이 한국의 재배 인삼과 동일하여 동 제안이 채택될 경우 당시 농산물 품목 가운데 제2위의 수출규모를 가진 인삼 제품의 수출 차질이 예상되었다. 식물위원회에서 한국의 반대로 뜻을 이루지 못한 러시아는 2000년 4월 CITES 총회에 동 제안서를 다시 제출하였다. CITES 사무국과 일부 회원국 및 NGO들이 러시아 제안을 지지하고 나섰다. 한국은 러시아 제안에 대해 야생삼의 범위를 러시아산에 한정하여야 한다는 절충방안을 제시했다. 그렇지 않을 경우 한국 재배인삼을 수출할 때 재배된 것임을 증명하는 인공증식증명서(Certificate of Artificial Propagation)를 발급해야 하는 추가 부담이 예상되었다. 러시아와의 양자 협의, 아시아지역 국가들의 지지발언 유도 및 WWF 등 비정부기구의 지

---

27) https://www.sisajournal.com/news/articleView.html?idxno=112696 (검색일: 2022.10.13).

글상자 8.1

한국의 몬트리올의정서 가입과 관련한 주요 조항과 당사국회의 결정

몬트리올의정서 제4조 제1항은 각 당사자는 1990년 1월부터 비당사자로부터 부속서 가에 포함된 규제 물질의 수입을 금지하고 있고 제5조 제1항은 개발도상국 당사자가 10년 유예기간의 특례를 유지하기 위하여는 규제 물질의 1인당 배출량은 0.3kg 이하여야 한다고 규정하고 있다. 한국은 몬트리올의정서가 발효한 1989년에 규제 물질의 1인당 배출량이 0.3kg을 초과하여 가입을 미루고 있었다. 1991년 6월 제3차 당사자총회에서 몬트리올의정서 제4조 제3항에 의거하여 비당사자와의 교역을 금지하는 제품 목록으로 ① 자동차 및 트럭 에어컨 장치, ② 가정용 및 상업용 냉장고, 공기 조절장치 및 열펌프, ③ 의료용을 제외한 에어로졸제품, ④ 휴대용 소화기, ⑤ 단열판재, 파이프 커버, ⑥ 원료 수지(프리폴리버) 등이 결정되었다. 오존 사무국이 1991년 7월 동 제품목록을 당사자들에게 회람함에 따라 1992년 7월부터 비당사자와의 교역 금지조치가 이행되었다. 한국은 비당사자와 교역금지 조치를 피하기 위해 1992년 2월 몬트리올의정서에 가입하였다.

지를 유도하여 CITES 부속서 등재를 러시아산 야생삼으로 한정하였다.

한국정부가 다자환경협약을 역내 환경문제 해결을 위한 플랫폼으로 사용한 사례도 있었다. 1993년 10월 러시아 함정이 극동 해역에 핵폐기물을 투기하는 현장이 그린피스에 의해 목격되었다. 당시 외무부에서는 국제원자력기구(IAEA) 또는 다자환경협약을 이용한 항의 및 대책 마련을 검토한 끝에 폐기물 및 기타물질의 투기에 의한 해양오염방지에 관한 1972년 런던협약을 활용키로 하였다. 그렇지만 음식물 쓰레기, 분뇨 등 각종 폐기물들을 해상에 처리해 왔던 한국정부는 런던협약에 가입하지 않은 상태였다. 외무부 주관으로 해양수산부 등 유관부처와 신속한 협의 절차를 거쳐 1993년 12월 가입서를 런던협약 사무국에 제출하였다. 이와 동시에 일본과 함께 러시아 핵폐기물 투기 해역에 대한 공동 조사를 요구하였고 2차례의 실무회의를 거쳐 합의문을 작성한 후 1994년에 한러일 3국 공동조사를 실시하고 결과를 발표하였다. 3국 공동조사 협의 및 조사 결과가 투명하게 공개됨으로써 동해 등 극동 해역의 방사능 오염에 관한 역내 국가 국민들의 불안을 해소하는 데 크게 기여하였다. 공동조사해역 표기 방안을 두고 한국과 일본 대표 간의 비공식 협의 끝에 특정 명칭을 사용하지 않고 공동관심해역(sea areas of common concern) 및 좌표사용 방법으로 합의하였다. 1994년 9월에서 서울에서 개최된 북서태평양보전실천계획(NOWPAP) 제1차 정부간회의에서도 대상 해역 표기 문제가 핵심 현안으로 부상하였고 한일 양국 대표의 비공식 협의를 통해 경도 및 위도를 사용하는 중립적 표기 방안을 도출하였다. 2007년 12월 태안만에서 유조선 허베이 호가 충돌로 인해 1.2만 톤 이상의 원유가 유출되었다. 방제 활동 중에 유류 흡착포의 부족으로 일본 및 중국에 지원을 요청하였다. 지원 요청 근거가 된 것이 바로 1994년에 출범한 북서태평양 보전 실천계획의 긴급사태시 상호지원 조항이었다.

　2014년 9월 반기문 유엔 사무총장은 Post-2020 신기후체제 협상 과정에 추동력을 불어넣고자 유엔 총회 개막에 맞추어 기후정상회의를 소집하였다. 당시 개도국들의 최대 관심은 인천 송도에 본부를 둔 녹색기후기금(GCF)의 초기 재원 규모였다. 독일 메르켈 총리는 2014년 7월 베를린 개최 피터스버그 기후각료회의에서 7억 5,000만 유로(10억 달러 상당)의 녹색기후기금 출연을 약속하였다. 녹색기후기금 초기 재원 규모가 최소 100억 달러 이상이 되어야만 개도국의 기대를 충족시킬 수 있다는 전망이었다. 선진국과 개도국의 중간자 역할을 목표로 삼은 한국의 입장에서 국제사회에 기대에 충족하는 규모의 기금 출연이 필요하였다. 2012년 한국이 녹색기후기금 사무국을 유치하면서 미국 등 주요 국가에 약속한 사항이기도 하였다. 한국의 당시 온실가스 배출량이 전 세계 배출량에서 차지하는 비율과 기금의 기대 규모(100억 달러) 등을 감안하여 한국의 출연금을 1억 달러로 설정하고 9월 유엔 기후정상회의에서 대통령이 발표하였다. 국제사회에서 한국에 대한 신뢰를 높이고 중간자 역할에 대한 기대감을 높이는 환경외교의 성과였다. 이처럼 한국의 환경외교는 다양한 당면 과제 해결을 통해 역량을 비축해 왔다.

2) 한국 다자환경외교의 현안

　앞으로 다가올 환경외교의 가장 큰 현안은 국제사회에서 한국의 지위를 어떻게 설정하여 대응할 것인가에 있다. 지금까지 한국은 다자환경협약 형성과정에 개도국으로 참여하였고 2015년 파리협정 협상 과정에는 선진국과 개도국의 명시적 구분 없이 중견국으로 참여하였다. 지난 2021년 7월 한국은 유엔 무역개발회의(UNCTAD) 무역개발이사회에서 선진국 그룹(그룹 B)으로 지위 변경을 하였다. 이로써 한국은 아시아·아프리카 그룹(그룹 A)에 속하면서 누려왔던 개도국의 지위를 벗어났다. 한국이 1996년 OECD에 가입하면서 개도국 그룹인 G-77에서 탈퇴하였지만, 기후변화협약체제와 세계무역기구(WTO) 농업 분야에서는 개도국의 입장을 견지해 왔다. 그러나 2019년 10월 한국정부는 WTO 협상에서 더 이상 개도국 특혜를 주장하지 않겠다고 선언했다. 그리고 2020년 10월 당시 문재인 대통령은 국회 시정연설에서 2050 탄소중립목표를 발표했고 그해 11월 G20 정상회의에서 다시 한번 밝혔다. 2021년 11월 영국 글래스고에서 개최된 기후총회(COP26)에서 문재인 대통령은 한국의 2030 NDC 목표를 2018년 배출량 대비 40% 감축으로 상향하겠다고 선언했다. 그해 12월 한국정부는 상향된 2030 NDC를 기후변화협약 사무국에 제출하였다. 기존 선진국을 포함한 130여 개국이 2050 탄소중립목표를 선언하였다. 대부분의 개도국들은 선진국의 지원을 조건부로 한 탄소중립목표를 설정하였다. 한국은 파리협정 협상 과정에서 선진국과 개도국의 분류를 벗어난 중견국의 입장에 각국의 역량과 여건을 감안하여 스스로 차별화된 기후행동을 취하는 체제를 지지하였다. 이러한 중견국 입장에서 기존 선진국들과 차별화하는 차원에서 감축목표 방식을 절대 목표(absolute target)가 아닌 배출전망치(BAU) 방식을 택하여 감축목표를 제출하였다.

2020년 10월 이후 정부의 반복된 2050 탄소중립선언과 상향된 2030 국가결정기여 제출은 한국의 입장을 기존 선진국과 동일선상에 두는 결과를 초래하였다. 한국이 상향된 2030 감축 목표 달성을 향해 순조롭게 진전해 나갈 경우 기후협상 무대에서 선진국으로서의 한국의 위상과 이미지가 크게 제고될 것이다. 그러나 2030 감축목표 달성을 위한 한국의 연평균 선형감축 비율(Linear Reduction Factor)이 4.17%로 EU 1.98%, 미국 2.81%, 일본 3.56%보다 높다. 기존 선진국들은 기후변화협약과 교토의정서체제를 거치면서 온실가스 감축을 위한 여건을 1990년대부터 조성하였다. 반면 한국은 2018년에 온실가스 배출량이 정점에 도달하였다. 탄소중립 목표연도로 제시한 2050년까지 불과 30년밖에 남지 않았다. 2019년 기준 한국의 GDP 대비 제조업 비중(26.1%)이 일본(19.5%), EU(14%), 미국(10.6%)에 비해 높아 감축 여건도 불리하다. 2024년부터 파리협정 제13조의 강화된 투명성체제에 따른 격년제 갱신보고서(BUR)를 매 2년 단위로 제출하여야 한다. 한국의 국가결정기여 이행 진도에 따라 협상 대표단이 수행해야 할 임무가 엄중하다. 더구나 EU가 2026년부터 본격 시행을 예고한 탄소국경조정제도(CBAM: Carbon Border Adjustment Mechanism)은 한국 환경외교가 해결해야 할 당면 과제이다.[28] 한국이 2015년부터 시행 중인 배출권거래제도가 EU로부터 상응성을 인정받지 못할 경우 한국 철강업계의 대EU 수출 타격은 불가피하다.

녹색기후기금, 2022년 11월 제27차 기후총회에서 설립된 손실과 피해 기금 등 기후 재원 출연에 대한 정부 입장을 다시 수립하여야 한다. 한국이 파리협정 협상 과정에서 주장한 기타 그룹(others)을 유지할지 아니면 최근에 선언한 선진국의 입장에서 참여할지를 결정하여야 한다. 여기서 수립된 한국 입장은 다자환경협약 및 환경기구에 대한 향후 기금 출연에도 적용될 것이다. 그동안 개도국 입장도, 선진국 입장도 아닌 상태에서 적정한 규모의 기금을 출연하는 관행이 사라질 전망이다.

3) 양자 및 지역 차원의 환경외교 현안과 쟁점

앞서 보았듯이 동북아 국가들 간에는 양자 차원의 환경협력협정과 다자 차원의 지역환경보호를 위한 협력체제가 형성되어 있다. 1992년 6월 유엔환경개발회의에서 채택된 의제 21(Agenda 21)의 제38장의 22구절과 29구절은 지역환경협력의 중요성과 함께 역내 국가들간의 협력체제 구축을 권고하는 내용을 담고 있다. 당시 동북아 국가들 간에도 악화되는 황사, 산성비 등 대기 오염과 해양오염 문제에 공동 대처해야 한다는 공감대가 형성되었다. 이러한 국제적 및 지역적 여건하에서 동북아 국가들 간의 양자 및 다자환경협력의 틀이 형성되었다. 동북아 국가들 간의 양자협력은 환경외교 당국 간에 상호 의제와 참여 기관을 사전 협의하여 환경협력 공동위원회를 개최하고 정책 협의와 구체적 협력사업을 합의하는 방식이었기 때문에 순조롭게 추진되었다. 그러나 간헐적으로 발생하는 국가 간의 정치적 갈등은 환경협력의 순조로운 추진에 애로사항으로 작용하였다. 양자 갈등의 대표적인 사례는 한일 간의 동해 지명 표

---

28) https://eur-lex.europa.eu/legal-content/en/PIN/?uri=CELEX:52021PC0564 (검색일: 2022.10.20).

기, 독도 영유권, 교과서 왜곡 등 과거사 관련 사안, 중일 간의 영토분쟁과 과거사 관련 사안, 한중 간의 역사 왜곡 및 사드(THAAD) 도입 등 과거사와 북한 핵문제 관련 사안 등이었다. 이와 같은 정치 외교 현안은 중앙정부의 우선순위에서 밀려나 있는 환경협력에 부정적 영향을 초래하였다.

동북아 국가들 간의 지역환경협력을 위한 협의체 구성과정에는 유엔 아태경제사회이사회와 유엔환경계획이 촉매제 역할을 수행하였다. 1990년대에 접어들면서 동서 냉전체제의 해체, 유엔 환경개발회의 및 다자환경협약 협상 과정에서 동북아 국가들은 지역환경협력 필요성에 대한 공감대를 형성할 수 있었다. 그러나 환경외교 당국 간에 직접적인 논의를 시작할 수 있는 계기나 동기가 없었기에 아태경제이사회와 유엔환경계획과 같은 국제기구가 역내 국가의 신탁기금을 활용하여 회의 의제 준비와 소집을 위한 촉매 역할을 담당하였다.

유엔환경계획은 1991년에 지역해양프로그램의 일환으로 동북아지역 해양(북서태평양해역)에 대한 오염방지 및 보전실천계획 채택을 위한 실무그룹 회의를 소집했다. 첫 실무그룹 회의에 한국, 중국, 일본, 러시아 및 북한이 참여하였다. 남북한이 동시에 참가하는 지역환경협의체 구성에 대한 기대감이 높아졌다. 그러나 북한은 1994년 서울에서 개최되는 북서태평양보전실천계획(NOWPAP) 채택을 위한 제1차 정부간회의에 참석하지 않았다. 2002년 러시아 블라디보스톡에서 열린 제7차 정부간회의에 북한 대표가 옵서버로 참석하였으나 공식 참가 여부에 대한 입장을 밝히지 않았다. 한국정부가 아태경제이사회에 기탁한 신탁기금을 활용한 동북아 환경협력을 위한

제1차 고위급회의가 1993년 서울에서 개최되었다. 한국, 중국, 일본, 러시아, 몽골 5개국 대표만이 참여하였으며 북한은 불참했다. 그러나 북한은 1994년 11월 중국 북경에서 개최된 제2차 고위급회의에 참석하였고 동북아 6개국은 환경협력사업의 추진원칙에 대해 합의하였다. 당시 채택된 협력사업 추진원칙은 역내 국가들 간의 공동이해, 단계적 및 점진적 접근, 각국의 역량배양과 지속가능성에 미치는 영향 등이었다. 그 이후 북한은 한국이 아닌 중국, 몽골, 러시아에서 개최되는 고위급회의에 대표단을 파견했다. 이는 동북아 환경협력을 위한 협의체 구성과 사업 진전에 남북한 간의 관계가 큰 변수가 됨을 입증한다.

앞서 밝힌 동북아 국가들 간의 양자 차원의 문제 이외에도 환경문제 해결을 위한 접근 방식에 국가별 차이가 있었다. 일본은 역내 선진국으로 정부 간 환경협력체 구성 및 사업 추진이 가져올 재정적 부담에 우려를 갖고 있었다. 이러한 차원에서 일본은 정부 유관 부처와 함께, 국제기구, 연구기관, NGO 등 시민사회가 같이 참여하는 협의체 구성을 선호하였다. 반면 중국은 역내 최대 환경오염 물질 배출국가로 낙인되는 것에 대해 많은 우려를 나타냈다. 양자 및 동북아 환경협력 논의에 참가하는 중국 관계자들은 환경문제 해결을 위한 공동 사업 추진을 환영하면서도 중국이 주요 오염배출원으로 지적되는 일이 없어야 한다는 점을 분명히 하였다. 2019년 11월에 한중일 3국의 동북아 장거리 이동 대기오염물질 연구결과가 발표되었다. 2000년부터 2017년까지 4단계에 걸쳐 시행된 3국의 공동연구 프로젝트 요약 결과가 2년이 지나서 발표된 배경은 중국의 입장 때문인 것으로 보인다. 반면 동북아지역에서 중

간자적 위치에 있는 한국의 역할이 중요하다. 아태경제사회이사회와 유엔환경계획은 역내 국가들 간의 논의의 장을 마련해 줄 뿐 협상 타결을 위한 중재안 제시는 위임사항을 벗어났다는 입장을 취한다. 이러한 차원에서 한국이 동북아 환경협력의 궁극적 지향점 설정과 추진 과정에 중재자 역할을 통한 주도권을 가져야 한다. 2000년 동북아환경협력을 위한 서울 고위급회의에서 참가국 대표들이 철야 협상을 통해 한국이 제안한 비전 선언문 채택과 참가국이 공동부담하는 핵심 기금설립을 합의하였다. 1994년 북서태평양보전실천계획 채택을 위한 제1차 정부간회의에서 해역 표기 문제가 최대 현안으로 부각하였고 비공식 협의를 거쳐 한국 대표가 제안한 북서태평양보전실천계획 대상 해역의 경도 및 위도 표기에 최종 합의하였다. 동북아 환경협력의 궁극적 지향점을 역내 국가들이 명확히 인식하고 협력 추진원칙과 방향에 대한 공감대를 갖고 상호 신뢰를 쌓아가는 것이 매우 중요하다.[29] 이 과정에 유엔환경개발회의에서 채택된 리우원칙, 파리기후협정과 생물다양성체제, 유엔 2030 지속가능발전목표 등 글로벌 목표와 이행계획을 동북아지역에 맞게 변형하여 이행해 나가는 것이 동북아 환경외교의 최대 과제라고 하겠다.

6. 환경외교의 문제점과 전망

글로벌 환경문제에는 국경이 없다. 다양한 글로벌 환경문제 — 기후변화, 오존층보호, 생물다양성보호, 산림 및 열대우림 보호, 해양오염방지, 불법 폐기물 규제 등을 다루기 위해서는 국가 간 협력을 필요로 한다. 1972년 이후 국제사회는 유엔을 중심으로 지구환경문제를 다루기 위한 원칙과 다양한 협력체제를 구축하였다. 1987년에 채택되어 이행에 들어간 오존층 파괴물질에 관한 몬트리올의정서는 오존층 복구라는 소기의 성과를 달성해 가고 있어 가장 성공적인 다자환경협약으로 평가받고 있다. 이는 과학에 의한 오존층 파괴의 위험성 입증, CFC 대체물질의 발견과 생산, 개도국에 대한 지원기금 등이 시너지를 발휘하였기 때문이다. 세계경제포럼(WEF)이 발표한 인류가 직면할 10대 위기[30]의 앞자리를 차지하는 기후변화, 생물다양성 등 글로벌 환경문제 해결을 위한 국제 사회의 노력을 아직 미흡한 상태이다. 기후변화협약과 파리협정체제, 생물다양성협약과 부속 의정서체제 등 국제협력의 플랫폼이 마련되어 있지만 소기의 성과는 고사하고 오히려 문제의 악화를 초래하고 있다.

첫 번째 이유는 주요 강대국의 잦은 입장 변화이다. 미국은 생물다양성협약 이행이 국익에 부합하지 않다고 평가하고 생물다양성협약과 2개 부속 의정서에 가입하지 않고 있다. 또한, 미국은 2001년에 선진국에 온실가스 감축의무량을 설정한 교토의정서의 비준을 거부하여 의정서체제의 붕괴를 가져왔다. 2015년 파리협정 채택에 결정적 기여를 했던 미국은 2016년 트럼프 대통령의 당선과 함께 2017년 파리협정 탈퇴를 선언하였다. 2020년 바이든 대통령의 당선으로 파리협정에 복귀하여 2050탄소중립목표 선언과 2030국

---

29) 오윤경 외 21인 공저, 『현대국제법』 (서울: 박영사, 2000), pp. 484-489.

30) WEF, 『The Global Risk Report 2022』-weforum.org

가결정기여목표를 상향하면서 기후 리더십 회복을 위해 노력하고 있다. 세계 4위의 온실가스 배출국인 러시아는 우크라이나 침공으로 온실가스 배출을 줄이려는 국제 사회의 노력에 찬물을 끼얹었다. 최대 온실가스 배출국인 중국과 3위의 배출국인 인도, 1인당 온실가스 배출량 세계 상위권을 점하는 중동 산유국은 온실가스 감축에 미온적인 입장이다. 브라질, 인도네시아 등 열대우림 보유국들은 빈곤 퇴출을 위해 개발 우선 정책을 추진하고 있다. 온실가스 다배출국가에 속하는 이들의 입장이 파리협정체제의 앞날을 어둡게 한다. 오존층 파괴물질을 규제하는 몬트리올의정서체제의 경우에도 2010년대 중반에 중국 업체들의 CFC-11 불법 사용으로 성층권 오존층 복구가 늦어지기도 했다.[31]

둘째는 지구환경 보호를 위한 비용부담과 기금조성에 대한 선진국들의 소극적 입장이다. 2010년 멕시코 칸쿤에서 열린 제16차 기후총회의 결정문(1/16)의 제98항은 선진국들이 2020년까지 개도국 지원을 위한 기후 재원을 매년 1,000억 달러 규모로 조성한다는 약속 사항을 담고 있다. 그러나 OECD가 2022년 9월 집계한 선진국들의 2020년도 대개도국 기후재원 제공규모는 833억 달러로 약속한 1,000억 달러에 미치지 못하였다.[32] 2015년 파리협정 채택시에 선진국들은 1,000억 달러를 하한선으로 한 새로운 기후재원 규모를 2025년 이전에 개도국과 합의하기로 약속하였으며 현재 협상이 진행 중이다. 2022년 11월 이집트 개최 제 27차 기후총회에서 설립이 합의된 손실과 피해에 관한 기금의 조성 방안 논의도 큰 관건이다. 개도국들이 선언한 탄소중립과 NDC 목표상향이 성공적으로 이행될지 여부는 새로 합의될 기후재원의 규모에 달려 있다. 재원 규모는 선진국과 개도국 간의 신뢰 문제와 직결되기 때문이다.

셋째는 환경훼손 비용에 책임과 복구비용 부담 문제이다. 오염자부담원칙이 1992년 유엔 환경개발회의에서 리우원칙으로 하나로 채택되었지만 이를 기후변화, 생물다양성 및 월경성 오염과 같은 글로벌 환경문제에 제대로 적용되지 않고 있다. 기후변화의 원인이 되는 온실가스 배출에 대해 비용을 부과하고 열대림, 산림 등 생태계가 제공하는 서비스에 대해 가치를 부여하는 제도가 글로벌 차원에서 도입되어야 한다. 유럽연합이 온실가스 감축목표를 상향 조정하면서 탄소누출 방지와 EU 기업의 경쟁력 보호를 위해 2023년 도입한 탄소국경조정제도는 글로벌 탄소가격화의 첫걸음이다. 독일이 제안한 기후클럽의 발족과 글로벌 탄소가격제가 확산되는 추세에 따라 생태계의 다양한 혜택에 대한 가치화가 함께 진행될 전망이다.

한국의 환경외교가 지닌 문제점과 쟁점은 앞서 열거한 글로벌 차원에서 당면한 문제점과 긴밀히 연계되어 있다. 한국은 세계 10대 경제 대국임과 동시에 10대 온실가스 배출국이다. 선진국 클럽으로 알려진 OECD 회원국이며 세계 최상위 경제 포럼인 G20 회원국이다. 그리고 지난 2021년 7월 유엔 무역개발기구에서 선진국으로 지위 변경을 인정받았다. 한국의 이러한 국가적 역량과 여건은 다자환경외교무대에서 한국의 새

---

31) https://www.bbc.com/korean/international-48361095 (검색일: 2022.10.18).

32) https://www.oecd.org/climate-change/finance-usd-100-billion-goal/ (검색일: 2022.10.18).

로운 역할을 요구한다. 손실과 피해 기금과 같은 새로운 기후재원 조성에 한국이 선진국과 동일선상에서 참여할 것인지 여부를 결정해야 한다. 한국은 2015년부터 탄소가격제의 일환으로 배출권거래제를 운영해 오고 있다. 그러나 정책 일관성과 제도의 투명성 결여로 온실가스 감축이라는 소기의 성과를 거두지 못하고 있다. 2050탄소중립목표와 상향된 2030국가결정기여목표 달성을 위한 정책 수단으로 효과를 발휘하기 위해서는 배출권거래제의 개편이 필요하다. 비용 효과적인 배출권거래제의 운영은 유럽연합이 도입하는 탄소국경조정제도에 대응하기 위한 방안이 될 수 있다. 끝으로 한국 환경외교가 앞으로 보완해야 할 점은 제도의 개편과 전문인력의 양성이다. 환경외교 업무 영역이 더욱 전문화되고 확대되면서 여러 분야와의 중첩성을 지니고 있다. 환경외교에 대한 진입장벽이 높아진 것이다. 환경과 무역의 연계, 환경과 개발의 통합, 2030유엔지속가능발전목표의 채택과 이행, 파리협정체제의 본격 이행에 따른 글로벌 탄소 가격화의 확산, 탄소국경제도의 이행과 기후클럽의 출범 등은 환경외교 전문인력의 체계적 육성과 함께 유연성에 기반을 둔 정부조직의 개편을 요구하고 있다고 하겠다. 지구환경문제에 대한 효과적 대응을 위해서는 장기적 안목의 정책과 제도가 필요하다. 영국, 유럽연합 등 환경외교의 선두에 있는 국가들이 정치적 선거 주기를 뛰어넘은 장기 차원의 정책을 여야 합의로 도입하여 일관성 있게 이행해 가는 사례에서 교훈을 얻어야 할 것이다.

7. 결론

글로벌 환경외교는 현재 진행형이다. 지구의 모든 생태계 영역을 망라하는 국제 환경협력체제가 형성되었지만 건강한 지구 생태계 회복을 위해서는 더 많은 노력이 필요하다. 기후변화협약을 비롯한 많은 환경협약들이 정례적으로 총회를 개최하여 목표와 이행방안을 업데이트하고 개선해 나간다. 국제환경회의에서 합의, 채택된 원칙을 토대로 한 국제환경법의 여러 원칙과 개념들도 과학기술의 진보, 국제 공동체의 수용성 및 시간의 흐름에 따라 진화되고 있다. 기후, 대기, 생물다양성, 열대림, 해양 등이 지구공유자원에 속한다는 국제적 공감대가 확대되어 갈수록 다자환경협약과 국제환경법의 구속성이 강화될 것이다.

그렇지만 다자환경협약과 국제환경법의 이행 주체가 주권을 지닌 국가라는 점은 변함이 없다. 각국의 외교정책 우선순위는 국가안보와 이익 확보에 있다. 글로벌 환경문제에 대한 각국의 우선순위는 국제적 여건, 각국의 내부 상황과 역량에 크게 좌우된다. 국제사회에 갈등과 대립을 뛰어넘는 안보와 경제협력 분위기가 형성될 때 각국은 지구공유자원의 지속가능성을 담보하기 위한 환경외교에 우선순위를 부여하게 된다. 1972년 이후 진행되어온 다자환경외교가 이를 입증하고 있다. 현재 인류가 당면한 최대 환경문제인 기후·생태계위기를 해결하기 위해서는 미국과 중국의 정책과 협력이 무엇보다 중요하다. 그리고 다자환경외교를 선도하고 있는 유럽연합과 촉진자인 유엔의 견인역할이 계속되어야 한다.

한국은 국제 환경외교 무대에 비교적 늦게 참여하였지만, 신흥공업국의 입장에서 선진국과 개도국의 중간자 역할을 수행하였다. 다자환경협약 체제 형성과정에서 한국은 에너지 집약적, 수출주도 경제라는 국가적 여건 때문에 다소 수동적이고 방어적 입장에서 환경외교를 전개하였다. 동북아 지역에서는 중간자 지위를 활용한 한국의 환경외교가 지역협력체제의 출범이라는 긍정적 산물을 이끌어 냈다. 이러한 차원에서 한국의 환경외교 기본입장은 국격과 국익의 보호라는 균형된 입장하에 국제 환경협력체제에 대응하고 동북아지역에서의 환경공동체 구현을 궁극적 목적으로 한 환경협력의 강화에 있다고 볼 수 있다. 2015년 파리협정 채택 시 한국 협상단은 "선진국과 개도국의 명시적 구분 없이 모든 국가가 각자의 여건과 역량을 감안하여 기후행동을 취하는 신기후체제의 수립"이라는 입장하에 협상에 임했다.[33]

한국은 2019년 10월 WTO 협상에서 더 이상 개도국 특혜를 주장하지 않겠다고 선언한 데 이어 2021년 7월 UNCTAD에서 아시아/아프리카 국가 그룹(A)에서 선진국 그룹(B) 이동을 신청하고 회원국들의 승인을 받았다. 한국이 선진국 그룹 이동을 통하여 국제사회에서 더욱 적극적으로 가교역할을 수행하겠다고 밝혔다. 이러한 선언은 그동안 한국이 환경외교 무대에서 취해온 입장과 추진 방향의 전면 재검토를 필요로 한다. 파리협정체제는 더 이상 기후변화협약 부속서에 근거한 선진국과 개도국의 구분 방식을 인정하지 않는다. 모든 국가가 스스로 기후행동 목표와 계획을 설정하여 이행하는 체제이다. 한국정부가 자율적으로 상향 조정하여 대내외에 밝힌 2030국가결정기여와 2050탄소중립 목표 이행을 위해 최선의 노력을 기울여야 한다. 유럽연합은 각국의 기후행동의 차이에서 발생하는 탄소누출과 경쟁력 불균형 문제를 해결하기 위해 탄소국경조정제도를 2023년부터 시범 운영하고 2026년부터 본격 시행할 예정이다. 탄소국경조정제도 이행과정에 한국의 주요 수출품목이 유럽연합 시장에서 피해를 보지 않도록 하는 것이 환경외교의 임무이다.

기후변화에 관한 파리협정체제하에서 예상되는 기금출연 규모와 방식도 한국 환경외교의 당면 과제이다. 파리협정의 기후재원에 관한 제9조 제1항과 제2항은 당사국을 선진국-개도국-기타로 분류한다. 기타 그룹은 자발적으로 기금 출연을 하는 국가로서 진전원칙, 개도국 지원 재원 보고 등에 구속적 의무를 지닌 선진국과는 달리 권유형의 의무를 지닌다. 파리협정 협상 과정에 한국 대표단이 취한 입장은 기타 그룹에 속한다. 한국의 선진국 지위 선언이 어떤 결과를 가져올 것인지를 면밀히 검토하여 손실과 피해 기금조성과 같은 후속 협상에 임해야 할 것이다. 기후협상에서 취한 한국의 입장이 현재 개도국 지위를 누리고 있는 몬트리올의정서를 비롯한 여러 환경협약의 이행과 후속 협상에 영향을 미칠 것으로 보인다.

한국 환경외교에 주어진 또 다른 과제는 동북아 환경협력 강화를 통한 환경공동체의 실현이다. 남북한 간의 긴장과 대립 관계가 동북아 환경협력 추진에 가장 큰 장애 요인이었다. 앞으로의 과제는 북한을 어떻게 기후환경협력의 무대로 이끌어 내느냐에 있다. 현재 국제사회가 당면한 기후위기 대응이 북한을 협력 무대로 나오게 할 수 있는 좋은 유인책이다. 파리협정체제가 허용하는 당사자 간 자발적 협력과 국제탄소시장 형성이 남북한 간의 협력을 위한 플랫폼이 될 수 있다.

---

33) 최재철 (2020), pp. 152-222.

플랫폼 구축을 위해 우선적으로 시민사회를 중심으로 한 비정부 행위자들이 전면에 나서는 방안을 찾아야 할 것으로 보인다. 홍수, 가뭄과 같은 기후 재난의 발생빈도가 높아지고 있음을 감안할 때 이에 대응하기 위한 남북한 간의 기후 협력은 동북아 환경협력의 초석이 될 것이다. 또한, 한국 환경외교가 분명한 목표와 방향성을 갖고 일관성 있게 나아갈 수 있도록 정부의 제도 개편과 전문인력 양성을 위한 조치가 뒤따라야 할 것이다. 환경외교의 영역은 국가의 안보 및 경제 분야로 확대되고 다양한 이해관계자가 참여하는 형태로 진화되고 있다. 국격과 국익의 균형을 추구하는 한 국가의 환경외교는 이를 수행하는 기관과 개인의 역량과 전문성에 크게 좌우된다. 한정된 지구 공유자원을 두고 전개되는 환경외교는 지속가능한 미래 사회를 만들어 가려는 국제협상의 핵심이 되어가고 있다.

토의주제

1. 다자환경외교의 출발점을 1972년 스톡홀름 개최 유엔인간환경회의로 두는 견해가 다수이다. 1972년 유엔환경회의의 주요 성과와 다자환경외교 발전에 기여한 점은 무엇일까?
2. 케냐 나이로비에 둔 유엔환경계획은 유엔체제 내의 환경목소리를 대변하고 있는 기구이다. 유엔환경계획은 많은 다자환경협약, 지역환경협력 및 해양환경보전 프로그램의 사무국 역할을 하고 있다. 유엔환경계획의 주요 기능과 의사결정구조에 대해 살펴보자.
3. 지구정상회의로 알려진 1992년 브라질 리우에서 개최된 유엔환경개발회의는 국제환경법의 근거가 되는 리우원칙과 21세기 환경외교의 청사진이 되는 의제 21을 채택하였다. 그리고 후속정상회의로 2002년 세계지속가능발전정상회의, 2012년 유엔지속가능발전회의가 개최되었다. 이러한 다자환경정상회의가 환경외교 발전에 미친 영향은 무엇일까?
4. 환경과 개발에 관한 리우선언(Rio Declaration)에는 기후변화협약과 생물다양성협약의 채택 배경과 이행 기반을 제공하는 사전예방원칙들이 반영되어 있다. 사전예방원칙은 어떠한 내용일까?
5. 한국의 환경외교는 유엔환경개발회의 준비 협상 및 오존층 파괴물질을 규제하는 몬트리올의정서 가입 추진 과정에서 선발 개도국으로 중간자 역할을 수행하였다. 파리협정 협상과정에는 개도국과 선진국의 명시적 구분없는 자체적 차별화를 강조하였다. 파리협정 재원 분야 협상 과정에 한국이 취한 입장이 어떻게 반영되었는가?
6. 한국은 2021년 7월 UNCTAD에서 선진국 그룹으로 이동하였다. 다자환경외교에서 한국의 선진국 지위 변경이 가져올 영향에는 어떤 것이 있을까?
7. 파리협정하의 국가결정기여(NDC)의 도입 배경, 이행 원칙 및 포함내용에 대해 살펴보고 제출 주기에 대해 논의해 보자.
8. 생물다양성협약체제의 목적과 2개 부속 의정서 협상 과정에 대해 살펴보고 2개 부속 의정서에 대한 한국의 입장에 대해 논의해 보자.
9. 동북아 환경협력체 구성 현황과 향후 발전 방향에 대해 한국 환경외교가 담당하여야 할 역할은 무엇일까?

참고문헌

1. 한글문헌

Benoit Mayer 지음. 박덕영 옮김. 『기후변화와 국제법』. 서울: 박영사, 2021.

Brigid Starkey, Mark A. Boyer, Jonathan Wilkenfeld 지음. 조한승 옮김. 『국제외교협상의 이해』. 서울: 시그마프레스, 2018.

Daniel Bodansky, Jutta Brunnee, Lavanya Rajamani 지음. 박덕영 옮김. 『국제기후변화법제』. 서울: 박영사, 2018.

김계동 외 17인 공저. 『현대 외교정책론, 제4판』. 서울: 명인문화사, 2022.

박덕영, 유연철 외 20인 공저. 『파리협정의 이해』. 서울: 박영사, 2020.

신범식 외 9인 공저. 『지구환경정치의 이해』. 서울: 사회평론아카데미, 2018.

신상범. 『지구환경정치: 형성, 변화, 도전』. 서울: 명인문화사, 2022.

오윤경 외 20인 공저. 『현대 국제법』. 서울: 박영사, 2000.

외교부. 『기후환경외교편람』. 서울: 외교부 기후환경외교국, 2021.

최재철. 『환경외교의 길을 걸었던 외교관의 기후협상일지』. 서울: 박영사, 2020.

최준영. "월경성 장거리 이동 대기오염물질에 관한 협약(CLRTAP)과 미세먼지해결을 위한 국제협력방안." 국회입법조사처. 『이슈와 논점』 제1296호 (2017).

2. 영어문헌

Ali, Saleem H., and Helena Voinov Vladic. *Environmental Diplomacy*. Costas M. Constantinou et al.(eds), The SAGE Handbook of Diplomacy. London: SAGE Publications, 2016.

Asian Development Bank, *Decoding Article 6 of the Paris Agreement*, Manila: ADB, 2018.

Chasek, Pamela S., David L. Downie, and Janet Welsh Brown. *Global Environmental Politics* 7th edition. Boulder: Westview Press, 2017.

Cramton, Peter, David JC Mackay, Axel OCKenfels, and Steven Stoft. *Global Carbon Pricing – The Path to Climate Cooperation*. London:The MIT Press, 2017.

OECD, *Building Back Better: A sustainable, resilient recovery after COVID-19, Tackling coronavirus (COVID-19): Contributing to a global effort*, Paris: 2020.

Orsini, Amandine. "Environmental Diplomacy(chapter 17)." in T. Balzacq et al.(eds). *Global Diplomacy*, London: Palgrave Macmillan, 2020.

Secretariat of the Convention on Biological Diversity and UNEP. *The Cartagena Protocol on Biosafety: A Record of the Negotiations*. Montreal: 2003.

Susskind, Lawrence E., Saleem H.Ali. *Environmental diplomacy: negotiating more effective global agreements*. New York, NY: Oxford University Press, 2015.

UNEP. *Negotiating and Implementing MEAs: A Manuel for NGOs*. Nairobi: 2007.

Wilson Center, adelphi, *21st Century Diplomacy: Foreign Policy is Climate policy*. Washington D.C: 2021.

World Commission on Environment and Development(WCED), *Our Common Future, Report of the WCED*. New York: 1987.

3. 인터넷 자료

GCF homepage; www.greenclimate.fund
OECD homepage; www.oecd.org
UN SDGs hompage; sdgs.un.org
UNEP homepage; www.unep.org
UNFCCC homepage; unfccc.int

9장 대외원조와 국제개발외교

1. 서론　254
2. 한국 대외원조와 국제개발외교의 대내외적 환경　256
3. 한국 대외원조와 국제개발외교의 목표와 추진 방향　263
4. 한국 대외원조와 국제개발외교정책의 결정과 집행체계　270
5. 한국 대외원조와 국제개발외교의 현안과 전망　276
6. 결론　280

김태균(서울대 국제대학원)

1. 서론

전통적으로 국제관계학에서의 대외원조와 국제개발의 의제는 외교정책 이슈 중 하나로 인식되거나, 특정 국가의 국익추구에 유용하게 사용될 수 있는 도구적 장치로 강조되어 왔다.[1] 특히, 국제개발과 개발원조 이슈를 국제정치경제의 한 분야로 취급하는 경향이 강해지면서 대외원조는 공여국의 국익 가운데 수출, 수입, 민간기업 진출 등 경제적 또는 정치경제적 이해관계와 연계되는 연구들이 국제관계학(IR) 내 주류로 자리 잡게 되었다.[2] 대외원조와 더 큰 범주인 국제개발에 대한 국제관계학의 전통적 이해는 외교정책을 수행하는 과정에서 정치적 및 경제적 국익에 부합하는 원조의 도구적 가치에 집중되었고, 이는 미국과 같이 국제관계의 패권국인 공여국이 대외원조를 통해 자본주의의 윤리적 헤게모니를 기획하고 관리하는 외교 대전략

---

1) Hans J. Morgenthau, *Politics Among Nations: The Struggle for Power and Peace* (New York: Knopf, 1948); David A. Baldwin, *Economic Statecraft* (Princeton: Princeton University Press, 1985); Stephen D. Krasner, *Structural Conflict: The Third World Against Global Liberalism* (Berkeley: University of California Press, 1985); Carol Lancaster, *Foreign Aid: Diplomacy, Development, Domestic Politics* (Chicago: University of Chicago Press, 2007); Elliott R. Morss and Victoria A. Morss, *U.S. Foreign Aid: An Assessment of New and Traditional Development Strategies* (Abingdon: Routledge, 2020).

2) Justin van der Merwe and Nicole Dodd, *The Political Economy of Underdevelopment in the Global South: The Government-Business-Media Complex* (Basingstoke: Palgrave, 2019).

의 중요한 요소로 대외원조를 활용하였다는 것을 의미한다.³⁾

그러나 일찍이 1960년대 한스 J. 모겐소(Hans J. Morgenthau)가 지적하였듯이, 대외원조의 도구적 가치에 대한 논쟁은 개발원조가 내재적으로 보유하고 있는 윤리적 가치와 도구적 효용 간에 발생하는 갈등관계에 항상 노출된다.⁴⁾ 이론적으로 대외원조 및 국제개발협력 정책과 사업의 본질적인 임무는 저개발국의 사회·경제발전 문제를 해결하고 빈곤퇴치부터 경제성장까지 일련의 서구식 근대화 프로젝트를 지원하는 규범적 가치를 추구한다. 유엔 등 국제기구는 국제개발과 관련된 수많은 글로벌 규범과 원칙을 선포해 왔기 때문에 유엔 회원국인 공여국의 대외원조는 자국의 국내정치를 넘어서 국제사회에서 통용되는 글로벌 기준에 직간접적으로 영향을 받을 수밖에 없는 구조적인 측면이 있다. 유엔이 선포한 2000년 새천년개발목표(MDGs: Millennium Development Goals), 2015년 지속가능발전목표(SDGs: Sustainable Development Goals) 등 인류공동의 개발목표로 공인된 규범들에 공여국의 대외원조가 직접적으로 강제되지는 않지만, 규범적으로 구속되거나 국제사회의 보이지 않는 동료 압력(peer pressure)을 받게 된다. 이러한 맥락에서 특정 국가의 대외원조와 국제개발이 국제사회에서 통용되는 글로벌 규범과 원칙에 민감하게 반응하게 되고, 일방적으로 공여국의 국익을 위한 도구적 수단으로 대외원조가 집행될 경우 국제사회로부터 압박을 받을 수 있는 변수에 노출되게 된다. 따라서 대외원조와 국제개발은 국제사회와 글로벌 규범이라는 외생변수와 끊임없이 소통하고 때로는 통제받는 관계성 때문에 개발협력의 국제 기준과 국익 사이에서 일정 수준 타협하는 절충의 미학이 외교정책의 전략 방안에 포함되어야 한다.

또한, 국제개발 기반의 외교정책은 대외원조를 받는 개발도상국이 파트너로 상정되기 때문에 다른 외교정책의 이슈 영역과 달리 상대국가가 언제나 상수로 존재하고 이를 상대하는 전략이 필요하다. 2010년 첫 시행된 '국제개발협력기본법'에 한국이 제공하는 ODA를 수원하는 대상 주체를 '개발도상국' 또는 '협력대상국'이라 표현하고 있으나, 2020년 11월에 개정된 국제개발협력기본법에서는 대상 주체의 표현을 개발도상국으로 통일하고 있다. 따라서 이 장에서는 개발도상국 또는 파트너 국가로 한국 ODA의 수원 주체 표현을 통일한다.⁵⁾

공여국의 공적개발원조(ODA: official development assistance)를 비롯하여 국제개발협력이 투입되는 개발도상국은 하나의 단일화된 대상이 아니라 경제적 수준 또는 정치적 수준으로 다양한 집단으로 구분된다. 경제적으로는 보통 소득수준별로 최빈국(LDCs), 중저소득국(LMICs), 고중소득국(UMICs) 등으로 구분하여 최빈국일수록 무상원조(증여) 중심의 개발협력 프로젝트

---

3) Tomohisa Hattori, "Giving as a Mechanism of Consent: International Aid Organisations and the Ethical Hegemony of Capitalism," *International Relations* 17-2 (June 2003).

4) Hans J. Morgenthau, "A Political Theory of Foreign Aid," *American Political Science Review* 56-2 (June 1962); Hattori, Tomohisa. "Reconceptualizing Foreign Aid," *Review of International Political Economy* 8-4 (Winter 2001).

5) https://www.law.go.kr/법령/국제개발협력기본법 (검색일: 2022년 12월 25일).

를 지원하고 고중소득국일수록 유상원조(양허성 차관) 프로젝트를 기획하는 것이 일반적이다. 정치적으로는 부패와 정치적 불안, 그리고 비민주적 레짐에 해당하는 개발도상국일수록 인권, 젠더, 민주적 선거제도 등의 개발원조에 조건을 붙여 원조의 정치적 오용과 남용을 통제하기도 한다. 그럼에도 불구하고, 개발원조의 철칙 중 하나가 개발프로젝트의 기획은 반드시 개발도상국의 요청에서 시작되어야 한다는 것으로, 파트너국가의 주민이 원하지 않는 프로젝트는 처음부터 정당성을 부여받기 어렵기 때문에 경제적으로 취약하고 정치적으로 불안해도 개발도상국 정부와 주민은 공여국에게 가장 중요한 파트너로 인지되어야 한다. 따라서 국제개발외교는 파트너 국가와의 상생관계를 토대로 일방적인 공여국의 개입과 이해관계가 투영되지 않도록 주의해야 한다.

한국의 국제개발외교는 한국이 경제협력개발기구(OECD: Organisation for Economic Co-operation and Development) 개발원조위원회(DAC: Development Assistance Committee)에 가입된 2010년 이후 세간의 주목을 받아 본격화된 새로운 외교정책 분야라 평가할 수 있다.[6] 국제사회는 한국을 해외원조를 받던 수원국에서 원조를 주는 공여국으로 전환한 대표적인 중견국으로 인지하고 있고 이에 걸맞은 역할을 한국이 맡아주기를 희망하고 있다.[7] OECD뿐만 아니라 유엔의 입장에서도 개발원조를 통해 경제 및 사회발전을 성공적으로 이행하여 선진국 반열에 오른 성공사례로 한국을 개발도상국에게 전파하고 원조의 효과성을 제고하기 위한 대표사례로 한국의 발전 경험을 공론화하는 작업이 필요하였다. 마찬가지로 한국도 국제개발외교를 글로벌 수준의 개발규범과 원칙, 로컬 수준의 파트너 국가와 협력, 그리고 한국의 국익을 국제사회에 투영할 수 있는 규범적 플랫폼으로서 개발협력 의제를 이행하고 선점할 필요가 있다. 국제사회의 시대적 요구에 적극적으로 대응하고, 한국의 국익과 글로벌 규범 간의 균형적 접근을 도모하며, 동시에 한국의 중견국적 위치를 전략화하여 글로벌 남반구와 북반구를 연계하여 통합적으로 접근하는 다차원적인 가치외교가 실현될 수 있는 국제개발외교를 한국은 모색해야 할 것이다.

2. 한국 대외원조와 국제개발외교의 대내외적 환경

통상적으로 공여국의 대외원조와 이를 토대로 구축되는 국제개발외교정책은 국내의 정치경제 상황과 국외의 국제정치질서 환경이 어떻게 조성되어 상호 연계되어 있는가에 따라 전략적 방향과 개발원조의 콘텐츠가 다르게 설정된다. 따라서 한국의 대외원조와 국제개발외교를 명확하게 분석하기 위해서는 한국을 둘러싼 대내외적 환경에 대한 면밀한 검토가 선행되어야 한다.

---

6) 김태균, 『한국비판국제개발론: 국제開發의 發展적 성찰』 (서울: 박영사, 2019); Dennis Patterson and Jangsup Choi, "Policy and Practice in ODA Disbursements: An Analysis of Changes in South Korea's Official Development Assistance," *Journal of East Asian Studies* 19-2 (June 2019).

7) Hong-Min Chun, Elijah N. Munyi, and Heejin Lee, "South Korea as an Emerging Donor: Challenges and Changes on its Entering OECD/DAC," *Journal of International Development* 22-6 (July 2010).

1) 국제개발협력의 대외적 환경

한국의 국제개발외교를 둘러싼 대외적 환경은 국제관계의 거시적 정치지형 변화에 민감하게 반응한다. 개별 공여국에게는 개발협력이 본질적으로 전통안보의 관리를 위해 보조적으로 동원되는 수단의 성격이 강하기 때문에 국제정치의 변화에 따라 개발원조의 전략 방향이 변화하게 된다. 그러나, 국제개발레짐에서 도입되는 비전통안보의 규범적 원칙은 국제관계의 현실주의적 정치지형이 변화해도 그 제도적 가치를 계속 유지하거나 국제정치 지형에 반대로 영향력을 미칠 수도 있다.[8] 2015년에 선포된 지속가능발전목표(SDGs)와 유엔기후변화협약(UNFCCC: UN Framework Convention on Climate Change)의 '파리협정', 그리고 2016년 세계인도주의정상회의(World Humanitarian Summit)의 '인류애를 위한 의제(Agenda for Humanity)' 등은 대표적으로 비전통안보 이슈 영역이 국제관계의 정치영역에 지속적인 영향을 미치는 사례라 평가할 수 있다. 따라서 한국이 국제개발외교에 있어 주시해야 할 대외적 환경의 변화는 국제개발레짐과 국제정치지형 사이에서 형성되는 외부환경의 핵심적인 경향성에 수렴된다.

(1) 개발원조를 통한 국익추구의 경향 강화

개발원조의 전통적인 매력 중 하나가 원조 프로젝트에 공여국의 국익이 가미되더라도 원조의 겉포장은 글로벌 규범에 부합하는 것을 강조하고 국익추구의 가능성은 최소화하는 것이 통상적인 관례로 인식되었다는 점이다. 그러나 2008년 글로벌 금융위기 이후 선진공여국들의 경기침체가 장기화되고 영국의 브렉시트(BREXIT) 등 자국보호주의가 득세하는 가운데 미국, 유럽 등 주요 공여국에서 원조예산 확보를 위하여 자국의 경제적·안보적 이익을 전면에 내세우는 경향이 강해져 왔다.[9] 공여국의 경제적 침체는 국내적으로도 이민자, 외국인, 다자주의 외교에 대한 반대의견이 커지게 되고 대중영합주의 정당이 자국의 이익을 강조하는 보수주의 경향이 강해지고 있다.[10] 이러한 원조의 국익우선주의(aid nationalism) 경향은 코로나19 팬데믹과 우크라이나전쟁 등 일련의 글로벌 복합위기가 도래하면서 더욱 강화된 자국보호주의로 이어지고, 국제개발외교도 이러한 현실을 반영하여 개발원조를 통한 국익추구 현상이 주요 공여국들의 국가원조전략 문서에 공식적인 비전과 목표로 등장하게 된다. 2008년 이전의 국제사회가 '국익'이 국제개발외교 문서에 표면적으로 적시되는 것을 금기시했던 문화와 달리 2010년대 이후에는 빠른 속도로 개발원조의 현실주의적 도구화 현상이 주류화되고 있다.

주요 공여국 원조전략에 국익 우선주의가 전면에 등장하고 있음을 쉽게 확인할 수 있다. 각국 정

---

8) Martha Finnemore, *The Purpose of Intervention: Changing Beliefs about the Use of Force* (Ithaca: Cornell University Press, 2003); Michael Barnett and Martha Finnemore *Rules for the World: International Organizations in Global Politics* (Ithaca: Cornell University Press, 2004).

9) Homi Kharas and Andrew Rogerson, *Global Development Trends and Challenges: Horizon 2025 Revisited* (London: Overseas Development Institute, 2017).

10) Nilima Gulrajani and Liam Swiss, *Why Do Countries Become Donors? Assessing the Drivers and Implications of Donor Proliferation* (London: Overseas Development Institute, 2017).

부는 개발원조가 자선활동이 아니라 자국의 투자와 무역의 기회를 확대하고 국제사회에서 자국의 영향력을 확장하기 위한 외교활동으로 강조하고 있다. 다시 말해, 글로벌 규범과 국익 간의 균형추가 빠른 속도로 국익 쪽으로 옮겨지고 있다는 의미이다. 미국 국무부와 국제개발처(USAID)가 공동으로 발표한 미국 원조의 '2018~2022 공동전략계획(Joint Strategic Plan FY 2018-2022)'의 경우, '원조를 통한 미국의 경제적 우위 확보'를 포함하여 경제적·안보적 국익을 강조한 4대 목표가 분명하게 적시되어 있다.[11] 공동전략계획 문서에 따르면, 미국의 원조전략 4대 목표는 (1) 국내외 미국의 안전보장 강화, (2) 지속가능한 경제성장과 고용 창출을 위한 미국의 비교우위 확보, (3) 미국의 글로벌 리더십 추구, (4) 미국 납세자를 위한 원조 효과성과 책무성 확보로 구성되어 있다. 영국의 경우도 2015년 영국의 개발원조 전략문서인 '영국 원조: 국익의 관점에서 글로벌 도전 대응전략(UK Aid: Tackling Global Challenges in the National Interest)'에 국익추구를 토대로 글로벌 개발협력 과제에 대한 접근을 원조전략의 주요 목표로 지정하고 있다.[12] 영국정부는 '국익'을 문서 제목에 포함하고 있는 반면, 전 세계 극빈층에 대한 영국의 도덕적 의무를 다하고 글로벌 공공재를 제공하는 역할이 충족될 경우 영국의 국익이 실현된다는 논리를 제시함으로써 국제개발외교의 글로벌 규범력을 위한 균형점을 유지하고 있다는 점을 알 수 있다. 호주정부도 2017년부터 외교정책과 원조정책 간의 정합성을 제고하기 위하여 외교정책백서에 인도·서태평양지역을 중심으로 지속가능한 경제성장 및 빈곤완화를 추구하는 동시에 호주의 국익 추진에 기여할 것을 명시적으로 강조해 왔다.[13] 이러한 개발원조의 국익우선주의는 한국정부에도 영향을 주어 2021년에 새롭게 정비된 제3차 국제개발협력기본계획의 비전이 "협력과 연대를 통한 글로벌 가치 및 상생의 국익 실현"으로 결정되어 한국 개발원조의 국익추구는 글로벌 공공재 추구와 등가물임을 강조하고 있다.[14]

(2) 미중 전략경쟁의 심화와 인도·태평양 시대 도래

미국과 중국의 전략적 패권경쟁은 최근 국제정치질서의 주요 분쟁의 씨앗이 되고 있으며, 개발협력 분야도 예외는 아니다. 중국의 일대일로 정책은 글로벌 남반구의 전략적 요충지에 인프라 개발협력 투자를 공격적으로 전개해 오면서 주요 파트너 국가들을 채무위기 상황에 빠트리게 하는 심각한 문제를 일으키고 있다.[15] 미중 패권경쟁의 프레임하에 미국은 G7을 중심으로 중국의 일대일로와 차별되는 투명하고 양질의 인프라를 개발도

---

11) https://www.state.gov/wp-content/uploads/2018/12/Joint-Strategic-Plan-FY-2018-2022.pdf (검색일: 2023년 1월 7일).

12) https://assets.publishing.service.gov.uk/government/uploads/system/uploads/attachment_data/file/478834/ODA_strategy_final_web_0905.pdf (검색일: 2023년 1월 7일).

13) https://www.dfat.gov.au/sites/default/files/2017-foreign-policy-white-paper.pdf (검색일: 2023년 1월 7일).

14) https://www.odakorea.go.kr/contentFile/MSDC/03.pdf (검색일: 2023년 1월 7일).

15) Min Ye, *The Belt Road and Beyond: State-Mobilized Globalization in China: 1998-2018* (Cambridge: Cambridge University Press, 2020).

상국에 제공하기 위하여 2021년 '더 나은 세계의 재건(B3W: Building Back Better World)',[16] 그리고 2022년에는 '글로벌 인프라·투자 파트너십(PGII: Partnership for Global Infrastructure and Investment)'[17]을 선도하며 대규모의 인프라 개발협력을 위한 재원을 약속하였다.[18] 미중 패권경쟁은 인도·태평양(인태)지역에서 더욱 구체적으로 구현되고 있는데 미국은 일본·호주·인도와 함께 쿼드(QUAD)라는 안보플랫폼을 구축하고 쿼드의 활동전략 중 하나로 인도적 지원과 중국식 인프라 원조와 차별되는 모범적인 인프라 원조를 약속하고 있다. 쿼드 가입에 연착륙할 수 있는 전략이 필요한 한국으로서는 한국식 인태전략의 필수항목으로 인도적 지원과 인프라 중심의 개발원조를 통한 쿼드 합류를 국제개발외교의 주요한 축으로 고려하는 전략적 사고가 필요하다.

(3) 새로운 글로벌 이슈의 등장: 신종 감염병, 기후변화

코로나19의 팬데믹 현상으로 글로벌 협력의 시대는 종료되고 이른바 '성곽시대'라 불릴 정도로 자국우선주의 각자도생의 시대에 진입한다는 우울한 전망이 전 세계적으로 확산되었다.[19] 선진국 그룹을 중심으로 코로나19 백신이 생산되고 공급되는 반면, 글로벌 남반구 저개발국들은 백신 보유국의 백신외교에 의존할 수밖에 없는 백신불평등 현상이 고조되고 있다. 신종 감염병 문제와 함께 지구온난화로 인한 기후변화 문제가 기후위기로 악화되면서 2015년 파리협정 이후의 신기후체제(new climate regime)에서는 온실가스 배출량 감축, 적응뿐만 아니라 개발도상국에게 재원, 기술, 역량강화 등을 지원할 것을 규정하고 있다. 기후위기는 수질오염, 대기오염, 토양침식, 식량안보, 사막화, 자연재해 등으로 복합적인 도전과제로 확산될 전망이다.

글로벌 개발협력이 어려운 거버넌스 구조일수록, 역설적으로 기후변화로 인한 환경파괴, 감염병 대유행으로 인한 보건위기 등 일개 국가가 해결할 수 없는 전 지구적 차원의 협력이 한층 더 요구된다. 주요 공여국들은 코로나19 이후 개발도상국 피해복원을 위하여 보건의료 긴급지원과 코백스(COVAX)를 설립하여 개발도상국에 백신을 공급하기 위한 국제협력을 시도하고 있다. 다자주의와 지역주의가 쇠퇴하고 있는 경향이 강하지만 지구적 난제를 해결하기 위한 글로벌 공공재 제공의 공동대응이 더욱 필요한 상황이다. 이러한 외부환경 변화에 한국은 중견국으로서 유사입장국(like-minded country)과 함께 협력하여 글로벌 거버넌스를 재구축하는 국제개발외교를 모색하는 전략적 사고가 필요하다.

---

16) https://www.whitehouse.gov/briefing-room/statements-releases/2021/06/12/fact-sheet-president-biden-and-g7-leaders-launch-build-back-better-world-b3w-partnership/ (검색일: 2023년 1월 7일).

17) https://www.whitehouse.gov/briefing-room/presidential-actions/2022/06/26/memorandum-on-the-partnership-for-global-infrastructure-and-investment/ (검색일: 2023년 1월 7일).

18) 김태균, "코로나19와 글로벌 남반구 정치경제의 질서 변화: 미중 전략경쟁의 심화와 중국-인도 간의 역내 갈등," 『EAI 워킹페이퍼: 코로나 위기 이후 세계정치 경제질서 시리즈 ④』, 2022.

19) https://www.wsj.com/articles/the-coronavirus-pandemic-will-forever-alter-the-world-order-11585953005 (검색일: 2023년 1월 7일).

코백스

코백스(COVAX)는 코백스 퍼실리티(COVAX Facility)의 약칭으로 코로나19 대유행의 가장 피해를 많이 입는 글로벌 남반구, 즉 저개발국들에게 백신 공급을 공정하게 공급하기 위해 설립된 세계 백신 공동 분배 프로젝트이다. 코백스는 세계보건기구(WHO), 감염병혁신연합(CEPI), 세계백신면역연합(Gavi), 유엔아동기금(UNICEF) 등이 중심이 되어 국제백신의 공동구매 및 배분을 주도하면서 세계 모든 국가에 코로나19 백신이 평등하게 공급되고 특정 국가가 백신을 선점하지 못하게 하는 목표를 가지고 있다. 2020년 10월 기준, 184개 국가가 코백스에 가입 했으며, 2021년 2월부터 코로나19 백신을 분배하기 시작하여 2022년 4월 기준으로 140억 도즈(1회 접종분)가 글로벌 남반구에 공급되어 북반구 부국들의 '백신 민족주의'의 한계를 극복하려고 노력해 왔다.

한국은 14개국으로 구성된 코백스 퍼실리티 우호그룹의 참여국으로 2020년 9월 코로나19 백신의 공평한 배분을 지지하는 공동성명을 발표하였으며, 공동성명을 통해 국제사회의 백신 배분을 위한 다자협력과 연대의 정신을 강조하였다. 코백스는 참여국이 지불하는 선입금을 받은 후 이 재원으로 백신개발 비용을 확보하여 백신 제약회사와 백신의 선구매 계약을 체결하는 절차로 백신 배분이 진행된다.

출처: https://www.who.int/initiatives/act-accelerator/covax (검색일: 2023년 2월 4일).

2) 국제개발협력의 대내적 환경

국제개발협력과 관련된 한국 내부의 환경적 변화는 무엇보다 개발원조를 기획하고 집행하는 한국정부의 정책방향과 정부의 공적개발원조에 대한 일반 시민들의 지지도로 양분할 수 있다. 2010년 한국이 OECD 개발원조위원회(DAC)에 가입한 이명박정부부터 현재 윤석열정부까지 ODA정책을 위한 예산의 규모를 지속해서 증액하고 있으며, 국제사회에서 신흥공여국으로서 한국의 입지를 공고하게 구축하기 위한 국제개발외교를 강조하고 있다. 또한, ODA는 국세의 일부를 사용하는 것이고 궁극적으로는 납세자인 국민이 ODA 예산 집행에 대하여 정부에게 책임을 물을 수 있다는 점에서 대국민 홍보와 함께 정부의 책무성과 직결되는 대내적 환경변수가 고려되어야 한다.[20]

(1) 정부 차원의 국제개발협력 확장 노력

한국의 국제개발외교는 2010년 OECD 개발원조위원회(DAC)에 한국정부가 가입 이전부터 시작되어 유상원조와 무상원조의 형태로 개발도상국에 원조를 제공하는 방식이 축적되어 왔다.[21] 역사적 기록에 따르면, 한국 대외원조의 첫발은 1963년 미국 국제개발처(USAID)의 지원을 받아 한국정부가 개발도상국 연수사업을 시행했던 기록으로 거슬러 올라갈 수 있다. 1987년 6월 개발도상국의 경제개발을 지원하는 유상원조(양

---

20) 김태균, 『대항적 공존: 글로벌 책무성의 아시아적 재생산』 (서울: 서울대학교출판문화원, 2018).
21) 김태균 (2019).

허성 차관) 시행을 전담하는 원조 기관으로 수출입은행 내 대외경제협력기금(EDCF: Economic Development Cooperation Fund)을 설립하고 1986년 12월 '대외경제협력기금법'을 통과시켜 법적인 기반을 마련하였다. 1991년에는 무상원조 시행기관으로 한국국제협력단(KOICA: Korea International Cooperation Agency)을 외교부 산하기관으로 출범시켜 개발도상국에게 한국의 개발협력 사업을 제공하기 시작하였다.

그러나 본격적인 한국의 국제개발외교는 2010년 DAC 가입을 중심으로 본격화되었으며, 그 이후 정부가 교체되어도 ODA 예산을 증액하고 추진체계를 선진화하며 국제개발협력기본계획을 도입하여 정책의 방향을 선정하는 대내적 환경을 조성하였다. 물론 신흥공여국으로서 한국이 국내 ODA 시스템을 구축하는 데 시행착오와 제도상의 문제점이 나타났지만, 이명박정부부터 박근혜정부, 문재인정부, 그리고 윤석열정부까지 대외원조의 기조는 양적 성장에 맞추어 지속성을 보여주었다고 평가할 수 있다. 2010년부터 2019년까지 OECD DAC 회원국의 ODA 규모 연평균 증가율의 경우 전체 회원국 중 한국이 가장 높은 증가율을 보이고 있다 (도표 9.1 참조). 따라서, 한국이 국제개발외교를 적극적으로 추진하기 위한 정부의 대내적 기반은 갖추어져 있다고 평가할 수 있으며, 이를 어떠한 방향으로 ODA 추진체계와 제도정비를 통해 미비한 점을 보완하고 글로벌 규범과 국익 간의 적절한 균형을 이루어내는 전략이 거시적 외교정책 안에서 통합되는가에 한국 국제개발외교의 성패가 달려있다.

(2) 개발원조에 대한 국민인식과 지지도 확보

국제개발협력의 대내적 환경으로 ODA 추진 주체인 정부 기관의 적극성과 함께 대외원조 정책

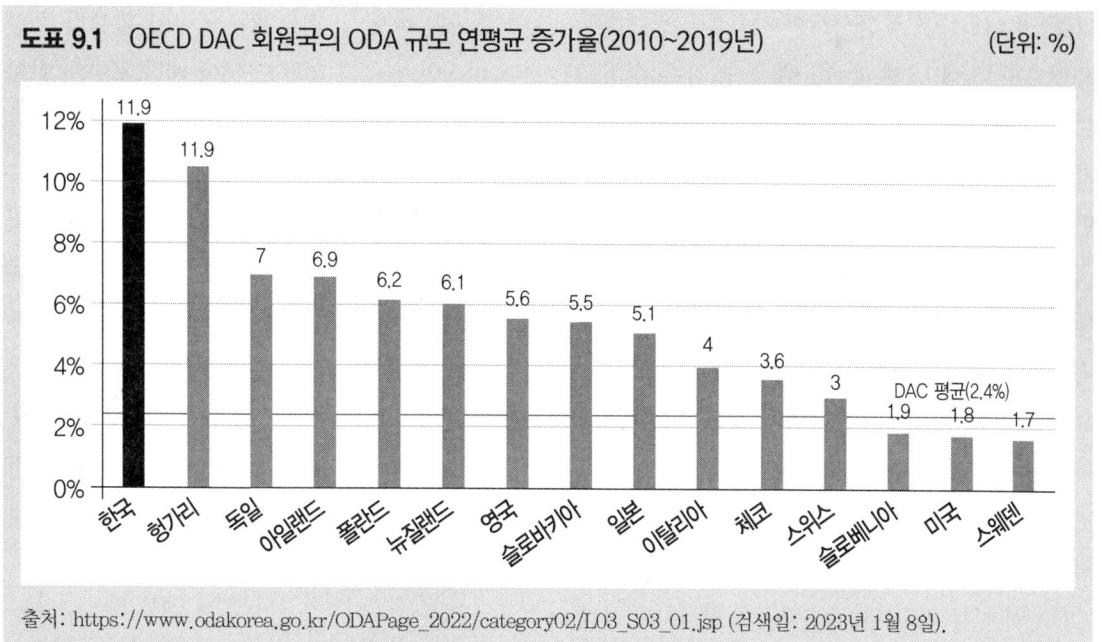

도표 9.1 OECD DAC 회원국의 ODA 규모 연평균 증가율(2010~2019년) (단위: %)

출처: https://www.odakorea.go.kr/ODAPage_2022/category02/L03_S03_01.jsp (검색일: 2023년 1월 8일).

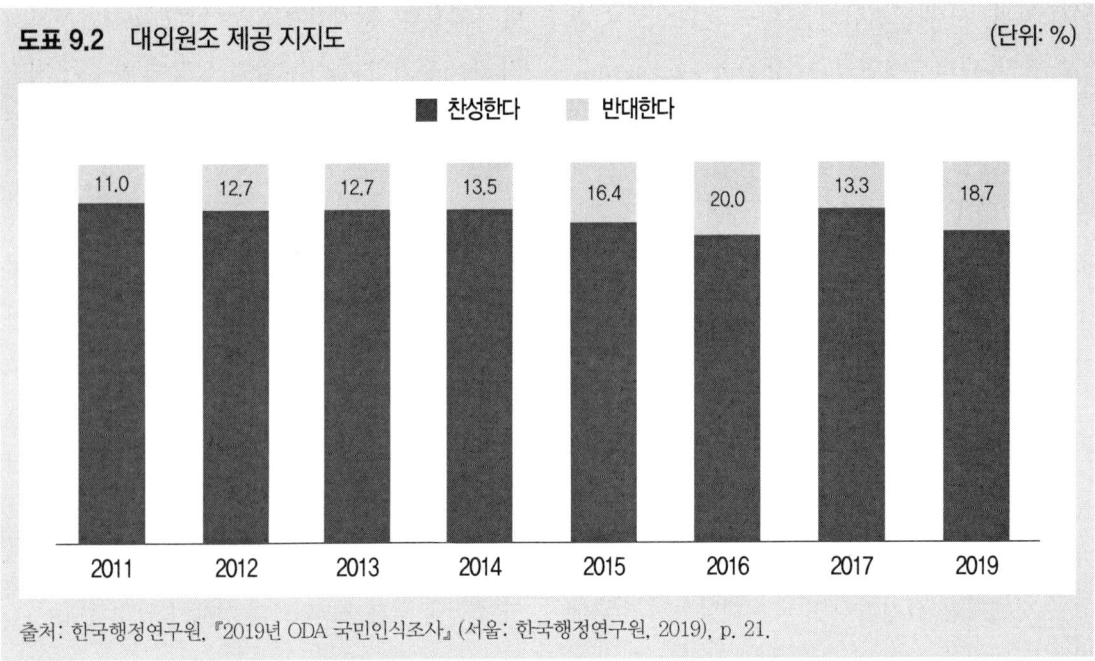

도표 9.2 대외원조 제공 지지도 (단위: %)

출처: 한국행정연구원, 『2019년 ODA 국민인식조사』 (서울: 한국행정연구원, 2019), p. 21.

을 지지하는 국내 여론과 국민의 공감대 확보 여부를 꼽을 수 있다. 도표 9.2에서 확인할 수 있듯이, 2011년 이후 한국 국민의 대외원조 제공 지지도는 지속적으로 80% 이상을 차지하고 있으며, 2019년 대외원조에 찬성하는 81.3%는 반대하는 응답 18.7%에 비해 약 4.5배 정도 높은 수치를 보이고 있다. 2011년의 89.0%의 지지도에 비해 2019년 지지도는 다소 하락 추세를 보이고 있지만, 전반적으로 ODA 예산을 납세하는 국민의 한국 개발원조 지지도는 상당히 높은 경향을 나타내고 있다. 강력한 국민의 대외원조 지지는 한국 정부가 ODA를 통해 국제개발외교를 수행하는 중요한 동력이 되기 때문에 정부는 ODA에 대한 범국민적 동의와 지지 확보를 위하여 ODA 통합 홍보기반을 구축해 왔고, 2014년부터 3년마다 한국의 ODA정책과 성과 등을 종합적으로 정리한 'ODA 백서'를 2014년, 2017년, 2020년 세 차례 발간하였다. 한국정부는 2010년 1월 'ODA 통합 홍보 T/F'를 구성함으로써 범정부적인 통합홍보 추진체계를 구축한 이후, 2012년 1월 ODA 통합 홈페이지(www.odakorea.go.kr) 개설하고 정부의 대국민 소통 및 정보제공 창구로 활용하고 있다. 이러한 노력의 결과 ODA에 대한 국민의 인지도는 2016년 47.2%이었으나, 2017년 이후 60% 이상으로 상승하여 유지되고 있다.[22]

대내적 환경으로서 ODA에 대한 국민의 신뢰도 제고는 ODA정책과 사업에 관한 투명성과 책무성 확보를 통해 가능하다. 대표적인 ODA의 투명성과 책무성을 확보하는 방안은 ODA 관련 정보를 투명하게 공개하는 것이다. 이는 다수의 국내 원조수행기관 간 사업의 중복을 피하고 사업의 효과성을 높이는 동시에, 국민의 ODA 및 개

---

22) 국제개발협력위원회, 『대한민국 ODA 백서』 (세종: 국제개발협력위원회, 2020).

발원조에 대한 신뢰 확보에도 중요한 수단이 된다. 한국정부는 ODA의 투명성과 책무성을 제고하기 위하여 2015년 국제원조투명성기구(IATI: International Aid Transparency Initiative)에 아시아 국가 중 최초로 가입하여 IATI 기준에 부합하는 사업정보를 공개하고 있다. IATI 기준에 따라 한국 개발협력 사업 관련 정보를 제공함으로써 ODA 사업집행의 투명성 및 책무성을 제고하고 동시에 국민의 알 권리 충족 등의 효과가 창출될 것으로 예상하고 있다. 이러한 한국 개발원조의 대국민 인식도와 지지도를 제고하려는 노력이 한국 국제개발외교를 이해하는 대내적 환경변수로 작동하고 있다.

3. 한국 대외원조와 국제개발외교의 목표와 추진 방향

한국의 국제개발외교가 추구하는 목표와 비전, 그리고 이를 이행하기 위한 추진체계와 추진 방향에 대한 논의는 다음과 같이 크게 세 가지 주요 정책문서에 의거하여 정리할 수 있다. 첫째, 이명박정부부터 윤석열정부까지 집권 초기에 설정하는 국정과제 중 주요 이슈로 한국의 대외원조와 ODA정책을 어떠한 방향으로 기획하였는지 검토함으로써 국가비전과 국제개발외교 간의 정합성을 타진한다. 둘째, 국제개발협력 정책과 사업을 체계적으로 운영하기 위하여 국무조정실 산하 국제개발협력위원회에서 관계부처 합동으로 5년마다 '국제개발협력기본계획(이하, 기본계획)'을 책정하고 있는데, 현재까지 제1차(2011~2015년), 제2차(2016~2020년), 제3차(2021~2025년) 기본계획이 수립된 상태이다. 마지막으로, 앞서 언급한 2014년부터 정부가 3년 단위로 발간해 온 'ODA 백서'를 통해 정부의 국정과제와 기본계획의 목표 및 추진 방향을 교차 평가할 수 있다. 실제로 정부 교체 연도와 기본계획이 수립되는 연도가 일치하지 않아 보수정부의 국정과제가 진보정부가 수립한 기본계획과 상충하는 경우가 — 또는 반대의 경우가 — 나타난다. 이를 시정하기 위하여 5년 단위의 기본계획하에 매년 '국제개발협력종합시행계획(이하, 종합시행계획)'을 새로이 책정함으로써 정부 성향과 기본계획 간의 간극을 좁히는 장치를 운영하고 있다.

실제로 한국 국제개발외교의 목표 및 추진 방향은 앞서 살펴본 한국이 처한 대내외 환경을 반영한 ODA 전략의 역사적 결과물이다. OECD DAC 회원국으로 가입한 이후 한국정부는 DAC에서 요구하는 개발원조의 글로벌 원칙을 준수하기 위하여 국제표준과 규범을 단기간 내에 학습하고 개발협력 정책과 사업에 적용하기 위한 노력에 경주한다. 동시에, 변화하는 국제정치질서와 국내정치 상황에 맞게 ODA의 전략적 가치가 각 정부마다 다른 방식으로 구현되지만 공통적으로 국익추구에 활용되도록 기획된다. 따라서, 정부의 국정과제, 기본계획, ODA 백서 등 주요 정부 문서에서 확인되는 한국 대외원조와 국제개발외교의 목표와 전반적인 추진 방향은 국익과 글로벌 개발규범 사이에서 정부 기관 주도로 구성되고 이행되어 왔다고 평가할 수 있다.

표 9.1 주요 공여국의 개발협력모델 비교

인도주의 모델(북유럽)	안보 중심 모델(미국)	상업주의 모델(일본)	도전주의 모델(중국)
전통적 선도형	패권적 독자형	유상원조 중심형	신흥 남남협력형
• 외교부 중심의 통합적 관리 • 인도주의 관점에서 개발협력 정책화(인권, 민주주의, 평화, 젠더 등) • ODA/GNI의 0.7% 기준 충족 경향 • 개발협력 패러다임 변화 주도 • 글로벌 공공재 제공과 국익의 등가적 해석	• 세계 최대 공여국 • 동맹국 중심으로 ODA의 집중적 배분 • 외교정책의 일환으로 미국식 가치와 국익 추구의 수단화 • 개발원조 주체의 분절화와 개발을 위한 정책일관성(PCD) 공존 • 민간부문과 밀접한 협력	• 전형적인 유상원조(60%) 중심의 상업주의 원조 제공(DAC 회원국 중 가장 유상비율이 높음) • 분절화된 추진체계를 2008년 'New JICA'로 통합 • 동남아시아 중심의 ODA 전략적 배분 • 양질의 인프라 사업 강조	• OECD DAC의 개발규범 거부 • 정부 주도의 통합형 및 개발주의 • 높은 상업주의적 유상원조 비율 • 내정불간섭, 상호주의, 연대 등 남남협력의 전통적 방식 • 일대일로 중심의 공격적 인프라 투자 • 기존 개발협력의 글로벌 거버넌스에 도전

1) 국제개발외교의 철학적 빈곤과 개발주의 중심의 경향성

중견국으로서 한국이 가지는 글로벌 개발협력 거버넌스에서의 위상은 무엇보다 한국이 저개발국에서 선진국으로, 수원국에서 공여국으로 성공적인 전환을 기록하였다는 역사적 유산에 그 정당성을 둘 수 있다.[23] 일본에 이어 비서구권 공여국으로는 유일하게 한국이 2010년 OECD DAC에 회원국으로 입성을 하지만, 수원국에서 공여국으로의 빠른 전환에 비해 구체적으로 한국 ODA의 철학적 원칙과 전략적 목표에 대한 심도 있는 한국사회의 논의는 공고하게 진행되지 못하였다.[24]

이는 곧 ODA 철학의 빈곤으로 문제가 확장되고 선진공여국들이 장기간 구성해 온 자국의 국제개발 목표와 철학이 한국에게는 단기간에 해결해야 할 숙제로 변질되었다.

국제개발외교에 관한 철학과 원칙이 부재할 경우, ODA 예산의 배분과 정책 및 사업의 기획, 그리고 평가와 환류에 이르기까지 일련의 대외원조 사이클 구성요소 간 정합성이 약화되기 십상이다. 표 9.1에서 확인할 수 있듯이, ODA 또는 대외원조를 제공하는 공여국들(중국 포함)은 자국의 역사적·정치적 맥락에 맞게 원조의 목표와 철학적 배경을 독자적으로 구성해 왔다. 사회적으로 합의된 원조목표와 추진 방향에 따라 대외원조의 구체적인 전략, 추진체계, 사업이행 등이 유기적으로 연계된다면 대외원조의 목표와 추진체계 간의 높은 정합성을 갖게 되는 것이다.[25] 북

---

23) Kim, Hyo-sook *South Korea's Foreign Aid: The Domestic Politics of Middle Power Diplomacy* (Abingdon: Routledge, 2021); Hong-Min Chun, Elijah N. Munyi, and Heejin Lee, "South Korea as an Emerging Donor: Challenges and Changes on its Entering OECD/DAC," *Journal of International Development* 22-6 (July 2010).

24) 김태균 (2019).

25) Lancaster (2007); Roger C. Riddell, *Does Foreign Aid Really Work?* (Oxford: Oxford University Press, 2007).

유럽 스웨덴, 노르웨이 등의 인도주의 원조모델은 민주주의·인권·평화를 중심으로 원조 목표가 설정되고 무상원조·다자원조 중심, 높은 비구속성 비율, 시민사회의 파트너십 강화 등을 추진 방향으로 강조함으로써 개발원조위원회(DAC) 회원국 중 국제개발 글로벌 규범을 선도하는 가장 모범적인 공여국으로 인정받고 있다. 한편, 미국이 대표적인 사례인 안보 중심 원조모델은 ODA 목표를 미국의 세계질서와 패권국 지위 유지, 미국 외교 대전략에 따라 동맹국과 주요 지역에 집중하도록 설정하고 있다. 일본의 ODA 전략을 대표하는 상업주의 원조모델은 양자원조 중 유상원조 중심의 ODA 추진 방향, 그리고 동남아시아에 집중된 인프라 사업을 통해 일본 기업의 진출을 위한 교두보로써 ODA를 전략화하는 사례로 알려져 있다.[26] 마지막으로, 기존 OECD DAC 선진공여국 그룹에 도전하는 중국형 대외원조는 국제개발 글로벌 규범을 서구 공여국의 일방적인 가치와 원칙이라 비판·거부하고 중국방식의 남남협력을 일대일로(一帶一路, One Belt One Road) 등의 공격적 대외원조 전략으로 시행하고 있어, 중국 원조의 목표와 추진 방향은 자국의 국익추구와 밀접하게 연계되는 동시에 중국식 국제관계질서를 공고하게 만드는 전략적 도구로 대외원조를 활용하고 있음을 알 수 있다.[27]

그러나 한국은 아직까지 한국의 국제개발외교가 공유하는 대외원조의 철학과 목표 및 원칙이 국내 공론장에서 논의되거나 ODA 관련 법규 또는 정부 문서에 명확하게 적시되어 있지 않다.[28] 2020년 5월 개정된 국제개발협력기본법 제3조 1항에 따르면, 한국이 상정하는 국제개발외교의 목표 및 기본정신은 개발도상국의 빈곤감소부터 경제협력까지, 그리고 국제사회의 범지구적 문제 해결에 기여 등 국제개발협력 영역에서 추구할 수 있는 거의 모든 영역을 포괄하고 있다. 이러한 포괄적인 한국 국제개발의 목표 설정은 아직 한국이 뚜렷한 대외원조의 목표를 합의하지 못하였다는 것을 의미하는 동시에, 개발협력과 관련된 모든 목표가 사실 허용된다는 포괄성의 문제 때문에 다양한 국내 기관에서 ODA를 경쟁적으로 집행하려는 추진체계의 분절화 이슈가 한국 개발협력의 고질적인 병폐로서 부상하게 된다. 또한, 한국 대외원조 관련 철학의 빈곤과 목표의 포괄성은 정부 기관이 시민사회 등의 다른 개발파트너와 협치에 성실하게 임하지 않고 과거 한국의 경제성장 시기에 동원되었던 정부 주도의 발전국가형 방식의 개발파트너십을 강화하는 경향성을 갖는 데 정당한 동기를 부여하고 있다.[29]

발전국가형 개발주의(developmentalism)와 원조목표 포괄성의 조우는 표 9.2가 보여주듯이 정부별로 대외원조 또는 ODA의 기본목표

---

26) Hyuk-Sang Sohn, Bok Cheol Jeong, and Taekyoon Kim, "At the Nexus of Advocacy and Accountability: New Challenges and Strategies for Japanese Development NGOs," *Pacific Focus* 32-1 (April 2017); 김태균, "국제개발협력을 위한 가치지향의 이중적 구조: 일본사례에 관한 소고," 『국제·지역연구』 19-2 (2010).

27) Ye (2020).

28) 김태균 (2019).

29) Marieline Bader and Taekyoon Kim, "Decoding South Korea's Development Cooperation through the Lens of Developmental State Politics: In Search of Symbiotic Embeddedness," in Sanae Ito (ed.), *The 'Easternization' of Development: The Politics of East Asia's Developmentalist Cooperation* (Rugby: Practical Action Publishing, 2023); Kyung-Sup Chang, *The Logic of Compressed Modernity* (Cambridge: Polity Press, 2022).

글상자 9.2

한국 국제개발협력의 목표 관련 〈국제개발협력기본법〉 조항: 제3조(기본정신 및 목표)

2010년에 도입되고 2020년 5월 한 차례 개정되었던 〈국제개발협력기본법〉은 제3조에 한국 국제개발협력의 기본정신 및 목표를 명시하고 있다. 아래 제3조의 내용을 보면 다른 OECD 개발원조위원회(DAC) 회원국들보다 한국의 국제개발협력 범주가 상당히 포괄적이고 모든 글로벌 개발협력의 규범적 가치와 목표를 제3조에 통합하려는 노력이 엿보인다.

제3조(기본정신 및 목표) ① 국제개발협력은 개발도상국의 빈곤감소, 여성·아동·장애인·청소년의 인권향상, 성평등 실현, 지속가능한 발전 및 인도주의를 실현하고 개발도상국과의 경제협력관계를 증진하며 국제사회의 평화와 번영을 추구하는 것을 기본정신으로 한다.

② 국제개발협력은 제1항의 기본정신을 추구하기 위하여 다음 각 호의 사항을 달성하는 것을 목표로 한다.

1. 개발도상국의 빈곤감소 및 삶의 질 향상
2. 개발도상국의 발전 및 이를 위한 제반 제도·조건의 개선
3. 개발도상국과의 우호협력관계 및 상호교류 증진
4. 국제개발협력과 관련된 범지구적 문제 해결에 대한 기여
5. 국제적으로 합의된 지속가능발전과 관련된 목표(2015년 9월 유엔개발정상회의에서 채택된 2030 지속가능개발의제 등을 말한다)의 달성에 대한 기여
6. 그 밖에 제1항의 기본정신을 달성하기 위하여 필요하다고 인정되는 사항

출처: https://www.law.go.kr/%EB%B2%95%EB%A0%B9/%EA%B5%AD%EC%A0%9C%EA%B0%9C%EB%B0%9C%ED%98%91%EB%A0%A5%EA%B8%B0%EB%B3%B8%EB%B2%95 (검색일: 2023년 1월 20일).

가 국정과제에 명확하게 적시된 추진 방향을 제시하지는 못하지만, 국가가 ODA를 통해 개발주의 방식으로 한국의 국익을 확장하려는 시도를 꾀하였다는 것을 확인할 수 있다. 개발원조위원회(DAC)에 가입한 후 선진공여국 클럽 회원국으로서 ODA를 시작한 이명박정부에서는 지구촌 문제해결 기여와 세계적 브랜드 가치 창출이라는 국정과제에 ODA와 경제발전경험공유(KSP: knowledge sharing program)를 전략적 도구로 활용하였지만, 글로벌 규범과 한국의 국익 사이에서 서구의 ODA 국제표준에 따라가기 바빴고 구체적인 국제개발외교의 목표를 결정하기보다 2012년까지 GNI 대비 ODA 규모를 0.15%로 증액하겠다는 지키지 못할 약속을 국제사회에 던지는 사건이 벌어지기도 했다. 박근혜정부에 들어와서는 ODA 지속확대 및 모범적·통합적 개발협력 추진을 국정과제에 포함하였고 KSP와 ODA를 통해 FTA 등 경제협력 확대에 도구로 활용하도록 강조하고 있다는 점에서, 한국의 국제개발협력 비전과 목표를 정비하였다기보다 ODA의 추진체계 보완과 경제이익을 위한 도구적 가치에 더 많은 방점을 찍고 있다고 평가할 수 있다.

한편, 이명박·박근혜 두 보수정권과 달리 진보성향의 문재인정부가 ODA정책과 사업추진에 관

표 9.2 정부별 국제개발협력 관련 국정과제 비교

		정부별 국정과제
이명박정부 100대 국정과제 (2008~2013년)	국가비전	선진일류국가: 잘사는 국민, 따뜻한 사회, 강한 나라
	국제개발외교 관련 국정과제	88. 지구촌 문제의 해결에 적극 기여하겠습니다. ○ OECD 개발원조위(DAC) 가입추진 ○ GNI 대비 ODA 규모 확대(2012년 0.15%) ○ 다자기구를 통한 개발협력 및 인도적 지원강화 ○ ODA 추진체계 선진화 및 전략적 활용 강화 96. 세계적인 국가브랜드 가치를 창출하겠습니다. ○ KSP(Knowledge Sharing Program: 경제발전경험공유) 사업 내실화 ○ 관세행정 분야의 'G20 Knowledge Sharing' 구현 ○ 개발경험 교육기관 확대, 강화
박근혜정부 140대 국정과제 (2013~2017년)	국가비전	희망의 새 시대: 국민행복과 국가발전이 선순환하는 새로운 패러다임의 시대
	국제개발외교 관련 국정과제	130. 세계평화와 발전에 기여하는 책임 있는 중견국 실현 ○ 능동적 경제외교를 통해 글로벌 경제문제 해결에 적극 기여 132. FTA 네트워크 등 경제협력 역량 강화 ○ 신흥국 경제협력: KSP 등을 활용하여 멕시코, 브라질, 미얀마 등 핵심국가와의 전략적 협력 확대 133. ODA 지속확대 및 모범적·통합적 개발협력 추진 ○ ODA/GNI 비율을 국제사회 수준에 맞춰 지속 확대 ○ '제2차 국제개발협력기본계획(2016~2020년)' 수립 ○ ODA 통합추진 및 협업체계 공고화 ○ 중점협력국 조정 및 국가협력전략 수립·개선 ○ 발전경험 활용 등을 통한 수원국 개발 효과성 제고 ○ 개발협력 글로벌 인재 양성을 통한 해외진출 지원 ○ 민·관 소통 활성화
문재인정부 100대 국정과제 (2017~2022년)	국가비전	국민의 나라 정의로운 대한민국
	국제개발외교 관련 국정과제	96. 국민외교 및 공공외교를 통한 국익 증진 ○ 외교정책에 대한 대국민 소통 및 참여 강화, 국민외교 역량 결집을 통해 통합적인 국민외교체계를 구축 ○ 한국에 대한 올바른 인식 제고 및 우리 국정비전·외교정책에 대한 지지와 공감 확보를 위한 전략적 공공외교 추진 98. 동북아플러스 책임공동체 형성 ○ 평화의 기반을 확대하는 '평화의 축'으로서 동북아 평화협력 플랫폼을 구축하고, 동북아를 넘어서는 남방·북방지역을 '번영의 축'으로 삼는 신남방정책과 신북방정책 추진 99. 국익을 증진하는 경제외교 및 개발협력 강화 ○ 개방적 대외경제 환경 조성, 신흥경제권 국가와의 협력 지평 확대 및 기후변화에 적극 대응 ○ 양질의 청년 일자리 창출에 기여하는 상생의 개발협력 및 체계적·통합적·효율적 개발협력 추진체계 강화

계속 ▶▶

표 9.2 계속

정부별 국정과제		
윤석열정부 110대 국정과제 (2022~2027년)	국가비전	다시 도약하는 대한민국, 함께 잘 사는 국민의 나라
	국제개발외교 관련 국정과제	97. 함께 번영하는 지역별 협력 네트워크 구축 　○ 지역별로 특화된 상생공영의 협력 네트워크를 구축·강화하여 우리 외교·경제의 지평 확대 99. 국격에 걸맞은 글로벌 중추국가 역할 강화 　○ 주요 분야 다자외교 리더십 확대 및 국제사회 평화안보·민주주의·인권·법치·비확산·기후변화·개발 분야 협력에 선도적 역할 수행 　○ 규범 기반 국제질서 강화를 주도하면서 글로벌 중추국가 역할을 강화

출처: 이명박정부, http://17cwd.pa.go.kr/kr/policy/data/100policy1.pdf (검색일: 2023년 1월 18일).
　　　박근혜정부, https://www.korea.kr/archive/expDocView.do?docId=34014 (검색일: 2023년 1월 18일).
　　　문재인정부, https://www.korea.kr/archive/expDocView.do?docId=37595 (검색일: 2023년 1월 18일).
　　　윤석열정부, https://www.korea.kr/archive/expDocView.do?docId=39973 (검색일: 2023년 1월 18일).

한 문제점들을 해결하고 글로벌 이슈를 해결하는 한국의 기여가 주요 국제개발외교의 목표로 강조되기를 기대하였으나, 문재인정부의 국정과제도 다른 보수정부와 유사하게 '국익을 증진하는 경제외교 및 개발협력 강화'라는 국정과제를 포함하여 동북아플러스 책임공동체를 구성하는 신남방정책·신북방정책 추진과 청년의 해외 일자리 창출을 위한 도구적 장치로 ODA를 강조하였다. 2022년 5월에 다시 보수정부인 윤석열정부가 출범하였는데 국정과제에 '국격에 걸맞은 글로벌 중추국가 역할 강화'를 강조하면서 국제사회의 주요 분야 다자외교에서 한국의 리더십을 확대하고 평화안보·민주주의·인권·법치·비확산·기후변화·개발 분야 협력에 선도적 역할을 수행하며 규범 기반 국제질서 강화를 주도하는 글로벌 중추국가 역할을 약속하고 있다. 윤석열정부가 한국의 글로벌 역할을 다른 정부보다 강조하고 있는 것으로 해석되는 반면, ODA를 통해 한국의 민간기업 진출, 지역별 경제협력 네트워크 활성화 등을 도모하고 있다는 점에서 한국의 국익과도 긴밀하게 연결되어 있다는 것을 알 수 있다.

정부마다 변화하는 국내외 환경을 적극적으로 고려하여 대외원조의 추진 방향이 국익과 글로벌 기준에 적절하게 조응할 수 있도록 국정과제에 선별하여 반영되어왔다. 그럼에도 불구하고, 국제개발협력기본법에 명시된 한국 ODA의 기본목표가 DAC 회원국으로서 글로벌 기준에 충족되기 위하여 포괄적인 수준에서 제시된 것이라면, 구체적으로 한국의 대외원조와 국제개발외교가 달성해야하는 목표가 무엇인지는 아직 명확하게 합의에 도달하지 못했다고 평가할 수 있다. 그러나 국제개발외교를 위한 ODA 예산은 정부가 바뀌고 구체적인 목표가 제시되지 않더라도 정부마다 지속적으로 증액하려는 노력이 공통적으로 나타났다. 한국정부는 코로나19 대응 등 재정여건이 양호하지 않음에도 불구하고 중견 공여국으로서의 책무 및 국제사회에 대한 약속을 감안하여 ODA 규모의 확대 기조를 유지하기로 하였다. 오사

카 G20 정상회의에서 2019년 대비 2030년까지 ODA 규모 2배 이상 확대를 약속하였고, SDGs 이행이 종료되는 2030년까지 총 ODA 규모를 2019년(3.2조원) 대비 2배 이상 수준으로 확대하는 것을 추진하기로 하였다.[30] 또한, 국제사회에서 강조하는 글로벌 규범에 대한 해석이 정부의 성격에 따라 다르게 구성된다 하더라도, 한국정부는 ODA를 국익 추구를 위한 중요한 수단으로 인식하고 국정과제에 ODA의 도구적 가치를 충분히 활용하고 있다. 구체적인 ODA 목표가 공유되지 못하기 때문에 정부가 ODA 추진 방향과 도구적 활용을 주도적으로 전략화하고 국정과제와 국제개발협력기본계획을 정부 주도로 결정할 수 있게 된다. 국제개발외교는 공여국 정부 이외에 공여국 내 시민사회 등 다양한 개발주체, 그리고 협력대상국과의 긴밀한 소통과 협의를 통해 추진되는 것이 바람직하지만, 한국의 경우는 정부 주도의 개발주의가 배태된 원조모델이 강하게 표출되고 있고 장기적으로는 포괄적으로 표현된 ODA 목표가 국익 중심의 상업주의적 모델로 구체화될 가능성이 커지고 있다.[31]

2) 국익 우선주의와 글로벌 공공재 사이에서의 국제개발외교

정부의 국정과제에 반영된 거시적인 국제개발협력의 목표와 추진 방향 분석에서 '국제개발협력기본계획'이 담고 있는 개발협력 비전에 관한 분석으로 분석수준을 낮추면 한국의 개발협력 정책과 사업이 지향하는 목표와 방향성을 보다 직접적으로 진단할 수 있을 것이다. 제1차 기본계획부터 제3차 기본계획까지 기본계획에 명시적으로 강조된 ODA 비전을 비교하여 한국 ODA가 달성해야 하는 목표 및 비전에 대한 진화과정을 추적하고 2010년부터 2025년까지의 한국 국제개발외교가 도모하는 추진 방향의 변화를 이해할 수 있다 (표 9.3 참조). 기본계획은 한국 ODA와 관련된 관계부처합동으로 결정되며 최종적으로 국무총리가 주관하는 국제개발협력위원회에서 승인을 한다. 제1차 기본계획의 경우, 한국 개발협력에 대한 비전이 제시되지 않았으며 기본계획 자체도 유상협력 부분을 기획재정부가 작성하고 무상협력 부분은 외교통상부가 별도로 작성하여 두 개의 독립된 기본계획이 추후에 하나의 기본계획으로 제출되었다.[32] 이러한 기계적인 절충은 기획재정부와 외교통상부 간의 분절적인 부처 이기주의와 함께 ODA 전체를 통합할 수 없는 개발협력의 비전과 목표가 미리 마련되지 못한 결과라 평가할 수 있다.

제2차 기본계획부터는 한국 국제개발협력의 비전이 제시되고 있는데, 제2차 기본계획은 '인류의 공동번영과 세계평화의 기여'를, 제3차 기본계획은 '협력과 연대를 통한 글로벌 가치 및 상생의 국익 실현'을 비전으로 강조하였다 (표 9.3 참조). 두 기본계획의 비전이 상대적으로 상반된 방식의 목표와 추진 방향을 제시하고 있다는 점에 주목할 필요가 있다. 제2차 기본계획의 비전은 국제개발협력기본법에 명시된 기본목표와 원칙에 조응하는 방식으로 한국의 국익보다 글로

---

30) https://www.korea.kr/archive/expDocView.do?docId=37595 (검색일: 2023년 1월 18일).

31) Bader and Kim (2023).

32) 기획재정부·외교통상부, 『분야별 국제개발협력기본계획(2011~2015년)』 (서울: 국무총리실, 2010).

표 9.3 국제개발협력기본계획의 비전 비교

국제개발협력기본계획		
제1차 (2011~2015년)	제2차 (2016~2020년)	제3차 (2021~2025년)
비전: 부재	비전: 인류의 공동번영과 세계 평화에 기여	비전: 협력과 연대를 통한 글로벌 가치 및 상생의 국익 실현

출처: 관계부처합동(2015: 2); 관계부처합동(2020).

벌 규범 준수와 글로벌 공공재 제공에 한국 국제개발협력의 목표를 연계하는 방식이다. 제2차 기본계획이 작성되는 시기가 2015년이라는 점에서 당시 국제사회가 지속가능발전목표(SDGs)에 집중하고 있었던 영향이 한국의 기본계획 비전에도 반영되었다고 볼 수 있다. 반면, 제3차 기본계획의 비전은 '국익'이라는 표현을 공식적으로 비전의 일부로 포함하고 있으며, 글로벌 가치 및 상생이 곧 국익이라는 점을 강조하고 있다. 국제정치 질서가 자국중심주의로 전환하고 있는 외부환경의 변화를 적극 수용하여 국익과 글로벌 공공재 제공을 등가물로 절충하였다는 점에서 제3차 기본계획은 글로벌 규범에서 국익추구 쪽으로 한국의 ODA 추진 방향이 이동하고 있음을 보여주고 있다. 흥미롭게도, 제2차 기본계획은 보수적인 박근혜정부가 통과시켰고, 제3차 기본계획은 진보성향의 문재인정부 때 승인되었다. 정부의 정치적 성향에 상관없이 한국은 강력한 정부의 리더십과 주도적 개입으로 한국의 ODA정책과 비전이 결정되어 왔으며, 비전의 진화과정도 정부의 결정에 따라 개발주의 중심의 국익추구로 수렴하고 있는 형국이다. 현재로서는, 한국의 개발협력 모델은 북유럽 공여국처럼 글로벌 의제를 선도하는 인도주의적 원조모델보다는 일본·중국과 유사한 개발주의에 입각한 정부 주도의 상업주의 모델로 변화하고 있다고 평가할 수 있다.[33]

4. 한국 대외원조와 국제개발외교 정책의 결정과 집행체계

국제개발협력을 위한 목표와 원칙의 빈곤은 한국 ODA의 결정과정과 추진체계가 안고 있는 문제의 핵심과 직결된다. 명확하게 한국 ODA의 목표와 방향성이 제시되지 않으면, 복수의 원조 주체들이 자신의 전문성과 이해관계가 반영된 개발협력 사업을 구상하게 되고 부처 이기주의에 의해 ODA정책이 결정되고 사업이 집행되기 때문에 결국 ODA 추진체계는 분절화라는 문제에 봉착하게 된다. 한국의 국제개발협력 추진체계는 2010년 OECD DAC 회원국이 되었을 당시부터 기획재정부의 유상원조, 외교부(외교통상부)의 무상원조, 그리고 유·무상원조를 조정하는 국무총리실 산하 국제개발협력위원회로 크게 구분할 수 있으나, 이렇게 분절적으로 원조의 유형별로 주무 기관이 나누어져 추진체계를 운영하는 ODA 집행구조는 DAC 회원국 중 한국이 유일하다.[34] 대외원조의 명확한 원칙과 목표는 정책을

---

33) von Lübke, Christian, "The Politics of East Asian Developmentalism: Paradigms, Practices, and Prospects of Foreign Development Assistance," in Sanae Ito (ed.), *The 'Easternization' of Development: The Politics of East Asia's Developmentalist Cooperation* (Rugby: Practical Action Publishing, 2023).

34) Taekyoon Kim, "Reconsidering Korea's International Development Policies in the New Era of the 2030 Agenda for Sustainable Development: In Search

결정하는 기관과 정책에 맞게 개발사업을 수행하는 기관에게 정확한 임무와 권한을 부여하게 하고 불필요한 경합과 분절적 운영을 피할 수 있게 한다.

1) 한국 ODA의 정책결정 과정과 추진체계

한국 ODA의 추진체계는 정책 수준과 사업집행 수준에서 모두 분절화가 발생하는 이중적 분절화 문제를 안고 있다 (도표 9.3 참조). 유상원조에 관한 정책은 기획재정부가 수립하고 유상원조 사업은 수출입은행 내 대외경제협력기금(EDCF)에서 전담한다. 무상원조 정책은 외교부가 수립하며 무상원조 사업의 집행은 KOICA를 비롯한 다양한 기관에서 이루어진다. 따라서 ODA정책 수준에서의 유·무상원조 주관기관 간 분절화 현상과 개발프로젝트 사업집행에 있어 유·무상원조 시행기관 간 분절화와 함께 무상원조 사업 시행기관 내 또 다른 분절화 문제를 확인할 수 있다. 분절화 문제를 다른 각도에서 보면, 전문성을 보유한 기관에서 그 분야 ODA 사업을 시행하는 것이 하나의 통합된 추진체계보다 더 바람직한 시너지 효과가 창출될 수 있다는 주장도 나올 수 있다. 그러나 이러한 다양한 개발기관들이 독자적인 정책결정과 사업추진을 체계적으로 조정하여 시너지 효과가 나오기 위해서는 이른바 '개발을 위한 정책일관성(PCD: policy coherence for development)'이 제도적으로 보장되어야 하는데 한국은 아직 PCD를 활성화시킬 수 있는 제도적 장치가 미흡한 상황이다.[35]

이러한 분절적 추진체계를 제도적으로 보완하기 위하여 기획재정부와 외교부 위에 국무총리가 주재하는 국제개발협력위원회를 설치하고 본 위원회가 한국 ODA의 주요 정책을 결정한다 (도표 9.3 참조). 2020년 기본법 개정을 통해 국제개발협력위원회의 역할과 기능을 강화함으로써 실질적으로 위원회가 기획재정부와 외교부 등 ODA 관련기관들을 조정하고 평가할 수 있도록 제도적 권한이 보강되었다. 국제개발협력위원회는 기본법에 따라 기본계획과 연간 종합시행계획을 조정 및 심의하며, ODA 주요 제도개선 사항을 결정하고, ODA정책 및 사업의 추진실적, 그리고 기관의 성과관리 등을 평가할 수 있다. 한편, 국제개발협력위원회에서 논의되는 안건은 국제개발협력위원회 개최 전 국제개발협력 실무위원회를 개최하여 심도 있는 논의를 통해 사전 조율을 거치는 과정을 밟게 되며, ODA 평가에 대한 의제는 실무위원회에 앞서 국제개발협력 평가전문위원회를 통해 사전 논의가 진행된다.

이러한 국제개발협력위원회의 위상과 권한에도 불구하고, 공룡 부처로 평가받는 기획재정부는 예산편성권을 독점하고 한국의 경제성장을 위해 해외 개발도상국에로의 진출이 필요하다는 강력한 개발주의 시장논리로 국제개발외교의 실질적인 이니셔티브를 장악하고 있다.[36] 또한, 기획재정부는 한국 ODA 예산의 40%에 해당하는 유상원조를 총괄하고 있으며 시행기관도 외교부와

---

of Transformative and Strategic Governance for Development Effectiveness," *Journal of Contemporary Korean Studies* 4-1 (Spring 2017).

35) Frank Barry, Michael King and Alan Matthews, "Policy Coherence for Development: Five Challenges," *Irish Studies in International Affairs* 21 (August 2010).
36) 김태균 (2019).

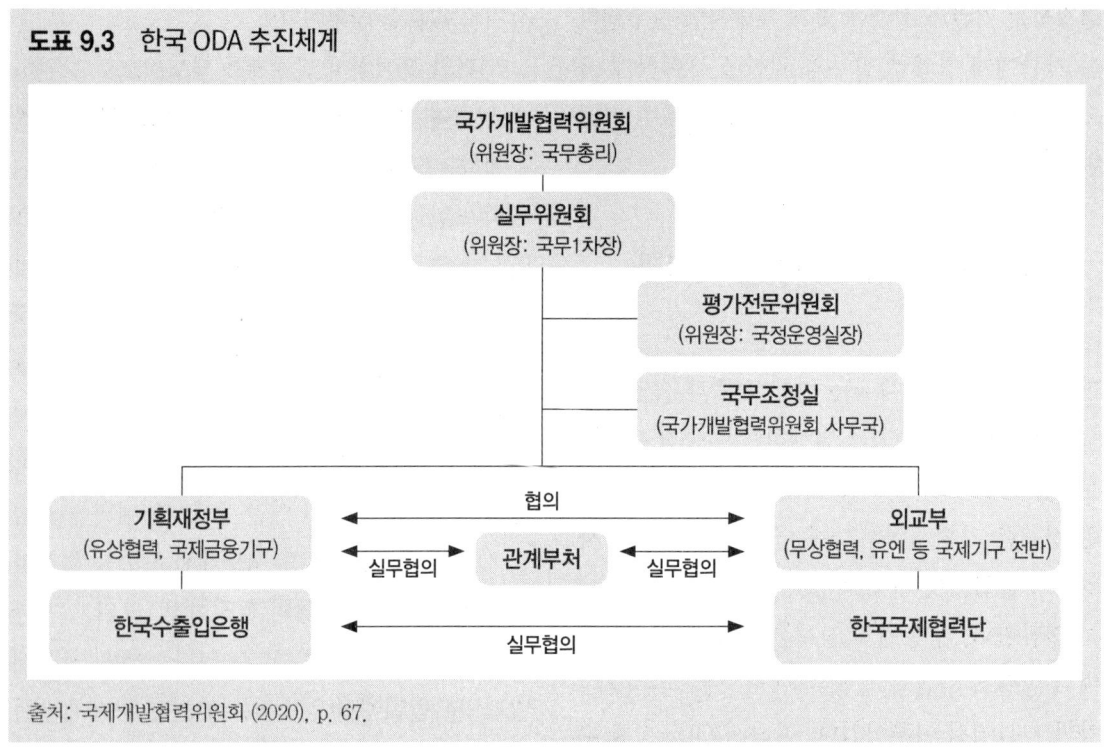

도표 9.3 한국 ODA 추진체계

출처: 국제개발협력위원회 (2020), p. 67.

달리 수출입은행의 대외경제협력기금(EDCF) 하나로 통일되어 있어 무상원조에 비해 체계적이고 일사불란하게 기획재정부 중심으로 유상원조가 기획·집행되고 있다. 반면, 외교부는 무상원조 주관기관임에도 불구하고 무상원조 시행기관의 수가 KOICA, 중앙부처, 지방정부 등 30여 개에 달하기 때문에 유상원조와 달리 분절적 시행구조의 문제를 관리해야 하는 상황이다. 이에 외교부 주관으로 매년 열리는 '무상원조 관계기관 협의회'에 무상원조 시행기관의 국장급 대표들이 참석하여 사업의 타당성, 주요 대외정책과의 부합성, 사업 간 중복 여부 및 연계 가능성을 검토하는 조정 과정을 거친다.[37]

기획재정부의 공룡화와 함께, 2013년 원조효과성과 사업 간 상호연계성 제고를 위하여 도입된 '사업 2년 전(n-2년) 예비검토제'는 한국 ODA의 정책결정과 사업집행에 더욱 고질적인 경직성을 전가하게 된다. ODA 기관 간 소통과 협력을 증진하고 분절화된 유·무상 간 연계를 더욱 강화하기 위하여 2013년에 수립된 '협업 활성화를 통한 ODA 효과성 제고 방안'과 사업 2년 전(n-2년) 예비검토제가 연동되면서 후자는 본래 다양한 주체와의 협력을 용이하게 만들고 국가정책 방향과 추진전략에 맞게 ODA가 구성되며 기관 간 사업이 상호 연계되어 ODA 통합추진체계의 구축을 기획하였다.[38] 그러나, 특정 ODA 사업을 시행 2년 전에 기획한다는 구상은 기획단계에서 집행단계까지의 2년 동안 파트너국가 현지에서 발생하

---

37) 국제개발협력위원회 (2020), p. 44.

38) 국제개발협력위원회 (2020), p. 84.

글상자 9.3

국제개발협력위원회의 역할과 기능

국제개발협력위원회는 기본법(제7조)에 따라 위원장인 국무총리를 포함하여 관계부처 장관 및 공공기관 기관장, 민간전문가 등으로 구성되며, 법령에 명시적 규정은 없으나 통상 연평균 2~3회 개최된다. 국제개발협력위원회 위원장 또는 위원은 회의에서 심의할 안건을 제출할 수 있으며, 안건이 상정되면 위원들 간 토론을 거쳐 출석위원 과반수 찬성으로 의결되어 ODA 주요 정책이 결정된다.

실무위원회는 국무조정실 국무1차장을 위원장으로 하여 정부 부처의 국장급 고위공무원 및 공공기관 임원, 민간전문가 등으로 구성된다. 실무위원회에서는 안건에 대한 강도 높은 토론을 통해 부처 간 쟁점 사항을 실질적으로 협의·조정하고 있으며, 실무위원회 논의 결과가 반영된 안건이 최종적으로 국제개발협력위원회 안건으로 상정된다.

ODA 평가 관련 의제는 실무위원회에 앞서 국무조정실 국정운영실장이 주재하고 기획재정부·외교부의 국장급 고위공무원 및 EDCF·KOICA 임원, 민간전문가 등이 위원으로 참여하는 평가전문위원회를 통해 먼저 논의된다. 평가전문위원회에서는 ODA 통합추진 상 개선이 시급한 과제를 선정하여 직접 평가하기도 하고(소위평가), ODA 기관들의 자체평가 결과를 메타 심의 및 승인하게 된다. 평가전문위원회에서 결정된 사항은 실무위원회와 국제개발협력위원회 의결을 거쳐 최종적으로 정책에 반영된다.

출처: https://www.law.go.kr/%EB%B2%95%EB%A0%B9/%EA%B5%AD%EC%A0%9C%EA%B0%9C%EB%B0%9C%ED%98%91%EB%A0%A5%EA%B8%B0%EB%B3%B8%EB%B2%95 (검색일: 2023년 1월 20일).

는 다양한 정치변동과 사회현상을 적절하게 고려하여 사업을 집행할 수 없다는 현실적인 한계에 부딪히게 된다. 결국, 사업 2년 전(n-2) 예비검토 절차로 인해 신속한 사업추진이 어려워지고 현장의 요구를 적극적으로 수용할 수 없으므로, 주요 사업의 경우 사업 2년 전(n-2) 예비검토의 예외로 인정해야 한다는 논의도 이루어지고 있다.[39] 이러한 예비검토제는 본질적으로 ODA 사업을 기획하는 한국정부의 기획력을 강화하기 위한 제도적 수단인 반면, 개발도상국에게는 시효성이 떨어지고 이미 다른 공여국에 의해 집행이 마무리된 사업에 한국이 뒤늦게 개입하는 인상을 주게 될 것이다.

2) 추진체계 개선을 위한 노력과 한계

한국정부는 후발주자로 DAC에 가입하였지만, 글로벌 규범에서 요구하는 주요 기준과 원칙을 수용하고 동시에 국익이 일정 수준 반영되는 ODA 추진체계를 제도화하려고 노력해 왔다. 유·무상이 분절화된 방식의 한국 ODA 추진체계는 2008년 이전의 일본 국제개발협력 추진체계와 완전히 일치하는 구조라는 점에서 2008년 일본이 이른바 'New JICA' 체제로 통합화를 성공한 경험이 큰

---

39) 국제개발협력위원회 (2020), p. 48.

표 9.4 국제개발협력기본계획의 추진체계 내용 비교

국제개발협력기본계획		
제1차(2011~2015년)	제2차(2016~2020년)	제3차(2021~2025년)
• 유·무상 통합추진기반 구축 • 상향식 사후적 조정 • ODA 규모의 지속적 증가 • ODA 평가시스템 도입 • 시민단체·기업·학계 참여를 위한 제도 마련 • 일반국민의 ODA 인식 제고	• 유·무상 통합전략 강화 • 하향식 전략적 계획 수립 • ODA 사업의 질적 제고 • ODA 평가 및 환류 시스템 강화 • 시민단체·기업·학계 참여를 통한 시너지 창출 • 세계시민으로서 ODA에 능동적 참여	• 통합적 ODA 추진체계 혁신 • 전략-사업 간 연계 강화 및 정책 간 정합성 제고 • ODA 재원 다양화 • ODA 사업의 경쟁력 제고 및 성과관리 강화 필요 • 공공(정부·지자체·공공기관)-민간(시민사회·기업)-연구기관(학계·연구소) 범국가적 협력 생태계 조성 • 개발협력 생태계 조성

출처: 관계부처합동 (2015), p. 2; 관계부처합동 (2020).

교훈이 되었을 것이다. 일본의 경우, 무상원조를 외무성이 관장하면서 시행기관은 KOICA와 유사한 일본국제협력단(JICA: Japan International Cooperation Agency)이 담당하였고, 유상원조는 재무성이 주관하면서 집행은 일본국제협력은행(JBIC: Japan Bank for International Cooperation)이 담당하는 분절적 구조로 한국의 현 추진체계와 유사한 방식이었다. 이를 2008년 JICA와 JBIC이 New JICA로 통합되면서 현재 DAC 회원국 중 정책결정 수준과 사업집행 수준에서 모두 분절화된 공여국은 한국이 유일한 상황이다.[40] 표 9.4에서 비교하고 있듯이, 제1차 기본계획부터 제3차 기본계획까지 한국의 개발원조 추진체계가 가장 제도화 노력을 기울인 내용은 유·무상원조의 통합추진체계를 구축하고 혁신하는 것이었다. 제1차 기본계획은 한국 ODA 추진체계의 선진화를 강조하면서 현 분절적 구조에서 유·무상 통합추진기반을 구축하는 의제를 우선적으로 시행기관이 사업을 집행한 이후 사후에 조정을 통해 유·무상 통합을 모색하였다. 제2차 기본계획은 이를 토대로 정책기관 수준에서 유·무상 통합 및 연계 계획은 전략화하고 이를 하향식으로 시행기관에 상호 협력을 요구하였다. 한편, 제3차 기본계획은 전략과 사업 간, 그리고 정책 간의 정합성과 연계방안을 강화하여 통합적 ODA 추진체계를 전반적으로 혁신하려는 노력을 강구하였다. 그럼에도 불구하고 기계적인 유·무상 통합이 화학적으로 유·무상 정책 및 사업집행의 통합적 관리가 유기적으로 달성되었다는 진단을 내리기는 어려운 상황이다.

앞서도 언급했듯이, 2010년 이후 다섯 차례 정부가 교체되었지만, ODA 규모는 지속적으로 증액하는 일관된 정책을 유지하였다. 제2차 기본계획에서는 ODA 규모 증액과 함께 ODA 사업의 질적 제고를 통해 ODA의 양적 증액과 동시에 질적 수준을 높이는 제도적 개선을 시도하였다. 한편, 제3차 기본계획은 ODA의 규모를 증액하는 방식으로 단순히 조세를 기반으로정부 예산 중 ODA를 늘리는 기존의 방식을 넘어 민간재원을 확보

---

40) 김태균 (2010).

하려는 다양한 ODA 재원 동원기제를 모색하고 있다. 그럼에도 불구하고, 한국의 원조 규모는 2019년 기준 OECD DAC 회원국 중 15위에 위치하고 있으며, 2019년 한국의 ODA/GNI 비율은 0.15%로 DAC 회원국 평균치인 0.38%에 절반에도 못 미치는 기록을 보이고 있다.[41] 이에 한국정부는 2030년까지 GNI 대비 ODA 규모를 0.30%까지 올리겠다는 목표를 설정하고 있다.

또한, 한국정부는 ODA 사업집행의 효과성과 투명성을 제고하기 위하여 평가시스템을 체계적으로 제도화하고 있다. 제1차 기본계획에서는 ODA 평가시스템을 도입하는 토대를 갖추는 데 집중하였다면, 제2차 기본계획은 실질적인 ODA 평가와 환류시스템을 강화하여 기존 사업의 평가를 기준으로 차년도 사업선정 및 계획에 그 결과를 반영하는 제도 개선을 시도하였다. 제3차 기본계획은 ODA 사업의 경쟁력을 제고하기 위하여 양질의 사업집행을 위한 평가의 전문화를 도모하고 사업의 성과관리를 강화하는 정책을 제도화하였다. 특히, KOICA에서는 프로젝트 사업의 종료평가에 대한 메타평가를 실시하는 독립평가패널을 조직하여 사업 종료평가의 질적 수준을 제고하고 있다. 그러나 아직 한국 개발협력계에 평가와 성과관리를 전문적으로 수행하는 기관 내지 컨설팅업체가 많지 않아 평가의 독립성과 평가역량 강화를 위한 지속적인 제도적 개선이 필요하다.

마지막으로, 한국의 대외원조와 ODA 집행은 단지 정부가 독자적으로 추진할 수 있는 일이 아니기 때문에 정부와 함께 다양한 개발주체들이 협치를 이루는 개발생태계가 조성되어야 한다.

동시에 한국 ODA정책에 대한 일반 국민의 인식을 제고하는 대국민 홍보전략도 개발생태계 조성을 위한 노력도 동반되어야 한다. 제1차 기본계획에서는 개발생태계의 토대가 되는 시민단체·기업·학계 등의 참여를 장려하는 제도를 구축하는 데 방점을 두었다면, 제2차 기본계획은 다양한 개발 주체들의 참여를 전제로 각 참여 주체들 간의 시너지를 창출할 수 있는 제도적 지지방안을 모색하였다. 제3차 기본계획은 공공부문(정부·지자체·공공기관), 민간부문(시민사회·기업), 그리고 연구기관(학계·연구소) 등의 삼각관계 활성화를 통해 범국가적 협력 생태계를 조성하는 데 주안점을 두고 있다. 이러한 개발협력 생태계 조성을 위하여 제1차 기본계획에서는 일반 국민의 ODA 인식 제고에서 제2차 기본계획 이후에는 일반 국민을 세계시민으로 재교육하면서 ODA 사업에 능동적으로 참여하는 주인의식을 고취시키는 방안으로 무게중심이 이동하고 있으며, 대국민 홍보의 노력은 표 9.5에서 확인할 수 있듯이 ODA에 대한 국민의 인지도와 지지도가 모두 제고되고 있음을 알 수 있다.

일련의 한국 ODA 추진체계의 선진화와 양질의 사업집행을 위한 제도적 노력은 근본적으로 정책결정과 사업집행의 분절화 문제라는 근본적인 장애물에 부딪히게 된다. DAC 회원국들 가운

표 9.5 한국 ODA에 대한 국민의 인지도 및 지지도 변화

	2015	2017	2019	2021
ODA 인지도(%)	53.2	63.0	62.0	64.3
ODA 지지도(%)	83.6	86.7	81.3	76.0

출처: 국제개발협력위원회 자료 (2022).

---

41) 관계부처합동, 『제3차 국제개발협력기본계획(안)』 (세종: 국무총리실, 2020).

데 대부분의 경우 외교부 중심으로 국제개발협력 정책과 집행체계가 제도화된 경우가 대부분이고 한국처럼 기획재정부와 외교부가 유·무상원조를 양분화하고 두 부처 위에 국제개발협력위원회와 같은 상위제도가 조정하는 구조로 추진체계가 제도화되어 있는 DAC 회원국은 부재한다고 평가할 수 있다. 한국의 국제개발외교는 이러한 분절화 문제가 해결되지 않는 한 추진체계의 개선을 위한 다양한 시도에도 불구하고 원조의 효과성 제고에 진전이 없을 가능성이 크며 윤석열정부가 목표로 삼는 한국의 글로벌 중추국가 역할에도 대외원조가 기여하는 데 한계가 있을 것이다.

5. 한국 대외원조와 국제개발외교의 현안과 전망

지금까지의 논의를 정리하자면, 한국 대외원조와 국제개발외교에 배태된 다양한 현안의 근원적 문제는 두 가지로 압축된다. 첫째, 국제개발의 글로벌 규범과 한국의 국익추구 사이에서 명확한 절충방안을 찾는 기준이 되는 대외원조의 원칙과 목표가 부재하다. 둘째, 대외원조의 원칙과 목표가 미비한 구조하에도 유·무상원조가 통합적으로 관리가 될 수 있다면, 양질의 원조가 체계적으로 집행되면서 한국이 추구하는 ODA의 목표와 비전이 구성될 수 있는데 이 또한 분절화의 문제로 단기간 내에 개선되기 어려운 상황이다. 이러한 구조적인 문제점을 감안한 상황에서 아래와 같이 현재 한국의 국제개발외교가 당면한 현안을 정리할 수 있다.

1) 외교정책과의 정합성 제고

미국과 중국의 전략경쟁이 심화되고 있는 국제정세가 진행되는 가운데 한국이 처한 지정학적 환경이 인태 시대의 확대로 빠르게 전환하고 있다. 윤석열정부는 인태 시대에 대응전략으로 한국형 인태전략을 2022년 G20 정상회의 이전에 발표하였고, 미국·일본·호주·인도의 쿼드(Quad)에 가입을 준비하고 있다. 쿼드에 연착륙하기 위하여 한국정부는 국제개발외교를 통해 쿼드의 4개국 중 미국과 일본과의 개발협력을 활용하려고 한다.[42] 따라서, 변화하는 국제정치의 외부환경에 적극적인 적응을 위하여 한국의 대외원조는 한국이 취하고 있는 외교정책과 정합성을 제고해야 한다. 외교정책과의 정합성 제고는 단순히 한국의 인태전략을 추진하는 도구적 수단으로서 ODA의 인도적 지원과 인프라 프로젝트를 제공하는 것만을 의미하는 것이 아니라 거시적 외교정책의 원칙하에 ODA 추진체계를 정비하고 ODA의 재원을 다원화하며 미국 등 인태지역의 패권국가와의 개발협력이 가능하도록 새로운 국제개발의 글로벌 규범을 선도하는 것을 의미한다.

국제개발외교의 특성상, 외교정책과의 정합성만 고려할 수 없으며, 무리하게 국익추구만 강조하는 외교정책에 대외원조를 도구화할 경우 일본처럼 상업주의 모델이라고 국제사회로부터 눈총을 받을 수 있다. 관건은 인태전략과 같은 외교정책의 거대한 방향설정에 국제개발외교를 접목하고 필요한 경우 전략적 도구로써 활용할 수 있지만, 한국의 국익이 반영되는 부분을 글로벌 규범과 조응시켜 전략적으로 포장하는 혜안이 필요하

---
42) 김태균 (2022).

다. 글로벌 규범과 국제사회의 개발협력 표준을 적극적으로 수용하는 전략을 통해 한국이 쿼드에 가입하고 미국 중심의 인태전략에 동조하는 입장을 비판적으로 해석할 중국에게도 한국과의 관계를 유지할 수 있는 빌미를 제공하고 중국의 공격적인 비판을 한국이 헤징(hedging)할 수 있는 토대가 마련될 수 있다.

2) 중견국으로서 국제개발외교의 글로벌 규범력 활용

중견국 외교로서 국제개발외교는 한국에게 선진국 개발협력 모델을 추격하는 단계에서 벗어나 높아진 한국의 글로벌 위상에 맞게 ODA 정체성을 확립할 수 있는 기회를 제공한다. 중요한 사례가 코로나 팬데믹으로 G7의 선진국 방역체계가 무너지고 한국, 호주, 뉴질랜드, 캐나다, 북유럽 등 중견국 범주에 해당하는 국가들이 오히려 코로나19를 성공적으로 대응하는 모습을 보였다. 코로나 팬데믹으로 인해 실종된 글로벌 거버넌스의 역할과 글로벌 개발원칙의 규범력을 회복하기 위하여 한국은 유사입장국과 집합행동(collective action)을 통해 글로벌 보건위기를 해결하는 선도적 중견국의 정체성을 강화할 수 있다.[43] 한국정부의 외교전략이 '글로벌 중추국가'라는 점에서도 중견국 외교로서의 국제개발외교는 외교정책의 대전략과 유기적으로 연결될 수 있다. 글로벌 중추국가라는 대전략하에 한국의 국제개발 정책결정 부처와 사업집행기관들이 ODA 전략을 일관되게 연동시켜야 하며, 이러한 맥락에서 KOICA도 과거 추격자에서 '선도적 글로벌 개발협력 시행기관'으로 기관의 정체성을 재정립하고 있다.

한국이 ODA정책을 통해 한국의 국익을 추구하기 위해서는 국제사회가 생산하는 국제개발협력의 규범과 원칙에 한국이 기여하는 적극적인 도전이 필요하다. 특히, 중견국이라는 한국의 위치권력이 선진공여국의 글로벌 북반구와 개발도상국의 글로벌 남반구를 이어주는 교량 역할을 할 수 있으며, 서구 중심의 국제개발 담론과 이론을 남반구의 사상과 역사, 그리고 정치적 입장이 반영될 수 있도록 한국을 포함한 중견국 그룹이 글로벌 공론장을 확장해 나갈 수 있다. 글로벌 규범력을 성공적으로 활용한 사례는 인도적 원조모델인 북유럽 공여국 그룹이라 할 수 있다. 스웨덴, 노르웨이가 ODA정책을 통해 국익추구보다는 국제사회의 평화와 번영을 위해 순수하게 인도적 지원만을 고수하고 있다는 해석은 학자들의 순진한 발상에 불과하다.[44] 원조시장에 후발주자로 뛰어든 북유럽 국가들은 글로벌 원칙의 규범력을 자신의 ODA정책 기조와 동일시하면서 국제사회의 가장 모범적인 ODA 공여국으로 인정받게 되고 이를 통해 자국의 기업과 민간부문이 진출할 수 있는 도덕적 교두보를 확보해 왔다. 한국도 마치 '동아시아의 북유럽'과 유사한 ODA 궤적을 추구한다면 동북아시아에서 평화를 선도하는 국가이자

---

[43] Taekyoon Kim, "South Korea's Prospects for a Middle-Power Alliance in the COVID-19 Era," *Melbourne Asia Review*, Edition 4 (October 2020); Tom Corben, "COVID-19 Presents Opportunities for Australia-South Korea Relations," *The Diplomat* (24 April 2020).

[44] Cristine Ingebritsen, "Norm Entrepreneurs: Scandinavia's Roles in World Politics," *Cooperation and Conflict* 37-1 (2002); Annika Bergman, "The Co-constitution of Domestic and International Welfare Obligations: The Case of Sweden's Social Democratically Inspired Internationalism," *Cooperation and Conflict* 42-1 (2007).

국제사회의 글로벌 담론을 이끌어가는 중견국으로 정체성을 확립할 수 있을 것이다.[45]

3) 글로벌 규범과의 탈동조화 규제

글로벌 규범력을 전략화하여 한국의 국제개발외교를 선진화시키기 위해서는 현재 한국 ODA가 추진되고 있는 방식을 재검토해야 할 것이다. 국제사회가 권장하는 개발협력 규범에 동조하지 못하는 문제들에 대한 해법을 찾아나가는 제도적 개선이 필요하다. 물론 코로나19 팬데믹 이후 더욱 OECD DAC 공여국들이 자국중심주의로 전환하고 있다는 전망이 나오고 있지만, 기본적으로 개발협력의 근간이 되는 규범에 대해서는 일관되고 준수하고 있다는 점에서 한국도 글로벌 규범에 동조하지 않거나 심지어 규범을 거부하는 경향에 대해서는 스스로 점검하고 수정하는 것이 바람직하다.

먼저, 유·무상 원조 비율이 한국 ODA 경우 유상원조가 40%, 무상원조가 60%로 구성된다. 일본이 ODA 양자원조 중 약 60%를 유상원조에 배분하고 있어 현재 DAC 회원국 중 가장 높은 유상원조를 제공하는 공여국이다. DAC 회원국 중 2016년 기준으로 유상원조 비율이 높은 국가는 일본(59.2%), 포르투갈(53.7%), 프랑스(44.6%), 한국(40.2%), 폴란드(36.7%), 독일(34.5%) 순으로 집계되었다. 반면, 유상원조가 전체 ODA의 30% 이상을 차지하는 위의 6개국을 제외하고는 22개의 DAC 회원국은 경제부처가 아닌 외교부가 주관기관으로 통일되어 있으며 외교부를 중심으로 ODA 예산 중 평균 98% 이상을 무상협력 정책과 사업에 분배하고 있다. 앞으로 한국이 글로벌 규범력을 활용하여 글로벌 중추국가가 되려면 무상원조의 비율을 늘리고 유상원조의 질을 제고하는 방향으로 선회하는 것이 향후 한국정부가 주목해야 할 숙제이다. 유상원조는 소수이지만 양질의 대규모 인프라 프로젝트에 관한 성공사례를 만들어 인태지역의 쿼드 회원국들과 인프라 사업을 공조할 때 한국이 보유한 비교우위를 홍보할 수 있어야 한다.

또한, 구속성 원조 비율과 다자원조 비율에 관한 주의 깊은 개선이 필요하다. 구속성원조는 공여국의 원조사업이 집행될 때 공여국의 기업, 인력, 기자재가 함께 협력대상국에 진입하는 것으로 국제사회에서 가능한 100% 비구속성원조를 시행하여 협력대상국 내 인력을 고용하고 지역사회에 있는 기자재와 기업을 활용하도록 권장하고 있다. 한국의 경우, DAC 회원국들이 4~5년 단위로 동료검토를 실시하여 한국의 ODA정책과 사업집행에 대하여 권고를 제공하고 있는데, 2012년 처음 동료검토를 받을 때부터 계속해서 구속성원조의 비율이 높다는 지적을 받고 있다. 이와 유사하게 다자원조에 대한 비율도 다른 DAC 회원국에 비해 상대적으로 낮게 책정되고 있어 DAC 동료검토에서 구속성원조와 함께 개선사항으로 지적을 받고 있다. 한국 기업이 개발도상국에 진출하도록 한국 기업과 함께 할 수 있는 구속성원조, 그리고 국제기구에 제공되는 다자원조보다 직접 협력대상국에 제공하는 양자원조가 단기적으로는 한국의 국익에 도움이 될 수 있으나 중장기적으로는 한국의 이미지에 부정적인 영향을 미칠 수 있고 한국이 국제사회에서 개발원조 중추국가가 되기 위해서는 비구속성원조

---
45) 김태균 (2019).

와 다자원조에 대한 예산책정 비율을 높여야 할 것이다.

4) 분절적 시행을 개선할 수 있는 대규모 프로그램형 사업 도입

앞서도 강조했지만, 한국 ODA정책결정과 사업집행의 가장 시급하게 해결해야 할 문제점이 원조 분절화이고, 이 문제를 해결하기 위해 2010년 초반부터 지금까지 관계부처는 다양한 제도적 해결책을 시도해 왔다. 무상원조와 유상원조가 융합되는 방식의 개발협력 사업을 발굴하는 등 다수의 시행기관이 분절적으로 시행하는 한국 ODA 관행의 개선을 위한 노력에도 불구하고 아직까지 분절화의 문제는 여러 측면에서 부정적인 결과를 야기하고 있다. 따라서, 분절적으로 다수의 시행기관이 단기적인 프로젝트형 사업을 소규모로 진행해온 관행을 개선하여 중장기적인 통합적 프로그램형 사업으로 전환하는 시도가 적극적으로 기획되어야 한다. 프로그램형 사업은 복수의 프로젝트형 사업을 통합할 수 있으며 장기적인 투자가 필요하기 때문에 정부에게는 예산의 부담이 있을 수 있으나 프로그램형 사업으로 한국의 대표적인 시그니처 사례가 발굴되면 유·무상이 함께 투입될 수 있는 정치적 기회 공간이 확장될 것이다.

이를 위해서 한국의 발전경험과 비교우위가 특화된 한국 ODA의 시그니처 사업이 발굴되어야 한다. 2012년에 한국형 ODA 모델 기본프로그램으로 40개를 선정한 바 있으나, 이후 지속적으로 비교우위 사업의 특성화 과정 등 후속 작업이 부족하여 현재 한국 ODA 사업의 핵심 비교우위 사례는 발굴되지 못한 상황이다. 최근 K-방역 등 코로나19 팬데믹 동안 한국 보건의료의 성공적인 경험을 반영하여 한국 ODA의 보건의료 대표 사업을 발굴하는 노력이 강구될 필요가 있다. 보건의료 분야와 더불어, 한국의 대표적 비교우위 분야인 정보통신기술 등을 한국 ODA의 주요 사업을 추진하여 '디지털플랫폼 정부'를 표방하는 윤석열정부의 국정과제와 연결시킬 수 있다. 또한, 개발도상국에서 한국 근대국가 발전사를 통한 학습하고자 하는 경제발전과 민주화 등의 한국형 발전경험을 경제발전경험공유(KSP)를 통해 적극적으로 개발도상국에게 제공하도록 노력해야 할 것이다. KSP가 다분히 경제발전에 대한 지식공유에 국한되어 있다면 KOICA의 개발컨설팅 프로그램(DEEP: Development Experience Exchange Partnership Program)을 비경제 분야의 한국 발전경험을 모듈화하여 지식공유의 채널로 활용할 수 있다.

5) 개발협력 재원의 다변화와 민간부문의 역할 강조

한국의 ODA 예산 증액과 함께 민간부문의 가용한 재원과 인력을 유인할 수 있는 민관협력(PPP: Public Private Partnership)의 강화와 민간참여를 유도하기 위한 규제 완화가 동시에 필요하다. 특히, 민간부문에서 활동하는 개발컨설팅 전문 민간업체의 활성화가 필요하며 취약한 민간참여 유인구조 개선을 위한 제도장치가 함께 논의되어야 한다. 이러한 노력이 필요한 이유는 앞으로 한국이 지속가능발전목표(SDGs) 이행 달성과 인태전략의 일환으로 쿼드 회원국들과 인프라 사업을 공조할 때 ODA 예산만으로는 충족시킬 수 없기 때문이다. 민간부문의 재원확보를 위하여 다양한 개발재원 제공 주체와의 다각적인 협력이 확대되어야 하며, 공여국의 ODA를 촉매제로 사용하여 민간부문의 개발재원을 적극적으로 동원하는 유인책이 필요하다.

특히, 미국과 G7 회원국 대부분이 민간재원 동원을 위하여 개발금융기관(DFI: Development Finance Institution)을 적극 활용하여 팬데믹 위기에 대한 신속한 대응노력을 하고 있으며, 이른바 '더 나은 재건을 위한 DFIs'의 역할이 강조되고 있다. 미국과 G7 주도의 더 나은 세계의 재건(B3W), 글로벌 인프라·투자 파트너십(PGII)은 민간재원을 공격적으로 유인할 예정이고 이 역할을 DFIs가 주도적으로 맡게 될 것이다. 미국의 개발금융공사(DFC), 네덜란드의 개발금융회사(FMO), 독일의 독일투자공사(DEG), 영국의 영국국제투자(BII 등 주요 공여국은 DFIs를 통해 민간투자 활성화 및 ODA를 민간재원 유인의 촉매제로 활용하여 개발재원의 다변화를 도모하고 있다. 한국은 아직 DFI를 설치하지 않고 있으며, 인도·태평양 협력을 위해서는 주요 공여국의 DFIs에 준하는 한국형 DFI가 필요한 상황이다.[46]

6. 결론

한국의 대외원조와 국제개발외교는 국제정치질서의 변화에 따라 중차대한 기로에 서 있다. 미중 전략경쟁과 인태시대의 도래, 코로나19 팬데믹에 따른 글로벌 거버넌스의 붕괴 및 보건위기의 등장, 정부의 글로벌 중추국가 실현과 한국 ODA 예산의 지속적 증액 등 국내외 정세변화에 한국 국제개발외교는 새롭게 정체성을 모색해야 할 때가 다가왔다. 무엇보다 중견국으로서 한국 국제개발협력 목표와 원칙을 명확하게 정립하는 작업이 시도되어야 한다. 쿼드의 가입과 미국 중심의 인태전략에 부응하는 단기적인 외교정책에 ODA를 도구적으로 동원하는 당위성에는 동의할 수 있으나, 동원하는 방식을 단순히 국익추구라는 명분보다는 글로벌 공공재 제공을 통해 국제사회의 규범력을 한국이 선도하는 명분으로 전략화하는 노력이 필요하다. 대외원조는 항상 글로벌 규범과 국익추구 사이에서 전략적인 절충과 합의를 전제로 하기 때문에 지금까지의 다분히 국익추구 방식으로 ODA에 접근했던 한국정부의 입장을 새롭게 재구성해야 할 것이다. 팬데믹 이후 서구 공여국 사이에는 원조 국익주의가 강화되고 있고 원조와 무역·투자 연계 경향이 강해지고 있어 원조 주관부처 이외 무역, 투자, 안보, 이민, 환경 등 관련 부처의 참여가 더욱 증가할 전망이다. 이러한 이유로 외교정책과 원조정책 간의 정합성 제고가 모든 공여국의 화두로 부상하고 있으며, 원조와 관련된 모든 부처가 협력하는 정책일관성(PCD) 의제가 새롭게 주목을 받고 있다. PCD를 원활하게 해결하기 위해서는 무엇보다 공여국의 원조철학이 무엇인가가 가장 핵심이 되고 명확한 원조철학이 정립된 경우는 부처 간의 PCD를 위한 노력이 크게 무리가 되지 않으며 동시에 분절적인 추진체계도 하나의 비전과 목표를 달성하기 위하여 유·무상 간의 융합과 통합이 용이해 지는 것이다.

---

46) https://www.brookings.edu/events/south-korea-in-the-new-geoeconomics-development-finance-and-infrastructure/ (검색일: 2023년 1월 20일).

그렇다면 한국의 국제개발외교는 어떤 목표와 방향성을 선택해야 할 것인가? 국제사회에서 평화와 번영을 선도하는 동북아시아의 북유럽이 될 것인가? 아니면 공격적인 유상원조를 앞세워 상업주의적 국익을 챙기는 일본과 중국과 유사한 방식의 원조모델을 선택할 것인가? 지금까지의 한국 ODA 추진체계를 보면, 기획재정부의 강력한 장악력, 높은 유상원조·구속성원조·양자원조 비율 등의 현주소는 일본이 지금까지 취해 온 원조철학에 상당히 유사하게 접근하고 있다. 이러한 이유로 한국도 상업주의 원조모델의 범주에 속하는 공여국이자 개발주의를 한국 국제개발외교의 핵심 사조로 발전국가형 유산이 ODA정책결정과 사업집행에 배태되어 있다는 평가를 받게 된다.[47] 동아시아 공여국인 한국, 일본, 중국은 상호 다른 대외원조 추진체계를 보유하고 있지만, 개발주의에 입각한 유상원조 중심의 공여국 이익이 추구하는 공통점을 공유하고 있다. 국제사회가 국제개발협력 영역에서 공유하는 글로벌 규범과 원칙이 한국의 ODA 추진체계로 들어오게 되면 글로벌 규범력이 상대적으로 희석되는 부작용이 발생하게 되고 한국은 결국 동아시아의 전통적 공여국인 일본과 중국의 아류국가로 전락하게 될 것이다.

---

47) Christian von Lübke, "The Politics of East Asian Developmentalism: Paradigms, Practices, and Prospects of Foreign Development Assistance," in Sanae Ito (ed.), *The 'Easternization' of Development: The Politics of East Asia's Developmentalist Cooperation* (Rugby: Practical Action Publishing, 2023).

토의주제

1. 국제개발외교는 가장 중요한 목표로 국익추구를 설정해야 하는가?
2. 국제개발외교는 전통적인 국익추구와 글로벌 공공재 제공 사이에서 어떻게 균형을 잡아야 하는가?
3. 한국 국제개발외교의 철학적 원칙과 비전은 어떻게 논의되었고 구체적으로 어떤 내용을 담고 있는가?
4. 공격적인 대외원조를 하고 있는 중국과 상업적 원조의 전형인 일본과 한국의 국제개발외교는 어떻게 달라야 하는가?
5. 개발재원의 다원화와 민간재원의 동원이 공적개발원조와 어떤 충돌이 발생할 수 있는지, 민간재원의 동원 시 어떤 점을 유의해야 하는가?
6. 한국의 공적개발원조 추진체계가 분절적 구조의 한계를 보완하기 위해서 어떤 개선 노력이 필요한가?
7. 글로벌 중추국가로서의 한국을 위하여 국제개발외교는 어떤 역할을 수행할 수 있는가?
8. 중견국가로서의 한국이 추구할 수 있는 국제개발외교의 방향성은 무엇인가?

참고문헌

1. 한글문헌

관계부처합동. 『제2차 국제개발협력기본계획(안)』. 세종: 국무총리실, 2015.
_____. 『제3차 국제개발협력기본계획(안)』. 세종: 국무총리실, 2020.
국제개발협력위원회. 『대한민국 ODA 백서』. 세종: 국제개발협력위원회, 2020.
기획재정부·외교통상부. 『분야별 국제개발협력기본계획(2011~2015년)』. 서울: 국무총리실, 2010.
김태균. "코로나19와 글로벌 남반구 정치경제의 질서 변화: 미중 전략 경쟁의 심화와 중국-인도 간의 역내 갈등." 『EAI 워킹페이퍼: 코로나 위기 이후 세계정치경제질서 시리즈 ④』, 2022.
_____. 『한국비판국제개발론: 국제개발의 發展的 성찰』. 서울: 박영사, 2019.
_____. 『대항적 공존: 글로벌 책무성의 아시아적 재생산』. 서울: 서울대학교출판문화원, 2018.
_____. "국제개발협력을 위한 가치지향의 이중적 구조: 일본사례에 관한 소고." 『국제·지역연구』. 19-2, 2010.
한국행정연구원. 『2019년 ODA 국민인식조사』. 서울: 한국행정연구원, 2019.

2. 영어문헌

Bader, Marieline and Taekyoon Kim. "Decoding South Korea's Development Cooperation through the Lens of Developmental State Politics: In Search of Symbiotic Embeddedness." in Sanae Ito (ed.), *The 'Easternization' of Development: The Politics of East Asia's Developmentalist Cooperation*. Rugby: Practical Action Publishing, 2023.
Baldwin, David A. *Economic Statecraft*. Princeton: Princeton University Press, 1985.
Barnett, Michael and Martha Finnemore. *Rules for the World: International Organizations in Global Politics*. Ithaca: Cornell University Press, 2004.
Barry, Frank, Michael King and Alan Matthews. "Policy Coherence for Development: Five Challenges." *Irish Studies in International Affairs* 21 (August 2010).
Bergman, Annika, "The Co-constitution of Domestic and International Welfare Obligations: The Case of Sweden's Social Democratically Inspired Internationalism." *Cooperation and Conflict* 42(1), 2007.
Chang, Kyung-Sup. *The Logic of Compressed Modernity*. Cambridge: Polity Press, 2022.
Chun, Hong-Min, Elijah N. Munyi, and Heejin Lee. "South Korea as an Emerging Donor: Challenges and Changes on its Entering OECD/DAC." *Journal of International Development* 22-6 (July 2010).
Corben, Tom. "COVID-19 Presents Opportunities for Australia-South Korea Relations." *The Diplomat* (24 April 2020).
Finnemore, Martha. *The Purpose of Intervention: Changing Beliefs about the Use of Force*. Ithaca: Cornell University Press, 2003.
Gulrajani, Nilima and Liam Swiss. *Why Do Countries Become Donors? Assessing the Drivers and Implications of Donor Proliferation*. London: Overseas Development Institute, 2017.
Hattori, Tomohisa. "Giving as a Mechanism of Consent: International Aid Organisations and the Ethical Hegemony of Capitalism." *International Relations* 17-2 (June 2003).
Hattori, Tomohisa. "Reconceptualizing Foreign Aid." *Review of International Political Economy* 8-4 (Winter 2001).
Ingebritsen, Cristine, "Norm Entrepreneurs: Scandinavia's Roles in World Politics." *Cooperation and Conflict* 37(1), 2002.
Kharas, Homi and Andrew Rogerson. *Global Development Trends and Challenges: Horizon 2025 Revisited*. London: Overseas Development Institute, 2017.
Kim, Hyo-sook. *South Korea's Foreign Aid: The Domestic Politics of Middle Power Diplomacy*. Abingdon: Routledge, 2021.
Kim, Taekyoon. "South Korea's Prospects for a Middle-Power Alliance in the COVID-19 Era." *Melbourne Asia Review*, Edition 4 (October 2020).
_____. "Reconsidering Korea's International Development Policies in the New Era of the 2030 Agenda for Sustainable Development: In Search of Transformative and Strategic Governance for

Development Effectiveness." *Journal of Contemporary Korean Studies* 4-1 (Spring 2017).

Krasner, Stephen D. *Structural Conflict: The Third World Against Global Liberalism.* Berkeley: University of California Press, 1985.

Lancaster, Carol. *Foreign Aid: Diplomacy, Development, Domestic Politics.* Chicago: University of Chicago Press, 2007.

Morgenthau, Hans J., "A Political Theory of Foreign Aid." *American Political Science Review* 56-2 (June 1962).

Morgenthau, Hans J. *Politics Among Nations: The Struggle for Power and Peace.* New York: Knopf, 1948.

Morss, Elliott R. and Victoria A. Morss. *U.S. Foreign Aid: An Assessment of New and Traditional Development Strategies.* Abingdon: Routledge, 2020.

Patterson, Dennis and Jangsup Choi, "Policy and Practice in ODA Disbursements: An Analysis of Changes in South Korea's Official Development Assistance." *Journal of East Asian Studies* 19-2 (June 2019).

Riddell, Roger C. *Does Foreign Aid Really Work?* Oxford: Oxford University Press, 2007.

Sohn, Hyuk-Sang, Bok Cheol Jeong, and Taekyoon Kim. "At the Nexus of Advocacy and Accountability: New Challenges and Strategies for Japanese Development NGOs." *Pacific Focus* 32-1 (April 2017).

van der Merwe, Justin and Nicole Dodd. *The Political Economy of Underdevelopment in the Global South: The Government-Business-Media Complex.* Basingstoke: Palgrave, 2019.

von Lübke, Christian. "The Politics of East Asian Developmentalism: Paradigms, Practices, and Prospects of Foreign Development Assistance." in Sanae Ito (ed.), *The 'Easternization' of Development: The Politics of East Asia's Developmentalist Cooperation.* Rugby: Practical Action Publishing, 2023.

Ye, Min. *The Belt Road and Beyond: State-Mobilized Globalization in China: 1998-2018.* Cambridge: Cambridge University Press, 2020.

10장 국제기구외교

1. 서론	284
2. 국제기구의 탄생 과정과 지형	285
3. 외교정책 대상으로서 국제기구	293
4. 한국 국제기구정책의 변천	298
5. 국제기구 관련 주요 현안과 전망	306
6. 결론	309

조동준(서울대 정치외교학부)

1. 서론

인류는 영토적으로 배타적인 주권국가로 흩어져 존재하지만, 주권국가 간 국경선을 넘어서는 여러 문제에 직면하고 있다. 과학기술의 발달로 인류가 만들어내는 초국경 쟁점이 급격히 증가하고 있지만, 인류에게는 초국경 쟁점을 해결하는 조직 또는 부처가 독자적으로 존재하지 않은 상태이다. 초국경 쟁점의 상호의존성과 주권국가의 배타성 간 불일치는 인류에게 큰 도전이다.

인류는 19세기부터 초국경 쟁점을 해결하기 위하여 주권국가의 영토성을 넘는 새로운 기제를 발전시켰다. 19세기 초반부터 강대국 간 협조, 국제공공연맹, 특정 쟁점에 관심을 가진 국가 간 회합, 비정부기구 간 초국경 연대 등이 등장했다. 19세기 초국경 쟁점을 대처하기 위한 기제는 20세기 초반 이후 강대국 모임의 정상회담, 국제기구를 통한 안정적 다자 협의, 특정 쟁점에 대한 회합, 비정부기구의 초국경 회합으로 정착되었다. 19세기 이후 초국경 쟁점을 해결하는 기제는 주권국가의 배타적 영토와 초국경 쟁점의 상호의존성 간 불일치 속에서 진화를 거듭하고 있다.

대한한국은 인류와 지구 생태계에 속하기 때문에 지구적 쟁점이 해결되는 방식에 영향을 받을 수밖에 없다. 제2차 세계대전이 종결되는 과정에서 한민족과 한반도의 미래는 지구적 쟁점의 일부로서 승전국 사이에서 다루어졌다. 정부 수립 후에도 한국정부는 지구적 쟁점의 일부로서 국제기구에서 다루어졌던 '한국문제'에 국익을 투영하기 위하여 노력했다. 경제성장과 민주화를 이루어낸 이후에는 문제해결 능력과 상상력을 활용하여 지구적 문제해결과정에서 국익과 신념을 투영하고 있다. 또한, 동류 국가와 공통이익을 구현하기 위하여 국제기구 안에서 협력하고 심지어 국제기구를 설립하기도 한다. 이처럼 국제기구와 관련된 쟁점은 대한민국 외교정책의 영역이다.

이 장은 크게 네 부분으로 나뉜다. 첫째, 19세기 세계화가 국제기구의 탄생으로 이어지는 과정과 현대 국제기구의 지형을 검토한다. 19세기 인류는 과학기술발달로 유발된 초국경 쟁점을 개발하는 관행을 발전시켰는데 그중 하나가 국제기구이다. 20세기 이후 인류는 여러 형태의 국제기구를 설립하였다. 둘째, 국제기구가 외교정책의 대상이 되는 이유를 정리한다. 주권국가는 자국의 이익을 안정적으로 구현하기 위하여 국제기구를 설립하고, 이미 설립된 국제기구에서는 자국의 이익을 실현하고 지키기 위하여 활동한다. 셋째, 국제기구가 외교정책의 대상이 되는 이유를 정리한 후, 국제기구에 관련된 대한민국의 외교정책을 정리한다. 대한민국은 지구적 쟁점의 해결과정에서 '한국문제'의 객체로 시작했지만, 새로운 규범과 절차를 창출하는 행위자로 성장하게 되었다. 마지막으로 2010년대 이후 국제기구의 현안을 점검하고, 향후 진행 방향을 추론한다. 강대국에 의한 국제기구 무력화와 미중경쟁은 국제기구와 관련된 불예측성을 높인다.

2. 국제기구의 탄생 과정과 지형

이 절은 산업화가 초국경 쟁점을 유발하게 되는 과정과 초국경 쟁점을 해결하는 관행을 검토한다. 19세기 초국경 쟁점을 해결하는 과정에서 강대국 간 협조체제, 국제공공연맹(international public union), 국제회합(international convention), 초국가비정부연결망이 등장했고, 국제회합이 상설화되고 제도화되는 과정에서 국제기구가 탄생했다. 국제기구는 초국경 쟁점이 해결되는 기제 중 하나로 자리 잡았다.

1) 산업혁명 시기의 초국경 쟁점과 국제기구의 태동

19세기 산업혁명으로 인해 교통, 통신 기술이 발달하였고, 이는 초국경 인적 교류와 이동을 증가시키며 세계화의 초기 모습을 드러냈다. 이러한 19세기 세계화 모습은 인류에게 몇 가지 문제점을 고민하게 하였는데, 첫째는 국경을 가로지르는 병리현상, 즉 전쟁과 전염병의 확산이라는 문제다. 인류가 자연장벽을 넘어 원거리 상호작용을 하면서 갈등과 무력충돌이 발생했다. 또한, 원거리 상호작용과 빈번한 인적 교류는 전염병의 확산 범위를 넓혔다. 둘째, 주권국가의 권위보다 더 강한 초국경 권위체가 등장하지 않은 상태에서 초국경 활동이 증가함에 따라 이를 규율하는 공통의 표준 제정이 필요했다. 셋째, 과학기술과 사람 간 교류가 확대됨에 따라 인류가 자연장벽 때문에 쉽게 접근하지 못했던 재생불가능한 자원에 쉽게 접근하고, 공공재처럼 자유롭게 활용되던 것이 경합가능한 국제공유재로 바뀌기 시작했다. 즉 공유재의 재생가능한 속도보다 세계화 속에서 사람들이 공유재를 사용하는 속도가 빨라짐에 따라 규율이나 통제없이 국제공유재에 대한 경쟁이 커지게 되었다. 넷째, 초국경 쟁점의 증가와 이익을 공유하는 국가들이 늘어났지만, 공통 이익을 구현하기 위한 협력은 자동적으로 발생하지 않는다. 이러한 문제점과 협력이 많은 사람이 고민해야 하는 문제점으로 다가왔다.[1]

따라서 19세기 인류는 초국경 쟁점을 해결하기 위한 관행을 발전시켰다. 이 관행은 이후 초국경 쟁점을 해결하는 원형이 되었는데, 크게 넷으로 분류할 수 있다. 첫째, 유럽협조체제(Concert of Europe)의 등장이다. 프랑스혁명과 나폴레옹전쟁(1803~1815년) 중 프랑스 공화정에 대항하는 강대국 협의가 시작되었고, 나폴레옹전쟁 후 왕정으로 복귀한 프랑스도 강대국 협의체에 가입했다. 통일 후 신생 강대국으로 부상한 이탈리아도 1871년 강대국 협의체에 가입하면서, 유럽 강대국은 유럽 내외 중요한 쟁점을 협의로 해결하는 관행을 만들었다. 현안과 직접 관련이 없는 강대국도 초국경 쟁점의 해결과정에 참여함으로써 강대국 간 이해충돌을 조율하는 관행이 마련되었다. 강대국 간 협의는 현안에 따라 진행되었기에 상설화되지 않았고 제도화의 수준도 낮았다.

둘째, 특정 초국경 쟁점에 관련되거나 관심을 가진 모든 국가 간 회합을 통하여 현안을 해결하는 관행이다. 초국경 쟁점의 지리적 범위가 국한될 경우 소수 관련국 간 회합, 초국경 쟁점의 범위가 지구 전체를 포함할 경우 모든 국가를 대상으로 하는 회합이 이루어졌다. 더 나아가 회합 중 합의가 이루어질 경우 국제협약(international convention)이 체결되기에, 회합을 뜻하는 보통명사인 'convention'이 국제사회의 구성원 간 다자조약을 의미하는 '협약'을 뜻하게 되었다.

셋째, 국제공공연맹(international public union)이다. 특정 쟁점을 관할하는 정부 부처가 초국경 쟁점을 공동으로 관리하기 위하여 협의체를 상설적으로 운영하거나, 일부 초국경 기능을 담당하는 기구를 만드는 현상이 19세기 등장했다. 예를 들어, 1814년 "(라인강에서) 공통 규칙을 실행하고, 항해와 관련하여 라인강 유역 국가 간 의사소통의 통로 역할을 담당하기 위하여" 창설된 '라인강 자유 항해를 위한 중앙위원회(Central Commission for Navigation on the Rhine)'는 1831년까지는 라인강 수로 관리를 책임지는 부처의 담당자 간 협의체로 운영되다가, 마인츠협약(Mainz Convention, 1831.3.31)을 통하여 상설 행정기구가 되었다. 이처럼 국제협약을 통하여 등장한

글상자 10.1

공공재 대 공유재

재화와 용역을 포함하는 가치는 잠재적 소비자의 접근을 배제할 수 있는지 여부와 한 소비자의 소비가 다른 소비자와 경합하는지 여부에 따라 구분될 수 있다. 안보와 같은 공공재가 일단 만들어지면, 만들어지는 과정에서 기여하지 않은 잠재적 소비자도 자유로이 이용할 수 있고 한 소비자의 소비가 다른 소비자와 경합하지 않는다. 반면, 공유재는 잠재적 소비자의 이용을 배제할 수 없지만 한 소비자의 소비가 다른 소비자와 경합한다.

---

1) 조동준, "세계정치의 장과 대규모 행사를 활용한 공공외교," 김상배(편), 『지구화시대의 공공외교』 (서울: 사회평론아카데미, 2022a), pp. 387-430.

부처 간 상설 협의체가 만들어졌다.

넷째, 초국경 비정부기구와 초국경 연대가 등장했다. 특정 초국경 쟁점에 관하여 동일한 입장을 취하는 사람이 국가 내 결사체를 만들고, 특정 국가 안에 존재하는 결사체가 다른 국가에 있는 결사체와 연대하는 현상이 19세기 본격화되었다. 노예제 철폐, 반전과 평화, 노동, 자유무역 등 여러 영역에서 활동하던 국가 내 비정부단체가 대규모 회합을 하고 국제결사체를 만드는 현상이 일어났다.

2) 현대 국제기구의 등장 경로와 국제기구의 제도화

20세기 이후 국제기구는 크게 세 경로로 설립된다. 첫째, 초국경 쟁점을 해결하는 과정에서 등장한 국제회합이 정례화되고 상설화되어 국제기구가 되었다. 19세기 국제회합이 현안에 대응하기 위한 일시적 모임으로 시작했지만, 일부 지속성을 가진 현안을 대처하기 위하여 정례 모임을 포함한 국제회합이 자주 진행되었다. 빈번한 국제회합은 자연스럽게 사무국의 기능 강화로 이어졌다. 또한, 일부 현안의 경우 빈번한 국제회합에 대처하기 위하여 국가 대표부가 상주하는 현상까지 일어났다. 이처럼 특정 현안을 해결하기 위한 지속적이며 연속적인 다자 회합이 강화된 사무국을 가지면서 국제기구가 되었다. 즉, 국가 간 회합이 상설화·제도화되어 국제정부간기구가 되었고, 복수 국가에 존재하는 비정부기구 간 회합이 상설화·제도화되어 국제비정부기구가 되었다.

둘째, 19세기 등장한 국제공공연맹이 국제기구가 되었다. 19세기 국제공공연맹은 국가 대표 간 회합이 아니라 특정 초국경 쟁점을 담당하는 당국간 정례 회합이었다. 물론 국제공공연맹의 출범은 외견상 국가를 대표하는 인사 간 회합과 합의로 시작되기도 하지만, 특정 업무를 담당하는 당국의 대표들이 '특별 대표(special representative)'라는 직함을 가지고 국제공공연맹의 출범 시점부터 관여했고 출범 후 실무를 전담했다. 반면, 20세기 이후 대외업무를 담당하는 각국 외교부가 관할 영역을 확대하면서 당국 대표자 간 회합을 국가 대표자 간 회합으로 격상시켰다. 회합 관행이 법적 구속력을 가지는 조약, 헌장, 합의 등 다양한 이름으로 성문화되었다.

셋째, 이익을 공유하는 국가와 비정부기구가 국제협력을 안정적으로 유지하는 경로로 국제기구를 설립한다. 이익을 공유하는 행위자는 공통 이익을 안정적으로 실현하기 위하여 정기적이며 상설적인 협력을 도모하는 경향을 보이는데, 국제기구가 국제협력의 여러 기제 중 가장 안정적이며 제도화된 형태다. 국제기구에는 회합 진행과 관련된 사전 합의가 있어 정기적·부정기적 회합이 순조롭게 진행된다. 또한, 사무국을 통하여 기존 회합의 결과물이 안정적으로 보관되어 연속성이 유지되며, 회합으로 도출된 결정이 이행되기도 한다. 이처럼 제도화된 국제협력을 위하여 국제기구가 설립된다.

공통 이익의 존재가 자동적으로 국제기구의 설립으로 이어지지는 않는다. 협력을 통하여 실제로 구현된 공통 이익은 공공재와 같아서 협력에 동참하지 않는 행위자도 향유할 수 있기 때문이다. 합리적 행위자는, 비록 공통 이익을 다른 국가와 함께 가진다고 해도, 협력을 안정적으로 유지하기 위하여 국제기구를 창설하고 유지하는 데 필요한 비용을 지불하지 않고 이미 만들어진 공공재를 향유하려 한다. 따라서 이익을 공유하는 행위자의 숫자가 증가할수록, 무임승차를 선택하려는 유혹이 커지기에 국제기구 창설이 어려워진다. 반면, 이익을 공유하는 행위자의 숫자가 작을수록, 무임승차로 인한 협력의 부재가 초래하는 결과를 명확하게 예측할 수 있기에 국제기구 창설을 포함한 협력이 일어날 개연성이 높아진다. 이런 이유로 대부분 국제기구 구성원의 규모는 통념과 다르게 작다.

20세기 비정부기구와 신생독립국가의 등장은 국제기구의 내부 변화를 초래했다. 19세기 초 국제사회에서 겨우 23개국이 주권국가로 인정을 받았고, 19세기 말까지 주권국가의 숫자가 40개국에 불과했다. 국제사회를 구성하는 주권국가의 숫자가 작았기 때문에, 국제정부간결사체의 규모 또는 당연히 작았다. 국제비정부결사체의 사정도 마찬가지였다. 당시 교통통신의 수준은 대규모 회합에는 아직 부적합했다.

반면, 20세기 이후 신생독립국과 비정부결사체가 대거 등장하고 초국경 쟁점이 증가하면서, 국제결사체 안에서 두 측면에서 분화가 일어났다. 첫째, 국제결사체에 참여하는 회원의 규모가 증가하면서, 국제결사체는 조직 분화를 겪게 되었다. 구성원 전체가 참여하는 모임(총회[General Assembly] 또는 회의[Congress]라는 이름을 가짐)에서 효과적인 의사진행이 어렵게 되자, 이사회(Council), 집행이사회, 관리위원회와 같이 별도 조직이 만들어져 특정 쟁점을 담당하거나 총회에서 위임된 업무를 수행하는 관행이 등장했다.

글상자 10.2

만국우편연합의 내적 제도분화

만국우편연합의 역사는 국제기구의 제도분화를 보여준다. 1874년 만국우편연합의 전신인 일반우편연합(General Postal Union)이 출범할 때, 22개국 대표로 구성된 총회(General Assembly)만이 존재했다. 4년마다 열리는 총회에서 중요한 결정이 이루어지고, 회원국의 우정 당국이 이 결정을 실행했다. 반면, 1940~1960년대 신생독립국이 대거 회원으로 가입하면서, 총회가 효과적인 의결기관으로서 작동하기 어렵게 되었다. 또한, 4년마다 열리는 총회 사이 업무의 연속성을 유지할 필요성이 커지고, 사무기능을 보강할 필요성이 커졌다.

이런 변화를 반영하여 만국우편연합은 1969년 총회의 결의를 실행하고 사무를 담당하는 '국제사무국(International Bureau)'을 신설했다. 또한, 총회 사이 '국제사무국'의 업무를 감독하기 위하여 총회에서 40개국 대표를 선출하여 '집행이사회(Executive Council; 1994년 '행정위원회[Council of Administration]'로 개칭됨)'를 구성했다. 1984년 우편 업무 관련 연구와 업무를 담당하는 기관으로 '우정연구이사회(Consultative Council for Postal Studies; 1994년 '우정실행이사회[Postal Operations Council]'로 개칭)'를 신설했는데, 총회에서 48개국 대표를 선출하여 이사회를 구성했다.

총회에 비하여 이사회 또는 집행이사회가 담당하는 역할이 커짐에 따라, 국제결사체 안에서 특정 자리 또는 지위가 중요해졌다.

둘째, 국제결사체가 담당하는 초국경 쟁점이 분화되면서, 위원회, 임시 조직(task force), 기금, 프로그램 등 다양한 이름을 가진 내부기관이 만들어진다. 이런 내부기관은 모(母) 국제결사체의 재정 지원과 감독을 받지만, 특정 업무를 장기간 담당하면서 획득한 전문성에 기반하여 일정 정도 자율성을 가지기도 한다. 더 나아가, 국제결사체의 결의에 의하여 모(母) 국제결사체로부터 사실상 독립적으로 운영되는 새로운 결사체가 새로 만들어지기도 한다. 국제결사체의 내부 분화와 파생결사체의 등장은 20세기 이후 국제기구의 지형을 복합적으로 만들고 있다.

3) 국제기구의 분류

초국경 쟁점과 관련하여 등장한 다양한 결사체 중 통상적으로 국제기구로 분류되는 결사체는 주권국가 간 조약 또는 회원 비정부기구 간 명시적 합의에 따라 설립된다. 헌장, 합의, 협약, 조약 등 다양한 이름으로 존재하지만, 구성원이 문서로서 국제기구의 구성원, 역할, 권리와 의무, 재정 등을 명확하게 정한다. 즉, 주권국가의 또는 비정부기구의 명확한 동의가 전제된다.

통상적 의미의 국제기구는 회원 측면에서 크게 두 가지로 나뉜다. 첫째, 국제정부간기구는 3개국 이상 주권국가의 창설 동의, 특정 과업을 수행하는 명확한 임무, 주어진 임무를 수행하기 위한 조직(상근 직원) 등 세 가지 요건을 최소 충족해야 한다. 두 정치단위체 간 합의 또는 우세 정치단위체의 강요에 의하여 만들어진 조직은 인류의 역사시대 초반부터 등장한 반면, 지리적으로 넓은 초국경 쟁점을 해결하기 위한 국제기구는 19세기 이후에야 등장했다. 즉, 두 정치 단위체가 조직을 만드는 현상이 일반적이라면, 3개 이상의 주권국가가 공통쟁점을 대처하기 위하여 국제기구를 만드는 현상은 19세기 이후 일어난 특수현상이다. 따라서 3개 이상의 주권국가가 관여된 초국경 쟁점을 해결하기 위하여 창설되는 국제정부간기구는 두 정치단위체 간 쟁점을 해결하기 위하여 만들어지는 일반적인 조직과는 구별된다.

둘째, 국제비정부기구는 3개 이상 정치단위체에 기반을 둔 비정부단체가 특정한 목적을 수행하기 위하여 만들어진 조직이다. 예를 들어, 미국, 영국, 프랑스, 독일에서 인권 증진 또는 대인지뢰 피해자 구호에 관여하던 6개 비정부기구는 대인지뢰 전면철폐를 목적으로 '국제대인지뢰금지운동(The International Campaign to Ban Landmines)'을 설립했다. 이 단체는 6개 비정부기구와는 별도로 대인지뢰 전면 철폐를 전개한다. 반면, 한 국가에 기반을 둔 비정부기구가 여러 국가에 지부를 가진 경우에는 외견상 국제비정부기구처럼 보이지만, 국제비정부기구(international nongovernmental organization)가 아니라 '국제화 지향 국내기구(internationally oriented national organization)'로 칭한다. 특정 비정부단체가 해외에 지부를 설치하는 현상이 일반적이라면, 3개국 이상에서 각자 활동하던 비정부기구가 특정 임무를 수행하기 위하여 새로운 연합체를 형성하는 현상은 19세기 이후 일어난 특수한 현상이다.

비정부기구에 의하여 창설되었지만, 주권국가가 회원으로 참여하는 국제혼합기구(international

hybrid organization)가 소수 존재한다. 예를 들어, '세계자연보존연합(IUCN: International Union for Conservation of Nature)'은 주권국가, 반독립자치령, 비정부기구, 전문가를 회원으로 가진다. 국제혼합정부는 실제 비정부기구에 의하여 창설되고 주권국가가 참여한다는 점에서 국제비정부기구의 부분집합이다.

앞에서 언급한 통상적인 국제기구 분류와 달리 준(準) 국제기구의 성격도 존재한다. 초국경 쟁점의 해결에 관여하고 외양적으로 국제기구와 비슷하지만, 회원국 간 조약 또는 비정부기구 간 명시적 합의에 기반하지 않고 설립되는 국제결사체가 다수 존재한다. 예를 들어, 1963년 '유엔식량농업기구(FAO: Food and Agriculture Organization of the United Nations)'와 '유엔'은 '식량을 통한 평화'를 도모할 목적으로 '세계식량프로그램(WFP: World Food Programme)'을 출범시켰다. 출범 당시 WFP는 FAO의 실행기관으로 3년 동안 실험될 예정이었지만, '유엔'은 WFP에 대한 후원이 지속된다는 전제조건 아래서 이 기관이 연속적으로 존재할 수 있도록 결의했다.[2] 이런 과정을 거쳐 WFP는 FAO와 독립적으로 활동하는 사실상 국제기구가 되었다.

국제기구에 대한 통상적 정의에 부합하지 않지만 사실상 국제기구처럼 활동하는 국제결사체는 크게 셋으로 분류된다. 첫 번째는 '파생기구(emanated organization)'는 국제기구의 결의에 의하여 설립된 조직이지만, 모(母) 국제기구와 별도로 작동된다.

두 번째는 '특수목적기관(organization of special form)'은 통상 기금 또는 '계획(program)'의 명칭으로 존재한다. 모(母) 국제기구가 특정한 목적을 달성하기 위하여 설립되고, 모(母) 국제기구로부터 배정된 예산과 자체 모금한 예산을 활용하고, 모(母) 국제기구로부터 반독립적 활동을 벌인다. 예를 들어, '유엔아동기금(UNICEF: United Nations Children's Fund)'은 제2차 세계대전의 피해를 겪는 아동을 구호하기 위하여 유엔총회의 결의[3]에 의하여 설립된 한시적 기금(United Nations International Children's Emergency Fund)에서 시작된다. 긴급 전후 복구가 종료된 후에도 아동에 대한 구호가 일상적으로 진행될 필요가 확인되자, 1953년 유엔총회는 이 기금을 연속적 실행기관으로 바꾸었다.[4] 특수목적기관은 시한을 가지는 경우가 많아, 상대적으로 부침이 심하다.

세 번째는 '국제화지향 국내기구(internationally oriented national organizations)'는 한 국가에 기반을 둔 기구가 해외 지부를 가진다. 해외 지부가 모(母) 기구의 지휘감독을 받기 때문에, 국제기구에 관한 통상적 정의를 충족하지 못한다. 하지만, 국제기구와 비슷한 조직체계를 가지고 국제기구와 비슷하게 활동한다. '국제화지향 국내기구'는 특정 국가에게 중요한 쟁점을 전 세계로 투영하는 과정에서 만들어진다.

국제기구의 전통적 정의에도 부합하지 않고 국제기구의 외양도 갖추지 못할 국제결사체는 모(母) 국제기구에 의하여 설립되고 모(母) 국제기구의 지휘·감독을 받은 내부/보조기관(e.g., '유엔안전보장이사회의' 임시기관인 '르완다국제

---

2) UNGA/Res/2096, 1965.12.20.

3) UNGA Res/57, 1946.12.11.

4) UNGA Res/802, 1953.10.6.

형사법정[International Criminal Tribunal for Rwanda]'), 국제협약에 가입한 국가 간 회의와 사무처리 등 최소 임무를 초기에는 부여받았지만, 업무가 확대되어 여러 기능을 수행하는 '협약사무국(e.g., 유엔기후변화협약[UNFCCC: United Nations Framework Convention on Climate Change] 사무국)', 정기적 회합을 담당하는 사무국(e.g., G20 정상회의 사무국) 등으로 분류된다.

4) 국제기구의 지리적 범위

초국경 쟁점의 공간적 범위가 쟁점 별로 다르기에, 국제기구 구성원의 지리적 분포도 다양하게 나타난다. 국제기구는 구성원의 지리적 분포에 따라 크게 '보편기구', '대륙간기구', '지역기구'로 분류된다. 이 분류는 해양 또는 산맥으로 구분된 육지를 기준으로 하기에, 사회관계망에 기반한 분류와 차이를 보인다.

'보편기구'는 모든 국가 또는 특정 쟁점에 관여하는 모든 비정부기구를 잠재적 회원으로 한다. 특정 초국경 쟁점의 공간적 범위가 지구, 더 나아가 우주까지 미치게 된다면, 이 쟁점을 해결하기 위하여 모든 국가 또는 해당 쟁점 영역에 관여하는 모든 비정부기구가 회원으로 참여하는 국제기구가 필요하다. 예를 들어, 인류는 대기권과 우주를 항로로 사용하기에 대기권과 우주의 관리에 모든 국가가 관여된다. 하지만, 대기권에 육지의 연장으로서 영공 개념을 적용하려는 입장과 '자유의 바다' 개념을 적용하는 입장이 경쟁했기 때문에, 인류의 공통 표준이 마련되지 않았다. 1944년 당시 52개국은 미국 시카고에 모여 민간항공 관련 원칙에 합의하고 표준을 만들고 관리하기 위하여 '국제민간항공기구(International Civil Aviation Organization)'를 설립하였다.

국제기구와 관련된 통념은 '보편기구'를 연상시키지만, 실제 국제기구의 지형에서 '보편기구'가 차지하는 비중은 그리 크지 않다. 19세기부터 세계화가 급격하게 진행되었다고 하더라도 특정 쟁점이 지구 전체를 포함하는 현상이 많지 않기에, 지구 차원의 보편적 국제기구는 소수가 될 수밖에 없었다. 2022년 말 기준 '국제협회연합(UIA: Union of International Associations)'의 연감에 따르면, 보편적 국제정부간기구는 총 37개로 전체 국제정부간기구 중 12.76%를 차지한다. 보편적 국제비정부기구는 5.49%에 불과하다.

'대륙간기구'는 초국경 쟁점의 범위가 2개 이상의 대륙을 포함하는 경우 만들어진다. 주로 해양을 연결고리로 삼아 형성된 사회관계망 또는 생태계 안에서 형성된 초국경 쟁점의 공간 범위가 복수 지역에 걸친다. 예를 들어, 아시아와 유럽 중간에 있는 흑해를 해상교통로로 이용하는 사회관계망이 고대부터 지금까지 존재하기에, 1997년 흑해 연안 11개국은 '흑해무역발전은행(BSTDB: Black Sea Trade and Development Bank)'을 출범하여 흑해 연안국 간 경제협력을 도모하기 시작했다. 연어의 생태계가 북대서양과 주변국의 강을 포함하기에, 1983년 북대서양 연안국은 연어의 보존과 경제적 활용을 공동으로 관리하기 위하여 '북대서양연어보존기구(North Atlantic Salmon Conservation Organization)'를 설립하였다. 이처럼 초국경 쟁점의 공간적 범위가 복수 지역에 걸치는 경우 '대륙간기구'가 등장할 수 있다.

'대륙간기구'도 상대적으로 소수이다. 2002

년 말 기준 '대륙간기구'로 분류할 수 있는 국제정부간기구는 39개로 전체 국제정부간기구 중 13.45%를 차지한다. 반면, 2개 대륙 이상에 회원을 가진 국제비정부기구는 전체 국제비정부기구 중 21.88%를 차지한다. 유럽에 의한 미주의 식민지화가 남긴 연계로 인하여 두 대륙에 걸친 국제비정부기구가 많기 때문이다.

'지역기구'는 특정 지역 내 회원만이 참여하는 국제기구이다. 대부분 공유된 이익이 공간적 경계를 가지기 때문에, 지리적으로 인접한 소수 국가 또는 비정부기구가 국제기구를 형성한다. 예를 들어, 1816년 모습을 드러낸 '라인강 자유 항해를 위한 중앙위원회(Central Commission for Navigation on the Rhine)'가 인류 역사상 최초 국제기구인데, 라인강 주변 7개국(프랑스, 바덴 공국, 바바리아 왕국, 헤세 공국, 나사우 공국, 네덜란드, 프러시아)이 창설 회원이다. 여러 국가를 가로지르는 라인강을 수로로 사용하는 공통 이익을 가진 7개국이 라인강 항행에 관한 공통 규칙을 정함으로써 잠재적 공통 이익을 현실화시켰다.

대부분 국제기구는 지역 안에 있는 행위자만을 회원으로 한다. 2022년 말 기준 활동하는 국제정부간기구 290개 중 213개가 역내 국가로만 구성된다(73.45%). 국제비정부기구도 약 72%가 역내 행위자로만 구성된다. 최초 국제기구의 창설자들은 대체로 지구적 기구의 실행기관으로 지역기구를 구상했지만, 제한된 공간 안에서 초국경 쟁점을 공유하는 행위자들이 지역 내 협력체로서 지역기구를 창설하는 경향을 보인다.

표 10.1 국제기구 현황

		국제정부간기구		국제비정부기구	
		숫자	유형 내 %	숫자	유형 내 %
통상적 국제기구					
분류	국제기구연합	1	0.34	37	0.36
	보편기구	37	12.76	571	5.49
	대륙간기구	39	13.45	2,275	21.88
	지역기구	213	73.45	7,515	72.27
	소계	290		10,498	
준(準) 국제기구					
분류	파생기구	991	52.21	3,582	18.84
	특수목적기구(기금, 프로그램)	750	39.52	5,770	30.35
	국제화지향 국내기구	157	8.27	9,657	50.80
	소계	1,898		19,009	

출처: Union of International Associations, *Yearbook of International Organizations 2022-2023, vol.2 Geographical Index* (Brussels, Belgium: Union of International Associations, 2022, p. xxii.

3. 외교정책 대상으로서 국제기구

국제기구는 외교정책의 대상이다. 국제기구가 본질적으로 국가 또는 비정부기구 간 공통 이익을 구현하는 기제이기 때문이다. 또한, 국제기구를 향한 여론의 관심이 높으며 국제기구가 이익 갈등과 선호 차이를 조율하는 장소이기 때문에, 외교정책결정과정에 참여하는 여러 행위자는 자신의 이익과 선호를 국제기구로 투영하려 한다. 이 절은 먼저 추상 세계에서 국익 추구의 기제로서 국제기구정책이 구상 세계에서 의사결정자의 선호에 따라 달라지는 현상을 검토하고, 국제기구정책에 네 영역에서 전개되는 양상을 정리한다.

1) 국제기구정책의 양면성: 추상적 국익 대 구체적 의사결정자의 선호

국가이익은 추상 세계에서 존재한다. 유기체처럼 단일 행위자로 가정되는 국가는 최소 자기생존에서 최대 무한한 자기 확장 사이에 존재하는 다양한 목표가 존재한다. 통상적으로 국력 증진, 안정, 부 등이 국가이익을 구성하는 요소로 인지되지만, 여러 국가가 추구하는 이익 중 공통분모일 뿐이다. 추상 세계에 존재하는 국가는 최소 목표인 생존에서 최대 목표인 무한한 자기 확장 사이에 놓일 수 있는 모든 목표를 추구한다. 추상 세계에서 국가이익은 단일 행위자인 주권국가가 성취하고 싶은 모든 목표와 야망의 총합이다.

국가이익은 구체적인 국내외적 환경 아래서 구체성을 보인다. 국가는 국내외적 환경의 안에서 구체적 국가이익을 설정하고 추구한다. 예를 들어, 다민족으로 구성된 신생독립국의 경우 국내 분열로 국가의 존립 자체를 걱정해야 하기에 국내 통합에 초점을 맞추게 된다. 약육강식의 풍조가 용인되는 국제질서 아래서 중소국은 외부 위협으로부터 자기방어에 집중하게 된다. 이처럼 국가이익은 국내외 환경 아래서 구체성을 가지게 되기에, 구상 세계에서 국익에 대한 이해는 주어진 국내외 환경에 대한 이해를 전제한다.

주어진 국내외 환경 아래서도 국가이익은 두 변수에 따라 달라진다. 첫째, 의사결정과정에 참여하는 행위자의 선호가 국익 구성에 영향을 미친다. 국가이익이 국내외적 환경을 고려해서 정해진다 하더라도, 의사결정과정에 참여하는 여러 행위자는 상이한 선호를 가질 수 있다. 구상 세계에서 자연인에 의하여 주권이 대표되기 때문에, 주권을 대표하는 행위자의 선호에 따라 동일한 국내외적 환경이 상이하게 해석되어 국가이익이 구성될 수 있다. 주권 대표자의 의사결정에 영향을 미치는 주변 자연인의 역할도 무시할 수 없다. 이처럼 구상 세계에서 국익 결정에 참여하는 사람의 주관적 선호가 객관적으로 주어진 국내외적 환경에 대한 해석에 영향을 미친다.

둘째, 국익을 구성하는 과정에 참여하는 행위자를 선정하는 정치체제이다. 국내외 환경이 주어진 상수처럼 작동하더라도, 법인으로서 국가는 궁극적으로 자연인에 의하여 대표된다. 따라서 의사결정과정에 참여하는 행위자를 충원하는 제도는 국익 구성에서 중요한 변수가 된다. 예를 들어, 시민의 직접 참여를 보장하는 정치제도에서 국익을 구성하는 과정에서 장기적 관점에서 국익을 고려하기보다는 당대 시민의 요구를 반영하는 경향이 나타나는 반면, 시민으로부터 일정 정도 자율성을 가진 집단이 중요한 의사결정을 독점하는 정치제도에서는 당대 시민의 요구보다는 국가의 장기 이익을 고려할 수 있는 환경이 마련된다.

국제기구정책은 외교정책 중 일부이다. 외교정책이 주어진 외부환경에서 국가이익을 달성하기 위한 전략 혹은 계획된 행동방침으로 정의된다면, 국제기구와 관련된 국가정책은 국내외적 환경 아래서 국제기구를 통하여 국가이익을 달성하기 위한 전략 또는 행동방침으로 정의될 수 있다. 이는 한 국가의 외교정책이 국내외 환경에 따라 결정되듯이, 국제기구정책 또한 국내외 환경에 따라 결정된다는 점을 의미한다. 즉, 추상 세계에서 존재하는 국제기구정책은 구체적 국내외적 환경 아래서 구체적 모습으로 드러난다. 따라서, 한 국가의 국제기구정책은 해당 국가의 국내적 특성과 국제환경의 고려 아래서 이해되어야 한다.

주어진 국내외 환경을 고정한 상태에서 국제기구정책은 두 변수로 미세하게 변화한다. 첫째, 국익 관련 의사결정과정에 참여하는 행위자의 선호이다. 국가를 대표하는 자연인의 세계관과 선호가 국제기구정책에 투영되면, 국제기구정책은 미세하게 변화될 수 있다. 예를 들어, 2010년 이후 미중경쟁의 추세에는 큰 차이가 없지만, 트럼프 대통령 재임기 미국은 중국인이 국제기구의 고위직에 진출하는 현상에 매우 민감하게 반응했던 반면, 민주당 행정부는 경계하는 수준에서 머물렀다. 둘째, 국가이익과 관련된 의사결정권자를 충원하는 정치제도에 따라 영향을 받는다. 예를 들어, 의회민주주의 국가에서 입법부에서 다수 세력이 행정부를 구성하기 때문에, 국제기구 관련 정책에서 행정부와 입법부 간 차이가 상대적으로 크지 않다. 반면, 대통령제 국가에서 입법부의 다수 세력과 행정부를 차지하는 세력이 상이할 경우 국제기구 관련 정책에서 국가 기관 간 차이가 노출될 수 있다.

2) 설립국의 국제기구정책

국제기구를 설립을 도모하는 국가는 크게 세 목적을 가진다. 첫째, 국제사회에 존재하는 공통 이익이 국익에 부합하는 국가는 공통 이익을 구현하기 위하여 국제정부간기구를 설립한다. 국가 사이에 공통 이익이 존재한다고 하더라도 무임승차와 배신의 위험 때문에 협력이 자동적으로 일어나지 않는다. 국익에 일치하는 공통 이익을 발견한 국가는 공통 이익을 명확하게 드러내어 관련국에게 알리며, 무임승차와 배신의 유혹을 극복할 방안을 찾아야 한다. 국제정부간기구는 합의를 통하여 국가 행동의 표준, 불이행의 판단 기준, 더 나아가 불이행 시 구제방안까지 정함으로써 무임승차와 배신의 위험을 줄이는데 기여한다.

'북대서양조약기구(NATO)'는 제도화된 국제협력의 기제로서 국제정부간기구를 잘 보여준다. 냉전기 서유럽국가는 구(舊)소련발 안보위협을 공통으로 겪었지만, 안보위협에 대처하기 위한 비용을 다른 국가가 부담하길 원했다. 특히, 공산권과 국경을 공유하지 않는 국가가 비용분담을 피하고 무임승차를 하려는 유인을 가졌다. 장기적으로 안보위협을 공유하면서도 단기적으로 비용분담 쟁점으로 협력이 어려운 상황에서, 서유럽국가는 "회원국 일방에 대한 무력공격을 전체 회원국에 대한 공격으로 간주한다"는 집단방어 개념에 합의하는 수준을 넘어 회원국별 국방비 수준을 정하는 제도화된 협력을 선택했다. 즉, 북대서양조약기구는 본질적으로 다자 군사동맹이지만, 여러 기능을 수행하는 사무국까지 구비함으로 안정적 군사협력이 이루어질 수 있도록 한다.

둘째, 국제표준의 설정에서 자국 이익을 투영하기 위하여 일부 국가는 국제정부간기구를 설립하려 한다. 초국경 쟁점에서 국제표준의 설립은 외형상 가치중립적으로 보이지만, 실제 국익과 밀접하게 연결된다. 신생 국제표준이 국내표준과 같았던 국가는 신생 표준과 관련된 기존 시설과 관행을 그대로 사용할 수 있는 반면, 신생 국제표준과 국내표준이 달랐던 국가는 기존 시설과 관행을 버리고 신생 국제표준을 따라야 한다. 즉, 표준 설정이 조정비용의 부담자를 결정하기 때문에, 국제표준을 둘러싼 경쟁이 일어날 수 있다.

셋째, 국제공유재의 관리 과정에서 자국 이익을 투영하기 위하여 일부 국가는 국제정부간기구를 설립하려 한다. 과거 국제공유재의 관리에서는 '무주지(terra nullius)' 선점의 논리와 '자유해(mare liberum)'가 적용되었지만, '무주지 선점'은 국가 간 심각한 경쟁은 물론 전쟁까지 유발하고 인류 차원에서 자원낭비를 초래하고 '자유해'는 자원고갈과 멸종으로 이어질 위험이 있다. 20세기 들어, 국제사회는 남극, 심해저, 우주와 같은 공간을 국제공유재로 지정하고 공동 관리를 도모하는데, 국제공유재의 관리는 국익과 연결될 수 있다. 과학기술력이 뛰어난 국가는 상대적으로 자유 이용과 선점에 초점을 맞추는 반면, 개발도상국은 국제공유재의 공동 관리와 이익 공유 등에 초점을 맞춘다. 이처럼 국제공공재와 관련된 국제기구 앞에서 국가 능력에 따라 입장이 달라진다.

'국제해저기구(International Seabed Authority)'의 등장은 국제공유재 관리를 둘러싼 국익 갈등을 대표적으로 보여준다. 해양선진국은 '자유해'가 천년 규범이라고 주장하면서 해양 자원에 자유롭게 접근해야 한다는 입장을 보인 반면, 몰타와 같은 개발도상국은 심해저에 있는 자원에 접근할 수 있는 기술력을 갖추지 못하기 때문에 국제기구의 설립을 통하여 심해저를 공공관리해야 한다는 입장을 보였다. 심해저 관련 국제기구의 설립이 확정된 후에도 이해 상충은 여전했다.[5]

넷째, '연성균형'의 기제로 국제기구를 설립할 수 있다. 특정 국가 간 공통 이익이 타국과 공유할 수 없는 경우, 특정 국가들의 국제기구 창설은 다른 국가의 이익을 침해하게 된다. 영토 분할과 같이 상충되는 이익, 경제발전과 자연보존과 같이 양립하기 어려운 이익이 국제정부간기구와 관련된 경우, 특정 국제정부간기구가 일부 국가에게는 협력의 기제이자 장소겠지만, 다른 국가에게는 손해로 인식된다. 따라서 국제기구를 통하여 특정 행위자 간 공통 이익을 구현하려는 움직임을 견제하기 위하여 새로운 국제정부간기구를 설립할 수 있다.

'신개발은행(New Development Bank)'은 연성균형의 예를 보여준다. 경제와 관련된 주요 국제정부간기구가 가중투표제를 채택하고 선진국이 주요 지분을 가지기 때문에, 경제 관련 주요 국제정부간기구에서 개발도상국의 입장이 소수 의견에 머문다. 1국 1표제를 택하는 국제기구에서 개발도상국이 수의 우위에 기반하여 개발도상국에게 유리한 결의를 도출해도, 국제경제질서는 선진국 중심으로 구성된다. 2015년 브라질, 러시아, 인도, 중국, 남아프리카공화국으로 구성된

---

5) 조동준, "'인류공동의 유산'의 국제제도화 과정: 심해저 관리를 중심으로," 『국제정치논총』 50-4(2010).

브릭스(BRICS)는 100억 달러 규모의 '신개발은행(New Development Bank)'을 만들어 재정과 개발 영역에서 브릭스 국가 간 협력을 도모하기로 했다. '신개발은행'이 기존 국제기구와 협력을 추구한다고 명문화했지만, 이 은행은 선진국 중심의 국제금융체제에서 벗어나 새로운 대척점을 형성한다.

국제비정부기구의 설립도 연성균형의 수단이 될 수 있다. 국제비정부기구가 특정 사안의 발생 원인, 해결 방안에 대한 선호 등과 관련하여 가치와 결부된 의견(value-laden opinion)을 가질 수 있다. 따라서 국가는 국익에 부합하는 의견을 가진 국제비정부기구와 우호관계를 비공식적으로 유지하여 국익 구현에 유리한 환경을 조성하려 시도한다. 예를 들어, 영국은 민주주의 확산을 위하여 1992년 '웨스트민스터 민주주의 재단(Westminster Foundation for Democracy)'을 설립하고 외무성의 재정 후원으로 운영하고 있다. 이 재단은 민주주의 확산을 목표로 하는 국제비정부기구를 후원하며 25개국에 설치된 지역사무소를 통하여 민주주의에 친화적인 국내 비정부기구를 후원한다. 이런 과정을 통하여 민주주의 관련 쟁점에서 국제비정부기구로부터 우호적 반향을 이끌어냄으로써 민주주의 확산을 추진하는 영국 외교정책에 우호적 환경을 조성하려 한다.

3) 후발 주자의 국제기구정책

이미 설립된 국제기구에 가입을 고려하는 국가도 몇 측면에서 국가이익을 고려한다. 첫째, 국제정부간기구의 가입과 국제정부간기구 내 특정 기관으로 진출이 국가 차원에서 성취 목표가 될 수 있다. 특정 정치단위체를 대표하며 주권을 가진다고 주장하는 단체가 있지만, 특정 정치단위체를 대표하는 주권국가로 인정받는 외형적 기준은 다른 주권국가의 승인이다. 명확하게 주권국가를 승인하는 절차가 없는 상태에서 외교관계 수립과 국제정부간기구 가입이 사실상 국가 승인의 절차이다. 압하지아공화국(Republic of Abkhazia)처럼 주권국가를 주장하는 분리주의 단체, 쿡아일랜드(The Cook Islands)처럼 높은 수준의 자치권을 향유하는 정치단체, 특정 영토를 둘러싸고 대표권을 다투는 정치단체 등은 국제정부간기구 가입을 통하여 주권국가의 지위를 인정받으려 한다. 따라서 국제정부간기구 가입이 외교정책목표가 될 수 있다.

국제정부간기구 내 특정 기관으로 진출이 국제경쟁의 대상이 된다. 많은 주권국가가 가입한 국제정부간기구에서는 제도분화가 이루어져, 총회보다는 이사회 또는 집행이사회가 중요한 역할을 수행한다. 국제정부간기구 안에 있는 특정 기관으로 진출이 대부분 총회에서 선임되기에, 많은 가입국이 총회에서 지지 확보를 위하여 노력한다. 특정 기관으로 진출이 자국의 이익을 투사하는 데 유리하기 때문이다. 이처럼 국제기구 내 특정 기관으로 진출이 국익과 결부될 수 있기에, 가입국은 제한된 기회를 둘러싸고 경쟁한다.

둘째, 국제기구가 연성균형의 기제가 될 수 있다. 특정 국제기구 안에서 다루어지는 쟁점이 자국의 국익을 침해한다고 판단하는 국가는 국제기구 안으로 들어가 결의안 채택과 같은 결정을 막아내고 쟁점 관련 논의의 방향을 바꾸려는 유인을 가진다. 소수 회원국으로 구성된 국제기구는 균형을 모색하려는 국가를 회원으로 수용하지 않기 때문에, 연성균형은 보편적 회원을 가진 국제기구 안에서 일상적으로 일어난다. 자국의 국익에 우호적이지 않는 국제기구에 가입하는 현상은 연성균형의 측면에서 이해될 수 있다. 예를 들어, 6·25전쟁과 관련하여 유엔으로부터 침략자로 규정을 당했던 중화인민공화국이 유엔에 가입하려 노력했는데, 유엔 안에서 중국을 대표하는 정부로 인정을 받고 자국의 이익이 더 이상 침해받지 않도록 균형을 도모했었다.

주권국가는 연성균형의 관점에서 이미 설립된 국제비정부기구와의 관계를 관리한다. 주권국가는 자국의 국익과 정체성에 우호적인 국제비정부기구와 장기적으로 우호적 관계를 유지하려 한다. 예를 들어, 미국 의회는 민주주의를 확산하기 위하여 1983년 '전미민주주의기금(NED: National Endowment for Democracy)'을 설립하고, 이 기금을 통하여 민주주의와 친화적인 국제비정부기구를 후원함으로써 민주주의 확산에 유리한 환경을 조성하려 한다. 2018년 이 재단은 북한 인권의 증진을 위하여 활동하는 비정부기구('북한인권시민연합[NKHR: Citizens' Alliance for North Korean Human Rights]'; '나우[Now Action & Unity for Human rights]'; '전환기워킹그룹[Transitional Justice Working Group]'; '국민통일방송[Unification Media Group]')에게 '민주주의상'을 수여하기도 했다. 이처럼 주권국가에 의한 국제비정부기구의 관리는 통상 주권국가의 후원을 받는 사실상 공공기관을 통하여 이루어지지만, 예외적으로 외무 담당 부서 또는 정보기관이 은밀하게 직접 관여하는 경우도 존재한다.

반면, 주권국가는 자국 정체성에 우호적이지 않는 국제비정부기구를 약화시키거나 심지어 탄압하기까지 한다. 국제비정부기구와 관련된 국가정책이 통상적으로 은밀하게 진행되어 포착되지 않지만, 자국 정체성에 부합하지 않는다는 이유로 국제비정부기구를 비판하고, 국제비정부기구에 근무하는 외국인을 추방하거나 자국인에게 불리한 제재를 가하는 현상이 예외적으로 나타난다. 2013년 기준 12개국이 국내 비정부기구가 국제비정부기구로부터 후원을 받을 수 없도록 금지했고 39개국은 국제비정부기구로부터 받는 후원을 제한했다.[6] 예를 들어, 2019년 중국 외교부는 미국에 기반한 인권 비정부기구를 홍콩 시위를 부추긴 "혐오 행위자(abominable actor)"라고 비난하며 제재를 가했다.[7]

셋째, 국제기구를 자국에 유리한 의제를 홍보하고 국제사회가 익숙하게 만드는 '사회화'의 장소로 사용한다. 국제기구의 의사진행 과정이 대부분 공개되고 언론의 주목을 받기 때문에, 국제기구는 특정 의제를 국제사회에 소개하기에 용이한 장소이다. 주권국가는 국익에 부합하는 쟁점을 국제기구에 가져와 알리고 자국에게 유리한 방향으로 의제화한다. 이 작업이 장기간 지속되면, 국제사회가 특정 쟁점에 익숙해지는 효과를 가져올 수 있다. 예를 들어, 캐나다는 주권을 자국 내 사람을 보호하는 의무로 해석하는 의제를 유엔으로 가져와 알리고 다른 국가의 동의를 확보하여 빠른 기간 안에 '보호책무(Responsibility to

---

6) Darin Christensen and Jeremy M. Weinstein, "Defunding Dissent: Restrictions on Aid to NGOs," *Journal of Democracy* 24-2(April 2013), p. 80.

7) "US NGO Denies Involvement in Hong Kong Protests," *Asia Times*, 17 December 2019; "China Announces Sanctions against U.S.-based Nonprofit Groups in Response to Congress's Hong Kong Legislation," *Washington Times*, 2 December 2019.

Protect)' 규범을 성문화하는 데 성공했다.[8]

넷째, 국제기구가 제공하는 재화와 용역을 확보하기 위하여 국제정부간기구와 가입하거나 국제비정부기구와 협업을 한다. 국제기구를 설립하는 국가들은 초국경 문제의 해결에 필요한 재화와 용역을 공동으로 확보하고 활용하는 데 초점을 맞추지만, 동일한 초국경 문제에 직면했지만, 국제기구 설립에 참여하지 않은 국가는 자국 내에서 진행되는 초국경 문제를 해결하기 위하여 국제기구로부터 재화와 용역을 얻고 싶어 한다. 국제기구로부터 제공되는 원조가 양자 원조보다는 공여국에 대한 의존 위험을 줄이기 때문에, 국제기구의 원조가 선호된다. 주권국가는 국제정부간기구 가입과 국제비정부기구와 우호관계를 통하여 자국 내 필요한 재화와 용역을 원조의 형태로 얻을 수 있다.

다섯째, 국제기구로부터 국제표준과 국제동향 관련 정보를 얻을 수 있다. 주권국가는 국제표준과 관련 국제기구에 참여하여 국제표준을 국내로 가져오려 한다. 국제표준에 기반하지 않는 제품과 관행이 국제사회에서 수용되지 않기 때문에, 국제표준의 수용은 국제사회에서 활동하는 데 필수적인 조건이 된다. 국제표준의 제정에 자국의 이해를 투영할 수 없는 경우, 국제표준 관련 국제기구에 참여하는 활동은 적응을 위해 필요하다. 또한, 국제기구에서의 담론은 국제규범, 더 나아가 국제법이 될 수 있기에, 대비 차원에서 익숙해질 필요가 있다. 따라서 주권국가는 국제정부간기구 또는 국제비정부기구의 활동에 민감하게 반응한다.

4. 한국 국제기구정책의 변천[9]

한국의 국제기구정책은 국내외 환경을 반영하면서 변했다. 이 절에서는 한국의 국제기구정책이 국제질서와 국내 발전을 반영하면서 변화하는 양상을 시기별로 정리한다.

1) 냉전 전반기 한국의 국제기구정책

대한민국이 출범했을 당시 제2차 세계대전 승전국 간 합의가 깨졌다. 한반도에서 미국과 소련이 군대를 철수하는 등 승전국 간 합의의 흔적이 있었지만, 4대 강국의 후원 아래 진행될 한반도의 신탁통치는 임시정부 구성을 둘러싼 이견으로 이루어지지 않았다. 자유선거를 통한 정치체제 선택보다는 양국이 한반도에서 서로 영향력을 확대하고 있다는 의심이 커졌고, 이는 결국 한국에서 5·10 선거를 통한 정부수립과 북한에서 1948년 8월 25일 최고인민회의 대의원 선거를 통한 정부수립으로 이어졌다. 또한, 1946년 6월 중국에서 시작된 2차 국공내전에 구(舊)소련이 개입한다는 의심으로 미소 간 갈등이 표출되었고, 중국내전에서 공산세력의 승리는 미국으로 하여금 일본의 약화보다는 강화를 선택하여 동아시아 지역질서를 유지하는 방향으로 움직였다. 1950년 6·25전쟁은 미소 간 냉전이 열전에 근접한 수준으로 악화된 국면을 보여준다.

1940년대 후반부터 1969년 미국의 데탕트 이

---

8) 조동준, "신데렐라처럼 등장한 보호의무 규범과 개입," 『국제정치논총』 51-2(2011), pp. 164-171.

9) 하용출·조동준 "외교·통상정책," 한국행정연구원(편), 『한국행정 60년, 1948-2008: 3권 공공정책』 (서울: 법문사, 2008); 조동준, "한국의 외교정책," 임도빈(편), 『한국행정의 역사적 분석 1985-2018 下』 (서울: 진인진, 2020), pp. 346-350.

전까지 국제질서는 진영 간 갈등, 진영 내 협력을 특징으로 한다. 양 진영에 속하기를 거부하는 제3지대로 비동맹이 존재했지만, 양국은 국제사회를 진영으로 분열시켰다. 미국과 구(舊)소련은 각각 자국의 영향권을 진영으로 재편하고, 지구적 경쟁을 벌였다. 일방의 이익은 타방의 손해로 연결되는 영합게임 상황에 놓인 두 강대국은 총성이 없는 전투를 수행하였고, 진영을 관리했다.

1960년대까지 한국은 정치적·경제적 후진성을 탈피하지 못했다. 외형적으로 민주주의 제도가 이식되었지만, 실제로는 권위주의가 지배했다. 경제적으로는 남북분단과 6·25전쟁의 여파로 국내 생산 기반이 사라진 상황에서 한국은 미국 등 자유진영의 원조에 의존했다. 1957년 해외원조가 한국의 국민총생산 중 22.9%를 차지했고, 국가재정 중 54.1%를 차지할 정도였다.[10] 한국은 사실상 실패국가에 근접했고, 북한으로부터 오는 안보위협을 자체로 감당할 여력이 없었다. 한국은 국제사회의 문제아였다.

냉전 전반기 제2차 세계대전 승전국 간 전시 연합을 제도화한 유엔체제가 마비되었다. 먼저, 승전국 간 협조가 깨지면서 유엔안전보장이사회가 제대로 작동하지 못했다. 제2차 세계대전 승전국간 협조가 유엔이 작동하기에 필요한 전제조건인데, 냉전 기간 중 자유진영과 공산진영의 대결이 대세를 이루었기 때문이다. 특히, 안전보장이사회는 진영 대결과 관련된 쟁점을 처리할 수 없었다. 국제평화와 안보의 쟁점에 안전보장이사회 상임이사국이 관련되는 경우, 총회의 관여가 관행처럼 되었다.

제2차 세계대전 승전국이 영역별 협력을 제도화하기 위하여 만든 국제기구가 반쪽만으로 구성되거나 이념 대결의 장소가 되었다. 공산권은 '국제통화기금(IMF)', '국제부흥개발은행(IBRD)', '국제민간항공기구(ICAO)'의 설립에 아예 빠졌다. '유엔교육과학문화기구(UNESCO)'를 포함한 몇 기구의 설립에 참여했지만, 이념 갈등의 장소가 되었다. 반면, 각 진영 내 협력을 제도화하는 국제기구는 각 진영별로 진행되었다. 그 결과 동일한 영역에서 진영별로 국제기구가 병립적으로 존재하는 현상이 나타났다. 기존 존재하던 국제기구에서도 공산진영이 이탈하여 별로 국제기구가 설립되기도 했다. 예를 들어, 철도 관련 쟁점에서 자유진영은 '국제철도연맹(UIC: International Union of Railways)'을 통하여 협력하는 반면, 공산진영은 '철도협력기구(OSJD: Organizatsya Sotrudnichestva Zheleznyh Dorog)'를 별로 설립하여 진영 내 철도협력을 도모했다.

글상자 10.3

유엔(UN, 국제연합)의 유래

'유엔(UN: United Nations, 국제연합)'이라는 용어가 처음 등장한 시점은 1942년 1월 1일이다. 제2차 세계대전 중 추축국과 전쟁상태에 놓였던 26개국 대표는 미국의 수도 워싱턴 D.C.에서 만나서 스스로를 'The United Nations'로 불렀다. 현재 국제기구로서 '유엔'은 제2차 세계대전 중 전시협력이 제도화된 형태로 출범했다.

---

10) 한국재정40년사편찬위원회, 『한국재정40년사 제6권: 재정운영의 시대별 분석』(서울: 한국개발연구원, 1991), p. 157.

냉전 전반기 한국의 국제기구의 정책은 세 측면에서 진행되었다. 첫째, 국제사회에서 '한국문제(Korean problems)'의 쟁점은 대표성과 6·25전쟁 후 평화유지로 나뉘는데, '한국문제'를 두고 남북대결이 진행되었다. 한국은 자유선거 실시와 관련된 유엔총회의 결의(A/RES/112(II)A-B, 1947.11.14)와 5·10 선거 결과를 정리하는 결의(A/RES/195(III), 1948.12.12)에 따라 '대한민국정부의 유일 합법성'을 주장한다. 반면, 북한은 유엔의 결의와 5·10 선거 결과를 인정하지 않는다. 또한, 6·25전쟁이 북한의 침략행위로 일어났다는 점을 명시한 유엔안전보장이사회 결의(S/RES/82, 1950.6.27.)와 전후 복구 관련 기관의 설립을 명시한 여러 결의안을 인정하지 않는다. 이는 한국과 북한의 정당성에 중요한 함의를 주기 때문에, 남북한은 물론 두 진영이 첨예하게 대립했다.

둘째, 국제정부간기구 가입이 한국의 대표권 인정과 관련되기에, 남북한은 국제기구 가입을 둘러싸고 경쟁했다. 한국은 1940~1950년대 자유진영의 후원 아래 유엔의 산하기구와 전문기구에 대거 가입을 했고, 유엔으로부터 '한국문제'를 토의하는 자리에서 참관국으로 초청을 받았다. 북한은 공산진영의 후원 아래서 유엔에서 남북한이 공동으로 참관국 자격을 가져야 한다고 주장했지만, 수적 열세를 넘을 수 없었다. 1960년대 들어 신생독립국이 대거 유엔에 진입하고 북한이 비동맹의 지지를 확보했지만, 자유진영 국가가 가입한 대부분 국제정부간기구에서 자유진영의 우위가 유지되었다. 한국은 자유진영의 지지를 받아 국제정부간기구에 가입하려는 시도를 무력화시켰다.

셋째, 한국은 1960년대 수출주도경제정책으로 전환하면서 경제와 관련된 국제기구에 대거 가입했다. 냉전 전반기 국제질서는 한국이 세계시장으로 쉽게 진출할 수 있는 배경이었다. 미국은 냉전 상황에서 무역자유화를 추진하였고, 서유럽과 일본의 전후 복구에 개입하여 세계 경제에서 중요한 위치를 차지하는 국가들을 하나의 경제권으로 묶었다. 한국은 미국이 구축한 질서에 편승하면, 자연스럽게 세계 주요 시장에 진출할 수 있었다. 1967년 한국의 '관세 및 무역에 관한 일반협정(GATT: General Agreement on Tariffs and Trade)' 가입은 수출증진을 위한 국제표준과 관행을 수용하는 결정을 의미했다. 한국은 경제 관련 국제기구 가입을 통하여 미국 중심의 세계경제권으로 편입을 제도화했다.

2) 냉전 후반기 한국의 국제기구정책

1969년 시작된 데탕트는 냉전 구도를 변화시켰다. 1969년 미국 닉슨 행정부는 두 가지 이유로 중국에게 접근하기 시작했다. 먼저, 단기적으로는 월남에서 철수할 수 있는 환경을 마련하기 위함이었다. 당시 북월남의 군사물자 대부분이 해외 지원의 형태로 조달되었고 중국을 경유하여 이전되었기에, 닉슨 행정부는 중국이 북월남으로 향하는 원조 길을 차단하면 북월남이 협상에 나온다고 기대하였다. 또한, 장기적으로 구(舊)소련의 성장과 팽창을 견제하기 위한 세력균형에 중국을 끌어들이려 했다. 중국과 구(舊)소련이 공산진영에 함께 있지만, 양국 관계는 경쟁과 갈등을 내포하고 있었다. 닉슨 행정부의 중국 접근은 진영을 가로지르는 새로운 국제질서를 예고했다. 진영 간 긴장완화 국면은 데탕트(détente)로 표현되었다.

데탕트 이후 미국은 자국 주도의 국제질서에 중국을 포용하려 했다. 중국이 세계 경제망에 들어오고 기존 국제기구에 참여함으로써, 중국이 기존 국제질서를 수용하길 기대했다. 이를 위하여 먼저 국제기구에서 중국의 대표권 쟁점이 정리되어야만 했다. 먼저 미국은 1971년 유엔에서 중화인민공화국이 중국을 대표하는 길을 열어둠으로써 중화인민공화국이 대만을 대체하게 되었다. 다른 국제기구에서도 중화인민공화국이 대만을 대체하였고, 대만은 참관국 지위마저 가지지 못하게 되었다.

미국은 구(舊)소련도 자국 주도의 국제질서로 끌어들였다. 구(舊)소련의 성장과 팽창을 견제하는 세력균형이 파국적 전쟁으로 이어지지 않기 위해서는 구(舊)소련과의 연계를 확대할 필요가 있었기 때문이다. 미국은 자유진영 주도의 국제기구에 구(舊)소련의 가입을 허용하였다. 1970년대에만 구(舊)소련은 10개 국제기구에 가입했다. 또한, 다른 공산국가에게도 국제기구의 문을 열어 가입할 수 있도록 했다. 그 결과 동일 영역에서 각 진영의 국제기구가 병립하는 현상이 지속되었지만, 자유진영이 주도하는 국제기구에 공산진영에 속한 국가가 가입하여 회원 규모가 확대되었다.

냉전 후반기 한국의 국내 환경은 경제성장과 권위주의로 대표될 수 있다. 1970년대 대부분 국가가 석유파동과 불황으로 주춤하는 동안에도 한국의 경제성장은 지속되었다. 1976년 한국의 일인당 국내총생산이 처음으로 상위 50%에 들어 중위권 국가가 되었다. 반면, 한국의 정치는 암흑기를 맞이했다. 1972년 유신개헌으로 민주주의의 형식적 요건마저 사라졌다. 유신체제의 붕괴 이후 1987년 민주화까지 사실상 민주세력은 심각한 규제 아래 놓였다. 한국의 정치 상황으로 한국은 국제사회에서 기피국(pariah state)에 근접했다.

데탕트 이후 한국의 국제기구정책은 두 측면에서 크게 변했다. 첫째, 미국을 포함한 자유진영이 국제기구에서 한국의 대표권 방어에 소극적이었다. 미국이 구(舊)소련과 중국을 포함한 공산권을 자유진영 주도의 국제질서로 포용하고 자유진영 내 국가가 공산권 국가와 수교를 하는 상황에서, 대표권을 둘러싼 남북경쟁에서 한국은 자유진영의 강력한 지지를 확보할 수 없었다. 한국은 1973년 7개 항으로 구성된 "평화통일 외교정책에 관한 특별선언"을 통하여, "긴장완화와 국제협조에 도움이 된다면 북한이 우리와 같이 국제기구에 참여하는 것을 반대하지 않는다"고 천명했다. 즉 국제기구에 남북한 동반가입을 허용한다는 의사를 밝힘으로써, 국제기구에서 남북 간 대표권 경쟁을 벌이지 않겠다는 속뜻을 전달했다.

한국의 입장변화는 북한의 국제기구 가입으로 이어졌다. 북한은 1970년대 유엔과 관련된 11개 기구에 가입했고, 6개 국제정부간기구에 가입했다. 1980년대 들어서도 9개 국제기구에 가입했다. 1970~1980년대 북한이 가입한 국제기구는 (1) 국제사회와 북한을 연결시키는 과정을 관할하는 기구('만국우편연합', '국제민간항공기구', '세계기상기구', '국제해사기구', '국제원자력기구', '국제수로기구'), (2) 국제표준을 정하는 기구('국제법정계량기구', '국제전기통신연합', 'FAO/WHO 공동식품규격위원회', '국제도량형국', '세계지적재산권기구'), (3) 개도국을 지원하거나 북한의 관심 영역을 다루는 기구('인도양수산위원회', '유엔식량농업기구', '유엔공업개발기구', '국제농업개발기금', '세계관광기구', '개도국 간 특혜무역제도', '국제문화재보존연구센타')로 분류될 수 있다. 이로써 북한도 국제사회로 제한적으로 들어오게 되었다.

둘째, 한국은 국제기구에서도 다변화를 모색했다. 1970년대 중반 미국의 대한방위공약이 약화되는 상황을 대비하여 한국은 공산국과 수교는 물론 국제기구를 통하여 공산국과 접촉을 모색했다. 냉전 질서가 아직 공고했고 한국과 공산국 간 공통 이익이 적었기에, 국제기구를 통하여 공산권을 접촉하는 한국의 노력은 성공을 거두지 못했다. 1982년 전두환 대통령이 태평양 연안국에 문호 개방, 주권과 독립의 존중, 호혜평등, 내정 불간섭, 특정 국가의 패권 불인정에 기반을 둔 경제협력체를 제안했지만, 미소 간 긴장으로 인하여 동력을 잃었다. 냉전 후반기 한국이 특정 국제기구를 주도적으로 설립할 수 있는 기회의 창은 좀처럼 열리지 않았다.

반면, 1975년 한국의 비동맹가입 신청은 한국의 국제기구정책이 여전히 남북관계를 고려하고 있다는 점을 보여준다. 1975년 비동맹조정위원회가 북한의 가입을 지지하자 한국도 비동맹에 가입하겠다는 신청서를 제출했다. 한국이 진정으로 비동맹가입을 원했기 때문이라기보다는, 남북한 공동 신청으로 북한의 가입을 늦추거나 저지하려고 했다. 남북관계의 특수성과 복합성으로 인하여 비동맹 회원국이 가입 쟁점을 차기 회기로 넘기거나 남북한이 모두 가입되지 않는 결정이 나올 것을 기대했다. 최소한 한국이 참관국 자격을 획득함으로써, 비동맹이 북한에게 과도하게

표 10.2 1970~1980년대 북한의 국제기구 가입

가입연도	가입한 국제기구
1973년	세계보건기구(WHO), 유엔무역개발회의(UNCTAD), 국제의회연맹(IPU)
1974년	유엔교육과학문화기구(UNESCO), 만국우편연합(UPU), 세계지적재산권기구(WIPO), 아시아·아프리카법률자문기구(AALCO), 국제법정계량기구(OILM), 인도양 수산위원회(IOFC), 국제원자력기구(IAEA, 1994년 탈퇴)
1975년	국제전기통신연합(ITU), 세계기상기구(WMO), 국제교육국(IBE)
1977년	국제민간항공기구(ICAO), 유엔식량농업기구(FAO)
1978년	정부간해양학위원회(IOC)
1980년	유엔공업개발기구(UNIDO)
1981년	FAO/WHO 국제식품규격위원회(CAC), 국제도량형국(IBWM)
1986년	국제농업개발기금(IFAD), 국제해사기구(IMO), 국제문화재보존복구연구센터(ICCROM, 1996년 탈퇴)
1987년	국제수로기구(IHO), 세계관광기구(UNWTO)
1989년	개도국 간 특혜무역제도(GSTP)

출처: 대한민국 외교부, 『외교백서 2021』 (서울: 외교부, 2021), pp. 327–332.

경도되지 않도록 연성균형을 모색했다. 1975년 북한만 비동맹에 가입하자, 한국은 1976년 비동맹정상회의에 김일성이 참석하지 못하도록 다양한 조치를 강구했다.

3) 냉전 종식 후 한국의 국제기구정책

1989년 베를린 장벽의 붕괴는 냉전의 해체로 이어졌다. 구(舊)소련이 주변국으로 국력을 투사할 능력을 상실함에 따라 구(舊)소련의 영향권을 유지할 수 없게 되자 공산진영이 사라졌다. 심지어 구(舊)소련은 15개 독립국가로 해체되었다. 해체된 공산권 대부분은 미국 주도의 국제질서로 편입되었다. 반면, 미국이 냉전 직후 가장 강력한 국가가 되었지만, 다른 경쟁국을 압도할 국력을 갖추지 못해 일극체제를 구축하지 못했다. 체제경쟁의 부담이 사라지자, 미국은 호의를 제공함으로써 지지를 확보하던 관행을 중단했다. 더 나아가 미국의 국익을 제도화하려는 움직임을 보였다.

냉전 붕괴부터 2010년대 중반까지 단-다극질서가 형성되었다. 안보 측면에서는 미국이 사실상 패권국이었다. 미국의 군사비는 전세계 군사력의 절반 정도였고, 군사비 순위 2위에서 10위까지 합하여도 미국 군사비의 2/3 정도 수준이었다. 중국과 러시아가 제한적으로 해외로 군사력을 투사할 능력을 보유한 상태에서 미국이 사실상 세계경찰처럼 행동했다. 반면, 경제력에서는 미국, 중국, 인도, 일본, 유럽연합 등이 경쟁하는 다극질서의 양상을 보였다. 유럽연합의 국내총생산이 미국을 초월했고, 중국도 미국과의 격차를

표 10.3 냉전 후 단·다극질서

순위	국내총생산 순위 (2006년)		군사비 순위 (2006년)	
	국가	국내총생산(PPP)	국가	군사비(달러)
1	미국	13조 2,018억	미국	5,287억
2	중국	10조 480억	영국	592억
3	인도	4조 2,474억	프랑스	531억
4	일본	4조 1,312억	중국	495억
5	독일	2조 6,160억	일본	437억
6	영국	2조 1,116억	독일	370억
7	프랑스	2조 392억	러시아	347억
8	이탈리아	1조 7,954억	이탈리아	299억
9	브라질	1조 7,084억	사우디아라비아	290억
10	러시아	1조 7,047억	인도	239억
	대한민국(13위)	1조 1,400억	대한민국(11위)	219억

출처: Stockholm International Peace Research Institute, "The SIPRI Military Expenditure Databas, https://www.sipri.org/databases/milex(검색일: 2023.5.30); World Bank, "World Development Indicators," https://databank.worldbank.org/source/world-development-indicators(검색일: 2023.5.30).

줄였다. 미국은 복수 경제 대국 가운데 상대적으로 강력한 국가였다.

냉전 단-다극질서에서 국제기구의 지형도가 세 측면에서 급격히 변했다. 첫째, 과거 공산진영 내 존재하던 국제기구가 해체되었다. 냉전기 미국과 구(舊)소련이 각지 자신의 진영 안에서 구축했던 국제기구를 병립적으로 구축했는데, 구(舊)소련이 이를 유지할 능력을 상실하자 구(舊)소련 중심의 국제협력을 제도화했던 국제기구가 해체되었다. '북대서양조약기구(NATO)'에 필적했던 '바르샤바조약기구', '경제협력개발기구(OECD)'에 필적했던 '경제상호원조회의(Council for Mutual Economic Assistance)' 등 다수 국제기구가 사라졌다. 이런 혼란 속에서도 '국제철도협력기구(Organization for Co-operation between Railways)'처럼 기능적 협력을 제도화한 국제기구는 살아남았다.

둘째, 과거 자유진영 내 국제기구의 회원 규모가 증가했다. 과거 공산권 국가와 개발도상국이 미국 주도의 국제질서로 편입되자, 냉전기 자유진영 내 협력을 제도화한 국제기구에 가입했다. 특히, 냉전기 양 진영 간 경쟁을 활용하여 중간 지점에서 양 진영의 지원을 확보하던 일부 개발도상국은 자유진영이 구축한 국제기구로 들어오기 위한 경쟁을 벌였다. 예를 들어, 1991년부터 1995년 사이 총 31개국이 '국제통화기금(IMF)'에 추가 가입했는데, 이중 26개국이 과거 공산권에 속했고, 4개국은 개발도상국이었다. 중립국으로서 양 진영으로부터 거리를 두던 스위스마저 '국제통화기금'에 가입했다.

셋째, 국제기구의 제도화가 심화되었다. 냉전기 국제기구를 지배와 통치를 위한 상부구조로 바라보는 공산권과 국제기구로 인한 주권침해를 우려하는 개발도상국이 국제기구를 제도화된 협의체 수준에서 유지하려는 경향을 보였다. 반면, 냉전 종식 후 대부분 공산권과 개발도상국이 미국이 주도하는 국제질서로 편입되면서, 국제기구의 관할권을 확대하고 사법기능을 강화하는 경향이 나타났다. 예를 들어, 냉전기 자유진영 내 무역 관리의 기초를 제공했던 '관세 및 무역에 관한 일반협정(GATT)'이 최소 사무기능을 담당하는 조약사무국을 가진 반면, 냉전 후 '세계무역기구(WTO)'는 무역질서 위반을 판단하는 분쟁해결절차를 구비하게 되었다. 이처럼 많은 국제기구 안에서 제도화와 법제화가 이루어졌다.

냉전 후 한국은 국내적으로 두 측면에서 구조적 변화를 경험했다. 첫째, 민주주의의 공고화다. 1987년 민주세력과 과거 권위주의 세력은 상대를 압도하지 못한 채 타협했다. 1988년부터 민주주의 이행이 시작되었는데, 1997~1998년 정권교체를 계기로 사실상 민주화가 완성되었다. 둘째, 한국의 질적 경제성장이다. 1980년대 후반부터 한국은 해외로부터 국제기준을 준수하라는 압박을 받으면서 동시에 국내로부터 임금상승의 압박을 받으면서, 노동집약산업에서 자본·기술집약 산업으로 서서히 이행했다. 1990년대 후반 이후 한국경제는 선진국 수준에 근접했다.

국내적으로 민주화와 경제성장은 한국으로 하여금 선진국과 함께 '동류 국가군(like-minded countries)'을 형성할 수 있는 기반을 제공했다. 1970년대 인권탄압국으로 국제사회로부터 기피 대상이었던 한국이 1990년대 이후 선진 민주국가와 비슷한 지향점을 가지면서 개도국 간 협의체에서 선진국 간 협의체로 옮겼다. 예를 들어, 한국은

1996년 '77그룹(Group of 77)'을 떠나 '경제협력개발기구(OECD)'로 옮겼다. 2021년 한국은 '유엔무역개발회의(UNCTAD)'에서 아시아·아프리카의 개발도상국을 포함하는 'A 집단'에서 유럽과 북미 선진국을 포함하는 'B 집단'으로 소속집단이 변경되었다. 이처럼 한국은 선진국이 주로 참여하는 국제기구에 가입하거나, 보편적 회원권을 가진 국제기구 안에서는 선진국 집단에 속하게 되었다.

냉전 후 한국은 변화된 국제기구의 지형을 적극적으로 활용했다. 냉전 후 단-다극질서에서 특정 강대국이 자국의 이익만을 국제기구로 투영할 수 없는 상황에서 국제기구의 제도화와 사법화는 한국에게 예측가능성을 높이기 때문에, 한국은 국제기구 창설과 국제기구의 제도화·사법화에 참여했다. 예를 들어, 한국은 '세계무역기구'의 설립 과정에서 분쟁해결절차의 도입에 적극적이었고, 심지어 미국의 반대에도 불구하고 '국제형사재판소(International Criminal Court of Justice)'의 설립에 적극 참여했다. 또한, 1997년 유엔개발계획이 주도한 '국제백신연구소'의 설립에 적극 관여하고 한국으로 유치한 이래, 국제기구의 설립을 주도하고 여러 국제기구를 한국으로 유치했다. 이런 과정을 거쳐, 한국은 국제기구 연결망에 깊숙이 들어오게 되었다.

냉전 후 한국의 국제기구외교 방향은 1990년 외교백서에 잘 나타난다.

현 국제정세가 동서 간 긴장완화와 더불어 국제교류와 국제협력이 강조되는 추세임을 비추어, 앞으로 국제기구가 차지하는 비중은 보다 커질 것으로 예상되므로 우리도 이러한 추세에 발맞추어 대국제기구외교를 일층 강화해 나가고 있다. 국제기구 내 요직 진출, 주요 국제회의 유치, 국제기구사업 참여 확대, 그리고 국제회의 전문인력 양성 등을 들 수 있으며 …. [11]

한국의 국제기구외교는 크게 네 방향으로 전개되었다. 첫째, 국제기구 내 중요기관 진출과 한국인의 고위직 진출이다. 한국은 국제기구 내 활동을 "국가 위상"으로 이해하여 총회 활동보다는 각종 이사회에 진출하려 했다. 또한, 한국인이 국제기구 내 고위직에 진출하는 데 지원을 아끼지 않았다. 이런 노력으로 인하여, 한국은 1989년 '국제전기통신연합' 관리이사회에 선임된 이후 다수 국제기구 내 이사회에 선임되었고, '유엔안전보장이사회'의 비상임이사국으로 3번 선임되었다. 2003년 이종욱 '세계보건기구(WHO)' 사무총장 선임을 필두로 여러 한국인이 국제기구의 수장이 되었다. 둘째, 국제기구 정기회합의 유치다. 일부 국제기구는 정기 회의를 순회하면서 진행하는데, 국제기구 총회의 유치는 공공외교의 기회가 된다. 국제기구의 총회를 유치한 국가가 총회 전 문화행사 등을 통하여 국가 이미지를 외교사절단과 수행 기자단에게 투영할 수 있기 때문이다. 국제기구 총회의 유치는 교통 통제 등 시민에게 불편을 끼칠 위험이 크지만, 한국은 국제기구 관련 행사를 공공외교의 기회로 활용하려 했다. 셋째, 국제기구 내 활동으로 국가이익을 증진하는 동시에 국위를 높이려 했다. 국제기구를 통한 협력사업이 상대적으로 관심을 더 받기 때문에, 국제기구 활동은 국익 증진은 물론 국가 이미지 제고의 기회가 되기 때문이다. 한국은

---

11) 대한민국 외교부, 『외교백서 1990』 (서울: 외교부, 1990), p. 130.

국제기구를 경유한 공적원조, 국제기구와의 협업 등을 추진했고, 국제기구 내 기여금을 늘이는 경향을 보였다. 넷째, 한국인의 국제기구 진출이다. 국제기구 직원은 원칙적으로 소속 기관의 지시와 감독만을 따라야지만 애국심 또는 사적 이익의 영향을 받을 수 있다. 한국정부가 한국인의 국제기구 진출이 국익 구현과 연결될 수 있다는 점을 명시적으로 언급하지 않지만, 유사시 한국인 국제기구 직원의 도움을 기대하기 때문에, 국제기구 진출을 지원한다고 추정된다. 외교부 안에 '국제기구 인사센터'가 한국인의 국제기구 진출을 지원하고 있다.

5. 국제기구 관련 주요 현안과 전망

미중경쟁과 미국의 일방주의적 행동은 국제기구의 지형을 바꾸고 있다. 2010년대 후반부터 드러난 두 현상은 동일 쟁점에서 양국 중심의 국제기구가 병립하며 냉전 후 국제기구의 제도화·사법화가 약화되는 조짐과 관련되어 있다. 이 절에서는 2023년 기준 국제기구와 관련된 현안을 점검하고 향후 진행방향을 추론한다.

1) 미중경쟁과 국제기구의 분화 조짐

2008~2009년 선진국발 금융위기를 겪으면서 미국외교정책 기조는 중국 포용에서 중국 견제로 조금 더 이동했다. 데탕트 이후 정도의 차이가 있지만, 미국외교정책은 중국 포용에 가까웠지만, 중국 내 변화가 미국의 기대에 미치지 못하고 기존 국제질서를 약탈적으로 활용한다는 의심이 점차 대두되었다. 국제질서를 형성하는 데 핵심 역할을 담당한 국가가 후발 주자에게 역전당할 즈음 강대국 간 전쟁이 반복되었던 근대 이후 역사는 미국으로 하여금 중국의 성장을 경계하도록 했다. 특히, 2008~2009년 선진국발 금융위기에서 중국을 비롯한 후발국이 문제해결자의 역할을 담당하면서 선진국 중심의 국제질서를 변경하려 하자, 미국의 경계는 강화되었다. 중국의 '신형대국관계' 요구를 현상변경으로 이해하기 시작했다.

2018년 미국 트럼프 행정부는 「국가안보전략 보고서」를 통해 중국에 대한 인식을 아래와 같이 표현했다.

> 수십 년간 미국의 외교정책은 중국이 (경제적으로) 부상하고 전후 세계질서로 편입할 수 있도록 도우면 자유화된다는 믿음에 기반했다. 미국의 기대와 정반대로 중국은 다른 국가의 주권을 침해하면서 국력을 확대했다. 중국은 비교 불가능한 수준으로 자료를 모으고 활용하며 부패와 감시를 포함한 권위주의 체제의 특성을 전파하고 있다.[12]

2010년대 후반 미국 외교정책의 변화는 두 측면에서 선명하게 나타났다. 첫째, 미국은 대중국 경제의존을 줄이려 한다. 중국의 내수 산업이 성장하고 미국 시장이 중국의 수출에서 차지하는 비중이 점차 줄어, 양국 간 경제의존이 점차 줄어드는 추세였는데, 중국 의존을 줄이려는 노력으로 미국 중심의 가치 사슬과 중국 중심의 가치 사슬이 분화되는 양상이 나타났다. 양국 간 무역전쟁은 양국 간 분화를 촉진했고, 코로나19 대유행 중 중국에 대한 반감 증가로 미국은 미국 중심의

---

12) Donald J. Trump, National Security Strategy of the United States of America 2017 (Washington, D.C.: White House, 2017), p. 25.

가치사슬을 갖추려 한다. 이 정책은 공화당 행정부에 의해 본격화되었지만, 민주당 행정부에 의하여 계승되고 있다.[13]

둘째, 미중 간 가치분화가 일어난다. 미국이 사회적 일탈 행위를 상대적으로 높게 수용하는 문화를 대표한다면, 중국은 사회적 일탈을 용인하지 않고 통제하는 문화를 대표한다. 양국 간 경쟁이 과거 냉전과 같이 극심하지 않지만, 양국 간 체제경쟁이 낮은 수준에서 진행된다. 미국과 중국은 해양 쟁점, 사이버 안보, 인권 쟁점을 둘러싸고 유례없는 공방을 벌이고 있다. 최근 대만 쟁점을 둘러싸고 양국 간 군사충돌의 위험을 경고하는 상황은 미중 가치분화와 경쟁의 한 국면이다.

미중경쟁은 국제기구 지형을 두 측면에서 바꾼다. 첫째, 양국의 영향 아래 있는 국제기구가 병립하여 국제기구 지형이 분화되는 조짐을 보인다. 2001년 설립된 '상하이협력기구(SCO: Shanghai Cooperation Organization)'가 반서양협력체로 성장할 우려가 제기된 이래, 중국은 미국이 참여하지 않은 국제기구를 만들었다 (2015년 '신개발은행[New Development Bank]'; 2016년 '아시아인프라투자은행[AIIB: Asian Infrastructure Investment Bank]'). 특히 '아시아인프라투자은행'의 설립에 대해서 미국은 '중국의 세계은행(World Bank of Its Own)'이라고 경계하며 우방국의 참여를 반대했었다.[14] 미중경쟁이 심화되면, 냉전기 동일 영역에서 양 진영이 각기 국제기구를 가졌던 현상이 재현될 가능성이 있다.

둘째, 국제기구 내 중국의 영향력이 미국 외교정책의 견제 대상 안에 들어왔다. 개발도상국의 숫자가 선진국의 숫자보다 많고 권위주의 국가의 숫자도 민주주의 국가의 숫자보다 많다.[15] 1국 1표제를 채택하는 보편적 국제기구에서는 개발도상국과 권위주의국이 다수를 형성하고 중국이 개발도상국과 권위주의국에게 친화적인 입장을 취하기 때문에, 미국은 중국이 개발도상국과 권위주의국의 지원을 받아 손쉽게 자국의 의제를 국제기구로 투영한다고 비난한다.[16] 또한, 중국의 경제성장으로 중국의 기여금이 확대되면서, 국제기구 내 중국의 영향력이 증가되었다고 평가한다.

이런 상황 인식 아래서 '미중경제안보검토위원회(U.S.-China Economic and Security Review Commission)'는 국제기구 고위직에 진출한 중국인 명단을 정리한 보고서("PRC Representation in International Organizations")를 지속적으로 제공한다. 국제기구 고위직으로 진출한 중국인이 중국의 영향 아래서 중국에 친화적인 의제를 가져온다고 의심하기 때문이다. 또한, 미국은 1국 1표제를 채택하는 보편적 국제기구에서 중국의 영향력을 상쇄하기 위한 연성균형을 전개한다. 미국은

---

13) White House, Building Resilient Supply Chains: Revitalizing American Manufacturing, and Fostering Broad-Based Growth (100-Day Reviews under Executive Order 14017) (Washington, D.C: White House, June 2021), pp. 74-80, 134-147, 194-203, 240-249.

14) "China Creates a World Bank of Its Own, and the U.S. Balks," New York Times, 4 December 2015.

15) Economist Intelligence Unit, Democracy Index 2022: Frontline Democracy and the Battle for Ukraine (New York, NY: Economist Intelligence, 2022), p. 3; International Monetary Fund, "Country Composition of WEO Groups" (April 2023), https://www.imf.org/en/Publications/WEO/weo-database/2023/April/groups-and-aggregates (검색일: 2023.5.30).

16) Policy Planning Staff, Office of the Secretary of State, The Elements of the China Challenge (Washington, D.C.: Department of State, December 2020), pp. 17-26.

국제기구를 비난하는 기조에서 관여하는 정책으로 점차 바뀌고 있다. 최근 미국이 '유엔교육과학문화기구(UNESCO)'에 다시 가입한 원인으로 중국에 대한 연성균형이 꼽힌다.[17]

변화되는 국제기구의 지형은 한국에게 큰 부담이다. 한국은 경제적 측면에서 중국과 밀접하게 연결되어 있고 안보 측면에서 미국과 동맹을 유지한다. 미중경쟁과 분화는 한국으로 하여금 보편적 국제기구 안에서 미국과 중국 중 어느 한쪽을 선택하도록 압박한다. 기권, 불참 등의 수단으로 국제기구 내 미중경쟁을 벗어날 수 있는 기술적 수단이 있지만, 한국이 보편적 국제기구 안에서 양국의 입장을 모두 충족할 수 있는 공간이 점차 줄어들고 있다. 또한, 기존 국제기구와 대척점에 선 국제기구가 중국 주도로 설립될 때, 한국의 참여 여부가 어려운 쟁점이 된다. 예를 들어, 2015년 '아시아투자개발은행'의 설립이 진행되던 중, 한국은 미국과 중국으로부터 상충적 압박을 받았다.

국제기구의 분화와 국제기구 내 미중경쟁은 궁극적으로 포괄적 미중경쟁의 일부 현상이다. 향후 국제기구의 지형은 결국 미중경쟁의 향방에 따라 결정될 수밖에 없다. 미중경쟁이 느슨하게 구분된 두 연결망 간 경쟁 수준에 그친다면, 한국은 중국이 주도하는 국제기구에도 참여하고 기존 국제기구에서 중요한 역할을 담당할 수 있다. 반면, 미중경쟁이 과거 냉전과 같이 분리된 두 진영 간 경쟁으로 비화된다면, 한국은 중국이 주도하는 국제기구에 참여할 수 없고 기존 국제기구 안에서도 미국에 친화적인 입장을 취하라는 압박을 받을 수밖에 없다. 두 창이 모두 열려 있지만, 현재로는 전자의 가능성이 더 높아 보인다. 당분간 한국은 경제 영역에서 중국이 주도하는 국제기구에 가입할 수 있으며 국제기구 내 미중 가치경쟁에서 일정 정도 관망적 태도를 취할 수 있다.

2) 국제기구의 무력화

국익과 공통 이익 간 중첩이 국제기구 설립의 중요한 동인이기 때문에, 국제기구 설립에서 국익 투사는 자연스러운 현상이다. 국제기구의 제도화·사법화도 국익과 관련되어 있다. 이미 사실상 국제질서와 국제기구에 만족한 국가는 보다 안정되고 예측 가능한 환경을 만들기 위하여 국제기구의 제도를 심화시키고 사법절차를 갖추려 한다. 반면, 기존 국제질서와 국제기구에 불만족하는 국가는 국제기구의 설립을 반대하거나 국제기구의 제도화 수준을 낮추려 한다. 이처럼 상충하는 이익과 영향력이 국제기구로 투사되기 때문에, 국제기구와 관련된 현상이 경쟁과 연관된다.

냉전 후 과거 자유진영에 있던 국가는 동류 국가군을 형성하고 강대국의 이익과 국제기구의 제도화·사법화를 조화시키려 노력했다. 예를 들어, '유엔안전보장이사회'가 특정 사건을 '국제형사재판소'로 가져오는 경로를 만듦으로써, 사실상 '유엔안전보장이사회'의 상임이사국이 '국제형사재판소'의 관할권을 회피할 수 있는 통로가 마련되었다. 냉전 후 국제기구의 제도화·사법화는 외형적으로 국제기구의 권위가 주권보다 높게 위치하는 인상을 주었지만, 사실상 강대국의 이해에 부합하는 한계 안에서 진행되었다. 선진국으로 구성된 동류 국가군과 강대국 간 이해충돌이 있는 경우에는 강대국이 우회할 수 있는 길이 마련되었.

---

17) "China Concerns Prompt US Move to Rejoin UNESCO," *Guardian*, 12 June 2023.

냉전 후 진행되었던 국제기구의 제도화·사법화가 현재 일부 강대국에 의하여 심각하게 약화되고 있다. 예를 들어, '국제형사재판소'가 러시아 대통령을 전쟁범죄로 기소해야 한다는 의견이 있지만, 러시아는 '유엔안전보장이사회'의 상임이사국으로 이를 막을 수 있다. 더 나아가 러시아의 영향권 아래서 벌어진 심각한 범죄에 대하여 '국제형사재판소'의 관할권을 부정할 수 있다. 이처럼 일부 강대국의 이행 거부로 인하여 국제기구의 권위가 약화되고 있다. 강대국은 물론 다른 주권국가가 국제기구의 분쟁해결 절차를 이행하지 않는 사례는 항상 존재했지만, 강대국 간 경쟁이 심화되면서 이런 현상이 두드러진다.

최근 미국은 '세계무역기구'의 분쟁해결절차를 무력화시켰다. 분쟁 당사자 간 협상이 타결되지 않을 경우를 대비하여 만든 '상설 상소기구(Appellate Body)'가 구성원 부족으로 작동되지 않는다. 2019년 미국이 WTO의 개혁을 요구하면서 공석을 메우길 거부하기 때문이다. 1995년 WTO가 출범할 시점과 달리 미국이 '미국 내 생산'을 추진하면서 WTO 규정과 불일치를 경험하자, WTO의 개혁을 요구하고 분쟁해결절차를 무력화시켰다. 이 사례는 시간의 흐름에 따라 변화된 국익과 국제기구의 제도 간 갈등을 대표적으로 보여준다.

일부 강대국이 국제기구의 제도화·사법화를 약화시키는 국면은 한국에게 또 다른 도전을 가져왔다. 형식 명분론에 따라 강대국의 합의 위반을 지적할 수 있지만, 강대국으로부터 보복을 당해 피해를 볼 수 있기 때문이다. 또한, 장기적으로 강대국과의 관계, 향후 국제질서의 향방 등을 고려하기 때문이다. 현재 한국은 국제질서의 안정 필요성, 국제기구의 긍정적 역할 등을 원론적으로 언급하지만, 일부 강대국에 의한 국제기구 무력화에 대하여 구체적인 입장을 내지 않는다. 강대국의 시도에 대항하기보다는 사실상 순응하는 모양새를 보인다.

강대국에 의한 국제기구 무력화는 당분간 계속된다고 예상된다. 국제기구 형성과 운영에서 강대국이 차지하는 특별한 지위로 인하여, 강대국은 국제기구를 지속적으로 변경하려 한다. 시간 흐름에 따른 국력과 선호의 변화로 인하여, 설립 당시 국제기구를 보는 강대국의 시선이 변하기 때문이다. 현재 진행되는 국제기구의 무력화는 국제기구 형성 당시 강대국의 이익과 현재 시점 강대국의 이익이 다르기에 일어나는 보편적 현상 중 하나일 뿐이다.

6. 결론

국제기구는 세계화가 유발한 초국경 현상과 연결되어 있다. 인류의 과학기술이 발달하여 지구 위 생활권이 짧은 시간 안에서 연결되고 서로 영향을 교환하면서, 영토 배타성을 주장하는 주권국가가 해결할 수 없는 초국경 현상이 일어났다. 특히 산업혁명을 거치면서 초국경 현상이 폭발적으로 증가하자, 19세기 인류는 강대국 간 회합, 행정 부처 간 연합체 형성, 관련 국간 대규모 회합, 비정부 수준에서 대규모 회합 등을 통하여 초국경 쟁점을 해결하려 했다. 19세기 초국경 쟁점의 해결 관행 중 일부가 독자적 사무국을 갖추면서 20세기 국제기구의 모습을 갖추었다.

20세기 이후 국제기구의 지형은 복합적이다. 먼저 국제기구의 엄격한 요건을 충족하는 국제기구의 범주에서는 첫째, 소수 국가 간 잠재적 공통 이익을 구현하기 위한 소규모 국제기구가 여전히 중요 비중을 차지한다. 잠재적 공통 이익의 지리적 범위가 제한적이기 때문에, 소규모 국제기구는 대부분 특정 지역 안에 고착된다. 둘째, 지구 위 모든 정치단위체를 회원으로 삼는 보편적 국제기구는 상대적으로 소수를 차지한다. 잠재적 공통 이익의 경계가 확대되면서 관련 행위자가 늘어나 제도화된 협력이 어렵기 때문이다. 행정 부처 간 협의체를 계승한 보편적 국제기구가 존재한다. 셋째, 양극단 사이에 회원국이 복수 대륙에 퍼져 있는 '대륙간국제기구'가 예외적 현상으로 존재한다. 이를 종합하면, 국제기구에 대한 통념과 달리 국제기구는 다자협력이 제도화된 형태라고 평가할 수 있다. 다자협력의 지리적 한계 안에서 일어나기 때문에, 국제기구도 지리적 한계 안에 있다.

국제기구의 엄격한 조건을 충족하지 않는 국제기구로 인하여 국제기구의 지형이 다채로워진다. 국제기구가 설립하고 독립채산제로 운영되는 파생국제기구, 국제기구 안에서 설치된 내부기관, 국제기구가 특별 목적으로 설립하지만 모(母)국제기구에 종속적인 기금과 프로그램, 정기적 다자협력을 촉진하기 위하여 작은 사무국을 갖춘 조약기구, 정기적으로 운영되는 포럼 등이 사실상 국제기구처럼 운영된다. 이런 국제단위체는 명멸하기 때문에, 쉽게 파악하기도 어렵다.

국제기구는 국익 증진을 위한 도구인 동시에, 국익을 지키기 위한 연성균형이 일어나는 장소이다. 국제기구 설립국은 공통 이익을 구현하기 위한 목적으로 다자협력을 제도화하지만, 특정 국제기구 설립으로 국익에 피해를 보게 되는 국가는 국제기구 안에 들어와 자국의 이익을 지키는 근접전을 벌이거나 또 다른 국제기구를 설립하여 자국의 이익을 지키는 원격전을 수행한다. 따라서 국제기구는 외교정책의 주요 대상이 된다.

한국과 국제기구 간 관계는 대내외 환경변화를 반영하면서 진화하였다. 냉전 전반기 한국은 한반도 내 유일한 주권국가로 인정을 받기 위하여 국제기구에서 남북경쟁을 벌였다. 우방국의 도움을 받아 북한의 국제기구 가입을 저지했고, 한반도 관련 쟁점에서 한국에게 유리한 결정을 받기 위하여 노력했다. 냉전 후반기 양 진영을 가로지르는 초국경 현상이 일어나고 미국의 대한방위공약이 약화되면서, 한국은 국제기구와 관련된 영역에서도 다변화를 모색했다. 심지어 북한에게 우호적인 비동맹에게도 연성균형의 목적 아래 접근했다. 냉전 종식 후 한국은 국내적으로 민주화와 경제성장을 기반으로 선진국과 동류 국가군을 형성했고, 국제기구의 제도화와 사법화에 적극 관여했다. 국제기구 내 중요기관 참여와 한국인의 고위직 진출을 국가 위상과 결부시켜 적극 지원했다. 국익과 인류의 이익 간 중첩 지점을 국제기구로 전환시키는 적극적 외교가 진행되었다.

2010년대 이후 한국은 두 가지 난제를 맞이하였다. 먼저, 국제기구의 제도화와 사업화가 강대국의 일방 행위로 약화되는 현상을 보인다. 냉전 종식 후 30여 년이 흐르면서 국내외 환경이 바뀌고 강대국의 국익도 변했다. 국제기구의 제도화와 사법화가 강대국의 변화된 국익에 부합하지 않게 되자, 강대국이 국제기구를 약화시키는 모습을 보이고 있다. 또한, 미중경쟁이 국제기구와 관련하여 한국의 운신 폭을 줄이고 있다. 미중경쟁으로 인하여 동일 쟁점에서 국제기구가 병립하는 조짐이 나타나는데, 한국은 선택 압박을 받는다. '아시아인프라투자은행'의 설립 과정에서 보여준 한국의 눈치 보기는 국제기구를 둘러싼 미중경쟁을 잘 보여준다. 또한, 기존 국제기구 안에서 미중 간 연성균형이 일어나면서, 양쪽으로부터 지지해 달라는 압박을 받는다.

한국은 국제질서를 주도할 능력을 갖추지 못하기 때문에, 변화하는 국제기구의 지형에 적응할 수밖에 없다. 미중경쟁의 강도에 따라, 국제기구와 관련된 한국의 운신 폭이 달라진다. 미중경쟁이 완만하게 진행된다면, 국제기구의 분화는 조짐 수준에서 그치고 한국은 미국 주도의 국제기구와 중국 주도의 국제기구에 모두 가입하여 활동할 수 있다. 반면, 미중갈등이 심화된다면, 한국이 국제기구에서 미국의 입장을 지지하라는 압박을 강하게 받는다. 미국에 의한 국제기구 무력화는 원론적으로 비판 대상이지만, 미국과의 장기적 관계를 고려하여 신중한 대응으로 이어질 개연성이 높다.

토의주제

1. 세계화가 왜 주권국가체제와 상충하는가? 19세기 세계화로 인한 초국경 상호의존과 주권국가 간 불일치가 어떤 방식을 통하여 부분적으로 해소되었는가?
2. 국가 간 공통 이익의 존재가 왜 협력으로 이어지지 않는가? 대부분 국제기구가 왜 소규모 회원만을 가지는가?
3. 회원국은 국제기구 설립을 통하여 어떤 장점을 누리는가? 회원국은 국제기구를 유지하기 위하여 어떤 비용을 지불하는가?
4. 20세기 이후 국제기구의 형성 경로를 어떻게 범주화할 수 있는가? 각 범주별 회원 규모, 기능 등에서 어떤 차이가 존재하는가?
5. 국제기구와 관련된 연성균형이 왜 일어나는가? 국제기구와 관련된 연성균형은 국내기구 안에서 또한 국제기구 밖에서 어떻게 전개되는가?
6. 어떤 이유로 남북분단이 국제기구 내 남북경쟁으로 이어졌는가? 냉전 초기 한국은 어떻게 국제기구에서 우위를 유지했는가?
7. 데탕트는 한국정부의 국제기구정책을 왜, 그리고 어떻게 바꾸었는가? 왜 한국정부는 북한에게 우호적인 비동맹에 가입하려 했는가?
8. 냉전 종식 후 국제기구의 제도화와 사법화는 어떤 배경에서 가능했는가? 한국은 어떤 이유로 국제기구의 제도화와 사법화에 적극적이었는가?
9. 강대국이 국제기구의 권위를 무시하는 행태에 대하여 한국은 어떤 입장을 취할 수 있는가? 각 입장의 장단점이 무엇인가?
10. 미중경쟁은 국제기구의 지형에 어떤 영향을 미치는가? 한국은 미중경쟁 아래서 국제기구와 관련하여 어떤 입장을 취해야 한다고 생각하는가?

참고문헌

1. 한글문헌

대한민국 외교부. 『외교백서 1990』. 서울: 외교부, 1990.
____. 『외교백서 2021』 서울: 외교부, 2021.
조동준. "'인류공동의 유산'의 국제제도화 과정: 심해저 관리를 중심으로." 『국제정치논총』 제50집 4호 (2010).
____. "신데렐라처럼 등장한 보호의무 규범과 개입." 『국제정치논총』 제51집 2호 (2011).
____. "한국의 외교정책." 임도빈(편). 『한국행정의 역사적 분석 1985-2018 下』. 서울: 진인진, 2020.
____. "세계정치의 장과 대규모 행사를 활용한 공공외교." 김상배(편). 『지구화시대의 공공외교』. 서울: 사회평론아카데미, 2022.
____. "탈세계화, 팬데믹이 만든 시대정신의 변화." 홍석철(편). 『세븐 웨이브』 서울: 21세기북스, 2022.
조양현. "냉전기 한국의 지역주의 외교 – 아스팍(ASPAC) 설립의 역사적 분석." 『한국정치학회보』 제42집 1호 (2008).
하용출·조동준. "외교·통상정책." 한국행정연구원(편). 『한국행정 60년, 1948-2008: 3권 공공정책』. 서울: 법문사, 2008.
한국재정40년사편찬위원회. 『한국재정40년사 제6권: 재정운영의 시대별 분석』. 서울: 한국개발연구원, 1991.

2. 영어문헌

Christensen, Darin, and Jeremy M. Weinstein. "Defunding Dissent: Restrictions on Aid to NGOs." *Journal of Democracy* 24-2 (April 2013).
Economist Intelligence Unit. *Democracy Index 2022: Frontline Democracy and the Battle for Ukraine*. New York, NY: Economist Intelligence, 2022.
Maynard, Douglas H. "The World's Anti-Slavery Convention of 1840." *Mississippi Valley Historical Review* 47-3 (December 1960).
Policy Planning Staff, Office of the Secretary of State. *The Elements of the China Challenge*. Washington, D.C: Department of State, December 2020.
Trump, Donald J. *National Security Strategy of the United States of America 2017*. Washington, D.C.: White House, December 2017.
Union of International Associations. *Yearbook of International Organizations 2022-2023. vol.2 Geographical Index*. Brussels, Belgium: Union of International Associations, 2022.
Weisberger, Bernard A. "A Nation of Immigrants." *American Heritage* 45-1 (February/March 1994).
White House. *Building Resilient Supply Chains: Revitalizing American Manufacturing, and Fostering Broad-Based Growth* (100-Day Reviews under Executive Order 14017). Washington, D.C: White House, June 2021.

3. 언론사 자료

"China Announces Sanctions against U.S.-based Nonprofit Groups in Response to Congress's Hong Kong Legislation." *Washington Times*. 2 December 2019.
"China Concerns Prompt US Move to Rejoin UNESCO." *Guardian*. 12 June 2023.
"China Creates a World Bank of Its Own, and the U.S. Balks." *New York Times*. 4 December 2015.
"US NGO Denies Involvement in Hong Kong Protests." *Asia Times*. 17 December 2019.

4. 인터넷 자료

Emory University. "Trans-Atlantic Slave Trade Database." https://www.slavevoyages.org/ (검색일: 2023.5.30).
International Monetary Fund. "Country Composition of WEO Groups" (April 2023). https://www.imf.org/en/Publications/WEO/weo-database/2023/April/groups-and-aggregates (검색일: 2023.5.30).
Stockholm International Peace Research Institute. "The SIPRI Military Expenditure Database." https://www.sipri.org/databases/milex(검색일: 2023.5.30).
World Bank. "World Development Indictors." https://databank.worldbank.org/source/world-development-indicators(검색일: 2023.5.30).

제3부

한국의 대외관계

11장   대북한관계 _ 김계동 • 315

12장   대미국관계 _ 김현욱 • 350

13장   대중국관계 _ 한석희 • 378

14장   대일본관계 _ 조양현 • 408

15장   대러시아관계 _ 신범식 • 437

16장   대EU관계 _ 최진우 • 463

17장   대동남아시아관계 _ 신재혁 • 492

11장 대북한관계

1. 서론 315
2. 대북관계의 변천 316
3. 대북관계의 국내외적 환경 321
4. 대북정책의 목표와 추진 방향 325
5. 한반도 이슈의 쟁점과 과제 334
6. 남북한관계의 전망 341
7. 결론 347

김계동(건국대 안보·재난관리학과)

1. 서론

한국은 분단국이기 때문에 한국의 외교정책은 특수성을 지니고 있다. 다른 국가들과 달리 한국은 영속적인 주적이 존재한다는 전제하에 타국과의 관계를 설정해야 하고, 타국에 대한 외교정책 이외에 대북정책을 별도로 추진해야 한다. 외교정책과 대북정책은 상호 영향을 미치면서 균형과 견제로 작용한다. 외교정책은 국익을 바탕으로 국가의 생존과 번영을 목표로 추진되며, 대북정책은 국익보다는 동일민족에 대한, 언젠가는 통일을 이루어야 한다는 민족적 감정을 바탕으로 하여 추진된다. 군사적으로는 주적이지만 지원하고 교류와 협력을 하는 이유다.

한국의 대북한관계는 다양한 역사적 변천을 이루어 왔으며, 외교정책보다도 복잡한 이념적, 정치적, 군사안보적, 경제적 함의를 가지고 이루어져 왔다. 분단 자체가 자본주의와 공산주의 대립의 소산인 세계 냉전의 제1차적 부산물이고, 냉전 시작 이후 첫 번째 전쟁을 거치면서 세계 냉전대립의 전초기지 역할을 해 왔다. 이에 따라 한반도에는 이념대립과 더불어 군사적 대결이 점철되어 왔고, 세계 냉전이 종식된 1990년 이후 일부 시기에 화해와 협력의 관계가 이루어져 왔지만, 기본적으로 남북한은 긴장과 대립관계를 완전히 벗어나기가 힘든 상황이다.

대북관계의 중추적 역할을 하는 한반도 문제는 세월이 흐르면서 다양한 방식으로 진화해 왔다. 냉전시대에는 이념적 대립과 더불어 군사적 대결이 남북한관계의 중심으로 자리 잡았고, 1989년 세계 냉전이 끝난 이후 한때는 교류, 협력, 대화가 적극적으로 이루어졌는가 하면, 다른 한때는 군사적 충돌이 발생한 적이 있으며 극한적 대립을 해 왔다. 분단국의 궁극적 목표인 통일을 지향하는 점에 있어서는 방식의 차이는 있어도 남북한이 당위성에 대한 동일한 의식을 가지고 있으나, 이전 단계인 평화를 이루는 데 있어서는 남북한이 방식과 목표에 있어서 인식의 차이가 있기 때문에 평화로 가는 과정으로써의 관계개선은 일관적으로 이루어질 수가 없는 상황이다.

분단정부 수립 이후 약 80년이 지나면서 한국정부는 매우 다양한 대북정책을 추진해 왔다. 어떠한 정책은 수립과 실행 직후에 성공하는 듯이 보였으나 결국은 실패로 돌아가는 순환을 되풀이해 왔다. 그 이유에는 국제적 상황, 남북한의 국내 사정 등 복합적 원인이 있다. 한국정부는 그동안 다양한 방식의 대북접근을 해 왔기 때문에 새로 추진하기 위해 남아 있는 정책적 대안은 거의 없어 보인다. 현재 꽁꽁 얼어붙은 남북한관계를 풀기 위해서는 무언가 새로운 구상을 하고 추진해야 하는데 획기적으로 새로운 정책은 찾아보기 힘들고, 과거 추진했던 정책을 선별하여 다시 추진해야 할 상황이다.

이러한 점에서 이 장은 남북한관계를 개괄하면서 경색되어 있는 남북한관계를 어떠한 방식으로 풀어야 할지를 생각할 수 있는 기초를 제공하고자 한다. 한국의 외교정책이라는 큰 주제를 내용으로 하는 교과서의 챕터이기 때문에 주관적인 정책적 대안 제시보다는 객관적인 시각에서 과거의 대북정책을 설명 및 비평하고, 현재의 관계를 탐구하며, 새로운 정책을 위한 기본 인식을 제공한다.

2. 대북관계의 변천

한국전쟁이 휴전으로 일시 중단된 이후 남북한관계는 1970년대 초반까지 극한적인 대립상태가 유지되었다. 북한은 '남조선의 적화통일'을 국가의 주요목표로 설정하고 대남 적대관계를 유지했고, 남한도 '멸공통일', '승공통일'을 목표로 하여 대북 적대정책을 추진했다. 화해와 평화는 전혀 상상하기 어려울 정도로 남북은 극한적 대립을 하고 있었다.

1970년대에 들어서서 남북한은 화해의 분위기를 만들어나갔다. 남한의 이후락 중앙정보부장과 북한의 박성철 부수상이 남북한을 상호 방문하여 김일성과 박정희와 면담을 하여 대화를 시작하는 계기가 마련되었다. 이러한 상호방문은 1972년 7월 4일 남북한 공동선언으로 이어졌다. 남북한은 '자주·평화·민족대단결'을 바탕으로 하여 대화를 해나갈 것을 공동으로 선언했다. 이러한 1972년의 남북한 공동선언은 세계질서가 동서진영 간의 데탕트의 분위기로 전환되는 데 따른 계기가 큰 역할을 했다.

7·4공동성명 이후 남북한은 남북한 조절위원회를 구성하여 남북한의 관계개선을 위하여 수차례 회담을 개최하였고, 남북한 간의 인도적 교류를 위하여 남북적십자회담도 지속적으로 개최하였다. 이러한 밀월관계는 오래 가지 않았다. 근본적으로 남북한의 적대관계가 청산되지 않은 상태에서 관계개선 회담은 표류할 수밖에 없었다. 더구나 남한의 박정희와 북한의 김일성은 남북관계 개선보다는 세계정세 및 남북한관계의 새로운 국면을 활용하여 자기 권력의 강화를 모색했다. 박정희는 1972년 10월 유신을 단행하여 영구집권을

기도했고, 같은 해 김일성은 사회주의 헌법을 개정하여 주석제를 신설하여 자기 권력을 강화했다.

더구나 1980년부터 세계적으로 신냉전이 시작되면서 남북한관계도 얼어붙게 되었다. 이와 같이 1970년 이후 남북한은 대화와 교류를 시도했으나 별다른 성과를 거두지 못했고, 1980년대 후반 세계 냉전이 종식되면서 남북한이 새로운 관계를 모색하는 계기가 마련되었다. 남북한의 역학관계도 큰 변화를 겪게 되었다. 1980년대 후반 남북한의 경제력 등 전체적인 국력에서 격차가 심화됨에 따라 남한이 남북한 문제에서 주도권을 장악하게 되었다. 탈냉전 이후 남북한관계의 키워드는 북한의 체제위기, 북한의 개방과 핵, 남한의 우월성 확보, 남북한 협상 시도 등이었다.

한국정부는 대통령선언을 통하여 1988년 7월 7일, 북한에 대한 인식과 통일·외교정책 방향의 일대 전환을 의미하는 '민족자존과 통일번영을 위한 특별선언(7·7선언)'을 발표하였다. 이 선언은 국제질서와 주변 정세의 변화에 힘입어 남북한관계 발전사에 획기적 전기를 이룩해야 한다는 차원에서 발표되었다. 기존의 북한 고립화 정책에서 탈피하여 남북한 화해·협력의 새 시대를 주도하여 북한의 동참을 유도한다는 의미를 내포했다. 이 선언을 바탕으로 하여 1989년부터 남북한 사이에 교역이 시작되었다.

1990년 9월부터는 남북한의 총리가 대표단을 이끌고 서울과 평양을 번갈아 오가면서 고위급회담을 개최했다. 1991년 12월 15일 제5차 남북 고위급회담에서 남북한은 "남북 사이의 화해와 불가침 및 교류·협력에 관한 합의서(기본합의서)"를 채택했다. 전문과 본문 4장 25조로 구성된 합의서에 서명하여 역사적인 남북 화해 및 교류 시대의 새 장을 열었다. 이 기본합의서는 후에 북한의 핵문제가 등장하면서 이행되지 않았지만, 이 합의서만 지키면 평화와 통일까지 도달할 수 있는 훌륭한 내용을 포함하고 있었다. 이 기본합의서에 이어서 1991년 12월 31일 남북한은 핵협상 고위급회담 실무접촉을 실시하고 '한반도의 비핵화에 관한 공동선언(비핵화 공동선언)'을 채택했다.[1]

탈냉전 이후 발전되었던 남북한관계는 1993년 3월 북한이 핵확산금지조약(NPT)에서 탈퇴하겠다는 성명을 발표하여 북한의 핵위기가 시작되면서 중단되었다. 북한의 핵문제 등장 이후 미국은 북한이 NPT체제에 남고 핵무기 개발을 포기하도록 채찍과 당근정책을 구사했다. 핵개발 의혹 지역인 영변에 폭격하거나 북한을 봉쇄하는 채찍을 들려 했으나 중국의 존재 때문에 이러한 정책은 포기되었고, 북한과의 대화를 선택하여 1993년 6월 강석주-갈루치 차관보급회담을 개최했다. 이 회담의 결과 미국은 조선민주주의인민공화국을 인정하고, 내정간섭을 하지 않을 것이며, 선제공격을 하지 않겠다는 약속을 했으며, 북한은 NPT체제에 남겠다는 확답을 했다. 한국의 김영삼정부는 북한 핵문제가 등장한 이후 미국과의 공조원칙을 수립하였고, 사실상 북한 핵문제에 한국은 개입하지 않고 미국이 전담하여 해결하도록 했다. 결국, 이 정책은 북한이 '통미봉남(通美封南)' 정책을 구사하게 하여 김영삼정부가 소외되는 결과를 초래했다.

1994년 7월 8일 김일성의 사망에도 불구하고, 북한과 미국은 같은 해 10월 21일 제네바핵합의

---

1) 김계동, 『북한의 외교정책과 대외관계: 협상과 도전의 전략적 선택』 (서울: 명인문화사, 2012), pp. 200-201.

를 이끌어내어 북한의 핵문제를 일단락시켰다. 합의 내용은 북한이 현재와 미래의 핵동결을 하고, 핵무기 소재인 플루토늄 추출이 가능한 흑연감속로 원자로를 폐기하는 대신 미국이 주도하여 경수로 원자로 두 기를 건설해 주기로 하였다. 이 이외에도 북한과 미국은 궁극적으로 연락사무소까지 설치하는 관계개선을 하기로 합의했다. 이 협의 과정에 한국은 참여하지 못했고, 한국은 북한의 현재와 미래의 핵동결뿐만 아니라 과거에 핵무기를 개발했는지 여부, 개발했다면 얼마나 개발했는지에 대해서 밝히기를 원했으나, 이 내용은 합의문에 포함되지 않았고, 나중에 경수로 원자로 완성단계에서 밝히기로 했다.

1998년부터 임기를 시작한 김대중 대통령은 북한에 대한 포용정책을 추진했다. 김영삼정부 시절 적대적인 상태로 변한 남북한관계를 회복하고, 한반도 문제가 북미관계에 의해서 조율되는 상황을 남북한관계로 이끌어 오기 위해서 북한과의 화해를 모색한 것이다. 화해방식은 정경분리하여 정치적인 대화는 쉽게 해빙이 되지 않기 때문에 우선적으로 비정치 분야, 특히 경제 분야의 접근을 시도하고, 분위기가 무르익으면 정치 분야까지 범위를 확대하려는 전략을 기본으로 했다 (구체적인 내용은 이 장의 3절 2소절 '대북정책의 추진 방향: 이론적 접근'을 참조할 것). 한국정부의 대북지원 정책은 세 가지 방향에서 추진되었는데, 그들은 긴급구호 차원의 인도적 지원, 농업생산성 향상 등 구조적 개선을 위한 농업협력, 외화획득을 돕는 경제협력 활성화였다.

정치와 경제를 분리하여 경제 분야부터 추진한 김대중의 포용정책은 2000년 들어서면서 결실을 거두기 시작하여 정치적인 분야까지 확대되었고, 마침내 2000년 6월 13일 역사적인 남북한 정상회담이 개최되었다. 정상회담 결과 아래 내용의 6·15공동선언이 발표되었다.

① 통일문제를 우리 민족끼리 서로 힘을 합쳐 자주적으로 해결.
② 남측의 연합제 안과 북측의 낮은 단계 연방제 안의 공통성 인정 및 앞으로 이 방향에서 통일 지향.
③ 올해 8·15에 즈음하여 흩어진 가족, 친척 방문단 교환 및 비전향장기수 문제 등 인도적 문제를 조속히 해결.
④ 경제협력을 통해 민족경제를 균형적으로 발전시키고 사회, 문화, 체육, 보건, 환경 등 제반 분야의 협력교류 활성화.
⑤ 합의사항을 조속히 실천에 옮기기 위하여 빠른 시일 안에 당국 간 대화 개최.

김대중-김정일 정상회담 이후 남북한관계는 우호적인 방향으로 급변했다. 이는 정상회담 이후의 장관급·실무자급회담의 개최 내용이 표현해 주고 있다. 정상회담 이후 장관급회담, 국방장관회담, 군사실무회담, 적십자회담, 경제협력추진위원회, 경협 관련 실무접촉이 개최되어 다방면적인 협의를 하였다. 김대중정부가 들어서서 남북한 물자 및 인적교류도 괄목하게 늘어나 연평균 6천 명이 북한을 방문하였고, 200여 개의 기업이 북한에 진출하여 위탁가공 교역을 하는 등 인적·물적 교류가 증대되었다. 남북 합작사업으로 금강산 관광이 이루어졌고, 개성공단이 추진되었다.

김대중정부가 조성한 긍정적인 남북한관계는 2001년 미국 대선에서 대북강경론자인 공화당의 부시가 당선되면서 부정적인 방향으로 바뀌었다.

부시는 북한을 '악의 축'이라고 부르면서 클린턴(Bill Clinton)정부가 만들어 놓은 북미관계 개선에 찬물을 끼얹는 방향의 대북정책을 구사했다. 더구나 2002년 10월 미국의 의혹 제기로 북한의 우라늄탄 핵무기 개발문제가 제기되면서 제2차 북핵위기가 시작되었다.

민주당 정권을 재창출한 노무현정부도 대북 포용정책을 지속적으로 추진했으나, 북미관계의 갈등적 요인과 제2차 북핵위기의 등장으로 북한과의 화해협력은 제한적일 수밖에 없었다. 일단 노무현정부는 북한과의 화해협력을 저해하는 부정적인 요인들을 분리 추진하는 정책을 모색했다. 특히 화해협력을 모색하는 대북정책에 북한의 핵문제가 개입되는 상황이 발생하지 않도록 했다. 이를 위해서 북한 핵문제의 국제화를 모색했다. 북한문제에 적극적인 개입을 원하는 중국도 이 방식을 선호하여 베이징에서 2003년부터 북핵문제 해결을 위한 6자회담이 개최되었다. 북핵문제를 국제문제로 전환한 노무현정부는 개성공단, 금강산 관광, 철도·도로 연결 등 3대 남북경협사업을 확대하고 발전시키는 성과를 거두었다.

노무현정부는 임기를 얼마 남겨 놓지 않은 2007년 10월 4일 남북정상회담을 개최했다. 남북한 정상은 6·15공동선언 적극 구현 등 8개 항으로 구성된 '남북관계 발전과 평화번영을 위한 선언'에 합의하고 이에 서명하였다. 2000년 6·15 남북공동선언이 분단 이후 단절된 남북대화를 재개한 선언적 성격이었다면, 2007년 남북정상선언은 정치, 화해, 평화, 경제협력, 사회문화, 인도 분야 등 40여 개의 의제를 담고 있었다. 이 공동선언은 남북경협을 한 단계 도약할 수 있는 토대를 마련하였다. 해주경제특구 건설, 한강하구 공동이용, 남포·안변 조선협력단지 건설, 개성·평양 고속도로 및 개성·신의주 철도 개보수, 문산·봉동 화물열차 운행 등과 같이 남북경제공동체 건설에 실질적으로 기여할 수 있는 새로운 협력사업을 추진하기로 합의하였다. 이 외에도 개성공단 통행·통신·통관 등 3통 문제 해결에 합의함으로써 한국기업의 대북투자 환경개선을 확대하였다.

이러한 합의는 2008년 이명박정부가 들어서서 이행을 거부함에 따라 실현되지 않았다. 이명박정부는 10·4공동선언을 무효화시키면서 '비핵개방3000'을 제시했다. 이 방안은 북한이 핵무기를 폐기하고 비핵화하면 국제사회와 협조하여 경제 등 대북 5대 프로젝트를 추진해서 10년 내 북한 주민 1인당 국민소득이 3,000달러 수준에 도달하도록 돕겠다는 내용을 골자로 했다. 남북한 대화나 협상에서 북한의 핵문제를 거론하는 것을 반대하는 북한이 이 제안을 받을 리가 없었다. 이명박 집권 기간 금강산 관광객 총격 사망 사건, 천안함 침몰 사건 등으로 남북한관계는 더욱 악화되었다. 2010년 3월 천안함 침몰사건에 대한 대응으로 한국정부는 5·24 조치를 내놓았다. 이 조치의 주요 내용은 개성공단을 제외한 남북교역 중단, 북한 선박의 한국 해역 운항 불허, 개성공단과 금강산 제외 방북 불허, 북한에 대한 신규투자 불허, 인도적 지원을 제외한 대북지원 사업 보류 등이었다.

이명박정부 시기인 2008년 관광객 총격 사건으로 금강산 관광이 중단된 이후 금강산 관광은 재개되지 못했고, 2016년에 북한이 4차 핵실험을 하고 장거리 미사일을 발사하자 박근혜 대통령은 2016년 2월 10일 개성공단의 전면 중단을 선언했다. 이에 따라 1998년 이후 김대중 대통령이 시작한 금강산 관광, 개성공단 등 남북한의 합작사업은 모두 폐기되었고, 이와 관련하여 남북한 간의 협력사업 거의 모두가 중단되다시피 했다.

2017년 5월 문재인정부가 등장한 이후 북한은 다양한 형태의 무력시위를 했다. 장거리 탄도미사일 화성-12형, 화성-14형, 화성-15형을 발사했고, 제6차 핵실험을 한 후 수소폭탄 시험을 성공적으로 마쳤다고 주장했다. 이에 대해 유엔 안보리는 결의안 2345호, 2371호, 2375호를 연이어 통과시켜 북한을 제재했다. 김정은은 2017년 11월 29일 장거리 미사일을 시험 발사한 후 '국가 핵 무력 완성'을 선언하였고, 2018년 신년사에서는 "핵 단추가 내 사무실 책상 위에 항상 놓여있다는 것은 위협이 아닌 현실임을 똑바로 알아야 한다"고 위협했다. 북한의 무력시위에 대한 한국과 미국의 대응은 강력했고, 북한과 한미 사이에 일촉즉발 상황이 전개되었다.

2018년 들어서 남북한관계의 극적인 반전이 이루어졌다. 북한이 평창에서 2월 8일부터 개최된 동계올림픽 일부 종목에 선수단을 파견하여 남한과 단일팀을 구성하여 참가하는 화해의 분위기가 조성되었다. 이러한 화해 분위기는 2018년 4월 27일 남북한 정상이 판문점에서 만나 정상회담을 하여 판문점선언의 발표로 이어졌다. 판문점선언의 내용은 크게 남북한 관계개선과 발전, 남북 간 군사적 긴장상태 완화와 전쟁위험의 실질적 해소, 한반도의 평화체제 구축을 위한 협력을 포함했다. 또한, 남북은 완전한 비핵화를 통해 핵 없는 한반도를 실현한다는 공동의 목표를 확인했다고 명시했다. 더불어 남북은 불가침 합의를 재확인하고 단계적으로 군축을 실현해 나가기로 합의했다. 정전협정을 평화협정으로 전환하기 위해 남북미 3자 또는 남북미중 4자회담 개최를 추진하기로 했다.

5개월 뒤인 2018년 9월에는 평양에서 남북한 정상회담이 개최되었다. 2018년 9월 19일 9·19 평양 정상회담 공동선언은 4월의 판문점선언보다 남북경제협력의 내용을 보다 구체화했다. 군사 분야의 합의는 군사분계선(MDL) 일대의 비행금지 구역 설정과 비무장지대(DMZ) 내 감시초소(GP) 시범 철수, 공동경비구역(JSA) 비무장화, 한강하구 공동이용 수역 설정 및 조사, 서해 북방한계선(NLL) 일대의 서해 평화수역 설정 등이었는데, 이 조항들은 북한도 원했던 내용이기 때문에 대부분 실현됐다.

2018년 접어들어서 남한과의 대화를 획기적으로 진전시킨 북한의 대남 대화 전략 중에서 이전의 자세와 크게 달라진 점은 북한의 비핵화문제가 남북한 대화에서 본격적으로 거론되기 시작했다는 점이다. 이전에는 자신들의 핵문제는 남한과는 상관이 없는 문제라고 하면서 남북대화에서 북한의 핵문제를 거론하는 데 대해서 신경질적인 반응을 보이곤 했다. 그러나 2018년부터 대화 전략이 바뀌기 시작한 것이다. 9·19정상회담 선언은 "한반도를 핵무기와 핵 위협이 없는 평화의 터전으로 만들어나가야 하며 이를 위해 필요한 실질적인 진전을 조속히 이루어 나가야 한다"고 밝혔다. 김정은은 기자회견에서 "조선반도를 핵무기도 핵 위협도 없는 평화의 땅으로 만들기 위해 적극적으로 노력해 가기로 확약했다"고 강조했다.

남북한 대화에 북한의 비핵화가 논의되기 시작했더라도 북한 비핵화 협상의 주체는 미국이라는 점에는 변함이 없었다. 이에 따라 한국의 문재인 대통령은 협상에 적극 참여하기보다는 북한과 미국 사이의 핵협상이 진전되도록 하는 중재자 역할을 모색하면서 '운전자론'을 내세웠다. 마침내 6월 12일 싱가포르에서 북미정상회담이 개최되었고, 이 회담에서 트럼프와 김정은은 "트럼프 대통령은 북한에 대해 안전보장을 제공하기로 약속했고, 김정은 위원장은 한반도의 완전한 비핵화라는 확고한 약속을 재확인했다"는 내용이 포함된 공동성명을 발표했다. 이 성명은 이어서 양국이 평화와 번영을 위한 새로운 관계를 수립하고 한반도에서 지속적이고 안정적인 평화체제를 구축하기 위해 노력한다는 내용을 포함했다. 이 공동성명에는 미국의 안전보장 제공 방법과 한반도의 완전한 비핵화를 위한 북한의 이행의무와 절차가 구체적으로 담겨 있지 않았다. 구체적으로 실천방안을 강구하고 불완전한 내용을 보완하기 위해서 2019년 2월 하노이에서 제2차 북미정상회담이 개최되었으나, 아무런 합의도 하지 못하고 끝났다.

하노이 정상회담이 실패로 돌아간 후 북한 비핵화 협상은 거의 불가능한 상황으로 되었고, 남북한관계도 거의 원점으로 돌아가고 말았다. 이러한 상황에서 2018년 남북미 협상을 주도하던 트럼프와 문재인이 물러나고 바이든과 윤석열이 미국과 한국의 대통령으로 새롭게 등장했다. 현재는 비핵화는 물론 기타 관계에서도 새로운 진전이 거의 불가능해 보이지만, 한미정권이 안정된 후에 어떠한 정책이 펼쳐질지에 대해서는 반드시 부정적이지는 아닌 것으로 보인다.

3. 대북관계의 국내외적 환경

한반도의 분단은 국제적 요인과 국내적 요인에 의하여 이루어졌기 때문에 국내외 환경이 남북한관계의 주요 동인이 되고 있다. 구체적으로 분단 이후의 남북한관계의 변화는 냉전 및 탈냉전과 같은 국제질서와 남남갈등과 같은 국내적 요인이 주요 환경적 원인으로 이해되고 있다.

1) 국제적 환경

남북한관계의 변화는 세계 냉전 및 탈냉전과 흐름을 같이 한다. 한반도 분단과 냉전은 거의 동일선상에서 시작되었다. 제2차 세계대전 당시 미국과 소련은 독일을 물리치기 위해 연합했던 관계를 유지했고, 독일과 일본 등 추축국 세력이 와해되어 종전이 이루어지는 과정에서 일본이 점령했던 한반도를 소련이 독점하는 것을 막기 위해 미국이 한반도의 38선 분할점령을 제의했고, 소련이 이를 받아들여 한반도는 미국과 소련의 점령지역으로 양분되었다. 명목상으로는 일본의 항복을 미국과 소련이 분리하여 받으려는 목적이었지만, 전쟁 이후의 세력관계를 고려한 세력권 분할의 성격도 지니고 있었다.

자본주의와 공산주의라는 절대로 연합될 수 없었던 미국과 소련의 이념적 상극관계는 급기야 1947년 트루먼독트린으로 갈등적 상황으로 전개되기 시작했고, 미국의 마셜플랜, NATO동맹 등에 의하여 본격적인 냉전으로 진화되었다. 1947년 세계 냉전이 시작되자마자 한반도 신탁통치 실시를 위한 협의를 목적으로 진행된 미소공동위원회가 실패로 돌아갔다. 이후 미국의 주도로 유엔이 한반도 문제에 개입하여 1948년 유엔 감시하에 남한지역에서의 총선거가 실시되어 대한민국정부가 수립되었고, 이어서 조선민주주의인민공화국이 수립되면서 한반도는 영구분열의 길로 들어서게 되었다.

유럽에서 시작된 냉전은 빠른 속도로 아시아, 특히 동아시아로 전파되었다. 이렇게 아시아로 전파된 냉전은 곧바로 열전(熱戰)으로 전환되었다. 1950년 한국전쟁이 발발했고, 얼마 지나지 않아 베트남전쟁이 발발했다. 전쟁을 겪은 한반도에서는 냉전의 틀 내에서 치열한 갈등과 대립이 지속되었다. 한국전쟁이 종식되지 않고 중단된 상태였지만 큰 무력충돌은 발생하지 않았는데, 그 이유는 유엔이 한국전쟁 정전협정의 준수를 감독했기 때문이었다. 한국전 휴전 이후 남북한은 공존적 대치상황을 이어갔다.

이와 같이 냉전이라는 세계질서에 종속된 남북한관계는 1970년대 초반 세계질서가 냉전에서 데탕트로 옮겨 갈 때 동반하여 움직였다. 1972년 미국이 중국과 관계개선하고 소련과는 전략무기제한협정(SALT)을 체결하여 냉전이 완화되고 데탕트로 들어갈 때 세계의 주요 갈등지역은 공존과 평화를 모색하게 되었다. 예를 들어, 독일의 경우 1969년부터 브란트(Willy Brandt) 수상이 추진한 동방정책이 결실을 맺어 동서독의 교류와 협력을 위한 기본조약이 1972년에 체결되었다. 한반도의 경우에도 1972년 7월 4일 남북한이 7·4공동성명을 발표하여 대화와 교류의 틀을 마련했다.

그러나 1972년 시작된 세계적인 데탕트는 냉전이 종식된 이후에 시작된 새로운 세계질서가 아니라 냉전이 유지되고 있는 상황에서 냉전대립을 완화시키는 성격이었기 때문에 결국 데탕트는 10년도 유지되지 않은 1979년에 소련이 아프가니스탄을 침공한 이후 와해되었다. 데탕트가 끝난 이후 세계질서는 데탕트 이전의 냉전시대보다 갈등과 대립이 더욱 심화되어 신냉전이 시작되었다. 1970년대에 제한적으로 유지되면 남북한의 대화도 별 소득 없이 유야무야되었다.

1980년대에 시작된 신냉전은 서방 진영의 힘의 우위 속에서 지속되었으며, 미국의 레이건 대통령은 소련을 '악의 제국'이며, 지구상에서 사라져야 할 나라라고 하면서 강한 압박정책을 구사했다. 이 시기에 소련과 1940년대 후반에 수립된 동유럽 공산국가들은 서방진영의 압박보다는 자체적인 모순점 때문에 어려움을 겪고 있었다. 특히 경제적으로 계획경제와 사유재산 금지를 바탕으로 하는 공산주의 경제가 동기부여 부족에 따른 경제 활성화의 실패로 체제적인 위기상태에 놓여있었다. 소련의 고르바초프가 페레스트로이카와 글라스노스트 등 개혁과 개방을 추진한 것과 유사한 정책을 폴란드, 헝가리 등 공산주의 국가들이 뒤따랐다. 북한도 이러한 위기에서 예외는 아니었고, 1984년부터 합영법을 제정하여 경제적 모순점을 극복하려고 노력했다.

결국, 1989년 세계 냉전은 끝났다. 탈냉전은 공산주의의 패배를 의미했다. 동유럽의 공산주의 국가 모두가 1989년 한 해에 자본주의로 체제전환을 했다. 소련도 1991년 연방이 해체되었다. 세계에 남은 공산주의 국가는 중국, 북한, 쿠바, 베트남 등이었다. 이러한 상황에서 북한은 위기감을 느끼게 되었다. 이 위기감은 탈냉전이라는 세계질서의 전환 때문이기도 했지만, 남한에 대비하여 경제력 등 국력 격차가 크게 확대된 이유도 있었다. 한국에 정치 민주화가 이루어져 내부 통합도 전에 비해서 강화되었고, 국제적 위상에 있어서도 차이가 나기 시작했다. 냉전시대에 북한은 제3세계 외교에서 남한에 앞서 있었으나, 탈냉전 이후 제3세계의 의미가 사라졌고 동유럽의 우호적인 공산주의 국가들이 모두 민주화되어 북한은 우호국가를 많이 잃게 되었다. 특히 중국과 소련이 남한과 수교를 함에 따라 동북아 질서에서 남북한의 균형이 남한 쪽으로 기우는 상황도 전개되었다.

탈냉전 이후 북한은 체제생존을 위하여 유연한 외교정책과 대남정책을 펼치기 시작했으나, 경제난 등 위기극복 가능성이 보이지 않자, 1993년 3월 NPT 탈퇴선언을 하여 핵무기 개발 의혹을 보이면서 벼랑끝 외교를 펼치기 시작했다. 이에 따라 한반도 냉전 해체는 요원한 것으로 되었다. 탈냉전 이후 세계 유일 초강대국이 된 미국이 주도적으로 북한의 비핵화 문제를 다루게 됨에 따라 남북한관계에 미국이 주된 변수로 등장하게 되었다. 냉전시대의 한미일 남방 3각관계와 북중소 북방 3각관계는 탈냉전과 동시에 약화되는 변화를 겪게 되었으나, 북한 핵문제 등장 이후 남방 3각관계는 북한의 비핵화와 장거리 미사일 발사에 대한 대처로 결속력이 유지되고 있으며, 최근 들어 러시아가 우크라이나를 침공한 이후 서방진영이 협력하여 대처하게 됨에 따라 북방 3각관계도 강화되는 조짐을 보이고 있다.

요컨대 한국의 대북정책은 국제질서의 영향을 많이 받으며, 특히 한미관계와 병렬적인 구조를 지니고 운용되고 있다. 이 구조의 중심에는 북한의 비핵화가 위치하고 있으며, 다른 분야의 대북관계는 이 구조에 종속되어 있는 편이다. 최근 들어서 미국과 중국의 경쟁 및 대립관계가 심화되면서 한국의 외교뿐만 아니라 대북정책이 그 영향을 받고 있다. 이러한 불투명한 국제환경에서 한국의 지도층과 군부는 미국과의 동맹을 중시하고 있으며, 이를 바탕으로 대북정책도 결정 및 이행되고 있다.

2) 국내적 환경

대북정책의 입안과 결정에 영향을 미치는 중요한 요소 중의 하나는 국내정치다. 분단국가인 한국정치는 진보와 보수가 분명하게 갈려 있고, 극단화 현상을 보여 대북정책과 같이 민감한 분야에 있어서는 심각한 갈등, 심지어는 투쟁적인 면을 보이기도 한다. 분단국의 최종목표는 통일이라는 점에 대해서 진보와 보수 모두가 동의하는데, 통일방식에 대해서는 극명한 차이를 보이고 있다. 진보는 남북한의 화해 및 협력을 통하여 평화를 이룬 후 점진적이고 단계적인 통일을 지향하는 데 반해, 보수는 체제 열세인 북한의 붕괴에 따른 흡수통일을 지향하는 경향을 보이고 있다. 한반도의 평화에 대해서도 진보는 군사적 신뢰구축 및 군축을 이루어 평화를 이루어야 한다는 시각을 갖고 있는 반면, 보수는 한미동맹 또는 자체 군사력을 강화하여 북한을 압도하는 정세 속에서 평화가 유지된다는 논리를 제시하고 있다.

냉전시대에는 '남남갈등'이 별로 존재하지 않았다. 냉전시대의 한국정치는 잠시 동안의 장면 제2공화국을 제외하고, 이승만, 박정희, 전두환으로 이어지는 보수적인 독재정부에 의해 통치되고 있었기 때문에, 일부 반대시각은 있었지만, 북한에 대해서 강경한 입장을 보이는 정부와 다른 시각을 가진 개인이나 단체는 별로 없었다. 우연치 않게도 세계 냉전의 기간에 한국에는 보수정부가 이어졌다. 앞서 언급한 바와 같이 1970년대 세계가 데탕트 기간으로 들어갔을 때 박정희정부는 남북한 7·4공동성명을 발표하고 남북조절위원회, 남북한 적십자회담을 지속했으나, 기본적으로 북한에 대한 적대감이 잠재하고 있는 상황에서 제한적인 대화가 이루어졌으며 보수정부가 추진했기 때문에 이 대화에 반대하는 시각은 거의 존재하지 않았다.

1988년 민주화된 제6공화국이 들어서고, 냉전이 종식되는 과정에 들어가면서 한국 내의 이념적 지평의 변화가 시작되었다. 보수적으로 편향적인 분석이 주를 이루었던 한반도 분단과 전쟁 등에 대해서 진보 지식인들과 젊은 학생들을 중심으로 새로운 인식이 등장했고, 북한에 대해 객관적으로 평가하기 등의 움직임이 시작되었다. 북한을 정확히 알기, 북한을 북한의 입장에서 이해하기, 남북한관계의 바람직한 방향 등에 대한 젊은 학생들의 시각이 표출되면서 '주사파'라는 단어가 나오기도 했다. 그러나 당시는 한국정치 민주화의 주역들이 이러한 새로운 인식의 흐름을 주도했기 때문에 이에 대해서 크게 반발하는 세력은 등장하지 않았다. 더구나 세계적인 탈냉전도 이러한 움직임에 대해서 반발하는 세력이 등장하지 않게 하는 데 일조했다.

탈냉전 이후 북한은 경제난을 비롯하여 체제위기에 처하게 되었고, 체제붕괴의 위험에 직면하게 되었다. 이때부터 한국에서는 북한붕괴에 따른 흡수통일에 대한 논의가 시작되었다. 더구나 1990년 10월 3일 동독이 붕괴되고 서독에 흡수통일되었기 때문에 한반도에도 유사한 상황이 벌어질 것이라는 기대감이 증가했다. 북한의 붕괴위기는 매우 심각한 상황이었기 때문에 한국 국민 반 이상이 북한이 10년 이내에 붕괴할 것이라는 데 동의하였다. 그러나 북한의 붕괴론에 대한 생존론이 등장했다. 북한은 쉽게 붕괴하지 않을 것이라는 주장이었다. 특히 경제난에 대해서 경제적 어려움 때문에 국가가 붕괴한 사례는 거의 없고, 경제난에 대하여 주민들의 불만이 생기고, 그 불만이 조직화하여 저항으로 이어질 때에만 붕괴가능성이 있다는 주장이었다. 붕괴론자와 생존론자의 심각한 대결은 없었지만, 북한이 그로부터 30년 동안 붕괴하지 않은 것을 보면 생존론자들의 주장이 맞았는지도 모른다.

북한의 붕괴에 대한 논쟁은 그리 심하지 않았지만, 통일방식으로서 흡수통일에 대해서는 상당한 수준의 논쟁이 있었다. 특히 김영삼정부와 김대중정부 시기에 열띤 논의가 있었다. 논의의 중점은 흡수통일을 추구하는 것이 바람직한 것이냐, 흡수통일이 가능할 것이냐에 대한 것이었다. 김영삼정부는 대외적으로는 1994년 민족공동체 3단계 통일방안을 발표하여 단계적인 평화통일을 지향하는 모습을 보였지만, 실질적으로는 북한의 붕괴에 따른 흡수통일을 지향하고 있었다. 김대중정부는 북한이 다양한 어려움에 처한 것은 사실이지만, 붕괴 가능성은 별로 없고, 한국은 북한과의 흡수통일을 지향하지 않을 것이라는 논지를 펼쳤다. 김대중정부는 "북한을 실패한 체제로 간주하되 쉽게 붕괴하지 않을 것이며, 이미 변화를 시작했고, 변화하지 않을 수 없을 것"이라는 과거와 다른 대북 시각을 보여주며 대북정책을 원점에서부터 새로 시작하였다.[2] 북한 붕괴 시 남한정

---

2) 김계동, "한반도 냉전구조의 해체: 국제적 탈냉전의 유형과 선택적 대안," 김계동 외, 『탈냉전시대 한국전

부가 북한을 일방적으로 흡수통일하는 것을 국제사회가 인정하지 않을 것이라는 주장이 제기되었고, 이를 근거로 북한이 붕괴되더라도 남한이 흡수통일을 하지 못하고 국제관리에 들어갈 가능성이 많다는 주장에 대한 찬반 논쟁도 있었다.

김대중정부가 들어서면서부터 남북한관계에 대한 가장 큰 화두는 북한과의 교류, 북한을 지원하는 데 대한 것이었다. 이에 따라 김대중 대통령의 대북 포용정책이 좌우 진영 논쟁의 도마 위에 오르게 되었다. 김대중 대통령은 나그네의 외투를 바람이 벗기느냐 따스한 햇볕이 벗기느냐의 이솝우화의 선택적 질문을 제시하며 따뜻한 햇살이 벗길 수 있다며 '햇볕정책'을 추진했다. 포괄적인 포용정책으로 발전된 화해협력 정책은 갈등적인 정치 분야를 제외한 경제 문화 등 비정치 분야의 협력을 추진하였는데, 처음에는 경계하던 북한이 순차적으로 수용함에 따라 궁극적으로는 정상회담까지 이어지게 되었다.

김대중정부가 포용정책을 시작할 때부터 보수진영에서 이에 대한 반대시각을 보이기 시작했다. 포용정책의 수단은 북한에 대한 경제지원을 기본으로 하는데 적대감이 완화되지 않은 상황에서 북한에 대한 경제지원은 북한을 풍요롭게 하여 남한에 대한 위협이 되며, 특히 지원하는 곡물이 군량미로 활용될 우려가 있다고 반대 의사를 표시했다. 남한이 지원하는 만큼 북한도 상응하는 조치를 취해야 한다는 '상호주의' 원칙을 따라야 한다는 주장을 했다. 이에 대해서 포용정책론자들은 우물의 펌프에서 물을 끌어내기 위한 '마중물' 논리를 폈다. 지금 북한에 물을 조금만 넣으면 남북한 적대감 완화 및 상생의 기회를 창출하는 큰물을 뽑아낼 수 있다는 주장을 했다. 결국, 이러한 논쟁은 '남남갈등'으로 발전하여 해결방안을 찾기 어려운 논쟁으로 이어지고 있다.

이후 한국의 대북정책은 좌우 논쟁에 휘말려 자주 번복되고 변화되는 모습을 보였다. 진보정부가 들어서면 북한과의 화해와 협력을 시도하고, 보수정부가 들어서면 대화보다는 압박을 하여 북한을 변화시키려는 정책을 모색했다. 이의 배경에는 한국정치와 국민들이 명백하게 좌우로 분열되어 있는 양상이 존재하고 있었다. 이에 따라 정치지도자들은 대북정책을 국민들 지지를 받는 데 활용한 측면을 부정하기 어렵다.

4. 대북정책의 목표와 추진 방향

대북정책은 외교정책의 한 부분이라 할 수 있지만, 외교정책과는 차이가 있는 목표를 추구하고 추진 방향도 차이가 있다. 외교정책의 목표는 거의 완전하게 국익을 바탕으로 하지만, 대북정책은 분단을 극복하고 민족의 동일성을 회복하는 데에도 목적을 두기 때문에 외교정책보다 심도 있고 확대된 범위에서 추진된다. 이 절에서는 일반적인 외교정책과 차이점이 있는 대북정책은 어떠한 목표를 지향하면서 추진되는지, 그리고 어떠한 방식으로 집행이 되는지에 대해서 차별적인 분석을 한다.

1) 대북정책의 목표

분단국의 외교안보적 차원에서의 최종목표는 통일이다. 다양한 통일방식이 있을 수 있는데, 크게

쟁의 재조명』(서울: 백산서당, 2000), p. 500.

분류하면 급진적 흡수통일과 점진적 합의통일이다. 흡수통일의 경우 대체로 급진적으로 이루어지기 때문에 과정이라는 것은 별로 없다. 흡수통일은 한 진영의 붕괴에 의해서 이루어지는 방식인데, 대체로 외부적 요인보다는 자체적인 문제점 때문에 붕괴되기 때문에 상대진영을 붕괴시키는 정책은 시행되기 어렵다. 그러나 점진적 합의통일의 경우에는 복잡한 과정을 필요로 한다. 우선 적대감을 해소하고 서로의 체제를 인정하는 바탕 위에서 교류와 협력을 추진해야 한다. 다음으로는 평화공존을 위해서 평화의 제도화가 필요하다. 평화의 제도화는 평화협정의 체결이나 평화체제의 수립이다. 한반도의 경우 아직 한국전쟁은 끝나지 않았고 휴전협정에 의해서 남북한의 불안정한 공존이 계속되는 상황을 영구적인 평화상태로 전환하기 위해서 평화협정 체결이 필요하고, 그 대안으로 평화체제의 수립도 고려할 만하다.

이러한 관점에서 이 소절은 관계개선, 평화수립, 통일을 대북정책의 목표로 설정하고 구체적인 논의를 한다. 현재의 상황에서는 현실적으로 이루기 어려운 과정이라 해도, 분단국의 입장에서는 이러한 목표를 국가정책의 중요한 부분으로 유지하지 않을 수 없다.

(1) 관계개선

당연한 이야기지만 모든 관계는 나쁜 것보다 좋은 것이 바람직하다. 지금은 적대관계라고 해도 싸워서 이길 수 없는 상황이라면 협력관계를 가지면서 상생과 공존을 도모하는 것이 서로의 국력을 소모하지 않고 관계를 안정적으로 관리할 수 있는 방법이다. 물론 남북한의 분단은 이념이 바탕이 되었기 때문에 이념대립이 사라져야 완전한 상생과 협력관계를 가질 수 있고, 전쟁에 의해서 적대감이 극단적으로 심화되었기 때문에 화해가 쉽지 않지만, 세계적인 탈냉전의 기류를 타고 노태우, 김대중정부 당시 적극적인 관계개선의 시도가 있었고, 북한도 이에 대해 적극적으로 수용하는 태도를 보이기도 했다. 물론 노무현, 문재인정부도 대북화해정책을 펼쳤으나, 노무현정부의 대북화해정책은 김대중정부의 정책을 계승한 것이었고, 문재인정부의 대북정책은 기본적으로 비핵화를 위한 북미관계 발전의 중재자 역할에 중점을 두고 있어 북미관계가 틀어질 때 남북한의 군사분야의 합의 등도 결국은 무시되었기 때문에 여기서 구체적 언급은 불필요하다.

노태우와 김대중정부가 추진했던 대북 화해정책은 한국전쟁 이후 수십 년 동안 유지되어 온 적대감을 일시적이나마 완화하는 데 큰 역할을 했다. 두 정부의 대북 화해정책을 심층적으로 분석해 보면 왜 대북화해 정책을 추진해야 하는지 그 이유를 알 수 있다 (글상자 11.1 참고).

첫째, 국가가 분단되었다는 사실은 그만큼 국가가 불안정하다는 의미를 지닌다. 적대국이 바로 코앞에 있어서 항상 위협과 불안 속에서 살아야 하고, 이에 따라 남북한 주민들의 안정적인 삶이 부정적인 영향을 받을 수 있다. 지정학적인 측면에서 아시아 국가인 남한은 아시아 대륙과의 연결 선상에 북한이 존재하여 대륙과의 연결이 단절되고 섬과 같은 고립 속에서 살아야 한다. 이러한 이유로 대륙으로의 경제적 연결이 불가능하고, 그만큼 경제적인 장애 요인이 되고 있다. 한반도 분단체제는 남북한의 사회가 억압, 분열, 긴장 속에 놓이게 한다. 분단에 따른 안보 논리로 국민의 자유와 인권을 제한하거나 박탈하는 경우가

글상자 11.1

노태우와 김대중정부의 대북정책 비교

노태우와 김대중정부는 한반도 분단사에서 남북한관계를 새로운 방향으로 전환시킨 업적을 남겼다. 두 정부의 대북정책은 차이점도 있지만, 유사한 점도 많다.

	노태우정부의 대북정책	김대중정부의 대북정책
환경	• 탈냉전에 따른 세계질서의 변화 • 남한의 경제발전 및 민주화에 따른 남북한 국력 격차 심화 • 북한의 경제난 등 체제위기	• 김일성 사망과 김정일 권력승계 • 북한의 '통미봉남'으로 남한의 소외
개최 회담	• 1990년 남북 고위급회담(총리 대표)	• 2000년 남북정상회담
합의사항	• 남북 사이의 불가침 및 교류협력에 관한 합의서(기본합의서)	• 6·15공동선언
성과	• 남북한 교역 시작(1989년)	• 금강산 관광 • 군사를 포함한 다방면적인 교류와 협력
북한의 변화	• 나진·선봉 자유무역지대 선정과 개방 시도(1990년)	• 신의주 특별행정구 지정과 개방 시도(2002년)
진행	• 북한의 NPT 탈퇴선언(1993년)으로 대북 화해정책 중단	• 후임 노무현정부 계승

발생하고, 남한의 경우에는 정치사회적으로 남남갈등이 존재하기도 한다.

남북한관계가 개선되면 이러한 불안정하고 긴장된 요인을 제거할 수 있고, 안정, 번영, 자유로운 삶을 영위할 수 있다. 적대감이 줄어들기 때문에 군사비 등 분단비용을 대폭 줄일 수 있고, 이러한 잉여 재정으로 국민의 삶을 번영되게 만들 수 있다. 국제무역의 차원에서 대륙을 통하여 중국 및 유럽시장으로 저렴하고 빠른 운송 루트를 개설하여 경제적 이득을 제고할 수 있다. 남한의 자본과 북한의 저렴한 노동력이 협력하여 국제적으로 경쟁력 있는 생산성 제고를 확보할 수 있다. 또한, 문화교류를 하게 되면, 수천 년 동안 이어왔지만 분단으로 일부 단절된 민족문화를 통합하여 한국인들의 문화적 우수성을 계발 및 확대시킬 수 있다.

둘째, 평화 및 통일의 여건 조성의 목표를 실행하기 위해 대북정책이 추진된다. 한반도 분단의 원인은 세계 냉전의 시작과 이에 따른 이념적 차이 때문이지만, 한국전쟁을 치르면서 군사적 적대감이 가장 중요한 부분으로 자리 잡게 되었다. 한국전 휴전 이후 남북한이 공존은 하고 있지만, 평화공존이 아니라 대립과 갈등하에서 불안정한 공존을 하고 있다. 남한에 어떠한 정부가 수립되느냐에 따라서 남북한의 대화와 협상이 이루어지지만, 정권이 교체되면 갈등 분위기가 형성되어 대립적 공존을 하게 된다. 서로의 부담이 너무 크기 때문에 전쟁까지 가게 될 상황은 아니지만, 불안정한 대립적 공존을 평화공존으로 발전시켜야 할 필요성은 항상 제기되고 있다. 평화공존은 당장 대화로 이루어지는 것이 아니라 남북한 당국이 관계개선을 추진하면서, 관계개선 이후의 단계로 평화를 모색할 필요성이 제기되고 있다.

실제로 남북한 관계개선의 과정에서 군사적 분야에 대한 합의가 이루어진 역사가 있다. 노태우 대통령 당시 남북한 고위급회담의 결실로 서명된 남북한 기본합의서(원래 명칭은 '남북한 간의 화해 불가침 및 교류협력에 관한 합의서')의 '불가침'은 군사 분야의 포함을 의미한다. 기본합의서 체결 이후 남북한 비핵화에 관한 공동성명이 발표되었다. 또한, 2000년 남북한 정상회담 이후 후속 회담으로 남북한 국방부 장관회담이 이루어져서 다양한 분야의 군사 분야 합의가 이루어졌다. 문재인정부 당시에도 2018년 정상회담을 하고 군사 분야에 대한 합의를 한 역사가 있다. 이와 같이 남북한 관계개선은 한반도 평화에 바탕이 되고 있다.

셋째, 남북한 관계개선의 목표 중의 하나는 한반도 문제에 대한 외세개입 방지 및 남북한의 외세 의존을 탈피하는 것이다. 한반도 분단은 제2차 세계대전의 대일본전 승전국들이 일본의 식민지였던 한반도를 38도 선을 중심으로 분할점령을 함으로써 시작되었고, 3년 뒤인 1948년 남북한 분단정부가 수립될 때까지 미국과 소련이 점령함에 따라 남북한 분단정부는 세계 냉전의 대립하에서 미국과 소련에 안보적 의존을 하게 되었다. 한국전쟁 이후 중국군은 1958년에 북한에서 철수했으나, 휴전 직후 미국과 동맹조약을 체결한 남한은 영구적으로 주둔하게 된 미군에 거의 완전하게 의존하게 되었다. 남한과 비대칭 동맹조약을 체결한 미국은 안보를 책임져 주는 대신 한국 내 정치경제에 깊숙이 개입하여 남한을 미국에 의존시키는 데 성공했다.

강대국에 대한 의존과 반대 측면에서 보면, 강대국이 한반도 및 남북한 문제에 개입하는 문제를 남북한 관계개선에 의해서 극복할 수 있다. 1993년 3월 북한이 NPT탈퇴를 선언하여 북한 핵문제가 한반도 및 국제사회의 문제로 부각되었을 때 미국이 주도하여 북한 핵문제의 해결에 나섰다. 당시 김영삼 대통령은 북한 핵문제를 한미공조에 의해서 해결하겠다는 비전을 제시했다. 그런데 사실은 한미공조가 아니라 한국은 빠지고 미국이 주도하게 되었다. 1993년 6월 미국의 갈루치와 강석주가 차관보급회담을 했고, 1994년 10월 21일 제네바핵합의가 이루어졌다. 이후 한반도 문제는 거의가 북미관계에 의해서 해결되었고, 한국정부는 소외되었다. 당시 북한의 대남정책은 '통미봉남' 정책으로 해석되었다. 1998년 들어선 김대중 대통령이 대북포용정책을 추진한 이유 중의 하나는 한반도 문제가 북미관계에 의해서 좌지우지되는 것을 남북한관계로 끌어 오겠다는 의도도 내포되어 있었다.

(2) 평화수립

한반도의 평화는 남북한 간의 적대행위가 종료되고, 화해협력을 바탕으로 한 균형적인 관계가 이루어진 상태를 말한다. 남북한이 상호 체제를 인정하는 바탕 위에서 긴장을 완화하고, 정치·경제·사회·문화 등 다방면의 교류협력을 본격적으로 추진하면서 정전상태를 평화협정체결 등의 방식으로 법적인 평화상태로 전환하는 상태를 의미한다. 한반도 평화체제는 남북한의 갈등 및 적대관계 해소와 평화공존의 제도화를 통하여 화해, 협력, 평화가 보장되는 체제이다. 이를 위해서는 남북한이 상호행위에 있어서 적대감을 최소화할 수 있는 인식과 규범에 대한 공동의 양식을 마련해야 한다. 절차적인 차원에서 교류협력을 하면서 상호 이해의 폭을 넓힌 다음 전쟁의 위험이 증가되는 상호 간의 안보적 위협을 억지시킬 수 있는 제도를 강구해야 한다. 마지막 단계는 군사적 갈등을 증폭시키는 군비증강을 억제하고 군사력과 무력사용을 제한하는 군비통제를 실시하는 것이다.

이론적으로 남북한이 안정적이고 지속성 있는 평화를 이루기 위해서는 몇 가지 조건이 필요하다. 첫째, 남북한 간 군사력의 균형이 이루어져 상대방의 적대적 의도와 행위를 사전에 봉쇄할 수 있을 정도의 효과적인 억지 상태가 이루어져야 한다. 둘째, 상호 적대행위를 유발시킬 수 있는 공세적인 군사력 배치나 운용을 적절히 제한할 수 있어야 한다. 셋째, 오해나 불신에 의한 소규모의 우발적인 충돌이 대규모의 무력충돌로 확대되는 것을 방지할 수 있는 분쟁 해결장치가 마련되어야 한다. 넷째, 남북한 간의 교류협력을 본격적으로 추진, 확대하여 상호 의존성을 심화시킬 수 있는 제도적 장치가 필요하다.

남북한 사이의 평화를 이루기 위해서는 상대방의 위기나 불행이 자신의 기회와 행복이라는 인식과 자신의 이익을 상대방에 강요하거나 굴복시키는 것과 같은 제로섬(zero-sum)적인 논리에서 벗어나, 자신의 이익뿐만 아니라 상대방의 이익도 존중하면서 상호이익을 최대화하는 포지티브섬(positive-sum)적 접근 방식을 택해야 한다. 또한, 한반도 평화체제는 민족의 동질성을 회복하기 위한 '상호교류·협력체제'와 군사안보적 대치상태를 해소하기 위한 '군비통제체제'를 기본으로 하여 이루어져야 한다.[3]

제도적인 한반도의 평화가 이루어지기 위해서는 휴전 중인 한국전쟁이 법적으로 종식되어야 한다. 현재 정전체제 유지에 근간이 되고 있는 정전협정을 대체하여 평화협정이 체결되어야 한다는 것이 전문가들의 중론이다. 과거 1970년대부터 북한은 북미 평화협정을 주장하고 나왔다. 당시 북한이 평화협정 체결을 강조한 것은 두 가지 목적이 있었다. 첫째는 평화협정이 체결되어 형식상 평화가 이루어졌다는 논리로 주한미군을 철수하도록 요구하는 의도를 가졌다. 둘째, 정전협정에 서명하지 않은 한국을 배제하여 한반도 문제에 대한 한국의 발언권을 축소시키려는 의도도 가지고 있었다. 이에 대해서 한국정부는 한반도 평화의 당사자인 한국이 평화협정의 당사자에서 제외된다는 것은 말이 안 되기 때문에 한국이 평화협정의 당사자가 되어야 한다는 주장과 함께, 보다 제도적인 평화를 구축하기 위해서 남북한, 미국, 중국 등 해당국들이 참여하는 평화체제의 설립을 주장했다. 한반도를 둘러싼 관련국들의 이익의 편차가 너무 크고 갈등 양상도 다양하기 때문에 평화체제를 수립하는 것은 쉽지 않을 것으로 보이지만, 한반도의 평화는 동북아 평화의 기초가 된다는 명제하에 한국정부가 적극적인 제도적 평화의 모색을 할 필요가 있다. 한반도의 평화가 동북아로 확대되도록 하기 위해서는 남북한이 관계개선을 하여 평화를 위한 첫걸음을 내디뎌야 하는 것은 당연하다.

---

3) 김계동, 『남북한체제통합론: 이론·역사·정책·경험』, 제2판 (서울: 명인문화사, 2020), p. 215.

한반도 평화문제는 1990년대 중반 북한의 핵문제가 등장하여 복잡해지면서 관심에서 멀어져 갔다. 더구나 핵문제에 의해서 남북한관계 및 북한의 국제사회와의 관계가 얼어붙으면서 한반도 평화가 거의 불가능한 것처럼 인식되었다. 그러나 북한 스스로가 비핵화를 한반도 평화체제 수립과 연계시켰다. 제2차 핵위기를 해결하기 위해 6자회담이 진행되던 2005년 7월 북한은 외무성 대변인 담화를 통해 "조선반도에서 정전체제를 평화체제로 전환하게 되면 핵문제의 발생 근원으로 되고 있는 미국의 대조선 적대시 정책과 핵위협이 없어지는 것으로 되며 그것은 자연히 비핵화 실현으로 이어지게 될 것"이라고 주장하며, 평화체제와 비핵화를 교환하는 방식을 제안했다. 6자회담에서 북한이 평화체제란 용어를 본격적으로 사용하기 시작했고, 결국 2005년의 9·19공동선언에는 "직접 관련 당사국들은 적절한 별도 포럼에서 한반도의 항구적 평화체제에 관한 협상을 가질 것"이라는 문구가 포함되었다. 북한의 핵문제가 등장하면서 한반도 평화도 멀어지는 것 같았으나, 오히려 비핵화를 평화체제와 교환하는 협상 조건이 부각된 것이다.

(3) 통일

제2차 세계대전의 종전 처리 과정에서 분단되었던 한반도와 독일 중에서 독일은 냉전이 끝난 직후인 1990년 10월 3일에 통일되었다. 독일이 통일된 직후, 탈냉전이라는 세계적인 화해 분위기에 편승하여 한반도도 머지않아 통일이 될 것이라는 많은 기대감을 가지게 되었다. 동독이 붕괴되어 서독에 흡수통일이 된 사실을 상기하며, 한국인들은 경제난과 체제위기에 처한 북한도 조만간 붕괴되어 남한이 흡수통일의 기회가 올 것이라는 기대감에 부풀었다. 그러나 동독의 붕괴는 동독체제가 경제난 등 위기에 처하여 붕괴된 것이 아니라, 1960년대 후반부터 꾸준히 지속한 서독의 동방정책에 의하여 동독주민들이 의식화되었고, 탈냉전에 의하여 동독의 공산체제가 흔들릴 때 동독주민들의 민주화 시위에 의해서 동독체제가 붕괴된 것이다.

이러한 동기가 없었던 북한체제는 위기에 봉착했음에도 불구하고 붕괴되지 않았고, 독일이 통일된 지 30여 년이 지났으나, 당시 일부 한국인들이 꿈꾸던 흡수통일도 이루어지지 않았다. 이 교훈은 북한의 체제변화와 주민의식 변화에 따른 북한의 붕괴를 원한다면 서독이 추진했던 동방정책과 같은 대북정책이 꾸준히 추진되어야 한다는 점을 인식시켜 주었다. 서독의 동방정책과 같이 지속적으로 일관된 대북화해정책을 추진하기 위해서는 한국 내의 정권이 바뀔 때마다 바뀌는 대북정책을 연속시킬 수 있는 메커니즘을 만들고, 남한 내의 진보와 보수가 벌이는 대북정책을 향한 남남갈등을 해소할 수 있는 방안을 찾는 것이 중요하다. 요컨대 북한의 급변사태를 모색하여 흡수통일을 하려면 역설적으로 북한과의 관계개선에 주력해야 한다는 것이다.

합의통일인 경우 점진적이고 단계적인 절차를 지니기 때문에 장기적인 대북정책에 기반해야 한다. 물론 합의통일이 반드시 점진적이고 단계적인 것은 아니다. 북한이 제의한 연방제 통일안은 남북한의 합의를 전제로 하고 있으나 방식은 상당히 급진적인 방식이다. 그러나 북한은 2000년 남북정상회담 6·15공동선언에서 남북한의 통일은 '남한의 연합제와 북한의 낮은 단계 연방제'의 공통점을 인정하고 그 바탕 위에서 통일을 하자는 내용을 포함했다. 북한의 낮은 단계 연방제 통일방안은 북한이 남한과의 경쟁에서 뒤지게 되고 북한이 체제위기에 처하게 되면서 자신들이 제의한 급진적인 연방제를 하게 되면 오히려 자신들이 남한에 흡수될 우려가 있기 때문에 단계적인 통일방안으로 수정한 것이다. 북한이 주장하는 낮은 단계 연방제는 남한의 연합제와 거의 비슷한 방식을 내용으로 하고 있다.

남한의 공식적인 통일방안은 1994년 김영삼 대통령이 제의한 민족공동체 3단계 통일방안이다. 3단계는 화해·협력단계, 연합단계, 통일국가 완성단계다. 2단계까지는 통일 이전 단계이며 통일로 나아가기 위한 다양하면서도 단계적인 접근을 필요로 한다. 합의통일의 경우에는 우선 국민적 합의가 이루어져야 하는데, 국민들의 통일에 대한 관심과 당위성이 점차 줄어들고 있으며 통일의 편익보다 통일비용이 초과할 것이라는 인식이 우세한 상황에서 통일에 대한 국민적 합의가 쉽게 이루어질지 의문시된다. 그러나 통일은 분단국의 절대 목표라는 점에서 포기할 수 없는 대북정책의 핵심에서 벗어날 수 없다. 통일 이외의 대안이 마련되기 전까지 통일은 대북정책의 궁극적 목표로 유지될 것이다.

2) 대북정책의 추진 방향: 이론적 접근

대북정책은 크게 두 가지 측면에서 분석할 수 있는데, 첫째는 외교정책의 측면이고, 둘째는 통일 또는 통합의 과정 측면에서 분석하는 것이다. 그러나 외교정책은 국가이익을 추구하기 위해서 외국과 관계를 가지는 것이기 때문에, 한국의 대북정책이 북한과 관계를 가짐으로써 경제발전 또는 국내적 안정만을 도모하는 것만이 아니라 하나의 민족이라는 동질성을 회복하려는 목표가 있기 때문에 외교정책보다는 통합의 측면에서 다루는 것이 더 적실성이 있는 것으로 보인다.

또 다른 측면에서 보면, 북한은 한국의 주적으로 분류되고 있기 때문에 대북정책은 적대적인 정책과 관계를 개선하기 위한 협력적인 정책 모두를 포함하고 있다. 전쟁을 억지하고 전쟁발발 시 승리하기 위한 정책은 군사적인 의미를 지니고 있기 때문에 대북정책이라기보다는 대북군사정책으로 별도로 분류되고 있다. 특히 대북군사정책은 한미동맹이 큰 부분을 차지하고 있기 때문에, 한국의 대북정책에 포함되지 않고 있다. 따라서 통상적으로 한국의 대북정책이라면 관계를 개선하여 평화를 이룬 후 통일까지 가는 과정을 포함한다.

한국의 민족공동체 3단계 통일방안 중에 제2단계는 연합단계다. 이는 한국의 대북정책이 연합을 모색하는 과정에 무게를 두고 있다는 점을 의미한다. 연합의 대표적인 사례는 유럽연합(EU)이고, 수십 년간 진행되어 온 유럽통합을 위하여 다양한 형식의 통합이론이 개발되었다. 가장 대표적이고 고전적인 통합이론은 기능주의이고, 이에 파생되어 신기능주의가 개발되었다. 기능주의와 신기능주의는 서로 다른 국가가 통합을 추진할 때 어떻게 시작하여 어떠한 과정을 통하여 하나로 되는가를 분석하는 이론이다. 따라서 한반도의 통일이 단계적 합의통일을 지향하고, 연합과정을 거치는 데 주안점을 둔다면 유럽통합의 이론인 기능주의와 신기능주의가 적용 가능하다.

기능주의는 이질적 국가들이 통합을 하기 위

해서는 우선 협력과 동질성 창출이 용이한 분야부터 시작해야 한다는 이론이다. 그리고 기능주의는 통합이 자체의 '내부적 역동성'을 가지고 있기 때문에 한 분야에서 협력을 시작하면 다른 분야까지 확대된다고 한다. 만약 국가들이 어떠한 제한적인 분야에서 협력하여 그 협력을 포괄하는 분위기가 조성되면 통합의 '보이지 않는 손(invisible hand)'에 의해 다른 분야까지 협력하게 된다는 논리다. 한 분야에서의 교류협력이 활성화되기 시작하면 다른 분야까지 자동적으로 확산되어 궁극적으로 통합과정까지 나아간다는 주장이다.

기능주의 이론에 따르면 통합을 효율적으로 추진하려면 경제·과학 등 비정치 분야에서부터 시작하여야 하고, 비정치 분야의 교류협력을 하게 되면 자동적으로 정치부문의 통합에 이룰 수 있다. 따라서 기능주의는 한 부문에서의 기능적 통합이 부분 통합을 거쳐 전체 통합으로 발전하게 되는 '자동성(automaticity)'을 강조한다. 초기에 한 가지 문제를 해결하면 다른 협력을 고무하기 때문에 우선적으로 처음 당면한 문제를 해결하는 것이 중요하다. 기능주의의 창시자인 미트라니(David Mitrany)는 이데올로기를 배제하면서 비정치적 분야에서의 기능적인 협력이 발전·확산되면, 정치 분야까지 포함하는 타 분야의 협력을 조장하게 된다고 주장했다.[4]

기능주의의 대표적 대북정책의 사례로는 김대중 대통령의 대북포용정책을 들 수 있다. 1998년 정부가 출범하자마자 북한에 대한 햇볕정책을 추진한 김대중 대통령은 우선적으로 '정경분리원칙'에 의한 대북접근 방식을 제시했다. 이전 김영삼정부 당시 남북한관계가 최악의 상태가 되었는데, 정상관계로 복구시키기 위해서는 갈등적 요소가 많은 정치 및 군사 분야는 제외하고, 비교적 쉽게 접근할 수 있는 경제 등 비정치 분야의 관계 개선을 우선적으로 추진하자는 논리였다. 이러한 김대중의 정경분리원칙에 의한 대북정책은 성공적이었다. 처음에는 북한이 김대중의 의도에 대해서 의심을 하고 반발했으나, 결국 남북한 화해가 이루어져 집권 2년 뒤인 2000년 6월 13일 역사적인 남북한 정상회담을 개최하고 6·15공동선언을 이끌어냈다.

유럽통합 초기에는 기능주의의 접근이 효율적이었으나, 점차 이에 대한 비판이 나오기 시작했다. 기능주의는 비정치 분야의 교류와 협력을 지속적으로 하면 '보이지 않는 손'에 의해서 자동적으로 정치를 포함한 다른 분야로 확대된다고 했는데, 이에 대한 반론이 제기되었다. 기능주의는 중요한 정치현실을 거의 고려하지 않은 점에 대하여 부정적인 지적을 받았다. 기능주의자들은 기능만을 중요시하는 나머지, 법, 제도 및 권위체를 경시하고, 국가 간의 갈등을 유발시킬 위험성이 큰 정치문제를 등한시한다는 지적을 받았다. 특히 기능주의는 정치와 비정치 분야를 구분한 점에 대하여 비판을 받았다. 그러한 구분은 비현실적이고 이와 같이 구분한 상태에서 긴밀한 교류와 협력은 지연될 수밖에 없다는 것이다. 또한, 비정치 분야에서의 교류협력은 다른 분야에 별다른 역동성을 제공하지 못하고 상위정치(high politics)를 변화

---

4) David Mitrany, *A Working Peace System* (Chicago: Quadrangle Books, 1966); David Mitrany, "The Prospect of Integration: Federal or Functional," in A. J. R. Groom and Paul Taylor (eds.), *Functionalism: Theory and Practice in International Relations* (London: University of London Press, 1975), pp. 53-78.

시키지 못한다는 것이다. 역으로 비정치적인 분야가 정치적인 영향을 받는 경우가 더 많다고 한다. 더구나 1970년대 이후 국제경제가 국제정치의 중요한 부분으로 등장하면서 정치 분야와 경제를 포함하는 비정치 분야를 구분하기 어려워졌다는 평을 받았다. 특히 상위정치에 속하는 안보 분야에 있어서 군사적 위협뿐만 아니라 경제문제도 안보위협의 요소가 되기 때문에 정치와 비정치의 구분이 더 어려워졌다는 것이다.

이러한 기능주의의 한계를 극복하기 위해서 '신기능주의'가 등장했다. 기능주의는 기능적 협력이 확대되면 정치적 통합은 자동적으로 이루어질 것이라고 보는 반면, 신기능주의는 기능적 협력과 정치적 협력을 분리할 수 없다고 보는 점에서 다르다. 신기능주의는 방법론에 있어서 기능적인 통합 행위를 통해 접근하고 있지만, 기능주의보다 훨씬 제도화된 통합의 달성을 목표로 하고 있다. 신기능주의는 정치문제에 대해서 기능주의와 전혀 견해를 달리하고 있다. 다시 말해서 기능주의는 정치문제를 해결하기 위한 비정치적인 접근 방법이라고 할 수 있는 반면, 신기능주의는 통합에 있어서 정치적 요소를 중요시한다.

신기능주의 접근에서 핵심적으로 필요한 세 가지 요인이 있다. 첫째, 관료를 포함한 정부 또는 당국자가 주도해야 한다. 둘째, 협의체 또는 공동체 등 제도적 틀을 만들어서 상호 접근을 해야 한다. 이러한 공적인 제도가 어려우면 최소한 회의체라도 만들거나 공동선언에 의한 교류협력을 하는 것이 바람직하다. 셋째, 교류협력의 정치화가 이루어져야 한다. 정치 이외 분야의 교류와 협력도 정치적 고려에 의해서, 그리고 정치가 주도하는 방식에 의해서 이루어져야 한다. 그래야 교류협력이 난관에 처했을 때 발생하는 정치적 갈등을 최소화할 수 있다.[5]

통합의 과정을 설명하는 신기능주의의 핵심적 개념은 '파급효과(spillover)'다. 이는 통합이 추진되는 분야 간의 상호의존에 의하여 한 분야에서 시작된 통합이 다른 분야로 전파되어 가는 과정을 설명한다. 따라서 신기능주의의 핵심은 기능주의에 의한 비정치적인 분야에서의 점진적 교류협력이 자동적으로 정치적 통합으로 확산되지 않기 때문에 기능적 교류협력과 정치적 통합을 연결시키는 '파급효과의 정치화'로 통합을 이룰 수 있다는 이론이다. 국가 간의 협력 과정에 내재하고 있는 정치적 장애를 제거함으로써 향후 정치통합의 구성국이 될 국가들에게 공동으로 이득이 될 수 있는 점을 보여줘야 한다는 것이다. 따라서 신기능주의 이론은 기능주의의 소극성을 벗어나기 위하여 제시되었다고 할 수 있다.[6]

대북정책 중 대표적인 신기능주의의 사례는 노태우정부의 대북정책이다. 노태우정부 이전의 대북정책은 정치 분야를 제외한 점진적이고 단계적인 기능주의 접근을 기반으로 했다. 북한은 정치군사회담부터 시작하면 나머지 비정치 분야는 자동적으로 해결될 것이라고 주장한 반면, 남한은 남북한이 전쟁도 경험하고 수십 년간 대화 없이 적대적으로 살아왔기 때문에 단시일 내에 정치와 군사적인 긴장완화 및 신뢰감 회복이 어려울 것이고, 따라서 정치적인 대화보다는 적십자회담 등과 같은 비정치적인 대화부터 점진적이고

---

5) Ernst B. Haas, *The Uniting of Europe: Political, Social and Economic Forces 1950-1957*, 2nd ed. (Stanford: Stanford University Press, 1968).

6) 통합이론 중 기능주의와 신기능주의에 대해서는 김계동 (2020), pp. 22-30 참조.

단계적으로 시작하자는 제의를 했다. 한국정부가 정치 분야의 대화와 협상을 기피한 이유는 적대감 때문에 대화가 어려울 것이라는 기능주의적 고려도 있었지만, 북한에 대한 체제적 열세 때문에 북한과 정치군사회담을 하게 되면 북한의 '남조선 적화전략'에 따라 남한이 공산화될지도 모른다는 체제불안을 우려한 측면도 있었다.

냉전의 종식 과정에 들어선 1980년대 후반부터 한국의 대북정책은 보다 적극성을 가지게 되어 정치 분야를 포함한 포괄적인 접근을 시도하게 되었다. 탈냉전에 따른 공산권의 붕괴는 한국의 대외관계에서의 자신감을 갖게 했고, 북한과의 체제경쟁에서도 우위를 점할 수 있게 되었다. 동유럽 등 공산 진영에 대한 노태우정부의 북방외교 추진으로 동유럽 사회주의 국가들과의 수교 행진이 시작되었으며, 소련 및 중국과의 수교도 적극 추진하여 결실을 이루었다.

이와 같이 국내외적으로 유리한 환경에서 남한이 주도적으로 추진한 대북정책, 특히 정치적인 분야를 포함한 교류와 협력은 신기능주의 접근방식으로 설명될 수 있다. 1988년 한국정부가 북한에 대한 자신감을 가지고 제의하여 성사된 남북한 고위급회담은 남북한의 총리가 대표가 되어 정치, 군사, 경제 등 포괄적인 분야에서 대화를 진행하였다. 그리고 이 회담의 결실로 서울에서 개최된 5차 회의에서 채택된 기본합의서는 '화해, 불가침 및 교류·협력'을 포함하였으며, 1992년 이 합의서의 이행을 위하여 정치 및 군사 분야의 공동위원회와 분과위원회를 설립하기도 하였다. 따라서 한국정부가 주도적으로 진행한 고위급회담과 기본합의서는 신기능주의의 핵심인 관료가 중심이 되어서 제도적 틀을 바탕으로 한 교류·협력의 정치화를 모두 이룬 것으로 평가된다. 신기능주의가 필요로 하는 세 가지 조건 모두를 부합하는 접근이었다.

남북한관계의 역동성을 감안할 때 관계개선을 하기 위해서는 기능주의 또는 신기능주의 접근 중 어느 것이 더 효율적이냐에 대한 의문이 남는다. 상황에 따라 둘 중의 한 가지 접근방식을 채택해야겠지만, 남북한관계가 원점으로 돌아가서 적대적인 상황이 된다면, 김대중 대통령이 선택한 기능주의 접근으로부터 시작하여 관계가 성숙해지면 신기능주의로 발전시키는 방법이 적실성이 있다고 판단된다. 문재인정부는 이전 박근혜정부의 대북 강경책으로 최악의 상황이 된 남북한관계를 비정치 분야부터 접근하는 기능주의를 채택하지 않고 비핵화를 포함한 정치군사문제를 함께 풀려는 신기능주의 접근을 펼쳤으나 결국은 실패했다. 이 결과는 대북정책 접근법의 선택을 어떻게 해야 하는지 교훈을 던져주고 있다. 모든 일에는 순서가 있는 것처럼 대북정책도 조급해하지 말고 순리에 따라 접근해야 하는 것이다.

5. 한반도 이슈의 쟁점과 과제

남북한관계는 분단 이후 약 80년 동안 굴곡된 역사를 이어 왔다. 그래서 이념뿐만 아니라 정치, 외교, 경제, 사회 전 분야에 걸쳐서 다양한 이슈들이 산재해 있다. 이 절에서는 현재와 미래에 남북한관계의 축이 될 이슈 두 가지를 선정하여 살펴본다. 이 두 가지 이슈와 쟁점은 북한의 핵무기 개발과 비핵화, 북한의 개방 가능성과 한국의 입장이다. 이 두 가지 이슈는 한국의 대북정책과 남북한관계에 관련된 주요 쟁점들을 거의 다 내포하고 있다.

1) 북한의 핵무기 개발과 비핵화: 한반도 평화의 전제조건

북한의 핵문제는 1993년 3월 북한이 NPT에서 탈퇴하겠다는 선언을 하여 핵무기 개발 의혹을 활용한 벼랑끝 외교를 추진하면서 시작되었다. 앞서 설명한 바와 같이, 1989년 세계 냉전의 종식 이후 유연한 외교와 대남정책을 추진하면서 1990년 나진·선봉을 자유무역지대로 설정하고 개방정책을 추진하던 북한이 갑작스럽게 벼랑끝 외교를 추진한 것이다. 개방정책을 추진하더라도 체제위기를 극복할 수 있을지 불분명하고, 서방진영이 얼마나 협조할지 의문시되고, 개방하게 되면 주민들의 의식화가 진행되어 오히려 체제에 위험요인이 될 수도 있다는 우려가 개방을 포기하고 벼랑끝 외교를 추진하게 된 동기로 평가되고 있다.

북한의 NPT 탈퇴에 대해서 가장 강력한 반응을 보인 국가는 미국이었다. 미국은 동북아의 핵확산을 우려했고, NPT체제의 붕괴를 막아야 하는 사명감을 갖고 있었다. 우선 채찍을 들었다. 북한의 핵개발 의혹 지역인 영변에 대한 폭격, 북한을 봉쇄하는 제재를 의도했지만 실패했고, 결국은 당근을 들었다. 북한이 원하는 대로 차관보급 고위급회담을 하여 북한체제를 인정하고, 내정간섭하지 않을 것이며, 북한에 대한 공격을 하지 않을 것이라는 불가침 약속을 해줬다. 이에 따라 북한은 NPT 탈퇴를 유보했고, 궁극적으로 1994년 10월 21일 미국과 북한은 제네바에서 핵에 대한 기본합의서에 서명했다. 북한은 현재와 미래의 핵동결을 하고, 그 대신 미국은 경수로 원자로를 2기 건설해 주고 이 원자로가 완성될 때까지 매년 경유 50만 톤을 지원하겠다는 약속을 했다. 북한이 소유한 흑연감속로 원자로는 핵무기 제조에 필요한 플루토늄 추출이 가능하기 때문에 플루토늄 추출이 거의 불가능한 경수로 원자로를 건설해 주기로 한 것이다.

이에 따라 제1차 북한 핵위기는 일단락된 것으로 보였다. 핵무기를 개발했거나 개발하고 있는 국가가 국제 합의에 의해서 핵개발을 포기한 첫 번째 사례라고 할 수 있다. 이후 이 합의는 무력화되었지만, 적어도 그때는 그렇게 평가되었다. 비핵화 합의와 화해의 분위기는 2000년대에 들어서면서 균열되기 시작했다. 미국 공화당의 부시정부가 대북한 정책을 급선회하여 강경노선을 펼치기 시작하면서 2001년 이후 미국과 북한의 관계는 다시 적대 상태로 회귀했다. 이어서 북한의 핵무기 개발문제가 다시 등장했다. 2002년 10월 17일 미 국무부가 켈리(James A. Kelly) 동아태 담당 차관보의 방북 시 "북한이 고농축우라늄(HEU) 프로그램을 시인했다"고 공식 발표하여 제2차 북핵 사태가 시작되었다.[7]

부시 행정부는 북한을 '악의 축', '핵공격 대상'에 포함시키는 등 대북압박을 강화했고, 북한은 이에 반발해 '핵억지력 강화'를 천명하는 등 팽팽하게 대립했다. 결국, 북한은 2002년 12월 12일 핵동결 해제를 선언하고 12월 21~22일에는 동결된 실험용 원자로와 폐연료봉의 봉인과 감시

---

7) 김계동, "제10장 북한의 외교정책", 김계동 외, 『현대외교정책론』 제4판 (서울: 명인문화사, 2022), pp. 295-300.

장비 제거작업을 시작했으며, 12월 27일에는 국제원자력기구(IAEA) 사찰단원 추방을 선언했다. 이에 대해 2003년 1월 6일 IAEA가 봉인과 감시장비의 원상회복과 사찰관 복귀를 요구하는 결의문을 채택하자, 북한은 1월 10일 NPT 탈퇴선언을 하고 2월 26일 영변 원자로 재가동을 시작했다. 이에 따라 1994년의 제네바 기본합의문은 사실상 파기되었다.

1993년의 제1차 북핵위기는 북한과 미국의 협상에 의하여 해결이 된 반면, 2002년부터 시작된 제2차 북핵위기는 북중미 3개국이 참여한 3자회담을 거쳐, 2003년 8월부터 남북한과 미중러일 6개국이 참여한 6자회담에서 해결을 모색했다. 초기에 북한은 미국의 대북 적대시 정책 포기와 핵동결에 따른 보상을 요구하였고, 미국은 '선 핵포기 후 보상' 입장을 취하였다. 특히 미국은 '완전하고 검증 가능하며 되돌릴 수 없는 핵폐기(CVID: Complete, Verifiable, Irreversible, Dismantlement)'를 원칙으로 하여 북한을 압박하였다. 양측의 주장이 평행선을 그으며 타결 조짐이 보이지 않는 상황에서 북한은 2005년 2월 10일 핵무기 보유를 대외에 공표했다.

이러한 상황에서 6자회담은 꾸준히 지속되었으며, 2005년 북한의 핵무기 보유 선언 이후 북한의 핵폐기 논의가 급진전되었다. 2005년 9월 개최된 제4차 6자회담의 제2단계 회의에서 9·19성명이 발표되었는데, 그 요지는 북한의 핵프로그램 포기, 미국과 일본의 북한에 대한 관계정상화 추진, 북한에 대한 에너지 등 지원, 한반도 평화체제와 동북아 안보협력증진 방안 모색 등을 포함했다. 그러나 9·19성명은 즉시 이행되지 않았는데, 그 이유는 미국의 대북금융제재 때문이었다. 2005년 9월 16일 미 재무부는 북한이 마카오에 있는 방코델타아시아(BDA)를 통해 위조달러 지폐를 유통시키고 마약 등 불법 국제거래 대금을 세탁한 혐의가 있다면서 BDA를 '돈세탁 우려대상'으로 지정한다고 발표하였다. 이 조치는 BDA의 북한계좌에 있던 2,400만 달러의 동결로 이어졌고, 중국 등 세계 20여 개 금융기관의 대북거래 중단으로 확산되었다. 미국이 이러한 조치를 취하자 일부 전문가들은 미국이 진정으로 북한 비핵화에 의지가 있는지에 대해 의문을 제기했다. BDA문제는 이미 오래전부터 추적해 왔을 터인데 이 시기에 조치를 취하는 이유에 대해 의혹을 가졌다.

이러한 미국의 조치에 대해 북한은 핵과 미사일을 활용하여 강하게 맞섰다. 2006년 7월 5일 장거리미사일 대포동 2호를 시험 발사하였고, 그해 10월에는 핵실험을 강행하여 북핵문제를 둘러싼 위기는 더욱 고조되었다. 9·19성명의 잉크가 마르기도 전에 휴지가 될 상황에 처하게 되었다. 최악의 위기상태에서 양측은 협상의 파국이나 무력충돌을 우려하게 되었고, 결국은 대화에 의한 해결방안을 모색했다. 미국과 북한의 6자회담 수석대표들은 따로 만나 미국은 BDA 동결조치를 해제하기로 했고 9·19공동성명의 이행 조치를 취하기로 했다. 2007년 2월 8일부터 개최된 제5차 6자회담 3단계 회의에서 북한 핵문제에 관한 '9·19공동성명 이행을 위한 초기 조치'를 2월 13일에 합의하였다.

2·13합의 이후 다음 단계의 비핵화 진전을 위해 6자회담 실무그룹을 중심으로 구체적 상응 조치와 관련한 의견 조율이 이루어져 2007년 10월 3일 '9·19공동성명 이행을 위한 2단계 조치

(10·3합의)'가 발표되었다. 10·3합의는 북한 핵시설 불능화 및 핵프로그램 신고를 2007년 12월 31일까지 완료하는 것과 북한의 핵물질 및 기술을 확산하지 않겠다는 공약으로 구성되었다. 이에 상응하여 6자회담 참가국들은 북미 및 북일관계 정상화 노력, 중유 100만 톤 상당의 대북 경제·에너지·인도적 지원을 제공할 것을 합의하였다. 이후 북핵 불능화에 대한 검증 및 사찰과 관련하여 준비작업이 진행되었고, 2008년 10월 11일 미국은 북한을 테러지원국 명단에서 삭제하는 조치를 취했다.

테러지원국 명단에서 제외된 북한은 비협조적인 태도를 보이기 시작하였다. 북한은 미국을 비롯한 5개국의 정치·경제적 보상이 지연되고 있기 때문에 북한도 '핵시설 무력화의 속도와 핵신고서의 제출 시기를 조절'할 것이라고 주장하였다. 2008년 11월 12일 북한은 동시다발적으로 강경조치를 취하였다. 이날 북한 외무성은 핵검증과 관련하여 시료 채취를 거부한다는 내용을, 군부는 12월 1일부터 "일차적으로 군사분계선을 통과하는 육로통행을 제한, 차단한다"는 입장을, 북한적십자사는 대남직통전화 중단을 발표하였다. 미국으로부터 테러지원국 해제라는 '선물'을 받은 북한은 급할 것 없다는 입장에서 자신들이 해야 할 의무를 축소하고 외부로부터 받을 수 있는 지원을 극대화하려는 전략을 선택한 것이다. 강경조치 중에 대남 관련 조치들이 있는 것을 보면, 새로 들어선 이명박정부의 '북핵개방 3000' 대북정책에 대한 반감도 내포되어 있는 것으로 보인다.

이후 북한핵에 대한 국제협상은 전개되지 않았고, 북한은 2009년 5월 25일 제2차 핵실험을 실시한 이후 2017년 9월 3일 제6차 핵실험을 했으며, 미국 본토까지 도달할 수 있는 장거리 미사일의 완성단계에 이르고 있다. 이후 북한의 비핵화를 위한 가시적인 노력이나 협상은 전개되지 않았고, 2018년 한국의 문재인, 미국의 트럼프 대통령이 집권한 이후 본격적인 북한 비핵화 협상이 개최되었다. 2018년 북한의 평창 동계올림픽 참가를 계기로 하여 이루어진 4월 27일의 남북정상회담에 이어 6월 12일 싱가포르에서 북미정상회담이 개최되었다. 정상회담 결과 발표된 공동성명의 전문은 "트럼프 대통령은 북한에 대해 안전보장을 제공하기로 약속했고, 김정은 위원장은 한반도의 완전한 비핵화라는 확고한 약속을 재확인했다"고 되어있다. 북한과 미국은 싱가포르 정상회담에서 합의한 조치들을 단계적으로 시행하였다. 북한은 북미정상회담 전인 2018년 5월 24일 풍계리 시험장을 폭파하고, 7월 27일 1차로 미군 유해 55구를 송환하였다. 미국정부는 한미 합동군사훈련을 중단하고, 비핵화 협상을 위한 제2차 정상회담의 개최 희망 의사를 밝혔다.

그러나 북미는 2019년 2월 베트남 하노이에서 열린 제2차 정상회담에서 비핵화 범위 등에 대한 입장 차이 때문에 합의문을 도출하는 데 실패했다. '하와이 노딜' 이후 북한과 미국의 관계는 악화되었다. 김정은은 트럼프 대통령이 경제제재 완화에 대해서 명확한 태도를 보이지 않는 데 대해서 불만을 가졌다. 하노이회담 이전에는 적어도 북미 연락사무소 개설, 미국 유해 송환 등에 대한 합의가 이루어지고 점진적·단계적 비핵화 해법에 대한 논의가 있을 것이라는 기대와는 달리, 미국의 빅딜, 포괄적 합의 주장과 북한의 단계적 신뢰구축과 제재완화 요구가 충돌하면서 북미는 합의를 도출하는 데 실패했다. 하노이 정상회담의 실패 이후 비핵화의 불씨를 살리려고 2019년 6월 판문점에서 남북미정상회담과 스톡홀름에서 북미 실무협상이 개최되었으나, 미국의 선비핵화, 그리고 북한의 비핵화와 제재완화의 동시적 접근요구가 해법을 찾지 못한 채 실패로 끝났다.

2020년 이후 북한은 미국과 남한을 강도 높게 비난하기 시작했고, 2021년 1월 8차 당 대회에서 핵보유국 지위를 강조하면서 향후 핵능력이 더욱 고도화할 것임을 선언했다. 북한은 미국에 대해 '적대시 정책 철회'를 재차 강조하면서 '강대강, 선대선' 원칙을 표명하였으며, 문재인 대통령에 대해서 극렬하게 비판하면서 남북한관계는 근래 어떤 시기보다 적대적이 되었다. 1993년 북한의 핵문제가 등장한 이후 한국은 북한의 비핵화 문제에 대체로 주도적인 역할을 하지 못했다. 그러나 북한의 비핵화 문제는 남북한관계, 동북아 질서에 있어서 가장 중요한 변수로 자리 잡고 있다. 북한의 비핵화가 이루어져야 북한에 대한 국제제재가 폐지되고, 남북한관계가 아무런 외적 장애 없이 발전될 수 있을 것이다. 북한의 비핵화 문제는 국제 이슈화하고 있지만, 남북한관계 변화의 가장 중요한 변수로 자리 잡고 있다.

2) 북한의 개방 가능성과 한국의 입장: 남북한 관계개선 및 교류협력과의 연계성

북한의 개방은 당장 남북한관계 또는 대북정책의 이슈는 아니다. 그러나 북한은 과거 이미 수차례 개방을 추진했기 때문에 여건만 조성되면 개방을 할 가능성이 있어서 미래의 이슈로 상정하여 살펴볼 필요가 있다. 더구나 북한의 비핵화가 이루어지면, 그 이후 체제발전을 도모하기 위해 북한이 개방을 추진할 가능성이 높다. 북한의 개방에 대한 한국의 입장과 정책은 북한과의 교류, 협력, 개성공단과 같은 공동사업과 관련되기 때문에 포괄적인 정책의 대비를 필요로 한다.[8]

북한은 1984년 합영법 제정으로 개방을 모색하기 시작했다. 이미 1978년부터 중국은 덩샤오핑(鄧小平)의 주도로 개방을 시작하여 긍정적인 결실을 거두고 있었다. 그리고 일부 동유럽 공산국가들도 1980년대 초반부터 자본주의적 요소를 받아들이고 있었다. 1940년대 후반부터 공산주의체제로 시작된 동유럽 및 전 세계 공산국가들은 40년 동안 유지해 온 공산주의 경제체제가 국가의 발전을 저해한다는 인식을 하게 되고 자본주의적 요소를 받아들이는 경제개방 및 개혁정책을 추진하기 시작한 것이다. 중국은 이미 1978년부터 시작했고, 소련도 1985년에 고르바초프가 들어서면서 페레스트로이카와 글라스노스트라는 이름의 경제개방 및 개건(改建)정책을 추진하기 시작했다.

북한이 처음으로 추진한 개방정책이라 할 수 있는 1984년의 합영법은 제한적인 개방을 모색하는 것이었다. 1984년 9월에 제정된 합영법은 "우리나라와 세계 여러 나라들 사이의 경제기술 협력과 교류를 확대 발전시키는 데 이바지한다"라고 제1조에서 목적을 명시하고 있다. 북한이 합영법을 제정한 것은 1975년 이후 외채상환 및 상업차관 도입 불능 등의 과제를 극복하기 위한 불가피한 선택인 동시에, 중국의 중외합작경영기업법 제정과 경제특구 설치의 성과에 영향을 받

---

8) 북한의 대외개방정책에 대한 구체적 내용은 김계동 (2012), pp. 112–123 참조.

았다. 합영법의 주요 내용은 합작당사자는 화폐, 재산, 현물, 발명권, 기술 등을 출자하며, 그 가격은 국제시장 가격에 준해 평가되고, 합작회사에서 일하는 외국인이 얻는 임금과 출자자의 소득에 대해서는 북한 소득세법에 의해 과세되며, 소득의 일부를 해외 송금할 수 있다는 것이다. 북한에서 외국자본과의 합작을 공식적으로 법제화한 것은 이것이 처음이며 북한 개방정책의 한 표현으로 주목되었다.

처음으로 시도한 개방은 실패로 돌아갔다. 북한 경제체제 자체가 외국의 자본과 기술을 받아들일 수준에 미흡했다는 점이 실패의 주요 원인이겠지만, 성공하고 있는 중국의 개방과 비교해서 개방조치들이 많이 미흡하였다. 첫째, 중국은 개방 특구를 지정하여 특구 내에서는 서방 자본이 자유롭게 경제활동을 할 수 있게 하였으나, 북한은 특구를 지정하지 않고 서방의 의식이 북한 주민들에게 전파될 것을 우려하여 통제를 가했기 때문에 서방기업들이 자유로운 경제활동을 하기가 어려워서 투자를 꺼렸다. 둘째, 북한이 개방을 하게 되면 가장 도움을 줄 수 있는 국가는 남한, 미국, 일본, 유럽 등 서방진영의 국가들인데, 이 국가들과 수교 또는 관계개선이 이루어지지 않아서 서방기업들이 안전성을 우려하여 투자를 통한 진출을 꺼리게 되었다. 중국은 1978년 개방 당시 미국, 일본과 수교가 되어있어서 중국 진출 기업들에 대한 영사적 보호가 가능했다. 1983년 10월 9일 미얀마를 방문 중인 전두환 대통령 일행을 암살하기 위한 아웅산 테러 사건을 북한이 주도한 사실이 밝혀지면서 남한과의 관계도 최악의 상황이라서 남한의 지원도 기대하기 어려웠다.

1990년 북한은 다시 한번 개방을 시도했다. 세계 냉전이 종식되어 화해 분위기가 조성되었지만, 동유럽 등 공산권이 붕괴되어 북한의 외교적 입지가 좁아졌고, 북한 자체가 경제난 등 체제위기가 시작되어 돌파구를 마련해야 했다. 이러한 상황에서 북한은 유연한 대외정책을 구사했고, 특히 남한과 적극적인 대화를 시작했다. 총리를 대표로 한 남북한 고위급회담을 서울과 평양을 오가면서 개최하였고, 남북한 기본합의서도 체결했다. 이러한 화해 분위기에서 북한은 나진·선봉을 자유무역지대로 선정하는 등 제2차 개방정책을 추진했다. 앞서 추진했던 합영법이 중국 모델을 따라했으나 실패하자, 중국의 방식에 비해 미흡한 점을 개선하면서 개방을 추진했다. 나진·선봉을 일종의 경제개방 특구로 선정하여 외부 기업들이 그 지역에서 자유롭게 경제활동을 하도록 했고, 개방 대상인 서방 기업들이 안심하고 나진·선봉에 들어올 수 있도록 미국 및 일본과 관계개선 회담을 적극적으로 추진했다.

나진·선봉 자유무역지대화 사업은 유엔개발계획(UNDP)의 두만강 유역 개발사업을 모태로 하여 추진되었다. 초기에 북한은 이 개발사업에 대해 소극적인 태도를 보였으나, 유엔에서 이 계획을 정식으로 공포한 후에 태도가 급변하여 수단과 방법을 가리지 않고 두만강유역 개발사업을 북한을 중심으로 하는 사업으로 만들려고 노력하였다. 북한은 마침내 1991년 12월 28일 정무원 결정 74호로 '나진·선봉 자유경제무역지대' 설치를 공표하였다. 나진·선봉을 특구로 하여 개방하려는 계획을 수립한 북한은 외국자본과 기술을 적극적으로 유치하기 위해서 1984년의 합영법을 개정하고, 외국인 투자법 등 외국인들이 안심하고 투자할 수 있게 하는 법령들을 제정했다.

냉전의 종식에 따른 세계적 화해 분위기, 고위급회담 개최 등 개선된 남북한관계를 바탕으로 하여 북한은 제2차 개방을 시도했지만, 이마저도 실패로 돌아갔다. 실패라기보다는 북한의 개방 포기라고 할 수도 있다. 계획은 세웠지만 이를 실행할 수 있는 능력이 부족했고, 개방에 참여할 서방국가들의 협조도 기대하기 어려운 상황이었다. 미국과 1987년부터 베이징에서 관계개선 대화를 하고 있었지만, 급이 낮은 참사관급 대화라서 큰 결실을 거두기 어려운 상황이었고, 일본의 과거 자민당 당료들이 북한을 방문하여 관계정상화를 논의했으나 정부 인사들이 아니라서 큰 결실을 거두기도 어려운 상황이었다. 단지 1989년부터 교역을 시작한 남한만이 기대할 수 있는 개방의 협조자였지만, 기본적으로 적대적인 감정을 완전히 해소하지 않은 상황이라 한계가 노정되어 있었다.

결국, 북한은 개방을 시작한 지 3년만인 1993년 3월 개방외교를 벼랑끝 외교로 전환하여 NPT 탈퇴를 선언하며 새로운 체제 안전 방안을 모색하였다. 북한은 국제적으로 1987년 KAL기 테러를 자행하여 미국 및 국제사회로부터 테러지원국으로 지정되는 불명예를 안고 있었고, 탈냉전, 독일통일 등 국제적으로 불리한 상황에서 위기에 직면한 체제를 복구시키는 것이 체제 안전의 핵심이었는데, 개방으로는 이러한 목적을 달성하기에 부족하다는 판단에 벼랑끝 외교를 택한 것으로 보인다. 이렇게 해서 북한의 제2차 개방도 실패로 돌아갔다. 실패라기보다는 성공가능성이 희박해지자 북한 스스로 포기한 것이다.

제3차 개방은 나진·선봉 개방을 시작한 지 10여 년 뒤인 2002년에 추진되었다. 1994년 김일성 사망 후 권력을 승계한 김정일은 6년 동안 자기 권력 공고화를 마친 후 2000년부터 대외관계에 대한 업무를 시작했다. 그 첫 사업은 남북한 정상회담이었고, 이를 계기로 북한은 전방위 외교를 펼치기 시작했다. 유럽국가 등 기존의 자본주의 국가들과 수교를 이어 나갔고, 내부 개혁 및 대외개방을 추진했다. 우선 내부 경제개혁부터 시작했다. 2002년 7월 1일에 물가·임금·환율을 현실화하는 경제관리개선조치, 즉 7·1조치를 단행했다. 시장개혁을 핵심으로 하고 있는 7·1조치의 특징은 계획의 분권화, 가격현실화, 화폐 임금제의 실시라고 할 수 있다. 구체적으로 기업 경영자율권 확대, 독립 채산권 강화, 식량·생필품 배급 축소 및 개별구매 확대, 물가(25배)·임금(18배)·환율 현실화를 포함하고 있다.

북한은 경제개혁에 바로 이어서 2002년 9월 12일 신의주 개방을 추진하기 시작했다. 이날 북한은 최고인민회의 상임위원회 정령을 통해 '신의주 특별행정구'를 지정하고, 총 6장 101조 및 부칙 4개 조로 구성된 '신의주 특별행정구 기본법'을 채택하였다. 이어서 9월 23일 조선대외경제협력추진위와 네덜란드의 유럽아시아 국제무역회사 간 '신의주특별행정구 개발·관리운영 합의서'에 조인하였다. 9월 24일 최고인민회의 상임위 전원회의를 개최하고 정령을 통해 네덜란드 국적의 화교기업인인 양빈(楊斌)을 신의주 특별행정구의 초대장관으로 임명하는 등 특별행정구 지정 관련 일련의 절차를 마무리하였다. 신의주 특별행정구는 하나의 경계로 연결된 나진·선봉 특구와 달리 동·리 단위로 분리하여 설정하였다. 신의주 특구에는 사유재산권 및 상속권을 보장하고, 독자적인 입법·행정·사법권(단 국방 및 외교권 제외)을 부여하고, 외국인의 특구 행정장관 임명을 허용했다. 신속하고 탄력적인 관리운영을 위해 독립적인 개발·이용·관리권, 대외사업권, 여권발급권 등을 행정구에 위임함으로써 북한과 완전히 분리하여 시장경제체제를 보장하였다.

이전의 두 번에 걸친 개방시도와 마찬가지로 신의주 개방시도도 실패로 돌아갔다. 실패의 주원인은 뜻밖에도 중국의 반대 때문이었다. 중국 지도부는 북한의 신의주 특구계획에 대한 부정적인 시각을 가지고 있었다. 이는 완충지역으로 남아 있어야 할 국경도시인 신의주의 개방이 성공하게 된다면, 중국의 단둥시와 더불어 요녕성과 길림성 등 동북3성지역의 시장이 잠식될 것이며, 또한 안보상의 문제가 발생할 가능성이 크다는 인식을 갖고 있었다. 중국이 통제하기 어려운 북한 측 국경지역에 서방세력이 진입하는 데 대한 안보적 불안감도 중국이 신의주 개방을 반대하는 데 한몫을 하였다. 결국, 중국 당국은 직접 공개적으로 신의주 개방을 반대하기는 어렵고, 양빈을 탈세와 회계장부 및 주가조작 혐의로 전격적으로 구속함으로써 북한의 신의주 특구구상은 중단되었다. 북한은 중국의 반대에 직면하여 시작도 하지 못한 채 2004년 8월 신의주 특구계획을 공식적으로 폐기하였다.

결국, 북한은 3차에 걸친 개방정책의 실패를 맛보게 되었다. 1차인 어설펐던 합영법 제정에 의한 개방을 제외하고, 2차 나진·선봉과 3차 신의주 개방은 남한과의 화해협력과 특별히 연계된 점을 발견할 수 있다. 2차 나진·선봉 개방은 남한과의 고위급회담 직후에 시도되었고, 3차 신의주 개방은 2000년 남북한 정상회담 및 후속 회담들이 진행되는 과정에 추진되었다. 그 의미는 결국 북한의 개방은 남한의 협력과 지원 없이는 불가능하다는 점을 보여준다. 그런데 북한이 2차와 3차 개방을 시도할 때 한국정부는 적극적인 협력이나 지원을 공개적으로 언급한 적은 거의 없다. 북한이 개방하여 살찌게 되면 한국에게 위협이 되지 않을까 우려하고 있는 한국인들도 많은 것이 사실이다.

북한이 비핵화의 완성 후, 아니면 비핵화 과정에라도 미국과 유엔의 제재가 어느 정도 완화되기 시작하면 개방을 추진할 가능성이 높다. 이미 북한은 낙후된 경제를 살리는 길은 개방밖에 없다는 점을 인식하고 있는 것으로 보인다. 그래서 김일성은 2차에 걸쳐서, 김정일은 1차 개방을 시도했다. 앞으로 김정은도 개방을 할지 모르는데, 한국정부가 입장을 명확히 해야 한다. 북한이 부유하게 되어 우리와 경쟁하거나 우리에게 위협이 되는 것을 우려할지, 아니면 한반도 평화를 위해서 북한의 개방에 협조하여 남북한이 동반자가 되어 평화를 만들어 나갈지에 대해서 명확한 입장을 가지고 있어야 할 것이다. 통일까지는 아니더라도 남북한이 완전한 평화만 이루더라도 남북한 국민들의 삶은 많이 안정되고 풍요롭게 될 것이다. 결론적으로 북한의 개방은 남북한관계가 어느 정도 긍정적 분위기일 때 추진될 것이기 때문에 남북한 교류협력의 연장선상에서 개방에 대한 지원 정책을 추진하지 않을 수 없을 것이다.

6. 남북한관계의 전망

분단 이후 남북한관계는 다양한 환경하에서 다양한 지도자들을 거치면서 다양한 상황으로 전개되어 왔다. 교류, 협력, 갈등, 전쟁 등 국가관계에서 나타날 수 있는 모든 상황이 전개되어 왔다. 더 이상 새로운 상황은 기대하기 어렵고 결국은 아무런 관계가 없이 지내거나, 과거에 경험한 상황을 되풀이하게 될 것이다. 이 절에서는 모든 상황을 경험한 남북한관계가 어떻게 전개될지, 그래도 새로 개척할만한 관계가 남아 있는지 탐구하고, 한국의 입장에서 새로운 정책적 대안이 있는지, 있다면 어떠한 것이 있는지 찾아볼 것이다.

1) 남북한관계 변화의 촉진요인과 장애요인

남북한관계는 다양한 요인에 의한 영향을 받는다. 남북한관계는 남한의 대북정책과 북한의 대남정책이 맞물리면서 형성되며, 주변국들과의 외교관계와 남북한의 국내적 요인도 남북한관계의 형성에 영향을 미친다. 남북한 두 국가의 국익과 주변국들과의 협력과 갈등관계, 그리고 남북한 내부의 이념 및 여론(북한은 매우 제한적임)도 남북한관계에 영향을 미친다.

남북한관계의 촉진요인은 분단국이기 때문에 통일을 해야 한다는 사명감 또는 의무감을 기본으로 하지만, 분단이 80년 가까이 이어져 오면서 통일에 대한 인식이 많이 줄어든 것은 사실이다. 통일이 남북한관계의 촉진요인이 아니라면, 무엇이 촉진요인인가? 통일 이전 단계인 평화를 생각할 수 있다. 한반도의 평화를 이루어야 한다는 인식이 남북한관계를 촉진하는 요인이 되는 것이다. 한반도 평화는 남북한의 공동의 필요성에 의해서 이루어지는 것이지만, 남북한은 각기 평화에 대해서 다른 시각을 가지고 있다. 남한은 다른 서방국가들의 가치와 마찬가지로 평화에 대해서 국가를 안정시키고 국민들의 삶을 안전하고 풍요롭게 유지시키기 위해서 추구하지만, 북한의 경우는 다른 시각을 가지고 있다. 냉전시대에 북한의 평화에 대한 시각은 한반도에서 전쟁과 갈등을 줄이기 위해서 평화를 모색하기보다는 한반도의 평화가 이룩되도록 해서 주한미군을 철수시키고 한반도의 역학구조에서 북한이 우위에 서기 위한 목적이 컸다. 냉전 종식 이후에는 북한이 체제위기를 맞이하여 외부로부터의 위협을 방지하기 위해서 평화를 추구한 측면이 크다. 물론 북한이 핵무기를 개발하면서부터는 핵개발 자체가 평화에 위반되기 때문에 북한의 입장에서 평화가 남북한 관계개선의 촉진요인이라고 하기는 어렵게 된 것이 사실이다.

남북한관계의 촉진요인으로 경제적 측면도 무시할 수 없다. 남북한관계가 개선되어 적대감과 긴장이 줄어들면 군사비에 대한 투자가 줄어들 것이고, 이는 정확한 액수나 비율은 확인하기 어려운 추상적인 이득이지만 다른 분야의 국가발전에 필요한 예산으로 전용되는 것은 당연하다. 북한의 입장에서 지금은 그러한 측면이 별로 없지만, 과거에는 남북한 관계개선에 의하여 이루어지는 남한의 북한에 대한 지원, 투자, 교역 등에 대해서 북한은 기대하는 경향이 있었고 실제로 북한의 경제난 해소에 도움이 된 측면도 있었다. 남한의 일부 국민들은 적대적인 태도를 보이는 북한을 지원하는 데 대해서 반대하기도 했다. 그러나 대북지원이 경제적으로 일부 부담이 될지 모르지만, 그 지원에 의해서 북한이 남한에 종속되기 때문에 정치적으로는 남한에 이득이 될 수도 있다는 시각도 있었다. 통합이론에 따르면 물이 위에서 아래로 흐르는 것 같이, 부유한 측이 가난한 측에 지원을 하거나 교류를 하게 되면 지원하는 측이 지원받는 측을 종속시킬 수 있기 때문에 더 유리하다고 한다.

이러한 촉진요인에 반대되는 장애요인도 상당하게 존재하고 있다. 어쩌면 장애요인이 촉진요인보다 많기 때문에 남북한관계가 좋을 때보다 나쁠 때가 더 많고, 현재 개선 전망이 불투명할 정도로 최악의 상태가 되었는지도 모른다. 원천적이고 가장 중대한 장애요인은 몇 시기에 걸쳐서 대화와 협상이 이루어졌고 개성공단이라는 공동사업도 했지만, 근본적인 이질감과 적대감이 남아 있기 때문에 대화와 협상이 지속되지 못한 점이다. 그 적대감은 분단 당시 잉태되었던 이념적 상극관계에서 비롯되고 전쟁을 거치면서 증폭된 군사적 대립이 뿌리 깊게 자리 잡고 있어서 극단적인 급변 상황이 발생하기 전에는 해소되기가 어려워 보인다.

군사적 적대감은 한국전쟁으로부터 이어져 오는 전통적인 적대감 이외에 북한이 핵무기를 개발함에 따른 적대감이 추가되어 쉽게 풀기가 어려운 상황이다. 근거 없는 이야기일지 모르고 반대시각도 많겠지만, 사실 북한이 남한과의 군사적 대결에서 우위를 점하기 위해서 정치와 경제적으로 많은 부담이 될 수 있는 핵무기를 개발했다고 보기는 어렵다. 북한이 핵무기를 개발하여 군사적 우위를 점하려고 할 정도로 남한에 군사적으로 크게 열세에 있는 상황도 아니었고, 남북한의 적대적 상황은 정전협정의 준수를 관리하고 있는 유엔사령부에 의해서 대규모 돌발 상황 없이 유지되고 있기 때문에 전격적인 전쟁 발생을 우려하여 대비할 상황도 아니었다.

처음부터 북한은 미국을 대상으로 핵무기를 개발한 것으로 보인다. 초기에 북한은 핵무기를 개발하여 군사무기화 하여 보유하기보다는 체제위기를 극복하기 위한 협상용 도구로 개발한 것으로 보인다. 문재인정부가 들어서기 이전에 북한은 남한과의 대화나 협상에서 남한이 핵무기에 대하여 거론하는 것을 적극 반대하였다. 남한을 향한 무기가 아니니 남한은 나서지 말라고 하면서, 자기들은 미국과만 협상하려는 태도를 보였다. 세계 냉전이 끝난 이후 북한이 체제위기에 처하면서 가장 심각하게 느껴지던 미국으로부터의 위협을 제거하기 위해서 핵무기를 개발한다는 입장을 공공연하게 밝혔다.

북한이 핵무기를 개발한 이후 미국과의 협상만 고집하고, 결국 제2차 핵위기는 6자회담이라는 국제회담이 다루게 되었고, 북한의 핵개발과 장거리 미사일 발사에 대해서 유엔이 경제제재를 가하면서 북한의 핵문제는 국제화되었다. 따라서 한반도 내의 가장 중요한 현안인 핵문제가 국제화됨에 따라 한반도 문제 자체가 국제화되었고, 남북한관계의 개선에 큰 장애요인이 되었다. 북한의 비핵화 문제 자체가 남북한 관계개선에 장애요인이 되었을 뿐더러 비핵화 문제가 국제화되면서 남북한 관계도 국제적 개입의 영향을 받고 있다.

이념문제도 남북한관계의 지속적인 장애요인이 되고 있다. 한반도 분단의 시작과 과정은 이념을 중심으로 이루어졌다. 제2차 세계대전 기간 미국과 소련은 연합을 했고, 종전과정에서 한반도를 점령하고 있던 일본의 항복을 미국과 소련이 공동으로 받아 내고 38선을 경계로 하여 공동점령을 했다. 그러나 1947년부터 미국과 소련의 냉전이 시작되면서, 미국과 소련이 점령하던 지역은 그 국가들의 세력형성의 대상이 되었고, 한국내 토착세력들은 강제적으로 또는 자의로 점령국의 이념에 동화되어 갔다. 한국전쟁을 거치고 세계 냉전이 격화되는 과정에서 남북한의 이념 대결은 남북한 적대감의 근본 동기가 되었다.

1989년 세계 냉전이 종식된 후 자본주의와 공산주의의 이념대결은 공산주의체제의 붕괴에 따라 거의 소멸되었다. 그러나 탈냉전에도 불구하고 북한을 비롯한 일부 공산주의 국가들은 붕괴되지 않았으며, 특히 김일성의 3대 직계가 통치하고 있는 북한체제는 1948년의 체제가 그대로 유지되고 있으며, 국가와 사회를 유지하고 있는 기본 이념도 변하지 않고 있다. 특히 북한의 국가와 사회를 유지하는 근본이 되는 공산주의체제의 근간이 그대로 유지되기 때문에 남한과의 관계개선에 장애요인의 중요 부분으로 남아 있다. 지금의 북한체제의 경직성, 그리고 김정은의 통치 및 외부와의 관계를 설정하는 성향으로 봐서 근시일 내에 통치이념을 바꾸고 서방에 접근할 가능성은 별로 없어 보인다.

2) 남북한관계 변화의 내적 변수와 외부 영향

국내적인 정치시스템, 사회구조, 여론 등이 남북한관계에 영향을 미치는 내적 변수다. 북한은 1인 독재체제이기 때문에 정치제도적인 측면에서 남북한관계의 변화에 미치는 영향은 거의 없다. 북한의 정치지도자는 1인의 영구집권이기 때문에, 그 지도자의 마음이 변하는 대로 정책이 변경되기 때문에 학술적으로 제도적인 측면에서 분석을 하기가 어렵다. 남한의 경우에는 정치제도적으로 크게 행정부와 입법부의 견제와 균형을 바탕으로 하기 때문에 대북정책도 많은 논쟁을 거쳐서 결정되고 사후 평가도 받게 된다. 이러한 과정은 국익에 충실되고 합리적인 정책을 결정하는 데 도움이 되겠지만, 정쟁의 대상이 되어 결정의 지연 또는 불합리한 결정이 이루어지는 경우도 허다하다. 대통령제 정치시스템이기 때문에 대북정책이 대통령의 성향과 자질에 의한 영향을 받는 경우도 많다. 5년 단임제에 의하여 대통령이 교체되기 때문에, 정권교체가 이루어지면 이전 정부에서 추진되던 정책의 대부분이 바뀌기 때문에 대북정책의 잦은 변화에 따라 일관된 남북한관계가 단절되는 경우가 많다.

정부수립 이후 80년 가까이 분단국을 유지해 온 한국사회는 극단적으로 양분되어 있다. 중립적이거나 이념과 무관한 사회조직들은 찾아보기가 힘들다. 노동, 복지, 의료 등 정치와는 별로 관련이 없는 국민의 삶과 안녕을 위한 집단들도 진보와 보수의 시각에 따라 정책적 차이가 나고 있는 실정이다. 이러한 상황에서 평화 및 통일에 관련되는 사회조직들도 진보와 보수의 성향을 갖고 있으면서, 정부의 대북정책결정 및 집행에 큰 영향을 미치고 있다. 일부 사회조직들은 북한과의 직접 소통을 모색하면서 대북정책에 영향을 미치려 하고 있다. 예를 들어, 북한에 연탄 보내기 운동을 벌이는 조직이 있는가 하면, 북한에 전단지를 보내는 조직이 있다. 이러한 극단적인 양극화 사회구조는 정권변화에도 영향을 미치기 때문에 국민들의 대북관에 적지 않은 영향을 미친다.

한국의 정치 사회문제를 객관적이고 중립적으로 보도하고 비평하는 언론 매체는 찾아보기 힘들고, 거의 모든 언론이 진보 아니면 보수 성향을 지니고 있다. 이 언론들이 국민들의 대북관에 영향을 미치고 남남갈등을 주도하는 매개체가 된다. 정부는 이러한 매체들을 통하여 지지율 상승을 모색하며, 대부분 정권들의 대북정책은 다른 분야의 정책보다 지지율이 높은 편이다. 이는 대북정책이 국민들의 직접적인 삶과는 별 관련이 없고, 이념적인 지지와 반대가 극명하게 나뉘기 때문이다. 대북정책은 일관성이 있어야 북한과 대화를 하든, 강경 압력 정책을 펼치든 효과가 나오는데, 정책적 단절에 의해서 경제적 손실이 있는가 하면 한반도의 긴장이 조성되는 경우도 있다. 서독의 경우 1960년대 후반부터 시작한 동독에 대한 동방정책에 대해서 정쟁 대상이 되지 않고 국민들이 일관되게 지지해 주었기 때문에 1980년대 후반 동방정책에 의해 의식화된 동독 주민들의 혁명에 의해서 동독정부가 붕괴되어 통일이 가능했던 점과 한국의 상황은 전혀 다르다.

남북한관계는 이러한 내적 변수와 더불어 외부의 국제적 상황도 변화의 모멘텀이 되고 있다. 국제적으로 한반도는 1947년 세계 냉전이 시작된 이후 처음의 열전이 발생한 지역이다. 1950년 발생한 한국전쟁은 내전으로 시작하여 국제전으로 발전하여 미국, 중국, 소련 등 약 20개 국가가 참전했으며, 유엔이 직접 유엔 깃발을 들고 참전하여 세계대전에 버금가는 전쟁이 되었다. 자본주의와 공산주의의 첫 무력대결이었으며, 전쟁 종식 이후에도 한반도는 다시 분단이 되어 동서대결의 전초지역이 되었다. 더구나 한국전쟁이 법적 종식이 아니라 전투만 중단하는 휴전으로 종식되었기 때문에 한반도는 법적으로 완전한 평화가 이루어지지 않은 상태. 이러한 상황에서 적어도 1970년대 초반까지 남북한은 대화 없는 대결만 하였으며, 1970년대부터 세계적으로 데탕트가 시작되어 남북한 간에도 제한적인 대화가 이루어졌으나 남북한 사이의 긴장은 완화되지 않아서 근본적인 대립과 충돌이 이어졌다.

1989년의 냉전 종식은 남북한관계에 결정적인 영향을 미쳤다. 동유럽 공산주의체제 붕괴, 소련과 중국의 남한과의 수교 등은 북한을 국제적으로 소외시켰으며, 이는 북한으로 하여금 남한 및 국제사회에 유연한 행위자로 나서게 하는 계기를 제공했다. 한국의 노태우정부는 적극적인 대북정책을 구사하여 북한과의 고위급회담, 기본합의서 체결, 남북교역의 시작 등 한반도의 평화를 위한 대북화해와 협력정책을 추진했다. 중국과 소련이 남한과 수교를 한 이후 북한도 미국 및 일본과 수교를 해야 한다는 교차승인 주장도 등장했다.

그러나 세계적인 냉전이 종식된 이후 독일이 통일되는 등 세계적인 화해 분위기가 조성되었음에도 한반도의 냉전은 해체되지 않았다. 특히 동북아에는 냉전시대의 북방 3각관계와 남방 3각관계의 틀이 느슨하게나마 유지되고 있으며, 한미일 남방 3각관계는 한미동맹과 미일동맹을 미국이 연결하면서 유지되어 왔으나, 최근 들어서는 한미일 3자 동맹은 아니더라도 한국과 일본의 군사적 유대관계를 강화하려는 움직임이 나오고 있다. 북방 3각관계는 소련이 해체되고 민주화된 러시아가 들어서면서 거의 와해된 것으로 보였으나, 최근 들어 러시아가 우크라이나를 공격한 이후 전쟁이 확대되면 북중러 3각관계가 형성될 것으로 예견되고 있다. 더구나 북한 핵문제로 유엔을 비롯한 국제사회가 북한을 제재하고 있는 상황에 대해서 중국과 러시아는 제재와 다른 입장을 보이고 있다. 이러한 국제적인 상황이 남북한관계에 많은 영향을 미치고 있다.

3) 대북정책의 새로운 패러다임

앞서 거듭 언급했듯이, 남북한의 대화는 제한적이나마 1972년부터 시작되었다. 세계적인 데탕트의 분위기에서 남북한 지도자들은 국제질서의 변화에 순응하기 위해서 7월 4일 '자주, 평화, 민족대단결'의 원칙을 바탕으로 한 대화와 접촉을 약속하는 공동성명을 발표하고 대화를 시작했다. 그러나 세계 차원의 데탕트는 냉전의 완전 종식이 아니었고, 남한의 지도자는 군 출신 독재자였던 박정희와 전두환으로 이어졌기 때문에 남북대화는 뚜렷한 결실을 이루지 못했다. 1989년 세계 냉전이 종식되고, 남한에도 민주화된 정부가 수립되면서 한국의 대북 화해협력 정책이 모색되었다. 세계질서가 한국에 유리한 방향으로 흘렀고, 남북한 경쟁에서 남한이 결정적인 우위를 점하면서 남한의 노태우정부가 자신감을 갖고 대북 대화와 협상을 시작한 것이다.

이후 한국의 대북정책은 정권 교체 시마다 진보와 보수의 극단적인 변화를 보여 왔다. 김영삼정부는 김일성 조문 불허로 남북한관계 경색국면을 초래했고, 북한의 핵문제 등장 이후 미국에 전적으로 의존하여 북한의 '통미봉남' 정책을 등장시켜 한국정부는 한반도 문제에서 소외되는 결과가 초래되었다. 김대중정부는 노태우정부의 대북 화해협력을 뛰어넘는 정책을 추진하여, 포용정책에 의문을 가지고 있던 국민들에게도 평화의 희망을 가지게 했다. 정상회담을 하고, 금강산 관광, 대북투자 및 지원, 다방면의 교류협력 등을 추진했다. 노무현정부는 북한의 제2차 핵위기가 시작되었음에도 불구하고 개성공단 완성 등 김대중의 포용정책을 이어서 성공적으로 추진했다. 이명박 보수정부가 들어선 이후 이전 정부들의 대북포용정책을 모두 부정하고, '비핵개방3000' 정책을 추진하여 북한의 반발을 사고 대북정책을 원점으로 돌려놓았다. 박근혜정부도 이명박정부와 유사한 정책을 추진하였고, 북한의 핵개발과 미사일 발사를 이유로 개성공단을 폐쇄했다.

문재인정부가 들어서면서 새로운 대북관계가 시작되었다. 첫째, 남북한 대화와 협상에서 북한의 비핵화가 공식 논의 주제로 포함되었다. 문재인정부 이전까지 북한은 핵문제가 미국과 해결한 문제이지 남한과는 상관없는 문제라고 하면서 이 주제에 대해서 논의하는 데 대해서 거부하는 태도를 보였다. 그러나 문재인-김정은 정상회담의 공동성명에 북한의 비핵화 문제가 포함되었다. 둘째, 과거에는 남북한관계를 복구하는 데 있어서 초기에는 경제교류 등 비정치적인 분야부터 시작했는데, 문재인정부는 군사문제에 대한 합의부터 시작했다. 이는 북한이 유엔 등 국제사회의 경제제재를 받고 있어서 경제교류를 하기 어려운 이유도 있었지만, 점진적인 관계개선보다는 급진적인 관계개선의 방식을 추구한 것이다. 기초부터 다지는 교류가 아니기 때문에 부정적인 변수가 나타나게 되면 군사적 합의가 쉽게 파기되는 결과가 초래될 위험이 있었다. 셋째, 문재인정부는 북한의 비핵화를 논의하는 데 있어서 북한과 미국 사이에서 조정역할을 자임하며 '운전자론'을 펼쳤다. 북한과 미국이 의지만 있으면 중재자 없이 대화를 할 수 있는데, 남한이 중재를 한다고 해서 뚜렷하게 변할 것이 없었으며 중재가 반드시 필요한 상황이 아니었다. 북한과 미국의 대화가 어려워질 때 중재를 한 남한정부가 성토 대상이 되고 대화 중단의 변명 대상이 될 수도 있는 어려운 상황이 전개될 수 있었다.

결국, 문재인정부 시기의 대북정책은 북한의 비핵화 및 북미대화에 종속되어 있었다. 많은 기대를 걸었던 북한과 미국의 비핵화 협상은 하노이 정상회담이 결렬되면서 실패로 돌아갔다. 북한은 비핵화 시작과 동시에 미국도 제재 완화를 시작하기를 원했고, 미국은 비핵화를 완료해야 제재를 풀겠다는 태도를 보였으며, 결국 두 입장이 합의점을 찾지 못하면서 협상이 실패했다. 북한과 미국의 비핵화 협상이 결렬됨에 따라 여기에 종속되어 있던 남북한의 합의사항들도 휴지조각이 되었다. 문재인정부는 이전의 정부들이 해보지 못했던 길을 야심 차게 걸었으나, 모두가 수포로 돌아갔다.

1989년 노태우정부 이후 보수정부와 진보정부는 다양한 대북정책을 추진했다. 추진 당시에는 일부 성과를 보여서 남북한관계에 희망을 가져다주었지만, 결국은 모두 실패로 귀결되었다. 그동안 추진할 수 있는 대북정책은 모두 추진해 봤다. 지금 남북한관계가 원점으로 돌아갔기 때문에 과거의 모든 정책은 실패했다고 결론지을 수 있다. 모든 정책을 이미 추진해 봤기 때문에, 앞으로 윤석열정부와 다음 정부도 대북정책을 실시한다면 기존의 정부들이 추진했던 정책을 다시 되풀이해서 추진하거나, 아니면 약간 변형을 해서 추구할 수밖에 없다. 이미 실패했던 정책들을 되풀이하는 소모적인 정책추구를 하게 되는 것이다.

그래도 새롭게 추진할 정책은 있지 않은가? 지금과 같이 북한에 끌려다니지 않는 새로운 정책은 없는가? 대북정책이라 하기에는 성격이 조금 다르지만, 대북정책을 아예 포기하는 옵션은 남아 있다. 지금 한국의 대북정책은 국가 대 국가라기보다는 동일민족으로 민족 동질감의 기초 위에서 대북정책을 추진해 왔는데, 이제부터는 완전하게 국가 대 국가로 접근하는 것이다. 분단된 통일대상으로써 북한을 보는 것이 아니라 민족은 같지만 다른 국가로 대하는 것이다. 이미 남북한 당국과 국민들은 통일을 잊은 듯 통일에 대한 거론을 거의 하지 않고 있다.

이러한 점에서, 대북정책이 아니라 조선민주주의인민공화국이라는 이웃국가에 대한 외교정책으로 북한에 대한 접근하는 옵션이 남아 있다. 북한에 대한 지원이 아니라 북한이 원하면 제공하는 북한에 대한 원조로 생각하고, 남북한 물자 교역도 반입 반출이 아니라 수입 수출로 하는 것이다. 북한의 핵무기 개발도 이웃의 적대국가가 핵무기를 개발한다는 차원에서 접근하면 비핵화에 목매어서 끌려다니는 입장을 벗어나 보다 냉철하고 효율적인 대응책을 수립할 수 있을 것이다. 이러한 접근 방식을 취하면 북한의 남한에 대한 막무가내식의 태도는 변하지 않을 수 없을 것이다. 어차피 북한은 국제사회에서 하나의 국가로 인정받고 있는데, 남한은 북한을 이중적인 시각으로 보는 비정상적인 대북정책을 추진해 왔다. 이제는 의연한 입장을 가지고 북한에 대한 시각을 국제적인 시각과 동일하게 바로 잡고 끌려다니지 않는 정책을 고려해 볼 필요가 있다. 이렇게 하면 북한의 남한에 대한 태도도 많이 바뀔 것이다.

7. 결론

한반도는 과거 속에 묻혀 있다. 제2차 세계대전의 종식 및 전후 처리과정의 일환으로 분단된 상황이 아직 계속되고 있다. 냉전의 시작과 함께 미국과 소련의 갈등과 대립의 부산물인 한반도 분단의 고착화는 그 당시의 질서와 체제를 그대로 유지하고 있다. 한국전쟁이 진행되면서 전쟁 당사자로 개입한 유엔은 아직도 유엔사령부를 한반도에 남겨 놓고 정전체제를 관리하고 있다. 세계 냉전은 이미 종식되었으나, 세계 냉전의 부산물인 한반도의 냉전은 아직 지속되고 있다. 냉전시대에 형성되었던 북방 3각관계와 남방 3각관계는 아직도 해체되지 않고 남북한관계 및 한반도와 주변관계에 영향을 미치고 있다.

이러한 부정적이면서, 복합적이고, 불안정한 한반도의 정세는 남북한체제와 관계의 발전에 장애 요인이 되고 있다. 북한은 이러한 부정적인 상황을 이용하여 남한에 대한 우위를 유지하면서 남한을 흡수하려는 구상을 하였지만, 남한은 이러한 불편한 상황을 전환시켜 안정적인 방향으로 극복하기 위해서 북한에 대하여 다양한 방식으로 접근했다. 1989년 세계 냉전이 종식된 이후 남한이 모든 면에서 북한을 앞서기 시작했으나, 남한 정부는 이러한 유리한 점을 활용하여 북한을 이기려는 태도보다는 북한을 포용하여 한반도 안정을 위한 동반자의 관계를 가지려는 시도를 했다.

북한과의 본격적인 대화와 협력을 시작한 노태우정부는 보수적인 성향의 정부였지만 체제위기에 처한 북한을 우월적인 입장에서 타도하려는 생각보다는 당시의 국제정세의 흐름을 인정하고 그 바탕 위에서 북한과 교역을 시작하고 총리급의 고위급회담을 개최하여 북한을 합리적인 행위자로 이끌려는 시도를 했다. 이후 5년마다 정권이 교체될 때마다, 특히 보수와 진보가 교대로 바뀔 때마다 대북정책은 급변하는 과정을 보여주었다. 진보정권이 들어서면 대북화해협력을 추진했고, 보수정권이 들어서면 모든 정책을 뒤집고 강경한 대북정책을 구사했다. 대북정책의 일관성이 부족했기 때문에 남북한의 지속적인 관계 설정이 불가능했다. 물론 북한도 남한에 대한 열세의 위치에서 남한을 신뢰하지 않는 태도를 보였으며, 교조적인 이념과 시각을 고수하면서 타협적인 태도를 보이지 않아서 남북한관계에 찬물을 끼얹은 적이 자주 있었다.

수많은 정부가 수많은 대북정책을 추진했으나, 지금은 남북한관계가 원점으로 돌아갔기 때문에 과거의 대북정책은 모두 실패한 것으로 간주된다. 과거 모든 방안을 동원해 봤지만 성공하지 못했기 때문에 어떠한 정책을 새로 추진해야 할지 뚜렷한 방안이 떠오르는 것도 별로 없는 듯하다. 새로운 방법을 찾는다면, 지금까지와 다른 방향으로 남북한관계를 규정하고 접근하는 것이다. 즉, 북한을 완전한 국가로 인정을 하고, 여태까지 민족 차원에서 접근하던 방식을 배제하고, 다른 국가들에 대한 외교와 같이 북한에 대해서도 외교적 접근을 해 보는 것도 하나의 옵션이 될 수 있을 것이다. 이러한 정책을 펼치면 북한에게 지원하고 베풀면서도 끌려다니는 상황을 탈피할 수 있고, 국내적으로 남남갈등도 해소시킬 수 있을 것이다. 국제관계와 동떨어진 남북한관계를 유지하기 때문에 생기는 괴리감을 줄이고, 남북한관계와 국제관계를 같은 범주 내에서 추진할 수 있는 합리적이고 효율적인 방안을 강구할 수 있을 것이다.

토의주제

1. 1970년대 초반 시작된 세계적 차원의 데탕트는 남북한관계에 어떠한 영향을 미쳤는가?
2. 1989년의 탈냉전은 남북한관계에 어떠한 영향을 미쳤는가?
3. 노태우 대통령은 어떠한 국제환경에서 북한과의 화해와 협력을 시도했는가?
4. 탈냉전 이후 북한이 유연한 외교정책과 대남정책을 추구하다가 NPT탈퇴 선언을 하고 벼랑끝 외교를 추진한 이유는 무엇인가?
5. 북한이 핵무기 개발을 하는 이유는 무엇인가?
6. 진보정부의 대북정책과 보수정부의 대북정책은 어떠한 차이가 있는가?
7. 김대중 대통령이 대북포용정책을 추진할 때 제시한 '정경분리원칙'은 무엇인가?
8. 1993년 시작된 북한의 제1차 핵위기와 2002년 시작된 제2차 핵위기는 어떻게 다른가?
9. 문재인정부가 추진한 북한과 미국 사이에서의 중재자 역할은 무엇이었으며, 어떠한 결실(긍정적+부정적)을 맺었는가?
10. 북한의 비핵화는 가능할 것인가? 현재 비핵화의 장애요인은 무엇이며, 어떻게 해소시킬 수 있을까?

참고문헌

1. 한글문헌

김계동. 『남북한체제통합론』, 제2판. 서울: 명인문화사, 2020.
_____. 『북한의 외교정책과 대외관계: 협상과 도전의 전략적 선택』. 서울: 명인문화사, 2012.
_____. "한반도 평화체제 구상." 『국방정책연구』 제61호 (2003, 가을).
_____. "한반도 냉전구조의 해체: 국제적 탈냉전의 유형과 선택적 대안." 김계동 외. 『탈냉전시대 한국전쟁의 재조명』. 서울: 백산서당, 2000.
김계동 외. 『현대외교정책론』, 제4판. 서울: 명인문화사, 2022.
김형기. 『남북관계 변천사』. 서울: 연세대학교 출판부, 2010.
장명봉. "'6·15 남북공동선언'과 통일방안의 대안모색: '연합제안'과 '낮은 단계의 연방제안'을 중심으로." 북한법연구회. 『북한법연구』 제4호 (2001).

전재성·김성배. 『통일의 외교안보 편익분석 및 대주변국 통일외교 전략』. 서울: 대외경제정책연구원, 2014.
한반도평화포럼. 『통일은 과정이다』. 서울: 서해문집, 2015.

2. 영어문헌

Groom, A. J. R., and Paul Taylor. *Functionalism: Theory and Practice in International Relations*. London: University of London Press, 1975.
Haas, Ernst B. *The Uniting of Europe*. Stanford: Stanford University Press, 1958.
Kim, Gye-Dong. *Foreign Intervention in Korea*. Aldershot, England: Dartmouth Publishing Company, 1993.
Mitrany, David. *A Working Peace System*. Chicago: Quadrangle Books, 1966.

12장 대미국관계

1. 서론 350
2. 대미관계의 역사적 조망 351
3. 대미관계의 대내외적 환경 353
4. 대미관계의 목표와 추진 방향 361
5. 대미관계의 현안과 쟁점 365
6. 대미관계의 전망 372
7. 결론 375

김현욱(국립외교원)

1. 서론

한미관계는 오랜 역사를 가지고 전개되어 왔다. 탈냉전 이후 2009년 포괄적 전략동맹으로 전환하면서 한미 양국은 동맹의 성격과 범위를 확대하기 시작해왔다. 즉, 한반도를 넘어서 지역과 글로벌 차원의 동맹으로 확대를 꾀하였다. 그러나 이러한 과정은 순탄치 않았다. 사드(THAAD)배치 이후 중국의 경제 강압 등과 같은 중국의 영향력 확대로 지역 차원의 한미동맹은 어려운 과정에 돌입하게 되었다. 동시에 이러한 상황은 반중국 정서를 불러일으켰으며, 그동안 북한 위협에 집중하고 있었던 한미동맹의 위협인식과 전략 목적을 어떻게 조정할지의 문제를 새롭게 등장시켰다. 즉, 한미동맹을 한미일 3국협력 속에서 지역 차원의 메커니즘으로 활용하고 싶어하는 미국의 전략 목적과 한미동맹을 우선으로 하여 한반도 안보에 집중하고 싶어하는 기존 한국의 전략 목적이 조정단계에 돌입하고 있는 상황이다.

이런 상황은 코로나19 상황, 미국의 중국 견제 강화, 아프가니스탄 철군, 우크라이나전쟁 등 다양한 국제정세 변화 속에서 진행되고 있다. 많은 대외적 요인들은 한국의 대미관계 및 동맹정책에 영향을 주고 있다. 가장 큰 예는 미국의 패권약화 및 북한의 도발국면 강화 속에서 한국의 미국에 대한 확장억제 신뢰성 강화 요구이다. 미국은 비록 북한을 핵보유국으로 인정하지 않고 있지만, 북한은 이제 실질적으로 핵을 보유하고 있는 국가가 되었다. 북한의 군사적 위협증강을 바로 옆에서 바라보아야 하는 한국은 미국의 확장억제력 제공을 강화하도록 요구하고 있다.

이 장은 이와 같은 다양한 상황변화 속에서 현재 한국의 대미정책이 어떻게 전개되고 있는가를 살펴본다. 다양한 대외적 요인들을 먼저 살펴보고, 이후 현재 대미외교의 목표가 무엇인지, 구체적인 대미외교의 현안과 쟁점이 무엇인지를 짚어본다. 이후 대미외교의 미래를 전망해 본 이후 결론 부문에서는 정책적인 고려사항을 제시해보고자 한다.

2. 대미관계의 역사적 조망

제2차 세계대전이 끝난 후 미국은 공산주의 정권에 대처하기 위해 동아시아에서 일본의 역량 강화를 최우선 목표로 삼았고, 따라서 한국은 미국에 전략적으로 중요한 국가가 아니었다. 1950년 1월 12일 애치슨(Dean Acheson) 국무장관은 대만과 한반도를 제외한 미국의 극동방위선을 발표하게 되었다. 그러나 1950년 6월 25일 한국전쟁이 발발하면서 이러한 한국에 대한 미국의 태도는 바뀌었다. 트루먼(Harry S. Truman) 대통령은 한반도에서의 패배가 이 지역에서 공산 세력의 세력확장과 함께 제3차 세계대전으로 이어질 수 있다고 생각했다. 그리하여 한국전쟁이 끝난 후 양국은 상호방위조약을 체결하기로 결정하였다. 또한, 트루먼 대통령은 승인을 망설였던 NSC-68 문서를 한국전쟁을 계기로 승인하게 되는데, 이 문서에는 미국의 국방비를 3배 증액하고, 독일을 재무장하는 등 공산주의 정권에 대한 미국의 글로벌 봉쇄전략을 담고 있다.

미국은 한국전쟁 당시 유럽에서의 방어력 역시 유지해야 했기 때문에 중국과 싸우고 싶어 하지 않았다. 이러한 전략을 바탕으로 미국은 38선을 따라 한반도를 분단함으로써 전쟁을 끝내기를 원했다. 한국이 영원히 분단될 것으로 생각한 남한의 이승만 대통령은 미국이 의향과 상관없이 한국군은 계속 북진해야 한다며 휴전 협정에 반대했다. 한국정부는 통일을 위해 필요하다면 단독으로라도 계속 싸울 것임을 주장하였으나 휴전으로 한국전쟁을 종결시키려는 미국의 확고한 의도를 변경시킬 수는 없었다. 휴전을 위한 포로 교환이 이루어질 무렵 이승만 대통령은 반공포로 석방을 단행하였고, 당시 미국 측은 휴전을 반대하는 이승만을 제거하기 위해서 에버레디 계획, 즉 이승만 암살계획까지 세웠던 것이 사실이다. 그러나 미국은 휴전 이후 한국의 안전을 보장해 달라는 이승만의 요구를 받아들여, 에버레디 계획을 포기하고 1953년 10월 1일 한국과 상호방위조약을 체결했다. 이 조약은 만료일, 방어해야 할 영토, 무력 공격의 정의, 공동의 위협에 대처하는 방법 등을 명시하지 않았지만, 양국 간 지속적인 안보협력을 위한 기반을 제공했다. 예를 들어, 아이젠하워 대통령이 한국을 방문했을 때 그는 한국을 군사적으로 지원할 필요성을 느꼈고 이에 미국은 1953년에서 1969년 사이에 300만 달러 이상의 장비, 보급품 및 서비스를 제공했다. 또한, 40억 달러의 군사 및 경제원조를 1953년부터 1961년까지 한국에 제공했다.

이승만 대통령이 하야하고 윤보선 대통령이 정권을 이어받은 이후 1961년 쿠데타로 정권을 잡은 박정희는 반공 이념을 국시로 내걸고 한국의 경제 자립을 약속했다. 케네디(John F. Kennedy)

대통령은 박정희에게 그가 추진하던 경제개발 5개년 계획을 수행할 수 있는 경제원조를 약속했다. 케네디는 또한 한국이 외부의 무력 공격에 직면할 경우 미국이 즉시 군사적 지원을 제공할 것이라고 그를 안심시켰다. 이러한 미국의 지원 약속과 더불어 베트남전쟁은 동맹관계 발전에 중요한 역할을 했다. 베트남전쟁 당시 한국의 박정희 대통령은 한미동맹 강화를 위해 1964년 9월 베트남에 전투 부대를 파견했다. 그리고 베트남전쟁에의 한국군 파병 이후 1965년 박정희가 존슨(Lyndon B. Johnson) 대통령을 만났을 때, 두 정상은 북한의 공격에 대비한 경제 및 군사 지원과 함께 주한 미군의 지속적인 주둔에 합의했다.

그러나 미국은 장기간의 전쟁으로 인한 피로감과 국민들의 불안, 미국 내 반전운동의 확산으로 결국 베트남전쟁에서 군대 철수를 결정하였다. 미국은 베트남전쟁의 패배라는 요인과 당시 발생한 중소분쟁에 따라 동북아지역 정책을 전환하기 시작했다. 이에 닉슨(Richard Nixon) 대통령은 1969년 7월 25일 괌에서 아시아 국가들이 외부 위협으로부터 스스로를 방어하고 군사비를 미국과 분담해야 한다는 이른바 '괌독트린'을 발표했다. 괌독트린 발표 이후 미 제7보병사단이 한국에서 철수하였고 미국이 군사원조를 무상에서 차관으로 변경하면서 박정희는 한국 국방정책에서 자립을 추구하기 시작했다. 자위권 강화를 위해 은밀히 핵무기 개발을 추진하기도 했으나 1977년 미국이 이를 발견해 제지했고, 결국 1979년 10·26 사건으로 박정희가 암살되자 핵무기 개발은 종지부를 찍었다. 이후 미국은 1971년에서 1977년 사이에 15억 달러 규모의 현대화 프로그램에 따라 한국에 강력한 군사력을 제공했다.

닉슨과 포드 행정부를 거쳐 등장한 카터(Jimmy Carter) 대통령은 한국에서 발생하고 있는 민주인사들에 대한 인권탄압을 중지하도록 박정희에게 요구했으나, 박정희가 이를 수용하지 않자 주한미군을 철수하기 시작했다. 1978년 12월까지 3,400명의 지상군이 미국으로 돌아갔고 3만 7,000명의 병력이 한국에 남게 되었다. 그러나 소련이 아프가니스탄을 공격하고 베트남에 해군기지를 건설하는 등 극동에서 소련의 군사력이 증강되면서 철수계획은 무산되었다. 카터 대통령은 1979년 7월 서울에서 박정희를 만나 한반도 정세가 재검토되는 1981년까지 추가 병력을 철수하지 않겠다고 밝혔다. 이 구상은 비록 이루어지지는 않았지만, 한국에 '방기의 두려움(fear of abandonment)'을 불러일으켰고, 한국이 자강을 향한 움직임에 불을 붙이도록 만들었다.

병력 철수 시도와 함께 동맹 지휘체계에도 변화가 생겼다. 1977년 안보협의회의(SCM)에서는 한국방위의 작전 효율화를 위해 한미연합사령부를 설치하기로 합의하게 되었다. 당시 유엔에서 유엔사 해체 논란으로 인해 한미 양국은 한미연합사를 창설하고 전투수행 임무를 부과하게 되었다. 연합사 창설과 함께 양국 간 군사관계는 보다 협력적인 체제로 변화하였다. 연합사는 한미 당국이 연합사에 배속한 부대에 대한 작전통제권을 행사하고 국가통수 및 군사 지휘기구(NCMA)에 보고하는 의무를 맡았다.

1980년대에는 1979년 12월 소련의 아프가니스탄 침공 이후 1970년대 데탕트가 종식되고 신냉전이 시작되면서 미소갈등이 더욱 심화되었다. 1979년 박정희 대통령이 암살된 후 1980년 전두환 장군이 이끄는 신군부가 집권했다. 레이건 대통령은 1981년 전두환이 워싱턴을 방문했을 때 공동성명에서 미국은 지상군을 철수할 계획이 없다고 밝혔다. 그러나 이 시기 한국국민들은 미국정부가 반민주적인 전두환 정권을 지지하고 광주사태를 외면했다고 판단하며 반미 감정을 표출하기 시작했다.

그리고 1983년 소련의 대한항공기 격추와 1983년 미얀마에서 아웅산 사태로 한반도위기가 고조되었고 한미동맹은 더욱 공고해졌다. 1986년 안보협의회의(SCM)에서는 공산권의 새로운 위협에 대처하기 위한 노력의 일환으로 양국 간의 군사협력에 대한 광범위한 논의가 있었다. 이후 1989년 냉전의 해체와 한국의 급속한 경제발전에 따라 미국은 군사비용 분담방안을 모색하기 시작하였으며, 동맹관계는 점차 대칭적으로 발전하기 시작했다.

3. 대미관계의 대내외적 환경

최근 급변하는 국제정세는 한미관계에 중요한 영향을 미치고 있다. 가장 중요한 요인은 미중경쟁이다. 과거와 달리 바이든 행정부의 대중국 견제는 제로섬으로 전개되고 있으며, 한국은 미중 간 균형을 잡기 어려운 상황으로 나아가고 있다. 더욱이 미국의 우크라이나전쟁 불참은 한국과 같은 동맹국들에게 많은 함의를 안겨주었는데, 과연 한국이 안보위험에 빠졌을 경우 미국의 안보제공을 믿을 수 있는가이다. 우크라이나전쟁으로 시작된 국제경제의 어려움은 국제체제를 미국 중심 국가들 대 권위주의체제 국가들 간의 대결로 양분화시키기 시작했다.

한국 내부적 요인들 역시 대미정책에 영향을 미치고 있다. 사드배치 이후 한국 내부의 반중국 정서는 대미관계의 중요성을 점차 인식하게 되는 중요한 사건이 되고 있다. 또한, 최근 북한의 도발국면으로 인한 한국 내부의 안보불안감 증폭 등은 중요한 요인으로 작용하고 있다.

1) 대외적 환경: 제로섬 미중경쟁

미국과 중국이 소련견제라는 공통의 목표를 가지고 1979년 국교정상화를 이루어낸 이후 미국은 중국에 대한 막대한 지원을 이행해왔으며, 냉전이 종식된 이후에는 중국을 미국 중심의 자유주의 국제질서 내에 편입시키는 정책을 펼쳐왔다. 그러나 중국은 미국의 의도대로 변하지 않았으며, 트럼프정부 들어서 미국은 무역적자를 줄이기 위한 이익갈등으로 미중관계를 몰고 나갔다. 이후 코로나 상황이 악화되면서 트럼프정부는 미중갈등을 이념갈등으로 만들어나갔고, 미중경쟁은 더욱 악화되었다.

이후 바이든정부는 중국공산당의 변화 혹은 붕괴는 현실적으로 어렵다는 판단 아래 중국과의 전략적 경쟁에서 승리하겠다는 미중 전략경쟁을 추진하고 있다. 이를 위한 정책적 수단을 진행하고 있으며, 현재 미국 내 여론에 기반하여 대중국 강경정책은 지속되고 있다.

민주주의 가치를 중심으로 동맹을 강화하고 국제협력을 이끌어서 리더십을 되찾겠다는 것이 바이든 외교정책의 핵심이다. 외교 최우선순위 어젠다는 자유세계와 단합하여 부상하는 독재정권에 대항하고, 인권문제를 지적하면서 민주주의 국가들과 단합하겠다는 것이다. 이미 2021년 바이든 행정부는 민주주의 정상회의를 개최했으며, 중국의 인권상황을 이슈화했고, 이를 기반으로 대중국 베이징올림픽 보이콧을 단행하기 시작했다. 중국 인권과 관련해서 바이든 대통령은 2021년 12월 위구르족 강제노동 금지법에 서명했다. 이 법안은 신장에서 생산되는 제품이 강제노역에 의한 것이 아니라는 것을 증명하지 않는 한, 신장에서 생산된 제품의 수입을 일체 금지한다는 내용이다.

문제는 이 같은 가치 중심의 중국 견제가 미국의 동맹국들을 얼마나 단합시킬 수 있을지이다. 현재 미국과 함께 중국 견제에 적극적으로 나서는 국가들은 서유럽국가들, 앵글로색슨 국가들, 일본 등이다. 기타 국가들 특히, 동남아국가 중 중국의 일대일로정책으로 경제적 수혜를 입은 국가들이 친중국적인 태도를 보임으로써 중국 견제에 미온적인 상태이다. 따라서 추후 미국이 새로운 인도·태평양 경제프레임워크(IPEF), 글로벌 공급망 구축 등을 통해 파트너국가들에 경제적 수혜를 얼마나 안겨줄 수 있을지가 향후 미국의 패권 지위를 결정짓는 주요 요인이 될 것으로 예상된다.

글로벌 공급망 구축은 바이든 행정부 대중국 견제의 핵심정책이다. 미국은 다양한 국가들과 코로나 보건협력, 기후변화 관련 협력, 5G, 6G 등 신기술 협력을 이루어내고 있으며, 이를 통해 중국을 배제한 공급망 구축을 추진하고 있다. 이 같은 미국의 공급망 구축은 점점 더 촘촘해지고 있는데, 이미 주요 파트너국가들의 반도체 분야 기업체들에게 정보제출을 요청했으며 중국에 대한 반도체 수출을 줄일 것을 압박하기 시작했다. 현재 미 국무부는 주요 첨단산업부문 별 글로벌 공급망 지도를 만들고 있으며, 촘촘한 공급망 지도를 계속 업데이트하면서 중국배제 전략을 추진하고 있다.

이러한 공급망 구축을 통해 미국은 다양한 인센티브를 참여국들에게 제공하기 시작했다. 관련하여 2021년 6월 미 상원은 미국혁신경쟁법(USICA)법안을 통과시켰다. 이 법안은 무한프론티어법, 반도체 및 통신법, 전략적 경쟁법, 중국 도전대응법, 2021무역법, 미국 미래수호법 등 총 7개 세부법안으로 구성되어 있다. 중국 견제를 위한 모든 수단들이 총망라되어 있는 법인데, 미국가치 수호, 중국의 외교안보적 위협에 대응, 중국의 인권탄압 등에 제재부가, 금융, 시장교란 등에서 중국제재, 미국의 부작용을 최소화하는 디커플링 추진 등 다양한 내용들이 포함되어 있다. 글로벌 공급망 관련하여서는 반도체 산업육성을 위해 5년간 520억 달러를 배정하는 내용이 들어가 있다. 이어 2022년 2월 4일 미국경쟁법안(America COMPETES Act)이 하원을 통과했다. 주요 내용은 반도체산업 육성을 위해 520억 달러를 지원하고 공급망차질완화를 위해 450억달러를 지원한다는 내용이다. 이러한 막대한 지원을 통해 미국의 공급망 구축에 협력하는 해외기업들에 대해 추가적인 경제적 혜택을 부여하겠다는 입장이다.

이러한 경제안보 전략과 함께 미국은 대중국 군사전략을 구축하고 있다. 중국의 반접근지역거부 전략에 대응하기 위해 재래식무기체계의 현대화, 보다 유연한 역동적전력전개(Dynamic Force Employment)에 기반하여 대중국 억제력을 향상시킬 것으로 예상된다. 또한, 미국은 기본의 미사일방어체제에만 의존했던 전략에서 벗어나 일본, 한국, 호주 등 동맹국들에 미국의 중거리 미사일 배치를 추진하고, 지상발사미사일, 미사일방어시스템, 전자전 전력 등을 이 지역에 배치하려는 계획을 세우는 등 대중국 억제력을 강화하고 있다. 즉, 중장거리 미사일 배치를 통해 원거리에서 중국의 동평 21, 29와 같은 지대함미사일들을 타격할 수 있도록 하겠다는 것이다. 그리고 미국의 2021년 국방수권법(NDAA)은 화웨이 등 중국 5G장비를 사용하는 국가에 대해 미군배치 및 주요 군사장비 배치를 재고하겠다는 내용이 포함되어 있다. 또한, 태평양억제구상(Pacific Deterrence Initiative)을 위해 12개 항목 모두의 국방비를 늘릴 계획을 담고 있다. 태평양억제구상은 인도·태평양지역에서 미군의 억제력과 방어 태세 강화를 강화하는 데 중점을 두고 있다. 현재 바이든 행정부의 미중 전략경쟁은 동맹국들과 파트너국가들의 동참을 강요하고 있으며 제로섬 게임으로 전개되고 있다. 이에 따라 한국의 대미관계 외교정책 역시 과거와는 다른 선택의 기로에 처해 있으며, 이에 따른 외교전략을 짜기 시작해야 한다.

2) 대외적 환경: 아프가니스탄 철군과 미국의 패권쇠락

한국의 대미 외교정책에서 미국의 아프가니스탄 철군 역시 중요한 외적 요인에 해당한다. 2021년 5월 3일 미국은 아프가니스탄에서 미군철수를 시작하면서 2001년 9·11테러 이후 시작된 아프가니스탄 전쟁이 20년 만에 끝이 났다. 3개월이 지난 8월 15일 아프가니스탄정부는 이슬람 무장세력 탈레반에게 정권이양을 공식화했으며, 미대사관 역시 전원철수를 결정했다.

미국이 아프가니스탄 철군을 결정한 첫 번째 이유는 막대한 전쟁 비용 때문이었다. 미국은 9·11테러의 원인이었던 알카에다를 파괴하고 빈라덴(Osama Bin Laden)을 사살하기 위해 아프가니스탄 전쟁을 시작했지만, 빈라덴 사살 이후 아프가니스탄 국가건설을 전쟁목표로 조정했으며 이후 전쟁을 20년간이나 지속시켜왔다. 이 20년간 미국은 2조 달러 이상의 전쟁비용을 쏟아부었으며, 2,000명이 넘는 미군이 희생했다.

미국의 GDP는 현재 전 세계 25%에 불과하며, 이는 냉전시대 42%와 비교하면 매우 작은 규모이다. 미국이 냉전시대 NATO, 일본, 한국 등에 독자적으로 경제, 군수지원을 했던 것에 비하면 현재 미국의 능력은 쇠락한 상태이다. 현재 미국 내에서는 미국의 패권국 지위 유지에 대해서도 논쟁이 일고 있는데, 대부분의 학자들이 미국의 패권국 지위에 지지입장을 보이는 반면, 일부 현실

글상자 12.1

태평양억제구상

태평양억제구상에는 동맹국 및 협력국과의 상호운용성 및 정보공유 개선, 동맹국 및 협력국과의 양자 및 다자 연합훈련 등이 포함돼 있다. 또한, 무인항공체계 및 전구(theater) 내에 순항미사일, 탄도미사일, 초음속 미사일에 대한 능동적 및 수동적 방어, 차세대 장거리 정밀 타격체계 구성, C4I(지휘·통제·통신·컴퓨터·정보)와 감시정찰체계 등에 대한 투자를 강화하는 방침이 담겼으며, 버지니아급 핵추진 공격잠수함(SSN) 2척의 건조 예산을 책정했다.

주의자들은 미국의 패권국 지위 유지가 매우 고비용이라면서, 미국의 국익을 중심으로 대외정책의 방향을 변경해야 한다고 주장하고 있다.[1]

실제 미국의 국가안보전략서(NSS)는 수행 가능한 전쟁전략을 변경시켜왔는데, 두 개의 전쟁이 진행 중이던 부시정부의 국가안보전략서에서는 2개의 전쟁 동시 수행을, 이후 오바마 행정부 시절에는 1개 반의 전쟁을, 트럼프 행정부에서는 1개 전쟁 수행을 명시하고 있다. 트럼프 행정부의 국가안보전략서가 명기하는 1개 전쟁은 중국과의 전쟁을 의미하는 것이며, 이에 집중하기 위해 아프간과의 전쟁은 조기에 종식되어야 할 운명에 처했었다. 실제 트럼프 행정부는 2020년 2월 29일 미군철군과 관련하여 탈레반과 평화회담을 열고 미군철군의 조건에 대해서 합의하기도 하였다.

철군의 두 번째 이유는 역시 중국이다. 미국은 부상하는 중국을 견제하기 위한 군사전략을 만들고 있다. 현재 미국은 중국과의 군사적 우위를 위해 군사전략을 개발 중에 있다. 오바마 행정부 시절 군사전략은 공해군 중심의 공해전투(AirSea Battle) 개념이었다. 중국의 반접근지역거부전략(A2AD: Anti-Access/Area-Denial)에 대응하여 적의 주요군사시설 파괴를 목적으로 하는 전략이었다. 이후 셰일가스 혁명과 미국경제 활성화로 인한 국제공역에서의 접근 및 기동을 위한 합동개념(JAM-GC: Joint Concept for Access and Maneuver in Global Commons, 2015) 전략으로 재편성하게 된다. 트럼프 행정부 들어서 육군의 역할이 강화된 합동전투수행개념(Joint Warfighting Concept)이 강화되었는데, 육군력을 추가한 통합군체제를 통해 전투의 효율성을 제고하기 위함이다. 당시 미 의회에서는 중국을 겨냥한 억지력 강화 차원의 입법이 추진되었으며, 트럼프 행정부는 중국을 겨냥한 미군재편성(global force realignment)을 추진하기 시작했다.

아프가니스탄 철군에 대한 국제사회의 반응은 크게 두 가지였다. 첫 번째는 미국과 동맹관계를 맺고 있는 국가들의 불안함이다. 미국의 아프간 철군 당시에 대만 내부에서는 이미 미국의 대만에 대한 안보제공의 신뢰도에 의문을 제기하기 시작하였다. 미국 자국의 이익을 중심으로 하는 정책은 결국 동맹국들에 대한 방기(abandonment)로 이어질 수 있다는 우려감이었다. 미국 인도·태평양 사령부는 7~8년 이후 중국의 대만 무력침공 가능성을 전망하고 있었으며, 이 경우 미국이 개입해야 하는지, 또 개입했을 경우 중국과의 확전에 대해 승리할 수 있을지 등에 대한 논의가 일고 있었다. 즉, 과거와 같은 패권 능력과 군사력을 보유하고 있지 않은 미국은 중국과의 전쟁에 대한 승리를 확신하지 못하고 있었으며, 만일 미국의 대만개입이 이루어지지 못할 경우 대만은 아프가니스탄과 같은 결과를 낳을 수 있다는 우려감이 존재하고 있었던 것이다.

일본도 마찬가지였다. 이미 일본은 평화헌법으로 인한 안보불안감이 내재되어 있는데, 냉전 종식 이후 걸프전 참전에도 불구하고 국제사회의 비판이 고조되자 일본은 헌법개정에 박차를 가하기 시작했다. 또한, 중국 부상과 미국의 국력하락으로 일본의 안보불안감은 더욱더 고조되고 있으며, 이로 인해 인도·태평양전략의 아이디어를 미국에 전달하고 아시아지역에 대한 유럽국가들의

---

[1] John J. Mearsheimer, *The Great Delusion: Liberal Dreams and International Realities*, Yale University Press, 2019.

개입을 이끌어내고 있다. 즉, 자국의 안보불안감을 해결하기 위해 다자주의 안보체계를 형성하는 전략을 취하고 있는 것이다. 미국의 아프간 철군으로 인해 일본은 자국의 안보불안감 해소를 위한 외교안보정책의 변화를 적극적으로 추진하고 있다.

두 번째 반응은, 미국의 아프간 철군은 결국 아프가니스탄정부가 초래한 것이라는 견해이다. 20년간 미국이 2조 달러 이상의 재원을 퍼부으며 아프간 안정화에 노력했으나, 아프가니스탄정부는 부정부패로 인해 자국의 안정화에 기여하지 못했으며, 따라서 미국의 아프간 철군은 동맹국에 대한 방기가 아니라는 견해이다. 오히려 아프간 철군으로 인해 아시아지역 동맹국들의 경우는 연루(entrapment)에 대한 우려가 높아지고 있다. 즉, 중국 견제 쪽으로 미국이 외교안보정책의 방향을 틀면서 이 지역의 동맹국들은 미국의 중국 견제에 동참해야 한다는 부담감이 늘어날 것이기 때문이다.

한편, 아프간 철군으로 인해 중국은 아프가니스탄에 거주하고 있는 동투르키스탄이슬람운동(ETIM: East Turkestan Islamic Movement)에 대한 우려를 하기 시작했다. 동투르키스탄이슬람운동(ETIM)은 1970년대 신장위구르족자치구에서 결성된 위구르족 독립운동 단체로, 이후 위구르족이 아프가니스탄으로 이동했으며, 이들은 아프간을 근거지로 활동에 나서기 시작했다. 탈레반정권의 지원으로 인해 이들은 중국 내부에서 테러행위 등을 단행했다. 그 이후 2001년 미국의 아프가니스탄 침공으로 인해 ETIM 역시 위기에 빠지게 되었지만, 수감에서 풀려난 이후 유럽을 거쳐 중동, 중국 등지로 옮겨 활동을 재개하다가 IS

글상자 12.2

동맹의 연루와 방기

동맹안보에는 두 가지 딜레마가 포함되는데 하나는 방기(abandonment)이고, 두 번째는 연루(entrapment)이다. 방기는 동맹에 포함되어 있지만, 외부로부터의 침략을 받을 때 동맹의 도움을 받지 못하는 위험을 의미한다. 연루란 동맹을 맺은 상대국가의 전쟁발발 혹은 전쟁의 위험성이 있을 때 의사와 상관없이 전쟁에 참여하거나 휘말릴 수 있는 가능성을 의미한다. 한반도 역시 동맹의 방기와 연루 딜레마를 겪고 있는데 미중 간의 갈등 속에 중국과 인접한 국가인 미국과의 동맹국인 한국이 분쟁이나 갈등에 연루가 될 수도 있으며, 중국과 외교적인 측면에서 가깝게 지내면서 미국으로부터 방기될 수 있다는 두려움 역시 존재하고 있다.

가 붕괴하면서 아프가니스탄으로 다시 돌아왔다.

추후 탈레반이 점령한 아프가니스탄에서 ETIM이 재차 세력을 얻게 되면 중국으로써는 난감한 상태가 되었다. 탈레반과 위구르족 모두 수니파로, 동질감이 강하여 탈레반이 신장위구르 자치구 분리 독립운동을 지원할 것이라는 전망이 나오고 있다. 현재 중국은 탈레반의 정통성을 인정하면서 신장문제에 개입을 말라고 요구할 것으로 보이지만, 탈레반이 이를 받아들일지는 미지수이다.

중국은 이러한 탈레반을 달래기 위해 향후 아프가니스탄에 대한 경제지원을 추진할 것으로 보인다. 탈레반 역시 국가재건사업에 대한 중국의 투자를 원하고 있다. 향후 아프가니스탄에 대한 중국의 정책이 이러한 경제협력 중심의 정책으로 이어질지, 아니면 더 나아가 미국이 빠진 공백을 메우기 위해 정치군사적 영향력 확대로 이어질지 주목할 필요가 있다. 현재 아프가니스탄에는 3조 달러 규모의 희토류가 매장되어 있으며, 중국은 희토류 개발과 관련하여 아프가니스탄과 경제협력 역시 논의 중에 있다.

3) 대외적 환경: 우크라이나전쟁의 여파

소련의 붕괴 이후 미국은 NATO 확장정책을 실시하였고 이는 러시아에 안보위기와 체제위기를 가져다주었다. 이러한 상황에서 우크라이나의 NATO 가입 시도로 러시아, 우크라이나, 서방국가 간의 갈등이 고조되었다. 이러한 갈등은 결국 2022년 2월 24일 러시아의 우크라이나 침공이라는 결과를 낳았다.

우크라이나전쟁 이후 NATO 국가들의 단합이 이루어지기 시작했다. 바이든 행정부는 민주주의 가치를 중심으로 동맹국 및 파트너국가들을 규합하기 시작했으며, 러시아의 우크라이나 침공은 이를 위한 중요한 모멘텀을 제공하였다. 미국 및 NATO 국가들은 대러시아 경제제재를 단행하기 시작했으며, 독일 등 EU 국가들은 러시아산 원유 및 가스에 대한 의존도를 줄여나가기 시작했다.

그러나 이 같은 경제디커플링은 공급망의 교란을 가져오기 시작했으며, 대부분의 국가들은 경제적 어려움을 겪기 시작하고 있다. 예를 들면, 러시아산 가스수입이 중단되면서 독일은 가스요금이 50% 인상되었다. 또한, 전 세계 밀수출의 10%를 차지하고 있는 우크라이나의 밀 공급이 끊어지면서 우크라이나의 곡물에 대한 의존도가 높은 중동, 북아프리카 국가들은 식량위기를 겪게 되었다. 이처럼 대러시아 경제제재로 인해 지금까지 형성되어있던 세계화 및 경제적 상호의존에 혼란이 생기기 시작한 것이다.

러시아의 우크라이나 침공은 NATO의 동진으로 인해 자국의 안보가 위협당하고 있다는 러시아의 위기감으로 발생한 것이겠지만, 결국 푸틴의 우크라이나 침공을 가능하게 했던 것은 미국의 힘이 이전과는 다르다는 사실에 있다. 이미 2008년도 글로벌 금융위기 이후 미국의 패권은 줄어들기 시작했다. 트럼프정부는 미국의 글로벌 패권에 대해 국제사회로부터 비용을 요구하기 시작했다. 미국 내 다양한 현실주의 학자들은 이제 미국의 국력이 과거와 달리 줄어든 상황에서 미국의 이익을 중시하는 정책으로 나아가야 한다는 의견들을 피력하기 시작했다. 즉, 과거 미국이 누리던 자유주의 국제질서를 유지하는 데 드는 비용이 너무 크기 때문에 미국의 패권국 지위보다 미국의 협소한 이익이 더 중요하다는 내용이다. 푸틴의 우크라이나 침공은 미국 중심으로 유지되던 국제 규범에 금이 가기 시작했다는 것을 잘 보여준다. 즉, 미국이라는 패권국 중심으로 유지되던 국가주권 개념이 이제 취약하게 되었다는 것이다.

실제로 우크라이나전쟁에 대한 미국의 불참은 미국의 패권쇠퇴로 인한 미국의 국방전략이 변했기 때문이다. 트럼프 행정부의 국방전략은 단 하나의 전쟁만을 수행하는 것으로 변화하였는데, 이는 중국과의 전쟁을 의미하며, 대만해협에서의 무력충돌을 의미하는 것이었다. 우크라이나가 NATO 회원국이 아니기도 하지만, 미국의 현 국방전략 및 능력으로 볼 때 미국은 우크라이나전쟁에 참전할 수 없는 입장이었다.

이번 우크라이나전쟁에서 특이한 점은 러시아의 핵사용 가능성이었다. 이는 그동안 금기시 되어 왔던 전략핵무기(strategic nuclear weapons)의 범주에서 벗어나 실질적으로 사용이 가능한 전술핵무기(tactical nuclear weapons)의 본격적인 등장을 의미한다. 러시아는 2020년도 '핵억제에 대한 러시아정책의 기본원칙'에서 핵사용에 대한 기본적 원칙을 제시하였으며, 러시아 존립에 위기가 올 경우 재래식무기에 의한 공격에 대해서도 핵을 사용할 수 있다고 언급하였다.[2]

탈냉전 이후 미국은 핵무기를 감축했음에도 불구하고, 러시아는 핵전략 작업을 지속적으로 진행해 왔다. 이러한 러시아의 핵능력 강황에 대응하기 위해 미국은 저위력 핵무기 개발을 통해 핵억제력 향상정책을 추진했다. 따라서 푸틴의 핵사용 가능성 발언으로 전 세계는 저위력 핵무기 사용가능성의 현실화 추세가 점차 강화되기 시작했으며, 이러한 추세는 최근 북한의 신형미사일 개발 및 향후 예상되는 소형 저위력 핵탄두 실험과 연관된다. 북한은 다양한 신형미사일을 개발하면서 한국의 방어체계를 무력화시키기 시작했다. 또한, 북한의 7차 핵실험이 소형화, 경량화된 저위력 전술핵탄두일 것이라는 예측이 만연한 상황이다. 북한의 전술핵탄두 시험이 성공적으로 끝나고 실전배치가 된다면 한국은 매우 큰 안보공백에 처하게 된다. 주한미군기지와 연계되지 않는 한국영토에 전술핵탄두가 투하된다면 100명 이하로 사상자 수를 줄일 수가 있다. 도시지역이 아닌 지역에 투하할 경우 사상자가 거의 나오지 않을 수도 있다. 핵을 실제로 사용하는 시나리오가 가능하며, 이 경우 미국이 한국을 위해 북한에 보복할지는 보장할 수 없는 사안이다.

우크라이나전쟁은 일본의 안보불안감 여론을 조성시켰고, 이러한 불안감으로 인해 연장선상에서 2023년 열린 미일정상회담에서 일본정부는 방위비를 GDP의 2%까지 증액하겠다는 입장을 밝혔으며, 현재는 국가안보전략서, 방위계획대강, 중기방위력정비계획 등 외교안보전략의 수정을 꾀하고 있다. 가장 중요한 내용은 그동안 일본이 유지하고 있었던 적기지 공격능력을 '반격능력'으로 변경하는 것이다. 즉, 적국의 영역 내에서 일본을 향해 발사하는 미사일을 저지하기 위해 만들어진 적기지 공격능력 개념을 보다 적극적인 '반격능력' 개념으로 전환한다는 것이다. '격 능력' 개념에는 공격 혹은 반격 대상으로 미사일 발사 거점 외에 적군의 지휘통제 기능까지 포함되어 있는데, 주변 적국의 미사일 능력이 점점 더 진화되면서 미사일 발사지점만의 타격으로는 일본의 방어를 장담할 수 없다는 논리이다.

이와 함께 고 아베(安倍晋三) 전 총리는 '핵공유론'을 제기하였다. 올해 2월 아베 총리는 언론에 출연하여 러시아의 우크라이나 침공을 언급하면서 일본의 안보를 위해서는 NATO식 핵공유 등 다양한 수단이 논의되어야 한다고 언급하였다. 또한, 흥미로운 점은 일본국민들의 헌법개헌 여론이 과반을 넘어서기 시작했다는 점이다. 『아사히신문』이 올해 7월 16~17일 실시한 여론조사에서 "헌법 9조를 개정해 자위대 존재를 명기하는 방안에 찬성하느냐"는 질문에 51%는 '찬

---

[2] Approved by Executive Order of the President of the Russian Federation, Basic Principles of State Policy of the Russian Federation on Nuclear Deterrence, June 2, 2020, https://hansdevreij.com/2022/03/06/basic-principles-of-state-policy-of-the-russian-federation-on-nuclear-deterrence/

성', 31%는 '반대'라고 답변했다. 일본 국민들은 전통적으로 반전여론이 강했는데, 헌법개정에 대한 여론이 과반을 넘어선 것은 이번이 처음이었다. 또한, 자위대가 '반격 능력'을 보유하는 방안에 대해서도 찬성이 50%, 반대가 40%였다. 러시아의 우크라이나 침공, 북한의 신형미사일 시험발사, 중국위협론 등으로 인해 안보불안감이 고조된 결과로 해석된다.[3]

4) 대내적 환경

가장 중요한 대내적 환경은 반중정서의 고조이다. 박근혜정부의 중국경사, 문재인정부의 균형외교는 한중 경제관계의 중요성과 북한문제 해결에 대한 기대로 인해 추진되었다. 그러나, 그 결과는 기대 이하였다. 중국은 북한의 도발이 발생할 때마다 한국의 입장을 고려하지 않고 자국의 입장과 이해를 우선적으로 고려하였다. 예를 들어, 지난 문재인정부 시절 사드배치를 단행한 이후에 중국은 한국에 대해 경제적 강압을 단행했으며, 이로 인해 한국 내 자영업자들의 경제피해가 막심했다. 이로 인해 한국 내부에는 중국혐오정서가 들끓기 시작했으며, 이는 상대적으로 대미관계를 중시하는 분위기로 옮겨가게 되었다. 특히, 2021년도부터 시작된 북한의 미사일 도발, 북한핵보유국 기정사실화, 핵무력법제화 등에 대해서 중국은 아무런 조치를 취하지 않았다. 유엔 안보리에서도 중국은 러시아와 함께 대북강경조치에 비토권을 행사하였다. 미국과의 경쟁이 가열되는 상태에서 중국은 북중관계의 돈독함이 북한의 군사적 도발이나 핵보유보다 더 중요한 것이었으며, 이러한 중국의 입장은 한국의 안보이익과는 반대방향으로 진행되었다.

또한, 시진핑 정권의 등장과 이로 인한 중국의 전랑외교는 국제사회의 대중국 인식을 매우 부정적으로 만들기 시작했다. 한국 역시 이에 대한 예외가 아니었다. 한국의 문화 컨텐츠 및 음식에 대한 중국의 발언은 한국민들의 분노를 자아내기 시작했다. 가장 최근에 조사한 여론조사는 2022년도 한국의 반중국정서가 81%로 전 세계에서 가장 높은 것으로 나타났다.[4] 특히 한국 젊은층들의 반중정서는 매우 높은 것으로 조사되고 있다. 이러한 국민들의 정서는 한국정부의 대중국정책을 결정짓는 중요한 요인으로 작용하고 있다. 윤석열정부의 대중국정책은 상호주의에 입각하여 추진되고 있다. 즉, 중국의 핵심이익과 한국의 사활적 이익이 모두 고려되는 한중관계가 되어야 하며, 중국의 일방적인 정책을 한국은 수용하지 못한다는 것이다. 예를 들어 윤석열정부는 중국에게 문재인정부가 표방한 3불1한을 이어받지 않겠다는 입장을 분명히 전달했다.

이에 함께, 2022년도 북한의 도발국면은 한국 내부에서 안보불안감을 증폭시키기 시작했다. 이미 핵을 보유하고 있는 국가인 북한에 대해 한국 내부에서는 핵불균형에 대한 우려가 일기 시작했으며, 미국 전술핵 재배치 또는 자체핵개발 여론이 들끓기 시작했다. 이러한 여론은 미국에 대한 핵우산 강화를 요구하기 시작했다. 윤

---

3) "日 국민 51%, '자위대 명기' 찬성 … 4년 전과 정반대-아사히," 『뉴스원』, 2022년 07월 19일 https://www.news1.kr/articles/?4746503.

4) "한국인 '반중 정서' 세계 1등 … 81%가 중국에 부정적," 『서울경제』, 2022년 12월 2일. https://www.sedaily.com/NewsView/26F2DZMZO1.

석열정부 들어 정상회담, 확장억제전략협의체(EDSCG: Extended Deterrence Strategy and Consultation Group), 한미안보협의회의 등에서 한미 양국은 미국의 핵우산 강화를 위한 정책을 새롭게 만들어내기 시작했다.

이러한 반중국 정서의 고조와 북한으로 인한 안보불안감은 대미관계를 보다 긍정적으로 가져가는 데 도움이 되고 있다. 한국의 윤석열정부는 한미동맹을 강화하는 데 외교의 중점을 두고 있으며, 최근에는 그동안 부재했던 지역전략 마련에 박차를 가하기 시작했다. 즉, 한국판 인도·태평양 전략을 발표했으며, 이를 통해 그동안 지역전략에 소홀히 했던 한국의 대외전략을 보다 지역차원에서 적극적으로 구현하려는 입장이다. 한미일 3국협력도 협력 어젠다를 넓히고 있으며, 안보협력과 함께 경제협력 어젠다 역시 구체화되고 있다.

4. 대미관계의 목표와 추진 방향

대미관계에서 중요한 한국의 목표는 2009년도 변환된 포괄적 전략동맹을 좀더 실질적으로 발전시키는 데 있다. 아직도 한국의 대외정책은 한반도에 머무는 경향이 있으며, 이를 벗어나서 다양한 영역에서 지역적, 글로벌 차원의 동맹을 발전시키는 것은 여전히 국내적으로 불편한 잡음을 만들어내고 있다. 그러나 1953년 조인된 한미상호방위조약 제3조는 "타 당사국에 대한 태평양지역에 있어서의 무력 공격을 자국의 평화와 안전을 위태롭게 하는 것이라고 인정하고 공동의 위험에 대처하기 위하여 각자의 헌법상 절차에 따라 행동할 것을 선언한다"라고 되어있다. 즉, '태평양지역'에서 한국 역시 미국의 위험에 공동으로 대처해야 한다는 점을 적기하고 있는 것이다.

한미 양국은 전략 목적과 위협인식을 공통화할 필요가 있다. 동맹의 매우 기본적인 요인인 전략 목적은 양국의 국익이 무엇인지에서부터 출발한다. 즉, 양국의 국익을 정의하고, 국익을 수호하기 위한 정책의 방향성이 바로 전략인데, 이러한 국가안보전략을 한미 양국이 공통화하는 것이 필요하다. 또한, 위협인식 역시 공통화해야 하는데, 한국과 미국은 중국에 대한 위협인식이 공통화되어있지 못하며, 이에 대한 양국의 공통분모를 넓혀가는 노력이 필요하다.

1) 포괄적 전략동맹의 발전

한미 양국은 2009년도에 동맹을 포괄적 전략동맹으로 변환하였다. 즉, 동맹의 범주를 한반도에서 지역 차원, 글로벌 차원으로 확대하겠다는 것이었다. 그러나 포괄적 전략동맹은 지역 차원에서 발전되지 못했는데, 한중관계를 의식해야 했기 때문이었다. 특히, 박근혜 대통령의 중국 전승절 참석은 한국의 중국경사론을 불러일으켰으며, 이는 한미관계에 큰 장애로 작용하였다. 한국은 북한 비핵화에 중국의 역할을 기대했으나, 궁극적으로 중국은 큰 도움을 주지 못했다. 이러한 한국의 대중국 정책 변화는 중국으로 하여금 자국의 완충지역을 북한에서 한반도 전체로 확대하는 결과를 낳았다. 이러한 정책은 문재인정부 시절에도 지속되었는데, 기존의 전통적인 한미동맹 중심의 정책으로부터 벗어난 미중 간의 균형을 꾀했다.

윤석열정부의 대미정책은 한미 포괄적 전략동맹을 보다 실질적으로 발전시키는 데 초점을 맞추고 있다. 2022년 5월에 열린 정상회담에서 한미 양국은 민주주의, 규범에 기반한 국제질서, 반부패, 인권 등 가치에 뿌리를 둔 글로벌 포괄적 전략동맹 강화를 통해 한국의 다자무대에서의 역할과 책임확대의 추진에 합의하였다. 또한, 양국은 인도·태평양지역에서의 한미 간 협력을 확대하기로 합의하였는데, 한국과 쿼드 간 협력의 유용성에 대해 한미 양국이 공감대를 구축하였으며, 이의 결과로 2022년 말에 한국판 인도·태평양 전략을 발표하였다. 양국은 한국의 인도·태평양 경제프레임워크(IPEF) 가입을 통해 한국기업들의 실익을 극대화하고 산업경쟁력을 제고하기로 하였다. 정상회담 공동성명에는 중국과 관련된 문구도 포함되었다. 즉, "남중국해 및 여타 바다에서 평화와 안정, 합법적이고 방해받지 않는 상업을 유지하고, 항행, 상공 비행의 자유와 바다의 합법적 사용을 포함한 국제법을 존중한다"는 약속을 양국 정상은 재확인였으며, 대만해협에서의 평화와 안정유지의 중요성을 강조하였다. 또한, 전세계에서 인권과 법치를 증진하기로 약속하였다.

2022년 11월 프놈펜 아세안정상회담에서 윤석열 대통령이 발표한 한국판 인도·태평양전략은 한국 최초의 지역전략으로써 의미가 있다. 인도·태평양전략은 자유, 평화, 번영을 3대 비전으로 하고 있으며, 3대 협력원칙으로는 포용·신뢰·호혜를 제시했다. 윤석열 대통령은 인도·태평양지역의 평화와 안정이 우리의 생존과 번영에 직결된다고 언급하면서, 아세안을 비롯한 주요국과의 연대와 협력을 통해 '자유롭고 평화로우며 번영하는 인도·태평양지역'을 만들어 나가겠다고 언급했다. 또한, 힘에 의한 일방적인 현상 변경에 반대입장을 표명하고, 규칙에 기반해 분쟁과 무력 충돌을 방지하고, 대화를 통한 평화적 해결 원칙을 제시하였다.

경제부문과 관련하여, 공급망의 회복력을 높임으로써 경제안보를 강화하고 협력적·포용적인 경제기술 생태계를 조성해 공동 번영을 달성하자는 제안을 하였다. 또한, '한·아세안 연대 구상(Korea-ASEAN Solidarity Initiative)'을 제안하고, 한·아세안 외교당국 전략대화, 한·아세안 국방장관회의 정례화, 퇴역함 양도·해양테러 대응 등 해양법 집행 분야의 협력 확대, 아세안 연합훈련 참여를 통한 해양안전 공조 강화 등을 제안하였다.

디지털 통상협력을 반영하는 방향으로 '한·아세안 자유무역협정(FTA)'을 업그레이드하는 동시에 전기차·배터리·디지털 분야의 협력을 강화하겠다는 입장을 밝혔다. 또한, 한·아세안관계의 지속가능한 발전을 위해 2024년 대화관계 수립 35주년을 계기로 한·아세안관계를 '포괄적 전략적 동반자관계(CSP: Comprehensive Strategic Partnership)'로 격상시키자는 제안을 공식화하였다.

2) 위협인식 및 전략 목적의 공통화

한미 양국은 오랜 기간 위협인식을 공통화하지 못하고 있었다. 특히, 문재인정부의 대북 평화프로세스는 북한을 위협이라기보다는 대화와 협력의 파트너로 인식하기 시작했다. 미국 트럼프 행정부 기간 북미협상의 전개로 인해 한국과 미국의 대북정책은 같은 방향을 향해 달려가게 되었지만, 궁극적으로 양국의 대북 위협인식은 상이한 상태였다. 트럼프 역시 북한을 여전히 도전과 위협으로 인식하고 있었으며, 이러한 상이한 위협인식은 결국 양국 관계를 약화시키는 중요한 원인이 되었다.

또한, 중국에 대한 위협인식도 상이한 상태이다. 미국은 코로나 사태를 맞으면서 대중국 공세를 강화하기 시작하였으며, 미중경쟁은 체제경쟁으로 진화하게 되었다. 이후 미국 내 반중국 정서가 75%를 넘어서면서 미국 의회 역시 반중국 정책을 추진하기 시작했다. 민주당과 공화당은 양당 모두 반중정책을 경쟁하듯이 추진하기 시작했다. 바이든 행정부 들어 이러한 여론은 정책으로 내재화되기 시작했다.

중국의 도전에 대한 강조는 바이든 행정부의 국가안보전략서(NSS)에서도 잘 나타나고 있다. 국가안보전략서는 두 가지 도전을 명시하고 있는데, 하나는 중국, 러시아와의 전략경쟁이며, 또 하나는 공유된 도전들(shared challenges) 즉, 기후변화, 식량안보, 질병, 테러리즘, 에너지부족, 인플레이션 등이다. 전략경쟁과 관련하여 이제 탈냉전시기는 끝났다는 입장이다. 민주주의와 전제주의 간 경쟁으로 부르고 있으며, 중국은 국제질서를 재편할 능력과 의지가 있는 유일한 경쟁자라고 언급하고 있다. 중국과 러시아는 개인화되고 억압적인 전제주의체제를 위한 국제질서를 재구축하려 하고 있다는 입장이다. 현재의 전략경쟁은 미래의 국제질서를 형성하게 될 것이며, 중국은 국제질서를 자국의 이익에 유리하게 재편할 경제·외교·군사·기술적 능력과 의지를 보유하고 있다. 향후 10년은 미중 간 경쟁에서 매우 중요한 기간이 될 것이라고 언급한다.

국가안보전략서(NSS)는 전략경쟁과 관련하여, 중국과 경쟁에서 이기고 러시아를 억제(constrain)해야 한다고 언급한다. 중국은 국제질서를 재편성할 의지와 능력을 모두 갖고 있는 유일한 경쟁자이며, 베이징은 경제력을 타국가들을 억압하는 데 자주 사용한다면서, 3가지 대중국 전략을 제시하고 있다. 미국이 제시하는 3가지 대중국 전략은 미국의 국내적 능력의 바탕에 투자하는 것, 미국의 노력을 동맹국 및 파트너국가들과 조율하는 것, 미국 국익을 보호하기 위해 중국과 경쟁하는 것이다. 동시에 미국은 중국과 전략적 안정을 위해 불필요한 군사적 긴장고조를 막고 위기소통을 늘리고 상호투명성을 구축하고 베이징을 무기통제로 이끌기 위해 노력할 것이다.

바이든 행정부의 NSS는 과거에 비해 미국행정부의 대중국 정책 확대 및 심화현상이 노골적으로 두드러졌다고 보여지는 데 반해, 러시아는 단순히 억제해야 하는 대상으로 취급하고 있다. 즉, 중국을 국제질서를 재편할 의지와 능력이 있는 유일한 경쟁자라고 정의내리고 있으며, 현 미중 전략경쟁을 민주주의 대 전제주의 즉, 체제경쟁으로 정의내리고 있다. 또한, 향후 10년을 중요시하고 중국을 추격하는 도전(pacing challenge)라고 언급하면서 중국의 부상을 매우 시급한 문제로 지적하고 있다. 그리고 중국 견제의 핵심정책은 역시 핵심기술 및 관련 공급망에 대한 독점으로 나타날 것을 암시하였다.

NSS에서 특이한 점은, 중국의 부상을 막고 기존 규범의 통제를 받지 않는 신기술 분야에 대한 대응을 위해서 기존 세계화에 대한 조정을 강조하고 있다는 점이다. 1980년대부터 시작되었던 세계화 현상은 미국의 패권을 기반으로 조성되었으며, 막대한 경제적 이익을 미국에게 안겨주었다. 그러나, 이제 미중경쟁 구도 속에서 미국의 경제적 이익을 늘리고 중국의 경제적 이익을 줄여나가기 위해서 세계화에 기반한 세계경제질서를 조정하겠다는 것을 암시하고 있다. 코로나19, 미중 부분적 디커플링, 공급망 구축, 우크라이나전쟁 등은 이미 세계화를 흔들기 시작했다. 미국의 정책이 세계화 현상과 대치점을 만들기 시작할 경우 향후 국제질서가 어떻게 재편될시는 불투명해진다. 이미 미국 소비자물가지수(CPI)가 40년 만에 최고를 기록하는 등 인플레이션과 공급망 차질, 경기 침체위기 현상 등이 나타나고 있다.

한미정상회담은 한미 양국의 위협인식을 공통화하는 계기가 되었다. 북한과 중국을 공동의 적으로 삼고 두 국가에 대한 위협인식을 공통화할 필요가 있었으며, 한미정상회담은 이를 위한 시작점이 되었다. 한미 간 북한에 대한 공통의 위협인식은 오래전부터 공유되고 있었지만, 문재인정부 시절 북미회담 및 남북회담 추진으로 인해 북한 위협에 대한 한미 양국의 간극이 존재하였다. 또한, 미국은 미중경쟁 구도의 시작으로 한미동맹의 중국 견제를 원하기 시작했으며, 중국위협에 대한 한미 간의 간극 또한 존재하기 시작했다.

이러한 상황에서 한미 양국은 전략 목적을 공통화할 필요가 있다. 2+2회의를 통해 안보전략적 공통점을 찾아내고 확대하는 노력이 필요하다. 이러한 기본적인 동맹의 바탕을 만들어야 추후 다양한 정책적 측면에서의 불협화음을 최소화하고 지속적으로 추진할 수 있는 모멘텀을 찾을 수 있게 된다.

또한, 경제적 측면에서도 최근 미국이 첨단산업의 공급망을 독점하기 시작하고 있으며, 한국 등 동맹국들의 생산공장을 미국에 건설하고 있다. 다양한 경제적 이익이 미국으로 전이되고 있는데, 이러한 미국의 일방적인 이익이 한국에도 이익이 될 수 있도록 해야 한다. 즉, 한미관계가 윈윈할 수 있는 관계가 되어야 하며, 이를 통해 전략 목적이 공통화될 수 있도록 해야 한다.

3) 기술동맹 발전

한미 양국은 한미경제동맹, 기술동맹을 구축하기 시작했다. 바이든 행정부는 2021년 초부터 중국때리기를 위해 글로벌 공급망 구축을 시작했는데, 첨단기술산업 부문에서 미국중심의 글로벌 공급망을 구축하고 여기서 중국을 디커플링하겠다는 정책이었다. 과거 미국은 미중 간 경제적 상호의존성이 매우 강하게 존재하던 상황에서 중국 때리기에 어려움을 겪었으나, 바이든은 매우 촘촘한 디커플링을 통해 미국의 경제적 영향을 최소화시키면서 중국때리기를 추진하겠다는 입장이다. 이 같은 바이든의 정책에 매우 중요한 국가는 한국이다. 바이든정부가 중시하는 첨단기술산업 즉, 배터리, 전기차, 반도체 등에서 한국은 전세계에서 가장 앞서가는 국가이며, 한국과의 기술협력은 미국의 글로벌 공급망 구축 및 자국의 일자리 마련에 매우 중요한 플랫폼이 되어버렸다.

2022년 5월 한미정상회담에서 한미 양국은 한미 국가안보실에 경제안보대화를 출범하여 경제안보 관련 전략적 협의채널을 구축하기로 하였다. 또한 회복력있는 공급망 구축에 합의하였으며, 조기경보시스템 연계협력을 통한 정보공유방안을 논의하기로 하였다. 장관급, 차관급 회의를 개최하여 공급망, 첨단기술, 수출통제 등 논의하기로 합의하였다.

또한, 한미 양국은 원전협력을 강화하기로 합의하였는데, 소형모듈형원자로(SMR) 공급망 분야 협력을 통해 미국주도의 제3국 역량강화 프로그램(FIRST) 참여 등 시장공동진출 및 기업간 협력을 추진하기로 하였으며, 한미 원전기술 이전 및 수출협력에 관한 MOU를 체결하였다. 또한, 원자력고위급위원회(HLBC)를 통해 원자력 제반 분야에 대한 한미 간 협력심화에 합의하였다.

정상회담에서 한국은 미국에 많은 액수의 투자를 약속했는데, 미국에 공장을 짓고 미국과의 경제, 기술동맹 구축에 중요한 바탕을 만들겠다는 것이다. 이를 통해 한국기업체들은 미국시장을 장악할 수 있는 계기를 만들었으며, 또한 미국으로부터의 원천기술이전을 얻게 되었고, 기타 경쟁국가들의 기업체들에 비해 유리한 고지를 점령하게 되었다.

한미 양국은 한국의 IPEF 가입을 통해 우리 기업들의 실익을 극대화하고 산업경쟁력을 제고하기로 하였으며, 지속가능발전, 에너지안보, 인프라 투자를 포함한 고품질의 투명한 투자를 촉진하기 위해 동남아시아와 태평양 도서국과의 협력을 증진하기로 약속하였다. 한미 양국 정상은 또한, "남중국해 및 여타 바다에서 평화와 안정, 합법적이고 방해받지 않는 상업을 유지하고, 항행, 상공 비행의 자유와 바다의 합법적 사용을 포함한 국제법을 존중한다"는 약속을 재확인하고, 대만해협에서의 평화와 안정유지의 중요성을 강조하였으며, 전세계에서 인권과 법치를 증진하기로 약속하였다.

바이든 행정부와 한국 신정부의 한미동맹은 현재 자유민주 가치 공유, 글로벌 공급망 구축, 기술협력에 중점을 두는 동맹으로 발전하고 있으며, 한국은 인도·태평양 전략 발표를 통해 과거 미진했던 지역 차원의 한미동맹을 보다 발전시키려는 계획에 있다.

5. 대미관계의 현안과 쟁점

2022년도 북한의 군사적 도발이 전개되면서 한국 내부에서는 북한핵무기에 대한 대응수단이 필요하다는 의견이 많아지게 되었다. 즉, 핵균형이 필요하다는 것이며, 한국에는 핵이 없으므로 미국의 전술핵이 재배치되어야 한다는 논의가 일기 시작했다. 그러나 미국 바이든 행정부는 이에 대한 의지가 없다. 실제 바이든 행정부는 트럼프 행정부 시절 개발되기 시작한 비전략핵무기 3종 중에서 1종을 폐기시키려 하고 있다. 물론, 중국 및

표 12.1 바이든 행정부의 저위력 핵무기 동향

구분	저위력 SLBM	저위력 B61-12 중력폭탄	저위력 SLCM
핵탄두 (위력)	W76-2 (8kt)	B61-12 (0.3~50 kt)	W80-4 (5kt 추정)
투발수단	Trident-II	전투기, 폭격기 등	토마호크 SLCM
개발 및 배치	2019년 개발완료	2021년 생산 완료	바이든 행정부하 폐기

출처: 조비연, "바이든 행정부의 핵태세검토보고서(NPR)와 저위력 핵무기 동향," 한국국방연구원, 2022. 4. 5, p.4.

러시아 등의 비전략핵무기 개발에 대응하기 위해 비전략핵무기 개발 및 현대화에 박차를 가하고는 있으나, 동맹국들에 대한 핵 제공에는 부정적인 입장이다. 이런 상황에서 한미 양국은 미국의 확장억제력 강화를 위한 노력을 기울이고 있다.

2019년 2월 하노이에서 개최된 북미정상회담의 실패 이후 북미협상은 거의 어려워지고 있다. 이미 북한은 핵보유를 기정사실화하고 미국과의 핵군축협상을 원하는 상황이며, 미국은 이를 수용하기 어렵다는 입장이다. 현재 미국의 대북정책은 억제력 강화 및 제재를 중심으로 추진되고 있으나, 한반도 상황 관리의 필요성 역시 수면위로 오르고 있다.

1) 확장억제력 강화

최근 우크라이나전쟁 이후 아시아지역, 특히 한국 내에서는 미국의 확장억제 신뢰성에 의구심을 표하는 목소리가 나오기 시작하고 있다. 우크라이나전쟁 이후 NATO 국가들은 바로 옆에 있는 러시아라는 도전에 대응하기 위해 하나로 뭉치기 시작하고 있으며, 중국에 대한 태도 역시 일관된 입장들을 보이기 시작하였다. NATO 국가들은 전략개념에서 중국을 구조적 도전으로 정의 내리기까지 했다. 이에 반해 아시아지역 특히, 일본과 한국은 미국의 확장억제력의 신뢰성에 대한 의구심을 보이기 시작하고 있다. 한일 양국이 표현하는 미국의 확장억제력 신뢰성에 대한 우려는 아시아지역에 미국의 핵무기가 존재하지 않다는 점이다.

우크라이나전쟁에서 러시아 푸틴 대통령은 저위력 핵무기(low-yield nukes)의 사용가능성에 대해 언급하였으며, 이는 NATO 국가들로 하여금 이에 대한 대응방안에 대해 고심하도록 만들었다. 즉, 엄청난 재래식 무기(massive conventional weapons)에 의한 대응 또는 저위력 핵무기에 의한 대응 두 가지 옵션을 가지고 있다. 그러나 러시아가 전술핵을 우크라이나 영토에 투하한다면 미국이 핵무기로 대응할 가능성은 크지 않아 보인다.

한일 양국은 대응조치에 대한 문제점을 제시하고 있다. 일본은 오키나와현과 대만 간의 근거리(110km)로 인해 대만사태를 일본사태로 인식하고 있으며, 만일 대만사태에서 중국이 저위력 핵무기를 사용할 경우 미국의 대응에 우려를 나타내고 있다. 즉, 동 지역에는 미국의 엄청난 재래식 무기체계도 존재하지 않으며, 저위력 핵무기도 존재하지 않는다. 미국 본토에서 전략핵미사일인 미니트맨-III를 발사할 수도 없는 상황이다.

북한은 2019년 제7기 제5차 당 중앙위원회 전원회의를 열어 이른바 자력갱생, 정치외교·군사적 담보, 당의 통제 등을 핵심요소로 하는 '새로운 길'을 제시했으며, 2021년 노동당 8차 당대회를 통해 무기체계개발을 공식화했다. 또한, 2022년 4월 열병식에서는 선제 핵사용 기조를 밝혔으며, 이후 계속해서 수십 차례의 미사일 발사를 감행하고 있다. 한국의 경우 북한이 저위력 핵무기 개발에 성공할 경우, 이에 어떻게 대응하느냐의 문제가 존재한다. 일부 전문가들은 핵 억제력의 균형이 필요하다는 주장을 하고 있으나, 미국은 한국에 대한 전술핵 재배치를 원하지 않고 있다. 이유는, 전술핵을 유지, 관리하는 것이 매우 어렵고, 또한 한반도 유사시 한국 영토에 있는 전술핵은 북한의 우선타격 대상이 될 것이기 때문이다. 현재 미국은 2020년 2월에 W76-2 SLBM을 미국 핵추진잠수함(SSBN)에 장착하였으며,[5] 현재 8대의 SSBN을 해상에서 운용 중에 있다. 이들 SLBM은 북한을 포함한 모든 지상 목표지점을 15~30분 이내에 타격할 수 있는 위치에서 항행하고 있다. 물론, 이것이 상시 한반도 주변해역에 존재한다는 것을 의미하는 것은 아니다.

2022년 5월 한미정상회담에서 바이든 대통령은 핵, 재래식 및 미사일 방어능력을 포함하여 가용한 모든 범주의 방어역량을 사용한 미국의 한국에 대한 확장억제 공약을 확인하였는데, 이는 정상 차원에서 처음으로 "핵, 재래식, 미사일방어 포함 모든 방어역량을 사용하여 확장억제를 제공하겠다"고 구체적으로 공약한 것이었다. 또한, "미군의 전략자산을 시의적절하고 조율된 방식으로 전개하는 데 대한 미국의 공약과, 이러한 조치들의 확대와 억제력 강화를 위한 새로운 또는 추가적 조치들을 식별"해나가기로 하였다. 즉, 전략자산의 적시전개를 재확인한 셈이다.

한미 외교·국방(2+2) 차관급 확장억제전략협의체(EDSCG)를 재가동하기로 합의하였다. EDSCG는 2018년 개최 이후 중단되었으며, 외교, 정보, 군사, 경제 요소 등 전 범위에 걸친 국력을 보다 더 잘 활용하는 방안을 포함한 대북 확장억제에 대한 전략적 정책적 협의를 실시하는 한미 공조 메커니즘이다. 또한, 연합연습 및 훈련의 범위 및 규모를 확대하기 위한 협의를 개시하기로 하였는데, 이는 북한이 요구하는 사전조건에 응하지 않겠다는 것을 의미하며, 조건없는 대화가 열려있다는 것을 의미한다.

---

5) https://www.defense.gov/News/Releases/Release/Article/2073532/statement-on-the-fielding-of-the-w76-2-low-yield-submarine-launched-ballistic-m/

최근 북한의 신형전략미사일 개발은 한미 양국의 거부적 억제(deterrence by denial) 능력을 약화시키는 무기체계이며, 향후 응징적 억제(de-terrence by punishment) 능력을 중심으로 대북 확장억제력 강화전략을 강화해야 하는 숙제를 안게 된 것이다. 즉, 한국의 3축체계는 킬체인, 한국형미사일방어체계, 대량응징보복체계로 구성되는데, 북한의 신형미사일체계가 개발이 되면서 더 이상 효과적인 미사일방어체계를 구성하기는 쉽지 않은 상황이다. 현재 3축체계를 업그레이드할 필요성이 존재한다. 현재 북한의 미사일 발사에 대해서 스푸핑(spoofing), 발사 교란(left of launch) 등 대전자전을 통한 미사일 교란 방식이 개발되고 있으며, 다양한 방식들을 업데이트하여 새로운 억제전략을 마련할 필요가 존재한다. 또한, 보복적 억제능력을 강화 및 보완하여 북한의 군사적 도발을 예방하는 전략이 필요한 상황이다.

바이든정부의 핵태세검토보고서(NPR: Nuclear Posture Review)는 핵무기 사용을 미국 및 동맹국들에 대한 핵공격으로 한정한다는 단일목적(sole purpose)을 폐기했다. 즉, "안전하고, 안정적이며, 효과적인 핵억제력을 유지하고, 강력하고 믿을 수 있는 확장억제정책에 대한 약속을 유지하는 것이야말로 국방부와 국가의 최우선순위"라 언급하였다. 미국은 "미국과 동맹국 및 파트너국가들의 사활적 이익을 지키기 위한 극단적 상황에서만 핵무기 사용을 고려할 것"이라고 언급하였다. 확장핵억제에는 핵전략 3요소(Nuclear triad)가 포함되어 있으며, 대륙간탄도미사일(ICBMs: Intercontinental Ballistic Missiles), 잠수함발사탄도미사일(SLBMs: Submarine-Launched Ballistic Missiles), 그리고 전략폭격기(Strategic

Bombers)로 구성되어 있다. 트럼프 시기 핵전략은 저위력 핵무기 개발을 통해 실질적으로 사용이 가능한 핵무기를 통한 핵억제력을 향상시키겠다는 것이었다.

따라서 이러한 미국의 핵전략에 기반하여 미국의 한국에 대한 확장억제력 강화방안이 모색되어야 하는 상황이다. 특히, 북한의 저위력 핵무기 사용에 대한 대응방안이 마련되어야 하며, 한미 간 확장핵억제력을 보다 구체화하기 위한 논의가 필요하다. 즉, 북한이 한국영토에 저위력 핵무기를 투하할 경우, 미국이 핵무기에 대한 보복응징조치를 단행할 수 있는지에 대한 신뢰성의 문제가 존재한다. 한미 양국은 EDSCG를 통해 한반도위기 고조시 미국 전략자산의 상시 순환배치 또는 전개를 미측과 논의하였다. 또한, 한국의 미사일방어체계와 미국의 고고도미사일방어체계(THAAD: Terminal High Altitude Area Defense)가 효과를 배가할 수 있도록 상호운용성을 높이는 방안 마련이 필요하다. 한국은 한국형 미사일 방어체계(KAMD: Korea Air and Missile Defense)의 핵심 무기 중 하나인 장거리 지대공미사일(L-SAM)과 장사정포 요격체계(LAMD: Low Altitude Missile Defense)의 시험발사 성공을 공식적으로 확인한 바, 실전배치를 서둘러 진행할 필요가 있다.

북한에 대한 억제력 강화 숙제는 핵억제력이 깨져있다는 근본적인 원인 때문이기도 하다. 북한이 핵을 가지고 있다는 사실 자체만으로 북한의 한국에 대한 재래식무기에 기반한 공격을 강화하게 만들며 이에 대한 한국의 보복을 어렵게 만든다. 핵무기는 북한의 재래식무기 사용을 담대하게 만들며, 북한의 '핵무기에 기반한 강압(nuclear-backed coercion)'은 한국으로 하여금 북한의 공격에 대해 동등하게 대응하지 못하도록 만든다.[6] 2010년도에 발생한 천안함 피격, 연평도 포격사건 등에서 보여주듯, 북한은 핵무기가 있기 때문에 저강도 도발을 자유자재로 감행하곤 했다. 북한은 한국 또는 미국이 이 같은 북한의 도발에 보복하지 못한다는 사실을 잘 알고 있다. 북한은 한반도 내 유일하게 핵무기를 보유하고 있으며 이는 한반도 내 상호취약성(mutual vulnerability)을 드러내고 전략적 안정(strategic stability)이 보장받지 못하고 있다.

한반도 내 미국의 확장억제력을 강화하는 데 있어 중국은 큰 장애물이 될 수 있다. 사드 추가 배치 등은 중국이 민감하게 반응할 수 있는 부분이다. 그럼에도 불구하고 현재 중국은 이미 대형 위상배열레이더(Large Phased Array Radar)를 산동성, 동북3성지역에 설치해놓고 있으며, 최근에는 장거리조기경보레이더를 산동성지역에 설치했다. 한국이 사드를 추가 배치할 경우 중국의 한반도탐지 레이더 설치 상황을 동시에 고려할 필요가 있다.

한미 양국은 2022년도 확장억제력 강화를 위한 조치들을 단행하기 시작했다. 2022년에 5세대 미 전투기가 한국에 배치되었으며, 로널드 레이건 항모가 5년 만에 한국에 입항하였고, 대규모 연합훈련이 재개되었으며, 핵추진잠수함 아나폴리스함이 한반도에 출현하였다. 2022년도 개최된 한미안보협의회의(SCM)에서 양국은 북한 핵사용에

---

6) Scott Snyder, "Finding a Balance between Assurances and Abolition: South Korean Views of the Nuclear Posture Review," *Nonproliferation Review*, vol. 18, no. 1, March 2011.

대해 압도적이고 결정적인(overwhelming and decisive) 대응에 의해 김정은 정권 종말의 결과를 낳을 것이라고 언급하였다. 또한, 북한의 핵사용 시나리오를 상정한 확장억제수단운용연습(DSC TTX)을 매년 개최하기로 합의하였다.

2022년 SCM에서 한미 양국은 미 전략자산의 상시배치 효과를 구축하였다. 한국 국방장관은 상시배치가 현실적으로 어렵다면서, "무기체계나 항공자산을 한반도에 전개한다고 하더라도, 많은 수가 갈 수 없을 뿐더러 정비나 유지를 위한 패키지를 갖추는 것은 어려워 '상시배치'는 쉽지 않다"라고 언급하였다. 이어, 전략자산이 괌에서 2시간 안에 한반도로 출현할 수 있기 때문에 적기에 요청하면 바로 배치된 효과를 낼 수 있다고 설명하였다. 상시협의채널을 가용하여 상시배치 효과를 내는 적시배치에 합의한 것으로 보인다.

SCM에서 한국 국방장관은 맞춤형 억제전략을 "핵 능력을 포함해 북한이 가지고 있는 리더십의 성격과 특성, 의사결정 구조, 자산(무기) 등을 감안해서 최적화된 적합한 방법으로 대응전략을 구사하는 전략지침 성격의 문서"라고 정의 내렸다. 내년까지 개정될 맞춤형 억제전략(TDS)에서는 북한의 핵위협에서 핵사용 단계까지 한미 양국의 대응방안을 논의할 것으로 보이며, 핵능력을 포함한 미국의 확장억제 기획과 실행과정에 한국의 참여 폭을 더 넓힐 것으로 예상된다. 즉, 한미 양국이 핵우산 제공을 공동으로 결정하겠다는 것을 의미하며, NATO식 핵공유(Nuclear Planning Group)와 같은 시스템으로 만들어가겠다는 성과를 이루었다.

한미 양국은 북한 핵위협 관련 대응운용과 관련하여, '정보공유, 협의절차, 공동기획 및 실행 등을 강화'하기로 하여 한국 측의 견해 및 역할을 강화하였으며, 대응전력의 신속전개를 위한 협의 채널을 구체화하였다. 즉, 네 분야에 있어서의 협의채널을 구축함으로써 핵우산 운용과 관련된 구체적인 협의프레임을 만들었다는 데 큰 의미가 있다. 물론, 각 분야의 내용을 채워야 하는 것은 향후 숙제로 남는다.

정보공유와 관련하여 양국은 정보 공유협의 확대를 약속했는데, 장기적으로 한국은 미국, 영국, 캐나다, 호주, 뉴질랜드로 구성된 파이브아이즈(Five Eyes) 협력 수준으로 한미 정보 공유 수준 향상을 모색할 것으로 보인다. 그간 한국 측은 미국 측에 정보공유를 확대하고 실시간 정보공유를 요청해왔지만 민감한 정보에 대한 공유가 충분하지 못했으며, 이번 SCM을 통해 한미 간의 신속한 정보공유에 합의한 것은 큰 성과로 지적된다.

한미 양국의 핵대응 시나리오는 협의 자체가 구체적으로 이루어지지 않고 있는 상태이다. 한반도 핵대응 문제와 관련하여 미국은 비밀사안으로 한국과의 협의를 꺼려오고 있다. 이번 SCM에서 결정된 DSC TTX는 한미 간 핵대응 연합연습을 하겠다는 합의이며, 이는 간접적으로 양국의 대응협의를 이행할 수 있는 중요한 통로가 될 수 있다는 점에서 중요한 성과로 보여진다.

이번 SCM 공동성명에서 양국은 공동기획 분야에 있어서도 협력을 강화하기로 하였다. 즉, "불안정을 유발하는 북한의 행위에 맞서는 조치들을 확대하고 억제력을 강화하기 위한 새로운 조치들을 찾아 나간다는 미국의 공약을 재확인"하였으며, 북한의 핵사용을 억제하기 위한 노력에 집중하는 것이 중요하다는 데 공감하고, … 새로운 방안을 모색해 나가기로 하였다. 또한 '대한민국의 한국형 3축체계 강화 등 … 양국의 정책에 대해 긴밀히 협의하였다'라고 기술하고 있다. 북한의 핵공격 시 한미 양국의 공동대응에 대한 의지표명이 중요하며, 한미 간 이견을 미리 공동화하는 작업을 작전계획에서 마련할 필요가 있다.

실행 분야에 있어서 양측은 '연합연습 및 훈련의 확대 필요성에 동의'하였으며, 'UFS연습을 통해 실전적인 전구급 연합연습체계가 복원'되었다고 평가하였다. 이상의 네 가지 차원에서 협의의 틀을 조성함으로써 NATO식 핵계획그룹과 같은 협의채널을 구축하였으며, 향후 실질적인 내용을 채우고 구체화해야 하는 과제를 안게 되었다.

2023년도 한미정상회담에서는 이 같은 내용을 정상차원에서 합의하였다. 즉, 핵협의그룹(nuclear consultative group)을 만들고, 기존에는 미국이 독점적으로 행사하던 미국의 핵사용에 대한 권한을 한미 양국이 협의할 수 있는 토대를 만들었다. 비록 한국영토에는 핵무기가 존재하지 않지만, 한미 양국이 양차 차원에서 한반도에서 미국의 핵사용과 관련된 협의기구를 창설하게 된 것이다. 또한, 미국의 핵미사일을 탑재한 전략핵잠수함(SSBN)을 한국에 출현키로 합의하였다.

2) 북미대화 및 협상

윤석열정부는 '담대한 구상'을 제시하였으며, 이를 통해 남북관계를 대화와 협력 구도로 전환시키려는 계획을 가지고 있다. 담대한 구상은 세 단계로 나누어지는데, 초기 비핵화 단계에서는 북한이 비핵화를 선언하고 남북협력의 시동을 거는 단계이다. 남북연락 채널을 확보하고, 식량과 광물 교환프로그램이 진행되며, 농업부문 기술이 전수되고 인프라 구축 기초기술이 북한으로 제공되게 된다. 실질적 비핵화 단계에서 북한은 핵활동 동결, 신고, 검증을 받게 되며, 일부 핵시설 및 프로그램을 폐기하게 된다. 이에 대해 북한에 대한 발전시설의 현대화 및 인프라 사업이 추진된다. 평화체제 구축도 추진된다. 완전한 비핵화 단계는 북한 핵물질이 완전히 폐기되고 핵무기의 외부반출 및 해체가 이루어진다. 또한, 북한이 세계 금융시장에 편입되게 된다.

그러나 북한은 하노이회담 실패와 미중경쟁 구도 속에서 경제발전은 자력갱생으로 추진하고 무기체계 개발에 박차를 올리고 있다. 현재 북한은 핵무력법제화를 통해 핵선제공격 상황을 다섯 가지로 제시하고 있으며, 이제는 상호핵군축협상을 추진하기 위해 마지막 핵보유국 지위 인정을 위해 무기개발 및 시험 발사를 경주하고 있다.

바이든 행정부 역시 북한문제는 외교정책의 후순위에 놓고 있다. 국가안보전략(NSS)은 '한반도의 완전한 비핵화를 향한 진전을 만들기 위한 북한과의 지속적인 외교를 추진할 것이며, 동시에 북한의 WMD와 미사일위협에 대응하기 위해 확장억제력을 강화할 것이다'라고 언급했는데, NSS에서 유일하게 한반도와 관련된 언급이다. 북한이 향후 핵실험을 하더라도 바이든 행정부는 북한과의 대화 재개를 위해 추가적인 인센티브를 제공하지 않을 것으로 예상된다. 오히려, 북한이 핵실험을 할 경우 추가적 무기체계의 인태지역 배치가 이루어질 것으로 보인다. 억제력 강화를 통해 대응하겠다는 것이다.

이와 같은 상황으로 북한과의 대화 및 협상이 한미 양국에 있어서 현실적으로 가능성이 높지 않은 정책으로 전개되고 있다. 중국은 미중경쟁

국면에서 북한의 도발에 대한 안보리 제재 관련 거부권을 행사하고 있으며, 향후 북한 핵실험에도 안보리 제재를 거부할 것으로 예상된다. 향후, 북한의 도발국면이 거세질 경우 이에 대한 한미, 한미일 안보협력 국면은 강화될 것으로 보이나, 미국의 대북협상 가능성이 얼마나 높아질지는 여전히 미지수이다.

현 상황에서 북미대화는 결국 미중경쟁 국면이 누그러지고 북한문제를 미중 간 협력 사안으로 변경시킬 경우 가능해 보인다. 얼마 전 미중 양국은 외교장관 회담을 계획했었으나, 미중관계가 장애물을 만났다. 중국의 정찰 풍선이 미국 영공을 날다가 미국 F-22에 의해 격추되었기 때문이다. 중국은 기상관측을 위한 민수용 비행선이라고 주장하지만, 미국은 단호한 입장인데, 중국 정찰 풍선의 용도는 군사정찰용이며, 트럼프 행정부 때도 중국 정찰 풍선이 최소 세 차례 미 영공에 진입한 사실을 바이든 행정부가 확인했다는 입장이다. 이로 인해 블링컨(Tony Blinken) 국무장관의 중국방문도 취소되었으며, 미중 간 외교장관 회담 역시 무기한 연기되었다. 바이든 행정부가 향후 추가 수출통제 조치는 물론 중국인의 대미 투자 규제, 미국 기업의 중국 투자 규제 등을 발표할 것이라는 관측까지 나오기 시작했다.

바이든 행정부가 들어선 이후 시진핑의 중국은 대미정책을 매우 강경하게 추진했다. 2021년 초 블링컨 장관이 미국의 대중국 전략을 3C 즉, 필요할 경우 "미국은 중국과 경쟁하고 충돌하며 협력한다"라고 언급한 것 대해 중국은 강경한 태도로 반박했다. 즉, 중국과 경쟁 및 충돌하려는 미국이 동시에 협력을 꾀한다는 것은 모순되는 것이며, 중국은 이에 응하지 않겠다는 것이었다. 시진핑 주석은 3연임을 앞두고 대미 강경태도를 보이며 중국 인민의 민족주의에 호소하였다.

그러나 이와 같은 중국의 대미 태도는 시진핑 3연임 이후 달라지기 시작했다. 2022년 말부터 중국의 대미 태도는 매력 공세 즉, 유화적 태도를 보이기 시작했는데, 그 이전의 강경한 태도와는 사뭇 달라진 태도였다. 이는 코로나 사태와 중국의 국내경제 상황 악화로 인해 미국과의 대결국면을 완화하려는 의도였다. 바이든 행정부는 미중경쟁 국면 속에서도 줄곧 미중 간의 협력 분야가 존재한다는 입장이었다. 즉, 글로벌 경제, 기후변화, 핵비확산 및 군비통제, 한반도 문제 등이다. 3연임 이후 시진핑은 이와 같은 바이든 행정부의 협력 기조에 응하는 모양새였다.

물론, 미중 양국 모두 서로 다른 의도를 품고 있었다. 미국 바이든 행정부는 코로나 이후 국내경제 상황이 좋지 않은 상황에서 대선을 앞두고 경제 상황을 끌어올려야 하는 숙제를 안고 있으며, 이를 위해서는 글로벌 경제를 위한 중국과의 협력이 필요한 상황이다. 또한, 외교적 성과를 위해 기후변화, 핵군축 등에서도 중국의 협력이 필요하다. 그럼에도 불구하고 바이든 행정부는 미중경쟁이라는 큰 틀을 변경할 의도는 없어 보인다. 최근 미 국가안보전략서는 미중경쟁을 체제경쟁으로 명시하고 있다. 정권 초, 전략경쟁이라 명명했던 것에서 더욱 강경하게 진화한 것이다.

중국은 미국의 디커플링이 부담스러운 상황이다. 첨단기술산업의 공급망을 구축하고 여기에서 중국을 배제하는 정책, 더 나아가 중국 배제를 촘촘하게 만들기 위해 공급망을 독식하는 정책은 중국의 경제를 옥죄고 있다. 중국이 미국과의 협력 가능성을 암시하는 것은, 이를 통해 미국의 중국 견제를 느슨하게 만들려는 의도이다. 그러나, 이러한 미중 간 협력 가능성은 최근 불거진 정찰풍선 사건으로 인해 불투명해져 버렸다. 바이든은 2023년도 연두교서에서 '중국이 우리의 주권을 위협한다면, 우리는 나라를 지키기 위해 행동할 것'이라고 언급했다.

미중대결과 코로나 상황은 북한에도 큰 고역이었다. 과거 미중대결 국면에서 북한은 소위 줄타기외교를 하며 자국의 생존과 이익을 극대화시켜왔다. 그러나, 이번에는 별 효과가 없어 보인다. 중국은 국내문제를 해결해야 하는 상황에서 코로나로 인해 심하게 망가진 북한경제를 회복시켜줄 만큼 넉넉한 경제지원을 해주지 못하고 있다. 미국은 더 이상 북한의 도발에 보상을 해주지 않겠다는 입장이며, 작년 수차례의 북한 도발에도 대화를 위한 아무런 움직임도 보이지 않았다. 조건 없는 대화에 열려있다는 기존의 입장을 고수하고 있을 뿐이다.

미국과의 협력영역을 만들어가려는 시진핑의 기조 변화는 북한에도 새로운 기회를 가져다줄 수 있다. 그간 북한은 미중경쟁의 덫에 갇혀 경제적으로 어려움을 겪었다. 미중 양국이 한반도 상황안정을 위해 협력하기 시작한다면, 과거와는 다른 새로운 모멘텀을 기대해볼 수 있을 것이다. 그러나, 이번 정찰 풍선 사건은 미중 간의 협력 분위기와 함께 이러한 북한의 기회까지 꺾어놓은 사건이 되어버렸다. 물론 미중 양국의 협력 가능성은 여전히 존재한다. 미국은 "미중관계가 중국에 달려있고, 미국은 중국과의 협력 의지를 유지한다"는 입장을 표명했다. 그러나, 현 미중경쟁이 지속되는 상황에서 북한은 다른 선택지를 찾지 못하고 계속해서 군사적 도발 수위를 높일 것으로 예상된다.

6. 대미관계의 전망

한국의 대미관계를 결정짓는 요인은 무엇이 있을까. 가장 중요한 것은 역시 중국 요인이다. 한중관계는 여전히 무시할 수 없는 것이며, 한국 내 반중정서가 매우 높은 상황이지만, 그럼에도 불구하고 중국을 안보위협으로 지정하기에는 리스크가 너무 크다. 이러한 한중관계는 한미관계에도 영향을 미친다. 미국은 한국이 일본, 호주 등과 같이 자국의 인도·태평양 전략에서 중추적 역할을 해주기를 바라고 있지만, 한국은 여전히 적대적 한중관계를 원하지 않고 있다. 지정학적으로 중국 대륙에 속해있는 한국에 있어서, 미국과 함께 중국 견제에 나서는 것은 쉽지 않은 결정이다. 그럼에도 불구하고 향후 한미관계는 점점 더 강화될 것으로 예상된다. 향후 중국의 경제 상황이 어떻게 전개되느냐는 한미관계를 결정짓는 중요한 변수가 될 것이다.

1) 대미관계 변화의 촉진요인과 장애 요인

향후 대미관계를 촉진하는 요인은 여러 가지가 있을 수 있다. 먼저, 최근 북한의 군사적 도발과 핵실험 가능성은 한미동맹을 촉진하는 가장 중요한 요인이다. 최근 북한은 하노이 북미정상회담의 실패 이후 미중경쟁 국면에서 자국의 군사력 강화를 주요 정책으로 추진하기 시작했다. 코로나 상황과 국제사회의 제재 등으로 인해 악화된 경제 상황을 극복하기 위해 2021년 1월 제8차 당대회에서 새로운 국가경제발전 5개년 계획을 제시하였다. 기존 5개년 경제발전전략이 실패한 이유이다. 현재 북한은 자력갱생에 기반한 경제발전을 추진하고 있다. 즉, 북한은 경제발전의 외부적 요인이 불가능한 상태에서 자력갱생에 중점을 두고, 동시에 무기체계 개발을 통해 핵보유국 지위를 달성하겠다는 것이다. 핵보유국 지위를 국제사회에 각인시키고 이를 기반으로 하여 상호핵군축협상으로 대외협상의 틀을 바꾸기 시작하고 있다. 이에 따라 북한은 최근 핵무력법제를 만들고 선제공격 상황을 구체적으로 제시하기까지 했다. 현재 미국의 대외정책에서 북한은 넌이슈(non-issue)가 되어버렸으며, 이러한 상황에서 북한 역시 대화에 응하지 않는 상황이다. 이 같은 북한의 대외 행보와 군사력 강화 상황은 한국 내부에서 안보불안감을 고조시키고 동시에 미국이 제공하는 억제력의 신뢰성에 의구심을 표출시키고 있다. 이는 미국의 억제력 강화를 요구하기 시작하고 있으며, 궁극적으로 한국의 대미정책을 촉진시키는 요인으로 작용할 것으로 예상된다.

두 번째 촉진요인은 중국 변수이다. 이미 사드 배치 이후 중국은 한국에 대해 경제적 강압을 취했으며 이로 인해 한국국민들의 반중국정서는 매우 높은 상태이다. 2022년도 한국국민들의 반중국정서는 81%로 세계에서 최고로 높은 상태이다. 이 같은 한국국민들의 반중국정서는 현재 중국을 가장 중요한 경쟁자로 여기고 있는 미국에게는 중요한 변수가 될 수 있다. 즉, 미국은 한미동맹의 위협인식에 북한뿐만이 아니라 중국까지 추가하기를 원하고 있다. 한국정부는 여전히 중국을 위협으로 상정하기를 꺼리고 있지만, 한국 국민들의 높은 반중국정서는 이미 중국을 위협으로 인식하는 단계로 치닫고 있다.

향후 한미관계의 장애 요인 역시 중국 변수가 크게 존재한다. 중국은 이미 앞서 언급한 한국에 대한 경제적 강압정책 외에 3불이라는 요구사항을 한국 측에 전달했다. 즉, 2017년 10월 31일 당시 문재인정부가 사드 갈등을 풀기 위한 노력의 일환으로 중국과 협의해 공표한 내용에 따르면, "중국 측은 MD 구축, 사드 추가 배치, 한미일 군사협력 등과 관련하여 중국정부의 입장과 우려를 천명하였다. 한국 측은 그간 한국정부가 공개적으로 밝혀온 관련 입장을 다시 설명하였다"라고 되어있다. 중국은 이와 같이 한미관계가 강화되는 것이 자국의 안보에 위해가 된다는 입장을 펼치고 있으며, 미국의 인도·태평양 전략이 확대될수록 이와 같은 논리를 계속해서 전달할 것으로 보인다. 만일 북한이 추가 핵실험을 단행할 경우 미국의 추가 MD배치 가능성이 존재하며, 이 경우 중국은 한국에 대한 또 한 차례의 경제보복을 단행할 가능성이 있다.

두 번째 장애 요인은 미국의 대외정책 자체에 있다. 실제로 미국의 국가안보전략서와 국방전략서는 미국의 수행가능한 전쟁에 대해 기술하였는데, 부시정부 시절에는 2개 전쟁 동시 수행, 오바마 행정부 때는 1개 전쟁과 1개 지역 억제력투사, 그리고 트럼프 행정부 때는 1개 전쟁 수행을 언급했다. 즉, 미국의 국방력과 전략이 점차 축소되고 있는 것이다. 이러한 미국의 전략변화는 실제 정책으로 나타났다. 즉, 바이든 행정부는 아프간 전쟁에서 발을 뺐으며, 우크라이나전쟁에도 참전하지 않았다. 물론, 우크라이나가 NATO 회원국이 아니기 때문이기도 하지만, 과거 세계

GDP의 40%를 차지했던 미국이었다면 과연 같은 행동을 했을까 하는 의구심이 남는다. 이 같은 일련의 행동들은 동맹국들로 하여금 미국의 억제력 제공능력과 의지를 의심하게 된다. 한국 역시 마찬가지이다. 미국의 패권 능력이 계속해서 축소될 경우, 이는 한국의 대외관계에 장애 요인으로 작용하게 될 것이다.

또한, 문재인정부 시절 추진되었던 평화프로세스는 대미관계 변화에 대한 중요한 변수이다. 향후 이와 같은 정책이 재차 추진된다면, 이는 대미관계에 중요한 영향을 줄 수 있다. 당시 트럼프 대통령은 싱가포르 정상회담과 하노이 회담을 추진했으며, 이러한 분위기는 전통적인 미국의 대북 기조와 다른 방향으로 전개되었다. 트럼프 대통령은 싱가포르 회담 이후 한미 연합훈련 중단을 선언했으며, 이는 한미동맹에는 장애 요인으로 작용하였다. 실제로 북미회담의 추진 방식이었던 북한 핵실험 유예와 한미 연합군사훈련 중단은 중국 측이 제시하였던 쌍중단에 의거하였던 것이며, 비핵화와 평화협정 논의 병행을 의미하였던 쌍궤병행 역시 중국의 아이디어였다.

2) 대미관계의 미래

향후 한국의 대미관계는 미중경쟁의 전개 결과와 긴밀하게 맞물려있다. 향후 미중관계에서 미국의 우세가 전개될 경우 대미관계는 지속적으로 공고하게 유지될 가능성이 높다. 그러나 중국의 우세가 가시화될 경우, 중국의 대한국 공세와 함께 대미관계는 점차 약화될 것으로 예상된다.

향후 미중경쟁은 많은 전문가들이 예상하듯 매우 치열한 싸움이 될 것으로 예상된다. 얼마 전에 니혼게이자이신문에서는 2033년도에 중국 GDP가 미국을 추월할 것이며, 이는 2050년도에 재차 미국에 의해 뒤집힐 것이라는 전망을 내놓았다. 향후 미중경쟁이 적어도 30년은 지속될 거라는 얘기다.

향후 미중경쟁이 미국에게 유리한 이유는 자유주의 국제질서가 존재하기 때문이다. 미국은 냉전체제 기간 미국의 패권력을 강화하기 위해 자유주의 국제질서를 구축했다. GATT, 유엔, 달러 기축통화 등이다. 즉, 미국은 국제질서를 자국의 이익에 유리하도록 만들고 유지할 수 있는 글로벌 인프라를 구축했다. 규범을 만들고 이를 미국의 국익에 유리한 방향으로 적용한다. 향후 미중패권경쟁에서 미국의 우세를 전망하게 하는 이유이다.

그럼에도 불구하고 미국의 패권이 영원히 지속되기는 어렵다. 결국, 한국의 대미관계는 미국의 패권과 연계될 것이다. 얼마 전 아프가니스탄에서 미국이 철군하고, 이어 벌어진 우크라이나전쟁에 미국이 직접 참전을 회피하면서 미국의 패권력에 대해 많은 국가들이 우려하기 시작했다. 이후 한국 내부에서는 미국 패권 약화 상황 내지는 패권 이후 상황에 대한 우려로 인해 자체 핵개발 여론이 들끓기 시작했다. 만일 한국이 핵을 가지게 된다면 대미 안보의존도는 더욱 약화될 가능성이 높다. 이러한 상황은 일본에도 벌어지고 있다. 일본은 미국을 등에 업고 보통국가로 거듭나기를 바라고 있다. 미국의 패권이 영원할 수 없으며, 미래 중국을 홀로 상대해야 하는 상황을 일본은 우려하고 있기 때문이다.

또한, 한미 양국이 바라보는 중국위협에 대해 양국이 어느 정도의 공통화를 이루어낼 수 있을지

역시 대미관계의 미래를 결정하는 중요 요인이 될 것이다. 최근 윤석열정부는 인도·태평양 전략을 발간했다. 그동안 중국 변수로 인해 한국은 지역전략에 소홀할 수밖에 없었으며, 그런 의미에서 이번에 처음 발간된 한국판 인도·태평양 전략은 그 자체로도 의미가 크다. 그러나, 한국이 처한 지리적 위치로 인해 과연 한국이 얼마나 중국위협과 관련하여 대미협력을 추진할 수 있을지는 여전히 모호하다. 한국은 여전히 한중관계를 망치지 않는 마지노선을 지켜나가야 하기 때문이다.

중국과 관련하여 박근혜정부의 중국경사론은 현재 한국의 대미태도를 결정짓는 중요한 요인이 되었다. 향후 미중관계에서 애매한 균형은 한중관계와 한미관계를 모두 망치는 정책이 될 가능성이 높다. 이미 박근혜, 문재인정부를 거치면서 한국에 대한 미국의 신뢰는 매우 약화된 상태이다. 이미 한국의 지위를 호주가 차지하였으며, 미국의 주요 동맹국들은 일본과 호주가 되어버렸다. 물론 여전히 한미동맹은 굳건하게 유지되고 있다. 그러나, 양국의 약화된 신뢰관계로 인해 정말 민감한 사안은 공유되지 못하고 있으며, 이와 같은 상황이 지속되면 한미동맹의 미래는 매우 심각할 수밖에 없다.

7. 결론

현 국제정세 속에서 한국의 대미외교는 점점 더 중요해지고 험난해질 것으로 보인다. 가장 큰 요인은 미중경쟁이다. 미중경쟁은 장기간 지속될 것이다. 중국의 GDP가 미국을 추월하더라도 미중 간 격차는 크지 않은 채 지속될 것이며, 미국이 재차 중국 GDP를 추월할 것이라는 예측도 나오고 있다. 이러한 미중경쟁은 향후 최소한 30년간 지속될 것으로 예상되며, 가장 치열한 경쟁은 향후 10년간이 될 것이다.

한국은 지리적으로는 중국 대륙에 속해있지만, 한국의 자유민주주의 가치와 정치 및 경제체제는 미국과 더욱 유사하다. 자유민주주의체제를 유지해야 하는 한국이 중국 대륙에 속해있다는 사실은 한국의 외교를 매우 어렵게 만드는 환경이 되고 있다. 한국의 정치경제체제와 가치를 지키기 위해 중국의 영향력이 한국으로 확장되는 것을 막아야 하며, 그러려면 현재 한국에게 미국과의 동맹관계는 매우 중요하다.

바이든정부는 미중경쟁을 제로섬으로 전개시키고 있으며, 주변국들에게 미국쪽으로 들어오라고 요구하고 있다. 더 이상 미중 간 균형을 잡기 어려운 국면이 도래한 것이다. 동맹국들과 파트너국가들에게 미국쪽으로 오라는 요구를 하고 있다. 이제 애매한 균형이나 줄타기는 유효하지 않다. 한중관계에 있어서 한국의 경제적 이익이 침범되지 않도록 최소한의 마지노선을 지켜야 하겠지만, 거대전략에 있어서의 방향성은 한미동맹을 기반으로 해야 한다.

물론, 대미외교에 있어서 한국은 사활적 이익을 정의내리고 이에 기반한 외교안보전략을 수립해야 한다. 한미 양국의 국익과 전략은 상이하며, 이를 공통화하는 과정에서 한국의 국익이 침범당하지 않도록 해야 한다. 한미 양국의 국익과 전략이 공통화되고 한국의 전략적 자율성이 확보될 수 있는 대미외교가 중요한 시점이다.

두 번째로 중요한 요인은 북한이다. 북한은 여전히 미국과 한국에게 중요한 변수이다. 한국은

2022년 새로운 전략미사일 시험발사를 단행했고, 2023년도에는 화성 17호 등 ICBM시험발사와 핵실험 가능성이 존재한다. 북한문제는 한국의 대미태도를 매우 긍정적으로 만들어주는 중요한 요인임에는 분명하지만, 딜레마 상황도 가져다준다. 첫째로, 이제 한미 양국이 취할 수 있는 대북정책이 마땅치가 않다. 과거 한미 양국은 다양한 프레임의 대북협상을 추진했으며, 그 결과는 북한의 핵 보유로 마감되었다. 이제 남아있는 대북협상은 북한을 핵보유국으로 인정하게 되는 군축협상이다. 이는 미국이나 한국 모두 수용하기 어려운 협상 프레임이다. 두 번째로, 한미 양국은 대북 억제력 강화를 추진할 가능성이 높으며, 이는 한국의 대미관계를 강화시켜줄 것으로 보인다. 그러나, 한반도 핵균형을 원하는 한국의 입장에서 미국이 이를 얼마나 수용해줄 수 있을지 여부는 미래 한미관계를 결정짓는 요인이 될 수 있다. 북한의 핵위협이 고조될 경우 현실적인 대응옵션은 미국의 핵우산 강화인데, 이것이 여의치 않을 경우 한국의 미국에 대한 신뢰성은 낮아질 수밖에 없기 때문이다.

2023년은 한미동맹 70주년이다. 한미 양국은 한국전쟁을 거치면서 한반도에서의 평화, 한국의 경제발전 및 민주화를 이루는 데 매우 중요한 관계를 유지해왔다. 미국의 패권력이 약해지면서 한미관계는 많은 도전을 받고 있으며, 한국의 대미관계 역시 다양한 고민을 불러일으키고 있다. 그러나, 중요한 것은 중국대륙의 끝자락에 위치한 한국이 자유민주주의체제를 유지하기 위해서는 한미동맹이 필요하다는 사실이다. 굳건한 한미동맹 유지를 위한 한국의 다양한 대미전략이 필요한 상황이다.

토의주제

1. 미국의 대중국정책은 어떻게 변천해왔는가?
2. 미중경쟁 구도에서 한국이 취해야 할 외교적 노선은 어떠해야 한다고 생각하는가?
3. 북한 비핵화가 현실적으로 어려워진 상황에서 한미 양국의 대북정책은 어떻게 해야 하나?
4. 북한이 이미 핵을 보유하고 있는 상황에서 미국의 한국에 대한 확장억제력 강화 방안은 무엇인가?
5. 중국은 한미 양국에게 위협인가?
6. 미국이 우크라이나전쟁에 참전하지 않은 이유는 무엇인가?
7. 대만해협에서 미중 간 전쟁이 발생할 경우 한국은 어떻게 해야 하는가?

참고문헌

1. 한글문헌

부형욱. "미국의 군사안보정책과 한미동맹." 『미국 바이든 행정부 시대 미중 전략경쟁과 한국의 선택 연구』. 서울: KIEP, 2021.
조비연. "바이든 행정부의 핵태세검토보고서(NPR)와 저위력 핵무기 동향." 한국국방연구원. 2022.04.05.

2. 영어문헌

Basic Principles of State Policy of the Russian Federation on Nuclear Deterrence, June 2, 2020, https://hansdevreij.com/2022/03/06/basic-principles-of-state-policy-of-the-russian-federation-on-nuclear-deterrence/
Snyder, Scott. "Finding a Balance between Assurances and Abolition: South Korean Views of the Nuclear Posture Review." *Nonproliferation Review* 18-1 (March 2011).
US Department of Defense, Statement on the Fielding of the W76-2 Low-Yield Submarine Launched Ballistic Missile Warhead, Feb. 4, 2020. see at https://www.defense.gov/News/Releases/Release/Article/2073532/statement-on-the-fielding-of-the-w76-2-low-yield-submarine-launched-ballistic-m/

3. 언론사 자료

"일본 국민 77% "우크라이나 침공, 대만 파급 우려." 『한겨레신문』. 2022년 2월 28일. https://www.hani.co.kr/arti/international/japan/1032840.html
"日 국민 51%, '자위대 명기' 찬성…4년 전과 정반대-아사히." 『뉴스원』. 2022년 7월 19일. https://www.news1.kr/articles/?4746503.
"한국인 '반중 정서' 세계 1등… 81%가 중국에 부정적." 『서울경제』. 2022년 12월 2일자. https://www.sedaily.com/NewsView/26F2DZMZO1.

13장 대중국관계

1. 서론 — 378
2. 대중관계의 역사적 조망 혹은 변천 — 379
3. 대중관계의 국내외적 환경 — 385
4. 대중관계의 목표와 추진 방향 — 389
5. 대중관계의 현안과 쟁점 — 394
6. 대중관계의 전망 — 399
7. 결론 — 404

한석희(연세대 국제대학원)

1. 서론

2022년 8월 24일 한중수교 30주년을 맞았다. 한국의 대외관계에서 한중관계는 상대적으로 그 역사가 짧다. 제2차 세계대전 종식과 함께 시작되었던 냉전 시기에 사회주의국가였던 중국과의 교류가 제한적이었기 때문이다. 1991년 소련이 해체되면서 냉전이 종식되었고, 그리고 나서야 한중관계가 다시 시작될 수 있었다. 지난 30년 동안의 한중관계는 나름대로 협력적 관계를 유지하며 지속되었다. 특히 경제교류와 북한 문제와 관련된 협력에서 양국은 의미 있는 외교적 성과를 만들어 갈 수 있었고, 그 과정에서 양국은 상호 윈윈관계를 설정할 수 있었다. 이와 함께 한중 양국 간의 교류 확대는 부담스러운 요인도 내포하고 있었다. 그중 한 가지가 한미동맹과 한중 동반자관계의 상충적 양상이다. 1953년 이래 70년 동안 한국의 안보에 중추적 역할을 해왔던 한미동맹과 지난 30년 동안 한국의 경제성장에 핵심적 요소로 작용해왔던 한중 동반자관계가 서로 충돌하는 양상을 보이기 때문이다. 특히 2018년 이후 미중갈등이 첨예화하면서 한미동맹과 한중동반자의 양자 관계는 점차 충돌이 확대되고 악화하는 추세를 보인다.

한중관계 30주년을 맞는 2022년부터 한중관계는 새로운 환경을 맞고 있다. 우선 한중 양국의 지도부 변화가 큰 변수로 등장하고 있다. 2022년 3월 윤석열 대통령의 당선으로 한국의 대중정책은 전임 문재인정부의 정책과는 다른 한미동맹 중심의 한중관계 관리를 천명하고 있으며, 2022년 10월 중국공산당 20차 당 대회에서는 시진핑(習近平) 주석의 3연임이 통과되어 '전랑외교(戰狼外交)' 중심의 대외관계가 예상된다. 특히 중국은 미중관계를 중심으로 한중관계에 접근하고 있으며, 한미동맹에도 불구하고 한국을 중국의 영향력하에 두려는 시도를 지속하고 있다. 한편 대외적 변수의 변화도 만만치 않다. 최근 국제사회에서는 미중갈등이 점차 심화하고, 코로나19 팬데믹의 확산이 지속되고 있으며, 러시아의 우크라이나 침공으로 국제사회가 양분되는 상황에 이르고 있다. 위와 같은 내외부적 요인에 의해 한중관계도 직간접적인 영향을 받고 있다.

이러한 배경하에서 이 글은 한중수교 30주년을 맞으면서 과거 한중관계를 검토·분석해 보고 그 바탕 위에서 현재의 한중관계를 평가해 보는 것을 그 목표로 한다. 특히 지난 30년 동안 한국의 대외관계에서 나타나는 한중관계의 특징 및 쟁점을 정리하고, 현 한국정부의 대중관계와 관련된 국내외적 환경을 분석한 후, 한국정부의 대중관계 목표와 추진 방향, 대중관계의 현안과 쟁점, 그리고 향후 대중관계의 전망에 대해 분석해 보고자 한다.

2. 대중관계의 역사적 조망 혹은 변천[1]

한국과 중국은 1992년 8월 정식수교 이후 지금까지 다양한 이슈로 인해 적지 않은 부침(浮沈)을 겪으면서도 나름의 방향으로 양국 관계를 지속해서 발전시켜왔다. 중국의 대한반도 정책은 큰 틀에서는 나름의 일관성을 가지고 유지되는 반면 한국은 정치적 특성상 각 정부의 정치성향에 따라 대중국 정책의 특징도 서로 상이하게 나타나고 있다. 또한, 지난 30년 동안 한중 간에는 양국 관계에 영향을 미칠 수 있는 다양한 이슈들이 발생하였다. 이러한 국내외적 요인으로 인해 한중관계는 다양한 변화와 부침을 겪어왔다. 이 장에서는 한중수교 이래 양국의 외교관계가 어떠한 과정을 거치며 변화하여왔는지 살펴보고, 이를 토대로 향후 한중관계의 전망과 발전 방향을 모색해보고자 한다.

이를 위해 이 장은 지난 30년간의 한중관계를 세 개의 시기로 구분하고자 한다. 첫 번째 시기는 1992년부터 2003년까지의 '한중관계 형성 및 발전기', 두 번째 시기는 2003년부터 2013년까지의 '한중관계 갈등 노정기', 세 번째 시기는 2013년부터 현재까지의 '한중관계 조정 및 모색기'이다.

1) 한중관계 형성 및 발전기 (1992~2003년)

1992년 8월 24일 한중수교가 성공적으로 이루어질 수 있었던 배경에는 탈냉전이라는 국제질서의 큰 변화와 국내정치적으로는 노태우정부의 '북방외교'가 자리를 잡고 있다. 탈냉전은 한국과 중국이 과거 이데올로기와 체제의 대립이라는 굴레에서 벗어나 새로운 외교 노선을 모색할 수 있는 국제환경을 제공해 주었다. 이러한 국제환경의 변

---

[1] 이 부분은 한석희, "노태우 정부부터 문재인 정부까지, 7人7色 대중정책," 21세기 평화연구소 편, 『한중수교 30년』 (서울: 화정평화재단, 2022), pp. 59-73을 재구성하여 수정·편집하였음.

화는 노태우정부의 북방외교를 추동할 수 있게 하였다. 한중수교도 이 북방외교의 실행과정 속에서 이루어진 중요한 외교적 성과로 평가해 볼 수 있다.

물론 상대국인 중국의 처지에서도 한중수교는 필요한 외교적 돌파구였다. 1989년 천안문 사태로 외교적 고립에 놓였던 중국은 주변국들과의 수교를 통하여 이를 돌파하려고 시도하고 있었고, 덩샤오핑의 남순강화(1992년)로 중국의 새로운 경제도약을 실현하려는 시작점에 놓여 있었던 중국은 한중수교를 통하여 외교·경제적 부상을 도모할 수 있었다. 또한, 한중수교 과정에서 한국과 대만과의 단교를 요구해 대만의 외교적 고립을 심화시킬 수 있었다는 점도 한중수교에 따른 중국의 외교적 수확이었다. 하지만 중국은 전통적 혈맹관계에 있는 북한과의 관계를 고려하지 않을 수 없었고 이에 대한 정치적 부담도 감안해야 했다. 그럼에도 불구하고 중국은 한국과의 수교를 결정함으로써 현실적인 실리를 추구하게 되었다. 이렇듯 한중수교는 한국과 중국의 공동이익을 도모하기 위하여 체결된 외교적 도전이었다고 볼 수 있다. 그러나 북중관계가 유지된 상태에서 한국만 대만과 단교했다는 점은 장기적인 측면에서 외교적 갈등 요소를 내포하고 있다는 점에서 문제점으로 지적할 수 있다.

한중수교 얼마 후인 1993년 한반도에서는 북한의 핵확산금지조약(NPT) 탈퇴 선언으로 제1차 북핵위기(1992년 시작)가 본격화되는 상황이었다. 게다가 한중관계가 1992년에 수교는 되었지만 이를 어떻게 만들어갈 것인지에 대하여 구체적인 정책 수립이 필요한 시점이었다. 따라서 김

글상자 13.1

북방외교

북방외교는 중국·소련·동유럽·기타 사회주의국가와의 외교적 관계개선을 통하여 한반도의 평화와 안정 및 경제협력을 도모하고, 남북한 교류·협력관계의 발전을 추구하여 궁극적으로 사회주의국가와의 외교 정상화와 남북한 통일의 실현을 목적으로 했던 노태우정부의 외교정책이었다. 1989년 2월 헝가리를 시작으로 1992년 12월 베트남과 수교하기까지 3년 10개월 동안 노태우정부는 북방외교를 통하여 37개 공산권 국가와 외교관계를 맺었다.

글상자 13.2

남순강화(南巡講話)

덩샤오핑(鄧小平)이 1992년 1월 18일부터 2월 22일까지 우창(武昌), 선전(深圳), 주하이(珠海), 상하이(上海) 등지를 시찰하면서 행한 일련의 연설을 통칭해서 '남순강화(南巡講話)'라고 한다.

남순강화의 배경과 목적은 1989년 천안문 사태 이후 중국 지도부의 보수적 분위기를 타파하고, 개혁개방 정책과 관련하여 사회주의 시장경제의 당위성을 설명하고 시장경제 도입에 대한 확고한 의지를 밝히기 위해 행해진 일종의 정치적 행보이다. 이는 중국의 본격적인 시장경제체제 구축의 시발점이 되었으며, 이후 중국의 사회주의 시장경제론을 천명하는 기초가 되었다.

영삼정부는 안보와 이념을 중심으로 추진되어왔던 냉전적 외교에서 탈피하여 그동안 적대적 관계를 유지해왔던 중국과의 외교관계를, 신뢰구축을 바탕으로 한 탈냉전적 우호·협력관계로 재설정하려고 노력하였다. 특히 북핵문제를 둘러싸고 김영삼정부는 연이은 고위급 회담을 통하여 북핵문제의 해결을 위한 중국과의 협력을 도모하였다. 1997년 중국은 한반도 평화체제 수립을 위한 4자회담에 참여했고 북핵문제 해결에도 건설적 역할을 하겠다는 입장을 표명하였다. 아울러 한중 간의 정치체제의 차이와 북한 요인, 그리고 당시 양국 간 경제구조의 상호보완성 등 요인들이 복합적으로 작용하면서 한중관계는 '정경분리(政經分離)'와 '구동존이(求同存異)'의 원칙하에 경제와 인문 분야를 중심으로 빠르게 성장하였고,

다양한 영역에서의 협정들이 체결되어 향후 한중관계 발전에 주춧돌을 놓았다.

외환위기 극복이라는 절체절명의 과제에 직면한 상황에서 출범한 김대중정부 시기 한중 간 경제교류는 한층 더 업그레이드되어 매년 양국 간 교역액과 한국의 대중국 투자액은 큰 폭으로 증가하였다. 2001년 중국이 WTO에 가입함으로써 한중 교역액은 315억 달러(2001년)를 기록하며 한중 간 교역액이 한일 간 교역액을 처음으로 추월하였다. 그 결과 중국은 한국의 제2의 교역대상국으로 부상하였다. 중국의 WTO 가입의 영향으로 한중 경제교류는 양적 성장뿐 아니라 질적 확대도 진행되어 보험, 금융, IT 산업 분야에서 한국기업의 중국시장 진출이 가속화되는 현상이 나타났다. 반면, 한중 경제교류의 확대는 양국 간의 무역 마찰이 표면화되는 원인으로 작용하기도 하였으며, 2000년 중국산 마늘을 둘러싼 무역분쟁이 대표적인 사례이다.

1998년 11월 김대중 대통령의 중국 방문 및 장쩌민 주석과의 정상회담을 계기로 양국은 기존의 '우호협력관계'를 정치, 경제, 사회, 문화, 안보 등 제반 분야를 포함하는 '21세기를 향한 협력동반자관계'로 격상시키는 데 합의하였다. 이를 계기로 안보 분야의 협력도 모색하기 시작하였다. 1998년 8월 슝광카이(熊光楷) 인민해방군 부총참모장의 방한(訪韓)을 시작으로 이듬해 8월 조성태 국방장관이 한국 국방장관으로는 처음으로 중국을 방문하였다. 2000년 1월에는 츠하오텐(遲浩田) 국방부장도 중국 국방장관으로는 최초로 한국을 방문하였다. 이후 안보 분야에서도 양국 간의 교류는 점차 확대되었다.

이 시기에 한국과 중국은 정식수교 체결을 계

글상자 13.3

구동존이(求同存異)

1955년 인도네시아 반둥에서 개최된 '아시아·아프리카 회의(Asian-African Conference, 또는 '반둥 회의'로도 불림)'에서 당시 중국 외교부장인 저우언라이(周恩來)가 연설 중 '구동존이(求同存異)'라는 용어를 처음으로 사용하였다.

'구동존이'는 "공통점은 추구하고 다른 점은 그대로 둔다"라는 뜻으로 상호 공통의 문제를 함께 해결해 나아가기 위해 서로 다른 점은 공격하지 말고 상호 인정하자 즉 미래를 위해 이견은 뒤로 미루고 상호 공통점(이익)을 찾아 합의하자는 의미로 오늘날 중국 외교에서 자주 등장하는 용어이다.

기로 양국 관계 발전을 위한 다양한 노력이 추진되었다. 이러한 노력은 정치, 경제, 사회, 문화 분야뿐 아니라 안보 분야까지도 포괄한 것으로 한중관계에 있어서 '상호 관계발전'이라는 요인이 크게 작용한 시기라고 볼 수 있다.

2) 한중관계 갈등 노정기(2003~2013년)

이 시기 한국사회에는 '반미(反美)'와 '친중(親中)' 여론이 높게 나타나고 있었다. 2002년 한중수교 10주년을 맞이하여 국내 언론매체들이 중국의 부상과 경제적 중요성을 조명하면서 한중관계가 밀착하는 환경이 조성되었고, 게다가 2002년 12월에 미군 장갑차에 치여 사망한 '미선·효순양 사건'으로 반미감정이 급등하는 상황에 직면하고 있었다. 2002년 미국의 한 정책연구소가 수행한 조사에 의하면 86%의 신세대 여론주도층은 향후 한중관계가 지금보다 더 심화하여야 한다고 답했지만, 한미관계에 대해서는 14%만이 관계 강화를 지지하였다.[2] 또한, 2004년 5월『동아일보』여론조사에서도 경제적인 측면에서 응답자의 61.6%는 중국이, 26.2%는 미국이 중요하다고 응답하였다고, 외교안보영역에서도 응답자의 48.3%는 중국이, 38.1%는 미국이 더 중요하다고 응답하였다.[3] 또한, 2003년 7월 노무현 대통령의 방중을 계기로 기존의 협력 및 교류를 확대·발전시키고자 양국 관계를 '전면적 협력동반자관계'로 격상시켰다.

그러나 감정적으로는 '반미·친중'의 여론이 팽배해져있었지만, 실질적인 측면에서 한국정부는 오히려 친미적인 정책을 추진하였고 중국과의 관계는 더 소원해지는 결과가 나타났다. 당시 노무현정부는 '동북아 균형자론'을 제기하였고, 제2차 북핵위기에 직면하여 미국의 부시 행정부와 대북정책에 관하여 심각한 입장 차이를 보이기도 하였다. 그러나 노무현정부는 역설적으로 북핵문제 해결에 있어서 미국의 협조가 절실하였으며, 따라서 노무현 대통령은 재임 중 미국의 요청에 부응하여 이라크에 파병을 단행하였고, 제주 해군기지를 건설하였으며, 한미 자유무역협정(FTA)을 체결하는 등 한미동맹을 실질적으로 강화하는 정책을 추진하였다. 반면, 중국과의 관계는 오히려 더 멀어지는 모습을 보였다.

2005년 가을 후진타오(胡錦濤) 국가주석의 한국 국빈방문을 계기로 한국정부는 중국의 '시장경제 지위' 인정이라는 큰 성과를 안겨주었으나 중국은 아직까지도 그에 상응하는 조치를 한국정부에 제공하지 않고 있다. 또한, 2006년 1월 김정일이 중국을 방문하여 후진타오 주석과 정상회담을 했음에도 불구하고 중국은 사전에는 물론 심지어 방중 기간 동안에도 이 사실을 한국정부에 통보하지 않았다. 이 사건은 한국의 대중외교가 전략성을 결여한 것이 아닌가 하는 의구심을 일으키는 사건이었다. 게다가 한중관계에 심각한 문제를 제기했던 사건은 중국의 '동북공정(東北工程)' 프로젝트였다. 중국의 동북공정 시도에 대하여 한국인들의 반중 의식은 급등하였으며, 중

---

[2] William Watts, *Next Generation Leaders in the Republic of Korea: Opinion Survey Report and Analysis* (Washington, D.C.: Potomac Associates, April 2002), p. 12. quoted in Jae Ho Chung, "America's Views of China-South Korea Relations: Public Opinions and Elite Perceptions," *The Korean Journal of Defense Analysis*, Vol. XVII, No. 1(Spring 2005), p. 230.

[3] 나선미·부형권·김승련, "[여론조사/對중국인식] "경제 측면 中 중시해야" 62%," 『동아일보』, 2004년 5월 3일. https://www.donga.com/news/article/all/20040503/8057757/1?comm (검색일: 2022.12.03).

국의 부상에 따른 중국의 팽창적 성향에 직면하여 한국의 여론주도층과 지식인들 사이에서는 중국에 대한 우려와 견제의 심리가 확산하였다.

이러한 기류 속에서 2010년 한중관계에 구조적 모순을 여실히 드러난 사건이 발생하였다. 2010년 발생한 천안함·연평도 사건에 직면하여 중국이 보여준 태도는 신자유주의적 인식이 북중관계에는 전혀 적용될 수 없다는 점을 보여주었다. 2010년 3월 천안함 사건이 일어나고 한국정부의 부단한 노력으로 천안함 폭파의 주범이 북한이라는 확실한 증거를 확보했음에도 불구하고 중국은 이를 수용하지 않고 국제사회의 비난으로부터 북한을 보호하는 데에만 외교적 노력을 집중하고 있었다. 이명박 대통령은 2010년 5월 한국을 방문한 원자바오(溫家寶) 총리를 상대로 북한이 천안함 폭파의 주범이라는 점을 적극적으로 설명하기까지 했으나 결국 중국은 이를 수용하기보다는 편향된 북한 감싸기라는 기존의 입장을 고수하는 모습을 보였다. 연평도 사건도 마찬가지다. 연평도 사건은 한국영토에 대한 북한의 선전포고 없는 명백한 무력공격이었음에도 불구하고 중국은 이를 쌍방포격으로 규정함으로써 북한 측 입장에 편향되는 모습을 견지하였다. 이렇듯 한중관계는 경제 규모나 정상외교의 성과와는 상관없이 중국은 북한을 편향적으로 보호하는 성향을 보였으며, 중국의 이러한 성향은 한국정부의 대중전략이 근본적인 한계에 부딪힐 수밖에 없는 구조적 모순을 나타내었다고 볼 수 있다.

이 시기 한중관계에는 역사관 갈등뿐 아니라 안보 이슈에 관한 갈등도 심각하게 노정된 시기이다. 중국정부는 여전히 동북공정 프로젝트를 조용히 진행시키고 있으며, 이러한 동북공정은 지금까지도 한국인들의 대중 불신감의 한 축으로 작용하면서 한중관계 발전에 보다 근본적이고 핵심적인 제약요소로 작용하고 있다. 한국정부는 한중관계 발전의 구조적 한계를 경험적으로 인식하기 시작하였다고 볼 수 있다.

3) 한중관계 조정 및 모색기(2013년~현재)

이 시기의 한중관계는 수교 이래 한중관계에서 최상의 시기와 최악의 시기를 모두 기록했던 시기였다. 최상의 시기라고 할 수 있는 이유는 당시 박근혜정부가 한중관계 역사상 가장 우호적이고 협력적인 대중관계를 구축했기 때문이다. 이러한 배경에는 박근혜 대통령과 시진핑 주석 간의 개인적 우호관계와 중국인들의 박근혜 대통령에 대한 친근한 이미지가 크게 작용하였다. 박근혜 대통령과 시진핑 주석은 모두 부모가 국가 지도자였다는 공통점을 가지고 있었으며, 2005년 시진핑 주석이 저장성(浙江省) 당 서기 자격으로 한국을 방문했을 때 당시 한나라당 대표였던 박근혜 대통령으로부터 '과분한 환대'를 받았다는 점도 두 지도자가 '오랜 친구(老朋友)'가 된 이유로 작용하였다. 이외에도 박근혜 대통령이 중국어를 구사한다는 점, 중국 성인들의 가르침을 접하며 시련을 이겨냈다는 일화, 대통령 당선 후 미국보다 먼저 중국에 특사단을 파견한 점, 미중 사이에서 '전략적 모호성(strategic ambiguity)'을 추구한다는 점 등이 중국인들 사이에서 박근혜 대통령이 친근한 이미지를 구축하는 데 중요한 역할을 한 요인들이다. 또한, 2015년 9월 베이징에서 거행된 중국의 전승절 70주년 기념행사에 박근혜 대통령이 참석하여 중국인민해방군의 사열을 지켜보는 장면은 가장 가까운 한중관계를 상징적으로 보여준 대표적인 사례이다. 박근혜 대통령은 서방국가들이 모두 불참했음에도 불구하고 참석을 강행하여 한중관계의 돈독함을 대외적으로 알리는 데에는 성공하였으나, 6개월 뒤인 2016년 1월 북한의 제4차 핵실험에 대한 한중 간의 외교적 공동대응에 시진핑 주석이 응하지 않음으로써 박근혜 대통령이 이룩한 최상의 한중관계는 내리막길에 들어서는 결과로 이어지게 되었다. 한중관계는 최상의 시간이 끝나자마자 최악의 상황으로 변하게 된 것이다. 이는 북한의 도발에 대한 중국과의 공동대응이 불발됨에 따라 당시 한국정부는 자위적 수단으로 사드(THAAD, 고고도미사일방어체계) 배치를 결정하게 되었고, 사드배치를 극렬하게 반대해온 중국이 한국에 대한 경제적 제재에 돌입했기 때문이다.

이러한 분위기는 문재인정부에서도 지속되었다. 한미동맹 강화보다는 북한과의 교류와 안정에 집중하여 한반도의 평화를 추구하고, 중국과의 협력발전을 강조한 문재인정부의 대외전략은 중국이 환영할 만한 것이었으나 사드문제에 대한 입장 번복으로 문재인정부에 대한 중국의 불신을 초래하였고, 이후 한중관계에도 영향을 미쳤다. 문재인 대통령은 대통령 당선 전에는 절차적 정당성 및 대중국·러시아 설득 문제를 이유로 "사드문제는 다음 정부로 미루는 것이 바람직하다"라는 입장을 견지하고 있었다. 그러나 대통령 당선 후 문재인 대통령은 입장을 바꾸어 "사드배치 결정은 한국과 주한미군의 안전을 위해 한미동맹에 근거해 한미가 합의해 결정한 것"이라며 합의 존중 의사를 명확히 하였다. 물론 문재인정부가 사드배치에 필요한 환경영향평가를 최대한 느리게 진행하는 방식으로 중국을 달래기도 하고, 2017년 10월 31일 중국과 '한중관계 개선 관련 양국 간 협의'를 통해 사드 갈등을 일단 봉합하기도 했지만, 2017년 12월 문재인 대통령의 중국 국빈방문 시 중국정부가 보여준 태도(문재인 대통령의 '혼밥'과 한국기자에 대한 중국경호원의 폭행)는 문재인정부에 대한 중국의 불만을 반영한 것이라고 볼 수 있다.

2018년 이후 문재인정부의 한중관계는 다음 두 가지 이슈에서 문제가 나타나기 시작하였다. 첫째, 시진핑 주석의 한국 답방에 과도한 기대를 했다는 점이다. 문재인정부는 시진핑 주석의 답방으로 '한한령(限韓令)' 해제를 포함한 한중관계 현안들을 한 번에 해결하길 원했겠지만, 중국 입장에서는 미중갈등이 격화되면서 시진핑 주석의 방한을 통해 반드시 큰 외교적 성과를 거둘 필요가 있었던 것으로 보인다. 하지만 당시 한국정부는 중국의 요구를 모두 들어줄 수는 없는 상황이었기 때문에 시진핑 주석의 답방은 현재까지 성사되지 못하고 있다. 둘째, 문재인정부가 대중정책을 대북정책을 위한 수단으로 인식했다는 점이다. 문재인정부는 미중 전략적 경쟁 심화라는 국제적 환경 변화와 이로 인한 북중관계의 근본적 변화를 충분히 고려하지 않고 대북정책에 종속된 듯 보이는 대중정책을 추진하였다. 그러다가 북미 협상이 교착 국면에 들어선 후에는 대중정책의 상당 부분이 중국이 북한을 설득해 줄 것을 요청하는 데 집중되었다. 문재인정부가 총력을 기울여 추진 중인 '종전선언'에 대한 중국의 지지와 협력을 강조하는 배경에는 중국이 북한을 움직여 주길 기대하는 심리가 깔려 있다. 이와 같이 변화된 중국의 상황과 입장을 고려하지 않고 대북정책을 위한 대중정책을 추진한 결과, 문재인정부는 일부 한국 언론으로부터 친중정책을 편 것으로 비판받고 있으며, 동시에 중국 여론과 학계에서도 문재인정부를 그다지 중국에 우호적이지 않았던 정부로 평가하고 있다.

이 시기 한중관계는 최상과 최악의 상황을 모두 겪었으며, 한국정부는 최악의 상황을 극복하고자 다각도의 노력을 경주하였다. 하지만 중국은 한중 '밀월관계'를 통해 한국을 미국과의 동맹으로부터 이완시켜 중국에 밀착시키려 했던 반면, 한국은 한중관계 밀착을 통해 북중관계를 완화하고 중국을 한국에 편향시키려했던 동상이몽(同床異夢)적 구조적 현실 때문에 앞으로의 한중관계가 동맹구조를 극복하고 다시 밀착하기는 쉽지 않아 보인다. 그럼에도 이러한 구조적 한계를 극복하고 발전적인 한중관계 구축을 위한 새로운 출구를 모색할 필요가 있다.

3. 대중관계의 국내외적 환경

한국정부가 현재 직면한 국내외적 환경은 그다지 우호적이지 못하다. 대외적인 상황으로 우크라이나전쟁, 미중갈등의 심화와 대만문제, 북한의 핵·미사일 능력의 고도화 등을 지적해 볼 수 있다. 대내적으로는 중국의 동북공정으로 인한 한국 내 반중정서 고조, 사드배치 이슈와 한한령(限韓令)으로 인한 양국 갈등 심화, 복잡다단(複雜多端)한 한국의 국내 이슈, 중국의 정치체제와 인권문제에 대한 한국정부의 인식 변화 등은 한중관계에 영향을 미쳐왔고 앞으로도 영향을 미칠 것이다.

1) 대중관계의 국외적 환경

2022년 2월 시작된 러시아의 우크라이나 침공 원인은 러시아 푸틴 대통령의 과도한 민족주의적 야심과 전략적 오판에서 찾아볼 수 있으며, 가장 중심적 이슈는 북대서양조약기구(NATO)의 동진이라고 볼 수 있다. 우크라이나전쟁이 국제사회에 주는 영향은 여러 가지 측면에서 나타나고 있다. 전쟁의 영향으로 러시아와 우크라이나의 주요 수출품인 에너지와 곡물의 국제가격이 상승하여, 글로벌 차원에서 높은 인플레이션율을 기록하고 있다. 또한, 전쟁 발발과 함께 미국과 EU는 대러시아 경제제재를 시작하였으며, 여기에 캐나

표 13.1 한중 외교관계 발전 경과

시기	관계 발전 현황	비 고
1992년 8월	우호 협력관계	한중수교
1998년 11월	21세기를 향한 협력동반자관계	김대중 대통령 방중
2003년 7월	전면적 협력동반자관계	노무현 대통령 방중
2008년 5월	전략적 협력동반자관계	이명박 대통령 방중
2013년 6월	전략적 협력동반자관계 내실화	박근혜 대통령 방중

출처: 외교부 동북아시아국, 『중국개황 2020』 (서울: 외교부, 2021. 1), pp. 252-253, 404-460.

도표 13.1 한중 경제관계 발전과정 (단위: %)

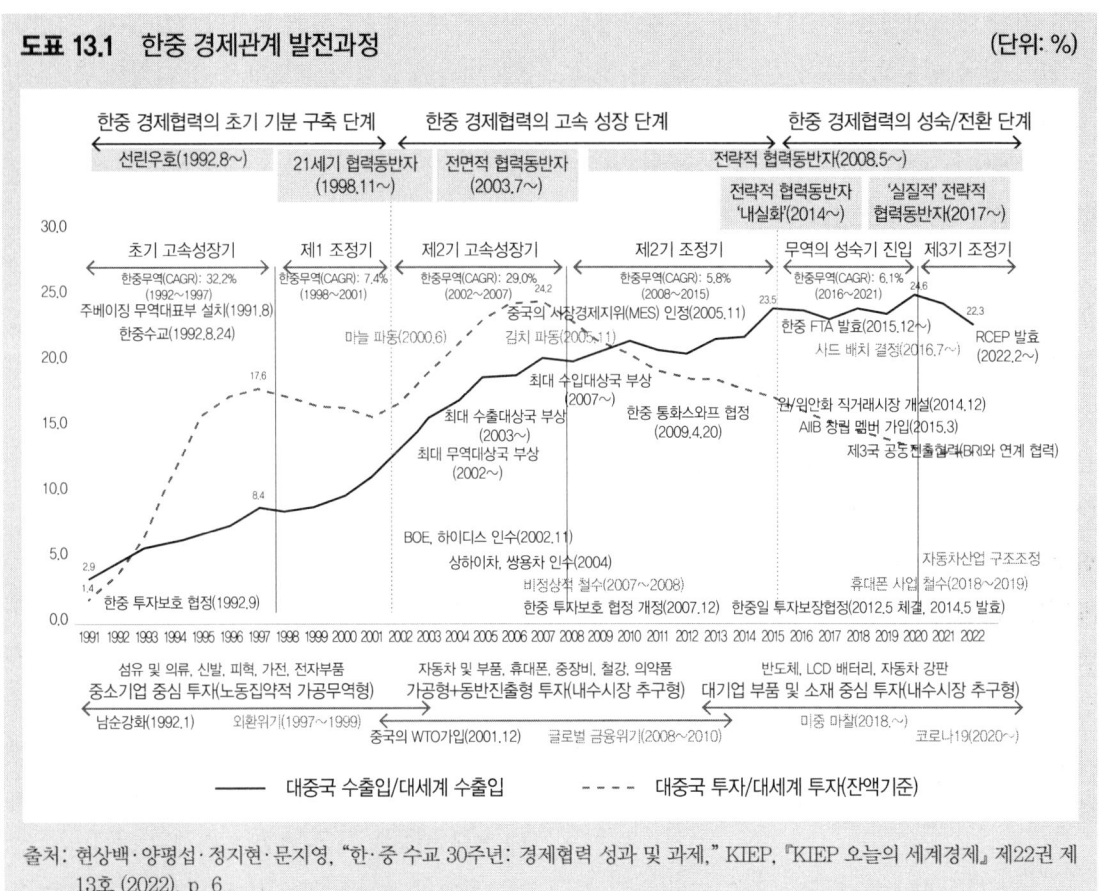

출처: 현상백·양평섭·정지현·문지영, "한·중 수교 30주년: 경제협력 성과 및 과제," KIEP, 『KIEP 오늘의 세계경제』 제22권 제13호 (2022), p. 6.

다, 일본, 호주, 영국, 뉴질랜드 등 세계 주요국들이 동참하고 있다. 국제사회의 러시아 제재는 교역, 금융, 에너지 등의 분야에서 전면적으로 이루어지고 있다. 이러한 추세가 지속된다면 탈세계화와 경제 블록화의 가속화, 민주주의 진영과 권위주의 진영 간 대립 구도의 형성, 미중패권경쟁의 격화 등 국제질서에 커다란 변화를 초래하게 될 것이다. 자국 우선주의가 강화되고 이익 블록화가 가속화되면 국제질서의 불확실성은 증대될 수밖에 없다.

미중갈등 역시 지속적으로 심화되고 있는데 바이든정부는 대중국 견제를 위하여 동맹 및 민주주의 진영의 국가들과의 관계를 강화하는 한편, 우크라이나전쟁으로 인해 미국은 나토와 함께 권위주의 진영 국가들과 대립하고 있다. 특히, 중국은 러시아와 함께 미국에 맞서기 위한 협력을 강화하고 있으며, 브릭스(BRICS, 브라질·러시아·인도·중국·남아프리카공화국)와 상하이협력기구(SCO: Shanghai Cooperation Organization) 등 다자협력체를 통해 미국 중심의 민주주의 진영에 대항하고 있다. 또한, 미중갈등에 있어서 핵심 이슈 중 하나가 바로 대만문제인데, 이 문제는 중국이 결코 타협할 수 없는 최우선적 핵심 이익으로 규정하고 있어 쉽게 해결되기 어렵다. 미국도 인도·태평양전략을 추진함에 있어 대만의 전략적 가치를 매우 높게 평가하고 있고 실제로 대만에 접근하기 위한 다양한 움직임을 보이고 있어 미중 간 갈등은 더욱 고조되는 국면에 놓이게 되었다.

2022년 8월 미국 하원의장 펠로시(Nancy Pelosi)가 대만을 공식 방문한 후 대만 해협의 긴장이 다시 급격히 고조되고 있다. 중국정부와 중국의 매체들은 펠로시 의장의 대만 방문 전부터 펠로시 의장이 대만을 방문한다면 중국이 외교적·군사적 위협을 실행할 것이라는 점을 강도 높게 강조해 왔으며, 실제로 펠로시 의장이 대만을 방문한 이후 전개되고 있는 미국과 대만에 대한 중국의 강경한 대응 조치를 관찰했을 때, 중국이 대만문제를 얼마나 민감하고 중요한 문제로 인식하고 있는지 확인할 수 있었다. 특히 미중정상회담이나 고위급 회담에서도 중국은 미국에 대해 대만문제에 개입하지 말 것을 예외 없이 그리고 강력히 요구해 왔으며, 시진핑 주석은 "불장난하면 불에 타 죽는다(玩火必自焚)"라는 매우 비외교적인 언어까지 사용하면서 중국이 대만문제에서 절대 양보하지 않을 것임을 강조하고 있다. 대만문제에 대한 중국의 견해는 중국의 모든 영역과 국민 사이에서 일치된 인식을 형성하고 있다. 즉 대만문제는 중국이 절대 침범을 용인할 수 없는 마지노선이자 어떤 국가든지 이 문제를 건드리면 중국이 반드시 강경하게 대응해야 하는 핵심 중의 핵심 이익이라는 점이다. 특히 중국에서는 한국이 대만문제에 간섭하는 것에 대해 상당히 민감하게 반응하고 있다. 예를 들어, 2021년과 2022년 한미정상회담 공동성명에 대만문제가 언급된 것에 대하여 중국정부 및 매체, 학자들은 상당히 우려하고 있으며, 그동안 대만문제에 대하여 별 다른 관심이 없었던 한국이 미국의 영향으로 대만 정책을 변경하는 것은 아닌지 한국정부의 행보에 주목하고 있다.

한반도에서는 북한의 핵 및 미사일 능력이 지속적으로 고도화됨에 따라 한국은 한미일 안보협력을 강화시키고 있으며, 북한은 중국과 러시아와의 협력을 강화하고 있다. 이는 미중갈등을 더욱 심화시키는 결과를 초래하고, 역내에서의 한미일과 북중러가 대립하는 '진영화'가 가속되는 현상이 나타나고 있다. 이와 같은 역내 진영화의 가속화와 미중경쟁의 심화는 다양한 영역에서 한국정부에 대한 미중의 압박 수위를 높이는 결과를 초래하게 될 것이고, 이는 결국 한국정부의 외교적 공간을 축소시켜 한국정부를 대외적으로 어려운 환경에 놓이게 할 것이다.

2) 대중관계의 국내적 환경

한중수교 이래로 대중관계에 있어서 국내적 환경 변화가 한중관계에 영향을 크게 미친 사건은 바로 동북공정(東北工程)을 대표로 한 역사분쟁을 뽑을 수 있다. 동북공정은 중국정부의 핵심 싱크탱크인 중국사회과학원(中國社會科學院) 산하의 변강사지연구센터(邊疆史地研究中心)가 동북지역의 3개 성(랴오닝성, 지린성, 헤이룽장성)과 연합하여 2002년 2월 28일부터 본격적으로 추진한 대규모 연구 프로젝트이다. 중국의 국경지역을 안정시키고 중국 국내의 여러 민족들을 단결시켜 사회주의 중국의 통일을 강화하기 위한 목적으로 추진된 국가의 영토와 국경지역, 주권과 관련된 일종의 정치프로젝트이기도 하다. 동북공정 프로젝트 내용에는 전통적인 한국의 역사 또는 현재 및 미래의 한반도와 관련된 부분이 상당한 비중으로 다루어지고 있다. 오늘날 한국인의 역사적 형성과정을 부인하는 중국의 동북공정 프로젝트에 한국사회는 강력히 반발하여 외교문제로까지 확대되었고 이후 한국인의 대중(對中)인식은 급격하게 부정적으로 변하였다.

한중관계를 최악의 상황으로 만들었던 사건은 바로 2016년 사드배치를 둘러싼 한중 간 갈등이 있다. 2016년 북한은 제4차 핵실험과 대륙간 탄도미사일(ICBM) 발사를 감행하였고, 당시 박근혜정부는 중국 측과 접촉하여 문제를 해결하려 시도했으나 중국의 외면으로 결국 사드배치를 결정하였다. 이에 중국은 크게 반발하였고, 다양한 형태로 한국에 대한 보복 조치들을 전개하였다. 무역을 활용한 보복, 중국인 단체 관광객의 한국여행 제한, 한국상품 불매운동, 그리고 한한령이라 불리는 한국문화 금지령 등이 이에 해당된다. 하지만 한한령의 본질이 단지 정치·군사적 갈등만이 아니라 중국의 문화산업을 보호하고 육성하려는 중국정부의 욕망과 중국 대중들이 이데올로기적 통제에서 벗어나는 것을 우려하는 공포심 위에 사드배치라는 계기적 사건을 만나면서 촉발된 결과라고 보는 분석도 있다.

다음은 복잡다단한 한국의 국내 이슈들을 살펴볼 필요가 있다. 지역·계층·소득 등 양극화 심화, 계속되는 저성장으로 인한 양질의 일자리 감소, 잠재성장률의 지속적인 하락, 막대한 재정지출로 인한 국가부채 악화, 균형이 부족한 대외정책으로 인한 안보에 대한 위기요소 증가, 정치적 양극화와 사회적 갈등 심화 등 해결해야 할 과제가 산적해 있다. 1970년대부터 1990년대까지 연평균 경제성장률이 9%에 이르렀던 한국경제가 2000년대 들어서부터 4%까지 하락하였고, 이러한 하락추세가 지속되어 결국에는 '저성장의 늪'에 빠지게 되었다. 장기간의 저성장은 한국사회에 다양한 문제를 야기하였으며 현재까지도 진행중이다. 자유, 평화, 번영에 기여하는 글로벌 중추국가로의 도약을 외교비전으로 제시한 현재의 한국정부는 대내적으로 매우 엄중한 환경에 놓여 있고, 이는 결국 한국정부의 대중정책을 포함한 대외정책 전반에 걸쳐 직간접적으로 많은 영향을 미치게 될 것이다.

대만문제만큼 주목받고 있지는 않지만, 최근 들어 '중국공산당의 집권 유지'라는 이슈도 점차 많은 관심을 받고 있다. "공산당이 없으면, 새로운 중국도 없다(沒有共産黨就沒有新中國)"라는 표어가 제시하듯이 중국정부의 견해에서는 공산당의 지속적 집권(영도)이 중국이라는 국가 존재의 핵심적 요소이다. 최근 미중갈등 과정에서 이념과 체제 경쟁이 중요한 갈등 영역으로 부상하고, 시진핑체제의 중국 정치구조가 집단지도체제에서 시진핑 개인으로 권력이 집중되면서, 중국 내에서는 중국의 정치체제를 거론하거나, 시진핑의 권력에 문제를 제기하거나, 또는 인권문제를 언급하는 것 등은 모두 민감한 행동으로 금기시되고 있다. 지금까지 한국은 미국, EU, 캐나다, 호주 등 서방 국가들이나 일본과 달리 중국의 정치체제나 홍콩 및 신장 위구르의 인권문제에 대해 거리를 두고 언급을 자제하는 태도를 유지해왔다. 그러나 최근 중국 학계에서는 한국의 2022년 새로 취임한 윤석열 대통령이 취임사에서 자유와 민주라는 가치를 상당히 강조한 점과 한미동맹의 성격을 가치동맹으로 재정의하는 추세를 지적하면서 한국이 정부 차원에서 민주주의나 인권, 가치관을 기준으로 홍콩 문제나 신장 위구르 지역 소수민족 문제 등에 대해 문제를 제기하지 않을까 하는 우려가 제기되는 상황이다.

현재까지 중국의 정치체제, 시진핑의 리더십, 홍콩·신장 위구르 문제에 대한 중국의 대응은 상당히 완강한 것으로 관찰되고 있으며, 이 문제를 제기하는 어떤 국가에 대해서도 중국은 강력히 반발하며 가능한 보복 조치를 해왔다. 하지만 이 문제에 대한 관심도는 높아지고 있기는 하지만 현재까지 한국정부는 대만문제 수준의 민감성을 인지하여 이 문제에 대해서는 일정 정도의 거리를 두고 지켜보는 수준의 태도를 취하고 있다. 대표적인 사례로 2022년 10월 유엔 인권이사회에서 신장 위구르 인권문제에 대해 토론하자는 미국의 제안에 찬성표를 던졌지만, 같은 해 11월 열린 유엔 총회에서 미국, 영국, 프랑스, 일본 등이 주축이 된 50개 국가가 중국의 신장 위구르족 인권 침해를 규탄하는 성명을 냈는데 한국은 이에 불참함으로써 일정 거리를 두고 있는 태도를 보였다. 당시 정부 대변인은 국가이익 및 제반 사항을 종합적으로 고려해 내린 결정이라고 언급하였다.

4. 대중관계의 목표와 추진 방향[4]

탈냉전이라는 국제적 상황 속에서 한국과 중국은 40여 년간의 단절을 청산하고 1992년 마침내 정식 수교관계를 체결하였다. 한국정부는 중국과의 수교를 통해 경제성장과 북한문제 해결이라는 국가적 과제를 풀어보려고 하였다. 하지만 시간이 지남에 따라 경제문제와 북한문제에 있어서 한국의 대중국 의존도는 점차 높아졌고, 그에 반해 그 실효성에 대한 논란은 점차 커지기 시작하였다. 이제는 현실적인 한중관계 상황을 냉철하게 분석·평가하여 한국의 국가이익에 부합하는 방향으로의 대중관계를 재정립해야 할 시기이다.

1) 대중관계 목표와 현주소

한중수교는 탈냉전이라는 국제환경의 큰 변화와 한중 각국의 실리추구정책 추진이라는 강력한 동인에 의해 성사되었다고 볼 수 있다. 한중 양국은 1950년 6·25전쟁에 중국이 참전함에 따라 40여 년간 관계를 단절해왔고, 그 기간 동안 중국은 북한과 한국은 대만과 우호적인 관계를 유지해왔다. 하지만 탈냉전이라는 세계적인 변화 속에서 한중관계에도 새로운 전환의 기회가 왔고, 게다가 당시 한중 양국은 경제성장이라는 국가적 과제가 있었기 때문에 과거 40여 년간 단절된 양국 관계를 정상적인 국가관계로 전환시킬 수 있었다. 수교 당시 한국의 대중관계의 주요 목표는 바로 경제성장에 중점을 둔 양국 관계의 발전이었다.

수교 이후 한중관계는 매우 빠른 속도로 발전하였는데, 수교 초창기 양국 관계의 발전은 주로 경제 부문과 인적교류 부문에서 두드러지게 나타났다. 경제 부문에서 성과가 특히 두드러졌던 배경에는 한국과 중국의 경제구조의 상호보완성과 지리적 인접성이 있었다. 중국은 값싼 노동력과 인프라, 그리고 지리적으로 가깝고 넓은 시장을 보유하고 있었고 한국은 중국보다 우위에 있던 기술력과 자본력을 바탕으로 중국에 진

---

[4] 이 부분은 한석희, "윤석열 정부의 對中정책: 글로벌 중추 국가 비전과 한중관계의 재정립," KDI, 『KDI 북한경제리뷰』 제24권 제10호(세종: KDI, 2022. 10), pp. 37-42을 수정·보완하였음.

출하여 한중 양국 모두 경제적 성과를 크게 달성하였다. 1992년 한중 간 교역 규모는 64억 달러에서 2005년 1,000억 달러, 2010년 2,000억 달러, 2021년 3,000억 달러로 초고속 성장을 이루었고, 중국은 2003년 이후 한국의 최대 수출대상국, 2007년 이후 최대 수입대상국으로 현재까지 최대 교역대상국이며, 한국은 현재 중국의 제3교역대상국이다.[5] 하지만 2015년 이후로 경제적인 측면에서 '성숙 및 전환기'를 맞이하면서 기존의 상호보완관계에서 점차 경쟁관계로 전환되기 시작되었다.[6] 인적교류 부문에서도 관광, 유학, 업무 등 상호방문이 크게 증가하였는데 그중 중국인의 한국방문 추이를 살펴보면 1992년 한중수교 당시 4만 5,000명이던 방한(訪韓) 인원은 10년 후 36만 5,000명, 20년 후 296만 명으로 증가하였고, 2016년에는 827만 명으로 최고 절정을 이루었다. 하지만 2017년 사드배치 등에 따른 한중관계경색으로 전년대비 절반가량인 439만여 명으로 감소하였고, 2020년에는 코로나19의 영향으로 74만 명, 2021년 18만 7,000명으로 대폭 감소하였다.[7]

지난 30년간 한중관계에서 경제 분야와 더불어 중요하게 다루어졌던 요소로 북한문제를 꼽을 수 있을 것이다. 수교 이후 한동안 한국정부는 중국이 한반도의 평화와 안정을 위해 긍정적이고 건설적인 역할을 해줄 것이라는 기대감을 가지고 있었다. 하지만 기존의 '북한' 변수가 '북핵' 변수와 결합되어 한중관계를 더욱 복잡하게 만들었다.[8] 한중수교 이전까지 중국은 북한과 오랜 혈맹관계를 유지해왔었는데 한중수교를 계기로 북중관계에 상호 불신이 증대되었고 북한은 '생존'이라는 명분하에 핵개발을 추진하였다. 정치적으로 북중관계가 소원했던 시기가 있기는 했지만, 중국은 줄곧 북한에 대한 경제협력과 지원을 지속함으로써 실질적인 '후견인' 역할을 담당해왔다. 북한(핵)문제 해결을 위해 6자회담을 주도하는 등 중국은 다양한 노력을 하였으나 한반도의 상황을 근본적으로 변화시킬만한 실질적인 성과는 거두지는 못하였다. 오히려 북한의 지속적인 핵실험과 미사일 시험발사, 심지어 한국영토와 국민에 대한 무력도발을 감행하였음에도 불구하고 중국은 북한을 두둔하는 태도를 보임으로써 한중관계에 매우 부정적인 영향을 초래하기도 하였다.

한국은 전통적으로 대중관계에 있어서 중국에 대한 높은 의존도가 양국 관계 변화에 촉진제 역할을 해왔다. 이러한 중국에 대한 높은 의존도는 크게 경제 분야와 북한문제로 나누어 살펴볼 수 있다.

첫 번째는 중국경제에 대한 의존도이다. 중국 경제에 대한 한국의 높은 의존도는 주지의 사실이다. 한국의 대중 무역 의존도는 24% 정도로 알려졌으며, 호주나 대만보다는 덜하지만, 상당히 높은 수준으로 기록되고 있다. 또한, 남북 사이의 직접적 소통이 잘 이루어지지 않을 경우, 한국은 중국에 의존하여 북한과의 소통을 이루어 왔다. 중국은 북한 최대의 경제·외교 후원자로서 중국

---

5) 현상백·양평섭·정지현·문지영, "한·중 수교 30주년: 경제협력 성과 및 과제," KIEP, 『KIEP 오늘의 세계경제』 제22권 제13호 (2022), p. 7.

6) 현상백·양평섭·정지현·문지영 (2022), p. 4.

7) 주중국 대한민국 대사관, "중국인 방한 현황," https://overseas.mofa.go.kr/cn-ko/wpge/m_1228/contents.do (검색일: 2023.03.01).

8) 신종호, "한중관계 30년 평가와 한국 신정부의 대중국정책 전망," 세종연구소, 『국가전략』 제28권 제2호 (2022년 여름호), p. 11.

13장 • 대중국관계   391

도표 13.2 한중수교 30년 대중 교역규모 추이   단위: 억 달러

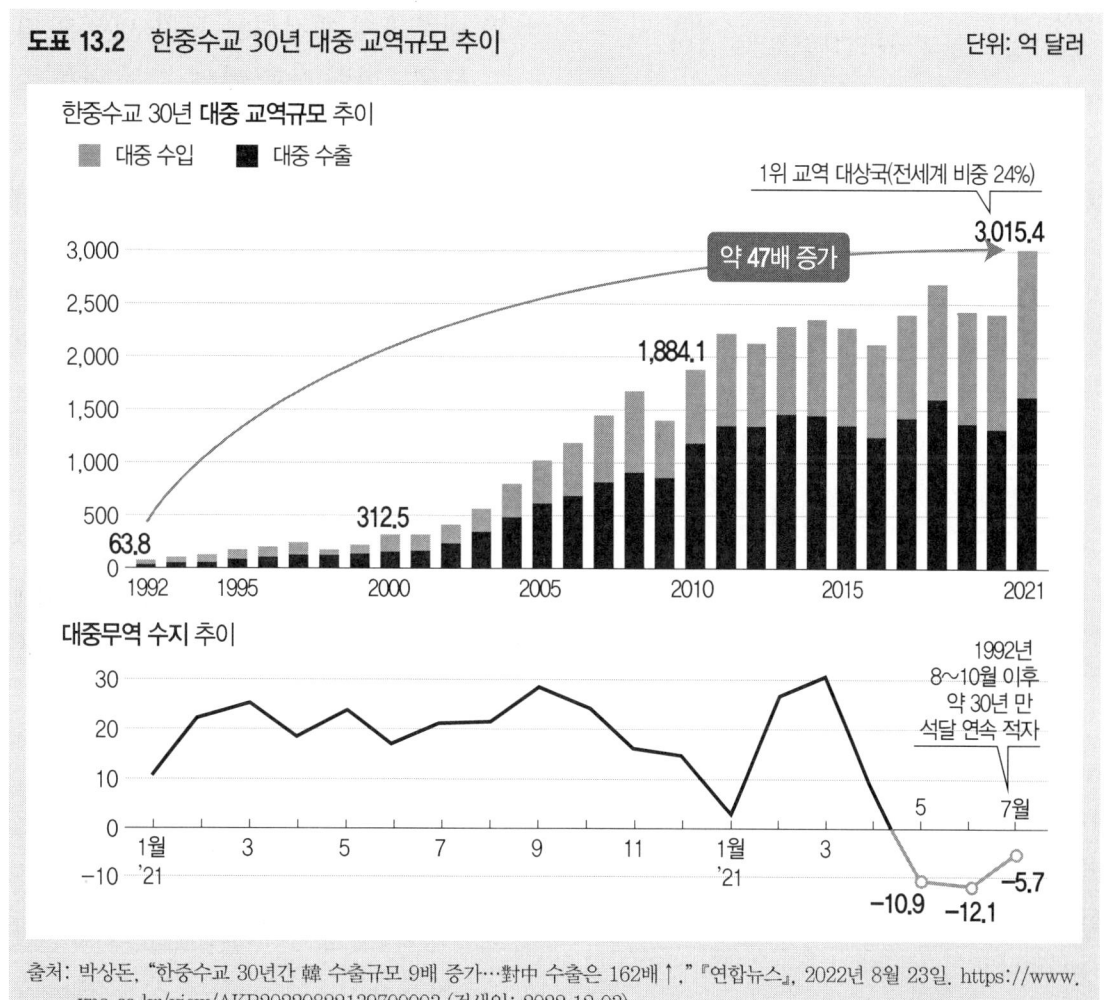

출처: 박상돈, "한중수교 30년간 韓 수출규모 9배 증가…對中 수출은 162배↑," 『연합뉴스』, 2022년 8월 23일. https://www.yna.co.kr/view/AKR20220822139700003 (검색일: 2022.12.03).

의 지원 없이는 북한이 생존할 수 없으므로 중국이 북한에 대하여 일정 수준의 영향력은 가지고 있다고 인식되고 있다. 지금까지 한국은 이러한 북중관계를 이용하여 북한과의 소통 내지는 북한에 대한 영향을 도모해 왔다고 볼 수 있다. 또한, 한국인의 중국에 대한 긍정적 호감도도 대중 의존을 유지하는 데 상당한 영향을 미쳤다고 볼 수 있다. 통계상으로 볼 때, 2017년 사드 갈등 때까지 과반수의 한국인이 꾸준하게 중국에 호감을 나타내었으며, 이는 한국에서 별다른 거부감 없이 대중 의존이 지속되는 원인이 되었다.

두 번째는 북한문제에 대한 의존도이다. 북한문제와 관련하여 한국정부의 대중 의존도도 낮아지고 있다. 현 한국정부는 '담대한 구상'을 북한에 제안하였는데, '담대한 구상'의 목표는 북한의 완전한 비핵화를 통해 한반도의 지속가능한 평화와 번영을 구현하는 것이다. 그 추진 방식은 ① 포괄적 합의와 단계적 이행, ② 북한의 비핵화와 우리의 상응 조치를 망라한 과감하고 균형적인 포괄적 합의 도출 모색, ③ 북한의 합의 불이행에

도표 13.3 한국 국민의 대중 호감도 추이

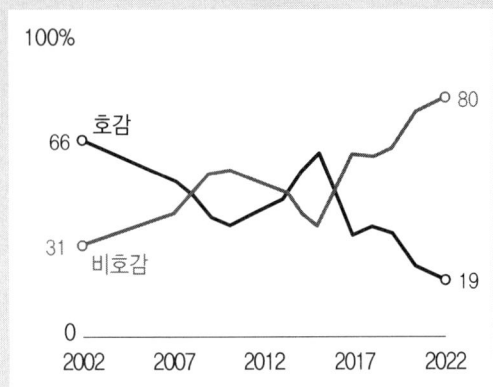

출처: Laura Silver, Christine Huang and Laura Clancy, "Negative Views of China Tied to Critical Views of Its Policies on Human Rights," https://www.pewresearch.org/global/2022/06/29/negative-views-of-china-tied-to-critical-views-of-its-policies-on-human-rights/ (검색일: 2022.12.03).

대한 안전장치를 마련한 단계적 이행 추진이다. 현 한국정부는 기본적으로 문재인정부와 달리 북한에 원칙적 접근을 시도하고 있으며, 외교의 우선순위에서도 북한 이슈가 과거와 달리 최상위에서 밀려나고 있다. 따라서 북한문제와 관련된 한국정부의 대중 의존도는 상당히 약화되고 있다고 볼 수 있다. 특히 한국 국민의 대중 호감도가 급락한 점이 눈에 띈다. 사드 갈등 이후 나타나고 있는 현상으로, 한국 국민의 80%가 중국에 대한 호감도에 부정적 견해를 나타내고 있다는 점은 충격적인 변화라고 볼 수 있다. 이러한 변화는 한국정부가 중국과의 관계를 재정립하는 데에 유리한 조건으로 작용하고 있다. 즉, 한중수교 이후 우리가 지속해서 추구해 왔던 "강력한 한미동맹을 바탕으로 한중관계를 도모"한다는 미중 사이에서의 외교원칙을 본격적으로 실행할 수 있는 상황이 성숙하였다는 것이다.

2) 대중관계 재정립을 통한 새로운 길 모색: '협력 강화'에서 '갈등 완화'로

사드 갈등에서 보듯이 중국에 대한 한국의 높은 의존도는 오히려 한국의 대중외교에 제약요인이 되어 왔다. 한국의 사드배치는 북한의 도발로부터 우리를 지키기 위한 불가피한 방어적 수단임에도 불구하고 중국은 이를 빌미로 한국에 경제적 제재를 시도하였다. 이는 중국이 자국에 대한 한국의 경제적 의존을 한국외교의 약점으로 인식하고 이를 이용하여 중국의 외교·안보적 이익을 도모한 경우라고 볼 수 있다. 또한, 북한의 도발 문제를 해결하고 북한과의 접촉을 시도하기 위해서 한국정부는 중국의 교섭 내지는 중재에 의존하였고, 중국의 협력을 확보하기 위하여 한중 간의 민감한 문제에 직면했을 때 우리의 국익을 확보하기 위한 강력한 외교적 압박을 추진하지 못했던 경우가 많았다. 그 예로 문재인정부 시절 대북관계에 대한 중국의 협조를 확보하기 위하여 저자세 외교를 펼쳤던 것은 북한문제와 관련한 우리의 대중 의존이 가져온 부정적 결과라고 볼 수 있다. 그러나 2022년 한국에서 정권이 교체된 이후 이러한 조건들은 변화하고 있다. 우선 한국의 대중 경제 의존도가 하락하고 있다. 2017년 사드 사태 이후 한국기업의 중국 탈출이 이어지고 있으며, 미중갈등과 우크라이나전쟁 그리고 코로나19 팬데믹 등의 영향으로 중국경제에 대한 한국의 의존도도 점차 낮아지고 있다.

그러나 비록 경제문제와 북한문제에 있어서 한국의 대중 의존도가 낮아지고 있는 것은 사실이지만, 미국 중심의 '전략적 명료성(strategic clarity)'을 추진하는 과정에서 중국의 반발이 예상되는 것은 명약관화(明若觀火)이다. 실제로 중국은 한반도의 사드배치를 이유로 한국에 대한 경제적 제재를 시도한 적이 있었다. 그렇기 때문에 한국정부가 미국으로 경도된 외교를 지속적으로 추진하려고 한다면 중국은 다시금 경제제재 카드를 꺼내 들 가능성이 있다. 특히, 중국이 민감하게 생각하는 대만문제나 중국 인권문제에 있어서 그 가능성은 더 클 것이다. 최근 미중 간 갈등 과정에서 대만문제가 핵심 이슈로 부상하고 있으며, 미국은 대만해협에서 유사 사태가 발생할 경우 주한미군을 활용하거나 더 나아가 한국의 직접적인 참여를 강하게 유도할 가능성도 배제할 수 없다. 글로벌 중추 국가를 추구하고 있는 한국정부에서 자유민주주의 국가들과 보조를 맞추어 대만문제나 중국 인권문제에 동참하는 것은 불가피하다고 볼 수 있다. 그러나 중국으로부터의 반발을 최소화하기 위해 한국정부는 동참의 시기와 수위 조절 등에 대한 철저한 분석을 바탕으로 관련 정책을 추진해야 한다.

지금까지 한국은 중국에 대한 높은 의존 때문에 한미동맹과 한중 동반자 사이에서 '전략적 모호성'이라는 수사를 내세우면서 미중 어느 한쪽에도 치우치지 않으려는 외교적 균형을 추구해왔다. 그러나 한국정부는 한미동맹을 전통적 안보동맹을 넘어 가치동맹, 경제·기술동맹, 나아가 글로벌 전략동맹으로 확대하면서 '전략적 명료성'을 구체화하고 있다. 물론 한국경제의 중국 의존도가 낮아지고 있기는 하지만 중국과 탈동조화(decoupling)하기에는 중국경제에 대한 의존도가 아직 높고 또 북한의 위협을 통제하지 못하는 상황에서 중국과의 외교적 협력도 필요하다는 점에서 미국 중심의 전략적 명료성이 시기상조라는 의견도 있다. 그러나 우리의 대중 의존도 하락에 더하여 대외적으로 미중 전략경쟁의 심화, 중국의 독재체제 구체화, 중국의 코로나19 방역 지속, 중국의 경제상황 악화, 국내의 대중 호감도 악화 등의 상황은 한중관계를 재정립할 기회를 제공해 주고 있다. 과거에는 대중관계에 있어

글상자 13.4

탈동조화

'탈동조화(Decoupling)'란 국가 경제가 특정 국가 혹은 세계 전체의 경기 흐름과 독립적으로 움직이는 현상을 의미한다. 모건스탠리가 처음으로 사용한 용어로, 경기침체에도 불구하고 강한 성장을 지속하는 경우는 하드 디커플링(Hard Decoupling), 경기 둔화의 영향을 받지만, 그 정도가 상대적으로 작은 경우는 소프트 디커플링(Soft Decoupling)으로 구분한다.

주가가 하락하면 환율은 상승하고 주가가 상승하면 환율은 하락하는 것이 일반적인 현상인데, 이와 달리 주가가 하락하는 데도 환율이 상승하지 않고 제자리에 머무르는 현상, 수출이 증가하는 데도 소비는 감소하는 현상, 서구의 증시는 상승하는데 아시아 증시는 전체적으로 하락하는 현상 등도 디커플링 영향에 해당된다.

이와 반대되는 개념으로 한 나라 또는 일정 국가의 경제가 다른 국가나 보편적인 세계 경제 흐름의 영향을 받는 것은 '동조화(coupling)'라 한다.

서 '협력 강화'에 방점을 두었다면 지금은 변화된 대내외적 상황들을 종합적으로 고려하고, 현실적인 한중관계 상황을 직시하여 한중 양국 사이의 갈등 요소를 완화시키는 방향으로 노력의 중심을 전환해야 할 필요가 있다.

5. 대중관계의 현안과 쟁점

중국과 수교를 맺은 지 30여 년 동안 한중 양국 관계는 여러 차례의 부침을 경험해 왔다. 한중 양국은 좋았던 시기도 어려웠던 시기도 모두 경험했고, 이 과정에서 양국은 상호 간의 입장과 목표, 그리고 국가이익 등에 대해서도 한층 더 이해하게 되었다. 최근 몇 년 사이 미중 전략경쟁의 심화와 국제정세의 변화 환경 속에서 한중 양국 관계에도 변화가 나타나고 있고 양국 간 해결해야 할 문제들도 더욱 복잡해졌다. 이 절에서는 한중관계에서 가장 큰 폭발력을 지닌 사드배치를 둘러싼 문제와 미국 주도의 경제·기술·공급망 플랫폼 이슈, 그리고 북한(핵)문제를 둘러싼 '진영화' 추세 강화 현상에 대해 살펴보고자 한다.

1) 사드배치를 둘러싼 문제: 한중관계에 폭발력이 가장 큰 이슈

사드배치 이슈는 2014년 5월 27일 월스트리트 저널이 북한의 미사일 위협에 대응하기 위해 미 국방부가 미사일방어체계(MD)의 한국 배치를 검토하고 있다는 보도와[9] 며칠 뒤인 6월 3일 당시 한미연합사령관 겸 주한미군사령관인 스캐퍼로티(Curtis Scaparrotti)가 한 강연에서 개인적으로 사드 전개를 미국정부에 요청한 바 있고, 초기 검토가 이루어지고 있다고 한 발언으로 인해 세간의 주목을 받기 시작하였다.[10] 이와 관련하여 중국 외교부는 중국의 문 앞에서 긴장국면이 나타나 분쟁이나 전쟁이 발발하는 것을 결코 용납할 수 없고, 한반도에 미국의 미사일방어체계가 배치되는 것은 지역의 안정과 전략균형에 불리할 것이라며 강한 우려를 표명하였다.[11] 당시 한국 정부는 사드와 관련한 어떠한 협의나 결정은 없다고 밝혔고, 한국은 독자적으로 미사일방어체계를 구축할 것이라 언급하면서 사드배치 이슈는 일단락되는 듯 보였다.

그러나 2016년 1월 6일 북한이 4차 핵심험을 감행하면서 사드배치 논의가 다시 시작되었고, 2월에는 한미는 북한의 제4차 핵실험과 장거리 미사일 발사 등 전략적 도발을 계기로 사드배치 여부를 공식적으로 협의하기 시작하였다. 당시 국방부는 사드가 한반도에 배치되면 북한에 대해서만 운용될 것이고, 다층미사일 방어에 기여해 북한의 미사일 위협에 대한 한미동맹의 현존 미사일 방어능력을 강화시킬 수 있을 것이라고 밝혔다.[12] 동년 7월 8일에 한미 군 당국은 북한의 핵·

---

9) Julian E. Barnes, "Washington Considers Missile-Defense System in South Korea," https://www.wsj.com/articles/washington-considers-missile-defense-system-in-south-korea-1401233131 (검색일: 2022.12.22).

10) 박병수, "한미연합사령관 '사드 한국 배치 초기검토'," 『한겨레』, 2014년 6월 3일. https://www.hani.co.kr/arti/politics/defense/640620.html (검색일: 2022.12.22).

11) 人民网, "美国拟在韩国部署导弹防御系统 中方回应," 2014년 5월 29일. http://military.people.com.cn/n/2014/0529/c1011-25078880.html (검색일: 2022.12.22).

12) 대한민국 정책브리핑, "한미, 주한미군 사드 배치 공식 협의 시작," https://www.korea.kr/news/interview

미사일 위협에 대응하기 위해 주한미군에 사드를 배치하기로 한미동맹 차원에서 결정했다고 공식 발표했다.

2016년 북한의 핵 및 미사일 도발에 따른 위협 고조로 당시 한국정부는 사드배치 결정을 내리게 되었고, 사드배치에 대해 줄곧 반대해온 중국은 이를 빌미로 한국에 대한 '한한령' 등을 포함한 직간접적인 보복조치를 단행하였다. 경제적인 측면에서 사드배치로 인한 한국의 경제적인 손실은 막대하였다. 2016년 7월 한국정부가 사드배치를 결정하자 중국은 한국 관광 제한(한국 관광 상품 판매 제한), 한류 콘텐츠 방영 제한(한한령), 중국 홈쇼핑에서 한국제품 편성 축소 및 한국인 모델 출연 제한, 한국산 배터리 장착 차량 보조금 지급 중단, 한국산 화장품 수입 허가 불허, 한국 항공사들의 전세기 운항 신청 불허, 롯데(사드 부지 제공) 중국 법인에 대한 표적 수사, 중국 내 롯데마트 40여 군데 영업정지 등 다양한 보복성 경제 제재 조치를 취하였다.[13] 또한, 한국은행 경제연구원은, 중국의 사드 경제 보복으로 2016년 7월부터 2019년 4월까지 중국 관광객 수는 사드배치 이전 대비 65%가 감소했고 이로 인해 한국의 관광 수입이 21조 원 넘게 줄었다는 연구결과를 내놓기도 하였다.[14] 한국에 대한 중국의 일방적인 경제 보복 조치는 한국인의 대중국 인식을 악화시

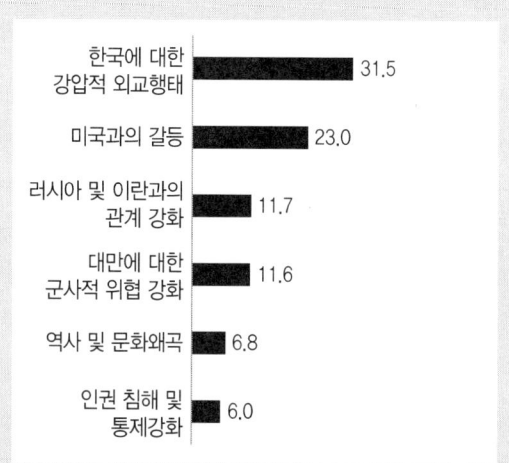

도표 13.4   최근 중국의 동향 중 우려되는 점(%)

- 한국에 대한 강압적 외교행태   31.5
- 미국과의 갈등   23.0
- 러시아 및 이란과의 관계 강화   11.7
- 대만에 대한 군사적 위협 강화   11.6
- 역사 및 문화왜곡   6.8
- 인권 침해 및 통제강화   6.0

출처: 정진우, "국민 70% '中 인상 부정적'…'사드는 정상화, 추가엔 반대' 58% [한·중 수교 30년]," 『중앙일보』, 2022년 8월 21일. https://www.eai.or.kr/new/ko/etc/search_view.asp?intSeq=21437&board=kor_eaiinmedia (검색일: 2022.12.22).

켰을 뿐 아니라 한중 간 갈등을 더욱 증폭시키는 부작용을 초래하였다.

한중수교 30주년을 맞아 중앙일보와 동아시아연구원(EAI)이 공동으로 실시한 심층 대면 면접 조사 결과에 따르면 응답자의 70.3%가 중국에 대해 부정적인 인상을 가지고 있는 반면 중국에 대해 긍정적인 인상을 가진 응답자는 11.8%로 매우 낮게 나타났다.[15] 이와 같은 반중(反中) 정서 배경에는 최근 몇 년간 중국이 보여주고 있는 강압적인 대외정책이 영향을 미치고 있는 것으로 보인다. 최근 중국의 동향 중 우려되는 점을 묻는 질문에서 31.5%의 응답자는 '한국에 대한 강압적 외교행태'를 꼽았다. 특히, '사드 보복

View.do?newsId=148809305 (검색일: 2022.12.22).

13) 장보형, "중국의 사드 보복이 경제 및 산업에 미치는 영향," 『하나금융경영연구소』, 2017년 5월 17일. http://www.hanaif.re.kr/boardDetail.do?hmpeSeqNo=33116 (검색일: 2022.12.22).

14) 조지원, "中, 사드 배치 보복으로 韓 관광 수입 21조 감소," 『서울경제』, 2020년 12월 2일. https://www.sedaily.com/NewsView/1ZBJ0J7EIY (검색일: 2022.12.22).

15) 정진우, "국민 70% '中 인상 부정적'…'사드는 정상화, 추가엔 반대' 58% [한·중 수교 30년]," https://www.eai.or.kr/new/ko/etc/search_view.asp?intSeq=21437&board=kor_eaiinmedia (검색일: 2022.12.22).

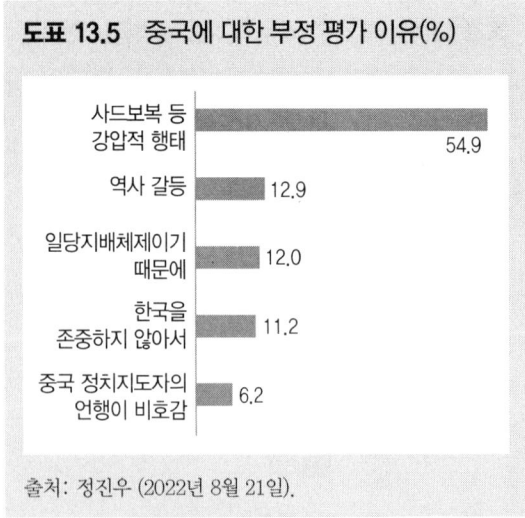

도표 13.5 중국에 대한 부정 평가 이유(%)

- 사드보복 등 강압적 행태: 54.9
- 역사 갈등: 12.9
- 일당지배체제이기 때문에: 12.0
- 한국을 존중하지 않아서: 11.2
- 중국 정치지도자의 언행이 비호감: 6.2

출처: 정진우 (2022년 8월 21일).

등 강압적 행태'(54.9%)가 중국을 부정적으로 평가하는 데 주요한 요인으로 작용하였다. 결국, 사드배치를 둘러싼 한중갈등은 반중정서의 강력한 '기폭제'가 되었다고 볼 수 있다.

2017년 10월 31일 한중정부는 사드 문제를 해결하고 교류협력을 조속히 정상화하자는 합의문을 공식적으로 발표함으로써 사드 갈등을 '봉합'하기로 하였지만, 한중관계의 개선은 완전히 회복되지 않았으며, 오히려 양국 국민 간 문화 논쟁(김치, 한복 등)으로 상대국에 대한 호감도가 낮아지는 등 갈등 양상은 더욱 복잡해졌다.

2022년 8월 9일 중국에서 개최된 한중 외교장관 회담을 계기로 중국은 사드 관련 '3불 1한(三不一限)' 약속을 준수하라며 한국에 대한 외교적 압박을 다시 시작하는 모습을 보였다. 하지만 한국정부는 이에 대해 '3불'은 '약속' 또는 '합의'가 아닌 2017년 당시 한국정부의 입장 표명이었다고 반박하였고, 결국 한중 상호 간 인식의 차이만 확인하게 되었다.

사드 문제는 대만문제나 중국 정치체제 및 이념 관련 문제와 달리 한국이 회피할 수 없는 이슈이며 현 상황에서 한중관계에 부정적 영향을 줄 가능성이 가장 큰 이슈이다. 특히 문재인정부 시기 소위 '3불 합의'를 추진했던 핵심 인사들이 모두 '3불'은 구속력 있는 합의가 아니었다는 명확한 견해를 밝혔음에도 중국이 정부 차원에서 다시 '3불 1한'을 지키라고 한국정부에 압력을 넣는 것은 최근 한국정부가 진행하고 있는 '사드 기지 정상화'와 관련이 있다고 볼 수 있다. 중국은 '3불 1한'을 다시 제기함으로써 사드 기지 정상화에 제동을 걸고, 동시에 한미일의 군사적 협력 및 지역 동맹 구축 가능성을 사전에 방지하려는 현실적인 의도에서 이 문제를 제기한 것으로 보인다. 아울러 중국 매체와 학계 등에서는 중국 시장과 공급망에 대한 한국경제의 높은 의존도를 강조하면서 한국이 '3불 1한'을 유지하지 않는다면 중국이 이를 빌미로 다시 한국에 보복을 가할 수 있다고 위협하고 있다.

사드 이슈는 대만문제, 중국의 이념과 정치체제, 시진핑 3연임이나 주요 정책에 대한 공개적 비판과 함께 중국이 설정한 마지노선을 넘으면 거의 확실하게 보복할 것으로 예측되는 이슈이

글상자 13.5

3불 1한

'3불 1한(三不一限)'이란 '3불(三不)'(① 사드 추가 배치를 하지 않겠다, ② 미국의 미사일 방어체계에 참여하지 않겠다, ③ 한미일 군사동맹을 추진하지 않겠다)과 '1한(一限)'(① 주한미군에 이미 배치된 사드의 운용을 제한하겠다)을 합친 용어이다.

다. 그러나 사드 이슈는 한국의 안보 이익을 중국이 침해하는 이슈로 한국정부는 사드 문제와 관련하여 중국에 좀 더 적극적으로 우리의 입장을 개진하고 북한 핵문제가 해결된다면 우리도 사드를 철수할 것이라는 우리의 의지를 좀 더 강력하게 제기할 필요가 있다.

2) 미국 주도의 경제·기술·공급망 플랫폼에 가입

미중 전략경쟁이 심화되고 코로나19로 인한 자원의 수급이 원활하지 못한 불안정한 상황 속에서 공급망 이슈는 전 세계의 주요 관심주제로 부상하였다. 이런 맥락에서 최근 한중 양국 매체를 통해 매우 빈번하게 접할 수 있는 이슈들은 한국이 인도·태평양 경제프레임워크(IPEF: Indo-Pacific Economic Framework)나 미국이 주도하고 있는 반도체 공급망 협의체인 소위 '칩4(Chip 4, 미국에서는 'Fab 4'라 불림)'에 가입하면 중국이 어떤 대응을 할 것인가에 집중되고 있다.

2022년 5월 23일 미국의 바이든 대통령은 인도·태평양 경제프레임워크(IPEF) 출범을 발표하였는데, 한국은 IPEF 논의 초기 단계부터 공식 출범까지 모든 과정에 주도적으로 참여하였다. 현재 참여국은 총 14개 국가로 한국, 미국, 일본, 호주, 인도, 뉴질랜드, 싱가포르, 태국, 필리핀, 베트남, 인도네시아, 말레이시아, 브루나이, 피지(출범식 이후인 2022년 5월 26일 참여 공식화) 등이 있다. IPEF 참여국은 공동선언문을 통해 IPEF의 목표를 경제의 회복력과 지속가능성, 포용성, 성장, 공정성, 경쟁력 향상으로 설정하고 4개 필러(무역, 공급망, 청정에너지·탈탄소·인프라, 조세·반부패)로 구성되었음을 밝혔다. 시장개방 효과가 불투명한 상황에서 한국의 IPEF 참여는 경제적 혜택 외 전략적 동기에서 비롯된다는 분석도 있다. 즉, 글로벌 전략 경쟁하에서 한미동맹과 다자협력 플랫폼을 활용하여 지정학적 리스크 최소화 차원에서 추진되었다는 분석이다. 중국은 IPEF가 정치적 수단이 되는 것을 경계하고, BRICS 등 신흥시장 및 개도국에 대한 영향력 확대를 모색 중이다.

미국이 주도하고 있는 반도체 공급망 협의체인 '칩4'는 미국, 한국, 일본, 대만으로 구성되며, 미국은 반도체 설계에 필요한 원천기술 분야에서, 한국은 D램과 낸드 플래시 메모리 반도체 분야에서, 대만은 반도체 위탁생산인 파운드리 분야에서, 일본은 반도체 장비와 소재 분야에서 각각 우위를 점하고 있다. 이와 같은 경쟁력을 지닌 국가들이 반도체 공급망 협의체인 '칩4'를 만들게 되면 중국을 견제할 수 있을 뿐 아니라 동시에 안정적인 반도체 공급이 가능할 것이라 보는 것이 미국의 생각이다. 미국은 중국과의 기술 패권 경쟁에서 우위를 선점하기 위해 2022년 8월 「반도체 및 과학법(CHIPS and Science Act)」을 제정하였는데, 이 법안은 반도체 제조업 및 공급망 강화와 첨단기술에 대한 연구개발 확대 등의 내용을 담고 있다. 하지만 이 법안은 미국정부의 혜택을 받는 반도체 기업이 중국에 투자하는데 있어서 제한사항을 명시하고 있기 때문에 한국의 반도체 기업들에게도 영향이 적지 않을 것으로 보인다. 미국정부의 지원금 수혜를 받은 기업은 국가 안보를 위협하는 특정 국가(중국, 러시아 등 우려 국가)에 향후 10년간 반도체 생산 능력을 5% 이상 증설하거나 10만 달러 이상의 거래를 금지하는 '가드레일(안전장치) 조항'이 포함되어 있다. 삼성전자나 SK하이닉스는 중국에 이미 반도체 공장을 보유한 상황에서 미국 투자를 계획하고 있기 때문에 이에 대한 면밀한 수익성 검토와 중국과의 마찰에 대비한 대응전략 등을 모색해야 할 필요가 있다.

중국 매체들은 한국정부가 미국 주도의 경제와 기술 및 공급망 플랫폼에 참여한다면 중국이 어떤 보복을 할 수 있는지를 보도하고, 한국 언론들도 사드 보복이 재현되는 것이 아닌지 우려하는 기사를 쏟아내고 있다. 그런데 흥미로운 점은 한국이 인도·태평양 경제프레임워크(IPEF)에 참여하고 '칩4 동맹' 예비회의에 참석하는 결정을 내리기 전에는 중국도 정부 차원에서 우려를 표명했지만 실제로 한국이 이런 결정을 한 후에는 비판의 초점을 미국에 맞추고 있다는 것이다. 이는 사드 갈등과 관련하여 직접 당사자인 미국에 대해서는 의미 있는 수준의 비판도 하지 않으면서 한국에 대해서만 경제적 보복 조치를 했던 것과는 상당히 다른 대응이라고 할 수 있다.

그 이유는 중국 매체들과는 달리 중국 학계에서는 미국이 주도하고 있는 IPEF나 '칩4'가 성공하지 못할 것이라는 분석이 제기되고 있기 때문이다. 즉 중국으로서는 미국이 IPEF와 '칩4'를 통해 중국에 대한 기술적 봉쇄를 강화하고 세계 경제에 대한 중국의 영향력을 줄이려고 시도하는 것이 부담은 되지만 이러한 시도가 성공할 가능성이 크지 않고 성공하더라도 많은 시간이 걸릴 것이란 점에서 당장 중국에 치명적인 위협은 아니라고 판단하고 있는 것으로 보인다. 따라서 중국은 기본적으로 미국 주도의 경제·기술·공급망 플랫폼에 한국이 참여하는 것 자체에 반대하고 있지만, 만약 한국이 참여하더라도 이를 빌미로 당장 경제적 보복을 하지는 않을 것으로 판단할 수 있다.

3) 북한(핵)문제를 둘러싼 '진영화' 추세 강화

최근 미중 전략경쟁의 장기화와 우크라이나전쟁의 발발로 인해 국제사회의 '진영화(陣營化)' 현상은 보다 명확해지고 있다. 미국·유럽과 중국·러시아를 중심으로 한 진영화 추세는 정치, 군사안보, 경제 등 다양한 영역에서 나타나고 있다.

정치 영역에서는 미국과 유럽 국가들을 중심으로 한 민주주의 진영은 자유와 민주주의 가치를 수호하기 위해 민주주의 국가 간의 연대를 강화하고 있으며, 중국과 러시아를 중심으로 한 권위주의 진영은 기존의 국제질서를 자신들에게 유리한 규범으로 새롭게 쓰기 위해 결집하고 있는 추세이다.

군사안보 영역에서도 진영화 추세가 빠르게 진행되고 있는데, 민주주의 진영에서는 미국을 중심으로 나토(NATO), 쿼드(Quad, 미국·일본·호주·인도가 참여하는 4자 안보대화), 오커스(AUKUS, 호주·영국·미국이 참여하는 3자 안보협의체), 파이브 아이즈(Five Eyes, 미국·영국·캐나다·호주·뉴질랜드 5개국이 참여하는 정보공유협의체) 등의 다자협의체가 강화되고 있으며, 권위주의 진영에서는 중국과 러시아가 주도하는 상하이협력기구(SCO)의 외연 확대를 추진하고 있다.

경제 영역에서는 미국 주도의 IPEF, 포괄적·점진적 환태평양경제동반자협정(CPTPP: Comprehensive and Progressive Agreement for Trans-

Pacific Partnership)과 중국 주도의 BRICS, SCO, 역내포괄적경제동반자협정(RCEP: Regional Comprehensive Economic Partnership)이 대립 구도를 구축하고 있는 형세이다.

북한은 이와 같이 '진영화'되고 있는 국제관계 구도를 십분 활용하여 중국과 러시아의 협력 및 지원을 적극적으로 이끌어내는 한편 자신들의 전략적 가치와 자율성을 증대시켜 나가고 있다. 북한은 중국, 러시아와 개별적으로 양자 관계를 강화함으로써 국제사회로부터의 제재 효과를 무력화시키려 시도하고 있다. 대표적인 사례로 2022년 2월 러시아의 우크라이나 침공에 따른 유엔총회가 3월에 개최되어 러시아에 대한 규탄과 철군을 요구하는 결의안 투표가 진행되었는데 북한은 반대표를 던졌다. 3월, 5월에는 북한이 '화성-17형' 장거리 탄도미사일을 발사함에 따라 UN 안보리에서 대북제재 강화를 제기하였으나 중국과 러시아의 반대로 무산되었다. 북한은 자신들의 전략적 가치와 자율성을 제고시키고 중국, 러시아, 이란 등 권위주의 독재국가들과 연대하여 북한의 각종 도발을 묵인 또는 용인하는 분위기를 조성하고 있다.

미중 간 전략경쟁과 우크라이나전쟁으로 인한 미러 간 갈등이 심화되고 있는 상황에서 북한은 추가적인 핵실험 및 미사일 발사를 단행해도 유엔 안보리 제재를 회피할 수 있다고 판단할 수 있으며, 그러한 판단하에 실제로 북한이 추가적인 핵실험 및 미사일 도발을 감행한다면 이는 결국 남북관계를 더욱 경색시키게 될 것이고, 한반도의 평화와 안정에 매우 부정적인 영향을 초래하게 될 것이다.

2022년 북한은 총 39차례에 걸쳐 미사일 도발을 감행하였다.[16] 북한의 잦은 미사일 도발은 한국에게 매우 치명적인 안보 위협이 되고 있다. 하지만 북한이 이처럼 많은 도발을 감행할 수 있었던 배경에는 중국이 북한에게 책임을 묻거나 제재하지 않을 것이라는 판단과 우크라이나전쟁으로 인해 러시아에 대한 북한의 영향력이 증대되어 러시아도 북한의 도발에 대해 제재를 하지 않을 것이라는 판단이 깔려있다는 분석도 있다.[17]

한편 중국은 북한의 미사일 도발로 인해 중국에게 가해지고 있는 미국과 일본을 위시한 외부 압력을 분산시킬 수 있고, 또한 중국의 핵심 이익인 대만문제에 대한 외부의 관심과 간섭도 북한문제로 전환시킬 수 있다고 판단할 수 있다. 이와 같은 판단은 한중 간 북한문제에 대한 인식의 격차를 더욱 증대시킬 뿐 아니라 한중관계에도 구조적인 모순을 강화하는 결과를 낳게 될 것이다.

6. 대중관계의 전망

한국정부가 대중정책을 추진하는 데 있어서 다양한 요인들이 긍정적 또는 부정적인 작용을 하고 있다. 현 한국정부가 추진하고 있는 '글로벌 중추국가' 건설이라는 목표를 실현하는 과정도 대중

---

16) 1984년 이후 북한에서는 총 183회 미사일 및 핵실험 활동이 식별되었는데 집권 시기별로 김일성 시기 8회, 김정일 시기 28회 김정은 시기 147회(약 80%)로 나타났다. BBC, "북한: 올해 북한 미사일 활동 역대 최다… 내년에도 긴장 이어질까?," 2022년 12월 21일. https://www.bbc.com/korean/news-64049399 (검색일: 2022.12.22).

17) YTN, "올해 가장 많은 미사일 쏜 북한…'이유는 중국의 무관심'," 2022년 12월 4일. https://www.ytn.co.kr/_ln/0104_202212041210449343 (검색일: 2022. 12.22).

관계 변화에 다양한 요인으로 작용하고 있다. 이 외에도 국내적으로도 대중관계 변화에 영향을 주는 요인들이 존재하고 있다. 이 절에서는 이러한 요인들을 중심으로 향후 대중관계의 미래를 전망해보고자 한다.

1) 대중관계 변화의 촉진요인과 장애요인

2023년 현재 한국정부가 추진하고 있는 '글로벌 중추 국가' 건설이란 가치와 규범을 중심으로 한 연대를 통해 국제사회에서 한국의 지위와 역할을 강화하겠다는 의미이다. 이를 성공적으로 실천하기 위해서는 자유·민주주의·인권·법치의 가치를 공유하는 서방 국가들과의 연대를 강화하는 방향으로 외교적 활동을 추진하는 것이 중요하다. 글로벌 중추 국가를 만드는 데 있어서 한미동맹 강화와 한미일 3국의 안보협력 강화는 핵심이라 할 수 있다. 이를 반영하여 윤석열 대통령은 한미 간 정상회담에서 '자유민주주의와 인권' 등 보편적 가치에 대한 국정철학과 이를 수호 및 증진해야 한다는 인식을 공유함은 물론 '가치외교'를 추진하는 데 있어서 미국과 적극적으로 협력하겠다는 뜻을 전달하였다. 또한, 한국정부는 나토(NATO) 정상회담 참석을 계기로 미국의 바이든 대통령, 일본의 기시다(岸田文雄) 총리와 만나 한미일 3국 협력의 원칙과 목표를 공식화하였으며, 북한의 군사도발에 대한 우려와 점증하는 위협에 대응하여 3국이 협력할 것을 합의하였다. 이는 결국 한국정부의 외교전략이 이전 정부의 '전략적 모호성'으로부터 '전략적 명료성'으로 전환되고 있다는 의미로 해석할 수 있으며, 또한

갈등이 점차 고조되고 있는 미중 사이에서 어느 한쪽으로도 기울지 않으면서 중간선을 추구하려 했던 문재인정부와 달리 현 한국정부는 미국과의 포괄적 전략동맹을 확실히 강화해 나가면서 동시에 한일관계 회복을 바탕으로 한미일 3국 협력을 도모하겠다고 밝힌 것이라 할 수 있다.[18] 하지만 이러한 외교전략의 전환은 한중관계의 새로운 우려사항으로 부각될 수 있다는 평가도 있다. 그럼에도 불구하고 전략적 명료성으로 외교전략을 전환하려고 하는 이유는 바로 한국의 핵심 국가이익을 보장하기 위해서이다. 즉 과거처럼 전략적 모호성을 유지함으로써 얻을 수 있는 국가이익보다 전략적 명료성을 통해 확보할 수 있는 국가이익이 크다는 판단에 근거한 것이다.

한국정부는 한중관계에 있어서 '상호존중의 원칙'을 강조함과 동시에 한중 간 전략적 소통의 유지 및 강화를 통해 안정적인 관계 발전을 추구하고자 한다. 또한, 새로운 환경에 맞춰 한중관계를 재정립하고자 시도할 것이다. 물론 한국정부가 한미동맹 강화에 외교적 우선순위를 둔다고 해서 한중관계를 소홀히 하거나 반중 노선의 대외정책을 선택할 가능성은 매우 낮다. 이는 한국에 대한 중국의 정치적·경제적 영향력이 과거에 비해 줄어들고 있는 추세이지만, 한국사회에서 중국을 대체할 만한 대안이 없기 때문에 중국을 등한시하는 대중정책을 추진할 가능성은 희박하다. 따라서 한국정부는 미국과의 관계 강화를 추진해가면서도 중국과의 새로운 관계 설정을 도모함으로써 미중 양국과 모두 원만한 관계를 유지하려고

---

[18] 한석희, "윤석열 정부의 對中정책: 글로벌 중추 국가 비전과 한중관계의 재정립," KDI, 『KDI 북한경제리뷰』 제24권 제10호(세종: KDI, 2022. 10), pp. 37-38.

노력할 것이고, 그렇게 해야 한국정부의 외교적 선택의 공간을 확보할 수 있을 뿐 아니라 더 나아가 그 공간을 더욱 확장해 나갈 수 있을 것이다.

앞서 다룬 대중정책의 현안과 관련해서 한중 간 논쟁은 여전히 존재하고 있지만 중국이 다시금 한국에 대한 일방적 제재를 실행할 정도로 한중관계를 악화시킬 가능성은 높지 않아 보인다. 하지만 한중 간에는 이외에도 양국 관계 발전에 장애가 될 수 있는 요인이 있는데, 우선 최근에 전 세계적으로 크게 이슈가 되고 있는 대만문제, 그리고 신장 위구르족 등 소수민족에 대한 중국의 인권 탄압문제 등을 꼽을 수 있다. 특히 최근에는 미중갈등 과정에서 대만문제가 핵심 이슈로 두드러지고 있으며, 미국은 대만해협에서 유사사태가 발생할 경우 주한미군의 참전 더 나아가 한국군의 파견을 강하게 유도할 가능성도 있다. 글로벌 중추 국가를 추구하는 한국정부는 자유민주주의 국가들과 보조를 맞추어 대만문제나 중국의 인권문제에 동참하는 것은 불가피하다고 볼 수 있지만, 동참의 시기와 수위 조절을 통하여 중국의 반발을 최소화하는 방향으로 대중정책을 추진해야 할 것이다. '안보는 미국, 경제는 중국'이라는 '안미경중(安美經中)'은 더 이상 현 상황에서는 부합하지 않다. 향후 한국은 대중관계에 있어서 사안별로 한국의 국가이익에 근거한 전략적 선택을 해야만 한다. 대중관계에서 쟁점이 될 수 있는 여러 가지 현안들을 처리함에 있어서도 무엇보다 한국의 국가이익을 고려한 섬세한 외교적 대응조치를 추구해야 할 것이다.

2) 대중관계 변화의 내적 변수와 외부 영향

2022년 한국에서의 새로운 정권이 등장한 이후 한국 대외관계의 핵심적 주제는 '한미동맹 강화'라고 평가할 수 있다. 2022년 5월 개최한 한미정상회담에서는 한국이 인도·태평양 경제프레임워크(IPEF)에 참여하는 문제를 논의하고, 6월 나토 정상회의에서는 자유와 민주주의, 인권 및 법치를 공유하는 서구·유럽 국가들과 가치와 규범을 연대하면서 국제사회에서 한국의 역할을 확대할 것을 선언하였다. 아울러 8월에는 미국으로부터 미국, 한국, 대만, 일본 등으로 구성된 반도체 공급망 협의체인 '칩4 동맹'에의 참여를 요청받고 예비회의 참여를 결정하였다. 현재 한국정부가 한미동맹 강화에 정책적 우선순위를 두는 이유는 한국의 미래 안보 이익과 발전 이익을 도모하기 위한 것이라 볼 수 있다. 한미동맹을 핵심으로 한 한미관계는 과거 70년 동안 동맹관계가 유지되어 왔던 것처럼 앞으로도 한국의 안보에 중추적 역할을 할 것으로 예상된다. 특히, 미중 간 전략경쟁이 제 영역에서 심화되고 있는 현 국제적 환경에서 미국과의 경제동맹 및 기술동맹은 향후 한국의 발전 이익에 핵심적인 역할을 할 것으로 기대된다.

그러나 한편에서는 현 윤석열정부의 친미적인 성향이 한중관계에 부정적인 영향을 미칠 것이라고 우려하고 있으며, 국내외 일부 매체에서도 '친미 외교'라고 평가절하하고 있다. 또한, 일부 전문가들은 한국정부의 외교 및 안보 관련 행보가 결국 중국의 반발과 한국을 겨냥한 중국의 경제적 보복으로 이어질 것이라 주장하기도 한다. 그러나 한국정부가 한미동맹 강화에 외교적 우선순위를 둔다고 해서 한중관계를 등한시하거나 반중 정책을 추진할 가능성은 희박하다. 한국에 대한 중국의 정치적·경제적 영향력이 과거와 비교해 줄어들고 있다고는 하지만, 아직 한국 사회에서 중국을 대체할 만한 대안이 없기 때문이다. 따라서 미국과의 관계 강화를 추진해가면서도 중국과의 새로운 관계 설정을 도모함으로써 미중 양국과 모두 원만한 관계를 이루어가야만 하는 것이 한국정부가 처한 외교적·안보적 현실이다.

중국정부가 새 정부에 보여준 태도를 보면 중국도 한국정부와의 관계를 원만하게 유지하려고 노력하는 것으로 판단된다. 그 예로 시진핑 주석의 측근인 왕치산(王岐山) 부주석을 윤석열 대통령의 취임식에 파견하였고, 리잔수(栗戰書) 중국 전국인민대표대회 상무위원회 위원장이 한국을 방문하였으며, 또한 한국정부가 미국의 동맹 강화 행보에 호응하거나 IPEF, 칩4와 같은 미국 중심의 다자주의적 동맹 규합에 참여하는 것에 대해서도 정부 차원의 직접적인 비판이나 경고보다는 상황을 예의주시하는 모습을 보여 왔다. 이는 현재 중국의 국내 상황을 보면 그 이유를 이해할 수 있다. 현재 중국경제는 미중갈등, 우크라이나전쟁이 초래한 글로벌 인플레이션 상황, 그리고 제로 코로나 정책 유지 등으로 인해 상당히 위축된 상황이며 이러한 경제 하강 국면에서 중국은 한국과 새로운 갈등을 일으키기보다는 원만한 관계를 유지하려 할 가능성이 높다. 또한, 중국은 한국정부의 행보에 불만이 있더라도 과거 사드 갈등 때와 같이 무차별적 경제 보복을 실행하기 어려운 상황이다. 우선 앞에서 언급한 대로 중국경제가 하강 국면에 있으므로 중국정부는 불필요한 갈등을 만들어 중국경제에 부담을 증가시킬 필요가 없다. 둘째, 사드 갈등으로 인한 한국에 대한 경제 보복이 실패했듯이 최근 호주에 대한 중국의 경제 보복도 오히려 중국의 경제 및 외교에 부담이 되는 결과로 나타났기 때문에 한국에 대한 또 다른 경제제재를 취하는 것은 결국 또 다른 부담을 가중시키는 형국이 될 것이다. 셋째, 한국 국내에서 광범위하게 퍼지고 있는 '반중정서'이다. 물론 반중정서의 확산이 한국에만 국한된 것은 아니지만, 국제사회에서 점차 고립되어 가고 있는 중국으로서는 한국마저 잃게 되면 외교적 고립이 심화하기 때문에 한국과의 원만한 관계를 유지하려 할 것이다. 이러한 배경을 종합적으로 판단해 보면 중국정부는 중국이 설정하고 있는 '레드라인'만 한국정부가 넘지 않는다면 한국과 갈등적 관계로 가지 않을 것으로 보인다. 중국은 핵심 이익이라는 용어로 자국이 반드시 사수해야 할 사안들을 규정해 놓고 있다. 그러나 각 사안에 대한 중국정부의 수호 의지가 상이하므로 각 사안에 대한 한국정부의 대응전략을 점검해 보는 것이 필요하다.

3) 대중관계의 미래

대중관계의 미래에 대해 전망해보고자 한다면 2022년 11월 인도네시아 발리에서 열린 G20 정상회의를 계기로 개최된 한중정상회담을 살펴볼 필요가 있다. 이는 정상회담 시간은 비록 짧았지만 향후 한중관계를 전망하는 데 상당히 큰 의미를 제공하고 있기 때문이다.[19]

---

19) 이 부분 내용은 한석희, "한중관계 비결은 '느긋한 관리'," 『문화일보』, 2022년 12월 1일. http://www.munhwa.

첫째, 윤석열 대통령과 시진핑 주석 모두 한중 양국의 긴밀한 소통과 협력을 중시하고 있지만 추구하는 목표에서 상이함을 보였다. 윤석열 대통령은 중국과의 긴밀한 소통을 통해 보편적 가치와 규범에 기반한 동아시아와 국제사회의 자유·평화·번영 추구를 강조한 반면, 시진핑 주석은 한중관계를 유지·발전시키면서 다자간 플랫폼에서의 소통과 협조를 강화하며 진정한 다자주의를 함께 만들어 가자는 데 방점을 뒀다. 다시 말해, 윤석열 대통령은 한미동맹을 비롯한 국제사회와 연대를 통한 국가 발전을 강조한 반면, 시진핑 주석은 다자주의 강조를 통해 미국이 주도하는 국제질서 및 대중 견제를 명확히 비판함으로써 미중갈등 속에서 한국이 한중관계보다 한미동맹을 우선해 강화하는 것을 우회적으로 비판했다는 것이다.

둘째, 북한 이슈에 대해서도 양국 정상은 확연히 다른 태도를 보였다. 윤석열 대통령은 북한의 빈번한 도발과 핵 위협 등에 대해 유엔 안보리 상임이사국이자 인접국으로서 중국의 적극적·건설적인 역할을 요구했다. 하지만 시진핑 주석은 한국이 남북관계를 적극적으로 개선해 나가기를 희망한다면서, 한국정부의 '담대한 구상'에 북한이 호응해 온다면 그 구상이 잘 이행되도록 적극적으로 지지하고 협력하겠다고 언급했다. 시진핑 주석의 이러한 언급은 2018~2019년 트럼프-김정은 정상회담 과정에서 미북으로부터 배제됐던 중국이 앞으로 다시는 '차이나 패싱'을 겪지 않겠다는 의지를 반영한 것이다. 중국은 최근 북한의 계속된 미사일 발사 및 7차 핵실험이 임박한 상황에서도 북한의 도발을 자제시키려는 실질적 노력을 하거나 안보리의 대북 추가 제재에 동참하기보다는 북핵문제에 대한 미국 책임론을 강조하거나 북한의 입장도 이해해야 한다고 주장한다. 이는 결국 핵 위협을 포함한 전반적인 북한 문제에 있어서 한중협력이 쉽지 않을 것을 시사한다.

셋째, 시진핑 주석은 이 회담에서 윤석열 대통령에게 코로나 상황이 어느 정도 안정되면 윤석열 대통령의 방한 초청에 기쁘게 응할 것이라면서, 상호 편리한 시기에 윤석열 대통령이 중국을 방문해 주기를 희망한다고 요청했다. 시진핑 주석의 방한은 지난 문재인정부가 중국에 계속해서 요청했던 사안이다. 한국정부도 올해 한중수교 30주년을 기념해 시진핑 주석의 방한을 중국에 요청했었다. 그러나 시진핑 주석이 코로나19 팬데믹을 이유로 방한 요청에 선을 그은 것은 윤석열정부 임기 내에도 시진핑 주석의 방한이 성사되기 어려울 수 있음을 시사한다. 시진핑 주석으로서는 사드 철수와 같은 상징적인 방한성과가 보장되지 않는 한 한국 방문을 결정하기가 쉽지 않을 것이다. 그렇다고 전임 대통령이 이미 중국을 2번이나 방문한 상황에서 시진핑 주석의 답방 없이 윤석열 대통령이 중국을 방문하는 것은 외교 관례상 이치에 맞지 않다. 따라서 최악의 경우, 한중정상의 상호방문 없이 윤석열 대통령의 임기가 끝날 가능성도 배제할 수 없다.

한국정부가 추진하고 있는 글로벌 중추 국가 건설이라는 외교비전의 성공여부는 중국과의 관계를 어떻게 관리해 나가느냐에 달려 있다고 해도 과언이 아니다. 하지만 한중정상회담 결과를 통해 본 한중관계는 결코 녹록해 보이지 않는다. 그렇다 하더라도 앞에서 살펴본 바와 같이 미국 주도의 경제·기술·공급망 플랫폼 가입 이슈나 사

---

com/news/view.html?no=2022120101033011000002 (검색일: 2022.12.03)을 수정하였음.

드배치를 둘러싼 이슈 등은 중국이 한국에 대한 제재를 실행할 정도의 관계 악화로 발전할 가능성은 크지 않다. 특히, 사드문제는 최근까지도 중국이 제재를 실행할 수 있는 가장 민감한 이슈로 구분되었지만, 북한의 연이은 도발로 한미일의 군사적 대응이 강화되고 또 북한의 핵 및 미사일 능력의 발전에 대한 대응으로 전술핵 도입 등 과감한 대책들이 논의되는 과정에서 오히려 중국의 제재 가능성이 약해지는 모습을 보이고 있다. 물론 중국이 가장 민감하게 생각하고 있는 핵심이익인 대만문제나 중국의 인권문제 등에서는 중국으로부터 상당한 도전을 받을 가능성이 크다. 또한, 중국공산당 20차 당 대회에서 시진핑 주석의 3연임이 통과되어 '전랑외교' 중심의 대외정책 추진이 예상되는 가운데 중국은 미중관계를 중심으로 한중관계에 접근하고자 할 것이며, 한미동맹에도 불구하고 한국을 중국의 영향력하에 두려는 시도를 지속할 것으로 전망된다.

7. 결론

한국과 중국이 수교한 지 어느덧 30년이라는 시간이 흘렀고, 이 30년의 기간 동안 한중 양국은 수많은 우여곡절을 겪으며 관계를 유지·발전시켜왔다. 한중수교 초기 서로 다른 정치체제임에도 불구하고 경제협력을 중심으로 양국 관계는 매우 빠르게 발전하였다. 양국은 1992년 수교 시의 '우호협력관계'를 1998년에는 '21세기를 향한 협력동반자관계'로, 2003년과 2008년에는 각각 '전면적 협력동반자관계'와 '전략적 협력동반자관계'로 격상시켰으며, 그에 따라 협력의 범위

글상자 13.6

전랑외교(戰狼外交)

'전랑외교(戰狼外交)'란 중국의 애국주의 영화 〈전랑(戰狼, Wolf Warrior)〉에서 유래된 용어로 최근 몇 년간 중국의 공격적인 외교행태를 빗대어 '전랑외교(戰狼外交, Wolf Warrior Diplomacy)'라 부르고 있다.

코로나19 초기 대응 실패로 인한 중국공산당 통치에 대한 중국 국민들의 불신과 불만이 확대됨에 따른 국내 정치적 위기의식 고조와 더불어 코로나19에 대한 중국책임론과 반중정서의 국제적인 확산에 대응하기 위한 돌파구로 중국정부는 중국 내 애국주의, 민족주의 정서에 기반한 '전랑외교'를 추진하고 있다.

중국정부는 전랑외교를 통해 대내적으로는 애국주의와 민족주의를 고취시킴으로써 중국공산당에 대한 지지를 확보하고, 이를 통해 중국정부가 직면하고 있는 정치안보적 위협을 해소하고자 하고 있다. 대외적으로 전랑외교를 통해 코로나19에 대한 중국책임론 회피, 중국체제의 우월성 과시와 반중정서 약화, 책임 있는 대국으로서의 국제적 이미지 구축 등을 모색하고 있다. 특히, 중국의 경제력과 외교력을 동원하여 미국 중심의 반중연대 고리를 약화시키고자 하는 일종의 외교전략이기도 하다.

도 수교 초기의 경제협력 중심에서 사회·문화 분야는 물론 군사와 안보 영역까지 다양한 영역으로 확대하였다. 이처럼 양국 관계가 꾸준히 발전하여 왔지만 외교안보적 현안을 둘러싼 갈등이 노정되면서 최근 몇 년간 양국 관계의 실질적인 진전은 미흡하였다. 특히, 2010년에 발생한 천안함·연평도 사건과 2016년부터 지속되고 있는 사드배치를 둘러싼 이슈로 인해 양국 간의 갈등이 증폭되었다.

사드 갈등 시기에 중국이 강행한 한국에 대한 경제적 보복 조치는 한국 사회에 커다란 트라우마를 남겼다. 중국의 '한한령'은 직접적인 보복 대상이 된 기업 및 산업에 상당한 경제적 타격을 초래했을 뿐 아니라 한중관계 전반에도 커다란 상처를 남겼다. 그러나 이보다 더 큰 문제는 미중 전략 경쟁이 본격화되면서 한국이 전략적 모호성을 유지할 수 있는 공간이 축소되고 전략적 선택을 해야 할 사안이 늘어나고 있다는 점이다. 게다가 중국의 경제적 보복 가능성에 대한 우려 때문에 한국이 제때 필요한 전략적 선택을 하지 못할 수 있다는 문제점도 대두되고 있다. 이에 대응하는 한국 대중정책의 핵심 과제는 한국의 안보 이익과 발전 이익을 보장하기 위한 전략적 선택을 하되 중국의 경제 보복을 사전에 방지 또는 최소화해야 한다는 점이다. 한국이 IPEF 가입을 선언한 후 중국정부가 보인 공식 반응, 한국의 미국 주도 경제·기술·공급망 다자간 플랫폼 가입에 대한 중국 학계의 반응 및 현재 중국의 정치·경제 상황과 대외환경을 종합적으로 고려할 때 한국에게 전략적 선택을 할 기회의 창은 생각보다 더 크게 열려 있다고 판단된다.

사드 문제는 최근까지도 중국이 제재를 실행할 수 있는 가장 민감한 이슈로 구분되었지만, 북한의 연이은 도발로 한미일의 군사적 대응이 강화되고 또 북한의 핵능력 발전에 대한 대응으로 전술핵 도입 등 과감한 대책들이 논의되는 과정에서 오히려 중국의 제재 가능성이 약해지는 모습을 보이고 있다. 그러나 대만문제나 중국 인권문제는 중국으로부터 상당한 도전을 받을 가능성이 크다. 특히 최근 미중갈등 과정에서 대만문제가 핵심 이슈로 두드러지고 있으며, 미국은 대만해협에서 유사 사태가 일어나는 경우 주한미군의 참전이나 더 나아가 한국군의 파견을 강하게 유도할 가능성도 높다. 글로벌 중추 국가를 추구하고 있는 현 정부에서 자유민주주의 국가들과 보조를 맞추어 대만문제나 중국 인권문제에 동참하는 것은 불가피하다고 볼 수 있다. 그러나 동참의 시기와 수위 조절을 통하여 중국으로부터의 반발을 최소화하면서 동참하는 것이 한국정부의 한중관계 재정립의 올바른 방향이라고 볼 수 있다. 또한, 한국의 대중국 정책을 수립하고 집행하는 데 있어 아래의 세 가지 원칙을 지키는 것은 매우 중요하다.

첫째, 중국이 설정하고 있는 레드라인을 명확히 이해하고 중국으로부터의 불필요한 제재 내지는 압박을 받지 않도록 슬기로운 정책적 판단을 해야 한다. 이를 위해 한중 간 소통 채널을 다층화하고 각각의 소통 채널이 제 역할을 다 할 수 있도록 철저하게 점검해야 한다. 과거 양국 간 갈등 국면에서 소통 채널이 제대로 작동하지 못한 사례가 재발하지 않도록 주의해야 한다. 둘째, 한국의 전략적 선택은 미국의 대중국 봉쇄에 참여하기 위한 것이 아닌 한국의 안보 및 발전 이익 추구를 목적으로 한다는 점을 중국에 명확히 설명해야 한다. 정부의 전략적 선택이 한국의 안보와 발전 이익에 부합하는 것이라면 중국이 보복 위협을 하더라도 그 선택을 밀고 나가야 한다. 이러한 태도는 설령 중국이 실제로 경제 보복을 단행하더라도 흔들리지 말고 지속되어야 한다. 최근 우리 사회에서 나타나고 있는 반중정서의 확산은 한국정부가 더 독립적인 대중정책을 결정할 수 있는 우호적인 조건을 제공하고 있다. 셋째, 중국의 반발 내지는 보복을 방지하는 효과적인 방법은 전략적 선택의 시기와 논리를 적합하게 설정하는 것이다. 같은 전략적 선택을 하더라도 중국이 처한 상황을 잘 고려하고 시기를 잘 선택해 추진하며, 중국이 이해할 수 있는 논리로 설득한다면 기대 이상의 효과를 볼 수도 있다. 한국이 안보 및 발전 이익을 추구하기 위해서 추구하는 전략적 선택을 중국이 무조건 반대하거나 포기를 협박할 수는 없다. 따라서 중국이 처한 상황을 자세히 관찰·분석하고 적합한 논리와 시기를 선택하여 효과적으로 중국의 공감을 얻는 데 주력한다면 새로운 한중관계가 원만하게 설정될 수 있을 것이다.

토의주제

1. 지난 30년간의 한중관계에서 가장 기억에 남는 이슈와 그 이유는?
2. 향후 한중관계에서 발전 가능성이 가장 높은(혹은 낮은) 영역은? 그 이유는 무엇인가?
3. 대만문제는 한중관계에 어떠한 영향을 미칠 수 있는가?
4. 한국정부는 '전략적 모호성'을 유지해야 하는가? '전략적 명료성'으로 전환해야 하는가?
5. 미중 전략경쟁이 심화되고 있는 상황하에서 한중관계 발전 방안은 무엇이 있는가?
6. 북한 비핵화와 관련하여 한중간 협력가능 분야 또는 방안은 무엇이 있는가?
7. 인권문제에 있어서 한중간 협력의 공간은 존재하는가?
8. 한미일-북중러 사이의 진영화 추세는 언제까지 유지될 수 있을까?

참고문헌

1. 한글문헌

신종호. "한중관계 30년 평가와 한국 신정부의 대중국 정책 전망." 세종연구소. 『국가전략』 제28권 제2호 (2022년 여름호).

외교부 동북아시아국. 『중국개황 2020』. 서울: 외교부, 2021. 1.

한석희. "노태우 정부부터 문재인 정부까지, 7人7色 대중정책." 21세기 평화연구소 편. 『한중수교 30년』. 서울: 화정평화재단, 2022.

_____. "윤석열 정부의 對中정책: 글로벌 중추 국가 비전과 한중관계의 재정립." 『KDI 북한경제리뷰』 제24권 제10호 (2022. 10)

현상백·양평섭·정지현·문지영. "한·중 수교 30주년: 경제협력 성과 및 과제." 『KIEP 오늘의 세계경제』 제22권 제13호 (2022. 8. 24).

2. 영어문헌

Silver, Laura, Christine Huang and Laura Clancy. "Negative Views of China Tied to Critical Views of Its Policies on Human Rights." https://www.pewresearch.org/global/2022/06/29/negative-views-of-china-tied-to-critical-views-of-its-policies-on-human-rights/ (검색일: 2022.12.03).

William Watts. *Next Generation Leaders in the Republic of Korea: Opinion Survey Report and Analysis*. Washington, D.C.: Potomac Associates, April 2002. quoted in Jae Ho Chung. "America's Views of China-South Korea Relations: Public Opinions and Elite Perceptions." *The Korean Journal of Defense Analysis* Vol. XVII, No. 1(Spring 2005).

3. 언론사 자료

BBC. "북한: 올해 북한 미사일 활동 역대 최다… 내년에도 긴장 이어질까?." 2022년 12월 21일. https://www.bbc.com/korean/news-64049399 (검색일: 2022.12.22).

YTN. "올해 가장 많은 미사일 쏜 북한…'이유는 중국의 무관심'." 2022년 12월 4일. https://www.ytn.co.kr/_ln/0104_202212041210449343 (검색일: 2022.12.22).

나선미·부형권·김승련. "[여론조사/對중국인식]"경제 측면 中 중시해야" 62%." 『동아일보』. 2004년 5월 3일. https://www.donga.com/news/article/all/20040503/8057757/1?comm (검색일: 2022.12.03).

대한민국 정책브리핑. "한미, 주한미군 사드 배치 공식 협의 시작." https://www.korea.kr/news/interviewView.do?newsId=148809305 (검색일: 2022.12.22).

박병수. "한미연합사령관 '사드 한국 배치 초기검토'." 『한겨레』, 2014년 6월 3일. https://www.hani.co.kr/arti/politics/defense/640620.html (검색일: 2022.12.22).

박상돈. "한중수교 30년간 韓 수출규모 9배 증가…對中 수출은 162배↑." 『연합뉴스』. 2022년 8월 23일. https://www.yna.co.kr/view/AKR20220822139700003 (검색일: 2022.12.03).

장보형. "중국의 사드 보복이 경제 및 산업에 미치는 영향." 『하나금융경영연구소』. 2017년 5월 17일. http://www.hanaif.re.kr/boardDetail.do?hmpeSeqNo=33116 (검색일: 2022.12.22).

정진우. "국민 70% '中 인상 부정적'…'사드는 정상화, 추가엔 반대' 58% [한·중 수교 30년]." 『중앙일보』. 2022년 8월 21일. https://www.eai.or.kr/new/ko/etc/search_view.asp?intSeq=21437&board=kor_eaiinmedia (검색일: 2022.12.22).

조지원. "中, 사드 배치 보복으로 韓 관광 수입 21조 감소." 『서울경제』. 2020년 12월 2일. https://www.sedaily.com/NewsView/1ZBJ0J7EIY (검색일: 2022.12.22).

주중국 대한민국 대사관. "중국인 방한 현황." https://overseas.mofa.go.kr/cn-ko/wpge/m_1228/contents.do (검색일: 2023.03.01).

한석희. "한중관계 비결은 '느긋한 관리'." 『문화일보』. 2022년 12월 1일. http://www.munhwa.com/news/view.html?no=20221201010330110000002 (검색일: 2022.12.03).

Julian E. Barnes. "Washington Considers Missile-Defense System in South Korea." https://www.wsj.com/articles/washington-considers-missile-defense-system-in-south-korea-1401233131 (검색일: 2022.12.22).

人民網. "美国拟在韩国部署导弹防御系统 中方回应." 2014년 5월 29일. http://military.people.com.cn/n/2014/0529/c1011-25078880.html (검색일: 2022.12.22).

14장 대일본관계

1. 서론　　　　　　　　408
2. 한일관계의 전개　　　409
3. 대일관계의 국내외적
　 환경　　　　　　　　415
4. 대일관계의 목표와
　 추진 방향　　　　　　419
5. 대일관계의 현안과
　 쟁점　　　　　　　　423
6. 대일관계의 전망　　　427
7. 결론　　　　　　　　433

조양현(국립외교원)

1. 서론

'가깝고도 먼 나라'라는 말에서 알 수 있듯이 해방 이후 한일관계는 협력과 갈등이 혼재된 복합적인 관계였다. 1965년에 국교를 정상화한 이래 일본은 우리에게 '청산의 대상'인 동시에 국익 극대화를 위해 손을 잡아야 할 '협력의 상대'였다.[1] 그런데 1980년대 이후 국력과 체제 가치관의 접근, 교류 기회의 증대에 힘입어 상호 이해의 조건이 갖추어졌지만, 양국 간에 협력보다 갈등의 요소가 증가하였다.[2] 2012년 이후 다자회의에 참가한 경우를 제외하면 한일 간에는 최고 지도자에 의한 상대국 방문이 자취를 감추었다. 2022년에 새 정부의 출범을 계기로 한일관계가 상당 부분 개선되었지만, 대일외교는 여전히 한국외교정책의 최대 난제로 남아 있다.

한일관계에서 협력보다 갈등의 요소가 커진 배경에는 안보 위협과 역사 인식을 둘러싼 '이중의 갈등구조'가 있다. 1980년대까지 일본은 한국이 북한과의 체제경쟁에서 살아남고 경제를 발전시키기 위해서 없어서는 안 될 '준동맹국'이었다. 양국 정부는 안보와 경제 분야의 협력을 우선하여 과거사 문제를 일정한 수준에서 '관리'하고 있었다. 그런데 세계적인 냉전체제의 해체를 배경으로 한일 간의 연대감이 이

---

[1] 김영작, "일본(인)은 우리에게 무엇인가: 과거, 현재 그리고 미래," 김영작·이원덕 편, 『일본은 한국에게 무엇인가』 (서울: 한울아카데미, 2006), p. 34.
[2] 기미야 타다시 지음, 이원덕 옮김, 『한일관계사』 (서울: 에이케이커뮤니케이션즈, 2022), p. 8.

완되고 과거사 문제가 한국의 대일외교 핵심 현안으로 떠오르면서 양국 관계의 불안정성이 커졌다. 2010년대 들어서는 구 일본군 위안부와 강제동원(징용) 문제를 둘러싸고 과거사 처리에 대한 양국의 시각이 선명하게 대립하면서 갈등이 상시화하고 있다.

역사 갈등에 비해 두드러지지 않지만, 양국의 위협 인식의 차이 역시 한일관계의 잠재적 갈등 요인이다. 동아시아의 파워·밸런스의 변화라는 국제환경적 요인이 한일관계의 부침(浮沈)에 영향을 미쳤다. 중국의 부상과 북한문제에 대한 위협 인식과 대응에 있어서 한일 간에 온도 차이가 있다. 탈냉전 이후 북한과 중국을 보는 한국과 일본의 시각은 극적으로 역전되었고, 이는 미국과의 동맹관계의 설정에서도 상이한 대응으로 귀결되었다.

2010년대 들어, 한일 간의 과거사 갈등은 국내정치와 국제환경으로부터 압력에 동시에 노출되어, 다차원의 복합 이슈로서의 성격이 강해지고 있다. 한편에서는 한국 사회의 민주화와 일본 정계의 보수회귀는 한일관계에서 역사 갈등이 상시화하는 결과를 초래했다. 양국의 국내정치 변화는 한일관계에서 외교 당국의 역할을 제약하고, 정경분리원칙을 침식시켰다. 다른 한편에서는 미중 간의 전략경쟁 심화를 배경으로 한일 간의 과거사 갈등은 미중일 간의 전략 게임과 연동되는 성격이 강해졌다.

이 장에서는 이러한 문제의식하에 한일관계의 갈등구조에 대한 역사적 분석을 통해 한국의 대일외교에의 함의를 제시하는 것을 목적으로 한다. 이를 위해 먼저 한일관계의 전개를 냉전기와 탈냉전기 그리고 2010년대 이후로 나누어 개괄하고, 한일관계의 국내외적 환경을 고찰하고자 한다. 다음으로 한국의 대일정책 목표와 추진 방향, 현안 및 쟁점을 살펴보고자 한다. 마지막으로 한일관계의 중요성과 안정적인 협력관계를 구축하기 위해서 요구되는 발상의 전환 및 대응방향에 대한 소견을 제시하고자 한다.

2. 한일관계의 전개

이 절에서는 해방 이후 한일관계의 구조적 변화를 파악하기 위해 냉전기와 탈냉전기 그리고 2010년대 이후로 시기를 구분하여 각 시대의 핵심 현안을 중심으로 살펴보고자 한다.

1) 냉전기의 '준동맹' 관계

제2차 세계대전 이후 유럽에서 시작되었던 미소 간의 냉전은 한반도의 분단과 한국전쟁을 거치면서 동아시아의 냉전체제로 고착되었다. 한국과 일본은 미일안보조약과 한미상호방위조약을 체결하고 미국의 냉전전략에서 핵심 동맹국으로 편입되었다. 그러나 식민관계의 청산을 둘러싼 갈등과 지정학적 경쟁의식으로 인해 한국과 일본이 국교를 정상화하기까지 20년이라는 긴 시간이 필요했다.

미국과의 동맹관계를 공유하는 한일 양국은 냉전기를 통해 '준동맹' 관계를 유지했지만, 한일관계에 내재된 갈등의 불씨가 해소된 것은 아니었다.[3] 1965년에 양국이 국교를 정상화한 후에

---

3) Victor Cha, *Alignment Despite Antagonism: The United States-Korea-Japan Security Triangle* (California:

도 과거사 관련 한국의 국민감정과 태평양전쟁의 유산인 '평화국가'라는 일본의 정체성이 한일 간의 본격적인 동맹관계의 구축을 제약했다. 한일 간의 갈등이 불거질 때마다 미국은 동맹의 '관리'에 부심했고, 한일관계는 미국의 동아시아 냉전전략의 '불완전한 고리'로 남았다.[4]

한일국교정상화의 최대의 장애는 과거사 갈등 즉, 식민지배에 대한 한일 간의 역사인식의 괴리였다.[5] 1910년 이후 35년간의 일본의 한반도 지배의 불법성 및 전후처리 방식에 대해 양국의 입장은 정면에서 충돌하였다. '반일민족주의'를 대외관계와 국내정치의 기본노선으로 삼은 이승만정부는 미국이 추진했던 일본 중심의 지역통합전략에 대해 반발했다. '두 개의 코리아' 정책을 대한반도 정책의 기조로 한 일본은 38선 이북의 북한과도 교류하고자 하였다.[6] 이 시기에는 이승만 라인(평화선), 재일조선인의 북한 이송(북송) 등의 현안과 함께 한일회담 과정에서 불거진 일본 측의 과거사 관련한 망언이 한일 간의 반목과 갈등을 야기했다.

1960년대부터 80년대에 걸쳐 한일관계에서는 경제·안보 분야의 협력을 위해 과거사 갈등이 '봉인(封印)'되는 특징을 보였다. 1965년의 한일국교 정상화는 역사 인식의 괴리를 남긴 채 경제와 안보 논리를 우선한 결과였다. 한일기본조약으로 시작된 이른바 '한일관계 1965년체제' 하에서 박정희정부는 일본을 '배척'이 아닌 '협력'의 상대로 인식하였고, 일본의 대한반도 정책에서는 북한보다 한국을 중시하는 관행이 정착되었다. 엄밀한 의미에서 볼 때, 박정희정부 시기의 한일관계는 과거사 문제에서 자유롭지는 못했다. 과거사 문제와 독도(일본명 다케시마) 문제를 둘러싸고 한일관계가 악화될 때마다 한국에서는 반일데모가 발생했고, 식민시대의 일본 제국주의에 대한 비판이 언론 지면을 장식했다. 그렇지만 한국정부는 과거사 문제를 대일외교의 핵심 현안으로 삼지 않고 반공과 경제발전을 위해 과거사를 '관리'하는 데 방점을 두었다.

전두환정부는 출범 초기에 '새로운 동반자적 한일관계'를 제시하고, 일본정부를 강하게 압박하였다.[7] '구시대'의 인사들을 숙청하고 한일 간의 어두운 유착관계를 정리하는 등 이전 시기와 다른 '신사고'를 보여주고자 했다. 1982년에 발생한 일본의 역사교과서 왜곡 사건은 이른바 근린제국조항으로 일단락되지만, 이를 계기로 한국에서는 민족주의적 역사교육이 강화되고 독립기념관 건립이 추진되었다. 1984년 전두환 대통령의 방일 시에 한국정부는 천황의 과거사 발언을 요구했다.[8] 그렇지만 이 시기에도 한국에게 일본은 여전히 배척보다 협력의 대상이었으며, 1980년대의 한일관계는 대체적으로 밀월기를 구가하였다.[9]

Stanford University Press, 2000).

4) 李鍾元, 『東アジア冷戦と韓米日関係』 (東京: 東京大学出版会, 1996).

5) 이원덕, 『한일 과거사 처리의 원점: 일본의 전후처리 외교와 한일회담』 (서울: 서울대학교출판부, 1996).

6) 신정화, 『일본의 대북정책 1945~1992년』 (서울: 오름, 2004), pp. 77-78.

7) 李庭植, 『戰後日韓關係史』 (東京: 中央公論社, 1989), 제6장.

8) 박진우, "現代 韓日關係와 天皇制: 天皇의 '謝罪' 發言과 訪韓 問題를 中心으로," 『한일민족문제연구』 15권 (2008), pp. 68-70.

9) 1980년대의 한일관계를 불안정한 시기로 보는 시각도 있다. Victor Cha, Alignment Despite Antagonism: The United States-Korea-Japan Security Triangle (California: Stanford University Press, 2000).

2) 탈냉전기 과거사 갈등의 악순환

1990년대 들어 글로벌 냉전의 종언으로 소련과 동구권이 붕괴되고 사회주의 국가의 개혁개방이 시작되면서 한미일 간에 반공 연대의 필요성은 약화되었다. 한반도에서 한소수교 및 한중수교가 실현되고, 북일수교의 움직임이 나타나는 등 이념과 체제를 뛰어넘어 교차승인의 움직임이 활발해졌다. 북핵 및 대만해협 문제 등 지역안보의 유동화를 배경으로 미일동맹이 재편되는 가운데, 한일 간에도 북한에 대한 억지력 차원의 안보대화와 교류가 시도되었다.[10] 그럼에도 불구하고 한국의 방위력과 경제력이 성장하여 북한과의 체제경쟁에서 절대적인 우위를 점하게 되면서 한일 간의 안보 연대감은 이완되었고, 1992년 한중 국교정상화 이후에는 중국의 부상으로 한국에서 일본의 상대적 위상이 감소하였다.

냉전의 종식은 그동안 '봉인'되었던 역사 인식과 과거사 문제를 한일관계의 핵심 현안으로 등장시켰는데, 그 직접적인 계기가 된 것은 구 일본군의 위안부문제였다.[11] 1980년대 말부터 일본에서 군 위안부문제에 대한 연구가 활발해지면서 이 문제가 언론의 관심을 받기 시작하였다. 1991년 8월, 한국 거주 피해자가 과거 위안부였음을 공개 증언한 것을 계기로 이 문제가 한일 간의 새로운 외교 문제로 등장하였다. 일본정부는 1992년 7월에 가토(加藤紘一) 관방장관의 담화를 통해 일본군위안부의 존재와 구 일본군의 관여를 인정하고 사과와 반성을 표명하였다. 1993년 8월에는 고노(河野洋平) 관방장관이 담화를 발표하였는데(고노담화), 그 내용은 위안부의 모집, 이송, 관리 등에 있어 전체적인 강제성을 인정하고 사죄와 반성의 심정을 담은 것이었다.[12]

1994년 8월에 일본정부는 무라야마(村山富市) 총리의 과거사 특별담화를 발표하고,[13] 위안부문제와 관련하여 반성·사죄 표명과 함께 민간모금에 의한 해결을 검토하기 시작하였다. 그러나 일본정부의 공식적인 책임 인정과 사죄를 요구하는 한국 측 피해자들이 반발했고, 일본 측이 추진한 '아시아여성기금' 사업은 소기의 성과를 달성하지 못한 채 2002년 5월에 종료되었다. 2000년대 초까지 위안부 개별 피해자들이 일본이나 미국에서 제기한 소송이 성과를 거두지 못한 채 일본정부의 추가적 조치가 없는 상황이 계속되었다.

1997년에 한국은 'IMF 사태'라는 금융위기를 겪게 되었고, 이듬해 김대중정부의 출범을 계기로 양국이 '21세기 새로운 한일 파트너십 공동선언'에 합의하면서 한일관계는 우호협력의 국면으로 전환되었다.[14] 그러나 2000년대 들어 위안부 문제에 더해 교과서, 야스쿠니 신사 및 독도를 둘러싸고 대립하면서 한일관계는 다시 냉각되었다.

---

10) 서동만, "한·일 안보협력에 관하여," 김영작·이원덕 편, 『일본은 한국에게 무엇인가』 (서울: 한울아카데미, 2006), p. 147.

11) 기미야 타다시, "냉전 이후의 한일관계는 역사 문제를 어떻게 바꾸어 놓았는가?," NEAR재단 편저 『한일관계 이렇게 풀어라』 (서울: 김영사, 2015), p. 344; Paul Midford, "Challenging the Democratic Peace? Historical Memory and the Security Relationship between Japan and South Korea," *Pacific Focus* 23-2 (2008).

12) 남상구, "일본 정부의 일본군'위안부'에 대한 역사인식과 정책 변화," 『한일관계사연구』 제58집 (2017), pp. 422-424.

13) "戦後50年に向けての村山富市内閣総理大臣の談話," 1994 (平成6) 年8月31日. http://www.awf.or.jp/6/statement-04.html (검색일: 2019년 5월 1일).

14) 기미야 타다시, 『한일관계사』 (서울: 에이케이커뮤니케이션즈, 2022), pp. 194-206.

21세기 새로운 한일 파트너십 공동선언

1998년 10월 8일, 일본을 국빈 방문한 김대중 대통령과 오부치(小渕惠三) 총리가 한일 간의 불행한 역사를 극복하고 미래지향적인 관계를 발전시키기 위해 발표한 공동선언이다. 보통 '한일 파트너십 공동선언'이나 '김대중 오부치 선언'으로 불리며, 일본정부의 공식표현은 '21세기를 향한 새로운 일한 파트너십 공동선언(21世紀に向けた新たな日韓パートナーシップ共同宣言)'이다. 동 선언에서 오부치 총리는 일본정부를 대표하여 식민지 지배에 대해 "통절한 반성과 마음으로부터의 사죄"를 표명하였고, 김대중 대통령은 이를 평가하고 양국의 미래지향적 관계의 발전이 시대적 요청이라고 답했다. 두 정상은 한일 양국이 시장경제와 민주주의라는 보편적 이념을 추구해 왔음에 인식을 같이하고, 이러한 공통의 가치관의 토대 위에서 미래 협력의 방향을 포괄적으로 제시하였다. 두 정상은 과거사에 대한 인식 외에 정치, 안보, 경제, 인적·문화 교류, 글로벌 이슈 등 5개 분야의 협력원칙을 포함한 11개 항을 담은 공동선언문 외에 5개 분야, 43개 항목의 구체적인 실천과제가 제시된 '21세기의 새로운 한일 파트너십을 위한 행동계획(action plan)'을 채택하였다.

1990년대에 일본정부가 식민지 지배와 침략 전쟁에 대한 사죄와 반성을 표명하고 모든 역사 교과서에 위안부문제가 기술되는 검정 결과가 발표되자, 일본에서 이에 대한 반발이 거세졌다. 자민당 보수정치인들은 의회에서 각종 조직을 결성하여 정부의 잇따른 사죄 반성을 비판하고, '자학사관'을 무력화하는 수정주의적인 역사관을 확산시켰다.[15] 그 연장선에서 2001년에 이른바 '새로운 교과서를 만드는 모임'이 위안부의 존재를 부정하는 내용의 중학교 역사·공민 교과서를 발간하자, 한일 간에 교과서 갈등이 재연되었다.[16]

2001년에 취임한 고이즈미(小泉純一郎) 총리는 재임 중에 태평양전쟁의 A급 전범이 합사된 야스쿠니 신사를 매년 공식 참배하여 한국과 중국 등 국제사회의 비판을 초래했다. 2005년 2월에 시마네현 의회가 독도의 일본 영토 편입 100주년을 기념하여 '다케시마의 날'을 지정하자, 일본정부는 이를 방관하였을 뿐만 아니라 주한일본대사가 독도에 대한 일본의 영유권을 주장하는 발언을 하였다. 이에 노무현정부는 '대일 신독트린'을 발표하고 역사 문제와 영토 문제에서 '외교전쟁'도 불사하겠다는 입장을 표명하였고, 당시 제도화되고 있던 한일 정상 간의 셔틀 외교가 중단되었다.

2006년 9월에 일본에서 역사수정주의적인 성향이 강한 제1차 아베(安倍晋三) 내각이 발족하자 위안부문제의 강제성을 부인하는 일본 측 고위급 인사들의 발언이 뒤를 이었다. 위안부문제

---

15) 이원덕, "구조전환기의 한일관계," 장달중, 오코노기 마사오 공편, 『전후 한일관계의 전개』(서울: 아연출판부, 2008), pp. 141–145.

16) 남상구, "일본 교과서 문제의 역사적 경위와 실태," 『한일관계사연구』 54 (2016), pp. 371–372.

와 관련하여 이른바 협의의 강제성을 부정하는 발언 즉, 일본의 관헌이 위안부를 직접 강제로 연행한 사실을 증명하는 일본정부의 문서는 발견되지 않았다는 주장이었다. 아베 내각은 2007년 3월, 고노담화의 발표 당시에 일본정부가 검토한 자료 중에는 위안부의 강제연행을 직접 증명하는 문서는 없었다는 요지의 국회 답변서를 각의에서 결정하였다. 일본정부의 이러한 행보는 한국은 물론 국제사회의 비판을 초래하였고, 2007년에 미국 하원의 위안부 결의안을 시작으로 2008년까지 캐나다, 호주, 네덜란드, 유럽의회 등에서 일련의 일본군 위안부 관련 결의안이 채택되었다. 위안부문제는 한일 간의 양자 현안으로서의 차원을 넘어 보편적인 전시 여성 인권에 관한 국제적 이슈로 부상하였다.[17]

3) 2010년대 과거사 갈등의 상시화

2010년대 들어, 한일 역사갈등은 새로운 국면에 접어들었다. 2008년에 출범한 이명박정부는 "과거사 문제를 한일관계의 의제로 제기하지 않겠다"고 선언하고, 역사문제보다 경제와 안보 분야에서 일본과의 협력을 우선하였다. 그런데 2011년 8월에 한국의 헌법재판소는 위안부문제에 대한 한국정부의 소극적인 대응이 부작위적 위헌의 소지가 있다는 취지의 판결을 내렸다. 이에 한국정부는 한일청구권협정에 의거하여 일본정부에 위안부문제의 협의를 요구하였지만, 일본 측은 이를 무시하였다. 2011년 12월의 한일정상회담에서 이명박 대통령은 위안부문제를 집중적으로 제기하여 일본정부를 압박하였지만, 노다(野田佳彦) 총리로부터 한국이 원하는 양보를 얻어내지 못했다. 2012년 봄에 진행된 한일 간의 위안부 교섭과 한일군사정보보호협정(GSOMIA) 체결 교섭은 실패로 끝났고, 5월에는 일제 식민시기의 강제동원 관련 일본 측의 배상 책임을 인정하는 취지의 한국 대법원의 판결이 나왔다. 8월에 이명박 대통령은 한국 대통령으로서는 최초로 독도를 방문하였고, 이명박 대통령의 천황 관련 발언이 언론이 보도되면서 한일관계는 크게 악화되었다.

2013년에 출범한 박근혜정부는 과거사를 대일외교의 핵심에 놓고 접근했다. 일본정부가 위안부문제에 대해 양보하지 않으면 아베 총리와 만나지 않겠다는 듯한 자세로 대응했다. 한국정부는 유엔과 미국 등의 국제사회를 상대로 위안부문제 관련 일본의 무성의한 대응을 비판했고, 일본도 이에 맞대응하는 경우가 늘어났다.[18] 결과적으로 한일관계는 경색되었고, 안보와 경제 문제에서의 협력이나 민간교류 등이 원활하기 못했다. 반면 시진핑-박근혜 두 지도자 간의 개인적인 친분관계를 축으로 한중관계는 발전했고, 한중 양국은 일본의 역사수정주의적인 행태를 비판했다. 2013년 7월에 한국을 방문한 시진핑 주석은 안중근 의사의 기념관 설치를 약속했다. 한편, 2013년 12월에 아베 총리는 야스쿠니신사를 참배하였고, 2014년 6월에 일본정부는 고노담화의 검증 결과를 발표했다.

한일 양국의 정부는 2015년 12월 말에 위안부

---

17) 조양현, "동아시아 歷史論爭과 美 下院의 慰安婦 決議案 論議: 최근의 동향과 미일관계에의 함의를 중심으로," 한일민족문제학회, 『한일민족문제연구』 제12호 (2007년 6월).

18) Kent E. Calder, *Asia in Washington: Exploring the Penumbra of Transnational Power* (Washington DC: Brookings Institution Press, 2014), ch. 5.

한일군사정보보호협정(GSOMIA)

2016년 11월 23일, 박근혜정부가 일본과 군사정보를 공유하기 위해 체결한 협정이다. 동 협정은 한일 간에 군사정보의 전달·보관·파기·복제·공개 등에 관한 절차를 규정하는 21개 조항으로 구성되었고, 공유 가능한 정보의 범위에는 1급 비밀을 제외한 모든 군사정보가 포함된다. 협정의 유효기간은 1년이며, 일방이 기한 만료 90일 전인 8월 24일까지 협정 종료의 의사를 상대측에 통보하지 않는 한 자동으로 1년씩 연장된다. 2019년 7월에 일본정부가 한국에 대해 반도체 및 디스플레이의 제조에 필요한 핵심 소재의 수출을 제한하는 조치를 발표하자, 다음 달 22일 문재인정부는 동 협정의 종료를 발표했다. 이에 협정은 2019년 11월 23일 0시를 기해 종료될 예정이었으나, 당시 한국정부는 협정의 지속을 강력히 희망하는 미국정부의 입장 등을 고려하여 종료 시한 6시간을 앞두고 종료 통보의 효력을 일시 중지하기로 결정하였다. 2023년 3월의 윤석열 대통령의 방일 및 한일정상회담 개최를 계기로 한국정부는 GSOMIA의 완전한 정상화를 선언했다.

문제의 해결에 합의하였다. 일본정부가 '일본정부의 책임 인정과 사죄, 보상'이라는 한국정부의 요구를 명시적으로 인정하지 않았음에도 양국은 합의에 도달하였다.[19] 즉, '법적 해결'이 아닌 '정치적 해결'에 의한 타협이었다. 합의의 배경에는 한일국교정상화 50주년이 지나가기 전에 위안부문제 해결의 전기를 마련하고 한일관계를 정상화시켜야 한다는 양국 지도자의 절박감이 있었다. 당시 위안부 합의를 가능하게 했던 외부 요인으로 미국정부의 중재자 역할이 결정적으로 중요했다. 2014년 3월에 헤이그에서 핵안보정상회의가 개최되었는데, 이를 계기로 오바마(Barack Obama) 대통령은 한일 양국 정상과 회동하였다. 이후 10여 차례에 걸쳐 한일 간에 위안부문제를 다루기 위한 국장급 회의가 개최되었고, 이듬해 말에 위안부 합의가 도출되었다.

한일 위안부 합의와 그 직후의 북한 도발을 계기로 한미일 간에 안보협력 강화되었다. 2016년 1월에 북한은 4차 핵실험과 탄도미사일 발사로 도발하였다. 그해 7월에 한국정부는 북한의 탄도탄 미사일 공격에 대응하기 위해 주한 미군기지에 사드(THAAD) 배치를 결정하였고, 11월에는 한일 간에 북한 관련 군사정보를 공유하기 위해 GSOMIA를 체결하였다. 이를 통해 한미일 간의 연대감과 대북 억지력이 강화되었고, 그동안 일본이 한국에 대해 제기했던 '중국경사론'은 수그러들었다. 반면 한중관계는 사드배치 문제를 둘러싸고 급속히 냉각되었다.

2017년 5월에 문재인정부가 출범하면서 한일 간에 과거사 갈등이 재연되었다. 문재인정부는 위안부 피해자의 의견이 충분히 반영되지 않은 '밀실 합의'였다는 이유에서 2015년의 위안부 합의를 인정하지 않았고, 한일 합의로 설립된 화해치유재단은 이듬해 해산되었다. 2018년에 강제징

---

19) 이헌미, "한일 위안부 외교의 역사와 쟁점," 『역사연구』 42호 (2021), p. 114.

용 문제가 한일외교의 새로운 쟁점으로 부상하였다. 그해 10월에 한국 대법원은 일제 시기의 강제징용에 대한 일본 기업의 배상 책임을 확정하는 판결을 내렸고,[20] 이에 대해 일본정부는 한국 측의 판결은 "한일청구권 협정 2조에 명백히 반하며 (중략) 1965년의 국교정상화 이래 구축되어 온 한일관계의 법적 기반을 근본부터 뒤집는 것"이라고 반발하였다.[21] 2019년 7월, 일본정부는 한국에 대해 반도체·디스플레이 관련 소재 3종의 수출을 규제하는 조치를 발표했고, 이에 한국 측은 국민들에 의한 일본 상품의 불매운동과 정부에 의한 세계무역기구(WTO) 제소와 GSOMIA의 종료 선언으로 대응하면서 한일 갈등은 증폭되었다.[22] 과거사 갈등에서 시작되어 경제와 안보 분야로 확대된 '복합 갈등'은 문재인정부 시기에는 완화될 기미가 보이지 않았다.[23]

3. 대일관계의 국내외적 환경

2010년대 들어, 한일 갈등이 상시화한 것은 대일관계에서 국내정치의 영향력과 국제환경과의 연계성이 동시에 증가한 결과이다. 한국 사회의 민주화와 일본 정치의 보수회귀를 배경으로 한일관계에서 과거사 문제의 비중이 증가한 결과, 한일관계는 국내정치에 더 많이 노출되었고 외교 당국의 재량권은 제약되었다. 탈냉전 이후 괴리가 커진 한일의 위협 인식의 차이도 한일관계의 갈등 요인으로 작용하였다.

1) 민주화와 보수화

2010년대의 한일관계는 탈냉전 이후 20년과 비교해서 몇 가지 차이점을 보였다. 첫째, 갈등이 상시화하였다는 점이다. 김영삼정부, 노무현정부, 이명박정부 시기의 한일관계는 이른바 '온탕-냉탕(협력-갈등) 사이클'을 반복해 왔다. 정부 출범 초기에 일본과의 협력을 모색하다가, 과거사나 독도 영유권을 둘러싸고 충돌하여 대결국면으로 전환되어 한일관계가 냉각된 채 다음 정권으로 교체되는 것이 일반적인 패턴이었다. 그런데 2010년대에는 정권 초기부터 한일관계는 대결국면으로 시작하였다. 박근혜정부나 문재인정부 시기에는 정권 출범이 한일관계 개선의 재료가 되지 못했다.

둘째, 과거사 관련 사법부의 판결이 한일관계에서 결정적인 영향력을 행사하고 있다는 점이다.[24] 전술한 대로 2010년대 들어 헌법재판소와 대법원 등 사법 당국은 일본군 위안부문제와 징용피해자 보상 문제에서 한국정부와 일본 기업에 해결을 요구하는 판결을 내렸고, 이것이 대일본 외교의 방향을 결정적으로 좌우했다. 한국정부는 삼권분립과 헌법정신의 존중이라는 시대적 조류를 거스를 수 없는 상황에 놓이게 되었다.[25]

---

20) "How a World War II-Era Reparations Case Is Roiling Asia," *The New York Times*, 30 October 2018.
21) 송정현·이현승, "한국과 일본 사법부 및 정부입장에 관한 연구: 강제징용 문제를 중심으로," 『일본문화연구』 제79집 (2021), p. 222.
22) 이승희·김지영, "국가 정체성 갈등이 경제 제재에 미치는 영향: 일본의 대한국 수출규제를 중심으로," 『비교일본학』 제52집 (2019), pp. 75-96.
23) 손열, "좌절하는 한일관계: 다가오는 위기, 멀어지는 해법," 『EAI 논평』 (2020.7).
24) 양기호, "강제징용 쟁점과 한일관계의 구조적 변용: 국내변수가 양국관계에 미치는 영향을 중심으로," 『일본연구논총』 제51호 (2020), p. 34.
25) 2018년 10월 대법원판결에 대해, 한국정부는 사법부의

셋째, 한일관계에서 정경분리원칙의 침식이다. 탈냉전 이후 20년 동안 한일정부는 이른바 정경분리원칙 즉, 과거사와 안보나 경제 문제 등 기타 현안을 분리 대응한다는 방침을 공공연하게 부정하지 않았다. 그런데 2010년대 들어서면서 과거사 현안이 양국 간 정치외교 현안과 연동되어 한일관계 전체를 제약하는 구도가 선명해졌다. 박근혜정부의 초기에는 한국 측이 위안부문제에 대한 일본의 양보를 사실상의 정상회담 개최의 조건으로 삼아 일본 측을 강하게 압박하였다. 반대로 문재인정부 출범 이후에는 한국정부는 과거사와 기타 현안을 분리 대응한다는 입장을 취한 반면, 일본정부는 징용 피해자 문제로 일본 기업의 피해가 발생할 경우 '제반 대응 조치'를 검토하겠다고 언급하는 등 과거사 문제와 기타 현안을 연계하여 비타협적으로 대응하였다.[26]

2010년대 들어 한일 갈등의 상시화를 초래한 국내정치적 요인으로 한국의 민주화와 일본의 보수화 현상이 있다. 한국에서는 권위주의 정권이 지배하던 1980년대까지 일본인의 굴곡된 역사인식과 문제발언이 국내정치 내지는 외교 이슈로 쟁점화된 것은 상대적으로 드물었다.[27] 그런데 1980년대 이후 한국의 민주화와 경제성장에 따른 국제적인 지위의 향상은 한일관계에 변화를 초래했다.[28] 여론과 시민단체가 외교정책에 미치는 영향력이 커지면서 외교 현안이 국내정치와 밀접히 연동되는 경우가 늘어났다. 민주화와 정치권의 세대교체로 영향력이 증가한 젊은 세대와 비정부단체는 강렬한 민족주의적 정서를 표출하면서 특히 대미외교와 대일외교에서 자주적인 외교를 요구하는 목소리가 커졌다. 2010년대 들어 과거사 문제 관련 정부의 적극적인 대응을 요구하는 사법판결이 늘어난 배경에는 이러한 국민정서의 변화가 있다. 한국정부는 과거사 문제의 대응에서 이전보다 강경한 태도를 취하게 되었고, 이는 한일 갈등을 격화시키는 요인으로 작용하였다.

2017년에 출범한 문재인정부는 과거사 대응에서 '피해자 중심주의'를 중시하였다. 문재인 대통령은 위안부문제의 '가해자'인 일본에 대해 성의 있는 대응을 촉구하였다. 위안부문제는 전쟁 시기에 있었던 반인륜적 인권범죄 행위인 만큼 일본정부가 인류 보편의 양심으로 역사의 진실과 정의를 마주한다는 자세로 진실한 반성을 통해 이웃나라들과 진정으로 화해하고 평화공존과 번영의 길을 나아가야 한다고 했다.[29] 문재인 대통령은 강제동원 관련 사법부 판결에 대해서 정부는 사법부의 판단을 존중하며 삼권분립원칙에 따라 정부가 사법 판결에 개입하지 않는다는 입장을 유지했다.[30]

한편 일본 사회의 보수화 역시 한일 갈등의 상시화에 부정적인 영향을 미쳤다. 1990년대 이후 심각한 경제침체와 자민당 장기집권체제의 붕괴와 연립정권을 통한 자민당의 재집권 등 일본 정

판단을 존중한다는 입장을 발표하였다. "강제징용 대법원판결 관련 대국민정부 입장 발표문," 2018.10.30.

26) 송정현·이현승, "한국과 일본 사법부 및 정부입장에 관한 연구: 강제징용 문제를 중심으로," 『일본문화연구』 제79집 (2021), p. 224.

27) 이원덕, "역사인식과 한일관계," 하영선 편, 『한국과 일본: 새로운 만남을 위한 역사인식』 (서울: 나남출판, 1997), p. 168.

28) 이원덕, "한일 과거사 갈등의 구조와 해법 모색," 김영작·이원덕 편, 『일본은 한국에게 무엇인가』 (서울: 한울아카데미, 2006), p. 414.

29) 2018년 3월 1일, "문재인 대통령 3.1절 기념사."

30) 2019년 1월 10일, "문재인 대통령 신년기자회견," (청와대 영빈관).

치가 구조적 변동을 거치면서 일본에서 역사 문제가 민감한 정치 현안으로 등장하였다.[31] 1990년대 미야자와(宮澤喜一), 호소가와(細川護熙), 무라야마 내각 시기에 과거 식민지 지배와 침략 전쟁 그리고 일본군 위안부문제에 대한 일본정부의 인식은 꾸준한 진전을 보였다. 이에 대해 자민당 내 우파 정치가와 보수단체들은 일본정부의 공식적인 사죄 표명에 대해 이의를 제기했고, 이는 전술한 교과서 기술을 둘러싼 논쟁으로 이어졌다.[32] 2000년대 들어 전후 세대의 보수 정치인들이 일본 정계의 주류로 등장하면서 역사수정주의와 영토 내셔널리즘의 경향이 강해졌고, 과거사 문제에 대해 반성과 사죄를 기본으로 하던 일본정부의 태도가 바뀌었다. 보수 정치가들이 외교를 압박하면서 일본 외교의 전통이었던 정경분리원칙이 침식되는 경우가 늘어났다.

2012년부터 2020년까지 전후 최장기의 안정 정권을 유지한 아베 내각은 역사인식에 있어서 수정주의적인 태도가 두드러졌다.[33] 아베 총리는 제2차 세계대전 이후 일본 사회의 근간이었던 평화헌법체제 즉, '전후체제'의 극복을 위해 역사, 영토, 주권, 애국심 등을 강조하는 '정체성의 정치'를 추구하였다. 아베 총리는 일본군 위안부의 강제성에 대한 부정, '침략'의 정의는 나라마다 다르다는 소신 표명, 고노담화 및 무라야마담화를 그대로 계승할 수 없다는 발언, 그리고 야스쿠니 신사 참배 등과 같은 퇴행적인 행태를 보였다. 침략 전쟁과 식민지 지배에 대해 사죄와 반성을 기본으로 했던 역대 내각에 비해 아베 내각은 역사 교과서, 위안부문제, 해양 영유권 문제 등의 대응에서 비타협적인 태도가 두드러졌다.[34]

2) 위협인식의 괴리

탈냉전 이후 한일의 안보 연대감은 이완되었고, 중국, 북한에 대한 위협인식 및 미국과의 동맹관에서 한일의 입장은 달랐다.

우선, 중국에 대한 한일의 인식은 세계적인 냉전체제의 해체를 전후하여 극적으로 역전되었다. 중국 부상에 따른 동아시아의 파워·밸런스 변화는 미중일 간의 전략적 삼각관계뿐만 아니라 한일의 상호인식에도 변화를 초래하였다.[35] 미중일 간의 전략적 경쟁관계가 심화되는 상황은 주변국과의 우호협력관계를 통해 한반도의 안정과 평화를 확보하고자 하는 한국외교에 큰 도전으로 다가왔다. 한국은 중국과의 관계를 비약적으로 발전시켰고, 이는 결과적으로 한국의 전통적인 우방인 미국, 일본과의 관계를 상대화했다.

2010년에 중일의 국내총생산(GDP)이 역전되었고, 같은해 센카쿠(중국명 댜오위다오) 사건을 계기로 일본 사회에서 '중국 위협론'이 확산되면서 일본 국민의 대중국 인식은 급속히 악화되었다. 제2차 아베 내각의 출범 후 1년 만에 채택된 '국가안전보장전략'문서는 아시아태평양지역의 안보위협으로서 중국과 북한, 특히 중국의 위협

---

31) 이원덕 (2008), p. 137.
32) 조양현, "한국의 시각으로 본 일본의 역사 인식," NEAR재단 편저, 『한일관계 이렇게 풀어라』 (서울: 김영사, 2015), pp. 326-329.
33) 이면우, 『일본 보수주의 분석: 아베 재등장의 배경과 일본 정치의 향방』 (성남: 세종연구소, 2018), 제2장.
34) 中野晃一, 『右傾化する日本政治』 (東京: 岩波書店, 2015), pp. 185-188.
35) 나카니시 히로시(中西寛), "한일관계의 구조변화와 미래: 일본의 시각," 동아시아재단, 『EAP』 제34호 (2015.9.15).

을 강조하였다.[36] 중국의 영해 침범과 동중국해 상공의 방공식별구역 설정 등은 "힘에 의한 현상변경 시도"로서 국제법 질서와 배치되며, 중국의 공세적인 태도와 행동이 국제사회의 우려라고 기술했다. 이후 일본정부는 중국을 현상변경 국가로 규정하고, 중국에 대한 억지력의 확보를 위해 미일동맹의 강화에 주력하였다.[37]

반면 한국에서 중국의 부상은 '위협'이라기보다는 '기회'로서의 측면이 컸다.[38] 1992년 한중 수교 이후 양국은 경제, 정치·안보, 사회·문화 등 제반 분야에서 양적, 질적으로 눈부신 성장을 거듭하였다. 한중 양국은 냉전기의 '잠재적 적대관계'를 청산하고 북한 문제의 해결과 한반도 통일을 위한 협력을 확대해 왔다. 한미동맹이 한국 안보의 핵심축이라는 점에는 변함이 없지만, 한국정부는 '안보는 미국, 경제는 중국, 북한 문제는 미중'이라는 식으로 대미외교와 대중외교의 균형을 유지하면서 미중 간 세력경쟁에 말려들지 않으려고 고심하였다.[39] 2016년 이후 사드배치 문제를 둘러싸고 한중관계가 냉각되었지만, 후속의 문재인정부 시기까지도 한국에서 중국은 '위협'보다는 '기회'로서의 이미지가 강했다고 할 수 있다.

다음으로 미국과의 동맹관계 설정에서 한일의 입장은 차이가 있다. 한국과 일본은 탈냉전 이후의 상황 변화에 맞추어 미국과의 동맹관계를 조정하였지만, 동맹의 지역화에 대해 한국과 일본의 대응은 달랐다. 일본은 지역 및 글로벌 차원에서 일본의 안보역할 확대를 염두에 두고 미일동맹의 글로벌화 및 일체화를 적극적으로 추진했고, 그 제도적 종착점이 집단적 자위권의 행사를 전제로 한 가이드라인의 개정과 안보법제의 정비였다. 일본은 한미일 안보협력을 강화함으로써 실질적 의미에서 미일동맹의 전략공간을 한반도까지 연장하는 효과를 기대하고 있는 것으로 보인다.[40] 한미동맹이 한반도에서 대북 억지력의 기능을 넘어 지역의 안보 문제에 관여를 확대한다면 일본의 전략적 종심 확보에 유리하게 작용하기 때문이다.[41]

반면 한국은 한미동맹의 재조정에 신중한 입장이다. 한미동맹은 한반도에서 대북한 억지력에 중점을 둔다는 점에서 미일동맹과는 차이가 있다는 것이 한국정부의 입장이다. 냉전기에 미일동맹은 북한뿐만 아니라 소련, 중국의 위협을 염두에 둔 '지역동맹'의 성격이 강했다고 한다면, 한미동맹은 북한 위협에 특화한 '국지(局地)동맹'이었다.[42] 9·11테러 이후 미군은 전세계적인 미군 재편을 추진하면서 주둔국의 승인없이 신속히 이동할 수 있는 '전략적 유연성'을 요구했지만, 노무현정부는 한국의 의지와 무관하게 지역분쟁에 연루될 수 있음을 우려하여 신중하게 대응하였다. 한일 양국은 냉전기에 미국과의 반공연대를 구축하였음에도 불구하고, 한일 간에는 실질적인

---

36) 国家安全保障会議決定・閣議決定, "国家安全保障戦略について," 平成25年12月17日(2013년 12월 17일).

37) 서승원, "일본 아베 정권의 집단적 자위권과 중국," 『아세아연구』 제58권 4호 (2015).

38) 이희옥, "한국에서의 중국 부상의 성격," 『한국과 국제정치』 제25집 4호 (2009).

39) 木宮正史, "日本の安全保障と朝鮮半島—安全保障における非対称性," 木宮正史編著, 『朝鮮半島と東アジア』 (東京: 岩波書店, 2015).

40) 阪田恭代, "米国のアジア太平洋リバランス政策と米韓同盟: 21世紀『戦略同盟』の三つの課題," 『国際安全保障』 44巻1号 (2016).

41) 道下徳成・東清彦, "朝鮮半島有事と日本の対応," 木宮正史編著, 朝鮮半島と東アジア (東京: 岩波書店, 2015).

42) 倉田秀也, "『地域』を模索する米韓同盟: 同盟変革と『リバランス』," 『東亜』 555号 (2013).

안보협력은 진전되지 않았다. 탈냉전 이후에도 한국에서는 여전히 한일 간의 안보협력에 반대하는 목소리가 강하다.

마지막으로 북한에 대한 인식에서도 한일의 입장은 극적으로 역전되었다. 북한체제의 붕괴로 인한 지역질서 유동화나 군사적 돌발 사태의 방지 및 북한의 비핵화라는 정책 목표에 있어서 한일의 이해관계는 일치한다. 하지만, 북한지역의 관할권에 대한 해석 외에 북한에 대한 접근법에서 대화와 압박 중 어느 쪽을 우선하느냐를 두고 한일 간에는 입장의 차이가 있었다.

한국전쟁을 싸운 남북한은 냉전기에는 사활을 건 체제경쟁을 벌였지만, 1990년대 들어 평화정착을 위한 구체적인 시도가 나타났다. 남북한 비핵화 합의, 유엔 동시가입 등 상호간 신뢰회복을 위한 조치가 가시화하였다. 대북한 포용정책인 '햇볕정책'을 표방한 김대중정부는 2000년에 최초의 남북한 정상회담을 실현하여 한반도 평화정착을 위한 역사적인 계기를 만들었다. 후속의 노무현정부 시기에도 민족 동질성 회복을 중시하는 대화 노선이 유지되었다.

한편 냉전기를 통해 정경분리원칙에 근거하여 북한과의 민간교류를 허용해 왔던 일본은 냉전체제의 속박이 사라지자 1991년에 북한과의 국교정상화 교섭을 개시하였다. 과거사 청산과 경제교류를 축으로 시작된 북일교섭은 북한의 핵실험과 탄도미사일 발사, 일본인 납치문제 의혹 등으로 중단과 재개를 반복하며 난항을 거듭하였다.[43] 2002년 고이즈미 총리의 방북 이후 일본인 납치문제를 둘러싸고 북일관계가 경색되었고, 2006년 아베 정권 출범 및 북한 핵 미사일 사태를 계기로 일본의 대북정책 기조가 압박 우선으로 바뀌면서 6자회담 참가국 중에서 북한에 가장 유화적인 한국과 가장 강경한 일본 간의 대립 구도가 선명해졌다.[44]

2018년 들어 남북관계와 북미관계가 개선되자 북한 관련 한일의 입장 차이는 한층 선명해졌다. 북한의 동계올림픽 참석과 남북정상회담 및 북미정상회담의 개최 등을 전후해서 북한과의 대화를 통한 비핵화에 주력했던 한국정부와 대조적으로, 일본정부는 일관되게 북한의 비핵화에 대한 강경론을 견지하였다. 당시에도 한일 간에 GSOMIA는 유지되고 있었지만, 남북관계의 개선으로 그 필요성은 줄어들었고, 북한 관련 한미일 공조의 필요성은 상대적으로 감소하였다.[45] 2018년 12월에 공해상에서 일본 자위대 정찰기에 의한 위협비행과 이에 대한 한국 함정의 레이더 조사 여부를 둘러싸고 시작된 양국의 국방 당국 간의 갈등은 한국과 일본의 안보협력을 위축시켰다.[46]

4. 대일관계의 목표와 추진 방향

2022년에 새 정부의 출범을 계기로 한국의 대일 외교정책은 큰 변화를 보였다. 이전 정부에서는

---

43) Shunji Hiraiwa, "Japan's policy on North Korea: four motives and three factors," *Journal of Contemporary East Asia Studies*, 9-1 (2020), pp. 6-9.

44) 기미야 타다시, "일본의 대북한 인식과 한일관계," 국민대 일본학연구소, 『일본공간』 창간호 (2007년 5월).

45) "North Korea urges South to scrap military intelligence-sharing deal with Japan," *Japan Times*, 30 May 2018.

46) 정민정, "한국 군함 사격통제레이더의 일 초계기 조준 여부 공방에 관한 법적 쟁점과 대응방안," 『중앙법학』 (2019), pp. 4-6.

일본은 식민지 지배의 가해자라는 이미지가 강했다면, 윤석열정부는 엄중한 국제정세 속에서 협력해야 할 파트너로서 일본을 인식하고 있다. 이전에는 과거사 문제를 중심으로 접근했다면, 이제는 과거사 화해와 함께 안보와 경제 그리고 국제 현안에서 양자, 한미일 및 다자 차원에서의 협력을 포괄적으로 추구하고 있다.

1) 대일외교의 목표

2022년 5월에 출범한 윤석열정부는 일본의 전략적 중요성에 대한 인식을 토대로 미래지향적 한일관계의 복원을 대일외교의 목표로 설정하였다. 동아시아 외교의 목표로 "공동의 가치와 이익을 기반으로 미중일러 4개국과 협력 강화를 추진, 이를 통해 한반도 평화·번영 환경을 조성하고 지역·글로벌 차원에서 우리 위상을 제고"를 제시하였다.[47] 그리고 대일외교의 주요 목표로 "셔틀외교 복원을 통한 신뢰 회복 및 현안 해결 등을 토대로 공동의 이익과 가치에 부합하는 한일 미래 협력관계를 구축하고, 과거를 직시하면서 한일관계 미래상을 포괄적으로 제시한 김대중-오부치 선언 정신 발전적 계승 및 양국 미래세대 열린 교류 확대"를 제시하였다.

이듬해 6월에 발표된 국가전략문서에서 대본 외교의 목표는 "자유민주주의·인권 등 보편적 가치를 공유하면서 한반도와 지역·글로벌 차원의 협력을 강화한다"로 진화하였다. 그리고 일본의 전략적 가치 및 한일협력의 필요성에 대해 다음과 같이 기술하였다.

한국과 일본은 자유민주주의와 시장경제라는 보편적 가치를 공유하며, 안보·경제 등 다양한 분야에서 협력하는 가깝고 중요한 이웃이다. 그간 과거사 현안 등으로 관계가 경색되었으나, 엄중한 안보환경 아래에서 한일 양국이 역내 안보 공조를 비롯해 공동 이익과 가치에 부합하는 방향으로 공동 대응해 나갈 필요성이 증대되었다.[48]

윤석열정부의 대일정책은 다음 세 가지 측면에서 이전 정부와 차이가 있다. 먼저 악화된 한일관계의 복원에 대한 강한 의지이다. 문재인-아베 시기에는 한일관계에서 분리대응원칙이 침식되고, 과거사와 다른 현안이 연계되어 한일 간에 총체적인 대결 구도가 고착되었다. 전술했듯이 과거사에서 시작된 갈등이 일본의 수출규제조치 단행, 한국의 GSOMIA의 종료 선언 및 일본을 WTO에 제소, 후쿠시마 원전수 및 수산물 수입 문제, 사도광산 등 제 분야의 갈등으로 확대되었다. 한일정부 간의 신뢰관계가 손상되어 원활한 소통이 불가능했고, 대외전략에서도 한일 양국은 선명한 입장 차이를 보이면서 대립하였다. 이에 대해 윤석열정부는 국익 국대화를 위해서는 한일관계의 복원이 불가결하며, 과거사 갈등에 매몰되지 않고 미래지향적 협력관계를 정립하겠다는 입장을 명확히 하고 있다. 윤석열정부는 지난 정부의 과거사 중심의 대일외교가 한일관계의 과도한 대결을 초래하여 국익 극대화에 실패하였다는 판단하에, 한일관계의 포괄적 미래상을 제시한 김대중-오부치 공동선언을 계승하여 한일관계를 빠르게 회복하고 발전시키겠다는 입장이다.

---

47) 제20대 대통령직인수위원회, "윤석열정부 110대 국정과제," 2022년 5월.

48) 대한민국 대통령실 국가안보실, 『윤석열 정부의 국가안보전략: 자유, 평화, 번영의 글로벌 중추국가』 (2023년 6월), p. 35.

다음으로 일본을 경쟁과 배제의 대상으로 보지 않고 전략적 협력자로 인식하고 있다는 점이 주목된다. 이전 정부는 이른바 한반도평화프로세스를 최우선시하여 북한 문제 및 미중관계 관련 한일의 입장 차이를 조절하거나 한일관계를 복원·발전시켜야 할 전략적 동기를 상실했다는 비판으로부터 자유롭지 못했다. 북한 문제 관련 일본 역할의 중요성을 과소평가하였고, 이는 한미일 공조의 약화 및 한일관계에 대한 미국의 무관심을 초래했다고 할 수 있다. 이전 정부가 추진했던 한반도평화프로세스가 소기의 성과를 내지 못하고 하노이 북미정상회담 이후 모멘텀을 상실했던 배경에는 일본정부의 비협조적인 태도와 견제가 있었다.[49] 이와 대조적으로 윤석열정부는 "과거 우리의 자유를 되찾고 지키기 위해 정치적 지배로부터 벗어나야 하는 대상이었던 일본은 이제, 세계시민의 자유를 위협하는 도전에 맞서 함께 힘을 합쳐 나아가야 하는 이웃"으로 규정하였다.[50] 즉, 안보, 통일, 번영 등 핵심 국익을 실현하고, 미중전략 경쟁에서 한국의 유리한 입지를 확보하고, 한미동맹에서 실질적인 억지력 확보 및 한미일 협력의 실현 등의 측면에서 일본을 중요한 협력 파트너로 인식하고 있다.

마지막으로 과거사 문제의 해결에 적극적으로 나서고 있다는 점이다. 지난 정부 시기에는 한일관계에서 강제동원(징용) 문제 관련 일본 기업 자산의 현금화 문제가 최대의 현안이었다. 당시 정부는 피해자 중심주의와 삼권분립원칙을 중시하여 민간 소송 중인 강제동원 문제에 개입하지 않는다는 입장을 고수했다. 일본정부가 한국 측이 그 해결 방안을 제시할 것을 요구하면서 양국 정부 간의 대화는 중단되었다. 위안부문제에 있어서는 당시 한국정부가 화해치유재단을 해산하자 2015년의 한일 합의를 이행할 동력이 상실되었다. 일본의 비타협적인 태도로 인해 한국 측이 주장한 피해자 중심주의에 기반한 문제의 해결은 커녕 피해자 구제를 위한 최소한의 구체적인 성과도 얻지 못했다는 사실을 감안한다면, 이전 정부는 과거사 문제를 방관했다는 비판을 피할 수 없다. 이에 대해 한국정부는 한일관계의 완전한 복원을 위해서는 과거사 문제의 해결이 불가결하고 정부가 나서야 한다는 입장이다. 윤석열정부 출범 이후 외교부는 강제동원 문제의 해결을 위해 민관협의회를 구성하여 피해자 단체와 전문가의 의견을 수렴하는 한편, 한일 간 정상 회동, 장차관급 회의 및 국장급 회동 등 일련의 정부 간 대화를 통해 과거사 문제의 해결을 위한 노력을 계속해 오고 있다.[51]

2) 대일외교의 추진 방향

한국정부는 대일외교의 추진에서 과거사 비중의 완화, 지역 및 다자 차원의 전략협력의 확대, 경제통상, 비전통 협력 및 문화·인적 교류 등 실질 협력의 강화를 축으로 상생협력의 한일관계를 구축한다는 이른바 포괄적 접근법을 기본으로 하고 있다. 이는 대일외교에서 과거사 중심의 접근을 지양하고, 강제동원 배상 문제와 수출규제, GSOMIA

---

49) 조양현, "미국 바이든 정부 출범과 한미일 협력: 미국의 동맹 관리의 시각에서," 『정책연구과제』(국립외교원 (2022). pp. 18-20.
50) 대통령실, "윤석열 대통령 제77주년 광복절 경축사," 2022년 8월 15일.
51) 국립외교원 일본연구소 일본연구센터, 『일본정세 2022』(2023), pp. 73-74.

문제 등 한일관계의 주요 갈등 현안을 모두 테이블에 올려놓고 포괄적으로 협상하여 타결하는 접근법을 의미한다.[52] 한국정부가 개별 현안에 매몰되지 않고 포괄적으로 접근하는 것이 과거사 문제 관련 한국 측의 일방적인 양보를 의미하지는 않는다는 점에 유의할 필요가 있다.

윤석열정부의 대일외교는 단계적 접근의 성격이 강하다. 한일관계에서 최대의 갈등 현안인 과거사 문제를 우선적으로 해결하여 정부 간의 신뢰관계를 회복하고, 이를 바탕으로 포괄적 한미동맹과 한미일 협력의 연계, 경제협력(한일 간 무역과 투자의 증대, 재정정책의 협력), 민간 및 문화 교류, 인도·태평양전략의 공조(경제안보, 인도·태평양 경제프레임워크(IPEF) 등 다자협력) 등의 분야에서 실질 협력을 확대해 나가는 어프로치라고 할 수 있다. 즉, 정상회담, 고위급 회담, 전략 대화 등의 다차원의 정부 간 대화채널을 활성화하여 신뢰관계를 회복하고, 이렇게 조성된 우호협력의 분위기 속에서 주요 현안에 대한 대응방안을 협의해 나가면서 장기적인 한일 공동의 미래비전에 대한 논의를 병행해 나가는 전략이라고 할 수 있다.

윤석열정부의 대일외교는 현실적이고 실용적인 측면도 있다. 한일관계는 이른바 '역사 직시'와 '미래 협력'이라는 두 가지 요소로 구성되어 있다. 먼저, 일본의 역사 직시와 과거사 문제의 완전한 해결을 전제로 미래협력을 추진하는 것이 아니라, 역사 직시와 미래 협력을 병행하겠다는 입장이다. 이는 과거사 문제가 완전한 해결에 이르지 않은 상황에서도 한일 협력을 추진하겠다는 것으로 일견 전술한 단계적 접근과 모순되는 것처럼 보이지만, 다양한 실질 협력을 통해 과거사 갈등이 완화될 수 있다는 인식에 따른 것이다. 즉, "한일관계가 보편적 가치를 기반으로 양국의 미래와 시대적 사명을 향해 나아갈 때 과거사 문제도 제대로 해결될 수 있다"라고 본다는 점에서 발상의 전환이라고 할 수 있다.[53] 두 번째로 과거사 문제에만 집중하지 않고, "경제, 안보, 사회, 문화에 걸친 폭넓은 협력"을 통해 수출입, 관광, 차세대, 지자체, 대학, 문화인, 경제인, 정치인 등의 인적 교류를 활성화하여 국민 모두에게 혜택이 돌아가는 균형잡힌 대일외교를 추구하겠다는 입장이다.

윤석열정부는 대일외교의 추진에서 한미일 협력과의 연계를 중시하고 있다. 미국 바이든정부의 인도·태평양전략은 북한 핵과 미사일 능력의 고도화에 대응하여 한미일 협력을 강조하고 있는 바, 한국정부는 이에 적극 협력하면서 한국의 국익을 극대화하겠다는 입장이다. 이전 정부는 미중 간의 전략경쟁이 가속화하는 상황에서 이른바 전략적 모호성을 추구하여 인도·태평양 개념이 미국의 대중국 견제에 치우쳐 있다는 판단하에 의식적으로 '인도·태평양' 관련 국내외의 논의에서 거리를 두었다. 이에 대해 한국정부는 인도·태평양에 대한 적극적인 관여를 전제로 핵심적인 안보 문제에서 미국, 일본 등의 우방국과 협력을 강화하려고 한다는 점에서 전략적 선명성이 돋보인다 (한국정부는 2022년 12월에 '자유, 평화, 번영의 인도·태평양전략'을 발표하였다). 한국정부는 한일관계의 본격적인 개선 여부와 별개로 북한 문

---

52) Cheol Hee Park, "Stronger and Broader: President Yoon's New Foreign-Policy Initiatives," *Global Asia* (27 June 2022).

53) 대통령실, "윤석열 대통령 제77주년 광복절 경축사," 2022년 8월 15일.

제와 경제안보 등 현안을 중심으로 한미일 협력을 확대하고, 이 과정에서 한일관계의 개선을 위한 일본정부의 설득 및 국내 공감대 형성에서 미국의 역할을 효과적으로 활용할 것으로 예상된다.

5. 대일관계의 현안과 쟁점

2010년대 들어 이명박정부 후반부터 박근혜, 문재인정부 시기까지 한일관계의 갈등 국면이 장기화한 결과, 한국의 대일외교에는 다양한 현안이 산적해 있다. 우선 소원해진 양국 정부 간의 신뢰관계를 회복하고 한일관계를 정상화해야하는 과제가 있다. 다음으로 한일관계의 최대 현안이라고 할 수 있는 강제동원과 위안부문제와 같은 식민지배의 처리를 둘러싼 문제와 안보, 경제, 민간 분야의 실질 협력 문제가 있다. 그리고 다자 차원에서 한미일 협력과 지역 및 글로벌 협력 문제가 있다.

1) 한일관계의 신뢰 복원 및 정상화

2012년에 한국의 정권교체를 계기로 한일정부 간의 신뢰를 회복하고 양국 관계를 정상화하는 것이 시급한 과제로 떠올랐다. 특히 2012년 이후 중단된 양국 정상의 상호방문과 정상회담의 실현이 대일외교의 현안이 되었다. 2019년에 한일 과거사 갈등이 경제 및 안보 분야로 확대된 이후에는 북한 문제 관련 한미일 공조를 제외하면, 일본정부가 과거사 문제에 대한 한국 측의 해결책을 요구하면서 한국정부와의 대화에 소극적인 태도로 일관해 왔기 때문이다.

2021년에 출범한 일본의 기시다(岸田文雄)정부는 2022년에 윤석열정부가 출범하자 강제동원 문제의 해결책을 제시할 것을 요구하면서 한일정상회담에 신중한 자세를 유지했다. 그 후 한국정부의 한일관계 복원을 위한 일관된 태도가 분명해지자, 일본 측도 한국과의 대화에 관심을 보이기 시작했다. 기시다 총리는 2022년 10월의 임시국회에서 행한 소신 표명 연설에서 "한국은 국제사회에서 다양한 과제에 대한 대응에 협력해 나가야 할 중요한 이웃 나라"라고 전제하고, "국교정상화 이후 구축해 온 우호 협력관계의 기반을 바탕으로 한일관계를 건전한 관계로 되돌려 더욱 발전시켜 나갈 필요가 있어 한국정부와 긴밀하게 의사소통해 나갈 것"이라는 입장을 밝혔다.

한일 정상은 2022년 6월의 북대서양조약기구(NATO) 정상회의에서 최초의 대면 회담을 가진 이후, 동 회의의 환영 만찬과 AP4(한국, 일본, 호주, 뉴질랜드) 정상회담, 한미일정상회담 그리고 9월의 유엔 총회에서 만남을 이어갔다.[54] 그해 11월에 두 정상은 프놈펜에서 ASEAN 정상회의를 계기로 한일정상회담 및 한미일정상회담을 갖고 북한 문제 관련 긴밀한 협력 외에, 외교 당국 간 협의를 통한 강제동원 문제의 조기 해결에 합의했다.

2023년 3월과 5월에 윤석열 대통령과 기시다 총리는 각각 상대국을 방문하여 정상회담을 개최하였다.[55] 양국 정상에 의한 상호방문은 12년 만에 재개된 것으로 정상 간에 필요하면 언제든지 만날 수 있는 관계 즉, 셔틀외교가 복원되었다.

---

54) 국립외교원 일본연구소 일본연구센터, 『일본정세 2022』 (2023), pp. 68-70.
55) 대한민국 대통령실 국가안보실, 『윤석열 정부의 국가안보전략: 자유, 평화, 번영의 글로벌 중추국가』 (2023년 6월), p. 36.

특히 두 차례의 정상회담에서는 경제, 산업, 과학, 문화, 인적 교류 등 폭넓은 분야에 걸친 다양한 협력방안이 심도 있게 논의되었고, 다양한 정부 간 대화 채널의 복원·강화에 합의하였다. 이로써 한일관계의 정상화를 향한 움직임이 본궤도에 오르게 되었다.

2) 과거사 관련 현안

한일관계의 최대 현안인 강제동원 문제는 2022년부터 정부 간 대화를 통해 해결의 실마리를 찾아가고 있다. 한국 외교부는 2022년 7월부터 강제동원 관련 민관협의회의 개최와 공개토론회, 피해자 직접 방문 등 각계각층의 목소리를 경청하면서 일본의 성의 있는 호응을 협의하고, 2023년 3월 6일, 강제징용 대법원판결에 대한 정부 입장을 발표하였다.[56] 외교부가 제시한 해법은 2018년 대법원판결의 피고인 일본 기업을 대신하여 한국정부 산하의 '일제강제동원피해자지원재단'이 민간의 자발적 기여 등을 통해 조성한 재원으로 원고인 징용피해자들에게 판결금을 변제하는 것을 골자로 한다. 이른바 '제3자 변제안'으로 불리는 이 해법은 1965년 한일수교 당시 체결된 청구권협정과 2018년 10월의 대법원판결을 동시에 충족시키기 위한 고육책이자, 그동안 악화된 채 방치된 한일관계를 정상화시키기 위한 대승적 결단이었다는 것이 한국정부의 입장이다. 박진 외교부장관은 상기 한국정부안을 발표하면서 "물컵에 비유하면 물컵에 물이 절반 이상은 찼다고 생각한다. 그리고 앞으로 이어질 일본의 성의 있는 호응에 따라서 그 물컵은 더 채워질 것으로 기대한다"고 부연했다.[57] 박 장관은 한국정부가 일본정부에 대해 추가적인 사죄 표명을 요구하지는 않겠지만, 일본 스스로 기존에 표명한 반성과 사죄의 담화를 일관되고 충실하게 이행하는 것이 중요하다는 입장을 밝혔다.

일본정부는 3월 6일의 한국정부의 발표에 대해 '식민지배에 대한 통절한 반성과 마음으로부터의 사죄'를 표명한 김대중-오부치 공동선언을 포함한 역대 내각의 입장을 계승한다고 발표하였다. 3월 16일에 방일한 윤석열 대통령은 기시다 총리와의 정상회담에서 제3자 변제안을 통한 강제동원 문제의 해결에 합의하였고, 기시다 총리는 역대 내각의 역사 인식을 전체적으로 계승한다는 입장을 표명하였다. 5월에 방한한 기시다 총리는 강제동원 피해자들이 "혹독한 환경에서 힘들고 슬픈 경험을 하신 데 대하여 가슴 아프게 생각한다"고 발언하였다. 일본정부는 일본 기업의 자발적 기여를 반대하지 않겠다는 입장을 표명하였으며, 이에 따라 일본 기업의 기금 참여 문제가 현안으로 남아 있다.

한국정부가 제시한 해법은 대법원판결의 원고 15인의 기판결자에 대한 변제인바, 그 외에도 현재 약 1000명이 소송에 계류 중인 것을 감안한다면 전체 해결을 위해서는 상당한 금액의 기부금이 필요할 것으로 예상된다. 2023년 5월 현재 상기 원고 15인 중 10인이 이 해결법에 의한 판결금을 수령한 반면 일부 원고는 수용을 거부하겠다는 의사를 밝히고 있는바, 추가적인 법적 문제가 제기될 수 있다. 이와 관련 일부에서는 징용

---

56) "강제징용 대법원판결 관련 정부입장 발표문," 2023년 3월 6일.

57) "한국 재단이 징용 배상 '한일관계 위한 결단'…피해자는 '반발'," 『연합뉴스』 2023년 3월 6일.

문제의 근본적 해결을 위해서는 국회의 특별법 제정이 필요하다는 의견을 제시하고 있다. 이러한 상황을 종합적으로 고려한다면, 강제동원 문제의 완전한 해결까지는 상당한 시간이 걸릴 것으로 예상된다. 제3자 변제안을 통한 해결에 대해 찬성보다 반대가 많은 국내 여론을 고려한다면, 한국정부는 한일관계 조기 정상화의 필요성에 대한 국민적 이해를 제고해야 하는 어려운 과제를 안고 있다. 이와 동시에 '남의 컵의 반'을 채우기 위한 일본 측의 호응 특히, 일본 기업의 반성과 사죄 그리고 자발적 기여를 확보하기 위한 외교적인 노력도 요구된다고 하겠다.

한편 일본군 위안부문제는 한국의 신정부 출범을 계기로 2015년의 한일 위안부 합의를 존중하는 틀에서 양국 정부가 합의에 이를 가능성이 커졌다.[58] 2022년 1월에 기시다 총리는 정기국회 연설에서 위안부문제는 2015년의 위안부 합의를 통해 이미 해결된 것이라는 기존 입장을 재확인했다. 2022년 6월의 한일 외교차관 회담과 7월의 외교장관 회담에서 한국 측은 2015년의 위안부 합의를 존중한다는 입장을 전달하였다. 기시다 총리는 10월의 정기국회 연설에서 위안부문제 관련 기존 입장을 재확인하고 한국과 긴밀히 소통하겠다는 의지를 밝혔다.

2021년 12월에 일본정부가 일제 시대의 조선인 강제노역 현장인 사도(佐渡) 광산을 유네스코 세계문화유산으로 추천하기로 결정하면서 이 문제가 한일관계의 현안으로 등장했다.[59] 2022년 2월에 일본정부는 한국 측의 반발에도 불구하고 사도광산을 세계문화유산으로 등재하기 위해 추천서를 제출했다. 그러나 유네스코 측이 일본이 제출한 추천서에 일부 유적에 대한 설명이 빠져있는 등 미비점이 있다며 심사를 보류하자, 일본정부는 필요한 사항을 보완하여 2023년 1월에 다시 추천서를 제출했다. 이에 한국 외교부는 2015년 등재된 일본 근대산업시설 관련 후속 조치가 충실히 이행되지 않고 있는 상황에서 일본정부가 유사한 배경의 사도광산을 다시 세계유산으로 등재를 신청한 데 대해 유감을 표명했다. 세계문화유산은 유네스코 자문기구인 국제기념물유적협의회(ICOMOS)의 심사를 거쳐 세계유산위원회가 등재 여부를 결정하는데, 2023년 5월 현재 그 심사가 진행 중이다. 한편 한국정부는 위안부 기록물의 세계문화유산 등재를 추진한다는 입장인바, 과거사 관련 세계문화유산 등재 문제가 한일 갈등의 새로운 현안이 될 가능성이 있다.

3) 한미일 협력

북한의 핵과 미사일 능력이 고도화하고 글로벌 공급망의 불안정성이 커진 상황에서 한국에서 새로운 정부가 출범하자 한미일 3국 간의 협력이 한국의 대일외교 주요 현안으로 부상하였다. 탈냉전 이후 미국은 한일 갈등을 최소화하고 북한문제 관련 공동대응을 위해 한미일 협력을 중시해 왔는데, 이러한 경향은 미국 민주당 정부 시기에 두드러졌다. 2021년에 바이든정부가 출범하자, 트럼프정부 시기에 위축되었던 한미일 협력은 활발해졌다. 2021년 한 해 동안 3국 간에 국가안보실장회의, 외교장관회의, 외교차관회의 외에 북핵수석대표 모임 등이 잇달아 개최되었

---

58) 국립외교원 일본연구소 일본연구센터, 『일본정세 2022』(2023), p. 75.
59) 국립외교원 일본연구소 일본연구센터 (2023), p. 79.

다. 이들 회동에서는 기후변화, 코로나19 및 전염병 대응, 경제적 탄력성과 회복 등을 포함한 경제, 안보 및 지역 문제 관련 다양한 의제가 논의되었는데, 그중에서 3국 정부가 가장 중시한 것은 북한 문제였다.

2022년에 한미일 협력은 더욱 활발해졌고, 상기 협의체 외에 정상회의, 국방장관회의, 합참의장회의 등이 추가되었다. 특히 최고위 협의체인 3국 정상회의가 두 차례 개최되면서 한미일 협력은 중요한 진전을 이루었다.[60] 윤석열 대통령, 바이든 대통령 그리고 기시다 총리는 6월의 NATO 정상회의를 계기로 회동하여 북한의 핵미사일 위협에 효과적으로 대응하기 위한 안보 협력을 강화하기로 합의하였다. 11월에 프놈펜에서 열린 ASEAN 정상회의 계기 3국 정상회의에서는 안보 및 경제 분야에서 한미일 3국의 포괄적인 협력 방향을 담은 '인도·태평양 한미일 3국 파트너십에 대한 프놈펜 성명'이 채택되었다.

상기 프놈펜 정상회의에서 바이든 대통령은 북한 핵미사일 위협에 대응하기 위해 미국이 제공하는 확장억제를 강화하겠다는 약속을 재확인하고, 3국 정상은 북한 미사일에 대한 정보를 3국이 실시간으로 공유하기로 합의하였다. 또한, 인도·태평양 해상에서 중국의 위협적 행동에 대한 공동대응을 약속하였다. 북한 미사일 정보의 실시간 공유와 관련해서는 2023년 5월에 히로시마에서 개최된 G7정상회의 계기 3국 정상회의에서 3국 간 협력의 수준을 한 단계 높여 나가기로 합의하였다.

상기 프놈펜 정상회의에서는 경제 분야 관련 글로벌 공급망의 안정화와 첨단기술·에너지 분야의 협력을 위한 3국간 경제안보대화체를 신설하고, 외부로부터의 '경제적 강압'에 대응하기 위한 3국간 연대를 강화하기로 합의하였다. 이에 따라 3국은 2023년 2월에 호놀룰루에서 3국의 국가안보실(NSC) 간에 제1회 경제안보대화를 개최하였는데, 3국은 공급망 불안정에 대비한 위기대응 능력을 높이고, 핵심·신흥기술의 진흥과 보호를 위한 협력을 강화해 나갈 것으로 보인다. 또한, 3국은 중국의 경제적 영향력 확대를 견제하기 위해 IPEF를 통해 긴밀히 협력할 것을 재확인하였다.

3국은 글로벌 현안에 대해서도 상호 협력을 확대해 나갈 것에 합의했다. 3국은 러시아의 우크라이나 침략을 규탄하였고, 미국, 일본은 한국 정부의 인도·태평양전략에 대한 지지를 표명하였다. 3국은 공동의 가치 기반을 토대로 안보협력뿐만 아니라, 경제, 공급망, 인적 교류를 포함한 사회문화 분야까지 협력 아젠다를 확장해 나가기 위해, 청년 교류를 비롯한 사회문화 분야 교류를 활성화하여 미래의 협력 기반을 강화해 나간다는 방침이다.

4) 기타 현안

2023년 5월의 한일정상회담에서는 지난 10여 년 동안 한일관계의 경색으로 다루지 못했던 다양한 현안들이 논의되었고, 주목할 만한 성과가 있었다. 먼저 경제 분야에서 양국은 화이트리스트의 복원을 확인했는데, 이는 한일 경제관계를 둘러싼 환경 조건이 2019년 7월 일본의 수출규제 이전으로 돌아간다는 것을 의미한다. 한일관계의

---

60) 대한민국 대통령실 국가안보실, 『윤석열 정부의 국가안보전략: 자유, 평화, 번영의 글로벌 중추국가』 (2023년 6월), pp. 33-35.

불투명성을 제거함으로써 그동안 위축되었던 양국 간 무역 및 투자의 회복이 예상된다. 동 정상회담을 앞두고 한일재무장관회담이 7년 만에 재개된 것은 양국의 환율정책 공조와 외환시장 안정에 기여할 것으로 기대된다. 양국은 우주, 양자, AI, 디지털 바이오, 미래소재 등 첨단 과학기술 분야에 대한 공동연구와 연구개발(R&D) 협력의 추진에 대해 협의하고, 한국의 반도체 제조업체와 일본의 소부장(소재, 부품, 장비) 기업 간의 반도체 공급망 구축에 합의하였다.

안보 분야에서는 북한 위협 관련 한미일 간의 억지력과 대처력 강화의 중요성에 인식을 공유하고, 북한 미사일 정보의 3국간 실시간 공유 방안에 대한 논의를 심화하기로 합의하였다. 한국 측은 지난 4월의 한미정상회담에서 합의된(워싱턴 선언) 한미 간 확장억제 협의체인 핵협의그룹(NCG)과 관련, 일본 참여를 배제하지는 않는다는 입장을 표명하였다. 한국의 '자유, 평화, 번영의 인도·태평양전략'과 일본의 '자유롭고 열린 인도·태평양'의 추진 과정에서 협력하고, 자유, 인권, 법치라는 보편적 가치 수호에서 협력에 같이 노력하기로 합의하였다.

민간교류 분야에서는 국민들이 체감할 수 있는 관광, 문화예술, 인적 교류, 미래세대 교류 확대에 합의하였는데, 수도권뿐만 아니라 지방 간에 항공노선의 증편, 유학생 교류의 확대 방안이 포함되었다. 지난 3월에 전경련과 경단련이 설립하기로 합의한 '한일미래파트너십기금'의 진전 상황과 경제인 및 국회의원 교류 등도 논의되었다.

한편 동 정상회담에서는 후쿠시마 원전의 오염수 관련 협력 방안도 논의되었다. 2011년 발생한 동일본 대지진으로 후쿠시마 제1원전의 폭발사고가 발생한 후, 일본정부는 원전 폐쇄를 위한 계획을 수립해왔다. 일본은 2021년 4월에 다핵종제거설비(ALPS)로 오염수를 거르고 바닷물로 희석하여 2023년경에 해양에 방류하겠다는 계획을 세웠다. 당시 한국정부는 오염수의 해양 방류는 한국 등 관련국의 동의가 필요하며, 오염수가 국제법과 국제기준에 부합하는 방식으로 처리되어야 한다는 입장이었다. 한국은 현재 후쿠시마 등 인근 8개 현의 모든 수산물과 14개 현의 농산물 27개 품목에 대한 수입을 금지하고 있다. 기시다 총리는 5월 정상회담에서 한국 전문가로 구성된 현지시찰단의 파견을 수용하고, "일본 총리로서 자국 국민·한국 국민의 건강과 해양환경에 악영향을 주는 형태로의 방출은 인정하지 않겠다"는 입장을 표명하였다. 한국정부는 현지시찰단의 시찰 결과와 현재 진행 중인 국제원자력기구(IAEA) 조사단의 조사 결과를 토대로 일본의 오염수 해양 방류에 대한 대응을 결정할 것으로 보인다.

6. 대일관계의 전망

위에서 살펴본 바와 같이 2022년에 새로운 정부의 출범을 계기로 한일관계는 눈에 띄게 개선되었지만, 그렇다고 한일협력을 낙관할 수 있는 상황은 아니다. 과거사 문제를 둘러싼 한일 간의 갈등구조가 사라진 것은 아니기 때문이다. 뿐만 아니라 정권교체를 계기로 정부의 대외정책 기조가 크게 변화하는 한국의 정치환경을 감안한다면, 장기적으로 한국정부의 대일정책의 일관성을 보장할 수도 없다. 한일협력의 촉진 요인과 장애 요인 및 중요성을 검토하고, 안정적인 한일관계 구축에 요구되는 발상의 전환을 제시해 보고자 한다.

1) 대일관계 변화의 촉진요인과 장애요인

현재의 한일관계는 이중의 의미에서 뒤틀린 구조의 제약하에 있다고 할 수 있다. 하나는 탈냉전 이후 현저해진 한일 간의 위협 인식의 괴리이다. 이미 지적한 대로, 북한 및 중국에 대한 한일의 위협 인식은 탈냉전을 거치면서 역전되었는데, 이는 미일동맹을 재편·강화하여 지역 및 글로벌 차원에서 동맹의 일체화를 추진하는 일본과 한미동맹의 지역동맹화에 신중한 한국 간의 전략적 협력을 어렵게 하고 있다. 다른 하나는 안보와 경제 분야의 실질 협력과 과거사(역사) 문제를 둘러싼 갈등 사이에 나타나는 뒤틀림이다. 한일 양국은 국익 극대화를 위해 전통 및 비전통 안보 이슈와 국제경제 문제 등 다양한 현안에서 협력이 필요하지만, 과거사 갈등이 한일협력의 구조적인 장애요인으로 남아 있다.

이를 단적으로 보여주는 사례가 이명박정부 시기의 한일관계이다. 이명박정부 초기에는 한일 안보협력이 탄력을 받았다. 한일 간에 국방교류의향서의 합의, PSI(대량살상무기 확산방지구상) 훈련에 공동 참가, GSOMIA 및 상호군수지원협정(ACSA)의 체결 시도와 같은 움직임이 있었다. 당시 한국정부가 대북 억지력 확보 차원에서 한미일 협력을 강화한 배경에는 북한에 의한 핵 위협의 고조, 일본 민주당 정부의 전향적인 역사 인식, 한일 안보협력에 대한 미국의 기대 등이 있었다.[61] 그러나 2011년 말부터 한일 간에 위안부 갈등이 가시화되자, 한일협력의 분위기는 급변하였다. 2012년 들어 비공식 채널을 통해 진행되던 한일 간의 위안부 협의가 무산되자, 6월에 GSOMIA 및 ACSA 협정 체결이 중단되었다. 8월에 이명박 대통령의 독도 방문 이후 양국 관계가 냉각되자, 국방·안보 분야의 한일교류 프로그램들이 취소되었고 한일 간의 안보협력은 추동력을 상실하였다.

반대로 역설적이지만, 북한의 군사적 도발은 한일관계의 협력을 촉진하는 요인으로 작용하고 있다. 1990년대에 한일 협력은 북한이라는 공동의 위협을 상정하여 국방 분야의 인사 교류, 부대 간의 교류 및 정보교환의 정례화로 발전하였다. 북한의 핵 개발 의혹, 미사일 발사 등에 의해 제기된 '북한 위협론'은 한일 간 안보협력의 촉진제가 되었다.[62] 1993년에 미국 국무부와 워싱턴 주재의 한일 양국의 대사관 관계자들이 회동하여 북한의 핵과 대량살상무기의 개발을 저지하기 위해 협의하였고, 1994년에 제네바핵합의에 근거하여 한반도에너지개발기구(KEDO)가 설립되었다. 한일 간에는 1994년부터 매년 국방장관회담과 방위정책 관련 실무회의가 개최되었고, 연습함대의 상호방문이 시작되었다.

1998년 김대중정부 출범 이후 북한에 의한 탄도미사일의 발사, 반잠수정 사건 등의 도발이 계속되는 상황에서 발표된 '21세기 한일 파트너십 선언'에는 양국의 협력사업에 안보대화와 방위교류의 확대가 포함되었다. 이를 계기로 외교와 국방 분야 관계자가 참석한 안보정책협의회가 개최

---

61) 박영준, "한국외교와 한·일안보관계의 변용, 1965- 2015," 『일본비평』 (제12호, 2015), pp. 159-161.

62) 이원덕, "한·일안보협력의 현황과 과제," 『외교』 60호 (2002년 1월).

되어 한일 간에 직접적인 안보협의 채널이 개설되었다. 그리고 공동의 해상훈련의 합의, 긴급사태 발생 시의 정보교환을 위해 한일 간에 핫라인의 개설, 동중국해에서 공동의 해상구조훈련의 실시 등이 뒤따랐다. 그리고 국방과 외교 관련 연구 및 교육기관 간의 학술교류 등이 정례화되었다.[63]

1998년에 시작된 한일 간의 대북정책 공조는 이듬해 10월에 '페리 프로세스'로 불리는 미국의 대북정책의 전환을 가져오는 촉매제가 되었다. 1999년 4월 하와이에서 한미일 3국은 대북정책을 조정하기 위한 국장급 회의로서 3자 대북정책조정그룹회의(TCOG)를 설치하기로 합의하였다. 동 회의는 1999년 5월에 도쿄에서 1차 회의가 개최된 이후 2003년 8월에 6자회담으로 대체되기까지 활발하게 개최되었다. 이 협의체는 북한의 핵개발 문제 외에 북한에 대한 지원 문제도 논의되었으며, 북한 문제가 불거질 때마다 3국의 대표가 회동하여 공동성명을 발표했다. 이 협의체는 한미일 간의 대북정책 공조의 시발점이 되었다.[64]

2015년 말의 한국과 일본정부 간의 위안부문제의 타결과 2016년 들어 북한에 의한 일련의 핵과 미사일 도발은 한일 및 한미일 공조를 강화하는 계기가 되었다. 북한이 핵과 미사일 도발을 감행하자, 한일은 GSOMIA을 체결하여 북한의 미사일 관련 정보를 미국을 거치지 않고 한일 간에 직접 공유할 수 있는 제도적인 기반을 정비하였다. 북한의 군사적 위협이 증가할수록 한일관계를 개선하려는 미국의 요구가 강해지고, 이는 결과적으로 한일협력의 촉진제가 될 수 있다.[65]

2) 한일협력의 중요성

탈냉전 이후 30년 동안 과거사 갈등과 위협 인식의 괴리로 인해 한일관계의 갈등이 구조화하자, 한국과의 관계를 재설정하자는 주장이 일본에서 제기되었다. 한일관계가 '특수관계'에서 '보통의 국가 간 관계'로 전환되고 양국은 '기본적인 가치'나 '전략적 이익'을 공유하지 않게 되었으니, 일본은 한국에 대해 과거에 했던 배려와 양보를 더 이상 할 필요가 없다는 것이다.[66] 이러한 주장은 냉철한 현실인식이라기보다는 감정론에 가까운 것으로 미래지향적인 한일관계를 만드는 데 도움이 되지 않는다. 왜냐하면 '보통의 한일관계론'은 일본에 대한 한국의 전략적 가치의 감소를 의미하는 것이 아니라, 한국에 대한 일본 외교의 태도 변화와 관련된 것으로 보이기 때문이다.

유사 이래 일본 열도에 대한 한반도의 지정학적 혹은 전략적 중요성은 초시대적인 것이었다. 지난 2천년 동안 일본이 치른 다섯 번의 대외 전쟁이나 관여는 한반도를 매개로 한 것이었다.[67] 전후의 동아시아 냉전체제하에서 미일 간에 합의된 이른바 한국조항(한국이나 한반도의 안보가 일본의 안보에 긴요하다는 것)을 놓고 보더라도, 냉전의 변용에 따라 한국 안보에 대한 일본의 관여 정도에 차이가 있었지언정 한국 안보와 일본 안보

---

63) 박영준 (2015), pp. 155-156.
64) 니시노 준야, "왜 화해는 필요한가: '21세기 새로운 한일 파트너십 공동선언' 이후의 한일관계," 양기호·기미야 타다시 편 『역사 화해를 위한 한일대화 정치편』, 동북아역사재단 (2020), pp. 213-214.
65) 조양현, "인도·태평양 전략(Indo-Pacific Strategy) 구상과 일본 외교," 『주요국제문제분석』 (서울: 국립외교원, 2017).
66) 浅羽祐樹, "『普通』の日韓関係へ," 『外交』 53 (2019).
67) 小倉和夫, 『日本のアジア外交二千年の系譜』 (藤原書店, 2013).

의 연관성 자체를 부정하는 경우는 없었다. 탈냉전 이후 미국의 지역전략의 관점에서 볼 때도 미국과 동맹관계에 있는 한일 양국 간의 협력의 중요성에는 변함이 없다. 2019년 4월, 미일안보협의회(SCC, 이른바 2 + 2)에서 양국은 "미국, 일본 및 대한민국 간의 협력의 중요성을 강조하고, 함께 협력하여 3국 간 안보협력과 연습을 증진하기로 약속했다"고 선언했다.[68] 말하자면, 미일동맹과 한미동맹이 유지되는 한, 일본에게 한국은 특별한 존재인 것이다.

북한의 핵과 미사일 능력의 고도화 및 중국의 군사적 부상은 동아시아에서 미국의 패권 유지에 대한 도전 요인이다. 미국은 자국의 본토까지 도달하는 대륙간탄도미사일(ICBM)을 개발하려는 북한의 야욕을 용납할 수 없다. 북한에 대한 한국의 억지력은 전략적으로 일본의 이익이 된다. 일본에게 한국은 북한 핵에 대한 중요한 완충지이며 전초기지이기 때문이다.[69] 또한, 미일 양국은 중국을 견제하기 위해 미일동맹을 '지역동맹'으로 확대하고 여기에 한국을 끌어들이기 위해 공을 들이고 있다. 미국과 일본의 안보 전문가들이 볼 때, '공산화된 한반도나 중국의 영향력 아래에 들어간 한국'은 최악의 시나리오이다.[70]

과거사 갈등과 북한, 중국 등에 대한 위협인식의 괴리로 인해 한국에 대한 일본의 불만이 누적되면서 일본이 한국을 대하는 태도가 체념적이거나 냉소적으로 변해왔다는 사실을 부정할 수는 없다. 신장된 국력을 토대로 일본에 대해 과거사 사죄를 반복해서 요구하는 한국, 일본보다 중국을 중시하는 한국, 일본을 배제한 채 북한과의 대화를 우선하는 한국과 같은 이미지가 일본 사회에서 확대재생산되면서 일본정부의 불만은 쌓여갔다. 이러한 불만에서 한국에 대해 과거와 같은 '특별한 배려'는 하고 싶지 않다는 것이 일본 지도층의 속마음이었다고 할 수 있다.

그럼에도 불구하고 한국의 전략적 가치를 무시할 수 없다는 데 일본의 고민이 있다. 한일 간에 과거사를 둘러싼 갈등이 상시화하고 중국과 북한에 대한 인식 차이가 존재함에도 불구하고, 안보 면에서 한일관계가 특수한 관계에 있다는 점에는 변함이 없다. 일본이 한국정부의 태도에 섭섭함을 느꼈다고 하더라도 미국과의 동맹을 공유하는 이웃나라 한국을 지구 반대편의 나라와 같이 취급할 수 있을까? 이것은 한국도 마찬가지이다. 한국전쟁의 경험에서 보듯이 한반도의 유사시에 일본의 기지와 자위대의 후방지원이 없다면 한미동맹은 제대로 작동할 수 없다. 한국에게 일본은 중요한 군사 기지를 제공하고 한반도와 그 주변에서 미군에 필요한 병참 지원을 제공하고 있다. 북한과의 무력 충돌이 발생하면(한미일 3국은 이러한 상황을 피해야한다는 점에 이해관계를 공유하고 있지만), 미국의 군대와 물자가 일본을 경유하여 한반도에 투사될 것이다. 아무리 일본정부의 역사 인식이 수정주의적 성향을 띤다고 하더라도 한국 안보에서 일본의 전략적 가치 자체가 훼손되는 것은 아니다.

---

68) Ministry of Defense, "Joint Statement of the Security Consultative Committee," 19 April 2019. https://www.mod.go.jp/e/d_act/us/201904_js.html (검색일: 26 April 2019).

69) Rodger Baker, "Korea's Place in History," *Forbes*, 16 January 2018.

70) Yanghyeon Jo, "Japan's Perspective on the ROK-US Alliance and the Korean Unification: Focusing on the North Korea-United States Summit," Korean Council on Foreign Relations, *Foreign Relations* 20-1 (December 2018), p. 154.

인도·태평양의 국제질서가 미중관계를 중심으로 급속히 재편되는 상황에서 한일협력은 일종의 지역공공재라고 할 수 있다. 미중이 펼치는 강대국 정치에 대응하여 이 지역의 이해관계를 대변할 수 있는 위치에 있는 세력은 한국과 일본이기 때문이다. 미국 우선주의와 보호무역주의의 성향이 강한 트럼프정부가 출범하여 국제정치경제의 불확실성이 증가하자, 미국의 아시아 동맹국들은 트럼프의 '미국 우선주의(America First)'에 불안을 느꼈다.[71] 오바마 행정부가 국제협조주의와 다자주의를 중시했던 데 비해, 양자주의 내지는 일방주의적인 접근을 선호한 트럼프 대통령은 일본에게 무역 적자의 해소책을 요구하고 환태평양경제동반자협정(TPP)을 미일 FTA로 대체하였고, 한국에 대해서 무역적자의 해소와 방위비 증액을 요구하였기 때문이다.

트럼프정부가 인도·태평양을 군사안보적인 공간으로 인식하여 미국, 일본, 호주 및 인도 4개국 협력 이른바 쿼드(QUAD) 즉, 미, 일, 호주, 인도 4개국 협력을 추진했다면, 바이든정부는 대중국 견제의 수단으로 동맹국 및 파트너 국가들과의 연대, 인권, 민주주의 가치체계 등을 동원하고 있다. 2022년 2월에 발표된 미국의 인도·태평양 전략 보고서에서는 자유롭고 개방된 인도·태평양의 발전, 동맹과의 강력한 관계의 구축, 광범한 경제번영의 증진, 코로나19 대응과 기후변화 협력, 안보 강화 등이 눈에 띈다.[72] 동 보고서는 중국의 도전을 최우선 과제로 강조하고, 중국의 영향력에 대응하기 위한 전략적 환경의 구축을 위해 쿼드와 IPEF의 추진을 액션플랜에 포함시켰다. 바이든정부는 인도·태평양에서 미일동맹, 한미동맹, 한미일 협력, 쿼드, AUKUS(미국, 영국, 호주 3개국 안보협력), 유럽·NATO 차원 협력 및 IPEF 등을 활용하여 안보와 경제 분야의 다자연대를 추진하겠다는 의도를 명확히 했다.

바이든정부는 출범 첫해인 2021년 4월과 5월에 워싱턴 D. C.에서 미일정상회담과 한미정상회담을 잇달아 개최하여 미국의 인도·태평양전략의 틀 속에서 한미관계와 미일관계의 주요 현안과 협력 방향에 합의하였다.[73] 이듬해 2월에 발발한 우크라이나 전쟁이 진행 중인 상황에서 대만해협 관련 중국의 움직임, 북한의 탄도미사일 발사 등으로 위기감이 고조된 시기에 바이든 대통령은 미국의 핵심적인 동맹국인 한국과 일본을 방문했다. 5월 21일의 한미정상회담과 23일의 미일정상회담에서 정상들은 한미동맹과 미일동맹 외에 러시아-우크라이나 문제, 중국 및 북한 문제, 경제안보, 글로벌 이슈 등 지역 및 글로벌 현안에 대해 폭넓게 논의하고 공동성명을 발표하였다. 미국은 새 정부가 출범한 한일 양국을 상대로 기존의 다자연대를 강화하고 IPEF를 출범시킴으로써 미국이 추진하는 인도·태평양전략의 연속성을 확보하고자 하였다.

주목되는 것은, IPEF의 공동성명에 따르면 목표, 이익 및 야망을 공유하는 지역 파트너의 추가적인 참여를 열어 두고 있지만, 미국이 신뢰할 수

---

71) 佐竹知彦, "日本—不確実性の中の日米同盟," 『東アジア戦略概観 2018』 (2018), 第7章.
72) Executive Office of the President, National Security Council, "Indo-Pacific Strategy of the United States," The White House, February 2022.

73) 조양현, "미일정상회의(2021.4.16) 평가 및 전망," 『주요국제문제분석』 국립외교원 (2021); 김현욱, "한미정상회담 분석," 국립외교원, 『주요국제문제분석』 (2021).

있는 동맹국과 파트너국 간의 협의체로 추진하고 있다는 점에서 사실상 중국의 참여는 배제되어 있다는 점이다. IPEF가 미국의 의도대로 진전될지는 불투명하지만, 대부분의 역내 국가들이 중국과 깊은 경제적 상호의존관계에 있는 상황에서 중국 배제의 디커플링이 본격화할 경우 국제경제는 큰 충격이 불가피할 것이다. 따라서 역내국들은 미국과의 동맹관계와 병행하여 미중 디커플링을 견제할 다른 수단도 필요로 한다. 미중 양국이 정면으로 충돌하거나, 미중 중심의 강대국 정치가 지역 국제관계를 결정하는 상황은 역내 국가들로서는 피하고 싶은 시나리오이다. 미중 변수를 '헷징'하기 위해서는 일본, 한국, 인도, 호주, ASEAN 국가들의 다자연대가 불가결하며, 한일은 그 핵심적 위치에 있다고 할 수 있다.

3) 과거사 갈등 상시화 시대의 발상 전환

탈냉전 이후 한일 간의 안보 연대감은 이완되었지만, 상대적 국력의 격차가 줄어들면서 한일관계는 대칭화되었다.[74] 민주주의와 시장경제로 양국의 정치경제체제가 수렴하고, 한일관계에서 시민단체 등 비정부 주체의 역할이 확대되고, 한일 간 교류의 형태는 다양해졌다. 이전의 한일관계가 식민 지배의 가해자와 피해자, 혹은 선진국과 개발도상국이라는 수직적인 성격이 강했다면, 앞으로의 한일관계는 수평적인 관계를 특징으로 할 것이다.

한일 간에 위협 인식의 괴리가 있고 과거사 갈등이 상시화했음에도 불구하고, 경제와 안보 분야에서 양국 간에 원활한 의사소통이 되지 않으면 쌍방이 손해를 보는 관계에 있다는 데는 변함이 없다. 오히려 최근의 급변하는 국제정세를 감안할 때, 양국은 상충하는 이해관계를 전제로 신뢰관계를 구축해야 하는 절박한 상황에 있다.

과거사 갈등 상시화 시대에 한일관계의 불안정성을 보완하고, 미래지향적인 관계를 구축해 나가기 위해서는 몇 가지 발상 전환이 요구된다.

첫째, '과거와 미래의' 시점을 공유하려는 시도이다. 과거 직시와 미래 협력을 병행함으로써 '지배·피지배의 기억에 집착하는 과거회귀적인 발상'이나 '미래의 밝은 협력만을 강조'하는 이분법적 접근을 극복하자는 것이다. 한일이 미래협력을 확대하다 보면 과거사 화해가 더 용이해질 수 있다는 것이 김대중-오부치 공동선언의 기본 취지라는 점을 기억할 필요가 있다.

둘째, '양자에서 다자로' 관심의 확대이다. 양자 현안에만 매몰되지 않고, 북한 문제, 중국 부상 등을 감안하여 안정적인 지역 및 세계 질서의 구축이라는 다자적 관점에서 서로 원원하는 협력방안을 모색하자는 것이다. 한국과 일본이 지역의 안정과 평화라는 전략적 관점에서 상대방의 가치를 인정하게 된다면 한층 성숙한 한일관계를 기대할 수 있을 것이다.

셋째, '정부 주도에서 시민사회로' 주체의 다양화이다. 한일관계에서 정부-비정부 주체(여론, NGO)간 소통 강화 및 성숙한 시민의식을 토대로 과도한 민족주의, 포퓰리즘, 외교의 정치수단화를 견제하여 한일관계의 안정성과 정책 일관성을 확보하자는 것이다. 한일 간의 지방자치단체, 시민사회, 기업, 학자 간의 다층적 인적·문화 교류

---
74) 기미야 타다시, 『한일관계사』 (에이케이커뮤니케이션즈, 2022).

는 정치·외교 마찰을 완화하는 중요한 자원인바, 장기적 관점에서 이에 대한 지속적인 지원이 필요하다. 민간 부문의 한일교류는 한중, 일중 교류 확대와 함께 동아시아의 지역통합 내지는 시민공동체의 토대가 된다는 장기적 관점에서 접근할 필요가 있다.

7. 결론

탈냉전 이후 한일관계가 비대칭 관계에서 대칭 관계로 구조적인 변화를 보인 결과, 한일 간에 과거사 갈등이 표면화하였다. 과거사 갈등 상시화 시대에 한일협력이 가능하기 위해서는 그만큼 더 큰 의식적인 관리 노력이 요구된다고 하겠다.[75] 미국과의 동맹관계와 자유무역체제에 이해관계를 공유하는 한일은 안보와 경제 분야에서 국제정세의 불투명성이 증가할 때 위기의식을 공유하면서 상호협력을 강화해 왔다. 북한 핵 능력의 고도화, 글로벌 공급망의 불안정, 한중관계의 냉각, 미중 전략경쟁의 심화, 우크라이나 전쟁의 장기화 등 최근의 국제환경을 감안한다면, 한일협력의 필요성은 여전히 크다고 하겠다.

한일관계에 내재하는 갈등 억제의 취약성을 극복하기 위해서는 정치지도자의 의식적인 선택과 한일 간에 위기의식의 공유가 중요하다. 역사인식을 둘러싼 한일 갈등이 국내정치의 맥락에서 이용되거나 그것이 타 영역까지 파급되지 않도록 정부의 통제력이 작용할 수 있으려면 성숙한 시민의식과 함께 정치지도자의 결단이 요구된다. 일본 사회의 보수화 및 한국에 대한 인식 변화, 이전 정부 시기의 부의 유산 등이 한일관계에 미친 부정적인 영향을 극복하고 대일외교의 정책 연속성을 유지하기 위해서는 미래지향적 한일관계의 중요성에 대한 국민의 관심과 이해가 동반되어야 한다. 한국과 일본이 상대방의 전략적 가치에 대한 재평가를 통해 상호협력의 필요성을 인식하게 된다면 과거사 갈등을 억제할 수 있는 외교 공간이 확대된다고 할 수 있다.

한국은 미국의 인도·태평양전략에서 중핵적인 위치에 있는 일본과의 관계 개선이 긴요한바, 한일관계에서 과거사 비중의 완화, 지역 및 다자 차원의 협력 확대, 경제통상, 비전통 협력 및 인적 교류 등 실질 협력의 강화라는 현 대일외교의 기조는 유지되어야 한다. 한일 현안을 대국적 견지에서 포괄적으로 접근하되, 최고지도자 및 고위급 회담 등 양국 정부간 대화채널의 복원을 통해 상호 신뢰회복 및 관계 개선의 분위기 조성, 현안별 대응방안 협의를 계속하고, 미래비전 공유를 위한 포괄적 합의를 모색해 가는 것이 현실적이다. 이를 위해 2010년대 들어 자취를 감춘 한일 간 1.5트랙의 전략대화를 부활시킬 필요가 있다.

한미일 협력을 북한에 대한 억지력 강화의 차원을 넘어 광범위한 안보협력으로 확대하는 것은 한일 간의 역사관 문제, 대북한 정책, 한중관계 등과 직결되는 문제인바, 그 범위와 수준에 대한 장기 대안을 마련할 필요가 있다. 한국정부는 한미동맹의 신뢰제고 및 한미일 안보협력 확대를 통한 동맹의 결속력 강화를 국방 분야의 정책과제로 삼고, 다양한 한일 및 한미일 소통을 강화하고 정책 전략적 수준의 협의를 활성화, 한

---

75) 기미야 타다시, "한일 역사 화해를 둘러싼 정치학: 역사 갈등의 억제 메커니즘과 그 기능부전," 양기호·기미야 타다시 편, 『역사 화해를 위한 한일대화 정치편』 (서울: 동북아역사재단, 2020), p. 130.

미일 안보협력을 단계적으로 확대한다는 목표를 제시하였다. 확장억제력의 신뢰성 제고를 위한 한미일 공동의 대응방안을 검토하고, 정상화된 GSOMIA를 토대로 안보 분야의 한일 간 인적교류와 정보 교류를 확대해 나가는 것이 필요하다. 한일 간에 해상재난 시의 긴급구조 협력, 대테러·해적 행위에 공동대응, 해양수송로(SLOC)의 공동방위, 유엔평화유지활동(PKO)에서의 협력, 방역 및 개도국 개발원조 공동지원 등과 같은 지역 및 다자 차원의 협력을 확대할 필요가 있다.

미국(혹은 미일)의 주도로 IPEF, 쿼드 워킹그룹, 공급망장관급회의 등을 통해 첨단기술 분야에서 국제표준의 구축과 전략물자의 공급망 재편이 가시화될 수 있는바, 경제안보 관련 다자협의체에 적극적으로 참여하고 이를 한일 경제협력을 재가동하는 '마중물'로 활용하는 방안을 검토할 필요가 있다. 첨단기술 분야의 아키텍처 경쟁에서 반도체, 5G/6G, 배터리 등 한국이 경쟁력을 지닌 분야를 레버리지로 활용하면서 국제표준의 구축, 그리고 희토류 등 전략물자의 공급망 재편과 기후변화, 녹색성장, 클린에너지, 방역 등의 분야에서 유리한 위치를 선점하는 방안을 고민해야 한다. IPEF는 한국외교의 전략공간 확대, 경제안보 충격에의 대응, 에너지·디지털 전환 활용 등 포스트 코로나 관련 이슈 등을 아우르는 새로운 경제안보 플랫폼으로 발전 가능성이 있는바, 한국이 인도·태평양 경제질서의 일원으로 참여하는 계기가 될 수 있다.

토의주제

1. 해방 후의 한일관계는 냉전기와 탈냉전기에 어떤 특징을 보이면서 전개되었는가?
2. 2010년대 한일관계가 이전 시기의 한일관계와 다른 점은 무엇인가?
3. 2010년대에 한일갈등의 상시화를 초래한 국내외적 환경요인에는 어떤 것이 있는가?
4. 1990년대 들어 쟁점화된 일본군 위안부문제가 대일외교에 미친 영향은 무엇인가?
5. 강제동원(징용) 관련 2018년의 대법원판결은 한국의 대일외교에 어떤 영향을 미쳤나?
6. 윤석열정부의 대일외교는 이전 정부와 어떻게 다른가?
7. 미국이 한미일 협력을 중시하는 이유는 무엇인가?
8. 한일 양국의 국익 관점에서 볼 때, 한일협력의 전략적 가치는 무엇인가?
9. 한일협력에 지역공공재적인 성격이 있다면 무엇인가?
10. 미래지향적인 한일관계를 구축하기 위해 요구되는 접근법은 무엇인가?

참고문헌

1. 한글문헌

국립외교원 일본연구소 일본연구센터. 『일본정세 2022』. 서울: 국립외교원, 2023.

기미야 타다시 지음. 이원덕 옮김. 『한일관계사』. 서울: 에이케이커뮤니케이션즈, 2022.

기미야 타다시. "냉전 이후의 한일관계는 역사 문제를 어떻게 바꾸어 놓았는가?." NEAR재단 편저, 『한일관계 이렇게 풀어라』. 서울: 김영사, 2015.

_____. "일본의 대북한 인식과 한일관계." 국민대 일본학연구소. 『일본공간』 창간호, 2007.

_____. "한일 역사 화해를 둘러싼 정치학: 역사 갈등의 억제 메커니즘과 그 기능부전." 양기호·기미야 타다시 편. 『역사 화해를 위한 한일대화 정치편』, 동북아역사재단, 2020.

김영작. "일본(인)은 우리에게 무엇인가: 과거, 현재 그리고 미래." 김영작·이원덕 편. 『일본은 한국에게 무엇인가』. 서울: 한울아카데미, 2006.

김현욱. "한미정상회담 분석." 『주요국제문제분석』. 서울: 국립외교원, 2021.

나카니시 히로시(中西寬). "한일관계의 구조변화와 미래: 일본의 시각." 동아시아재단. 『EAP』 제34호 (2015).

남상구. "일본 교과서 문제의 역사적 경위와 실태." 『한일관계사연구』 54 (2016).

_____. "일본 정부의 일본군 '위안부'에 대한 역사인식과 정책 변화." 『한일관계사연구』 제58집 (2017).

니시노 준야. "왜 화해는 필요한가: '21세기 새로운 한일 파트너십 공동선언' 이후의 한일관계." 양기호·기미야 타다시 편. 『역사 화해를 위한 한일대화 정치편』. 서울: 동북아역사재단, 2020.

대한민국 대통령실 국가안보실. 『윤석열 정부의 국가안보전략: 자유, 평화, 번영의 글로벌 중추국가』. 2023년 6월.

대한민국 정부. 『자유, 평화, 번영의 인도-태평양 전략』. 2022년 12월.

박영준. "한국외교와 한·일안보관계의 변용, 1965-2015." 『일본비평』 제12호 (2015).

박진우. "現代 韓日關係와 天皇制: 天皇의 '謝罪' 發言과 訪韓 問題를 中心으로." 『한일민족문제연구』 15권 (2008).

서동만. "한·일 안보협력에 관하여." 김영작·이원덕 편. 『일본은 한국에게 무엇인가』. 서울: 한울아카데미, 2006.

서승원. "일본 아베 정권의 집단적 자위권과 중국." 『아세아연구』 제58권 4호 (2015).

손열. "좌절하는 한일관계: 다가오는 위기, 멀어지는 해법." 『EAI 논평』 2020.

송정현·이현승. "한국과 일본 사법부 및 정부입장에 관한 연구: 강제징용 문제를 중심으로." 『일본문화연구』 제79집 (2021).

신정화. 『일본의 대북정책 1945~1992년』. 서울: 오름, 2004.

양기호. "강제징용 쟁점과 한일관계의 구조적 변용: 국내변수가 양국관계에 미치는 영향을 중심으로." 『일본연구논총』 제51호 (2020).

이면우. 『일본 보수주의 분석: 아베 재등장의 배경과 일본 정치의 향방』. 성남: 세종연구소, 2018.

이승희·김지영. "국가 정체성 갈등이 경제 제재에 미치는 영향: 일본의 대한국 수출규제를 중심으로." 『비교일본학』 제52집 (2019).

이원덕. "구조전환기의 한일관계." 장달중, 오코노기 마사오 공편. 『전후 한일관계의 전개』. 서울: 아연출판부, 2008.

_____. "역사인식과 한일관계." 하영선 편. 『한국과 일본: 새로운 만남을 위한 역사인식』. 서울: 나남출판, 1997.

_____. "한일 과거사 갈등의 구조와 해법 모색." 김영작·이원덕 편. 『일본은 한국에게 무엇인가』. 서울: 한울아카데미, 2006.

_____. 『한일 과거사 처리의 원점: 일본의 전후처리 외교와 한일회담』. 서울: 서울대학교출판부, 1996.

_____. "한·일안보협력의 현황과 과제." 『외교』 60호 (2002).

이희옥. "한국에서의 중국 부상의 성격." 『한국과 국제정치』 제25집 4호 (2009).

정민정. "한국 군함 사격통제레이더의 일 초계기 조준여부 공방에 관한 법적 쟁점과 대응방안." 『중앙법학』 (2019).

조양현. "동아시아 歷史論争과 美 下院의 慰安婦 決議案 論議: 최근의 동향과 미일관계에의 함의를 중심으로." 한일민족문제학회. 『한일민족문제연구』 12호 (2007).

_____. "미국 바이든 정부 출범과 한미일 협력: 미국의 동맹 관리의 시각에서." 『정책연구과제』. 서울: 국립외교원, 2022.

_____. "미일정상회의(2021. 4. 16) 평가 및 전망." 『주요국제문제분석』 국립외교원, 2021.

_____. "인도·태평양 전략(Indo-Pacific Strategy) 구상과 일본 외교." 『주요국제문제분석』 국립외교원, 2017.

_____. "한국의 시각으로 본 일본의 역사 인식." NEAR 재단 편저. 『한일관계 이렇게 풀어라』. 서울: 김영사, 2015.

2. 영어문헌

Baker, Rodger. "Korea's Place in History." *Forbes*, 16 January 2018.

Calder, Kent E. *Asia in Washington: Exploring the Penumbra of Transnational Power*, Washington DC: Brookings Institution Press, 2014.

Cha, Victor. *Alignment Despite Antagonism: The United States-Korea-Japan Security Triangle*, Stanford University Press, 2000.

Hiraiwa, Shunji. "Japan's policy on North Korea: four motives and three factors." *Journal of Con-temporary East Asia Studies* 9-1 (2020).

Jo, Yanghyeon. "Japan's Perspective on the ROK-US Alliance and the Korean Unification: Focusing on the North Korea-United States Summit." Korean Council on Foreign Relations, *Foreign Relations* 20-1, December 2018.

Midford, Paul, "Challenging the Democratic Peace? Historical Memory and the Security Relationship between Japan and South Korea," *Pacific Focus* 23-2 (2008).

Park, Cheol Hee. "Stronger and Broader: President Yoon's New Foreign-Policy Initiatives." *Global Asia*, 27 June 2022.

3. 외국어 문헌

道下徳成·東清彦. "朝鮮半島有事と日本の対応." 木宮正史編著. 『朝鮮半島と東アジア』. 東京: 岩波書店, 2015.

李庭植. 『戦後日韓関係史』. 東京: 中央公論社, 1989.

李鍾元. 『東アジア冷戦と韓米日関係』. 東京: 東京大学出版会, 1996.

木宮正史. "日本の安全保障と朝鮮半島—安全保障における非対称性." 木宮正史編著. 『朝鮮半島と東アジア』. 東京: 岩波書店, 2015.

小倉和夫. 『日本のアジア外交二千年の系譜』. 東京: 藤原書店, 2013.

佐竹知彦. "日本-不確実性の中の日米同盟." 『東アジア戦略概観 2018』 (2018).

中野晃一. 『右傾化する日本政治』. 東京: 岩波書店, 2015.

倉田秀也. "『地域』を模索する米韓同盟: 同盟変革と『リバランス』." 『東亜』 555号 (2013).

浅羽祐樹. "『普通』の日韓関係へ." 『外交』 53 (2019).

阪田恭代. "米国のアジア太平洋リバランス政策と米韓同盟: 21世紀『戦略同盟』の三つの課題." 『国際安全保障』 44巻1号 (2016).

15장 대러시아관계

1. 서론 437
2. 한러관계의 역사적 전개 439
3. 대러관계의 국내외적 환경 441
4. 대러관계의 목표와 추진 방향 ... 444
5. 대러관계의 현안·쟁점·실천방안 ... 448
6. 대러시아 정책의 전망 455
7. 결론 460

신범식(서울대 정치외교학부)

1. 서론

1990년 한국과 러시아가 수교한 이래 30년이 넘었다. 탈냉전기 국제정치의 대격동기에 한국은 북방외교를 통해 소비에트연방 및 중화인민공화국과의 수교라는 성과를 이루어 냈다. 이를 통해 한국은 북한에 대한 외교·안보적 우위를 확보할 수 있는 기반을 마련했던 것에 반하여, 북한의 미국 및 일본과의 수교는 아직도 이루어지지 않고 있다. 이 같은 외교 네트워크의 비대칭성은 한반도를 둘러싼 외교관계를 규정하는 중요한 조건이 되어 오늘까지 이르고 있다.[1]

한국정부는 지난 2020년을 '신북방의 해'로 정하여 다양한 한러수교 30주년 행사를 기획했다. 북한의 핵실험과 미사일 발사에 따른 5·24조치의 지속으로 나진-핫산 프로젝트가 유야무야되면서 한반도 관계에서 이렇다 할 돌파구를 찾지 못하던 러시아도 수교 30주년을 계기로 양국 간 전략적 동반자관계를 활성화해보려는 다양한 행사를 계획했던 것으로 알려졌다.[2] 그러나 2020년 초 발생한 코로나19 팬데믹과 2022년 초에 벌어진 우크라이나전쟁으로 말미암아 한국과 러시아의 관계는 수교 30주년이라는 말이 무색해질 만큼 경색되었다.

---

1) 신범식, "러시아 외교안보 정책과 한·러 관계 2030," 『신아세아』 26권 3호 (2019), p. 135.
2) 신범식, "한·러수교 30주년 양국관계 현황과 전망," 『외교』 134호 (2020), p. 194.

코로나19 팬데믹 이후 진행되고 있는 글로벌 거버넌스의 변동과 초(超)불확실성 시대의 도래는 러시아의 취약성을 더하고 있다. 이에 더하여 지정학적으로 미중 전략경쟁이 고조되고 러시아의 우크라이나 침공 이후 서방과 러시아의 관계가 악화되는 상황 속에서 러시아와 중국의 전략적 동조화 가능성을 높이고 있다. 이런 조건은 러시아의 전략적 유연성을 제약함으로써 미국과 중국 사이의 전략경쟁이 고조되는 동북아에서 러시아가 이 두 국가 사이의 지정학적 중간국으로서 창조적 전략을 구사할 수 있는 여지를 더욱 축소시킬 것이며, 한국외교를 위한 자율성의 공간을 창출할 수 있는 파트너로서 러시아의 매력을 더욱 사그라뜨릴 공산이 크다. 이러한 이유로 한국과 러시아의 전략적 협력관계의 현실화 및 발전으로 향하는 길은 참으로 험난해 보인다.[3]

그러나 상술한 바와 같이 현재 나타나는 한러관계의 경직에도 불구하고, 지난 30년 동안의 양국 관계 부침 과정을 면밀하게 살펴보는 것은 여전히 필요하다. 한러관계는 지난 30년 동안 적지 않은 우여곡절을 경험하였으나, 그와 동시에 꾸준한 성장과 발전도 거듭하였기 때문이다. 동시에 동북아시아라는 지역적 범위 내에서 한국과 러시아 모두 미국과 중국의 전략경쟁이 빚고 있는 지정학적 압력에 놓여 있는 중간국이라는 점에서 이 둘의 관계를 면밀하게 살펴보는 것은 현재의 국제정치적 환경으로부터 부과되는 한계가 극복된 이후 나타날 수 있는 중간국으로써의 양자관계 발전 방향을 모색하기 위해서라도 필요한 작업이라고 할 수 있다.

이러한 필요성을 바탕으로 이 장에서는 한국의 대러시아 외교정책이 지난 30년 동안 어떻게 전개되어 왔는지 추적하는 것을 목표로 하여, 이어지는 절에서 한국의 대(對)러관계를 역사적으로 조망하며 변천 과정을 살펴보고, 3절에서는 대러관계를 결정짓는 국내외적 환경을 살펴볼 것이며, 4절에서는 한국의 대러관계의 목표와 추진 방향을 살펴볼 것이다. 5절에서는 대러관계의 현안과 쟁점을 정치외교 및 안보협력, 경제 및 실질협력, 사회문화협력이라는 카테고리를 통해 살펴볼 것이다. 마지막으로 6절에서는 대러관계의 전

> **글상자 15.1**

지정학적 중간국

지정학적 중간국(中間國)이란 경쟁하는 두 강대국 사이에 끼인 국가를 지칭하며, 두 (초)강대국의 경쟁에 의해 활성화되는 '지정학적 단층대(geopolitical fault line)'가 활성화될 때 외교·안보 딜레마의 압력에 노출된다. 지정학적 중간국 개념은 국력이나 국제정치적 위상 등과 관련하여 규정되는 중견국(中堅國)과는 달리 국제적 및 지역적인 지정학적 경쟁구도에 의한 지정학적 단층대상에 위치하고 있는지 여부에 의해 조건 지워진다는 의미에서 가치지향성이 없는 중립적이며 분석적 개념으로 취급될 수 있다. 따라서 지정학적 중간국은 약소국일 수도 있지만, 러시아나 인도와 같은 강대국도 지정학적 중간국의 구조적 압력을 받을 수 있다.

출처: 신범식. "유라시아의 지정학적 중간국 외교 비교연구: 개념, 이론, 설명틀의 모색," 신범식 (편), 『유라시아의 지정학적 중간국 외교』 (서울: 사회평론아카데미, 2022) 참조.

---

3) 신범식 (2020), p. 195.

망을 대러관계 변화의 촉진요인과 장애 요인, 대러관계 변화의 내적 변수와 외부 영향, 대러관계 전망을 중심으로 살펴볼 것이다.

2. 한러관계의 역사적 전개

2020년 코로나 위기와 2022년 우크라이나전쟁 이후 한국과 러시아의 관계는 다소 소강상태에 접어들었지만, 전체적으로 살펴봤을 때 1990년 한국, 소련·러시아수교 이후 지난 32년 동안 양국 관계는 몇 차례 부침이 있었음에도 불구하고 완만한 속도로 꾸준히 발전해 온 것으로 볼 수 있다. 표 15.1에서 보는 바와 같이 1990년 9월 30일 이래 양국은 국교수립 및 관계정상화, 양국 관계의 급속한 과열과 냉각기, 소강상태 극복을 위한 관리기, 새로운 동반자관계 발전기, 미래지향적 전략적 협력 추진기 등을 경험하면서 포괄적 분야에 걸쳐 협력관계를 완만하지만, 꾸준히 발전시켜 온 성과를 이루었다.

한국과 러시아는 수교 이후 관계 발전을 위한 노력을 모색하면서, 2008년 양국 관계의 발전의 지향점을 "전략적 (협력) 동반자관계"의 구축으로 설정하고 이를 실현하기 위한 다면적 노력을 경주하기로 하였다. 전략적 협력이란 양자 차원의 국익 실현을 넘어 동북아와 유라시아 등 지역 질서의 발전과 장기적 공영을 위한 협력을 추구하는 파트너로 서로의 가치를 인식하고, 양국 관계를 새로운 단계로 발전시키겠다는 의지의 표명으로 이해될 수 있다. 한러 전략적 (협력) 동반자관계 구축과 더불어 푸틴(Vladimir Putin) 3기 정부 출범 이후 지속적으로 추진하고 있는 '신(新)동방정책'은 박근혜정부의 '유라시아 이니셔티브(Eurasia Initiative)' 및 문재인정부의 '신(新)북방정책' 등과 조우하면서 이 같은 전략적 협력의 실현에 대한 기대를 키웠다.[4]

특히 2013년 한국과 러시아는 무비자 협정을 체결하고 2014년 그것을 발효시키며 정부와 기업 수준의 교류뿐 아니라 인적인 수준에서의 교류 역시 증진해 나가고자 하는 의지를 다지기도 하였다. 한국은 동북아시아에서 가장 먼저 러시아와 무비자협정을 체결했으며, 그 이후 몽골(2014년), 대만(2018년)이 뒤를 이었다. 그 결과 코로나 팬데믹 이전 시기를 기준으로 했을 때, 한국과 러시아는 교역액 248억 달러, 상호 방문객 수 69만여 명을 돌파하는 성과를 이룰 수 있었다.[5]

이처럼 한국과 러시아의 관계는 지난 30년 동안 완만하게 발전하였다고 할 수 있으나 이와 같은 양자협력이 보다 높은 차원으로 발전하지 못한 것 역시 사실이다. 다시 말해, 한국과 러시아는 양자관계의 양적 발전을 달성할 수 있었으나 이 관계의 질적인 전환까지 이뤄내지는 못하였다고 평가해 볼 수 있다. '전략적 협력'은 양자관계를 통해 지구적 및 지역적 수준에서의 전략적 협력을 추구해 나갈 수 있다고 상호 인식하게 된 당사국들이 그 협력의 내용을 지속적으로 채워가면서 구성되는 관계이다. 이와 같은 전략적 협력의 내용을 구성하는 요소로는 전략적 소통, 전략의 조율, 공통의 전략적 결과를 지향하는 프로젝트의 실현을 들 수 있을 것이다. 전술한 바와 같은

---

4) 신범식, "지정학적 중간국 우크라이나의 대외전략적 딜레마," 『국제·지역연구』 29권 1호 (2020), pp. 195–196.

5) 외교부, "한-러시아 외교장관회담 개최 결과," (2019. 06.17), https://www.mofa.go.kr/www/brd/m_4080/view.do?seq=369290 (검색일: 2022년 11월 17일).

표 15.1 한러관계 전개 과정

구분	시기	공식적 관계 규정	주요 정상회담	특기 사항
국교 수립 및 관계 정상화 시기	1990.9.30 ~ 1995		노태우-고르바초프(모) 노태우-옐친(서울) 김영삼-옐친(모)	• 국교 수립과 대러 차관 공여 • 「한러 기본관계 조약」(1992) • 급속한 과열과 불협화음 • 모스크바 공동선언(1994)
양국 관계 조정 시기	1996 ~ 1998	"건설적이고 상호보완적인 동반자관계" (a constructive and mutually complementary partnership) (1994.6)	무(無)	• 4자회담과 급속한 냉각(1996) • 한러 경제·과학·기술 공동위원회 발족 및 정례화(1997) • 양국 경제위기(1997/1998) • 외교관 맞추방 사건(1998.7)
소강상태 극복을 위한 관리 시기	1999 ~ 2002		김대중-옐친(모) 김대중-푸틴(뉴욕)	• 5년 만에 정상회담 개최 • 한러수교 10주년 • 러시아 남북한 등거리외교
새로운 동반자관계 발전 시기	2003 ~ 2008	"상호신뢰하는 포괄적인 동반자관계" (a comprehensive partnership based on mutual trust) (2004.9)	노무현-푸틴(모) 노무현-푸틴(부산)	• 6자회담에 러시아 참여 • 6차례의 정상회담 및 만남 • 실질 협력 강화를 위한 「Action Plan」 수립 (2005.11)
미래지향적인 전략적 협력 추진 시기	2008.9 ~ 2015	"전략적 (협력) 동반자관계" (a strategic cooperative partnership) (2008.9)	이명박-메드베데프(모) 박근혜-푸틴(서울) 박근혜-푸틴(블라디)	• 30~40년의 장기적 관점에서 양국 협력의 폭과 깊이를 심화시키는 데 합의 • 한러대화(KRD) 출범 • 2013 정상회담 공동성명(35개항) • 2013 한러 무비자협정 체결 및 2014년 발효 • 2016년 극동개발 로드맵
포괄적 전략 협력의 모색	2016 ~ 현재		문재인-푸틴(함부르크) 문재인-푸틴(블라디) 문재인-푸틴(모)	• 2017년 문대통령 동방경제포럼 연설 '5개 협력의 틀'과 '9개의 다리 전략' 마련

주: 이 표는 신범식, "러시아 외교안보 정책과 한·러 관계 2030," 『신아세아』 26권 3호 (2019), p. 136 표를 보완하였음.

전략협력의 구성요소를 기준으로 한러관계를 냉정히 평가해보면, 전략적 소통과 조율 그리고 전략적 기획의 모든 면에서 아직도 양국은 전략적 협력 단계에 도달하지 못했다고 평가할 수 있다.[6]

그러한 이유는 동북아지역정치의 구조적 제약 속에서 전략적 협력을 실현하는 데 큰 어려움을 겪었기 때문이다. 특히 한국정부가 대러시아 정책을 포함하는 북방외교를 추진하는 과정에서 북

---

6) 신범식 외, 『한국과 러시아의 전략협력』 (서울: 외대출판부, 2015), pp. 123-126.

방 파트너와의 관계가 가지는 독립적 가치를 인정하고 이 관계를 북한과는 별개의 정책으로 강화하면서 차차 대북 효과를 모색하는 접근법을 취하기보다 대러관계를 대북정책에 종속시킴으로써 '북한 환원주의의 덫'에 걸려 번번이 대러정책 및 북방정책이 좌초되는 오류가 반복되어 왔다. 가령, 문재인정부의 신북방정책의 경우에도 시작 시 북방정책의 독립적 가치를 실현하기 위한 방향을 제대로 잡는 듯했지만, 결국 북한 환원주의로 경도됨으로써 같은 유형의 실수를 피하지 못하였다.[7] 또한, 한국은 2022년 러시아의 우크라이나 침공 이후 국제사회가 취하고 있는 대러시아 제재에 참여하고 있으며, 그 결과 러시아는 한국을 '비우호국(недружественная страна)'으로 지정하였다. 이와 같은 대러시아 제재체제는 양국 관계 발전에 한계로 작용할 수밖에 없으며 한러관계의 질적인 발전을 위해 극복해야할 커다란 과제임에 분명하다.

글상자 15.2

북한 환원주의

북방정책이 전개되는 과정에서 북한 이외에 북방지역 전반에 대한 정책으로 추진되어야 할 북방정책이 대북정책을 위한 목적에 종속되어 그 하위 개념으로 변질되거나 대북정책을 위한 사고가 압도하여 그 효용의 관점에서만 평가함으로써 북방정책이 대북정책에 의해 좌우되는 현상을 비판적으로 지적하는 용어이다. 결국, 북한 환원주의의 덫이란 북방이 한국외교에서 지니는 고유의 가치가 있음에도 불구하고, 북방정책 추진 과정에서 북한문제와 연결되면서 북한문제가 풀리지 않으면 북방정책 전반이 좌초되는 정책적 실패를 지칭한다. 이는 한국이 지난 1980년부터 추진해 온 북방정책, 유라시아이니셔티브, 신북방경제협력 등 대륙을 향한 외교정책이 부분적 성과에 머물 수밖에 없는 구조적인 한계를 잘 보여준다.

3. 대러관계의 국내외적 환경

한국의 대러관계를 결정지었던 국내외적 환경과 관련하여 이 절에서는 한국과 러시아의 관계가 질적으로 큰 발전을 이룰 수 없었던 이유를 국내외적 환경에 대한 검토를 바탕으로 도출해 보고자 한다. 한국의 대러관계가 가지는 한계를 극복되기 위해서는 인식의 벽, 국제정치 구조의 벽, 제재의 정치·경제의 벽이라는 삼중(三重) 벽을 넘어설 필요가 있다.

1) 국내적 환경

한국의 대러관계 발전의 요원함은 양국 간 인식의 문제에서 찾아볼 수 있다. 전 절에서 확인할 수 있듯이, 한국과 러시아의 관계는 1990년 초반의 수교 이래 양적인 차원에서는 꾸준히 발전하였다. 양자 간 인적·경제적 교류는 큰 폭으로 발전하였으며, 한국과 러시아는 총 31회의 정상회담 등의 접촉을 '건설적·상호보완적 동반자관계(김영삼-옐친, 1994)', '상호신뢰의 포괄적 동반

---

7) Beom Shik Shin, "Northern Policy of South Korea: Historical Retrospect and Future Prospect," *Foreign Relations* (2018), p. 73.

자관계(김대중-옐친, 1999)', '전략적 (협력)동반자관계(이명박-메드베데프, 2008)'에 이르는 관계의 발전을 꾸준히 모색해 왔다. 이러한 관계 틀의 발전에도 불구하고 한국의 대러정책은 전략적 소통, 전략적 조율, 전략 사업의 발굴·추진으로 대변될 수 있는 전략적 협력을 위한 3대 요소를 발굴해 내는 것에 성공하지 못하였다.

이 같은 한계는 국내적 수준에서 작동하고 있는 대러 인식의 문제에서 기인한다고 할 수 있다. 이러한 인식 문제의 대표적 원인은 결국 넓은 의미에서 양자 간 전략적 소통의 문제로 귀결된다. 한국과 러시아 사이에 공유될 수 있는 전략적 지향이 부재하고, 정책을 추진하는 전략 지평의 범위와 그 수준도 같지 않으며, 대러 신뢰구축을 위해 필요한 사례들이 충분히 축적되지 못하였다. 또한, 양국 국민들 간 상호인식의 수준이 절대적·상대적으로 낮다는 것도 대러 인식의 문제를 유발하는 원인이라고 할 수 있다.[8]

한국은 러시아가 동북아시아라는 지역적 수준에서 지니고 있는 존재감에 대해 낮게 평가하고 있다. 아직도 러시아는 공산주의 소련이라는 냉전의 유산이 빚어낸 인식이 한국 사람들 마음속에 여전히 존재하고 있으며, 러시아 내부의 민주주의 상황이 러시아에 대한 적절한 평가를 방해하고 신뢰를 구축하는 데 방해요인이 되고 있다. 특히 러시아의 우크라이나 침공 이후 강화된 러시아에 대한 부정적 인식은 당분간 극복되기 어려울 것으로 예측된다. 이러한 인식이 극복되기 위해서는 객관적인 시각을 바탕으로 러시아의 외교적 행태를 해석할 필요가 있는데, 한국은 미국과 서방의 인식 틀에서 러시아를 해석하는 것을 답습함으로써 양국 사이에 가지고 있는 협력의 여지와 가능성을 가려내지 못하는 부분이 있다.

한편 관계가 지니는 양방향적 특성을 고려해 봤을 때, 한국의 대러정책이 가지는 한계의 이유가 한국에게만 있다고 할 수는 없다. 러시아 역시 한국의 대미 의존 외교에 대해 불만을 가지고 있으며, 한국의 국력과 규모가 러시아의 동아시아 전략 파트너로서는 한계가 있다는 인식을 지니고 있다. 끝으로, 한국은 말만 무성하고 행동이 따르지 않는다는 인식 역시 러시아 내에서 작동하고 있는 것으로 보인다.

2) 대외적 환경

한국의 대러관계를 결정짓는 대외적 환경인 국제정치 구조의 벽으로는 지구적 수준의 정치와 지역적 수준의 정치를 나누어서 생각해 볼 수 있다. 이 두 차원의 정치는 서로 연계되어 대러관계가 높은 수준의 질적 발전을 하는 데 있어서 제약 요인으로 작동하고 있다. 이를 보다 구체적으로 살펴보면, 지구적 수준에서 진행되고 있는 미중, 미러 전략경쟁 및 러중 전략협력은 지역적 수준에서 미국의 동맹인 한국이 대러정책을 적극적으로 펼쳐나가는 데에 있어서 어려움으로 작동하고 있다. 예를 들면, 미국과 중국의 전략경쟁이 초기적 수준에서 진행되고 있었던 2014년과 고조되고 있는 2022년 현재 한국이 러시아의 공세적인 대외정책이라고 할 수 있는 크림반도 합병과 우크라이나 침공을 두고 펼치는 정책을 살펴본다면, 대러관계 경직에 있어서 이러한 구조적 수준의 압력이 어떠한 영향을 주고 있는지 가늠할 수 있

---

8) 신범식 (2020), p. 200.

다. 합병과 침공이라는 현상이 가지는 정치적인 무게감이 분명히 존재하는 것은 사실이지만, 한국은 2014년에는 미국의 대러 제재에 대해서 동참하지 않았던 것과 달리 2022년에는 제재에 참여하는 모습을 보였는데, 이는 과거와 비교했을 때 현재 한국의 대외정책을 결정하는 요인으로서 국제정치의 구조적 압력이 가지는 영향력이 강해졌음을 방증한다.

한반도 상황 역시 한국의 대러정책을 결정짓는 요인으로 작동하고 있다. 러시아는 한반도에서 영향력을 회복하고 동북아지역에서 중국의 영향력을 일정 수준 상쇄시키기 위해 러북관계를 활용하고 있다. 미국과 부정적인 관계를 맺고 있는 러시아와 북한이 날이 갈수록 밀접한 이해관계를 형성해 나가는 상황 속에서 남북관계의 부침(浮沈)이 한국의 대러정책을 결정지을 가능성이 커지고 있다. 가령, 러시아와 북한의 관계가 긍정적인 상황에서 한국과 북한의 관계가 좋지 않다면, 한국과 러시아의 관계 역시 제약될 수밖에 없다는 것이다. 한국의 '북한 환원주의'가 대러관계에 상수(常數)로 작동하고 있는 가운데, 남북관계의 부침은 한국의 대러관계를 결정하는 데에 있어서 중요한 변수(變數)이다.

제재의 장벽 역시 대러관계를 제약하는 요인으로 작동하였다. 특히 제재의 벽은 한국의 대러 경제관계 발전의 동력을 현실화하는 데에 있어서 가장 큰 제약 조건으로 작동하고 있다. 특히 2014년과 2022년 우크라이나 사태 이후 미국과 서방이 러시아에 대한 제재를 강화하면서 조성되고 있는 국제적 긴장 국면에서 한국의 대러 협력 사업은 경직되고 있다. 한국 역시 달라진 국제정치적 환경 속에서 2022년에는 대러 제재에 참

글상자 15.3

러시아의 비우호국

비우호국(недружественная страна)이란 러시아 국가, 기업, 시민에 대해 비우호적인 행동을 한곳으로 명시된 국가를 의미한다. 2021년 5월 기준으로 두 곳(미국, 체코)에 불과했던 비우호국은 2022년 우크라이나 전쟁 이후 49개 등의 국가로 확대되었다. 비우호국 목록에 추가된 국가는 무역 및 통화 제한, 러시아 주재 해당 국가 외교 공관 고용 제한 등 러시아와의 관계와 관련된 특정한 제한 사항이 적용된다. 한국은 2022년 러시아-우크라이나 이후 미국 주도의 대러 경제 제재에 참여함으로써 비우호국 목록에 올라가게 되었다.

가하였고, 이로 인해 러시아로부터 비우호국으로 지정되는 등 제재에서 촉발된 대러관계의 경직을 경험하고 있다. 또한, 2022년 우크라이나전쟁은 러시아에 진출한 한국기업들에 있어서 큰 어려움으로 작용하고 있는데, 대표적으로 2011년 약 7,500억 원을 투입해 러시아 상트페테르부르크에 공장을 설립한 현대차그룹의 러시아 판매는 개전 이후 지난 8~9월 두 달 연속 0대를 기록하기도 하였다.[9] 더불어 삼성전자 역시 러시아 내에서 스마트폰 사업을 정상화하는 일정을 무기한 연기하기도 하였다.[10]

---

9) "현대차그룹, '판매 0대' 러시아 시장 놓고 '장고 중'," 『뉴시스』, 2022년 10월 31일.

10) "러시아매체 "삼성전자, 러시아 스마트폰 출하 재개 무기한 연기," 『비즈니스포스트』, 2022년 11월 25일.

4. 대러관계의 목표와 추진 방향

이 절[11]에서는 한국의 대러정책의 목표와 추진 방향에 대해 검토한다. 그리고 이를 바탕으로 한국이 대러정책을 추진함에 있어서 어떠한 점들에 대해서 유의하면 좋을지 살펴볼 것이다. 한국은 처한 지정학적 환경이 요구하는 구조적 제약 속에서 자율성의 공간을 창출하기 위한 전략으로 북방정책을 추진한 이래 지난 30년간 러시아에 대한 전략적 협력을 다면적으로 모색해 왔다. 2010년대 뚜렷해진 중국의 부상 이후 고조되고 있는 미중 전략경쟁이 빚어내는 지정학적 압력 속에서 러시아는 한반도를 아우르는 네트워크 구축의 전략적 협력의 파트너로서 한국이 가지는 가능성에 주목하고 있었다.

동북아시아지역을 전통적인 영향권으로 상정하고 있는 중국의 역내 주도권 요구는 러시아의 역내 영향력 축소 및 중국의 하급파트너(junior partner)로 전락할 위험성을 내포하는 도전이기도 하다. 지구적 수준에서 진행되는 미국과 러시아의 지정학적 경쟁 속에서 러시아는 한편으로 일대일로로 대변되는 중국의 경제적 서진 전략에 편승하면서 대중 협력을 강화할 수밖에 없지만 다른 한편으로는 자신의 독자적 영향력 강화를 통한 균형화 전략에도 비상한 노력을 기울여야 하는 역설적인 상황에 놓여 있다. 이 글은 이러한 러시아의 균형화 전략이 일정 수준 성과를 거두는 데에 있어서 한국이 중요한 역할을 할 수 있음을 강조하고자 한다.

물론 2022년 현재 진행되고 있는 우크라이나 전쟁이 빚어내는 국제정치적 압박을 한국이 온전히 받는 상황 속에서, 러시아와 단기간 내에 전략적 협력을 모색하는 것은 쉽지 않은 일일 것이다. 그러나 상술한 바와 같은 러시아의 전략적 필요는 현 상황이 어떠한 방식으로든 일단락되었을 때, 한국이 대러정책을 정비하고 추진해 가는 과정에 있어서 중요한 가능성과 조건으로 작동할 수 있을 것이다. 그렇다면 한국은 장기적인 관점에서 대러정책을 어떠한 구체적인 목표와 방향을 바탕으로 전개해야 할 것인가?

첫째, 한국정부는 지속 중인 북핵 및 미사일 제재 국면에서 러시아를 활용하여 북한문제를 해결하려 하기보다, 현 조건에서 양국이 양자 수준에서 발전시킬 수 있는 실질협력의 분야를 선정하고 실천하는 데에 대한 우선적 관심을 둘 필요가 있다. 물론 북한문제가 개선되면 남북러 3각 협력을 비롯한 한반도 신경제지도에서 제시되었던 것과 같은 많은 프로젝트들이 실현될 수 있겠지만, 현 북핵 및 북한문제가 해결의 가닥을 잡지 못하고 있는 국면에서는 한러 양자관계에 좀 더 무게중심을 유지하는 것이 필요하다. 즉 앞서 언급한 '북한 환원주의'라는 블랙홀의 흡인력에 의해 양국 관계의 잠재력이 완전히 소진되는 것을 최대한 유의하는 것이 매우 중요하다.

둘째, 한러 간 창조적 전략협력을 위해서는 양국 간에 긴밀한 소통의 구조를 정비할 필요가 있다. 특히 한국이 대러정책을 내실화하기 위해서 중요한 것은 정상외교이다. 한동안 한국정부는 이 부분에 많은 주의를 기울이지 못했다. 정상 수준에서 북핵문제 등과 같은 다른 국제적 변수에 의해서 방해받지 않으면서 양국이 직접 제어 가능한 분야에서의 협력을 강화해 가겠다는 정책결

---

[11] 이하 내용은 신범식 (2020), pp. 205-209를 기초로 재구성하였음.

정자 수준의 의지를 먼저 분명히 표시하고, 다음으로 실질적 협력의 진전을 통한 양자관계의 강화를 시도하고, 점차 전략적 의미를 가진 소다자 협력을 추진해 가는 수순이 합리적일 것이다. 또한, 한국은 대러시아 교섭 및 논의의 창구를 정비·확대해 나갈 필요 있다. 현재 외교 채널이 잘 작동하여 대러관계를 유지·강화하는 틀을 잘 관리하는 것은 기본이다. 이에 더하여 1.5/2.0 트랙의 전략적 대화 채널을 강화하여 한국의 입장을 효과적으로 전달하고 러시아와의 전략적 소통의 노력을 배가할 필요가 있다.

민간 수준에서는 정책결정에 유의미한 영향을 줄 수 있는 러시아의 주요 싱크탱크들과 소통 채널 확대가 필요하다. 러시아에는 전통적인 세계경제국제관계연구원(IMEMO)이나 미국·캐나다연구소, 동방학연구소, 극동문제연구소 등과 같은 전통적인 대외관계 관련 연구소를 비롯하여 신러시아 이후 두각을 나타내고 있는 전략문제연구소(Institute for Strategic Studies), 현대발전연구원(Institute for Modern Development), 러시아국제문제위원회(Russian International Affairs Council), 스콜코보재단(Skolkovo Foundation) 등과 같은 러시아 대외정책 관련 싱크탱크도 다수 존재한다. 시기에 따라 각 연구소나 싱크탱크의 비중이 달라지기도 하지만, 국내 다양한 채널을 통해 정례적이며 지속적인 소통과 협력의 네트워크를 구축하는 한편, 발다이클럽, 페테르부르크 경제포럼, 야로슬라블포럼, 동방경제포럼 등 러시아의 주요 정책포럼에 한국 측이 정기적으로 참가하여 러시아 유력 기관 및 인사들과의 대화 채널을 구축할 필요가 있다.

셋째, 북핵문제 및 한반도평화체제 구축을 위한 해법을 모색하는 데 러시아의 건설적 기여를 유도하는 정책의 추진이다. 한국과 미국에 있어서는 선(先)핵폐기 후(後)관계강화를 추진하는 옵션이 우선 선호되겠지만, 현재와 같이 미북 협상과정에서 대립과 긴장이 지속되는 상황에서는 북한의 핵동결, 한반도 평화체제, 한반도 비핵화라는 세 목표를 창조적으로 결합하여 포괄적 해법을 모색하는 것이 필요하다. 이 과정에서 러시아의 극동개발과 소지역협력을 북한과 연관시켜 유인하는 방안도 적극적으로 고려될 수 있다. 북한이 진정으로 원한다면, 남북러 3각 협력을 통한 북한의 개혁·개방을 돕는 것도 가능할 것이다. 이러한 3각 협력은 북한의 고립을 해소하고 한반도의 안정에 기여할 것임에 분명하다. 하지만 남북러 삼각협력을 위한 상황 조성이 여의치 않다면, 한국과 러시아가 직접 협력의 다양한 토대를

글상자 15.4

남북러 3각 협력

남북러 3각 협력은 한반도 접경지역의 사회·경제 인프라 개발 및 초국경협력을 통해 경제성장을 위한 새로운 동력을 창출하는 것을 목표로 한다. 남북러 3각 협력에는 철도·가스·전력 연결 등 전통적인 3대 프로젝트 외에도 북한의 특구, 러시아 극동의 선도개발구역 및 블라디보스토크 자유항을 비롯해 미래 연해주 남부의 한국전용공단과 같은 특구를 중심으로 국제협력을 진행하는 방안이 활발하게 논의되고 있다.

출처: 성원용, "신북방정책과 남북러 삼각협력: 과제와 발전 전망," 『도시연구』 16호 (2019), pp. 45–91 참조.

확충하고, 이를 기반으로 북한의 참여를 유도하는 전략이 고려될 필요가 있다. 이와 같은 협력을 바탕으로 지역주의적 협력과 안보체제의 구축도 같이 논의해 볼 수 있을 것이다.

넷째, 급변하는 국제정치의 영향으로 악화되고 있는 국제경제 상황과 관련하여 한국은 새로운 경제적 활로를 찾는 일환으로 북방지역 국가들과 다양한 경제협력을 타진해 볼 필요가 있다. 물론 북한이 연관되는 구도를 생각할 수 있지만, 북한을 우회하여 북방지역 자체의 가치를 발현시킬 수 있는 대륙과 중앙유라시아에 대한 경제협력의 기회를 활용하는 정책적 접근도 가능하다. 중국의 영향력 확대에 고전하고 있는 러시아와의 협력에 초점을 두면서 러시아가 주도하는 광역유라시아 협력에서 한국의 역할을 강화하는 방법을 찾아볼 수도 있을 것이다. 유라시아경제연합과의 자유무역지대 창설을 시도해 보는 것은 그러한 노력의 일례가 될 수 있다. 하지만 이런 틈새에 대한 공략도 필요하지만, 이에 못지않게 한러 양자를 중심으로 경제적 동반자관계 강화하려는 노력도 궁구되어야 할 것이다. 미중 전략경쟁으로 경제협력의 문제와 안보협력의 문제가 분리되기 어려운 조건이 형성되고 있는 것이 사실이지만, 한러 간에 미중 대결 구도로부터 자유로운 경제협력의 지경학적 협력 구도를 창출해 나가는 정책은 지정학적 중간국으로서 한국이 전략적 자율성을 확보하기 위한 전략의 일환으로 적극적으로 모색하여야 할 외교정책 방향 중의 하나가 될 수 있다.

다섯째, 동북아 내 소다자주의를 통한 실질협력을 활성화하는 협력의 추진이다. 그동안 소다자주의는 한미일 사이의 안보협력이나 한중일 사이의 경제·사회적 협력 등이 대표적이었다. 하

유라시아경제연합(EAEU)

유라시아경제연합(EAEU)은 러시아의 주도로 2015년 1월 출범한 유라시아의 다자 경제협력체이다. 현재 EAEU는 러시아와 더불어 벨라루스, 카자흐스탄, 아르메니아, 키르기스스탄 등 총 5개의 회원국이 참여하고 있다. EAEU는 강력한 초국가적 제도와 거버넌스 중시를 수반하는 유럽연합(EU) 모델을 벤치마킹하여 탈소비에트 공간 즉 유라시아 지역의 경제협력을 추진하면서 그 범위의 확장을 모색하고 있는데, 이런 확장성을 위해 세르비아, 베트남, 싱가포르, 이란 등과 FTA를 체결하고 협력을 확대하고 있다.

출처: Emerics, "[이슈트렌드] EAEU-세르비아, 자유무역협정 발효," https://www.emerics.org:446/issueDetail.es?brdctsNo=318499&mid=a10200000000&systemcode=04 (검색일: 2022.11.29).

지만 변화하는 동북아 정세 속에서 소다자의 효용이 변화하고 있으며, 새로운 필요가 제기되고 있다. 그간 남북러 삼각 협력 및 광역두만강개발계획(GTI)을 중심으로 하는 소지역협력의 활성화에 대한 노력이 이루어졌다. 하지만 북핵 국면이 지속되는 한 북한이 연루되는 이와 같은 사업들을 추진하기란 쉽지 않다. 따라서 새로운 시도로 한일러 삼각 협력의 활성화를 시도해 볼 수 있다. 앞서 살펴보았듯, 한국, 러시아, 일본은 전략경쟁에 몰두하고 있는 미국과 중국 사이에 위치한 전략적 유사성을 지닌 중간국으로 분류될 수 있기 때문이다. 물론 우크라이나전쟁으로 한일러 협력의 여건이 여의치 않은 상황일 수 있지만, 환동해 항만네트워크를 정비하는 등과 같이 실질협

글상자 15.6

광역두만강개발계획

동북아 경제개발·협력을 위한 역내 다자간 협의체인 광역두만강개발계획(GTI: Greater Tumen Initiative)은 두만강 유역을 중심으로 동북아지역의 교통, 에너지, 관광, 환경 분야의 개발과 투자 유치를 도모하며 궁극적으로 경제발전을 목적으로 추진하는 다자간 경제협력 사업 협의체이다. 1995년 한국, 북한(2009년 탈퇴), 중국, 러시아, 몽골이 '두만강권지역개발에 관한 협정'을 체결하면서 본 사업은 공식 추진되었고, 2005년 대상 지역 확대, 공동기금 설립 등 추진체계를 강화하여 현재의 광역 두만강 개발계획으로 전환되었다.

출처: GTI 박람회, "GTI (광역두만강개발계획) 개요," https://www.gtiexpo.org/gti/meaning (검색일: 2022.11.29).

력의 기반을 다지는 낮은 수준에서의 협력은 우크라이나전쟁의 종식과 함께 적극적으로 모색될 필요가 있다. 이런 노력은 동북아에서의 신냉전적 구도를 완화하는 데 기여할 수 있다는 점에서 동북아시아 역내 긴장완화와 지역협력의 진작을 위한 활로로 적극 고려될 수 있을 것이다.

중간국들은 양대 강국의 전략적 대립 구도에 따라 편승이나 균형 등의 전략을 펼칠 수도 있지만, 중간국 연대전략을 통해 지역 정치의 세력균형을 모색할 수도 있다.[12] 따라서 미중 전략경쟁을 완화하여 지역안정을 도모하고 중간국 외교의 자율성 공간을 확보하는 소다자협력으로 한일러 협력의 가능성을 모색해 볼 필요가 있다. 이는 장기적으로 북한의 대외개방과 협력을 위해 북한이 덜 경계하는 지역협력의 구도를 사전에 정지한다는 차원에서도 매우 유용할 것이다. 2022년 우크라이나전쟁 이후 한러관계와 러일관계가 경직되어 상술한 바와 같은 방안이 조기에 실현되기는 어려울 수도 있으나, 장기적인 관점을 기반으로 한국은 러시아가 추진하고 있는 동방경제포럼을 활용하여 한일러 3자 정상회의를 정례화하고 환동해 협력을 논의하는 플랫폼으로 발전시킬 수 있는 방안을 모색할 필요가 있다.

한국은 상술한 바와 같은 한일러 소다자협력을 추진하여 한러관계로 러일관계를 헤징하는 방식으로 러시아에 너무 큰 힘을 실어주지 않으면서도 3자 모두에게 유리한 구도를 창출하는 것이 필요하다. 이를 위하여 한일러 3각 협력의 중심 주제를 발굴하는 것이 시급하다. 또한, 이 같은 한러 전략협력을 통하여 소다자주의에 입각한 새로운 협력의 모멘텀을 동북아에서 창출하는 것은 다가오는 북방항로의 시대를 지역적 협력을 견인하는 각도에서 준비하는 좋은 기회가 될 수 있으며 미국을 포함한 해양 권역의 대륙과의 융합을 견인하는 단초가 될 수 있다. 이러한 노력이 동반된다면, 동방경제포럼은 향후 포괄적인 동북아지역 협력을 위한 실질적인 플랫폼으로 활용될 수도 있을 것이다. 미중관계의 압도적 성격이 동북아의 중심적 세력 구도의 축이라는 점을 고려한다면 일단 지정학적 중간국가라고 볼 수 있는 한일러 간의 협력을 소다자협력의 출발점으로 삼는 것이 전략적으로 더 유의미한 접근이 될 수 있다.

한편, 한국은 한일러 협력뿐 아니라 폭넓은 사고를 바탕으로 한중러 협력의 가능성도 고민해볼

---

12) 관련된 내용은 신범식 외, 『유라시아의 지정학적 중간국 외교』 (서울: 사회평론아카데미, 2022) 참고.

필요가 있다. 이 삼자협력은 중국의 동북과 러시아의 극동을 연계하는 구도와 관련될 수 있을 것이다. 물론 이 구도에서 북한의 존재는 필연적으로 연상된다. 하지만 '북한 환원주의'의 덫으로부터 자유로운 협력을 추동해 나가는 것이 더 필요하다는 것이 지난 북방정책 30년이 우리에게 주는 교훈이다. 도리어 한중러 구도에 일본이 참여할 수 있으면 더욱 바람직하다. 이런 지역협력의 구도가 북한과 무관히 잘 진행되고 안정화되는 가운데, 북한이 자발적으로 이 구도에 대한 참여를 요청하는 상황이야말로 동북아와 한반도의 안정을 증진시키기 위한 보다 확실한 기회가 될 수 있을 것이다.

마지막으로 향후 중장기적 대러관계의 발전을 위해 필요한 지점들을 조망해 보자면, 향후 한국의 대러외교의 중심적 과제이자 지향점은 러시아가 동북아에서 과거의 진영논리와 같이 남방 대 북방의 대립구도 형성에 기여하는 행위자가 되는 것을 막고 동북아에서 양국이 추동해 낼 수 있는 지역협력을 촉진해 나갈 전략적 동반자관계를 강화해 나가는 것이다. 즉, "가능성으로 존재하는 양국 간 공유이익을 전략협력을 통해 현실화하는 것" 한국의 대러관계 전개에 있어서 핵심적인 목표가 되어야 한다.

이를 위해서는 앞서 살펴본 것처럼 대러관계를 양자, 지역적, 지구적 차원에서 내실화시켜 나가는 과제로 구체화할 필요가 있다. 특히 동북아에서 남방 및 북방 3각 협력 진영의 형성 및 고착화를 방지하고, 소위 한국, 일본, 러시아 등과 같은 지정학적 중간 지대에 놓여서 받게 되는 전략적으로 유사한 압력을 기반으로 협력을 모색하는 연대를 통해 역내 안정화와 미중 전략경쟁의 완화 그리고 지역협력체제 구축을 위한 공동의 노력을 모색해야 할 것이다.

이 같은 전략적 지향의 기초도 역시 이 지역에서의 미러관계의 개선 여부에 따라 크게 영향을 받을 것이 분명하다. 동북아지역에서 미러관계가 개선된다면 그동안 러시아 외교의 제약으로 작용해 온 러시아의 대미 및 대서방관계가 개선됨에 따라 러시아가 동북아와 한반도에서 감당할 수 있는 건설적 기여의 가능성이 커질 것이다. 우크라이나를 둘러싼 갈등으로 인하여 현재로서는 미러관계의 개선 가능성이 크게 제한되고 있는 것이 사실이지만, 한국은 이러한 가능성을 염두에 두고 동북아 국제관계의 틀을 미중 및 일중 간의 대립 및 그와 관련된 의제로 집중되는 것을 관리하고 러시아의 역내 중간자적인 전략적 행위자로서의 가능성을 협력적으로 부각할 필요가 있다.

5. 대러관계의 현안·쟁점·실천방안

이 절에서는 대러관계의 주요 현안과 쟁점을 정치외교 및 안보협력, 경제 및 실질협력, 사회문화협력 등으로 나누어서 살펴보고 이에 대한 구체적인 실천방안을 살펴본다. 우선, 정치외교 및 안보협력에 있어서 한국과 러시아가 북한 문제 해결, (정도의 차이는 있으나) 동북아시아라는 지역적 범위에서 중국을 견제해야 할 전략적 필요로 대변될 수 있는 공동 목표와 지역 내에서 미중 전략경쟁이 빚어내는 지정학적 압력을 받는 중간국이라는 국제정치적 위치를 공유하고 있는 상황 속에서 모색될 수 있는 주요 현안과 쟁점 그리고 실천방안을 탐구한다. 경제 및 실질 협력과 관련해서 대러 경제 제재체제의 한계에도 불구하고 극동개발협력, 러시아정부 주관 사업에서의 협력, 에너지협력, 철도·교통·인프라 협력, 북극협력, 농업·어업에서의 협력 등에 대한 정교한 구상이 포기되지 말아야 함을 강조하고자 한다. 끝으로 사회문화협력의 주요 현안·쟁점·실천방안은 대러 제재를 넘어 변화하는 국제질서의 미래에 대비하여 한러관계를 개선하기 위한 기반으로 공공외교 및 문화외교를 중심으로 살펴본다.

1) 정치·외교·안보 협력

한국의 대러 정치외교 및 안보협력의 첫 번째 현안으로는 전략적 소통을 들 수 있다. 특히 최근 들어 러시아의 군용기가 한국의 방공식별구역(KADIZ)을 빈번하게 침범하는 상황 속에서 군사·정보 부문에서의 핫라인 구축은 한국과 러시아가 서로의 의도를 잘못 해석하여 불필요한 갈등 상황에 놓이게 되는 것을 예방하기 위해서도 중요하다. 이를 위한 세부 실현방안으로는 양국 정상회담을 연례화하고, 제1차관급 전략대화를 2+2(외무+경제), 3+3(외무+경제+문화) 수준으로 확대 격상시키는 것이 필요하다. 무엇보다 군사, 정보 부문에서의 핫라인을 구축하여 잘못된 정보로 인하여 양국 간 불필요한 충돌이 발생하는 상황을 방지할 필요가 있다.

한국의 대러 정치외교 및 안보협력의 두 번째 현안으로는 북한 문제의 해결을 위한 협력을 들 수 있다. 2022년 10월 이후 북한의 군사위협이 증대되는 상황 속에서 한국과 러시아는 모두 방식의 차이는 있겠지만 이러한 문제를 해결해야 한다는 공통의 문제의식을 지니고 있다. 북한 문제의 해결이 한국의 독자적 노력으로는 사실상 불가능한 상황 속에서 한국은 미국뿐 아니라 러시아, 중국 등 역내의 다른 국가와의 협력 방안도 포기해서는 안 된다. 이를 위한 세부 실현방안으로는 북한 문제 해결을 위한 6자회담 혹은 다자적 대화 프로세스의 재개와 정책 공조, 한반도 평화정착을 위한 공동 노력을 다층적으로 활성화해야 한다. 현재 러시아와 중국의 전략적 협력 구도가 견고하게 작동하는 상황에서 한반도 문제와 관련된 러시아의 태도를 친한(親韓) 방향으로의 유인할 방안을 궁구하고 실천해 가야 한다. 가장 확실한 방법은 한러 양국 간 전략적 상호의존도를 높이고, 더불어 상호 간 핵심적 이해관계를 구축해 가는 것이다. 현 단계에서 이를 충족시킬 수 있는 여건의 조성이 어렵다는 것은 명확해 보이지만, 중장기적으로는 이러한 목표 의식 아래에서 대러정책을 발전시키는 것이 필요하다.

한국의 대러 정치외교 및 안보협력의 세 번째 현안으로는 러시아 변수에 대한 객관적인 인식과 그에 기반을 둔 대러정책의 전개를 들 수 있다. 이를 위한 세부 실현방안으로는 우선적으로 우리의 외교정책 추진에 있어 대러외교의 정책적 우선순위를 끌어올리는 것이 필요하다. 물론 현재 러시아가 동북아시아의 정치외교, 안보 현안 해결에 있어 결정적 행위자라고 말할 수 없고, 그 영향력도 미국, 중국에 비교했을 때 약한 것이 사실이다. 그러나 러시아는 유엔 안보리 상임이사국, 세계 최다의 핵탄두 보유국, 미국과 경쟁하며 자국 외교 네트워크를 통해 국제질서를 재편하고 있는 주요 행위자로서의 면모를 보여주고 있기에 결코 무시하거나 그 중요성을 간과해서는 안 될 것이다. 한반도 안보환경에 대한 러시아 최고

지도부의 이해도가 비교적 높다는 것을 고려해야 하며, 과거 '4자회담'과 같은 방식으로 러시아를 배제하려는 대안 모색은 치명적 실책이 될 수 있다. 과거 러시아는 역내 안보 현안에서 소외되는 현상을 타파하기 위해 외교관 맞추방과 같은 공격적 행태를 표출한 바 있고, 그 여파로 우리 측 외무장관이 두 차례나 경질되는 사태가 발생했었음에 주목할 필요가 있다. 오히려 역내 평화를 위한 러시아의 역할이 제고되어야 한다는 점을 대내외에 설득하고, 국제법, 국제레짐, 규범을 준수하는 성향을 강조해 정공법을 구사하는 것이 바람직하다. 구소련 이후 크게 변모한 러시아, 우크라이나전쟁으로 추락한 이미지, 그러나 국제질서의 재편을 시도하고 있는 러시아에 대한 객관적 이해를 제고하기 위하여 양국 여론 주도층의 교류의 기회를 확대해야 한다.

한국의 대러 정치외교 및 안보협력의 네 번째 현안으로는 동북아시아 다자안보협력체제를 제시할 수 있다. 러시아는 그동안 동북아 '다자안보협력체제'의 구축에 큰 관심을 지속적으로 표출해왔다. 그 이유는 다자안보협력체제 구축 과정에서 역내 정치·외교·안보 영향력 확대, 동부 영토 안보의 효과적 확보, 역내 안정을 통한 극동·시베리아의 효과적 개발, 중국의 과도한 팽창과 미국 견제 등의 중요한 국가이익을 달성할 수 있다고 보았기 때문이다. 상술한 바와 같은 러시아의 여러 목표 중 중국의 팽창 경제, 역내 안정 등과 같은 사안은 한국에게도 긍정적인 결과를 가져다줄 수 있다는 점에서 한국이 대러아시아 정치외교 및 안보협력의 주요 쟁점이 될 수 있다.[13]

한국의 대러 정치외교 및 안보협력의 마지막 현안으로는 장기적 관점에 기반을 둔 대러 대전략적 지향의 수립을 들 수 있다. 이 과정에서 본 절에서 서술한 러시아와의 전략적 소통, 북한 문제, 동북아시아 지역질서, 러시아의 국제정치적 영향력 등의 주제를 심도 깊게 검토할 필요가 있다. 한국은 향후 시대적 환경 및 국제질서의 변화를 반영한 대러 미래 비전을 성안해 나가야 하는 상황에 직면하게 될 것이며, 변화된 조건하에서 정상회담을 포함한 적극적 외교를 통해 이를 추진해 나가게 될 것이다. 외교·안보 분야에서 가칭 '한러 전략적 협력을 위한 공동선언'과 같은 행동계획도 수립하고 실천해 나가야 할 것이다.

이런 일련의 과정에서 향후 새로 수립될 행동계획은 지구적 안보로서 핵 비확산과 환경, 원자력 협력, 동아시아 질서 재편에 대한 이해 제고, 한반도 분단과 북한 문제의 해결, 군사 분야에서의 가능한 협력, 다자안보체제 등에 관한 협의 등의 주제들을 포괄해야 한다. 한국의 외교정책 대강(大綱)과의 연계성하에 '인도태평양 해양외교'뿐만 아니라 '유라시아 대륙외교' 등을 아우르는 '해륙복합국가건설'의 전략적 대구상을 수립·실천할 필요가 있다. 이런 틀하에서 한국은 러시아의 혁신·현대화를 지향하는 외교적 노력에 부응하면서 해양과 대륙을 연계하는 교량국가로서의 역할을 수행할 수 있는 주체적 동반자가 될 수 있다는 가능성과 사실을 러시아에 적극적으로 제시할 수 있어야 할 것이다.

---

13) 서동주·장세호, 『한러 전략적 협력의 쟁점과 과제』 (서울: 국가안보전략연구원, 2019), p. 68.

2) 경제협력

한국이 대러시아 경제 등 실질 협력을 진행하는 것과 관련된 첫 번째 현안은 극동·시베리아 개발 협력이다. 2012년 푸틴 대통령은 사상 최초로 특정 지역개발을 전담하는 연방정부 부처로 '극동개발부(Ministry for Development of Russian Far East)'를 설립하였고, 이듬해인 2013년 3월 국가 프로그램 '극동·자바이칼지역 사회경제 발전(Socio-Economic Development of the Far East and the Baikal Region)'을 채택하고, 2014년 4월 다시 이를 전면 개정하는 등 극동·자바이칼지역개발을 전례 없는 수준으로 추진하고 있다.[14] 전술한 바와 같이 러시아가 극동을 위해 사력을 다하고 있는 상황은 한국에 있어서 기회의 창이 될 수도 있다. 한국에게는 '극동·자바이칼지역 사회경제 발전 전략 2025'에 부응하여 양국 경협 사업을 발굴하고, 구체적인 실천방안을 수립할 능력이 있다.

한국이 대러시아 경제 및 실질 협력을 진행하는 것과 관련된 두 번째 현안은 러시아정부가 주력하는 각종 인프라 현대화사업 및 혁신 관련 분야에서의 협력 강화이다. 그 과정에서 한국은 러시아정부가 발표한 5대 중점육성 분야(에너지 효율화, 정보통신, 우주항공, 원자력 에너지, 의료기기 및 기술)를 중심으로 제조업 기반 및 원천기술의 상업화를 실현할 수 있는 상호보완적 협력 기제를 구축할 수 있다. 그 과정에서 한국과 러시아는 양국 간 투자 불균형을 해소한다는 측면 외에도 양국 기업인들 간의 소통 확대 및 신뢰 구축, 양국 간 전략적 경제협력의 확대를 위해 러시아의 한국에 대한 투자 유치를 강화할 수 있다. 둘째 과제는 에너지, 교통, 물류 등 분야에서 이미 추진되었던 유망한 프로젝트를 보다 창의적으로 조기에 실현할 여건을 만들 필요가 있다.

한국이 대러시아 경제 및 실질 협력을 진행하는 것과 관련된 세 번째 현안은 에너지 관련 협력이다. 한국은 대러시아 에너지협력 강화를 위해 정부·기업 내 의사결정권자 및 실무자들의 러시아에 대한 이해를 제고하고 신뢰도를 증대시킬 방안을 강구해야 한다. '전략적 투자협력'의 관점에서 대러 에너지협력도 개별 프로젝트가 아니라 양국의 이해관계가 결합된 각종 사업(IT, 조선, 건설, 플랜트 등)과 통합 연계된 형태로 에너지협력을 전개해 나갈 수 있을 것이다. 상호주의 원칙에 입각하여 러시아와 상·하류 부문에 대한 개방 및 교차투자 가능성을 타진하고, 대신 러시아에는 수송노선 선정, 가격 및 공급물량 확보, 매장지 개발 참여 등을 관철하는 실익 극대화 협상전략으로 전환해야 할 수도 있을 것이다.

기업 간 상호신뢰가 축적되지 않았다는 것을 고려하여 우선 낮은 단계의 투자 파트너십사업부터 추진한 다음 이후 상대방에 대한 이해와 신뢰가 깊어지면 높은 단계의 전략적 제휴(strategic alliance) 등의 단계로 심화시켜 접근할 필요도 있을 것이다. 한편 한국은 향후 여건이 조성될 때에 가즈프롬(Gazprom)과 로스네프트(Rosneft) 등 러시아 주요 에너지 국영기업들의 지분 매입과 같은 방식으로 기업 간 전략적 협력관계를 모색해나갈 수 있다. 또한, 대러 에너지협력 문제를 한반도의 지정학적 구도와 연계하여 접근할 방안을 찾아갈 필요가 있다. 예를 들면, E&P 사업, PNG 사

---

14) 제성훈 외, 『러시아의 극동·바이칼 지역 개발과 한국의 대응방안』, (세종: 대외경제정책연구원, 2014).

업, 전력망 연계 사업 등은 북한이 다자경협사업에 참여하는 중요한 계기를 마련할 수 있을 것이며, 결국에는 북한의 개혁·개방을 촉진시키는 데 기여할 수 있을 것이다. 전술한 프로젝트들은 러시아의 개입을 강화하고 주변국과의 협력체제를 구축함으로써 북한의 예기치 않은 도발 행위 가능성을 감소시킬 뿐만 아니라 중장기적으로 통일 이후 북한지역의 가스 및 전력공급 구도를 대비하는 효과도 얻을 수 있을 것으로 전망된다.

한국이 대러시아 경세 및 실질협력을 진행하는 것과 관련된 네 번째 현안은 철도 연결과 교통·물류 인프라 개발이다. 한국은 유라시아대륙철도 네트워크 구축에 대한 국민들의 관심과 지지를 다시 제고시킬 필요가 있다. 북한의 지정학적 위협의 정도가 낮아진다면, 한국은 소위 '나진-핫산 프로젝트'로 실현되고 있는 북러 철도협력을 관망할 것이 아니라, 남북러 철도운영자회의를 조속히 재개하고, '나진-핫산' 구간의 북한철도 현대화사업의 성과를 한국이 적극적으로 활용할 수 있는 방안을 마련해야 한다. 이와 더불어, 남북러 철도 연결, 유라시아대륙철도 네트워크 구축 및 실크로드 익스프레스(SRX) 연결을 전면에서 리드할 수 있는 전담기구를 구축해야 한다. 대륙횡단철도 연구(전략, 정책, 기술 등)의 기반이 강화될 수 있도록 관련 연구기관에 대한 물적·인적 지원이 뒤따를 필요가 있다.

현재 중국의 '창춘-지린-투먼 개발계획'에 따른 북중러 국경지역 통합경제권 출현과 중국의 동해 출해권 확보로 가시화되고 있는 환동해권 물류네트워크에 대한 대응전략과 함께 중국의 탕산 및 다롄의 신항만 건설에 따른 환황해권 물류체계에 대응하여 복합운송전략을 러시아와 공동으로 수립할 필요도 있다. 유라시아대륙철도 연결을 전제로 러시아를 포함한 관련국들과의 철도협력을 공고화하기 위해서는 국제철도협력기구(OSJD), 국제철도연맹(UIC) 등 국제철도기구들과 협력을 강화하는 제도적 틀도 강화되어야 한다. 이를 위해서 무엇보다도 유라시아대륙철도에 대한 전문적 지식을 갖춘 인력을 양성·준비해야 한다. 또한, 동북아 관련국의 철도정보를 수집하고 분석하는 연구기관과 인력의 충원, 관련 분야 전문가들과의 협의체 구성 및 정보 공유체계도 구축해야 한다. 그리고 향후 북한철도의 전면적 현대화를 대비하여 한국의 재정 부담을 경감하고 대규모 국제자본을 유치할 수 있도록 금융계획을 포함한 한반도 철도현대화 전략도 준비해 둘 필

글상자 15.7

창지투 개발

창지투(長吉圖) 개발사업은 지린성(吉林省)의 '창춘(長春)-지린(吉林)-투먼(圖們)강 일대'를 연계해 이를 중국의 동북지방, 나아가 동북아시아지역의 새로운 성장거점으로 육성하고자 추진되고 있는 중국의 국가급 프로젝트이다. 본 사업은 산업구조 업그레이드와 교통인프라 개선을 통해 창지투지역의 경제 규모를 확대시킬 뿐 아니라 국제협력과 개방 수준의 향상도 목표로 하였다. 이에 따라 본 지역을 중심으로 중국-북한, 중국-러시아 간 경제협력도 활성화하고, 교통·물류 인프라를 개발하기 위한 기획과 노력이 시도되고 있다.

출처: 김부용·임민경, "창지투(長吉圖) 개발의 현황과 시사점: 훈춘(琿春)을 중심으로," 『중국성(省)별동향브리핑』 3권 17호 (2012).

요가 있다.

한국이 대러시아 경제 및 실질협력과 관련하여 대비하여야 할 네 번째 안건은 북극해 지역개발 및 북극항로 활성화이다. 새로운 유라시아 국제 운송로의 하나로서 무한한 잠재력을 보유한 북극항로 개발에 러시아와 전략적 협력관계를 강화하고, 이를 바탕으로 북극지역의 자원개발로까지 협력의 범위를 점차 확대하는 방안을 구상해야 할 것이다. 북극항로는 최근 5년 동안 물동량이 약 4.7배 증가할 만큼 새로운 항로로써 큰 잠재력을 가지게 되었다.[15] 이러한 북극항로는 실질적으로 러시아가 관할하고 있으므로 한국은 자원개발, 해운협력 등 사안별로 러시아의 유관 부처와의 협력을 강화해 나갈 필요가 있다. 북극개발은 거대한 자본조달과 극지 개발의 기술적 한계를 모두 극복해야 한다는 측면에서 한국은 러시아와의 전략적 이해관계를 실현할 수 있는 최적의 협력국이 될 수 있음을 부각시킬 필요가 있다.

한국의 대러시아 경제 및 실질협력과 관련된 다섯 번째 현안은 농업·어업 분야에서 찾을 수 있다. 한국은 에너지·물류·식량 문제에 초점을 맞춘 환동해경제협력의 본격적 실행으로 한반도와 연해주를 연결하는 단일한 식량 및 상품 공급 사슬(supply chain)을 구축하기 위한 노력을 적극적으로 구상해야 한다. 극동·연해주 농업개발과 관련하여 노동생산성이 높은 양질의 노동 인력을 적정규모로 유지·관리할 수 있도록 노동력 수급 안정을 위한 종합 대책을 수립해 둘 필요가 있다. 또한, 어업과 관련하여 2009년 12월 22일 체결된 '한러 IUU어업 방지협정'을 준수하고, 국제사회에서 책임 있는 조업국으로서의 신뢰를 지속적으로 확보할 필요가 있다. 태평양 연안지역의 어업자원 보호를 위해 고심하고 있는 러시아의 전략적 이해관계를 지지하면서, 반대급부로 러시아 수역에서 한국의 일정한 어업쿼터를 보장받는 방식으로 안정적 조업기반도 구축할 필요가 있다. 그 과정에서 한국은 러시아 극동지역의 어선조선소, 수산물 가공공장 등에 대한 한국 기업의 진출을 촉진시켜 볼 만하다. 이를 위해 러시아 극동지역의 수산 관련 인프라 현황에 대한 심층 조사를 진행하고, 속초, 동해 등 동해안 연안 도시들과 극동·연해주와의 지방협력을 강화해 나갈 필요가 있다. 이러한 노력이 진행된다면 한국은 러시아와 자유무역협정(FTA)의 체결을 모색해 볼 수도 있을 것이다. 한러 FTA 체결은 단순히 상품관세율을 낮추는 데 그치는 것이 아니라 양국 간 투자협력의 분야와 방향을 정하고, 양국 간에 존재하는 '전략적인 보완성'을 현실화하는 도구로서 포괄경제협력협정(CEPA)으로까지 발전시킬 가능성을 지향해 갈 수 있을 것이다.

3) 사회·문화협력

사회·문화협력은 한국이 러시아와 협력의 범위를 확대하고 그 수준을 제고하기 위해 필요한 가장 중요한 기반 중 하나이다. 이러한 사회·문화협력은 크게 공공외교와 문화교류로 나누어져서 전개될 수 있다. 상대 국가를 진정한 대화와 협력 파트너로 대할 수 있는 태도는 편협한 고정관념과 오해에서 벗어나 정부 차원의 공식적 교류보다는 오히려 다양한 방식의 공공외교와 문화교류

---

15) 아틀라스, "러시아 북극항로 물동량, 5년 사이에 4.7배 증가," http://www.atlasnews.co.kr/news/articleView.html?idxno=4708 (검색일: 2022.12.01).

가 이뤄졌을 때 가능하다.

한반도와 국경을 접하고 있는 러시아는 한국에게 '가깝고도 먼 나라'이다. 러시아는 개화기 한국에 중요한 영향력을 행사했던 인접 국가이며, 문학을 포함한 러시아의 문화 자산은 과거부터 현재까지 한국 사람들에게 많은 사랑을 받고 있다. 많은 수의 한국인들은 러시아의 문호인 도스토옙스키와 톨스토이의 작품을 읽으며 음악가인 차이콥스키, 라흐마니노프 등을 즐겨 듣는다.

그러나 정치적 영역에서 아직까지 러시아는 한국인들에게 친숙한 국가로 분류되기 어려웠다. 왜냐하면 남북 분단 이후 냉전체제하에서 소련은 대다수 한국인들에게 두려움의 대상으로 인식되었고 소련이 해체되긴 하였으나 그때의 잔상이 아직까지 완전히 사라지지는 않았기 때문이다. 이러한 이유로 한국에서의 러시아에 대한 이미지는 위대한 학문적 문화적 유산을 가진 문화국가의 모습과 체제 이행기의 사회적 혼란상이 결합된 형태로 자리 잡았다. 그리고 우크라이나전쟁으로 인한 부정적 이미지의 영향을 극복하는 데 적지 않은 시간이 걸릴 것으로 예상된다.

따라서 한국은 공공외교와 문화교류 부문의 협력을 통해 대러 전략적 동반자관계의 실질적 구현에 필요한 정신적, 문화적, 학문적 공감대를 확대시켜 나갈 필요가 있다. 이와 관련하여 지난 2014년 1월 발효된 양국 간 비자면제협정은 한러 교류의 활성화를 위한 중요한 계기가 되었던 점에 주목할 필요가 있다. 장기적으로는 양국 간 민간대화의 채널을 다변화, 활성화, 제도화하는 한편, 상호 이해의 밀도를 높이는 데 중요한 언론, 문화 예술 콘텐츠, 학술 분야 등에서 쌍방향 협력을 적극 추진하는 것이 필요하다. 또한, 한국의 중요성을 러시아의 주요 정책결정자 및 여론 주도층과 사이에 확산시키고, 한국에 대한 오해와 편견을 극복하고 협력 파트너로서의 공감대를 확장하며, 양국 관계의 지속적 발전에 필수적인 우수 전문 인력 양성 프로그램을 적극 지원하고 양 국민 간에 존재하는 문화적, 정서적 친근감을 기반으로 문화 예술 분야의 교류와 협력을 활성화할 필요가 있다. 그리고 이 목표들을 효율적, 체계적으로 구현하기 위한 실천 전략 또한 새롭게 탐색 되어야 한다.

기존 일방적, 간헐적, 분절적으로 진행되던 양국의 공공외교와 문화교류는, 쌍방향적, 지속적, 통합적 방향으로 전환되어야 한다. 특히 자국의 메시지를 일방적으로 발신하는 이전의 일방적 교류에서 벗어나, 앞으로는 대화와 협력을 통해 공동 작업을 추구하는 대화형 교류로의 전환이 필요하다. 양국 대표 국영기업 가즈프롬과 한국가스공사(KOGAS)가 공동 기획하여 2012년 서울에서 발간 배포한 러시아 명화집 『러시아 황금지도』 출판기념회는 대화 및 협력에 기초한 쌍방향 문화교류 사업의 모범 사례에 해당한다. 블라디보스토크 APEC 회의 개최에 즈음하여 RBTH(Russia Beyond the Headlines)의 한국어판 〈러시아 Focus〉를 중앙일보 특별 섹션으로 정기 발간하고, 러시아의 주요 이슈와 문화 예술을 다루는 한국어 인터넷 사이트를 동시에 구축하여 지속적으로 운영하는 것 또한 양국 간 공공외교에서 획기적 사건이었다. 러시스카야 가제타와 한국의 '한러비즈니스협의회(KRBC: Korea Russia Business Council)' 공동 기획으로 러시아 저명인사들과의 인터뷰 결과를 『러시아인, 러시아의 길』이라는 제목의 단행본을 2013년 11월 푸틴 대통령 방한에 즈음해 발간한 것도 양국 여론 주도층 사이의 진지한 대화를 시도한 흥미로운 예가 될 수 있다. 이처럼 상대방을 향한 메시지 발신과 상호 대화를 다양한 매체와 플랫폼을 통해 다층적으로 진행하는 것이 필요하다. 한국 역시 러시아 국민들에게 한국이 해양과 대륙을 함께 지향하는 열린 태도를 견지하고 있으며, 특히 극동에서 러시아와의 협력을 통해 상호 호혜적 관계를 구축할 수 있는 동반자라는 메시지를 각인시키기 위해서 다양한 노력을 진행할 필요가 있다.

아울러 양국 관계 활성화에 핵심 역할을 담당할 미래의 인재 양성을 위해서는, 이전의 파편화된 단발성 지원에서 벗어나 통합적이고 지속적 관심과 투자가 이뤄져야 한다. 정확한 의사소통에 필수적인 전문 통·번역 요원 양성부터, 어문학자, 역사학자, 정치학자, 경제학자에 이르는 인문사회 분야는 물론이거니와, 체육과 예술, 그리고 기초과학과 응용과학 등을 아우르는 다양한 영역에서 교육 및 연구 분야의 교류와 협력을 모색해야 할 것이다. 기존 특정 분야나 기관 단위 협력도 중요하지만, 앞으로는 인접 분야와 협력 기관들이 상호 협력 네트워크를 구축하여 시너지 효과를 내는 것이 바람직하다. 문화 예술 분야 교류도 고전 예술부터 현대적 대중문화 콘텐츠까지를 포함한 여러 영역에서 상호주의에 입각한 창의적 협력이 동시다발적으로 전개되어야 한다. 러시아 작가협회와 한국 뿌쉬낀 하우스가 협력하여 푸틴 대통령 방한 중 소공동 롯데호텔 앞에 세운 러시아 문호 뿌쉬낀 동상이 서울을 찾는 러시아인들의 명소가 된 것이 흥미로운 사례라고 할 수 있다.

6. 대러시아 정책의 전망

여러 면에서 도전에 직면한 한국의 대러시아 관계를 전망하는 것은 쉬운 일이 아니다. 그렇지만 한국의 대러시아 정책의 촉진요인과 장애 요인을 살펴봄으로써 전망의 단초를 발견해 볼 수 있을 것이다. 그리고 대러시아 정책 변화에 영향을 미치는 내적 및 외적 변수를 살펴봄으로써 그 가능성을 평가해 볼 수 있을 것이다. 이런 분석을 바탕으로 한러관계의 미래를 전략적 협력의 관점에서 대러시아 정책 추진, 대러시아 정책의 외교적 조직 및 제도의 개편·강화, 북핵 및 북한 문제 해결에서 러시아의 중재자 역할 활성화, 극동·시베리아지역 개발을 위한 한러 이니셔티브 등을 중심으로 검토해 본다.

1) 대러관계 변화의 촉진요인과 장애요인

한국의 대러관계 변화의 촉진요인으로는 지정학적 요인과 경제적 요인이 존재한다. 첫째, 지정학적 요인으로는 중국의 부상에 따른 미국과의 전략경쟁에 대해 양국이 공동으로 가지고 있는 전략적 관심이다. 한국과 러시아는 미중 전략경쟁에 놓여 있는 지정학적 중간국으로서 지정학적 압력을 최대한 회피하며 자율적인 외교 공간의 창출을 위해 노력을 해나갈 필요성을 느끼고 있다. 이러한 경쟁의 고조는 양국의 이 같은 전략적 지향의 공유지점을 확대하는 전략의 기회적 속성을 드러내 준다. 둘째, 경제 부문에서 러시아의 전략적 파트너로서 가질 수 있는 한국의 잠재력이다. 러시아와 중국 사이의 협력이 강화되고 있으나 여전히 일정 수준의 수입 다변화를 통해 대중 견제가 필요한 러시아에게 한국은 다양한 조건에 부합할 수 있는 교역 상대국이다. 특히 러시아는 자동차, 전자 부품 분야에서 수입 다변화를 모색하고 있는데, 한국은 이러한 분야에서 강점을 가지는 국가이다.

그러나 역설적이게도 국제정치 환경은 대러관계의 개선 가능성에 커다란 제약으로 작용하는 요인이 될 수 있다. 이미 앞에서 수차례 언급되었듯이, 2022년 러시아의 우크라이나 침공 이후 동맹국을 활용하는 미국의 대러 압박정책이 전개되고 있는데, 미국의 동맹국인 한국 역시 동맹으로의 책임 이행을 요구받고 있다. 이러한 상황 속에서 한국은 나름대로 자율성의 공간을 찾아보고자 노력하고 있으나, 결국 러시아에 대한 미국의 정책이나 인식에 대한 변화가 수반하지 않는다면, 한국의 대러관계는 일정 수준 이상의 제약을 받을 수밖에 없을 것이다. 그렇지만 국가 간 관계의 가변성을 고려해 봤을 때, 지금과 같은 한국의 대러관계를 제약하는 구조적인 요인 역시 러시아에 대한 미국의 정책이나 인식 변화와 함께 해소될 가능성도 완전히 배제할 수는 없다. 이러한 상황 속에서 향후 러시아에 던져질 중요한 질문은 "러시아의 동북아·한반도 정책이 미국의 동북아 전략에 있어서 자산이 될 수 있는가"이다. 현재는 미러 갈등이 진행 중이지만 미국에 있어서 보다 시급한 미중 전략경쟁이 고조되는 상황에서 미국이 경쟁에서 우위를 점하기 위하여 펼쳐나가는 정책은 지구적 및 지역적 정치 변동에 영향을 줄 수 있는 변수가 될 수 있다. 우선, 미국은 중국의 부상에 대처하기 위해 기존 동맹체제를 중심으로 일본·호주·인도로 연결되는 쿼드체제를 강화하는 전략을 선호할 것이다. 하지만 좀 더 중장기적으로는 러중협력의 고리를 어떻게 이완시킬 것인가를 고민할 수밖에 없다.

표 15.2에서 확인할 수 있듯이, 이런 고민과 관

표 15.2 미중관계와 미러관계 시나리오에 따른 동북아 지역정치 구도

미러관계 미중관계	전략협력 무시 US-RUS-1	부분적 전략협력 US-RUS-2	전면적 전략협력 US-RUS-3
패권경쟁으로의 전이 US-CHN-1	미:중러 대립구도(A) • 동아시아 갈등격화 • 중간국 역할 미미 • 중간국 줄서기 강요	미중러 전략적 삼각구도 부분작동(C-) • 불안정 지역질서 • 제한적 중간국 역할	미러:중 대립구도(D) • 미국 주도 질서 • 동북아 안정적 세력균형 • 다자지역 안보협력 시도
전략경쟁 관리·지속 US-CHN-2	현(現) 동북아질서…	미중러 전략적 삼각구도(C) • 균형적 지역질서 • 적극적 중간국 역할 • 지역협력 기제 필요 증대 • 소다자 등 경제협력 활성화	미중러 전략적 삼각구도 안정화(C+) • 강대국 세력균형 안정화 • 안정적 지역질서 구축 가능
전략경쟁 중 타협 모색 US-CHN-3	미중 양극체제(B) • 중국 우위 또는 미:중러 균형의 동아시아 질서 • 러시아의 중국 주니어 파트너화		

출처: 신범식 (2019).

련하여 미국에게는 △러시아의 전략적 행위자로서의 가능성을 무시하거나(US-RUS1), △부분적으로 러시아와 전략적인 상호작용을 회복하거나(US-RUS2), △러시아와의 전면적 전략협력을 추진(US-RUS3)하는 세 가지 옵션이 있다. 러시아의 우크라이나 침공 이후 미러관계가 악화되고 있는 가운데, 향후 동북아에서도 'US-RUS1'과 같은 구도가 형성될 가능성이 커 보이지만, 만약 미국이 러시아와의 전략적 상호작용 및 협력의 카드를 제시할 경우 러시아는 이에 호응하여 동북아 지역정치에서 자국의 전략적 위상을 강화하는 정책에 집중할 가능성도 여전히 배제할 수는 없다. 이러한 차원에서 러시아는 이러한 미국의 인정이 자신의 역내 전략적 가치를 높일 것으로 예상하면서 내심 기다리고 있거나, 적어도 미러 간 지정학적 갈등 구도가 그나마 옅게 나타나고 있는 동북아시아지역에서 미국과의 물밑 접촉을 통한 전략적 조율의 시도 역시 이뤄질 수 있다. 미국이 동북아에서 러시아의 전략적 행위자로서의 가능성을 인정하게 된다면 이는 한국의 대러관계 변화에도 중대한 계기가 될 것이다. 따라서 러시아의 신동방정책의 성패는 역설적으로 동북아 국가들과의 관계 못지않게 미국과의 관계에 따라 크게 좌우될 가능성이 크다. 이런 의미에서 러시아의 신동방정책은 러시아의 미래적 가치를 새롭게 창출하면서, 현존하는 서방의 압력과 가능한 중국의 압력에 동시에 대응하는 의미를 지니며, 이는 러시아의 신동방정책이 기회주의적이면서 동시에 미래주의적 성격을 띠고 있음을 보여준다.[16]

2) 대러시아 정책 변화의 내적 변수와 외부 영향

대러외교에 변화와 영향을 줄 수 있는 내적인 변수로는 국내정치 변수가 있다. 한국의 외교·안보 전략이 국내정치적 변화에 민감하게 반응하는 모습을 보인다. 반면 러시아는 2000년 푸틴 대통령의 등장 이후 일정 수준 부침은 있으나 비교적 꾸준한 대외정책을 펼치고 있다. 그 결과 러시아의 지구·지역·한반도 전략의 대강(大綱)은 유지되고 있는 것으로 평가할 수 있다. 그렇지만 한국의 경우 앞서 지적하였듯, 정권에 따라 나타나는 대외정책의 변화 정도가 비교적 큰 편이다. 따라서 한국은 국가 대전략의 차원에서 대러시아 정책의 방향성을 설정하고 이러한 것이 국내정치적 변화로부터 받는 영향을 최소화시킬 필요가 있다.

한편 대러관계는 다양한 외부적 요인으로부터 영향을 받을 수 있다. 앞서 지적되었던 미국과 러시아의 관계 역시 한국의 대러관계에 영향을 줄 수 있는 외부요인 중 하나이다. 현재 미국과 러시아의 대립이 치열해지는 상황 속에서 미국의 동맹국인 한국이 독자적으로 대러관계의 질적인 강화를 추구하는 것은 사실상 힘든 상황이 되었다. 미러관계의 악화에 따른 갈등 상황의 전개 과정에서 한국은 '연루(entrapment)와 방기(abandonment)의 딜레마'에 놓이게 될 가능성이 큰데, 이때 한국이 전자를 선택한다면 한국의 대러관계는 상당 부분 제약을 가질 수밖에 없을 것이다.

이뿐 아니라 최근 쟁점인 기후변화, 사이버 문제, 난민 문제 등 '신흥안보'적 현안 역시 대러관계 변화에 영향을 줄 수 있는 외부적 요인이다. 전술한 문제들로 인해서 한러 사이에 풀어야 할

---

16) 신범식 (2020), p. 204.

신흥안보적 문제들이 발생한다면 이는 한국의 대러시아 관계에 영향을 주는 외부적 영향이라고 할 수 있을 것이다. 그러나 신흥안보적 현안은 안보적 문제임과 동시에 관계의 긍정적인 발전을 위한 기회로써 작동할 수도 있다. 예를 들어, 기후변화로 인하여 북극항로의 운항 가능 기간이 증가한다면 한국은 북극지역과 가장 밀접한 이해관계를 맺고 있는 러시아와 북극정책에 대한 폭넓은 논의를 진행할 것이다. 이러한 것뿐 아니라 기후변화에 따른 자연재난, 바이러스 등 국경을 초월하는 재난의 발생이 증가함에 따라, 한국과 러시아는 지난 2017년 9월 재난관리 분야의 지속적인 협력 강화를 위한 공동성명에 합의하기도 하였다.[17]

글상자 15.8

신흥안보

신흥안보(emerging security)란 소규모 단위의 안전(安全, safety)문제가 그 이슈 연관성의 범위와 정도와 깊이가 확장되면서 점차 국가나 지역 그리고 세계에 이르는 대규모 단위의 안보(安保: security) 문제로 '전화(transformation)'된 문제를 의미한다. 이와 같은 새로운 안보적 도전에 대한 대응은 국가뿐만 아니라 국가 내부로는 개인과 기업 그리고 국가 외부로는 지역과 세계 수준에서 복합적으로 이루어질 필요가 있다.

출처: 신범식, "신흥안보와 복합지정학의 미래 전략." 『국제문제연구소 이슈브리핑』 48호 (2019), p. 5.

3) 대러관계의 미래

현재 러시아를 둘러싼 국제정치적 환경이 한국의 대러관계 구축에 어려움으로 작동하고 있음은 주지의 사실이다. 우크라이나전쟁과 미중 전략경쟁은 그 속에 놓여 있는 한국과 러시아 대외정책의 경직을 유도하고 있다. 그러나 이와 같은 상황 속에서도 장기적 관점에서 봤을 때, 한국은 여전히 정치·경제의 다양한 부문에서 러시아와의 관계 강화를 도모할 수 있다. 특히 한국은 앞서 언급한 바와 같이 국제정치적 환경이 고정된 것이기보다는 유동적인 것이라는 인식 아래에서 대러관계의 미래를 구상해 나갈 필요가 있다.

첫째, 한국은 '전략적 협력'의 관점에서 대러 정책을 추진할 필요가 있다. 21세기 지구적 및 동북아 질서의 심대한 변동은 한국과 러시아에게 국가 위상의 도약을 위한 도전과 전략적 환경을 동시에 제공한다. 동북아 국제질서의 재편은 세계적 범주에서 비롯되어 역내 특성을 함유한 채 진행되고 있어, 그 어느 때보다 전략적 사고와 큰 틀에서의 대외정책 전개가 긴요하다. 한러관계의 증진뿐만 아니라 내면에 담긴 전략적 의미를 도출하고 이를 현실화할 필요가 있다. 따라서 한국 정부는 다양한 형태의 국제협력 어젠다를 발굴할 필요가 있다. 한국은 대러시아 정책을 통해 국제적, 다자적 경험을 통해 공동의 발전을 도모하고, 실리적 공유이익을 극대화함으로써 역내 긴장 완화와 평화 유지에 공헌할 수 있는 방안을 모색해야 한다.

둘째, 긍정적인 대러시아 관계의 미래를 그리기 위해서는 한국의 대러 외교정책 조직 및 제도

---

17) 행정안전부, "한-러, 손 맞잡고 재난관리 협력 본격 나선다." https://www.mois.go.kr/frt/bbs/type010/commonSelectBoardArticle.do?bbsId=BBSMSTR_000000000000008&nttId=59481 (검색일: 2022.12.04).

의 혁신적 개편·강화가 필요하다. 특히 지역 정치를 둘러싼 다양한 현안들을 다루는 과정에서 러시아가 역내 문제에서 소외되지 않도록 외교적으로 배려하는 자세가 필요하다. 이러한 러시아의 입장을 적절히 이해하기 위해서는 러시아 전문가 출신의 국제비서관 신설까지 검토될 필요가 있다. 더불어, 대러정책·전략 수립 시 관·산·학 연계를 강화하고, 전문가의 참여를 확대한다. 정상회담의 정례화 문제를 구체화시켜 연례행사로 만들어나가야 한다. 정부 간 대화 채널 운영의 효율성 및 다원화를 추구해 나가야 한다.

셋째, 북핵 및 북한문제 해결에서 러시아의 중재자 역할 활성화 북핵문제와 관련해서 러시아는 한반도 비핵화 실현의 연장선에서 평화적, 외교적으로 해법을 찾아내는 것이 바람직하다고 주장하고 있으며, 6자회담의 틀 속에서 이 문제가 해결되기를 기대하고 있다. 한편, 최근 거론되는 6자회담 무용론 및 이를 대체하는 3자, 4자 등의 여타 기제 논의에 대해 반대하는 입장을 견지하고 있다. 러시아는 6자회담에서 주도적인 입장에 있지는 않지만, 돌파구가 마련되지 않을 경우에는 문제 해결에 직접 나서기도 한다. 2006년 BDA은행 북한자금 동결 사태를 마지막에 해결한 국가도 러시아였다. 러시아는 이미 2002년 제2차 북핵위기 발생 시 단계적 동시 조치(a dozen synchronized steps) 내용이 포함된 일괄타결안을 제시한 바 있다. 우리와는 한반도 비핵화와 북핵 불용이라는 공동의 목표를 공유하고 있고, 6자회담 내에서 정책 공조를 할 여지가 많다.

넷째, 이니셔티브 수립을 모색할 필요가 있다. 현재 중국과 러시아는 동북3성 지역개발 전략과 극동·자바이칼지역 개발 전략을 연계하여 상호 윈-윈 할 수 있는 프로젝트를 개발 중에 있으며, 일본은 러시아 측에 에너지, 교통, 정보통신 등 총 8개 분야에서 협력을 강화하자는 취지 아래 '러시아 극동·동시베리아에서 러일협력을 강화하기 위한 이니셔티브'를 제안한 바 있다. 그러나 한국은 한러 경제과학기술공동위원회 산하 극동시베리아분과위원회 회의를 통해 한국기업의 극동·시베리아 투자진출 등 현안 중심의 문제들을 협의하고는 있지만 아직까지 한국의 극동·시베리아 진출에 대해 러시아와 합의된 원칙, 목표, 방향 등을 총체적으로 규정한 로드맵과 행동계획을 수립하지 못하고 있다.

따라서 모든 범주를 포괄하는 기존의 '한러 행동계획'과 차별화하여, 지역적으로 보다 극동·시베리아지역에 특화된 행동계획을 조기에 수립할 필요가 있다. 이것은 러시아의 극동지역 개발 전략의 실행에 부합되는 방향에서 한러 공동의 이해관계를 확인하고, 우선적 목표와 방향을 제시하는 로드맵이 되어야 한다. 로드맵과 행동계획에 따라 양국의 상호보완적 경쟁우위 요소들을 최적으로 결합할 프로젝트를 선정해야 한다. 이 경우에도 기간별(단기·중장기) 및 자본 규모별로 프로젝트를 구분하고, 단기에 소자본으로 실현할 수 있는 사업은 '성공모델' 구축형으로 추진하고, 장기 대규모 사업은 국제협력사업으로 관리하는 것이 필요하다. 현실성과 비전을 동시에 담보한 로드맵과 행동계획을 수립하기 위해서는 실행 가능한 조건과 환경 등을 구체적으로 검증하는 절차가 전제되어야 한다. 이러한 차원에서 가칭 '한러 극동지역개발전략 공동 연구단'을 구성하여 협의를 시작할 필요가 있다. 러시아 중앙정부가 주도하는 것이 아니라 개발의 주체와 잠재적 참여 당사자(한국기업)가 공동으로 개발 전략을 수립할 수 있는 연구기획단을 구성해 볼 수도 있을 것이다. 이처럼 한국의 대러관계 미래는 한국이 러시아가 지역적 수준에서 맺고 있는 정치적 이해관계에 대한 이해뿐 아니라 국내적 수준에서 진행하고 있는 다양한 정책들에 대한 이해 아래에서 가능성으로 존재하는 협력의 영역들을 실현시킬 때 긍정적으로 그려질 수 있을 것이다.

7. 결론

이 장은 한국의 대러시아 관계에 대한 포괄적인 검토를 진행하였다. 2022년 현재의 국제정치적 상황은 많은 국가가 변동의 불안정성을 관리하면서 지역적 안정과 평화를 바라는 정책 기조를 형성하는 데에 영향을 주고 있다. 이러한 상황 속에서 한국은 동북아시아를 구성하고 한반도를 둘러싼 미국, 일본, 중국, 러시아가 역내 안정과 평화에 대한 기본 인식과 필요성을 느끼는 분위기가 지속될 수 있는 분위기를 만들어나갈 필요가 있다.

이를 위해서는 동아시아 소지역, 지역, 광역 및 지구 차원의 협력 네트워크를 강화해야 한다. 한국은 중장기적 관점에서 한미일, 한중일 구도 외에도 한미러, 한일러, 한미중러 등 다양한 형태의 소통과 대화의 틀을 동시에 활성화할 계획을 마련하고 이를 실천하기 위한 세부적 전략을 구상할 필요가 있다. 특히 미중러 전략적 삼각구도 속에서 상호협력을 지향하도록 지역정치 구도를 개편해 나가는 것이 한국에게는 유리한 환경이 될 수 있다. 미중러 삼각구도에서 미중 간 경쟁과 갈등을 예방 내지 완화하는 러시아의 건설적 역할이 가능하도록 한러 협력 방안을 찾아야 한다. 러시아는 내부적 정치·경제적 굴곡을 겪으면서도 동북아 및 한반도에서의 영향력을 강화해 나가려 할 것이기에, 러시아의 중재자로서의 기여는 동북아에서 지역정치의 안정과 평화 및 공동번영을 증진시킬 수 있을 것이다. 러시아의 역내 전략적 행위자로서의 역할이 촉진되는 것은 한국 외교의 환경을 개선하는 일이 될 수 있다.

그 과정에서 한국은 러시아와 어떠한 부분에서 협력을 진행할 수 있을지에 대한 면밀한 고민을 진행할 필요가 있다. 즉, 한국은 러시아가 우리와 상호이익을 추구할 수 있는 보완적관계라는 인식 아래에서 전략적 동반자관계의 실질적 내용들을 채워나갈 필요가 있다. 러시아는 안보적 측면에서 북한 문제 해결에서도 긍정적 역할을 기대할 수 있으며, 한반도 평화통일을 지원하는 우호세력이 될 수 있다. 또한, 중국의 부상에 따른 점증하는 미중경쟁 구도 속에서 한국과의 협력을 통해 역내 균형과 안정을 달성하는 데 기여할 수 있다. 경제적으로 러시아는 향후 극동·시베리아 개발 과정에서 우리의 자본, 기술, 경영 능력을 펼칠 수 있는 기회의 땅이자 도전적 과제를 제기할 뉴프런티어이기도 하다. 나아가 한국에 있어서 러시아는 지역적으로 기존 '대륙세력 대 해양세력' 사이의 경쟁적 구도를 넘어서 역내 국가들의 공유이익에 대한 합의를 전제로 하는 지역협력 모델을 가꾸어 나가는 과정에서, 지역 질서에 대한 관점과 이익을 공유하는 협력 파트너가 될 수 있다. 따라서 '가능성으로 존재하는' 양국 간 '공유이익'을 '전략협력'을 통해 현실화 및 심화하는 것을 향후 대러관계 수립의 핵심적 목표로 삼아야 할 것이다.

이러한 목표 수립을 위해서 한국은 지구 및 지역에서 형성되고 있는 국제정치 질서에 대한 깊은 이해를 바탕으로 경쟁과 갈등 요인에 대해서는 당사국과 충분한 소통을 통해 전략·정책적 조율을 지속하는 한편, 가능한 부분에 대해서는 공동의 비전과 이익을 창출해내고, 그러한 것을 바탕으로 특정한 프로젝트를 실천하는 등의 노력을 다할 필요가 있다.

토의주제

1. 한러관계를 시기별로 구분하고, 각 시기에 대한 평가와 주요 특징을 이야기해보자.
2. 한국의 대러시아 정책을 결정짓는 요인으로는 국내적 요인과 대외적 요인 중 무엇이 더 중요하다고 생각하는가? 그렇다면, 그 이유는 무엇인가?
3. 러시아는 한국 대외전략에 있어서 '전략적 파트너'라고 할 수 있는가? 그렇다면, 왜 그렇게 생각하는가?
4. 한국과 러시아가 신흥안보 분야에서 협력 가능한 사안들로는 무엇이 있을까?
5. 한러 전략적 협력의 발전 방향을 양자, 지역, 지구적 수준에서 나눠서 설명해 보자.
6. 본인이 정책결정자라는 가정 아래에서 한국의 대외전략의 틀 속에서 대러시아 전략을 조화롭게 설정할 수 있는 방안을 구상하고 상호 토론해 보자.
7. 한일러 중간국 연대는 실현 가능한 구상인가? 이를 실현할 수 있는 구체적인 협력 분야가 있다면 그 분야에서 가능한 프로젝트를 구상해 설명해 보자.
8. 2022년 우크라이나전쟁으로 한국의 대러 정책은 어떤 영향을 받았는지 토론해 보자. 한국은 미국과 함께 대러 압박정책에 동조해야 하는가, 아니면 지정학적 중간국 외교를 펼치는 국가들과 연대를 펼치며 대러관계를 관리하기 위한 노력을 포기하지 말아야 하는가?

참고문헌

1. 한글문헌

김부용·임민경. "창지투(長吉圖) 개발의 현황과 시사점: 훈춘(琿春)을 중심으로." 『중국성(省)별 동향브리핑』 3권 17호 (2012).
서동주·장세호. 『한러 전략적 협력의 쟁점과 과제』. 서울: 국가안보전략연구원, 2019.
성원용. "신북방정책과 남북러 삼각협력: 과제와 발전 전망." 『도시연구』 16호 (2019).
신범식 외. 『한국과 러시아의 전략협력』. 서울: 한국외국어대학교출판부, 2015.
_____. 『유라시아의 지정학적 중간국 외교』. 서울: 사회평론아카데미, 2022.
신범식. "러시아 외교안보 정책과 한·러관계 2030." 『신아세아』 26권 3호 (2019).
_____. "신흥안보와 복합지정학의 미래 전략." 『국제문제연구소 이슈브리핑』 48호 (2019).
_____. "지정학적 중간국 우크라이나의 대외전략적 딜레마." 『국제·지역연구』 29권 1호 (2020).
_____. "한·러수교 30주년 양국관계 현황과 전망." 『외교』 134호 (2020).
아틀라스. "러시아 북극항로 물동량, 5년 사이에 4.7배 증가." http://www.atlasnews.co.kr/news/articleView.html?idxno=4708 (검색일: 2022.12.01).
외교부. "한-러시아 외교장관회담 개최 결과." (2019.06.17). https://www.mofa.go.kr/www/brd/m_4080/view.do?seq=369290 (검색일: 2022년 11월 17일).
제성훈 외. 『러시아의 극동·바이칼지역 개발과 한국의 대응방안』. 세종: 대외경제정책연구원, 2014.
행정안전부. "한-러, 손 맞잡고 재난관리 협력 본격 나선다." https://www.mois.go.kr/frt/bbs/type010/commonSelectBoardArticle.do?bbsId=BBSMSTR_000000000008&nttId=59481 (검색일: 2022.12.04).
"현대차그룹, '판매 0대' 러시아 시장 놓고 '장고 중'." 『뉴시스』. 2022년 10월 31일.
"러시아매체 "삼성전자, 러시아 스마트폰 출하 재개 무기한 연기"." 『비즈니스포스트』. 2022년 11월 25일.

2. 영어문헌

Shin, Beom Shik. "Northern Policy of South Korea: Historical Retrospect and Future Prospect." *Foreign Relations* (2018).

3. 인터넷 자료

GTI 박람회. "GTI (광역두만개발계획) 개요." https://www.gtiexpo.org/gti/meaning (검색일: 2022.11.29).
Emerics. "[이슈트렌드] EAEU-세르비아, 자유무역협정 발효." https://www.emerics.org:446/issueDetail.es?brdctsNo=318499&mid=a10200000000&systemcode=04 (검색일: 2022.11.29).

16장 대EU관계

1. 서론 463
2. 대EU관계의 역사적 조망 464
3. 대EU관계의 국내외적 환경 467
4. 대EU관계 목표와 추진 방향 476
5. 대EU관계의 현안과 쟁점 481
6. 대EU관계의 전망 485
7. 결론 488

최진우(한양대 정치외교학과)

1. 서론

2022년 3월 대한민국정부는 윤석열 대통령 취임 후 관례에 따라 주요국에 대통령 특사를 파견했다. 주목할 것은 특사 파견이 단 두 군데, 유럽연합(EU: European Union)과 미국으로 한정됐다는 점이다. 과거 신임 대통령 취임 시 한국이 특사를 파견한 나라는 주변 4강으로 불리는 미국, 중국, 일본, 러시아였다. 그러던 것이 2016년 5월 문재인 대통령 취임 때 유럽연합(EU)과 아세안(ASEAN: Association of Southeast Asian Nations)이 특사 파견 대상으로 추가됐다. 주요국 특사 파견은 대통령 취임 초 항상 있었던 일이지만 EU가 여기에 포함된 것은 이때가 처음이었다. 그간 한국의 외교역량은 주변 4강, 그중에서도 대미외교와 대중외교에 상당 부분 할애돼 왔다. 그런 마당에 EU에 특사를 보낸 것은 유럽에 대한 한국의 관심 수준이 현저히 높아졌음을 적극적으로 표현한 것이라 할 수 있다. 여기서 한발 더 나아가 2022년 새 정부가 EU와 미국에만 특사를 파견한 것은 미중 전략경쟁의 심화, 러시아의 우크라이나 침공 등과 맞물린 급변하는 국제정세 속에서 한국정부가 한·EU관계의 중요성을 높이 평가하고 있음을 보여주는 대목이라 하겠다.

한국과 EU는 사실 매우 돈독한 관계다. EU는 한국의 3위 교역 상대이며 해외직접투자 주체로는 부동의 1위다. EU에게 한국은 9위 교역 상대이다. 한국과 EU는 공히 '규칙기반 국제질서'를 지지하며 보편적 가치를 공유하는 전략적 동반자다. 한국과 EU는 글로벌 차원에서도 기후변화, 다자주의, 녹색성장 등의 사안에서 긴밀한 공조체제를 구축해 다자기구에서 협력을 아끼지 않는 가까운 파트너다. EU는 외교안보정책의 차원에서 한반도 문제에도 적극성을 띠고 있다. EU는 북한에 대해 인도적 지원을 꾸준히 제공하면서 대화의 채널을 열어놓고 있는 동시에 북한의 핵문제와 인권문제에 대해서는 일관되게 강경한 입장을 표명하며 대북제재에 적극 동참하는 이른바 '비판적 관여'의 기조를 유지하면서 한반도 정세에 지속적으로 영향력을 행사하고 있다.

지금 한국과 EU는 매우 가까운 우방이지만 양자 관계가 이토록 밀접해진 것은 그렇게 오래지 않았다. 한국의 외교 지평이 협소했을 뿐 아니라 EU의 대외정책 또한 외연이 제한적이었던 관계로 서로에게 관심과 역량을 투여할 대상이 되지 못했기 때문이다. 이하에서는 한·유럽관계의 역사적 전개 과정, 한·EU FTA 체결과 전략적 동반자관계의 구축으로 요약되는 2000년대 양자 간 협력관계의 비약적 발전, 미중갈등의 심화와 우크라이나전쟁 발발 등으로 요동치고 있는 국제정세 속에서의 양자 관계의 현황, 글로벌 차원의 복합적 도전에 대응하기 위한 양자 간 협력 구도 전개의 전망 등을 살펴본다.

2. 대EU관계의 역사적 조망[1)]

한국과 유럽은 서로 우방이긴 했으나 1980년대에 이르기까지만 해도 교류가 활발한 편은 아니었다. 일단 한국과 유럽은 각각 유라시아 대륙의 양쪽 끝에 자리 잡고 있어 물리적 거리가 멀고 근대에 이르기까지 역사적으로 별다른 협력이나 갈등의 경험이 없었으며 20세기 들어서도 일제 식민 지배에 가로막혀 직접적인 접촉과 교류의 기회를 갖지 못했다.

유럽은 아프리카 국가들이나 아시아 다수 국가와는 식민 통치의 역사를 통해 연결돼 있고, 중남미 국가들은 제국주의 시대의 유산으로 현재 스페인어와 포르투갈어를 쓸 정도로 유럽의 문화적, 종교적, 인종적 영향이 컸으며, 북미대륙과 오세아니아의 주요 국가들 또한 언어적, 문화적으로 유럽의 분신이라 할 수 있을 정도로 유럽과 밀접한 관련이 있다. 동북아시아에서도 일본은 오래전부터 스페인, 포르투갈, 네덜란드, 영국과의 교류를 통해 유럽에 창구를 열어놓고 있었으며,[2)] 중국 또한 아편전쟁 이후 유럽 세력의 침탈로 인해 비록 유쾌하지 않은 기억이 있지만, 유럽과는 오랜 기간 접촉의 역사가 있다.

유독 한반도는 하멜의 표류, 천주교의 전파, 병인양요 등을 제외하면 19세기 개항 이전 유럽과의 교류가 거의 전무하다시피 했다. 개항 후 조선은 영국과 독일(1883년), 러시아(1884년), 프랑스(1886년)와 같은 유럽국가들과 수교를 맺었으나 1905년 대한제국이 국권을 상실함으로써 해방이 될 때까지 한국과 유럽은 직접적인 교류를 하지 못했다. 해방 이후 한국전쟁에 일부 유럽 국가들이 UN 회원국으로 파병과 원조를 통해 남

---

1) 이 절의 내용은 최진우, "한-EU 전략적 동반자관계의 전개와 전망," 김시홍(편저), 『한-EU 관계론』(서울: 한국외국어대학교 지식출판콘텐츠원, 2019), pp. 54-59의 내용을 부분적으로 수정·보완한 것임.

2) "400년 전 일본은 유럽인을 외교 고문으로 썼고 조선은 광대로 부렸다," 『조선일보』, 2023년 1월 31일.

한을 도와 북한과 맞섰지만, 전쟁이 끝난 다음에도 남한은 식민 통치와 전쟁의 아픔을 연이어 겪은 지구상 최빈국으로서 유럽 선진 산업국가들의 원조 대상일 뿐 정치적 또는 경제적 관계가 그다지 심화되진 못했다. 더욱이 유럽에게 있어 한반도는 물리적 거리에 더해 서로 간 교차되는 이해관계가 별로 없어 심리적으로도 매우 먼 상대일 수밖에 없었다. 그러나 한국은 지난 40여 년간 정치적 민주화와 경제적 선진화를 동시에 이루어내면서 유럽의 주요 교역 파트너로 부상하게 되고 글로벌 무대에서 뜻을 같이하는 가치동맹으로 거듭나게 된다.[3]

한국은 1962년 6개 EU 창설국가들과 수교를 완료하고 1963년 7월에는 EU(당시 EEC)와 외교관계를 수립했다. 한국과 EU 창설국들과의 수교 연도는 프랑스 1949년, 독일 1955년, 이태리 1956년, 벨기에 1961년, 네덜란드 1961년, 룩셈부르크 1962년이다.[4] 한국과 EU 및 EU 회원국들은 수교 이후 상호관심사가 주로 경제통상문제에 머물러 왔다. 하지만 1990년대 이래 북한의 핵문제와 인권문제 등이 부각되면서 EU의 한반도에 대한 정치적 관심이 증대되고 2010년에는 한·EU 간에 전략적 동반자관계가 구축되면서 경제 분야뿐만 아니라 정치·안보 및 사회·문화 관련 분야에 있어서도 양자 간 협력관계가 빠르게 발전하고 있다.

한국과 EU의 관계가 발전하고 있음은 양자 간 공식 대화의 채널과 빈도가 그동안 꾸준히 확대됐다는 점에서 분명히 볼 수 있다 (글상자 16.1 참조). 특히 1996년에는 한·EU 기본협력협정(Framework Agreement on Trade and Cooperation)이 체결되고 한·EU정치공동선언(Korea-EU Joint Declaration on the Political Dialogue)이 채택됨으로써 1963년 외교관계 수립 후 주로 통상에 국한됐던 한·EU관계가 무역 외에 정치, 경제, 문화, 연구개발 등 다양한 분야의 전반적인 협력관계로 발전할 수 있는 발판이 마련됐다.

한국과 EU 사이의 교역과 협력에 새로운 틀을 마련할 것으로 기대를 모았던 이 기본협력협정은 1996년 체결 후 한국에서는 1999년 4월 국내 비준 과정이 완료됐다. 그러나 유럽의회와 EU 회원국이 한국의 인권 및 노동 상황 등을 문제 삼아 비준을 미루어 이 협정은 체결 후 4년이 지나도록 발효되지 못했다. 그러다가 1999년 1월 유럽의회가 한국의 인권 및 노동 상황이 충분히 개선됐다는 평가를 내리면서 이 협정을 비준했고, 이어서 회원국들이 비준 절차를 시작해 2001년 1월 31일 아일랜드가 EU의 회원국들 가운데 마지막으로 비준을 마친 다음 EU 이사회의 최종 승인 절차를 거쳐 2001년 4월 1일 발효됐다.

1996년 한·EU 기본협력협정이 합의된 지 10여 년이 지나 2000년대 중반에 접어들면서 EU는 지역통합의 꾸준한 심화를 통해 외교, 안보, 사법 분야에서 독자적 정체성을 성공적으로 구축하게 된다. 한국 또한 외환위기의 신속한 극복과 지속적인 경제성장 및 민주주의의 공고화를 통해 국제적 지위가 현저히 향상된다. 이러한 변화에 따라 한국과 EU 양자 관계의 폭과 깊이가 크게 넓어지고 깊어지면서 양자 관계를 더욱 발전시킬 수 있는 제도적 기반을 마련하기로 뜻을 모

---

3) 김시홍, "한·EU 관계의 발전과 전망," 『유럽연구』 제27권 3호 (2009), p. 1.
4) 한종수, 『유럽연합(EU)과 한국』 (서울: 동성사, 1998), p. 204.

한·EU 기본협력협정

한·EU 기본협력협정은 무역, 산업협력, 과학기술, 정치, 문화, 학술, 돈세탁 방지 등 광범위한 분야에서 양측 간의 포괄적 협력을 규정하고 있고 이 협력을 구체화하기 위해 공동위원회를 구성토록 하고 있다. 이에 따라 양측은 무역 및 제반 협력을 강화하기 위한 공동위원회를 설치해 2001년부터 매년 서울과 브뤼셀을 오가며 회의를 열고 있으며 분야별 특별 소위원회도 구성했다. 2000년대 중반부터는 한·EU 양측이 그간의 성과와 향후 상호관계의 심화 필요성에 공감하면서 기존 협정을 업그레이드하는 작업이 시작돼 2010년 5월에는 기본협력협정 개정안이 마련된다. 이에 발맞춰 2012년부터 공동위원회는 기존 방식에서 더 나아가 정무·경제·안보·사회·문화 전반을 아우르는 포괄적 협의 채널로 기능과 역할이 확대됐다. 가장 최근에는 2023년 3월 제19차 한·EU 공동위원회가 벨기에 브뤼셀에서 개최돼 한국과 EU가 전략적 동반자관계를 심화시켜 나가고 있음을 강조하며 양자 차원은 물론 지역·국제 현안 대응에 있어 더욱 긴밀히 협력해 나가기로 의견을 모은 바 있다.

았다. 이에 따라 양측은 2008년 6월부터 개시된 한·EU FTA 협상과 병행해 한·EU 기본협력협정의 개정에 대한 협상을 시작한다. 한·EU FTA가 양측 간의 무역 및 투자 등 경제적 교류관계의 증진을 위한 제도적 틀을 갖추기 위한 것이었다면 한·EU 기본협력협정의 개정은 경제 분야 외 제반 분야에서 폭넓은 협력관계 증진을 위한 제도적 기반의 구축을 겨냥한 것이었다.

협상이 진척됨에 따라 한·EU 기본협력협정 개정안은 2010년 5월, 그리고 한·EU FTA는 2010년 10월 각각 정식으로 서명됐으며, 양측의 비준 과정을 거쳐 기본협력협정 개정안은 2014년 6월 1일, 그리고 한·EU FTA는 2011년 7월 1일 각각 공식 발효됐다. 무역과 투자의 활성화를 통한 경제적 교류의 증진을 위한 FTA, 그리고 정치, 사회, 문화 등 다양한 분야에서의 파트너십을 강화하기 위한 기본협력협정 개정안이 마련됨으로써 한국과 EU는 2010년 10월 6일 이를 토대로 '전략적 동반자관계'의 출범을 선포하게 된다. 여기에 더해 한국과 EU는 2014년 위기관리기본참여협정(Framework Agreement for the Participation of Korea in EU Crisis Management)을 체결해 2016년 발효와 함께 소말리아 해적 퇴치 작전을 함께 수행함으로써 안보 분야로까지 양자 간 협력 범위가 확대됐다. 정무(기본협력협정), 경제(FTA), 안보(위기관리협정) 세 분야 모두에서 EU와 조약체계를 기반으로 제도화된 협력관계를 구축한 나라는 전 세계에서 한국이 유일하다는 점에서 한·EU 우호관계의 현주소를 엿볼 수 있다.[5] 한·EU 전략적 동반자관계의 전개 과정과 의의에 대해서는 뒤에서 자세히 살펴본다.

---

5) Ramon Pacheco Padro, "Putting the EU-South Korea Partnership to Work," *Euractiv* November 18 (2018), p. 2.

표 16.1 한·EU관계 연혁

1963년 7월 24일	한·EC 외교관계 수립 (주 스위스대사 겸임)
1965년 11월 1일	주EC 상주대표부 설치 (주 벨기에대사 겸임)
1989년 2월 1일	주벨기에대사관과 주EC 대표부 분리
1990년 1월 31일	주한국 EC 대표부 설치
1996년 10월	「한·EU 기본협력협정」 체결
1998년 9월 1일	주EU 대표부 및 주벨기에대사관 통합
2001년 4월	「한·EU 기본협력협정」 발효
2010년 5월	「개정 한·EU 기본협력협정」 서명
2010년 7월	주한 EU 대표부로 승격
2010년 10월 6일	「한·EU FTA」 서명
2010년 10월 6일	한·EU 전략적 동반자관계 출범
2011년 7월 1일	「한·EU FTA」 잠정 발효
2014년 5월 23일	「한·EU 위기관리기본참여협정」 서명
2014년 6월 1일	「개정 한·EU 기본협력협정」 발효
2015년 12월 13일	「한·EU FTA」 전체 발효 (2011.7.1 이래 만 4년 5개월간 잠정 적용)
2016년 12월 1일	「한·EU 위기관리기본참여협정」 발효

3. 대EU관계의 국내외적 환경

한 국가의 외교정책은 국제체제 내에서 타 국가와 상호작용을 주고받는 가운데 자국의 이익을 구현하기 위해 수행하는 노력이다. 한 국가의 외교정책 수립과 집행에 영향을 미치는 요인은 크게 세 수준으로 나누어 볼 수 있다. 외교정책의 주체, 객체, 그리고 환경적 요인이 그것이다. 첫째, 외교정책 수행 당사국의 국력, 이념적 정향, 국내 정치적 역학관계, 둘째, 외교정책의 대상인 상대국가의 역량, 이데올로기 및 국내정치적 상황, 셋째, 국제관계 일반을 규정하는 국제체제의 구조와 속성이 한 국가의 외교정책에 영향을 미치게 된다는 것이다.

따라서 한 국가의 외교정책은 이 세 가지 수준의 요인들 중 일부 또는 전부의 변화에 의해 달라진다. 예를 들어, 국내 여론의 변화, 선거 또는 혁명을 통한 정권의 교체, 경제적 발전, 군사력 증강 등이 한 국가의 외교정책을 변화시키게 된다. 또한, 외교정책의 객체가 되는 상대국가가 이와 같은 변동을 겪을 경우 이 국가에 대한 외교정책이 달라질 것이다. 마지막으로 패권의 전이와 같이 거시적 힘에 의해 국제질서가 재편될 때 국가들은 이에 적응하여 기존의 외교정책 대신 새로운 양상의 외교정책을 추구하게 될 것이다.

이 세 가지 요인은 서로 고립된 것이 아니다. 우선 한 국가의 대내적 상황변화가 외교정책의 변화를 추동하고 그 결과로 국제체제의 변동이 초래될 수도 있다. 예컨대 미국정부가 국내적 여론 동향에 조응해 고립주의 정책 또는 국제주의 노선 중 어떤 것을 선택하는가에 따라 국제체제 구도는 심대한 영향을 받을 수 있다.

아울러 한 나라의 국력 변화는 상대국 국내정치에 민감하게 작용하기도 한다. 가장 쉬운 예로 인접한 비우호적 국가의 군사력 증강은 주변 국가들의 외교정책의 우선순위상 변화를 초래하게 되고 나아가 국내 정치세력 간 세력 판도에도 영향을 미치게 된다. '안보 딜레마(security dilemma)' 개념이 포착하고 있듯이 국력이란 지극히 상대적인 개념이다. 따라서 국가들은 잠재적 위협이 될 수 있는 타국의 역량 변화에 기민하고도 효과적으로 대응해야 하며, 외적 상황변화에 대처하기 위한 방안 모색과 자원 동원 과정에서 국내정치적 변화의 계기가 촉발될 수 있는 것이다.

또한, 국제체제상의 변화에 따라 국내정치적 변화가 초래되어 그 결과 국가외교정책에 영향을 미치는 경우도 있다. 탈냉전 이후 양극시대가 종언을 고하면서 유럽에서 한동안 사회주의 정당이 정치적 위기를 맞이한 것이나, 소련의 위협이 사라짐에 따라 미국의 군수산업이 크게 위축돼 실업률이 증가하면서 경제 문제가 정치적 쟁점의 전면으로 부상한 것 등이 국제체제의 변화에 따른 국내적 변화의 예가 될 것이다.

1) 한·EU관계의 대내적 요인

위에서 밝힌 바와 같이 한 국가의 외교정책은 외교정책의 주체, 객체, 환경의 변화에 적응하기 위한 노력의 산물이다. 한국의 대EU정책 또한 위에서 소개한 세 가지 수준의 변인들의 상호작용 속에서 수립 및 집행되고 있다. 한국의 국제적 위상 강화, 유럽통합의 심화와 EU의 행위자성 증가, 그리고 미중갈등의 진행과 국제정치의 진영화 경향 및 이에 따른 규칙기반 질서의 퇴조와 같은 국제정치적 환경 변화가 진행되고 있는 가운데 이에 대한 상황인식과 해법 모색의 노력이 한국의 대EU정책에 반영되고 있다.

첫째, 한국의 국력과 위상은 한국과 EU가 전략적 동반자관계를 구축한 2010년 이후에도 꾸준히 상승 추세다. 한국은 전 세계에서 인구 5천만 명 이상이면서 1인당 국민소득이 3만 불을 상회하는 일곱 번째 국가다. 한국을 앞선 나라는 미국, 일본, 독일, 영국, 프랑스, 이태리뿐이다. 한국은 2022년 기준 교역규모 세계 6위이고 글로벌파이어파워(GFP) 보고서에 따르면 군사력 또한 세계 6위다.[6] 미국 시사주간지 *US News & World Report*는 2022년 세계에서 가장 강력한 국가 순위에서 한국을 6위에 올려놓고 있다.[7] 더불어 근래 들어 첨단기술과 한류의 영향으로 국가 인지도와 호감도가 급상승하면서 하드파워와 소프트파워 모든 측면에서 한국은 명실공히 선진국 반열이다.

둘째, EU 또한 과거의 EU와는 다르다. EU는 2008년 글로벌 금융위기로 촉발된 2010년 남유럽 재정위기로 한때 유럽통합의 와해 가능성까지 점쳐졌으나 이를 극복해 다시 경제가 반등했고 2020년 코로나19 팬데믹 발발로 다시 한번 위기

---

6) *Global Fire Power 2023*, "2023 Military Strength Ranking." https://www.globalfirepower.com/countries-listing.php (검색일: 2023.2.10).

7) US News and World Report, "Power." https://www.usnews.com/news/best-countries/rankings/power (검색일: 2023.2.10).

에 봉착했으나 과감한 경기부양책으로 침체의 터널을 빠져나와 경제가 회복 중이다. 그 사이 2015년 난민위기, 2016년 영국 국민투표에서 시작해 2020년 영국의 EU 공식 탈퇴로 이어진 브렉시트(Brexit, 영국의 EU 탈퇴) 과정에서 야기된 불확실성으로 EU는 심각한 내홍을 겪었으나 이를 마무리하면서 2020~2021년 코로나 팬데믹 대처와 2022년 러시아의 우크라이나 침공에 대한 대응에 있어 단합된 모습을 보여주며 지속적으로 통합의 모멘텀을 유지하고 있다. 아울러 EU는 미국, 중국에 이어 세계 3위의 단일경제권으로서의 위상을 유지하고 있으며 국제사회에서 규범세력(normative power)으로서의 외교안보 정체성을 구축해 국제적 영향력을 행사하고 있다. 특히 기후변화 및 환경생태 분야에서 EU는 선구자적 역할을 수행하며 아젠다 설정을 주도하고 있다. 연이은 위기를 성공적으로 극복하고 글로벌 아젠다를 주도함으로써 국제사회에서 존재감을 더해가고 있는 EU는 한국의 입장에서 협력의 파트너로 매력적인 대상이 아닐 수 없다.

셋째, 오늘날의 글로벌 정치경제의 환경은 10여 년 전과는 현저히 다르다. 우선 중국의 부상과 함께 미중전략경쟁이 치열해지고 있으며 코로나19 발원지 및 대응에 대한 논란과 러시아의 우크라이나 침공을 계기로 국제사회의 진영화가 가속화되고 있다. 이에 따라 제2차 세계대전 이후 미국 주도로 구축된 규칙기반 국제질서가 흔들리면서 안보환경의 불확실성이 커지고 있고 세계화의 퇴조 가능성이 대두되고 있다. 급변하는 국제정세의 파고 속에서 국가이익을 지켜나가기 위한 사려 깊은 해법의 모색이 한국외교정책의 가장 큰 과제다.

이러한 가운데 한·EU관계는 새로운 전환점을 맞이하고 있다. 앞서 기술한 바와 같이 윤석열정부 출범 이후 대통령 취임 특사를 파견한 전 세계 단 두 군데에 미국과 함께 EU가 포함된 것은 EU의 중요성에 대한 우리 인식의 적극적 표현이요 우호관계 증진 의지의 강력한 표명이 아닐 수 없다. 한·EU관계의 새로운 국면은 양측의 변화에 기인한 바도 크지만 또한 급박하게 전개되고 있는 국제환경의 거대한 변화와 깊은 관련이 있다. 미중갈등이 심화되고 있고 러시아의 우크라이나 침공에 대한 반작용으로 서방이 결집하는 한편 중러 간 우호관계 및 수정주의적 행보가 강화되고 있다. 이로 인해 코로나19 팬데믹의 영향으로 큰 타격을 받은 글로벌 공급망의 불안정성이 심화되고 있고 이에 따라 각국이 보호주의적 성향을 보이면서 제2차 세계대전 이후 미국 주도로 형성되고 유지돼 온 규칙기반 국제질서가 심각한 도전에 직면하고 있다.

미중 전략경쟁의 격화, 러시아의 도발, 진영화의 진행, 그리고 규칙기반 국제질서의 퇴조는 한국과 유럽에 공통적인 도전을 제기한다. 첫째, 규칙기반 국제질서의 후퇴는 이 질서하에서 번영, 평화, 안정을 구가해온 한국과 유럽의 이익과 가치를 훼손한다. 둘째, 미중갈등의 심화는 한국과 유럽 같은 중견국들로 하여금 선택을 강요한다. 셋째, 중국 및 러시아의 수정주의적 행동은 안보위협의 영역이 해양, 사이버, 우주 공간으로 확대되는 결과를 수반하고 있다. 나아가 국제정치의 진영화는 한반도에서 남북 간 긴장관계를 더욱 악화시키고 있으며 북핵문제 해결의 전망을 한층 어둡게 하고 있다. 이러한 변화는 한국으로 하여금 자체적인 대응역량 강화는 물론이요, 대외관계의 다변화를 통한 우호적 세력의 확보 필요성을 증대시키고 있다. EU와의 관계 증진은 한국의 이러한 상황인식과 해법 추구 노력에서 비롯되고 있는 것이다.

이하에서는 국제정치 지각변동의 진원지이자 진영화의 촉발 요인인 러시아의 도발과 미중전략경쟁의 격화가 초래하고 있는 EU의 변화를 집중적으로 살펴본다.

2) EU의 변용: 러시아의 우크라이나 침공과 유럽안보환경의 변화[8]

2022년 2월 24일 러시아가 우크라이나를 일방적으로 침공했다. 지정학의 시대가 귀환했음을 알리는 이 전쟁은 러시아가 우크라이나를 서방으로부터 떼어놓고 군사적으로 무력화시키며 집권세력을 축출해 친러 정권을 구축하는 것이 목표였다. 그러나 우크라이나의 결연한 저항, 러시아의 전술적 실패, 그리고 서방 진영의 단호한 대응으로 전쟁이 예상과 달리 장기전 양상으로 전개되면서 러시아의 전쟁 목표는 우크라이나 동부 돈바스지역 합병으로 축소 조정된 것으로 보인다. 장기소모전으로 진행되고 있는 이 전쟁은 제2차 세계대전 종전 이래 인명 및 재산 피해 규모가 가장 큰 유럽지역의 군사적 충돌로 이로 인해 국제정치질서는 지각변동을 일으키고 있고 유럽국가들의 안보경각심은 최고조에 달하고 있다. 아울러 국제정치 행위자로서의 EU의 정체성 및 대외정책에도 심대한 변화가 촉발되고 있다. 러시아의 도발로 인한 존재론적 위협에 유럽은 안보태세를 급격히 강화하고 있으며 EU의 행위자성(actorness)이 대폭 강화되고 있다.

지금까지 유럽의 방위는 주로 NATO 소관이었다. EU도 제한적으로 외교안보기능을 수행하긴 했지만, 주축은 NATO다. 그러나 NATO가 과연 우크라이나, 몰도바, 조지아, 발칸국가와 같이 회원국이 아니면서도 유럽안보에 중요한 의미를 갖는 인접 국가들에서 중대한 안보 상황이 발생했을 때 과연 단호한 의지로 신속하게 개입할지에 대해서는 보장이 없다. 물론 우크라이나 전쟁 발발 후 NATO는 미국을 중심으로 단일대오를 갖춰 우크라이나에 대한 전폭적 지지와 지원, 러시아에 대한 초고강도 제재조치 부과로 대응하고 있다. 하지만 장기적으로 미국의 국력은 상대적 쇠퇴의 추세에 있고 트럼프 대통령과 같이 미국우선주의를 추구하는 지도자가 또 등장해 미·유럽안보협력 관계가 훼손될 가능성은 상존한다. 유럽에서는 이런 상황에 대비하기 위해서라도 EU 차원의 자체적 안보역량 구축과 독자적 행동을 가능케 하는 '전략적 자율성(strategic autonomy)'의 확보를 촉구하는 주장이 꾸준히 제기되고 있다. 그러나 외교안보정책은 가장 민감한 국가주권 사항인 관계로 회원국 간 이해관계 조율이 어려워 시급하고 중대한 안보 현안이 부재한 상황에서는 EU 차원의 공동외교안보정책 수립과 추진은 쉽지 않은 일이었다.

그러나 러시아의 우크라이나 침공을 계기로 EU의 안보태세는 크게 변화하고 있다. 사실 그간에도 러시아가 위협적 존재라는 점에는 어느 정도 공감대가 있었으나 위협의 정도에 대한 체감 온도에는 차이가 있었다. 위협 대응 방안에 있

---

[8] 아래 두 소절의 내용은 최진우, "유럽연합의 대전략과 한국외교의 과제," 『세계질서 변화와 주요국의 대전략』, 국회미래연구원 연구보고서 2022-10 (2022), pp. 192-206의 내용을 일부 수정 보완한 것임.

어서도 지리적 위치, 관계의 역사성, 경제적 이해관계 등에 따라 회원국 간 견해가 달랐으며 전반적으로 신중론과 유화론이 지배적이었다. 러시아와 우크라이나 간 긴장관계 해소를 위한 방안으로는 외교에 무게중심을 싣고 있었다. 그러나 외교적 노력은 무위로 돌아가고 급기야 2022년 2월 24일 러시아의 우크라이나 전면 침공으로 전쟁이 발발했다. 이를 계기로 유럽의 대러 정책과 전반적인 대외전략은 크게 변화한다. 가장 주목할 것은 그간 더디기만 하던 EU 외교안보정책에 진전의 모멘텀이 생기게 되면서 EU가 안보행위자로 거듭나고 있다는 점이다.

EU는 오랜 기간에 걸친 경제통합의 성과를 바탕으로 국제사회에서 이미 '경제적 거인'으로 자리매김하고 있다. 그러나 한편 EU는 '정치적 소인'일 따름이었다. 외교안보정책 분야에서 구심점의 부재와 정책결정과정의 비효율성 때문이었다. 그러던 EU가 러시아의 우크라이나 침공 이후 새로운 모습으로 탈바꿈하고 있다. 적극적으로 발언과 행동에 나서는 외교안보행위자로서의 면모를 갖추어 가고 있는 것이다.

우선 EU는 러시아를 강도 높게 비판하면서 미국과 함께 초강력 고강도 제재조치를 쏟아내는 한편 우크라이나를 적극 지원하고 있다.[9] EU는 전쟁 발발 하루 전 2022년 2월 23일 러시아가 친우크라이나 세력과 친러 세력 간 내전 상태이던 우크라이나 동부 도네츠크와 루한스크지역을 독립국가로 인정하고 군대를 파견한 것에 대해 제재를 부과한 것을 시작으로 2022년에만 총 9차례의 제재조치를 시행했고 2023년 2월 10번째 제재조치를 단행했다. 에너지와 각종 원자재, 그리고 수출시장에 대한 의존도가 높은 유럽으로서는 커다란 고통을 감수해야 하는 어려운 결단이 아닐 수 없었다.

EU는 2021년 신설된 평화기금(Peace Facility)을 활용해 전쟁 수행 중인 우크라이나에 2023년 1월까지 31억 유로에 달하는 무기와 의약품을 포함한 군수품을 지원했다. EU 평화기금은 2021년 EU 본예산과는 별도로 회원국들의 기여금으로 조성된 신설 안보정책도구다. 평화기금은 회원국이 아닌 제3국에 대해 무기와 탄약 등을 지원하는 데 사용할 수 있다.[10] 이는 EU가 대외적으로 연성안보(소프트파워)의 영역을 벗어나 경성안보의 영역으로까지 활동의 범위를 넓히고 있음을 보여주는 대표적 사례다. 지금까지 EU가 대외적으로 군사적 지원에 나선 전례가 없었음을 감안할 때 평화기금의 조성 및 적극적 활용은 엄청난 변화가 아닐 수 없다. 러시아의 도발에 대한 이같은 EU의 단호하고 신속한 행동은 EU가 이제 '지정학적 행위자'로 다시 태어나고 있음을 알리고 있다.

EU의 향후 외교안보정책의 비전과 방향성은 2022년 3월 발표된 안보와 방위를 위한 가이드라인 '전략적 나침반: EU의 시민, 가치, 이익의 보호와 국제평화와 안보에 대한 기여를 위해(Strategic Compass)'에서 잘 드러난다.[11] '전략적 나침

---

9) European Commission, "Sanctions adopted following Russia's military aggression against Ukraine." https://finance.ec.europa.eu/eu-and-world/sanctions-restrictive-measures/sanctions-adopted-following-russias-military-aggression-against-ukraine_en (검색일: 2023.2.3).

10) 최진우 (2022), pp. 466-477 참조.

11) European Union, 2022. *A Strategic Compass for Security and Defence: For a European Union that*

반'은 유럽이 처한 지정학적 현실에 대한 각성, 즉 적나라한 '힘의 정치'가 국제정치의 냉엄한 현실이 되고 있다는 인식을 반영하고 있는 전략문서다.

여기에서 EU는 빠르게 변화하고 있는 새로운 안보환경에 대응함에 있어 회원국 간 공동보조의 필요성을 강조하고 있다. 나아가 EU 안보 향상을 위해 조기경보, 정보전 수행, 하이브리드 위협 방어, 테러리즘 대응, 군축, 비확산, 군비통제, 기후변화 및 자연재해 대응에 있어 역량 강화를 도모하고 이를 위한 재원 투자와 '뜻을 같이 하는 파트너'와의 연대 및 협력을 추구할 것임을 밝히고 있다. 전략적 나침반이 얼마나 실효성을 발휘할지는 예단하기 어렵다. 하지만 지금까지 러시아의 도발에 대한 EU의 신속하고 과감한 단일 대응 태세는 외교안보행위자로서 과거와는 다른 EU의 모습을 예고하고 있다.

유럽과 미국과의 관계도 러시아의 우크라이나 침공을 계기로 더욱 크게 개선됐다. 트럼프 대통령 시절 유럽과 미국의 관계는 그야말로 최악이었다. NATO를 구시대의 유물(obsolete)로 폄하하고 유럽통합을 어리석은 짓이라고 조롱하던 트럼프 대통령은 유럽에게는 악몽이었다. 미국과의 불편한 관계는 2017년 당시 유럽이사회(EU 정상회의) 상임의장 투스크(Donald Franciszek Tusk)가 유럽이 직면하고 있는 대외적 도전으로 중국의 공세적 외교 행태, 러시아의 공격적 성향, 중동아프리카의 불안정성과 함께 미국 행정부의 예측불가능한 외교정책 노선을 들고 있는 데서 잘 드러난다.[12] 트럼프 대통령 시절 유럽과 미국의 관계는 더 이상 나빠질 수 없는 지경이었다. 트럼프 퇴임 후에도 유럽은 미국에 대한 불신과 의구심을 버릴 수 없었다. 제2, 제3의 트럼프가 얼마든지 나올 수 있기 때문이다. 그러나 우크라이나 사태로 미국과 유럽관계는 완전히 새로운 국면에 접어들고 있다. 공동의 위기의식이 유럽과 미국의 연대를 심화시키고 나아가 민주주의 동맹 네트워크를 강화시키고 있는 것이다.

요약하자면 러시아의 우크라이나 침공 이후 EU는 안보 분야에서의 행위자성이 강화되고 있고 행동반경이 커지고 있으며 미국과의 동맹관계가 심화되고 있다. 이러한 유럽의 행보는 또한 미국과 중국 간 전략경쟁이 가속화되고 있는 국제정치의 현실과 밀접하게 연동되면서 한국과의 관계에도 중요한 변화를 촉발한다. 이하에서는 우선 미중전략경쟁이 EU에 미치는 영향이 무엇인지를 살펴본다.

3) 미중전략경쟁의 심화와 유럽의 선택

미중 전략경쟁 양상이 점입가경이다. 전선이 확대되고 갈등이 격화되고 있다. 냉전 시기와는 달리 미중 간 경제적 상호의존도가 높은 관계로 과거 미소 대립과 같은 첨예한 대결이 재현될 가능성은 크지 않으리라는 관측도 있지만, 패권적 우위를 점하기 위한 미중 간 각축이 날로 치열해지고 있는 것이 엄연한 현실이다. 이에 따라 주요국에 대해 진영의 선택을 요구하는 초강대국의 압

Protects its Citizens, Values and Interests and Contributes to International Peace and Security.

12) "Trump Threatens Europe's Stability, a Top Leader Warns," *The New York Times*, Jan. 31, 2017. https://www.nytimes.com/2017/01/31/world/europe/trump-european-union-donald-tusk.html (검색일: 2023.2.3).

력도 거세졌다. 유럽은 미중 간 전략경쟁에 곤혹스러운 입장이다. 미국과의 오랜 동맹관계와 중국과의 밀접한 경제교류관계 중 어느 하나도 포기하기 어렵기 때문이다.

그러나 최근 들어 유럽의 피아 구분이 명확해지고 있다. 유럽은 2021년까지만 해도 미국 트럼프 행정부의 일방주의적 외교 행태에 대한 기억, 중국과의 교역이 수반하는 경제적 이익, 규칙기반 국제질서 유지의 필요성 등의 이유로 미중갈등이 걷잡을 수 없이 첨예화돼 어느 한 편을 선택해야 하는 상황이 발생하지 않기를 희망했다. 이에 따라 미중갈등 완화에 기여하는 중재자 또는 균형자로서의 역할을 수행하고자 노력했던 것이다.

이제 그러한 기조가 바뀌고 있다. EU는 중국을 전면적 경쟁자이자 심각한 도전으로 인식하고 있다. 사안에 따라 중국과 협력의 필요성이 있음을 분명히 밝히고 있지만, 전체적으로는 중국과 대결적 관계임을 밝히면서 본격적으로 견제와 경쟁에 나서고 있다. 중국의 계속되는 강압적 외교 행태, 시진핑 3연임 환경 조성 과정에서 더욱 노골화된 중국의 공세적 대외정책, 그리고 무엇보다도 우크라이나전쟁을 계기로 드러난 중국과 러시아 간의 밀착관계는 유럽으로 하여금 빠르게 미국과 한배를 타게 하고 있다.

EU는 2019년 대중관계전망보고서(EU-China: Strategic Outlook)에서 중국을 세 가지의 복합적 성격을 가진 존재로 인식했다. 글로벌 문제 대응 및 해결을 위한 동반자, 교역과 기술 등에서 경합하는 경제적 경쟁자, 상이한 가치체계와 정치체제를 지향하는 체제적 라이벌이 그것이다.[13]

중국의 국력과 영향력의 크기를 고려했을 때 글로벌 문제 해결에 있어 중국을 배제하는 것은 곧 해결책 도출을 포기하는 것과 다를 바 없다는 점에서 중국이 동반자로서의 위상을 갖고 있음은 부인하기 어렵다. 중국의 기술력이 발전하고 자본력이 커지면서 글로벌 시장에서 유럽이 중국과 경합하는 것도 당연한 일이다. 다만 중국이 시장의 규칙을 준수하는가, 그리고 중국이 유럽의 이익과 가치에 부당한 도전을 제기하고 있는 것은 아닌가의 문제에 있어 유럽의 불만과 우려가 존재한다. 기술 절취, 지적재산권 도용, 반시장주의적 행태, 강압적 경제외교를 서슴지 않는 중국에 대해 유럽은 기울어진 운동장을 바로잡을 것을 줄곧 요구해왔으나 과연 중국이 이를 수용할 것인지에 대해 유럽은 지극히 회의적이다. 중국은 정당한 경쟁 상대라기보다는 유럽과의 경제협력관계를 부당한 이득을 취하는 데 이용하고 있는 악의적 행위자라는 인식이 점차 팽배해지고 있다.

유럽이 중국을 체제적 라이벌로 간주하는 것은 유럽과 중국 사이에 메워지기 힘든 간극이 있음을 의미한다. 원래 유럽과 미국은 중국의 개혁개방이 궁극적으로 중국의 체제변화를 촉발할 것으로 기대하면서 중국이 국제사회의 규칙을 존중하고 준수하는 책임 있는 일원이 될 것임을 기대하고 중국과의 교류를 확대하는 한편 국제사회로의 진입을 적극 독려했다. 그러나 중국은 경제가 성장할수록 국내적으로 권위주의가 강화되고 대외적으로 사회주의체제의 우월성을 강조하는 한편 규칙기반 국제질서를 거부하며 대안적 국제질서를 추구하는 수정주의적 경향을 보이는 것으로 유럽은 판단하고 있다. 이에 따라 유럽은 중국을 파트너로서보다는 경제적으로 악의적 경쟁자

---

13) European Commission, March 12, 2019, *EU-China: A Strategic Outlook*.

이면서 정치적으로 서로 세계관을 달리하며 미래 국제질서의 주도권을 두고 건곤일척의 대결을 벌일 수밖에 없는 각축 대상으로 인식하는 경향이 강해지고 있다.

종합적으로 유럽의 대중국정책은 예전에 비해 점차 강경해지고 있는 양상이다. 중국의 상대적 힘이 커지면서 유럽의 이익과 가치에 위협이 되고 있다는 인식에서다. 그러나 유럽의 대중국정책은 미세한 부분에서 미국과는 결이 다소 다르다. EU는 글로벌 차원과 지역 차원에서 맞닥뜨리고 있는 여러 도전에 대응하는 데 있어 중국의 역할이 반드시 필요하다는 점, 그리고 중국의 거대시장이 가진 경제적 매력을 외면하는 것은 합리적이지 않다는 점에서 중국과의 협력은 지속해야 하며 중국의 변화 여부에 따라 보다 유연한 접근 방식을 추구할 수도 있다는 입장이다.

중국과의 경쟁을 힘의 분포상 변화에 따른 불가피한 구조적 현상으로 보는 미국에 비해 다소 온건하다 할 수 있는 유럽의 태도는 무엇보다 지리적 원격성에 따라 중국에 대한 위협 인식에 미국과는 온도 차가 있기 때문이다. 따라서 유럽은 중국에 대해 봉쇄나 급격한 탈동조화를 추구하는 것을 반대하거나 회피하면서 중국과의 접점을 되도록 넓게 유지하려는 입장을 보인다. 그럼에도 중국에 대한 유럽의 신뢰 수준은 낮은 편이며, 이른바 교역과 투자 및 기술 협력 대상의 '다변화'가 진행된다면 중국이 갖는 경제적 매력 또한 상대적으로 감소할 것이기 때문에 중국과의 관계가 개선의 방향으로 전환될 여지는 당분간 크지 않을 것으로 보인다. 다만 기업들 가운데 아직 중국이 기회의 땅일 수 있는 경우에는 어떻게든 미국을 위시한 대중 강경 세력이 부과하는 규제의 틀을 피해 계속 중국에서 활동할 수 있는 기회를 포착하려 노력할 것이다.

따라서 유럽의 선택을 둘러싸고 앞으로도 다양한 이해관계자들 사이에서 다차원적으로 길항작용이 발생할 것으로 예상된다. 대서양 관계, EU와 회원국 관계, 회원국 정부 간 관계, 그리고 공공영역과 민간영역 간의 관계에서 이해관계를 달리 하는 행위자들 간의 균열과 봉합이 거듭될 수 있다는 것이다. 특히 미국과 유럽 사이, 그리고 유럽국가들 사이에 중국의 위협 및 경제적 매력에 대한 인식의 차이에서 비롯되는 정책적 선호의 차이가 표면화될 가능성을 상정할 수 있다. EU 초국가적 기구 및 회원국 정부를 아우르는 공공영역과 기업을 중심으로 하는 민간영역 사이에서도 대중 정책의 방향성 및 정책 선회의 속도에 있어 서로 선호의 차이를 보일 수 있다는 점에서 당분간은 대중관계에 있어 공공영역에 의한 통제와 관리의 정교화, 그리고 민간영역 행위자들의 회피전략의 고도화가 숨바꼭질하듯 진행될 가능성 또한 배제하기 어려울 것으로 전망된다. 지금까지도 그랬던 것처럼 유럽의 선택은 복잡한 방정식의 산물이 되리라는 것이다. 그럼에도 유럽의 선택은 과거에 비해 현저히 제한된 행동 반경 속에서 이루어질 것임이 분명해 보인다. 유럽의 대중 위협 인식과 견제심리가 어느 때보다도 높아진 상황이기 때문이다.

향후 미중 간 각축 양상이 어떻게 전개될지 예단하기는 어렵다. 그렇지만 미중 간 경쟁구도는 힘의 분포에 있어서의 변화가 수반하는 구조적 현상이라는 점에서 이 구도가 쉽사리 소멸 또는 약화되지는 않을 것이며 오히려 확대 및 격화될 가능성이 크다. 그렇다고 해서 미중 간의 대결이 군사적 충돌로 쉽사리 치닫지는 않을 것이다. 무력 충돌이 수반하게 될 위험성과 비용이 예상되는 이득보다 훨씬 클 가능성이 크기 때문이다. 따라서 양자 간 대결국면이 과거 냉전시대 때처럼 전방위적으로 매우 고강도로 진행되거나 또는 저강도 일변도로 진행될 가능성은 크지 않을 것이다. 일부 이슈에 있어서는 강도 높은 갈등 양상이 불거질 것이며, 일부 이슈에 있어서는 대체로 협력적 관계가 유지되거나 관계가 악화되더라도 관리 가능한 수준에서의 간헐적인 다툼 정도일 것이고, 상당수의 이슈에 있어서는 어느 정도 긴장관계가 지속될 것이다. 관건은 미중 간의 갈등이 냉전 때처럼 거의 양자 간 관계가 단절되면서 국제정치가 진영정치로 전환되는 것을 얼마나 막을 수 있는가 하는 것이다. 유럽은 냉전상태로의 회귀를 적극 막고자 한다. 냉전의 재현은 경제적으로나 안보적으로나 이익에 크게 반하는 일이기 때문이다.

따라서 유럽은 미중 간 갈등이 고강도로 진행되는 것을 최대한 방지하고 가능한 한 협력관계의 범위가 넓어지도록 노력할 것이며 갈등이 있더라도 저강도 수준에서 관리될 수 있도록 하기 위한 해법을 모색할 것이다. 그렇지만 유럽이 미국과 중국 사이에서 등거리(equidistance)를 유지할 가능성은 희박하다. 누가 뭐래도 가치와 규범의 동질성, 그리고 안보협력관계에 있어 유럽은 중국보다는 미국에 훨씬 가까울 수밖에 없다.[14]

이런 맥락에서 2021년 EU의 인도·태평양전략 수립은 시사하는 바가 크다. 인도·태평양지역은 경제의 교역의존도가 높은 유럽에게 있어 항행의 자유가 지극히 중요한 지역이며 대만해협과 함께 미중 전략경쟁의 격전지가 되고 있는 공간이다. 2022년 러시아의 우크라이나 침공 이후 유럽의 최대 외교안보정책 현안은 단연 러시아 문제지만 러시아의 국력 수준 현황과 전망을 고려한다면 중장기적으로 대외정책 분야에서 유럽의 최대 도전은 중국일 가능성이 크다. 따라서 아직 외교안보적으로 홀로서기를 하기에는 역부족인 유럽으로서는 미중경쟁 구도의 전개 속도와 방향, 그리고 이에 대한 대응방안이 장기적으로 가장 큰 대외정책적 관심사일 것이다.

2021년 9월 유럽연합 집행위원회는 "인도·태평양협력전략(The EU Strategy for Cooperation in the Indo-Pacific)"을 발표한다. 여기에서 EU는 인도·태평양지역에서 "규칙기반 국제질서 강화, 글로벌 현안 대응, 신속하고 공정하며 지속가능한 경제 회복의 기반 조성"을 위한 파트너십 구축과 적극적인 관여를 통한 역할 강화를 추구할 것임을 천명하고 있다. 또한 인도·태평양전략이 민주주의, 법치, 인권, 지속가능발전, 기후변화 등에 있어서의 진전을 지향하고 있음을 밝힘으로써 보편적 가치의 공유와 확산이 이 전략의 중요한 목표이자 전제 조건임을 명시하고 있다.

EU는 인도·태평양지역이 전 세계 GDP의 60%를 차지하고 있고 중요한 해상 수송로인 인도양, 말라카 해협, 남중국해를 포함하고 있을 뿐 아니라 호주, 중국, 인도, 인도네시아, 일본, 한국, 남

---

14) Volker Perthes, "Dimensions of Strategic Rivalry: China, the United States and Europe's Place," in Barbara Lippert and Volker Perthes eds., *Strategic Rivalry between United States and China: Causes, Trajectories, and Implications for Europe*, SWP Research Paper 4, Berlin: Stiftung Wissenschaft und Politik (German Institute for International and Security Affairs), April 2020, p. 8.

아공 등 7개 G20 국가가 포진돼 있음을 들어 이 지역의 경제적 중요성을 강조하는 한편, 최근 미중 간 지정학적 경쟁이 격화되면서 남중국해와 대만해협 등지에서의 긴장이 고조되고 인근 국가들 사이에 빠른 속도로 군비증강이 진행되고 있는 등 안보적 관점에서도 커다란 도전을 제기하고 있음을 지적하고 있다. 이러한 도전을 극복하기 위해 EU는 이 지역 파트너들과의 양자 간 또는 다자간 협력관계 증진을 통해 규칙기반 국제질서를 발전시키고 교역과 투자의 다변화를 모색하며 글로벌 공급사슬의 회복탄력성을 강화할 것임을 밝히고 있다.

인도·태평양에서의 각축은 현상 변경을 추구하는 중국과 현상 유지를 원하는 미국 및 유럽과의 대결이 그 본질적 속성이다. 유럽은 가능한 한 중국과의 파국을 막고 대결 양상을 연착륙으로 유도하려고 노력할 것이다. 하지만 유럽이 자체적인 인도·태평양전략을 수립했다는 것 자체가 미중 각축에서 미국의 편에 섰음을 의미한다. 인도·태평양전략에 있어 유럽과 미국 사이에는 분명 온도차가 있다. 그럼에도 EU 인도·태평양전략이 미국 주도로 구축된 '규칙기반 국제질서'의 수호에 목표를 두면서 인도·태평양지역의 현상 유지를 희망한다는 점, 그리고 보편적 가치의 공유와 확산을 지향하고 있다는 점이 유럽이 미국과 보조를 같이하고 있음을 방증한다.

EU의 인도·태평양전략은 EU가 안보행위자로서의 기능 강화 및 행동반경 확대를 추구하고 있음을 보여준다. EU가 지정학적 행위자로서 인도·태평양지역으로 진출하게 되면 한국과의 접점이 생길 수밖에 없다. 한국 또한 2022년 12월 인도·태평양전략을 발표했기 때문이다. 한국과 EU의 인도·태평양전략은 중첩되는 부분이 많다. 중국과의 협력가능성을 열어둔 것이 대표적인 예다. 경제적 교류 및 협력의 상대로 중국의 비중을 도외시할 수 없는 것이다. 미중 패권 경쟁의 중력이 국제사회를 신냉전구도로 재편할 가능성이 점차 커지고 있지만 한국과 EU는 국제정치의 구조가 진영 간 첨예한 대결로 치닫는 것을 가능한 한 방지하고자 하는 공통의 이익을 갖고 있다. 미중갈등의 심화, 패권경쟁의 물리적 공간으로서의 인도·태평양지역의 부각은 한국과 EU의 외교안보적 협력의 필연성을 예고한다.

4. 대EU관계 목표와 추진 방향

러시아의 우크라이나 침공을 계기로 행위자성이 강화되고 외교안보기능이 확대되고 있으며 중국의 부상과 미중갈등의 심화에 따라 인도·태평양지역으로까지 행동반경을 넓히고 있는 EU는 우리에게 어떤 의미를 가지며 한국의 대EU 정책은 어떤 목표하에 어떻게 전개되고 있는가?

무엇보다 EU는 한국의 전략적 동반자다. 오랜 기간 우호적 관계를 발전시켜 왔으며 오늘날에는 이익과 가치를 공유하는 뜻을 같이하는 동반자로서의 관계를 확고히 구축했다. 한국의 대EU 정책은 급변하는 불확실성의 국제정세 속에서 EU와의 전략적 동반자관계를 더욱 다져나가며 이를 활용해 양자 관계 차원, 글로벌 차원, 동아시아지역 차원, 한반도 차원에서 맞닥뜨리게 되는 다양한 도전에 효과적으로 대응하는 데 초점이 맞춰지고 있다. EU와의 전략적 동반자관계의 심화는 양자 관계 자체의 활성화뿐만 아니라 양자 간 결집된 힘으로 국제사회에서 보다 큰 영향력을 행사하는 것을 가능하게 함으로써 미중갈등의 심화 및 국제정치의 진영화가 수반할 수 있는 부정적 파급효과를 방지 및 최소화하는 데 기여할 것으로 전망된다.

1) 한·EU관계의 의의

한국의 대외정책에 있어 EU의 중요성은 두말할 나위가 없다. EU는 지난 60여 년간 지리적 확대와 정책적 심화의 과정을 거쳐 2023년 현재 27개 회원국으로 구성돼 있으며, 1968년 관세동맹(customs union)의 완성, 1993년 단일시장(Single Market)의 구축, 1999년 단일통화의 출범을 거치면서 명실상부 세계 최대 경제권 중 하나로 발돋움했다. EU의 총 GDP는 2021년 기준 총 17조 1,800억 달러로 미국과 중국에 이어 3위를 달리고 있으며, 전 세계 상품 교역량의 14%를 차지함으로써 중국 다음의 세계 2위 무역 블록이다.[15]

유럽통합은 6개국이 참여한 유럽석탄철강공동체에서 시작된다. 1950년대 유럽통합에 참여한 초창기 회원국은 프랑스, 독일, 이태리, 벨기에, 네덜란드, 룩셈부르크다. 이후 1970년대 초 영국, 아일랜드, 덴마크가 가입하고 1980년대 초중반에 걸쳐 그리스, 스페인, 포르투갈이 합류했으며, 1995년에는 스웨덴, 핀란드, 오스트리아, 그리고 2004년에는 폴란드, 헝가리, 체코, 슬로바키아, 슬로베니아, 에스토니아, 라트비아, 리투아니아, 키프로스, 몰타가 회원국이 됐고, 2007년에는 루마니아와 불가리아, 그리고 가장 최근에는 2013년 크로아티아가 EU의 식구가 됨으로써 EU 회원국은 모두 28개국에 이르렀다가, 2021년 영국이 탈퇴함으로써 2023년 현재 회원국은 모두 27개국이다. 주요 유럽국가 가운데 EU 회원국이 아닌 나라는 발칸반도의 일부 국가(세르비아, 알바니아, 몬테네그로, 보스니아, 북마케도니아)와 구소련국가(우크라이나, 그루지야, 몰도바, 벨라루스, 아르메니아, 아제르바이잔)들을 제외하고는 스위스, 노르웨이, 아이슬란드 정도가 있을 뿐이다. 이러한 지리적 외연의 확장과 통합의 심화에 힘입어 EU는 국제무대에서 경제 현안에 대해 통일된 목소리를 내는 단일 행위자로서의 공고한 위상을 유지하고 있다.

외교안보적으로 EU는 국제사회에서 '규범세력'으로서의 정체성을 구축하고 있다. 비록 유럽이 미국과 같은 막강한 하드파워를 갖고 있지는 않지만, 누구에게도 뒤지지 않는 소프트파워로 국제정치적 영향력을 행사하고 있다. 유럽은 전 지구적 차원에서 보편성을 인정받을 수 있는 주요 규범적 가치를 성공적으로 잘 실천하고 구현하고 있기 때문이다. 인권, 평화, 자유, 법치, 차별 철폐, 환경 보호, 비확산 등에 있어 유럽은 모범적 실천자로서의 위상을 확고히 하고 있다. 타 국가와의 관계에서도 무력을 사용하거나 국제제도를 우회하는 일방주의적 외교 행태를 보이기보다는 주로 다자주의적 틀 속에서 협상을 통해 외교정책의 목표를 실현해 나가는 방식을 택하고 있다는 이미지를 구축하고 있다. 미국이 힘의 외교를 통해 영향력을 행사하는 반면 유럽은 규범의 외교를 통해 세상을 변화시키는 세력이다.

---

15) *EUROSTAT, Statistics Explained*. https://ec.europa.eu/eurostat/statistics-explained/index.php?title=International_trade_in_goods#The_three_largest_global_players_of_international_trade:_EU.2C_China_and_the_USA (검색일: 2022.12.30).

거대 경제권이면서 규범세력으로서의 외교적 정체성을 가진 EU는 한국에게 어떠한 존재인가? EU의 의미는 다차원적이다. EU는 국제무대의 주요 행위자로서 한국의 파트너이자 때로는 경쟁자이기도 하다. 한국의 제2위의 교역 상대국이고, 한국으로 유입되는 해외 자본 투자 주체로는 1위를 차지하고 있는 긴밀한 경제협력 파트너다. 한편 EU 기업들은 세계 시장에서 한국 기업들과 치열한 경쟁을 벌이고 있고, 다자경제기구에서는 각자의 이익을 관철하기 위해 첨예하게 대립하기도 한다.

EU는 한국의 입장에서는 하나의 모델이기도 하다. 우선 EU는 선진민주국가의 클럽으로서 다양한 형태의 민주주의 정치제도를 운영하는 거대한 실험실이다. 아울러 EU 회원국들은 고도로 발달한 복지국가 시스템을 구축해 자본주의 시장경제가 수반하는 불평등 문제 대응을 위한 다양한 정책 프로그램을 개발 및 실행해 왔다. 적지 않은 한계를 노정하고 있기는 하지만 관용과 포용 및 환대의 정신으로 다문화주의를 실천하고 있는 국가들이기도 하다. 나아가 EU는 꾸준한 지역 통합 과정을 거쳐 평화지대를 성공적으로 구축하고 있다. EU 회원국들은 1945년 이전 끊임없이 전쟁과 갈등에 시달렸지만, 유럽통합이 시작된 이후 이들 간에는 전쟁이 하나의 외교정책 수단으로 사용될 가능성은 전무한 이른바 '안보공동체'(security community)가 건설됐다. 지역통합을 통한 평화 구축의 대표적 모범 사례인 것이다.

끝으로 EU는 우리에게 귀중한 외교적 자산이기도 하다. 우리와 민주주의, 인권, 법치, 다자주의 등의 가치를 공유하며 테러와 범죄, 환경과 질병 등의 글로벌 이슈의 해결에 파트너십을 발휘할 수 있는 가치와 이익의 동반자이기 때문이다. 한국과 EU는 경제협력 관계의 증진, 정무 및 사회문화 부문에서의 협력 강화, 글로벌 이슈 대응에 있어서의 공조체제 구축을 통해 긴밀한 협력 파트너로서의 관계를 정립해 가고 있다. 한·EU '전략적 동반자관계'는 이러한 바탕 위에서 수립된 것이다.

이하에서는 EU가 하나의 외교적 수단으로 활용하고 있는 '전략적 동반자관계'의 의미와 현황을 살펴보고, 한·EU관계의 전개 과정과 전략적 동반자관계 구축의 경과 및 의의를 살펴본다. 끝으로 보다 넓은 국제정치적 역학관계 속에서 한·EU 전략적 동반자관계가 갖는 의미를 평가하고 특히 한국 최고의 외교 현안인 한반도평화프로세스에 있어 한·EU 전략적 동반자관계가 어떻게 활용될 수 있을지를 토론한다.

2) 한·EU 전략적 동반자관계의 현황과 의미

EU는 한국을 포함해 총 11개 국가 및 지역협력체와 전략적 동반자관계를 맺고 있다. EU는 1995년 미국과 최초로 전략적 동반자관계를 체결한 후 1998년에는 과거 냉전시대의 적이었던 러시아와도 전략적 동반자관계를 맺었다.[16] 2000년대 들어 EU는 전략적 동반자관계 구축에 더욱 적극성을 띤다.

유럽이사회는 2003년 21세기 EU 외교안보정책의 밑그림을 담은 공식문서 "유럽안보전략: 더

---

16) 이무성, "유럽연합(EU) 전략적 동반자관계에 대한 연구: 양면성과 개념적 정의," 『유럽연구』 제37권 2호 (2019), p. 64.

좋은 세계에서의 안전한 유럽(European Security Strategy: A Secure Europe in a Better World)"을 채택해 "일본, 중국, 캐나다, 인도를 비롯해 EU와 공통의 가치와 목표를 공유하는 국가들과 전략적 동반자관계를 구축"할 것임을 천명하면서 이를 실천에 옮겼고, 계속해 2006년에는 남아프리카공화국, 2007년에는 브라질, 2008년에는 멕시코와 각각 전략적 동반자관계를 잇달아 출범시켰으며, 2009년 5월 제4차 한·EU 정상회담에서 양자 관계를 전략적 동반자관계로 격상시킬 것에 합의한 후 2010년 10월 6일 제5차 한·EU 정상회담에서 양자 간 전략적 동반자관계가 구축되었음을 선언한다.[17] EU는 한국을 마지막으로 개별국가와는 더 이상 전략적 동반자관계를 수립하지 않고 있다가 2020년 12월 1일 동남아국가연합(ASEAN)과의 양자 관계를 전략적 동반자관계로 격상함을 선포함으로써 총 10개 국가 및 1개 지역협력체가 EU의 전략적 동반자다.

정리하자면 현재 EU와 전략적 동반자관계를 구축한 파트너는 한국 외에 미국, 러시아, 캐나다, 중국, 일본, 인도, 남아공, 브라질, 멕시코, 그리고 아세안이다. 특기할 점은 국가가 아닌 지역협력체인 아세안을 제외한다면 한국과 멕시코 외에 EU의 전략적 동반자는 모두 G-7 또는 BRICS 국가라는 사실이다. EU가 한국과의 협력관계를 매우 특별하게 평가하고 있음을 엿볼 수 있는 대목이 아닐 수 없다.

EU는 2000년대 들어 전략적 동반자관계를 외교정책의 중요한 도구로 사용하는 경향을 보이고 있다. 하지만 전략적 동반자관계의 의미는 매우 모호하다. 유럽연합 문서 어디에도 명확히 정의된 바가 없으며, 전략적 동반자관계로 지명된 나라들에 대한 선택의 기준도 전혀 정해진 바가 없다.[18] 한편 EU가 전략적 동반자관계의 의미를 명확히 밝히지 않고 있음으로 해서 이 용어가 다양한 용도로 유연하게 활용될 수 있도록 한다는 긍정적 평가도 있다. 이는 곧 전략적 동반자관계라는 용어가 매우 다의적으로 사용될 수 있음을 의미한다. 이러한 맥락에서 이 용어는 현재 관계의 상태를 서술적으로 표현하는 것뿐만 아니라 앞으로 만들어지기를 희망하는 상태를 나타내는 규범적 지향의 성격을 갖는 것으로 이해되기도 한다. 특히 후자의 의미로 이해할 경우 이 용어는 상대에게 일종의 규범적 압력으로 활용될 가능성을 예견하게 한다. 한편 이러한 이해는 이 용어가 심지어는 적용대상에 따라 그때그때 다른 의미를 가짐을 인정하는 것이 될 수도 있을 것이다. 언어의 의미가 시대와 상황, 화자(話者)와 청자(聽者)에 따라 다를 수 있다는 것을 염두에 둔 이해라고 하겠다.[19]

용어의 모호성에도 불구하고 EU 대외정책의 맥락에서 언급되고 전략적 동반자관계에 대한 언급은 크게 두 가지 의미를 내포하고 있는 것으로

---

17) Thomas Renard, "Strategy wanted: the European union and strategic partnerships," Security Policy Brief 13, Egmont Royal Institute for International Relations, (Sept. 2010).

18) Laura C. Ferreira-Pereira and Alena Vysotskaya Guedes Vieira, "Introduction: The European Union's strategic partnerships: conceptual approaches, debates and experiences," *Cambridge Review of International Affairs* 29-1 (2016), pp. 4-5.

19) Luis Fernando Blanco "The functions of 'strategic partnership' in European Union foreign policy discourse," *Cambridge Review of International Affairs* 29-1 (2016).

파악된다. 그중 하나는 글로벌 문제에 대한 대응을 위한 협력네트워크이며, 또 하나는 안보위협에 대한 공동대응을 위한 장치라는 점이다. 이는 글로벌 무대에서 EU가 하나의 행위자로서의 역할을 수행한다는 행위자성(actorness)의 천명인 동시에 과거 주로 경제통상 관계에 국한돼 있던 EU의 대외정책 행동반경을 안보영역으로까지 확장하겠다는 의지를 표명하고 있음을 뜻한다.[20] EU가 한국과 안보영역에서의 협력에 해당하는 위기관리기본참여협정을 체결한 것은 이러한 맥락에서였다고 이해할 수 있다.

홀스라그(Jonathan Holslag)에 의하면 전략적 동반자관계의 필수요소는 다음과 같다. 첫째, 이해관계와 상호간에 대한 기대에 공통분모가 있을 것, 둘째, 장기적 관점에서 관계가 형성되고 발전될 것, 셋째, 협력의 목적이 정치, 경제, 군사 분야를 망라하는 다차원적인 성격을 가질 것, 넷째, 협력의 범위가 글로벌한 수준에 이를 것, 다섯째, 동반자 간의 긴밀한 협력을 통해서만 구현될 수 있는 이익이 있을 것, 즉 다른 국가들과의 협력에서는 취할 수 없는 이익을 공유할 것이 그것이다.[21]

그중에서도 EU는 전략적 동반자관계의 의미를 새로운 안보 위협을 포함한 글로벌 이슈에 대한 대응에 있어서의 입장 조율과 공동보조에 초점을 두고 있다. 지금까지 각국과 전략적 동반자관계 구축 과정에서 집행위원회가 발표한 커뮤니케이션은 글로벌 이슈를 다루는 다자간 대화 및 기구에서의 EU와의 협력 강화의 필요성을 확인하고 있으며, 전략적 동반자관계 이행을 위한 구체적인 협력 아이템을 명시하고 있는 행동계획(Action Plan)에서도 글로벌 쟁점에 있어서의 협력을 누차 강조하고 있다. 한국과의 전략적 동반자관계를 문서화하고 제도화한 '기본협력협정 개정안'도 예외는 아니어서 글로벌 차원에서의 협력이 중요하게 다루어지고 있다. 2017년부터 2020년까지 주한 EU 대표부 대사를 역임한 오스트리아 출신 학자이자 외교관인 라이어터러(Micael Reiterer)도 같은 견해로 "다자적 협력은 전략적 동반자관계의 중요한 목표"라고 했다.[22]

모든 나라의 외교정책은 자국의 생존, 평화, 번영에 초점이 맞춰져 있다. 한국과 EU의 상호협력관계, 즉 전략적 동반자관계 또한 이러한 이익의 실현과 증진을 목표로 한다. 지금까지 한국과 EU는 꾸준히 양자 간 우호협력관계 심화, 글로벌무대에서의 협력 확대를 위해 함께 노력해 오면서 이익의 증진에 많은 성과를 일구어 왔다. 그렇지만 한국과 EU는 협력의 제도적 기반을 더욱 고도화시켜야 할 필요가 있다. 양자 관계의 틀을 제공하고 있는 각종 협정은 체결된 지 이미 10년이 넘어 빠르게 변화하는 현실을 반영하지 못하는 경우가 많다. 공급망의 불안정성, 기후변화, 디지털 전환, 문화상품 교역, 우주 및 사이버 안보, 미중갈등 심화 등의 새로운 도전에 효과적으로 대응하기 위해서는 제도적 기반의 정비가 필요하다. 이를 통해 보다 효과적이고 효율적인 협력 구도가 창출될 때 한·EU 전략적 동반자관계의 지속가능성이 커질 것이다. 심화되고 확대된 한·EU 전략적 동반자관계는 양자 간 협력관

---

20) Ferreira-Pereira and Vieira (2016), p. 4.
21) Jonathan Holslag, "The Elusive Axis: Assessing the EU-China Strategic Partnership," *Journal of Common Market Studies* 49-2 (2011), p. 295.
22) 미하엘 라이어터러, "한-EU 전략적 동반자관계 10주년," 『EU연구』 제56호 (2020), p. 9.

계의 활성화뿐만 아니라 국제사회에서 양측의 영향력을 증대시키는 효과를 수반함으로써 미중갈등의 심화 및 진영화의 진행과 같은 국제정치의 구조적 변화에 대한 대응역량을 강화시킬 수 있을 것이다.

5. 대EU관계의 현안과 쟁점

러시아의 도발과 중국의 공세적 굴기를 계기로 빠르게 진행되고 있는 EU의 행위자성 강화, 행동반경의 확대, 미국과의 동맹관계 강화는 한국의 대EU 외교정책에 어떤 의미를 갖는가? 한국의 대EU 외교정책은 세 수준의 목표를 가진 것으로 볼 수 있다. 첫째, 양자 관계의 관리 및 발전, 둘째, 지역 및 글로벌 아젠다 관련 협력, 셋째, 한반도 평화 증진이 그것이다.

첫째, 양자 관계의 관리 및 발전을 위해 한국과 EU는 지금까지 FTA, 기본협력협정, 위기관리협정을 체결했고 이러한 제도적 기반 위에서 활발한 교류를 이어오고 있다. 앞으로도 시대적 변화에 발맞춰 기존의 협정들을 꾸준히 수정, 발전시키며 전략적 동반자관계를 심화시키는 데 노력을 기울일 것으로 전망된다.

둘째, 글로벌 아젠다 관련 협력 또한 매우 활성화돼 있다. 전략적 동반자관계의 주요 취지 중 하나가 바로 지역 및 글로벌 다자포럼에서의 협의와 협력을 위한 장치라는 점을 감안하면 이미 한국과 EU는 글로벌 아젠다 논의 및 글로벌 공공재 제공을 위한 공동의 노력을 경주해 왔으며 앞으로도 다양한 접점을 통해 계속 그러한 노력이 진행될 것으로 전망된다.

셋째, 한반도 문제에 있어 EU는 상당한 적극성을 보여 왔다. 한편으로는 북한의 핵개발과 열악한 인권 상황에 대해 적극적으로 목소리를 내면서 또 한편으로는 북한에 대한 인도주의적 지원에 앞장서는 모습이었다. EU는 한반도 긴장완화와 평화프로세스에 지속적으로 기여를 해온 것이다. 미중전략경쟁이 심화되고 있는 새로운 상황 속에서 EU가 앞으로 한반도에서 어떤 역할을 할 것인지도 주목거리가 아닐 수 없다.

1) 한·EU 양자 관계의 발전

한국과 EU 간 협력과 교류의 제도적 기반은 상당 수준 갖춰져 있다. 이러한 토대를 바탕으로 한국과 EU는 급속도로 변화하고 있는 정치적, 경제적, 이념적, 기술적 지형 속에서 양자 관계를 심화시키기 위한 노력을 기울이고 있다. 일례로 한국과 EU는 2022년 11월 디지털 파트너십에 서명했다. 디지털 기술의 중요성이 날로 커지면서 기술적 우위를 선점하기 위한 각국의 치열한 경쟁이 전개되고 있는 가운데 한국과 EU는 뜻을 같이하는 동반자로서 이 분야 상호 협력을 위한 발판을 만든 것이다.

한·EU 디지털 파트너십 체결은 한국의 〈대한민국 디지털 전략〉(2022)과 EU의 〈2030 디지털 컴파스〉(2021) 등에서 천명된 바와 같이 디지털 전환 및 사이버 안보의 중요성과 양자 간 협력의 필요성에 대한 공감대 위에서 이루어진 것이다. 한국과 EU는 협정문에서 디지털 기술이 민주적 가치, 인권에 대한 존중, 사회문제 해결, 국민의 삶의 질 향상, 산업혁신에 긍정적인 기여를 하는 인간중심적 가치에 의거해 발전돼야 한다는 비전을 공유하면서 이 비전을 확산하는 데 힘을 모으기로 했다. 구체적으로는 인공지능, 사이버보안, 반도체, 초고성능컴퓨팅, 양자기술, 5G/6G 기술, 디지털 표준화 등의 기술 분야와 신흥기술 분야에서의 협동 연구, 공급망 안정화, 인적 교류 활성화를 위해 노력하기로 했으며, 디지털 포용 사회 구현, 디지털 플랫폼 생태계 구축, 디지털 통상 확대, 중소기업의 디지털 전환 등을 위한 협력을 강화해 나가기로 했다. 이를 위해 양측은 '한·EU 디지털 파트너십 협의회'를 설치해 협력 과제 발굴, 성과 검토, 협정문 개정 등의 후속 조치를 이행하기로 합의했다. 한·EU 디지털 파트너십 체결은 변화하는 글로벌 환경 속에서 한국과 EU가 민감 분야에서 협력을 더욱 강화하기로 했음을 보여주는 예로 양자관계의 심화 필요성과 가능성에 대한 양측의 견해가 일치하고 있음을 보여준다.

이와 더불어 한국과 EU는 기후변화가 엄중한 사안임에 인식을 같이하면서 탄소중립의 실현을 위한 다양한 방안 모색에 협력을 강화하고 있다. 기후변화 대응을 비롯한 환경생태 관련 이슈는 최대 글로벌 현안이다. 유럽은 환경생태보호와 기후변화대응에 있어 가장 발빠른 행보를 보여왔다. 반면 제조업 비중이 크고 탄소배출이 많은 산업구조와 에너지 믹스를 가지고 있는 한국의 입장에서는 온실가스 저감을 위한 제반 조치가 산업과 경제에 큰 부담이 될 수 있는 형편이다. 그러나 한국도 글로벌 차원에서 진행되고 있는 흐름을 외면할 수는 없다. 향후 환경 관련 국제규범이 강화될 것이 명약관화한 상황에서 이에 발빠르게 대응하지 않는다면 산업적, 경제적으로 큰 손실을 입을 수 있기 때문이다. 환경보호와 기후 변화 대응 자체에도 힘을 기울여야 하거니와 관련 기술의 개발에도 박차를 가할 필요가 있다. 그런 점에서 EU와의 협력은 보다 신속하고 효율적으로 산업과 경제의 체질을 개선하는 데 도움이 될 수 있을 것이다. 이러한 맥락에서 한국과 EU는 청정에너지 개발 R&D 협력, 수소에너지 개발, 개도국 탄소중립 이행을 위한 재정 지원, 순환경제의 구축, 경제의 친환경화 등의 분야에서 협력을 강화하고 있고 '녹색전략적 동반자' 관계의 수립을 논의하고 있다.

한국과 EU는 양자 간 FTA 고도화를 지향하는 작업을 수행할 필요가 있다. 현재의 FTA는 2010년 만들어진 것으로 당시에는 디지털 무역과 전자상거래가 본격화되지 않았으며, 한국의 문화상품이 세계 시장에서 경쟁력을 갖기 이전이었고, 코비드 19와 미중전략경쟁으로 인한 글로벌 공급망 교란 사태가 발생하기 전이었다. 디지털 무역의 비중이 빠르게 증가하고 있는 현 추세를 감안하면 하루빨리 관련 조항을 마련하고 정비하는 것이 양자 간 교역 확대 및 무역전이효과 방지를 위해 반드시 필요할 것이다. 아울러 문화컨텐츠를 한·EU FTA에 포함하는 것 또한 전통적 문화강국인 유럽과 한류의 선풍적 성공을 경험하고 있는 한국 모두에게 교역규모를 늘리는 계기가 됨으로써 윈-윈의 기회를 제공할 것이다. 경제의 교역의존도가 높은 한국과 EU로서는 안정적인 공급망 확보가 국익과 직결된다는 점에서 한국과 EU는 FTA 개정을 통해 반도체와 같은 민감품목의 공급망을 보다 안정화시킬 수 있을 것이며 나아가 보다 진전된 규범을 수립하는 데 힘을 합침으로써 글로벌 공급망 안정화에 기여하는 동시에 그 수혜자가 될 수 있을 것이다.

2) 글로벌 차원의 협력 강화

한국과 EU 사이에는 글로벌 아젠다 관련 협력 또한 매우 활성화돼 있다. 전략적 동반자관계의 주요 취지 중 하나가 바로 글로벌 다자포럼에서의 협의와 협력을 위한 장치라는 점에서 그간 한국과 EU는 글로벌 아젠다 논의 및 글로벌 공공재 제공을 위한 공동의 노력을 기울여 왔으며 앞으로도 다양한 접점을 통해 계속 그러한 노력이 진행될 것으로 전망된다. 다만 글로벌 차원에서 전개되고 있는 국제정치의 구조적 변화, 즉 미중전략경쟁의 심화 속에서 유럽은 어떤 선택을 하고 있으며 이에 대해 우리는 어떤 입장을 취할 것인지를 고민해볼 필요가 있다.

이 시점에서 한국과 유럽이 글로벌 차원에서 가장 적극적인 협력을 모색해야 할 지점은 다자주의에 기반을 둔 규칙기반 국제질서의 유지 및 발전일 것으로 보인다. 한국과 EU는 규칙기반 국제질서 유지의 필요성에 공감대가 형성돼 있다. 규칙기반 국제질서는 제2차 세계대전 이후 세계 경제의 성장을 견인해 왔고 냉전의 종식과 같은 거대한 구조적 변화 속에서도 규칙기반 국제질서는 더 확대되고 심화됐다. 그러나 냉전 종식 후 30여 년이 지난 지금 중국의 국력 신장, 미국 주도 국제질서에 도전하는 수정주의 세력의 등장과 규합은 기존 규칙기반 국제질서에 대한 거대한 도전이 되고 있다.

규칙기반 국제질서의 기반 위에서 진행된 세계화에 힘입어 그동안 글로벌 차원의 부의 창출 규모는 날로 커졌고 많은 나라의 많은 사람이 가난으로부터 해방됐다. 그러나 경제적 성장의 그늘을 벗어나지 못한 많은 사회경제적 약자들이 여전히 존재하고 있고, 내부적 갈등의 출구를 찾지 못한 채 빈곤의 질곡을 벗어나지 못하고 있는 실패한 국가들도 다수 있다. 국가 간 불평등은 지속되고 있고 선진국과 개발도상국을 막론하고 국내 행위자들의 간극은 오히려 더 커지고 있다. 이에 따라 경제는 물론이요, 정치도 양극화되고 있다. 힘의 분포가 변화함에 따라 미국 주도의 국제질서도 한계를 드러내면서 국제정치의 진영화가 진행되고 있다.

그러나 국제질서의 진영화 또는 파편화는 바람직하지 않다. 진영화와 파편화는 교역을 비롯한 국가 간 상호관계의 거래비용을 상승시킴으로써 상품, 서비스, 자본, 노동의 이동을 위축시킬 것이며 이에 따라 전반적인 후생 감소가 뒤따를 것이다. 국가 간 이해관계의 갈등이 여과되지 않은 채 충돌로 이어질 수도 있어 국제평화가 심각한 위기에 봉착할 수도 있다.

그렇다고 해서 권위주의 세력이 국제사회의 대안적 리더십이 되는 것은 바람직하지 않다. 소련과 같이 실패한 역사적 사례를 굳이 들지 않더라도, 장기적으로 권위주의체제가 지속적인 생명력을 가지고 건강한 사회를 유지한 경우는 현대 사회에서 찾아보기 어렵다. 내적 안정성에 한계를 가질 수밖에 없는 권위주의 국가가 안정적으로 글로벌 리더십을 발휘하는 것은 어려운 노릇이다.

민주국가라 하더라도 리더십 발휘에 문제가 없는 것은 아니다. 예를 들어, 미국과 같은 한 나라의 패권적 리더십 또한 불안정성의 가능성을 피해 가기 어렵다. 국내정치적 요인이 패권적 리더 국가의 정책적 변동성을 증폭시킬 가능성이 있기 때문이다. 트럼프 대통령 재임 기간이 대표적 예다.

따라서 국제질서의 안정화를 위해서는 다자주의적 리더십이 더욱 바람직할 것으로 보인다. 중국은 권위주의체제인 동시에 기존의 규칙기반질서를 변경하고자 하는 수정주의 세력이고, 미국 또한 규칙기반질서에 대한 입장이 때로 일관적이지 않다는 점에서 미국과 중국이 규칙기반질서 유지라는 공공재를 제공하는 리더십 수행에 적합하지 않는다면 규칙기반 국제질서를 적극 옹호하는 중견국들의 다자주의적 연대에 그 역할을 기대해 볼 수 있다.

한국과 EU 회원국들은 공히 '중견국가'에 해당한다. 중견국가는 상당한 수준의 국력을 보유하고 있으면서 국제사회의 보편적 규범을 수용하고 글로벌 공공재의 제공에 적극적인 역할을 수행할 의지와 능력이 있는 국가들을 일컫는다. 한국이 글로벌 중견국가로 자리매김하고 있음은 G7 정상회담과 NATO 정상회담에 협력 파트너로 잇달아 참여하고 있는 데서 잘 나타나고 있다.

한국과 유럽은 '뜻을 같이하는' 중견국가의 일원으로서 이른바 '다자주의 연합'을 구성해 강대국 중심의 국제정치질서를 순화시키면서 갈등과 대립을 조정하는 역할을 수행하는 방안을 모색해야 할 것이다. EU가 선호하는 규칙기반 국제질서는 다자주의적 거버넌스를 근간으로 한다. 유럽과 마찬가지로 한국이 구가하고 있는 번영과 평화도 규칙기반 국제질서에 적극적으로 동참한 결과다. 중견국가들을 중심으로 한 민주주의 국가들의 평화 연대(폭력 근절), 다자주의 거버넌스(힘의 불평등 완화), 개방적 경제체제(경제적 활력 생성), 그리고 국가 및 계층 간 불평등 해소(분배 정의 실현)를 지향하는 국내외 질서의 구축을 위한 노력에 동참하는 것이 한국과 유럽 모두의 이익에 부합한다. 한국과 유럽이 뜻을 모아 규칙기반 국제질서, 다자주의적 글로벌 거버넌스를 확대재생산하기 위한 연대를 구축하는 방안을 진지하게 모색할 필요가 있다.

3) 한반도 평화와 EU의 역할

한국의 외교정책 역량 중 상당 부분은 한반도 정세 관리, 즉 북핵문제 해결, 북한 인권 개선, 남북 간 긴장 완화 및 교류협력 증대, 그리고 궁극적으로는 평화통일을 위한 노력에 투여된다. 남북관계는 언제나 가장 중요한 외교정책적 현안이다. 급변하는 국제질서, EU의 행위자성 강화가 남북관계에 어떤 영향을 미치며 한국은 한반도 문제 대응 및 해결을 위해 EU와 어떻게 협력할 수 있을 것인가?

한반도 문제가 미중 양자 구도의 블랙홀로 빨려 들어가게 되면 전망은 더욱 어두워질 것이다. 따라서 가능한 한 한반도 문제를 다루는 데 있어 다자주의 원칙이 작동하도록 한국과 유럽이 협력할 필요가 있다. 북한의 핵문제와 인권문제는 물론이요, 대북 인도적 지원의 문제에 있어서도 마찬가지다.

EU는 민주주의, 법치, 인권, 시장경제, 비확산 등의 가치 확산을 외교정책의 목표로 상정하고 있는 규범세력이라는 점에서 우리와는 '가치동맹'을 구성한다. EU는 북한 인권문제 및 핵문제 등 한반도의 중요한 외교안보 사안에 있어서도 한국과 입장을 같이 하고 있어 함께 보조를 맞추며 북한의 개혁과 개방을 유도해 내는 데 중요한 역할을 할 수 있다. 북한은 인권문제와 핵문제에 있어 EU가 강경한 입장을 취하는 것에 많은 불편함을 느끼고 있겠지만, 그럼에도 불구하고 트럼프 행정부 시절 잠깐의 이완기를 제외하고는 경색일변도의 북미관계를 고려했을 때 EU는 미국보다 덜 위협적이라는 인식을 가지고 있을 가능성이 크다. 따라서 지금은 EU와 북한의 관계가 소원하지만 그럼에도 우호적 관계의 복원이 상대적으로 용이할 것으로 기대된다는 점에서 EU의 소프트파워에 의한 북한의 변화 유도 가능성은 지금도 열려 있다고 볼 수 있다. EU 또한 한반도 문제에 지대한 관심을 지속적으로 표명하고 있음을 고려한다면 기회의 창이 열렸을 때 EU가 한반도 문제에 적극적인 역할을 수행하고자 하는 의지는 충분히 있는 것으로 보인다.

물론 한반도에서의 EU의 역할은 제한적이고 보완적인 것에 그칠 가능성이 크다. 유럽의 하드파워가 제한적이며 특히 미국과의 비대칭성이 크기 때문이다. 유럽은 한반도에 큰 이해 관계를 갖고 있지만 그렇다 하더라도 사활적 이익은 아니다. 나아가 EU는 내부적으로 산적한 문제들이 대외 역량에 제약을 가하고 있으며, 한반도 문제 개입을 위한 자원 동원에도 한계가 있다. 따라서 유럽은 역량과 의지의 제한성으로 한반도에서 부차적 행위자 이상의 의미를 갖기 어렵다. 미중갈등이 고조되고 있고 유럽과 중국의 관계가 소원해지고 있는 지금 시점에서는 더욱 그렇다.

특히 유럽과 중국의 불편한 관계는 한반도 문제에서 유럽의 입지를 축소시킬 가능성이 있다. 미국과의 강력한 제휴 세력인 유럽이 한반도에서 발언권을 행사하는 것에 대해 중국이 민감하게 반응할 수 있으며 한반도정책에 있어 미국과의 차별성 부재 또한 유럽의 독자적 역할 공간의 확보를 어렵게 할 것이기 때문이다. 물론 북한의 외교정책이 중국의 선호에 따라 결정되는 것은 아니지만, 중국이 유럽을 거부한다면 북한-유럽관계 개선의 여지도 현저히 줄어들 수밖에 없을 것이다. 북한 또한 유럽을 독자적 세력으로 간주하기보다는 점차 미국의 협력자로 인식하고 있다. 대북제재 국면에서의 유럽의 단호한 입장 또한 그러한 인식을 강화시키고 있다.

그렇지만 EU 국가들은 엄중한 제재 국면 속에서도 북한과 대화 채널을 포기하지 않고 있으며 지금도 제한된 숫자이나마 북한 내에서 활동하고 있는 유럽의 NGO가 있다. 이에 따라 유럽은 앞으로도 북한이 바깥세상과의 소통이 필요할 때 대화의 창구가 될 수 있다. 그러나 미중 진영화가 심화된다면 소통의 창구로서의 유럽의 역할이 현저히 위축될 것이다. 한반도 문제의 안정적 관리를 위한 중재자로서의 유럽의 역할을 유지하기 위해서라도 한국은 유럽과 함께 다자주의 거버넌스 활성화를 위한 노력을 경주해야 한다.

6. 대EU관계의 전망

국제정세의 불확실성이 커지고 있지만 한·EU관계의 전망은 밝다. 서로가 뜻을 같이하는 동반자로서의 정체성을 공유하고 있고 실제 제도화의 기반 위에서 많은 교류와 협력이 진행되고 있으며 향후 협력의 확대 및 심화 필요성에 대한 공감대가 이루어져 있다는 점에서 그러하다. 한국과 EU은 선진민주주의 국가로서 가치동맹을 구성하고 있고 서로가 중요한 교역 파트너이며 국제무대에서 글로벌 공공재를 제공하기 위한 공조체제를 구축하고 있다.

중국의 부상, 러시아의 도발, 진영화의 진행은 한·EU관계를 더욱 가깝게 할 전망이다. 한국과 EU는 규칙기반국제질서의 지속가능성을 확대하고 미중경쟁 구도에서 비롯되는 강대국정치의 부정적 파급효과를 방지하고 순화시키는 데 이해관계를 같이하고 있다. 한국과 EU는 양자 관계를 더욱 발전시키는 데 걸림돌이 되는 별다른 대내적 요인이 없다. 오히려 상호 간 매우 긍정적인 인식을 가지고 있어 상호관계 발전에 대한 광범위한 묵시적 동의의 기반이 조성돼 있다고 보는 것이 정확할 것이다. 이를 토대로 한국과 EU는 새롭게 등장하고 있는 현안들을 해결함에 있어 적극적으로 협력 방안을 모색해 나가는 모습이다.

1) 대EU관계 변화의 촉진요인과 장애요인

한국과 EU는 실질적인 전략적 동반자관계다. 실질적이라 함은 협력관계의 제도화 수준이 높고 실제 교류협력이 꾸준히 진행돼 왔으며 그 성과가 축적되고 있다는 의미다. 외교정책의 가치 지향성도 공유하고 있고 글로벌 아젠다에 대한 인식의 공감대도 형성돼 있다. 기본적으로 지극히 우호적인 관계이며 갈등을 야기하고 있는 쟁점이 그다지 많지 않은 상황이다. 이는 서로의 이해관계가 부합하기 때문이기도 하거니와 한편으로는 한·EU관계는 한미관계나 한일관계처럼 정치화되지 않았기 때문이기도 하다.

쟁점과 상대에 따라 국내정치적 요인으로 인해 외교정책에 제동이 걸리거나 방향 전환이 불가피해지는 경우가 적지 않지만 한·EU관계는 그런 국내적 요인의 영향을 거의 받지 않는다. 한·EU FTA 체결 과정과 한미 FTA 체결 과정을 비교해보자. 두 사례 모두 높은 수준의 FTA이지만 그중 한미 FTA는 협상이 진행되는 동안 한국사회에서 극도로 정치화돼 비준 과정에서 심각한 진통이 있었다. 반면 한·EU FTA는 경제적 파급효과가 한미 FTA와 크게 다를 바 없음에도 불구하고 상대적으로 한국 내에서 별다른 논란의 대상이 되지 않았다. 협상 상대가 누구인가에 따라 정치화의 수준이 극명하게 달랐던 것이다. 이처럼 한·EU관계는 정치적 쟁점으로서의 가시성이 높지 않다는 점이 바로 한·EU관계의 발전에 긍정적 요인이 되고 있다.

앞으로도 한·EU관계의 가시성과 정치화 수준은 크게 높아질 이유는 없을 것으로 보인다. 일단 갈등의 역사가 부재함으로 인해 양자 간에 설혹 이해관계가 부딪히는 쟁점이 있다 하더라도 과거의 기억이 소환되면서 정서적 요인이 활성화되는 정체성 정치의 상황으로 전이될 일이 없기 때문이다. 한·EU관계는 현안이 발생하더라도 상호 간 제도화된 협의 과정을 통해 합리적인 해결 방안이 모색될 수 있는 정치적 환경인 호의적 무관심, 또는 묵시적 동의와 같은 조건이 조성돼 있는 가운데 작동하고 있다고 할 것이다.

2) 대EU관계 변화의 내적 변수와 외부 영향

한·EU관계가 지금까지는 그다지 정치화돼 있지 않은 상태이므로 양자 관계에 갑작스레 큰 변화가 초래될 가능성은 크지 않다. 예컨대 일부 정치인의 자극적 발언이나 돌출적 행동에 쉽사리 영향을 받는 한일관계와는 양상이 다르다. 한·EU관계에 영향을 미치는 한국의 내적 변수로는 결국 EU에 대한 인식이 가장 중요할 것이다. 긴밀한 협력의 대상으로 간주하는가? 외교정책 대상으로서 EU의 도구적 효용성은 얼마나 큰가?

이는 한국이 스스로의 국가이익의 범주를 어떻게 정하는가의 문제와 결부된다. 예컨대 한국의 안보이익을 지리적으로 동북아에 한정시킨다면 사실 안보 분야에서 유럽과 협력할 여지는 많지 않을 것이다. 그러나 한국이 무역대국으로서 해상운송로의 안정성이 중요하다고 인식한다면, 그리고 사이버 강국으로서 사이버 공간에서의 규칙과 규범의 준수가 중요하다고 생각한다면 안보이익의 범위는 크게 넓어질 것이며, 동북아 국가들의 범위를 넘어 글로벌 차원에서의 안보협력관계의 구축이 필요할 것이고, 유럽은 우리의 가치동맹이요 전략적 동반자로서 매우 중요한 협력 파트너가 될 것이다. 더욱이 한국과 EU는 각각 인도·태평양전략을 수립했다. 한국과 EU 공히 대외정책적 행동반경이 크게 확대되고 있고 서로 중첩되고 있는 것이다. 이에 따라 한국과 EU는 인도·태평양전략의 목적의식을 공유하고 전략 수행과정에서의 조정과 협의 메커니즘을 구축할 필요성이 더욱 커지고 있다. 최근 국제정세 변화에 따른 EU의 변용과 한국의 선진국으로의 도약은 양자 간 협력의 범위가 더욱 확대되는 결과로 이어지고 있는 것이다.

주지하다시피 이미 한국은 선진국의 반열에 올라섰다. 경제, 군사, 문화 등 어떤 측면에서 보더라도 한국은 세계 10위 이내에 드는 중견국가로서의 확고한 위상을 가지고 있다. 한국은 전 세계와 교류하고 있고 사이버, 우주, 해양 공간으로의 진출이 더욱 활발해질 전망이다. 한국의 국가이익의 범위는 이제 과거처럼 지리적 경계에 얽매이지 않는다. 동북아는 물론이요 글로벌 차원에서의 안정성, 글로벌 차원의 규칙과 규범에 근간을 둔 예측가능성이 한국의 국가이익에 중요하다. 한국은 이처럼 글로벌 공공재의 생산과 유지에 지대한 이해관계를 가진 나라라는 점에서 뜻을 같이하는 국가들과 함께 협력하는 것은 곧 국가이익을 증진시키는 길이다. 이런 점에서 EU는 자연스럽고도 매우 유용한 파트너다.

3) 대EU관계의 미래

한·EU관계는 향후 더욱 발전할 것으로 전망된다. 양측은 서로 '뜻을 같이하는 전략적 동반자'로서 경제적 교류의 지속은 물론이요 외교안보 분야에서도 협력관계가 강화될 전망이며 기후변화, 사이버 안보, 해양안보 등에서도 더욱 긴밀한 협력관계가 될 것으로 보인다. 한국은 EU와도 밀접한 협력관계가 진행되고 있고, 2022년 6월 마드리드에서 개최된 NATO 정상회담에 비회원국인 일본, 호주, 뉴질랜드와 함께 초청돼 참여한 데서도 알 수 있듯이 NATO와의 협력관계 또한 강화하고 있다. NATO 회원국 대다수가 EU 회원국이라는 점에서 한국은 안보 분야에서도 유럽과 더욱 긴밀한 협력을 위한 기반을 구축해가고 있다.

다만 한국과 EU는 대중, 대러 정책에 있어 온도 차가 있을 가능성이 있다. 유럽에게는 러시아가 중차대한 존재론적 위협이다. 유럽국가들 사이에 다소 차이가 있을 수 있으나 전반적으로 매우 단호한 태도를 취하고 있다. 반면 한국은 한반도 정세에 대한 러시아의 영향력, 교역관계 등을 고려해 러시아를 가능한 한 적대화하지 않으려는 경향을 보인다. 중국에 대한 인식과 행동에서도 한국과 유럽은 미세한 차이를 보인다. 한국과 유럽은 모두 중국과의 경제적 상호의존성이 크다. 하지만 유럽은 중국에 대해 강경한 발언을 불사하면서 미국과 발을 맞추고 있다. 2022년 3월 유럽연합이 채택한 '전략개념'이나, 6월 마드리드 NATO 정상회담에서 합의된 '전략구상'에서 나타나고 있는 것처럼 유럽은 부정적인 대중(對中) 인식을 점차 명확하게 드러내고 있다. 반면 한국은 중국과의 지리적 근접성, 북한에 대한 영향력, 중국의 교역 비중 등으로 인해 중국과의 관계가 과도하게 경색되지 않도록 관리하고자 하는 경향을 보인다. 물론 결정적인 순간이 다가오면 보다 명확한 태도를 취할지 모르지만 적어도 유럽처럼 중국을 명시적으로 비난하거나 견제하는 발언과 행동은 최대한 자제하고 있는 모양새다. 한국 또한 미국과의 동맹관계로 인해 대중 견제에 동참하는 것이 불가피하겠지만 국제정세가 대결적 구도의 진영화로 치닫는 것은 가능한 한 피하려는 입장인 것이다.

이처럼 민감한 사안에 대한 미묘한 입장 차이가 있지만 이것이 향후 양측 간 협력관계 발전에 큰 걸림돌이 될 것으로 보이지 않는다. 앞서 밝힌 바와 같이 한·유럽관계는 상당 기간에 걸쳐 구축된 제도적 기반 위에서 실질적인 협력의 성과를 내고 있고 협력의 추세는 계속 확대되고 있다는 점에서 그러하다.

7. 결론

한국과 EU는 돈독한 관계다. 양자 간 교류 협력의 역사는 상대적으로 짧다. 하지만 한국의 민주화와 경제발전, 유럽통합의 진전에 따라 접촉과 교류의 기회가 많아지고 1980년대부터 본격적으로 협력을 통한 상생의 가능성이 커지면서 마침내 2010년대 들어 자유무역협정(Free Trade Agreement), 기본협력협정(Framework Agreement), 위기관리활동기본참여협정(Framework Agreement for the Participation of the Republic of Korea in European Union Crisis Management Operation) 등이 잇따라 체결됨으로써 양자 간에는 제도화된 형태의 협력 구도가 구축됐다. 이를 기반으로 양자 관계는 가치와 이익을 공유하는 실질적인 전략적 동반자관계로 성장했다. '뜻을 같이하는' 파트너인 한국과 유럽은 양자 관계는 물론이요, 글로벌 차원, 동아시아지역, 그리고 한반도 차원에서 긴밀한 협력 구도하에 있다.

한편 한국과 유럽은 중국의 부상, 미국 패권의 상대적 쇠퇴, 규칙기반 국제질서에 대한 도전, 러시아의 우크라이나 침공, 국제정치의 진영화와 같은 국제정치의 거대한 구조적 변화를 마주하고 있다. 미중갈등이 전방위적으로 확대되면서 미국과는 군사동맹이면서 중국과는 밀접한 경제적 상호의존 관계에 있는 한국과 유럽은 미중 간 선택이 불가피한 상황을 향해 가고 있다. 미국과 중국을 두 축으로 하는 신냉전의 가능성이 커지고 있는 것이다.

선진국과 개발도상국을 막론하고 신냉전의 도래는 누구도 원하지 않는 시나리오다. 설령 신냉전의 시대가 온다고 하더라도 각축의 양상과 대립의 정도가 과열되지 않도록 하는 것이 필요하다. 미중 간 대결구도가 지나치게 경색되지 않도록 하려면 전 세계가 두 개의 진영으로 양분되는 것은 바람직하지 않으며 한반도에서는 더더욱 그러하다. 진영화의 순화를 위해서는 한국과 유럽이 다자주의 연대를 구축해 글로벌 차원에서는 물론이요 한반도에서도 공고한 협력관계를 발전시키는 것이 필요하다.

국제정세의 진영화 경향은 한·EU 협력관계를 더욱 강화시킬 것으로 보인다. 한국과 EU는 국제규범과 보편적 가치에 있어 '뜻을 같이하는(like-minded)' 전략적 동반자다. 한국과 EU는 경제, 정무, 안보 분야의 조약을 기반으로 교역과 투자뿐만 아니라 기후변화와 에너지, 교육과 문화, 국제개발협력, 사이버 안보, 평화유지활동, 지속가능발전, 감염병 대응과 같은 다양한 분야에서 서로의 경험과 기술을 공유하고 꾸준히 인적교류를 확대하고 있다. 앞으로도 협력의 필요성이 더욱 커지고 있고 협력의 밀도 또한 높아질 것으로 전망된다.

한국과 유럽은 급변하는 국제환경 속에서 양자 관계를 심화시키고 있고 글로벌 차원에서의 협력을 강화하고 있으며 한반도 문제에 있어 꾸준히 한목소리를 내고 있다. 한국과 유럽은 무엇보다 기존의 규칙기반 국제질서가 유지되기를 희망한다는 공통점이 있다. 양측 모두 현 국제질서에서 성장과 안정을 구가할 수 있었으며 교역지향적인 경제구조, 중견국으로서의 위상을 갖고 있어 개방적이고 안정적인 국제질서는 안보이익과 경제적 이익에 부합하기 때문이다.

규칙기반 국제질서는 미국과 같은 패권국가를 필요로 하지만 패권국이 일방주의적으로 행동하는 경우 불안정해질 수 있다. 미국의 힘이 상대적으로 쇠퇴함에 따라 패권 부재 상태가 되는 것도 불안정의 요인이 될 수 있다. 권위주의 국가가 패권을 행사하는 것도 권위주의체제의 내적 불안정성으로 인해 바람직하지 않다. 평화와 번영, 안정과 예측가능성과 같은 글로벌 공공재의 제공이 지속가능하기 위해서는 다자주의적 거버넌스의 구축을 통한 규칙기반 국제질서의 유지가 필요하다. 한국과 유럽은 중견국의 지위를 가진 '뜻을 같이하는' 파트너로서 다자주의 연대를 구축해 규칙기반 국제질서의 유지 발전을 위해 함께 힘을 모아야 할 것이다.

토의주제

1. 한국이 다른 지역, 다른 나라들에 비해 유럽의 본격적 교류협력이 상대적으로 늦은 이유는 무엇인가?
2. 한국과 EU의 교류가 활성화되고 협력관계가 활성화된 배경과 계기는 무엇인가?
3. 한·EU 전략적 동반자관계는 무엇을 의미하며 어떤 의미를 갖는가?
4. 한·EU 협력관계의 중점 분야는 무엇인가?
5. 미중경쟁 및 갈등의 심화는 한국과 EU에게 어떤 도전을 제기하는가?
6. 러시아의 우크라이나 침공으로 인한 국제정세의 급격한 변화는 한국과 EU 협력관계에 어떤 영향을 미치고 있는가?
7. 미중갈등의 격화는 한반도 평화를 위한 EU의 역할에 어떤 영향을 미치는가?
8. 한-EU 간 협력이 더욱 심화될 것으로 전망되는 분야는 무엇이며 그 이유는 무엇인가?

참고문헌

1. 한글문헌

김시홍. "한·EU관계의 발전과 전망." 『유럽연구』 제27권 3호 (2009).

미하엘 라이터러. "한-EU 전략적 동반자관계 10주년." 『EU연구』 제 56호 (2020).

이무성. "유럽연합(EU) 전략적 동반자관계에 대한 연구: 양면성과 개념적 정의." 『유럽연구』 제37권 2호 (2019).

최진우. "한-EU 전략적 동반자관계의 전개와 전망." 김시홍(편저). 『한-EU 관계론』. 서울: 한국외국어대학교 지식출판콘텐츠원, 2019.

_____. "유럽연합의 대전략과 한국외교의 과제." 『세계질서 변화와 주요국의 대전략 – 미래 질서 전망과 한국 중장기 외교전략에의 함의』. 국회미래연구원 연구보고서 2022-10 (2022).

한종수. 『유럽연합(EU)과 한국』. 서울: 동성사, 1998.

2. 영어문헌

Blanco, Luis Fernando. "The functions of 'strategic partnership' in European Union foreign policy discourse." *Cambridge Review of International Affairs* Vol. 29, Issue 1 (2016).

European Commission. *EU-China: A Strategic Outlook* (2019).

European Union. *A Strategic Compass for Security and Defence: For a European Union that Protects its Citizens, Values and Interests and Contributes to International Peace and Security.* 2022.

Ferreira-Pereira, Laura C., and Alena Vysotskaya Guedes Vieira. "Introduction: The European Union's strategic partnerships: conceptual approaches, debates and experiences." *Cambridge Review of International Affairs* 29-1 (2016).

Holslag, Jonathan. "The Elusive Axis: Assessing the EU-China Strategic Partnership," *Journal of Common Market Studies* 49-2 (2011).

Perthes, Volker. "Dimensions of Strategic Rivalry: China, the United States and Europe's Place." in Barbara Lippert and Volker Perthes (eds.). *Strategic Rivalry between United States and China: Causes, Trajectories, and Implications for Europe.*

SWP Research Paper 4. Berlin: Stiftung Wissenschaft und Politik (German Institute for International and Security Affairs), April 2020.

3. 언론사 자료

"400년 전 일본은 유럽인을 외교 고문으로 썼고 조선은 광대로 부렸다." 『조선일보』. 2023년 1월 31일.
"Trump Threatens Europe's Stability, a Top Leader Warns." *The New York Times*, Jan. 31, 2017. https://www.nytimes.com/2017/01/31/world/europe/trump-european-union-donald-tusk.html (검색일: 2023.2.3).
US News and World Report. "Power." https://www.usnews.com/news/best-countries/rankings/power (검색일: 2023.2.10).

4. 인터넷 자료

European Commission. "Actions adopted following Russia's military aggression against Ukraine." https://finance.ec.europa.eu/eu-and-world/sanctions-restrictive-measures/sanctions-adopted-following-russias-military-aggression-against-ukraine_en (검색일: 2023.2.3).
EUROSTAT. Statistics Explained. https://ec.europa.eu/eurostat/statistics-explained/index.php?title=International_trade_in_goods#The_three_largest_global_players_of_international_trade:_EU.2C_China_and_the_USA (검색일: 2022.12.30).
Global Fire Power 2023. "2023 Military Strength Ranking." https://www.globalfirepower.com/countries-listing.php (검색일: 2023.2.10).

17장 대동남아시아관계

1. 서론 492
2. 대동남아관계의 역사적 변천 495
3. 대동남아관계의 국내외적 환경 502
4. 대동남아관계의 목표와 추진 방향 505
5. 대동남아관계의 현안과 쟁점 508
6. 대동남아관계의 전망 511
7. 결론 514

신재혁(고려대 정치외교학과)

1. 서론

한국에서 동남아시아(이하 동남아)에 대한 관심이 급격하게 높아지고 있다. 과거에는 동남아 하면 떠오르는 것이 한국군이 참전했던 월남전(베트남전쟁)이나 발리, 세부, 푸켓과 같은 관광지가 전부였다면, 최근에는 정부의 '신남방정책'이나 '한국판 인태전략', 또는 한·아세안 정상회의를 떠올리는 사람이 많아졌다. 실제 한국 대통령은 1997년부터 아세안 정상회의 기간 아세안 의장국을 방문하여 동남아 국가 지도자들과 매년 정상회의(한·아세안 정상회의)를 하고 있고, 2017년에는 대통령이 '신남방정책'을 발표하면서 한·아세안관계를 한반도 주변 4강 수준으로 강화하겠다고 약속했다. 이는 동남아가 한국정부가 중요하게 생각하는 핵심 협력 지역으로서 그 위상이 매우 높아졌다는 사실을 의미한다.

동남아가 한국의 대외관계에서 차지하는 위상이 이처럼 높아지게 된 가장 중요한 이유는 한국경제에 대단히 중요한 지역으로 급부상했기 때문이다. 무엇보다 동남아는 시장 규모가 크다. 2022년 기준으로 동남아 국가들의 연합체인 아세안(ASEAN)에는 세계 인구 1/10에 해당하는 6억 8,000만 명이 살고 있는데, 이는 인구 약 5억 명인 유럽연합(EU)보다 큰 규모다. 특히 인도네시아는 인구가 2억 8,000만 명으로, 중국, 인도, 미국에 이은 세계 4위의 인구 대국이다. 이외에도 동남아에는 필리핀 1억 1,000만 명, 베트남 9,800만 명, 태국 7,000만 명, 미얀마 5,500만

명 등 한국보다 인구가 많은 나라들이 즐비하다. 이처럼 인구가 많다는 것은 상품과 서비스를 판매, 유통하는 시장의 규모가 크다는 것을 의미한다. 아세안은 2022년 국내총생산(GDP)이 3조 달러에 이르러, 미국, 중국, 일본, 독일에 이어 세계 5위의 경제 규모를 자랑하고 있다.

한국은 이처럼 경제 규모가 큰 아세안 국가들과 막대한 규모의 교역을 하고 있다. 특히 한국의 대아세안 교역 규모는 지난 10여 년간 급증하였는데, 2009년 총 교역액 750억 달러에 머물렀으나, 2011년 1,249억 달러로 급증하였고, 2018년 1,597억 달러로 아세안은 중국에 이은 두 번째 교역대상이 되었다.[1] 한국의 대아세안 투자 역시 급증하였는데, 2011~2015년 182억 달러였던 한국의 투자 규모는 2016~2020년 317억 달러로 거의 두 배로 증가하였고, 아세안 국가에 진출한 한국 기업도 크게 늘어 베트남에 4,000여 개, 인도네시아에 2,000여 개의 한국 기업이 진출하였다.[2]

경제 규모가 크고 한국과 막대한 교역을 하고 있는 동남아가 더욱 매력적인 것은 세계에서 가장 빠르게 성장하고 있는 지역이기 때문이다. 도표 17.1은 2003년부터 약 15년간 동남아 국가들의 GDP 성장률을 나타낸다. 이 기간 동안 거의 모든 동남아 국가들의 성장률은 전 세계 평균을 상회하였다. 특히 고무적인 것은 이 지역에서 경제적으로 가장 낙후된 나라들(캄보디아, 베트남, 라오스, 필리핀, 미얀마)의 성장률이 가장 높다는 사실이다. 발전된 국가보다 낙후된 국가가 높은 성장률을 기록하기 더 쉽다고 생각할 수도 있으나, 가장 낙후된 나라들이 여전히 저성장 상태에서 벗어나지 못하고 있는 남미나 아프리카의 경우와 비교하면, 동남아는 예외라고 불릴 수 있을 정도로 저개발 국가들이 앞선 국가들과 격차를 빠르게 좁히고 있다.

최근 들어 정치·안보 측면에서도 동남아의 중요성이 높아졌는데, 그 대표적인 정치적 사건은 2018년 6월 역사적인 최초의 북미정상회담이 동남아의 싱가포르에서 개최되었고, 이듬해 2월 두 번째 북미정상회담 역시 동남아의 베트남에서 개최된 것이다. 싱가포르나 베트남과 같은 동남아 국가들은 한국과 미국뿐만 아니라 북한, 중국과도 좋은 관계를 유지하고 있기 때문에, 이들이 모두 동의할 수 있는 회담 장소로 동남아만큼 적합한 곳은 없었던 것이다.[3]

또한, 1994년부터 회의가 시작된 아세안지역안보포럼(ARF: ASEAN Regional Forum)에는 아세안 회원국 외에도 한국, 북한, 미국, 일본, 중국, 러시아, 호주, 인도, 파키스탄, 유럽연합, 캐나다 등 아시아태평양지역의 주요 국가들이 모두 참여하고 있다. 특히 ARF는 핵무기와 미사일 문제로 경제제재를 받고 국제사회에서 고립된 북한이 참가하는 유일한 국제회의라 해도 과언이 아니기 때문에 중요성이 더욱 높다. 이뿐만이 아니라 1997년 개최된 아세안+3 정상회담을 시작으로 아세안+3가 결성되어 매년 아세안 회원국과 한국, 중국, 일본의 정상과 장관급 대표들이 모여 정치, 경제, 사회문화에 걸친 다양한 현안들을 논의하고 있다. 아세안이 한중일을 한자리에 모이게

---

1) "[한·아세안] 한국 2위 교역대상…작년 수출액 1천억 첫 돌파," 『연합뉴스』, 2019년 11월 24일.
2) "이제 '세계의 공장'은 아세안" … 중국보다 직접 투자 많아져," 『한겨레』, 2021년 8월 17일.
3) 신재혁, "싱가포르의 중간국 외교," 신범식(편), 『아시아의 지정학적 중간국 외교』 (과천: 진인진, 2022).

도표 17.1 동남아시아 국가 GDP 성장률

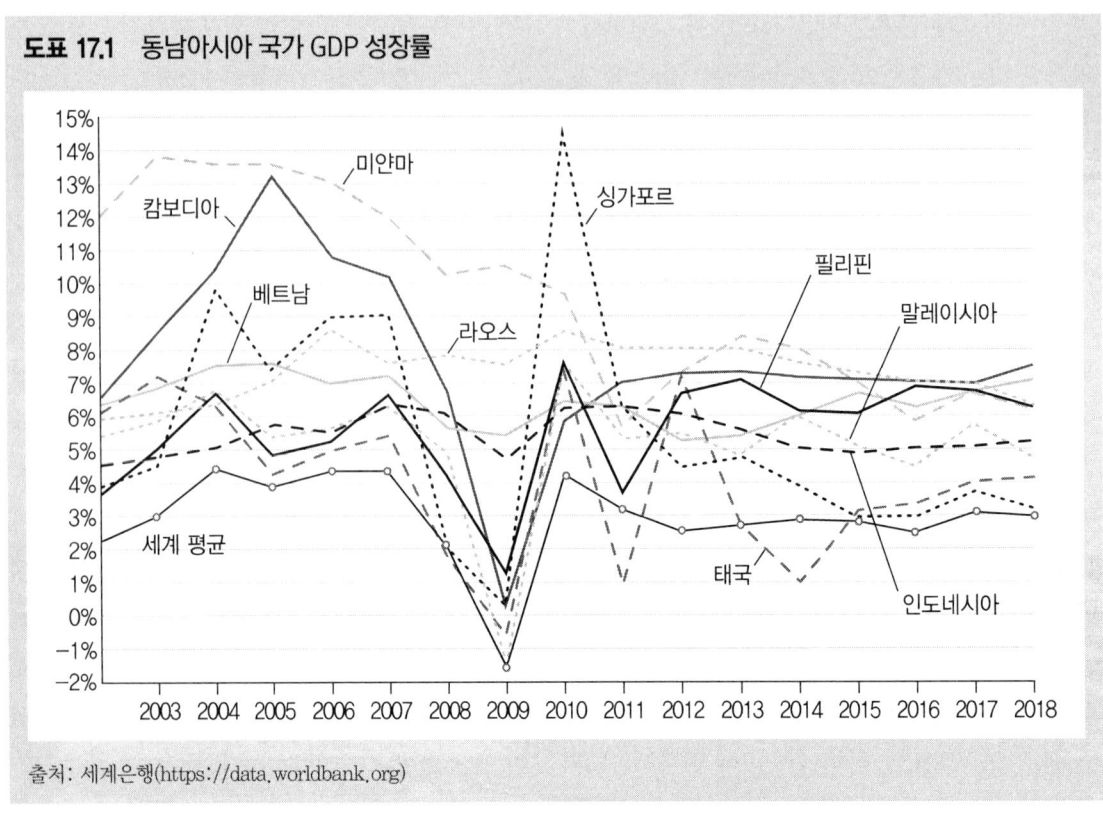

출처: 세계은행(https://data.worldbank.org)

하는 데 중심적인 역할을 담당하고 있는 것이다.

아세안은 2015년 12월 31일 아세안공동체를 출범시키면서 세 축인 정치·안보공동체, 경제공동체, 사회·문화공동체를 중심으로 통합을 가속화하고 있다.[4] 특히 아세안이 단일 시장·생산 기지로서 하나의 경제블록 형성을 목표로 하는 아세안경제공동체는 통합 수준과 발전 가능성이 가장 높다. 이에 따라 한국정부도 아세안 국가별로 양자협력관계를 발전시키는 동시에 아세안과 협력도 적극적으로 추진하고 있다. 2017년 9월에는 부산에 아세안문화원을 개원하였고, 그해 11월 필리핀에서 열린 아세안 정상회의에서 문재인 대통령은 '신남방정책'으로 더 잘 알려진 '한·아세안 미래공동체 구상'을 발표하였다. 문재인 대통령은 이 구상에서 한국과 아세안 간의 관계를 한반도 주변 4강 수준으로 높이겠다는 의지를 밝히면서, 한·아세안 미래공동체의 목표를 '사람 중심의, 평화롭고, 더불어 잘사는 공동체'로 규정했다.[5] 또한, 2020년 11월 문재인 대통령은 신남방정책을 확대·강화한 '신남방정책 플러스' 전략을 발표하였다. 2022년 5월 새롭게 출범한 윤석열정부에서도 아세안을 중시하는 정책 기조는 변하지 않았다. 2022년 11월 캄보디아에서 열린 한·아세안 정상회의에서 윤석열 대통령은 이른

---

4) 윤진표·이충열·최경희, 『아시아의 꿈: 아세안 공동체를 말하다』 (서울: ASEAN-Korea Center, 2016).

5) "문 대통령 한·아세안 미래공동체 구상 발표," 『경향신문』, 2017년 11월 13일.

바 '한국판 인도·태평양(인태)전략'을 발표하면서 자유·평화·번영의 인태지역을 만들어나가는데 아세안이 중심적 역할을 담당하고 있다는 점을 확인하였고, 이러한 아세안 중심성에 기반하여 '한·아세안 연대 구상'을 제시했다.[6]

2. 대동남아관계의 역사적 변천

한국정부가 수립된 이후 처음 동남아 국가와 관계를 맺게 된 것은 1950년 필리핀과 태국이 한국전쟁에 참전한 일이라 할 수 있다. 그 후 1964년 한국이 베트남전쟁에 참전하였고, 1983년 대통령 해외 순방 기간 미얀마에서 아웅산 묘역 테러 사건이 발생하는 등 냉전 시기 한국과 동남아 사이에는 전쟁과 참사의 기억이 주로 남아 있을 뿐, 의미 있는 교류는 많지 않았다. 하지만 베트남전쟁이 한창이던 1967년 동남아 국가들은 아세안을 결성하여 아태지역의 중요한 축으로 성장해 왔다. 한국이 아세안과 가까워지기 시작한 것은 1980년대 말에 이르러 냉전 질서가 해체되고 한국과 동남아 경제가 급격하게 성장하면서부터였고, 이후 양측의 관계는 전 세계에서 유례를 찾아보기 어려울 정도로 급속도로 발전하였다.[7]

이하에서는 한국정부 수립 이후 현재까지 한국의 대동남아관계가 어떻게 변화하고 발전해 왔는지를 냉전 시기와 냉전 이후 시기로 나누어 살펴볼 것이다. 한·아세안관계가 급속도로 발전한 냉전 이후 시기는 아세안과 대화관계가 시작된 1989년부터 한·아세안정상회담이 시작된 1997년까지 '관계 형성 단계'와 이후 포괄적 협력동반자관계를 맺고 자유무역협정을 체결하였으며 전략적 동반자관계로 발전한 '관계 심화 단계'로 구분할 것이다.

1) 냉전 시기

제2차 세계대전 이후 한반도와 동남아의 국제 정세는 긴밀하게 연결되어 있었다. 소련 중심의 공산 진영과 미국 중심의 반공 진영이 대결을 벌이던 냉전 시기 양 진영이 처음 대규모 전투를 벌인 것은 1950년 발발한 한국전쟁에서였다. 이때 동남아에서는 필리핀이 1950년 9월부터 총 5개 대대 7,000여 명의 장병을 한국에 파병하였고, 태국은 그해 10월부터 1개 대대 규모의 병력을 보내어 한국을 지원하였다.

양 진영이 두 번째 충돌한 곳은 동남아의 베트남이었다. 미국은 한반도에서 남측에 반공정부를 수립·지원하여 한반도 전체의 공산화를 저지하려 했던 것과 같이 베트남의 공산화를 막기 위해 남측에 반공정부를 수립·지원하였다. 베트남 공산당이 통치하는 북베트남의 공세에 남베트남의 존립이 위태로워지자 1965년 3월 미국은 지상군을 파병하였고, 한국에게도 전투부대 파병을 요청하였다. 이에 한국정부는 1965년 10월부터 1973년 3월까지 총 30만여 명의 전투병을 베트남에 보냈다. 이처럼 한반도와 동남아는 아태지역 국제 질서 속에서 공동 운명체처럼 밀접한 관계였던 것이다.

---

6) "'한국판' 인도·태평양 전략 내놓은 윤 대통령 '자유·번영·평화의 인태지역 만들자'," 『경향신문』, 2022년 11월 11일.

7) 신윤환, "한·아세안 관계는 어떻게 발전해왔나," 최원기·서정인·김영채·박재경(편), 『한·아세안 외교 30년을 말하다』 (서울: 국립외교원 아세안·인도연구센터, 2019).

냉전 시기 동남아 국가들 역시 이념 갈등으로부터 자유로울 수 없었다. 거의 모든 국가에서 공산 세력이 권력을 장악하거나 장악하기 위한 시도가 진행되고 있었고, 말레이시아, 싱가포르, 인도네시아, 태국, 필리핀 다섯 개 나라에서는 반공 세력이 공산 세력의 공세를 막아내면서 권력을 유지하고 있었다. 베트남전쟁이 국제전으로 본격화된 1967년 8월 이들은 태국 방콕에서 모여 아세안을 창설하였다.

이들은 '방콕선언'을 통해 아세안의 설립목적을 밝혔는데, 가장 중요한 첫 번째 목적은 동남아 국가들의 번영하고 평화로운 공동체를 건설하기 위하여 경제성장과 사회진보, 문화발전을 촉진하는 것이었다. 그리고 선언의 전문에서는 다섯 개 창설국이 공통으로 안고 있는 문제를 언급하면서 서로 간의 유대와 협력을 강화할 것과 어떠한 외부 간섭으로부터도 국가 안보를 지킬 것을 강조함으로써, 베트남전쟁이 초래한 공산주의 확산 위협에 공동 대응하기 위한 안보협력체 성격이 강하다는 사실을 드러내었다.[8]

이처럼 안보협력체 성격이 강하다는 것은 아세안의 지향과 특성을 이해하는 데 매우 중요하다. 아세안은 공산주의 확산을 막고 시장경제에 기반한 공동 번영과 평화를 지향한다. 따라서 공산 세력이 권력을 장악한 다른 동남아 국가들(미얀마, 베트남, 라오스, 캄보디아)은 1990년대 중·후반에 이르러 공산주의 계획경제를 폐기하고 시장경제를 전면 수용하고 나서야 아세안 회원국이 될 수 있었다. 이는 1984년 영국으로부터 독립하자마자 아세안 회원국이 된 브루나이와 대조된다.

한국은 냉전 시기에 아세안과 대화관계를 수립하지 못하였다. 아세안 입장에서 개발도상국인 한국이 아세안에 경제적으로 실질적인 도움이 되기 어렵다고 인식했기 때문이다.[9] 또한, 아세안은 미소 강대국 간의 대립에 관여하지 않는다는 입장을 취하고 있었기 때문에, 남북 경쟁에서 어느 일방을 지지하는 것을 꺼렸다. 이는 오늘날까지 아세안이 북한과도 좋은 관계를 유지하고 있는 이유가 되고 있다.

대신 이 시기에 한국은 아세안 개별 회원국과 교섭을 통해 외교관계를 체결하였다. 필리핀과는 가장 일찍 1949년에 국교를 수립하였고, 태국과는 1958년, 말레이시아 1960년, 인도네시아 1973년, 싱가포르와 미얀마 1975년, 브루나이와는 1984년에 국교를 수립하였다. 베트남, 라오스, 캄보디아와는 이들이 공산주의 계획경제를 폐기하고 개혁·개방 조치를 단행한 이후에 국교를 수립했는데, 그 시기는 각각 1992년, 1995년, 1997년이었다.

2) 관계 형성 단계(1989~1997년)

1980년대 말 미소 간의 대립이 종식되어 냉전 질서가 해체되고, 한국경제가 크게 성장하면서 아세안은 한국과 대화관계 수립에 동의하게 되었다. 1989년 7월 브루나이에서 열린 아세안 외무장관회의에서 한국과 부분 대화관계 수립을 결의하면서, 우선 통상·투자·관광 분야에서 협력

---

8) 강대창·박나리·유현석·김형종·이동윤, 『ASEAN의 의사결정 구조와 방식』 (서울: 대외경제정책연구원, 2011).

9) 서정인, "특별기고: 한국과 아세안의 시간 – 과거, 현재 그리고 미래," 박번순(저), 『아세안의 시간: 동남아시아 경제의 어제와 오늘 그리고 내일』 (서울: 한국방송통신대학교출판문화원, 2019).

을 추진하고 이후 개발협력, 기술 이전, 인적 자원 개발 분야로 협력을 확대한다는 내용을 발표했다.[10] 그해 11월 한국은 정식으로 아세안의 부분 대화 상대국이 되었는데, 이는 한국과 아세안이 공식적으로 맺은 첫 번째 외교관계였다.

이때부터 한·아세안관계는 급격하게 발전했다. 1989년 11월 대화 관계를 수립하면서 한국은 향후 5년간 500만 달러의 특별협력기금을 아세안에 제공하기로 합의하였는데, 이에 따라 1990년 한국정부는 연 100만 달러 규모로 한·아세안 협력기금(AKCF: ASEAN-Republic of Korea Cooperation Fund)을 설립하였다. 이에 화답하듯 1991년 7월 말레이시아에서 열린 아세안 외무장관회의에서 한국의 지위를 완전 대화 상대국으로 격상할 것을 결정하였다. 부분 대화관계 수립 이후 2년도 되지 않아 완전 대화관계로 발전한 것이다. 한국은 1977년 아세안의 대화 상대국이 된 일본보다는 늦었지만, 1996년에 완전 대화 상대국이 된 중국, 러시아, 인도보다는 빨리 아세안과 완전 대화관계를 맺었으므로, 한·아세안관계는 비교적 빠른 시기에 진전되었다고 평가할 수 있다. 한국이 아세안의 완전 대화 상대국이 됨에 따라 정치·안보·문화 등으로 협력 분야가 크게 확대되었고, AKCF 공여액도 1992년부터 연간 200만 달러로 증액되었다.

1997년 12월 말레이시아에서는 최초로 한중일이 참여하는 아세안+3 정상회의와 한·아세안 정상회의가 열렸다. 이때부터 한국 대통령은 매년 개최되는 아세안 정상회의에 참석하여 아세안 10개 회원국 정상들과 회의를 하고 있는데, 1997년 아세안 정상회의 참석을 시작으로 한국과 아세안 정상 간의 회의가 정례화되었다는 데 큰 의미가 있다. 1989년에 형성을 시작한 한·아세안관계가 10년도 되지 않아 매년 정상회의를 하는 높은 수준으로 제도화된 것이다.

3) 관계 심화 단계(1998년 이후)

1999년에는 한국의 주도로 아세안 10개 회원국과 한중일을 대표하는 20여 명의 민간 전문가가 참여하는 동아시아비전그룹(EAVG: East Asia Vision Group)이 출범하였다. EAVG는 이후 다섯 차례의 회의를 개최하여 보고서를 작성하였고, 2001년 11월에 열린 아세안+3 정상회담에서 이 보고서가 채택되었다. EAVG 보고서는 지역 내 평화 위협에 대처하기 위한 메커니즘 수립 및 강화, 동아시아 자유무역지대 추진, 역내 금융기구 설립, 아세안 투자지역 동아시아 전체로 확대, 빈곤 감소 프로그램 수립, 역내 정체성 함양 및 동아시아 예술 문화 보존 등을 권고하였는데, 이는 정치·안보, 경제, 사회·문화 분야에 걸쳐 동아시아 국가들의 포괄적인 협력 방향과 장기전략 및 구체적인 협력방안을 제안하였다는 점에서 상당한 의의가 있다.[11]

이 시기 경제통합도 가속화되었는데, 2003년 2월 칠레와 최초의 자유무역협정(FTA: free trade agreement)에 서명한 이후, 한국은 두 번째 FTA 체결 대상 국가로 아세안 시장의 교두보인 싱가

---

10) 심윤조, "한·아세안 관계는 어떻게 시작되었나," 최원기·서정인·김영채·박재경(편), 『한·아세안 외교 30년을 말하다』 (서울: 국립외교원 아세안·인도연구센터, 2019).

11) 정인교·권경덕, "동아시아비전그룹(EAVG) 보고서의 주요 내용과 평가," 『KIEP 세계경제』 제4권 12호 (2001).

포르를 선택하여 2004년 1월에 협상을 시작하였다. 그리고 2005년 2월에는 동남아 10개국이 모인 아세안과 FTA 협상을 개시하였다. 이는 한국 경제에 미치는 동남아의 영향이 그만큼 크다는 것을 의미한다. 협상에 3년이 넘게 걸렸던 한·칠레 FTA에 비해 한·싱가포르 FTA 협상은 매우 순조롭게 진행되어 협상 개시 후 1년 7개월 만인 2005년 8월에 협정이 체결되었고, 같은 해 12월에는 한·아세안 FTA 기본협정이 체결되었다. 그리고 2006년 8월에는 한·아세안 FTA 상품무역협정이, 2007년 11월에는 FTA 서비스무역협정이, 2009년 6월에는 투자협정이 체결됨으로써 한·아세안 FTA가 완성되었다. 한·아세안 FTA는 한국이 거대경제권과 체결한 최초의 FTA라는 점에서 큰 의의가 있고, 한국과 아세안 간의 경제통합 수준이 매우 높아졌음을 의미한다. 이로 인하여 한·아세안 간 교역 규모는 1989년 82억 달러 수준에서 2021년 1,765억 달러 수준으로 급증하게 되었다.

한편 2004년 11월 라오스에서 개최된 한·아세안 정상회의에서는 '한·아세안 포괄적 협력동반자관계에 관한 공동선언'이 채택되었다. 이 선언에서는 한국과 아세안이 정치·안보와 경제, 교육 및 과학기술 분야에서 협력을 촉진하고, 아세안 내 및 한·아세안 간 개발격차 해소를 위해 노력하며, 역내·국제무대에서의 협력을 강화하는 등 양측의 관계를 더욱 포괄적으로 발전시킬 것을 다짐하였다.

2009년 6월에는 대화관계 수립 20주년을 기념하여 첫 번째 '한·아세안 특별정상회의'가 제주에서 개최되었다. 이 회의에서 주안점을 두고 다루어진 의제는 개발협력, 환경, 문화·인적 교류였는데, 아세안에 대한 공적개발원조(ODA) 확대, 동아시아기후파트너십(EACP: East Asia Climate Partnership)을 통한 환경협력 강화, 한국정부 초청 외국인 장학생(GKS: Global Korea Scholarship) 제도 확대, 청소년 봉사단 규모 2배 확대 등에 합의하였다.[12]

2010년 10월 베트남에서 열린 한·아세안 정상회의에서는 '평화와 번영을 위한 한·아세안 전략적 동반자관계에 관한 공동선언'이 채택됨으로써 기존 포괄적 협력 동반자관계가 전략적 동반자관계로 심화 발전되었다. 이 선언에서는 정치·안보, 경제, 사회·문화 분야 협력을 강화하기 위한 행동계획도 채택되었다. 전략적 동반자관계는 아세안의 대화 상대국에 주어진 최고 단계의 관계에 해당한다.[13] 한국은 1989년 아세안의 부분 대화 상대국이 된 지 21년 만에 아세안과의 관계를 최고 수준으로 발전시킨 것이다.

2014년에는 대화관계 수립 25주년을 맞아 한국과 아세안 간의 관계가 최고 수준으로 발전한 것을 기념하고, 상호관계를 앞으로 더욱 발전시킬 것을 다짐하는 '한·아세안 특별정상회의'가 그 해 12월 부산에서 개최되었다. 한·아세안 협력을 뒷받침하기 위하여 1990년 설립된 한·아세안 협력기금(AKCF)도 연간 100만 달러에서 시작하여 1992년부터 200만 달러, 2004년부터 연간 300만 달러 규모로 늘었는데, 두 번째 한·아세안 특별정상회의를 계기로 2014년부터는 연간 700만 달러로 두 배 이상 규모가 늘어나게 되었다.

---

12) 최종문, "전략적 동반자 관계를 향한 도약," 최원기·서정인·김영채·박재경(편), 『한·아세안 외교 30년을 말하다』 (서울: 국립외교원 아세안·인도연구센터, 2019).
13) 서정인 (2019).

이러한 전략적 동반자관계를 확대하면서 동남아의 소지역인 메콩지역과의 협력도 이어나갔다. 메콩지역은 라오스, 미얀마, 베트남, 캄보디아, 태국 등 대륙부 동남아 5개국을 의미하는데, 2011년 10월 서울에서 제1차 한·메콩 외교장관회의가 열렸다. 이는 동남아 전체를 아우르는 아세안과의 협력에 더하여 메콩지역과 같은 아세안 내 소지역 협력도 본격화되었음을 의미한다. 중국과 접한 메콩강 일대의 중요성으로 인하여 중국뿐만 아니라 미국, 일본, 인도 등이 메콩지역과의 협력에 노력을 경주하고 있는 상황이었다.[14] 2011년 제1차 한·메콩 외교장관회의에서는 '상호번영을 위한 한·메콩 간 포괄적 파트너십 구축에 대한 한강선언'이 채택되었는데, 이 선언에서는 인프라, 정보통신기술, 산림·환경, 인적자원 개발, 농업, 수자원개발을 우선 협력 분야로 정하여, 한국이 메콩지역의 지속가능한 발전에 기여할 것을 약속하였다. 한강선언에 따라 2013년에는 한·메콩 협력기금(MKCF: Mekong-ROK Cooperation Fund) 설립되었다. MKCF는 이때부터 2021년까지 문화·관광, 인적자원 개발, 농업·농촌 발전, 인프라, 정보통신기술, 환경, 비전통안보문제 등 7개 중점 협력 분야 31개 프로젝트에 대해 1,340만 달러를 지원해왔다.

그리고 한·아세안관계 발전을 제도적으로 뒷받침하는 주요 기관으로서 한·아세안센터와 주아세안대표부가 설립되었다. 2009년 3월에는 한국과 아세안 10개 회원국 간 교류협력 증진을 위한 국제기구로써 한·아세안센터가 서울에 설립되었다. 한·아세안센터는 산하에 문화관광국, 무역투자국, 정보자료국을 설치하여 관광 증진, 문화 교류 및 교역 규모 확대, 투자 활성화, 기술발전 지원, 아세안에 대한 인식 및 이해 제고, 청년 교류 활성화 등에 기여하고 있다. 2012년 9월 한국은 인도네시아 자카르타에 주아세안대표부를 설립하고 대사를 파견하였다. 아세안 각 회원국에 파견하는 대사에 더하여 아세안에 대사를 파견하기 시작했다는 것은 아세안을 유엔이나 EU와 같은 수준의 국가연합체로 대우한다는 것을 의미한다. 이후 주아세안대표부 대사는 한국을 대표하여 아세안과의 협력에 앞장서고 있다.

2017년 한국정부의 '신남방정책' 발표 이후 한·아세안관계는 더욱 심화 발전하게 되었다. 2017년 11월 9일 문재인 대통령은 인도네시아에서 열린 '한·인도네시아 비즈니스포럼'에 기조연설자로 참석하여 '한·아세안 미래공동체 구상'을 발표하였다. 이는 '신남방정책'을 천명한 것인데, 아세안과 사람(People)·평화(Peace)·상생번영(Prosperity)을 원칙으로 하는 이른바 '3P 공동체'를 만들고, 협력 수준을 더욱 높여 아세안과의 관계를 미국·중국·일본·러시아 등 주변 4강국 수준으로 끌어올린다는 것을 핵심 내용으로 한다.

2018년 8월에는 신남방정책 추진 성과를 점검하고 추진 전략 및 과제를 정하기 위해 신남방정책특별위원회가 출범했다. 그리고 2019년 11월에는 대화관계 수립 30주년을 기념하여 세 번째 한·아세안 특별정상회의가 부산에서 개최되었는데, 이 자리에서 아세안 정상들은 신남방정책에 대한 확고한 지지를 표명하였다.[15] 이와 보

---

14) 서정인 (2019).

15) 대한민국 정책브리핑. "아세안 확고한 지지로 2021년 신남방정책 2.0 본격 추진," https://www.korea.kr (검색일: 2022.12.17).

조를 맞추어 한·아세안 협력기금을 기존보다 두 배 많은 연간 1,400만 달러 규모로 증액하였다. 또한, 한·아세안 특별정상회의와 더불어 처음으로 한·메콩 정상회의도 열려서 메콩 소지역과의 협력 수준이 한층 높아졌다.

2020년 11월에 열린 한·아세안 정상회의에서 문재인 대통령은 기존 신남방정책을 고도화한 '신남방정책 플러스'를 발표하였는데, 한국정부의 신남방정책과 신남방정책 플러스로 인하여 한국과 아세안과의 협력관계는 사회·문화, 경제, 평화·안보 등 전 분야에 걸쳐 한층 심화되었다고 평가할 수 있다.

한편 아세안 내 소지역으로 메콩지역 외 해양부 동남아 국가들로 구성된 브루나이·인도네시아·말레이시아·필리핀 동아시아성장지대(BIMP-EAGA)가 있다. 메콩지역 국가들과 협력을 강화하기 위해 2013년에 한·메콩 협력기금(MKCF)이 설립되어 운영되고 있었는데, 2021년에 이르러서는 해양동남아지역 국가들과 협력 수준을 한층 높이기 위하여 한·해양동남아 협력기금(BKCF: BIMP-EAGA-ROK Cooperation Fund)이 설립되었다. 2021년 연 100만 달러 규모로 시작된 BKCF는 2022년 300만 달러로 증액되었다.

2022년 5월 출범한 윤석열정부는 미국 바이든정부의 '인도·태평양(인태)전략'을 기본적으로 수용하면서 한국의 현실을 반영하여 수정을 거친 '한국판 인태전략'을 제시하였다. 이 한국판 인태전략이 발표된 곳은 2022년 11월 캄보디아에서 개최된 한·아세안 정상회의였다. 윤석열 대통령은 인태전략에 있어 아세안의 중요성을 강조하면서 아세안과의 협력을 심화·발전시켜 나갈 것을 약속하였다. 한국판 인태전략을 발표하는 장소로서 한·아세안 정상회의를 선택한 것 역시 아세안의 중요성을 나타내는 것이다.

글상자 17.1

한국과 동남아관계에서의 주요 역사적 사건(1950~2022년)

1950년	• 9월, 필리핀 한국전쟁 참전 • 10월, 태국 한국전쟁 참전
1964년	• 9월, 한국 베트남전쟁 참전
1967년	• 8월, 동남아 5개국(말레이시아, 싱가포르, 인도네시아, 태국, 필리핀) 아세안(ASEAN) 창설
1983년	• 10월, 미얀마 아웅산 묘역 테러 사건
1984년	• 1월, 브루나이 아세안 가입
1989년	• 11월, 아세안과 부분 대화관계 수립
1990년	• 한·아세안 협력기금(AKCF: ASEAN-Republic of Korea Cooperation Fund) 설립
1991년	• 7월, 아세안과 완전 대화관계로 격상

계속 ▶▶

1993년	• 7월, 아세안지역안보포럼(ARF: ASEAN Regional Forum) 설립
1995년	• 7월, 베트남 아세안 가입
1997년	• 7월, 라오스, 미얀마 아세안 가입 • 12월, 제1차 아세안+3 정상회의 및 제1차 한·아세안 정상회의 개최
1999년	• 4월, 캄보디아 아세안 가입
2001년	• 11월, ASEAN+3 정상회담에서 동아시아비전그룹(East Asia Vision Group) 보고서 채택
2004년	• 11월, 「한·아세안 포괄적 협력 동반자관계에 관한 공동선언」 채택, 동남아시아 우호협력조약(TAC: Treaty of Amity and Cooperation in Southeast Asia) 가입
2005년	• 8월, 한·싱가포르 자유무역협정(FTA) 체결 • 12월, 한·아세안 FTA 기본협정 체결 및 제1차 동아시아정상회의 개최
2006년	• 3월, 한·싱가포르 FTA 발효 • 8월, 한·아세안 FTA 상품무역협정 체결
2007년	• 6월, 한·아세안 FTA 발효(기본협정, 분쟁해결제도협정, 상품무역협정) • 11월, 한·아세안 FTA 서비스무역협정 체결
2009년	• 3월, 한·아세안센터 출범 • 5월, 한·아세안 FTA 서비스무역협정 발효 • 6월, 대화관계 수립 20주년 기념 한·아세안 특별정상회의 개최(제주), 한·아세안 FTA 투자협정 체결 • 9월, 한·아세안 FTA 투자협정 발효
2010년	• 10월, 「평화와 번영을 위한 한·아세안 전략적 동반자관계에 관한 공동선언」 채택
2011년	• 10월, 제1차 한·메콩 외교장관회의 개최 및 「상호번영을 위한 한·메콩 간 포괄적 파트너십 구축에 대한 한강선언」 채택
2012년	• 9월, 주아세안대표부 개설
2013년	• 한·메콩 협력기금(MKCF: Mekong-ROK Cooperation Fund) 설립
2014년	• 12월, 대화관계 수립 25주년 기념 한·아세안 특별정상회의 개최(부산)
2017년	• 9월, 아세안문화원 개원(부산) • 11월, 신남방정책(한·아세안 미래공동체 구상) 발표
2018년	• 6월, 싱가포르 북미정상회담 개최
2019년	• 2월, 베트남 북미정상회담 개최 • 11월, 대화관계 수립 30주년 기념 한·아세안 특별정상회의 및 한·메콩 정상회의(부산)
2020년	• 11월, 신남방정책 플러스 전략 발표
2021년	• 한·해양동남아 협력기금(BKCF: BIMP-EAGA-ROK Cooperation Fund) 설립
2022년	• 11월, 한국판 인도·태평양 전략 및 한·아세안 연대 구상 발표

3. 대동남아관계의 국내외적 환경

한국은 동남아와 비교적 짧은 시간 내에 매우 급속한 관계 발전을 이룩하였는데, 여기에는 앞서 밝힌 한국경제에 있어서 동남아가 갖는 경제적 중요성뿐만 아니라 국내외 환경도 큰 영향을 미쳤다. 특히 미중 간의 경쟁이 격화되면서 남중국해 위기가 심화되고, 북한 핵과 미사일 문제가 심각해지면서 한국과 동남아 국가 간의 협력이 크게 촉진되고 있다.

1) 국제적 환경: 미중경쟁과 남중국해 위기

중국이 부상하면서 미국과 중국 간의 경쟁이 격화되고 있다. 특히 중국 시진핑 주석은 중국몽(夢)을 주창하며 중국이 과거 누렸던 패권적 지위를 되찾는 것을 목표로 내세우고 있다. 미국은 중국이 자신의 패권에 도전하는 것을 저지하기 위하여 중국 주변 국가들과 협력을 강화하면서 중국을 봉쇄하는 전략을 취하고 있다. 바이든정부가 제시한 인태전략이 그 기초가 되고 있는데, 안보 측면에서는 쿼드(QUAD, 미국, 인도, 일본, 호주가 참여하는 4자 안보 대화)와 경제 측면에서는 인도·태평양 경제프레임워크(IPEF: Indo-Pacific Economic Framework)가 중국을 봉쇄하는 중요한 수단이다.

냉전 시기 미국은 소련을 견제하기 위하여 중국과 1979년 1월에 국교를 수립하고 협력을 강화했다. 같은 해 중국은 경제특구를 설립하고 시장경제를 수용했고, 이후 2006년까지 국내총생산(GDP)이 연평균 9.67% 증가하는 급격한 경제성장을 이룩하였다. 2011년 중국은 GDP 규모에서 일본을 제치고 세계 2위 경제 대국이 되었고, 국제통화기금(IMF)에 따르면 2022년 10월 현재 중국의 명목 GDP는 약 18조 3,000억 달러로, 25조 달러를 기록한 미국에 이어 세계 2위 경제 규모를 유지하고 있다.

중국이 경제 대국으로 성장함에 따라 해외 투자와 원조를 확대하고 있는데, 가장 중요한 전략은 2013년 시진핑 주석이 제시한 일대일로(一帶一路, One Belt One Road 또는 BRI: Belt and Road Initiative) 구상이다. 이는 중국과 아시아, 유럽을 연결하는 '육상 실크로드 경제벨트(一帶)'와 중국에서 출발하여 동·서남아시아를 거쳐 유럽과 아프리카로 이어지는 '21세기 해상 실크로드(一路)'를 합친 개념으로, 이 지역 국가들과 함께 경제공동체를 만드는 것을 목표로 한다.[16]

2015년 3월에 중국은 일대일로 구상 실현을 위해 소요될 막대한 자금을 지원하기 위하여 아시아인프라투자은행(AIIB: Asian Infrastructure Investment Bank)을 설립하였고, 2022년 현재 세계 105개국이 회원으로 가입되어 있다. 이는 미국이 주도하는 세계은행(World Bank)에 대응하여 만든 것으로, 중국이 미국과 세계 금융질서의 주도권을 놓고 경쟁하게 되었음을 의미한다. 세계은행에서 미국과 함께 대주주 역할을 하고 있는 일본은 AIIB에 가입하지 않았으나 한국은 2015년 가입하였고, 아세안 10개 회원국과 동티모르 등 동남아의 모든 나라도 AIIB에 가입하였다.

이러한 중국의 부상과 영향력 확대를 억지하기 위하여 2022년 2월 미국 바이든 행정부는 인

---

16) 정성삼, "중국의 일대일로 추진 계획 및 시사점,"『세계 에너지시장 인사이트』제15~16호, (2015).

도·태평양(인태)전략을 발표하였다.[17] 미국의 인태전략은 이를 위한 5대 목표를 제시하고 있는데, ① 자유롭고 개방적인 인도·태평양 발전, ② 지역 안팎의 연결(connections) 구축, ③ 지역 번영(prosperity) 촉진, ④ 인도·태평양 안보 강화, ⑤ 초국가적 위협에 대한 지역의 회복력(resilience) 구축이 그것이다. 그리고 이러한 목표를 이루기 위한 전략적 방안으로 이 지역에서 미국의 역할을 강화할 것과, 동맹국과 협력국, 지역 기구와 함께 집단 역량을 구축할 것을 제시하고, 전략적 수단으로는 쿼드(QUAD), 아세안과 인도, 유럽과의 협력, 경제적 협력 등을 제시하였다.

안보 측면에서는 쿼드가 중요한 중국 견제 수단이다. 미국, 일본, 인도, 호주 4개국으로 구성된 쿼드는 2007년에 시작되어 정보 교환과 합동 군사 훈련 등을 포함한 실무급 안보 회담이었는데, 2012년 이후 중단되었다가 2017년 미국 트럼프 행정부가 회담을 재개하였고, 2021년 바이든 행정부하에서 정상급 회담으로 격상되었다. 미중경쟁이 격화됨에 따라 쿼드의 중요성이 커지고, 이에 따라 그 위상이 높아진 것이다.

경제 측면에서 중국을 견제하는 중요한 수단은 인도·태평양 경제프레임워크(IPEF)이다. 이는 바이든 대통령이 2021년 10월 개최된 동아시아정상회의(EAS)에서 발표한 구상을 바탕으로, 2022년 5월 일본에서 공식 출범했다. 한국과 일본, 호주, 뉴질랜드, 인도와 더불어 아세안 10개 회원국 중 중국에 대한 의존도가 높은 라오스, 미얀마, 캄보디아를 제외한 7개국이 여기에 참여했는데, IPEF는 글로벌 무역, 공급망, 탈탄소·인프라, 탈세·부패 방지 등 4대 의제를 제시하고 분야별 표준 설정 등을 모색하면서 인태지역에서 미국의 경제적 리더십 회복을 도모하고 있다.[18]

특히 중국은 남중국해에서 베트남과 필리핀 등 아세안 국가들과 영토 분쟁을 벌이고 있기 때문에, 미중갈등이 동남아에서는 무력 충돌로 이어질 가능성이 높다. 중국은 자신들이 일방적으로 정한 이른바 '구단선(九段線)'이 해상 경계선이라 주장하는데, 이에 따르면 남중국해 거의 전역이 중국 영해에 속하게 되는 것으로, 아세안 국가들의 배타적 경제수역(EEZ)이 무시된다는 문제점이 있다.

남중국해에서 벌어지고 있는 중국과 아세안 국가들 간의 영토 분쟁의 예는 다음과 같다. 2005년 1월 중국 순찰함이 통킹만에서 조업 중이던 베트남 어선에 발포하여 9명을 살해하였고, 2011년 2월에는 중국 호위함이 난사군도(Spratly Islands)에서 필리핀 어선을 향해 발포하였다. 2014년 3월 중국 해안 경비대는 난사군도에서 필리핀 어선 2척을 추방하였고, 2014년 5월에는 베트남 어선이 중국 선박과 충돌한 후 침몰한 사건이 일어났다. 2014년 8월에는 중국 전투기가 남중국해 상공을 비행하던 미국 정찰기를 위협하여 추방하였고, 2015년 10월 미국은 남중국해에서 '항행의 자유 작전(Freedom of Navigation Operations)'을 개시함으로써 미중 간의 무력 충돌이 일어날 위험이 고조되고 있다.[19]

이처럼 미국과 중국 간의 경쟁이 격화되는 것

---

17) "바이든표 '인도·태평양전략'…"한국 등 동맹 강화"로 중국 견제," 『한겨레』, 2022년 2월 13일.

18) "美 주도 '중국 견제' IPEF 출범…한국 등 13개국 동참," 『연합뉴스』, 2022년 5월 23일.

19) Shin, Jae Hyeok. "Regime Insecurity of China and Crisis in the South China Sea," RINSA Forum Vol. 38, 2015.

은 한국과 동남아(아세안) 국가 간의 협력을 촉진하는 요인으로 작용한다. 양측 모두 미국과 중국 중 어느 한쪽에 치우치기 어려운 지정학적 위치에 있기 때문이다. 한국과 아세안 국가 대부분은 안보는 미국에, 경제는 중국에 대한 의존성이 강한 편이다. 따라서 미국과 중국 중 어느 한쪽 편을 든다면 안보나 경제 중 한 분야에 상당한 타격을 입기 때문에 최대한 양쪽 모두와 협력관계를 유지·강화하고자 한다. 그래서 한국과 아세안 국가들은 미국이 주도하는 세계은행과 인도·태평양 경제프레임워크(IPEF)뿐만 아니라 중국이 주도하는 아시아인프라투자은행(AIIB)에 모두 가입하고 있다. 이는 미국과 함께 쿼드와 세계은행을 이끌어 가면서, AIIB에는 가입하지 않는 일본의 태도와 대조를 이룬다. 이처럼 지정학적 이해관계를 공유하는 한국과 아세안은 미국과 중국 간의 경쟁이 격화될수록 그로 인한 긴장과 위기에 대한 대응력을 키우기 위하여 협력을 강화하는 것이다.

더구나 남중국해에서 긴장이 고조될수록 한국과 아세안 간의 협력은 더욱 강화되고 있다. 한국은 아세안확대국방장관회의에 참가하여 아세안 국가 등 18개국 연합 해상 훈련에 참여하고 있다. 특히 2022년 11월에 발표한 한국판 인태전략과 한·아세안 연대 구상에서는 해양 안보를 강조했는데, 한국은 아세안과의 연합 해상 훈련에 적극 참여할 것을 다짐하였다.[20]

2) 한반도 환경: 북한 핵과 미사일 문제

북한은 2006년 10월 1차 핵실험을 한 후 2017년 9월까지 총 6차례 핵실험을 하였다. 이를 통해 북한은 원자폭탄보다 위력이 훨씬 강한 수소폭탄 개발에 성공하였다고 주장하고 있다. 그리고 북한은 핵무기 이동 수단인 미사일 개발에도 박차를 가하고 있는데, 2022년 1월부터 10월까지만 25번이나 미사일을 발사했다.

2017년 6차 핵실험 이후에는 미국이 주도하는 유엔의 대북 제재가 한층 강력해졌고, 아세안 국가들도 이에 동참하면서 북한에 대한 압박 수위를 높이는데 기여하고 있다. 특히 아세안 국가들은 북한과 교역량이 많은 편이어서 이들이 유엔 제재에 동참하면서 교역을 중단한 것은 북한에 상당한 타격을 줄 수 있다.[21]

또한, 2022년 6월에는 아세안 외교장관들이 공동성명을 통해 북한의 대륙간탄도미사일(ICBM) 시험발사를 비난하고 발사 중단을 촉구했다. 이로써 아세안은 한반도 긴장 완화에 기여할 것임을 분명히 하였다.

아세안은 북한에 대한 국제사회의 압박에 동참하는 것 외에도, 북한 핵과 미사일 문제로 인하여 위기가 고조될 때 이를 완화하기 위한 대화의 장으로서 중요한 역할을 담당하고 있다. 대표적인 예가 2017년 9월 6차 핵실험 이후 위기가 고조되었을 때 북핵문제를 해결하기 위한 최초의 북미정상회담이 2018년 6월 싱가포르에서 개최되었고, 두 번째 북미정상회담이 이듬해 2월 베트남에서 개최된 것이다. 이는 아세안 국가들이

---

20) 대한민국 정책브리핑, "제23차 한·아세안 정상회의 결과," https://www.korea.kr (검색일: 2022.12.18).

21) "동남아국가들 북한제재 잇단 동참…'美 압박효과'," 『연합뉴스』, 2017년 11월 18일.

한국·미국뿐만이 아니라 북한과도 관계가 좋은 편이기 때문에 가능한 일이다. 냉전 시기 아세안은 남북 경쟁에서 어느 일방의 편을 들지 않았고, 북한 핵과 미사일 문제에 있어서도 아세안은 상대적으로 비난을 자제해 왔다.

또한 아세안은 1994년부터 아세안 국가들과 한국·미국·일본·중국·러시아 등 27개국 외교장관 및 고위관리가 모이는 아세안지역안보포럼(ARF)을 개최하는데, 여기에 북한 역시 2000년부터 참가하고 있다. ARF는 북한이 참가하는 역내 유일한 다자안보협의체인 것이다. ARF 회의를 계기로 남북 외교장관회의가 4회(2000년, 2004년, 2005년, 2007년) 개최되기도 하였다. ARF의 5개 분야인 테러·초국가범죄, 해양안보, 재난구호, 군축·비확산, ICT안보에 대해서는 매년 회의가 열리는데, 군축·비확산 분야 회의에서 북한의 핵과 미사일 문제가 집중적으로 다루어지기 때문에, 북한 핵문제가 커질수록 ARF의 중요성이 높아지고 있다.

이처럼 북한 핵실험과 미사일 시험발사 문제로 인하여 긴장이 고조되는 것도 한·아세안 협력을 촉진하는 요인이다. 아세안은 한편으로는 북한을 압박하여 핵무기와 미사일 개발을 포기하도록 하고, 다른 한편으로는 북한과 대화의 장을 제공하여 평화로운 해결을 모색할 수 있도록 한다. 특히 아세안 국가들은 북한과 가까운 사이기 때문에 북한에 대한 압박의 효과도 다른 나라들보다 더 클 수 있다.

4. 대동남아관계의 목표와 추진 방향

냉전 시기 한국의 대동남아관계의 목표는 북한과의 체제 경쟁에서 승리하기 위한 우군을 확보하는 것이었다. 냉전 질서가 해체면서 1991년에 남북한이 유엔에 동시가입하고 남북관계가 화해 국면으로 접어들자 대동남아관계는 동아시아지역의 평화와 번영을 위한 협력 파트너십으로 변화하기 시작하였다. 그리고 2017년 신남방정책에서 밝힌 '사람 중심의 평화와 번영의 공동체'와 2022년 한국판 인태전략에 명시된 '자유롭고 평화로우며 번영하는 인도·태평양'이 현재 한국의 대동남아관계의 목표가 되고 있다.

1) 목표 및 전략

한국정부가 대동남아관계에서 추구하는 가장 중요한 목표는 동아시아지역의 평화와 번영을 위해 아세안과 통합과 협력을 강화하는 것이다. 이를 위해 1997년 한국정부는 아세안과 한중일 민간 전문가가 참가하는 동아시아비전그룹(EAVG)과 동아시아연구그룹(EASG: East Asia Study Group)의 창설을 주도하였고, 2001년 브루나이에서 열린 한·아세안 정상회의에서는 동아시아포럼(East Asia Forum), 동아시아정상회의(EAS), 동아시아 자유무역지대(EAFTA: East Asia Free Trade Area) 설립을 제안하였다.[22]

한국정부의 대동남아관계의 목표는 '신남방정책'으로 더 잘 알려진 '한·아세안 미래공동체 구상'에 체계적으로 정리되어 있다. 신남방정책의

---

22) 이재현, "마하티르와 김대중의 동아시아지역협력 구상 비교 연구," 『동남아시아연구』 제17권 2호 (2007).

비전은 "사람 중심의 평화와 번영의 공동체"로서 한·아세안 미래공동체를 구현하는 것이다. 한국의 대아세안 전략의 목표를 전략적 동반자관계를 넘어 공동체(community)로 발전할 것으로 설정한 것이다. 이를 실현하기 위한 3대 목표는 다음과 같다. (1) 교류 증대로 상호 이해를 증진시켜 '사람공동체'를 만들고, (2) 호혜적이고 미래지향적인 상생의 경제협력 기반을 구축하여 '상생번영공동체'를 만들며, (3) 평화롭고 안전한 역내 안보 환경을 구축하여 '평화공동체'를 만드는 것이다. 그리고 이러한 목표를 달성하기 위한 과제를 제시하였다 (표 17.1).

2020년 11월 한·아세안 정상회의에서는 '신남방정책 플러스'가 발표되었다. 신남방정책 플러스는 코로나19와 4차 산업혁명 등 국제 환경의 변화에 따른 아세안 국가들의 새로운 협력 수요를 반영하여 기존 신남방정책 19개 과제를 7대 협력 분야로 통합하였는데, 사람공동체(People)를 위한 ① 포스트 코로나 포괄적 보건의료 협력과 ② 한국형 교육모델 공유 및 인적자원 개발 지원, ③ 쌍방향 문화 교류 촉진, 상생번영공동체(Prosperity)를 위한 ④ 상호 호혜적 무역·투자 기반 구축과 ⑤ 상생형 농어촌 및 도시 인프라 개발 지원, ⑥ 공동번영을 위한 미래산업 협력, 평화공동체(Peace)를 위한 ⑦ 안전과 평화 증진을 위한 초국가 협력이 그것이다.[23]

신남방정책과 신남방정책 플러스를 토대로 한 한국정부의 대동남아관계 목표와 과제는 2022년 11월 한·아세안 정상회의에서 발표된 '한국판 인태전략'과 '한·아세안 연대 구상'에서 더욱 확장된 형태로 드러났다. 한국판 인태전략의 핵심 내용은 "자유롭고 평화로우며 번영하는 인도·태평양"을 건설하는 것이고, 이를 실현하기 위하여 포용·신뢰·호혜 3대 협력 원칙을 제시한다.[24] 이는 신남방정책에서 제시된 사람·평화·상생번영

---

[23] 대한민국 정책브리핑. "신(新)남방정책." https://www.korea.kr (검색일: 2022.12.17).
[24] 대한민국 정책브리핑. "제23차 한·아세안 정상회의 결과." https://www.korea.kr (검색일: 2022.12.17).

표 17.1 신남방정책의 비전, 목표, 과제

사람 중심의 평화와 번영의 공동체		
사람공동체(People)	상생번영공동체(Prosperity)	평화공동체(Peace)
1. 상호 방문객 확대 2. 쌍방향 문화교류 확대 3. 신남방지역 학생·교원·공무원 대상 인적자원 역량 강화 4. 공공행정 역량 강화, 거버넌스 증진 5. 상호 간 체류 국민 권익 보호·증진 6. 신남방 국가 삶의 질 개선 7. 사람 분야 한·메콩 협력 강화	8. 무역·투자 증진을 위한 제도적 기반 강화 9. 신남방지역 내 연계성 증진을 위한 인프라 개발 10. 중소·중견기업 시장 진출과 상호교류 활동 지원 11. 신산업 및 스마트협력 통한 혁신성장 제고 12. 국가별 맞춤형 협력모델 개발 13. 한·인도 신산업 협력 추진	14. 정상 및 고위급 교류 활성화 15. 한반도 평화·번영을 위한 협력 강화 16. 포괄적인 국방·방산 협력 17. 역내 테러·사이버·해양안보 공동대응 18. 역내 긴급사태 예방 역량과 대응 복구 역량 강화 19. 한·메콩 평화협력 증진

출처: 신남방정책특별위원회.
주: 처음에는 16개 과제를 제시했으나 이후 7번, 13번, 19번을 추가하였음.

비전 중 사람을 자유로 대체한 것으로, 자유롭고 개방적인 인도·태평양 발전을 첫 번째 목표로 하는 미국의 인태전략과 궤를 같이하는 것이다.[25] 이를 위해 윤석열 대통령은 먼저 보편적 가치에 기초한 규칙 기반의 국제질서를 만들어 나가겠다고 밝혔는데, 이 역시 미국 인태전략에서 자유롭고 개방된 인태지역을 위한 방안으로 제시된 내용이다.

한국판 인태전략과 함께 인태지역의 핵심축으로서 아세안과의 중요성을 강조하면서 한·아세안 연대 구상도 제시되었다. 이는 한·아세안 국방장관회의 정례화, 해양안보를 위한 공조 강화, 북핵문제 공조, 전기차 산업 협력, 기후변화와 환경 분야 협력 등을 주 내용으로 한다. 그리고 한·아세안 연대 구상 추진을 뒷받침하기 위해 5년에 걸쳐 한·아세안 협력기금(AKCF)은 연 3,200만 달러로, 한·메콩 협력기금(MKCF)은 연 1,000만 달러로, 한·해양동남아 협력기금(BKCF)은 연 600만 달러로 각각 2022년 대비 2배 규모로 증액할 것을 공약했다.

더불어 한국정부는 대화관계 수립 35주년인 2024년에 한·아세안관계를 '포괄적 전략적 동반자관계'로 격상시킬 것을 공식 제안하였다. 이는 기존 최고 수준이었던 전략적 동반자관계보다 더욱 높은 수준의 관계로서, 아세안이 2021년 중국 및 호주와, 2022년 미국 및 인도와 수립한 것이다. 한국은 2024년 포괄적 전략적 동반자관계를 맺음으로써 아세안과 협력관계를 더욱 심화시킬 것이다.

---

25) The White House, "Indo-Pacific Strategy of the United States," https://www.whitehouse.gov (검색일: 2022.12.17).

2) 추진 방향

한국은 아세안과의 관계(아세안+1)에서 시작하여 한중일이 함께 하는 아세안+3, 아세안+3 국가들과 인도, 호주, 뉴질랜드, 러시아, 미국이 참여하는 동아시아정상회의(EAS), EAS 국가들과 동티모르, 파푸아뉴기니, 북한, 몽골, 파키스탄, 방글라데시, 스리랑카, 유럽연합, 캐나다가 참여하는 아세안지역안보포럼(ARF)에 이르기까지 아세안을 중심으로 역내 다른 국가들로 범위를 확장하는 협력을 추진하고 있다 (도표 17.2).

먼저 아세안+1로서 한국과 아세안은 1989년 부분 대화관계를 시작으로 1991년 완전 대화관계로 발전했고, 2004년 포괄적 협력 동반자관계를 넘어 2010년에는 전략적 동반자로 관계가 심화되었다. 2024년에는 포괄적 전략적 동반자관계 수립을 목표로 하고 있다. 1997년 12월에는 최초의 한·아세안 정상회의가 개최되었는데, 이후 세 차례의 특별정상회의를 포함하여 매년 정상회의가 열리고 있다.

한국이 중국, 일본과 함께 참여하는 아세안+3 정상회의 역시 1997년 12월에 시작되었다. 매년 개최되는 아세안 정상회의 기간 한중일 정상들이 모이는 것으로, 2017년 20회를 기념하는 특별정상회의가 개최되기에 이르렀다. 아세안+3는 정치, 경제, 사회·문화 분야의 다양한 이슈들을 논의하는 협의체로 정상회의뿐만 아니라 해당 분야 장관급 회담도 매년 개최된다.

2005년 12월 말레이시아에서는 동아시아정상회의(East Asia Summit, EAS)가 최초로 개최되었는데, EAS는 아세안+3를 확대한 것으로 인도, 호주, 뉴질랜드뿐만 아니라 2010년부터는 러

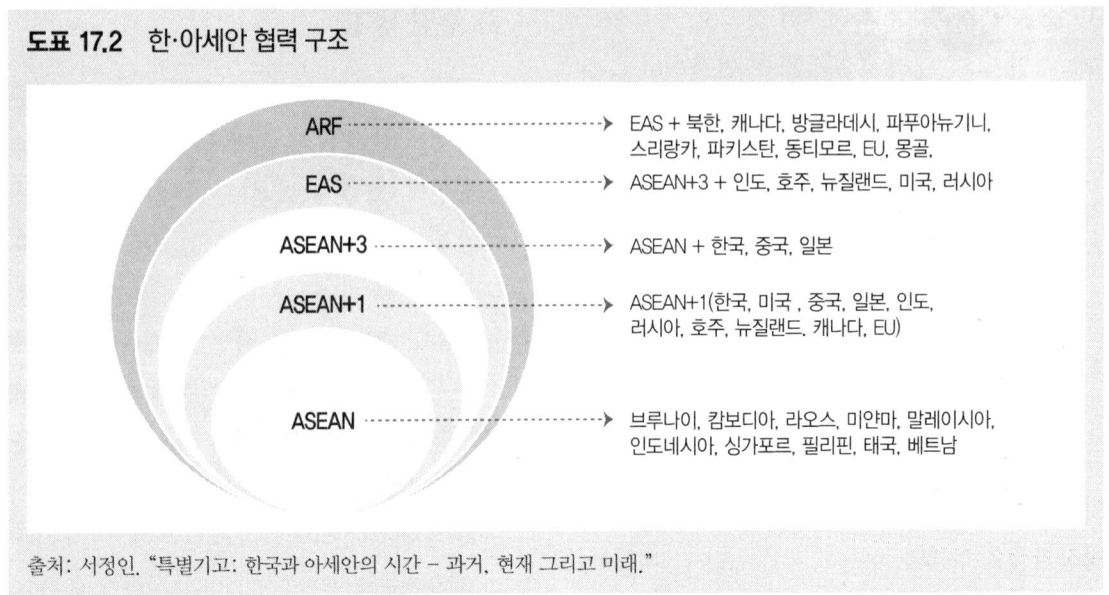

도표 17.2 한·아세안 협력 구조

출처: 서정인. "특별기고: 한국과 아세안의 시간 – 과거, 현재 그리고 미래."

시아와 미국까지 참가하여, 아세안 10개국과 한중일을 포함한 총 18개국 정상이 참가하는 회의로 발전하였다. 동아시아지역의 평화·안정·번영을 목적으로 하는 EAS는 2005년 첫 회의 이후 2008년을 제외하고 2022년 현재까지 매년 회의가 열리고 있다.

끝으로 참여 범위가 가장 넓은 아세안지역안보포럼(ARF)은 1994년부터 아세안+3 국가들과 북한, 미국, 러시아 등 27개국 외교장관들이 모여 아태지역의 평화와 안정을 증진하기 위한 회의체로서, 북한도 참여하는 만큼 한국은 ARF에 적극 참여하고 있다.

5. 대동남아관계의 현안과 쟁점

눈부시게 발전을 거듭해 오고 있는 한국과 동남아관계에도 몇 가지 쟁점이 존재하고 있다. 먼저 무역 불균형이 심해지고 있다. 동남아 국가들과 교역량이 증가하면서 한국이 얻는 무역흑자가 급증하는 추세이다. 이러한 무역 불균형이 지속된다면 동남아 국가들과의 협력관계가 유지되기 어려워질 수 있다. 또한, 2021년 2월 쿠데타 이후 이에 저항하는 시민들을 학살하고 있는 미얀마 군부도 한·동남아 협력에 부정적인 영향을 줄 수 있는 쟁점이다. 급속하게 발전하는 협력관계에도 불구하고 한국에서 여전히 낮은 동남아에 대한 인식 역시 동남아 사람들이 한국에 대해 갖는 호감을 해칠 수 있다는 점도 관심을 두고 개선해 나가야 할 과제다.

1) 무역 불균형

2007년 6월 아세안과 체결한 FTA가 발효된 이후 한·아세안 간 무역 규모는 크게 증가하였다. 2007년부터 2017년까지 한·아세안 간 상품 교역량은 연평균 5.7% 증가하였는데, 한국의 교역에서 아세안이 차지하는 비중은 2007년 9.9%에서

2016년 13.2%로 증가하여 아세안은 중국에 이어 제2의 교역 대상으로 올라섰다.[26] 문제는 교역량 증가와 더불어 한국이 기록하는 무역수지 흑자 폭이 급격하게 확대되고 있다는 점이다. 2006년 한국의 대아세안 무역수지는 13억 달러 적자였는데, 2007년부터 10년간 대아세안 무역수지가 연평균 20.5% 증가하여, 2017년에는 414억 달러 흑자를 기록하였다.

특히 베트남에 대한 교역 집중 현상이 심한데, 이로 인한 대베트남 무역흑자 또한 대폭 증가하는 추세이다. 예를 들어, 2018년 한국, 베트남 교역 규모는 683억 달러였는데, 이는 한국의 대아세안 전체 교역 중 42.7%를 차지하며 대아세안 수출의 48.6%와 수입의 32.9%에 해당한다. 같은 해 대베트남 무역수지 흑자는 290억 달러로 대아세안 전체 무역흑자의 71.4%를 기록하였다.[27] 베트남에 대한 집중 현상과 무역흑자가 장기화된다면 베트남 측에서 무역 불균형 해소를 요구할 때 조치가 쉽지 않을 수 있기 때문에, 수출시장 다변화와 무역 불균형 해소를 위해 노력을 기울여야 한다.

2) 미얀마 사태

2021년 2월 1일 미얀마 군부는 쿠데타를 통해 권력을 장악하였다. 2015년 11월 총선에서 승리하여 집권하였던 아웅산수찌의 민족민주연맹(NLD: National League for Democracy)이 2011년 11월 총선에서도 승리하여 재집권을 앞두고 있던 때였다. 쿠데타 직후 NLD 지지자를 중심으로 군정에 반대하는 시민들의 민주화운동이 시작되었으나, 군부는 학살을 자행하면서 시민들의 저항을 잔혹하게 진압하고 있다.

민주화운동 진영은 임시정부로서 국민통합정부(NUG: National Unity Government of Myanmar)를 결성하고 무장투쟁을 전개하는 등 저항을 계속하고 있다. 정치범수용자지원협회(AAPP: Assistance Association for Political Prisoners)에 따르면, 2022년 12월 16일까지 군부에 의하여 2,611명이 살해당했으며, 1만 6,562명이 체포된 가운데 1만 3,088명이 여전히 구금된 상태이다.

유엔은 미얀마 군부가 자행하는 시위대에 대한 폭력 진압을 규탄하는 성명을 발표하고, 미얀마에 대한 제재를 촉구하는 결의안을 채택하였으며, 아프가니스탄 탈레반과 더불어 미얀마 군사정권을 유엔 회원자격 심사에서 탈락시켰다. 2021년 10월 유럽연합은 NUG가 미얀마의 유일한 합법정부임을 인정하는 결의안을 채택하였다.

아세안 역시 미얀마 사태 해결을 위해 노력하고 있다. 2021년 4월 특별정상회의를 열어 미얀마 내 폭력 즉각 중단과 아세안 의장의 특사 파견 및 중재 등 5개 해결 방안에 대한 합의를 이끌어 냈다. 그러나 미얀마 군부가 이 5개 합의안(Five-Point Consensus)을 이행하지 않고 폭력을 지속하자 2021년 10월 아세안 정상회의부터 미얀마를 초청하지 않으면서 합의안 이행을 촉구하고 있다.

미국과 유럽연합, 영국을 중심으로 미얀마에 대한 국제사회의 제재를 시작하였으나, 중국과

---

26) 류중재, "제2의 교역 지역으로 부상, 무역수지 10년간 연평균 20.5% 증가," 『KDI 경제정보센터 Now』, 2017년 7월호.

27) 박번순, 『아세안의 시간: 동남아시아 경제의 어제와 오늘 그리고 내일』, 서울: 한국방송통신대학교출판문화원, 2019.

러시아의 반대로 유엔 차원의 제재는 실행에 어려움을 겪고 있다. 아세안은 중국과의 관계를 고려하여 국제사회의 제재에 동참하거나 NUG를 인정하는 데에는 소극적이다. 한국은 군용물자 수출을 금지하는 등 제재에 일부 동참하고 있으나, 중국과의 관계도 중요하기 때문에 미국과 일본처럼 원조를 중단하는 등 강력한 수준의 제재에 동참하거나 NUG를 인정하는 것이 부담스러운 상황이다.

장기화될 가능성이 높은 미얀마 사태는 이처럼 제재 참여 수위 문제와 NUG 인정 문제 등을 놓고 한국과 아세안, 아세안 회원국들 사이에 균열을 만들 수 있다. 중국을 고려하여 제재나 NUG에 관하여 한국과 아세안이 비슷한 입장을 취할 수도 있지만, 미국이 높은 수준의 제재에 동참을 요구하거나 NUG를 인정한다면, 한국과 아세안 또는 아세안 회원국 간에 이견이 표출될 가능성이 있다.

3) 동남아에 대한 낮은 인식과 전문가 부족

한류의 영향도 있겠지만 한국과 아세안 간에 교류와 협력관계가 심화됨에 따라 아세안 사람들의 한국에 대한 인식은 크게 개선되었다. 그러나 아직 한국인들의 동남아나 아세안에 대한 인식은 낮은 편이다. 2021년 한·아세안센터에서 현지 아세안 청년 1,800명과 주한 아세안 청년 519명, 한국 청년 1,000명을 대상으로 실시한 '한·아세안 청년 상호 인식 조사' 결과를 보면, 현지 및 주한 아세안 청년의 각각 90.4%와 97.7%는 한국에 대한 관심이 있다고 응답하였으나, 한국 청년 중에는 아세안에 관심이 있다고 응답한 사람이 52.8%에 그쳤다.[28] 그리고 '한국'하면 떠오르는 이미지로 아세안 청년들은 K-팝, 드라마, 음식, 김치 순으로 응답을 하였는데, '아세안'하면 떠오르는 이미지로 한국 청년들은 개발도상국, 더위, 가난한 순서로 응답을 하였다. 가장 극적인 차이는 사람에 대한 이미지였다. 아세안의 청년들은 '한국사람'하면 떠오르는 이미지로 예쁘다, 흰 피부, 친근한, 성실한, 친절한, 빠른 등 대부분 긍정적인 단어를 떠올린 반면, 한국 청년들은 '아세안사람'하면 떠오르는 이미지로 검은 피부, 작은, 가난한 등 대부분 부정적인 단어를 떠올렸다.

이러한 결과는 아세안이 세계에서 가장 빠르게 성장하는 지역으로 세계 5위 경제 규모를 자랑하고 있음에도 불구하고, 한국 청년 대다수는 부모 세대와 같이 여전히 동남아를 가난한 지역이라고 인식하고 있다는 사실을 알려준다. 주목할 만한 것은 '한국사람'하면 떠오르는 이미지에 대해 현지 아세안 청년은 예쁘다, 흰 피부 등 주로 외모에 관한 단어를 많이 선택한 반면, 주한 아세안 청년은 성실한, 친절한, 빠른 등 외모가 아닌 성격이나 특성에 관한 단어를 많이 선택하였다는 사실이다. 한국에 살면서 한국인과 직접적인 교류를 많이 하는 사람일수록 한국인의 외모보다 성격이나 특성에 더 강한 인상을 받는다는 것을 알 수 있다. 따라서 한국인의 동남아에 대한 인식을 개선하기 위해서는 동남아 사람들과의 직접적인 교류를 확대할 필요가 있다.

동남아에 대한 이러한 낮은 인식은 이 지역에

---

28) 한·아세안센터, 『2021 한·아세안 청년 상호 인식 조사. 제1부 한·아세안 청년 상호 인식 온라인 설문조사 결과』, 서울: ASEAN-Korea Center, 2022.

대한 전문가가 부족하기 때문에 비롯된 문제이기도 하지만, 동시에 그처럼 낮은 인식은 지역 전문가 양성을 어렵게 한다. 전문가가 되기 위해서는 대학원에서 박사 과정을 이수할 필요가 있다. 그러나 국내 대학원에서 동남아를 전공하는 학생 대부분은 석사 과정에 머물고 있고, 박사 과정 이수자는 다른 분야에 비해 적은 편이다.[29] 이는 박사 학위 취득 후 갈 수 있는 일자리가 많지 않기 때문일 것이다. 실제 한국외국어대학과 부산외국어대학 외에는 동남아 관련 학과를 가진 대학은 거의 없다.[30] 프랑스, 독일 등 유럽 관련 학과는 거의 모든 대학에 설립되어 있는데, 베트남, 인도네시아 등 아세안 관련 학과가 설립된 대학이 몇 개 없다는 것은, 설사 중요성이 크다 하더라도 아세안 관련 학과 설립에 대한 수요가 충분히 크지 않기 때문일 것이고, 이는 아세안에 대한 낮은 인식과 무관하지 않을 것이다.

동남아에 대한 낮은 인식과 전문가 부족 현상은 한·아세안관계 발전을 저해할 수 있다. 자신들에 대해 잘 알지 못하고 부정적인 인식을 가진 사람과 좋은 관계를 유지하는 것은 어려운 일이기 때문이다. 양측의 인적 교류를 확대하여 동남아에 대한 인식을 개선하고, 학과나 교육 프로그램 설립을 통해 지역 전문가를 많이 양성하여 이 지역에 대한 보다 양질의 정보를 확산할 필요가 있다.

---

29) 신재혁, "한국 동남아시아 지역 연구의 성과와 한계, 과제: 안청시·전제성 엮음『한국의 동남아시아 연구: 역사, 현황 및 분석』(서울대학교출판문화원, 2019)을 읽고,"『아시아리뷰』제10권 1호 (2020).
30) 전제성·김현경·박사명, "한국 대학의 동남아 교육 실태와 개선 방안,"『전북대학교 동남아연구소 이슈페이퍼』4호 (2020).

6. 대동남아관계의 전망

대동남아관계의 전망은 밝다. 지금까지 급격하게 발전한 한국과 동남아관계는 앞으로도 더욱 발전할 것이다. 교역 규모가 크고 미중경쟁 속에서 균형을 유지해야 하는 지정학적 위치를 공유하는 것이 양측의 관계 발전을 추동하는 환경을 조성하는데, 4차 산업혁명과 기후변화, 아세안 경제공동체 출범 등 한·동남아 협력을 촉진하는 요인도 다양하다. 다만 미중경쟁이 격화되면서 동아시아지역 내 국가에게 편을 선택하도록 하는 압력이 강해져서 어느 한쪽으로 기우는 나라가 많아지면, 북핵문제와 남중국해 문제, 미얀마 사태 등에 대한 협력이 어려워질 수 있다. 특히 아세안 내의 이러한 분열은 아세안을 중심으로 결성된 아세안+1, 아세안+3, 동아시아 정상회의(EAS), 아세안지역안보포럼(ARF) 등의 협의체도 원활하게 기능하기 어렵게 만들 수 있다는 점에서 주의가 요구된다.

1) 대동남아관계 변화의 촉진요인과 장애요인

한·아세안관계 발전을 촉진할 중요한 요인은 급증한 교역과 투자이다. 2010년부터 아세안은 한국에게 제2의 교역 대상이 되었고, 아세안 대한 투자도 크게 증가하여 한국의 전체 해외 투자에서 아세안이 차지하는 비중은 2014년부터는 중국보다 커졌다. 2019년 기준 아세안은 미국과 EU에 이어 한국의 제3의 투자처이다. 이는 한국과 아세안이 서로에게 경제적으로 매우 중요한 관계라는 것을 의미한다. 특히 2016년 고고도미사일방어체계(THAAD) 배치를 둘러싸고 중국의 경제 보복을 경험하면서 중국에 대한 의존도를 낮춰야 할 필요성이 강해졌기 때문에, 중국을 대신할 아세안의 중요성은 한층 커졌다.

아세안 국가들은 급속한 경제 성장을 이룩하고 있지만, 여전히 베트남, 캄보디아, 라오스 등 개발도상국들은 많은 개발협력을 요구하고 있다. 한국은 아세안 국가 중 라오스, 미얀마, 베트남, 인도네시아, 캄보디아, 필리핀 등 6개 개발도상국을 한국 ODA 중점협력국으로 지정하고, 2013년부터 2017년까지 전체 ODA의 약 29%에 해당하는 4억 4,000만 달러를 이들 국가에 지원하였다. 기존의 중점협력 분야인 교통, 농촌개발, 물관리 및 보건위생 등에 대한 수요도 지속·확대하겠지만, 4차 산업혁명으로 인하여 경제와 사회 전반에서 디지털 전환 속도가 빨라지고 있기 때문에 이에 대응하기 위한 디지털 인프라 구축과 교육에 대한 수요도 크게 늘어나고 있다.

또한, 기후변화에 대응하기 위한 환경 분야 협력의 필요성도 커지고 있다. 이는 2022년 11월 '한·아세안 연대 구상'에서 밝혔듯이 한국의 에너지·농업·폐기물 분야의 메탄 감축 우수 사례 및 기술을 아세안 국가들에 전수하려는 '한·아세안 메탄 행동 파트너십' 출범과 '한·아세안 탄소중립 및 녹색전환 센터' 설립 등으로 이어질 전망이다.

2015년 12월 31일에 출범한 아세안공동체의 세 축 가운데 특히 아세안경제공동체(AEC) 역시 한국과 협력을 촉진하는 요인이다. 국가 간 발전 격차 문제로 인하여 물류와 인적자원 이동이 완전히 자유롭게 되는 데에는 시간이 더 걸리겠지만, 아세안 10개국 단일 시장 및 생산기지 건설을 목표로 하는 아세안경제공동체가 실현되면 한국과 아세안 간의 경제 교류도 더욱 활성화될 것이다.

반면 한국과 아세안관계의 장애요인으로 정권에 따라 일관되지 않은 정책을 꼽을 수 있다. 윤석열정부 출범 이후 신남방정책을 폐기하고 미국의 인태전략을 수용한다는 소식이 전해지자 한·아세안관계가 후퇴할지 모른다는 우려가 나왔다.[31] 아세안을 중시하는 한국판 인태전략과 한·아세안 연대 구상이 발표되면서 우려는 줄어들었지만, 한국에서 정권 교체에 따라 이전 정부의 대아세안 정책에 큰 변화가 초래된다면 이러한 우려는 다시 터져 나올 수 있다.

또한, 미얀마 사태뿐만 아니라 제1야당을 해산하고 정부에 비판적인 언론인을 탄압하는 캄보디아 훈센 정권, 군부가 집권을 이어가고 있는 태국, 마약 용의자에 대해 사법 절차 없이 즉결 처형을 허용한 필리핀 두테르테정부 등 민주주의와 인권이 결핍된 아세안 국가들은 정치나 사회·문화 분야에 더 깊은 협력을 저해하는 요인이 되고 있다.

북한 핵과 미사일 문제가 심각해질수록 한국 정부는 아세안의 지지가 더욱 중요해지고, 남중국해 위기가 고조될수록 아세안은 한국의 지지가 더 중요해진다. 북한의 핵실험과 대륙간탄도미사일 발사에 대해 아세안은 우려를 표하고 국제사회의 제재에 동참하고 있으나, 중국이 아세안 국가들의 배타적 경제수역을 무시하면서 발생한 남중국해 영유권 분쟁에 대해 한국은 중립적인 입장을 취하고 있다. 남중국해 위기가 더욱 고조되면 아세안 당사국은 중립 입장을 고수하는 한국에 대해 서운함을 가질 수 있다.

---

31) "이낙연 '신남방정책 폐기 어리석어…尹정부 태도 너무 거칠다'," 『연합뉴스』, 2022년 5월 22일.

2) 대동남아관계 변화의 내적 변수와 외부 영향

한·아세안관계 변화에 큰 영향을 미칠 수 있는 내적 변수는 친중, 반중 진영으로 분열되는 것이다. 이미 중국으로부터 정치적, 경제적 후원을 크게 받고 있는 라오스, 미얀마, 캄보디아는 미국이 주도하는 인도·태평양 경제프레임워크(IPEF)에 참여하지 않는 등 아세안 내부에서도 균열이 드러나고 있다. 이로 인하여 남중국해에서 중국이 베트남이나 필리핀 어선을 공격하는 사건이 일어나더라도 친중 성향 아세안 국가들의 반대로 아세안은 중국을 비난하는 성명을 채택하지 못하고 있다. 아세안 내 균열이 더욱 심해진다면 아세안을 중심으로 결성된 아세안+1, 아세안+3, 동아시아 정상회의(EAS), 아세안지역안보포럼(ARF) 등의 지역 협의체도 원활하게 작동하기 어렵게 되어 아세안 중심성(ASEAN centrality)이 훼손될 것이다.

인도네시아의 보호주의 역시 한·아세안관계에 영향을 미칠 수 있다. 세계 4위 인구 대국으로 아세안의 맹주라 할 수 있는 인도네시아는 자국 산업 보호를 목적으로 수입을 규제하고 높은 관세를 적용하는 등 무역 보호주의가 강한 국가이다. 이로 인하여 2022년 상반기 기준 총 15개 무역 상대국이 인도네시아에서 수입하는 72개 상품에 대하여 수입 규제를 적용 중이다.[32] 이러한 인도네시아의 보호주의가 더욱 강해진다면 아세안 경제통합이 지연되고, 한·아세안 교역에도 부정적인 영향을 미칠 것이다.

한편 한·아세안관계 변화에 영향을 미칠 수 있는 가장 중요한 외부 요인은 미중경쟁이다. 특히 동아시아에서는 대만과 남중국해 문제로 인하여 미중 간의 긴장이 고조되고 있다. 미국 바이든 행정부의 인태전략은 중국을 둘러싼 미국 동맹국과 우방국과 연대를 강화하여 중국 봉쇄를 본격화한 전략이라 평가할 수 있다. 중국은 이러한 봉쇄를 무력화하기 위하여 일대일로 전략을 앞세워 막대한 투자와 원조를 주변국에 제공함으로써 친중 진영을 확장하고 있다.

이러한 미중경쟁이 가장 치열하게 벌어지는 곳이 동아시아지역이다. 미국은 일본과 한국, 필리핀 등 전통적인 동맹·우방뿐만 아니라 남중국해 분쟁으로 중국으로부터 안보 위협을 크게 느끼고 있는 베트남, 인도네시아와도 합동 군사훈련을 벌이는 등 이 지역 국가들과 군사협력을 강화하고 있다. 한편 중국 역시 친중 성향의 라오스, 미얀마, 캄보디아에 대한 지원을 강화하고, 미국과 안보협력을 하고 있는 싱가포르, 태국과 합동 군사훈련을 실시하였다.

양 진영의 긴장이 고조될수록 아세안 내 국가들이 분열될 가능성이 높아지고, 대만이나 남중국해에서 양 진영이 군사적인 충돌을 하게 되면 파국이 초래될 수 있다. 아세안 중심성이 강화되느냐, 훼손되느냐도 미중경쟁의 전개 양상에 따라 결정될 것이다.

3) 대동남아관계의 미래

한국은 동남아 국가들과 미래에도 돈독한 협력 관계를 유지할 가능성이 높다. 앞서 논의하였듯이 대동남아관계 발전을 저해할 수 있는 여러 내

---

[32] "[인도네시아] 인니의 잇따른 수입 규제 정책에 보복성 수입 규제로 대응하는 교역국 증가," 『한국무역협회 해외시장뉴스』, 2022년 9월 16일.

적·외적 요인이 존재하지만, 한·동남아관계 발전을 촉진하는 요인이 더 크게 작용할 것이기 때문이다.

무엇보다 한국과 동남아 국가들은 대체로 안보는 미국에, 경제는 중국에 대한 의존성이 높기 때문에, 미국과 중국 중 어느 한 편에 서기 어려운 지정학적 이해관계를 공유하고 있다. 더구나 한국의 사드배치 결정에 대한 중국의 경제 보복처럼 미중경쟁이 격심해질수록 일방에 치우쳤을 때 상대방으로부터 받을 보복이 커지고 있다. 따라서 한·아세안 간의 안보협력과 경제협력을 강화함으로써 미중경쟁으로부터 발생하는 압력과 위기에 대한 대응력을 높일 수 있다.

한국과 아세안은 이러한 지정학적 이해관계를 공유한 가운데 교역과 투자를 급격하게 확대해 왔고, 아세안지역안보포럼 등 지역 안보협력체에서 긴밀하게 대화해 왔으며, 매년 열리는 한·아세안정상회담과 세 차례 개최된 특별정상회담 등을 통해 대화 상대국에서 포괄적 동반자관계로, 또 전략적 동반자관계로 발전시켜 왔다. 2022년 11월 발표한 한국판 인태전략과 한·아세안 연대구상에서는 한국정부가 인태전략에서 아세안이 중심적인 역할을 할 것임을 확인하고, 2024년 포괄적 전략적 동반자관계로 발전시키자는 목표를 제시하였다. 한·아세안은 정치·안보, 경제, 사회·문화 분야에 걸쳐 협력을 강화하여 포괄적 전략적 동반자라는 최고 수준의 관계에 도달할 것이다.

7. 결론

한국과 동남아 간의 관계를 다룬 이 장에서는 동남아 국가연합인 아세안을 중심으로 한·아세안관계의 역사와 국내외적 환경을 먼저 소개하고, 역대 한국정부의 대아세안 정책의 변화와 당면한 한·아세안관계의 현안 및 쟁점을 설명한 후, 미래 전망을 논하였다.

냉전 시기 미소 진영 대립과 남북한 경쟁 속에서 한국은 동남아의 일부 국가들과 수교를 맺는 데 그쳤고, 아세안과 대화관계를 갖지 못하였다. 냉전질서가 해체되던 1989년에 이르러서야 한국은 아세안과 완전 대화관계도 아닌 부분 대화관계를 수립할 수 있었다. 그러나 불과 2년 뒤 한·아세안은 완전 대화관계를 맺었고, 2004년에 포괄적 협력 동반자, 2010년에 전략적 동반자로 관계가 격상되었다. 부분 대화관계를 수립한 지 불과 21년 만에 한·아세안은 최고 수준의 협력관계로 발전한 것이다.

한·아세안관계의 급격한 발전에는 교역과 투자가 급증한 것과 더불어 중국에 대한 의존성을 낮추기 위한 전략적 요구도 기여하였다. 2019년 기준으로 아세안은 중국에 이은 한국의 제2의 교역 상대이자 미국, 유럽연합에 이은 제3의 투자처이다. 또한, 한국과 대부분 아세안 국가들은 안보는 미국에, 경제는 중국에 대한 의존성이 높은 편이다. 특히 미중경쟁이 극심해지는 시기에 중국에 대한 경제 의존성이 높은 것은 중국의 경제 보복이나 제재로 인한 심각한 손실을 초래하는 위험 요인으로 작용할 수 있다. 따라서 헤징(hedging, 위험회피) 전략으로서도 한·아세안 경제협력 강화가 요구되는 것이다.

하지만 무역 불균형, 미얀마 사태, 동남아에 대한 낮은 인식과 전문가 부족 등은 한·아세안관계 발전을 저해하는 요인으로 작용할 수 있다. 교역이 증가함에 따라 한국의 무역흑자 규모가 급속하게 커져서 무역 불균형 문제가 심각해지고 있다. 특히 전체 대아세안 교역에서 베트남이 차지하는 비중이 매우 커서 베트남과의 무역 불균형 문제가 가장 심각한 상황이다. 미얀마에서는 2021년 2월 쿠데타로 집권한 군부가 저항하는 시민들을 폭력적으로 진압하고 있는데, 이를 멈추기 위한 국제사회의 제재와 미얀마 임시정부(NUG)의 지위에 관한 문제를 둘러싸고 한국과 아세안 회원국 간에 균열이 생길 수 있다. 한국에서 동남아 전문가가 부족하고, 한국인의 동남아에 대한 인식이 여전히 낮은 것도 한·아세안관계 발전에 장애 요인이 될 수 있다.

한·아세안관계는 이러한 몇 가지 위험 요소에도 불구하고 앞으로 더욱 발전할 가능성이 높다. 한국과 아세안은 서로 지리적으로 가깝고 교역과 투자 규모가 클 뿐 아니라, 역내 국가 간 격차 해소를 위한 개발협력과 기후변화에 따른 환경 분야 협력 수요도 높다. 무엇보다 한국과 아세안은 지정학적 이해관계가 일치한다. 한·아세안 모두 미중경쟁 구도 속에서 어느 한 편에 서기 어려운 위치에 놓여 있는 것이다. 이와 같은 지정학적 이해관계의 일치는 한·아세안 협력을 급격하게 촉진해 왔고, 앞으로 한·아세안은 굳건한 협력을 통해 미중경쟁으로 인하여 초래될 긴장과 위험을 완화하는 동아시아의 균형자 역할을 담당할 수 있을 것이다.

토의주제

1. 베트남전쟁이 한창이던 1967년 동남아의 다섯 나라(말레이시아, 베트남, 싱가포르, 인도네시아, 필리핀)는 왜 아세안(ASEAN)을 창설하였을까?

2. 한·아세안관계는 1989년 부분 대화관계를 수립한 이후 1991년 완전 대화관계, 2004년 포괄적 협력 동반자관계, 2010년 전략적 동반자관계로 급속하게 발전하였는데, 그 이유는 무엇인가?

3. 아세안과의 협력뿐만 아니라 메콩지역과 해양동남아지역(BIMP-EAGA) 등 아세안 내 소지역과의 협력이 중요한 이유는 무엇인가?

4. 북한 핵과 미사일 문제로 인하여 한반도에 긴장이 고조되는 시기에 아세안이 남북관계 발전과 한반도 평화 정착에 기여할 수 있는가? 그 이유는 무엇인가?

5. 아세안 내 친중 성향 국가들의 반대로 인하여 남중국해 영유권 분쟁과 미얀마 사태 등에 대하여 아세안은 일치된 목소리를 내지 못한다는 비판이 있다. 역내 중요한 문제를 해결하는 데 상당한 어려움을 겪음에도 불구하고 아세안이 중요한 이유는 무엇인가?

6. 미중경쟁이 격화되더라도 아세안 내 균열이 심화되는 것을 방지할 수 있는 방안은 무엇이라고 생각하는가?

7. 미중경쟁이 더욱 격화되면 한·아세안 협력관계는 더욱 강화될 것인가, 아니면 약화될 것인가?

8. 신남방정책이 출현한 이유는 무엇인가? 기존 한국정부의 대아세안 정책과 비교할 때 신남방정책의 의의와 효과는 무엇인가?

9. 2022년 11월 발표된 한국판 인태전략이 미국의 인태전략과 다른 점은 무엇인가? 신남방정책과 비교할 때 아세안은 한국판 인태전략과 한·아세안 연대 구상을 더 환영할 것인가? 그 이유는 무엇인가?

10. 한·아세안관계 발전은 저해하는 가장 중요한 요인은 무엇이라고 생각하는가? 한·아세안관계 발전을 더욱 촉진하기 위하여 가장 필요한 것은 무엇이라고 생각하는가?

참고문헌

1. 한글문헌

강대창·박나리·유현석·김형종·이동윤. 『ASEAN의 의사결정 구조와 방식』. 서울: 대외경제정책연구원, 2011.

류중재. "제2의 교역 지역으로 부상, 무역수지 10년간 연평균 20.5% 증가." 『KDI 경제정보센터 Now』. 2017년 7월호.

박번순. 『아세안의 시간: 동남아시아 경제의 어제와 오늘 그리고 내일』. 서울: 한국방송통신대학교출판문화원, 2019.

서정인. "특별기고: 한국과 아세안의 시간 – 과거, 현재 그리고 미래." 박번순(저). 『아세안의 시간: 동남아시아 경제의 어제와 오늘 그리고 내일』. 서울: 한국방송통신대학교출판문화원, 2019.

신윤환. "한·아세안 관계는 어떻게 발전해왔나." 최원기·서정인·김영채·박재경(편). 『한·아세안 외교 30년을 말하다』. 서울: 국립외교원 아세안·인도연구센터, 2019.

신재혁. "싱가포르의 중간국 외교." 신범식(편). 『아시아의 지정학적 중간국 외교』. 과천: 진인진, 2022.

신재혁. "한국 동남아시아 지역 연구의 성과와 한계, 과제: 안청시·전제성 엮음 『한국의 동남아시아 연구: 역사, 현황 및 분석』(서울대학교출판문화원, 2019)을 읽고." 『아시아리뷰』 제10권 1호 (2020).

심윤조. "한·아세안 관계는 어떻게 시작되었나." 최원기·서정인·김영채·박재경(편). 『한·아세안 외교 30년을 말하다』. 서울: 국립외교원 아세안·인도연구센터, 2019.

윤진표·이충열·최경희. 『아시아의 꿈: 아세안 공동체를 말하다』. 서울: ASEAN-Korea Center, 2016.

한·아세안센터. 『2021 한·아세안 청년 상호 인식 조사. 제1부 한·아세안 청년 상호 인식 온라인 설문조사 결과』. 서울: ASEAN-Korea Center, 2022.

양성철. "북한정치연구." 『국제정치논총』 제34집 2호 (1994).

이재현. "마하티르와 김대중의 동아시아지역협력 구상 비교 연구." 『동남아시아연구』 제17권 2호 (2007).

전제성·김현경·박사명. "한국 대학의 동남아 교육 실태와 개선 방안." 『전북대학교 동남아연구소 이슈페이퍼』 4호 (2020).

정성삼. "중국의 일대일로 추진 계획 및 시사점." 『세계 에너지시장 인사이트』 제15-16호. (2015).

정인교·권경덕. "동아시아비전그룹(EAVG) 보고서의 주요 내용과 평가." 『KIEP 세계경제』 제4권 12호 (2001).

최문순. "전략적 동반자 관계를 향한 도약." 최원기·서정인·김영채·박재경(편). 『한·아세안 외교 30년을 말하다』. 서울: 국립외교원 아세안·인도연구센터, 2019.

2. 영어문헌

Shin, Jae Hyeok. "Regime Insecurity of China and Crisis in the South China Sea." *RINSA Forum* 38 (2015).

Strange, Susan. "IMF: Monetary Managers," in Robert W. Cox and Harold Jacobson (eds.). *The Anatomy of Influence*. New Haven, CT: Yale University Press, 1973.

3. 언론사 자료

"동남아국가들 북한제재 잇단 동참 … '美 압박효과'." 『연합뉴스』. 2017년 11월 18일.

"문 대통령 한·아세안 미래공동체 구상 발표." 『경향신문』. 2017년 11월 13일.

"美 주도 '중국 견제' IPEF 출범…한국 등 13개국 동참." 『연합뉴스』. 2022년 5월 23일.

"바이든표 '인도·태평양 전략'…"한국 등 동맹 강화"로 중국 견제." 『한겨레』. 2022년 2월 13일.

"이낙연 '신남방정책 폐기 어리석어…尹정부 태도 너무 거칠다'." 『연합뉴스』. 2022년 5월 22일.

"이제 '세계의 공장'은 아세안'…중국보다 직접 투자 많아져." 『한겨레』. 2021년 8월 17일.

"[인도네시아] 인니의 잇따른 수입 규제 정책에 보복성 수입 규제로 대응하는 교역국 증가." 『한국무역협회 해외시장뉴스』. 2022년 9월 16일.

"'한국판' 인도·태평양 전략 내놓은 윤 대통령 "자유·번영·평화의 인태지역 만들자"." 『경향신문』. 2022년 11월 11일.

"[한·아세안] 한국 2위 교역대상…작년 수출액 1천억 첫 돌파." 『연합뉴스』. 2019년 11월 24일.

4. 온라인 자료

대한민국 정책브리핑. "신(新)남방정책." https://www.korea.kr (검색일: 2022.12.17).

대한민국 정책브리핑. "아세안 확고한 지지로 2021년 신남방정책 2.0 본격 추진." https://www.korea.kr (검색일: 2022.12.17).

대한민국 정책브리핑. "제23차 한·아세안 정상회의 결과." https://www.president.go.kr (검색일: 2022.11.21).

The White House. "Indo-Pacific Strategy of the United States." https://www.whitehouse.gov (검색일: 2022.12.17).

찾아보기

3
3불 합의 396
    3불 1한(三不一限) 396

6
6·15공동선언 318-319, 327, 330, 332
6·23 평화통일 외교정책선언(6·23선언) 22-23, 25, 28
6자회담 31, 103, 115, 149, 319, 330, 336, 419, 459
    6자회담의 실패 31

7
7·4공동성명 316, 322, 324, 346
7·7선언(민족자존과 통일 번영을 위한 대통령 특별선언) 30, 317

10
10·3합의 115, 149, 337
10·4공동선언 319

E
EC-121 정찰기 격추사건 102
EU의 행위자성(actorness) 470

K
KAL 여객기 858편 폭파사건 102
K-팝 51, 210-211

P
PKO 활동 153
PSI(대량살상무기 확산방지구상) 428

ㄱ
가치외교 400
강제 징용공 보상문제 122
개발금융기관(DFI: Development Finance Institution) 280
개발원조 85, 179, 211-212, 214, 254-263, 265-267, 274, 276, 278, 434
개발원조위원회(DAC: Development Assistance Committee) 256, 260, 263, 265-266, 270, 276
개성공단 30-31, 81, 89, 318-320, 338, 343, 346
    개성공단 전면 중단 319
    개성공단 폐쇄 346
경수로 원자로 318
경제발전경험공유(KSP: knowledge sharing program) 266
경제협력개발기구(OECD) 50, 172, 177, 181, 222, 226-228, 244, 248, 256, 260-261, 263-267, 270, 275, 278
고난의 행군 시기 102
고노담화 411, 413, 417
고중소득국(UMICs) 255
공공외교 84, 115, 193-194, 196-207, 209-210
    경작형 모델 209
    대화형 203
    독백형 203
    디지털 공공외교 198
    상호구성형 203
    수단적 시각(instrumental perspective) 201
    정체성 시각(identity perspective) 201
    주창형 공공외교(advocacy public diplomacy) 202
    초국가적 공적 주창형 203
    투사형 공공외교(projection public diplomacy) 202
공공외교법 85, 89-90, 199-201, 203, 206-207, 209
공적개발원조(ODA: Official Development Assistance) 85, 179, 211, 255, 260, 498
    ODA 백서 262
공해전(AirSea Battle) 136
공해전투(AirSea Battle) 356
관세 및 무역에 관한 일반협정(GATT: General Agreement on Tariffs and Trade) 108, 163-164, 166, 174-175, 374
괌독트린 20, 52, 352
광역두만강개발계획(GTI) 446-447
교량국가 450
구동존이(求同存異) 381
구성주의(constructivism) 202
국가안보실 66-68, 70-71, 75-80, 86, 91, 93, 95-96, 133, 143, 147-148, 157, 178, 180, 364, 425-426
국가안전보장회의(NSC) 66-67, 70, 72, 77, 79, 147
    NSC 사무처 73
    NSC 상임위원회 70
국가위기관리센터 96

국방수권법(NDAA) 355
국제개발처(USAID) 258
국제개발협력기본계획 258, 261, 263, 267, 269-270, 274
국제개발협력기본법 85, 89-90, 255, 265-266, 268-269
국제공공연맹 284
국제기구
　국제기구 무력화 285
　국제기구 분화 306
　국제기구 지형 307
국제무역기구(ITO: International Trade Organization) 166
국제원자력기구(IAEA: International Atomic Energy Agency) 24, 103, 156, 243, 336, 427
국제원조투명성기구(IATI: International Aid Transparency Initiative) 263
국제제재 31, 139, 338
군비통제 34, 329
　구조적 군비통제 33
　운용적 군비통제 33
군사위원회회의(MCM) 150
권위주의 정치체제 99, 105
규범공공외교(normative public diplomacy) 217-218
글라스노스트 24, 338
글로벌 가치사슬(GVC: Global Value Chain) 174
　가치사슬 무역 174
　지역가치사슬 174
글로벌 공급망(Global Supply Chain) 174
　글로벌 공급망 구축 168, 354, 364-365
글로벌 인프라·투자 파트너십(PGII: Partnership for Global Infrastructure and Investment) 259
글로벌 중추국가 142, 176, 206, 268, 276-278, 280, 388
금강산 관광 30, 75, 318-320, 327, 346
　금강산 관광객 피살사건 108
　금강산 관광의 중단 319

기능주의 331-332, 334
기본합의서(남북 간의 화해·불가침 및 교류협력에 관한 합의서) 30, 328, 339
기후변화 34, 46, 49, 52, 54-55, 60-61, 83, 87, 145, 178-179, 184, 186, 189, 203, 217, 222-229, 232-241, 244-245, 247-250, 252, 257, 259, 267-268, 354, 363, 371, 426, 431, 434, 457-458, 464, 469, 472, 475, 480, 482, 487, 489, 507, 511-512, 515
김대중-오부치 공동선언 420, 424, 432

ㄴ

나진·선봉 자유경제무역지대 327, 339
남북 사이의 불가침 및 교류협력에 관한 합의서(기본합의서) 41, 317, 327
남북조절위원회 21, 324
남북한 비핵화공동선언 149, 328
남북한 조절위원회 316
남북한 체제경쟁 101
남순강화 380
남중국해 44
　남중국해 위기 502-504, 511-513
낮은 단계 연방제 통일방안 331
녹색전략적 동반자 482
닉슨독트린 20-21

ㄷ

다국적군 평화유지활동 153
다자안보협력체 32
대륙간탄도미사일(ICBM) 367, 430, 504
대만문제 387, 396
대외경제협력기금(EDCF: Economic Development Cooperation Fund) 261
대외원조 85, 254-256, 260-265, 268, 270, 275-276, 280-281
더 나은 세계의 재건(B3W: Building Back Better World) 259

데탕트 17, 19-20, 41, 316, 322, 324
　데탕트 종식 22
　미국의 데탕트 정책 18
동명부대 154
동방정책(Ostpolitik) 9, 322, 330, 345
동북공정(東北工程) 382-383, 385, 387-388
동아시아기후파트너십(EACP) 498
동아시아비전그룹(EAVG) 497, 501, 505
동아시아연구그룹(EASG) 505
동아시아정상회의(EAS) 170, 501, 503, 505, 507
동투르키스탄이슬람운동(ETIM) 357

ㅁ

마셜플랜 321
무상원조(증여) 255
무장공비 침투사건 102
문화외교 83-85, 199-200, 202, 205-206, 208-212, 215, 449
미사일방어체계(MD) 367-368, 394, 396
미얀마 사태 509-512, 515
미일동맹 411
미일안보조약 409
미일안보협의회(SCC) 430
미중경쟁 217, 219, 306, 353, 363-364, 370-372, 374-375, 387, 460, 475, 486, 502-503, 511, 513-515
민관협력(PPP: Public Private Partnership) 279
민족공동체 3단계 통일방안 324, 331

ㅂ

박정희 대통령 암살 시도 102
반공태평양동맹체 12
반접근지역거부전략(A2AD: Anti-Access/Area-Denial) 47, 356
발전국가형 개발주의(developmentalism) 265

방기(abandonment) 356-357
  방기의 두려움(fear of abandonment) 352
방콕선언 496
베트남전쟁 16-18, 322, 352, 492, 495-496, 500
  반전운동 352
  베트남파병 16, 20
벼랑끝 외교 335, 340
보수회귀 409, 415
봉쇄전략 351
북대서양조약기구(NATO: North Atlantic Treaty Organization) 12, 47, 137, 304, 358, 366, 373, 385, 398, 400, 423, 431, 470, 472, 487-488
  NATO 확장 358
  NATO의 동진 358
북방외교 379
북한 위협론 428
분단비용 58
브렉시트 257, 469
브릭스(BRICS) 296, 386, 399
비대칭동맹 15
비동맹외교 20
비전략핵무기 365
비전통 안보 428
비준 동의권 90
비핵개방3000 319, 346
비핵화 31-32, 34, 320-321, 323, 336, 341, 346
  비핵화 공동선언 317

ㅅ

사도(佐渡) 광산 425
사드(THAAD, 고고도미사일방어체계) 117, 246, 350, 368, 384, 414, 511
  사드문제 384, 404
  사드배치 82, 353, 360, 368, 373, 384-385, 388, 390, 392-395, 403, 405, 418, 514
상하이 공동선언 18-19
상하이협력기구(SCO) 307, 386, 398-399

상호군수지원협정(ACSA) 428
새천년개발목표(MDGs: Millennium Development Goals) 223, 255
세계무역기구(WTO: World Trade Organization) 166, 415
  GATT-WTO 다자체제 163
  WTO 다자체제 163
  도하개발아젠다(DDA: Doha Development Agenda) 164
  보조금협정 165
  분쟁해결절차 165
세계은행(World Bank) 166, 211, 502, 504
셔틀외교 420, 423
소다자주의 446-447
소련의 아프가니스탄 침공 352
소프트파워 39-40, 54-56, 61-63, 193, 195, 210-211, 218, 468, 471, 477, 485
  소프트파워 경쟁 195
  소프트파워 균형 218
신기능주의 331, 333-334
신남방정책 176, 267-268, 492, 494, 499-501, 505-506, 512
  신남방정책 플러스 494-500, 506
  한·아세안 미래공동체 구상 494, 499, 505
신동방정책 439, 457
신산업통상전략 176
신의주 특별행정구 327, 340
신흥안보 132, 177, 457, 458
싱가포르 북미정상회담 135, 321, 337, 501

ㅇ

아세안(ASEAN) 60, 145, 169, 184, 186, 423, 432, 463, 479, 492
  아세안+3 493, 497, 501, 507-508, 511, 513
  아세안공동체 494, 512
  아세안 중심성(ASEAN Centrality) 186, 191, 495, 513
  아세안지역안보포럼(ARF: ASEAN Regional Forum) 33, 152, 493, 501, 505, 507-508, 511, 513-514

아시아여성기금 411
아시아인프라투자은행(AIIB) 502, 504
아시아 재균형(rebalancing) 전략 45
아웅산 테러 사건 102, 339
아프가니스탄 철군 350, 355-357
안미경중(安美經中) 401
알카에다 42, 355
에너지안보 365
에버레디 계획 351
에버레디작전(Operation Everready) 13
여수·순천 반란사건 12
역사수정주의 412-413, 417
연루(entrapment) 357
연성균형 295
영토 내셔널리즘 417
예방외교 33
오커스(AUKUS, 미국, 영국, 호주 3개국 안보협력) 47, 137, 398, 431
우크라이나전쟁 49, 54, 59-60, 117, 132-133, 136-140, 143, 146, 151, 257, 350, 353, 358-359, 364, 366, 373-374, 385-386, 392, 398-399, 402, 437, 439, 443-444, 446-447, 450, 454, 458, 464, 470, 473
워싱턴 선언 427
위구르족 강제노동 금지법 354
유럽안보협력회의(CSCE: Conference on Security and Cooperation in Europe) 32, 34
유상원조(양허성차관) 256
유엔기후변화협약(UNFCCC: UN Framework Convention on Climate Change) 257
유엔 동시가입 22, 27-28, 30, 505
유엔 평화유지활동 89
유엔 한국통일부흥위원회(UNCURK) 28
인도·태평양 경제프레임워크(IPEF: Indo-Pacific Economic Framework for Prosperity) 163, 170-172, 176-177, 183-186, 189, 354, 362, 365, 397-398, 401-402, 405, 422, 426, 431-432, 434, 502-504, 513

인도·태평양전략 136, 140–141, 144–145, 151, 170, 174, 176, 178–179, 183, 189, 356, 362, 387, 422, 426–427, 431, 433, 475–476, 487, 495, 500, 502
　EU의 인도·태평양전략 475
일대일로(一帶一路) 45, 47, 135, 169, 258, 265, 354, 444, 502, 513
일본국제협력단(JICA: Japan International Cooperation Agency) 274
일본군 위안부문제 122, 409, 412–413, 415, 417, 425
　위안부 합의 414, 425
일본인 납치문제 419
일제강제동원피해자지원재단 424

ㅈ

자위대 419
자유무역협정(FTA: Free Trade Agreement) 165, 167, 495, 497
　FTA 서비스무역협정 498
　경제동맹(Economic Union) 167
　공동시장(Common Market) 167
　동시다발적 FTA전략 175
　디지털 경제 파트너십 협정(DEPA: Digital Economy Partnership Agreement) 169
　아프리카자유무역지대(AfCFTA: African Continental Free Trade Area) 165
　역내포괄적경제동반자협정(RCEP: Regional Comprehensive Economic Partnership) 165, 167, 169, 175–177, 399
　자유무역지대(Free Trade Area) 167
　지역무역협정(RTA: Regional Trade Agreement) 167
　투자협정 498
　특혜무역협정(PTA: Preferential Trade Agreement) 167
　포괄적·점진적 환태평양경제동반자협정(CPTPP: Comprehensive and Progressive Agreement for Trans-Pacific Partnership) 165, 167, 169, 176, 177, 184

포괄적투자협정(CAI: Comprehensive Agreemetn on Investment) 169
한·EU FTA 466
한미 FTA 106, 167
한·싱가포르 FTA 498
한·아세안 FTA 498
한·아세안 FTA 기본협정 498
한·아세안 FTA 상품무역협정 498
자주국방 17, 20–21, 35, 155
작전통제권 16
잠수함발사탄도미사일(SLBM) 367
재래식무기 354
재일조선인의 북한 이송(북송) 410
저위력 핵무기 359, 366, 368
전랑외교(戰狼外交) 360, 379, 404
전략무기감축협상(START: Strategic Arms Reduction Talks) 24
전략무기제한협정(SALT: Strategic Arms Limitation Treaty) 19, 322
전략적 동반자관계 437, 448, 454, 460, 464–468, 476, 478–481, 483, 486, 488, 495, 498–501, 506–507, 514
　전략적 협력관계 438
전략적 명료성(strategic clarity) 392–393, 400
전략적 모호성(strategic ambiguity) 383, 422
전략폭격기 367
전략핵무기(strategic nuclear weapons) 359
전략핵잠수함(SSBN) 370
전술핵무기(tactical nuclear weapons) 359–360, 365–366
전시작전통제권 151
정경분리 318, 332, 409, 416
정책공공외교 200, 202, 204–208, 212, 214, 216
정체성의 정치 417
제네바핵합의 317, 328
중거리핵무기폐기조약(INF) 24
중소분쟁 18, 352
중저소득국(LMICs) 255

지속가능발전목표(SDGs) 62, 241, 255, 257, 270, 279
지정학 3–5, 9, 35, 43–48, 53, 56, 60–61, 141, 156, 193–196, 199, 232, 276, 326, 372, 397, 409, 429, 438, 444, 446–448, 451–452, 455, 457, 470–472, 476, 504, 511, 514–515
　지정학적 경쟁 193–195, 409, 438, 444, 476
　지정학적 중간국 438, 446–447, 455
집단안보체제 7
집단적 자위권 418

ㅊ

천안문 사태 380
청와대 기습 사건 102
촛불시위 122
최빈국(LDCs) 255
칩4 397, 401
　칩4 동맹 398

ㅋ

커뮤니케이션 동학 194, 197, 203, 216, 219
　네트워크 커뮤니케이션 197
　디지털 커뮤니케이션 198
　매스 셀프-커뮤니케이션(mass self-communication) 197
코로나19 40, 42, 44, 46, 48, 51–56, 60–61, 103, 131, 169, 173, 182–183, 222, 226–227, 257, 259–260, 268, 277–280, 350, 364, 379, 390, 392–393, 397, 403–404, 426, 431, 437–438, 468–469, 506
코백스(COVAX) 259–260
쿠바 미사일 위기 121
쿼드(QUAD) 47, 136, 151, 259, 362, 398, 431, 502

ㅌ

탈동조화(decoupling) 170, 173, 189, 278, 393, 474
태평양억제구상(Pacific Deterrence Initiative) 355
태평양전쟁 410
통미봉남(通美封南) 31, 317, 327-328, 346
통상법 301조 167
통합 억제(integrated deterrence) 전략 46
트루먼독트린 7, 321

ㅍ

파이브 아이즈 398
판문점 도끼만행 사건 102
판문점선언 320
페레스트로이카 23, 338
평화국가 410
평화기금 471
평화헌법 356
평화협정 320, 329
포괄적 전략동맹 59, 145, 350, 361-362, 400
포괄적·점진적 환태평양경제동반자협정(CPTPP: Comprehensive and Progressive Agreement for Trans-Pacific Partnership) 398
푸에블로호 납치사건 102
프로그램형 사업 279
피해자 중심주의 416, 421
핑퐁외교 18

ㅎ

하노이 북미정상회담 135, 321, 337, 421
하드파워 39
한·EU 기본협력협정 465-466
한·EU 디지털 파트너십 481
한·EU 전략적 동반자관계 478
한국국제교류재단(Korea Foundation) 85, 200, 207
한국국제협력단(KOICA: Korea International Cooperation Agency) 261
한국전쟁 4, 7-9, 11, 13, 15-16, 25-26, 28, 34, 39, 41, 44, 48, 50-51, 102-103, 150, 316, 322, 326-329, 343, 344-345, 348, 351, 376, 419, 464, 495, 500
한류 51, 55, 193, 199, 209-212, 215, 395, 468, 482, 510
한·메콩 협력기금(MKCF) 499-501, 507
한미동맹 43, 103, 150, 378
한미상호방위조약 13-16, 20, 35, 150, 351, 361, 409
한미연합사령부 150, 352
한반도비핵화선언 41
한반도 신탁통치 321
한반도에너지개발기구(KEDO) 428
한반도평화교섭본부 84, 103
한반도 평화체제 328
한반도평화프로세스 421
한빛부대 154
한소수교 411
한·아세안 연대 구상 495, 501
한·아세안 정상회의 492, 494, 497, 505-507
한·아세안 협력기금(AKCF) 497-500, 507
한일군사정보보호협정(GSOMIA) 82-90, 152, 413-415, 419-421, 428-429, 434
한일미래파트너십기금 427
한일청구권협정 413
한중수교 411
한한령(限韓令) 384-385, 388, 395, 405
할슈타인 외교원칙 9
핵공유론 359
핵균형 365, 376
핵협의그룹(NCG) 427
핵확산금지조약(NPT) 협약 103
햇볕정책 419
헌법재판소 413, 415
헤징(hedging, 위험회피) 전략 514

혐한령 117
화해치유재단 414, 421
확장억제전략협의체(EDSCG: Extended Deterrence Strategy and Consultation Group) 150
환태평양경제동반자협정(TPP) 169, 175, 185, 431
회색지대 46
후쿠시마 원전 오염수 420, 427
후퇴(retrenchment)전략 45
휴전체제 101

⟨인물⟩

갈루치(Robert Gallucci) 317, 328
강석주 317, 328
고르바초프(Makhail Gorbachev) 23-25, 41, 322, 338
고이즈미(小泉純一郎) 412, 419
기시다(岸田文雄) 141, 400, 423
김대중 30-31, 59, 66, 71, 73, 86, 88, 95, 108, 175, 187, 199, 318, 320, 324-328, 332, 334, 346, 381, 411-412, 419-420, 424, 432
김영삼 31-32, 71, 108, 187, 199, 317-318, 324, 328, 331-332, 346, 380, 415
김일성 26, 44, 133, 316-317, 340-341, 344, 346
김정은 32, 56, 133, 149, 320-321, 337, 341, 344, 346, 369, 403
김정일 75, 133, 318, 327, 340-341, 382
나이(Joseph Nye, Jr.) 195
노무현 30-32, 71-74, 89, 91, 106, 108, 140, 142, 151, 175, 199, 319, 326-327, 346, 382, 412, 415
노태우 9, 27, 30-31, 41-42, 326-328, 333-379
닉슨(Richard Nixon) 18, 41, 352
다나카(田中角榮) 19
덩샤오핑(鄧小平) 338, 380
레이건(Ronald Reagan) 23, 322, 352

모겐소(Hans J. Morgenthau) 255
문재인 31-32, 71, 76-78, 81-82, 86-88, 95-96, 108-142, 144, 149, 176, 200, 236, 238, 244, 261, 266, 270, 320-321, 326, 328, 334, 337-338, 343, 346-347, 360-362, 364, 373-375, 378, 384-385, 392, 396, 400, 403, 414-416, 423, 439, 441, 463, 494, 499-500
미트라니(David Mitrany) 332
바이든(Joe Biden) 45-46, 136, 141, 168, 247, 321, 353-355, 358, 363-365, 367, 370-371, 373, 375, 386, 397, 400, 422, 500, 502-503, 513
박근혜 30-31, 71, 75-77, 81-82, 88, 95, 108, 140, 142-144, 175, 199-200, 261, 266, 270, 319, 334, 346, 360-361, 375, 383, 388, 413-416, 423, 439
박성철 316
박정희 19, 21-22, 102, 316, 323-324, 346, 351-352
부시(George Bush) 318-319, 335-356
부시(George H. W. Bush) 25, 29
브란트(Willy Brandt) 322
브레즈네프(Leonid Brezhnev) 23
스탈린 44
시진핑(習近平) 43, 45, 72, 135-136, 360, 371-372, 379, 383-384, 387-389, 396, 402-404, 413, 473, 502
아베(安倍晋三) 72, 108, 359, 412, 417, 419
안드로포프 23
애치슨(Dean Acheson) 12, 351
양빈(楊斌) 340
오바마(Barack Obama) 43, 45, 135, 186, 356, 373, 414
윤보선 351
윤석열 66, 71, 78-79, 96, 140, 142, 144-145, 236, 260-261, 263, 268, 276, 279, 321, 360-362, 370, 375, 378, 388, 400-403, 423-424, 463, 469, 494, 500, 512
이명박 30-31, 71, 74, 76, 90, 95, 106, 108, 122, 140, 199, 235, 260-261, 263, 266, 319, 337, 346, 383, 413, 415, 423
이범석 25
이승만 12-13, 16, 150, 323, 351
이후락 316
저우언라이(周恩來) 18
전두환 23, 302, 323, 339, 346, 352-353, 410
존슨(Lyndon B. Johnson) 352
체르넨코 23
카터(Jimmy Carter) 22, 352
케넌(George F. Kennan) 7
케네디(John F. Kennedy) 121, 351-352
켈리(James A. Kelly) 149, 335
클린턴(Bill Clinron) 319
클린턴(Hillary Clinron) 45
키신저(Henry A. Kissinger) 18, 52
트럼프(Donald Trump) 32, 43, 45, 60, 136, 141, 149, 151, 168, 170, 186, 194, 247, 321, 337, 353, 356, 358, 362, 365, 368, 371, 373-374, 403, 470, 472-473, 483, 485, 503
트루먼(Harry S. Truman) 7, 12, 351
한승주 33
할슈타인(Walter Hallstein) 9
헐(John E. Hull) 16

저자소개

김계동 (kipoxon@hanmail.net • 1, 11장)

연세대 정치외교학과 졸업
옥스퍼드대 정치학 박사

현 건국대 안보·재난관리학과 초빙교수
  외교부 국립외교원 명예교수
  군사편찬연구소 자문위원

연세대 국가관리연구원 교수
국가정보대학원 교수(교수실장)
한국국방연구원 연구위원
한국전쟁학회 회장/한국정치학회 부회장/
  국가정보학회 부회장/국제정치학회 이사
국가안보회의(NSC)/민주평통 자문회의/
  국군기무사 자문위원
연세대, 고려대, 경희대, 성신여대, 국민대, 숭실대,
  숙명여대, 동국대, 통일교육원 강사 역임

주요 논저
Foreign Intervention in Korea (Dartmouth Publishing Company)
『남북한 체제통합론: 이론, 역사, 정책, 경험, 제2판』 (명인문화사)
『북한의 외교정책과 대외관계: 협상과 도전의 전략적 선택』 (명인문화사)
『한반도 분단, 누구의 책임인가?』 (명인문화사)
『한국전쟁, 불가피한 선택이었나』 (명인문화사)
『현대유럽정치론: 정치의 통합과 통합의 정치』 (서울대학교출판부)
『한국정치와 정부』 (공저, 명인문화사)
『현대 한미관계의 이해』 (공저, 명인문화사)
『국가정보학개론: 제도, 활동, 분석』 (역서, 명인문화사)
『국가정보: 비밀에서 정책까지』 (역서, 명인문화사)
『국제관계와 세계정치』 (역서, 명인문화사)
『동북아 정치』 (역서, 명인문화사)
『정치학의 이해』 (역서, 명인문화사)
『현대 유럽의 이해』 (역서, 명인문화사) 외 다수

김태균 (oxonian07@snu.ac.kr • 9장)

서울대 사회학과 졸업
서울대 국제대학원 석사
옥스퍼드대 국제관계학 석사
옥스퍼드대 사회정책학 박사
존스홉킨스대 고등국제학대학원 박사

현 서울대 국제대학원 교수
  서울대 기획처 협력부처장
  한국국제협력단 민간 비상임이사
  국가지속가능발전위원회 위원
  법무부 정책위원회 위원
  외교부 무상원조시행계획 민간전문가
  국무조정실 국제개발협력위원회 위원

주요논저
『대항적 공존: 글로벌 책무성의 아시아적 재생산』 (서울대학교출판문화원)
『한국 비판국제개발론: 국제開發의 發展的 성찰』 (박영사)
『한반도 평화학: 보편성과 특수성의 전략적 연계』 (편저, 서울대학교출판문화원)
The Korean State and Social Policy: How South Korea Lifted Itself from Poverty and Dictatorship to Affluence and Democracy (Oxford University Press, 공저) 외 다수

김태환 (tk41@me.com • 7장)

연세대 정치외교학과 졸업
연세대 정치학 석사
컬럼비아대 정치학 박사

현 국립외교원 교수
    한국공공외교학회 연구위원장
    Global Asia 서평편집인

한국국제교류재단 공공외교사업부장
한국정치학회/한국슬라브학회 이사 역임

주요 논저

『지정학적 시각과 한국외교』(공저, 사회평론아카데미)
『현대외교정책론, 제4판』(공저, 명인문화사)
"Authoritarian Post-Communist Transition and Its Future in China, Vietnam, and North Korea," in *Routledge Handbook of Democratization in East Asia* (공저, Routledge)
"가치외교의 부상과 가치의 '진영화': 강대국 사례와 한국 공공외교의 방향성" (문화와 정치)
"문화적 보편성·다양성과 규범공공외교" (공공외교: 이론과 실천)
"한국 정책공공외교의 진화와 방향성: 공공외교에 대한 정체성 접근의 시각" (공공외교: 이론과 실천)
"한국의 미디어 외교, 어디로 가야 하나?: 자국 중심성을 넘어서 상호구성형 공공외교를 향하여"『공공외교와 커뮤니케이션』(한경사) 외 다수

김현 (hyunkim@khu.ac.kr • 3장)

경희대 정치외교학과 졸업
경희대 정치학 석사
뉴욕시립대 국제정치학 박사

현 경희대 정치외교학과 교수
    시민정치학회 회장

경희대 입학처장, 사회과학부장
전주대 국제관계학과 교수 역임

주요 논저

『정치학: 과학과 사유의 전개』(공저, 법문사)
『현대외교정책론, 제4판』(공저, 명인문화사)
"A Theoretical Account of the International Multilateral Negotiation of the Treaty on the Prohibition of Nuclear Weapons" (*The Korean Journal of Defense Analysis*)
"Comparing North Korea Policies of the Obama and Trump Administrations" (*Nanzan Review of American Studies*)
"Dynamics of Creating an International Disarmament Regime Banning Cluster Munitions: Power, Interest, and Knowledge" (*The Korean Journal of Defense Analysis*)
"무기거래조약(Arms Trade Treaty) 위한 국제다자협상 타결과정의 분석" (평화연구) 외 다수

김현욱 (hwkim08@mofa.go.kr • 12장)

연세대 정치외교학과 졸업
브라운대 정치학 박사

현 국립외교원 교수/미주연구부장
    국가안보실 정책자문위원
    한국국제교류재단 비상근 이사
    합동참모본부 정책자문위원
    대한변호사협회 등록심사위원회 예비위원

민주평통 상임위원
통일부 정책자문위원
KBS 객원해설위원 역임

주요 논저

『한미관계론』(공저, 명인문화사)
『국제기구의 이해, 제3판』(공역, 명인문화사) 외 다수

박영준 (parkyj2022@naver.com • 5장)

연세대 정치외교학과 졸업
서울대 외교학과 석사
도쿄대 국제관계전공 박사

현 국방대학교 안보대학원 교수
    국방대학교 부설 국가안보문제연구소장
    대통령실 국가안보실 정책자문위원
    외교부/해군/한미연합사/해양경찰청 정책자문위원

육군사관학교 교관
미국 하버드대학 Program on the US-Japan Relations 방문학자
한국평화학회 회장, 한국정치외교사학회 회장, 현대일본학회 회장 역임

주요 논저
『제국 일본의 전쟁, 1868-1945』(사회평론)
『한국 국가안보전략의 전개와 과제』(한울아카데미)
『21세기 한반도 평화연구의 쟁점과 전망』(편저, 한울아카데미)
『현대의 전쟁과 전략』(편저, 한울아카데미) 외 다수

배종윤 (jybae1@yonsei.ac.kr • 4장)

연세대 정치외교학과 졸업
연세대 대학원 정치학 석사
연세대 대학원 정치학 박사

현 연세대 정치외교학과 부교수
    연세대 통일연구원 원장/연세대 통일학협동과정 주임교수
    연세대 행정대학원 북한-동아시아전공 주임교수

주요 논저
Handbook of Korean Politics and Public Administration (편저, Routlege)
The SAGE Handbook of Asian Foreign Policy, 2 vols. (편저, Sage)
『한국정치와 정부』(공저, 명인문화사)
『한일관계 50년의 성찰』(편저, 오래)
"한국의 대북정책 및 남북한 합의의 국회 입법화 요인에 대한 연구" (공저, 입법과 정책)
"한국의 대외정책결정과 절충적인 정치적 타협: 이라크전 2차 파병 결정을 중심으로" (공저, 국제정치논총) 외 다수

신범식 (sbsrus@snu.ac.kr • 15장)

서울대 외교학과 졸업
서울대 정치학 석사
모스크바국제관계대학(MGIMO) 정치학 박사

현 서울대 정치외교학부 교수
    서울대 국제문제연구소 복합안보센터장
    서울대 아시아연구소 부소장 및 중앙아시아센터장
    외교부, 합동참모본부 정책자문위원

서울대 러시아연구소장
한국정치학회 부회장/한국슬라브학회 총무이사 역임

주요 논저
『21세기 유라시아 도전과 국제관계』(편저, 한울)
『중국의 부상과 중앙아시아』(편저, 진인진)
『동북아 국제정치질서 어디로 가나』(공저, 푸른역사)
『현대외교정책론, 제4판』(공저, 명인문화사)
"Russia's Place in the Changing Strategic Triangle in the Post-Cold War Northeast Asia: From an Outcast to a Strategic Player?" (*JIAS*) 외 다수

신재혁 (shinj@korea.ac.kr • 17장)

고려대 법학과 졸업
고려대 정치학 석사
UCLA 정치학 박사

현 고려대 정치외교학과 교수
    고려대 사회공헌원장
    고려대 아세아문제연구원 아세안센터장
    민주평화통일자문회의 상임위원
    외교부 자체평가위원회 위원/한국동남아학회 교육협력위원장

통일부 통일정책분과 자문위원
『아세아연구』 편집위원장
국제개발협력학회 총무위원장 역임

주요 논저

『아시아의 지정학적 중간국 외교』 (공저, 진인진)
"Legislative Voting in the Pork-Dominant Parliament: Evidence from the Philippine House of Representatives" (*Journal of Legislative Studies*)
"The Choice of Candidate-Centered Electoral Systems in New Democracies" (*Party Politics*)
"Voter Demands for Patronage: Evidence from Indonesia" (*Journal of East Asian Studies*)
"싱가포르는 왜 민주화되지 않는가? 비교연구 방법을 활용한 지역연구" (동남아시아연구)
"발전국가와 약탈국가의 기원: 한국과 필리핀 비교 사례 연구" (공저, 한국정치학회보) 외 다수

윤미경 (mkyun@gmail.com • 6장)

캘리포니아대 데이비스 국제관계학과 졸업
런던정경대(LSE) 경제사 석사
옥스퍼드대 경제학 박사

현 가톨릭대 국제학부 교수

국민경제자문위원회 자문위원
국제개발협력위원회 위원
여성경제학회 학회장 역임

주요 논저

"An Analysis of the New Trade Regime for State Owned Enterprises under the Trans-Pacific Partnership Agreement" (*Journal of East Asian Economic Integration*)
"Government Procurement Defense Under GATT 1994 Article III:8(a): A Critical Review of the Tureky-Pharmaceutical Products Dispute" (*Journal of World Trade*)
"The Structure of Trade in Genetic Resources: Implications for the International ABS Regime Negotiation" (*Journal of East Asian Integration*)
"The Use of 'Particular Market Situation' Provision and Its Implications for Regulation of Anti-dumping" (*East Asian Economic Review*)
"Accounting of gross exports and tracing foreign values in the global pharmaceutical value chain: Where does Korea stand?" (공저, *Journal of Korea Trade*) 외 다수

전재성 (cschun@snu.ac.kr • 2장)

서울대 외교학과 졸업
서울대 외교학 석사
노스웨스턴대 국제정치학 박사

현 서울대 정치외교학부 교수
    외교부 자문위원
    동아시아연구원 국가안보연구센터 소장

서울대 국제문제연구소 소장
한국국제정치학회장 역임

주요 논저

『동북아 국제정치이론: 불완전국가들의 국제정치』
(한울출판사)
『동아시아 국제정치: 역사에서 이론으로』(동아시아
연구원)
『정치는 도덕적인가: 라인홀드 니버의 초월적 국제
정치사상』(한길사)
『주권과 국제정치: 근대주권국가체제의 제국적 성
격』(서울대출판부)
『현대외교정책론, 제4판』(공저, 명인문화사) 외 다수

조동준 (dxj124@snu.ac.kr • 10장)

서울대 외교학과 졸업
서울대 외교학 석사
펜실베니아주립대 정치학 박사

현 서울대 정치외교학부 교수
　서울대 기초교육원 부원장

주요 논저

『문화정책』(역서, 명인문화사)
"Bringing International Anti-Landmine Norms to Domestic Politics" (*Review of Korean Studies*)
"Bargaining, Nuclear Proliferation, and Inter-state Dispute" (*Journal of Conflict Resolution*)
"신호이론으로 분석한 2013년 한반도 위기" (평화학연구)
"코로나-19와 지구화의 변화" (국제정치논총) 외 다수

조양현 (joyhis@mofa.go.kr • 14장)

서울대 외교학과 졸업
동경대 정치학 박사

현 국립외교원 교수
　국립외교원 아시아태평양연구부 및
　일본연구센터 교수
　한국정치학회/한국국제정치학회/현대일본학회/
　한국정치외교사학회/한일군사문화학회 회원

국립외교원 외교사연구센터장
하버드대 웨더헤드센터 Academic Associate
싱가폴 국립대 동아시아연구소 Visiting Fellow
　역임

주요 논저

『アジア地域主義とアメリカ』(東京大學出版會)
『일본의 국가정체성과 동북아 국제관계』(공저, 동북
아역사재단)
『한국의 대외관계와 외교사 현대 편』(공저, 동북아
역사재단)
『현대외교정책론, 제4판』(공저, 명인문화사)
『国境を越える危機』(공저, 東京大学出版会)
『競合する歴史認識と歴史和解』(공저, 晃洋書房) 외
　다수

최재철 (prof.jcchoi@gmail.com • 8장)

서울대 불문학과 졸업
서울대 행정대학원 수료
제네바 국제관계연구소(GI) 외교학 디플롬
　(Diplôme)

현 주프랑스 특명전권대사
　국제박람회기구(BIE) 총회의장
　파리국제기숙사협회(CUIP) 이사

인하대 초빙교수, 서울대 환경대학원, 숙명여대
　대학원 강사
기후변화센터(재) 공동대표, 주 덴마크 대사,
　기후변화대사 등 역임

주요 논저

『기후협상일지』(박영사)
"2050 탄소중립을 위한 파리협정이행과 우리의 과제"
　(외교)

최진우 (jinwooc@hanyang.ac.kr • 16장)

연세대 정치외교학과 졸업
연세대 정치학 석사
워싱턴대 정치학 박사

현 한양대 정치외교학과 교수
　　한양대 평화연구소 소장

한양대 교무처장, 사회과학대학 학장
천주교 서울대교구 평화나눔연구소 소장
한국유럽학회 회장, 한국정치학회 회장 역임

주요 논저
『MT 정치외교학』 (청어람)
『현대외교정책론, 제4판』 (공저, 명인문화사)
『김정은 시대, 유럽연합과 북한』 (편저, 박영사)
『다양성의 시대, 환대를 말하다』 (편저, 박영사)
『민족주의와 문화정치』 (편저, 한울) 외 다수

한석희 (shan65@yonsei.ac.kr • 13장)

연세대 정치외교학과 졸업
연세대 정치학 석사
플래쳐스쿨 정치학 박사

현 국가안보전략연구원 원장
　　연세대 국제학대학원 교수

주상하이 대한민국 총영사
연세대 국제학대학원장 역임

주요 논저
『후진타오 시대의 중국 대외관계』 (폴리테이아)
"China's Charm Offensive to Korea: A New Approach to Extend the Strategic Buffer" (Open Forum)
"Resetting the South Korea-China Relationship: The THAAD controversies and their aftermath" (*Korean Journal of Defense Analysis*) 외 다수

명인문화사 정치학 관련 서적

정치학 분야

정치학의 이해
Roskin 외 지음 / 김계동 옮김

정치학개론: 권력과 선택, 15판
Shively 지음 / 김계동, 민병오, 윤진표, 이유진, 최동주 옮김

비교정부와 정치, 제12판
McCormick, Hague, Harrop 지음 / 김계동, 민병오, 서재권, 이유진, 이준한 옮김

정치이론 Heywood 지음 / 권만학 옮김

정치학방법론 Burnham 외 지음 / 김계동 외 옮김

정치 이데올로기: 이론과 실제
Baradat 지음 / 권만학 옮김

민주주의국가이론
Dryzek, Dunleavy 지음 / 김욱 옮김

사회주의 Lamb 지음 / 김유원 옮김

자본주의 Coates 지음 / 심양섭 옮김

신자유주의 Cahill, Konings 지음 / 최영미 옮김

정치사회학 Clemens 지음 / 박기덕 옮김

정치철학 Larmore 지음 / 장동진 옮김

복지국가: 이론, 사례, 정책   정진화 지음

시민사회, 제3판   Edwards 지음, 서유경 옮김

포커스그룹: 응용조사 실행방법
Krueger, Casey 지음 / 민병오, 조대현 옮김

문화로 읽는 세계 Gannon, Pillai 지음 / 남경희 외 옮김

거버넌스의 정치학: 한국정치의 새로운 패러다임 모색
김의영 지음

한국현대사의 재조명 한국전쟁학회 편

성공하는 리더십의 조건 Keohane 지음 / 심양섭 외 옮김

여성, 권력과 정치 Stevens 지음 / 김영신 옮김

국제관계 분야

국제관계와 세계정치 Heywood 지음 / 김계동 옮김

국제정치경제 Balaam, Dillman 지음 / 민병오 외 옮김

국제관계이론 Daddow 지음 / 이상현 옮김

국제개발: 사회경제이론, 유산, 전략
Lanoszka 지음 / 김태균, 문경연, 송영훈, 최규빈, 김보경 옮김

국제기구의 이해: 글로벌 거버넌스의 정치와 과정, 제3판
Karns, Mingst, Stiles 지음 / 김계동, 김현욱 외 옮김

글로벌연구: 이슈와 쟁점
McCormick 지음 / 김계동, 김동성, 김현경 옮김

현대외교정책론, 제4판
김계동, 김태환, 김태효, 김현, 마상윤, 서정건, 신범식 외 지음

외교: 원리와 실제   Berridge 지음 / 심양섭 옮김

공공외교의 이해 김병호, 마영삼, 손선홍, 연상모 외 지음

세계화와 글로벌 이슈, 제6판
Snarr 외 지음 / 김계동, 민병오, 박영호, 차재권, 최영미 옮김

세계화의 논쟁: 국제관계 접근에서의 찬성과 반대논리, 제2판   Haas, Hird 엮음 / 이상현 옮김

세계무역기구: 법, 경제, 정치 Hoekman 외 지음 / 김치욱 옮김

현대 한미관계의 이해 김계동, 김준형, 박태균 외 지음

현대 북러관계의 이해 박종수 지음

중국의 외교정책과 대외관계
Shambaugh 편저 / 김지용, 서윤정 옮김

신국제질서와 한국외교전략 김상배, 김흥규, 박재적 외 지음

갈등과 공존의 인도·태평양: 각국의 인태전략   황재호 편

글로벌 환경정치와 정책 Chasek 외 지음 / 이유진 옮김

지구환경정치: 형성, 변화, 도전   신상범 지음

기후변화와 도시: 감축과 적응   이태동 지음

핵무기의 정치 Futter 지음 / 고봉준 옮김

비핵화의 정치 전봉근 지음

비정부기구의 이해, 제2판 Lewis 외 지음 / 이유진 옮김

한국의 중견국 외교 손열, 김상배, 이승주 외 지음

지역정치 분야

동아시아 국제관계
McDougall 지음 / 박기덕 옮김

동북아 정치: 변화와 지속 Lim 지음 / 김계동 옮김

일본정치론 이가라시 아키오 지음 / 김두승 옮김

현대 중국의 이해, 제3판
Brown 지음 / 김홍규 옮김

현대 미국의 이해
Duncan, Goddard 지음 / 민병오 옮김

현대 러시아의 이해 Bacan 지음 / 김진영 외 옮김

현대 일본의 이해 McCargo 지음 / 이승주, 한의석 옮김

현대 유럽의 이해 Outhwaite 지음 / 김계동 옮김

현대 동남아의 이해, 제2판 윤진표 지음

현대 아프리카의 이해
Graham 지음 / 김성수 옮김

현대동아시아의 이해 Kaup 편 / 민병오, 김영신 외 옮김

미국외교는 도덕적인가: 루스벨트부터 트럼프까지
Nye 지음 / 황재호 옮김

미국정치와 정부 Bowles, McMahon 지음 / 김욱 옮김

한국정치와 정부 김계동, 김욱, 박명호, 박재욱 외 지음

대변동의 미국정치, 한국정치: 비유와 투영
정진민, 임성호, 이현우, 서정건 편

일본의 정치체제와 제도 한의석 지음

세계질서의 미래 Acharya 지음 / 마상윤 옮김

일대일로의 국제정치 이승주 편

중일관계 Pugliese, Insisa 지음 / 최은봉 옮김

북한, 남북한 관계분야

북한의 외교정책과 대외관계: 협상과 도전의 전략적 선택
김계동 지음

북한의 체제와 정책: 김정은시대의 변화와 지속
체제통합연구회 편

북한의 통치체제: 지배구조와 사회통제 안희창 지음

북한행정사 홍승원 지음

남북한 체제통합론: 이론·역사·경험·정책, 제2판
김계동 지음

한반도 평화: 분단과 통일의 현실 이해 김학성 지음

한국전쟁, 불가피한 선택이었나 김계동 지음

한반도 분단, 누구의 책임인가? 김계동 지음

한류, 통일의 바람 강동완, 박정란 지음

안보, 정보분야

국가정보학개론: 제도, 활동, 분석
Acuff 외 지음 / 김계동 옮김

국제안보의 이해: 이론과 실제
Hough, Malik, Moran, Pilbeam 지음 / 고봉준, 김지용 옮김

국제분쟁관리
Greig, Owsiak, Diehl 지음 / 김용민, 김지용 옮김

사이버안보: 사이버공간에서의 정치, 거버넌스, 분쟁
Puyvelde, Brantly 지음 / 이상현, 신소현, 심상민 옮김

전쟁과 평화 Barash, Webel 지음 / 송승종, 유재현 옮김

국제안보: 쟁점과 해결 Morgan 지음 / 민병오 옮김

전쟁: 목적과 수단 Codevilla 외 지음 / 김양명 옮김

국가정보: 비밀에서 정책까지 Lowenthal 지음 / 김계동 옮김

국가정보의 이해: 소리없는 전쟁
Shulsky, Schmitt 지음 / 신유섭 옮김

테러리즘: 개념과 쟁점 Martin 지음 / 김계동 외 옮김